Allemagne

2023/2024

Cofondateurs : Philippe GLOAGUEN et Michel DUVAL

Directeur de collection et auteur
Philippe GLOAGUEN
Secrétaire général
Gavin's CLEMENTE-RUIZ
Rédacteurs en chef
Amanda KERAVEL (France)
Benoît LUCCHINI (Étranger)
Directrice administrative
Bénédicte GLOAGUEN
Conseiller à la rédaction
Pierre JOSSE
Responsable voyages
Carole BORDES
Direction éditoriale
Élise ERNEST

Rédaction
Isabelle AL SUBAIHI
Emmanuelle BAUQUIS
Mathilde de BOISGROLLIER
Marie BURIN des ROZIERS
Camille CAMPET
Véronique de CHARDON
Laura CHARLIER
Florence CHARMETANT
Fiona DEBRABANDER
Anaëlle HASCOËT
Géraldine LEMAUF-BEAUVOIS
Alain PALLIER
Anne POINSOT
Alexia POULAIN

hachette

TABLE DES MATIÈRES

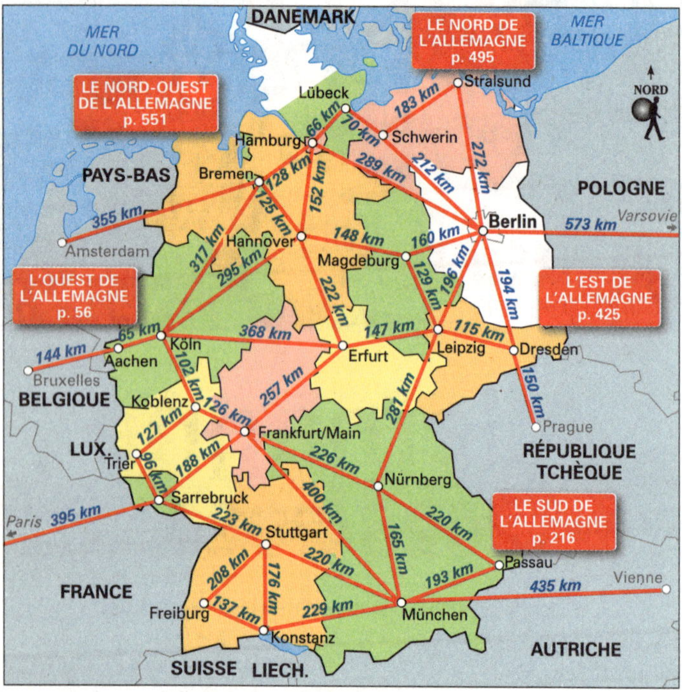

PRÉAMBULE

Pictogrammes du Routard

Établissements

- Hôtel, auberge, chambre d'hôtes
- Camping
- Restaurant
- Terrasse
- Pizzeria
- Boulangerie, sandwicherie
- Pâtisserie
- Glacier
- Café, salon de thé
- Café, bar
- Bar musical
- Club, boîte de nuit
- Salle de spectacle
- Boutique, magasin, marché

Infos pratiques

- Office de tourisme
- Poste
- Accès Internet
- Hôpital, urgences
- Adapté aux personnes handicapées

Sites

- Présente un intérêt touristique
- Point de vue
- Plage
- Spot de surf
- Site de plongée
- Recommandé pour les enfants
- Inscrit au Patrimoine mondial de l'Unesco
- Pas de côté

Transports

- Aéroport
- Gare ferroviaire
- Gare routière, arrêt de bus
- Station de métro
- Station de tramway
- Parking
- Taxi
- Taxi collectif
- Bateau
- Bateau fluvial
- Piste cyclable, parcours à vélo

☎ **112 :** c'est le numéro d'urgence commun à la France et à tous les pays de l'UE, à composer en cas d'accident, agression ou détresse. Il permet de se faire localiser et aider en français, tout en améliorant les délais d'intervention des services de secours.

NORD
Îles de la Frise du Nord
MER DU NORD
SCHLESWIG-HOLSTEIN
Lübeck
HAMBURG
Hamburg
BREMEN
Brême
Lüneburg
LE NORD-OUEST p. 551
NIEDERSACHSEN
AMSTERDAM
PAYS-BAS
Hannover
Münster
Goslar
NORDRHEIN-WESTFALEN
Dortmund
RUHR
Kassel
Düsseldorf
BRUXELLES
Köln (Cologne)
Marburg
Eisenach
Aachen (Aix-la-Ch.)
Bonn
HESSEN
BELGIQUE
Koblenz
Vallée du Rhin
Wiesbaden
Frankfurt/Main
RHEINLAND-PFALZ
Mainz
Würzburg
LUX.
L'OUEST p. 56
LUXEMBOURG
Trier
SAARLAND
Rothenburg ob der Tauber
Speyer
Heidelberg
Saarbrücken
Dinkelsbühl
Stuttgart
FRANCE
Strasbourg
BADE-WÜRTEMBERG
Gengenbach
Ulm
Rhin
Freiburg
Konstanz
Füssen
Basel
Lac de Constance
Lindau
SUISSE
Zürich
A 7
A 27
A 29
A 28
A 1
A 31
A 30
A 2
A 44
A 4
A 3
A 66
A 62
A 81
A 6
A 65
A 8
A 5
A 35
A 96
A 36

Pas de côté
Rügen
MER BALTIQUE
Stralsund
Peenemünde
LE NORD p. 495
Wismar
A 20
MECKLENBURG-VORPOMMERN
Schwerin
A 11
A 24
Berlin fait l'objet d'un guide à part
POLOGNE
Poznan
SACHSEN-ANHALT
BERLIN
Potsdam
A 2
A 12
Magdeburg
BRANDENBURG
Dessau
A 9
A 14
A 13
A 38
Leipzig
Elbe
Dresden (Dresde)
A 4
Görlitz
Wroclaw
Erfurt
Weimar
SACHSEN
THÜRINGEN
L'EST p. 425
A 72
D 1
PRAHA
RÉPUBLIQUE TCHÈQUE
A 70
Bayreuth
Bamberg
Plzeň
D 5
A 93
Nürnberg (Nuremberg)
A 9
Regensburg (Ratisbonne)
LE SUD p. 216
A 3
Passau
A 93
A 92
Augsburg
BAYERN
Danube (Donau)
Dachau
A 94
WIEN
BRATISL
München (Munich)
A 96
A 95
A 8
Chiemsee
A 1
AUTRICHE
Salzburg
Wies
Oberammergau
A 10
Garmisch-Partenkirchen
0 50 100 km

L'ALLEMAGNE

LA RÉDACTION DU ROUTARD

La saga du *Routard* : en 1971, 2 étudiants, Philippe et Michel, avaient une furieuse envie de découvrir le monde. De retour du Népal germe l'idée d'un guide différent qui regrouperait tuyaux malins et itinéraires sympas, destiné aux jeunes fauchés en quête de liberté. 1973. Après 19 refus d'éditeurs et la faillite de leur 1re maison d'édition, l'aventure commence vraiment avec Hachette. Aujourd'hui, *Le Routard*, c'est plus d'une cinquantaine d'enquêteurs impliqués et sincères. Ils parcourent le monde toute l'année dans l'anonymat et s'acharnent à restituer leurs coups de cœur en toute indépendance.

Merci à tous les Routards qui sont solidaires de nos convictions : liberté et indépendance d'esprit ; découverte et partage ; sincérité, tolérance et respect des autres.

NOS SPÉCIALISTES ALLEMAGNE

André Poncelet : Bruxellois, biberonné aux aventures de *Tintin* et de *Bob Morane*, il trace la route dès ses 17 ans. Après une carrière dans le livre, il participe au premier *Routard* consacré à son pays. Ciseleur de mots et arpenteur de méridiens, il n'a de cesse de communiquer ses coups de cœur tant pour les cités au riche patrimoine que pour les vastes espaces.

Thomas Rivallain : transbahuté dès l'enfance dans le combi familial, les sens affûtés en tournée musicale ou louvoyant sur les itinéraires bis, tout est prétexte aux carnets de route pour cet admirateur de fleuves. Souvent là où on ne l'attend pas, il travaille ses guides en Anjou, auprès de l'indomptable Loire. En bon apôtre du voyage, Thomas ne croit que ce qu'il voit.

Nicolas George : après 12 ans comme journaliste à la radio, il ajoute l'image au son et se consacre à l'information internationale et culturelle sur TV5Monde. 2 passions qui l'ont mené aux 4 coins du monde pour dénicher les meilleurs spots de street-art, les derniers lieux alternatifs ou les nouveaux QG de noctambules. Son credo : voyager pour transmettre, sans perdre sa curiosité et son âme d'enfant.

UN GRAND MERCI À NOS AMI(E)S SUR PLACE ET EN FRANCE

Pour cette nouvelle édition, nous remercions particulièrement :

- **Bénédicte Richer** et **Marion Artarit,** de l'Office national allemand du tourisme à Paris ;
- **Petra Sivers,** de l'office de tourisme de Hanovre ;
- **Sonja Hackmann,** de l'office de tourisme de Brême ;
- **Jurgen Hoppe,** guide à Brême ;
- **Catharina Groth,** de l'office de tourisme de Schwerin ;
- **Julia Marten,** de l'office de tourisme de Wismar ;
- **André Kretzschmar,** l'office de tourisme de Stralsund ;
- **Anne Petsch,** de l'office de tourisme de Rostock ;
- **Doris Schütz,** de l'office de tourisme de Lübeck ;
- **Christel Obenaus,** guide à Lübeck ;
- **Agnes Alig,** de l'office de tourisme de Darmstadt ;

- **Lisa Forens,** de l'office de tourisme de Trèves ;
- **Luisa Jöckel,** de l'office de tourisme de Francfort ;
- **Claudia Meyer,** de l'office de tourisme de Wiesbaden ;
- **Barbara Wozniczek,** de l'office de tourisme de Sarrebruck ;
- **Cornelia Dörr,** de l'office de tourisme de Marbourg ;
- **Viola Mielke,** de l'office de tourisme de Spire ;
- **Birgit Kuchenreiter,** de l'office de tourisme de Cassel ;
- **Julia Fichter,** de Moselregion Traben-Trarbach Kröv ;
- **Anna Kysil,** de l'office de tourisme d'Aachen ;
- **Nicole Warnecke,** de l'office de tourisme de Bonn ;
- **Judith Blümcke,** de l'office de tourisme de Köln ;
- **Christian Schueller,** de l'office de tourisme de Düsseldorf ;
- **Hannah Wäller,** de l'office de tourisme de Duisbourg ;
- **Juliane Unkelbach,** de l'office de tourisme de Münster ;
- **Léa Garnier,** pour son aide précieuse et efficace.

NOS ENQUÊTEURS-FURETEURS

Nous tenons à remercier tout particulièrement Loup-Maëlle Besançon, Thierry Bessou, François Chauvin, Grégory Dalex, Fabrice Doumergue, Cédric Fischer, Carole Fouque, Guillaume Garnier, Nicolas George, Michelle Georget, David Giason, Claude Hervé-Bazin, Emmanuel Juste, Fabrice de Lestang, Éric Milet, Pierre Mitrano, Olivier Page, Jean-Sébastien Petitdemange, André Poncelet, Thomas Rivallain, Dominique Rolland et Jean Tiffon pour leur collaboration régulière.

Jean-Jacques Bordier-Chêne, Jean-Paul Collet, Julie Coupet, Philippe Coupy, Jeanne Debats, Agnès Debiage, Jérôme Denoix, Tovi et Ahmet Diler, Clélie Dudon, Alain Fisch, Adrien et Clément Gloaguen, Stéphane William Gondoin, Carla Le Nouÿ, Martine Partrat, Odile Paugam et Didier Jehanno, Orianne Pouchard, Prakit Saiporn, Lucas Truffier-Blanc.

DU CÔTÉ D'HACHETTE LIVRE

Direction : Sidonie Chollet

Direction éditoriale : Élise Ernest

Édition : Lucie Barbé et **Pauline Huet**

Cartographie : Frédéric Clémençon et **Aurélie Huot**

Fabrication : Nathalie Lautout, Liza Sacco et **Aude Cauchet**

Relations presse : COM'PROD, **Fred Papet** et **Laëtitia de Cerval.** ☎ 01-70-69-04-69. • info@comprod.fr • **Martine Levens** (Belgique) ☎ +32-47-568-35-76.

Contact Partenariats : Jérôme Denoix • jeromedenoix@gmail.com •

Contact Partenariats et régie pub : Florence Brunel-Jars • fbrunel@hachette-livre.fr •

Silhouette du Routard : Clément Gloaguen (d'après Solé) ; **couverture : le-bureau-des-affaires-graphiques.com** ; **logo des « 50 ans » (couverture) : So BAM** ; **maquette intérieure : le-bureau-des-affaires-graphiques.com, Thibault Reumaux** et **npeg.fr**

Important : dernière minute

Entre 2 parutions du *Routard,* des événements fortuits (conditions sanitaires, catastrophes naturelles, mais aussi formalités, taux de change, conditions d'accès aux sites, fermetures inopinées, etc.) peuvent modifier vos projets de voyage. Pour éviter les déconvenues, nous vous recommandons de consulter la rubrique « Guide » par pays de notre site *• routard.com •* et plus particulièrement les dernières ***Actus voyageurs.***

Le château de Linderhof, à proximité d'Oberammergau, en Bavière

« L'oreiller provenant d'Allemagne est le coussin germain. »

Anonyme

Si elle est de loin le plus peuplé des pays de l'Union européenne, l'Allemagne est aussi riche en fortes traditions, en **villages de charme** au cœur de paysages pleins de douceur, et en cités médiévales préservées, reconstruites à l'identique après la guerre. Du folklore franconien aux forêts du Bade-Wurtemberg, des plages de la Baltique aux châteaux de Louis II de Bavière, de la vallée de la Moselle aux rives du Danube, une Allemagne **profonde et paisible** existe aussi, loin des villes tentaculaires engendrées par le XXe s.

Et puis, l'Allemagne recèle des **musées** parmi les plus passionnants du monde. Elle est fière de ses **cathédrales gothiques,** de ses **églises baroques** et d'un **habitat traditionnel** composé souvent de maisons à colombages. Sans oublier les innombrables fêtes « kolossales » autour de la bière et du vin, qui rythment les saisons.

Côté **modernité,** que serait l'Allemagne sans sa créativité couplée à son légendaire **dynamisme commercial** ? Vous serez surpris de découvrir une architecture novatrice, un art à la pointe de l'avant-garde et un design *made in Germany* qui rendent le quotidien d'outre-Rhin beaucoup plus excitant qu'on ne l'imagine. Des idées nouvelles s'y développent, au crédit d'une **jeunesse** dont l'originalité et la liberté vous séduiront…

Côté politique, après la **Chute du Mur** (avec des majuscules, comme tout grand événement historique), on a découvert une ex-Allemagne de l'Est déroutante. Depuis, l'eau a coulé sous les ponts de l'Elbe et, après l'effort gigantesque pour intégrer les Länder de l'Est, le pays a renoué avec une **croissance** et une certaine prospérité.

Après 4 mandats successifs, la chancelière Angela Merkel a cédé son poste au social-démocrate Olaf Scholz. Une page de l'histoire de l'Allemagne contemporaine a été tournée.

Spécialités bavaroises

NOS COUPS DE CŒUR

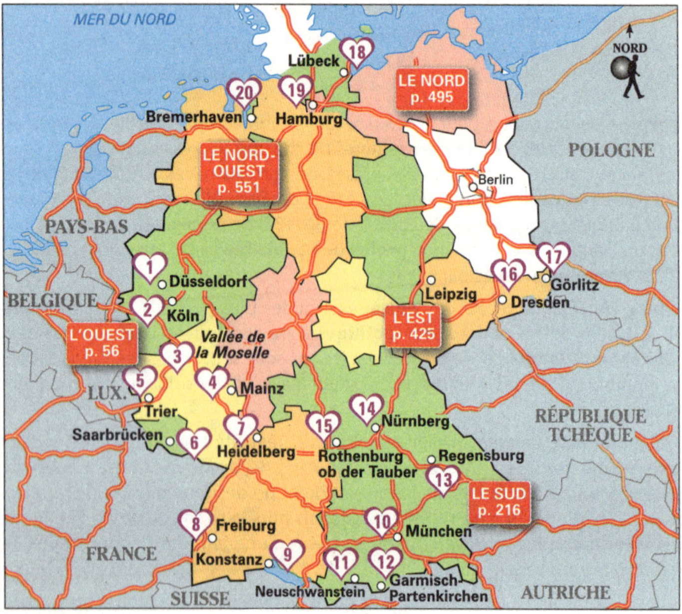

1 **Assister au coucher de soleil au bord du Rhin, dans la vieille ville ou depuis le port ultramoderne de Düsseldorf.**

La capitale du Land de Rhénanie-Nord-Westphalie est renommée pour son shopping de luxe, le long de la Kö, l'avenue la plus chic du pays. Düsserldorf est surtout tournée vers l'avenir, à l'image de l'audacieuse architecture de son port commercial, en contraste avec le centre ancien doté, lui, de ruelles et de maisons typiques. D'un quartier à l'autre, on emprunte la Rheinpromenade, longue de 1,5 km. Avec ses allées pour piétons et vélos, et les pavés de béton teintés en bleu qui représentent les vagues du Rhin, cette promenade est jalonnée de nombreux bars et restaurants branchés. *p. 82*

Bon à savoir : *Düsseldorf est une ville de foires. Évitez d'y séjourner pendant ces périodes. Les prix des hôtels doublent, et l'ambiance en ville est plutôt costard-cravate.*

2 **Écouter un concert d'orgues dans le cadre somptueux de la cathédrale de Cologne.**

La 4ᵉ ville d'Allemagne, presque totalement détruite pendant la guerre, s'est relevée avec une stupéfiante rapidité. Malgré les couacs de la reconstruction, le vieux centre et les quais du Rhin ne sont pas sans charme. Venez admirer la célèbre cathédrale rescapée, avec ses 2 vertigineuses tours ajourées surmontées de leur flèche. Ne manquez pas, à la fin de l'hiver, de participer à son légendaire carnaval, pour y partager une *Kölsch* avec une population chaleureuse et accueillante. *p. 99*

Bon à savoir : spontanés et ouverts, les Colonais ont souvent la réputation d'être les plus latins des Allemands !

3 Parcourir la vallée de la Moselle, entre riesling moelleux et vieilles pierres.

Jalonnée de villages pittoresques, la vallée de la Moselle offre une balade enchanteresse. Au gré des généreux méandres qui régulent son cours, cette paresseuse se glisse au milieu des admirables vignobles bordant ses berges escarpées. Laissez-vous bercer au rythme de l'eau en vous arrêtant au pied de majestueux châteaux romantiques pour visiter quelques caves et déguster un blanc sec de vendanges tardives. *p. 189*

***Bon à savoir :** les offices de tourisme fournissent la liste des vignerons locaux qui font visiter leurs chais.*

4 Se découvrir une passion pour l'imprimerie en visitant le formidable musée Gutenberg de Mayence (Mainz).

La capitale de la Rhénanie-Palatinat est une cité universitaire bien vivante. Après une balade dans la ville, visitez l'exceptionnel musée Gutenberg, qui retrace l'histoire de la naissance de l'imprimerie. Mayence est un point de départ idéal pour parcourir la vallée du Rhin. C'est aussi la 1re ville d'Allemagne pour le commerce du vin. *p. 170*

***Bon à savoir :** les rues parallèles au Rhin ont des plaques rouges et celles perpendiculaires des plaques bleues.*

5 Explorer la « Rome du Nord » et l'aimer sans Trève(s) !

Fondée par les Romains, la ville de Trier, est la plus ancienne d'Allemagne. Sa position stratégique en fit un temps une « 2de Rome » dont il subsiste de nombreux vestiges, classés au Patrimoine mondial de l'Unesco. Ainsi, la *Porta Nigra* est devenue son véritable emblème. C'est une agréable cité, touristique mais aussi universitaire. p. 196

***Bon à savoir :** lors du dernier w-e de juin, sa fête attire plus de 100 000 visiteurs. Spectacles et buffets sur les places principales et grand concert devant la cathédrale.*

6 Dans les environs de Sarrebruck, être sidéré devant la friche industrielle des hauts-fourneaux du Völklinger Hütte.

Construit à partir de 1873 et fermé en 1986, ce complexe sidérurgique s'étendait sur 600 000 m^2 et comptait 6 hauts-fourneaux pour produire fonte et acier. Témoin précieux du passé industriel de l'Allemagne, il a été classé au Patrimoine mondial de l'Unesco. Un parcours sécurisé permet d'accéder au cœur des installations qui servent de cadre à des expos temporaires de qualité et à des concerts. L'éclairage nocturne lui donne un caractère vraiment fantasmagorique. p. 214

***Bon à savoir :** consultez la programmation des expos et concerts sur • voelklinger-huette.org/fr •*

7 Entamer l'ascension du Philosophenweg, à Heidelberg, pour un pique-nique au soleil avec les étudiants et profiter de la vue depuis les ruines du château.

Cernée de forêts et de vignobles, Heidelberg est l'une des plus jolies villes du Bade-Wurtemberg. Son atmosphère particulière a fasciné une génération entière de poètes et d'artistes romantiques. Son université, renommée depuis 1386, s'enorgueillit de 30 Prix Nobel. Les étudiants animent les rues de la vieille ville, ou refont le monde dans les tavernes. *p. 239*

Bon à savoir : *Heidelberg est jumelée avec Montpellier. Normal quand on sait que l'enseignement de la médecine y a droit de cité.*

8 **Se promener le matin à Fribourg, entre les étals du marché, avant de monter à la tour du Münster.**

Au carrefour de l'Allemagne, la Suisse et la France, Fribourg-en-Brisgau a la chance d'avoir la lisière de la Forêt-Noire à ses portes : on peut en partir à pied à sa découverte. Depuis 500 ans, les étudiants peuplent les ruelles autour de la cathédrale gothique. Le vélo fait partie de leur style de vie écologique que beaucoup d'Allemands leur envient. Le centre-ville a été interdit aux voitures dès les années 1960. *p. 269*

Bon à savoir : *Fribourg a élu le 1er maire allemand issu du mouvement des* Grüne *(les Verts).*

9 **Buller au bord du lac de Constance, et finir la soirée en dégustant un sandre frais.**

Son climat doux est propice à la croissance d'une végétation méditerranéenne. Le lac est bordé de vignobles et de localités historiques pittoresques, ainsi que d'une cité lacustre du Paléolithique. Des navettes fluviales relient les villes et, l'été, le lac se pare d'innombrables voiles. Idéal pour se ressourcer en famille et s'adonner au *farniente*. *p. 252*

Bon à savoir : *le tour du lac peut se faire à vélo via une piste de 286 km passant par l'Autriche et la Suisse. • bodensee-radweg.com •*

10 Découvrir les trésors artistiques de Munich, avant de s'attabler dans une *Biergarten*.

Cité prospère, la capitale bavaroise est, après Berlin, la ville la plus visitée d'Allemagne. Traditionalisme et cosmopolitisme y font bon ménage, mode et industrie en rythment la vie. C'est aussi le plus grand centre piéton du pays. Munich n'a jamais perdu sa joie de vivre : rires et chants animent les brasseries ! Ici, on trinque volontiers avec les touristes, ce qui rapporte environ 3 milliards d'euros par an… *p. 287*

***Bon à savoir :** les réservations pour l'Oktober Fest se font au moins 6 mois à l'avance !*

© Getty Images/Juergen Sack

11 **En Bavière, visiter les châteaux de Louis II, et tenter de comprendre la fascination que son tragique destin suscite.**

Même si c'est un peu la cohue en été, les visites sont passionnantes. Mais vous serez tranquille à l'intersaison ou en hiver pour imaginer l'époque où cet homme singulier, et très seul, profitait de l'incroyable beauté de ces sites. *p. 331*

Bon à savoir : *réduc pour ceux qui logent dans les environs. Demandez à votre hôtel la* Resort Card *à présenter à la caisse du* Ticket-Center *pour retirer les billets réservés sur Internet. • ticket-center-hohenschwangau.de •*

12 **Grimper au sommet du Zugspitze pour contempler, à 2 964 m, tout le panorama des Alpes.**

Garmisch-Partenkirchen est la plus connue des stations de ski allemandes. Ses installations olympiques sont ouvertes au public, et les environs sont riches en randonnées. Grande attraction locale, le sommet du Zugspitze, point culminant du pays, avec une vue grandiose qui embrasse au sud les sommets alpins. p. 344

Bon à savoir : *le plus pratique – mais le plus cher – est de prendre le train à crémaillère, puis le téléphérique pour les 350 derniers mètres. En tt, env 1h30 de trajet. Prévoir des vêtements chauds.* • zugspitze.de •

© Westend 61 / hemis.fr

13 **À Regensburg (Ratisbonne), au bord du Danube, grignoter des saucisses grillées dans le plus ancien resto d'Allemagne.**

Riche de 1 200 monuments historiques, Regensburg est classée au Patrimoine mondial de l'Unesco. Son centre se découvre facilement à pied. La balade au fil des rues bordées de hautes tours de cette cité aux airs de Toscane équivaut à une remontée dans le temps. Elle fut la 1re capitale de la Bavière et le cœur politique du Saint Empire au temps de Charles Quint. *p. 361*

Bon à savoir : *ne pas manquer la visite du château des Thurn und Taxis, qui est encore habité par cette famille princière.*

(14) À Nuremberg, découvrir la richesse culturelle allemande au Germanisches Nationalmuseum, où trône le plus vieux globe du monde.

Riche ville au passé historique, industriel et culturel, Nuremberg est aussi liée aux fastes du nazisme. De nos jours, on est séduit par les remparts médiévaux qui enserrent la vieille ville et par ses musées aux collections fabuleuses. 3 artistes émergent de son panthéon artistique : Albrecht Dürer, le célèbre graveur de la Renaissance, et les sculpteurs Veit Stoss et Adam Kraft. Vous les retrouverez dans les salles du Musée national germanique. *p. 382*

***Bon à savoir :** ne pas manquer le Centre de documentation, établi sur les lieux mêmes des rassemblements de masse du nazisme. Passionnant ! • museen.nuernberg.de •*

(15) À Rothenburg ob der Tauber, flâner dans les rues pittoresques, qui conservent leur atmosphère médiévale depuis des siècles.

La plus visitée de la Route romantique, cette petite cité fortifiée domine le cours sinueux de la Tauber. Véritable cliché de carte postale, elle est considérée comme « la plus jolie petite ville d'Allemagne »… Résultat : on n'est pas tout seul ! Détruite à 40 % par les bombardements, Rothenburg a été reconstruite à l'identique, et on ne sait plus trop aujourd'hui ce qui appartient vraiment au patrimoine original. N'empêche que le résultat est charmant. *p. 414*

***Bon à savoir :** la spécialité locale, ce sont les* Schneeballen*, des « boules de neige » de pâte de bugne enrobées de chocolat ou de sucre…*

16 **À Dresde, au bord de l'Elbe, constater le remarquable travail de reconstruction de la ville, anéantie par les bombardements de 1945.** Le plus bel exemple reste la *Frauenkirche,* église luthérienne de style baroque, reconstruite à l'identique, avec sa superbe coupole. Les sublimes collections des princes de Saxe (XVIIIe s), conservées dans la Voûte verte historique et la Nouvelle Voûte verte, forment le cœur de ce trésor unique en Europe. Dans le palais du Zwinger, les collections de porcelaines sont parmi les plus belles du monde. p. 460

17 **Difficile de ne pas tomber sous le charme de Görlitz au bord du fleuve Neiße, qui marque la frontière naturelle avec la Pologne depuis 1945.** Elle compte près de 4 000 bâtiments épargnés par les destructions de la guerre. Les maisons et les palais présentent divers styles : gothique, Renaissance, baroque et Art nouveau. Un joyau révélé et une belle inconnue à découvrir ! *p. 486*

Bon à savoir : les cinéphiles seront heureux d'apprendre que Görlitz a accueilli de nombreux tournages de films.

18 À Lübeck, plonger en apnée dans l'histoire de la Ligue hanséatique et admirer la Holstentor du XVe s.

Mais qu'est-ce donc que cette fameuse Hanse, cette alliance économique des cités portuaires d'Europe du Nord au Moyen Âge ? La réponse au Musée européen de la Hanse qui se propose de tout vous expliquer sur le mode 2.0. *p. 549*

Bon à savoir : *pour clôturer cette visite, rien de tel pour se requinquer qu'un* marzipan, *la friandise emblématique de Lübeck !*

19 Explorer le port de Hambourg à bord de la ligne de ferry n° 62, pour le prix d'un ticket de bus.

Une excellente façon de sentir la ville et ce qui fait son identité. Plus le ferry descend l'Elbe, plus le contraste devient saisissant entre, à gauche, l'activité industrielle du 3e plus grand port d'Europe et, à droite, un rivage de plus en plus résidentiel et bourgeois. *p. 540*

Bon à savoir : *au retour, possibilité de prendre le bus n° 111 pour découvrir Speicherstadt (classé à l'Unesco) et le nouveau quartier de HafenCity.*

© POMPE Ingolf / hemis.fr

20 Revivre l'épopée des émigrés vers le Nouveau Monde au musée allemand de l'Émigration de Bremerhaven.

Ils furent plus de 7 millions à partir du port de Bremerhaven vers les Amériques entre 1830 et 1974. Le musée retrace le destin de quelques-uns de ces migrants et en associant les petites histoires à la grande à travers de superbes reconstitutions, c'est aussi une belle réflexion sur le phénomène inverse et, ô combien, d'actualité. Celui de populations immigrant en Allemagne pour fuir l'oppression, la misère, la guerre… *p. 573*

Bon à savoir : *mai-sept, mieux vaut arriver tôt le mat ou vers 16h pour éviter les groupes.*

© Mauritius / hemis.fr

L'église de Wies en Haute-Bavière

ITINÉRAIRES CONSEILLÉS

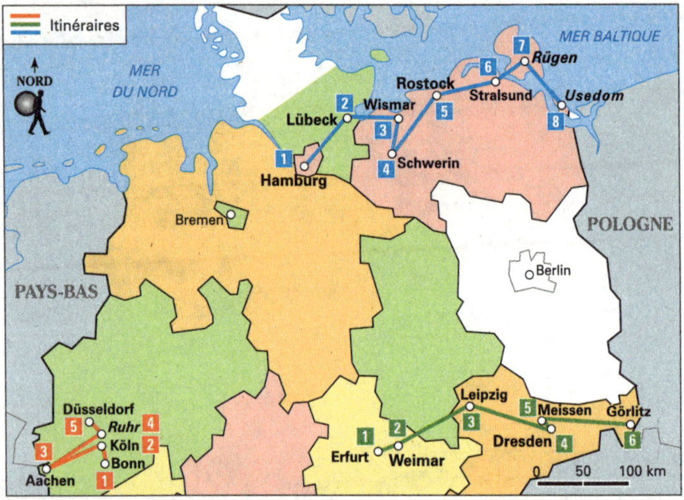

L'Allemagne est un vaste pays, et les distances à parcourir sont importantes. Inutile d'espérer le visiter d'une seule traite. Les centres d'intérêt sont multiples, et les régions ont chacune leurs caractéristiques naturelles, leurs traditions, leur climat… Dès lors, pourquoi ne pas vous suggérer quelques thèmes d'itinéraires en fonction de vos goûts et du temps disponible ? Après tout, l'Allemagne est proche, et si vous y avez goûté une fois, on parie que vous reviendrez en voisin impatient d'en découvrir plus.

Le Nord

Commerce, art et industrie : Rhénanie et Ruhr (7 jours)

Bonn (1), l'ancienne capitale de la RFA, **Cologne (2),** la grande métropole rhénane, **Aix (3),** la cité de Charlemagne, **la Ruhr (4)** et ses vestiges industriels, et **Düsseldorf (5),** entre tradition et modernité.

Baroque, musique et littérature : Thuringe et Saxe (7 jours)

Erfurt (1), la capitale de la Thuringe, **Weimar (2),** le souvenir de Goethe, **Leipzig (3),** la grande ville des foires, **Dresde (4),** la perle du baroque, **Meissen (5)** et ses célèbres porcelaines, et **Görlitz (6),** aux confins de la Pologne.

Villes hanséatiques, églises gothiques et plages de la Baltique (9 jours)

Hambourg (1), le grand port sur l'Elbe, **Lübeck (2),** la perle hanséatique, **Wismar (3),** la médiévale, **Schwerin (4),** entourée de lacs, **Rostock (5),** l'ex-port de la RDA, **Stralsund (6),** la gothique, **Rügen (7)** et ses blanches falaises, et **Usedom (8),** le Deauville des Berlinois.

Le château de Pfalzgrafenstein, planté au milieu du Rhin

L'Ouest

L'or du Rhin (7 jours)

Coblence (1), au confluent de la Moselle et du Rhin, **Boppard (2)** et ses méandres, **Sankt Goar (3),** le promontoire de la Lorelei, **Oberwesel (4)** et son château aux 18 tours, **Bacharach (5),** le fief des comtes palatins, **Bingen (6),** la résidence des évêques de Mayence, et **Rüdesheim (7),** avec son musée des Instruments mécaniques.

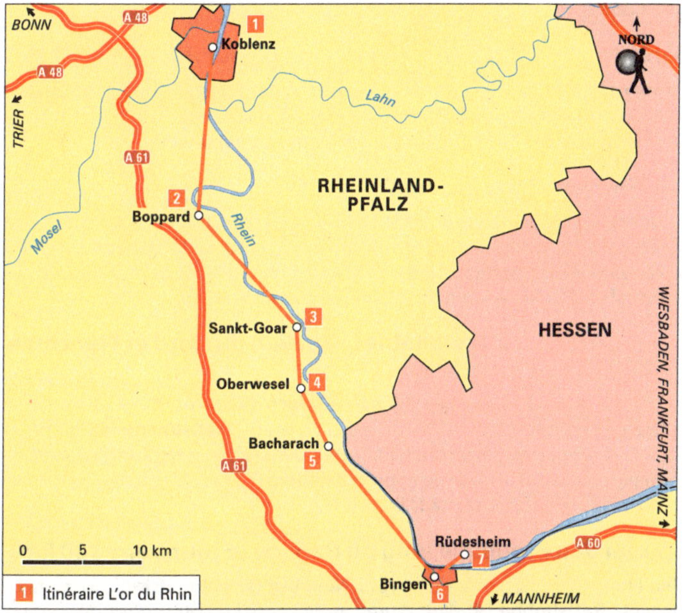

Le Sud

Vestiges romains, vignobles et villes d'eau (7 jours)

Trêves (1), cité romaine, **la vallée de la Moselle (2)** et ses vignobles, **Coblence (3),** au confluent du Rhin, **Wiesbaden (4)** et ses sources thermales, **Mayence (5),** ville de Gutenberg, **Spire (6),** ville impériale, et **Baden-Baden (7),** avec ses thermes et son casino.

Forêt-Noire et industrie automobile (7 jours)

Fribourg (1), l'écologiste, **Titisee (2),** le grand lac dans la forêt, **Triberg (3),** la patrie des coucous, **Gengenbach (4)** et ses maisons à colombages, **Tübingen (5),** cité universitaire, et **Stuttgart (6),** berceau de l'industrie automobile.

Du Rhin aux Alpes (8 jours)

Fribourg (1), capitale de la Forêt-Noire, **Constance (2),** enclavée en Suisse, **Meersburg (3),** village de vignerons, **Lindau (4),** porte de la Bavière, **Füssen (5),** au carrefour de la Route romantique, **Oberammergau (6)** et ses maisons peintes, et **Garmisch-Partenkirchen (7),** la Mecque du ski allemand.

Remparts, opéra et vignobles : Bavière du Nord et Franconie (9 jours)

Augsbourg (1), la ville des Fugger, **Munich (2),** avec BMW, Siemens et la fête de la Bière, **Passau (3),** au bord du Danube, **Ratisbonne (4),** où siégea la Diète des Empereurs germaniques, **Nuremberg (5),** au passé lourd de sombres souvenirs, **Bayreuth (6),** ville de Wagner, **Bamberg (7),** ville épiscopale et impériale, et **Wurtzbourg (8),** avec sa citadelle et son vignoble.

Spécial deux-roues, le long du Danube (6 jours, env 300 km)

Ulm (1) et son quartier des pêcheurs, **Neuburg (2)** et **Ingolstadt (3),** au fil du Danube, **Ratisbonne (4),** aux allures de cité toscane, **Straubing (5),** celte et romaine, et **Passau (6),** au confluent de 3 cours d'eau.

SI VOUS AIMEZ...

Le Patrimoine mondial de l'Unesco : 2 000 ans d'histoire ont laissé de nombreuses traces en Allemagne, témoins de phénomènes naturels ou de réalisations humaines. Parmi les plus remarquables (51 au total) : des édifices comme la cathédrale de Cologne ou l'opéra de Bayreuth, des ensembles urbains comme les villes hanséatiques, mais également des sites industriels, des grottes, des paysages exceptionnels et bien d'autres.

Les grandes villes : on compte plus de 10 000 villes en Allemagne, entre la mer du Nord et les Alpes, chacune avec son caractère propre. Métropoles trépidantes ou paisibles, hauts lieux de l'architecture riches de curiosités historiques, de grands musées, de rues commerçantes animées ou de maisons à colombages, elles ne demandent qu'à être découvertes.

La nature : on est surpris de découvrir une nature omniprésente à l'état brut en contraste avec l'idée qu'on se fait d'une nation industrielle : 14 parcs nationaux attendent le randonneur pour lui procurer des émotions profondes et un sentiment de totale harmonie. Même dans la Ruhr la nature est présente !

Les musées : instructifs, originaux et parfois fascinants grâce à leur modernisation, les 4 000 musées allemands entraînent les visiteurs dans des univers parmi les plus variés : art, histoire, techniques, architecture, musique, littérature ou histoire naturelle.

L'automobile : les grandes marques tiennent une place particulière dans le cœur des Allemands. Non seulement elles se distinguent par des qualités de fiabilité et d'innovation mais, en plus, elles s'exposent ! Plus de 200 espaces de découverte sur le thème de l'automobile et de la technique sont répartis à travers tout le pays. À Stuttgart, Munich ou Wolfsburg, les amateurs de belles cylindrées seront ravis, sans compter les nombreux musées qui présentent les modèles d'antan.

Le cyclotourisme : plus de 70 000 km de pistes cyclables et 200 sentiers de cyclotourisme : le choix est difficile. Les ambitieux s'attaqueront aux Alpes, les amateurs de balades choisiront les vignobles ou les cours d'eau, parfaits pour les familles. On y trouvera une ribambelle d'hébergements, de la ferme au château-hôtel, souvent aménagés tout spécialement pour l'accueil des cyclistes.

La musique : l'Allemagne est une scène permanente. On y trouve plus d'une centaine de salles de concerts classiques avec des orchestres de réputation internationale. Par ailleurs, châteaux, paysages naturels et même circuits automobiles sont le cadre de festivals les plus variés. Sans oublier l'hommage rendu dans les villes où ont vécu les maîtres du classique : Bach, Haendel, Beethoven, Brahms, Schumann, Mendelsohn…

Les marchés de Noël : une tradition bien ancrée dans tout le pays. Plus de 150 marchés d'artisanat, au milieu des lumières de fête, avec musique, chants et bonnes choses à déguster, dans les senteurs de vin chaud et de cannelle, qui raviront petits et grands.

Carnaval dans le Bade-Wurtemberg

Interview #experienceroutard

Par la rédaction du *Routard*

En quoi cette destination est-elle unique ?

Un vaste pays au centre de l'Europe, aux paysages composés de forêts, de rivières, de chaînes montagneuses et de plages sur la mer Baltique et parsemé d'une multitude de grandes et petites villes qui se sont reconstruites après la guerre. Un pays dont l'histoire remonte à plus de 2 000 ans, avec une profusion de richesses culturelles et naturelles à donner le tournis, comptant pas moins de ***51 sites au Patrimoine de l'Unesco.*** Voilà de quoi meubler non seulement un, mais plusieurs voyages enrichissants, c'est certain !

Une ville à découvrir ?

Joyau de la culture européenne lovée dans les méandres de l'Elbe et bordée par les collines de la Suisse saxonne, résidence des ducs et des rois de Saxe pendant 700 ans, ***Dresde*** a longtemps été surnommée la Florence du Nord. Rasée à 90 % en 1945, elle n'en reste pas moins la ville de l'Est la plus visitée grâce à un centre historique reconstruit pierre après pierre. Sa partie baroque (l'Altstadt) est classée au Patrimoine mondial de l'Unesco. Elle compte un célébrissime opéra et des musées parmi les plus riches d'Europe et peut sans complexe figurer à présent dans le top 5 des villes incontournables d'Allemagne.

Un bâtiment grandiose ?

La cathédrale de Cologne. C'est l'une des plus grandes églises de la chrétienté, archétype de l'édifice du haut gothique dans sa forme la plus pure et la plus aboutie. Elle reçoit plus de 6,5 millions de visiteurs par an. Avec ses 2 tours vertigineuses qui s'élancent à 157 m de haut, figées vers le ciel, elle reste l'une des icônes du pays.

Une spécialité incontournable ?

Traditionnelles de la Souabe et confectionnées à la maison, les ***Maultaschen*** sont des ravioles de forme rectangulaire, garnies d'une grande variété de farces. Elles étaient auparavant un plat du pauvre, car elles permettaient de fournir des repas nourrissants en utilisant des restes de viande, de légumes et de pain.

Un livre à emporter ?

Histoire d'un Allemand de l'Est, de Maxim Leo. Un Allemand revient sur les événements qui ont emporté sa propre famille. Après avoir combattu dans la Résistance française, son grand-père juif a contribué à la fondation de la RDA. Sa mère a cru en l'avenir du jeune État communiste, tandis que son père rêvait de le voir disparaître. La force du récit réside dans l'intelligence avec laquelle l'auteur organise sa narration sur une soixantaine d'années. Son talent rend ce témoignage et ses protagonistes inoubliables.

LES QUESTIONS QU'ON SE POSE AVANT LE DÉPART

➢ Quels sont les documents nécessaires ?

Pour les ressortissants de l'UE et de la Suisse, la ***carte d'identité*** ou le ***passeport*** (enfants compris) en cours de validité suffisent. Pour les Canadiens, passeport en cours de validité pour les séjours touristiques de moins de 90 jours.
Pour l'autorisation de sortie de territoire lorsque les mineurs ne sont pas accompagnés par un de leurs parents, chaque pays a mis en place ses propres règles. Ainsi, pour les ***mineurs français,*** une loi ***a rétabli l'autorisation de sortie du territoire.*** Pour voyager à l'étranger, ils doivent être munis d'une pièce d'identité (carte d'identité ou passeport), d'un formulaire signé par l'un des parents titulaires de l'autorité parentale et d'une photocopie de la pièce d'identité du parent signataire. Renseignements auprès des services de votre commune et sur • *service-public.fr* •

➢ Quelle est la meilleure saison ?

L'Allemagne jouit d'un climat continental, et la météo est assez contrastée en fonction de la latitude. La neige s'installe plus longtemps jusqu'au printemps, les mois d'été peuvent être chauds et secs. Printemps et automne sont parfois pluvieux. Les villes se visitent en toute saison. Les bords du lac de Constance sont baignés par une douceur méditerranéenne, quant aux rivages de la Baltique, si le soleil est de la partie en été, vous ne regretterez pas d'avoir emporté votre maillot !

➢ Quel budget prévoir ?

Malgré une inflation qui atteint les 10 % en 2022, le coût de la vie en Allemagne est encore abordable. Pour les budgets serrés, on trouve une ribambelle de campings, d'auberges de jeunesse et *hostels,* ainsi que des centaines d'adresses bon marché, dont les *Imbiss* (snacks de rue). Au restaurant, les prix restent sensiblement moins chers qu'en France, et vu la taille des portions, on peut se contenter d'un plat. Il est intéressant de profiter de la générosité des buffets aux petits déj des hôtels. En revanche, prévoir un budget solide pour les musées et les parkings en ville.

➢ Comment se déplacer ?

Le pays est très grand, et il vaut mieux se limiter à 1 ou 2 régions à la fois. En train, on peut profiter des offres de la *Deutsche Bahn,* comme le *German Pass Rail,* sur un réseau de trains rapides *(ICE)* comparables aux TGV. Mais aussi saisir l'offre incroyable du gouvernement fédéral, destinée à contrer la pénurie des hydrocarbures russes, de voyager en illimité dans les trains régionaux et d'emprunter les transports en commun de toutes les villes allemandes pour seulement 9 € par mois. L'expérience qui a porté sur 3 mois sera-t-elle renouvelée ? Au moment de mettre sous presse, la décision n'a pas été prise. Infos sur • *bahn.com* •
Les autoroutes sont gratuites. ***L'accès des voitures aux grandes villes est soumis à des règles antipollution rigoureuses.*** Voir notre chapitre « Comment y aller ? En voiture ».
Le réseau des bus complète efficacement celui des chemins de fer. Et en ville, celui des transports en commun est dense, fiable et très pratique. Et le vélo a la cote dans un pays de plus en plus soucieux d'écologie et qui a créé de véritables infrastructures routières affectées uniquement à la petite reine.

➢ Y a-t-il des problèmes de sécurité ?

Quasiment aucun. Les précautions élémentaires universelles sont suffisantes pour voyager.

➢ Peut-on y aller avec des enfants ?

Les enfants sont les bienvenus (souvent gratuitement) dans pas mal de musées qui organisent des activités ludiques. Les parcs d'attractions sont nombreux. Et, dans maintes régions, ils adoreront vous accompagner à vélo. Repérez nos meilleurs sites grâce au symbole 👪.

➢ Comment payer sur place ?

L'Allemagne étant dans la zone euro, aucune commission ne sera débitée de votre compte pour les retraits et paiements par carte dans la même devise. Bien que cela évolue, beaucoup de commerces continuent à privilégier les règlements en espèces surtout pour les sommes inférieures à 20 €.

➢ La langue est-elle un obstacle ?

La question se pose moins dans les grandes villes, car beaucoup d'Allemands parlent l'anglais. Faites un effort pour retenir quelques mots du vocabulaire courant et vous serez étonné du nombre de vos interlocuteurs qui, eux, se débrouillent en français.

➢ Pourquoi restons-nous si réticents à visiter l'Allemagne ?

L'histoire a sans doute pas mal contribué à installer durablement quelques préjugés. Heureusement les choses ont changé, et les jeunes Français sont de plus en plus nombreux à séjourner en Allemagne pour se familiariser avec la langue de Goethe et construire l'Europe avec nos partenaires à présent incontournables.

➢ N'y boit-on que de la bière ?

C'est vrai que l'Allemand moyen ingurgite facilement ses 150 l annuels. C'est le moment de découvrir les plus typiques. Mais les vins produits dans le pays sont de plus en plus intéressants. En revanche, le *Sekt* (mousseux) ne fera jamais oublier le champagne...

➢ Et la culture dans tout cela ?

Vous allez vous régaler : des châteaux en pagaille, des musées fabuleux et pas trop chers, des expos pointues, des concerts classiques à gogo, des festivals de rock, des scènes alternatives... et les traces d'une riche histoire, encore présentes à chaque coin de rue. En Allemagne, le mot *Kultur* ne rime jamais avec pénurie.

Pensez à scanner passeport, visa, carte de paiement, billet d'avion et *vouchers* d'hôtel. Ensuite, adressez-les-vous par e-mail, en pièces jointes. En cas de perte ou vol, rien de plus facile pour les récupérer. Les démarches administratives seront bien plus rapides. Merci tonton Routard !

COMMENT Y ALLER ?

EN AVION

Les compagnies régulières

▲ **AIR FRANCE**
Rens et résas au ☎ 09-69-39-36-54 (tlj ; appel non surtaxé) ou sur • airfrance.fr •
Air France assure en moyenne 38 vols directs/j. vers l'Allemagne.
➢ ***Au départ de Paris-Charles-de-Gaulle :*** vols directs pour Francfort, Hambourg, Munich et Berlin-Brandenburg Airport (BER ; 7/j.).
➢ ***Au départ de Toulouse :*** liaison directe pour Hambourg.

▲ **LUFTHANSA**
• lufthansa.fr •
Lufthansa propose de nombreux vols directs entre la France et l'Allemagne, dont certains en partage de code avec ses partenaires de *Star Alliance* : Austrian, Brussels Airlines, Eurowings et Swiss.
L'aéroport de Francfort, un des plus grands d'Europe, dispose d'une gare de trains à grande vitesse *(ICE)* en liaison avec toutes les grandes villes allemandes et le réseau du TGV-Est.
Enregistrement automatique pour les villes à l'intérieur de l'espace Schengen.
➢ ***Départs depuis la Belgique :*** de Brussels Airport, vols vers Munich en partage de code avec Brussels Airlines.
➢ ***Départs depuis la Suisse :*** de Genève vers Francfort et Munich.

▲ **BRUSSELS AIRLINES**
• brusselsairlines.com •
Plus de 50 destinations en Europe dont Berlin et Hambourg au départ de Brussels Airport.

Les compagnies *low-cost*

Conservez dans votre bagage en cabine vos médicaments, vos divers appareils et chargeurs ainsi que vos objets de valeur (clés et bijoux). Et, on ne sait jamais, ajoutez-y de quoi vous changer si vos bagages n'arrivaient pas en même temps que vous.

▲ **EASYJET**
Résas seulement via Internet. • easyjet.com •
➢ Vols de Paris-Orly, Paris-CDG, Bâle-Mulhouse, Biarritz, Bordeaux, Lyon, Nantes et Nice, ainsi que Brussels Airport, Genève et Zurich, pour Berlin-BER, Brême et Hambourg (Lübeck) ; de Bâle-Mulhouse, Bordeaux et Nice, ainsi que Genève et Zurich pour Hambourg ; et de Bâle-Mulhouse pour Dresde. Relie aussi plusieurs villes allemandes entre elles.

▲ **EUROWINGS**
• eurowings.com •
➢ Au départ de Paris-CDG ; Bastia, Calvi et Montpellier (en été seulement) ; Grenoble, Lyon, Marseille et Nice, ainsi que Bruxelles, Genève, Zurich et Bâle-Mulhouse, liaisons régulières vers une quinzaine d'aéroports allemands, dont Berlin-BER, Düsseldorf, Hambourg, Cologne-Bonn, Stuttgart, Munich et Sylt.

▲ **RYANAIR**
• ryanair.com •
➢ Vols pour Berlin (BER) au départ de Marseille et Brussels Airport.

LES ORGANISMES DE VOYAGES

En France

▲ **AMSLAV TOURISME**
– Paris : 60, rue de Richelieu, 75002. ☎ 01-44-88-20-40. • amslav.com • Ⓜ Bourse ou Pyramides. Lun-ven 9h-18h ; sam 10h-12h, 14h-17h sur rdv.
Tour-opérateur et créateur de voyages,

Trouvez les mots QUI SAUVENT !

Amslav Tourisme est spécialiste de l'Europe centrale et orientale, dont l'Allemagne. L'équipe, composée de personnel expérimenté connaissant parfaitement le terrain pour y avoir vécu ou pour y être né, réunit son expérience et son savoir-faire pour proposer une gamme variée de produits : week-ends, voyages à la carte, séjours libres ou organisés, autotours, circuits culturels, circuits combinés dans plusieurs pays d'Europe centrale et orientale.

▲ COMPTOIR DES VOYAGES

• comptoir.fr • Lun-sam 9h30-18h30.
– Paris : 2-18, rue Saint-Victor, 75005. ☎ 01-53-10-30-15.
– Bordeaux : 26, cours du Chapeau-Rouge, 33800. ☎ 05-35-54-31-40.
– Lille : 76, rue Nationale, 59160. ☎ 03-28-04-68-20.
-Lyon : 10, quai Tilsitt, 69002. ☎ 04-72-44-13-40.
– Marseille : 12, rue Breteuil, 13001. ☎ 04-84-25-21-80.
– Nice : 62, rue Giofreddo, 06000. ☎ 04-97-03-64-80.
– Toulouse : 43, rue Peyrolières, 31000. ☎ 05-62-30-15-00.

En plus de 30 ans, Comptoir des Voyages s'est imposé comme la référence incontournable du voyage sur mesure en immersion, avec plus de 90 destinations couvrant les 5 continents. Nos conseillers-spécialistes construisent des voyages uniques en s'adaptant à votre budget, vos goûts et vos envies. Pour favoriser les rencontres et l'immersion dans la vie locale, ils privilégient des hébergements typiques et des expériences authentiques. Sur place, nos *Welcome Hosts* francophones partagent avec vous conseils et bonnes adresses le temps d'un café. Sur votre smartphone, notre application mobile Luciole vous informe sur le déroulé de votre voyage et vous guide grâce à un GPS hors connexion. Comptoir des Voyages est membre d'Agir pour un tourisme responsable depuis 2009, labellisation ATR renouvelée par Ecocert Environnement cette année.

▲ LA ROUTE DES VOYAGES

• laroutedesvoyages.com • Agences ouv lun-ven 9h-19h (18h ven). Rdv conseillé.
– Paris : 10, rue Choron, 75009. ☎ 01-55-31-98-80. Ⓜ Notre-Dame-de-Lorette.
– Angers : 6, rue Corneille, 49000. ☎ 02-41-43-26-65.
– Annecy : 4 bis, av. d'Aléry, 74000. ☎ 04-50-45-60-20.
– Bordeaux : 19, rue des Frères-Bonie, 33000. ☎ 05-56-90-11-20.
– Lorient : 42, av. de la Perrière, 56100. 📱 06-15-48-82-69. Sur rdv lun-mer.
– Lyon : 59, rue Franklin, 69002. ☎ 04-78-42-53-58.
– Toulouse : 27, rue Perchepinte, 31000. ☎ 05-62-27-00-68.

25 ans d'expérience de voyage sur mesure sur les 5 continents ! 15 pays en Europe complètent à présent leur offre. Cette équipe de voyageurs passionnée a développé un vrai savoir-faire du voyage personnalisé : écoute, conseils, voyages de repérage réguliers et des correspondants sur place soigneusement sélectionnés avec qui ils travaillent en direct. Son engagement à promouvoir un tourisme responsable se traduit par des possibilités de séjours solidaires à insérer dans les itinéraires de découverte individuelle. Elle a aussi créé un programme de compensation solidaire qui permet de financer des projets de développement locaux.

▲ TERRES D'AVENTURE

• terdav.com •
– Paris : 30, rue Saint-Augustin, 75002. ☎ 01-70-82-90-00. Ⓜ Opéra ou Quatre-Septembre. Lun-sam 10h-18h.
– Agences également à Bordeaux, Grenoble, Lille, Lyon, Marseille, Nantes, Rennes, Strasbourg et Toulouse.

Depuis 1976, Terres d'Aventure, spécialiste du voyage à pied, propose aux voyageurs passionnés de marche et de rencontres des randonnées hors des sentiers battus à la découverte des grands espaces de notre planète. Voyages à pied, à cheval, en bateau, à raquettes... Sur tous les continents, des aventures en petits groupes ou en individuel encadrés par des professionnels expérimentés sont proposées. Les hébergements dépendent des sites explorés : camps d'altitude, bivouacs, refuges ou petits hôtels. Les voyages sont conçus par niveaux de difficulté : de la simple balade en plaine

à l'expédition sportive en passant par la course en haute montagne.
En province, certaines de leurs agences sont de véritables *Cités des Voyageurs* dédiées au voyage. Consultez le programme des manifestations sur leur site internet.

▲ VOYAGEURS DU MONDE

– Voyageurs en Europe centrale et en Allemagne. Le spécialiste du voyage en individuel sur mesure. ☎ 01-42-86-17-60. • voyageursdumonde.fr •

– Paris : La Cité des Voyageurs, 55, rue Sainte-Anne, 75002. ☎ 01-42-86-16-00. Ⓜ Opéra ou Pyramides. Lun-sam 9h30-19h. Avec une librairie spécialisée sur les voyages.

– Également des agences à Bordeaux, Grenoble, Lille, Lyon, Marseille, Montpellier, Nantes, Nice, Rennes, Rouen, Strasbourg et Toulouse ainsi que Bruxelles, Lausanne, Genève, Montréal et Québec.

Parce que chaque voyageur est différent, que chacun a ses rêves et ses idées pour les réaliser, Voyageurs du Monde conçoit, depuis plus de 30 ans, des projets sur mesure. Les séjours proposés sur 120 destinations sont élaborés par leurs 180 conseillers voyageurs. Spécialistes par pays et même par région, ils vous aideront à personnaliser les voyages présentés à travers une trentaine de brochures d'un nouveau type et sur le site internet où vous pourrez également découvrir les hébergements exclusifs et consulter votre espace personnalisé. Au cours de votre séjour, vous bénéficiez des services personnalisés Voyageurs du Monde, dont la possibilité de modifier à tout moment votre voyage, l'assistance d'un concierge local, la mise en place de rencontres et de visites privées, et l'accès à votre carnet de voyage via une application iPhone et Android.
Voyageurs du Monde est membre de l'association ATR (Agir pour un tourisme responsable) et a obtenu sa certification Tourisme responsable AFAQ AFNOR.

Comment aller à Roissy et à Orly ?

Toutes les infos sur notre site *• routard.com •* à la rubrique suivante : *• bit.ly/aeroports-routard •*

En Belgique

▲ CONNECTIONS

Rens et résas : ☎ 070-233-313. • connections.be •

Fort d'une expérience de plus de 20 ans dans le domaine du voyage, Connections dispose d'un réseau de 32 *travel shops* dont une à Brussels Airport. Connections propose des vols dans le monde entier à des tarifs avantageux et des voyages destinés à tous ceux qui désirent découvrir la planète de façon autonome. Connections propose une gamme complète de produits : vols, hébergements, locations de voitures, autotours, vacances sportives, excursions...

▲ TERRES D'AVENTURE

– Bruxelles : chaussée de Charleroi, 23, 1060. ☎ 02-543-95-60. • terdav.com • Lun-sam 9h30-19h.

Voir texte dans la partie « En France ».

▲ VOYAGEURS DU MONDE

– Bruxelles : chaussée de Charleroi, 23, 1060. ☎ 02-543-95-50. • voyageursdumonde.com •

Le spécialiste du voyage en individuel sur mesure.
Voir texte dans la partie « En France ».

En Suisse

▲ TERRES D'AVENTURE

– Genève : rue de la Rôtisserie, 19, 1204. ☎ 022-519-12-20. • geneve@terdav.com • Lun-ven 10h-19h, sam 9h-18h.

Voir texte dans la partie « En France ».

▲ VOYAGEURS DU MONDE

• voyageursdumonde.com •

– Genève : rue de la Rôtisserie, 19, 1204. ☎ 022-519-12-10. Lun-ven 9h30-19h, sam 9h30-18h30.

– Lausanne : rue du Bourg, 6 (2e étage), 1003. ☎ 021-519-10-65. Lun-ven 9h-18h30, sam sur rdv.

Le spécialiste du voyage en individuel sur mesure.
Voir texte dans la partie « En France ».

Au Québec

▲ TOURS CHANTECLERC

• tourschanteclerc.com •

Tours Chanteclerc est un tour-opérateur qui publie différentes brochures de voyages : Europe, Amérique du Nord, Amérique du Sud, Asie et Pacifique sud, Afrique et le Bassin méditerranéen en circuits ou en séjours. Il s'adresse aux voyageurs indépendants qui réservent un billet d'avion, un hébergement (dans toute l'Europe), des excursions ou une location de voiture.

EN TRAIN

➢ ***Pour Karlsruhe :*** 17 A/R directs/j. (avec TGV ou *ICE*) en 3h33 min au départ de Paris-Est.

➢ ***Pour Francfort :*** 10 A/R directs/j. (avec TGV ou *ICE*) en 3h48 min au départ de Paris-Est, via Sarrebruck, Kaiserslautern et Mannheim. 1 A/R direct/j. avec TGV aux départs de Marseille, Lyon et Strasbourg grâce au réseau TGV Rhin-Rhône.

➢ ***Pour Stuttgart :*** 11 A/R directs/j. avec TGV en 4h42 min au départ de Paris-Est via Karlsruhe et Strasbourg. L'un de ces TGV se prolonge directement jusqu'à Munich en 6h52 via Ulm et Augsbourg.

➢ ***Pour Cologne et Berlin :*** plusieurs trains quotidiens relient Paris à Berlin (HBF). 2 options :

– ***Au départ de Paris-Nord :*** 6 A/R tlj en *Thalys* avec changement à Cologne pour emprunter le réseau *Intercity* (compter un peu plus de 8h de trajet).

– ***Au départ de Paris-Est :*** pour rejoindre Berlin, TGV-Est soit par Sarrebruck, Kaiserslautern et changement à Mannheim pour Berlin, soit par Strasbourg, Francfort (changement) et Berlin (env 8h de trajet).

De ces villes, on pourra utiliser le réseau rapide allemand de la *DB* pour rejoindre les autres grandes villes. Pour en savoir plus, se renseigner sur ● *bahn.de* ●

Renseignements et réservations

– ***Internet :*** ● *sncf-connect.com* ●

– ***Téléphone :*** ☎ *36-35 (0,40 €/mn).*

– Également dans les gares, les boutiques SNCF et les agences de voyages agréées.

Les *pass* internationaux

Avec les ***pass Interrail,*** les résidents européens peuvent voyager dans 33 pays d'Europe, dont l'Allemagne. Plusieurs formules et autant de tarifs, en fonction de la destination et de l'âge.

À noter que le *pass Interrail* n'est pas valable dans votre pays de résidence. Cependant, le *Pass Interrail Global* offre une réduction de 50 % de votre point de départ jusqu'au point frontière en France. ● *interrailnet.eu* ●

– Pour les grands voyageurs, le ***Pass Interrail Global*** est valable dans l'ensemble des 33 pays européens concernés, intéressant si vous comptez parcourir plusieurs pays au cours du même périple. Il se présente sous plusieurs formes au choix :

5 formules flexibles utilisables 4, 5 ou 7 j. sur une période de validité de 1 mois (185-251 € selon formule en version jeune 12-27 ans), ou utilisables 10 ou 15 j. sur une période de validité de 2 mois (301-370 € selon formule en version jeune 12-27 ans) ;

5 formules « continues » : *pass* 15 j., 22 j., 1 mois, 2 mois ou 3 mois (332-677 € selon formule en version jeune 12-27 ans).

Ces formules existent aussi en version 1re classe ! Les voyageurs de plus de 60 ans bénéficient d'une réduc sur le tarif du *Pass Interrail Global* en 1re et 2de classes (tarif senior). Également des tarifs enfants 4-11 ans et adultes 28 ans et plus.

– Si vous ne parcourez que l'Allemagne, le ***Pass Interrail Un Pays*** vous suffira. D'une période de validité de 1 mois et utilisable, selon les formules, 3, 4, 5, 6 ou 8 j. en discontinu : tarif selon pays et formule. Là encore, ces formules se déclinent en version 1re classe (mais ce n'est pas le même prix, bien sûr). Pour voyager dans 2 pays, vous pouvez combiner 2 ***Pass Interrail Un Pays.*** Au-delà, il est préférable de prendre le *Pass Interrail Global.*

Interrail offre également la possibilité d'obtenir des réductions ou des avantages à travers toute l'Europe avec ses partenaires bonus (musées, chemins de fer privés, hôtels, etc.).
Tous ces prix ne sont qu'indicatifs.

EN VOITURE

Ceux qui n'ont pas séché leurs cours de géographie au collège savent bien que l'Allemagne est un pays limitrophe à la France. Bref, ce n'est pas si loin ! De plus, après Strasbourg, les autoroutes se déploient sur 12 000 km et sont gratuites. En Allemagne, il n'y a pas de limitation de vitesse sur les autoroutes, mais il est recommandé de ne pas dépasser les 130 km/h et d'éviter de tomber en panne d'essence, vous risqueriez une amende. Néanmoins, les travaux de réfection sont nombreux et parfois de fâcheux bouchons se forment ; tenez-en compte, surtout si vous devez rejoindre un aéroport.

➢ ***Pour rejoindre le nord de l'Allemagne :*** l'itinéraire passera par la Belgique. Autoroute du Nord A 1, puis A 2 et E 42 vers Liège et Cologne. Autoroutes gratuites en Belgique.

➢ ***Pour le centre et le sud de l'Allemagne :*** A 4 vers Metz et Sarrebruck, puis vers le nord-est direction Francfort-sur-le-Main, ou vers le sud-est vers Stuttgart et la Forêt-Noire via Strasbourg.

Accès aux zones urbaines

Instaurées dans de nombreuses villes allemandes, des mesures antipollution visent à restreindre la circulation des véhicules émetteurs de particules fines. ***Tous les véhicules immatriculés à l'étranger doivent être munis d'une vignette de couleur, à afficher sur le pare-brise, indiquant à quel groupe de polluants ils appartiennent. La liste des villes concernées se trouve sur le site*** • *umwelt-plakette.de* •
Ces zones sont signalées par un panneau « ***Umweltzone*** » au bas duquel figurent les couleurs des vignettes autorisées à circuler dans l'aire concernée à savoir les « zones vertes », cette couleur étant celle des véhicules les moins polluants. ***Les touristes visitant ces villes doivent se rendre avec leur carte grise dans les garages, les stations-service, les bureaux d'immatriculation (Zulassungsstelle) ou les centres de contrôle techniques agréés (TÜV, DEKRA…). La vignette (9,90 €) est valable dans tout le pays. Il est aussi possible de commander cette vignette avant de partir par courrier ou message électronique, mais c'est un peu plus cher.*** Toute infraction au règlement de la zone écologique est passible d'une amende de 80 € ! Les motos ne sont pas concernées par cette obligation.

Covoiturage

Un principe économique, écologique, convivial et à présent très répandu. Il s'agit de mettre en relation un chauffeur et des passagers afin de partager le trajet et les frais, que ce soit de manière régulière ou de façon exceptionnelle (pour les vacances, par exemple). Les conducteurs sont invités à proposer leurs places libres sur • *blablacar.fr* • (disponible sur Web et sur mobile). L'inscription est gratuite.

EN BUS

2 compagnies se partagent le réseau des bus longue distance en Europe : ***FlixBus*** et ***BlaBlaBus.*** De nouvelles dessertes sont régulièrement mises en place entre de nombreuses villes du continent. Il existe des sites de comparaisons et de réservations de billets, certains concernent plusieurs modes de transport (train, bus, covoiturage) et permettent d'acheter directement son billet : • *kombo.com* • *comparabus.com* •

ALLEMAGNE UTILE

ABC de l'Allemagne

- *Nom officiel :* République fédérale d'Allemagne (RFA).
- *Superficie :* 357 386 km².
- *Population :* 83,7 millions d'hab. dont 8,7 millions d'étrangers.
- *Densité :* 234 hab./km² (le double de la France).
- *Espérance de vie :* 79,6 ans pour les hommes, 84,1 pour les femmes.
- *Capitale :* Berlin (3,75 millions d'hab.).
- *Religions :* protestantisme luthérien, catholicisme, islam.
- *Langue officielle :* allemand.
- *Monnaie :* l'euro.
- *PIB :* 43 300 €/hab. (4e rang mondial).
- *Taux de chômage :* 5,4 % (2022).
- *Indice de développement humain :* 0,947. 6e place sur 228 pays.
- *Régime politique :* république constitutionnelle parlementaire fédérale.
- *Chef du gouvernement (chancelier) :* Olaf Scholz (SPD élu en 2021).

AVANT LE DÉPART

En France

Office national allemand de tourisme : *fermé au public. Nombreuses brochures, téléchargeables sur le site valable pour ts les pays francophones.* • *germany.travel/fr/* •

Institut Goethe : *17, av. d'Iéna, 75116 Paris.* ☎ *01-44-43-92-30.* • *goethe.de/paris* • Ⓜ *Iéna. Tlj sauf w-e et en août 10h-15h30. Accès à la bibliothèque : mar, mer et ven 9h-21h, jeu 9h-16h, sam 9h-17h. Fermé de mi-juil à mi-août.* Cinéma, expositions, etc. Toute la culture allemande dans un cadre remis à neuf. *Antennes à Bordeaux, Lille, Lyon, Marseille, Nancy, Strasbourg et Toulouse.*

Centre d'information de l'ambassade d'Allemagne (CIDAL) **:** *31, rue de Condé, 75006 Paris.* ☎ *01-44-17-31-31.* • *cidal.diplo.de* • *Lun, mer et ven 11h-13h, 14h-17h ; mar et jeu 14h-17h.*

• ***allemagnevoyage.com*** • Site franco-allemand avec une ribambelle d'infos pratiques classées par rubriques et dossiers thématiques, notamment le tourisme.

Consulat d'Allemagne : *28, rue Marbeau, 75116 Paris.* ☎ *01-53-83-45-00.* • *allemagneenfrance.diplo.de* •

Ambassades à l'étranger

- **Belgique :** ☎ *02-787-18-00.* • *bruessel.diplo.de* •
- **Suisse :** ☎ *031-359-41-11.* • *bern.diplo.de* •
- **Canada :** ☎ *(613) 232-1101.* • *canada.diplo.de* •

Assurances voyages

Routard Assurance 2023 : *AVI International, Le Colisée Gardens, 10, av. de l'Arche, 92400 Courbevoie.* ☎ *01-44-63-51-00. Pour tte demande d'infos :* • *routard@avi-international.com* • *avi-international.com* • Enrichie au fil des années par les retours des lecteurs, *Routard Assurance* reste l'assurance voyage référence des globe-trotters. Tout y est inclus, même la Covid : frais médicaux, assistance rapatriement, bagages, responsabilité civile... Avant votre départ, contactez *AVI* pour un conseil personnalisé. À la recherche d'une attestation Covid ? Vous la recevrez automatiquement après chaque souscription. Besoin d'un avis médical, d'une prise en charge dans un hôpital ? Le plateau d'Assistance *AVI* dispose d'un vaste réseau médical à travers le monde disponible 24h/24 pour une réponse en temps réel. De simples frais de santé en voyage ? Téléchargez vos factures depuis l'*espace assuré AVI,* ils vous remboursent sous 1 semaine.

■ ***AVA Assurances Voyage Assistance :*** *25, rue de Maubeuge, 75009 Paris.* ☎ *01-53-20-44-20.* • *ava.fr* • Un autre courtier fiable pour ceux qui souhaitent s'assurer en cas de décès-invalidité-accident lors d'un voyage à l'étranger mais surtout pour bénéficier d'une assistance rapatriement, perte de bagages et annulation. Attention, franchises pour leurs contrats d'assurance voyage.

■ ***Pixel Assur :*** *18, rue des Plantes, BP 35, 78601 Maisons-Laffitte.* ☎ *01-39-62-28-63.* • *pixel-assur.com* • Assurance de matériel photo et vidéo tous risques (casse, vol, immersion) dans le monde entier. Devis en ligne basé sur le prix d'achat de votre matériel. Avantage : garantie à l'année.

Carte internationale d'étudiant (carte ISIC)

Elle prouve le statut d'étudiant dans le monde entier et permet de bénéficier d'avantages, services et réductions dans les domaines du transport, de l'hébergement, de la culture, des loisirs, du shopping...
La carte ISIC permet aussi d'accéder à des avantages exclusifs (billets d'avion spécial étudiants, hôtels et auberges de jeunesse, assurances, cartes SIM internationales, location de voitures...).

Renseignements et inscriptions

- ***En France :*** • *isic.fr* •
- ***En Belgique :*** • *isic.be* •
- ***En Suisse :*** • *isic.ch* •
- ***Au Canada :*** • *isiccanada.com* •

Carte d'adhésion internationale aux auberges (carte FUAJ)

Cette carte vous ouvre les portes de plus de 2 400 auberges de jeunesse du réseau *HI-Hostelling International* en France et dans le monde. Vous pouvez ainsi loger plus de 75 pays à des prix avantageux et bénéficier de tarifs préférentiels avec les partenaires des auberges de jeunesse *HI.* Enfin, vous intégrez une communauté mondiale de voyageurs partageant les mêmes valeurs : plaisir de la rencontre, respect des différences et échange dans un esprit convivial. Il n'y a pas de limite d'âge pour séjourner en auberge de jeunesse. Il faut simplement être adhérent.

Renseignements et inscriptions

- ***En France :*** • *hifrance.org* •
- ***En Belgique :*** • *lesaubergesdejeunesse.be* •
- ***En Suisse :*** • *youthhostel.ch* •
- ***Au Canada :*** • *hihostels.ca* •

Si vous prévoyez un séjour itinérant, vous pouvez réserver plusieurs auberges en une seule fois en France et dans le monde : *hihostels.com*

ARGENT, BANQUES, CHANGE

Argent

Pour les Français et les Belges, on est en zone euro. Pour nos amis suisses et canadiens, à titre informatif, 1 € = 0,97 CHF et 1,34 $Ca (fin 2022). Même si beaucoup d'Allemands ont encore l'habitude de tout payer en liquide, les cartes de paiement sont largement acceptées dans les hôtels, les magasins, les restaurants et même dans les supermarchés.

Si vous comptez effectuer des retraits d'argent aux distributeurs, il est **très vivement conseillé** d'avertir votre banque avant votre départ (pays visités et dates). En effet, **votre carte peut être bloquée dès le 1er retrait** pour suspicion de fraude. C'est de plus en plus fréquent. Bonjour les tracasseries pour faire rentrer les choses dans l'ordre, et on se retrouve vite dans l'embarras !

Banques et change

Les banques sont généralement ouvertes du lundi au vendredi de 9h à 13h et de 14h30 à 16h ou 17h30.
Pour nos amis hors zone euro, bureaux de change dans les aéroports, aux frontières et dans les gares des grandes villes ouverts de 6h à 22h, même le week-end ! Les commissions sur le change ne varient que très peu d'une banque à l'autre.
En zone euro, pas de frais bancaires sur les paiements par carte. Les retraits sont soumis aux mêmes conditions tarifaires que ceux effectués en France (gratuits pour la plupart des cartes).
Une carte perdue ou volée peut être rapidement remplacée. En appelant sa banque, un système d'opposition, d'avance d'argent et de remplacement de carte pourra être mis en place afin de poursuivre son séjour en toute quiétude.
Quand vous partez à l'étranger, pensez à relever le plafond de retrait aux distributeurs et pour les paiements par carte, quitte à le rebaisser à votre retour.
Avant de partir, notez bien le numéro d'opposition propre à votre banque (il figure souvent au dos des tickets de retrait, sur votre contrat, ou à côté des distributeurs de billets), ainsi que le numéro à 16 chiffres de votre carte. Bien entendu, conservez ces informations en lieu sûr et séparément de votre carte.
Par ailleurs, l'assistance médicale se limite aux 90 premiers jours du voyage et l'assistance véhicule aux cartes haut de gamme (renseignez-vous auprès de votre banque). Et surtout, n'oubliez pas aussi de VÉRIFIER LA DATE D'EXPIRATION DE VOTRE CARTE DE PAIEMENT avant votre départ !
En cas de perte, de vol, ou de fraude, quelle que soit la carte que vous possédez, chaque banque gère elle-même le processus d'opposition et le numéro de téléphone correspondant.
Le plus simple est de faire opposition en ligne via le site de votre banque ou l'appli mobile, ou en les appelant directement. Voici les numéros des centres d'assistance des différentes cartes.

– ***Carte Visa :*** *numéro d'urgence depuis l'Allemagne,* ☎ *0800-811-8440 (24h/24).* *visa.fr*
– ***Carte MasterCard :*** *numéro d'urgence depuis l'Allemagne,* ☎ *0800-071-3542.* *mastercardfrance.com*
– ***Carte American Express :*** *numéro d'urgence,* ☎ *(00-33) 1-47-77-72-00 (numéro accessible tlj 24h/24).* *americanexpress.fr*

Il existe un ***serveur interbancaire d'opposition*** qui, en cas de perte ou de vol, vous met en contact avec le centre d'opposition de votre banque. *Depuis la France : ☎ 0892-705-705 (prix d'un appel + 0,35/mn) ; depuis l'étranger : ☎ + 33-442-605-303.*

Petite mesure de précaution : si vous retirez de l'argent dans un distributeur, utilisez de préférence les distributeurs attenants à une agence bancaire. En cas de pépin avec votre carte (carte avalée, erreurs de code secret...), vous aurez un interlocuteur dans l'agence, pendant les heures ouvrables.

ACHATS

L'Allemagne imite ses voisins européens et les magasins restent ouverts jusqu'à 20h (Bavière, Sarre, Saxe-Anhalt, Thuringe), 22h (Mecklembourg-Poméranie occidentale, Rhénanie du Nord – Westphalie, Rhénanie-Palatinat, Saxe) ou minuit (les autres) en semaine et le samedi.
Attention : ce ne sont que les grands magasins et les supermarchés qui peuvent s'offrir de tels horaires, tandis que les pharmacies, les boulangeries et commerces spécialisés ferment vers 18h en semaine et entre 13h et 14h le samedi (même si là aussi, les horaires d'ouverture tendent à s'allonger, surtout dans les grandes villes). L'ouverture dominicale reste aléatoire et dépend beaucoup de la réglementation de chaque Land.

Que rapporter ?

– Les ***produits cosmétiques*** et les ***produits de soin bio,*** bien moins chers qu'en France.
– ***Au rayon alimentation :*** charcuteries et pains divers, *Marzipan* de Lübeck, pain d'épice de Nuremberg, confiture et gelée de cerises de la Forêt-Noire...
– De l'Est, les ***porcelaines*** de Saxe ou de Meissen.
– ***Les Birkenstock :*** sandales (orthopédiques, diront les méchantes langues) très confortables, qui existent dans toutes les couleurs, se portent avec tout et durent toute une vie, ou presque !
– Les foulards de ***soie*** et les célèbres ***chopes à bière*** (chères) de Munich.
– Pour les plus gros budgets, les ***pierres taillées*** de la région du Palatinat.
– Et pour les amateurs (il y en a), les inénarrables ***coucous*** de la Forêt-Noire !

BUDGET

Le niveau de vie a beau être légèrement plus élevé en Allemagne qu'en France, les prix à la consommation y sont globalement plus bas, en particulier dans les bars et restaurants. Exception faite de l'essence depuis 2022. De plus, vu la générosité des portions à table, on peut se contenter d'un plat. L'hébergement demeure assez onéreux, mais les campings et les AJ (plébiscitées aussi par les seniors et les familles) constituent une bonne alternative !
Malheureusement en raison d'une inflation supérieure à 10 % depuis 2022, nos évaluations risquent d'être rapidement dépassées.

VACHEMENT LIMITE !

C'est grâce aux Allemands que la monnaie européenne ne s'est pas appelée « écu » : c'était une vacherie qu'ils n'auraient pas supportée (à l'oreille, « écu » était trop proche du mot Kuh qui veut dire « vache ») !

Hébergement

– ***Bon marché :*** de 20 à 35 € par personne en AJ ou en *hostel.*
– ***Prix moyens :*** de 70 à 100 € pour 2.
– ***Chic :*** de 100 à 140 € pour 2.
– ***Très chic :*** plus de 140 € pour 2.

Si les prix grimpent lors des congrès ou des grandes manifestations, ils chutent de façon significative en période creuse, au cœur de l'été par exemple. Et ceux qu'on indique sont des plus flexibles. D'où l'intérêt d'une réservation par Internet le plus vite possible dès qu'on connaît ses dates de séjour.

Restaurants

En ce qui concerne la restauration, un plat dans un snack ou un *Würstelstand* (stand avec saucisses pour manger sur le pouce) vous coûtera autour de 5 €.
Pour un repas au restaurant :
– ***Bon marché :*** compter 12 à 18 €.
– ***Prix moyens :*** 18 à 25 €.
– ***Chic :*** à partir de 25 €.

Tout cela sans les boissons, bien sûr.

Transports

Les prix des transports en commun sont un peu plus élevés que ceux pratiqués en France. À noter que dans chaque Land, il existe un ticket hebdomadaire qui permet d'utiliser les transports de manière illimitée, à des tarifs vraiment intéressants. Dans les grandes villes, un *pass* vendu à l'office de tourisme permet souvent d'utiliser les transports urbains à volonté, en même temps que de bénéficier de réductions ou gratuités sur les musées…
Le ticket à 9 € sur tous les transports a été l'un des tubes de l'été 2022 en Allemagne. De juin à août, pour 9 € par mois, les usagers ont pu utiliser tous les transports en commun dans l'ensemble du territoire : bus, tram, métro et même trains régionaux. 52 millions de tickets se sont arrachés, auxquels s'ajoutent 10 millions d'abonnements remboursés.
À l'heure de mettre ce guide sous presse, il n'est pas encore certain que l'expérience sera renouvelée pour les années suivantes. Renseignez-vous avant d'entamer un voyage.
Quant aux motorisés, le budget parking peut représenter une somme rondelette à la longue, y compris avec les parkings des hôtels. Le mieux est de laisser la voiture en périphérie et de marcher (dans les petites villes) ou prendre les transports en commun (dans les grandes).

Réductions

Les étudiants sont particulièrement gâtés avec des réductions jusqu'à 50 % sur les musées et les spectacles, sur présentation de leur carte…
– Bon à savoir : si, la plupart du temps, l'accès pour les moins de 16 ans est gratuit, des réductions sont accordées aux enfants, familles, seniors, militaires, personnes handicapées, etc.
Et il existe également des avantages dont chacun peut profiter : billets de théâtre et d'opéra à 50 % le soir même, offres spéciales de la *Deutsche Bahn* (voir la rubrique « Transports intérieurs »), logement en résidence universitaire (quand il y a de la place), billets familiaux pour les musées, etc.

Musées

Prévoir un gros budget : sans être prohibitif, leur tarif peut se révéler relativement élevé d'autant qu'ils sont nombreux… et assez fabuleux ! Dans certaines grandes villes (Munich, Francfort, Hambourg, Stuttgart), on trouve des musées sur tous les sujets imaginables, des nounours aux pots de chambre ! Les collections artistiques du pays sont d'une richesse époustouflante. Musées bien organisés, avec plans détaillés, consigne, cafétéria, etc. Inconvénients : certains n'acceptent toujours pas le paiement par carte, donc avoir suffisamment de liquide sur soi. Et surtout, les explications et audioguides en français (y compris en anglais) font parfois défaut !

Enfin, les musées d'État sont en général gratuits les dimanches après-midi et les jours fériés ou le jeudi en soirée. Mais il faut vérifier au cas par cas via les sites internet.

– Important : la plupart des musées n'autorisent pas la visite avec des sacs. Heureusement, on y trouve des consignes et des casiers quasi systématiquement. Prévoyez, pour les utiliser, d'avoir toujours une pièce de 1 ou 2 € avec vous !

CLIMAT

Entre le froid et la brume dans le Sud, le vent et l'humidité dans le Nord, la neige fréquente dans l'Est (parfois jusqu'en avril !), l'hiver n'est pas la meilleure saison pour voyager en Allemagne. En plus, certains établissements ferment à cette période.

L'idéal est donc de partir entre mai et octobre (plutôt chaud dans le Nord – climat continental à l'Est –, carrément chaud dans le Sud), même si l'hébergement peut poser problème, car les Allemands ont l'habitude de réserver leur chambre très à l'avance.

FÊTES ET JOURS FÉRIÉS

Les *magasins*, les *musées* (sauf exceptions) et les *établissements publics* sont fermés les jours suivants :

– 1er janvier, Épiphanie (dans le Bade-Wurtemberg, en Bavière et en Saxe-Anhalt), carnaval (dans le Bade-Wurtemberg, en Bavière du Sud, en Rhénanie-Palatinat et Rhénanie-Westphalie),

– Vendredi saint, dimanche et lundi de Pâques,

– 1er mai, Ascension, dimanche et lundi de Pentecôte, Fête-Dieu (*Fronleichnam*, le 2e jeudi suivant la Pentecôte, dans les régions de tradition catholique).

– Assomption (Bavière, Sarre), fête de la Réforme (31 octobre, dans les régions de tradition protestante), jour de Pénitence et de Prière à la mi-novembre (en Saxe).

– Toussaint (régions catholiques) et partout les 25 et 26 décembre.

– ***Fête nationale :*** le 3 octobre, date de la réunification. Tout est fermé ce jour-là.

– ***Oktoberfest :*** grande fête de la Bière, la dernière semaine de septembre et la 1re d'octobre (voir le chapitre « Munich »).

– ***Frühlingsfest*** *(fête du Printemps)* **:** manifestation la plus gaie et la plus importante de l'ex-RDA, qui a lieu le 1er mai.

– ***Weihnachtsmärkte*** *(marchés de Noël)* **:** dans de nombreuses villes, durant tout le mois de décembre : artisanat, vin chaud à la cannelle, saucisses à gogo, pains d'épice...

UN JOUR UN PEU PARTICULIER

Pourquoi l'Allemagne n'a-t-elle pas choisi la date de la chute du mur de Berlin (9 novembre) comme fête nationale ? Guillaume II a abdiqué un 9 novembre (1918). Mais c'est aussi la date du putsch manqué d'Hitler à Munich (1923) et, plus grave, celle de la Nuit de cristal (1938) qui a marqué le début des persécutions et la déportation des juifs. Voilà pourquoi on a sagement préféré le 3 octobre, date de la réunification allemande (1990).

– ***Carnavals rhénans et alémaniques :*** en février, à Düsseldorf, Cologne, Bonn, Mayence, en Forêt-Noire et en Souabe.
– ***Le Rhin en flammes :*** entre mai et septembre, les rives et coteaux du Rhin romantique, Bonn et Mayence s'embrasent, sous les feux des bateaux illuminés.

HÉBERGEMENT

Parfois saturé en raison des salons, foires et autres manifestations, il peut causer du souci au visiteur. Nous insistons : RÉSERVEZ chambres d'hôtel, AJ et campings LE PLUS TÔT POSSIBLE avant de partir. Il est plus prudent de réserver par e-mail que par téléphone. On peut obtenir le calendrier des congrès et foires *(Messe)* auprès des offices de tourisme ou sur ● *messe.de* ● (site en allemand).
Avec une voiture, mieux vaut trouver un hébergement pourvu d'un parking gratuit. Cela dit, en été, les Allemands partent massivement en vacances à l'étranger. On trouve donc de la place. Les offices de tourisme, très compétents, peuvent se charger de vous trouver une chambre disponible, sans commission ou via leur site internet souvent bien fait.
Par ailleurs, le petit déj est un repas important en Allemagne. Il est généralement copieux et de qualité quand il est proposé.

Chambres chez l'habitant

Une solution qui en sauvera plus d'un. D'abord, c'est moins cher que l'hôtel ; et surtout, on en trouve aussi bien en ville qu'à la campagne, où la formule est assez répandue. Guetter les pancartes « *Zimmer frei* » ou « *Fremdenzimmer* » sur les routes, ou demander aux offices de tourisme locaux les adresses des habitants prêts à accueillir les touristes. Dans les campagnes, il y en a à partir de 40-45 € pour 2 personnes pour une chambre avec petit déj. Dans les villes, c'est un peu plus cher.
– ***Sites :*** ● *homecompany.de* ● *bed-and-breakfast.de* ● surtout à l'Ouest pour ce dernier. ● *allemagnevoyage.com* ● surtout dans le Sud pour celui-ci.

Auberges de jeunesse

En Allemagne, les AJ officielles **(plus de 450)** existent sous 2 formes : la ***Jugendherberge*** et la ***Jugendgästehaus.*** La 2de est un peu plus chère que la 1re ; les 2 exigent la carte des AJ, mais dans la pratique, il est possible d'y séjourner en payant juste un supplément (de l'ordre de 4-5 €) par nuitée. Hors saison, elles sont fréquentées par les groupes scolaires.
Les AJ allemandes ne sont pas toutes mixtes, mais beaucoup proposent des chambres doubles ou « familiales » (avec lits superposés). Le petit déj est souvent inclus. Il est rare qu'on puisse y faire sa cuisine, mais la plupart servent des repas chauds et bon marché, mais à heures fixes et allemandes, donc très tôt par rapport aux habitudes françaises ! On y trouve de nombreuses infos pour les routards (horaires de trains et bus, excursions, visites...) et des activités sportives.
La plupart des AJ sont fermées quelques jours autour de Noël et du Jour de l'an.
On dénombre aussi de plus en plus d'***hostels*** indépendants, proches des *backpackers* anglo-saxonns. Situation centrale, pas de carte de membre requise, service 24h/24. On y trouve une ambiance moins rigide et un cadre plus original que dans les AJ officielles, mais parfois aussi un confort et un entretien plus aléatoires.
– Sites internet : ● *jugendherberge.de* ● *hihostels.com* ● *backpackernetwork.de* ● *europeanhostels.com* ●

Campings

Terrains souvent bien situés, en bordure de lac ou de forêt, voire les 2. Bien équipés également, avec des douches souvent gratuites. Inconvénient : parfois loin

des villes intéressantes. Se procurer la carte des campings d'Allemagne (il y en a plus de 2 000) dans les centres d'information des grandes villes ou la brochure *Campsites in Germany* téléchargeable sur le site internet de l'Office national de tourisme à Paris ● *germany.travel/fr/* ● Sinon, beaucoup de cartes d'État ou régionales les mentionnent. Bien que certains terrains soient assez vastes pour espérer y trouver une place sans réserver (alignant parfois plus de 1 000 emplacements !), il est plus prudent de contacter et de s'y prendre à l'avance. La réception est généralement fermée de 13h à 15h.
La *Fédération allemande du camping (DDC)* et l'*Automobile Club allemand (ADAC)* peuvent vous renseigner sur le camping-caravaning en Allemagne.

Hôtels

Attention, dans les brochures et sur les sites internet, les prix sont souvent indiqués par nuit et ***par personne.*** Bien se faire préciser le prix à la réservation. Précisez aussi si vous désirez un seul lit ou 2 lits, en chambre double *(Doppelzimmer).*

Vacances à la ferme

Envie d'un séjour à la campagne dans une vraie ferme ? Essayez le tourisme rural, particulièrement développé en Bavière et dans les régions viticoles. C'est économique et, en plus du sourire des fermiers, vous aurez la garantie d'une tranquillité absolue loin des grandes villes.
Le guide des fermes sélectionnées est édité en allemand par *DLG-Verlag* ● *dlg-verlag.de* ● Il propose un grand choix de location de gîtes et de chambres avec petit déj.

Logis

– **Logis** est la 1re chaîne de restaurateurs-hôteliers indépendants en Europe avec 2 200 établissements répartis dans 8 pays dont l'Allemagne. Fort de ses 70 années d'expérience, le réseau offre l'assurance d'un accueil personnalisé et chaleureux, d'un hébergement de qualité ainsi que d'une restauration faite maison mettant à l'honneur produits locaux et de saison. Engagés sur les territoires, tous les Logis sont impliqués dans une démarche d'économie locale, privilégiant les circuits courts et les produits régionaux. ● *logishotels.com* ●

LANGUE

Pour vous aider à communiquer, n'oubliez pas notre *Guide de conversation du Routard en allemand.*
Si la communication en anglais ne pose aucun problème dans les grandes villes, cela peut être plus difficile dans les lieux moins touristiques. Une partie des professionnels du tourisme n'y parlent rien d'autre que l'allemand.
Si vous êtes intéressé par un ***séjour linguistique,*** l'Office national allemand de tourisme à Paris recense sur son site internet les associations et agences proposant séjours, rencontres, échanges, voyages scolaires, pour apprendre ou améliorer son allemand.

KRAFTFAHRZEUGHAFTPLICHT-VERSICHERUNG

Traduction : assurance de responsabilité civile pour véhicules automobiles. Le mot le plus long du dictionnaire allemand (36 lettres). Une belle illustration du goût des Allemands pour les mots à rallonge. Pas facile à placer dans une conversation !

Prononciation

La prononciation et l'intonation sont très importantes en allemand. Aucune lettre n'est muette, elles sont toutes prononcées (sauf le « h » dans certains cas).

e	se prononce	« é »	y	se prononce	« u »
g	se prononce	« gue »	z	se prononce	« tse »
j	se prononce	« yeu »	ä	se prononce	« è »
q	se prononce	« qveu »	ö	se prononce	« œ »
u	se prononce	« ou »	ü	se prononce	« u »
v	se prononce	« f »	au	se prononce	« ao »
w	se prononce	« v »	eu	se prononce	« oï »

Derrière des voyelles fortes (a, o, u), le couple de consonnes « ch » se prononce « r » (exemple : *Buch* se prononce « bour », alors que *Bücherei* se prononce « bucheraï »).

– Autre particularité : le « ß » (appelé « estset ») est une lettre qui n'existe qu'en allemand. Elle est utilisée quand la voyelle qui précède est longue ou comporte une diphtongue (exemples : *Straße, Gruß, weiß...*) tandis qu'en cas de voyelle courte on utilise le « s » (exemples : Schloss, Kuss...).

– Enfin, le « s » se prononce « ch » en début de mot quand il est suivi d'un « t » ou d'un « p » (*Straße* se prononce ainsi « chtrasseu » et *Sport* « chport »).

Un peu de grammaire

La langue allemande n'est pas simple car très structurée et sa grammaire a traumatisé plus d'un lycéen ! 1er problème : si le français compte 2 genres (le masculin et le féminin), l'allemand en dénombre 3 avec le neutre. Mais le plus difficile reste probablement les cas comme en latin, et les déclinaisons des adjectifs, des articles et des pronoms qui s'ensuivent (et hop ! un relent de mauvais souvenirs pour nombre de lecteurs !).

VASISTAS ?

Au XVIIIe s, l'ouest de l'Allemagne est occupé par les troupes françaises. Quand les soldats essayent d'entrer dans les maisons, les habitants les observent par les petites fenêtres situées au-dessus des portes et crient « Was ist das ? », *c'est-à-dire « Qu'est-ce que c'est ? ». Le mot francisé sera donné aux petites lucarnes en France.*

Pour information, enfin, sachez qu'en allemand, les noms communs prennent toujours une majuscule. Ne confondez donc pas une carte de restaurant avec une liste d'invités.

LIVRES DE ROUTE

– ***Le Tambour :*** de Günter Grass (coll. « Points » n° 347). Décidé à n'être en aucun cas un politicien comme Adolf, ni même un marchand de produits exotiques comme son père, Oskar Matzerath a résolument cessé de grandir le jour de ses 3 ans. Du haut de ses 90 cm, il devient l'observateur du Dantzig des années 1920 à 1950.

– ***Le Roi des aulnes :*** de Michel Tournier (coll. « Folio » n° 656). Ce livre troublant, prix Goncourt 1970, baigne dans une atmosphère de conte germanique. Son héros, Abel Tiffauges, est garagiste à Paris au début de la 2de Guerre mondiale. Adorant les enfants, ce géant myope décide de se consacrer à eux. Il finira recruteur de cadets militaires dans une école du IIIe Reich !

– ***Jour sans retour :*** de Kathrine Kressmann Taylor (Le Livre de Poche n° 5434). La journaliste américaine d'origine allemande développe en 1942 sa dénonciation du nazisme en ciblant la manipulation de l'Église. L'histoire du personnage principal est inspirée du destin de Karl Hoffmann, jeune pasteur ayant fui le régime nazi.

– ***L'Ami retrouvé :*** nouvelle de Fred Uhlman (coll. « Folio » n° 1463). Au début des années 1930, l'amitié entre Hans, fils d'un médecin juif, et Conrad, descendant d'une famille aristocrate, se confronte à la montée du nazisme.

– ***Les Buddenbrook :*** de Thomas Mann (Le Livre de Poche, coll. « Biblio » n° 3192). La saga d'une grande famille bourgeoise dans le Lübeck du XIXe s. Mann décrit merveilleusement son milieu, et fait graviter autour des Buddenbrook une foule de personnages emblématiques de la société hanséatique.

– ***Histoire d'un Allemand de l'Est :*** de Maxim Leo (Babel, 2013). C'est l'histoire d'un Allemand qui revient sur les événements qui ont emporté sa propre famille. Après avoir combattu dans la Résistance française, son grand-père juif a contribué à la fondation de la RDA. Sa mère a cru en l'avenir du jeune État communiste, tandis que son père rêvait de le voir disparaître. La force du récit réside dans l'intelligence avec laquelle s'organise sa narration sur une soixantaine d'années. Son talent rend ses protagonistes inoubliables.

– ***Les Arpenteurs du monde :*** de Daniel Kehlman (Babel, 2009). L'épopée parallèle de 2 hommes de science hors du commun – à savoir le géologue et botaniste Alexander von Humboldt dans ses explorations de l'Amérique tropicale et le mathématicien Carl Friedrich Gauss, virtuose de la physique et de l'astronomie – magistralement mis en piste dans un exercice d'érudition, revisité avec humour à la manière d'Umberto Eco.

– ***L'Assassin des ruines :*** de Cay Rademacher. Éd. du Masque. Un polar historique inspiré de faits réels dont l'action se situe à Hambourg au cours de l'hiver 1946-1947 où la température tombe sous les - 20 °C. Dans la ville ruinée sous occupation britannique, encore totalement détruite et livrée au marché noir, un sérial killer met les faibles moyens de la police à contribution. Atmosphère sinistre sur fond de post-nazisme... Glaçant !

– ***Histoire de l'Allemagne contemporaine*** *(de 1945 à nos jours)* **:** de Loïc Batel. Points Histoire. Occupée, puis divisée par la guerre froide, l'Allemagne témoigne depuis 1945 d'une succession de changements radicaux mais aussi de lancinantes permanences relatives à son passé, tant vis-à-vis du nazisme que du communisme en RDA. L'ouvrage analyse en profondeur les évolutions économiques, sociales et culturelles de ces 70 dernières années et plonge le lecteur dans l'histoire d'un pays proche, et mal connu en France, alors que son poids politique et économique en fait un acteur central du destin de l'Europe.

POURBOIRE

Dans les ***restaurants,*** les prix affichés incluent toujours le service et les taxes, ce qui ne vous empêche pas de laisser quelque chose, comme le font la plupart des Allemands (en général, de 5-10 % du total – mais pas plus – ou en arrondissant à l'euro supérieur).

Le pourboire se donne directement au serveur, ça ne se fait pas de le laisser sur la table. Pour cela, indiquer le montant du pourboire en payant ou plutôt la somme totale que vous souhaitez laisser Ou alors précisez : *stimmt so* (on prononce « chtimtzo ») pour « gardez la monnaie ». Toutefois, dans beaucoup de bars et de cafés, le service est souvent réduit au minimum : il faut passer sa commande au comptoir et la porter à table tout seul, comme un grand.

En revanche, dans les restos universitaires, le service est assuré par des étudiants dont les revenus dépendent des pourboires. Il est donc convenu d'arrondir la note. Et faire mentir la réputation des Français, à la réputation de radins.

Concernant les ***taxis,*** le pourboire n'est pas obligatoire, mais il est courant d'arrondir le prix de la course à l'euro près.

TABAC

Comme ailleurs en Europe, les Allemands appliquent des lois antitabac sur les ***lieux publics,*** les ***lieux de travail*** et dans la restauration. Mais, fédéralisme oblige, chaque Land a sa législation, ce qui entretient un peu la confusion. Les Allemands peuvent donc fumer dans les « cafés du coin » *(Eckkneipa),* à condition qu'il soit clairement indiqué que le lieu est « fumeurs » et que l'entrée soit interdite aux mineurs. Alors que d'autres établissements deviennent fumeurs à partir d'une certaine heure. Pour vous simplifier encore plus la tâche, dites-vous que les lieux où l'on boit et où l'on mange tout à la fois sont non-fumeurs, à la différence des bars branchés, *lounge* ou alternatifs, où vous pourrez parfois... fumer.

TÉLÉPHONE ET INTERNET

- ***Allemagne → France :*** 00 + 33 + n° du correspondant à 9 chiffres (sans composer le 0).
- ***Allemagne → Belgique :*** 00 + 32 + indicatif de la ville (sans composer le 0) + numéro.
- ***France ou Belgique → Allemagne :*** 00 + 49 + indicatif de la ville (sans composer le 0) + n° du correspondant.
- ***Allemagne → Allemagne :*** pour téléphoner d'une localité à l'autre de l'Allemagne, il faut composer le 0 devant l'indicatif de la ville.
- ***Renseignements nationaux :*** ☎ 01-188.
- ***Renseignements internationaux :*** ☎ 00-118 depuis l'Allemagne et ☎ 00-33-12 + code pays (49 pour l'Allemagne) depuis la France.
- ***Urgences*** (de n'importe quel poste, dans tout le pays) ***:*** appel de secours, ☎ 110.
- ***Sapeurs-pompiers :*** ☎ 112.

Le téléphone portable en voyage

Le voyageur européen titulaire d'un forfait dans son pays d'origine peut utiliser son téléphone mobile ***au tarif national*** dans les 27 pays de l'Union européenne, sans craindre de voir flamber sa facture. Des plafonds sont néanmoins fixés par les opérateurs pour éviter les excès... Cet accord avantageux signé entre l'UE et ses opérateurs télécoms concerne aussi la consommation de ***données internet 3G ou 4G,*** dont le volume utilisable sans surcoût dépend du prix du forfait national (se renseigner). Par ailleurs, si le voyageur réside plusieurs mois en dehors de son pays, des frais peuvent lui être prélevés...

La connexion internet en voyage

Dans l'UE, et en Allemagne en particulier, la majorité des hôtels, des restos, des bars et des espaces publics disposent du wifi gratuit. Mieux que la connexion 3G et 4G qui peut entraîner des frais en usage intensif, le wifi permet aussi de profiter d'un débit parfois supérieur.
Une fois connecté au wifi, vous avez accès à tous les services de la ***téléphonie par Internet. WhatsApp, Messenger*** (la messagerie de *Facebook*), ***Viber, Skype,*** permettent d'appeler, d'envoyer des messages, des photos et des vidéos aux 4 coins de la planète, sans frais. Il suffit de télécharger – gratuitement – l'une de ces applis sur son smartphone. Elle détecte automatiquement dans votre liste de contacts ceux qui utilisent la même appli que vous.

Urgence : en cas de perte ou de vol de votre téléphone portable

Suspendre aussitôt sa ligne permet d'éviter de mauvaises surprises au retour du voyage ! Le plus simple est de demander la suspension de votre ligne depuis le site internet ou l'appli de votre opérateur. Voici les numéros des 4 opérateurs français, accessibles depuis la France et l'étranger :

- **Free :** *depuis la France, ☎ 3244 ; depuis l'étranger, ☎ + 33-1-78-56-95-60.*
- **Orange :** *depuis la France, ☎ 3900 ; depuis l'étranger, ☎ + 33-969-39-39-00.*
- **SFR :** *depuis la France, ☎ 1023 ; depuis l'étranger, 📱 + 33-6-1000-1023.*
- **Bouygues Télécom :** *depuis la France, ☎ 1064, comme depuis l'étranger, ☎ + 33-800-29-1000.*

Vous pouvez aussi demander la suspension de votre ligne depuis le site internet de votre opérateur.
Avant de partir, notez (ailleurs que dans votre téléphone portable !) votre numéro IMEI, utile pour bloquer à distance l'accès à votre téléphone en cas de perte ou de vol. Comment avoir ce numéro ? Il suffit de taper sur votre clavier *#06#.

TRANSPORTS INTÉRIEURS

Le covoiturage

Comme partout en Europe, le stop est tombé en désuétude. En revanche, le covoiturage est bien développé et demeure très économique : pour se déplacer en Allemagne comme depuis un pays voisin, rendez-vous sur • *blablacar.fr* • ou • *blablacar.de* •

Le bus

- ***FlixBus :*** • *flixbus.de* • Cette compagnie, en partenariat avec d'autres compagnies européennes, assure les liaisons entre 1 200 destinations dans 22 pays en Europe.

Le train

Excellent réseau ferroviaire réparti sur 35 000 km de voies, ponctualité au rendez-vous, horaire cadencé (au moins un train toutes les heures) entre les grandes villes, avec correspondances pour les régions. Une certaine complexité dans l'organisation si l'on ne parle pas l'allemand ou l'anglais, mais les quais sont indiqués sur les fiches horaires, que vous pouvez trouver au comptoir d'information des gares.
Le site internet • *bahn.de* • est d'une facilité d'utilisation (en français) à rendre jalouses les compagnies voisines, avec un moteur de recherche clair et très performant.
Les billets « tarif normal » ne sont pas bon marché, surtout ceux de l'*ICE* (équivalent du TGV avec wifi gratuit à bord). Cependant, la *Deutsche Bahn (DB)* propose de nombreuses réductions (*BahnCard, Sparpreis* – plus ou moins l'équivalent des billets *Prem's* en France).
Il est parfois utile de réserver (petit supplément) ; cependant, pas de réservation obligatoire pour les trains nationaux de jour.
Un ***Länder-Ticket*** peut constituer une formule intéressante qui permet de voyager dans les trains régionaux d'un Land (par exemple, la Bavière ou la Saxe) pendant toute une journée à partir de 9h (dès minuit week-end et jours fériés) jusqu'à 15h le lendemain, pour 22 à 36 €. Possibilité de tarif fortement réduit pour 4 personnes accompagnantes.
Noter que les ***City-Ticket*** et ***City mobil*** permettent de voyager aussi avec les transports publics locaux, pour rejoindre la gare de départ en train urbain (S-Bahn), métro, tram ou bus et de se rendre de la gare d'arrivée jusqu'à la destination finale.

La voiture

Distances kilométriques

Distances en km	BERLIN	COLOGNE	FRANCFORT	HAMBOURG	MUNICH	STUTTGART
BERLIN		569	555	284	584	634
COLOGNE	569		189	422	578	376
FRANCFORT	555	189		495	400	217
HAMBOURG	284	422	495		782	668
MUNICH	584	578	400	782		220
STUTTGART	634	376	217	668	220	

L'Allemagne possède l'un des meilleurs réseaux routiers d'Europe (12 700 km d'autoroutes gratuites), mais les travaux omniprésents réduisent considérablement l'allure.

Les ***autoroutes*** sont désignées par un ***A*** *(Autobahn)* de couleur bleue. Les numéros pairs concernent celles qui vont d'ouest en est (ou l'inverse) et les impairs concernent les axes nord-sud (ou l'inverse, vous aviez compris !). Stations-service assez espacées les unes des autres, et en plus, toilettes généralement payantes. Mais le ticket des toilettes donne droit à une réduc à la cafétéria.

L'***essence*** est plus chère qu'en France. La ***ceinture de sécurité*** (avant et arrière) est, bien sûr, obligatoire. Il est conseillé de ne pas dépasser 130 km/h sur autoroute (bien qu'il ne soit pas interdit de le faire sur certains tronçons, où les habitués s'en donnent à cœur joie) ; d'ailleurs, sur les parties où la vitesse est limitée et annoncée, les radars veillent au grain et les amendes pleuvent ; maximum 100 km/h en dehors des agglomérations, et en ville, 50 km/h ou 30 km/h selon les zones, radars fixes fréquents.

Le taux toléré d'***alcool*** dans le sang est de 0,5 g/l. En cas d'accident, le seuil toléré descend à 0,3 g/l. ***Téléphoner*** au volant sans « mains libres » est interdit.

– En ville, n'oubliez pas les ***tramways.*** Ils peuvent surprendre le conducteur distrait. Sachez qu'ils doivent toujours être dépassés par la droite et jamais à l'arrêt. Cette règle peut vous éviter un homicide involontaire !

– ***Se garer en agglomération*** relève souvent de l'exploit. Pratiquement toutes les villes possèdent un grand centre piéton où l'accès en voiture est impossible ou alors le stationnement réglementé et limité aux seuls résidents. N'hésitez pas à utiliser les nombreux parkings souterrains. Des places bien éclairées la nuit sont réservées aux femmes *(Frauenparkplatz)* près de la sortie et des caisses. Pensez aussi à vous munir d'un disque de stationnement pour les zones à durée limitée.

– ***Zones antipollution :*** instaurées dans de nombreuses villes allemandes ***(Hanovre, Francfort, Heidelberg, Stuttgart, Munich, Dresde, Nuremberg, Augsbourg, Cologne, Brême, Düsseldorf...),*** elles visent à restreindre la circulation des automobiles et utilitaires trop polluants.

La liste des villes concernées se trouve sur le site • *umwelt.plakette.de/fr* • *Consulter plus haut « Comment y aller ? En voiture ».*

– Bon plan : l'*ADAC* est un ***service de dépannage*** présent dans presque toutes les villes. Leurs patrouilleurs sur les routes vous mettent en rapport avec le dépanneur le plus proche. *Appelez le ☎ 800-510-11-12 (lun-sam 8h-20h). ● adac.de ● (en allemand).*
– Attention : faire un plein avec du LPG peut s'avérer compliqué. Les raccordements aux réservoirs des voitures de marques françaises ne sont pas toujours disponibles.

La location de voitures

■ ***BSP Auto :*** *☎ 01-43-46-20-74 (tlj 9h-21h30, w-e 20h). ● bsp-auto.com ●* Les prix proposés sont attractifs et comprennent le kilométrage illimité et les assurances. *BSP Auto* propose exclusivement les grandes compagnies de location sur place, assurant un très bon niveau de service. Les plus : vous ne payez votre location que 5 jours avant le départ. *Remise spéciale de 5 % aux lecteurs de ce guide avec le code « ROUTARD23 ».*

La bicyclette

Moyen de locomotion économique et écologique, la bicyclette est plébiscitée par les Allemands urbains. De nombreuses pistes cyclables ont été aménagées dans les agglomérations. Piétons, prudence ! Dessinées sur les trottoirs, parfois teintées pour les reconnaître, ces pistes sont exclusivement réservées aux cyclistes, qui foncent sans toujours avertir ou sans beaucoup de marques de patience. Même avertissement aux automobilistes : en ville, les cyclistes font partie intégrante de la circulation. Soyez prudent quand vous partagez la route avec eux.
– ***ADFC :*** *● adfc.de ● (en allemand).* Pour visiter l'Allemagne à vélo, cet organisme fournit des informations sur les pistes cyclables dans le pays, soit 70 000 km de routes, avec les curiosités et des infos pratiques. On peut y commander des cartes et des itinéraires de cyclotourisme.

Les taxis

Le taximètre est obligatoire. Les tarifs se composent d'une prise en charge et d'un prix au kilomètre parcouru.
Dans les grandes villes, il existe des taxis pour les femmes qui craignent de circuler la nuit. On peut les appeler après 21h en précisant qu'on veut un *Frauen-Taxi*. Les tarifs sont équivalents à ceux des trajets en bus.

L'OUEST DE L'ALLEMAGNE

LA RHÉNANIE DU NORD – WESTPHALIE

• Carte *p. 57*

C'est le Land le plus peuplé d'Allemagne avec près de 18 millions d'habitants. Grâce à l'activité économique de la région de la Ruhr, et avec une bonne majorité des 100 plus importantes sociétés allemandes, il contribue pour plus de 20 % au PIB du pays. Düsseldorf en est la capitale, mais Cologne est la ville la plus peuplée avec plus de 1 million d'habitants.

MÜNSTER (48143-48167) 315 500 hab. IND. TÉL. : 0251

Dans la partie westphalienne du Land, parsemée de châteaux de plaine, Münster (à ne pas confondre avec son homonyme alsacien) est une cité universitaire qui mérite un crochet. Non loin de la frontière des Pays-Bas, elle est située à mi-chemin entre Cologne et Hanovre. Cette cité a marqué l'Histoire : en 1648, les grandes puissances belligérantes de l'époque y mirent un terme à la guerre de Trente Ans.
Détruite à plus de 90 % en 1945, la vieille ville *(Altstadt)* a été reconstruite presque à l'identique. D'où l'étrange impression de visiter une ville ancienne... toute neuve. Outre sa superbe cathédrale à 2 tours, le visiteur appréciera les façades gothiques, les 124 églises catholiques ou protestantes (!), une animation assurée par 45 000 étudiants, la place réservée aux vélos et des rues majoritairement piétonnes. La vieille ville est encerclée par la *Promenade,* sorte de périph pour vélos de 4,5 km et planté de 1 500 tilleuls, suivant le tracé des anciens remparts. L'occasion de pousser jusqu'au nouveau quartier réhabilité du port *(Stadthafen)* avec ses bars, restos, boîtes et son musée d'arts *Kunsthalle.* Un nouveau visage de la ville. Autre objet de sortie : l'Aasee, un lac artificiel tout proche du centre.

LES TRAITÉS DE WESTPHALIE

Les étudiants en histoire connaissent cette fameuse date de 1648. En signant à Münster, au terme de 5 années de négociation, ce qu'on appela les ***traités de***

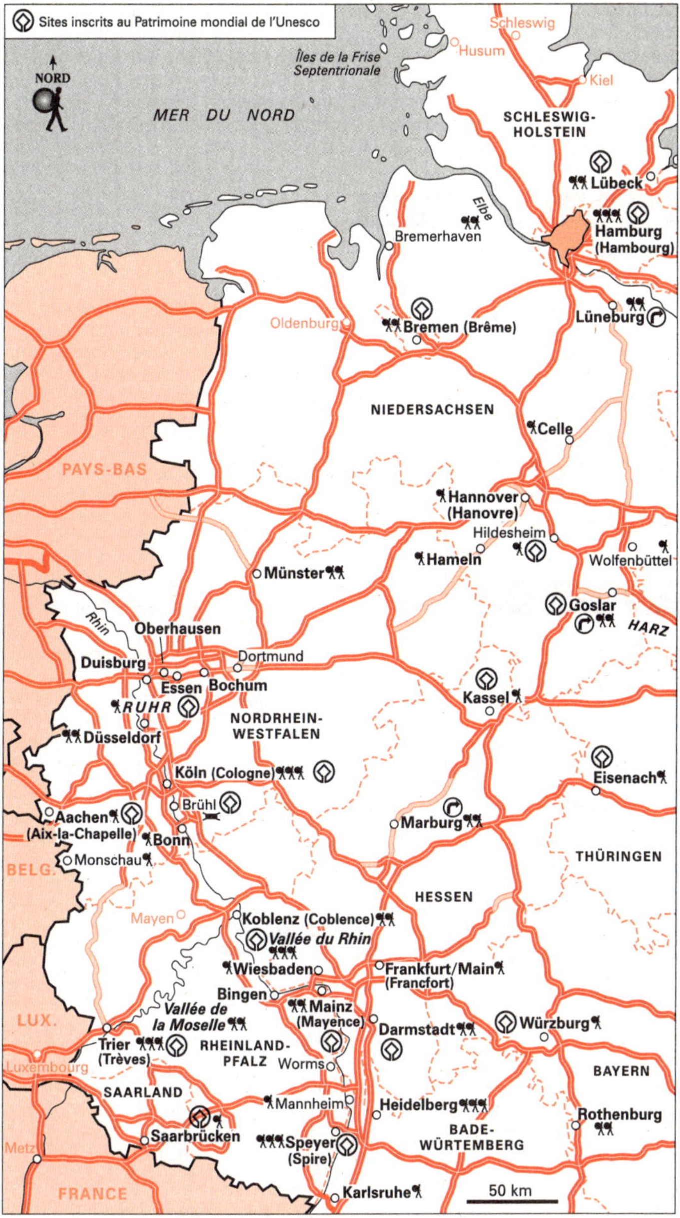

LE NORD-OUEST DE L'ALLEMAGNE

Westphalie, les puissances européennes mettaient fin aux guerres de Religion qui duraient depuis près d'un siècle en Europe, et entérinaient, entre autres, la cession de l'Alsace à la France, l'indépendance des cantons suisses et celle des Pays-Bas, en favorisant par ailleurs l'émergence de la Prusse. Pour la 1re fois étaient définies les relations entre les États et entérinée la garantie de leur autonomie religieuse. On peut dire que la diplomatie moderne est née avec les traités de Westphalie.

Adresses et info utiles

Münster Information : *Heinrich-Brüning-Str. 7. ☎ 492-27-10. • stadt-muenster.de • En plein centre. Lun-ven 8h-18h, sam 9h-16h.* Si vous arrivez à Münster un dimanche, vous pouvez vous adresser au ***point d'information*** tout proche, dans l'hôtel de ville historique *(Prinzipalmarkt 10 ; mar-ven 10h-17h, w-e et j. fériés 10h-16h).*

– ***Visites guidées*** en allemand (en anglais, sur résa seulement). Sinon visite de la ville en bus avec le ***Münsterbus,*** en français. *• stadt-muenster.de/tourismus/service-und-informationen/stadtfuehrungen •*

Gare ferroviaire : *à moins de 1 km au sud-est du centre.*

Location de vélos : ***Radstation,*** *à la gare ferroviaire. ☎ 484-01-70. • radstation.de • Ouv 5h30 (7h w-e)-23h. Autre adresse dans le centre : Radlager Stubengasse 21.*

– ***Marché :*** *mer et sam mat.* L'un des plus beaux de la région ; beaucoup de producteurs.

Où dormir ?

De bon marché à prix moyens

Camping Münster : *Wolbecker Str., Laerer Werseufer 7. ☎ 31-19-82. • campingplatz-muenster.de • À 7 km à l'est, direction Handorf. Fermé 2 sem en fin d'année. Empl. à partir de 33 € pour 2 avec tente et voiture.* Dans un environnement agréable, en lisière de la forêt, un camping qu'on apprécie pour son cadre mais aussi pour la qualité de son accueil. Vélos à louer, sauna et piscine à proximité.

Jugendgästehaus Aasee (AJ) **:** *Bismarckallee 31. ☎ 53-02-80. • jugendherberge.de/jugendherbergen/muenster-373/portraet/ • De la gare, bus n° 10 ; arrêt Jugendgästehaus Aasee. Ouv 7h-23h. Nuitée à partir de 40 €/pers selon taille de la chambre. Petit déj inclus. Loc de vélos.* Un peu en dehors du centre, au bord de l'Aasee, mais accessible à pied. Vaste espace commun au rez-de-chaussée avec billard et jeux. 230 lits en chambres pimpantes de 2 à 4 lits. Cafétéria, grande terrasse.

De prix moyens à chic

Stadthotel Münster : *Aegidiistr. 21. ☎ 48-120. • stadthotel-muenster.de • Doubles 80-200 € ; petit déj (copieux) 17 €. Parking privé payant.* À 2 enjambées des rues piétonnes, un hôtel aux standards modernes qui vaut le coup pour sa situation très centrale, avec des chambres confortables à défaut d'être originales. Une adresse tranquille, dans une rue peu passante.

H4 Hotel : *Stubengasse 33. ☎ 49-09-90. • h-hotels.com • Doubles 90-280 €, petit déj inclus ; promos sur Internet. Parking payant. Loc de vélos.* En plein centre, un hôtel de chaîne, certes, mais offrant de beaux volumes. Chambres lumineuses, climatisées et bien agencées. Le buffet du *Frühstück* est particulièrement varié et fourni.

Hotel Kaiserhof : *Bahnhofstr. 14. ☎ 41-780. • kaiserhof-muenster.de • Doubles 95-300 €, petit déj-buffet en sus (cher) ; promos sur Internet. Parking payant à l'arrière.* Hôtel de très bon confort, mélange d'ancien et de moderne, face à la gare ferroviaire et à 10 mn à pied du centre. Chambres spacieuses à l'équipement complet. Évitez celles côté rue passante. Spa et salle de fitness. Restaurant gastronomique attenant. Personnel aux petits soins.

Très chic

Hotel Mauritzhof : *Eisenbahnstr. 17. ☎ 41-720. • mauritzhof.de • Doubles 180-280 € ; petit déj (plantureux) 21 € (26 € le w-e).* En bordure du centre ancien et à 350 m de la gare, cet hôtel affiche un look plein d'élégance et très tendance, mais au bord d'une artère routière. Quitte à payer un peu plus cher, choisissez les chambres côté promenade, plus calmes. Jardinet. Accueil pro.

Où manger ? Où boire un verre ?

La *Kreuzstraße,* dans le **Kuhviertel** (quartier des Vaches), est la rue la plus vivante et authentique en soirée avec ses bistrots et petits restos au coude à coude.

De prix moyens à chic

Brauerei Pinkus Müller : *Kreuzstr. 4-10. ☎ 45-151. Tlj sauf dim 12h-minuit. Plats 9-17 €. CB refusées. Menu en anglais.* La brasserie de « celui qui pisse le plus loin » est plus que bicentenaire, et brasse ses propres bières bio (une vingtaine). C'est dire si l'on est ici dans une maison de tradition ! Bonnes grosses spécialités westphaliennes, servies sur de longues tables ou bien, pour les petits creux, des en-cas variés. Belle terrasse dans la rue piétonne.

Gasthaus Großer Kiepenkerl : *Spiekerhof 45. ☎ 40-335. En plein centre. Tlj 12h-21h30. Formules 17-20 € midi en sem ; plats 12-27 €.* Cette taverne historique, reconstruite à l'identique, est une belle affaire de famille. On y sert de savoureuses spécialités régionales, à base de produits locaux fermiers de saison, à accompagner d'une bière artisanale ou d'un verre de vin du Rhin. Une adresse labellisée *Slow Food.* Places en terrasse très prisées aux beaux jours.

Cavete : *Kreuzstr. 37-38. ☎ 414-35-16. Tlj 12h-2h (17h lun-jeu). Plats 11-17 €.* À un jet de pierre de la brasserie *Pinkus Müller.* En service depuis 1959, c'est le plus vieux bar pour étudiants du quartier des Vaches. Atmosphère sombre mais chaleureuse, alcôves intimes, banquettes patinées et curiosités aux murs. La grande spécialité, ce sont les délicieuses *grüne Nudeln* (nouilles vertes). À 30 m dans la même rue, vous pouvez pousser la porte de **Das Blaue Haus,** presque aussi vieille. Aucun mal pour la repérer !

Altes Gasthaus Leve : *Alter Steinweg 37. ☎ 45-595. Tlj sauf dim 12h-minuit. Plats 10-27 €.* À la limite du centre piéton, cette brasserie typique déploie toute l'artillerie pour le décorum dans un style médiéval, murs carrelés et comptoir d'anthologie. La bibine ? De la *pinkus* locale. Dans l'assiette ? De délicieuses et franches portions de spécialités maison, rhénanes ou hollandaises, jusqu'aux desserts. Risque d'attente à l'entrée en revanche, succès oblige, mais le service reste attentif et efficace.

À voir

Noter qu'il existe une « **Münstercard** », valable 1 ou 2 jours consécutifs *(25 et 39 € ; réduc).* Elle donne accès aux musées, transports en commun, tour en bus de la ville *(Münsterbus)* ou en en bateau, location de vélos... Infos à l'office de tourisme et sur *• muenstercard.de •*

Pour les musées de Münster : *• stadt-muenster.de/tourismus/kunst-und-kultur/museen •*

Sankt-Paulus-Dom : *• paulusdom.de • Tlj 6h30-19h (19h30 dim et j. fériés). Juste avt 12h (12h30 dim), les automates de l'horloge astronomique s'animent... si elle fonctionne.*
La cathédrale Saint-Paul, la plus grande de la région, appartient au style roman westphalien du XIIIe s (109 m de long, 2 tours massives et 2 transepts).
Prendre du recul sur la vaste place pour embrasser ses belles proportions et apercevoir la tour plate de la ***Liebfrauenkirche*** (église Notre-Dame), dont les anabaptistes avaient abattu le clocher pour y installer des canons. Bombardée à la fin de la guerre, la cathédrale est restée debout, comme en témoignent les impressionnantes photos sous le porche de la façade sud. Ce ***porche du Paradis*** recèle également une série de statues d'apôtres et de saints dominée par le Christ présidant le Jugement dernier. À l'intérieur, un gigantesque saint Christophe vous accueille, un arbre à la main. Larges voûtes bombées, en contraste avec les nefs latérales plus basses. Dans le déambulatoire, curieux vitraux modernes et horloge astronomique de 1540 avec personnages animés. Son calendrier va jusqu'en 2071. Dans l'une des chapelles, la tombe de *Clemens August Graf von Galen,* le ***Lion de Münster,*** un des rares évêques à avoir ouvertement condamné le nazisme.

LES FLAGELLANTS

Au XIVe s, les flagellants, qui vont de ville en ville en se fouettant en place publique, considèrent que la peste est une punition de Dieu. Ils critiquent l'Église pour ses turpitudes. Inquiet, le pape Clément VI interdit le mouvement en 1349 et certains furent condamnés... à la flagellation !

L'autre grande église de Münster en forme de halle, la ***Sankt Lambertikirche,*** est de style gothique. Haute flèche ajourée de 99 m où pendent les 3 sinistres cages où les dépouilles des chefs ***anabaptistes*** ont été livrées aux corbeaux. Tendez l'oreille : de 21h30 à minuit, toutes les 30 mn, le gardien de la tour fait résonner un cor dans les 4 directions ! *(• tuermerinvonmuenster.de •).*

LA RÉVOLTE DE MÜNSTER

Entre 1534 et 1535, les anabaptistes (qui pronent le baptème à l'âge adulte), pratiquant la polygamie, établissent une théocratie utopique à Münster. Jean de Leyde, inspiré par des visions divines, administre la ville par la terreur. Münster est reprise par son ancien archevêque et les meneurs sont mis à mort. Cet épisode a laissé une image déplorable de l'anabaptisme malgré une doctrine égalitaire et non violente.

De Saint-Lambert part l'artère principale de Münster : la majestueuse ***Prinzipalmarkt,*** reconstruite à l'identique après 1945 avec une harmonieuse succession de pignons gothiques ou Renaissance au-dessus d'arcades. Marché animé mercredi et samedi matin. Saluons, au passage, un ancêtre du routard : la petite statue du ***Kiepenkerl,*** le colporteur avec sa hotte.

Au milieu de cette artère, le ***Rathaus*** (hôtel de ville) redouble d'élégance avec son pignon tout en verticalité et ses pinacles délicats. À l'intérieur, visite obligatoire de la fameuse ***Friedenssaal*** *(salle de la Paix ; mar-ven 10h-17h, w-e 10h-16h ; entrée : 2 €)* où fut signé le traité de 1648. Galerie de portraits (37 !) des négociateurs, dont Louis XIV encore enfant. Parmi les objets étranges exposés se trouvent une chaussure, une main coupée du XVIe s ou encore un hanap en argent doré datant de 1600. La tête se dévisse et le corps en forme de coq a une contenance de 0,7 l. Les hôtes de marque y buvaient du vin, produit de luxe à l'époque.

La ***Clemenskirche*** (Saint-Clément) mérite aussi un détour, pour son architecture circulaire avec coupole et son décor baroque (encore une reconstruction). C'est l'une des réalisations majeures de l'architecte baroque *Schlaun* (celui du château de Brühl).

En face *(Salzstr. 38),* le ***Erbdrostenhof*** (hôtel particulier de la famille Droste) fut construit, encore par *Schlaun,* en diagonale par manque d'espace. La maison appartient toujours à la famille, et seul le vestibule se visite *(lun-jeu 8h30-15h30, ven 8h30-12h30).* Observez la façade principale, c'est un véritable calendrier, les saisons, mois et jours de la semaine, symbolisés notamment par des visages sculptés.

Stadtmuseum *(musée de la Ville)* **:** *Salzstr. 28. • stadtmuseum-muenster.de • Mar-ven 10h-18h, w-e et j. fériés 11h-18h. GRATUIT.* Musée consacré à l'histoire de Münster des origines à nos jours. Voir notamment le tableau géant de ***Fritz Grotemeyer*** qui immortalisa la signature du traité de 1648. Intéressants « portraits » de Münster en 1570 et 1972. Tableaux, maquettes, réplique d'un salon du *Residenzschloss,* d'une épicerie à l'ancienne... et nombreuses photos de la ville avant et après les bombardements. Complet, mais demander le fascicule en anglais.

Kunstmuseum Pablo Picasso *(musée Picasso)* **:** *Picassoplatz 1. • kunstmuseum-picasso-muenster.de • Tlj sauf lun 10h-18h. Entrée : 10 € ; réduc.* L'unique musée au monde à ne présenter que des lithographies de l'artiste espagnol – près de 800. Elles sont exposées par petit nombre et par roulement, en parallèle avec d'autres œuvres. Un beau musée, fréquenté surtout pour ses expos temporaires de qualité.

LWL Museum für Kunst und Kultur Münster *(musée des Beaux-Arts et d'Histoire culturelle de Westphalie)* **:** *Domplatz 10. Tlj sauf lun 10h-18h (minuit 2e ven du mois). Entrée : 9 € ; 13 € avec l'expo temporaire ; réduc ; gratuit 2e ven du mois. Explications en anglais.*
Une fois de plus, en matière de musée d'arts, on n'a pas lésiné sur les volumes ni sur une architecture moderne au service de riches collections s'étalant sur 1 000 ans.
La 1re partie se consacre à l'***art westphalien depuis le Moyen Âge,*** selon un parcours chronologique. Repérer la croix en bois au 1er étage et c'est parti pour une profusion de primitifs allemands, de retables, natures mortes, sculptures, tapisseries, vitraux, mobilier, vaisselle... Ne pas manquer les statues de Marie et les apôtres (XIVe s) habilement mises en scène ou encore, salle 1.15, cet amusant tableau animalier de 1560 par *Ludger Tom Ring* avec genette, hérisson et chauve-souris. Après avoir parcouru les siècles on parvient aux œuvres colorées du peintre expressionniste *August Macke,* tué sur le front en France en 1914.
La ***2de partie*** porte sur l'***art contemporain,*** reprenant notamment des œuvres expressionnistes du ***constructivisme*** et du ***Bauhaus.*** Quelques œuvres de *Pierre Soulages* (salle 2.16), *Kandinsky, Yves Klein, Max Ernst* et son ami pendant 52 ans, Jean Arp, connu pour ses sculptures aux formes organiques. Au passage, échappées sur la cathédrale depuis les baies vitrées.

Residenzschloss : à l'ouest de la ville, le château baroque des princes-évêques de Münster appartient à l'Université. Sa façade richement ornée de personnages est due à l'architecte *Schlaun.* Conçue à la fin du XVIIIe s, elle fut entièrement reconstruite après 1945. Ne manquez pas, caché derrière le château, l'exceptionnel ***jardin botanique*** *(tlj 8h-17h – 16h en hiver ; GRATUIT),* voyage bucolique à travers les essences du monde, des Alpes à l'Australie.

Enfin, les espaces publics sont agrémentés d'une soixantaine de ***sculptures*** très diverses, œuvres des plus grands artistes internationaux (Buren, Chillida, Moore, Yong Ping...). Pour les découvrir, se procurer le livret *Sculptures in Münster* (en anglais), sur le site de la ville ou à l'office de tourisme. ***Le Pendule de Foucault*** de *Gerhard Richter* donne l'occasion de pousser la porte de l'église Dominikanerkirche *(Salzstr. 10),* les ***Boules de billard*** de Claes Oldenburg de se promener le long de l'Aasee, un lac artificiel très populaire, entouré d'espaces verts.

LA RÉGION DE LA RUHR

5 500 000 hab.

• Carte *p. 63*

Quand on parle de *Ruhrgebiet,* c'est avant tout la plus grande région industrielle d'Europe que l'on évoque (60 km d'ouest en est sur 30 km du nord au sud), en l'imaginant arrosée d'un petit crachin, couverte de fumées d'usines et de grisaille... Eh bien, il va falloir changer votre vision des choses, car la Ruhr a remarquablement réussi sa reconversion : à peine 5 % de la population travaille encore dans l'industrie, le tourisme et les loisirs étant désormais le 2e employeur de la zone. Sans compter la fermeture des dernières mines depuis 2018. Oh, ne vous attendez pas pour autant à des paysages au charme irrésistible ; c'est encore une région en pleine mutation, mais qui a su attraper le train de la modernité tout en préservant intelligemment son patrimoine industriel.

Les meilleurs architectes ont rivalisé d'imagination pour transformer les sites industriels en musées, ateliers d'artistes, bars branchés, parcs d'attractions, parcours de santé ou théâtres de verdure, jusqu'aux terrils aménagés en espaces verts... Il faut dire que la Ruhr est une région cosmopolite, dynamique, de tradition progressiste et passionnée par la culture sous toutes ses formes avec d'immenses salles de concerts et de nombreuses fêtes... Petit aperçu non exhaustif, d'ouest en est.

L'OCCUPATION DE LA RUHR

En janvier 1923, devant le peu d'empressement de la république de Weimar à verser les sommes astronomiques des dommages de guerre, fixées par le traité de Versailles, les gouvernements français et belge décident d'occuper militairement la Ruhr et de se payer sur la production de charbon et d'acier. L'occupation mobilise 250 000 soldats et prend fin en août 1923.

Comment y aller ? Comment circuler ?

En voiture, la *Route Industriekultur*

Difficile d'imaginer un réseau routier plus dense que celui de la *Ruhrgebiet* : 600 km d'autoroutes, 730 km de routes principales et 3 300 km de routes secondaires en tous sens, relient les 53 villes et villages de cet étrange ensemble, dans un flux ininterrompu de circulation (et de travaux). Ici, le GPS s'impose. Une fois sur place, on vous encourage à suivre la route touristique de « la culture industrielle ». Repérer les panneaux de couleur marron « *Route Industriekultur* », à la découverte de plus d'une trentaine de sites et panoramas extraordinaires ou déroutants, ou les 2. Liste complète sur • *route-industriekultur.ruhr* •, ou brochure dans les offices de tourisme.

En train

➢ Nombreux trains rapides ou régionaux entre ***Düsseldorf, Cologne*** et les principales villes du bassin ***(Duisburg, Oberhausen, Essen, Bochum, Dortmund...).*** De plus, le ***Thalys*** reliant Paris et Bruxelles pousse jusqu'à Dortmund à raison de 3 ou 4 liaisons/j. ; (env 5h de trajet) via Düsseldorf, Duisburg et Essen.

À vélo

Le site • *radrevier.ruhr* • (également des cartes, disponibles dans les offices

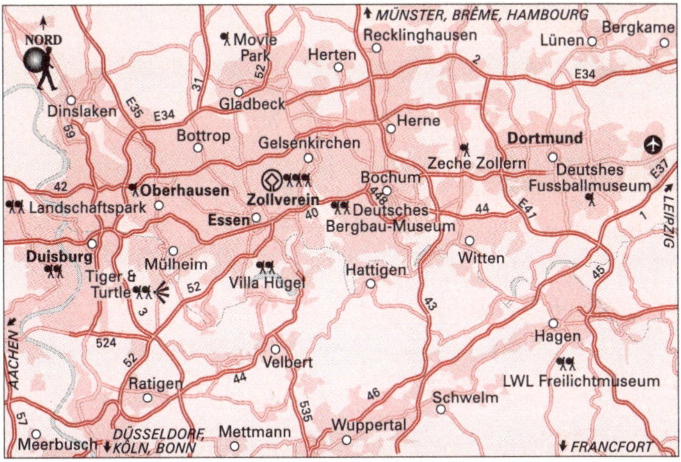

LA RUHR

de tourisme), réunit les réseaux de pistes cyclables dans la région :

Route de la culture industrielle à vélo *(Route der Industriekultur)* **:** longue de 700 km, elle relie les principaux sites industriels, en empruntant souvent d'anciennes voies de chemin de fer ou des chemins de halage. *• route-industriekultur.ruhr/route-per-rad •*

Piste cyclable de la vallée de la Ruhr (RuhrtalRadweg) : 15 étapes en 240 km, depuis les sources de la Ruhr (oui, la Ruhr c'est d'abord une rivière !) jusqu'à Duisburg. *• ruhrtalradweg.de •*

Noter que la plupart des villes de la Ruhr (*Duisburg, Oberhausen, Essen, Bochum,* etc.) se sont converties au ***vélo en libre-service.*** On s'enregistre sur Internet et on paie à la borne... *• metropolradruhr.de •* Sinon, une ***Radstation*** dans chaque gare pour une location classique.

Infos et *pass* touristique

Il existe une ***Ruhr Topcard,*** valable à l'année. Elle peut s'avérer très vite rentable car elle offre la gratuité ou une réduction chez plus de 140 partenaires (dont la plupart des sites et musées). *Adulte : 58 € ; enfant : 38 €. • ruhrtopcard.de •*

– Offices de tourisme dans ttes les grandes villes et infos sur • ruhr-tourismus.de •

DUISBURG (496 000 hab. ; IND. TÉL. : 0203)

Ancienne cité médiévale remparée du XIe au XIIIe s puis ville royale, Duisburg est surtout de nos jours l'un des plus grands ports fluviaux d'Europe (le ***Binnenhafen***), où sont transbordés plus de 1 million de containers par an. C'est à Duisburg que le charbon et ses propriétés calorifères furent découverts. Et c'était parti.

Pas de centre ancien, mais n'hésitez pas à vous balader à pied ou à vélo du pont *Schwanentorbrücke* jusqu'au musée *Küppersmühle* vers le nord, par les quais du port intérieur ***(Innenhafen).*** Au gré des hauts silos, rénovation réussie d'entrepôts par l'architecte Norman Foster, dans un esprit design contemporain, sur fond de silos et grues. Dans le centre, fontaine de ***Niki de Saint Phalle.***

Adresse utile

Duisburg Kontor : *Landfermannstr. 6.* ☎ *393-060.* • *duisburgkontor.de* • *À 100 m de la gare. Lun-ven 10h-18h, sam 14h-18h.* Super accueil et beaucoup de brochures dont certaines en français.

Où dormir ?

De bon marché à prix moyens

Jugendherberge Duisburg-Landschaftspark *(AJ)* **:** *Lösorter Str. 133.* ☎ *41-79-00.* • *duisburg-landschaftspark.jugendherberge.de* • *À 9 km au nord par l'A 59 ; S903 depuis la gare, puis 10 mn à pied. Fermé fêtes de fin d'année. Carte AJ obligatoire. Nuit à partir de 28 € en dortoir, 45 €/pers en double, petit déj et draps compris.* AJ de 142 lits sur le site du *Landschaftspark Duisburg Nord*. Un cadre post-industriel étonnant, entre verdure et usines reconverties. Repas servis sur réservation.

Jugendherberge Duisburg Sportpark : *Kruppstr. 9.* ☎ *36-399-60.* • *duisburg-sportpark.jugendherberge.de* • *À 6 km au sud, bus nos 934 et 939. Nuitée à partir de 38 € en dortoir, 49 €/pers en double, petit déj et draps compris.* Une AJ récente à l'écart du centre-ville mais à proximité du centre sportif. 70 chambres de 2 à 4 lits, soit 220 au total. Cafétéria, barbecue, salle de sport et sauna *(payant)*. Idéal en famille ou avec des ados superactifs !

Prix moyens

Hotel Plaza : *Düsseldorfer Str. 54.* ☎ *282-20.* • *hotel-plaza.de* • *À 2 pas du centre piéton, face au musée Wilhelm-Lehmbruck-Museum. Doubles 90-160 €, petit déj compris. Parking pas très cher.* Certes, on n'est pas sur les standards de l'homonyme niçois, mais les prestations sont de qualité et le personnel, pro. Chambres douillettes et volumineuses, on ne se marche pas sur les pieds. Piscine, sauna et salle de fitness.

Ferrotel Duisburg : *Düsseldorfer Str. 122-124.* ☎ *28-08-96-20.* • *sorat-hotels.com* • *À 500 m de la gare. Doubles à partir de 70-80 €.* Façade gris et rouge, façon industrielle, pour cet hôtel de 30 chambres. Derrière ses lignes sobres, il est très confortable, accueillant et plein de personnalité.

Où manger ?

Webster Brauhaus : *Dellplatz 14.* ☎ *23-078. Dans le centre, au pied de l'église Saint-Joseph. Mar-ven à partir de 16h, w-e à partir de 12h. Fermé lun. Plats 7-23 €.* Chaque jour, des spécialités à prix réduits. Cuisine pour toutes les bourses, avec les classiques de brasserie comme la saucisse servie en portion de 30 cm. Et pour éponger, l'excellente bière maison, brune ou blonde. Le tout dans une ambiance relax, soit dans la chaleureuse salle décorée d'antiquités et de cuves rutilantes ou en terrasse sur la place. Concerts live, certains soirs.

Zur Laterne : *Sonnenwall 23.* ☎ *25-550. Dans le centre. Tlj 11h30-21h30. Plats 13-24 €, moins chers le midi.* Si l'extérieur de cette brasserie datant de 1886 n'est pas très engageant, l'intérieur rustique, comme resté dans son jus, rassure. Atmosphère cosy, pour ne pas dire joyeuse les grands soirs. Au menu, *Schnitzel, Sauerbraten* et des plats inspirés d'autres contrées. Du solide !

Küppersmühle : *Philosophenweg 49-51.* ☎ *518-88-80. Face aux bassins du Innenhafen. Tlj sauf lun-mar 12h-22h (18h dim). Plats 14-30 € ; menu... 89 €.* Cadre moderne et élégant dans les tons gris, au milieu des bâtiments industriels reconvertis. Cuisine de saison exquise, un poil fusion, axée surtout sur le poisson. Prix dans la catégorie « Très chic », mais propositions raisonnables au déjeuner.

À voir. À faire

Dans le centre

UN BON PLAN

Gerhard Mercator, né en 1512 près d'Anvers et mort en 1594 à Duisburg, était l'un des plus brillants cartographes de son époque. Ses globes et atlas, reconnus pour leur exactitude, lui étaient réclamés dans le monde entier. La « projection Mercator », qui transforme un globe en planisphère, est toujours en usage.

Kultur und Stadthistorisches Museum (musée d'Histoire et de la Culture de la ville) **:** *Johannes-Corputius-Platz 1. • stadtmuseum-duisburg.de • De la gare, U901, direction Marxloh/Ruhrort, jusqu'à l'arrêt Rathaus Duisburg, puis 3 mn à pied. Tlj sauf lun 10h-17h (18h dim). Entrée : 4,50 € ; réduc.* Ce musée présente de façon agréable l'histoire de Duisburg, au moyen d'une scénographie moderne et diverse : film présentant notamment la ville en 1566, maquettes, machines du XIXe s, dynastie Krupp, les années 1930-1940 et leur lot de destructions, objets des années 1950... Un bémol : peu d'explications en anglais. La visite se poursuit au 1er étage avec la belle collection de cartes anciennes, atlas, mappemondes... étonnamment riche quand on prend le temps de l'étudier.

Küppersmühle Museum : *Philosophenweg 55. • museum-kueppersmuehle.de • Mer 14h-18h, jeu-dim et j. fériés 11h-18h. Entrée : 6 € ; 12 € avec expos temporaires ; réduc. Resto chic sur place (le Kü).* En bordure d'un bras du Rhin, un musée d'art moderne installé dans une ancienne minoterie. Les 6 niveaux de l'édifice original ont été ramenés à 3, ce qui confère de fort beaux volumes aux salles d'expo. Il accueille des collections très diverses d'artistes allemands de l'après-guerre (temporaires au rez-de-chaussée, permanentes aux étages). On emprunte des escaliers design, en passant par une vertigineuse salle de cuves, dans une ambiance un brin futuriste. Un remarquable exemple de réhabilitation du patrimoine industriel, un peu à la façon d'un *Tate Modern* de la Ruhr.

Wilhelm-Lehmbruck-Museum : *Düsseldorfer Str. 51. • lehmbruckmuseum.de • Tlj sauf lun 12h (11h w-e)-17h. Entrée : 9 € ; réduc.* Bâtiment tout en verre et en béton, situé dans un parc aux nombreuses sculptures, non loin du centre piéton. On y voit les œuvres du sculpteur ***Wilhelm Lehmbruck*** (1881-1919), avec un penchant manifeste pour les nus, mais aussi des œuvres (parmi un fonds de 900) de certains de ses pairs tels ***Max Ernst, Dalí, Picasso, Arp, Brancusi, Calder, Giacometti, Franz Marc, Beuys*** ou d'artistes beaucoup plus contemporains.
|●| Pour prolonger agréablement votre visite, la brasserie *Café Museum,* dans le parc, propose des plats régionaux à prix très corrects *(tlj 12h-minuit ; plats 12-26 €).*

Dans les environs

Museum der Deutschen Binnenschifffahrt (musée de la Navigation fluviale) **:** *Apostelstr. 84. • binnenschifffahrtmuseum.de • À 4 km au nord. S901 : Ruhrort Bahnhof, puis bus n° 907. Tlj sauf lun 10h-17h. Entrée : 4,50 € ; réduc. Resto italien sur place. Appli en français à télécharger.* Aménagé dans 2 anciennes piscines couvertes Art nouveau (1910) de la zone portuaire, c'est un musée au

décor surprenant ! Il retrace l'évolution de la navigation fluviale au moyen de nombreux modèles, de tous types et tous âges. Dans le 1er bâtiment, vrai voilier et maquettes. Dans le 2e, péniche grandeur nature, spéciale pour les enfants. Plaisant et très visuel.
– Sur le canal, à 15 mn de marche, visite d'un bateau à vapeur (l'*Oscar Huber*) et du dragueur *Minden* *(3 €, ou 6,50 € avec le musée).*

Pour continuer sur le thème de la navigation fluviale, allez faire un tour du côté de ce ***Binnenhafen,*** le plus important port fluvial d'Europe. Du centre, on peut prendre le bateau au *Schwanentorbrücke (3 départs/j., juin-oct, 2 en nov ; prix : 14 €, réduc ; CB refusées)* ou compagnie *Ruhrorter Schifffahrt,* au port même (résa possible au *Museum der Deutschen Binnenschifffahrt*). Cette balade permet de comprendre l'activité portuaire (commentaires en allemand). Les paysages n'ont rien de bucolique certes, mais c'est une visite atypique.

Landschaftspark Duisburg Nord : *Emscherstr. 71. • landschaftspark.de • À 10 km au nord, par l'A 42, sortie 7. Ouv non-stop. GRATUIT.* Une promenade sur 200 ha de parc paysager composée de friches industrielles revalorisées, pour plonger dans l'univers de la métallurgie. Accès dans un haut-fourneau de 54 m de haut, dîner dans une centrale électrique, varappe dans un gazomètre transformé également en école de plongée sous-marine...

Tiger & Turtle : *Magic Mountain, Ehinger Str. 117. À 9 km au sud. Accès libre, les 2,7 km de sentiers de l'Angerpark y mènent tous. GRATUIT.* Depuis 2011, cet étrange monument occupe le sommet d'un terril, sur le site d'une ancienne usine de zinc, devenu un parc après dépollution du sol. Balade aérienne de 200 m de long sur une sorte de montagne russe pédestre. À voir notamment les week-ends et jours fériés, à la nuit tombée, pour la très belle mise en lumière du site. De là-haut, panorama à 360° sur cette région industrielle décidément pleine de surprises.

L'OUEST DE L'ALLEMAGNE

OBERHAUSEN *(209 000 hab. ; IND. TÉL. : 0208)*

À 12 km au nord-est de Duisbourg. Le centre ancien de la ville a été totalement dévitalisé par la construction d'un « nouveau centre », le *Neue Mitte.* Y trône le *Westfield CentrO,* l'un des plus grands centres commerciaux du pays avec plus de 200 magasins sur 70 000 m². Un peu déconcertant comme ambiance. De là, promenade de 400 m de long, bordée de bars et de petits restos, autour de laquelle s'articulent parcs d'attractions, boutiques et sentiers de randonnée conduisant au *Gasometer* et au château.

Adresse utile

Office de tourisme : *Willy-Brandt-Platz 2. ☎ 82-45-70. • oberhausen-tourismus.de • En face de la gare. Tlj sauf dim 10h-18h (13h30 sam). Autre office au CentrO à Neue Mitte.*

À voir

Gasometer (gazomètre) **:** *Arenastr. 11. • gasometer.de • Entre le canal et le CentrO. Mar-dim 10h-18h (et lun pdt les vac scol). Entrée : 11 € ; réduc. Audioguide en anglais : 2 €.* Construit en 1929 pour y stocker le gaz nécessaire à la sidérurgie, cet étrange « château de gaz », le 2e plus grand au monde après celui de Chicago, offre un panorama saisissant sur la région. On peut y reconnaître les lieux d'exploitation industrielle alentour, grâce aux 3 points d'orientation. L'intérieur accueille désormais des expos d'art temporaires. La scénographie est étonnante, les thèmes souvent ambitieux. Avec un plafond de 117 m de haut, la capacité volumique du monstre est de 347 000 m³. De quoi alimenter les hauts-fourneaux et votre curiosité !

Rheinisches Industriemuseum *(Musée industriel rhénan)* **:** *Hansastr. 20. • industriemuseum.lvr.de • Juste derrière la gare, à 2,5 km du CentrO.* ***Réouvert en 2023 après travaux.*** Dans une ancienne usine de zinc datant de 1854 et fermée en 1981, un musée sur l'histoire de l'industrie métallurgique, le quotidien des ouvriers et l'entreprise Krupp. Voir notamment le marteau-pilon de 10 m de haut.

Dans les environs

Movie Park : *Warner-Allee 1,* ***Bottrop-Kirchhellen,*** *à 25 km au nord d'Oberhausen, entre Bottrop et Dorsten. • movieparkgermany.de • En voiture, prendre l'A 31, sortie 39. Avr-début nov, tlj dès 10h (fermeture variable). Entrée : 40-50 € selon formule ; réduc (notamment via Internet) ; forfaits avec nuit en hôtel. Parking : 8 €/j.* Hollywood en Allemagne ! Vous y trouvez tout ce qu'un parc d'attractions thématique honorable se doit de proposer : grand 8, cinéma en 3D, spectacles, attractions, boutiques... pour tous les goûts et tous les âges.

ZECHE ZOLLVEREIN – MINE DE ZOLLVEREIN
(IND. TÉL. : 0201)

Un site incontournable de la Ruhr ! La mine de charbon et la cokerie de *Zollverein* ont été inscrites au ***Patrimoine mondial de l'Unesco*** en tant qu'exemple représentatif du développement de l'industrie lourde en Europe. Elles constituaient le site d'extraction le plus grand et le plus moderne du monde (plus de 12 000 t de charbon pur produites par jour). La reconversion de cet ensemble minier en complexe touristique symbolise à elle seule la volonté de valoriser le patrimoine de la Ruhr. La visite guidée du site permet de suivre le chemin du charbon depuis son extraction jusqu'à sa transformation. On y trouve des musées, des salles d'expo, des ateliers d'artistes, des restos...

➢ ***Comment y aller :*** *Gelsenkirchener Str. 181, 45309* ***Essen.*** *• zollverein.de • À 19 km à l'est d'Oberhausen et 6 km au nord d'Essen. En voiture depuis l'A 40, sortie E-Frillendorf-Süd ; ou de l'A 42, sortie GE-Hessler. Plusieurs parkings, le PA2 étant le plus proche des musées. Depuis la gare d'Essen, train S107 ou bus n° 170 (arrêt Zollverein).*

Où dormir ? Où manger ? Où boire un verre ?

Hotel Friends : *Martin Kremmer Str. 1, 45237. ☎ 74-70-430. • hotelfriends.de • Doubles 135-175 €, petit déj inclus.* Pas vraiment des prix d'amis, mais du caractère à revendre pour cet hôtel installé dans un ancien bâtiment industriel. Le vaste lobby, chaleureux et contemporain, donne le ton. Dans les chambres sur 3 niveaux, une déco mêlant la brique, le design industriel, de vrais objets personnels des mineurs, leurs portraits, et un confort irréprochable. Bluffant ! Snack attenant en plein air, les pieds dans le sable, proposant flammekueche, *Currywurst* et gaufres à petits prix.

Casino Zollverein : *Halle A9. ☎ 83-02-40. Mar-ven 17h-22h, w-e 12h-22h. Plats 11-37 €.* Aménagé dans l'ancienne halle à compresseurs du site de Zollverein ; ce qui surprend ici, c'est bien sûr le décor industriel de la salle, avec ses énormes piliers en béton et ses lourdes machines. Cuisine dans l'air du temps, fine et sophistiquée à défaut d'être copieuse, typique de la Ruhr, mais brassant aussi les régions d'Europe.

Biergarten : *en face du Casino. Par temps sec seulement, tlj 10h-22h.* Dans un jardin fleuri, où il fait bon siroter une bonne bière sur un banc ou un transat. On peut aussi y grignoter à toute heure.

Le café ***Die Kokerei*** (situé dans la

cokerie, donc !) permet de se restaurer à prix plus raisonnables. *Bâtiment C70. ☎ 830-12-98. Tlj sauf lun et j. fériés 12h-20h ; horaires réduits en hiver.*

🍽 🍷 Plusieurs autres cafés et restos sur le site comme ***The Mine*** *(tlj sauf lun 12h-22h),* un italien à tarifs modérés, face au *Ruhr Museum.*

À voir. À faire

En 1986, la mine a été définitivement fermée, au terme de 55 ans d'exploitation. ***Fritz Schupp*** et ***Martin Kremmer,*** 2 architectes inspirés par le mouvement ***Bauhaus,*** ont harmonieusement revu et conçu ce complexe touristico-industriel, dans un mikado de poutres, cheminées et tapis de chargement, réparti en 2 sites : ***Zeche*** (où se trouvent les musées) et ***Kokerei.*** Points info sur les 2 sites (plan en anglais). Entre les 2, balade de 10 mn, au sol ou par une passerelle. Sinon, petit train *(tour de 20 mn avec commentaires en allemand ; 5 €/pers).*

*** ***Ruhr Museum :*** *Zollverein A14, zone Zeche. • ruhrmuseum.de • Bâtiment A14, zone A, P1 ou P2. Tlj 10h-18h. Entrée (tickets au 3e étage, à 17 m) : 8 € ; 10 € avec l'expo temporaire ; réduc. Visite guidée en allemand seulement, mais explications en anglais.* L'***ancienne usine de lavage du charbon,*** véritable cathédrale de béton aux murs patinés de tons cuivrés, accueille cet incroyable musée consacré à ***la Ruhr sous tous ses aspects.*** Les collections sont présentées dans une semi-pénombre, au milieu des installations, et prennent ainsi une dimension quasi surnaturelle. Tout à la fois musée géologique, archéologique, industriel et de sciences naturelles, il met en évidence le lien entre territoire, environnement, histoire et culture.
Original : on se repère aux altitudes des étages plutôt qu'à leurs numéros. Ainsi, à 6 m, on démarre avec les ***200 ans d'histoire de l'industrie régionale,*** et à 12 m, on poursuit avec la ***géologie*** (les richesses du sol revêtent une importance particulière ici), les fossiles, les animaux empaillés...
À 17 m, c'est ***le présent*** qui nous retient, dans un foisonnement de thématiques comme les paysages industriels, la place de la nature (on parle d'*industrial nature*), celle du football dans la société ouvrière (250 000 licenciés des 2 sexes dans la Ruhr), les migrants et leurs lieux de culte, etc. On apprend au passage que la Ruhr produit ***15 eaux minérales*** qui étaient autrefois consommées dans des *Trinkhallen* (devenues des bureaux de tabac aujourd'hui).
À 30 m, c'est plus ludique : une vingtaine d'écrans tactiles, en plus d'un film de 20 mn, « Ruhr 360 ». Ne pas manquer la montée jusqu'à 45 m, sur le ***toit panoramique.*** On découvre alors une forêt de cheminées, chevalements, usines, clochers... et une forêt tout court aussi, c'est la vraie surprise verte de cette visite ! À coup sûr, vous ne verrez plus la Ruhr du même œil en sortant.

** ***Red Dot Design Museum :*** *bâtiment A7 (P A2). • red-dot-design-museum.de • Tlj sauf lun 11h-18h (dernière entrée à 17h). Entrée : 9 € ; réduc. Entrée libre (avec donation) le ven.* L'ancienne chaufferie, réaménagée par ***Norman Foster,*** accueille ce lieu dédié au ***design.*** On chemine sur 4 niveaux le long de canalisations, poutrelles et autres structures métalliques à la découverte d'objets curieux accrochés çà et là ou posés sur des plates-formes. Les plus grands designers y sont exposés. Même dans leurs rêves les plus fous, peu avaient imaginé trouver ici un tel écrin pour leurs créations. Un lieu incontournable pour les amateurs de patrimoine industriel, de déco et d'archi.

** ***Visites guidées :*** *infos et billets au bâtiment A8, près du Red Dot Museum. ☎ 24-68-10. Prix : 10 € ; réduc. En allemand essentiellement, se renseigner pour les visites en anglais.* Plusieurs thématiques : le ***puits de mine*** (*Über Kohle und Kumpel,* 1h), le ***lavage du charbon*** (*Kohlenwäsche mit Ausblick,* 1h), la ***cokerie*** (*Von Kohle, Koks und harter Arbeit,* 2h), etc. La cokerie se situe en zone C (PC) ; seules les visites guidées permettent d'accéder à l'enceinte du puits de mine et à la cokerie.

Autres attractions : en été, une grande roue et une piscine *(GRATUIT)* installée dans d'anciens containers *(bâtiment C75)* ; en hiver, une patinoire *(bâtiment C74).*

Pour circuler sur le site ou surtout explorer les alentours, ***location de vélos*** à ***RevierRad-Station*** : *tt près du resto Casino et de la porte 12. ☎ 0208-84-85-720. • revierrad.de • Tlj 10h-18h. Dans les 10 € la journée.*

ESSEN *(583 000 hab. ; IND. TÉL. : 0201)*

L'ancienne cité minière, siège historique de l'empire industriel des *Krupp,* capitale du charbon et de l'acier, incarna dans les années 1950 le miracle économique allemand. Le dernier puits a été fermé en 1986. Aujourd'hui, Essen continue de jouer un rôle moteur dans l'industrie du pays, mais plutôt dans les secteurs de pointe et le tertiaire : énergie, chimie, électronique...
Ville commerçante et dynamique, située au cœur d'un bassin de population très dense, on ne s'attardera pas cependant dans le centre-ville. Autant filer vers le superbe musée *Folkwang* et les autres sites touristiques de la région.

Adresse utile

Office de tourisme : *Kettwigerstr. 2-10. ☎ 88-72-333. • visitessen.de • En face de la gare. Lun-ven 9h-18h, sam 10h-15h.* Circuit culturel, le *Kulturpfad Auf Blauen Steinen* (plan disponible à l'office de tourisme). Vente de la ***Ruhr Welcome Card*** *(pour 1, 2 ou 3 j. à respectivement 29, 60 et 80 € ; tarifs pour familles).* Elle donne droit à des réductions ou la gratuité de certains services ou attractions et aux transports en commun.

Où dormir ? Où manger ? Où boire un verre ?

Motel One : *Kennedyplatz 3. ☎ 43-75-370. • motelone.com • Doubles à partir de 79 € ; petit déj en sus. Parkings publics payants juste à côté.* À proximité de la zone piétonne, pas loin d'une station du U-Bahn, un hôtel de chaîne à l'allure un peu austère dont le design moderne décore les espaces communs. Chambres assez petites, sobres et fonctionnelles mais confortables. Bon petit déj-buffet.

Kempe New York Hotel : *Heinickestr. 31. ☎ 246-72-10. • kempehotels.de • Doubles 60-95 € ; petit déj en sus. Parkings publics payants.* Un hôtel de chaîne pratique pour sa proximité avec la gare et les restaurants du centre-ville. Petit déj pas très copieux mais chambres plaisantes et fonctionnelles. Bien pour une nuit.

Sattgrün : *Theaterpassage, Rathenausstr. 2. ☎ 45-127. Tlj 12h-22h. Plats 10-14 €.* À proximité de la zone piétonne, une adresse bio et végane qui connaît un vrai succès auprès des étudiants pour la fraîcheur de ses produits, ses petits prix et son concept : 3 tailles de plats, un buffet de salades, soupes et plats chauds et *basta.* Le tout goûteux et appétissant, dans un cadre hyper propre, un peu nordique. *Wundebar* !

À voir dans le coin

Museum Folkwang : *Museumsplatz 1. • museum-folkwang.de • Env 1 km au sud de la gare d'Essen, possible à pied via le théâtre et le Stadtgarten. Tlj sauf lun 10h-18h (20h jeu-ven). GRATUIT, sauf pour certaines expos temporaires. Audioguide (4 €) et visites guidées en anglais. Appli en anglais à télécharger.*
Décrit en 1932 comme « le plus beau musée du monde », c'était à l'époque le 1er consacré à l'art moderne, avec une riche collection de l'avant-garde des XIXe et

XXe s rassemblée à partir de 1897 par ***Karl Ernst Osthaus*** (1874-1921), un amateur passionné, fils de banquier. Mais cette initiative subit en 1937 l'ostracisme nazi à l'encontre de l'« art dégénéré ». Plus de 1 400 œuvres ont été alors confisquées, vendues et disséminées à travers le monde.

Le *musée Folkwang* expose à nouveau certains de ces chefs-d'œuvre récupérés dans les tourbillons de l'histoire, au sein d'une nouvelle structure dessinée par l'architecte britannique ***David Chipperfield.*** 6 cubes d'acier et de verre aux reflets vert pâle, dotés de larges fenêtres et d'un puits de lumière, ont permis de porter la surface d'exposition à 2 800 m² sur un seul niveau.

Il abrite des œuvres d'artistes parmi les plus talentueux des XIXe et XXe s. École française : ***Courbet, Delacroix, Géricault, Corot, Daubigny, Daumier*** ; allemande : ***Caspar David Friedrich, Böcklin, Johann Christian Dahl ;*** impressionnisme : ***Monet, Renoir, Pissarro, Sisley*** ; expressionnisme : ***Munch, Franz Marc, Kirchner*** ; pointillisme : ***Signac, Van Rysselberghe*** ; fauvisme : ***Derain*** ; cubisme : ***Braque, Picasso*** ; abstraction : ***Delaunay, Klee, Kandinsky, Mondrian*** et expressionnisme abstrait : ***Pollock*** et ses taches, ***Rothko.***

Le tout est subtilement parsemé de chefs-d'œuvre issus des cultures extra-européennes : offrandes funéraires égyptiennes, sculptures africaines, arts primitifs d'Océanie. ***Karl Ernst Osthaus*** a été le 1er à faire découvrir à l'Europe la diversité des arts venus d'ailleurs. Parmi les dernières fiertés en date, *Los Carpinteros,* une œuvre emblématique des artistes cubains ***Dagoberto Sanchez*** et ***Marco Valdés,*** un gros casque alvéolé plein d'objets hétéroclites.

Caféteria contemporaine et toute vitrée sur place. *Mêmes horaires. Plats 10-25 €.* Spécialités allemandes et italiennes.

La villa et le parc Hügel : *Hügel 1. • villahuegel.de • À 7 km au sud d'Essen, à 3 stations de S-Bahn (ligne S6) ou bus n°194. Mar-dim 10h-18h ; parc tlj 9h-19h. Entrée : 5 € pour les 2 maisons et le parc. Explications en allemand, mais fascicule succinct en français.* Résidence de la famille Krupp de 1873 à 1943, ce petit château, posé dans son écrin de verdure, sur les coteaux de la rivière Ruhr, est un témoignage de la fortune et de l'envergure économique de la plus célèbre famille d'industriels du Reich. La « grande maison » aux 269 pièces (jusqu'à 650 domestiques en 1914 !) vaut à elle seule la visite. La propriété comptait aussi courts de tennis, écuries, piste de bowling, maison de jeu, bibliothèque... En plus, une *Gästehaus* (« la petite maison »), où les expos rendent un hommage appuyé aux fond(at)eurs de ce grand empire sidérurgique, à leurs œuvres sociales et culturelles au travers de la ***fondation Alfried Krupp von Bohlen und Halbach.*** On y évoque le renouveau économique de l'après-guerre malgré les compromissions de l'entreprise avec le nazisme et le recours au travail forcé durant la guerre...

En 1946, ***Alfried Krupp*** est condamné à 12 ans de prison par un tribunal militaire américain. Le groupe, comme Thyssen, est condamné au démantèlement. Mais la guerre froide change la perspective. Alfried Krupp est libéré en 1951 et reprend les rênes du groupe familial, presque intact.

En 1998, fusion avec le groupe Thyssen : le nouveau géant emploie aujourd'hui plus de 100 000 personnes dans le monde.

UN MARCHAND DE CANONS DISCRÉDITÉ

Friedrich Alfred Krupp hérita des plus grandes usines d'armement européennes. En 1902, un scandale éclate : le journal socialiste Vorwärts *révèle ses penchants homosexuels. Sur demande de sa femme, bafouée, Guillaume II envoie Krupp dans un asile où il se suicide ; sa mort est déguisée en crise cardiaque. Le Kaiser arrange alors le mariage de l'héritière Krupp avec l'un de ses hommes de main, von Bohlen und Halbach (futur nazi), et prend ainsi le contrôle des fabriques d'armement. Pour l'anecdote, cette héritière, la fille de Krupp, se prénommait Bertha, d'où le nom du fameux canon de 1914-1918.*

L'EST DE LA RUHR

Continuons à arpenter la Ruhr, de Bochum (366 000 habitants) jusqu'à Dortmund (600 000 habitants), cette dernière connue pour son équipe de foot du *Borussia* et son *Westfalen Park.* Des villes distantes de 20-25 km où l'on ne s'attarde guère, mais plusieurs sites d'intérêt touristique émaillent la zone.
– Offices de tourisme dans les 2 villes et infos sur • *bochum-tourismus.de* •

Bochum : si vous voulez vous y faire des amis, dites que vous connaissez ***Herbert Grönemeyer*** ! Le Jean-Jacques Goldman allemand est originaire de cette ville et lui a même dédié une chanson qui a fait fureur au hit-parade national. Il en a aussi consacré une au plat local : la *Currywurst !* Autre curiosité : les *Trinkhallen,* sortes de bars-tabac où l'on vend aussi de l'alcool et où l'on se retrouve après le boulot, en bleu de travail ou en costard-cravate.
– ***Festival Bochum Total :*** *début juil, pdt 4 j.* • *bochum-total.de* • Festival de musique en plein air (rock, pop, hip-hop, jazz, etc.), avec près de 1 million de spectateurs. Le tout entièrement gratuit !

Mutter Wittig : *Bongardstr. 35, 44787* ***Bochum.*** *☎ 0234-121-41. Dans le centre piéton, à 15 mn à pied du musée. Tlj 12h-21h (22h ven-sam). Plats 12-20 €.* Déco intérieure joliment rustique, typiquement allemande, et pour cause, ce resto existe depuis le XIXe s. Terrasse aux beaux jours. La cuisine jouit d'une bonne réputation.

Si vous voulez goûter à la *Currywurst* locale, on en trouve à tous les coins de rue du centre-ville, notamment dans le tout petit kiosque nommé le *Dönninghaus,* à côté du cinéma *Union-Kino.*

Deutsches Bergbau-Museum *(musée allemand de la Mine)* ***:*** *Europaplatz,* ***Bochum.*** • *bergbaumuseum.de* • *De l'A 40, suivre les panneaux « Zentrum » ; ou U35 direction Herne. Tlj sauf lun 9h30-17h30 ; dernière descente dans la fosse à 14h (voire plus tard en sem). Entrée : 10 € ; réduc. Visite de la mine guidée sur résa en sem, non guidée le w-e. Explications en français et audioguide en anglais. Resto sur place.* Ce ***musée sur l'industrie minière*** nous transporte dans l'univers de l'exploitation du minerai de fer et du charbon de façon tout à fait vivante. Les dernières mines de Bochum ont fermé en 1972 et ce site, créé de toutes pièces, rassemble du matériel en provenance de différentes mines des alentours, à commencer par l'impressionnante tour de l'ancien site de Dortmund, à la fois phare et symbole.
Outre les 3 niveaux qui retracent l'histoire et les différentes techniques du travail à la mine, une salle d'exposition de machines est proposée à des fins ludiques, pour les enfants. Mais le clou de la visite, c'est la ***descente en simulateur*** (12 m/s !) dans la fosse, reconstituée à l'identique en 1937 – à part la température : à 20 m sous terre, elle est de 12 °C, rien à voir avec les 28 °C que devaient endurer les mineurs ! 2,5 km de galeries montrent le travail dans les mines à travers les âges.
La visite guidée *(env 45 mn, en allemand),* parfois par d'anciens mineurs passionnés par ce qu'ils vous racontent, permet de voir activer certaines machines (demandez à essayer le marteau-piqueur !). Possibilité de monter sur la ***plateforme de la tour d'extraction, à 60 m de hauteur...*** Sujets au vertige, s'abstenir !

Zeche Zollern II/IV *(musée industriel de la Westphalie)* ***:*** *Grubenweg 5, 44388* ***Dortmund-Bövinghausen.*** • *zeche-zollern.de* • *Entre Bochum et Dortmund (14 km), par l'A 40 sortie Lütgendortmund. Tlj sauf lun 10h-18h. Entrée : 5 € ; réduc. Peu d'explications en anglais.* Repérer le chevalement. Encore un charbonnage qui employait 2 500 mineurs au début du XXe s. Ensemble très bien préservé où l'on peut voir une grande salle des machines, tout en acier, brique et verre (et le 1er extracteur de charbon électrique en Allemagne), l'intérieur de la tour d'extraction (du sommet, vue de Dortmund) et, bien sûr, le musée, dédié à la vie des mineurs.
Restaurant et *Biergarten* au décor Art nouveau.

Deutsches Fussballmuseum *(musée du Football allemand)* **:** *Platz der Deutschen Einheit 1,* ***Dortmund.*** *• fussballmuseum.de • Mar-dim 10h-18h. Entrée chère : 19 € ; réduc, notamment sur Internet.* Face à la gare de Dortmund, un musée ultramoderne de 7 000 m² sur 3 niveaux consacré au ballon rond. Normal, Dortmund possède un des clubs les plus en vue du championnat allemand : le *Borussia (BVB)* aux couleurs noir et jaune, fondé en 1909. Exposition sur l'histoire du football allemand, sa *Nationalmannschaft,* ses 4 titres en Coupe du monde, ses clubs les plus fameux en *Bundesliga...* Le tout à renfort de bornes interactives et multimédias, cinéma 3D, galerie des vedettes *(hall of fame)* et plus de 1 600 pièces.

Café et boutique sponsorisée par Adidas, bien entendu.

A&O Dortmund Hauptbahnhof : *Königswall 2, 44137* ***Dortmund.*** *☎ (231) 22-68-86. • aohostels.com • Face à la gare de Dortmund. À partir de 25-30 €/pers en dortoir ; également des doubles ; draps, petit déj en plus.* Une AJ cosmopolite qui propose aussi des chambres privées avec salle de bains. Architecture pas ouf, mais l'emplacement est pratique, face à la gare et quasi dans le centre-ville. Fait bien le job pour une nuit.

Hövels Hausbrauerei : *Hoher Wall 5-7, 44137* ***Dortmund.*** *☎ (231) 914-54-70. Le long du boulevard circulaire, côté ouest. Tlj 12h-minuit. Plats 10-23 €.* Brasserie typique réunissant l'attirail habituel, tant dans la déco, sur le mode faux rustique que dans l'assiette. Vastes salles ou *Biergarten* pour déguster *Schnitzel, Currywurst* ou autre *fish and chips.* Service efficace.

LWL-Freilichtmuseum Hagen : *Mäckingerbach, à* ***Hagen,*** *à 17 km au sud de Dortmund. • lwl-freilichtmuseum-hagen.de • Avr-oct, tlj sauf lun 9h-17h30 (18h dim) ; dernière admission à 17h. Entrée : 8 € ; réduc. Resto sur place.* Il s'agit d'un « musée de plein air » : dans un décor presque tyrolien, des maisons disposées le long d'une petite vallée recréent plus ou moins un village avec même une ferme d'animaux. À l'intérieur, de nombreux corps de métiers différents, illustrant l'artisanat des XVIIIe et XIXe s de la forge à l'imprimerie, en passant par le boulanger, le bourrelier, etc. Les artisans font revivre sous nos yeux les métiers de leurs ancêtres !

DÜSSELDORF

(40000) 642 300 hab. IND. TÉL. : 0211

• Plan *p. 74-75*

Parmi les pôles financiers les plus importants d'Allemagne et capitale du Land de Rhénanie-Nord-Westphalie, Düsseldorf donne l'image d'une cité affairiste et bourgeoise. Il est vrai qu'elle est renommée pour son shopping de luxe, et attire les Allemands fortunés qui viennent lécher les vitrines de la *Kö,* l'avenue la plus chic... du pays. C'est une ville très verte, résolument tournée vers l'avenir, comme le prouve la transformation de l'ancien port

DES NIPPONS À DÜSSELDORF

Si vous croisez des Japonais à Düsseldorf, ce ne sont pas forcément des touristes : ils sont plus de 8 400 à y vivre, ce qui en fait la plus importante communauté en Europe. 625 entreprises japonaises ont en effet leur siège en Rhénanie, dont plus de 400 à Düsseldorf (et 20 supplémentaires par an) ! Il existe un quartier japonais près de la gare, et un jour de fête japonais a lieu fin mai : le Japan Tag, avec un immense feu d'artifice... japonais.

industriel, *MedienHafen.* Entièrement restructuré, il surprend par son savant mélange de bâtiments industriels remis à neuf et son audacieuse architecture ultramoderne, œuvre de célèbres cabinets d'architectes comme *Frank Gehry, Renzo Piano, David Chipperfield, Helmut Jahn...*
C'est le quartier branché, où s'installent médias, entreprises de communication, ateliers de créateurs de mode, bars et restos tendance... Prenez le temps de parcourir ce coin étonnant, complètement en contraste avec le centre ancien *(Altstadt),* doté, lui, de ruelles et de maisons typiques. En quelques minutes, en longeant le Rhin, on bascule de la tradition la plus ancrée au futurisme.

LE VAMPIRE DE DÜSSELDORF

C'est le surnom donné par la presse à Peter Kürten, l'un des plus célèbres tueurs en série d'Allemagne. À son procès, il aurait avoué 80 crimes, viols et agressions, perpétrés à Düsseldorf en 1929. Seuls 9 meurtres et 7 tentatives ont été retenus contre lui. Il a été guillotiné à Cologne en 1931. Fritz Lang s'est inspiré de ce fait divers pour son film M le maudit.

– *Attention :* Düsseldorf est aussi une ville de foires (calendrier sur • *messe-duesseldorf.de* •). Pendant ces périodes, les prix des hôtels doublent.

UNE CAPITALE ET UNE RÉFÉRENCE CULTURELLE

Sous domination française suite à la Révolution, Düsseldorf voit ses remparts rasés, remplacés par des parcs et de larges avenues : ***Napoléon,*** qui y séjourne 4 nuits, lui donne le titre de capitale du duché de Berg et place son frère ***Jérôme*** à sa tête. La Prusse récupère la région en 1815. La ville se modernise alors et sa population croît rapidement.
Le milieu du XIXe s voit passer de nombreux artistes. L'école de peinture dite « de Düsseldorf » se développe, le grand poète ***Heinrich Heine*** naît ici en 1797, ***Goethe*** y séjourne, les musiciens Mendelssohn, Schumann et Brahms y passent quelques années. La réputation de l'Académie des beaux-arts est bien assise grâce à de prestigieux professeurs tels ***Paul Klee, Joseph Beuys*** ou ***Andreas Gursky.*** Ravagée par la guerre, la ville se redresse rapidement après 1945 pour devenir un centre industriel et financier de 1er plan. Et un moteur culturel : *Kraftwerk,* groupe pionnier de la musique électronique est notamment né ici dans les années 1970.

Arriver – Quitter

En avion

✈ ***Düsseldorf Airport*** *(hors plan par B1)* **:** *à 8 km au nord de Düsseldorf.* • *dus.com* • *Vols directs avec Paris-CDG.* L'aéroport est également desservi par le *Thalys.*

➢ Entre la gare centrale de Düsseldorf et l'aéroport, trains réguliers S11. Billet aux distributeurs à l'extérieur, 15 mn de trajet. En taxi, compter 30 €.

En train

Gare centrale *(Hauptbahnof ; plan C3)* **:** *Konrad-Adenauer-Platz. À 2 km à l'est de la vieille ville.*

➢ Avec ***Thalys,*** A/R direct entre ***Paris*** et Düsseldorf 2 fois/j. en 3h45 via Bruxelles, Liège et Cologne.

➢ Liaisons très régulières avec ***Cologne, Bonn, Münster*** et les villes de la ***Ruhr.***

➢ ***Münster :*** trains régionaux (compter 1h45 de trajet) ou trains *ICE,* plus rapides mais en général avec changement à Dortmund (env 1h20 en tt).

➢ ***Hambourg :*** 1 direct ttes les 2h. Compter 3-4h de trajet.

Rues piétonnes
NORD
Parc des expos
DUISBOURG
16
52
VICTORIA PL.
Bruderstr.
Museum Kunstpalast
EHRENHOF
Köln-Düsseldorfer
Scheiben Str.
Arnold Str.
Freiligraphstr.
Kapellstr.
Sternstr.
Duisburger
Kaiserstraße
PEMPELFORT
Inselstraße
Hofgärten
Holgartenufer
Tonhallenufer
Tonhalle
Hofgartenrampe
Ring
LUEG PLATZ
OBERKASSELER BRÜCKE
Wilhelm
Kaiser
OBERKASSEL
Festwiese
ALTSTADT
Kreuzherrenk.
Ratinger Tor
31
Str.
Allee
M.-Weyhe-Al.
Hofgätner haus
Ritter
Ratinger
P. KLEE PL.
K20
GRABBE PL.
Karmelitesser-Klosterkirche
Altestadt
Lieferg.
Heine
Lands-krone
Thyssenhaus
Köln-Düsseldorfer
St. Lambertus Basilika
Mühlenstr.
43
Andreask
Städtische Kunsthalle
Opernhaus
Hofgartenstr.
Berl.
JAN WELLEM-PL.
Schlossturm
BURG PLATZ
Kurzestr.
Andreasstr.
Neanderkirche
29
Rathaus
Elberfelder Str.
SCHADOW PL.
Schadow Str.
MARKT PL.
Bolkerstr.
30
Heinrich
Th. Korner Str.
Blumen Str.
Rheinpromenade
Pegeluhr
Zollstr.
58
Heine-Geburtshaus
Berger
Flingerstr.
H. HEINE PLATZ
RHEINUFERTUNNEL
51
50
41
Wallstr.
40
Wilhelm-Marx-Haus
42
Grabenstr.
Trinkausstr.
Königstr.
36
Hetjens Museum
Str.
Evangelische Kirche
St. Johannes Kirche
37
CARL PLATZ
Rhein
St.Maximilian-Kirche
Benrather
Str.
Steinstr.
Rathaus-
Palais Wittgenstein
CARLSTADT
Königsallee
RHEINKNIE BRÜCKE
Stadtmuseum
Heinrich Heine Institut
Kö Galerie
Mannesmann-Hochhaus
Allee
Bastion
Str.
Wellenbad Stadtmitte
Berger
Spee'scher Graben
Poststr.
Bilker
Hohe
Kasernenstr.
Breite
Rheinpark Bilk
Mannesmannufer
K.-Theodor Str.
Bahnstr.
Berliner
KIT
SCHWANEN MARKT
HORION PLATZ
Haroldstraße
Graf-Adolf
Landtagsgebäude in Bau
4
Schwanenspiegel
GRAF-ADOLF PLATZ
Aders
Hüttenstr.
Rheinturm
Kavalleriestr.
Kaiserteich
Elisabethstraße
Friedrichstraße
Luisenstraße
Jahnstraße
Talstraße
Hubertusstr.
Ständehausstr.
K21
13
Neusserstraße
UNTERBILK
Reichsstraße
JÜRGENSPL.
0
200
400 m
Herzogstraße
KÖLN
12
A
B
1
2
3
10
14
11
32, 33, 34, Medienhafen

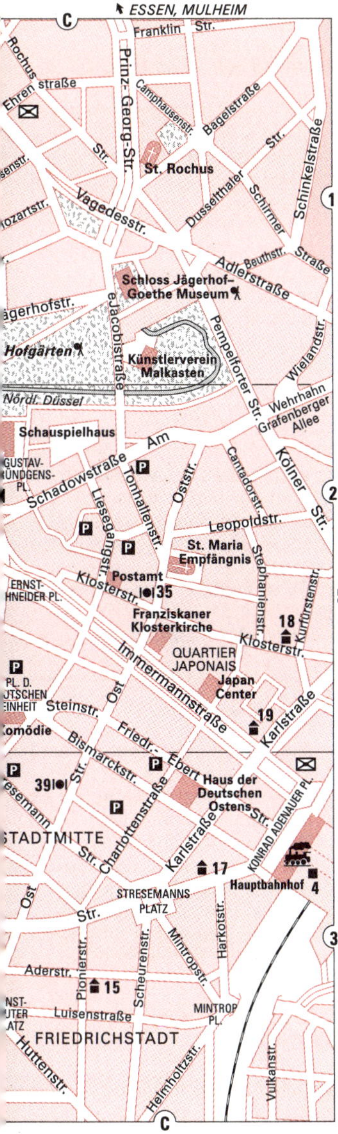

■ Adresses utiles

- Office de tourisme (A-B2)
- **4** Location de vélos (A3 et C3)

Où dormir ?

- **10** Campingplatz Lörick (hors plan par A1)
- **11** Jugendherberge Düsseldorf City Hostel (hors plan par A2)
- **12** Backpackers Düsseldorf (hors plan par B3)
- **13** A&O Hostel (B3)
- **14** Me and all Hotel Oberkassel (hors plan par A1)
- **15** Max Hotel Garni (C3)
- **16** Hotel Indigo (hors plan par B1)
- **17** CVJM Düsseldorf Hotel (C3)
- **18** Hotel Sir & Lady Astor (C2)
- **19** Motel One (C2)
- **20** Hotel Friends (hors plan par C2)

Où manger ?

- **29** Robert (A2)
- **30** Zum Schlüssel (B2)
- **31** Brauerei im Füchschen (B1)
- **32** Curry (hors plan par A3)
- **33** Dein Stadtbäcker Westerhortsmann (hors plan par A3)
- **34** Meerbar (A3)
- **35** Na Ni Wa (C2)
- **36** Fischhaus (A-B2)
- **37** Brauerei Zum Schiffchen et Heimwerk (B2)
- **39** Brauerei Ferdinand Schumacher (C3)

Où boire un café ? Où manger une glace ou un gâteau ?

- **40** Bazzar Caffè (B2)
- **41** Eiscafé Pia (B2)
- **42** Konditorei Heinemann (B2)
- **43** Laterne im Schlossturm (A2)
- **44** Copenhagen Coffee Lab (B2)

Où boire un verre ? Où sortir ?

- **50** Killepitschstube/Et Kabüffke (B2)
- **51** Zum Uerige (A-B2)
- **52** Three Little Birds (A1)

Achats

- **58** GeschmacksSachen (B2)

DÜSSELDORF

Adresses et infos utiles

Office de tourisme *(plan A-B2)* **:** *Rheinstr. 3. ☎ 17-202-844. • duesseldorf-tourismus.de • Tlj 10h-18h.* *Düsseldorf Guide* en français. **Düsseldorf Card** offrant la gratuité dans certains musées (réduc pour les autres) et les transports publics. *Tarifs : 12-30 € selon durée : 24h-96h.* Également en version familiale *(2 adultes et 2 enfants jusqu'à 14 ans).* Résas d'hôtels à des tarifs intéressants (sauf en période de foires) et organise des tours guidés de la ville.

Location de vélos *(plan C3, **4**)* **: Radstation,** *à la gare, Willi-Becker-Allee 8a. • zwd.de/dienstleistungen/radstation/ • En sem 7h30-20h, w-e et j. fériés 10h-18h. Autre adresse à Apollo-Platz (plan A3, **4**) : ouv en saison seulement (avr-oct, par temps sec) lun-ven 12h-20h, w-e et j. fériés 11h-21h. Appeler avt au ☎ (0160) 98-15-09-12.* Circulation à vélo très aisée.

– ***Infos culturelles* :** les germanophones pourront se procurer la brochure mensuelle *In Düsseldorf* à l'office de tourisme *(GRATUIT).*

Où dormir ?

Camping

Campingplatz Lörick *(hors plan par A1, **10**)* **:** *Niederkasseler Deich 305. ☎ 59-14-01. • duesselcamp.de • De l'autre côté du Rhin. Bien pour les pers motorisées. Ouv tte l'année, sur résa l'hiver. Empl. env 24 € pour 2 avec tente et voiture.* Populaire, agréable, propre, calme et proche d'un lac.

Bon marché

Jugendherberge Düsseldorf City Hostel *(AJ ; hors plan par A2, **11**)* **:** *Düsseldorfer Str. 1. ☎ 55-73-10. • duesseldorf.jugendherberge.de • Juste de l'autre côté du Rhin. De la gare, U70/74/75/76/77 : Luegplatz, et marcher env 500 m. Nuitée en dortoir à partir de 33 €/pers, 50 €/pers en double ; draps et petit déj inclus.* Une AJ des plus moderne, avec large vue sur le fleuve. Chambres lumineuses de 1 à 6 lits, ainsi que des appartements. Confort quasi hôtelier et installations pour les vélos. Bar 24h/24 et cafétéria.

Backpackers Düsseldorf *(hors plan par B3, **12**)* **:** *Fürstenwall 180. ☎ 30-20-848. • backpackers-duesseldorf.de • Bus n° 732 depuis la gare direction Hafen/Lausward, arrêt Corneliusstr. Nuitée 21,50-61 €/pers ; petit déj (léger), linge et parking compris.* AJ privée de 60 places (chambres jusqu'à 6 lits avec casiers de sécurité), entre la gare et l'ancien port commercial. Bonne petite ambiance dans cet intérieur coloré et agrémenté des photos de voyages du proprio. Salon commun avec TV et fauteuils cosy, cuisine et laverie.

A&O Hostel *(plan B3, **13**)* **:** *Corneliusstr. 9. ☎ 33-99-44-800. • aohostels.com • À partir de 20-25 €/pers en dortoir ; également des doubles ; draps, petit déj et parking payant (sur résa) en plus.* Étonnant concept tout en un, à la fois hôtel et AJ. L'établissement, qui abritait autrefois des bureaux, est maousse (plus de 400 lits) et franchement impersonnel. Points positifs : des dortoirs et chambres nickel tous équipés de sanitaires et une situation centrale. Peut s'avérer bruyant si un groupe investit le bar de la réception, ouvert 24h/24 !

Prix moyens

Max Hotel Garni *(plan C3, **15**)* **:** *Adersstr. 65. ☎ 15-84-70-07. • maxhotelgarni.de • Doubles à partir de 65 € ; petit déj et parking, pas chers.* Petit hôtel simple, coquet et bien situé. Seulement 11 chambres, lumineuses, spacieuses et décorées dans des tons nature et zen avec du mobilier design. Un endroit douillet où l'on est bien accueilli.

CVJM Düsseldorf Hotel (YMCA ; plan C3, **17**) : *Graf-Adolf-Str. 102. ☎ 17-28-50. • cvjm-duesseldorf-hotel.de • À 2 pas de la gare. Doubles 59-110 €, petit déj en plus. Parking dans la rue.* Cet établissement fait penser à une AJ de luxe, mais les prestations sont bel et bien celles d'un hôtel. Chambres sobres mais impeccables, avec salle de bains. On aime bien le petit jardin-terrasse, très agréable pour se détendre aux beaux jours.

Motel One (plan C2, **19**) : *Immermannstr. 54. ☎ 30-20-570. • motelone.com • Doubles à partir de 80 € ; petit déj en plus. Parking payant.* Au sein du « quartier japonais » à proximité immédiate de la gare, cet hôtel de chaîne se distingue par son design résolument moderne, dans les tons turquoise et chocolat avec des chambres assez standardisées mais fonctionnelles et un rapport prix-qualité quasiment imbattable. Petit déj-buffet généreux. Jardin en pleine ville et bar lounge pour se détendre. 2 autres unités de la chaîne en bordure de la ville.

De prix moyens à chic

Hotel Sir & Lady Astor (plan C2, **18**) : *Kurfürstenstr. 18 et 23, 40211. ☎ 17-33-70. • sir-astor.de • Doubles 80-200 € avec petit déj. Parking payant.* 2 hôtels quasiment l'un en face de l'autre. Une vingtaine de chambres en tout et une atmosphère intimiste et très *British,* plus proche de la chambre d'hôtes que de l'hôtel. Mobilier et agencement identiques pour *Sir Astor,* déco de *Lady Astor* différente dans toutes les chambres. Un charme certain. Petit jardin chez *Sir Astor.* À quelques rues de là, une 3e adresse, *Hôtel Windsor,* dans une demeure historique. Avantageux rapport prix-qualité et accueil adorable.

Hotel Friends (hors plan par C2, **20**) : *Worringer Str. 94-96, 40210. ☎ 17-93-09-0. • hotelfriends.de • À 300 m de la gare. Double 95 € en moyenne ; petit déj 15 €. Parking à tarif raisonnable.* Malgré sa situation sur un carrefour fréquenté, on ne résiste pas à cette adresse originale et design. Les couleurs, toniques et tendance, se marient avec un mobilier contemporain et des objets rigolos. Confort extra et déco thématique dans les chambres, pour tous les goûts : *Harry Potter, Sherlock Holmes, James Bond...* Ambiance détente dans le salon commun, où l'on se sent comme chez soi. Mention spéciale au personnel, disponible et souriant. Une adresse finalement bien située et un coup de cœur !

Hotel Indigo (hors plan par B1, **16**) : *Kaiserswerther Str. 20. ☎ 49-99-0. • indigoduesseldorf.com • U : Victoriaplatz. Doubles 80-180 €. Petit déj et parking chers.* Un hôtel de chaîne dans un bâtiment moderne assez laid au nord du centre, rien de très engageant de prime abord. Pourtant, c'est un établissement à la déco design plaisante et personnalisée. Mode à tous les étages ! Les chambres sont toutes ultra-équipées, plus ou moins spacieuses selon la catégorie. Excellent *Frühstück,* salle de gym et sauna en prime. Accueil pro.

Me and all Hotel Oberkassel (hors plan par A1, **14**) : *Hansaallee 1a, 40549. ☎ 54-014-300. • duesseldorf-oberkassel.meandallhotels.com • Station de métro-tram (U74 et U77) à 100 m : Belsenplatz. Double autour de 120 €. Petit déj et parking chers.* Derrière la large façade moderne, l'ambiance est résolument à la détente, le design et la déco funky. Chambres accueillantes, au confort irréprochable, petit déj-buffet de qualité, salle de fitness. Un hôtel de chaîne solide et rapide d'accès depuis le centre.

Où manger ?

Outre les endroits branchés, nombreux ici, Düsseldorf possède son lot de vieilles tavernes et de brasseries typiques. On y déguste des spécialités du coin comme le *Rheinischer Sauerbraten,* sorte de rôti de bœuf mariné sauce aigre-douce avec raisins. Excellent boudin aux pommes et en hiver, délicieuses *Reibekuchen,* de petites crêpes de pommes de terre râpées, le tout arrosé de l'excellente bière brune locale à haute fermentation, l'*Altbier,* servie partout dans des verres de 20 cl.

Dans le centre

De très bon marché à bon marché

|●| Pour se restaurer sur le pouce, se diriger vers le ***marché de la Carlplatz*** *(plan B2)* avec ses stands garnis de tables au milieu des fleuristes et des maraîchers.

|●| ***Heimwerk*** *(plan B2,* ***37****) : Hafenstr. 9. ☎ 86-32-63-73. Tlj env 11h30-23h30. Plats 6-17 € ; formule midi en sem 9,50 €. Menu en anglais.* Gros succès pour cette taverne alliant tradition et modernité avec ses longues tablées partagées et son cadre industriel. Ici c'est *Schnitzel Land* (escalopes pannées), y compris en version végétarienne, à partir de produits sains, locaux et sourcés éthiquement. La bière c'est l'*Augustiner* munichoise et le dessert un *Kaiserschmarrn* (sorte de pancake). Le tout en versions snack (ça nous a suffi !) ou plat. Simple et goûteux. Un bon plan pour les budgets serrés.

|●| ***Na Ni Wa*** *(plan C2,* ***35****) : Oststr. 55. ☎ 16-17-99. Ouv jusqu'à 21h. Fermé mer et dim. Plats 4-14 €.* Vu le nombre de Japonais qui vivent ici, on ne pouvait résister d'indiquer l'une de leurs cantines favorites ! Tellement populaire qu'il faut parfois faire la queue sur le trottoir. Leur grande spécialité est sans conteste la soupe de nouilles ou les nouilles sautées, copieuses et bonnes à s'en lécher les babines. Pour les sushis, c'est juste en face.

Prix moyens

|●| ***Brauerei im Füchschen*** *(plan B1,* ***31****) : Ratinger Str. 28. ☎ 13-74-70. Tlj 15h-22h (minuit ven ; 1h sam et 21h dim). Snacks et plats 10-23 €.* Au centre de la rue de la soif dans la vieille ville, à l'enseigne du petit renard, une vénérable brasserie populaire datant de 1848. Tables alignées, boiseries sombres et ambiance on ne peut plus typique. En dehors des sandwichs et des potages, une belle carte de spécialités servies dans des proportions pantagruéliques. Quelques verres d'*Altbier* locale pour faire passer tout ça ! Une valeur sûre. Addition rédigée sur le sous-bock.

|●| ***Brauerei Zum Schiffchen*** *(plan B2,* ***37****) : Hafenstr. 5. ☎ 13-24-21. Lun-ven 17h-1h, sam 12h-minuit. Fermé dim. Plats et spécialités 13-25 €. Menu en anglais.* Grande taverne rustique fondée en 1628, avec ici et là des maquettes de bateaux et un coin à la gloire de Napoléon, qui fréquenta l'endroit. Sans doute la plus célèbre et touristique de toutes. Incontournable pour ses copieuses recettes traditionnelles : saucisses de toutes les formes, jarret de porc grillé, *Rheinischer Sauerbraten. Apfelstrudel* en dessert... Attention, dès qu'une chope est vide, elle est remplacée d'office.

|●| ***Robert*** *(plan A2,* ***29****) : Rathausufer 10. ☎ 15-20-78-34. Fermé dim soir et lun-mar. Plats 7-30 €. Menu en anglais.* Les locaux raffolent de ce bistrot sur la promenade du Rhin, alléchante tant pour sa carte aux tonalités françaises ou d'ailleurs que pour sa déco baroque et détonante. Mais attention, dans l'assiette, c'est du sérieux : salade landaise, moules-frites, *fish and chips,* volailles, saveurs méditerranéennes... Le plus dur c'est de s'y retrouver dans le menu (demander la version en anglais) !

|●| ***Zum Schlüssel*** *(plan B2,* ***30****) : Bolkerstr. 41-47. ☎ 82-89-55-0. En face des hautes tours de l'église protestante. Tlj à partir de 11h (10h w-e). Plats 7-19 € (9 € midi en sem).* Typique en diable et proposant des classiques comme le *Königsberger Klopse,* boulettes de porc et purée de pommes de terre, le *Bier-Schweinsbraten mit Kruste,* rôti de porc à la bière en croûte, et des plats du jour bien troussés.

|●| ***Fischhaus*** *(plan A-B2,* ***36****) : Berger Str. 3-7. ☎ 854-98-64. Tlj 12h-minuit. Plats 16-35 €. Menu en anglais.* Magnifique façade dans l'*Altstadt.* Vous l'aurez deviné grâce à la déco, la

spécialité, ici, c'est le poisson. Sole, saumon, aiglefin, harengs, turbot... ils sont tous là ! Excellentes casseroles de moules de Sylt à la mode rhénane *(Rheinischer Art)* avec céleri, oignons, carottes... Au revoir (pour un soir) les tubercules et le cochon ! Un peu l'usine tout de même.

Brauerei Ferdinand Schumacher *(plan C3, **39**) :* *Ostrastr. 123. ☎ 82-89-020. Fermé lun et mar midi. Plats 6-25 €.* Fondée en 1838, c'est la plus ancienne brasserie de Düsseldorf ! Un peu d'attente à l'entrée, avant qu'une table se libère. Pas la meilleure ni la plus enjouée, mais une adresse correcte à proximité de la gare ; voilà qui peut s'avérer utile – et pas cher – pour une dernière bière (maison) accompagnée d'une bonne platée de chou-saucisse dans un décor on ne peut plus typique.

Dans MedienHafen

Très bon marché

Dein Stadtbäcker Westerhortsmann *(hors plan par A3, **33**) :* *Hammer Str. 40. ☎ 69-57-06-20. Lun-sam 6h-19h (18h sam), dim 8h-18h.* Cette antenne accueillante d'une chaîne locale de boulangeries tombe à point nommé pour la pause déjeuner ou pique-nique. Sandwichs et parts de pizza plus appétissants les uns que les autres, tables sur place, dans un cadre indus'. Le midi, c'est le défilé des employés de bureau.

Curry *(hors plan par A3, **32**) :* *Hammer Str. 2. ☎ 30-32-857. Face aux immeubles de Frank Gehry. Tlj 12h-22h. Env 4 € la saucisse-frites, 8 € le burger.* Snack extrêmement populaire, spécialisé dans la *Bratwurst,* la *Currywurst* et le burger. Une façon rapide et peu onéreuse de se caler l'estomac. Avec une bière et quelques frites, ça passe tout seul !

Très chic

Meerbar *(hors plan par A3, **34**) :* *Neuer Zollhof 1. ☎ 339-84-10. Tlj 17h (12h w-e)-1h (3h ven-sam). Plats 25-42 €.* Au bord du Rhin, au pied des immeubles de Frank Gehry. Terrasse très classe avec de larges fauteuils, idéale pour un apéro aux tapas et fruits de mer. À l'intérieur, une superbe salle design et tamisée. La cuisine, essentiellement à base de poisson et de fruits de mer, est elle aussi colorée, et servie sur de larges assiettes.

Où boire un café ? Où manger une glace ou un gâteau ?

Bazzar Caffè *(plan B2, **40**) :* *Heinrich-Heine-Allee 53. ☎ 32-24-45. Dans le centre, à proximité de la Königsallee. Lun-sam 9h-20h (22h jeu-ven), dim et j. fériés 10h-19h.* À la fois boutique et café, c'est un art de vivre à l'italienne qu'on vous invite ici à découvrir. 2 salles avec toute une collection d'objets liés au café, et une petite terrasse cachée à l'arrière, pour déguster sans hâte un *espresso.* Quelques belles assiettes et pâtisseries, en cas de fringale.

Konditorei Heinemann *(plan B2, **42**) :* *Vereinsbank-Passage, Martin-Luther-Platz 32. ☎ 13-25-35. Entrée par la Königsallee ou Blumenstr. Tlj 9h (10h dim)-18h.* Le lieu où les habitués d'un certain âge viennent prendre le traditionnel *Kaffee und Kuchen,* notamment le dimanche. La réputation de ce pâtissier-chocolatier n'est plus à faire : c'est délicieux... et copieux. Spécialité de truffes au champagne. Chocolats et douceurs à emporter.

Copenhagen Coffee Lab *(plan B2, **44**) :* *Berliner Allee 29. Tlj 7h30-18h.* Besoin d'un boost énergétique à proximité de la Königsallee ? Ce salon de thé nordique et moderno-chic fera l'affaire. Tout un choix de savoureux cafés, thés et pâtisseries bien appétissantes.

Laterne im Schlossturm *(plan A2, **43**) :* *Burgplatz 30. ☎ 899-75-86. Dans la Schlossturm. Tlj sauf lun 11h-18h.* Du haut de cette tour-lanterne (qui abrite aussi le petit Musée maritime, entrée 3 €), vous jouirez de la plus belle vue sur le Rhin d'un côté, la vieille ville de l'autre. Un nid d'aigle rêvé pour un plat chaud *(12h-15h)* ou déguster une part de gâteau, un thé ou un café.

Sans oublier les bars de musée plus accueillants les uns que les autres.

Eiscafé Pia *(plan B2,* ***41****)* **:** *Kasernenstr. 3, 40213. ☎ 32-62-33. Tlj 10h (13h dim)-minuit. 2-6 € à emporter ; plus cher sur place. CB refusées.* Sans l'ombre d'un doute, les meilleures glaces de la ville. Pour preuve, les fidèles formant de longues files d'attente pour réclamer leur douceur !

Où boire un verre ? Où sortir ?

2 grandes zones se partagent la nuit de Düsseldorf : la vieille ville *(Altstadt),* qui grouille de monde les soirs de fin de semaine, et l'ancien port commercial *(MedienHafen).*

– ***Pour l'anecdote :*** entre rivaux colonais et düsseldorfois, l'entente n'a jamais été au beau fixe. Les 1ers aiment à dire qu'ils jettent leur bière dans le Rhin lorsqu'elle n'est pas assez savoureuse. Quelques kilomètres plus loin, à Düsseldorf, on n'aurait donc plus qu'à se baisser pour y récupérer des flots l'*Alt,* la bière locale.

– ***Détails importants :*** votre consommation est pointée sur votre sousbock en carton. Si vous ne voulez plus être resservi, posez le carton sur votre verre. Quant aux serveurs, ils peuvent parfois paraître expéditifs : c'est normal, ça fait partie du folklore !

Killepitschstube/Et Kabüffke *(plan B2,* ***50****)* **:** *Flinger Str. 1. ☎ 13-32-69. Au cœur de la vieille ville. Lun-ven 11h-minuit, dim 14h-22h ; boutique lun-sam 10h-18h30.* Depuis 1858, un adorable troquet minuscule avec sa mezzanine qui ondule. Ici, on boit le *Killepitsch,* la liqueur locale noire et sucrée à base de 90 plantes, herbes et fruits. On vide les verres sans s'en rendre compte, avant d'aller acheter une bouteille à la boutique d'à côté pour faire goûter aux amis. Un petit lieu mythique.

Zum Uerige *(plan A-B2,* ***51****)* **:** *Bergerstr. 1. ☎ 86-69-90. Tlj 10h-minuit.* Une institution populaire qui vaut le coup d'œil. On peut y manger, comme dans toutes les brasseries, mais l'ambiance est plutôt à la beuverie le soir, dans la ribambelle de salles, avec ses clients, debout ou assis, accoudés à des tables-tonneaux. Assiettes de charcuterie ou de fromages et plats à petits prix pour éponger.

Three Little Birds *(plan A1,* ***52****)* **:** *Robert-Lehr-Ufer 2. ☎ 0173-2713688. Normalement, lun-sam 16h (14h sam)-minuit, dim 12h-22h. Mieux vaut vérifier les horaires sur • threelittlebirds.bar •* Un adorable nid que ce *Biergarten* convivial, abrité sous de vénérables platanes. Et quelle vue, surplombant le Rhin ! Pour l'ambiance, il y a même une petite scène.

Où écouter de la musique classique ?

Deutsche Oper am Rhein *(plan B2)* **:** *Heinrich-Heine-Allee 16A. • operamrhein.de •* Et ***Tonhalle Düsseldorf*** *(plan B2)* : *Ehrenhof 1. • tonhalle.de •* Opéras et spectacles de scène pour le 1er, musique symphonique pour le 2d. Dans les 2 cas, programmation riche et de grande qualité, à des tarifs pour tous.

Achats

GeschmacksSachen *(plan B2,* ***58****)* **:** *Am Marktplatz 10. ☎ 854-92-20. Tlj sauf dim 11h-18h.* Boutique originale où faire le plein de spécialités westphaliennes : bières locales, huiles, chocolats, conserves, sauces, etc.

À voir. À faire

Dans la vieille ville

Commençons par une ***balade à travers la vieille ville,*** entre la *Königsallee* (la fameuse *Kö*) et le Rhin. Ce sera l'occasion de voir l'église baroque de *Saint-André (plan B2)* et ses remarquables stucs au plafond, ainsi que l'église protestante de *Neander (plan B2)* du XIIe s *(dont on peut entendre la petite musique à 11h, 13h, 15h, 18h et 21h).* Celle-ci est longtemps restée cachée, sauf depuis 1945 à la suite des bombardements qui ont détruit les maisons qui la cernaient.

Dans la ***Bolkerstraße*** *(plan B2),* rue de la soif locale, au-dessus d'une librairie, la maison natale du poète romantique ***Heinrich Heine,*** auteur de *Lorelei.* À l'extrémité ouest de la rue, sur la ***place du Marché*** *(plan A1-2),* où se trouve le ***Rathaus,*** grande statue équestre représentant l'électeur palatin *Johann Wilhelm II,* nommé *Jan Wellem* par les habitants de Düsseldorf.

La ***Burgplatz*** *(plan A1-2)* constitue le point de départ de la ***promenade aménagée le long du Rhin,*** où l'on aperçoit la statue des ***Radschläger,*** 2 enfants qui font la roue, devenus l'un des symboles de la ville : d'après la légende, les enfants de Düsseldorf auraient ainsi fêté la victoire de *Worringen* en 1288, et la roue serait devenue une tradition locale. La visite se poursuit vers le sud, par le très contemporain quartier de *MedienHafen* (voir plus loin). À proximité, le clocher torsadé de l'église Saint-Lambert voisine avec la ***Schlossturm,*** dernier vestige d'un château, qui abrite un petit *musée de la Navigation* et un café au sommet.

K20 *(Kunstsammlung Nordrhein-Westfalen ; plan B2)* **:** *Grabbeplatz 5. • kunstsammlung.de • Mar-ven 10h-18h (22h 1er mer du mois), w-e 11h-18h. Entrée : 12 € ; réduc. Ticket combiné avec le K21 : 18 € ; gratuit 1er mer du mois.* Superbe édifice, inspiré par la forme d'un piano à queue et dessiné par des architectes danois ; il est entièrement consacré à la peinture du XXe s, et plus particulièrement aux artistes européens de 1900 à 1950. On distingue grosso modo 3 parties : l'art d'avant 1945, au 2e étage ; la collection ***Paul Klee*** (92 toiles et dessins !), qui fut professeur à Düsseldorf de 1930 à 1933, puis l'art à partir de 1945. Au rez-de-chaussée, intéressantes expos temporaires. Large panel d'œuvres – huiles et dessins – de Paul Klee, professeur à l'Académie des beaux-arts de Düsseldorf jusqu'en 1933. Sinon, cubisme avec ***Picasso, Braque, Léger,*** fauvisme avec ***Matisse, Bonnard*** et ***Derain,*** surréalisme avec ***Magritte, Dalí, Miró, Tanguy, De Chirico,*** et ***Max Ernst,*** constructivisme avec ***Kandinsky*** et ***Mondrian,*** expressionnisme allemand avec ***Kirchner, Nolde, Otto Dix, Max Beckmann, Franz Marc,*** expressionnisme abstrait avec les Américains ***Pollock, Rauschenberg, Lichtenstein, Rothko, Gehrard Richter*** qui entretient le flou dans son œuvre et ***Warhol,*** CoBrA avec ***Jasper Johns,*** sans oublier les « inclassables » comme ***Chagall, Modigliani, Giacometti, Francis Bacon*** ou ***Beuys,*** la gloire locale. Assurément, un musée à ne pas manquer.

Pour se restaurer, le ***Klee's*** (à l'extérieur), une cafétéria agréable, dans une véranda.

ÇA N'A PAS DE SENS !

Piet Mondrian en aurait certainement souri : l'un de ses tableaux exposés au Kunstsammlung est accroché à l'envers depuis 77 ans ! L'erreur a été découverte en 2022 en comparant l'œuvre avec une photo de 1941. Il est vrai que les lignes aux couleurs primaires peuvent se lire dans tous les sens et la toile n'est signée qu'au dos. Le tableau restera à l'envers, pour ne pas l'abîmer. Les puristes devront faire le poirier.

On peut revenir dans les petites rues et places animées de l'***Altstadt.*** Chacune d'elles a son ambiance. La *Ratinger Straße* est une rue très animée le soir : les étudiants s'y retrouvent dans les bars et boîtes de nuit. La ***Schneider-Wibbel-Gasse,*** quant à elle, perpendiculaire à la *Bolkerstraße,* aligne plusieurs restaurants hispanisants. Levez les yeux : en son centre, sur la façade face au *Spanisches Restaurant,* on a gardé un souvenir du passage de Napoléon !

UNE DES PHOTOS LES PLUS CHÈRES DU MONDE

Rhein II *(1999) est une photo réalisée par Andreas Gursky, professeur à l'Académie des beaux-arts de Düsseldorf. En 2011, elle a été achetée 4,3 millions d'euros lors d'une vente de* Christie's *à New York. Le cliché représente tout simplement le Rhin, sous un ciel couvert, coulant, entre des champs verts sur chaque rive. Gursky l'a réalisée en faisant son jogging matinal.*

Au niveau de la brasserie *Zum Uerige (plan A-B2,* ***51****),* en descendant l'escalier vers le Rhin, on peut découvrir la reconstitution d'un port avec un vieux bateau, tel qu'il était au Moyen Âge ! De là, on retrouve la ***Rheinpromenade.*** Longue de 1,5 km, elle relie depuis 1995 la vieille ville au port moderne en traversant le quartier de *Carlstadt.* Avec ses allées pour piétons et vélos, bordées de quelque 600 platanes, et les pavés de béton teintés en bleu qui représentent les vagues du Rhin, cette promenade a obtenu un prix national d'urbanisme et d'architecture. Les casemates qui la longent ont été aménagées en restaurants.

Hetjens Museum *(plan A2)* **:** *Schulstr. 4. • duesseldorf.de/hetjens • Tlj sauf lun 11h-17h (21h mer). Entrée : 4-5 € (selon expos temporaires) ; réduc.* On a rarement vu un musée traitant d'un sujet avec une telle exhaustivité : de la céramique, encore de la céramique, rien que de la céramique ! Depuis la nuit des temps (6 000 ans av. J.-C.) jusqu'à nos jours, et de l'Europe jusqu'aux confins de l'Asie. Tout y passe : potiches romaines, vases grecs, masques japonais, bustes de faïence français, art de la table Jugendstil, service de porcelaine allemand de Meissen du XVIIIe s, pendules tarabiscotées du XVIIIe s, etc. Quelques pièces rares et exceptionnelles, comme cette coupe à pied venue d'Iran, qui date de 3200 av. J.-C., ou cette série de poteries précolombiennes aux formes animales stylisées.

Stadtmuseum *(musée de la Ville ; plan A2-3)* **:** *Berger Allee 2. • duesseldorf.de • Tlj sauf lun 11h-18h. Entrée : 4 € avec ou sans expo temporaire ; réduc ; gratuit à partir de 17h. Explications en anglais.* Dans un cadre de verdure, au bord d'un petit lac, ce musée occupe une partie de l'ancien palais *Spee,* datant du XVIIe s et rénové après la 2de Guerre mondiale ; il retrace, à coups de maquettes et de tableaux, l'histoire de la ville. Scénographie un peu statique et tristoune.

De MedienHafen à la Königsallee

KIT « Kunst im Tunnel » *(L'art dans le tunnel ; plan A3)* **:** *Mannesmannufer 1b. • kunst-im-tunnel.de • Tlj sauf lun et j. fériés 11h-18h. Accueille seulement des expos temporaires. Entrée : 4 € ; réduc ; gratuit 2e dim du mois.* Marquant l'entrée de *MedienHafen,* un autre lieu étonnant dans cette ville pleine de surprises : un espace libre, vestige des travaux de percement d'un tunnel sous le Rhin. Que fallait-il faire de cette drôle et large artère souterraine sans issue, longue de 140 m, de 50 cm de haut à 7 m et 800 m^2 ? Après des années de réflexion, on a décidé de

l'aménager en salle d'expositions temporaires d'art contemporain. Depuis, le *KIT* est l'un des lieux incontournables de Düsseldorf. Il faut s'y rendre rien que pour découvrir ce lieu surprenant.
Bar au-dessus, donnant sur la *Rheinpromenade* (terrasse) : *tlj 10h-1h (3h ven-sam, minuit dim).*

Le quartier de ***MedienHafen*** *(plan A3),* au sud du pont *Rheinknie,* assure une rupture par ses allures futuristes et son ambiance branchée, mais il reste plutôt tranquille en journée. C'est le quartier des affaires, et ce depuis longtemps. Le port douanier était déjà très moderne (il fut le 1er à être électrifié) lorsqu'il fut créé en 1896 ; il était spécialisé dans l'importation de blé, d'orge et de bois. À voir, surtout, le groupe d'immeubles pour le moins originaux conçus par l'architecte ***Frank Gehry,*** le « *Neuer Zollhof* ». Pas la peine d'en dire plus, on les identifie d'un coup d'œil ! Autre construction qui ne passe pas inaperçue, la ***Rheinturm,*** tout en légèreté (on rigole !), un relais de télécommunications en béton qui culmine à 240 m ! Intéressant pour la vue, d'autant plus saisissante qu'elle s'étale véritablement sous les pieds du visiteur *(tlj 10h-minuit ; compter 10 €)...* Le restaurant panoramique, situé à 180 m, effectue une rotation complète en 1h. Sur la bande de terre en face, joli coucher de soleil depuis la terrasse du ***Pebble's,*** un pavillon couvert de tuiles d'aluminium.

VOUS AVEZ L'HEURE ?

Regardez bien : la haute Rheinturm ne clignote pas que pour le plaisir des péniches. En réalité, elle indique l'heure ! Encore faut-il savoir la lire. Si on a bien compris : de haut en bas, les heures à 2 chiffres, puis celles à 1 chiffre, enfin les minutes à 2 chiffres. Bon, on a aussi vite fait de regarder son téléphone.

K21 *(plan B3)* **:** *Ständehausstr. 1. ● kunstsammlung.de ● Mar-ven 10h-18h (22h 1er mer du mois), w-e et j. fériés 11h-18h. Entrée : 12 € ; réduc. Ticket combiné avec le K20 : 18 €. Nocturne gratuite 1er mer du mois.* Installé dans l'ancien siège du gouvernement prussien puis siège du Parlement du Land, ce remarquable musée (architecturalement parlant) est le prolongement dans le temps des collections du K20. Il héberge de nombreux événements artistiques et s'articule sur plusieurs niveaux autour d'une étonnante verrière. *In Orbit,* une renversante installation de ***Tomás Saraceno,*** aussi ludique qu'aérienne (on peut marcher au plafond !), qui sublime encore le lieu.
Les autres œuvres en laisseront plus d'un dubitatif, mais il faut citer les toutes dernières créations en matière d'art visuel, des montages vidéo et DVD de ***Nam June Paik*** aux sculptures de ***Paul McCarthy*** et ***Franz West,*** en passant par les installations curieuses de ***Juan Muñoz*** et les œuvres décapantes de ***Marcel Broodthaers.*** Les fondus d'art contemporain ne seront pas déçus, les autres viendront au moins admirer le bâtiment (accès gratuit au hall).
Ne pas manquer le ***Pardo Bar,*** le magnifique café du musée avec sa galerie lumineuse. *Tlj sauf lun 10h-18h.*

Le quartier de Königsallee et le nord

La Kö *(Königsallee ; plan B2-3)* **:** ce « boulevard royal » construit à la volonté de Napoléon longe une partie de l'ancien fossé qui ceinturait la cité. Bien bourgeoise, elle est bordée de boutiques clinquantes de grandes marques. Mobilier urbain Art nouveau, élégance en bandoulière, la *Kö* donne sur 1 km un bon aperçu de l'assurance de cette riche cité. Au n° 60, la ***Kö-Galerie*** *(plan B3),* grande concentration du chic allemand. Faites un saut à la galerie commerciale ***Kö-Bogen,*** œuvre déconstructiviste du cabinet de ***Daniel Libeskind,*** ou au ***Sevens,*** autre galerie remarquable pour son architecture sur 7 étages.

Parmi les autres centres commerciaux : ***Stilwerk,*** par exemple, dans la Grünsstraße, spécialisé dans la déco. Le **Schadow-Arkaden** est le plus abordable. Il se trouve dans la *Schadowstraße,* qui serait une des 1res rues allemandes en matière de chiffre d'affaires ! Certains dimanches, on peut y assister à une brocante de luxe... pas vraiment un marché aux puces !

🚶 La ***partie la plus ancienne*** de la *Königsallee,* à l'extrémité nord, date du XVIIIe s. Le parc public **Hofgarten,** le plus ancien d'Allemagne, précède le château de ***Jägerhof.***
Lors de sa visite à Düsseldorf en 1811, avec Marie-Louise, l'Empereur décida de financer les 2 bâtiments néoclassiques de la ***Ratinger Tor*** à l'entrée du ***Schlossgarten*** et une extension jusqu'aux rives du Rhin, où l'on peut d'ailleurs voir un talus appelé le *Napoleonsberg.*

🚶 ***Schloss Jägerhof – Goethe Museum*** *(musée Goethe ; plan C1) : Jacobistr. 2. • goethe-museum.com • Mar-dim 11h-17h (13h sam). Entrée : 4 € ; réduc ; gratuit à partir de 16h. Expositions temporaires. Explications en allemand seulement.*
Situé dans le très académique *Jägerhof* du XVIIIe s, ancienne résidence du maître des chasses des princes électeurs, reconstruit après 1945. Ce musée passionnera surtout les fans de Goethe qui séjourna peu de temps à Düsseldorf, mais dont le souvenir est entretenu avec ferveur. À part les manuscrits, des notes personnelles, des lettres et des objets témoignant de la vie artistique de l'époque. Évocation des fameuses *Souffrances du jeune Werther* et de l'intérêt de l'écrivain pour les sciences.

🚶🚶 ***Museum Kunstpalast*** *(musée des Beaux-Arts ; plan B1) : Ehrenhof 4-5. • kunstpalast.de • U : Tonhalle/Ehrenhof. Tlj sauf lun 11h-18h (21h jeu). Entrée : 12 € ; réduc.* ***En travaux jusqu'en 2023-2024.*** *Expos temporaires en attendant.*
Au nord du centre-ville, encore un grand musée consacré à la peinture et surtout aux arts en général. Il y en a pour tous les goûts, du XIe au XXIe s ! Dans la collection, de superbes ***Lucas Cranach l'Ancien,*** la peinture des Pays-Bas du XVIIe s, ***Rubens,*** une section italienne, puis une fabuleuse cohorte de peintres allemands qui ont porté les couleurs de l'expressionnisme au XXe s : ***Kirchner, Beckmann, Pechstein, Macke, Franz Marc, Otto Dix...***

La rive gauche

🚶 Pour ceux qui s'aventurent de l'autre côté du Rhin par le *Rheinkniebrücke* (au sud) ou le *Oberkasselerbrücke* (au nord), petite balade dans le faubourg d'***Oberkassel,*** très prisé par la colonie japonaise. On y admire les jolies façades Art nouveau du *Kaiser-Wilhelm-Ring* et, en contrebas dans une zone inondable, on aperçoit les jardins potagers et les grands prés où paissent des moutons. À l'occasion ces espaces se transforment en champ de foire, attirant 4 millions de visiteurs lors de la kermesse du Rhin en juillet.

Balade sur le Rhin

Nombreux bateaux de croisière sur les rives du fleuve, partant de la vieille ville. Toutes sortes de balades, de 1h à 1 journée.

■ ***Weiße Flotte Düsseldorf*** *(plan A2) : Fringsstr. 11a. ☎ 32-61-24 ou 30-86-72. • w-flotte.de • Bureau à bord du Ms Allegra avr-oct (Rheinuferpromenade, quai A). Env 15 € pour 1h.*

■ ***KD Rheinschifffahrt*** *(plan A2) : Burgplatz, Altstadt ou Rheinuferpromenade. ☎ 20-88-318. • k-d.com • Env 14 €.* Excursions de 1h de la vieille ville jusqu'au *MedienHafen.*

Fêtes et manifestations

– ***Carnaval du Lundi gras (Rosenmontagszug) :*** *la veille du Mardi gras.* Énorme fête populaire avec cortèges, farandoles, musique, etc. Tout le monde rivalise d'originalité en matière de déguisements.
– ***Jazzrally Düsseldorf :*** *début juin 2023.* ● *duesseldorfer-jazzrally.de* ● L'un des plus grands festivals de jazz d'Allemagne.
– ***Japantag :*** 25 mai, la fête du Japon (et des Japonais) attire près de 500 000 visiteurs.
– ***Größte Kirmes am Rhein :*** *10 j. mi-juil.* Immense fête foraine le long du Rhin.
– ***Fête française :*** *début juil.* Un marché de « spécialités » des régions françaises sur les rives du Rhin, sur la place de la Mairie et, dans sa cour, bal musette et concerts. Kitschouille.
– ***Cinéma en plein air :*** *juil-août.* Une trentaine de soirées cinéma. Projections sur un écran de 200 m², avec une programmation très éclectique, sur la plage du Rheinpark.
– ***Marché de Noël :*** *de mi-nov à fin déc.*

DANS LES ENVIRONS DE DÜSSELDORF

Kaiserswerth *(hors plan par B1)* **:** *à 9 km au nord, direction Duisbourg.* Ancien village intégré à Düsseldorf en 1929, accessible à vélo par le chemin de halage (12 km) ou en métro (U79, station Klemensplatz) et/ou revenir avec le bateau de la *Weisse Flotte.* À voir pour les ruines du ***château impérial*** dont la construction débuta au XIe s, avant de devenir un important péage sur le fleuve. Alternant roche basalte et brique, elles sont assez impressionnantes. Très romantiques aussi... Juste à côté, la taverne *Burghof* avec l'un des 10 plus beaux *Biergarten* d'Allemagne, au bord du Rhin lui aussi. Ravissant village avec maisons à pignon du XVIIe s ; l'une d'elles abrite un restaurant gastronomique. *So schön !*

Museum Insel Hombroich : *Minkel 2, 41472* ***Neuss.*** ● *inselhombroich.de* ● *À env 16 km au sud-ouest de Düsseldorf ; 30 mn en voiture, 1h à vélo ; lignes S8/11 en train puis bus. Tlj 10h-19h (17h oct-mars). Entrée : 10 € ; réduc.* C'est en fait tout un ensemble artistique que l'on trouve ici, dans une jolie campagne. La fondation propose un ***grand parc de sculptures,*** à l'air libre. Pique-nique non autorisé mais le repas à la cafétéria bio est compris dans le ticket ! Sur le même site, également des expos temporaires à la ***Raketenstation Hombroich,*** la collection d'art oriental et d'art moderne de la ***Langen Foundation*** *(● langenfoundation.de ●),* les ***sculptures de Thomas Schütte*** *(● /thomas-schuette-stiftung.de ●)...* Une pause plaisante, loin de l'ambiance urbaine.

Schloss Benrath : *à env 10 km au sud-est de Düsseldorf. Benrather Schloßallee 100-106,* ***Benrath.*** ● *schloss-benrath.de* ● *Mar-dim 11h-17h (18h w-e mai-sept) ; visite guidée obligatoire pour le château (dernier départ 1h avt ; en anglais le w-e). Entrée : 14 € pour le château ; 8 € pour le musée de l'Histoire des jardins européens et le musée d'Histoire naturelle ; 14 € l'ensemble ; réduc.* Édifice rococo du XVIIIe s, à la façade rose, comprenant un corps central et 2 ailes (qui abritent chacune un musée). Visite de plusieurs salles, dont les appartements du prince électeur Carl Theodor. Vestibule en marbre, pièces couvertes de stucs. À l'étage, les appartements privés, rénovés. À l'extérieur, grand parc et long bassin de 700 m. Étonnant.

Schlosscafé Benrath : *ven-dim 12h-17h. Snacks et plats 5-15 €.* Dans l'une des dépendances du château, un ravissant salon de thé, idéal pour une gaufre ou une glace. Au déjeuner, flammekueche et autres en-cas. Terrasse donnant sur le jardin.

Neanderthal Museum : *Talstr. 300, à* ***Mettmann.*** *• neanderthal.de • À 25 km à l'est de Düsseldorf. En voiture par l'A 46 ; ou S28 depuis la gare, arrêt Neanderthal (15 mn, puis 10 mn de marche). Mar-dim 10h-18h, et 10h-16h (17h mai-oct) pour le site de fouilles. Entrée : 11 € avec audioguide ; réduc (notamment de 1 € si on est venu en transport public). Demander la doc en français. Visite guidée en français possible, sur résa. Parking payant.* À 400 m du lieu où l'on a retrouvé les ossements du fameux homme de Néandertal, un musée tout moderne pour remonter le temps ! Présentation très visuelle avec des personnages de cire illustrant l'évolution de l'espèce humaine : notre homme a 40 000 ans, l'Australopithèque affiche lui... 1 900 000 ans, Lucy 3 200 000 ans. Question d'échelle. Beaucoup de scènes de vie quotidienne à la préhistoire, infos sur les rites et adaptations à travers objets, vidéos, jeux interactifs... C'est aussi ludique et présenté avec humour. On aime bien la « caisse à outils » de nos ancêtres tandis que les enfants peuvent jouer aux archéologues. Zoom très instructif sur la morphologie de l'homme de Néandertal : os et muscles puissants, visage osseux, gros sourcils et cerveau... plus grand que le nôtre !

Il faut aussi sortir du musée, parcourir les sentiers à la rencontre de sculptures (suivre le balisage couleur ocre) dans les paysages forestiers que notre homme de Néandertal a arpentés. En suivant le balisage vert, on arrive sur le site où, en 1856, des carriers découvrirent 16 ossements humains. C'est d'ailleurs en l'honneur de l'un d'eux, ***Joachim Neander,*** que l'on a rebaptisé la vallée... et l'homme préhistorique retrouvé.

Café à l'étage avec vue sur la forêt.

PUZZLE PALÉONTOLOGIQUE

Si incroyable que cela puisse paraître, pendant plus d'un siècle, la grotte de la découverte de l'homme de Néandertal est restée tout simplement oubliée, et même détruite : Johann Carl Fuhlrott, le 1er anthropologue qui découvrit les ossements, n'avait laissé aucune indication. Il fallut attendre 1997 pour que 2 archéologues arrivent à localiser les lieux. Ils y ont trouvé des outils de pierre, des ossements d'animaux, mais aussi des fragments d'os humains, dont certains s'ajustaient parfaitement au squelette de 1856 !

KÖLN (COLOGNE) (50440) 1 137 000 hab. IND. TÉL. : 0221

• Plan I *p. 90-91* • Plan centre *p. 92-93*

Lille-Cologne : 295 km ; Metz-Cologne : 250 km ; Cologne/Aix-la-Chapelle : 65 km.

4e ville d'Allemagne, Cologne a été presque totalement détruite pendant la guerre. Ne restait que la cathédrale, fièrement dressée au milieu d'un champ de ruines. Elle s'est relevée avec une stupéfiante rapidité. Pour les Allemands, *Köln* a la réputation d'une ville dynamique, jeune et fêtarde. Même

PARLEZ-VOUS LE KÖLSCH ?

C'est non seulement le nom de la bière locale, mais aussi un dialecte rhénan encore en usage issu du francique, et un adjectif relatif à Cologne. D'ailleurs, on dit ici que c'est le seul langage qui se boit ! Très difficile à comprendre, y compris pour les Allemands, les oreilles attentives reconnaîtront néanmoins des mots comme « trottoir » ou « parapluie », empruntés au français.

si sa reconstruction a connu des ratés, le vieux centre, avec ses hautes maisons à pignon rénovées avec soin, forme avec les quais arborés du Rhin un ensemble qui ne manque pas de charme. D'autres endroits méritent qu'on s'y attarde : le *quartier belge,* celui des jeunes créateurs, le quartier de l'université, et *Deutz,* avec son ambiance de village...
Alors, tournez le dos aux réalisations architecturales pseudo-avant-gardistes des années 1970 qui défigurent le centre, et admirez plutôt cette célèbre et inébranlable cathédrale, le monument le plus visité d'Allemagne (6 millions de visiteurs par an), parcourez son chapelet de musées et découvrez sa célèbre eau (de Cologne). À l'époque du Mardi gras, participez à son fabuleux carnaval au milieu d'une population chaleureuse et accueillante. Spontanés, ouverts, le tutoiement facile : on dit souvent que les Colonais sont les plus latins des Allemands !

UN PEU D'HISTOIRE

À visiter la ville trop rapidement – à part la cathédrale –, on ne peut imaginer que ***son histoire remonte aux Romains.*** Puis la cité devient colonie (d'où son nom) et capitale de la Germanie inférieure. Sachez qu'***Agrippine,*** 3e femme de l'empereur Claude et mère de Néron, était native de *Colonia.*
Sainte Ursule, martyrisée par les Huns (au IVe s), adulée par les autres, devient la patronne de la ville. Au Moyen Âge, l'archevêque de Cologne est l'un des 7 princes électeurs qui nomment l'empereur d'Allemagne. Au XIIe s, ***Frédéric Ier Barberousse*** rapporte de Milan les ***reliques des Rois mages.*** Ville prospère, Cologne devient alors un important centre de pèlerinage en Europe, fonde une université en 1388, et constitue un véritable creuset pour le rayonnement des arts et des sciences. S'ensuivent les ravages de la peste, les pogroms contre les juifs et, en 1475, le statut de ville libre alors qu'elle affirme son catholicisme malgré la Réforme.
En 1794, les Français occupent la ville. Ils y font un beau carnage et détruisent de nombreux édifices. ***Cologne est française de 1801 à 1814.*** Elle développe son industrie au XIXe s et s'agrandit. On construit le « Ring », large boulevard semi-circulaire cernant la ville. Après 1918, Cologne est occupée par les Britanniques. ***Konrad Adenauer,*** maire de la ville, poursuit la tâche. Il doit s'enfuir en 1933, à l'arrivée d'Hitler.
Après 1945 tout est à refaire : la vieille ville est détruite à 85 % ! Il faut 40 ans pour la reconstruire : il est important de voir Cologne par le prisme de son histoire récente, et de comprendre l'incroyable effort réalisé pour exhumer une ville nouvelle de ses décombres.
Parmi les célébrités, notons ***Heinrich Böll*** (1917-1985), Prix Nobel de littérature en 1972. Signalons aussi que la ville est la capitale allemande de l'audiovisuel : les plus grandes chaînes de télé y ont leur siège.

EAU OU BIÈRE ? QUESTION DE GOÛT

Au XVIIIe s, un Italien, ***Johann Maria Farina,*** distille des parfums de fleurs afin de mettre au point un aphrodisiaque. Il loupe son coup (on en attend toujours les effets !) et crée ainsi une eau de toilette. L'*eau de Cologne* était née.
Aujourd'hui, toute eau de Cologne est une eau de toilette. Mais l'inverse n'est pas vrai. Seule la mention « *Echt Kölnisch Wasser* » (Eau de Cologne originale)

UNE EAU MULTI-USAGE

Au XVIIIe s, l'emploi de l'« eau de Cologne » relève plus de la médication que du plaisir olfactif. Après la guerre de Sept Ans, quand les soldats de Louis XV rapportent l'eau admirable de Cologne (d'où son nom), les Français commencèrent à l'utiliser pour ses vertus revigorantes : on s'en frictionne le corps, on en use pour les ablutions, on la prescrit en injection et on en met même dans la soupe !

distingue l'authentique de l'imitation. Seules 2 maisons la produisent toujours aujourd'hui : la ***Maison Farina*** et la ***Maison 4711.*** La recette du mélange, détenue par un seul membre de la famille, se transmet de génération en génération, bien qu'on sache que des extraits d'orange, de citron, de lavande, de jasmin, de bergamote et de thym entrent dans la composition.
Pour rester dans la thématique liquide, plus d'***une vingtaine de brasseries*** produisent ici la célèbre ***Kölsch,*** bière légère, un peu amère, qui ne se boit que dans le ***Kölschstange,*** une flûte de 0,20 cl à large base. Le ***Köbes,*** le serveur en tablier bleu, vient avec sa couronne (le plateau à poignée qui contient les verres) la remplacer dès qu'elle est vide. Les habitués fréquentent souvent la même brasserie, si bien que le *Köbes,* qui virevolte avec célérité entre les tables, fait confiance à ses hôtes pour lui rappeler le montant de leur ardoise. En revanche, lorsqu'il ne vous connaît pas, il griffonne une marque sur l'un des sous-bocks. Quand on n'a plus soif, il suffit de couvrir son verre avec ce sous-bock.

Arriver – Quitter

Gare ferroviaire *(plan I et plan centre, D2)* **:** la gare de Cologne est l'une des plus importantes d'Allemagne. Plus de 1 000 trains arrivent et partent quotidiennement au pied du Dom !
➢ Liaisons régulières avec ***Berlin*** (4h30), ***Francfort*** (1h-2h30), ***Hambourg*** (4h30), ***Munich*** (5h), ***Stuttgart*** (2h15)...
➢ ***Paris :*** 4-5 *Thalys*/j. via Bruxelles. Durée : 3h30.

Gare routière *(plan centre, D2)* **:** *juste derrière la gare ferroviaire. Également à l'aéroport de Cologne-Bonn (compagnie* FlixBus*) ou à la gare de Leverkusen.*
➢ ***Aéroport de Cologne-Bonn :*** *Kennedystr., 51147 Cologne. À 15 km au sud-est de Cologne, 22 km au nord de Bonn.* Pour rejoindre Cologne : trajet en 12-15 mn avec le train S19 (départ ttes les 20 mn), possible aussi en bus. Pour rejoindre Bonn : trajet en 30 mn avec le bus SB60. • *koeln-bonn-airport.de* •

Déplacements en ville

➢ ***À pied :*** c'est le meilleur moyen. Tout ce qui est à voir se trouve dans la zone piétonne ou juste à côté, à 1 ou 2 exceptions près.
➢ ***En bus, tram et métro :*** même ticket. La plupart des lignes convergent vers le centre aux stations Hauptbahnhof et Neumarkt. Plan du réseau gratuit à l'office de tourisme.
➢ ***En voiture :*** à éviter, le système des sens uniques est, de toute manière, infernal. Garer son véhicule dans un parking autour du centre. Sinon, parkings très chers en centre-ville.

Les quartiers

- ***Innenstadt*** *(plan I, B-C-D1-2-3)* **:** le centre. Code postal : 50667. C'est là que les grosses brasseries, les principaux monuments et... les touristes se concentrent.
- ***Quartier résidentiel « Belgisches Viertel »*** *(plan I, B2-3)* **:** du sud du Stadtgarten à la Rudolfplatz, entre le Hohenzollernring et la voie ferrée. On y trouve de jolis immeubles Art nouveau. C'est le coin des petits restos, bars, pubs, boutiques de design. Plus on s'approche de l'université, plus le quartier s'anime ***(quartier « Latäng »).***
- ***Altstadt-Süd*** *(plan I, C-D3-4)* **:** au nord de Chlodwigplatz, même style que le précédent. On y trouve aussi le quartier gay, de part et d'autre d'Elendskirche. Un peu à l'ouest, le Volksgarten accueille des groupes africains et sud-américains tous les soirs d'été.
- ***Rheinauhafen*** *(plan I, E3-4)* **:** alangui le long du Rhin autour du Severinsbrücke, c'est le nouveau quartier à la

mode, avec ses bâtiments futuristes en forme de grue portuaire (difficile de les manquer !) et ses promenades aménagées en bord de fleuve.
– **Deutz** *(plan I, E-F2-3)* **:** et enfin, au-delà du Rhin, au sud de la *Koelnmesse,* un monde différent, Deutz, où règne un esprit de clocher du genre rive droite/rive gauche. Un quartier vivant et populaire, délaissé par les touristes.

Adresses et infos utiles

Office de tourisme *(Köln Tourismus Office ; plan centre, D2)* **:** *Kardinal-Höffner-Platz. ☎ 221-346-430. • koelntourismus.de • En face de la cathédrale. Lun-sam 9h-19h.* Miniguide et carte en français en vente, avec plans du centre et du métro *(2 €).* On peut aussi acheter la **Köln Card** *(9 € pour 24h, 18 € pour 48h ; forte réduc pour 5 pers),* qui permet d'utiliser librement tous les transports publics et donne droit à des réduc de 20 à 50 % sur les musées, attractions, tours en bus ou en bateau, certains spectacles. Belle librairie-boutique design sur le thème de Köln.

Réservation d'hôtels *(Hotel Reservation Service)* **:** *☎ 2077-600. • hrs.de • Résas par tél 24h/24.* Résa souvent moins chère qu'en direct.

– **Tour de la ville en bus :** *plusieurs compagnies, notamment* **City Tour.** *• citytour.de • 2 bus/h. Résas à l'office de tourisme. Prix : 18 € pour 24h avec escales ; réduc.* Commentaires en français dans le casque.

– **Journaux d'actualités culturelles :** pour les forts en allemand, il y a la *StadtRevue (chez les marchands de journaux).*

Location de vélos : longues promenades à vélo à faire en longeant le Rhin. Berges vertes et excellentes pistes cyclables.

– **Radstation** *(plan centre, D2,* **4***)* **:** *Breslauer Platz, derrière la gare, sur la droite. ☎ 13-97-190. • radstationkoeln.de • Lun-ven 5h30-22h30, w-e et j. fériés 8h (6h30 sam)-20h. Pas très cher.*

– **Colonia Aktiv :** *Gereonswall 2-4. ☎ 346-695-57. • colonia-aktiv.de • À 10 mn de la gare, au pied de l'Eigelstein-Torburg. Lun-ven 9h-17h, sam 10h-18h, dim 10h-15h.* Organise des tours de ville guidés à vélo, en allemand ou anglais *(loc comprise ; résa conseillée).* Selon nous, la meilleure façon de visiter Cologne.

Où dormir ?

– **Bon à savoir :** beaucoup de chaînes, répondant bien sûr aux critères de confort internationaux. Pour éviter les difficultés de logement ou les envolées de prix en période de foires et salons (80 par an !), malgré les 300 hôtels sur la ville, consulter le programme du Köln Messe (parc des expos) sur *• messen.de •*

Camping

Camping Berger *(hors plan I par E4,* **10***)* **:** *Uferstr. 71,* **Rodenkirchen.** *☎ 935-52-40. • camping-berger-koeln.de • Sur un coude de la rive gauche du Rhin, à 8 km au sud. Bus n° 135 (arrêt à 500 m). Fermé seulement fêtes de fin d'année (mais se renseigner en hiver car risques d'inondation). Compter env 30 € pour 2 avec tente et voiture.* Le plus proche et le meilleur. 200 emplacements un peu à touche-touche, peu d'intimité donc, mais ambiance conviviale et familiale. Resto, machines à laver et location de vélos (pour la piste cyclable qui longe le Rhin).

De bon marché à prix moyens

Jugendherberge Pathpoint *(AJ ; plan I, D1,* **11***)* **:** *Allerheiligenstr. 15. ☎ 13-05-68-60. • pathpoint-cologne.de • 24h/24. Nuitée en dortoir ou en chambre privée à partir de 30 € ; petit déj 4,50 €.* La mieux située des AJ officielles dans une ancienne église. Toute neuve, agréable, pas trop grande

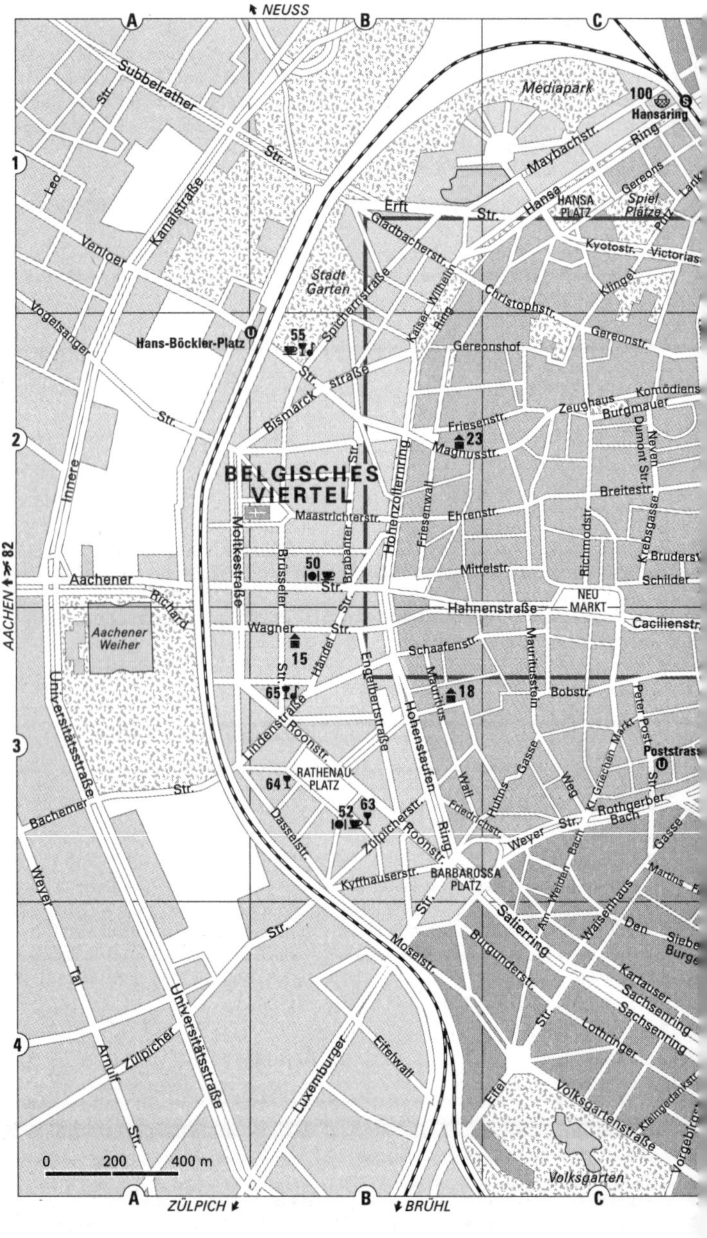
NEUSS
ZÜLPICH
BRÜHL
AACHEN 82
BELGISCHES VIERTEL
Mediapark
Hansaring
HANSA PLATZ
Spiel Plätze
Stadt Garten
Hans-Böckler-Platz
Gereonshof
Aachener Weiher
NEU MARKT
Poststrass
RATHENAU-PLATZ
BARBAROSSA PLATZ
Volksgarten
Subbelrather Str.
Leo Str.
Venloer Str.
Kanalstraße
Vogelsanger Str.
Innere
Aachener Str.
Richard
Universitätsstraße
Bachemer Str.
Weyer Tal
Arnulf Str.
Zülpicher Str.
Luxemburger
Eifelwall
Maybachstr.
Ring
Erft Str.
Hansa
Gladbacherstr.
Spichernstraße
Kaiser-Wilhelm-Ring
Christophstr.
Gereonstr.
Kyotostr.
Victorias
Klingel
Gereons
Lank
Putz
Bismarck straße
Friesenstr.
Magnusstr.
Zeughaus
Burgmauer
Komödiens
Neven Dumont Str.
Breitestr.
Krebsgasse
Brabanter Str.
Maastrichterstr.
Hohenzollernring
Friesenwall
Ehrenstr.
Richmodstr.
Mittelstr.
Bruders
Schilder
Moltkestraße
Brüsseler Str.
Hahnenstraße
Cäcilienstr.
Wagner Str.
Händel Str.
Schaafenstr.
Engelbertstraße
Mauritius
Mauritiussteín
Bobstr.
Peter Post Str.
Lindenstraße
Roonstr.
Hohenstaufen
Wall
Huhns Gasse
Weg
Kl. Griechen Markt
Friedrichstr.
Rothgerber Bach
Weyer Str.
Gasse
Dasselstr.
Zülpicherstr.
Kyfhauserstr.
Am Weidenbach
Waisenhaus
Martins
Salierring
Den
Siebe Burge
Moselstr.
Burgunderstr.
Kartauser
Sachsenring
Lothringer
Volksgartenstraße
Kleingedankstr.
Vorgebirg
Eifel
55
50
23
15
65
18
64
52
63
100
0
200
400 m

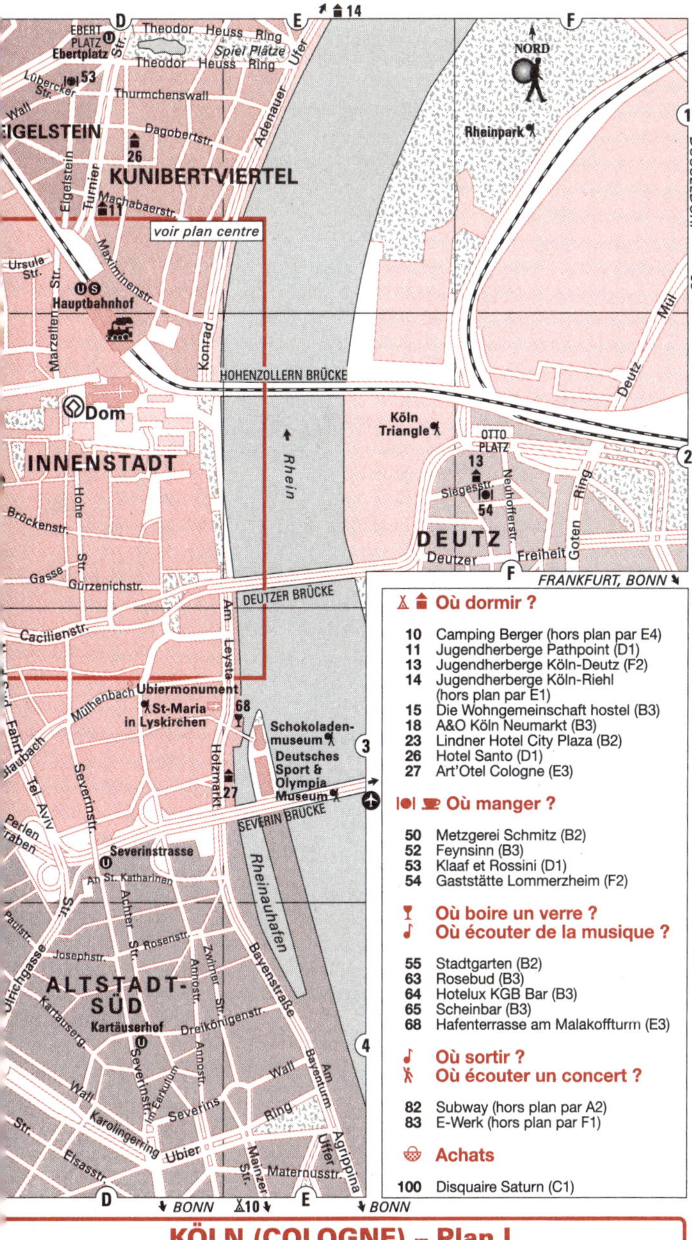

Où dormir ?

10 Camping Berger (hors plan par E4)
11 Jugendherberge Pathpoint (D1)
13 Jugendherberge Köln-Deutz (F2)
14 Jugendherberge Köln-Riehl (hors plan par E1)
15 Die Wohngemeinschaft hostel (B3)
18 A&O Köln Neumarkt (B3)
23 Lindner Hotel City Plaza (B2)
26 Hotel Santo (D1)
27 Art'Otel Cologne (E3)

Où manger ?

50 Metzgerei Schmitz (B2)
52 Feynsinn (B3)
53 Klaaf et Rossini (D1)
54 Gaststätte Lommerzheim (F2)

Où boire un verre ?
Où écouter de la musique ?

55 Stadtgarten (B2)
63 Rosebud (B3)
64 Hotelux KGB Bar (B3)
65 Scheinbar (B3)
68 Hafenterrasse am Malakoffturm (E3)

Où sortir ?
Où écouter un concert ?

82 Subway (hors plan par A2)
83 E-Werk (hors plan par F1)

Achats

100 Disquaire Saturn (C1)

KÖLN (COLOGNE) – Plan I

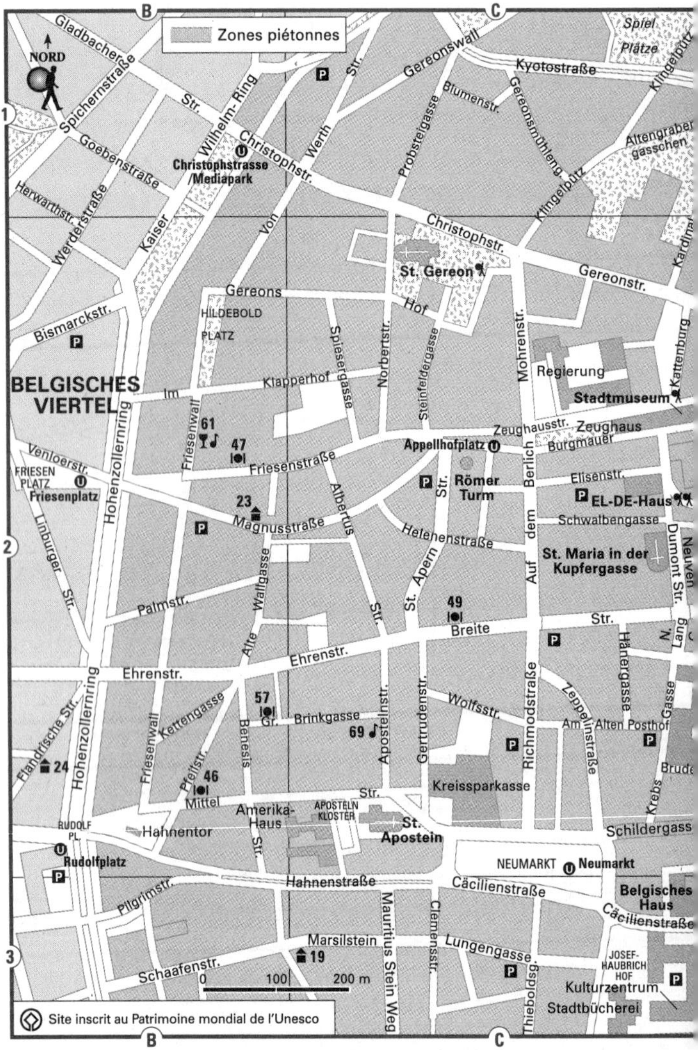

■ **Adresses utiles**

- Office de tourisme (D2)
- 4 Radstation (location de vélos ; D2)
- 5 Compagnie KD (E2)

Où dormir ?

- 12 Station Hostel for Backpackers (D1)
- 16 Hotel Drei Kronen (D2)
- 17 Hotel Brandenburger Hof (D1)
- 19 Hostel Köln (C3)
- 21 Motel One Neumarkt (C3)
- 22 Hotel Domstern (D1)
- 23 Lindner Hotel City Plaza (B2)
- 24 Hotel Flandrischer Hof (B2)

Où manger ?

- 40 Peters Brauhaus (D2)

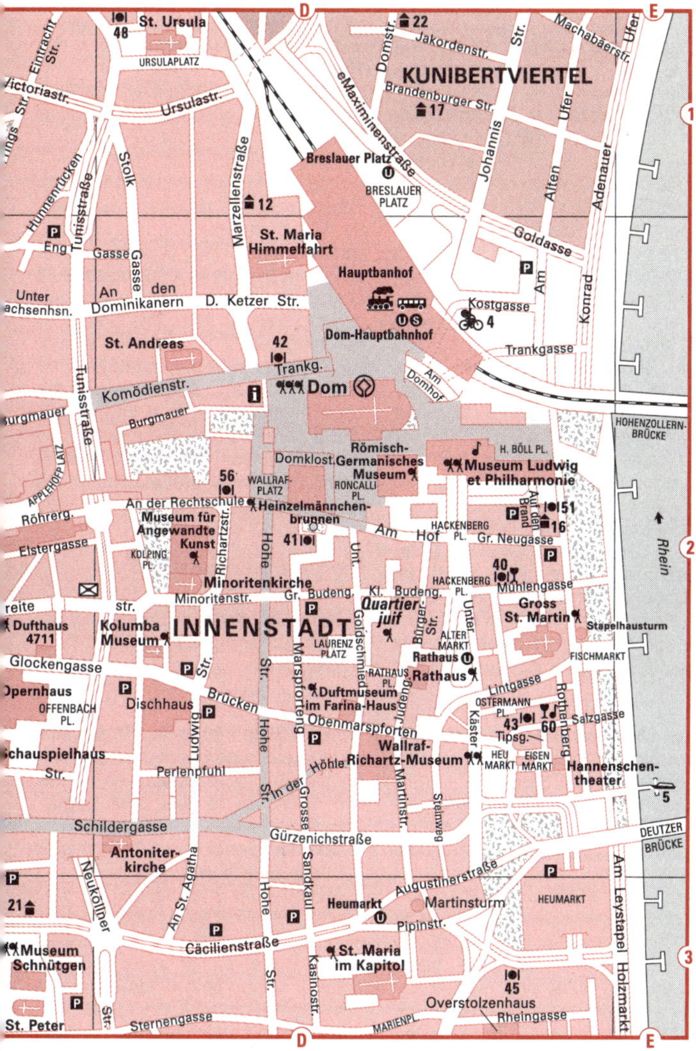

KÖLN (COLOGNE) – Plan centre

41 Cölner Hofbräu (D2)
42 Gaffel am Dom (D2)
43 Bierhaus en d'r Salzgass (D2)
45 Brauerei zur Malzmühle (D3)
46 Reissdorf am Hahnentor (B2)
47 Brauerei Päffgen (B2)
48 Schreckenskammer (D1)
49 Bier-Esel (C2)
51 Maibeck für Dich (D2)
56 Funk Haus (D2)
57 Neobiota (B2)

Où boire un verre ? Où écouter de la musique ?

60 Papa Joe's Jazzlokal (D2)
61 Päff Schankwirtschaft (B2)

Où sortir ? Où écouter un concert ?

69 Gloria (C2)

(environ 160 lits) et bien équipée. Toutes les chambres, de 2 à 8 lits, ont des sanitaires complets et des casiers. Cuisine à dispo, laverie, cour ombragée et salle de jeux.

☗ ***Station Hostel for Backpackers*** *(plan centre, D1,* ***12****) : Marzellenstr. 44-56. ☎ 912-53-01. • hostel-cologne.de • Nuitée en dortoir 20-27 €, doubles 56-65 € ; petit déj en sus.* AJ privée en plein centre, à 300 m de la gare et de la cathédrale. Pas de couvre-feu. Chambres propres, aux couleurs vives, de 1 à 6 lits. Sanitaires bien tenus. Cuisine à dispo, bar, machines à laver, coffres-forts.

☗ ***Die Wohngemeinschaft Hostel*** *(plan I, B3,* ***15****) : Richard Wagner Str. 39. ☎ 985-93-091. • die-wohngemeinschaft.net • U : Moltkestr. Nuitée autour de 28 €/pers en dortoir, doubles 65-85 € ; petit déj en sus. Sdb partagées.* Dans le quartier branché *Belgisches Viertel,* cette auberge joue la carte de l'originalité. Café, espace coworking et théâtre au rez-de-chaussée, la quinzaine de chambres de 1 à 8 lits se situant aux 4e et 6e étages. Elles sont toutes personnalisées, aux ambiances conçues par des artistes : studios photo ou de danse, navette spatiale, loge de théâtre, sixties, Lego... Quelques tables pour manger mais cuisine a minima. Un lieu formidable de vie et de créativité.

☗ ***Jugendherberge Köln-Deutz*** *(AJ ; plan I, F2,* ***13****) : Siegesstr. 5. ☎ 81-47-11. • koeln-deutz.jugendherberge.de • U3/4 ou S11/13 : Köln Messe Deutz ; U1/7/9 : Deutzer Freiheit. 24h/24. Nuitée env 33 €/pers ; double 100 €, petit déj inclus. ½ pens et pens complète possibles. Parking.* Sur la rive droite, dans un bloc blanc de 7 étages. On peut l'atteindre en 15 mn à pied de la gare, en traversant le Hohenzollernbrücke. Avec plus de 500 places en chambres de 1 à 8 lits (toutes avec sanitaires privés), c'est une vraie ruche, dotée de 2 cafétérias pour les repas.

☗ ***Jugendherberge Köln-Riehl*** *(AJ ; hors plan I par E1,* ***14****) : an der Schanz 14. ☎ 97-65-130. • koeln-riehl.jugendherberge.de • À env 4 km au nord (en voiture, repérez la tour Axa). U18 : Boltensternstr. (1 arrêt après le zoo) ; puis 3 mn de marche.* Grand bâtiment moderne mais dans un parc.

☗ ***A&O Köln Neumarkt*** *(plan I, B3,* ***18****) : Mauritiuswall 64-66, à 2 km de la cathédrale. ☎ 46-70-647-01. • aohostels.com • U : Mauritiuskirche. Nuitée 15-40 €/pers en dortoir, doubles à partir de 65 € ; petit déj basique, serviettes de bain et draps non inclus. Parking payant.* Un grand bâtiment de 173 chambres pas loin du *Belgisches Viertel.* Déco spartiate, ça fait un peu hôpital, mais literie correcte et chambres de bonne taille avec sanitaires privés ou non. Très fréquenté par les groupes. Bar, snacks, billard, baby-foot, coin lecture et laverie. Tout ce qu'il faut pour un séjour à moindre coût. Accueil aimable et infos sur la ville. 2 autres *A&O* en ville, mais de plus petite dimension : ***A&O Dom,*** et ***A&O Central Station (Hotel Madison)*** tous les 2 près de la Hauptbahnhof.

De prix moyens à chic

☗ ***Hotel Drei Kronen*** *(plan centre, D2,* ***16****) : Auf dem Brand 6. ☎ 258-06-92. • hotel-drei-kronen.de • Réception 7h-22h. Doubles dès 74 € (300 € lors des foires !) ; petit déj en sus.* Excellente situation près du Rhin, dans un secteur regorgeant de restos, y compris au rez-de-chaussée même. Une vingtaine de chambres, impeccables, voire jolies, et à prix sages pour le quartier. Certaines (au même prix) donnent sur le fleuve.

☗ ***Hostel Köln*** *(plan centre, C3,* ***19****) : Marsilstein 29. ☎ 99-87-760. • hostel.ag • Doubles à partir de 89 €, petit déj inclus, également en chambres partagées. Parking payant.* Un concept à cheval entre l'hôtel classique et l'AJ : chambres avec sanitaires de 1 à 6 lits. Déco fraîche et sobre, tout en modernité. Bien situé entre la vieille ville et le quartier étudiant, avec une terrasse sur le toit.

☗ ***Motel One Neumarkt*** *(plan centre, C3,* ***21****) : Cäcilienstr. 32. ☎ 292-69-20. • motel-one.com • Doubles à partir de 90 €, petit déj inclus. Parking payant.* L'un des 4 maillons colonais de la chaîne hôtelière au code couleur bleu turquoise. Tarifs compétitifs pour une prestation de grande qualité et des chambres standardisées mais tout confort. Ensemble moderne, à l'image du lobby, design et chaleureux à souhait.

Hotel Brandenburger Hof *(plan centre, D1,* ***17****) : Brandenburger Str. 2-4. ☎ 12-28-89. • brandenburgerhof.de • À 3 mn à pied de la gare. Doubles 60-75 € (beaucoup plus lors des Messe), avec ou sans sdb, petit déj compris. Petit parking gratuit (résa indispensable).* Chambres calmes et bien tenues, joliment rénovées dans un style sobrement contemporain. Les proprios parlent le français. Plusieurs autres hôtels dans la rue.

Hotel Domstern *(plan centre, D1,* ***22****) : Domstr. 26. ☎ 16-800-80. • hotel-domstern.de • Fermé en fin d'année. Doubles standard 99-149 €, petit déj compris. Parking payant.* Un amour de petit hôtel, situé dans un quartier résidentiel derrière la gare. 16 chambres à la déco cosy et raffinée, sans ostentation. Une adresse accueillante.

De chic à plus chic

Lindner Hotel City Plaza *(plan centre, B2,* ***23****) : Magnustr. 20. ☎ 20-340. • lindner.de/en/cologne-hotel-city-plaza/welcome.html • Doubles 105-210 € hors événements ; petit déj 26 €. Parking 24h 25 €.* Un hôtel chic au cœur d'un quartier vivant. Design et confort sont les maîtres mots, la déco de chaque étage déclinant un thème lié à Cologne : chocolat, bière, art moderne, Dom... Chambres douillettes et petit déj-buffet complet. Espace bien-être. Très réussi dans le genre, à seulement 2 stations de métro de la cathédrale (15-20 mn à pied).

Hotel Flandrischer Hof *(plan centre, B2,* ***24****) : Flandrische Str. 3-1. ☎ 203-60. • flandrischerhof.de • Doubles 85-135 € ; petit déj-buffet 14 €. Parking souterrain payant.* Installé dans une petite rue de ce quartier vivant (parfois bruyant) le soir. Vous y trouverez des chambres de bonne taille, standardisées, au décor sobre mais, agréables et confortables, avec minibar. Une bonne affaire dans sa catégorie.

Hotel Santo *(plan I, D1,* ***26****) : Dagobertstr. 22-26. ☎ 913-97-70. • hotelsanto.de • À 300 m de la gare. Doubles à partir de 100 € (beaucoup plus cher en période de foire), petit déj inclus (offert avec résa en ligne).* Hôtel design confortable et élégant. Dans un quartier calme, à 2 pas de la gare. Belle salle de petit déj toute vitrée et plein d'espaces agréables pour se reposer. Les chambres, équipées de douches, sont sobres et ultramodernes. Un endroit où l'on se sent vraiment bien.

Très chic

Art'Otel Cologne *(plan I, E3,* ***27****) : Holzmarkt 4. ☎ 80-10-30. • artotels.com/cologne • Doubles 167-260 €.* Un hôtel tendance, astucieusement situé au bord d'un bassin de plaisance relié au Rhin, dans le nouveau quartier du Rheinauhafen. Les couloirs et les chambres, de grand confort bien sûr, sont parsemés d'œuvres de l'artiste coréenne Seo. Il s'en dégage une atmosphère à la fois moderne et chaleureuse, avec de beaux effets de lumière. Sauna. Buffet petit déj extra, servi dans une salle panoramique.

Où manger ?

À Cologne plus qu'ailleurs, on se retrouve au coude à coude pour manger dans les tavernes. Sans chichis, on y chahute devant une bonne bière ou autour de plats typiques, proposés à tous les prix, ce qui permet aux moins fortunés de se caler l'estomac sans trop bourse délier. Parmi les spécialités culinaires, colonaises et rhénanes, notons le *Kölsch Kaviar* (boudin noir fumé accompagné de rondelles d'oignons), le *Hämmchen* (jambonneau de porc et choucroute), le *Himmel und Äd* (boudin noir avec compote de pommes et purée) et, enfin, les *Decke Bunne met Speck* (fèves en sauce et au lard fumé). Que du diététique ! On peut aussi se sustenter du délicieux pain noir au seigle de la région, le *Pumpernickel.*

Dans Innenstadt (la vieille ville)

De bon marché à prix moyens

Nous vous avons sélectionné quelques-unes de ces brasseries typiques et incontournables. Vous y trouverez la même carte, à 1 ou 2 variantes près.

Cölner Hofbräu *(plan centre, D2,* ***41****) : Am Hof 12-18. ☎ 261-30. Tlj 11h-minuit (w-e à partir de 10h). Snacks et plats 4-23 €.* Immense taverne à 2 pas de la cathédrale. Plus de 1 000 places sur 3 étages ! Inutile de dire que tout cela rugit, en particulier le dimanche, en continu. Ici, c'est la *Früh* qu'on sirote, accompagnée d'un des nombreux plats du jour. En spécialité, le jambonneau demi-sel ou grillé, ou la *Gulaschsuppe* servie dans une petite miche de pain. Peut-être aurez-vous la chance de tomber sur une réunion des confréries de la ville et de les voir chanter en se tenant les coudes... L'été, la terrasse colonise la rue piétonne.

Peters Brauhaus *(plan centre, D2,* ***40****) : Mühlengasse 1. ☎ 257-39-50. Tlj 11h-minuit (3h ven-sam). Plats autour de 10 € le midi en sem, sinon 7-21 €. Menu en anglais.* Brasserie à l'impressionnant plafond Art déco, avec fresques murales et lustres d'un autre âge. Assez touristique mais malgré tout authentique. Et pour le folklore culinaire allemand, on n'est pas déçu. Délicieuses spécialités à base de bière, généreusement servies jusqu'au *Bieramisu* en dessert, mais aussi des plats végétariens et autres joyeusetés régionales.

Brauerei zur Malzmühle *(plan centre, D3,* ***45****) : Heumarkt 6. ☎ 921-606-13. Lun-ven 16h-minuit, sam 12h-minuit, dim 12h-22h. Plats 10-20 €. Carte en anglais.* Brasserie depuis 1858, un peu excentrée, dont le nom signifie « moulin à malt ». Le décor boisé n'altère pas la belle luminosité de cette grande salle, où les bavardages vont bon train. Nourriture aussi délicieuse que revigorante, où *Sauerkraut* et *Kartoffeln* côtoient assidûment saucisses *(Bockwurst)* et jarrets de porc. Le tout, bien sûr, arrosé de la *Mühlen Kölsch* maison.

Bierhaus en d'r Salzgass *(plan centre, D2,* ***43****) : Salzgasse 5-7. ☎ 800-19-00. Tlj sauf lun 16h (12h w-e)-1h. Plats 9-19 €.* On y sert une cuisine de bonne qualité et une savoureuse *Kölsch Päffgen* au tonneau. Joli décor qui confine au sacré : un vrai temple de la bière avec son autel, ses statues, ses peintures et son immense cathédrale.

Gaffel am Dom *(plan centre, D2,* ***42****) : Bahnhofsvorplatz 1. ☎ 913-92-60. Tlj 11h-minuit (2h ven-sam). Plats 5-21 €.* Immense brasserie populaire sur le flanc de la cathédrale ; longues tables qui accueillent les groupes de convives dans un brouhaha constant. Classiques du genre : l'*Eisbein* (jambe de glace) avec pommes de terre et choucroute ou la saucisse d'un demi-mètre. La *Kölsh* est servie dans des petits verres de 20 cl pour garder son aspect pétillant. Le serveur remplace automatiquement les verres vides sauf si on pose son sous-bock dessus.

Funk Haus *(plan centre, D2,* ***56****) : Wallrafplatz 5. ☎ 955-645-424. Tlj 8h30-minuit (1h ven-sam). Plats 8-27 €.* Petit déj, café, déjeuner, apéro ou dîner... Les tentations ne manquent pas pour s'attabler derrière de grandes baies vitrées ou sur la terrasse face à la rue piétonne. C'est un peu la cantine branchée, voire intello du quartier où se retrouvent journalistes et fonctionnaires. La cuisine d'ici et d'ailleurs est soignée, le service, en noir et blanc et la déco, « designée » sixties autour d'un long bar lumineux.

Brauerei Päffgen *(plan centre, B2,* ***47****) : Friesenstr. 64-66. ☎ 13-54-61. Ouv 12h-minuit (0h30 ven-sam). Plats 8-18 €.* Dans un quartier animé, une brasserie chaleureuse à la clientèle presque 100 % colonaise, souvent pleine à craquer ! Cuisine rhénane pur jus et *Päffgen* fraîche pour se rincer le gosier. Côté décor, même topo qu'ailleurs : grandes salles lambrissées aux murs clairs, grosses tables de bois poncé. En été, poussez au fond du jardin : on peut y observer la production.

L'OUEST DE L'ALLEMAGNE

🍽 ⛱ ***Schreckenskammer*** *(plan centre, D1,* ***48****) : Ursulagartenstr. 11-15. ☎ 13-25-81. Mar-jeu 16h30-23h ; ven-sam 11h-14h, 16h30-minuit. Fermé dim-lun. Plats 9-20 €.* *Kölsch* artisanale brassée depuis 500 ans dans la même maison. Fréquentée principalement par les Colonais, qui viennent y manger rumstecks et escalopes de porc. Terrasse en face du cloître des Ursulines aux beaux jours.

🍽 ***Bier-Esel*** *(plan centre, C2,* ***49****) : Breite Str. 114. ☎ 257-60-90. Mar-sam 12h-21h30 (22h ven-sam). Fermé dim-lun. Plats 12-22 €.* Un peu de changement dans ce monde de cochonnaille, avec des moules, à l'enseigne de l'âne doré ! À la mode allemande, bien sûr, mais seulement en saison (de septembre à avril). Sinon, on revient aux spécialités traditionnelles, dans un cadre classique qui tranche avec cette rue très tendance. *Maatjes* (harengs) en été.

Très chic

🍽 ***Maibeck für Dich*** *(plan centre, D2,* ***51****) : Am Frankenturm 5. ☎ 962-673-00. Fermé dim-lun et mar midi. Menus 60-90 €.* Le chef met un point d'honneur à cuisiner les produits allemands tout en s'autorisant quelques emprunts. Viandes issues d'élevages allemands, légumes maraîchers... Avec toujours cet affriolant mélange de saveurs aigres-douces. Une superbe adresse, aux tables soigneusement apprêtées pour s'initier à la gastronomie allemande.

Dans le Belgisches Viertel

De bon marché à prix moyens

🍽 ☕ ⛱ ***Metzgerei Schmitz*** *(plan I, B2,* ***50****) : Aachener Str. 28-30. ☎ 139-55-77. Tlj 9h-23h (1h ven-sam, 22h dim). Plats chauds 6-20 €.* Un snack très populaire installé dans une ancienne boucherie. On peut aussi s'attabler dans le bistrot voisin, le *Coco Schmitz*, c'est la même maison ! Sans oublier la partie glacier. Quiches aussi originales que succulentes, salades ou plats plus consistants pour ceux qui ont vraiment les crocs. Magnifiques petits déj. Dans la même rue, on trouve plusieurs autres snacks et restos pas chers et tout aussi sympas comme au *Theater im Bauturm.*

🍽 ☕ ***Feynsinn*** *(plan I, B3,* ***52****) : Rathenauplatz 7, coin Heinsbergerstr. ☎ 240-92-10. Tlj 9h (9h30 sam, 10h dim)-minuit. Plats 15-29 € ; menus 37-43 € à partir de 18h.* Joli troquet intemporel estampillé *Slow Food.* Jeu de miroirs et de verres sur les murs, lustres scintillants, c'est un endroit à la mode, chic et décontracté. Cuisine fine et inventive à base de produits locaux, souvent bio.

🍽 ⛱ ***Reissdorf am Hahnentor*** *(plan centre, B2,* ***46****) : Hahnenstr. 24. ☎ 277-43-84. Tlj 11h-minuit (1h ven-sam). Plats 9-22 €.* Décor typique aux boiseries sombres et recettes du même tonneau. Dès l'entrée les odeurs chatouillent les narines : goulasch, *Currywurst, Himmel und Äd* (boudin noir braisé), *Schweinshaxe* au four, rosbif froid, *Schnitzel* à la viennoise ou flammekueche, un catalogue complet de la cuisine allemande aux portions généreuses et à prix doux dans une ambiance conviviale.

De chic à très chic

🍽 ***Neobiota*** *(plan centre, B2,* ***57****) : Ehrenstr. 43c et Große Brinkgasse. ☎ 270-88-908. Fermé dim-lun. Petits déj à combiner 8-15 € (3 plats 30 €), jusqu'à 15h. Le soir, menus... 105-165 €.* Un gastro étoilé mais cool, dans une ambiance presque informelle. Salle pas bien grande, mais on s'échappe dans l'assiette, avec ce même esprit décomplexé. On recommande surtout pour le petit déj, le dada de la maison (hmm, les pancakes !), servi aussi le midi *(« lunch is dead » !).* Le soir, ça pique sévère côté tarifs, et ce n'est pas à cause de la *Mühlen Kölsch,* servie au verre.

Dans Eigelstein

🍽 Sur une petite place, au pied d'une monumentale porte fortifiée, on conseille le ***Klaaf*** *(Engelstein 124 ; plan I, D1,* ***53****)*, pour des spécialités locales à prix sages, et le quasi voisin ***Rossini,*** au 143, un italien un poil chic et délicieux *(☎ 139-12-34 ; tlj 10h-minuit).* Sinon, tout un choix de restos à burgers, bars à falafels, etc. Très sympa.

À Deutz

Gaststätte Lommerzheim *(plan I, F2,* ***54****) : Siegesstr. 18. ☎ 81-43-92. Tlj sauf mar 11h-14h30 et 16h30-minuit. Plats 10-15 €.* La quintessence de l'auberge colonaise. Une adresse culte, plébiscitée par le petit peuple de Deutz, depuis plus de 60 ans. Le soir, attendez-vous à faire un peu la queue... Que ce soit dans la vieille salle aux murs râpés, dans la cave ou dans la cour, l'ambiance est absolument conviviale et détendue. On vient y déguster à la bonne franquette des plats ultra-copieux, notamment les côtelettes géantes, la grande spécialité du lieu qui met les plus gros mangeurs en difficulté ! Une super adresse hors des sentiers battus.

Où boire un verre ? Où écouter de la musique ?

Bien sûr, toutes les ***tavernes*** citées plus haut sont autant d'endroits où l'on peut se contenter de boire un verre.
À part ça, c'est dans la zone estudiantine, le quartier dit « *Latäng* » (prononcez « Latin » avec l'accent du Sud), qu'on trouve le plus d'ambiance à la nuit tombée. Ailleurs en ville, les lieux de sortie sont plus éparpillés, encore que les abords de *Hohenzollernring (plan I, B2)* en concentrent un bon paquet.

Dans Innenstadt

Papa Joe's Jazzlokal *(plan centre, D2,* ***60****) : Buttermarkt 37. ☎ 257-79-31. • papajoes.de • Tlj 20h-3h. Entrée gratuite.* Dans la partie animée de la vieille ville, longeant le Rhin. Depuis 50 ans, un groupe de jazz se produit certains soirs dans ce bar tout en longueur, avec ses habitués qui s'agglutinent sur 3 rangs. Et ça marche toujours aussi bien !

Dans le quartier étudiant dit « Latäng »

Päff Schankwirtschaft *(plan centre, B2,* ***61****) : Friesenwall 130. ☎ 171-35-96-982. Tlj sauf dim-lun 19h-5h.* Déco simplissime, intérieur orange autour d'un bar carré. À l'entrée, vieux fauteuils et fresque spatiale. Ni *dress code,* ni videur. DJ tous les soirs dès 22h, qui fait dans le funk, les sixties et les seventies.

Rosebud *(plan I, B3,* ***63****) : Heinsbergstr. 20. ☎ 272-074-12. Tlj sauf dim 19h-2h.* Élu meilleur *cocktail bar* du pays à plusieurs reprises. Pas vraiment prolo (déco assez classe et serveurs en cravate), musique planante et atmosphère relax. La sélection change régulièrement.

Hotelux KGB Bar *(plan I, B3,* ***64****) : Rathenauplatz 22. ☎ 20-53-87-96. Tlj sauf dim à partir de 19h.* Amateurs de vodka, vous n'aurez que l'embarras du choix : une dizaine de sortes déclinées en cocktails aux noms évocateurs, dans un cadre où la couleur dominante est... le rouge, quelle surprise ! La clientèle est jeune, la musique bien présente sans être agressive et, si le bar est petit, l'ambiance n'en est que plus chaleureuse.

Scheinbar *(plan I, B3,* ***65****) : Brüsseler Str. 10. ☎ 923-20-48. Tlj sauf dim 19h-2h (4h ven-sam).* DJ chaque week-end et ambiance sans chichis. Large choix de cocktails avec *happy hours.*

Stadtgarten *(Jardin de la ville ; plan I, B2,* ***55****) : Venloer Str. 40. ☎ 952-994-21. • stadtgarten.de • Biergarten avr-nov jusqu'à minuit (selon météo) ; resto jusqu'à 15h et 22h. Petit déj dim et j. fériés 10h30-14h30. Concerts en salle payants.* Dans le jardin de la ville, donc entouré de verdure. Au bar-resto, moules-frites, plats italiens, salades... Et salle au sous-sol, le ***Studio 672,*** qui accueille des concerts (jazz, folk...) en semaine et des soirées électro avec DJs réputés le week-end.

Dans le quartier Rheinauhafen

Hafenterrasse am Malakoffturm *(plan I, E3,* ***68****)* **:** *sur Holzmarkt, en bord de Rhin, près du musée du Chocolat. ☎ 931-888-17. Avr-oct, tlj 11h-20h (21h ven-sam) ; également pour le marché de Noël.* Une superbe terrasse au pied de la tour de Malakoff, d'où l'on contrôlait l'ancienne écluse. Un endroit vraiment relaxant, disposant d'un petit kiosque qui permet de grignoter une saucisse ou une part de flammekueche pour accompagner sa *Kölsch* ou son verre de riesling.

Où sortir ? Où écouter un concert ?

Gloria *(plan centre, C2,* ***69****)* **:** *Apostelnstr. 11. ☎ 660-630. • gloria-theater.com •* Dans un ancien théâtre, LA salle de concerts de Cologne ! Programme éclectique de variété, quasi quotidien. Cafét à l'entrée.

Subway *(hors plan I par A2,* ***82****)* **:** *Aachener Str. 82-84. ☎ 51-79-69. Jeu-sam 23h-6h.* À 2 pas du quartier étudiant, soirées techno-house le week-end et hip-hop, soul et R'n'B le jeudi. Petite salle sombre.

E-Werk *(hors plan I par F1,* ***83****)* **:** *Schanzenstr. 36. ☎ 967-90. • e-werk-cologne.com • Derrière le Köln Messe (le parc des expos).* Grande salle de concerts qui accueille des groupes rock de stature internationale.

Kölner Philarmonie *(plan centre, D2)* **:** *Bischofsgartenstr. 1. ☎ 280-280. • koelner-philharmonie.de • Résa possible à l'office de tourisme ou sur le site. Derrière le Dom.* LA salle de musique classique de Köln. Élégante et à l'architecture étonnante avec une scène ronde et centrale. On voit bien et on entend bien de partout. Programmation de grande qualité et tarifs pour tous.

Achats

Disquaire Saturn *(plan I, C1,* ***100****)* **:** *Maybachstr. 115. Lun-sam 10h-20h.* Attention, si vous aimez la musique mais que vous avez des problèmes avec votre banque, zappez cette adresse. Le slogan de ce disquaire est d'être « le plus grand du monde ». Et, en effet, on y trouve une quantité RENVERSANTE de CD.

Belgisches Viertel *(plan I, B2-3)* **:** *quartier situé à l'ouest du centre ancien, s'étendant, grosso modo, du nord au sud de la Friesenplatz à la Barbarossaplatz, et d'est en ouest d'Hohenzollernring et Hohenstaufenring à la Moltkestr.* C'est dans ce quartier belge, appelé ainsi à cause du nom des rues, que vous ferez vos achats les plus branchés – pas les moins chers mais certainement les plus originaux. Préférez la *Brusseler Straße* et les rues adjacentes. C'est ici que s'installent artistes et créateurs. Ceux qui ne cèdent pas aux sirènes du shopping auront tout de même le plaisir de voir de jolies choses dans un quartier animé.

À voir

– ***Bon à savoir*** **:** la **Köln Card** *(9 € pour 24h, 18 € pour 48h ; forte réduc pour 5 pers)* donne l'accès gratuit à une vingtaine de musées de la ville, entre autres. *• museenkoeln.de •* Achat à l'office de tourisme ou dans chaque musée.

Au centre d'Innenstadt

Kölner Dom *(cathédrale ; plan centre, D2)* **:** *• koelner-dom.de • Ouv 6h-20h, sauf pdt les offices. Entrée libre. Visites guidées en allemand à 10h30,*

L'OUEST DE L'ALLEMAGNE

12h30 et 15h30 (seulement à 15h30 dim) : 10 € ; en anglais, en principe à 15h (plus 11h ven-sam). Infos au Dom Forum, sur le parvis. Dépliant en français et film (20 mn, français possible).

La majestueuse et sombre cathédrale, si chère au cœur des habitants, est plantée au centre de la ville tel un gigantesque gardien. Splendide et figée vers le ciel, elle reste l'une des icônes du pays, malgré les 14 bombes qui ne l'épargnèrent pas durant la 2de Guerre mondiale. Les spécialistes de l'histoire de l'art y voient l'archétype de l'édifice du haut gothique et une harmonie unique de tous les éléments de construction.

LA CATHÉDRALE DU DIABLE

On raconte que son bâtisseur, maître Gerhard, dépassé par l'ampleur de la tâche, fut tenté de pactiser avec le diable... Celui-ci promit son achèvement en 3 ans pile, juste avant le chant du coq, en échange de l'âme de sa femme. Pensant l'exploit impossible, l'architecte accepta. Son épouse, plus prudente, apprit à imiter le chant du coq... La nuit avant l'échéance arriva, et la femme lança son cri de gallinacée, suivie par tous les coqs... avant que la dernière pierre ne soit posée ! Le diable, dépité, retourna à ses basses œuvres !

C'est le monument le plus visité d'Allemagne, et de loin : environ 6 millions de visiteurs par an avant le Covid, 2 fois plus que le mont Saint-Michel ! Construite de 1248 à 1880, lorsqu'elle fut achevée, elle était le plus grand bâtiment du monde (7 000 m²). Après les flèches d'Ulm, c'est la 2e au monde par la hauteur : 157 m. Vertigineux !

Elle abrite des œuvres d'art majeures : les vitraux aux couleurs chatoyantes, la ***croix ottonienne de Géro*** (la plus ancienne grande sculpture de l'Occident), la *châsse-reliquaire des Rois mages,* des pièces d'orfèvrerie de la région Rhin-Meuse, l'autel des saints patrons de la ville, un retable de ***Stefan Lochner*** (le chef-d'œuvre de l'école de peinture de Cologne) et, pour finir, l'ensemble d'orgues.

Un peu d'histoire

Tout a commencé avec ***Frédéric Barberousse.*** Au début du XIIe s, un de ses sbires rapporta dans ses bagages les reliques des Rois mages. Il fallait alors une cathédrale, son architecture s'inspirant de celles d'Amiens et de Beauvais. Le chœur fut achevé au XIVe s, puis une tour s'éleva doucement. À plusieurs reprises, le chantier s'arrêta. Les ecclésiastiques n'avaient-ils pas eu la folie des grandeurs ?

Entre le milieu du XVIe et le milieu du XIXe s, elle offre l'image d'un chantier inachevé. On se décida enfin à terminer l'ouvrage au milieu du XIXe s, profitant de la nouvelle mode néogothique mais en respectant scrupuleusement les plans d'origine. D'importantes fouilles furent entreprises au XXe s, sous et autour de l'édifice. Des vestiges romains, notamment l'étonnante mosaïque de Dionysos, en furent dégagés. On peut la voir au Musée romain-germanique. La cathédrale fut inscrite sur la liste du Patrimoine de l'Unesco en 1996.

L'extérieur

Ce qui frappe d'emblée, c'est le gigantisme allié à la majesté. Mais sa vraie délicatesse s'observe plus encore à l'intérieur qu'à l'extérieur, recouvert d'une couche de pollution. La cathédrale est si noire qu'elle fait penser à une gigantesque concrétion volcanique ! Sa façade est composée de 2 tours ajourées surmontées chacune d'une flèche. On notera, sur le flanc sud (à droite de la façade), les 4 portes de bronze. Celle de gauche (de 1953) est une allégorie de Cologne en flammes, bombardée par les Alliés.

L'arrière de l'édifice constitue un véritable entrelacs d'arcs-boutants soutenus par des piliers travaillés et surmontés de pinacles.

La visite

– À l'intérieur, on est happé par la hauteur et l'élégance de cette ***nef*** de 43 m de haut, véritable forêt de piliers supportant de gigantesques vitraux ainsi qu'un orgue perché, comme en lévitation. À ne pas manquer, les 5 ***vitraux*** du début du XVIe s, dans le bas-côté nord (gauche), qui évoquent les vies de saint Pierre et de la Vierge. Dans la nef, une armée de sculptures du XIXe s pour la plupart.

– ***Le chœur :*** *accessible seulement lors de visites guidées.* Consacré en 1322 (700 ans en 2022), il est entouré de 104 stalles du XIVe s. Sur la partie supérieure, grande fresque à la détrempe décrivant des scènes religieuses. Au sol du déambulatoire, admirez les mosaïques.

– ***La châsse des Rois mages :*** derrière le maître-autel. Œuvre de Nicolas de Verdun, de la fin du XIIe s, composée d'argent doré, de pierres précieuses et d'un pourtour ciselé évoquant la vie de Jésus.

– ***Les chapelles :*** côté nord du chœur (à gauche), la 1re est celle de la Sainte-Croix et accueille la ***croix de Géro*** en bois *(Gerokreuz),* de style ottonien (Xe s), la plus ancienne d'Europe. Un peu plus loin, la chapelle Saint-Materne abrite le tombeau d'un archevêque entouré de tours à créneaux, curieuse allégorie de la paix retrouvée. Tout au fond, la chapelle des Rois mages : sans doute la plus belle. Vitraux des XIIIe et XIVe s, d'une étonnante finesse, ainsi qu'un magnifique retable. Juste à côté, la chapelle Sainte-Agnès contient un sarcophage gothique. Dans la chapelle de la Vierge, l'un des joyaux de l'école de Cologne : le triptyque ***Kölner Dombild*** *(Dreikönigsaltar)* de ***Stefan Lochner*** de 1445, représentant les patrons de la ville ainsi que les Rois mages.

– ***Les vitraux du transept sud (à droite) :*** en 2007 ont été inaugurés 113 m^2 de vitraux imaginés par Gerhard Richter. Levez les yeux : 72 couleurs différentes composent l'ensemble de 11 263 petits carrés de verre soufflé... Quelle patience ! Dans le même transept, spectaculaire retable de Saint-Agilolphe (1520), en 3D.

– ***Concerts d'orgue :*** *ts les mar juin-août, à 20h (se présenter dès 19h). GRATUIT. Également tte une programmation de concerts.*

– À l'extérieur, à droite de la façade, accès aux ***tours*** *(mai-sept 9h-18h – 17h ou 16h hors saison ; entrée : 6 €).* Après 533 marches, on s'est hissé à 97 m. Bon courage ! Au fait, c'est aussi là qu'on trouve des ***toilettes.***

– ***La salle du trésor*** *(Domschatzkammer)* **:** *Roncalliplatz 2 (accès par l'extérieur de la cathédrale, portail nord, sur la gauche). • dombau-koeln.de • Tlj 10h-18h (dernière entrée à 17h30). Entrée : 6 € (y compris expos temporaires) ; réduc.* Objets liturgiques, médaillons et orfèvrerie gothique et baroque essentiellement, remarquablement présentés dans les salles voûtées du sous-sol.

Museum Ludwig *(plan centre, D2)* **:** *Heinrich-Böll-Platz. • museum-ludwig.de • Tlj sauf lun 10h-18h (22h 1er jeu du mois). Entrée : 11 € ; réduc. Audioguide en anglais : 3 €.* Architecture brute de béton mais on n'a pas lésiné sur les volumes pour abriter des collections d'une telle richesse. Le fonds de ce musée, constitué par ***Haubrich,*** un avocat colonais qui prit soin de mettre une partie de ses œuvres à l'abri des nazis, fut ensuite complété par le don des ***Ludwig*** de leur inestimable collection. Le musée retrace l'histoire picturale du XXe s jusqu'à aujourd'hui. La période de l'entre-deux-guerres est illustrée par les peintres constructivistes russes, le Bauhaus et les expressionnistes des mouvements *Die Brücke* et *Der Blaue Reiter.* Les peintres de Cologne y sont naturellement représentés, mais on admire surtout, au gré des accrochages, les œuvres de grands noms de l'époque : de très beaux ***Picasso, Magritte, Matisse, Picabia, Otto Dix*** dans sa période « nouvelle objectivité », de superbes ***Kokoschka, Macke, Chagall*** ou encore le fameux *Rendez-vous des amis* de ***Max Ernst,*** véritable photo de famille des surréalistes... On ne manquera pas les arts abstraits et minimalistes, le dadaïsme et encore moins la section consacrée au pop art au 1er étage, la plus grande collection hors des États-Unis : ***Warhol, Johns, Lichtenstein, Rauschenberg...*** tout le gratin ! Au passage, jolies terrasses avec vue sur la cathédrale.

Possibilité de se reposer les papattes au très agréable café-resto du musée, tout vitré et un brin classe, le ***Ludwig im Museum*** *(tlj 10h-minuit).*

Römisch-Germanisches Museum *(Musée romain-germanique ; plan centre, D2)* **:** *Roncalliplatz 4. • roemisch-germanisches-museum.de • Face au Ludwig Museum.* ***Le musée a entamé en 2019 une longue campagne de rénovation, sur plusieurs années.*** Entre-temps, un « best of » des collections est exposé à la **Belgisches Haus** *(plan centre, C3), Cäcilienstr. 46. • fbh.koeln/belgisches-haus-koln/ • Tlj sauf mar 10h-18h.*

Heinzelmännchenbrunnen *(plan centre, D2)* **:** *Am Hof 12-14.* Cette étonnante fontaine rend hommage au conte d'Ernst Weyden, à l'origine de la légende des lutins travailleurs de Cologne, popularisée grâce à un poème d'***August Kopisch,*** écrit en 1836. L'architecte Heinrich Renard réalisa cette fontaine à la fin du XIXe s.

AU BOULOT !

Les Allemands sont réputés grands travailleurs. Mais il n'en a pas toujours été ainsi. Jadis, à Cologne, de petits lutins, les Heinzelmännchen, venaient chaque nuit achever les ouvrages commencés dans la journée par les habitants. Mais il était strictement interdit de les regarder travailler ! La curiosité de l'épouse d'un tailleur fut trop forte... et ils disparurent à jamais. Depuis, les Allemands ont bien été obligés de retrousser leurs manches !

Museum für Angewandte Kunst *(musée des Arts décoratifs ; plan centre, D2)* **:** *an der Rechtschule. • makk.de • Tlj sauf lun 10h-18h (jusqu'à 22h 1er jeu du mois). Entrée : 4 € ; réduc ; expos temporaires en sus.* ***En rénovation, se renseigner pour la réouverture.*** Collections du XVe au XIXe s, modern style, Art nouveau, Art déco, Bauhaus, années 1950, toutes les tendances y sont présentées jusqu'aux années 1980. Encore un excellent musée.

Cafétéria avec terrasse au rez-de-chaussée.

Kolumba Museum *(plan centre, D2)* **:** *Kolumbastr. 4. • kolumba.de • Tlj sauf mar 12h-17h. Entrée : 8 € ; réduc.* Le musée du diocèse s'est installé dans un bâtiment dont les lignes contemporaines intègrent avec une grande réussite les vestiges de l'église *Kolumba.* Chaque année, une nouvelle collection y est présentée autour d'un thème précis. Quelques pièces majeures restent en permanence, comme la croix de Herimann (XIe s), la croix d'Erp datant de 1150 ou la toile attribuée à ***Stefan Lochner,*** *La Vierge à la violette.*

Duftmuseum im Farina-Haus *(musée du Parfum de la Maison Farina ; plan centre, D2)* **:** *Obenmarspforten 21. • farina.org • Lun-sam 10h-19h, dim 11h-17h. Entrée : 5 € (résa conseillée sur Internet, surtout pour une visite en français), 9 € la visite théâtralisée.* La plus ancienne parfumerie du monde, la Maison Farina, a fêté ses 300 ans en 2009 ; c'est toujours une entreprise familiale. Le musée retrace la vie de Jean-Marie Farina qui, arrivé à Cologne en 1709, allait créer la fameuse *Eau de Cologne.* Plus de 1 200 contrefaçons de ce parfum vont alors voir le jour. Un petit musée instructif doublé d'une boutique odorante.
Le pire ennemi des Farina est sans conteste *Mühlens,* qui crée la non moins célèbre *Eau de Cologne N° 4711* (prononcez « quarante-sept-onze »)...

BONAPARTE, UN NEZ DÉLICAT ?

C'est à l'arrivée des Français en Allemagne, en 1801, que le commerce de l'eau de Cologne se propagea. Son plus célèbre utilisateur était Napoléon, qui conservait un flacon dans ses bottes sur mesure. Il en utilisait plus de 40 l par mois. À Sainte-Hélène, privé de son eau favorite, il parvint à en retrouver la formule artisanale en faisant appel aux souvenirs de ses compagnons d'infortune.

L'élégante vitrine de ce concurrent, ***Dufthaus 4711,*** se situe Glockengasse 4 *(plan centre, C2).* ● *4711.com* ● *Lun-sam 9h30-18h30 (18h sam).* À voir pour ses rayonnages historiques, sa façade à arcades et son carillon qui joue chaque heure... *Dans les Hussards* ou *La Marseillaise* ! La numérotation des maisons à Cologne, et donc le 4711 en question, datent en effet de l'occupation française au début du XIXe s.

Rathaus *(hôtel de ville ; plan centre, D2)* **:** *sur la Rathausplatz. Lun-ven 8h-16h (18h mar, 12h ven).* ***Importants travaux dans tt le quartier alentour.*** Édifice intéressant bien que sans unité architecturale. Présente une tour octogonale du XVe s sur sa gauche, haute de 60 m, avec un carillon au sommet ainsi qu'en façade une jolie galerie Renaissance italienne. L'édifice fut reconstruit après la guerre. ***C'est aussi le quartier juif,*** tout en travaux donc, en attendant le futur *Jüdisches Museum* (Musée juif) qui sera élevé sur l'emplacement de fouilles. Celles-ci ont notamment mis au jour un prétoire et des bains rituels *(Mikwe),* parmi les plus grands d'Allemagne.

Wallraf-Richartz-Museum *(plan centre, D2)* **:** *Obenmarspforten 40.* ● *wallraf.museum* ● *Tlj sauf lun 10h-18h (22h 1er et 3e jeu du mois). Entrée : 8 € (supplément pour certaines expos temporaires) ; réduc. Explications en allemand et anglais.* Superbe collection de peintures du XIIIe au XIXe s, dans un bâtiment moderne, depuis lequel vous jouirez de la meilleure vue sur la cathédrale et le Rathaus, perdu dans les travaux. Son nom vient de ses fondateurs, le chanoine ***Wallraf,*** qui possédait une importante collection de tableaux, et le marchand ***Richartz*** qui permit au 1er bâtiment de voir le jour, en 1861.
Sans passer en revue toutes les œuvres, voici les grandes écoles représentées. L'une des collections phares est celle de l'***école de Cologne du Moyen Âge*** (riches peintures sur bois, du XIVe au XVIe s), où l'on trouve d'admirables retables, triptyques, et dont les pièces les plus anciennes datent de la fin du XIIIe s. Le XVe s est surtout présent avec des œuvres de ***Stefan Lochner.*** La Renaissance allemande est bien représentée avec ***Dürer, Cranach*** ou ***Burgkmair.*** Viennent ensuite d'impressionnantes *collections de peintures hollandaises et flamandes* des XVIIe et XVIIIe s, entre autres : ***Bruegel, Rembrandt*** (autoportrait), ***Van Dyck, Rubens*** et bien d'autres.
Autre collection d'importance : les ***peintures allemandes et françaises du XIXe s,*** où une grande place est faite aux romantiques. Des ***Corot,*** du réalisme social avec ***Courbet,*** de l'impressionnisme avec ***Renoir, Monet, Caillebotte, Van Gogh, Sisley, Degas, Pissarro,*** pour ne citer qu'eux, puis ***Cézanne, Gauguin, Redon*** et ***Munch.***
Agréable cafét.

L'église Groß Sankt Martin *(plan centre, D2)* **:** *an Groß Sankt Martin 9.* Grâce à son clocher, cette basilique du XIIe s est l'une des silhouettes les plus reconnaissables de la ville. Très endommagée en 1945, elle fut reconstruite comme à l'origine, avec sa tour de croisée carrée décorée de clochetons aux 4 coins et surmontée d'une flèche gothique.

Au sud d'Innenstadt

L'église Sankt Maria in Lyskirchen *(plan I, D3)* **:** *an Lyskirchen. Tlj 9h-18h.* Édifiée au XIIIe s, cette église romane est surtout intéressante pour ses fresques pratiquement intactes. Le niveau des multiples crues est indiqué sur le tympan de la porte, côté rue.

Schokoladenmuseum *(musée du Chocolat ; plan I, E3)* **:** *Am Schokoladenmuseum 1a.* ● *schokoladenmuseum.de* ● *Tlj 10h-18h, dernière admission 1h avt fermeture. Janv-mars et nov, fermé lun. Entrée : env 14 €, chocolat compris ; réduc. Commentaires en anglais, dépliant en français. Boutique... un musée en soi.*

L'OUEST DE L'ALLEMAGNE

Situé sur une île, le long du Rhin, dans un bâtiment en forme de bateau, ce musée, sponsorisé par la marque *Lindt,* évoque la fabrication du chocolat par le pionnier Hans Imhoff (1922-2007) et son histoire dans la région.
La 1re salle et sa serre détaillent la production et les conditions d'exploitation du cacao. Puis, sur 2 niveaux, on observe du personnel à l'œuvre sur une chaîne de fabrication de chocolat ainsi que dans des ateliers artisanaux. Voir la collection de moules en cuivre.
Le 2e étage est consacré à la culture et l'histoire autour du chocolat : objets d'art des civilisations maya, aztèque, olmèque... Collection d'argenterie et de services à chocolat du XVIIIe s, reconstitution de la droguerie *Beckers* de 1934, boîtes de chocolats permettant d'illustrer l'évolution du produit de luxe à celui de boisson du peuple, distributeurs aussi.
Le dernier niveau est plus ludique, avec des jeux et la présentation de produits devenus cultes comme la vache *Milka* (nom formé par les 1res lettres de *Milk* et *Kakao*), *Nutella, Kinder,* et une brève histoire de la chocolaterie *Stollwerck* qui employait, en 1890, 718 femmes à Cologne. À cette date, Suchard sortait les 1res barres chocolatées.
Cafétéria où l'on peut, bien sûr, boire plusieurs sortes de chocolats, avec vue sur le Rhin, en plus des crêpes, gaufres et fondues (au chocolat bien sûr !).

Deutsches Sport & Olympia Museum *(musée du Sport et des Jeux olympiques ; plan I, E3)* **:** *Im Zollhafen 1, à côté du musée précédent. • sportmuseum.de • Tlj sauf lun 10h-17h ; dernière admission à 16h. Entrée : 8 € ; réduc. Commentaires en allemand.* Dans un ancien entrepôt des douanes, un musée interactif de grande envergure : 3 000 ans de l'histoire du sport, de la boxe au football, en passant par le cyclisme et le ski, au travers de plus de 100 000 objets tout de même, illustrant l'évolution des équipements et du matériel sportifs.

L'église Sankt Maria im Kapitol *(plan centre, D3)* **:** *Kasinostr. 8. Tlj 9h-18h (13h dim). Dépliant en français.* Édifiée au XIe s dans le style ottonien tardif, mais très endommagée au cours de la dernière guerre. Impressionnant jubé Renaissance, Vierge à l'Enfant polychrome (vers 1300), une autre en pierre de la fin du XIe s, à la simplicité naïve, une autre encore de 1180, au pied de laquelle les fidèles déposent... des pommes, suite à une légende ! Dans le bas-côté droit, superbe porte sculptée du XIe s représentant les diverses scènes classiques de la vie de Jésus. Vaste crypte sous le chœur. Devant l'église, un cloître bucolique, dont l'une des parties supérieures a été aménagée en HLM. Heureux locataires !

Museum Schnütgen et Rautenstrauch-Joest-Museum *(plan centre, D3)* **:** *Cäcilienstr. 29-33. • museum-schnuetgen.de • museenkoeln.de/rautenstrauch-joest-museum • Tlj sauf lun 10h-18h (20h jeu, 22h 1er jeu du mois). Entrée : 6 € pour le Schnütgen et 7 € pour le Rautenstrauch-Joest ; réduc. Billet combiné : 10 €. Expos temporaires en supplément. Audioguide en anglais inclus.* 2 musées dans le même bâtiment : le **Schnütgen** occupe l'ancienne église Sainte-Cécile avec ses riches collections d'***art sacré,*** du VIe au XVIe s. Lieu particulièrement serein et adapté : bronzes sculptés du Moyen Âge, bustes-reliquaires, retables, orfèvrerie romane, gothique et baroque. À voir encore, les miniatures en ivoire, signes de l'apparition des figures de dévotions dans la vie privée... de ceux qui pouvaient s'en payer. Le musée **Rautenstrauch** se consacre quant à lui aux cultures du monde entier, que l'on découvre tout au long d'un parcours high-tech. Les objets et documents rapportés au XIXe s par l'ethnographe ***Wilhelm Joest*** sont brillamment mis en scène avec d'entrée une maison sur pilotis de Sulawesi et nous emportent aux 4 coins de la planète avec des sculptures et bronzes de l'art thaï et khmer, des masques africains, des costumes de tous les pays, un ensemble de gamelan indonésien, un campement touareg, un tipi indien des plaines et des antiquités égyptiennes.

À l'ouest d'Innenstadt

Kölnisches Stadtmuseum *(plan centre, C2) : Minoritenstr. 13. • koelnisches-stadtmuseum.de •* ***Réouverture à l'automne 2023.*** Un musée abritant tous les témoignages possibles sur Cologne. Un peu un poème à la Prévert avec chopes de bière, objets de carnaval, armes et armures... sans ignorer les blessures de l'Histoire.

EL-DE-Haus *(Centre de documentation du national-socialisme ; plan centre, C2) : Appellhofplatz 23-25. • nsdok.de • Tlj sauf lun 10h (11h w-e et j. fériés)-18h (22h 1er jeu du mois). Entrée : 4,50 € ; réduc. Audioguide en français conseillé (2 €), sinon explications en anglais.* En 1934, ***Leopold Dahmen,*** négociant colonais, fait construire sa maison en centre-ville. Une position stratégique pour la Gestapo qui confisque la demeure et y installe son siège régional. Sa mission : éliminer tout contrevenant au régime, par n'importe quel moyen, détention, torture, déportation, assassinat...
C'est dans la maison EL-DE qu'on procédait aux interrogatoires et exécutions. Les 1 800 inscriptions mises au jour dans les cellules du sous-sol traduisent l'effroyable angoisse de leurs occupants. Dans la cour, aujourd'hui ceinte d'une œuvre d'art faite de miroirs, eurent lieu plus de 400 pendaisons en 6 mois, entre 1944 et 1945. Seule lueur d'espoir : cette miraculeuse évasion d'un prisonnier par un soupirail. Un témoignage poignant et terrifiant sur les crimes du nazisme, qui prouve encore une fois que les Allemands ont le courage de faire face à leur ténébreux passé.

La basilique Sankt Gereon *(plan centre, C2) : entrée par la Christophstr. • stgereon.de • Tlj 10h-18h.* Bâtie entre le XIe et le XIIIe s avec plan assez curieux, sur les bases d'un mausolée du IVe s pour célébrer le martyr chrétien saint Géréon. Il s'agit du seul édifice décagonal en Europe. Dans la crypte, sol de mosaïque du XIe s, sarcophage de saint Géréon, fresques du XIIIe s et retable Renaissance.

Sur la rive droite du Rhin

Rheinpark *(plan I, E-F1) : U : Köln-Deutz.* 50 ha de verdure, idéal pour la sieste. Un téléphérique (quand il fonctionne !) joint l'autre rive du Rhin et offre de ce fait une jolie vue sur la ville. Bon également à noter, de mai à octobre, au *Tanzbrunnen,* série de concerts, gratuits pour la plupart.

Köln Triangle : *Ottoplatz 1. • koelntriangle.de • Tlj 11h-20h. Entrée : 5 € ; réduc.* Du haut de cette tour de 103 m, vue panoramique sur la ville et la région.

Carnaval et marchés de Noël

C'est le plus impressionnant d'Allemagne. Il a lieu autour du Mardi gras *(8-14 fév en 2024 ; 27 fév-5 mars en 2025).* Plus d'une centaine d'associations y participent. Parallèlement au grand défilé de chars (avec tribunes et entrée payante), des dizaines de groupes déguisés et colorés arpentent la ville en tous sens. Ce sont les défilés « off », où paradent des bandes de joyeux drilles auxquelles il fait bon se mêler. Le grand cri de ralliement du carnaval est *Alaaf,* qui signifie à peu près, vous l'auriez deviné, « Cologne, en avant ! ». Le ***jeudi qui précède le Mardi gras,*** lors du carnaval des femmes, les messieurs se font couper la cravate sans sommation. Le ***dimanche,*** c'est le défilé des écoles et des associations. Le ***lundi, Rosenmontag,*** c'est le grand défilé des chars qui caricaturent l'actualité politique. Le ***jour de Mardi gras,*** à minuit, on brûle un mannequin de paille (le *Nubbel*) censé porter tous les péchés commis durant l'année, et une retraite aux flambeaux est organisée. Le ***mercredi soir,*** pour clore, on avale une réconfortante soupe de poisson.

L'OUEST DE L'ALLEMAGNE

– *Pour tte info sur le carnaval, s'adresser à l'office de tourisme.* Celui-ci annonce d'ailleurs le programme longtemps à l'avance, en principe même dès le 11 novembre, puisque la période du carnaval débute officiellement le 11 novembre à 11h11 (quelle ponctualité, ces Allemands !).

Les marchés de Noël : laissez les parfums du vin chaud vous enivrer, celui des marrons et du pain d'épice vous ramener au temps de votre enfance, et le froid vous fouetter les pommettes. Sur les 7 marchés de Noël de Cologne *(Roncalliplatz, Neumarkt, Alter Markt, Rudolfplatz, Schaafenstr., Stadtgarten et autour du musée du Chocolat),* on peut voir les étameurs, les souffleurs de verre et les tresseurs de couronnes de sapin à pied d'œuvre. *Grosso modo, ils sont présents 25 nov-Noël (23 déc).*
– À noter, la ***Saint-Nicolas*** (6 décembre), attendue avec impatience par tous les petits Allemands, qui reçoivent ce jour-là cadeaux, bonbons et autres douceurs.

Balade en bateau

Avec la compagnie ***KD (Köln-Düsseldorfer) :*** *☎ 20-88-318. • k-d.com • Avr-oct, jusqu'à 6 sorties/j. sur le Rhin, d'une durée de 1h. Départ au pied du Deutzer Brücke (plan centre, E2,* ***5****). Env 15 €/pers ; réduc.*

DANS LES ENVIRONS DE KÖLN (COLOGNE)

BRÜHL (50321 ; 44 400 hab. ; IND. TÉL. : 02232)

À mi-chemin entre Cologne et Bonn, cette petite ville est facilement accessible en train régional *(Deutsche Bahn),* en une quinzaine de minutes. De là, en 2 mn, on peut aller à pied au château, dans le centre ancien, mignon et tranquille, ainsi qu'au musée Max-Ernst. Autre ligne de train, la S18, un peu plus lente : descendre à Brühl Mitte, à 500 m du centre. Quant aux pèlerins pour Compostelle, ils peuvent faire tamponner ici leur *credential* !

Adresse utile

Office de tourisme : *Uhlstr. 1. ☎ (022-32) 79-345. • tourismus.bruehl.de • Dans une rue à l'arrière du château. Lun-ven 10h-16h, sam 10h-14h. Fermé dim et j. fériés.* Excellente doc en français.

Où manger ?

À l'arrière du château, rejoindre le centre commerçant de Brühl et sa *Marktstraße,* où de nombreux cafés et salons de thé permettent de se restaurer avec plaisir, à petits prix.

Kaiserbahnof : *Kierberger Str. 158. ☎ 25-581. Mer-ven 17h-23h, w-e 12h-23h. Fermé lun-mar. Plats 12-27 €.* Les plus gourmands et les moins pressés s'éloigneront du centre (500 m à pied), le temps d'un bon et beau déjeuner. Le train s'arrête toujours à *Kierberger,* mais la majestueuse ancienne gare du XIXe s abrite aujourd'hui un restaurant chic et charme. Un cadre insolite pour une cuisine allemande aux classiques revisités.

À voir

Schloss Augustusburg : *• schlossbruehl.de • Dans un grand parc face à la gare. Mar-ven 9h-16h (dernière admission) ; w-e et j. fériés 10h-17h. Fermé lun et déc-fév. Audioguide en français inclus. Visite guidée seulement*

(1h) : env 10 €/pers ; réduc. Jardins en accès libre et gratuit. Certains w-e d'été, concerts de musique classique (● schlosskonzerte.de ●).
Chef-d'œuvre du rococo allemand, le *Schloss Augustusburg* de Brühl est étroitement lié à l'histoire de la grande architecture européenne de la 1re moitié du XVIIIe s. Ce fut la résidence favorite de *Clemens August von Wittelsbach* (1700-1761), prince électeur et archevêque de Cologne. Le cœur du château est le ***vertigineux escalier de Balthasar Neumann,*** débauche de marbres et de stucs, véritable morceau de bravoure à la fois dynamique et élégant avec sa fascinante coupole allégorique en trompe l'œil (le plafond est plat !). Les stucs ont coûté plus cher que du marbre mais... ils permettent, eux, des motifs symétriques ! Cela donne une idée de la recherche d'effets, dont le but était aussi de montrer la puissance et la fortune du prince électeur.
Quelques pièces furent détruites lors de la dernière guerre, mais l'ensemble est ***remarquablement conservé et restauré,*** les autorités de la RFA y ayant accueilli certains de leurs hôtes de marque de 1949 à 1996. Chaque pièce (salons, salles d'apparat, chambres) a un style de décoration différent, du (relativement) simple au très chargé. Entre autres, une ***salle à manger apprêtée pour un repas de... 25 plats,*** des plafonds aux fresques italianisantes, des thèmes exotiques ou naturels sur les murs, des miroirs comme autre signe d'opulence... Le ***niveau bas*** est la réplique au fonctionnel, du niveau haut. En moins ensoleillé, donc en plus frais pour les quartiers d'été (la climatisation n'a pas de prix...).
On y trouve notamment une superbe salle à manger d'été aux murs recouverts de faïence. Peu de mobilier, en revanche (les Français sont passés par là). L'ensemble est somptueux, extravagant de richesse, à la manière de Versailles, pour faire simple. À la fin, c'est un peu comme si on avait mangé trop de chantilly. Cela méritait en tout cas une inscription au Patrimoine mondial de l'Unesco.
Pour vous reposer (les yeux), allez flâner dans les jardins à la française. Conçu à partir de 1728, le jardin baroque est l'œuvre de *Dominique Girard.*

Depuis le château, une charmante promenade (2,5 km dans chaque sens, seulement à pied, en 30-40 mn) conduit le visiteur au somptueux ***Jagdschloss Falkenlust*** *(mêmes horaires ; entrée : 7 €, réduc ; billet combiné avec le château 15 €).* Bâti entre 1729 et 1737, c'était l'un des pavillons de plaisance préférés de ses propriétaires. Le prince électeur y partait à la chasse au faucon, y recevait des invités mais aussi la visite de dames triées sur le volet. Un véritable bijou ! Lui aussi classé...

Max Ernst Museum : *Comesstr. 42. ● maxernstmuseum.de ● Tlj sauf lun 11h-18h. Entrée : 4 € ; réduc ; supplément pour certaines expos ; gratuit dernier jeu du mois. Résas en ligne. Audioguide en français : 2 €.* Musée consacré à l'enfant du pays, l'artiste surréaliste Max Ernst. Pour accueillir les collections acquises année après année, la petite ville de Brühl a créé une fondation et entrepris l'aménagement d'un joli pavillon modernisé avec élégance. Peintures, sculptures, photographies, frottages et collages donnent une idée assez complète de l'œuvre de cet artiste cosmopolite et foisonnant. Absolument superbe.

LES HASARDS DE LA GUERRE

Pendant la 1re Guerre mondiale, Max Ernst fut incorporé dans l'armée allemande. Il se battait sur le front de la Somme, face à son ami Paul Éluard, mais dans le camp adverse. Surréaliste !

Phantasialand : *Berggeiststr. 31-41. ● phantasialand.de ● Navette depuis la gare de Brühl (2/h). Tlj 9h-18h (20h l'été), 11h-20h pdt Wintertraum (de fin nov à mi-janv). Entrée : 57 € ; 47 € 4-11 ans ; gratuit si vous y venez le jour de votre anniversaire !*
Si certains viennent à Brühl pour visiter le château, la grande majorité des visiteurs déferlent pour s'éclater dans ce Disneyland à l'allemande ! Pas mal fait, d'ailleurs, il vous invite à un tour du monde en 6 thèmes : manèges, attractions et spectacles...

AACHEN (AIX-LA-CHAPELLE)

(52062) 249 000 hab. IND. TÉL. : 0241

• Plan *p. 109*

Ville moyenne au nord de l'Eifel, capitale de l'Empire franc aux VIIIe et IXe s, déjà, les Romains y venaient prendre les eaux (vive l'étymologie !). Charlemagne choisit l'endroit certainement pour la même raison. Tout ici rappelle la présence de l'empereur à la barbe fleurie, malgré les innombrables destructions qui ravagèrent la cité à différentes époques. Un passé qui resurgit d'ailleurs au détour des rues sous la forme de fontaines : la cité thermale en compte pas moins de 67.
Aix jouit également d'une grande renommée parmi les étudiants (50 000), particulièrement en sciences techniques. Le centre s'étire en rues piétonnes charmantes, pour la plupart restaurées dans des styles néogothique, baroque, etc. C'est une agréable halte d'une journée sur le plan historique, avec sa cathédrale, son trésor et son élégant hôtel de ville.

UN PEU D'HISTOIRE

Pépin le Bref, roi des Francs, installe à Aix une de ses cours. Son fiston, Charlemagne, y fait édifier un palais où il meurt en 814. Entre le Xe et le XVIe s, 31 rois y sont couronnés. Peu à peu, Aix devient une cité de pèlerinage, car Charlemagne y avait rassemblé des dizaines de reliques, auxquelles on ajouta les siennes. Puis la cité perd de sa puissance au profit de Francfort où sont couronnés les empereurs germaniques.
Détruite en quasi-totalité par un incendie au milieu du XVIIe s, elle ne reprend de l'importance que grâce à ses sources d'eau chaude (50 à 70 °C), qui suscitent un nouvel engouement pour les curistes souffrant de rhumatismes. À la fin du XVIIIe s, sous l'occupation française, elle devient chef-lieu du département du Rhin. Napoléon, qui se prenait pour le « nouveau Charlemagne », fait nettoyer les thermes. Talleyrand et Joséphine y prennent les eaux. Les Prussiens héritent de la ville en 1814. 1re ville allemande à tomber aux mains des Américains en octobre 1944, elle subit de très gros dégâts.

L'ÉLÉPHANT BLANC DE CHARLEMAGNE

En 797, inquiet du traitement réservé aux pèlerins chrétiens en Palestine, Charlemagne envoie une délégation à Bagdad. Elle revient à Aix-la-Chapelle avec les cadeaux offerts par le calife Haroun al-Rashid, dont un éléphant albinos. Charlemagne s'est régulièrement déplacé avec l'animal, de palais en palais, parfois même sur les champs de bataille. Le pachyderme a vécu 40 ans mais est mort de pneumonie en nageant dans le Rhin.

Arriver – Quitter

En train

Gare ferroviaire *(plan B2)* **:** *à 10 mn à pied au sud du centre-ville.* Grand centre de transit ferroviaire, large choix de destinations. Belle gare Art nouveau, en passant...
➢ **Cologne :** *Thalys* ou *ICE* chaque heure (35 mn). Sinon, trains régionaux RE1 et RE9 (1h). De là, correspondance

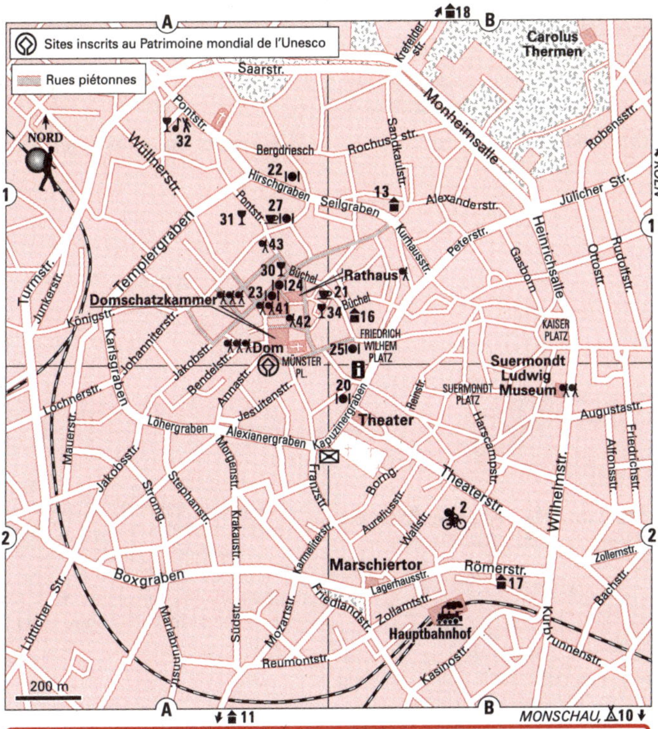

AACHEN (AIX-LA-CHAPELLE)

Adresses utiles

- Office de tourisme (B1-2)
- 2 Radstation (location de vélos ; B2)

Où dormir ?

- **10** Stellplatz Bad Aachen Camping (hors plan par B2)
- **11** Euregionales Jugendgästehaus Aachen (hors plan par A2)
- **13** Minx City Hotels (B1)
- **16** Aquis Grana Cityhotel (B1)
- **17** A&O Aachen Hauptbahnhof (B2)
- **18** Hampton by Hilton Aachen Tivoli (hors plan par B1)

Où manger ? Où déguster un gâteau ?

- **20** Aachener Brauhaus (B2)
- **21** Café Van den Daele (A-B1)
- **22** Am Knipp (A1)
- **23** Zum Goldenen Einhorn et Karl's Wirtshaus Bar (A1)
- **24** Postwagen/Ratskeller (A1)
- **25** Elisenbrunnen (B1)
- **27** Barbarella Café (A1)

Où boire un verre ? Où danser ?

- **30** Egmont (A1)
- **31** Café Kittel (A1)
- **32** Café Madrid et Die Molkerei (A1)
- **34** Domkeller (A-B1)

À voir

- **41** Centre Charlemagne (A1)
- **42** Musée Couven (A1)
- **43** Internationales Zeitungsmuseum (A1)

avec **Bonn** (trajet 19 mn) ou **Hambourg** notamment.

➢ **Bruxelles** (1h15) et **Paris** (2h40) via **Liège** : plusieurs *Thalys*/j.

Adresses et info utiles

Office de tourisme *(plan B1-2)* **:** *Elisenbrunnen/Friedrich-Wilhelm-Platz. ☎ 180-29-50. • aachen-tourismus.de • Dans les anciens thermes Élise. Lun-sam 10h-18h, dim 10h-15h. Janv-mars : lun-ven 10h-18h, sam 10h-14h ; fermé dim. En saison, visites thématiques de la ville en allemand plusieurs fois/j. (résa conseillée), plus en anglais sam à 12h avr-déc.* Peut aussi réserver un hébergement.

Location de vélos *(plan B2,* ***2****)* **:** ***Radstation,*** *Bahnofstr. 22. ☎ 45-01-95-02. En sortant de la gare, traverser la place et prendre légèrement à droite. Lun-ven 5h30-22h30, w-e 10h-18h30. Pas cher.*

Le centre est piéton ; il existe beaucoup de parkings (chers !) en ville où laisser la voiture.

Où dormir ?

Camping

Stellplatz Bad Aachen Camping *(hors plan par B2,* ***10****)* **:** *Branderhofer Weg 11. ☎ 99-000-991. • aachen-camping.de • À env 1,5 km au sud-est de la gare. Compter 23 € pour 2 avec tente et voiture.* Pratique car proche du centre-ville et desservi par de nombreux bus. Pelouses ombragées ou non. Bloc sanitaire plutôt bien tenu.

Bon marché

A&O Aachen Hauptbahnhof *(plan B2,* ***17****)* **:** *Hackländerstr. 5. ☎ 46-307-33-01. • aohostels.com • Ouv 24h/24. En dortoir, 15-30 €/pers ; doubles 40-60 € ; familiales (gratuit jusqu'à 7 ans et ½ tarif jusqu'à 15 ans) ; petit déj-buffet 8 €. Parking 12 €.* Cette AJ récente de 380 lits est une vraie bonne adresse à 2 pas de la gare et à 10 mn à pied des restos. Les dortoirs de 4 lits (avec salle de bains) et les chambres austères mais modernes font vite oublier la façade triste du bâtiment. Lobby avec bar, billard, baby-foot ainsi qu'un *Biergarten.*

Euregionales Jugendgästehaus Aachen *(hors plan par A2,* ***11****)* **:** *Maria-Theresia-Allee 260. ☎ 71-10-10. • aachen.jugendherberge.de • Bus n° 2 depuis la gare, arrêt Ronheide, puis 20 mn à pied. Nuit env 30 €/pers en dortoir, 48 €/pers en double ; petit déj inclus. Pas de cuisine à dispo, mais cafétéria.* Dans les faubourgs sud, sur une butte entourée de verdure, un bâtiment historique doté d'une aile contemporaine. 170 lits en dortoirs clairs et calmes de 4 ou 5 lits ou des doubles et des familiales. Bar, ping-pong et baby-foot. Excentré mais très agréable.

De chic à très chic

Minx City Hotels *(plan B1,* ***13****)* **:** *Seilgraben 2. ☎ 24-151-83-30. • minx-hotels.de • Doubles env 100-120 € ; familiales ; petit déj inclus. Parking payant sur résa.* On remarque à peine la façade discrète de cet hôtel, situé le long d'une rue passante. Il est pourtant idéalement situé, à 5 mn à pied de la zone piétonne. Et ses chambres se révèlent bien agréables, dans un style moderne et fonctionnel, sans trop en faire, plus calmes côté cour pour seulement 10 € de plus. Bien vu, le tableau digital à la réception pour choisir son restaurant en ville ! Accueil gentil comme tout.

Aquis Grana Cityhotel *(plan B1,* ***16****)* **:** *Büchel 32. ☎ 443-0. • hotel-aquisgrana.de • Doubles standard 90-150 € ; petit déj en plus. Parking payant.* À proximité de la mairie et de la cathédrale, un hôtel sobre et chic. Les chambres spacieuses (certaines avec vue) à l'épaisse moquette, aux murs blancs, avec leur mobilier contemporain et de grandes baies vitrées, sont de grand confort. Accueil pro. Généreux *Frühstück.*

Hampton by Hilton Aachen Tivoli *(hors plan par B1, **18**) : Merowingerstr. 2. ☎ 955-53-00. • hamptoninn3.hilton.com • Doubles 80-280 € ; excellent petit déj-buffet inclus. Parking payant. Possibilité de pick-up à la gare.* À 800 m de l'avenue qui ceinture le centre-ville. Un hôtel récent de plus de 160 chambres à la façade contemporaine flashy, couleur fuchsia. Chambres spacieuses, de grand confort, literie moelleuse. Équipement complet. Mobilier design coloré. Salle de fitness.

Où manger ? Où déguster un gâteau ?

Bon marché

Pour manger pas cher, direction la *Pontstraße (plan A1).* D'innombrables restos y proposent des repas bon marché à toute heure. Petite douceur locale pour le goûter : le *Printen,* sorte de pain d'épice enrobé de chocolat avec, parfois, des noix. L'essayer, c'est l'adopter !

Café Van den Daele *(plan A-B1, **21**) : Büchel 18. ☎ 357-24. Lun-sam 10h (9h sam)-18h, dim 10h-17h.* Même si elle n'en a pas l'air, cette pâtisserie belge est l'une des plus anciennes d'Allemagne, avec son décor baroque tout en bois et ses petites salles intimes. On vient y prendre son 4-heures à base de gâteau de riz, de *Printen* ou de délicieuses *Apfelstrudel* et *Apfelfladen.* Fait aussi des petits plats le midi (quiches, lasagnes, vol-au-vent...) et des petits déj le matin.

Barbarella Café *(plan A1, **27**) : Pontstr. 40-42. ☎ 16-02-07-89. Tlj sauf lun-mar 10h-19h30. Plats 8-13 € ; petits déj 6-11 €.* Un décor de bonbonnière rose girly avec des fleurs pour se gaver de douceurs : petit déj complet, salades bien garnies, bagels, sandwichs, soupes aux légumes délicieuses, plats végans, limonades maison, panoplie de thés, chocolats chauds, smoothies et... des cupcakes de toutes les couleurs et pour tous les goûts à des prix vraiment démocratiques !

De prix moyens à chic

Aachener Brauhaus *(plan B2, **20**) : Kapuzinergraben 4. ☎ 360-17. Mar-sam 12h-21h. Plats 9-20 €. CB refusées. Menu en français.* La brasserie par excellence, avec son cortège de tables et de banquettes en bois, sa mezzanine, ses lanternes lourdaudes, ses compartiments à vitraux... Un classique fréquenté depuis 1951 par les touristes comme par les Aixois. Parmi les spécialités, la *Nürnberger Rostbratwurst* (saucisse grillée à la mode de Nuremberg), la *Kasseler Rippenspeer mit Weinkraut* (côte de porc fumée avec choucroute au vin blanc) ou le goulasch maison servi avec de la compote. À côté, petit bar tout en longueur qui appartient au resto, toujours plein à craquer !

Elisenbrunnen *(plan B1, **25**) : Friedrich-Wilhem-Platz 14. ☎ 94-31-34-90. Tlj 9h-22h. Petit déj 9h-13h (15h dim). Plats 9-23 €. Menu en anglais.* Avec sa terrasse à l'arrière des colonnades et ses grandes baies vitrées donnant sur le parc, cet établissement faisait autrefois le délice des curistes. Carte et décor ont été rajeunis. On s'y sustente dans une atmosphère élégante et détendue de petits plats bien exécutés, pour petites et grandes faims. Un endroit que l'on a plaisir à fréquenter à toute heure.

Am Knipp *(plan A1, **22**) : Bergdriesch 3. ☎ 331-68. Tlj sauf lun-mar 17h30-minuit. Résa très conseillée. Snacks et plats 13-30 €. Menu en français.* Authentique brasserie au magnifique décor : banquettes en bois, faïences aux murs et un solide comptoir derrière lequel le patron veille au grain. Il faut dire que la maison existe depuis 1698 ! La cuisine est à l'unisson : du bon traditionnel des familles, exécuté dans le respect des règles. *Biergarten* très agréable à l'arrière.

Zum Goldenen Einhorn *(plan A1, **23**) : Markt 33. ☎ 32-693. Face à l'hôtel de ville. Tlj sauf mar-mer 11h-1h. Plats 10-15 €.* Une autre taverne historique, reconnaissable à sa licorne dorée. Plusieurs salles en enfilade avec banquettes, lambris et vieilles photos. Plats typiques (bonne choucroute) ou cuisine continentale un peu plus travaillée. Terrasse bien située, face au *Rathaus*.

Postwagen/Ratskeller (*plan A1,* **24**) **:** *Markt 40. ☎ 350-01. À l'angle de l'hôtel de ville. Lun-mer 18h-23h, jeu-sam 12h-23h. Fermé dim. Plats 10-21 €. Menu en anglais.* Plus typique, tu meurs ! Le *Postwagen* est le plus ancien pub de la ville (XVIIe s) avec ses vitres en cul de bouteille, son enseigne en forme de diligence et sa mini-salle en encorbellement accolée au *Rathaus.* Côté cuisine, pas mal de spécialités comme l'inévitable *Himmel en Erd* (boudin noir avec compote de pomme et purée) ou le *Rheinischer Sauerbraten.* Dans une autre salle à l'arrière de la place, le *Ratskeller* est un resto plus chic géré par la même maison ; magnifique terrasse *(menu 45 €).*

Karl's Wirtshaus Bar (*plan A1,* **23**) **:** *Markt 17. ☎ 997-00-282. Tlj 12h-22h (23h ven-sam). Plats 10-20 €.* Une carte traditionnelle dans un décor moderno-industriel, ça change un peu des chopes en étain ! La clientèle de tous âges se presse sur les banquettes turquoise ou autour de joyeuses tablées pour enfourner l'*Aachener Sauerbraten,* le ragoût local à base de *Printen Sauce* (aux herbes et épices), mais aussi des plats végétariens. Pas de haute gastronomie, mais tout le monde y trouve son compte et ressort repu.

Où boire un verre ? Où danser ?

En soirée, ceux qui ont la bougeotte migrent vers *Pontstraße,* le centre névralgique des nuits aixoises. Au niveau des nos 135-149, plusieurs bars dans une grande friche industrielle réhabilitée.

Egmont (*plan A1,* **30**) **:** *Pontstr. 1-3. ☎ 40-77-46. Tlj sauf dim 10h-1h. CB refusées.* Une rutilante brasserie toujours pleine comme un œuf et donc... bruyante. Déco aux tons chauds, vieux objets et miroirs partout. Chose rare : on y trouve la presse quotidienne européenne.

Café Kittel (*plan A1,* **31**) **:** *Pontstr. 39. ☎ 365-60. Tlj 10h-2h (3h ven-sam).* Genre de *coffee shop* pour grignoter dans une ambiance très relax. Musique selon l'humeur du barman et joyeux *Biergarten* à l'arrière.

Café Madrid et **Die Molkerei** (*plan A1,* **32**) **:** *Pontstr. 141. L'un en face de l'autre. Tlj, le 1er ouvrant dès 10h.* 2 classiques agréables avec leurs terrasses. Grande salle haute de plafond, traversée de tuyaux pour le 1er, coin salon cosy pour le 2d. Ici, on peut écouter de la musique et danser certains soirs (surtout vendredi et samedi). Ambiance détendue.

Domkeller (*plan A-B1,* **34**) **:** *Hof 1. ☎ 342-65. Tlj 10h-2h (3h ven-sam).* Vieux troquet couvert de boiseries sur 2 étages, qui attire une clientèle entre 2 âges. Les vieilles huisseries des fenêtres, qui s'ouvrent sur une placette couverte de terrasses aux beaux jours, contribuent à en faire un endroit pittoresque. Large choix de bières et service très sympa.

À voir

La ville ancienne mérite assurément qu'on y consacre un peu de temps. Le centre historique est grand comme un mouchoir de poche, mais un bien joli mouchoir. Un peu partout, des vestiges romains ou carolingiens ont été mis au jour et sont visibles bien à l'abri derrière leurs « fenêtres archéologiques » ; ailleurs, ce sont 6 *Chronoskopes* qui racontent l'histoire des monuments...

– ***Bon à savoir :*** une carte *Six for Six* donnant accès aux 5 musées de la ville ainsi qu'au *Rathaus (10-14 €),* valable 6 mois. Rentable dès 3 visites. Disponible dans tous les musées.

Dom (cathédrale ; plan A1) : *Domhof 1. ● aachendom.de ● En plein centre. Visites tlj 11h-19h (18h en hiver), dim 13h-19h (18h en hiver). Visites guidées en allemand, ttes les heures : lun-ven 11h-13h, w-e 13h-17h. Aussi une visite en anglais tlj à 14h : 5 € ; réduc.* ***Centre d'information*** *dédié à la cathédrale (tlj 10h-18h) : départ des visites guidées et achat des billets pour la visite du trésor.*
Charlemagne fit élever sur ce site une chapelle palatine. L'édifice, très marqué par Byzance, la plus grande ville chrétienne de l'époque, est l'un des rares encore debout et constitue aujourd'hui le chœur de la cathédrale. L'idée de Charlemagne était de faire d'Aix-la-Chapelle une ***nouvelle Rome au nord des Alpes.*** Il avait donc établi ici son palais... et sa chapelle. En 600 ans (936-1531), ***30 empereurs germaniques (élus !) y ont été couronnés.*** Plusieurs siècles après la mort de Charlemagne en 814, ses reliques exposées dans l'église faisaient toujours l'objet de pèlerinages massifs, et l'édifice ne suffisait plus à contenir l'afflux des fidèles. Au début du XVe s, on y a donc adjoint un chœur gothique pour les 600 ans de sa mort.
La cathédrale revêt ainsi une importance majeure, tant du point de vue architectural qu'historique. Ce fut d'ailleurs le ***1er monument d'Allemagne inscrit au Patrimoine de l'Unesco.***
– Depuis la place du Centre Charlemagne, on est frappé par le ***dôme*** à côtes édifié au XVIIe s. L'intérieur n'est étonnamment pas très grand, mais d'une incroyable densité : pas 1 cm^2 n'est laissé sans déco !
– On pénètre dans la cathédrale par une porte de bronze sous le ***narthex*** (le porche) dans lequel on peut voir une énorme pomme de pin en bronze du Ve s, ainsi qu'une louve d'airain.
– On entre ensuite dans la ***chapelle octogonale*** avec ses voûtes romanes et ses 8 piliers derrière lesquels court le ***déambulatoire,*** entièrement décoré de motifs floraux. Au-dessus de la chapelle centrale, à 31 m de hauteur, la superbe ***coupole*** est ornée d'une mosaïque dorée du XIXe s, où le Christ est entouré des vieillards de l'Apocalypse. Le lustre qui pend au centre date du XIIe s. 2 volées de galeries superposées atténuent l'impression de lourdeur.
– Dans le ***chœur,*** un autel sur le devant duquel on voit la ***Pala d'Oro,*** de style carolingien, tout en or, du XIe s, décrivant la passion du Christ. Au centre, dans l'ovale, un Christ en majesté. Absolument superbe. Au fond de la chapelle, derrière le chœur, la ***châsse des reliques de Charlemagne,*** qu'on ne peut voir de près qu'en suivant la visite guidée. Elle est en bois, parée de panneaux d'argent et d'or repoussé et ornée des statues des rois couronnés à Aix, et fut réalisée au début du XIIIe s sur une commande de Frédéric Ier Barberousse à l'occasion de la canonisation de Charlemagne. Sur la droite du chœur, noter la remarquable chaire composée de panneaux de cuivre doré orné de pierres précieuses énormes. Raffiné et baroque à la fois.
– À l'entrée du chœur, la ***châsse de Marie*** (1238) en argent doré représentant la Vierge et les 12 apôtres. Elle contient la robe de Marie, les langes de Jésus, son pagne sur la croix et le drap dans lequel la tête décapitée de Jean-Baptiste était enveloppée. C'est dire l'importance de ces reliques aux yeux des catholiques... Pèlerinage tous les 7 ans où elles sont exposées. Prochain en 2023. À cette occasion, les verrous de la châsse sont remplacés.

SAINTE RELIQUE

La cape de saint Martin fut l'un des objets les plus vénérés du Moyen Âge. Charlemagne la fit venir à Aix-la-Chapelle, capitale de son empire. « Cape » est d'ailleurs à l'origine du mot « chapelle » (capella en latin), le lieu où est exposée la cape !

– Toujours dans le chœur, ***vitraux modernes,*** vivants et colorés qui ont remplacé ceux détruits en 1945 par une seule bombe.
– L'empereur siégeait à l'étage ; son ***trône*** est toujours là, mais son authenticité est discutée. Cela dit, plus de 30 empereurs élus du Saint Empire s'y sont assis

jusqu'en 1531. Pour l'approcher, dans la galerie supérieure de l'octogone, il faut se joindre à une visite guidée, ou bien se contenter de l'entrapercevoir depuis le maître-autel. Le grand fauteuil est composé de plaques de marbre blanc ajustées. Pour montrer leur dévotion, les pèlerins se faufilaient par un petit passage sous le trône. C'est ce que l'on appelle « faire carpette ».

En retournant vers le Rathaus, prendre la petite *Krämerstraße.* En plein milieu, petite ***Puppenbrunnen*** (fontaine aux Poupées), dont tous les membres des statues sont mobiles. Elle reprend les personnages influents de la ville comme « le notaire, le bedeau et même son éminence ». Les Allemands sont vraiment les rois des fontaines de quartier.

Domschatzkammer *(trésor de la cathédrale ; plan A1)* **:** *Johannes-Paul-II.-Str.* • *aachener-domschatz.de* • *Tlj 10h-18h (14h lun). Entrée : 6 € ; réduc. Audioguide : 3 €.* La cathédrale abrite l'***un des plus importants trésors ecclésiastiques d'Europe.*** À cela s'ajoutent les trésors culturels sacrés de la fin de l'Antiquité, du haut Moyen Âge, de l'époque des Carolingiens, des Ottoniens, des Hohenstaufen et du gothique, qui comptent, pour certains, parmi les plus grandes œuvres d'art de leur temps. À voir donc, des collections exceptionnelles d'objets liturgiques ainsi que de riches vêtements ecclésiastiques et nombre de chefs-d'œuvre réalisés pour les différents couronnements.
Parmi les principaux : le ***sarcophage en marbre de Proserpine*** du IIIe s, où l'on pense que Charlemagne reposa pendant 400 ans, le ***buste-reliquaire de Charlemagne*** du XIVe s en or et argent qui fut donné par Charles IV, la ***croix de Lothaire II*** (petit-fils de Charlemagne), incrustée de pierres précieuses et portant au centre un camée de l'empereur Auguste. Du XIe s, un étonnant ***reliquaire de saint Anastase*** provenant d'Antioche, et une ***châsse de saint Félix*** en forme d'église byzantine. Ou encore une ***chasuble, dite « de saint Bernard »,*** ornée de perles en velours bleu, des retables, et un cor en ivoire (olifant) qui pourrait avoir été fabriqué à partir d'une des défenses de l'éléphant de Charlemagne.

Le Centre Charlemagne *(plan A1,* ***41****)* **:** *Katschhof 1.* • *centre-charlemagne.eu* • *Tlj sauf lun 10h-18h. Entrée : 6 € ; réduc ; gratuit moins de 21 ans. Audioguide (2 €) ou QR code à scanner pour les explications en français.*
Situé entre la cathédrale et la mairie, dans l'ancienne cour intérieure du palais (le *Katschhof*), ce magnifique musée consacré à l'histoire de la ville a ouvert ses portes en 2014 pour célébrer les 1 200 ans de la mort de l'empereur. On est accueilli par une statue de Charlemagne datant de 1620. Plans, maquettes interactives, mosaïques, archives, tableaux, vestiges sont mis en valeur par une remarquable muséographie, élégante et aérée.
En fait, c'est toute l'histoire d'Aix qui est contée ici ; l'Aix thermale, son histoire urbaine, son rayonnement comme lieu de pèlerinage, l'incendie de 1656, les débuts de l'industrialisation, l'occupation française puis prussienne, l'autonomie de la Rhénanie en 1923, jusqu'à la redécouverte du trésor de la cathédrale dans une mine allemande en 1945 par les *Monuments Men...* Expos temporaires.

SACRÉ CHARLEMAGNE

Avec sa barbe fleurie, il aimait bien l'école mais préférait les femmes, puisqu'il eut 6 épouses et 5 maîtresses, dont sa sœur Ghisla. Au total, 17 enfants au compteur ! Vive l'école buissonnière !

Le centre marque le point de départ de la ***route Charlemagne,*** un itinéraire commenté à travers le centre-ville et jalonné de 8 stations thématiques. Dépliant détaillé en français.

Markt *(marché ; plan A1)* **:** *mar 7h-13h sur Friedrich-Wilhelm-Platz et jeu 7h-14h sur Marktplatz.* On peut encore y entendre le dialecte local, l'*Öcher Platt,* principalement parlé par les anciens. Si vous avez la chance de poser vos valises à Aix en hiver, ne manquez pas non plus le ***marché de Noël.*** Il démarre en fin de matinée et s'achève vers 21h.

Rathaus *(hôtel de ville ; plan A1) : sur le Markt. • rathaus-aachen.de • Tlj 10h-18h. Entrée : 6 € ; réduc ; gratuit moins de 21 ans. Visites guidées (en sus) en allemand le w-e à 10h30. L'intérieur se visite mais est régulièrement fermé pour cause de manifestations.*
Situé à l'emplacement du palais de Charlemagne, construit dans le style gothique, il fut baroquisé au XVIIIe s, pour la signature du traité de paix d'Aix-la-Chapelle. Même si l'édifice a été refait en quasi-totalité après la guerre, on a conservé le ***style médiéval,*** plus visible côté cathédrale avec, sur la droite, une tour rustique, dite *de Granus.* Côté place, la belle façade du XIXe s a bien noirci, les statues étant celles des souverains couronnés dans la ville. Noter l'auberge *Postwagen* (« Le Courrier »), venue se greffer ici au milieu du XVIIe s (voir « Où manger ? »).
La visite permet de voir la ***Weißer Saal*** (salle Blanche) où fut signée la paix d'Aix-la-Chapelle en 1748 (stucs baroques), la ***salle du Conseil*** parée de boiseries du XVIIIe s (portraits de Napoléon et Joséphine), ainsi que la ***salle du Couronnement*** (à l'étage), avec ses voûtes, ses fresques et sa statue sur la vie du grand Charles, exécutées au XIXe s. Sont également présentés des reproductions du sabre de Charlemagne, utilisé lors des cérémonies du couronnement, l'évangéliaire de l'Empire, etc. On y décerne chaque année le ***prix Charlemagne*** attribué à ceux qui ont œuvré pour la construction européenne.

Le musée Couven *(plan A1,* ***42****) : Hühnermarkt 17. • couven-museum.de • Derrière la cathédrale. Tlj sauf lun 10h-17h. Entrée : 6 € ; réduc ; gratuit moins de 22 ans. Explications en français.* Dans une maison bourgeoise du XVIIe s, plus d'une vingtaine de pièces présentent des intérieurs des XVIIIe et XIXe s des régions d'Aix, Maastricht et Liège. Boiseries, cheminées, mobilier baroque et peintures bucoliques, magnifiques toiles peintes ornementales (ancêtre du papier peint) et incroyable « salle carrelée » sur 2 niveaux, tout en carreaux de Delft. Parquets grinçants, vaisselle en or et argent pour déguster les boissons chics de l'époque (café, thé et chocolat), boîtes d'optique... On peut aussi y voir, à l'endroit même où elle se trouvait il y a 2 siècles, la pharmacie *Adler,* où l'on faisait déjà du chocolat. Un vrai voyage dans le passé. À ce propos, signalons que la chocolaterie ***Lindt*** a son siège à Aix.

Suermondt Ludwig Museum *(plan B2) : Wilhelmstr. 18. • suermondt-ludwig-museum.de • Mar-dim 10h-17h. Entrée : 6 € ; réduc. Expos temporaires.* Portant le nom de son donateur principal, ce musée situé dans une demeure bourgeoise joliment mélancolique propose un riche ensemble de peintures allemandes, flamandes et hollandaises du Moyen Âge au XVIIe s puis de 1701 à nos jours.
Les amateurs d'art religieux trouveront leur content, avec une superbe collection de sculptures gothiques en bois polychrome. Admirer aussi des meubles d'art et le cabinet de curiosités dans une pièce d'inspiration coloniale (repérez les crocos empaillés et le sarcophage égyptien). Sinon, outre une impressionnante *Chute des damnés* de ***Jan Boeckhorst, Rubens, Rembrandt, Pieter Bruegel le Jeune, Lucas Cranach l'Ancien et Van Dyck*** répondent à l'appel. Au dernier étage, des œuvres impressionnistes allemandes (***Max Liebermann*** pour n'en citer qu'un), la période expressionniste rhénane avec notamment ***August Macke,*** le réalisme rhénan, ainsi qu'une collection de vitraux d'époques diverses. Pas de quoi s'ennuyer !

Internationales Zeitungsmuseum *(musée international du Journal ; plan A1,* ***43****) : Pontstr. 13. • izm.de • Tlj sauf lun 10h-17h. Entrée : 6 € ; réduc ; gratuit moins de 22 ans. Café.* Prendre le temps de visionner le film (français possible) de 4 mn 30 sur l'histoire de cette demeure historique. De Gutenberg au Web 2.0, elle abrite un voyage au cœur de la presse et de ses enjeux. À travers une présentation moderne (écrans tactiles, images 3D), on y aborde des thèmes actuels, de l'événement à l'information : liberté de la presse, éthique, réseaux sociaux, *fake news...* Voir les dépêches de l'agence Reuters qui arrivent en direct. L'idée est bonne, mais on regrette que le contenu en soit si limité : 4 salles seulement, explications essentiellement en allemand et très peu de documents authentiques, alors que la collection (en grande partie constituée au XIXe s par *Oscar von Forckenbeck*) compte plus de 160 000 exemplaires de journaux du monde.

PIGEONS PIGISTES

En 1850, Paul Julius Reuter fonde la 1re agence de presse Reuters à Aix-la-Chapelle. Elle achemine les dépêches grâce à 200 pigeons voyageurs d'Aix à Bruxelles. Beaucoup plus rapides que le train postal, les pigeons procurent à Reuters un avantage en matière d'informations boursières. En 1851, ils sont remplacés par des liaisons télégraphiques.

À faire

Carolus Thermen : *Passstr. 79. • carolus-thermen.de • Depuis le centre (arrêt Bushof), bus nos 34 et 51. Tlj 9h-2h du mat (dernière entrée à 21h30). Compter 14-20 € ; sauna, massages et soins en sus. Resto.* 8 bassins, intérieurs ou extérieurs et tous les soins possibles pour profiter à loisir des bienfaits de l'eau thermale sulfurée d'Aix-la-Chapelle.

DANS LES ENVIRONS D'AACHEN (AIX-LA-CHAPELLE)

MONSCHAU *(13 000 hab. ; 1 600 hab. dans le vieux bourg)*

À 26 km au sud-ouest d'Aix-la-Chapelle, au cœur du massif forestier et accidenté de l'Eifel, Monschau (Montjoie en français) a tout d'une carte postale. C'est d'ailleurs une destination éminemment touristique, plébiscitée par les organisateurs d'excursions en autocar... Un site resté charmant, coincé au fond d'une gorge encaissée, un château du XIIe s, plus de 600 maisons anciennes parfaitement conservées et classées, des ruelles pavées tortueuses, d'innombrables ponts sur la Roer... Un vrai décor d'opéra !

Adresse et info utiles

Monschau Touristik : *Stadtstr. 16. ☎ (024-72) 80-480. • monschau.de • En plein centre. Tlj 9h-13h, 13h30-17h.* Cartes et infos sur les randonnées à faire dans la région de l'Eifel. Se procurer le ***Guide des loisirs, dans et autour du parc national de l'Eifel.*** D'autres points info dans le parc même *(Nationalpark Infopunkt). • erlebnis-region.de •*

Parking obligatoire à l'entrée du village. Vu le tarif horaire, on vous conseille de payer pour la journée.

Où dormir ? Où manger ?

Bon marché

Camping Perlenau : *☎ (024-72) 41-36. • monschau-perlenau.de • À 2 km au sud. Ouv 10 j. avt Pâques-fin oct. Compter 29 € pour 2 avec tente et voiture.* Au fond d'un vallon encaissé, un camping 4 étoiles, aménagé en terrasses et principalement dévolu aux tentes et caravanes. En plein cœur d'une forêt de sapins, avec piscine, jeux pour enfants, resto... Idéal pour des vacances nature !

Jugendherberge Burg Monschau *(AJ)* **:** *Auf dem Schloß 4. ☎ (024-72) 97-03-90. • burg-monschau.jugendherberge.de • Nuit en dortoir à partir de 23 €, 34 €/pers en double, petit déj et draps compris. Repas possible et pas cher. Loue également des apparts dans une maison en contrebas pour 5-6 pers.* Idéalement située, dans le château en surplomb du village, une grande auberge d'une centaine de lits, de 2 à 12 lits par chambre. Salles de bains partagées. Accueil chaleureux.

Café Kaulard : *Markt 8. ☎ (024-72) 23-01. Mai-déc, tlj 9h (10h dim et j. fériés)-18h30 ; janv-avr, lun-sam 9h30 (9h sam)-18h, dim et j. fériés 10h-18h.* Salon de thé proposant de délicieuses pâtisseries bien beurrées ou des portions de tarte à déguster sur la terrasse fleurie de la plus jolie place de Monschau. On ne peut plus typique ! On y vend les spécialités chocolatières locales : les *Monschauer Dütchen* (des tuiles), les *Monschauer Vennbrocken* (des chocolats) et les *Kräuterprinten* (du pain d'épice). Bien aussi pour le petit déj.

Prix moyens

Ce ne sont pas les ***hôtels*** qui manquent à Monschau (comme l'*hôtel Horchem* par exemple), et on trouve beaucoup de pensions et de *B & B* charmants et surannés. Pas mal de petits ***restos*** également, décorés comme des bonbonnières. Le tout assez touristique.

L'OUEST DE L'ALLEMAGNE

À voir

Rotes Haus *(Maison rouge)* **:** *Laufenstr. 10. • rotes-haus-monschau.de • Avr-nov, mar-dim 10h-13h, 14h-17h. Entrée : 5 € ; réduc. Dépliant en français.* Imposante maison du milieu du XVIIIe s, au centre du village, impossible à manquer avec sa façade plus rose que rouge. Cette ancienne demeure d'un riche drapier a été transformée en musée. Superbe aménagement intérieur et impressionnant escalier de chêne, pour un retour en arrière de 250 ans.

Senfmühle (moulin à moutarde) **:** *Laufenstr. 118. • senfmuehle.de • À 1,2 km au nord (15 mn à pied). Mars-oct, visites mer et ven à 11h et 14h pour le moulin (entrée : 3 €). Tlj 8h30-18h pour la boutique.* En activité dans la même famille depuis 4 générations. Le moulin n'est certes pas souvent ouvert à la visite, mais on vous en parle surtout pour la boutique attenante, qui vend plus de 20 sortes de moutarde. Arômes surprenants, n'hésitez pas à vous fendre d'un petit pot. Essayez aussi la liqueur à base de café et de moutarde. Large choix de vins également.

Manifestation

– ***Open Air Klassik auf der Burg Monschau :*** *1 sem en août. • monschau-klassik.de •* Festival de musique classique et d'opéra, en plein air, au pied du château.

À voir ailleurs dans le parc national Eifel

Puisque nous sommes dans le ***parc national Eifel*** *(• nationalpark-eifel.de/fr/ •)*, nombreux sentiers de randonnée dans toute la région, à travers forêts, ruisseaux et vallées. Les plus courageux entreprendront la traversée du parc en 4 jours ***(Wildnistrail).*** Au printemps, véritable tapis de jonquilles à certains endroits. À l'automne, les cigognes se font la malle vers l'Afrique. À ***Rohren*** (quelques kilomètres à l'ouest de Monschau), centre sportif équipé d'une piste de bobsleigh d'été de 750 m.

Vogelsang IP : à Schleiden. *• vogelsang-ip.de • À 26 km de Monschau (et 47 km d'Aachen). Accès par la B 266 (suivre les directions de Einruhr ou Gemünd). Liaison tlj en bus depuis Aachen. Site en accès libre et gratuit jusqu'à 20h (parking obligatoire : 6 €) ; centre des visiteurs tlj 10h-17h. Visite guidée en allemand, mais explications et brochure en français. Visite individuelle : env 10 € ; réduc.*
Au cœur du parc national de l'Eifel, un site historique assez étonnant. Une sorte de ville fantôme sur 100 ha qui a accueilli à partir de 1936 l'un des 4 centres de formation des cadres du NSDAP (le parti nazi). Les lieux ont servi de cantonnement à la Wehrmacht. Les bâtiments sont restés là, intacts, progressivement réhabilités depuis 2012. Clé de voûte de cette transformation, le *Forum,* ouvert en 2016, tout à la fois lieu d'accueil, musée historique et Maison du parc.
On trouve, mêlés aux baraques, une piscine *(• schwimmbadvogelsang.de •),* un théâtre, un cinéma (1 000 places)... le tout conçu par l'architecte *Clemens Klotz,* dans un style néo-germanique austère, grandiose, voire mégalo... et typique de l'architecture nazie : un peu flippant, en fait !
Un circuit en 17 étapes (2 km) permet de voir les bâtiments majeurs, à commencer par l'impressionnante tour, haute de 48 m.
L'expo permanente sur l'***Ordensburg*** détaille de manière fouillée et documentée la période de 1933 à 1941 et aide à comprendre ce qui a poussé toute une génération de jeunes hommes, les *Ordensjunkers,* membres du NSDAP, à suivre une formation idéologique et pratique destinée à les préparer à administrer les territoires conquis à l'Est.
– Le site, à l'écart de toute pollution lumineuse, se prête à l'observation des étoiles (nombreuses soirées dédiées ; programme sur Internet). Depuis 2014, le parc national de l'Eifel est d'ailleurs labellisé ***Dark Sky Park*** pour la qualité de son ciel étoilé.

BONN (53000) 331 000 hab. IND. TÉL. : 0228

• Plan *p. 120-121*

Bonn a beau avoir perdu son titre de capitale de la RFA, elle ne s'en porte pas plus mal. À vrai dire, cette ville paisible et provinciale, que les Allemands avaient surnommée *Hauptdorf* (le village-capitale), flottait un peu dans des habits trop grands même si elle a vu s'y succéder depuis 1949 pas moins de 6 chanceliers dans son statut de capitale provisoire. Après la réunification, elle a tout de même su conserver un rôle majeur dans la vie politique du pays, puisqu'elle abrite encore 6 ministères : la Défense, la Santé, l'Environnement... et une majorité des fonctionnaires fédéraux travaillent encore à Bonn. Cette influence s'exerce aussi à l'international : Bonn accueille 25 bureaux des Nations unies et voit passer bon nombre de diplomates. En résumé, elle n'a pas été abandonnée à son sort, loin de là !
La ville a également su jouer sur ses points forts : l'économie (on y trouve le siège de *Deutsche Telekom,* qui fournit 12 000 emplois directs, ou encore ceux de la *Deutsche Post* et du fabricant de bonbons *Haribo*), les sciences et la formation (pas moins de 30 000 étudiants) et la culture avec une poignée de musées passionnants. Aujourd'hui, Bonn jouit d'un niveau de vie nettement supérieur à la moyenne du pays, tout en ayant gardé son tempérament ouvert et accueillant, presque latin. Son leitmotiv ? « *Freude* » (la joie), clin d'œil à Beethoven, né ici en 1770.

UN PEU D'HISTOIRE

Bonn fut incorporée à la Prusse en 1814. C'est ici que fut rédigée, en 1949, la ***Constitution allemande*** (la *Grundgesetz*) et, la même année, elle fut choisie comme ***capitale de la RFA.*** Plusieurs raisons à cela : la ville fut relativement épargnée par les bombes (« seulement » 30 % des bâtiments détruits) et elle n'était pas liée politiquement au nazisme. De plus, Konrad Adenauer, futur chancelier, habitait à 10 mn de là...

Adresses et infos utiles

Office de tourisme *(plan B2)* **:** *Windeckstr. 1. ☎ 77-50-00. • bonn.de • Lun-ven 10h-18h (16h sam, 14h dim).* Brochure en français avec infos (musées, hôtels...) et plan. Vend la *Bonn Regio Welcome Card,* pour découvrir gratuitement quelques musées le même jour sur la vingtaine proposée. *Tarif : 10 € pour 24h, 14 et 24 € avec les sites des environs ; 19 €, 26 € et 49 € pour une famille ; transports inclus. • bonn-region.de •*

Gare ferroviaire *(plan B3)* **:** *à 5 mn à pied du centre.*

Location de vélos et de vélos électriques *(plan B3,* ***3****)* **:** ***Radstation,*** *Quantiusstr., devant le parking de la gare. ☎ 981-46-36. Pour les horaires : • radstationbonn.de • Caution modique demandée. CB refusées.*

Aéroport de Cologne-Bonn : *Kennedystr., 51147* ***Cologne.*** *• koeln-bonn-airport.de • À 25 km au nord. Bus SB60 avec la gare (trajet 30 mn). • koeln-bonn-airport.de • Départ ttes les 30 mn-1h. Billet : env 8 € (vente à bord du bus).*

Où dormir ?

De bon marché à prix moyens

Jugendherberge Bonn-Venusberg *(AJ ; hors plan par B3,* ***10****)* **:** *Haager Weg 42. ☎ 28-99-714. • bonn.jugendherberge.de • À quelques km au sud, sur la colline de Venusberg. De la gare, bus n° 600 ; à pied, n'y comptez pas ! Nuitée en dortoir à partir de 32 €/pers, 48 €/pers en double.* Vaste bâtiment de brique rouge dans la verdure. Une pléthore de chambres de 1 à 4 lits. Impeccable et au calme, dans une démarche environnementale. Ping-pong, cafétéria (vente de bière), mais pas de cuisine pour les hôtes.

Base Camp Young Hostel *(hors plan par D3,* ***16****)* **:** *In der Raste 1. ☎ 93-49-49-55. • basecampbonn.de • Sur Dottendorfer Str., juste après le passage à niveau. Depuis le centre, rapide d'accès avec les métros S63/16/66. Fermé en janv. Compter 60-90 € pour 2 en caravane (petit déj compris), à partir de 45 €/pers en couchette individuelle dans un train !* Pas l'auberge la moins chère, mais certainement la plus originale. Sous un immense hangar en tôle, une vingtaine de caravanes vintage et des rames de train-couchettes ont été rassemblées par un passionné. Les amateurs et les nostalgiques seront ravis, les autres pourront regretter le manque d'air frais et le bruit (mine de rien, ça résonne). Bar-restaurant (bio), petit jardin et *Biergarten* pour compléter l'offre.

Hostel 45 *(plan B1,* ***17****)* **:** *Kölnstr. 45. ☎ 84-25-11-16. 📱 0163-288-09-59. • hostel45.de • Env 26 €/pers, draps inclus ; petit déj en supplément. Doubles 55-90 €. Pas de réception.* Quartier banal mais bien desservi par les transports en commun et proche de l'animation nocturne. Petite structure de 30 lits avec dortoirs mixtes de 8 lits et de 4 pour les filles, le tout bien tenu. Sanitaires privés et douche pour chaque chambre.

Max Hostel *(plan B2,* ***18****)* **:** *Maxstr. 7. ☎ 823-45-780. • max-hostel.de • Chambres 2-8 lits 22-27 €/nuit. Double*

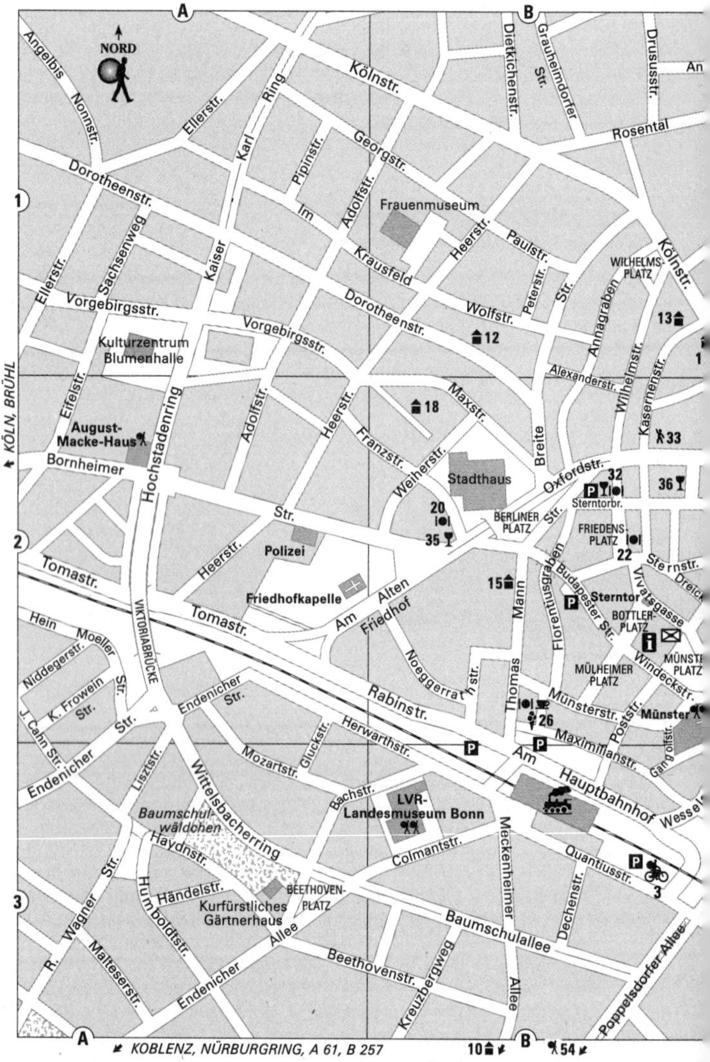

Adresses utiles

- Office de tourisme (B2)
- 2 Compagnie KD (C-D2)
- 3 Radstation (location de vélos et de vélos électriques ; B3)

Où dormir ?

10 Jugendherberge Bonn-Venusberg (hors plan par B3)
12 Hotel Aigner (B1)
13 Hotel Deutsches Haus (B1)
14 Hotel Löhndorf (C2)
15 Hotel Domicil (B2)
16 Base Camp Young Hostel (hors plan par D3)
17 Hostel 45 (B1)
18 Max Hostel (B2)
19 Prizeotel Bonn-City (C1)

Où manger ?
Où déguster une glace ?

20 Frittebud (B2)
21 Im Stiefel (C2)
22 Sudhaus (B2)
23 Il Punto (C3)
24 Em Höttche (C2)

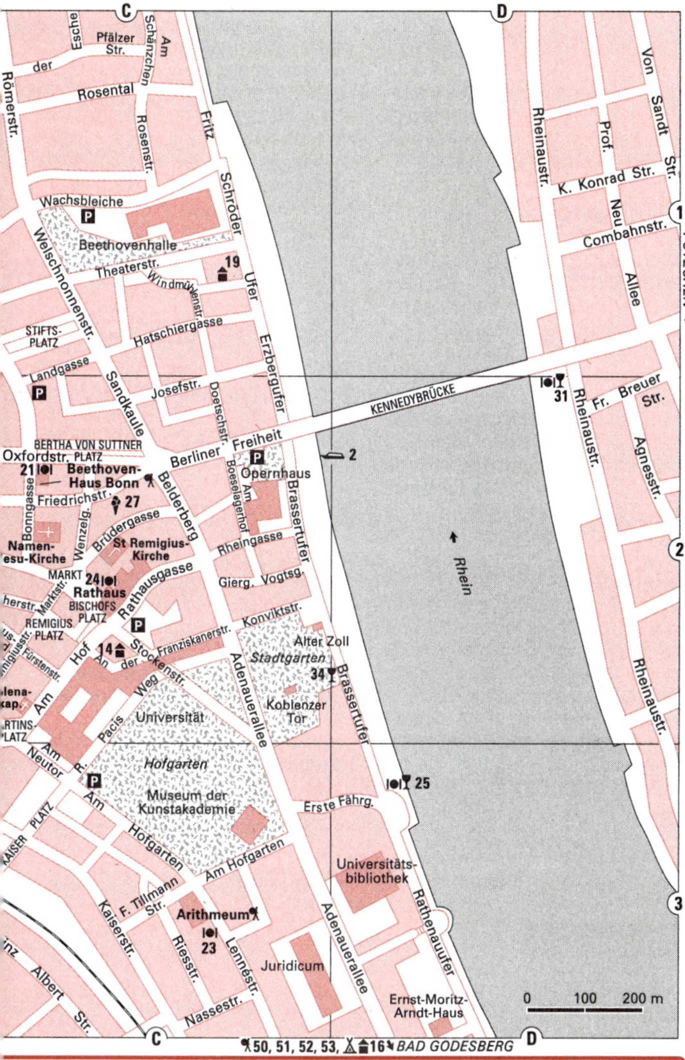

BONN

25 Rheinpavilion (D3)
26 Cassius Garten (B2)
27 Eislabor Passion (C2)

Où boire un verre ? Où sortir ? Où danser ?

31 Rheinlust (D1-2)
32 Brauhaus Bönnsch (B2)
33 Jazz Galerie (B2)
34 Biergarten Am Alten Zoll Stadtgarten (C-D2)
35 N8 Schicht (B2)
36 The Old Jacob (B2)

À voir

50 Kunstmuseum Bonn (hors plan par D3)
51 Bundeskunsthalle, Kunst und Ausstellungshalle der Bundesrepublik Deutschland (hors plan par D3)
52 Haus der Geschichte (hors plan par D3)
53 Deutsches Museum Bonn (hors plan par D3)
54 Château de Poppelsdorf et jardin botanique (hors plan par B3)

49 € ; pas de petit déj, mais draps inclus. Situation tranquille dans une allée arborée derrière l'hôtel de ville, mais proche des lieux festifs. Une douzaine de chambres proprettes et colorées avec une déco artistique gaie et réussie. Salle commune avec cuisine. Horaires d'accueil assez limités.

De prix moyens à chic

Hotel Aigner (plan B1, **12**) : *Dorotheenstr. 12. ☎ 60-40-60. • hotel-aigner.de • Dans le quartier étudiant, à 5 mn du centre. Doubles 100-110 €, petit déj inclus. Plus cher lors des foires. Parkings privés payants. Loc de vélos.* On aime bien ce coin à la fois vivant et populaire, charmant et résidentiel. Chambres à la déco classique mais parfaitement tenues, avec salle de bains (parfois un peu petite). Certaines disposent d'une kitchenette.

Hotel Deutsches Haus (plan B1, **13**) : *Kasernenstr. 19-21. ☎ 633-777. • deutscheshaus-bonn.de • Fermé Noël-Nouvel An. Doubles tt confort 100-160 €, petit déj inclus. Parking payant sur résa.* Une petite trentaine de chambres cosy, confortables et impeccables, dans une ambiance contemporaine. Excellent rapport accueil-situation. Petit déj particulièrement soigné et généreux.

Prizeotel Bonn-City (plan C1, **19**) : *Erzbergerufer 15. ☎ 0421-222-21-00. • prizeotel.com/en/hotel-bonn/ • Doubles 80-200 € ; petit déj à tarif raisonnable. Parking payant.* L'un des récents rejetons d'une chaîne d'hôtels design, tout de briques, de jaune et de baies vitrées, à la manière d'une salle de concerts dernier cri, posé sur les bords du Rhin. Plus de 200 chambres stylées et aux lits super larges. Pas de familiales en revanche, et vue sur le Rhin uniquement pour les plus luxueuses. Ne pas manquer le *rooftop bar,* endroit privilégié le soir pour un *drink.*

Hotel Löhndorf (plan C2, **14**) : *Stockenstr. 6. ☎ 63-47-26. • hotel-loehndorf-bonn.de • Doubles tt confort env 100-120 €, petit déj inclus. Réception au 1er.* En plein centre et pourtant au calme, un petit hôtel parfait en tout point, jusqu'aux bouilloires dans la quinzaine de chambres et les 3 appartements. Petit déj copieux, jolie terrasse fleurie. Accueil aussi adorable que le lieu.

Très chic

Hotel Domicil (plan B2, **15**) : *Thomas-Mann-Str. 24-26. ☎ 72-90-90. • domicil-bonn.bestwestern.de • Hors événements, doubles 100-160 € en sem, 150-220 € le w-e, petit déj inclus.* Du petit luxe à prix encore abordable. Tout y est soigné, depuis les chambres, absolument tout confort, jusqu'aux espaces communs, tout en recoins intimes, en passant par le sauna. L'immeuble contemporain est d'inspiration postmoderniste, ce qui lui donne une petite touche Art déco, à l'image de la grande baie vitrée de la salle du petit déj.

Où manger ?

Ici, plus qu'ailleurs, on a mis l'accent sur les brasseries typiques de la ville.

Très bon marché

Rheinpavilion (plan D3, **25**) : *Rathenauufer 1, 53113. ☎ 22-31-00. Tlj 12h-22h. Plats 6-9 €.* Impossible de manquer cet ovni architectural, une ancienne capitainerie très fifties, posée sur ses pieds de béton au bord du Rhin. Dessous, dedans ou dans le *Biergarten,* les places ne manquent pas pour y enfiler un cocktail, un jus maison ou un plat tout simple : flammekueche, wraps et salades aux saveurs méditerranéennes. Sympa de jour comme de nuit, le ballet des péniches en prime.

Frittebud (plan B2, **20**) : *Franzstr. 42. ☎ 620-88-22. Lun-jeu 12h-20h (1h ven), sam 15h-20h. Fermé dim. Plats moins de 10 €.* Ce fast-food est le chouchou de la jeunesse désargentée de la ville : pour 3 fois rien, on déguste dans une ambiance très rock'n'roll de gros burgers (attention au *Big Mik,* un vrai gratte-ciel !), des saucisses et des pâtes. Une poignée de tabourets et quelques tables en terrasse.

Eislabor Passion (plan C2, **27**) : *Friedrichstr. 50. Tlj 11h (12h dim)-20h.* L'un des meilleurs glaciers d'Allemagne, rien que ça ! Glaces à base de lait bio, fruits en morceaux dans les sorbets, arômes et colorants naturels... Également des gaufres et autres réjouissances. Un incontournable dans le genre.

De bon marché à prix moyens

Sudhaus (plan B2, **22**) : *Friedensplatz 10. ☎ 65-65-26. Tlj 10h-minuit. Plats 10-24 €.* Sur l'une des places les plus populaires de la ville. À l'intérieur, tout faux, tout beau, à l'allemande, poutres et plafonds peints, tables en bois. Belle cuisine, tout à fait rhénane, même si on y propose parfois des moules, et bar animé. Belle terrasse.

Em Höttche (plan C2, **24**) : *Markt 4. ☎ 69-00-09. Tlj 11h-1h. Spécialités 11-24 €.* Accolé à la jolie maison communale. Très touristique avec son décor typique en diable ; les prix s'en ressentent. On y sert une cuisine correcte et qui tient au corps. Beethoven y aurait été un client assidu, en compagnie de sa dulcinée... bien avant que l'édifice ne brûle, en 1944. Il fut rebâti à l'identique. Agréable terrasse.

Cassius Garten (plan B2, **26**) : *Maximilianstr. 28d. ☎ 65-24-29. Tlj sauf dim 11h (8h café)-20h. Compter 12-20 € pour une bonne assiette.* C'est LA cantine des végétariens, végétaliens, sans gluten, bio et autres amateurs de nourriture saine, et ce depuis plus de 30 ans. Passé le café (hmm, les glaces et smoothies !), on découvre un immense buffet de salades, plats chauds et desserts. Paiement au poids : environ 2,50 € les 100 g. Pas plus compliqué que ça ! Tout un choix de salles aux tonalités de bois blond, plus calmes à l'étage.

Im Stiefel (plan C2, **21**) : *Bonngasse 30. ☎ 69-65-96. Tlj 12h-23h30. Plat du jour le midi avec soupe 8,50-10 € ; plats 15-22 €.* Du typique, du solide, et ce depuis 1751. On y sert de bonnes grosses spécialités locales qui devraient vous lester pendant quelques heures. Plusieurs salles en enfilade garnies de boiseries, grosse cheminée en face du comptoir.

Chic

Il Punto (plan C3, **23**) : *Lennéstr. 6. ☎ 26-38-33. Tlj sauf jeu 12h-14h30, 18h-22h. Pâtes 15-29 € (plus cher sinon) ; menus 40-60 €, sans les vins. Parking privé.* Resto italianissime très élégant : banquettes de cuir, lumières tamisées, nappes blanches, serveurs polyglottes et stylés pour une cuisine fine et soignée, jusque dans la présentation. Si les plats de viande et de poisson sont carrément chers, on peut se contenter des excellentes recettes de pâtes, plus abordables. Jardin-terrasse à l'arrière.

L'OUEST DE L'ALLEMAGNE

Où boire un verre ? Où sortir ? Où danser ?

Bonn *by night*, mode d'emploi

– Ici, on boit surtout de la *Kölsch*, la bière de Cologne. La seule bière vraiment locale est la *Bönnsch*, une proche cousine, non filtrée.

– Les soirs d'été, toutes les places du centre *(Marktplatz, Münsterplatz, Friedensplatz...)* sont occupées par les terrasses de café. Atmosphère vraiment agréable. Les tavernes typiques citées plus haut sont autant de bars avec terrasses.

– Pour se mêler aux fêtards, il faut chercher l'animation nocturne sur *Breite Straße, Dorotheenstraße* et *Maxstraße* ou au carrefour de *Bornheimer Straße* et d'*Oxfordstraße*, notamment du côté du **N8 Schicht** (plan B2, **35**), une boîte électro *(● facebook.com/N8schichtBonn/ ●)* qui draine les clubbers. À vous de choisir en fonction de votre humeur et de l'ambiance.

Rheinlust (plan D1-2, **31**) : *Rheinaustr. 134. ☎ 46-70-91. De l'autre côté du Rhin, au pied du*

Kennedybrücke (sur la droite en venant du centre). Tlj 11h-1h (3h ven-sam). Plats de brasserie 7-17 €. L'un des endroits les plus géniaux de la ville. Ambiance décontractée, bonne musique, avec une folle énergie qui flotte dans l'air et une super terrasse donnant sur le Rhin. Elle prend des airs de guinguette aux beaux jours. Clientèle de tous âges et tous horizons. Incontournable !

Brauhaus Bönnsch (plan B2, **32**) : *Sterntorbrücke 4. ☎ 65-06-10. Tlj 11h-1h (12h dim, 3h ven-sam). Plats 12-22 €.* Bar populaire et central qui mélange tous les styles, tous les âges et qui brasse surtout sa propre bière, la *Bönnsch,* servie dans un verre penché. On peut d'ailleurs voir la cuve au fond du bar. Terrasse dans la rue piétonne.

Biergarten Am Alten Zoll Stadtgarten (plan C-D2, **34**) : *à la belle saison, tlj 11h-minuit. CB refusées.* Cette guinguette, veillée par un platane maousse, en surplomb du Rhin, offre une halte rafraîchissante. Sur de grands bancs en bois, on sirote sa *Kölsch* fraîche et mousseuse entre 2 parties effrénées de pétanque sur le boulodrome. Super vue en prime !

The Old Jacob (plan B2, **36**) : *Kesselgasse 1. À partir de 18h, fermé dim-lun. Cocktails 10-15 €.* Marre de la bière ? On grimpe l'échelle du standing dans cette sorte de speakeasy à cocktails et autres compositions maison dont la vitrine ne révèle rien de l'intérieur. Chic et confidentiel.

Jazz Galerie (plan B2, **33**) : *Oxfordstr. 24. ☎ 94-77-0550. • jazzgaleriebonn.de • Ven-sam 22h-5h. Entrée payante.* Pour ceux qui auraient la fièvre du samedi soir, musique rock, pop et des années 1980 dans une petite salle en sous-sol avec des projecteurs et des boules à facettes !

L'OUEST DE L'ALLEMAGNE

À voir

Bonn possède un nombre considérable de musées, dont certains de grande valeur. La *Bonn Regio Welcome Card* permet l'accès aux principaux musées de la ville ainsi qu'aux transports (voir « Adresses et infos utiles »).

Un parcours **Weg der Demokratie** permet de parcourir la ville en passant devant les institutions qui ont marqué la vie politique de la ville pendant les 50 années où Bonn était capitale de la RFA, agrémentée de belles villas ***Jugendstil,*** autrefois des ambassades, à présent des sièges de grandes sociétés. Seule l'ambassade de Cuba est restée à Bonn, le régime castriste n'ayant pas les moyens de se payer un déménagement à Berlin. Départ non loin du musée *Haus der Geschichte,* où l'on peut se procurer le plan du circuit, jalonné par 18 panneaux explicatifs (durée : environ 1h30).

Münster (collégiale ; plan B-C2) : *Gerhard-von-Are-Str. 5. • bonner-muenster.de • Lun-ven 7h30-19h, sam 8h30-19h, dim 11h-19h.* Imposante et loin d'être laide. Intéressante par son plan en trèfle, caractéristique du style roman du XIIe s. De l'extérieur, l'église a des allures de forteresse, avec sa haute tour octogonale et ses tourelles. À l'intérieur, plusieurs éléments baroques dans la décoration, notamment la chaire. Noter la profondeur du chœur. Crypte du XIe s. Voir aussi l'ancien cloître roman *(lun-sam 10h-17h, dim et j. fériés 13h30-17h),* sur l'emplacement d'un cimetière romain.

Beethoven-Haus Bonn *(maison natale de Beethoven ; plan C2)* : *Bonngasse 20. • beethoven-haus-bonn.de • Tlj sauf mar 10h-18h. Tickets à la boutique en face : 10 € ; réduc. Audioguide en français inclus.* C'est la maison natale de l'artiste, la plus célèbre figure de la ville, né en décembre 1770. Il vécut à Bonn ses 22 premières années, avant d'obtenir une bourse pour étudier à Vienne, auprès de **Haydn.** Pas de meubles d'origine, mais les instruments et nombreuses partitions sont originaux. Une visite nostalgique à ne pas manquer, en dépit de l'affluence certains jours.

Au ***rez-de-chaussée,*** galerie de portraits dont le plus connu par *Joseph Stieler* (1820), montrant Beethoven en train de composer, les cheveux en bataille. Romantique à souhait. Voir également le registre de baptême, un orgue avec lequel il accompagnait la messe, son alto et quelques explications sur Bonn à cette époque. De l'autre côté du couloir, animation croisant musique rap et de Beethoven en réalité augmentée, tout en allemand. On avoue qu'on n'a pas tout saisi ...

NAPOLÉON A CESSÉ D'ÊTRE UN HÉROS

La 3e symphonie composée par Beethoven est dédiée à Bonaparte, que le musicien admire en tant qu'incarnation des idéaux de la Révolution. Lorsque le Corse se proclame empereur des Français en 1804, Beethoven en est si dégoûté qu'il supprime le nom Bonaparte de la page titre. Plus tard, il y inscrit : « Symphonie héroïque, composée en mémoire d'un grand homme. »

Au ***1er étage,*** hommage aux proches de l'artiste, famille, amis, mécènes et aux œuvres qu'il leur dédia. Beethoven ne se maria pas et n'eut pas de descendance directe. Admirer les ***instruments du quatuor à cordes*** offerts par le prince Karl Lichnowsky. Au gré des vitrines, les fameuses lunettes rondes, un manuscrit truffé de corrections et surtout des ***carnets de conversation*** pour dialoguer avec les proches : on peut seulement y lire les questions qui lui étaient posées, pas les réponses : sourd oui, mais pas muet ! Puis un moment de lévitation musicale dans la ***salle d'écoute*** (à l'aide de casques) d'œuvres composées à Bonn alors qu'il n'était qu'ado.
Au ***2e étage,*** un piano-forte, un violon, un violoncelle, le ***masque mortuaire*** du compositeur à l'âge de 56 ans... Remarquer les ***cornets acoustiques*** créés pour lui par l'inventeur du métronome, Johann Mälzel. Comme les médecins de l'époque étaient incapables de le soigner, il chercha à dissimuler son handicap en s'isolant du monde, ce qui lui valut une réputation injustifiée de misanthrope. Écouter dans l'audioguide la 5e symphonie telle que Beethoven l'entendait : sons fortement atténués et acouphènes à tout-va. Saisissant !
De retour ***dans la cour,*** une salle où l'on peut écouter des œuvres avec les partitions sous les yeux et, au sous-sol, un hommage à ***Hans Conrad Bodmer*** (1891-1956) qui réunit patiemment et inventoria les partitions originales de Beethoven.

➢ Les fans prolongeront le plaisir par la ***promenade « Beethoven »*** *(disponible en français au musée ou à l'office de tourisme),* circuit en 11 étapes (plus autant dans la région) sur les traces du compositeur. • *bthvn-story.de* •

UN SUCCÈS SOURD

Il a fallu à Beethoven 30 ans pour peaufiner le célèbre thème de la 9e symphonie. Lors de la création de l'œuvre à Vienne en 1824, le compositeur se tient sur scène, à côté du chef d'orchestre, malgré sa surdité. Absorbé dans la partition et avec quelques mesures de retard, il ne réalise les acclamations du public que lorsqu'une soliste l'invite à se retourner.

★ ***Arithmeum*** *(plan C3)* **:** *Lennéstr. 2. • arithmeum.de • Mar-dim 11h-18h. Entrée : 3 € ; réduc.* Large collection de machines à calculer de toutes les époques, du boulier aux circuits intégrés. On ne comprend pas toujours comment ça marche, mais c'est amusant de voir à quoi ressemblaient les ancêtres de nos calculettes. Art tribal, art géométrique et design.

★★ ***LVR Landesmuseum Bonn*** *(musée de la Rhénanie ; plan B3)* **:** *Colmantstr. 14-16. • landesmuseum-bonn.lvr.de • Mar-dim 11h-18h. Entrée : 10 € ; réduc ; avec expos temporaires ; audioguide avec QR code sur son smartphone. Explications en anglais.* L'histoire du *Rheinland* présentée dans un bâtiment moderne en bois contenu dans une structure de verre. Original, comme souvent. Plutôt qu'un ensemble de salles passant en revue les différentes époques de la région, le parcours, sur 3 étages, est thématique et constamment renouvelé, ce qui permet au visiteur d'aller plus facilement vers ce qui l'intéresse mais aussi de mieux saisir le sens de ce qu'il voit. Tentez votre chance, les expos sont toujours de grande qualité. De quoi en tout cas occuper intelligemment, pendant 2h au moins, tout amateur d'histoire européenne.

Kunstmuseum Bonn *(musée d'Art de Bonn ; hors plan par D3,* ***50****)* **:** *Helmut-Kohl-Allee 2. • kunstmuseum-bonn.de • De la gare, U/S16/63/66 : Heussallee. Tlj sauf lun 11h-18h (21h mer). Entrée : 7 € ; réduc. Possibilité de billet combiné avec le* Kunst und Ausstellungshalle. *Cafétéria.* Immense bâtiment consacré à l'art allemand après 1945, remarquable pour son architecture aux vastes volumes et son ambiance intérieure d'un blanc immaculé. Avec le Centre d'art et d'exposition de la RFA, situé juste en face, et la *Haus der Geschichte* (musée d'Histoire), pas très loin, cet édifice carré assez massif constitue un enrichissement culturel majeur pour la ville.

Outre des expos temporaires, on peut y admirer une belle brochette d'artistes rhénans comme ***Max Ernst, August Macke*** et (son cousin) ***Helmut Macke, Jawlensky, Sigmar Polke*** et ***Gehrard Richter,*** entre autres. Une section est consacrée à l'art vidéo regroupant divers artistes internationaux.

Bundeskunsthalle, Kunst und Ausstellungshalle der Bundesrepublik Deutschland *(Centre d'art et d'exposition de la RFA ; hors plan par D3,* ***51****)* **:** *Helmut-Kohl-Allee 4. • bundeskunsthalle.de • Tlj sauf lun 10h-19h (21h mer). Entrée : env 10-12 € selon expo ; réduc ; gratuit moins de 18 ans. Possibilité de billet combiné avec le* Kunstmuseum. À côté du *Kunstmuseum,* bâtiment moderne coiffé de 3 cônes bleus vitrés. Le musée fut créé pour donner à la RFA un grand centre d'exposition, ce qui fut fait, mais uniquement après la réunification, puisque le lieu ne fut inauguré, comme son vis-à-vis (le *Kunstmuseum*), qu'en 1992. Pas de collection permanente, mais des expos temporaires de grande envergure consacrées à des artistes reconnus.

Haus der Geschichte *(maison de l'Histoire ; hors plan par D3,* ***52****)* **:** *Willy-Brandt-Allee 14. • hdg.de • À 300 m des précédents. Mar-ven 9h-19h, w-e et j. fériés 10h-18h. GRATUIT. Brochure en anglais et petit résumé en français (à demander).* Superbe musée retraçant l'histoire de l'Allemagne de 1945 à nos jours, sur 3 étages. Les explications sont en allemand (et en anglais pour les panneaux principaux), mais la présentation est suffisamment visuelle et foisonnante avec près de 7 000 objets, documents, photos, coupures de presse, affiches et vidéos pour y trouver son compte. Une cave romaine a été découverte au cours des travaux : on l'aperçoit sous nos pieds, dès le hall d'entrée ainsi que la Mercedes officielle de *Konrad Adenauer,* en guise de mise en bouche.

Présentation chronologique en remontant peu à peu les étages, sans trop s'en rendre compte : séquelles de la guerre avec la partition en ***4 zones d'occupation et 2 pays***, zoom sur Bonn, la nouvelle capitale de la RFA, parallèle entre le socialisme pratiqué en RDA et le consumérisme de la RFA, miracle économique allemand suite à la réunification, vie politique allemande des dernières décennies, mondialisation, montée des extrémismes, question des réfugiés... Voir au gré du cheminement un bout du mur de Berlin, une poutre des Twin Towers ou encore la photo de la 11 111 111e Polo, sortie des usines le 4 février 2010. Voilà qui intéressera tous les amateurs d'histoire !

À la sortie, pourquoi ne pas s'offrir un verre au dernier étage de l'***hôtel Marriott*** *(Platz der Vereinten Nationen 4)* ? Le ***skybar*** offre une vue panoramique sur Bonn.

Deutsches Museum Bonn *(hors plan par D3,* ***53****)* **:** *Ahrstr. 45. • deutsches-museum.de/bonn • Au sud de la ville. U16/63/67 : Hochkreuz, puis 5 mn de marche par la Kennedyallee. Mar-dim et j. fériés 10h (12h sam)-17h. Entrée : 9 € ;*

réduc. Portant sur la contribution de l'Allemagne (fédérale) aux progrès de la technologie depuis 1945, ce musée ne dévoile ses trésors qu'à ceux qui lisent suffisamment l'anglais ou l'allemand pour parcourir les panneaux explicatifs. Mieux vaut, en outre, posséder quelques notions scientifiques, car les domaines abordés sont tout de même assez pointus. On retiendra le 1er accélérateur de particules, une horloge atomique, ou encore le principe de sustentation électromagnétique (les fameux trains sur coussins d'air).

Le château de Poppelsdorf et le jardin botanique *(hors plan par B3,* ***54****) :* le château est situé au bout de la *Poppelsdorfer Allee,* superbe allée bordée de châtaigniers et de fleurs. Datant du début du XVIIIe s, sa construction fut décidée par Clément-Auguste. Facture classique de la façade et cour originale en hémicycle à l'italienne. Le château fait aujourd'hui partie de l'université et ne se visite pas.
En revanche, il faut en faire le tour et visiter le ***jardin botanique.*** *Tlj sauf sam 10h-18h (16h en sem nov-mars), jeu jusqu'à 20h ; serres 10h-12h, 14h-16h (10h-17h30 dim en été). GRATUIT.* Celui-ci présente, dans des serres remarquables, des centaines d'essences tropicales et semi-tropicales. Mention spéciale pour les serres aux cactus et pour l'arum titan *(Titanenwurz)* qui produit certaines années une fleur de 2,70 m de haut ! Du château, on peut atteindre à pied la *Kreuzbergkirche.*

August-Macke-Haus *(maison et atelier du peintre August Macke ; plan A2) : Hochstadenring 36. • august-macke-haus.de • Jeu 11h-19h, ven-dim 11h-17h. Entrée : 9,50 € ; réduc. Visite en anglais dim à 11h30 (5 €).* La maison où August Macke a vécu et travaillé est à la fois un musée, un lieu d'exposition et un centre de recherche sur l'expressionnisme rhénan.

Balade en bateau

Avec la compagnie ***KD*** *(plan C-D2,* ***2****) : près du Kennedybrücke. ☎ 0221-20-88-318. • k-d.com • Avr-oct, liaisons entre Bonn et Linz (village sur le Rhin à une vingtaine de km au sud), voire au-delà ainsi que vers Cologne, au nord.*

Manifestations

- ***Rhein in Flammen :*** *le 1er sam de mai. • rhein-in-flammen.com •* Rassemblement spectaculaire d'une cinquantaine de navires sur le Rhin, avec feux d'artifice, illuminations et événements en plein air.
- Outre les nombreux ***concerts*** se déroulant l'été aux abords du Bundeskunsthalle, Bonn est fière d'organiser chaque année, à l'automne, le ***Beethoven Festival.*** *Infos et résas seulement sur • bonnticket.de •*

DANS LES ENVIRONS DE BONN

Drachenfels : *à 14 km au sud. Accès facile de la gare de Bonn, U/S66 : Königswinter. Sinon parking à Königswinter, sous l'autoroute (ou métro) ; puis funiculaire (ts les 30 mn, plein tarif 12 €) ou à pied pour les courageux : 30 mn pour le château de Drachenburg, 1h pour le sommet. • drachenfelsbahn.de •* Le plus vieux funiculaire d'Allemagne, le ***Drachenfelsbahn*** (1883), est encore très populaire de nos jours, surtout le week-end, pour rejoindre le sommet du ***mont Drachenfels*** et la ruine d'un château-fort du XIIe s. Extra pour la vue panoramique sur la vallée du Rhin. Café-brasserie. À mi-chemin, possibilité de visiter un château romantique, le ***Schloss Drachenburg***, construit de 1882 à 1884. *Entrée : 7 € ; réduc. • schloss-drachenburg.de •.*

LA HESSE

Fortement industrialisé, ce Land a été largement touché par les destructions de la 2de Guerre mondiale. La reconstruction rapide de quartiers entiers, détruits pour certains jusqu'à 95 %, nous donne à voir aujourd'hui des villes parfois dépourvues de charme. Pourtant, certaines font exception à la règle, comme Francfort-sur-le-Main, qui a su renaître de ses cendres, offrant un visage mêlant modernité et tradition, avec de fabuleux musées. D'autres encore, comme Wiesbaden et Marburg, ont été par chance épargnées et livrent de formidables témoignages du passé. Aux confins de la Thuringe, Kassel, patrie des frères Grimm, a connu la consécration avec le classement au Patrimoine mondial de l'Unesco des jardins en cascade de son *Schloss Wilhelmshöhe.*

FRANKFURT AM MAIN (FRANCFORT-SUR-LE-MAIN)

(60311) 751 000 hab. IND. TÉL. : 069

• Plan Nord (I) *p. 132-133* • Plan Sud (II) *p. 134-135*

5e ville d'Allemagne, Francfort n'est pas une ville simple, en tout cas elle ne laisse pas indifférent. Comme toute ville historique, ou plutôt ancrée dans l'histoire, elle traîne derrière elle quantité de paradoxes et d'ambiguïtés. Détruite à 90 % pendant la dernière guerre, elle subit de plein fouet la fièvre reconstructiviste des années 1950. Ville moderne avec un *Innenstadt* de gratte-ciel à la *skyline* à l'américaine flanqués de quelques joyaux de l'architecture contemporaine. Capitale financière de l'Allemagne, elle affiche sans complexe sa réussite mais se veut aussi secrète et chaleureuse, avec son petit « centre ancien ». Le commerce va bon train, et les costards-cravates du monde entier viennent ici brasser de gros contrats. N'est-ce pas à Francfort que se développa le monde moderne des affaires ? Le soir, toutes classes confondues, on se réchauffe le cœur au coude à coude, en descendant 1, 2, 3... 10 *Apfelwein*

BUSINESS-ON-MAIN

Les 1res foires commerciales remontent au VIIIe s et furent officialisées en 1240. Suit la création de la 1re Bourse en 1585, avant que le XVIIIe s ne voie naître les grandes dynasties de banquiers, Rothschild et Bethmann. Francfort devient en 1949 le siège de la Deutsche Bundesbank *et, avec plus de 400 banques, la capitale financière de l'Allemagne. Également siège de la Banque centrale européenne (BCE), la ville compte aujourd'hui près de 100 000 personnes travaillant dans la finance, lui valant le surnom de « Bankfurt » !*

***(Ebbelwoi)*, ce gentil cidre aigrelet, qu'on accompagne d'un *Grillhaxe*. Et c'est là que Francfort devient intéressante, car la ville a préservé ses traditions. Francfort possède – le long du Main – l'un des plus importants chapelets de musées du pays. Classiques pour certains, mais aussi de véritables bijoux sur le plan architectural et d'un grand intérêt thématique, comme les *musées du Cinéma, de la Communication, de l'Architecture...* Francfort accueille aussi une multitude de salons et de foires. Épinglons, en octobre, celle du livre, la plus grande du genre au monde. Car si la ville gère l'héritage des Rothschild à merveille, rappelons qu'elle a aussi vu naître Goethe et qu'il l'aima profondément.**

Avec ses 20 parcs et l'immense forêt qui la ceinture, Francfort figure dans le top 10 mondial des villes réputées pour leur qualité de vie. Festive (près de 120 fêtes par an !), nourrie d'événements sportifs internationaux, entre tradition et modernité, Francfort est une ville ouverte et changeante, qui connaît le plein-emploi. Le brassage culturel et la tolérance y règnent plus qu'ailleurs dans le pays, comme le prouve l'importance de la communauté gay, ainsi que les 180 nationalités représentées. Ici, quasi 30 % de la population est d'origine étrangère, et en est fière !

UN PEU D'HISTOIRE

Fondée par ***Charlemagne*** en 794, qui y édifie un palais et y organise les toutes 1res foires, elle possède le seul gué existant sur le Main. Un carrefour avantageux qui entraîne le développement rapide de la ville. Au XIIIe s, le principe des foires est officialisé par l'empereur ***Frédéric II.*** À cette époque, on construit la cathédrale *(Kaiserdom)*, où les empereurs allemands se feront couronner jusqu'au XVIIIe s.

L'apogée culturel est atteint à la Renaissance, quand ***Gutenberg*** y séjourne au milieu du XVe s. Au XVIe s, la ville adhère à la Réforme et accroît sa puissance, disposant du droit de battre monnaie. En 1562, détrônant Aix-la-Chapelle, elle devient le lieu de l'élection des empereurs germaniques. En 1585, la 1re Bourse européenne y est créée. Les Français occupent la cité au milieu du XVIIIe s et, un siècle plus tard, la révolution de 1848 se déclenche ici. La dynastie des banquiers ***Rothschild*** crée des filiales dans plusieurs villes d'Europe. La 2de Guerre mondiale lui est fatale avec la destruction quasi totale de la cité, qui se reconstruit rapidement et reprend vite du galon sur le plan économique. Francfort est aujourd'hui le 1er pôle économique d'Allemagne, consacré par la présence du siège de la *Banque centrale européenne*, que les habitants surnomment affectueusement « *DIE Bank* » (LA banque). Le Brexit doit à terme profiter à Francfort et entériner son titre de « capitale financière » de l'UE.

LE GUÉ DES FRANCS

On raconte que Charlemagne, ayant franchi la rivière Main sain et sauf, s'est agenouillé et fonde la ville en la nommant Franconofurd, *ce qui signifie « gué des Francs ».*

Arriver – Quitter

– ***Infos transports régionaux en train et bus :*** *● rmv.de ●*

En avion

✈ ***Flughafen Frankfurt am Main*** *(aéroport international de Francfort ; hors plan II par E6)* **:** *à 13 km au sud-ouest de la ville. Infos vols 24h/24 : ☎ 69-00. ● frankfurt-airport.de ●* Desservi par ttes les compagnies internationales, c'est le principal aéroport du pays et le 3e en Europe.

ℹ Sur place, ***office de tourisme*** *(hall B*

du terminal 1 ; tlj 6h-22h). Vend l'avantageuse *Frankfurt Card* (voir plus loin « Adresses et infos utiles »).

➢ ***Pour rejoindre le centre-ville :*** les trains S8/9 relient l'aéroport à la gare centrale *(Hauptbahnhof)*, et s'arrêtent même à la *station Hauptwache (plan I, B2)*, en plein centre-ville. Départ ttes les 15 mn. Billet : 5 € ; gratuit avec la *Frankfurt Card.* Ces 2 trains relient aussi directement Wiesbaden et Mainz. Pour les autres villes, correspondance à la gare centrale. Pour un trajet en taxi, compter 30 €. Enfin, bus réguliers pour le centre : ligne 61 pour la gare, lignes 7, 58, 72, 77 et 81 pour les autres quartiers. Départ ttes les 20 mn. Billet : 4,35 €.

➢ ***Darmstadt :*** bus direct ***Airliner*** pour rejoindre le centre-ville ou la gare centrale. Durée : 20 mn ; service 4h45-minuit, ttes les 30 mn. Prix : 9 €.

✈ ***Flughafen Frankfurt-Hahn*** *(aéroport de Francfort-Hahn)* **:** *Gebäude 667, à* ***Hahn.*** • *hahn-airport.de* • *À env 100 km à l'ouest de Francfort.* Desservi notamment par la compagnie low-cost *Ryanair* en liaison avec certaines villes françaises. Bus réguliers pour rejoindre le centre de Francfort (terminus à la gare centrale) en 1h45 et pour 16 €. • *bohr.de* •

En train

Hauptbahnhof *(gare ferroviaire centrale ; plan I, A3)* **:** *Am Hauptbahnhof 1. ☎ 26-50. À l'ouest du centre-ville. Infos au guichet face à la voie nº 12, et achat billets au Reisezentrum face aux voies nºs 10-12.*

➢ ***Paris-Est*** *(France)* **:** 4-5 TGV/j. desservant aussi ***Saarbrücken*** ou ***Karlsruhe,*** et ***Mannheim.*** Durée : 4h.

➢ ***Köln :*** 3-5 trains/h. De là, train *Thalys* reliant ***Liège*** et ***Bruxelles, Düsseldorf...*** Durée : 3h30 pour Bruxelles.

➢ ***Berlin :*** env 1 direct/h. Également des liaisons un peu moins rapides avec changement à *Naumburg, Hanovre, Leipzig...* et des trains de nuit plus lents. Durée : 4h30.

➢ ***Darmstadt :*** 3-4 trains/h. Durée : 20 mn.

➢ ***Marburg :*** 1-2 trains/h. Durée : 1h15.

➢ ***Wiesbaden :*** 2-3 trains/h. Durée : 40 mn.

➢ ***Mainz :*** 3-4 trains/h. Durée : 30 mn.

➢ ***Koblenz :*** 1-3 directs/h et d'autres avec changement à *Mainz.* Durée : 1h40.

➢ ***Speyer :*** 3 trains/h avec changement à *Mannheim.* Durée : 1h30.

➢ ***München :*** env 2 direct/h. Durée : 3h30.

Faire la foire peut coûter cher !

– ***Important :*** 7 grandes foires annuelles sur une trentaine en tout, s'étalant de janvier à octobre, durent de 3 à 7 jours (infos à l'office de tourisme).

Les transports urbains

– On visite facilement la ville à pied ou à vélo (nombreuses pistes cyclables). Circuler en voiture n'est pas très utile, vu qu'une bonne partie de la ville est piétonne. Nombreux parkings souterrains, très pratiques mais chers *(env 1,50 €/h).*

– Le ***U-Bahn*** (métro) dessert assez bien la ville, il est complété par des bus et des tramways. Possibilité aussi de prendre le ***S-Bahn,*** sorte de RER dont les lignes relient le centre et filent vers la banlieue.

Plans à télécharger : • *rmv.de* • *vgf-ffm.de* •

Derniers ramassages des noctambules vers 0h30-0h50. Soyez attentif, car le métro n'est pas toujours souterrain et certaines stations sont dans la rue, tout comme pour les tramways.

L'achat des tickets de transport en commun au détail revient cher *(2,75 € à l'unité).* Ainsi, si vous comptez visiter la ville – seul ou en groupe (2 à 5 personnes) –, on conseille l'avantageuse ***Frankfurt Card*** (voir plus loin « Adresses et infos utiles ») donnant la gratuité des transports collectifs en ville, y compris sur le trajet aéroport.

Le réseau des transports en commun

de Francfort *Traffiq* (● *traffiq.de* ●) permet de télécharger les plans des réseaux, et propose la ***Tageskarte*** *(5,50 €),* valable 1 journée sur toutes les lignes ; trajet aéroport compris. Mêmes avantages avec la ***Gruppentageskarte*** *(12,30 €)* si vous voyagez en groupe, jusqu'à 5 personnes.

Comment s'orienter ?

Même si Francfort paraît grand, on s'y retrouve facilement. L'***Altstadt*** (centre historique) est bordé par la rivière Main, et se parcourt à pied. Il est délimité par une ceinture verte à l'emplacement des anciennes fortifications dont il ne reste que la *Eschenheimer Turm.* Son noyau historique est constitué par le ***Römerberg,*** le ***Kaiserdom*** (cathédrale impériale) et la ***Paulskirche*** (église Saint-Paul). L'artère principale, piétonne, la ***Zeil,*** débute au niveau de la grande place ***An der Hauptwache,*** dont la proximité sud attire la jeunesse locale dans ses nombreux restos, bars et boîtes de nuit, jusqu'à ***Willy-Brandt-Platz.***
De l'autre côté du fleuve *(plan II),* la ***Museumsufer*** (rive des musées) est un long chapelet de musées étalés sur environ 1 km le long du Main. Au niveau du pont *Untermainbrücke,* vue panoramique sur le quartier des banques et des gratte-ciel, surnommé sans surprise, « Mainhattan ». Du côté du Main, on découvre le quartier de ***Sachsenhausen*** (littéralement : les Maisons des Saxons), familial et bobo, réputé pour ses établissements produisant l'*Apfelwein* ; un genre de cidre sans bulles servi dans les nombreux restos et bars du quartier, très animé le soir des week-ends.
Autre quartier réputé pour son animation : ***Bornheim*** *(hors plan I par D1),* situé au nord-est de l'*Altsatdt.* Ambiance populaire et commerçante le jour, le secteur de la ***Berger Straße*** devient la nuit le théâtre des sorties estudiantines.
Enfin, le ***quartier de la gare,*** à l'ouest du centre, est le quartier « chaud » de Francfort... tout en se transformant petit à petit. Nombreux restaurants multiethniques dans ce secteur. Si la gare a été modernisée, la place qui lui fait face fait l'objet d'une indispensable réhabilitation.

Adresses et infos utiles

Informations touristiques et culturelles

ℹ ***Office de tourisme Hauptbahnhof*** *(plan I, A3,* ***1****)* **:** *Am Hauptbahnhof.* ☎ *21-23-88-00.* ● *frankfurt-tourismus.de* ● *Au rdc de la gare, à droite en sortant par la porte centrale. Lun-ven 8h-21h, w-e 9h-18h. Dans la vieille ville, également l'****office de tourisme Römer*** *(plan I, C3,* ***2****) : Römerberg 27. Tlj 9h30-17h30 (16h w-e).* Une mine d'infos ! Brochures en français, plan de la ville, liste des hébergements, infos loisirs (musées, bus touristique *City Sightseeing,* croisières sur le Main...), calendrier des fêtes et événements... Vend la *Frankfurt Card.* Accueil sympa et compétent.
– ***Frankfurt Card :*** *valable 1 j. pour 11,50 €, ou 2 j. pour 17 € ; également une carte groupe (2-5 pers) pour 24 € (1 j.) ou 34 € (2 j.), avantageuse si vous voyagez en famille. En vente sur Internet ou dans les offices de tourisme de l'aéroport, de la gare et de la vieille ville.* Accès libre et illimité aux transports collectifs urbains (y compris le trajet de/vers l'aéroport), réduc de 50 % sur l'entrée des musées de la ville ; 20 % sur les visites guidées, les circuits de bus touristiques comme *City Sightseeing* et les croisières en bateau sur le Main ; et d'autres remises de 15 à 50 % sur des attractions, concerts et spectacles, location de vélos, boutiques, restos... On vous conseille de l'acheter dès votre arrivée !
– ***RheinMain Card :*** une carte qui permet d'obtenir des réductions à l'entrée de 40 sites et attractions de la région de Francfort et profiter de la gratuité

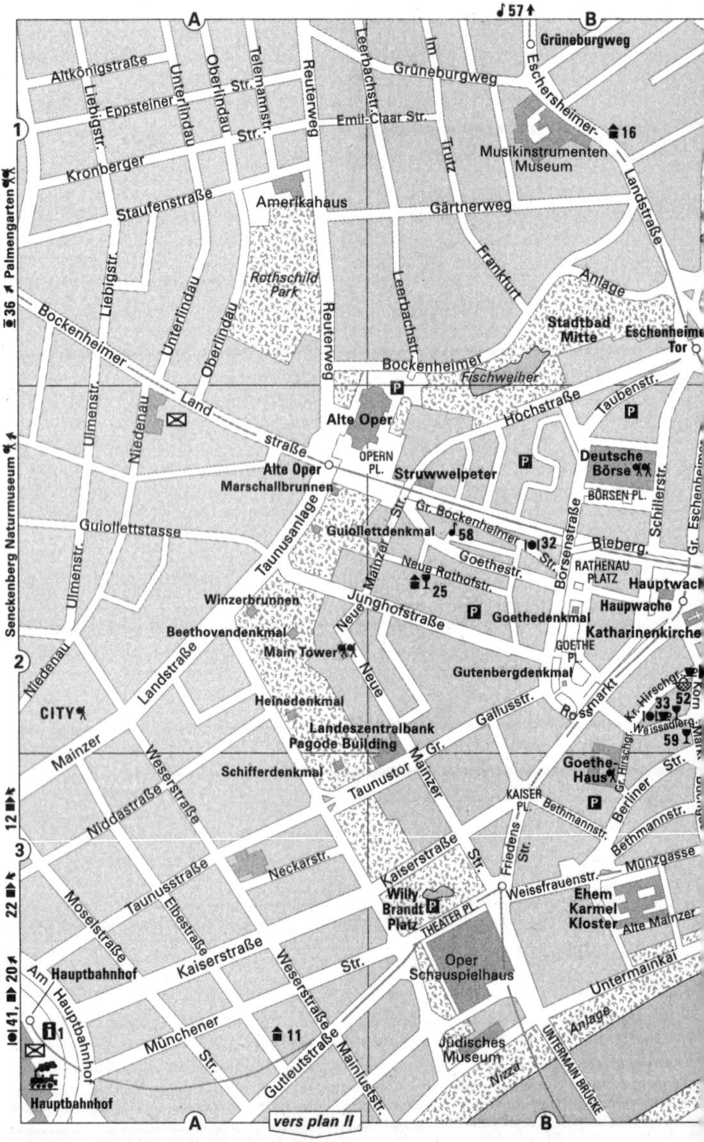
A
B
1
2
3
57
Grüneburgweg
Altkönigstraße
Liebigstr.
Eppsteiner Str.
Unterlindau
Oberlindau
Telemannstr.
Reuterweg
Leerbachstr.
Im Trutz
Grüneburgweg
Eschersheimer-Landstraße
16
Musikinstrumenten Museum
Emil-Claar Str.
Kronberger Str.
Staufenstraße
Amerikahaus
Gärtnerweg
Palmengarten
36
Rothschild Park
Frankfurt Anlage
Bockenheimer Landstraße
Leerbachstr.
Stadtbad Mitte
Eschenheimer Tor
Bockenheimer Anlage
Fischweiher
Taubenstr.
Hochstraße
Alte Oper
Ulmenstr.
Niedenau
Alte Oper
OPERN PL.
Deutsche Börse
Marschallbrunnen
Struwwelpeter
BÖRSEN PL.
Senckenberg Naturmuseum
Schillerstr.
Gr. Bockenheimer Str.
Guiollettstasse
Guiollettdenkmal
58
32
Bieberg.
Goethestr.
Börsenstraße
RATHENAU PLATZ
Taunusanlage
Neue Rothofstr.
25
Hauptwache
Haupwache
Winzerbrunnen
Junghofstraße
Goethedenkmal
Beethovendenkmal
Katharinenkirche
Neue Mainzer Str.
GOETHE PL.
Main Tower
Gutenbergdenkmal
Niedenau
Landstraße
Rossmarkt
Kr. Hirschgr.
33
52
CITY
Heinedenkmal
Gallusstr.
Weissadlerg.
Landeszentralbank
Pagode Building
59
Mainzer
Gr. Gallusstr.
Goethe-Haus
Schifferdenkmal
Taunustor
Berliner Str.
Weserstraße
12
Niddastraße
KAISER PL.
Bethmannstr.
Friedens Str.
Bethmannstr.
Neckarstr.
Kaiserstraße
Münzgasse
Weissfrauenstr.
Taunusstraße
Elbestraße
Willy Brandt Platz
THEATER PL.
Ehem Karmel Kloster
22
Moselstraße
Alte Mainzer
Kaiserstraße
Oper Schauspielhaus
Hauptbahnhof
Str.
Untermainkai
20
Am Hauptbahnhof
Weserstraße
41
1
Anlage
Münchener Str.
11
Jüdisches Museum
Gutleutstraße
Mainlustr.
Nizza
UNTERMAIN BRÜCKE
Hauptbahnhof
vers plan II

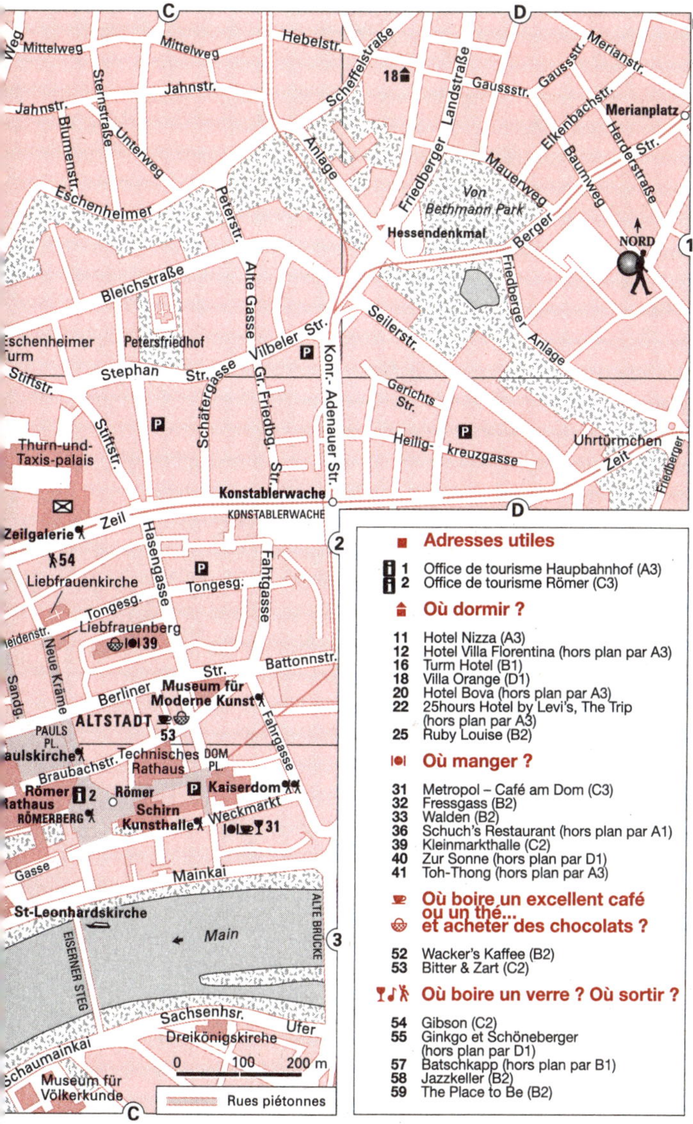

■ Adresses utiles

1 Office de tourisme Haupbahnhof (A3)
2 Office de tourisme Römer (C3)

Où dormir ?

11 Hotel Nizza (A3)
12 Hotel Villa Florentina (hors plan par A3)
16 Turm Hotel (B1)
18 Villa Orange (D1)
20 Hotel Bova (hors plan par A3)
22 25hours Hotel by Levi's, The Trip (hors plan par A3)
25 Ruby Louise (B2)

Où manger ?

31 Metropol – Café am Dom (C3)
32 Fressgass (B2)
33 Walden (B2)
36 Schuch's Restaurant (hors plan par A1)
39 Kleinmarkthalle (C2)
40 Zur Sonne (hors plan par D1)
41 Toh-Thong (hors plan par A3)

Où boire un excellent café ou un thé... et acheter des chocolats ?

52 Wacker's Kaffee (B2)
53 Bitter & Zart (C2)

Où boire un verre ? Où sortir ?

54 Gibson (C2)
55 Ginkgo et Schöneberger (hors plan par D1)
57 Batschkapp (hors plan par B1)
58 Jazzkeller (B2)
59 The Place to Be (B2)

FRANKFURT (FRANCFORT) – Plan I, Nord

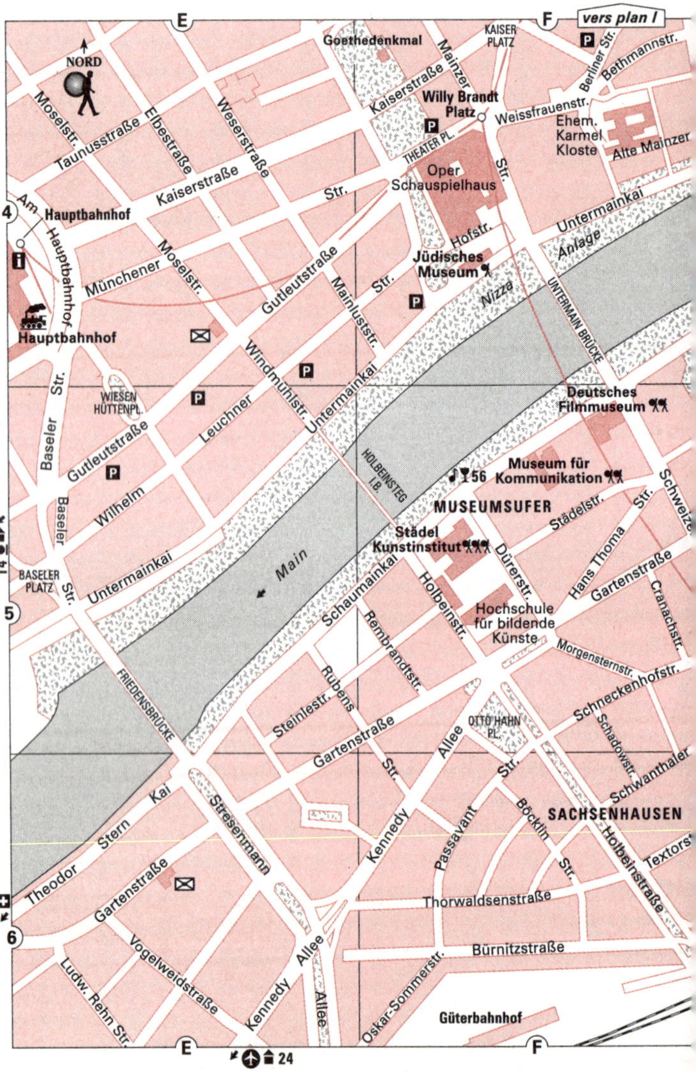

Où dormir ?

10 Jugendherberge Frankfurt (H4)
14 Hotelschiff Schlott (hors plan par E5)
24 Meininger Hotel Frankfurt/ Main Airport (hors plan par E6)

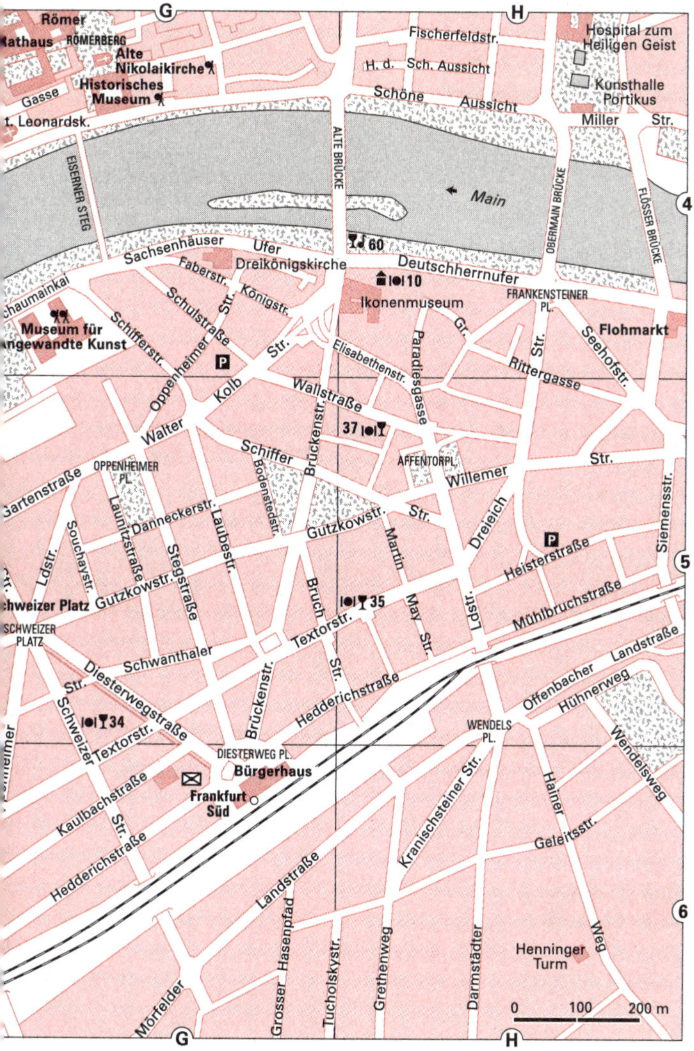

FRANKFURT (FRANCFORT) – Plan II, Sud

Où manger ?

34 Zum Gemalten Haus et Wagner (G5)
35 Zur Germania (H5)
37 Gastätte Atschel (H5)

Où boire un verre ?

56 Maincafé (F5)
60 Yachtklub (H4)

des transports sur le réseau régional Rhein-Main (RMV). *Prix : 32 € ou 52 € pour un groupe de 5 pers.* • *frankfurt-rhein-main.de* •

■ ***Réservation de chambres d'hôtel :*** *avec* ***Frankfurt Tourismus und Kongress.*** *Résas :* • *frankfurt-tourismus.de/hotels* • Pas de commission.

Santé

✚ ***Universitätsklinikum Frankfurt*** *(CHU ; hors plan II par E6) : Theodor-Stern-Kai 7. ☎ 63-010. Dans le quartier de Sachsenhausen.*

■ ***Pharmacies :*** *à la gare (plan I, A3), ouv tard. Sinon, pour avoir le nom de la* ***pharmacie de garde*** *: ☎ 01-15-00.*

Transports

■ ***Location de voitures :*** toutes les compagnies sont présentes à la gare et à l'aéroport.

Taxis : ***Taxi Frankfurt*** *(☎ 23-00-01) ;* ***Time Car*** *(☎ 203-04) ;* ***Taxi Point*** *(☎ 707-66-90).*

Location de vélos : *chez* ***Electric Bike*** *(hors plan I par A3), Ostparkstr. 25-29. ☎ 0163-51-72-847.* • *electric-bike-frankfurt.com* • *À 200 m de la gare. Tlj 9h-20h. Également chez* ***Theo Intra*** *(hors plan I par A1), Westerbachstr. 273. ☎ 34-27-80.* • *fahrrad-intra.de* • *Tlj sauf dim 10h-18h (14h sam) ou sur rdv.*

Vélos-taxis avec chauffeur chez ***Velotaxi Frankfurt*** : *☎ 715-888-55.* • *velotaxi-frankfurt.de* • *Avr-oct, tlj 12h-20h.* Un moyen original et écolo de visiter le centre de Francfort sur plusieurs circuits.

Divers

■ ***Réservations de spectacles*** *(plan I, B2) : avec* ***Frankfurt Ticket Rhein-Main,*** *Opernplatz 1 (plan I, B2). ☎ 134-04-00.* • *frankfurtticket.de* •

■ ***Ballet de Francfort :*** *se produit au* ***Bockenheimer Depot*** *(hors plan I par A1), Carlo-Schmid-Platz 1 ; ou au* ***Frankfurt Lab*** *(hors plan I par A3), Schmidtstr. 12. Infos : ☎ 212-494-94.* • *buehnen-frankfurt.de/bockenheimer-depot/* • *frankfurt-lab.de* • *Résas en ligne ou chez* Frankfurt Ticket Rhein-Main *(voir ci-avant).* Pour les amateurs de danse contemporaine.

– ***Magazines locaux :*** procurez-vous le ***Journal Frankfurt*** pour savoir tout ce qui se passe à Francfort (concerts, théâtres, opéras, cinémas, manifestations, expos, boîtes...). Une fois par an paraît son édition spéciale ***Frankfurt geht aus !*** sur les sorties et restos, disponible dans les kiosques. Également le même genre d'infos dans le ***Prinz.*** Et puis les gratuits ***Strandgut*** et ***Frizz.***

– ***Marché alimentaire :*** *à la Kleinmarkthalle (voir « Où manger ? »).*

– ***Marché aux puces*** (Flohmarkt) **:** *ts les sam (sauf j. fériés) 9h-14h, au bord du Main, sur Schaumainkai (plan II, E-G4-5).*

Où dormir ?

– ***Important :*** l'été, les hôtels accordent souvent de grosses ristournes en période creuse, hors foire. Le rapport qualité-prix est alors imbattable.

Camping

Campingplatz Mainkur : *Frankfurter Landstr. 107, à* ***Maintal.*** *☎ 41-21-93.* • *campingplatz-mainkur.de* • *À env 12 km au nord-est de Francfort. S11/12 ; bus nos 44, 706, 939, 940 et 945. Avr-sept. Compter 30 € pour 2 pers avec tente et voiture.* Agréable camping arboré et ombragé le long du Main, mais aussi en bordure d'une voie rapide. Sanitaires impeccables. Petite épicerie et jeux pour enfants. Base nautique à proximité : baignade, ski nautique...

Auberges de jeunesse

Jugendherberge Frankfurt *(plan II, H4,* ***10****) : Deutschherrnufer 12. ☎ 610-01-50.* • *jugendherberge-frankfurt.de* • *De la gare, bus n° 46, arrêt Frankensteiner Platz ; S16 : Lokalbahnhof, puis 5 mn à pied. Résa conseillée. Nuitée 20-43 €/pers selon* *âge et capacité de la chambre, petit déj compris. ½ pens et pens complète possibles. Parking payant.* Conçue un peu comme un hôtel, cette AJ est de loin la meilleure adresse en ville. Idéalement située au bord du Main – à 10 mn à pied du centre, elle est la providence du routard ! Énorme bâtiment moderne pratique, renfermant près de 400 lits distribués dans des chambres de 1 à 6 personnes, avec ou sans sanitaires intérieurs. Parfaitement tenu. Resto-bar et terrasse.

🏠 ***Meininger Hotel Frankfurt/Main Airport*** *(hors plan II par E6,* ***24****) : Bessie-Coleman-Str. 11. ☎ 95-79-79-65. • meininger-hotels.com • À proximité du terminal 2 de l'aéroport, 13 km au sud-ouest de la ville. Résa conseillée. Lits en dortoir 28-40 €/pers selon nombre de lits, doubles 80-100 € ; petit déj inclus. Parking payant.* Un bon plan que cette AJ moderne située à 2 pas de l'aéroport, en cas de vol tôt le matin ou de transit. Dortoirs jusqu'à 6 personnes, nickel et bien équipés, tous avec sanitaires privés. Certains sont non mixtes, réservés aux femmes. Quelques chambres doubles et familiales aussi. Salle de fitness. Navette (payante) pour l'aéroport.

Prix moyens

🏠 ***Hotel Bova*** *(hors plan I par A3,* ***20****) : Ottostr. 5. ☎ 36-60-67-32. Sur le côté de la gare. U4/5 : Hauptbahnhof. Doubles 70-85 € selon saison, petit déj inclus.* Hôtel avec jolie façade ancienne en brique rouge tenu par une gentille famille italienne un peu francophone. Chambres simples mais pratiques, toutes avec salle de bains. Pas le grand luxe mais un bon rapport qualité-prix dans ce quartier de la *Little Italy* de Frankfurt, réputé pour ses authentiques restos transalpins.

🏠 🍴 ***Hotelschiff Schlott*** *(hors plan II par E5,* ***14****) : Batterie Mainufer. ☎ 300-676-80. • mainod.de • Dans le quartier de Höchst, à env 10 km à l'ouest du centre-ville. S1/2 : Höchst ; bus n°s 54, 55 ou 57, arrêt Bolangaropalast. Doubles 75-120 € selon confort et saison, petit déj inclus.* Une adresse insolite comme on les aime ! Amarré sur le Main – en lisière d'un charmant quartier ancien –, ce long bateau offre une vingtaine de cabines, toutes différentes, aménagées avec goût. Les moins chères n'ont ni douche ni w-c. Fait aussi resto sur l'eau *(mer-dim).* Accueil pro et sympa.

De prix moyens à chic

🏠 ***25hours Hotel by Levi's, The Trip*** *(hors plan I par A3,* ***22****) : Niddastr. 56-58 (quartier un peu chaud et animé assez tard). ☎ 25-66-77-22-55. • 25hours-hotel.com • U4/5 : Hauptbahnhof. Doubles 90-170 € sans ou avec petit déj-buffet. Parking payant.* À 3 mn à pied de la gare centrale, un hôtel de 75 chambres vraiment rock'n'roll. Réception design, déco colorée, salle de petit déj-resto accolée au bar. Chambres au look contemporain sur le thème de la musique et inspirées par l'histoire de la marque de jeans : papiers peints bigarrés, *Andy Warhol room* avec instruments à dispo pour ceux qui veulent se faire une petite *jam session.* Concerts réguliers. Vaste terrasse sur le toit au milieu de la *skyline.* Vélos à dispo. Tout pour satisfaire une clientèle jeune et branchée. Un autre hôtel *(The Goldman)* de cette chaîne à Francfort près de la *Ostbahnhof (Hanauer Landstr. 127 ; ☎ 40-58-68-92-55).*

🏠 ***Hotel Nizza*** *(plan I, A3,* ***11****) : Elbestr. 10. ☎ 242-53-80. • hotelnizza.de • U4/5 : Willy-Brandt-Platz. Doubles 95-180 € selon confort et saison ; petit déj 15 €.* Un hôtel qui détonne dans le quartier : banal d'extérieur mais avec une vraie atmosphère mi-rétro, mi-arty à l'intérieur ! Très fréquenté par les artistes et musiciens. Chambres toutes simples, à la déco dépouillée (les moins chères avec salle de bains commune). Préférez celles sur cour. Billard et belle terrasse sur les toits pour musarder.

🏠 ***Hotel Villa Florentina*** *(hors plan I par A3,* ***12****) : Westendstr. 23. ☎ 974-03-70. • hotelflorentina.de • U4 : Festhalle Messe. Doubles 100-150 € selon saison, petit déj inclus. Parking payant.* Installée dans un quartier résidentiel vert et tranquille, cette

L'OUEST DE L'ALLEMAGNE

maison ancienne abrite une trentaine de chambres à la déco classique et plutôt petites mais tout confort. Beau salon du petit déj, et micro-*Biergarten* à l'arrière. Excellent accueil. Une belle adresse à prix doux pour la catégorie.

Ruby Louise *(plan I, B2,* ***25****) : Neue Rothofstr. 3. ☎ 945-158-770. • ruby-hotels.com • U6/7 : Alte Oper. Doubles 80-140 € selon saison, petit déj inclus.* Coup de cœur pour cet hôtel pimpant, moderne et un brin rock'n'roll, idéalement situé en plein centre-ville ! Les chambres sont cosy à souhait, avec douche à l'italienne, excellente literie et même un ampli, si l'envie vous dit de gratter quelques notes grâce aux guitares en libre-service. Superbe *rooftop* (ouvert à tous), idéal pour un cocktail avec vue sur la ville.

Turm Hotel *(plan I, B1,* ***16****) : Eschersheimer Landstr. 20. ☎ 15-40-50. • turmhotel-fra.de • U1/2/3/8 : Eschenheimer Tor. Doubles 85-145 € selon saison et vue ; petit déj 10 €. Parking payant.* À 10 mn à pied du centre-ville, hôtel moderne aux aménagements contemporains bien plaisants. Chambres tout confort avec des thématiques design. On a bien aimé les « *little gym* » avec leur espalier, pour les couples sportifs et un peu coquins ! Accueil attentionné.

Chic

Villa Orange *(plan I, D1,* ***18****) : Hebelstr. 1. ☎ 40-58-40. • villa-orange.de • U5 : Musterschule. Doubles 110-170 € selon saison et confort, petit déj inclus. Parking payant.* Un boutique-hôtel au credo écolo, pour une clientèle d'affaires certes, mais plein de charme. Confort, raffinement des matériaux, et bon accueil, à 15 mn à pied du centre.

Où manger ?

Dans l'Altstadt

De bon marché à prix moyens

Kleinmarkthalle *(petit marché couvert ; plan I, C2,* ***39****) : Hasengasse 5. • kleinmarkthalle.de • U1/2/4/6/7/8 : Hauptwache. Tlj sauf dim et j. fériés 8h-18h (16h sam).* Marché coloré de près de 80 stands où sont proposés produits de la région et spécialités internationales. On peut y manger sur le pouce au comptoir. Ne pas manquer le stand nº 8, *Schreïber,* une institution de la saucisse en ville. Acheter le bouquet d'herbes pour préparer la *Grüne Sosse.*

Fressgass *(plan I, B2,* ***32****) : Kalbächer Gasse et Große Bockenheimer Str. U6/7 : Alte Oper ou Hauptwache. Tlj 9h-20h.* Surnommée *Fressgass* ou « rue de la Bouffe », cette artère aligne quantité de restos et bistrots. Quelques tables en salle ou en terrasse pour manger rapidement à prix amical. Difficile de ne pas trouver son bonheur devant la diversité du choix. Ambiance animée et joyeusement bondée.

Toh-Thong *(hors plan I par A3,* ***41****) : Düsseldorfer Str. 22., au coin de Mainzer Landstr. ☎ 25-53-84-53. U4/5 : Hauptbahnhof. Lun-ven 11h30-21h45, w-e 18h-22h. Plats moins de 10 €.* Un petit resto thaï familial à 100 m à gauche de la gare, à préférer à tous les bouis-bouis asiatiques du coin. Cuisine authentique avec des produits frais et des épices parfumées. Service parfois rude. Une excellente surprise néanmoins.

Metropol – Café am Dom *(plan I, C3,* ***31****) : Weckmarkt 13-15. ☎ 28-82-87. U4/5 : Dom/Römer. Tlj 9h-minuit (1h ven-sam) ; la cuisine ferme à 22h. Plats 10-20 € ; menu midi env 11 €.* Admirer d'abord l'intéressante architecture de cette rue, pleine de curiosités. Ici, on sert des plats simples et inventifs, à un prix honnête. *Biergarten* à l'arrière en été et terrasse sous les arcades devant. Agréable aussi en journée pour picorer d'excellentes pâtisseries maison accompagnées d'un café.

Walden *(plan I, B2,* ***33****) : Kleiner Hirschgraben 7. ☎ 928-827-00. U1/2/4/6/7/8 : Hauptwache. Tlj 8h-22h (dim 10h-16h). Petit déj 6,40 €. Plats*

L'OUEST DE L'ALLEMAGNE

13-25 €. Cadre contemporain agréable et cosy pour ce resto branché au mobilier design et coloré. Dans l'assiette : salades, sandwichs, pizzas, burgers, et plats du jour soignés. Belle et agréable terrasse sur rue. DJ certains soirs.

À Sachsenhausen

– Accès : U1/2/3/8 : Schweizer Platz.
Dans la plupart des restos, les mêmes plats typiques, avec, en vedette, ***Rippchen mit Sauerkraut,*** côte de porc bouillie sur son lit de choucroute. Également le ***Handkäs mit Musik,*** rondelles de fromage maigre à base de lait caillé, assaisonnées avec du vinaigre, du cumin et des oignons. On vous laisse imaginer la métaphore poétique qui illustre la conséquence sonore *(Musik)* lors de la digestion des oignons ; quel humour !
Et puis observez les enseignes des restos : une couronne végétale verte autour d'un pot en grès gris signifie qu'on y fabrique de l'***Apfelwein,*** sorte de cidre léger sans bulles et pas sucré, grande spécialité de ce quartier, couvert autrefois de vergers de pommiers.

De bon marché à prix moyens

IOI 🍷 ☂ *Zum Gemalten Haus* *(La Maison Peinte ; plan II, G5,* ***34****)* ***:*** *Schweizer Str. 67, mais entrée aussi par la Dietserweg Str. ☎ 61-45-59. U1/2/3/8 : Schweizer Platz. Tlj sauf lun 10h-minuit. Plats 10-20 €.* L'un des plus fameux restos de la ville. Un dédale de salles et de courettes aux murs peints de fresques : paysages de Francfort et scènes de beuveries qui reflètent un peu l'atmosphère du lieu ! Le menu change chaque semaine, mais la star ici ce sont les *Rippchen,* servis au kilomètre et impérativement arrosées de l'obligatoire *Apfelwein* maison. Vraiment copieux ! On termine avec un digestif à base d'eau-de-vie de pêche. Parfois un peu touristique (le resto est mentionné dans les guides asiatiques), mais la qualité demeure. Tables dans les patios aux beaux jours.

IOI ☂ *Wagner* *(plan II, G5,* ***34****)* ***:*** *Schweizer Str. 71. ☎ 61-25-65. U1/2/3/8 : Schweizer Platz. Tlj 11h-minuit. Plats 8-19 € ; plat du jour env 11 €.* Une vénérable institution familiale, en place depuis 1931. Parquets, boiseries, banquettes de bois, fresques aux murs, photos de célébrités locales, pots en grès, voilà pour le décor. On vous assoit d'office là où il y a de la place. Plats typiquement francfortois arrosés de l'inévitable *Apfelwein* (pas de bière !). Si vous êtes 4, commandez une *Frankfurter Platte,* un assortiment des spécialités locales *(17,50 €/pers).* Le vendredi, c'est jour du poisson.

IOI 🍷 *Zur Germania* *(plan II, H5,* ***35****)* ***:*** *Textorstr. 16. ☎ 61-33-36. Schweizer Platz ou Frankfurt Main Süd. Tlj sauf lun 17h (11h w-e)-minuit. Plats 10-15 €.* Un local rustique donnant sur une arrière-cour sans fioritures. Car, ici, l'essentiel est dans l'assiette : foie d'agneau à la berlinoise, côtes de porc bouillies, choucroute et tout le tintouin ! Un resto authentique fondé en 1905, que les habitants du coin recommandent volontiers. Pas de menu traduit ; foncez !

IOI 🍷 ☂ *Gastätte Atschel* *(plan II, H5,* ***37****)* ***:*** *Wallstr. 7. ☎ 61-92-01. U1/2/3/8 : Schweizer Platz ou Frankfurt Main Süd. Tlj 12h-23h. Plats 7-18 €.* Une taverne dans son jus comme on les aime, avec ses grosses tables en bois, son ambiance chaleureuse et ses plats typiques gargantuesques. Goûter le digestif maison, *das Mispelchen,* des nèfles entières imbibées dans un verre de calva. À tomber ! Terrasse aux beaux jours. Service pressé mais souriant.

À Bornheim

De bon marché à prix moyens

IOI 🍷 *Zur Sonne* *(hors plan I par D1,* ***40****)* ***:*** *Berger Str. 312. ☎ 45-93-96. U4 : Bornheim-Mitte. Tlj sauf dim-lun 17h-23h. Plats 6-18 €.* Petit havre de fraîcheur verdoyante, ce *Biergarten* inattendu, planté entre 2 maisons à colombages, offre une foule de tablées pour siroter l'*Apfelwein* maison entre copains. Côté salle, on se croirait dans une auberge de campagne. Dans l'assiette, plats traditionnels rustiques corrects, soupes, salades et sandwichs. Une adresse bien connue dans ce quartier animé en soirée.

À Praunheim

Prix moyens

Schuch's Restaurant *(hors plan I par A1, **36**) : Alt-Praunheim 11. ☎ 76-10-05. U1/9 : Römerstadt ; U6 : Praunheim-Heerstr., puis env 15 mn à pied (voiture indispensable le soir). Tlj sauf lun 18h (12h ven-dim)-23h. Plats 10-25 €.* Dans cette auberge en brique, un resto familial et original qui sert de délicieuses spécialités déclinées sur le thème de la pomme. Et des pommes, il y en a partout, sur les murs, dans l'assiette, et même dans les verres, car les proprios produisent leur propre *Apfelwein.* Ambiance conviviale, mêlant touristes et gens du cru.

Où boire un excellent café ou un thé...

Wacker's Kaffee *(plan I, B2, **52**) : Kornmarkt 9. ☎ 28-78-10. U1/2/4/6/7/8 : Hauptwache. Tlj sauf dim 8h-18h.* Une institution depuis 1914 ! L'endroit idéal pour déguster un bon café du monde (beaucoup de choix), à l'italienne, c'est-à-dire debout au comptoir, ou aux quelques tables en terrasse. Vous pourrez même repartir avec votre café en grains favori. Si vous avez du mal à trouver, suivez l'odeur...

... et acheter des chocolats ?

Bitter & Zart *(plan I, C2, **53**) : Braubachstr. 14. ☎ 94-94-28-46. U4/5 : Dom/Römer. Tlj sauf lun 10h-18h.* Adorable décor de bonbonnière un brin kitsch, où se délecter de gâteaux faits maison. Chocolats chauds à tomber. Boutique attenante pour faire provision de chocolats fourrés et pralinés. Un peu d'attente pour s'asseoir à l'heure du goûter.

Où boire un verre ? Où sortir ?

Les bistrots de Francfort sont des lieux à dimension variable, ouverts du petit déj au dîner, en passant par le brunch, le déjeuner, le café, et le verre du soir pour refaire le monde jusque tard. Également quelques adresses de bars branchés et de clubs, où ça bouge pas mal la nuit.

Dans l'Altstadt

The Place to Be *(plan I, B2, **59**) : Weissadlergasse 3. ☎ 72-45-45. U1/2/4/6/7/8 : Hauptwache. Tlj sauf dim 17h-1h (2h ven-sam).* Véritable ovni nocturne dans le quartier, ce bar de poche, à l'esprit rock et alternatif, est le QG rêvé pour les routards à la recherche d'un lieu intimiste et underground. Bonne sélection de bières et de vins au verre.

Ebbelwei Express *: Kurt-Schumacher-Str. 8 (infos seulement). ☎ 213-224-25. • ebbelwei-express.com • Roule w-e et j. fériés 13h30-20h. Billet : 8 € ; réduc. Durée : 1h.* Ce vieux tram coloré sillonne la ville, passant notamment par les quartiers de *Bornheim, Sachsenhausen,* et marquant quelques arrêts dans l'*Altstadt.* Facile alors d'y monter pour découvrir Francfort de façon originale, en sirotant un verre !

Gibson *(plan I, C2, **54**) : Zeil 85-93. ☎ 949-477-70. • gibson-club.de • U4/5/6/7 : Konstablerwache. Jeu 21h-4h ; ven-sam 23h-5h. Entrée : à partir de 10 €.* Autre temps fort de la *nightlife* francfortoise : concerts live et DJs déchaînent une foule d'oiseaux de nuit lookés et plutôt sexy. Sélection à la porte parfois un peu rude...

À Bornheim

Quartier qui a pour colonne vertébrale la ***Berger Straße,*** commerçante le jour, et aussi très animée la nuit avec ses bistrots.
– Accès par le U4 : Merianplatz, Höhenstr. et Bornheim-Mitte.

Ginkgo *(hors plan I par D1,* ***55****) : Berger Str. 81. ☎ 49-12-02. Tlj 8h30 (9h w-e)-minuit.* Déco design épurée, grandes baies vitrées sur la rue et terrasse avec plantes vertes. Bien pour boire un verre au calme, malgré la forte fréquentation. Fait aussi resto (plutôt correct, d'ailleurs).
Schöneberger *(hors plan I par D1,* ***55****) : Berger Str. 237. ☎ 945-066-11. Tlj 17h-1h.* Murs en brique, tables en bois épais, lampes d'atelier, et terrasse animée par les discussions ou les retransmissions de matchs de foot. Un bistrot qui ne désemplit pas, plébiscité par les noctambules du quartier.

À Sachsenhausen

Un autre quartier très animé en soirée, notamment les terrasses des restos cités précédemment (voir « Où manger ? À Sachsenhausen »), où l'on vient descendre des godets d'*Apfelwein.* Pour prolonger la fête jusque tard, direction les ***Wallstraße, Kleine Rittegraße*** et ***Klappergraße*** : c'est ici que bat le cœur de la nuit avec ses pubs irlandais et ses clubs salsa et disco.

Maincafé *(plan II, F5,* ***56****) : Schaumainkai 50. ☎ 661-697-13. Face au Museum für Kommunikation. Tlj 12h-minuit.* Charmant *Biergarten* pour musarder au bord du Main, avec vue imprenable sur la *skyline.* DJ certains soirs (se renseigner).
Yachtklub *(plan II, H4,* ***60****) : Sachsenhäuser Ufer. ☎ 348-713-43. Au pied du Alter Brücke, en face de la rive des musées. Tlj sauf lun-mar 16h-minuit (4h ven-sam, 22h dim).* Une barge amarrée sur le Main transformée en bar-club. Un spot au top pour boire un verre les yeux dans l'eau ou pour se déhancher sur de la musique électro et rock jusqu'à plus soif !

Où assister à un concert de rock ou de jazz ?

Batschkapp *(hors plan I par B1,* ***57****) : Gwinnerstr. 5. ☎ 952-184-10. • batschkapp.tickets.de/de • U1/2/3/8 : Weißer Stein. Concerts live à partir de 19h. Entrée : 15-40 €.* L'une des meilleures salles de concerts de la ville avec une programmation ambitieuse axée rock, pop, hip-hop et techno ! Bon spot pour découvrir des groupes underground également.

Jazzkeller *(plan I, B2,* ***58****) : Kleine Bockenheimer Str. 18a. ☎ 28-85-37. • jazzkeller.com • U1/2/3/6/7/8 : Hauptwache. Jeu-sam 20h-minuit, dim 19h-23h. Entrée : 5-40 €.* Un des hauts lieux du jazz à Francfort et en Europe, depuis les années 1950. Surtout branché free et modern jazz. *Jam session* chaque mercredi soir.

À voir

La vieille ville (Altstadt)

Römerberg *(plan I, C3)* **:** cette grande place demeure le cœur historique de la ville *(U4/5 : Dom/Römer).* L'essentiel a été reconstruit à l'identique ou profondément rénové après les bombardements de 1944. Ici se tiennent les grandes foires du printemps et de l'automne depuis le XIIIe s. Sans grande unité architecturale, la place est bordée néanmoins de quelques édifices intéressants.
Tout d'abord, le ***Rathaus*** (mairie) du XVe s, constitué de 3 corps de bâtiments gothiques. Au-dessus du balcon sculpté, 4 empereurs surmontés de 2 aigles

ajoutés au XIXe s. Escalier à vis de style Renaissance dans la cour intérieure. L'hôtel de ville au centre est aussi appelé ***Zum Römer*** (« romain ») : dans la plus haute des 3 constructions étaient logés les Italiens durant les foires. À l'intérieur, dans la salle impériale *(Kaisersaal)* où se tenaient les banquets de couronnement, 47 niches et médaillons contiennent les portraits des empereurs germaniques depuis Charlemagne, jusqu'à François II en 1806, date de la dissolution de l'empire.

– *Visites : lun-ven 9h-18h. Entrée : env 2 €.*

– Les autres édifices des XVIe, XVIIe et XVIIIe s, avec leurs façades à colombages, ont été pour la plupart rénovés dans les années 1980 à partir des croquis du Moyen Âge. Sur la place de l'Hôtel-de-Ville, jolie ***fontaine de la Justice*** (1543).

Au sud de la place, la ***Alte Nikolaikirche*** *(église Saint-Nicolas ; plan II, G4)* dont le toit en ardoises ressemble à celui d'une maison. De la galerie, les notables observaient les fêtes sur l'esplanade. Si l'intérieur est sans intérêt, tous les jours à 9h05, 12h05 et 17h05, un carillon de 35 accords retentit du clocher. Face au *Historisches Museum,* l'une des plus belles maisons à colombages de la ville, la ***Haus Wertheim,*** du début du XVIIe s. Noter les encoignures dorées et la lanterne. Elle abrite aujourd'hui un resto.

Schirn Kunsthalle *(galerie d'art Schirn ; plan I, C3)* **:** *Römerberg 6. • schirn.de • U4/5 : Dom/Römer. Tlj sauf lun 10h-19h (22h mer-jeu). Entrée variable selon expo : 6-12 €.* Propose des expos temporaires d'art contemporain et des rétrospectives de grande qualité (Kandinsky, Chagall, Kahlo, Caillebotte...). *Schirn* désignait autrefois un regroupement d'échoppes qui vendaient ici leurs marchandises.

Juste en face de la sortie se trouve le ***Café Badias Schirn*** *(tlj sauf lun 10h-23h – 19h w-e),* plutôt agréable pour boire un verre et qui organise parfois des séances de lecture.

Kaiserdom ou Bartholomäus Kirche *(cathédrale ; plan I, C3)* **:** *Domplatz 1. • dom-frankfurt.de • U4/5 : Dom/Römer. Tlj 9h-20h. GRATUIT. Visite guidée ven-dim à 15h. Concerts réguliers (se renseigner).*

C'est à force de couronner les têtes royales que cette église dédiée à saint Barthélemy fut élevée au rang de cathédrale, comme en décida la « Bulle d'or », l'acte organisant l'élection des empereurs du Saint Empire en 1356. À la période carolingienne (IXe s), il existait déjà une église à cet emplacement ; elle fut largement transformée au cours des siècles suivant. Au XVe s, on lui adjoignit sa belle tour de 95 m de haut *(Westturm),* surmontée en 1877 d'un dôme à lanternon, qui lui conféra un style gothique définitif. De tout là-haut (328 marches), vue surprenante sur la cité *(tlj 9h-18h ; entrée : 3 €).* Gravement endommagée en 1944, la cathédrale a été reconstruite immédiatement après la guerre.

L'intérieur est composé d'une vaste nef gothique en forme de halle à 3 nefs. La 1re curiosité est cette architecture inhabituelle à croix symétrique (grande longueur du transept). Le chœur, avec un retable du XIVe s au milieu, est bordé de stalles du XIVe s. Aux murs, des fresques contant la vie de saint Barthélemy. De la même période, sur la droite, la pierre tombale verticale très colorée de *Günther de Schwarzbourg* qui échoua contre Charles IV à l'élection au trône de l'Empire. Sur le mur ouest du transept nord une *Descente de croix* peinte par Antoon Van Dyck, le disciple de Rubens. La *Wahlkapelle* accueillait les 7 princes électeurs du Saint Empire. C'est là qu'ils élisaient le nouveau souverain.

Dans les vestiges du cloître gothique se trouve le ***musée de la Cathédrale*** *(Dommuseum ; tlj sauf lun-mar 10h (11h w-e)-17h ; 2 €).* On peut y voir le trésor d'orfèvrerie et des vêtements sacerdotaux.

– Face à l'entrée du *Kaiserdom,* l'une des plus célèbres maisons médiévales à colombages de la ville, la ***Haus zur Goldenen Waage.*** Détruite en 1944, elle a été reconstruite à l'identique.

Paulskirche *(église Saint-Paul ; plan I, C3)* **:** *Paulsplatz 1. U4/5 : Dom/Römer.*
C'est dans cet édifice circulaire de style néoclassique, reconstruit après la dernière

guerre, que siégea la 1re Assemblée nationale allemande, élue après la révolution de 1848. Considérée comme le berceau de la démocratie allemande, elle héberge la célébration de la réunification du pays, chaque 3 octobre. Expo permanente sur le thème de la démocratie en Allemagne.

Les musées

Francfort n'a pas lésiné côté culture ! Les musées sont nombreux, intéressants, généralistes ou thématiques, et proches les uns des autres. Voici les principaux (brochure avec liste complète dans les offices de tourisme).
– ***Important :*** pour la plupart, les musées ouvrent du mardi au dimanche de 10h à 17h ou 18h et pratiquent souvent une nocturne le mercredi jusqu'à 20h ou 21h.
– ***Un bon tuyau :*** l'entrée dans les musées municipaux est gratuite le dernier samedi du mois.

Dans le centre-ville

Goethe-Haus und Museum *(maison et musée Goethe ; plan I, B2-3)* **:** *Großer Hirschgraben 23-25. • goethehaus-frankfurt.de • U1/2/4/5/6/7/8 : Dom/Römer ou Hauptwache. Tlj sauf mar 11h-17h (18h ven-dim). Entrée : 10 € ; réduc. Feuilles explicatives en français. Audioguide en allemand et anglais : 3 €.*
C'est la grand-mère de Goethe qui, à la mort de son aubergiste de mari, achète cette maison en 1733, pour y abriter sa cave. Son patrimoine en bouteilles de vin dépassait certainement la valeur de la maison ! La maison originale est détruite en 1944 et reconstruite dès 1947. ***Johann Wolfgang Goethe*** y naît en 1749 et c'est ici, à Francfort, qu'il rencontre *Charlotte Buff,* son 1er grand amour, qui l'a inspiré par la suite pour la *Marguerite* de *Faust.* Il écrit également ici quelques-unes de ses œuvres les plus célèbres dont *Les Souffrances du jeune Werther.*
On se sent malgré tout un peu frustré d'explorer une vraie-fausse maison reconstruite. Pêle-mêle : meubles d'époque, portraits de famille, tableaux et livres ayant appartenu au poète. Quelques objets intéressants, comme ce petit théâtre de marionnettes, décrit dans le roman *La Vocation théâtrale Wilhelm Meister,* ou encore cette horloge astronomique, de 1746. Bien que peu authentique, la visite témoigne de la vie bourgeoise de l'époque.
Dans le ***musée*** attenant, collections diverses liées à l'époque de Goethe : tableaux, sculptures, documents, lettres et puis une copie de la toile *Goethe dans la campagne de Rome,* dont l'original se trouve au musée *Städel* (voir plus loin).

Historisches Museum *(musée d'Histoire ; plan II, G4)* **:** *Saalhof 1. • historisches-museum-frankfurt.de • U4/5 : Dom/Römer. Tlj sauf lun 11h-18h. Entrée : 8 € ; réduc. Expo temporaire 10 €.* Plusieurs musées en un, où l'on se perd facilement. Dans cet immense labyrinthe, ne pas manquer les 3 grandes maquettes témoignant de la physionomie de Francfort, avant la guerre, après 1945 et de nos jours. Et puis pêle-mêle, une réplique du trésor impérial, une série de toiles du XVIIIe s reflétant le développement de la ville, une section de peintures religieuses, un globe terrestre du XVIe s, des céramiques, une collection d'armes anciennes et même des miniatures peintes... un peu coquines !

Museum für Moderne Kunst *(MMK ; musée d'Art moderne ; plan I, C2)* **:** *Domstr. 10. • mmk.art • U4/5 : Dom/Römer. Tlj sauf lun 11h-18h (19h mer). Entrée : 12 € ; réduc.* Édifice moderne intéressant, construit sur une petite surface au sol de forme triangulaire ; d'où son surnom : *Tortenstück,* la « part de tarte ». L'intérieur lumineux, vaste et aéré, a été habilement pensé pour une exploration agréable de l'art contemporain international et allemand. Entre les expos temporaires parfois déroutantes, petite collection permanente de peintures, sculptures, mobiles et photos, s'articulant sur 3 niveaux : juste quelques œuvres d'***Andy Warhol, Roy Lichtenstein, Claes Oldenburg, Katharina Fritsch, Joseph Beuys...***

Bistrot au rez-de-chaussée.

Pour profiter d'une vue intéressante sur Francfort, monter dans la ***Zeilgalerie*** *(plan I, C2),* centre commercial situé au début de la Zeil, l'artère commerçante. Prendre les escalators jusqu'en haut en suivant « *Panoramadeck* ».

Deutsche Börse *(Bourse de Francfort ; plan I, B2) :* *Börsenplatz 4. ☎ 2110. • deutsche-boerse.de • U1/2/3/6/7/8 : Hauptwache ou Eschenheimer Tor.* Visitor Center *ouv lun-ven 9h-17h. Visite sur résa plusieurs j. à l'avance (prévoir une pièce d'identité) par tél au ☎ 211-115-15 ou par mail • visitors.center@deutsche-boerse.com • Lun-ven à 11h, 13h et 15h pour la* Visitor Galery *; durée : 1h. GRATUIT.* La grande fierté de Francfort, siège de la Bourse du pays ! On parcourt une galerie ouverte sur la salle des marchés.

BESTIAIRE BOURSIER

Devant la Börse, 2 statues illustrent explicitement les tendances du marché : cours en baisse lorsque l'ours les écrase de ses lourdes pattes et cours à la hausse lorsque le taureau les relève de ses cornes.

Senckenberg Naturmuseum *(musée d'Histoire naturelle de Senckenberg ; hors plan I par A2) : Senckenberganlage 25. ☎ 754-20. • senckenberg.de • U6/7 : Bockenheimer Warte. Tlj 9h-17h (20h mer, 18h w-e). Entrée : 12 € ; réduc. Audioguide en allemand et anglais : 3 €.* Pour les amateurs, le 2e plus vaste musée allemand du genre, organisé de manière didactique et vivante. Belle collection de squelettes de dinosaures. Momie égyptienne, crabes géants du Japon, varan de Komodo, anaconda dévorant un phacochère, insectes rares, dioramas et même une réplique du squelette de notre ancêtre Lucy. Il y en a pour tous les goûts. On y apprend aussi des choses sur la biodiversité, la géologie...

Jüdisches Museum *(Musée juif ; plan II, F4) : Bertha-Pappenheim-Platz 1. • juedischesmuseum.de • U4/5 : Willy-Brandt-Platz. Tlj, sauf lun, 10h-17h. Tarif : 6 € ; réduc.* Dans la nouvelle aile moderne du palais Rothschild, ce musée restitue sur 3 niveaux l'histoire des juifs de Francfort depuis les Lumières et leur émancipation vers 1800, jusqu'à nos jours. Il fait écho à l'expo permanente du Musée juif de la *Judengasse (Battonstr. 47 ; hors plan I par C2)* qui se focalise, lui, sur la vie juive quotidienne à Francfort au début de la période moderne.

Café avec terrasse extérieure.

LA FAMILLE DE L'« ÉCU ROUGE »

Le patronyme de Rothschild a été adopté au XVIe s par Mayer Amschel Rothschild (1744-1812) qui habite alors une maison à l'enseigne rouge dans la Judengasse. Il convertit sa modeste maison de prêts sur gages en banque de gestion pour le compte de l'Électeur de Hesse. Il envoie ensuite ses 5 fils à Londres, Paris, Vienne, Naples et Francfort pour constituer les 5 branches de leur vaste empire financier.

Museumsufer – « La rive des musées » (au sud du Main)

– Pour s'y rendre : U1/2/3/8 : Schweizer Platz.

Städel Kunstinstitut *(musée Städel ; plan II, F5) : Schaumainkai 63. • staedelmuseum.de • Tlj sauf lun 10h-18h (21h jeu). Entrée : 10-16 € en fonction de la période de l'année ; réduc. Appli gratuite Städel App en anglais et allemand. Audiotours en français.* Une visite à ne pas rater ! Installé dans un imposant édifice de la fin du XIXe s, ce musée regroupe l'une des plus importantes collections d'art d'Allemagne. À travers 3 sections chronologiques, on passe en revue l'histoire de la peinture depuis le XIVe s à nos jours. Excellentes expos temporaires.

– ***2e étage :*** consacré aux maîtres anciens de la peinture de 1300 à 1800. Tout d'abord, les ***primitifs flamands*** avec notamment une sublime *Madone de Lucques* de ***Van Eyck,*** allaitant paisiblement, assise sur son trône (salle 1), puis les ***primitifs allemands,*** avec cette sensuelle *Vénus,* vêtue d'un voile transparent de ***Cranach l'Ancien*** (salle 2), ou la *Généalogie du Christ* de ***Hans Holbein l'Ancien.*** Parmi les autres pièces maîtresses, un *Aveuglement de Samson* par ***Rembrandt,*** particulièrement sanglant (salle 6) ! On s'émerveille devant la lumière magnifiquement traitée par ***Vermeer*** dans son précieux *Géographe* (salle 7).
La ***peinture italienne de la Renaissance*** fait ensuite une entrée fracassante, avec ***Botticelli*** nous offrant ce très beau portrait de la sublime *Simonetta Vespucci,* ou encore cette représentation de Venise, troublante de réalisme, signée ***Canaletto*** (salle 14). Formidable *Portrait du pape Jules II* de ***Raphaël,*** engoncé dans une paisible méditation (salle 15).
– ***1er étage :*** dédié à l'***art moderne*** (1800-1945). D'abord, le fameux portrait de *Goethe dans la campagne de Rome* (salle 1), puis une bien curieuse *Famille d'artiste* par ***Otto Dix*** (salle 2). Salle 4, c'est l'orgie : petite *Chaumière* tranquille par ***Van Gogh ;*** tableau et statues des *Danseuses* de ***Degas ;*** une *Fin de déjeuner* de ***Renoir*** ; une autre scène touchante de *Déjeuner* de ***Monet.***
Claude Lorrain, Watteau et ***Poussin*** représentent la peinture française du XVIIIe s. On retrouve l'art moderne avec une *Ève* repliée sur elle-même de ***Rodin.*** Ensuite, sale temps dans *La Vague,* tableau de ***Courbet*** (salle 5) et un alcoolo pathétique à côté d'un zinc par ***Munch*** (salle 6). Puis un amusant *Agneau de Dieu* qui tire la langue, de ***Paul Klee,*** sans oublier le *Rabbin* de ***Chagall*** (salle 8). Joli *Bouquet de fleurs* de Matisse (salle 11). Et encore une foule de Bonnard, Rousseau, Munch. Sans oublier cette admirable statue de *Tête de femme* par ***Picasso*** (salle 14).
– ***Sous-sol :*** consacré à l'***art contemporain*** (1945 à nos jours) : ***Dubuffet, Richter, Warhol, Bacon*** et ***Giacometti,*** pour les plus connus.
Bistrot sur place pour prendre un verre au *Städel Café* ou manger sérieusement au *Holbein's Restaurant* (cher !).

Museum für Kommunikation *(musée de la Poste et des Communications ; plan II, F5) :* *Schaumainkai 53. • mfk-frankfurt.de • Tlj sauf lun 10h-18h (20h mer). Entrée : 6 € ; réduc ; audioguide en allemand et anglais.* Bâtiment moderne, original et lumineux, où le sous-sol accueille une belle collection d'objets relatant la longue ***histoire des médias*** : des 1res tablettes manuscrites à Internet et aux lecteurs MP3, en passant par la poste, le télégraphe, le téléphone, la radio et la télévision. Histoire du 1er réseau postal des princes de ***Thurn und Taxis,*** au temps de l'empereur Maximilien. On voyage à travers les époques grâce à la vaste flotte de véhicules de la poste allemande (diligence, wagon, camion, etc.), les uniformes de postiers et les enseignes associées. Ensuite, une foule d'instruments télégraphiques, puis une éNOOOrme collection de téléphones, du tout 1er au smartphone. À côté, l'incroyable assortiment de postes de radio et de télévision, qui sont de véritables meubles, frise l'indigestion ! On visionne avec amusement des émissions de chaque décennie depuis les années 1950. Une visite formidable !
Un ***café*** et une belle terrasse pour boire un verre ou grignoter.

Deutsches Filmmuseum *(musée allemand du Cinéma ; plan II, F5) :* *Schaumainkai 41. • deutsches-filmmuseum.de • Tlj sauf lun 10h-18h. Entrée : 6 € ; réduc. Expos temporaires en sus.* Excellent musée interactif et ludique à la fois. On passe en revue tous les miracles du début du cinéma à grand renfort de chambres noires, lanternes magiques, « peep-show », caméras, 1ers projecteurs, kaléidoscopes, etc. ; le tout associé aux prestigieux noms des pionniers, comme ***Thomas Edison,*** les ***frères Lumière*** ou ***Méliès*** pour le cinéma ou bien comme ***Daguerre*** et ***Nicéphore Niepce*** pour la photo. Salle de projos diffusant des films des années 1900. Plusieurs ateliers interactifs permettent de décortiquer et de comprendre les procédés utilisés. On explore aussi le monde de la réalisation par le biais des acteurs, storyboards, décors, costumes, effets spéciaux, tournage, montage, etc. Là encore, ateliers ludiques consacrés aux effets spéciaux, au son

et à la lumière. Au sous-sol, une autre salle de cinéma propose des projections quotidiennes originales (programme sur le site).
|●| 🍷 **Café** au rez-de-chaussée pour boire un verre ou grignoter.

Museum für Angewandte Kunst *(musée des Arts appliqués ; plan II, G4)* **:** *Schaumainkai 17.* • *museumangewandtekunst.de* • *Tlj sauf lun 12h (10h w-e)-18h (20h mer). Entrée : 12 € ; réduc.* Musée aménagé dans un bâtiment moderne parfaitement intégré à l'environnement de verdure, construit par l'architecte new-yorkais Richard Meier. Ici, tout est lumière et volumes, mettant bien en valeur les objets exposés issus de l'imposante collection (XIVe-XVIIIe s) : meubles anciens, porcelaines allemandes et françaises, verrerie vénitienne, faïences et tapis du Moyen-Orient, laques et porcelaines d'Extrême-Orient. Un vaste panorama des arts décoratifs mondiaux !
Par la passerelle au 1er étage, on gagne une charmante villa de 1803, où sont présentés mobilier et objets du quotidien (XVIIIe-XXe s).
|●| 🍷 **Bistrot** au 2e étage.

À voir encore

Palmengarten *(jardin botanique ; hors plan I par A1)* **:** *Siesmayerstr. 61.* • *palmengarten.de* • *U6/7 : Bockenheimer Warte, puis 5 mn à pied. Tlj 9h-19h (16h nov-janv). Entrée : 7 € ; réduc. Événements spéciaux (festival, exposition...) en sus.* Un des plus beaux jardins tropicaux d'Europe ! Créé en 1870, il présente plus de 10 000 espèces de plantes. Superbes et vastes serres tropicales et subtropicales. Plantations de cactus qui vous plongent en plein Far West. Côté activités : jeux pour enfants, minigolf et location d'embarcations à pédales.

La City *(plan I, A2-3)* **:** *sur Friedrich-Ebert-Anlage et Mainzer Landstr. U4/5 : Hauptbahnhof.* Impossible de ne pas voir la *skyline* des tours de Francfort, qui ont émergé du paysage ces dernières années. On n'y passe pas la journée, mais ça mérite tout de même le détour.
– *À noter :* le building de la **Commerzbank,** plus haut gratte-ciel de l'Union européenne, construit par l'architecte anglais **sir Norman Foster.** Il mesure 259 m de haut (300 m avec l'antenne) et possède 9 jardins intérieurs dans ses étages supérieurs. Nombreux bâtiments remarquables également dans le quartier des foires *(Messe)* à l'ouest de la gare ferroviaire, par exemple la *Messeturm* de l'architecte Helmut Jahn avec son petit air d'Empire State Building.
– Pour ceux qui s'intéressent à l'architecture, procurez-vous le dépliant *Hochhäuser in Frankfurt* avec une liste complète des tours et leurs caractéristiques.

|●| 🍷 **Main Tower** *(plan I, A2)* **:** *Neue Mainzer Str. 52-58.* • *maintower.de* • *U6/7 : Alte Oper. Tlj : en été, 10h-21h (23h ven-sam) ; en hiver, 10h-19h (21h ven-sam). Entrée : 9 € ; réduc.* On ne peut rêver meilleur point de vue sur la ville. 2 ascenseurs vous mènent en 45 s à la plate-forme ouverte perchée au 55e étage à près de 200 m de haut. Resto-bar lounge panoramique à l'étage d'en dessous, pour ceux qui ont des sous ou qui sont très, très amoureux ! Vous pouvez redescendre à pied : 1 090 marches... une paille !

À faire

Le **chemin de halage** sur les berges du Main offre la possibilité de rejoindre la banlieue de Höchst à vélo. Paysage changeant : on se trouve tantôt en ville, tantôt à l'usine et tantôt parmi les « bêtes à cornes ».

Promenades en bateau *(plan I, C3)* **:** *avec les compagnies* **Primus-Linie** *(• primus-linie.de •) et* **Köln-Düsseldorfer** *(• k-d.com •). Avr-oct. Résa conseillée.*

Billet : à partir de 11 €. Proposent des croisières courtes *(env 3h)* sur le Main, ou à la journée en descendant le Main et un bout du Rhin.

Manifestations

Nombreux événements musicaux, culturels et sportifs tout au long de l'année à Francfort. *Infos : • frankfurt-tourismus.de •*

– ***Opernplatzfest :*** *pdt 10 j. fin juin-début juil sur la pl. de l'Opéra.* Un festival culinaire et culturel avec concerts tous les soirs.
– ***Museumsuferfest*** *(fête de la Rive des musées)* **:** *pdt 3 j. fin août. Rens à l'office de tourisme.* Ateliers culturels et artistiques internationaux sur la rive, fermée à la circulation. En clôture, magnifique feu d'artifice. Cette fête attire chaque année pas moins de 2 millions de personnes.
– ***Frankfurter Buchmesse*** *(Foire du livre de Francfort)* **:** *pdt 5 j. mi-oct.* Créé en 1949, le plus grand événement international dans le domaine de l'édition. Plus de 7 000 exposants et des centaines d'auteurs du monde entier.
– ***Marché de Noël :*** *dernier w-e de nov-22 déc, sur le Römerberg.*

DARMSTADT

(64283) 164 000 hab. IND. TÉL. : 06151

Lieu de résidence des grands-ducs au XVIIe s et ancienne capitale historique de la Hesse, Darmstadt a été quasiment entièrement détruite durant la 2de Guerre mondiale. Surnommée « ville de la science », en raison de ses centres de recherches et de son université technique fondée en 1877, elle offre de superbes témoignages architecturaux et historiques. En point d'orgue, l'extraordinaire colline *Mathildenhöhe,* classée au Patrimoine mondial de l'Unesco. C'est ici, au début du XXe s, qu'une bande de doux dingues installe une légendaire colonie d'artistes pour promouvoir l'Art nouveau.

Adresses et infos utiles

Office de tourisme : *Luisenplatz 5. ☎ 134-513. • darmstadt-tourismus.de • Lun-sam 10h-18h, dim 10h-14h (avr-sept).* Plan de la ville, agenda culturel, visite guidée de la ville en allemand et en anglais, et vend l'intéressante *Darmstadt Card.* Location de vélos. Accueil compétent et sympa.

– ***Darmstadt Card :*** *pour 6 €, valable 1 j. ou env 10 € pour 2 j.* En plus de l'accès libre aux transports en commun de la ville, elle permet d'obtenir des réducs d'environ 20 % sur les musées, attractions, loisirs, visites guidées...

Hauptbahnhof *(gare ferroviaire centrale)* **:** *Am Hauptbahnhof 20. ☎ 0800-150-70-90 (n° Vert).* Plusieurs trains/h pour Frankfurt (durée : 20 mn), Mainz (30 mn) ou encore Wiesbaden (50 mn).

– ***Infos transports régionaux en train et bus :*** *• rmv.de •*

✈ ***Aéroport de Frankfurt :*** bus direct ***Airliner*** qui relie le centre-ville aux terminaux 1 et 2. Durée : 20 mn ; service 4h-23h30, ttes les 30 mn. À prendre au *Kongresszentrum* (centre de convention), *Luisenplatz* ou *Hauptbahnhof* (gare centrale). Prix : 9 €.

Location de vélos : *à l'office de tourisme ou sinon service* ***Call a Bike*** *☎ (07000) 522-55-22. • callabike-interaktiv.de •* Inscription par portable ou Internet, puis il suffit de prendre un vélo sur une des bornes de la ville *(compter 15 € pour une loc de 24h).*

– ***Marché :*** *mar, ven et sam 8h-14h à Marketsquare.*

Où dormir ?

Jugendherberge Darmstadt : *Landraf-George-Str. 119. ☎ 452-93. • darmstadt.jugendherberge.de • De la gare ou du centre-ville, bus nos 671 ou 672, arrêt Woog (juste en face de l'AJ). Résa conseillée. Nuitée 31-37 €/pers selon âge et capacité de la chambre, petit déj compris. ½ pens et pens complète possibles. Parking payant.* Idéalement située à 2 pas du Mathildenhöhe, bordé par un lac (baignade possible), l'une des meilleures AJ de la région ! Une trentaine de chambres de 2 à 6 lits, spacieuses et agréables (demander celles avec vue sur le lac !). Bistrot sur place.

Mathildenhöhe Hotel : *Spessartring 53. ☎ 391-550. • mathildenhoehe-hotel.de • Juste derrière le Mathildenhöhe. Doubles 99-139 € ; petit déj 14 €. Parking gratuit. Prêt de vélos (gratuit).* On a bien aimé l'esprit arty et design de cet hôtel moderne, récemment rénové. Chambres spacieuses avec balcon, décorées avec goût. Nos préférées, à l'arrière du bâtiment, donnent sur un luxuriant jardin. Accueil charmant et attentionné.

THE Darmstadt : *Kasinostr. 6. ☎ 397-00. • thehotelexperience.de • Doubles 80-130 €, petit déj inclus. Parking payant.* Un hôtel qui joue la carte de la conquête spatiale niveau déco ! Chambres simples, modernes et propres, literie confortable et sanitaires nickel. Bon petit déj. Une chouette adresse, dans sa catégorie.

Où manger ? Où boire un verre ?

Restaurant Sitte : *Karlstr. 15. ☎ 222-22. Tlj 11h30-22h30. Plats 15-25 €.* Une taverne typique doublée d'un agréable *Biergarten,* tenue par la même famille depuis 1971 ! Plats traditionnels (*Schnitzel,* goulasch) mais aussi de sacrées belles pièces de viande et des poissons en sauce. Service rapide et accueil souriant.

Odendruber Vom Henschel : *Marktplatz 2. ☎ 998-17-77. Dans le Modenhaus Henschel, c'est tt en haut ! Tlj sauf dim et lun soir 11h-23h. Plats 12-23 €.* Un resto caché au dernier étage du centre commercial. On vous le recommande surtout pour sa terrasse avec vue à couper le souffle sur toute la ville. À la carte : cuisine locale et internationale.

Café Chaos : *Mühlstr. 36. ☎ 206-35. Tlj 9h-1h. Plats 8-12 € ; petit déj complet 10 €.* Notre lieu préféré, c'est dit ! Sorte de caverne d'Ali Baba délirante avec son piano debout, ses luminaires rococo et ses vieux distributeurs de bonbons – encore en état de marche. Vaste choix de plats : salades, pizzas, pâtes... Bien aussi pour boire un verre ou déguster un copieux p'tit déj !

À voir à Darmstadt et dans les environs

Mathildenhöhe (colline de Mathilde) **:** *à l'est de la ville, à 10 mn à pied du centre ; lignes de bus F et FU, arrêt Mathildenhöhe.* Un lieu unique en son genre, époustouflant et insolite ! Entre 1899 et 1914, c'est ici que s'était installée la légendaire colonie d'artistes fondée par le jeune **Ernest-Louis,** grand-duc de Hesse. Elle réunissait des architectes, des peintres et des sculpteurs. Leur souhait : proposer un espace de création et d'innovation unique, dans le but de réformer l'art et l'artisanat et démocratiser l'***Art nouveau*** (Jugendstil).

Le site offre un témoignage exceptionnel des débuts de l'architecture, de l'urbanisme et de l'aménagement paysager modernes, avec ses ***maisons et ateliers d'artistes*** (visites possibles), son ***bassin,*** son ***pavillon de jardin*** ou encore son bosquet de platanes. On trouve aussi une ***somptueuse chapelle russe*** *(die Russische Kapelle),* construite en 1899 pour le tsar Nicolas II. Autre œuvre majeure : la ***Tour matrimoniale*** *(Hochzeitsturm),* érigée en 1908 pour le mariage d'Ernest-Louis. Monter à son sommet pour une vue époustouflante sur les environs *(entrée : 3 € ; réduc).* Le résultat est une œuvre d'art totale avec des bâtiments exceptionnels et un parc unique. Malheureusement, la 1re Guerre mondiale marqua la fin de cette utopie artistique collective, et le début de l'essoufflement du mouvement Art nouveau en Europe. L'ensemble du site a été classé en 2021 au ***Patrimoine mondial de l'Unesco.***

– Si vous souhaitez en savoir davantage sur l'Art nouveau, direction l'excellent ***Museum Künstlerkolonie*** *(tlj sauf lun 11h-18h ; entrée : 5 €, réduc)* créé au sein des anciens ateliers d'artistes.

Hessische Landesmuseum *(musée régional de la Hesse)* **:** *Friedensplatz 1. • hlmd.de • Mar-ven 10h-18h (20h mer), w-e 11h-17h. Entrée : 6 € ; réduc.* Derrière ce bel édifice néoclassique (1820) se cache l'un des plus anciens musées de la région. Pêle-mêle, on découvre des sections extrêmement variées : ***art religieux*** (notamment le reliquaire de la tour de Darmstadt), ***géologie*** avec des objets issus des fouilles archéologiques de la région, ***galerie de l'évolution*** avec ses squelettes d'animaux et des dioramas... Belle section consacrée à la ***civilisation égyptienne*** dont une impressionnante compilation de sarcophages. On découvre aussi une ***belle collection d'Art nouveau*** et d'œuvres de peintres allemands et hollandais du XIXe s. Enfin, on a bien aimé les reproductions à échelle miniature des monuments du monde entier. Prévoyez plusieurs heures pour tout explorer ! Expos temporaires tout au long de l'année.

Café sur place.

Waldspirale *(Forêt en spirale)* **:** *au nord du centre-ville, au croisement des rues Büdinger et Friedberger.* L'un des lieux les plus étonnants de la région ! Construit entre 1998 et 2000, c'est un ensemble de logements aux formes arrondies et anarchiques, tout droit sorti de l'imagination fantasque de l'architecte autrichien Friedensreich Hundertwasser. L'édifice de 12 étages est constitué de différentes couches de béton de recyclage multicolore, et possède plus d'un millier de fenêtres, toutes différentes ! Sur le toit se trouve un jardin de tilleuls et d'érables et même un fleuve artificiel. L'ensemble ne se visite pas, mais on peut, au moins, admirer les extérieurs.

Restaurant, bar et café dans chacune des 2 tours, en libre accès.

NUMÉRO 110, AU TABLEAU !

Au labo de recherche en physique nucléaire de Darmstadt (Helmholtzzentrum für Schwerionenforschung), plusieurs nouveaux éléments chimiques ont été découverts. En 1994, en hommage à la ville, celui portant le numéro atomique 110 a été nommé... darmstadtium (Ds) !

Burg Frankenstein *(château de Frankenstein)* **:** *à **Mülthal,** à 15 km au sud de Darmstadt. ☎ 6151-501-501. • frankenstein-restaurant.de • Visite possible ; se renseigner car le lieu est souvent fermé pour des festivités privées.* Ce château du XIIIe s était la résidence d'une famille de nobles et de seigneurs allemands, les Frankenstein. Il doit sa renommée au livre *Frankenstein ou le Prométhée moderne* de Mary Shelley, qui fut ensuite adapté au cinéma. La légende raconte que la romancière visita le château en 1816. Elle aurait alors eu connaissance d'une expérience menée par un alchimiste (né dans le château) qui, au XVIIe s, aurait tenté de créer artificiellement un être humain !

Restaurant, concerts et spectacles sur place.

MARBURG

(35037) 80 650 hab. IND. TÉL. : 06421

• Plan p. 151

Une ville pleine de séduction, lovée dans un méandre de la Lahn avec l'imposante silhouette de son château au faîte de la colline. Marburg fut l'un des principaux lieux de pèlerinage de l'Occident chrétien jusqu'au XVIe s, attirant les foules qui venaient se recueillir sur les reliques de sainte Élisabeth. La Réforme supprima ce culte, mais la ville devint un centre important de théologie protestante.

On prend plaisir à se perdre dans ses ruelles qui grimpent à n'en plus finir, à la découverte des vieilles maisons pittoresques. Mais Marburg est aussi jeune grâce à son université. Ce fut d'ailleurs la 1re faculté protestante, créée en 1527. Aujourd'hui, avec ses 24 000 étudiants, elle est devenue le plus gros employeur de la ville ! En soirée, les nombreux bistrots du centre ne désemplissent pas ! Une idée : l'université propose toute l'année des cours intensifs d'allemand, l'occasion de découvrir la ville et de perfectionner votre pratique de la langue. Marburg est, en tout cas, un de nos coups de cœur dans la région !

Adresses et infos utiles

Office de tourisme *(plan B1) : Erwin-Piscator-Haus, Biegenstr. 15. ☎ 991-20. Site en français : • marburg-tourismus.de • Sur le campus de l'université. Tlj sauf dim 9h30-16h, sam 10h-14h (horaires variables selon saison). Également sur le* ***Markt,*** *dans la vieille ville, Wettergasse 6. Tlj sauf dim 10h-18h (16h sam).* Brochure en français listant les points d'intérêt (téléchargeable sur le site) ; plan de la ville ; dépliant en anglais sur la vallée de la Lahn *(das Lahntal)* ; liste des hébergements chez l'habitant (résa possible) ; visite guidée de la ville en français et dépliants en allemand ou anglais pour une balade dans l'univers des frères Grimm, qui ont résidé 3 ans ici...

Hauptbahnhof *(gare ferroviaire centrale ; hors plan par A1) : Bahnhofstr. ☎ 0800-150-70-90 (n° Vert).*

Location de vélos, barques et embarcations à pédales : *au* ***Ufercafé Gischler*** *(plan B2,* ***30****), Auf dem Wehr 1a. ☎ 804-84-67. 📱 (0173) 902-27-98. Au bord de la rivière, en contrebas du pont. Avr-nov, 11h-23h. Compter 24 €/j. Loc de barques à rames ou embarcations à pédales env 10 €/h.* Belle balade à vélo sur la piste cyclable le long de la rivière Lahn... Sinon, l'association ***Velociped*** *(☎ 88-68-90 ;*

Adresses utiles

- Office de tourisme (B1)
- **30** Ufercafé Gischler (B2)

Où dormir ?

- **10** Camping Lahnaue (A3)
- **12** Hostel-Marburg-One (hors plan par B1)
- **13** Hotel Tusculum (A3)
- **14** Pension Harmony (B2)
- **15** Hotel Zur Sonne (A-B2)
- **16** Vila Vita Rosenpark (hors plan par A1)

Où manger ?

- **15** Restaurant Zur Sonne (A-B2)
- **21** Café Barfuß (A2)
- **22** Restaurant Nero (A3)
- **24** Weinstube Weinlädele (A2)

Où manger une bonne pâtisserie ? Où déguster une glace ? Où boire un verre ?

- **20** Café Klingelhöfer (B1)
- **30** Ufercafé Gischler (B2)
- **31** Roter Stern (B2)
- **32** Café Vetter (B2)
- **33** Bückingsgarten (A2)

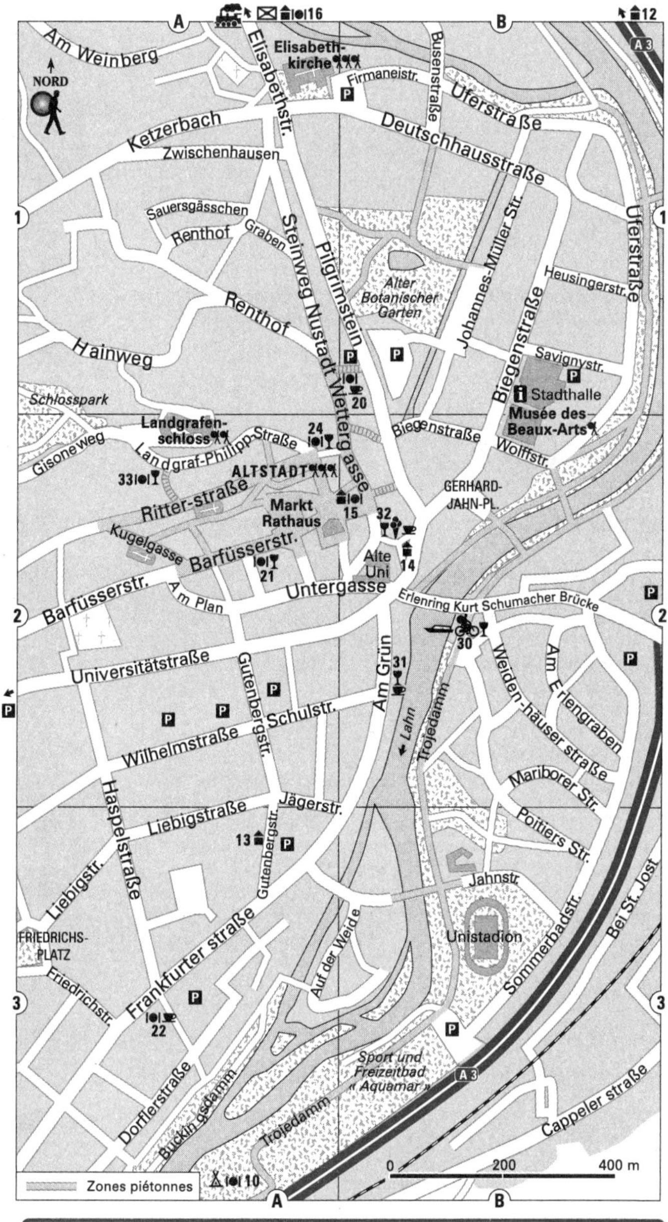
NORD
Am Weinberg
Elisabethkirche
Firmaneistr.
Busenstraße
Uferstraße
Ketzerbach
Elisabethstr.
Deutschhausstraße
Zwischenhausen
Sauersgässchen
Renthof
Graben
Steinweg
Nustadt
Pilgrimstein
Wettergasse
Johannes-Müller Str.
Heusingerstr.
Alter Botanischer Garten
Biegenstraße
Savignystr.
Stadthalle
Musée des Beaux-Arts
Hainweg
Schlosspark
Landgrafenschloss
Gisoneweg
Landgraf-Philipp-Straße
ALTSTADT
Wolffstr.
GERHARD-JAHN-PL.
Ritter-straße
Markt
Rathaus
Kugelgasse
Barfüsserstr.
Alte Uni
Untergasse
Am Plan
Erlenring
Kurt Schumacher Brücke
Universitätstraße
Gutenbergstr.
Am Grün
Lahn
Trojedamm
Weiden-häuser straße
Am Erlengraben
Schulstr.
Wilhelmstraße
Mariborer Str.
Poitiers Str.
Haspelstraße
Liebigstraße
Jägerstr.
Liebigstr.
Jahnstr.
Unistadion
Sommerbadstr.
Bei St. Jost
FRIEDRICHS-PLATZ
Friedrichstr.
Frankfurter straße
Auf der Weide
Sport und Freizeitbad « Aquamar »
Dorflerstraße
Buckingsdamm
Cappeler straße
A 3
Zones piétonnes
0
200
400 m

MARBURG

● *veloci ped.de* ●) propose et organise des circuits à vélo pour les groupes.

■ **Location de canoës :** ***LT-Aktivreisen,*** *Lahntalstr. 45, à* ***Roth.*** ☎ *(06426) 928-00.* ● *lahntours.de* ● Propose et organise des balades en canoë-kayak sur la Lahn, de 1 à 7 jours.

– ***Marchés :*** *mer et sam mat, sur le Markt (plan A2), sur Frankfurter Str. (plan A3) et Friedrichstr. (plan A3).*

🅿 ***Parkings et stationnement :*** impossible de se garer dans l'*Altstadt,* uniquement piétonne. Sinon, au bas de la vieille ville, les parkings du centre sont chers. Même punition pour les places avec horodateurs *(1 €/h).* Il existe heureusement un grand parking gratuit *(P+R)* à côté du *stade (Leopold-Lucas-Str. ; hors plan par A2),* à 20 mn à pied du centre ou 10 mn avec le bus n° 3. Et toc !

Comment accéder à la vieille ville ?

En grimpant les ruelles pavées, ou au moyen des 2 ascenseurs *(Aufzug)* gratuits, bien pratiques qui partent de Pilgrimstein 28A *(plan A1 et B2). Fonctionnent tlj 7h-1h30 du mat.*

Où dormir ?

Camping

⛺ 🍴 ***Camping Lahnaue*** *(plan A3,* ***10****) : Trojedamm 47.* ☎ *213-31.* ● *lahnaue.de* ● *À env 1 km au sud de la vieille ville (15 mn à pied), ou 500 m de la gare sud (Sudbahnhof). Ouv tte l'année mais risques d'inondation au printemps et à l'automne. Pas de résas par tél. Compter env 24 € pour 2 pers avec tente et voiture.* Agréable camping dans la verdure du bord de la Lahn. L'autoroute n'est pas loin : léger bruit de fond, mais rien d'insupportable. Sanitaires propres. Cuisine commune, machine à laver, bistrot-snack. Et puis à proximité : minigolf, complexe sportif avec piscine, terrains de sport.

Bon marché

🏠 ***Hostel-Marburg-One*** *(hors plan par B1,* ***12****) : Bahnoffstr. 33A.* ☎ *697-71-11.* ● *hostel-marburg-one.de* ● *Nuitée en dortoir ou en chambre privée à partir de 20 € ; petit déj 7 €. Parking payant.* Près de la gare et à 20 mn du centre, voici un excellent pied-à-terre, sans se ruiner. Dortoirs de 4 à 8 personnes (dont certains réservés aux femmes) et chambres avec sanitaires privés, vraiment impeccables. Propose aussi quelques apparts tout confort.

Prix moyens

🏠 ***Hotel Tusculum*** *(plan A3,* ***13****) : Gutenbergstr. 25.* ☎ *227-78.* ● *tusculum.de* ● *Doubles à partir de 75 € selon confort ; pas de petit déj.* Hôtel étonnant d'une vingtaine de chambres à la déco originale ; chacune consacrée à un thème ou un artiste (Disney, Mondrian, Miró, Kandinsky...). Une vraie curiosité colorée, avec ou sans salle de bains selon votre budget. Cuisine commune sur place. Accueil charmant.

🏠 ***Pension Harmony*** *(plan B2,* ***14****) : Mühltreppe 1.* ☎ *167-07-03.* ● *pension-harmony-marburg.de* ● *Accès depuis Pilginstein, ruelle située derrière un sushi bar et montant vers la vieille ville. Doubles 60-90 € selon taille ; pas de petit déj. Parking payant.* Cette vieille maison bordée d'un jardinet abrite plusieurs belles chambres confortables à thème : cinéma, Orient, sport... Une adresse insolite et plaisante.

Chic

🏠 ***Hotel Zur Sonne*** *(plan A-B2,* ***15****) : Markt 14.* ☎ *171-90.* ● *zur-sonne-marburg.de* ● *Doubles 88-105 € selon vue, petit déj inclus.* Charmant hôtel aménagé dans la plus ancienne maison à colombages de la ville (1600), près de la place du marché. Parquets, poutres, meubles en bois et escaliers bien raides attestent de l'authenticité du lieu ! Au choix : une dizaine de petites chambres équipées de salle de bains. Très bon resto sur place (voir plus loin « Où manger ? »). Accueil sympa.

Vila Vita Rosenpark *(hors plan par A1, **16**) : Biegnestr. 15. ☎ 600-50. • rosenpark.com/de • Doubles 149-189 € selon vue et saison, excellent petit déj inclus. Parking payant.* À 15 mn à pied de l'Altstadt, l'un des plus beaux complexes hôteliers de la région. Disposées dans plusieurs bâtiments, une centaine de chambres de charme, spacieuses et très confortables. Superbe spa avec piscine chauffée, hammam, sauna, douches sensorielles et même un espace de neige artificielle pour raviver les sens ! Massages (payants). Personnel aux petits soins. Resto gastronomique réputé, sur place. Une superbe adresse.

Où manger ?

Vous ne pourrez échapper aux gratins, tous les restaurants en proposent... à foison !

De bon marché à prix moyens

Café Barfuß *(plan A2, **21**) : Barfüßerstr. 33. ☎ 253-49. Tlj 10h-1h (2h ven-sam) ; fermeture de la cuisine à 23h. Plats 5-18 €.* Déco chaleureuse sur le thème du commerce équitable pour ce resto-bar écolo-branché. Rigolo, tous ces sacs de cafés accrochés aux murs ! Large choix de bons plats simples et pas chers : gratins, soupes, salades, sandwichs, pâtes... Cocktails à siroter en terrasse sur rue en été. Accueil charmant.

Restaurant Nero *(plan A3, **22**) : Frankfurter Str. 14a. ☎ 18-20-126. Tlj 10h-0h30 (sam 9h-1h, dim 11h-23h30). Plats 6-15 €.* On oublie le régime gratin pour partir dans des échappées italiennes et latino-américaines : pâtes, pizza, risotto, salades, pièces de viande d'Argentine et même des plats végans et végétariens. Cuisine soignée, au bon rapport qualité-prix. Terrasse aux beaux jours.

Weinstube Weinlädele *(plan A2, **24**) : Schlosstreppe 1. ☎ 142-44. Tlj 11h30-minuit. Plats 9-22 €.* On est séduit par cette *Weinstube* avec terrasse, située dans une superbe maison ancienne à colombages sur 5 étages. Déco intimiste de bon goût, un brin rustique. Ici, spécialités souabes à l'honneur : goûtez absolument les *Maultaschen* (ravioles badoises), avec un verre de vin régional ! Un régal !

De prix moyens à chic

Restaurant Zur Sonne *(plan A-B2, **15**) : Markt 14. ☎ 171-90. Tlj 10h30-minuit. Plats 15-30 €.* La bonne table de la ville ! Cette vieille maison à colombages du XVIe s, fréquentée autrefois par les frères Grimm, abrite plusieurs salles rustiques et chaleureuses. Savoureuses spécialités régionales, mitonnées avec créativité par un chef passionné. Bon rapport qualité-prix.

Où manger une bonne pâtisserie ?
Où déguster une glace ? Où boire un verre ?

Café Klingelhöfer *(plan B1, **20**) : Wettergasse 38. ☎ 642-06. Tlj sauf lun-mar 12h (10h sam)-18h. Moins de 10 €.* Au cœur de la vieille ville, cette pâtisserie-salon de thé à la belle façade, avec double oriel et pignon de bois sculpté, fabrique d'alléchants gâteaux maison à dévorer avec un café. Également de bons en-cas simples et frais le midi (sandwichs, salades...).

Café Vetter *(plan B2, **32**) : Reitgasse 4. ☎ 258-88. Tlj 10h (9h w-e)-18h.* Le café vieillot par excellence, véritable institution locale, depuis plus de 100 ans ! La vue panoramique sur la Lahn et les gâteaux « taillés dans la masse » sont 2 bons prétextes pour venir y poser ses fesses et boire un café. On y sert aussi de bonnes glaces. Rencontres littéraires chaque dimanche à 11h !

Ufercafé Gischler *(plan B2,* ***30****) : Auf dem Wehr 1a. ☎ 804-84-67. Au bord de la rivière, en contrebas du pont. Avr-nov, tlj 11h-22h30.* Gentil *Biergarten* au fil de l'eau sous les arbres pour embrasser du regard l'architecture de la vieille ville perchée sur son promontoire rocheux. Location de barques et d'embarcations à pédales sur place (voir plus haut « Adresses et infos utiles »).

Bückingsgarten *(plan A2,* ***33****) : Landgraf-Philipp-Str. 6. ☎ 165-77-71. Au pied du château. Tlj 12h-22h.* Début XVIIIe s, c'est ici qu'on entreposait les canons des artilleurs. En 1853, le lieu fut transformé en *Biergarten* (toujours des canons, mais pas les mêmes !). En tout cas, on adore cette terrasse panoramique adossée à l'ancienne fortification du château : le top pour boire un verre, avec vue plongeante sur la ville. Fait aussi resto (salades, steaks...).

Roter Stern *(plan B2,* ***31****) : Am Grün 30. ☎ 247-87. Tlj 10h-19h ; librairie tlj sauf dim 10h-15h.* Un café-librairie *links-grün-bunt* (gaucho-bio), idéal pour refaire le monde avec les étudiants. Salle garnie d'affiches politiques sur le droit des femmes ou des immigrés. Quelques tables au bord de la Lahn. En plus, « L'Étoile Rouge » aide les personnes en difficulté à se réinsérer par le travail...

À voir. À faire

Altstadt *(vieille ville ; plan A2)* **:** construite sur un promontoire rocheux où culmine son ***Landgrafenschloss*** (château), cette charmante *Altstadt* est parcourue par des ruelles en pente bordées de vieilles maisons pittoresques à colombages. Au centre, le ***Markt,*** la place du Marché *(mer et sam mat),* constitue un magnifique écrin de maisons à colombages (les n°s 14, 21 et 23 sont remarquables). Là, ne manquez pas le ***Rathaus*** (mairie), très beau bâtiment témoignant du style transitoire entre le gothique et le Renaissance (XVIe s). Sur sa tour, juste au-dessus de la porte, une sculpture de sainte Élisabeth. Et plus haut sur le fronton, on distingue un globe terrestre surmonté d'un coq-automate de 400 ans qui soulève ses ailes avec peine toutes les heures. Remontez aussi le *Pilgrimstein* avec ses façades aux boiseries sculptées : au n° 11, maison de thé, avec une divinité soutenant un imposant dragon couronné.

Landgrafenschloss *(château ; plan A1-2)* **:** *• marburg-tourismus.de • Accès via un bus électrique. Tlj sauf lun 10h-18h (16h nov-mars) ; visite guidée avr-oct, dim à 15h. Entrée : 5 € ; réduc.* Perché au sommet de la vieille ville, le château fut pendant 5 siècles et par intermittence la résidence des landgraves de Hesse. La transformation d'une tour de guet (IXe s) en château fut entreprise par le petit-fils de sainte Élisabeth à la fin du XIIe s. Au fil du temps, l'édifice a subi d'importants changements, notamment à la Renaissance. Il fut occupé par les grognards de Napoléon, avant de devenir hôpital militaire et même prison au XIXe s, puis entrepôt d'archives au XXe s. Aujourd'hui, c'est l'université qui occupe les lieux. On y visite plusieurs salles, dont le cabinet des landgraves, la chapelle du XIIIe s, la salle des Chevaliers et la halle à 2 nefs de style gothique. Visite intéressante, mais on regrette le côté un peu trop rénové de l'ensemble... Le château abrite aussi le ***Museum für Kulturgeschichte*** *(musée d'Histoire culturelle ; tlj sauf lun 10h-16h ; entrée : 5 € ou 7 € pour les 2 musées, réduc),* qui propose un panorama de l'histoire de la région à travers des collections archéologiques, d'art religieux, d'armes et d'arts décoratifs...

Enfin, le charmant ***parc*** tout autour du château invite à une belle promenade offrant d'étonnants points de vue sur la ville et des découvertes surprenantes, comme ces vignes, au pied du château ! Visites des casemates *(d'avr à mi-oct, sam à 15h15 ; entrée : 5 €).*

Elisabethkirche *(église Sainte-Élisabeth ; plan A1)* **:** *Elisabethstr. 3. • elisabethkirche.de • Au bas de la vieille ville. Tlj : avr-oct, 9h-18h (11h dim) ; nov-mars, 10h-16h ; déc, 10h-18h. Entrée : 2,70 € ; réduc. Dépliant en français. Visite guidée en allemand, avr-oct, tlj sauf sam à 15h (dim à 11h15). Prix : 2,70 €. Concerts d'orgues payants (☎ 590-76-39).* Élisabeth (1207-1231), fille du roi de Hongrie, mariée à l'âge de 14 ans au landgrave de Thuringe, consacre sa courte vie aux malades et aux démunis. 4 ans après sa mort, à l'âge de 24 ans, elle est canonisée. L'ordre des chevaliers Teutoniques (moines-chevaliers) construit alors en moins de 50 ans cette imposante église à 3 nefs d'égale hauteur, pour y abriter et honorer ses reliques. Achevée en 1283, ***elle a été la toute 1re de style gothique jamais construite à l'est du Rhin.***

Admirez le très beau portail d'entrée du monument, avec, sur les portes, les croix gothiques (fer forgé sur cuir d'origine) des chevaliers de l'ordre Teutonique, ainsi que le butoir, placé très haut car on pouvait entrer dans l'église à cheval ! Il s'agissait évidemment d'un lieu de culte (protestant, comme aujourd'hui) mais aussi d'un lieu de vie, de rencontre, voire de commerce, un peu à l'image du forum romain...

Un charme discret se dégage de l'intérieur, dont la légèreté est soulignée par la pureté des colonnes. Beaucoup d'œuvres d'art exceptionnelles. Les vitraux des XIIe et XIVe s retracent la vie de la sainte. Au bout de la nef gauche, avant la croisée du transept, ***statue de sainte Élisabeth*** du XVe s, tenant l'église dans sa main. Au niveau de la croisée du transept, ***jubé gothique*** d'une grande finesse d'exécution. Il séparait les chevaliers de l'ordre Teutonique des paroissiens et pèlerins, relégués à l'arrière. Au-dessus de l'autel se tient le célèbre ***crucifix d'Ernst Barlach*** réalisé en 1918 et caché durant la guerre car jugé dégénéré par les nazis... Dans le bras gauche du transept, superbe retable de la Vierge (XVIe) et ***tombeau de sainte Élisabeth*** du XIIIe s, décoré d'un magnifique bas-relief représentant sa mort (son âme sort de son oreille gauche pour rejoindre le ciel !)... Dans le chœur, où les stalles en bois sont d'origine, superbe ***retable*** en grès sculpté et peint, datant des origines de l'église. À gauche du chœur, dans la sacristie, ***reliquaire de sainte Élisabeth*** (XIIIe s), ciselé dans le cuivre et incrusté de pierres semi-précieuses. Les reliques de la sainte ne s'y trouvent plus, car l'un de ses descendants, au XVIe s, le fit forcer au moment de la Réforme pour les enterrer au cimetière... En sortant, à droite de la porte, jetez un coup d'œil au tombeau du maréchal Hindenburg, le dernier président allemand avant l'avènement des nazis. Hindenburg est mort en 1934 après avoir, la mort dans l'âme, nommé Hitler chancelier 1 an plus tôt...

Museum für Kunst und Kulturgeschichte *(musée des Beaux-Arts ; plan B1-2)* **:** *Biegenstr. 11. • uni-marburg.de/uni-museum • Tlj sauf mar 11h-17h et jusqu'à 21h le dernier jeu du mois. Entrée : 5 € ; réduc.* Récemment restauré avec goût. Œuvres de Kandinsky, Kirchner, Corinth.

Promenade en bateau : *avec* ***Landschiff Elisabeth II.*** *Embarquement devant l'*Ufercafé Gischler *(plan B2,* ***30****), Auf dem Wehr 1a. ☎ 991-20 (office de tourisme) ou 804-84-67* (Ufercafé Gischler). *• lahnschiff-elisabeth.de • D'avr à mi-oct, w-e et j. fériés à 15h, 16h et 17h. Billet : 6 € ; réduc. Durée : 1h.* Promenade à bord d'une vieille chaloupe à moteur baptisée *Elisabeth II.* Une expérience romantique à souhait !

Fête

– ***Drei Tage Marburg*** *(3 jours de Marburg)* **:** *2e w-e de juil.* La grande fête de Marburg ! Dans toute la ville : animations, orchestres, course de bateaux en forme de dragons – les fameux *Drachenboot* –, saucisses et bière à gogo...

KASSEL (CASSEL)

(34001) 201 000 hab. IND. TÉL. : 0561

Au nord-est du Land de Hesse, la ville des frères Grimm a beaucoup souffert de la 2de Guerre mondiale. Entourée d'industries d'armement, elle était une cible de choix pour les bombardiers alliés et, en octobre 1943, 80 % de son patrimoine urbain constitué de maisons à colombages a disparu dans les flammes. Seuls quelques immeubles historiques ont été épargnés. La reconstruction s'est faite sur un modèle passe-partout et fonctionnel, propre aux années 1950. Pas vraiment la plus belle ville de la région, mais les remarquables jardins et jeux d'eau du *Wilhelmshöhe,* classés au Patrimoine mondial de l'Unesco, valent largement le déplacement.
Depuis 1955, tous les 5 ans, Kassel attire les amateurs d'art contemporain, en organisant la renommée *Documenta* (la prochaine en 2027).

Adresses utiles

Office de tourisme Innenstadt : *Wilhelmsstr. 23. ☎ 70-77-07. • kassel.de • Lun-ven 10h-17h (14h sam). Également à la* ***Hauptbahnhof,*** *☎ 340-54.* Professionnel, accueillant et bien documenté. Infos sur les frères Grimm et la route des Contes de fées qui va de Kassel à Brême.

Kassel Hauptbahnhof : *c'est la gare où transitent les trains classiques de la* DB. *☎ 0800-150-70-90 (nº Vert).*

Kassel Wilhemshöhe : *gare des trains à grande vitesse* ICE.

Où dormir ?

Jugendherberge Kassel : *Schenkendorfstr. 18. ☎ 776-455. • kassel.jugendherberge.de • Nuitée en dortoir à partir de 27 € pour les moins de 27 ans, petit déj compris. Repas 6 €.* Proche de la *Hauptbahnhof,* dans un quartier vert et résidentiel. Immeuble moderne doté de dortoirs de 4 à 6 lits. Toutes les facilités du genre, plus la location de vélos.

Intercity Hotel : *Wilhelmshöher Allee 241. ☎ 938-80. • hrewards.com • Doubles à partir de 95 €.* Situé sur la place de la gare de Kassel-Wilhelmshöhe, hôtel moderne aux chambres fonctionnelles et impeccables, déco standard d'hôtel de chaîne. Vue sur le parvis de la gare mais c'est calme (double vitrage). Resto et bar sur place.

Hotel Schweizer Hof Kassel : *Wilhelmshöher Allee 288. ☎ 936-90. • hotel-schweizerhof-kassel.de • Doubles 125-150 € selon confort, petit déj inclus. Parking payant.* Immeuble moderne au bord de l'avenue, avec des chambres confortables à la déco contemporaine. Elles donnent sur la rue ou sur l'arrière (plus calme), mais toutes avec double vitrage. Bonne literie. Un des meilleurs hôtels dans cette catégorie.

Où manger ? Où boire un verre ?

Bolero : *Schöne Aussicht 1A. ☎ 701-597-50. Tlj 11h30-minuit. Plats 10-20 €.* Un endroit idéal pour boire un verre après la visite du musée des frères Grimm, tout proche. Grande salle moderne lumineuse et vue superbe depuis la terrasse surplombant le parc et l'orangerie de Karlsaue. Cuisine à dominante mexicaine (nachos, *quesadillas,* fajitas...), mais aussi des salades et des burgers...

Matterhorn-Stübli : *Wilhelmshöher Allee 326. ☎ 399-33. Tlj sauf lun 17h30-23h, plus dim midi. Résa* *conseillée. Plats 10-20 €.* Un voyage culinaire en terre helvète ! Spécialités suisses généreuses : fondue, reblochonnade, röstis... Ça tient au corps mais on en redemande ! Ambiance conviviale et accueil chaleureux.

Restaurant Gutshof : *Wilhelmshöher Allee 347, 34131. ☎ 325-25. Un panneau l'indique sur la gauche de l'avenue en allant vers le Bergpark. Tlj 12h-15h, 18h-22h. Résa conseillée. Plats 17-30 €. Grand parking.* Grande demeure en brique avec un intérieur de style brasserie, tout en boiseries. Cuisine typique, généreuse, de bon rapport qualité-prix. Carte courte, un bon signe. Le chef suit le rythme du marché et des saisons. Carte de vins allemands. *Biergarten* en été. Accueil pressé mais charmant.

À voir

Museum Fridericianum : *sur la place centrale Friedrichplatz 18, près du Staatstheater. • fridericianum.org • Tlj sauf lun 11h-18h. Entrée : 6 € ; réduc.* Ce beau monument néoclassique abrite un musée et accueille tous les 5 ans la *Documenta,* rendez-vous international d'art contemporain.

Grimmwelt *(monde des frères Grimm)* **:** *Weinbergstr. 21. • grimmwelt.de • Tlj sauf lun 10h-18h (20h ven). Entrée : 10 € ; réduc. Audioguide en français : 3 €.* Natifs de Steinau (130 km au sud de Kassel), les frères *Jacob* (1785-1863) et *Wilhelm* (1786-1859) *Grimm* vécurent 30 ans à Kassel. Bibliothécaires, ils écrivirent à 4 mains une grammaire allemande, un dictionnaire (toujours une référence), et surtout leurs *Contes de l'enfance au foyer,* 2e livre de langue allemande le plus lu au monde (plus de 1 milliard d'exemplaires) après la Bible. Parmi leurs contes mondialement connus : *Le Petit Chaperon rouge, Hansel et Gretel* et, bien sûr, *Blanche-Neige* ! Muséographie remarquable qui retrace leur univers et leur histoire et en plus, vue superbe sur la ville ! Resto sur place.

Bergpark Wilhelmshöhe : *à env 4 km à l'ouest de la ville, accessible par la Wilhelmshöher Allee. Ouv tte l'année, accès libre. Entrée : 3 € pour le socle de l'Hercule ; réduc. Mise en eaux : mai-début oct, mer, dim et j. fériés à 14h30.* La superficie du parc (350 ha) et ses jeux d'eau reflètent la conception du pouvoir absolu dans l'Europe baroque du XVIIIe s. Poumon vert de Kassel, le parc s'étend sur les flancs d'une grosse colline couronnée par une ***statue géante d'Hercule,*** posée sur un socle octogonal. Du sommet, les jeux d'eau monumentaux créés en 1701 dévalent les pentes verdoyantes. Des réservoirs et canaux alimentent en eau le système complexe jusqu'au vaste théâtre baroque, sa grotte, ses fontaines et sa succession de cascades de 350 m de long.
Les spectaculaires chutes d'eau et les rapides tumultueux aboutissent à une fontaine jaillissant à une hauteur de 50 m. Dans la partie sud du parc, voir l'insolite **château de Löwenburg,** de style néomédiéval et construit à la fin du XVIIIe s, comme sorti d'un roman de chevalerie. *Avr-nov, tlj sauf lun 10h-17h (dernier départ à 16h) ; nov-mars seulement ven-dim et j. fériés 10h-16h (dernier départ à 15h). Visite guidée seulement : 2 € ; réduc.*

Schloss Wilhelmshöhe und Museum : *• museum-kassel.de • Tlj sauf lun 10h-17h (20h mer). Entrée : 6 € ; réduc.* Grand château construit à la fin du XVIIIe s qui fut la résidence des puissants landgraves de Hesse-Kassel. Après la défaite de Sedan en 1870, ***Napoléon III*** se constitua prisonnier et y fut placé en résidence surveillée jusqu'en mars 1871 avant de partir en exil en Angleterre. Avec ses grandes colonnades en façade et ses ailes symétriques, l'édifice rappelle un peu certains grands châteaux anglais. Il abrite des collections antiques et un mobilier Louis XV et Empire. Principal intérêt : sa *galerie de maîtres anciens* avec, en vedette, des œuvres de la Renaissance allemande : ***Altdorfer, Cranach l'Ancien, Dürer*** mais aussi plusieurs ***Rembrandt, Bruegel l'Ancien, Rubens, Van Dyck*** et ***Poussin.***

WIESBADEN (65001) 278 600 hab. IND. TÉL. : 0611

• Plan *p. 159*

Capitale de la Hesse, ville d'eaux résidentielle et étendue, Wiesbaden est le type même de la cité bourgeoisement cosy, qui camoufle ses belles villas au fond des parcs. Ses 26 sources thermales ont longtemps attiré les nantis venus soigner leurs maux le jour, et perdre leur fortune sur les tables du grand casino, le soir. Dostoïevski trouva ici son personnage pour *Le Joueur,* Brahms y composa sa 2e symphonie et Wagner y écrivit *Les Maîtres chanteurs...* Pour apprécier le charme feutré et l'atmosphère désuète de cette « Nice du Nord » dotée d'un microclimat unique, laissez-vous inviter à la flânerie et vibrer au souvenir de sa splendeur révolue.

ELVIS PRESLEY, STAR D'UN SOIR !

En tant que QG européen de l'armée US, Wiesbaden héberge, depuis la fin de la 2de Guerre mondiale, une importante communauté de soldats américains (environ 20 000 personnes), véritable « ville dans la ville » avec ses journaux, ses magasins, ses habitations sous haute surveillance et... ses VIP ! En 1958, le déjà célèbre Elvis Presley a joué pour eux, lors d'un concert privé époustouflant. Le « King », venu en voisin, puisqu'il effectuait son service militaire à Friedberg, juste à côté !

UN PEU D'HISTOIRE

Les tribus germaniques puis les Romains avaient déjà découvert les bienfaits des eaux thermales de Wiesbaden réputées pour le traitement des maladies de peau, du foie et de la sphère ORL. Elles furent donc utilisées au cours des siècles.
Au XIXe s, les ducs de *Nassau-Usingen* choisissent la ville pour résidence. Récupérée ensuite par les Prussiens, elle prend, sous le règne de Guillaume II, son visage actuel : néoclassique et pompeux. Elle connaît alors son apogée : les gens fortunés, la haute noblesse et les célébrités s'y donnent rendez-vous, faisant de Wiesbaden ***la ville la plus riche d'Allemagne à cette période***. Mais après 1914, elle tomba doucement en désuétude, comme en témoignent ses

■ **Adresses utiles**

- ℹ 1 Office de tourisme principal (B2)
- ℹ 2 Office de tourisme de la gare (hors plan par B3)

Où dormir ?

- 10 Jugendherberge Wiesbaden (hors plan par A2)
- 11 Town Hotel (B2)
- 13 Hotel Klemm (A1)
- 15 Mercure Hotel Wiesbaden City (A-B3)

Où manger ?

- 11 Chookdee (B2)
- 20 Karim's (B2)
- 21 Weihenstephaner (B1)
- 22 Goldgasse (A2)
- 23 Bäckerbrunnen (A2)
- 24 Lambertus (B2)

Où déguster de délicieuses pâtisseries ?

- 25 Café Maldaner (A2)

Où boire un verre ? Où écouter de la musique ?

- 31 Sherry & Port (A3)
- 32 Schlachthof (hors plan par B3)

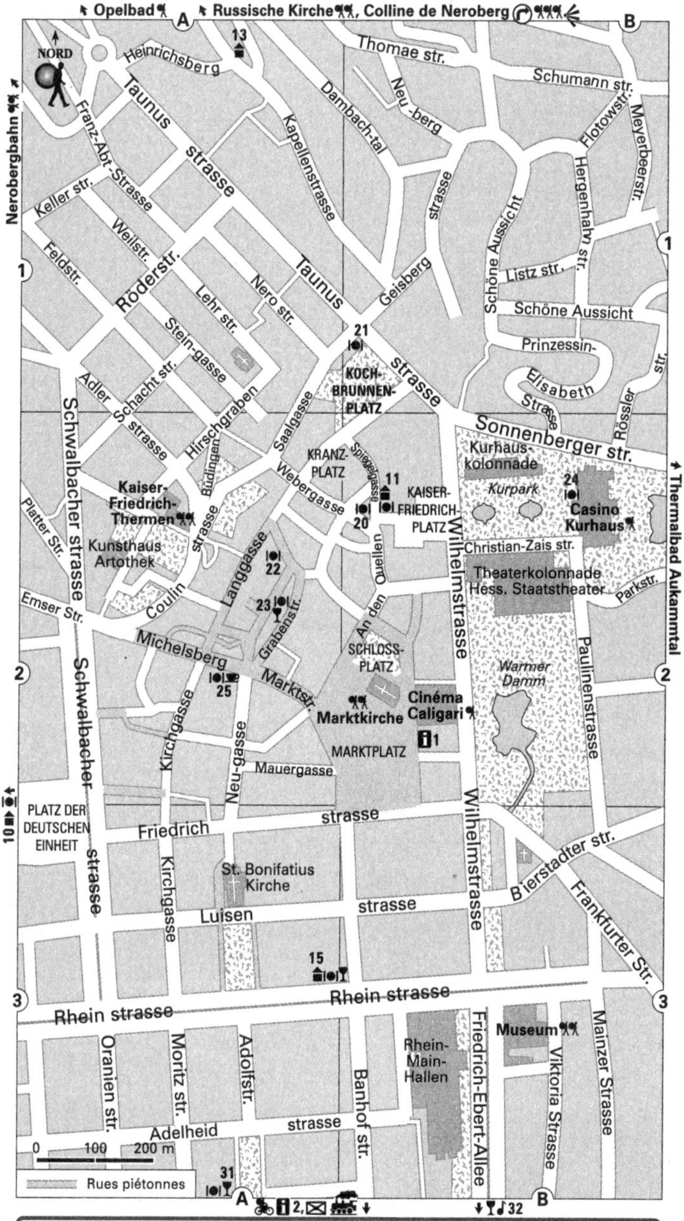

Opelbad
Russische Kirche, Colline de Neroberg
NORD
Nerobergbahn
Thermalbad Aukammtal
Heinrichsberg
Thomae str.
Schumann str.
Taunus strasse
Dambach-tal
Neu-berg
Kapellenstrasse
Flotowstr.
Meyerbeerstr.
Hergenhahn str.
Franz-Abt-Strasse
Keller str.
Weilstr.
Feldstr.
Röderstr.
Lehr str.
Nero str.
Geisberg strasse
Schöne Aussicht
Listz str.
Prinzessin-Elisabeth Strasse
Rössler str.
Stein-gasse
Schacht str.
Adler strasse
Hirschgraben
Saalgasse
KOCH-BRUNNEN-PLATZ
Sonnenberger str.
Kurhaus-kolonnade
Kurpark
Casino Kurhaus
KRANZ-PLATZ
Spiegelgasse
Webergasse
KAISER-FRIEDRICH-PLATZ
Büdingen strasse
Kaiser-Friedrich-Thermen
Kunsthaus Artothek
Schwalbacher strasse
Platter Str.
Langgasse
Quellen
An den
Wilhelmstrasse
Christian-Zais str.
Theaterkolonnade Hess. Staatstheater
Parkstr.
Emser Str.
Coulin strasse
Michelsberg
Grabenstr.
SCHLOSS-PLATZ
Warmer Damm
Paulinenstrasse
Marktstr.
Marktkirche
Cinéma Caligari
MARKTPLATZ
Kirchgasse
Neu-gasse
Mauergasse
PLATZ DER DEUTSCHEN EINHEIT
Friedrich strasse
Bierstadter str.
Frankfurter Str.
St. Bonifatius Kirche
Luisen strasse
Rhein strasse
Museum
Oranien str.
Moritz str.
Adolfstr.
Banhof str.
Rhein-Main-Hallen
Friedrich-Ebert-Allee
Viktoria Strasse
Mainzer Strasse
Adelheid strasse
0 100 200 m
Rues piétonnes
A
B
1
2
3
10
11
13
15
20
21
22
23
24
25
31
2,
32

WIESBADEN

anciens hôtels fastueux, aujourd'hui reconvertis en habitations. Peu touchée pendant la 2de Guerre mondiale, et devenue en 1945 la capitale de la Hesse, elle offre le visage de l'opulence dans la discrétion.

Adresses et infos utiles

Office de tourisme (plan B2, **1**) : Marktplatz 1. ☎ 172-99-30. • wiesbaden.de • Lun-sam 10h-18h, dim 11h-15h (sauf oct-mars). Aussi un **autre bureau,** plus petit (hors plan par B3, **2**), à la gare. Lun-ven 6h-20h, sam 10h-17h30. Plan de la ville en français, infos loisirs et route des vins, agenda, visite guidée de la ville en allemand et en anglais et vend l'intéressante *Wiesbaden TouristCard*.

– **Wiesbaden TouristCard :** valable 2 j., pour env 13 € ; carte groupe (2-5 pers) env 22 €, avantageuse si vous voyagez en famille. En plus de l'accès libre aux transports en commun (y compris trajet aéroport de Frankfurt), elle permet d'obtenir des réducs de 10 à 50 % sur les musées de la ville, croisières sur le Rhin, places de ciné, concerts, sports, loisirs...

Hauptbahnhof (gare ferroviaire centrale ; hors plan par B3) : Bahnhofsplatz. ☎ 0800-150-70-90 (nº Vert).

– **Infos transports régionaux en train et bus :** • rmv.de •

Location de vélos (hors plan par B3) : à la gare.

– **Marché** (plan A-B2) : mer et sam sur Marktplatz.

Où dormir ?

– **Important :** peu d'adresses bon marché, et des prix qui flambent pendant les périodes de congrès ou de foires.

Auberge de jeunesse

Jugendherberge Wiesbaden (hors plan par A2, **10**) : Blücherstr. 66-68. ☎ 44-90-81. • wiesbaden.jugendherberge.de • De la gare, bus nº 14 (vers Klarenthal), arrêt Gneisenaustr., puis marcher tt droit env 500 m ; c'est sur la gauche. À 15 mn à pied du centre. Nuitée à partir de 34,50 €/pers, petit déj compris. ½ pens et pens complète possibles. Un peu de pelouse et une grande terrasse devant ces 2 bâtiments modernes. Près de 220 lits répartis dans des chambres de 1 à 4 personnes, toutes avec sanitaires. Fonctionnel et bien tenu. Resto-bar.

De prix moyens à chic

Town Hotel (plan B2, **11**) : Spiegelgasse 5. ☎ 36-01-60. • townhotel.de • Doubles 75-135 € selon période ; petit déj 8,90 €. Réduc sur Internet. Parking payant. Cette ruelle tranquille du centre-ville abrite un petit hôtel d'une vingtaine de chambres, plutôt mignonnes, lumineuses et confortables. Bon rapport qualité-prix. Accueil charmant.

Hotel Klemm (plan A1, **13**) : Kapellenstr. 9. ☎ 58-20. • hotel-klemm.de • À 5 mn à pied du centre. Doubles 70-180 € selon confort et calendrier, petit déj inclus. Parking gratuit. Mention spéciale pour les Lowell, sympathique couple qui a remis au goût du jour cette magnifique maison du XIXe s, classée pour sa façade originale. Chambres confortables, colorées et décorées avec goût. Notre adresse préférée en ville.

Mercure Hotel Wiesbaden City (plan A-B3, **15**) : Bahnhofstr. 10-12. ☎ 58-20. • all.accor.com • Doubles 90-160 €, petit déj inclus. Parking payant. Une situation ultra-centrale, une atmosphère pop et cosy, des chambres douillettes et un petit déj à tomber... Coup de cœur pour ce bel écrin intimiste (rare pour un hôtel de chaîne !) où l'on se sent comme à la maison. Piscine, sauna, salle de sport, bar et resto sur place.

Où manger ?

Bon marché

Dans la rue **Goldgasse** *(plan A2, **22**)*, on trouve de quoi satisfaire une envie de pizza, notamment chez ***Aurum*** *(Goldgasse 16 ; ☎ 360-08-77 ; plats 11-17 €)*, à l'excellente réputation. Agréables terrasses.

De prix moyens à chic

Chookdee *(plan B2, **11**)* **:** *Spiegelgasse 3. ☎ 30-58-40. Tlj 12h-22h. Plats 10-22 €.* Un resto thaï formidable ! Belle déco du pays avec ses tables basses pour manger « comme là-bas ! ». Cuisine savoureuse. Une excellente adresse raffinée dans une ambiance intime.

Karim's *(plan B2, **20**)* **:** *Obere Webergasse 7. ☎ 959-06-08. Tlj 10h-23h. Plats 10-25 €.* Ce resto oriental propose un large choix de spécialités alléchantes : houmous, falafels, moussaka, *shawarmas,* tajines et un somptueux couscous royal... Cadre cosy avec ses lampes et lanternes colorées. Grande terrasse arborée.

Weihenstephaner *(plan B1, **21**)* **:** *Taunusstr. 46. ☎ 205-90-35. Mar-sam 17h-minuit. Plats 10-25 €. Suggestions du jour sur ardoise.* Une taverne traditionnelle avec ses hauts plafonds, grands miroirs, comptoir au fond, photos et gravures aux murs. Rien que de la cuisine allemande, tendance bavaroise : *Schnitzel,* goulasch, jarret de porc au four. Bières au fût ou en bouteille, mais aussi vins locaux servis au verre. Service pro.

Bäckerbrunnen *(plan A2, **23**)* **:** *Grabenstr. 28. ☎ 37-34-09. Tlj sauf dim 11h30-1h. Plats 9-20 €.* Intérieur cosy, façon taverne, avec bois et carrelage aux murs, et bar en demi-lune. Aux beaux jours, terrasse dans la rue. Côté cuisine : salades, soupes, mais aussi quelques solides plats typiques, un brin plus chers. Bien aussi pour boire un verre.

Lambertus *(plan B2, **24**)* **:** *Kurhausplatz 1. ☎ 53-62-00. Tlj 12h (11h dim)-23h. Plats 15-30 €.* Petit parfum de nostalgie dans ce resto Belle Époque installé dans une aile du Kurhaus. Élégante déco Art nouveau, avec de jolis cadres et une hélice d'avion au plafond. Cuisine de style brasserie avec quelques plats allemands et internationaux. Grande carte des vins. Prix salés, quand même !

Où déguster de délicieuses pâtisseries ?

Café Maldaner *(plan A2, **25**)* **:** *Marktstr. 34. ☎ 30-52-14. Tlj 9h-17h30.* Ce café historique de 1859 jouit d'une belle déco intérieure d'époque. Large choix d'alléchantes pâtisseries à savourer avec un café, sur fond de jazz. Une adresse incontournable.

Où boire un verre ? Où écouter de la musique ?

– ***Important :*** les 3 rues piétonnes incontournables – ***Grabenstraße, Goldgasse*** et ***Wagemannstraße*** – *(plan A2)* concentrent l'essentiel de l'animation nocturne locale. C'est là que l'on vient s'amuser à Wiesbaden !

Sherry & Port *(plan A3, **31**)* **:** *Adolfsallee 11. ☎ 37-36-32. Tlj sauf dim 12h30-minuit.* Un sympathique bistrot d'habitués, au cœur d'un quartier résidentiel aux maisons anciennes. On y vient pour son agréable *Biergarten* sous les arbres, au pied d'une fontaine qui glougloute.

Schlachthof *(hors plan par B3, **32**)* **:** *Murnaustr. 1. ☎ 97-44-50. • schlachthof-wiesbaden.de • Traversez la pelouse à gauche de la gare, c'est en face. Fermé w-e. Entrée payante. Parking sur place.* Salle de concerts installée dans d'anciens abattoirs à la prog éclectique (hip-hop, rock, reggae). Clientèle de jeunes chevelus sympas !

L'OUEST DE L'ALLEMAGNE

À voir. À faire

Museum Wiesbaden *(plan B3)* **:** *Friedrich-Ebert-Allee 2.* • *museum-wiesbaden.de* • *Tlj sauf lun 10h-17h (20h mar et jeu, 18h w-e). Entrée : 6-10 € selon expos temporaires ; réduc.* En plus de collections de sciences naturelles et d'antiquités venant de la dynastie des Nassau, un intéressant musée pour sa riche collection d'*Alexej von Jawlensky,* peintre russe ayant vécu à Wiesbaden au début du XXe s, jusqu'à sa mort en 1941. Excellent expressionniste, grand ami de ***Kandinsky,*** il fut qualifié de « peintre des icônes du XXe s ». À noter, le très beau *Nikita* (1910). Également quelques ***Beckmann, Nolde*** et ***Kirchner.*** La collection permanente comprend aussi, au 2e étage, une sélection d'œuvres du XVe au XVIIe s avec notamment des retables et des tableaux de ***Van der Weyden, Bouts, Savery*** pour les Flamands, ***Piombino, Tintoret*** et ***Giordano*** pour les Italiens. Une majeure partie du musée est, en outre, réservée aux expos temporaires.

Marktkirche *(plan B2)* **:** *Schlossplatz 4.* • *marktkirche-wiesbaden.de* • *Tlj sauf lun 12h (13h dim)-17h. GRATUIT.* Majestueux édifice néogothique datant du XIXe s : 6 millions de briques ont été nécessaires pour sa construction. Une prouesse à l'époque : il s'agissait du plus grand bâtiment en brique du duché de Nassau. Le carillon est composé de 49 cloches en bronze dont la plus grande pèse plus de 2 t ! Intérieur assez épuré, à l'exception du chœur, magnifié par 5 imposantes statues dont celle du Christ, au centre.

Kurhaus und Casino *(plan B2)* **:** *Kurhausplatz 1.* • *spielbank-wiesbaden.de* • *Foyer ouv 24h/24 ; casino tlj 11h (12h dim)-4h. Entrée : 2,50 €.* Édifice emblématique de Wiesbaden, le ***Kurhaus*** fut construit au début du XXe s, dans un style néoclassique assez rigide. En grande partie détruit par les bombardements de 1945, il a été restauré plusieurs fois. Jetez un coup d'œil au grandiose intérieur et admirez la coupole du ***foyer*** (21 m de haut) avec ses médaillons de mosaïque et sa couronne de bas-reliefs représentant des danseuses. Les 4 statues de style antique représentent Athéna, Irène (déesse de la Paix) avec Pluton enfant, Apollon et Esculape. Malheureusement, le reste du bâtiment n'est accessible qu'aux curistes et aux joueurs du casino. On dit que *Dostoïevski* se laissait prendre parfois ici par la folie du jeu, ce qui lui aurait inspiré son célèbre roman *Le Joueur...*

– Derrière le Kurhaus s'étend le charmant ***Kurpark*** (parc des Curistes), où l'on se promène sous les platanes, le long du lac (location de barques et embarcations à pédales). En été, concerts en plein air. Les 2 rues ***Sonnenbergstraße*** et ***Parkstraße*** qui l'entourent sont bordées de magnifiques villas.

Le Cinéma Caligari *(plan B2)* **:** *Marktplatz 9.* • *wiesbaden.de/caligari* • *Derrière la Marktkirche. Entrée : 7-9 € ; réduc.* Superbe salle de cinéma des années 1930 de style art déco, où sont projetés (en version analogique, s'il vous plaît !) des films rares tirés des archives cinématographiques de la ville ou des classiques ; le tout en v.o. Faites-vous une toile ou jetez juste un coup d'œil au décor du lieu.

Kochbrunnen *(plan B1)* **:** *Kochbrunnenplatz, à côté de la Taunusstr.* 15 sources riches en fer convergent vers cette fontaine qui débite 346 l/mn. L'eau atteint une température de 66 °C. Vous pouvez la boire (si le goût un peu salé ne vous rebute pas), il paraît que c'est très bon pour l'estomac. L'hiver, elle dégage de la vapeur. Impressionnant ! Voir aussi la jolie **Bäckerbrunnen** *(plan A2,* ***23****)* : *Grabenstr. 28.*

Kaiser-Friedrich-Thermen *(plan A2)* **:** *Langgasse 38-40.* • *wiesbaden.de* • *Tlj 10h-22h (minuit ven-sam, sept-avr seulement). Ouv mar pour les femmes seulement. Entrée (pour 1-5h) : 6-7 €. À partir de 16 ans. Port du maillot de bain juste autorisé dans la piscine. Pensez à apporter votre serviette.* ***Fermé pour***

travaux. Construits en 1913, beaux bains romains-irlandais (naturistes), modernisés tout en ayant conservé un superbe style Art nouveau allemand. On peut y prendre un bain dans une eau thermale à 66 °C. Vous découvrirez les différents saunas, *sanarium, tepidarium* et bains à bulles dans une atmosphère de relaxation intense. Une expérience qui vaut le déplacement !

DU CUIVRE QUI VAUT DE L'OR !

Pendant longtemps, à Wiesbaden, lors du nettoyage des fontaines thermales, un article dans le journal local annonçait aux dames qu'elles pouvaient venir récupérer gratuitement le cuivre resté en dépôt dans le fond des vasques. Mais pour quoi faire, nous direz-vous ? En fait, pour se teindre les cheveux en roux, selon l'antique tradition romaine. 100 % naturel, très résistant, on n'a pas encore trouvé mieux !

Sur les hauteurs de Wiesbaden se trouve le ***poumon vert de la ville : la colline de Neroberg*** *(hors plan par A1),* perchée à 245 m d'altitude. Sans doute l'un des plus beaux sites de la région ! Une oasis de calme et de détente, jouissant d'un panorama à couper le souffle, avec les vignobles à perte de vue et la ville en toile de fond. Au 1er plan, on aperçoit de superbes villas datant du XIXe s. C'est aussi le point de départ de sentiers de promenade à travers la forêt.
Pour y accéder, on vous conseille d'emprunter le ***Nerobergbahn*** *(chemin de fer du Neroberg ; hors plan par A1 ; gare à l'angle de Wilhelminenstr. et Wolkenbruch ; tlj mai-août 9h-20h, avr et sept-oct 10h-19h ; départ ttes les 15 mn ; billet A/R : 5 €, réduc).* Construit en 1888 pour monter à l'assaut de la colline, le *Nerobergbahn* demeure un brillant témoignage de l'ingéniosité technique de l'époque. ***Montée et descente se font par la force hydraulique.*** Rempli à son arrivée au sommet de 7 000 l d'eau, le wagon descendant tire le wagon montant par un câble d'acier. Lorsque la voiture arrive en bas, elle se vide de son eau qui est alors refoulée vers le sommet. Écolo avant l'heure ! On peut aussi rejoindre à pied Wiesbaden à travers la campagne (prévoir de bonnes chaussures ; compter environ 1h30).

Une fois au sommet, ne manquez pas la ***Russische Kirche*** *(église russe ; Christian-Spielmann-Weg 1 ; tlj : janv-mars et nov-déc 10h-16h, avr 10h-17h, mai-oct 10h-18h ; entrée : 2 €),* ***magnifique église orthodoxe,*** en forme de croix grecque, du milieu du XIXe s et toujours en activité, dédiée à sainte Élisabeth. Offerte par le duc Adolphe de Nassau pour son épouse Élisabeth, grande-duchesse russe décédée à 19 ans, cette église se veut être la reproduction miniature de la cathédrale de Moscou ! Elle se caractérise par ses 5 bulbes dorés de style byzantin. Remarquez la porte d'accès principale qui est close : elle ne pourra, en effet, être rouverte que devant le prochain tsar russe. On risque d'attendre longtemps !

Enfin, on vous conseille d'aller faire un plouf à l'***Opelbad*** *(Am Neroberg ; ☎ 174-649-90 ; mai-sept, tlj 7h-20h ; entrée : 12 €, réduc).* Ouverte en 1934, cette ***piscine historique du plus pur style Bauhaus*** possède un bassin extérieur unique en son genre, avec vue imprenable sur la ville. Près de 14 500 m^3, une eau à 24 °C en permanence surveillée par des capteurs solaires, l'endroit mérite vraiment que l'on s'y mouille !

Fête et festival

– ***Festival de Théâtre :*** *tt le mois de mai.*
– ***Fête des Vins :*** *dès le 2e sam d'août, pdt 10 j. sur la Marktplatz.*

DANS LES ENVIRONS DE WIESBADEN

Kloster Eberbach (abbaye d'Eberbach) **:** *Kloster-Eberbach-Str. 1, à* ***Eltville am Rhein.*** *• kloster-eberbach.de • À 13 km au sud-ouest de Wiesbaden. Avr-oct, tlj 10h (9h w-e et j. fériés)-19h ; visites guidées ven à 15h, w-e et j. fériés à 11h, 13h et 15h (plus 12h15 sept-oct). Nov-mars 12h (11h w-e et j. fériés)-17h ; visite guidée seulement w-e à 14h. Achat des billets en ligne. Entrée : 11 € ; 15,50 € avec visite guidée ; réduc. Dépliant en français. Concerts réguliers (se renseigner).* Cette abbaye cistercienne du XIe s comprend un vaste ensemble de bâtiments monastiques. Originalité : la présentation dans le réfectoire d'une collection de pressoirs anciens (XIIe s), témoins de l'activité viticole d'*Eberbach* depuis près de 800 ans. Le ***dormitorium,*** construit au XIIIe s, est constitué d'une salle à 2 nefs d'une impressionnante longueur. Il a servi de décor pour certaines scènes du film *Le Nom de la rose* de Jean-Jacques Annaud... Sur place, musée sur l'histoire de l'abbaye. Vente de vin de l'abbaye (surtout du riesling). L'abbaye est un des principaux lieux de représentations musicales du *Rheingau Musik Festival.*

Promenades en bateau sur le Rhin : *avec les compagnies* ***Primus-Linie*** *(☎ 069-133-83-70 ; • primus-linie.de •) et* ***Köln-Düsseldorfer*** *(☎ 0221-208-83-18 ; • k-d.com •). Avr-oct. Proposent des croisières à la ½ journée ou à la journée au départ de Biebrich (env 10 km au sud de Wiesbaden). Billet : à partir de 11 €. Résa à l'avance conseillée.*

LA RHÉNANIE-PALATINAT

C'est certainement autour d'un verre de vin blanc que l'on peut le mieux évoquer la Rhénanie-Palatinat *(Rheinland-Pfalz).* Ses vins doux ou secs, fruités et souvent légèrement pétillants, rappellent les pentes majestueuses de la vallée du Rhin, les méandres tourmentés de la Moselle et la douceur des paysages du Palatinat. C'est une région qui se déguste lentement, comme un bon vin, au gré de ses villages viticoles parsemés de châteaux et de maisons à colombages.

MAINZ (MAYENCE) (55116) 217 000 hab. IND. TÉL. : 06131

• Plan *p. 166-167*

La capitale du Land de Rhénanie-Palatinat est une cité administrative et universitaire bien vivante, dont les places et ruelles piétonnes de la vieille ville – quartier qui échappa en grande partie aux bombardements de la 2de Guerre mondiale – contribuent à son charme, avec ses maisons à colombages et ses centaines de fontaines. Son ancien cimetière juif a été classé au Patrimoine mondial de l'Unesco en 2021.

On conseille d'y faire halte pour son exceptionnel *musée Gutenberg,* pour sa superbe cathédrale, pour les vitraux de l'église Saint-Étienne signés Chagall ou lors du carnaval très animé avec son *Lundi gras.* Mayence est aussi un des points de départ pour explorer la vallée du Rhin et la 1re ville d'Allemagne pour le commerce du vin.

– ***Important :*** les plaques de rues sont bleues quand elles sont parallèles au Rhin et rouges lorsqu'elles lui sont perpendiculaires.

L'ŒIL DE DIEU

En concevant l'imprimerie à caractères mobiles, et en publiant la 1re bible en 1455, Gutenberg ne se rend pas compte de l'impact de son invention. Les imprimeries essaiment alors dans toute l'Europe, en éditant des ouvrages pas toujours très catholiques. Voilà pourquoi, dès 1501, le Vatican instaure l'imprimatur afin de contrôler le contenu des livres. Toute publication doit recevoir l'autorisation de l'évêque, qui y appose son tampon : sans lui, pas d'impression ! Cette censure va durer des siècles.

Adresses et infos utiles

Office de tourisme *(plan C2)* **:** *Markt 17.* ☎ *24-28-88.* • *mainz-tourismus.com* • *Lun-sam 10h-18h, dim (janv-oct) 11h-16h.* Plan de la ville en français très complet, infos pratiques... Agenda culturel, infos route des vins, résas d'hôtels, liste des chambres chez l'habitant, visites guidées, etc., et vend la *Mainz Card Plus.* Autre accueil au **Landesmuseum** *(plan B1)* : *Große Bleiche 49-51. Tlj sauf lun 10h-17h (20h mar).*

– ***Mainz Card plus :*** *valable 48h, pour env 12 € ; carte groupe (5 pers et plus) 25 €, avantageuse si vous voyagez en famille.* Accès gratuit aux transports en commun (y compris jusqu'à Wiesbaden), aux musées de la ville et belles réducs pour les croisières sur le Rhin, spectacles, restos...

Hauptbahnhof *(gare ferroviaire centrale ; plan A2)* **:** *Bahnhofplatz.* ☎ *0800-150-70-90 (n° Vert).*

Location de vélos *(hors plan par A2,* ***2****)* **:** *chez* ***E-Bike-Verleih-Mainz,*** *Am Sportfeld 70.* ☎ *176-71-21-18-61. À côté du Gonsenheim Wildpark. De la gare, bus n° 6, direction Gonsenheim Wildpark, arrêt Gonsenheim Am Sportfeld. Lun-ven 10h-18h30, sam 9h30-14h30, dim sur demande. Résa à l'avance conseillée. Env 25-40 €/j.* Également des vélos en libre-service dans la ville *(Mainzer Mobilität ; 1 €/j.)* ; renseignements à l'office de tourisme.

– ***Marché*** *(plan C-D2)* **:** *mar et ven-sam 7h-14h, sur Marktplatz et Liebfrauenplatz. Le sam (mars-nov), les viticulteurs sont présents et offrent des dégustations.*

Où dormir ?

– ***Important :*** hormis le camping, l'AJ et quelques hôtels, Mayence compte aussi une multitude de *Gästehaus (doubles 70-110 €)* dans les environs (liste à l'office de tourisme).

Camping

Camping Maaraue *(hors plan par D1,* ***10****)* **:** *Maaraustr. 48.* ☎ *(06134) 25-75-922.* • *campingplatz-maaraue.de* • *De l'autre côté du Rhin, dans le quartier de Kostheim. De la gare, bus nos 10 ou 19, arrêt après Brückenkopf, puis 10 mn à pied. De début avr à mi-oct. Compter 35-37 € pour 2 pers avec tente et voiture.* Au bord du Rhin, dans un grand parc ombragé et calme, avec jolie vue sur Mayence en face. Camping bien aménagé, avec sanitaires impeccables. Piscine à 300 m, resto et *Biergarten* sur place.

– ***À signaler :*** parking accessible aux camping-cars sur le site de l'ancien

■ **Adresses utiles**

- Office de tourisme (C2)
- 2 E-Bike-Verleih-Mainz (location de vélos ; hors plan par A2)

Où dormir ?

- 10 Camping Maaraue (hors plan par D1)
- 11 Jugendherberge Mainz (hors plan par D3)
- 12 Hotel Hof Ehrenfels (C3)
- 13 Ibis Hotel (D3)
- 14 Hotel Havana (D2)

Où manger ? Où boire un verre ?

- 20 Eisgrub-Braü (C3)
- 22 Al Cortile (C3)
- 23 Weinhaus Bluhm (C3)
- 24 Zur Kanzel (C3)
- 25 Heiliggeist (D2)
- 26 Incontro (C3)
- 27 Zum Goldstein (C3)

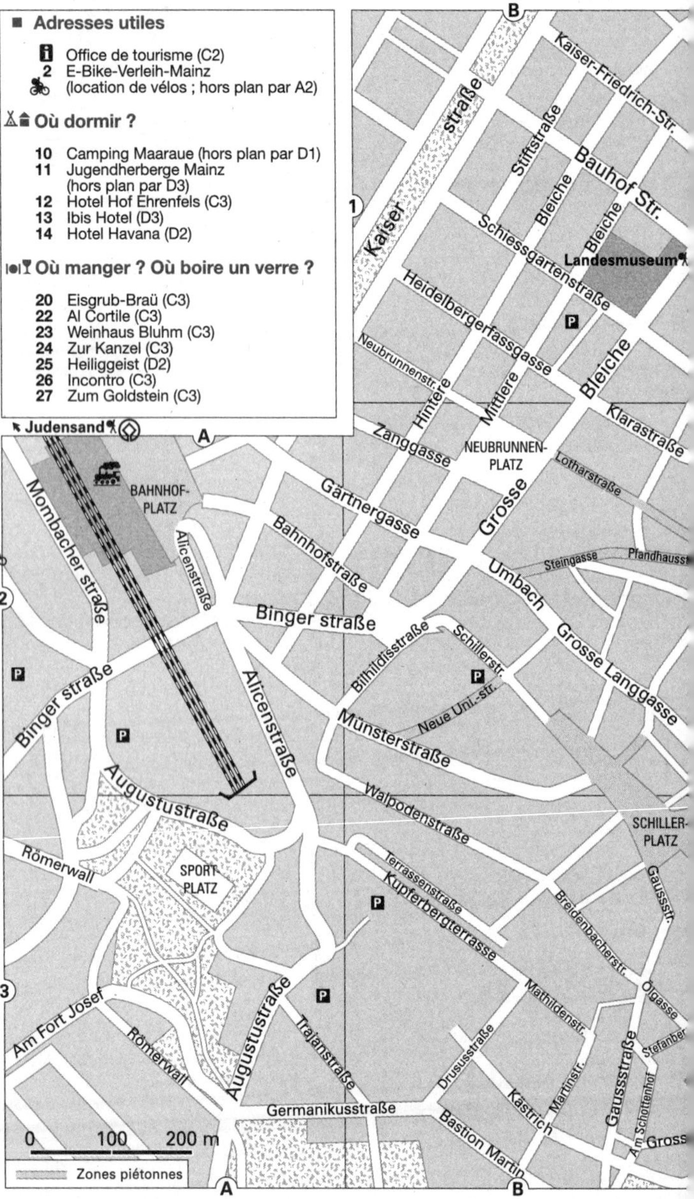

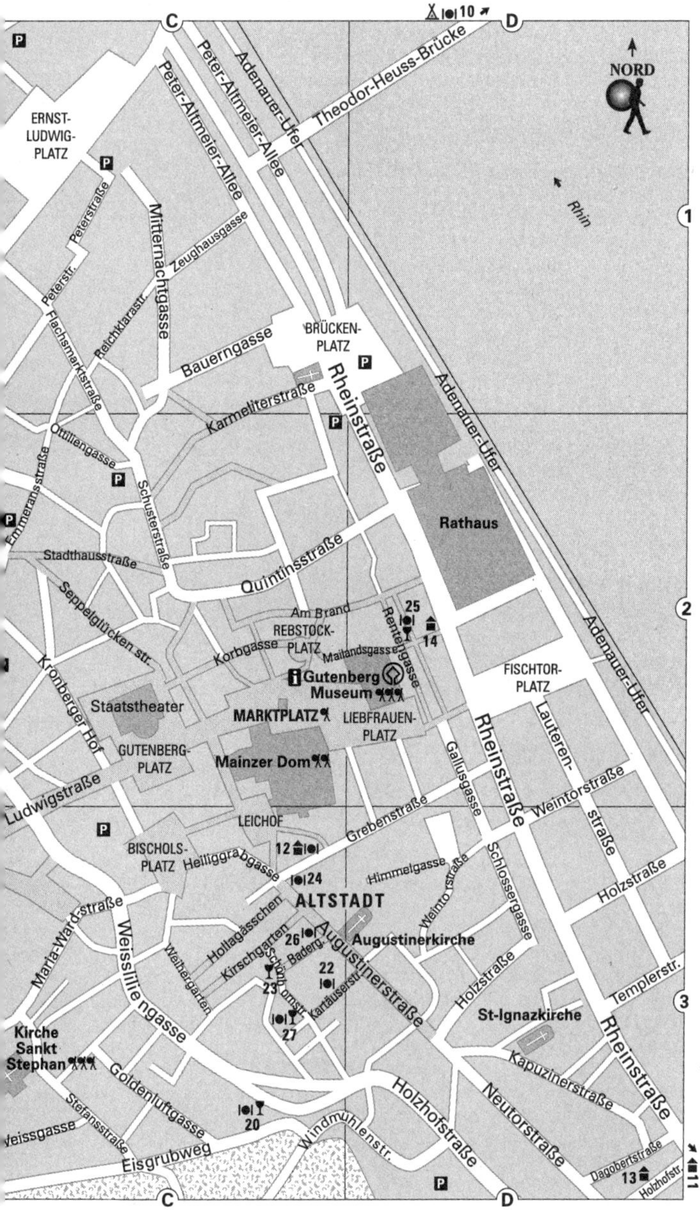

L'OUEST DE L'ALLEMAGNE

MAINZ (MAYENCE)

stade *(Dr.-Martin-Luther-King-Weg 21 ; hors plan par A2 ; • wohnmobil-stellplatz-mainz.de • ; compter 12 €/nuit).* Bonnes connexions en bus vers le centre.

Auberge de jeunesse

Jugendherberge Mainz *(hors plan par D3,* ***11****) :* *Otto-Brunfels-Schneise 4. ☎ 853-32. • diejugendherbergen.de • Au sud-est du centre. De la gare, bus nos 62, 63 ou 92 direction Weisenau, arrêt Haltestelle am Viktorstift, puis 3 mn à pied. Nuitée 22-31 €/pers selon capacité, petit déj compris. ½ pens et pens complète possibles. Parking gratuit.* Dans un cadre verdoyant et paisible, ce grand bâtiment moderne propose 170 lits répartis dans des chambres de 1 à 6 lits ; toutes avec sanitaires privés. Resto, barbecue, jeux pour enfants, terrains de sport et grand parc juste en face.

De prix moyens à chic

Hotel Hof Ehrenfels *(plan C3,* ***12****) :* *Grebenstr. 5-7. ☎ 971-23-40. • hof-ehrenfels.de • Doubles 100-140 €, petit déj inclus.* Dans une ruelle calme au cœur du vieux centre, une vingtaine de chambres confortables et propres. Jolie cour à l'arrière avec vue sur la cathédrale. Resto sur place *(plats 8-15 €).*

Ibis Hotel *(plan D3,* ***13****) :* *Holzhofstr. 2. ☎ 24-70. • all.accor.com • Doubles 90-150 €, petit déj compris. Parking payant.* Un hôtel de chaîne, certes, mais qui a l'avantage d'être situé à la limite de la vieille ville et à 2 pas du Rhin et de ses *Biergarten* en été. Chambres agréables, au confort standard correct et à la déco contemporaine. Bon petit déj.

Hotel Havana *(plan D2,* ***14****) :* *Rheinstr. 47-49. 📱 177-23-23-666. • hotel-havana.org • Doubles 75-130 €. Pas de petit déj. Parking payant.* En plein cœur de l'Altstadt, 8 grands appartements classiques et fonctionnels, avec cuisine tout équipée et pouvant accueillir jusqu'à 4 personnes. Un excellent choix qualité-prix-emplacement !

Où manger ? Où boire un verre ?

– ***Bon à savoir :*** au resto, vous serez peut-être placé à une table occupée par d'autres convives. Rien d'étonnant, c'est l'une des traditions propres à Mayence. Moins d'intimité, pour plus de convivialité !

Marktplatz : *ts les sam (mars-nov) se tient le marché (7h-14h).* De nombreux stands proposent un petit déj typique : *Weck, Worscht und Woi.*

Eisgrub-Bräu *(plan C3,* ***20****) :* *Weißliliengasse 1a. ☎ 22-11-04. Tlj 11h30-minuit. Plats 8-26 €.* Ancienne glacière du Moyen Âge. Depuis, la glace a fondu pour laisser place à... une délicieuse bière maison brassée sur place ! Véritable institution mayençaise, où tout le monde se retrouve sous les voûtes blanches des caves, pour déguster des spécialités locales appétissantes et copieuses. Bien aussi pour boire une bière maison dans une ambiance extra. Terrasse aux beaux jours.

Al Cortile *(plan C3,* ***22****) :* *Kartäuserstr. 14. ☎ 61-78-78. Tlj sauf mar 11h45-15h, 18h-minuit. Plats 6-25 €.* Ce vrai resto italien sert d'excellentes pâtes, pizzas, salades... Vaste salle contemporaine flanquée d'une charmante terrasse arborée. Une valeur sûre !

Zur Kanzel *(plan C3,* ***24****) :* *Grebenstr. 4. ☎ 23-71-37. Tlj sauf dim-lun 18h-1h, plus sam 12h-16h. Plats 14-30 €.* Élégant et chaleureux resto avec son lot de colombages, une dose de campagne et un chouia d'Art déco. Délicieuses viandes, mitonnées selon des recettes germano-internationalisantes. Bon accueil et service *presto.*

Heiliggeist *(plan D2,* ***25****) :* *Rentengasse 2. ☎ 22-57-57. Tlj sauf dim-lun 17h30-23h (minuit ven-sam). Plats 7-25 €.* Un cadre étonnant : cet ancien hôpital du XIIIe s fut un arsenal avant de devenir un resto en 1863 ! Côté carte : salades, tartines gratinées, mais aussi quelques viandes plus chères. Agréable terrasse verdoyante.

Incontro *(plan C3,* ***26****) :* *Augustinerstr. 57. ☎ 23-82-21. Tlj sauf lun*

11h45-23h. Plats 14-36 €. Tous les classiques de la cuisine transalpine, *antipasti,* pâtes à tous les modes, belles pièces de viande, poissons et mollusques. Vins au verre. Un peu chérot, mais la qualité des produits et le savoir-faire du chef justifient le prix.

Zum Goldstein *(plan C3,* ***27****)* **:** *Kartäuserstr. 3. ☎ 23-65-76. Tlj 12h (17h w-e)-22h. Plats 15-25 €.* Un *Biergarten* comme on les aime, proposant une cuisine locale savoureuse, généreuse et originale. On y vient aussi pour sa grande terrasse dominée par un marronnier majestueux, idéale pour un tête-à-tête intimiste ou un verre entre amis. Accueil charmant.

Weinhaus Bluhm *(plan C3,* ***23****)* **:** *Badergasse 1. ☎ 490-63-43. Tlj sauf dim-lun 17h (15h30 sam)-minuit.* Fière maison à colombages avec ses tables en bois et ses fresques à la manière de Bruegel, où se retrouvent les habitués du quartier. Ardoise listant les vins régionaux au verre. Terrasse sur les pavés de la ruelle aux beaux jours.

À voir

La vieille ville *(plan C-D2-3)* **:** les rues pavées du centre historique les plus agréables sont ***Kirschgarten, Augustinerstraße,*** prolongée par ***Kapuzinerstraße.*** Bordées de spectaculaires maisons à colombages (certaines du XVe s), avec des madones en façade et des églises baroques ou rococo ; on s'y presse pour ses caves à vin et ses agréables terrasses. C'est la partie la plus ancienne de la ville et c'est dans ce quartier qu'il faut traîner le soir.

Sankt Martin *(Mainzer Dom – cathédrale ; plan C2)* **:** *Markt 10. Tlj 9h (13h dim)-18h30. GRATUIT.* Édifiée au Xe s, c'est l'une des cathédrales monumentales les plus anciennes d'Allemagne avec Speyer et Trier. Extérieur roman remarquable avec sa tour-lanterne. Passé le portail roman à 4 colonnes, l'intérieur s'annonce vaste et harmonieux mais écrasé par de gros piliers carrés. On peut y apercevoir des ***monuments funéraires*** d'archevêques, de style gothique. Remarquez la ***coupole*** très haute, au-dessus du transept et son double chœur : l'un à l'est (roman), l'autre à l'ouest (gothique avec des éléments Renaissance et baroque). Le bas-côté droit permet d'accéder au ***cloître.*** Construit au début du XVe s, il fut rehaussé d'un étage pour accueillir une bibliothèque où Gutenberg aurait décidé d'imprimer sa fameuse bible... Dans le transept de droite, ***fonts baptismaux*** très élégants en bronze (XIIIe s).
On y trouve aussi le ***Dom Museum*** *(lun-ven 10h-17h, w-e 11h-18h ; entrée : 5 €, réduc),* intéressant musée qui retrace près de 1 000 ans d'histoire de la cathédrale et du diocèse.

Devant la cathédrale, sur ***Marktplatz,*** entourée de maisons baroques ou classiques *(plan C2),* voir surtout la ***fontaine*** Renaissance sur le parvis. Terrasses de café très accueillantes aux beaux jours.

Judensand *(ancien cimetière juif ; hors plan par A1)* **:** *Mombacher Str. 61.* • *jgmainz.de* • ***Ne se visite pas.*** Au Moyen Âge, les villes de Mayence, Speyer et Worms comptaient la communauté juive la plus importante du sud de l'Allemagne. Elle est même à l'origine de la culture ashkénaze en Europe centrale. Ce cimetière est le ***dernier vestige archéologique*** qui atteste de cette présence à Mayence. Les autres sites ont été démolis après l'expulsion de la communauté en 1438. Le cimetière, dans sa version actuelle, n'est pas totalement d'origine : il a été réagencé ces 2 derniers siècles, à partir de 200 anciennes tombes en grès rouge typique de la région. Tout comme plusieurs anciens sites de la communauté juive de Spire et Worms, le cimetière juif de Mayence est ***classé au Patrimoine mondial de l'Unesco.*** Pour des raisons de sécurité, les visites n'y sont pas permises et il n'est observable que de l'extérieur.

☺ ★★★ ***Gutenberg-Museum*** *(plan D2)* **:** *Liebfrauenpl. 5. ● gutenberg-museum.de ● Tlj sauf lun 9h (11h dim)-17h. Entrée : 5 € ; réduc. IPod en français : 3,50 €. Ttes les heures, plusieurs ateliers : fonte des caractères d'imprimerie en plomb, le travail du compositeur et des pressiers.* Un lieu exceptionnel, à ne pas manquer ! Ce musée des techniques du livre et des inventions en matière d'imprimerie est l'attraction principale de Mayence. Son plus illustre citoyen, Johannes Gutenberg (1400-1468), a mis au point un procédé d'imprimerie utilisant des caractères mobiles qui a révolutionné la diffusion des idées. En 1455, il publie la célèbre ***bible dite « à 42 lignes »,*** qu'on peut voir dans ce musée. L'évolution des procédés d'impression et de reliure sur tous les continents au fil des siècles s'y trouve présentée de manière claire et pédagogique.

DU PRESSOIR À LA PRESSE

C'est en voyant fonctionner un pressoir à vin à Strasbourg que Gutenberg a eu l'idée d'inventer le nouveau procédé d'impression qui lui a permis de produire 180 bibles en l'espace de 3 ans, alors qu'il fallait le même temps à un moine pour en recopier une seule.

On y découvre une étonnante reconstitution de ***l'atelier de Gutenberg,*** plusieurs presses typographiques à bras ainsi que certaines machines appartenant aux techniques modernes.

Nombreux livres anciens du XVe au XVIIIe s, présentés par roulement pour éviter une trop longue exposition à la lumière. Dans une chambre forte, admirer les 2 exceptionnels exemplaires des 1res impressions de la Bible sorties des presses de Gutenberg, notamment celles « à 42 lignes » sur 4 colonnes et sans numérotation des pages. Il n'en reste plus que 49 au monde sur les 180 imprimées entre 1452 et 1455. À côté, présentation des techniques d'avant la typographie, pour la préparation des couleurs minérales, et la fabrication du parchemin. Une autre salle fait un parallèle entre l'invention de Gutenberg et les techniques d'imprimerie mises au point à la même époque en Corée et en Chine, utilisant des caractères mobiles en bois et en métal.

C'EST INJUSTE !

En inventant l'imprimerie à caractères mobiles, Gutenberg fait faillite et meurt criblé de dettes en 1468. C'était pourtant l'invention la plus importante de l'époque. Il faut dire que ses bibles de 1 200 pages étaient très complexes à fabriquer et difficiles à vendre. Aujourd'hui, elles valent plus de 30 millions de dollars chacune. Il doit se retourner dans sa tombe.

Le musée retrace aussi l'***histoire de l'écriture*** sous toutes ses formes (idéogrammes japonais, papyrus égyptiens, ouvrages islamiques, etc.), et les techniques de reliure et de fabrication du papier.

★★★ ***Kirche Sankt Stephan*** *(église Saint-Étienne ; plan B-C3)* **:** *Kleine Weissgasse 12. ● st-stephan-mainz.de ● Tlj 10h (12h dim)-18h (16h30 nov-mars).* Assez anonyme, cette église de style gothique (XIIIe s), restaurée après la 2de Guerre mondiale, est surtout remarquable pour ses 9 sublimes vitraux réalisés à la fin de sa vie par Marc Chagall de 1973 à 1985 (6 dans le chœur et 3 dans le transept). Tous dans les bleus, ils constituent une interprétation poétique très libre de scènes de l'Ancien et du Nouveau Testament. À la mort de l'artiste, c'est son maître verrier qui termina les vitraux de l'église. Sur place, magnifique petit cloître du XVe s.

★ ***Landesmuseum*** *(plan B1)* **:** *Große Bleiche 49-51. ● landesmuseum-mainz.de ● Tlj sauf lun 10h-17h (20h mar). Entrée : 6 € ; réduc.* Situé dans l'ancien manège à chevaux des princes électeurs, l'édifice est une donation de Napoléon, datant de 1803. Ce musée (un des plus anciens du pays) présente une vaste section archéologique (la plus intéressante) consacrée à la civilisation rhénane depuis la

préhistoire : antiquités romaines, chapiteaux sculptés, pierres tombales, arches, ainsi que la célèbre colonne de Jupiter *(Jupitersäule).* À voir aussi : peintures du XVIIe jusqu'au XIXe s, porcelaine de *Höchst,* verrerie Jugendstil, retables en bois... Expos temporaires, tout au long de l'année.
Sur place, grand ***café*** avec terrasse.

Croisières sur le Rhin

Mayence est un bon point de départ pour une balade sur le Rhin : la plus belle partie du fleuve, la plus riche en châteaux et points de vue, se situe entre Mayence et Coblence. Voir plus loin la rubrique « Comment découvrir la vallée du Rhin ? ».

Le carnaval

La grande fête populaire de Mayence, c'est son carnaval, dont les préparatifs débutent tous les 11 novembre à 11h11. Durant 3 jours et 4 nuits avant le Mardi gras *(13 fév en 2024),* la ville s'anime. Des retransmissions télévisées permettent de suivre les différentes animations. Le point culminant de la fête est le *Rosenmontag* (Lundi des roses), qui donne lieu à un grand défilé déguisé dans toute la ville, rassemblant chaque année un demi-million de personnes. Il existe même un petit *musée du Carnaval (Fastnachtsmuseum)* dédié à cette manifestation populaire depuis ses débuts en 1837. Pour les amateurs... • *mainz.de/fastnacht* •

L'OUEST DE L'ALLEMAGNE

LA VALLÉE DU RHIN, DE MAYENCE À COBLENCE

• Carte *p. 173*

LE PAYSAGE CULTUREL DU TOUR DU RHIN

Depuis l'ancienne ville romaine de ***Coblence*** jusqu'à ***Bingen*** et ***Rüdesheim,*** en passant par la légendaire ***Lorelei,*** la vallée fluviale du Rhin s'étend sur 65 km entre les versants escarpés où pousse la vigne dont on fait les célèbres « vins du Rhin ». Et c'est l'un des plus charmants paysages qui soient ! Vignobles en terrasses proprement alignés, ruines de châteaux perchés sur leur éperon rocheux, coteaux couverts de forêts, villages radieux et nonchalants posés au bord du fleuve, chaque méandre donne une dimension nouvelle au fleuve.
Véritable *fleuve du destin* pour les Allemands, le Rhin a de tout temps transporté des marchandises, des influences et des idées artistiques. Gens de lettres, peintres et musiciens se sont laissé inspirer par ce paysage. Nulle part ailleurs en Europe, on ne retrouve une telle densité de monuments architecturaux de tout 1er ordre.
Beaucoup de légendes sont attachées à cette vallée, qui résonne encore des échos des chants des Nibelungen, épopée germanique du Moyen Âge qui retrace les exploits de ***Siegfried*** et le déchaînement des passions de la cour burgonde. Si le Rhin est particulièrement majestueux sur ce parcours, c'est qu'il est dompté par une gorge étroite qui lui donne sa force. Un conseil, ne vous limitez pas au seul Rhin. Explorez à votre guise les environs et n'oubliez pas de charger *L'Or du Rhin* de Richard Wagner dans votre baladeur, et de relire les *Rhénanes* (dans *Alcools*) de Guillaume Apollinaire !

UN PEU D'HISTOIRE

De Mayence à Coblence, le Rhin s'enfonce dans une gorge profonde déjà exploitée au temps des Romains. Rapidement, ils aménagèrent les coteaux en terrasses pour planter de la vigne. À la chute de l'empire, les bords du Rhin se couvrirent de bastions défensifs puis de demeures seigneuriales au Moyen Âge. Pas moins de 32 empereurs et rois descendirent le fleuve, voie royale vers leur couronnement. Comme sur les grands chemins, des brigands attaquaient les bateliers. On fit donc édifier des *Burgen* (châteaux forts) pour protéger les voyageurs. Mais il fallait payer un droit, auquel s'ajoutaient les impôts féodaux perçus par les princes électeurs rhénans. Au XIIIe s, sur le parcours entre Bingen et Coblence, on pouvait s'acquitter jusqu'à 10 fois le prix de la taxe de péage ! Après le XVIe s, les châteaux commencèrent à tomber en ruine car l'on rencontrait moins de problèmes de sécurité, et les nobles s'intéressaient à d'autres vallées.
Au XVIIIe s, une perception romantique du fleuve débuta avec le voyage de **Goethe** (1774). Ensuite, l'attrait pour cette région ne fit que croître, surtout au XIXe s, les châteaux ruinés donnaient toute leur majesté au fleuve. Chaque escarpement rocheux, chaque boucle du fleuve, chaque îlot, chaque ruine recèle encore sa parcelle de récit merveilleux. ***Cette partie moyenne du Rhin (Mittelrheintal) a été classée au Patrimoine mondial de l'Unesco en 2002.***

Comment découvrir la vallée du Rhin ?

Ce circuit incontournable peut s'organiser de plusieurs manières. En voiture, à vélo ou en bateau.

En voiture

C'est le moyen de locomotion qui laisse le plus de liberté. Pour visiter tranquillement les 2 rives sans se presser, un parcours de 3 jours est optimal si l'on veut flâner dans les villages, concocter des haltes gastronomiques et regarder passer le fleuve. Un circuit romantique qui se savoure avec lenteur !

À vélo

Même chose qu'en voiture, mais le charme et la détente en plus. Parcours sans difficulté (piste cyclable tout le long du fleuve) et points de vue merveilleux. Location de vélos un peu partout sur le parcours.
– ***Important :*** si les ponts sont absents sur le parcours, il existe plusieurs bacs qui permettent aux voitures et passagers de traverser le fleuve d'une rive à l'autre. Du sud au nord, on en trouve à : ***Ingelheim*** pour rejoindre *Destrich-Winkel ;* ***Bingen*** vers *Rüdesheim* ; ***Niederheimbach*** vers *Lorch* ; ***Sankt Goar*** vers *Sankt Goarshausen ;* ***Boppard*** vers *Filsen.* Liaisons fréquentes en journée, un peu moins en début de soirée ; elles s'arrêtent la nuit.

En train

Nombreux trains quotidiens – rive gauche – sur la ligne ***Mainz-Koblenz,*** desservant directement certains villages des berges du Rhin, comme ***Boppard, Bacharach*** et ***Bingen.*** Aussi une foule de trains quotidiens – rive droite – sur la ligne ***Neuwied-Frankfurt,*** passant par ***Koblenz, Braubach, Sankt Goarshausen, Kaub, Rüdesheim, Wiesbaden...***

En bateau

Au départ des grandes villes comme Coblence et Cologne au nord ou Mayence au sud, de nombreuses compagnies proposent, durant la saison estivale, des croisières à la carte, de 1h à plusieurs jours. Brochures complètes aux offices de tourisme avec les parcours et les prix. Voici les coordonnées des principales compagnies :

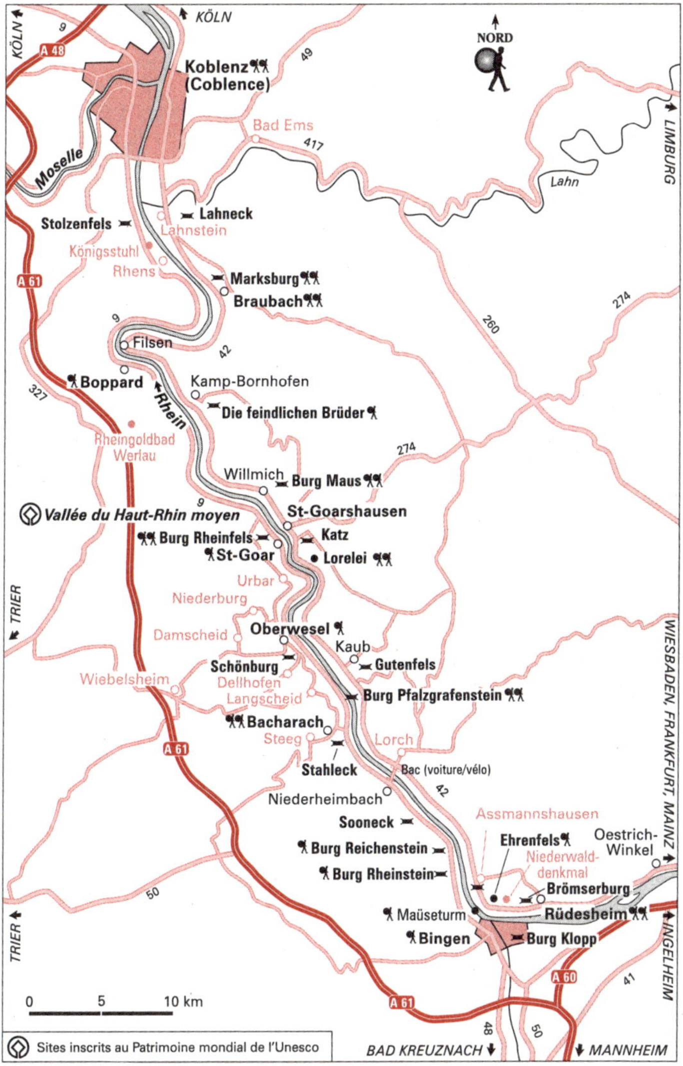

LA VALLÉE DU RHIN

■ **Köln-Düsseldorfer** *(KD)* **:** *la plus représentée sur le Rhin. Possède un bureau d'info dans chaque ville escale.* • *k-d.com* • Selon la destination choisie, la croisière peut être longue. Conseil : faire l'aller en bateau et le retour en train (ou l'inverse).

■ ***Bingen-Rüdesheimer :*** ☎ *(06721) 308-080 à* ***Bingen*** *ou (06721) 308-08-24 à* ***Rüdesheim.*** • *bingen-ruedesheimer.de* •

Notre parcours

Assez arbitrairement, il part de Mayence, au sud, et remonte vers Coblence, au nord, sur la rive gauche. Puis il redescend du nord au sud, par la rive droite, vers Wiesbaden. Ce circuit est évidemment purement indicatif et rien ne vous empêche de faire autrement. On ne vous indique pas tous les villages ni toutes les ruines, mais uniquement ceux ayant le plus d'intérêt. Vous ferez votre propre choix.

ℹ ***Rheinhessen Touristik*** *(office de tourisme régional)* **:** *Friedrich-Ebert-Str. 17, à* ***Ingelheim*** *(entre Bingen et Mayence).* ☎ *(06132) 44-170.* • *rheinhessen.de* • *Lun-ven 9h-18h, w-e 9h-14h.* Infos sur les curiosités (châteaux, musée...) de la région, hébergements, viticulteurs, agenda culturel...
– Ou encore ***Romantischer Rhein*** : *Loreley-Besucherzentrum, à* ***Sankt Goarshausen.*** ☎ *(06771) 59-90-93.* • *romantischer-rhein.de* • *Site internet en anglais très bien conçu.*
Bien que la vallée soit très touristique, les prix pratiqués dans l'hôtellerie sont raisonnables. En revanche, il convient d'organiser son voyage et de réserver les chambres longtemps à l'avance.

Fêtes

– ***Rhein in Flammen*** **:** *mai-sept.* Ne manquez pas ce formidable festival itinérant de feux d'artifice tirés depuis un bateau navigant sur le Rhin, de Bonn à Rüdesheim, en passant par Koblenz, Oberwesel, Sankt Goar... • *rhein-in-flammen.com* •
– ***Weinfest*** *(fête du Vin)* **:** *sept-oct.* Les plus populaires sont celles d'***Oberwesel*** *(2e et 3e w-e de sept)* et de ***Bacharach*** *(1er w-e d'oct).* Spectacles, feu d'artifice, défilé... pour célébrer les vins de la région !

RIVE GAUCHE (DU SUD AU NORD)

BINGEN *(25 600 hab. ; IND. TÉL. : 06721)*

En remontant vers le nord à partir de Mayence, c'est à Bingen que l'on voit le Rhin s'engouffrer dans son étroit défilé. Bourg assez quelconque mais paisible et dominé à 130 m d'altitude par un château, le ***Burg Klopp.*** Ancienne résidence des évêques de Mayence, il fut détruit par les troupes de Louis XIV. À Bingen eut lieu une guerre pour les droits de péage sur le Rhin. Le château ne se visite pas (c'est la mairie !), sauf sa tour crénelée, du haut de laquelle la vue est magnifique *(avr-oct, lun-ven 8h-18h ; GRATUIT).*

Adresse utile

ℹ ***Office de tourisme :*** *Rheinkai 21.* ☎ *18-42-05.* • *bingen.de* • *Lun-sam 9h-18h (17h sam), dim 9h-13h (en hte saison seulement) ; horaires restreints de nov à mi-avr.* Plan du village, dépliant en français, infos chambres chez l'habitant, liste des viticulteurs du coin, agenda culturel, infos loisirs verts (vélo, randonnées...).

Où dormir ? Où manger ? Où boire un verre ?

Camping

Campingplatz Hindenburgbrücke Bauer-Schorsch : *Mainzerstr. 199. Kempter Wiesen.* ☎ *171-60.* • *bauer-schorsch.de* • *Ouv tte l'année. Compter 15 € pour 2 pers avec tente et voiture.* Juste au bord du Rhin, petit camping tout simple sur une vaste pelouse. Agréable, mais ça manque vraiment d'arbres ! Sanitaires nickel. Resto-bar sur place. Accueil familial sympa.

Prix moyens

Hotel Köppel : *Kapuzinerstr. 12. ☎ 14-770. • hotel-koeppel.de • Doubles 76-136 €, petit déj compris. Plats 5-10 €. Parking payant.* Au centre du village, petit hôtel aux chambres simples côté confort mais coquettes et propres. Fait aussi café-salon de thé proposant de belles parts de tartes, salades, toasts et soupes.

Vinothek Bingen Am Rhein : *Hindenburganlage 2. ☎ 309-89-92. Tlj sauf lun 12h-23h (22h dim). Plats 12-25 €.* Juste au bord du Rhin, élégant bar à vins tenu par une aimable famille de vignerons. Dans l'assiette, une savoureuse cuisine mitonnée à base de produits frais du cru. Le tout arrosé par un vin de la propriété. Terrasse aux beaux jours.

À voir

Mäuseturm : après Bingen, une fois passé le pont apparaît, au milieu du fleuve, l'emblème de la ville : la *Mäuseturm* (« la tour aux Souris »), toute jaune et à créneaux, élevée au XIVe s et transformée au XIXe s. Elle tient son nom d'une légende bien triste : un jour, Hatto, l'archevêque de Mayence, enferma les pauvres dans une grange et y mit le feu, car il en avait assez de les entendre se plaindre des conséquences de la famine. Pendant la nuit, des souris envahirent le palais de l'évêque, qui se réfugia dans la tour. Les souris le suivirent et le dévorèrent ! Plusieurs fois détruite, la tour fut reconstruite dans le style néogothique (ne se visite pas).

BURG RHEINSTEIN

Au-dessus du Rhin, entre Bingen et Trechtingshausen. • burg-rheinstein.de • De mi-mars à début nov, tlj 10h-18h ; le reste de l'année, w-e seulement 12h-16h. Fermé de mi-déc à fév. Entrée : 7 € ; réduc. Littéralement suspendu au coteau verdoyant (bonne grimpette jusqu'en haut !), ce ***château*** se caractérise par sa belle couronne de créneaux. Édifié au Xe s pour être un poste douanier impérial, il fut transformé en résidence d'été par un prince russe au XIXe s... Mobilier du XVIIe et du XIXe s, armes du XVe s. Intéressant surtout pour la vue sur la vallée depuis la tour de guet. Café sur place.

BURG REICHENSTEIN

Au-dessus du Rhin, entre Bingen et Trechtingshausen, 1,5 km après Burg Rheinstein. ☎ (06721) 61-17. • burg-reichenstein.com • Tlj 10h-18h. Entrée : 9,50 €, audioguide inclus ; réduc. Construit au XIIIe s, ce château compte des dizaines de salles dont la plupart sont décorées de trophées de chasse (bof !). Spacieuse bibliothèque-salle à manger. Intéressante salle de musique, d'armes et d'armures... et toujours des trophées ! Depuis les tours à créneaux, vue superbe sur le Rhin. Si les collections ont peu d'intérêt, la visite permet de pénétrer dans un vrai château meublé.

On peut aussi y prendre un verre, déjeuner ou dîner au resto *(tlj 12h-21h)* et même dormir dans l'une des chambres faisant partie d'une annexe du château *(doubles 130-170 €, petit déj inclus).* Romantique à souhait !

BACHARACH (IND. TÉL. : 06743)

Ancien fief des comtes palatins, c'est une charmante bourgade tranquille abritant un vieux quartier fortifié du XIVe s. Superbes maisons à colombages légèrement penchées, fièrement retapées et toujours abondamment fleuries. L'***Altes Haus,*** avec sa tourelle et ses toits pentus, date du milieu du XVIe s... Également la ***chapelle gothique Saint-Werner,*** presque entièrement détruite en 1689 pendant la guerre palatine, puis en partie reconstruite durant le XVIIe s. Elle demeure en ruine, mais ses voûtes élancées valent le coup d'œil. Aux alentours, quelques tours de guet aux toits d'ardoises se perdent dans l'étendue des vignes. Bacharach est évoquée dans le poème « ***La Loreley*** » de *Guillaume Apollinaire* et dans le recueil ***Le Rhin*** de *Victor Hugo.*

Adresse utile

Office de tourisme : *Oberstr. 10. ☎ 91-93-03. ● rhein-nahe-touristik.de ● Ouv lun-ven 9h-17h, w-e 10h-14h ; horaires restreints en hiver.* Plan du village en français, visite guidée en français (sur résa), infos hébergements et randos, liste des viticulteurs du coin...

Où dormir ?

Camping

Camping Sonnenstrand : *Strandbadweg 9. ☎ 17-52. ● camping-rhein.de ● Fin mars-oct. Compter 18-20 € pour 2 avec tente et voiture.* Installé sur une longue pelouse coincée entre le Rhin et la route, et ombragé par quelques arbres. On est quand même vite les uns sur les autres, dommage. Plage de sable pour barboter dans le fleuve. Resto.

Auberge de jeunesse

Jugendherberge Burg Stahleck : *Burg Weg. ☎ 12-66. ● diejugendherbergen.de ● À 15 mn à pied de la gare (ça monte dur !). Nuitée 24-30 €/pers selon capacité, petit déj compris. ½ pens et pens complète possibles.* Un charme fou ! Aménagée dans un superbe château médiéval avec tours, murailles et créneaux, cette AJ – l'une des meilleures visitées en Allemagne – propose près de 170 lits répartis dans des chambres de 1 à 10 personnes ; toutes avec sanitaires privés. Terrasses pour musarder au soleil, resto-bar sur place. Une adresse exceptionnelle dotée d'un panorama superbe sur le Rhin. Pour l'anecdote, le château a servi de lieu de rencontre lors d'un sommet franco-allemand en 2002.

De prix moyens à chic

Pension Im Malerwinkel : *Blücherstr. 41-45. ☎ 12-39. ● im-malerwinkel.de ● De mi-mars à oct. Double 83 €, petit déj compris ; tarif dégressif dès la 2e nuit. Parking gratuit.* À côté d'un petit ruisseau et de l'une des anciennes portes pittoresques de la ville, c'est une jolie maison à colombages avec balcons en bois et bacs de géraniums. Chambres fonctionnelles, confortables et très bien tenues, certaines avec balcon. Grand jardin pour lézarder au soleil. Accueil charmant.

Rhein-Hotel : *Langstr. 50. ☎ 12-43. ● rhein-hotel-bacharach.de ● De début mars à mi-déc. Doubles 80-140 € selon saison, petit déj inclus. ½ pens et pens complète possibles. Resto tlj sauf mar. Menus 42-58 €. Parking.* Située sur le mur d'enceinte de la ville mais en bordure de la voie ferrée, cette jolie maison à colombages datant de 1535 propose des chambres confortables et insonorisées, à la déco standardisée, dont certaines avec petite terrasse sur le Rhin. La bonne table bio et *Slow Food* du village se trouve ici (chère !). Une adresse familiale tout à fait recommandable.

Où manger ? Où boire un verre de vin du Rhin ?

Weinstube « Zum grünen Baum » : *Oberstr. 63. ☎ 85-30. Tlj 12h-22h (la cuisine ferme à 20h). Plats 8-14 €.* Belle occasion de s'initier aux vins du Rhin dont les savoureux nectars proviennent de la propriété familiale. À la carte, des plats aux saveurs simples et authentiques, du genre fromage, charcutaille, etc., à dévorer dans 2 petites salles *gemütlich* ou sur l'agréable terrasse. Service souriant et jovial.

Weinhaus-Restaurant Altes Haus : *Oberstr. 61. ☎ 12-09. Tlj 18h-23h. Fermé à Pâques et en nov. Résa conseillée. Plats 10-30 €.* L'une des maisons à colombages parmi les plus anciennes (1392) et les plus connues de la vallée du Rhin. Elle a été célébrée par de nombreux poètes. Son aménagement intérieur d'époque a servi de décor à plusieurs films. On y sert une solide et savoureuse cuisine traditionnelle allemande.

OBERWESEL *(IND. TÉL. : 06744)*

Peu touristique, on y vient surtout pour son château et ses admirables fortifications rythmées par 16 tours, et pour admirer les façades des vieilles maisons. À voir aussi : l'***église Notre-Dame*** *(Liebfrauenkirche),* toute rouge *(tlj 14h-17h).* Celle-ci présente un beau jubé du XIVe s de style gothique, ainsi que plusieurs retables remarquables.

Adresse utile

Office de tourisme : *Rathausstr. 3. ☎ 71-06-24. • oberwesel.de • Avr-oct, lun-ven 9h-13h, 14h-17h, plus juin-oct w-e 10h-14h.* Plan du village, itinéraire de trek urbain en anglais, liste des hébergements, infos route des vins...

Où dormir ? Où manger ? Où boire un verre ?

Bon marché

Jugendherberge Rheintal *(AJ) : Auf dem Schönberg. ☎ 93-330. • diejugendherbergen.de • Pas de bus depuis la gare (30 mn à pied). Nuitée 25-31 €/pers selon capacité, petit déj compris. ½ pens et pens complète possibles. Parking gratuit.* En pleine nature et à 2 pas du château, une AJ aménagée dans un style contemporain. Plus de 200 lits répartis dans des chambres de 1 à 4 personnes, toutes avec sanitaires privés. Bien entretenu. Resto-bar sur place. Accès à la piscine couverte, terrain de basket... Encore une chouette AJ dans la région !

Café Bonsch : *Liebfrauenstr. 45-47. ☎ 264. Tlj sauf mar 13h30 (11h sam)-18h. Moins de 10 €.* Boulangerie-pâtisserie-salon de thé servant de délicieuses parts de tartes et autres gâteaux à la crème. Quelques plats à déguster sur le pouce également. Loue aussi des chambres soignées et très abordables dans les étages. Une adresse dans son jus, au charme indéniable !

À voir

Turmmuseum : *Auf Schönburg. ☎ 405. Hte saison, tlj sauf lun 10h-18h, et basse saison ven-dim 10h-17h. Entrée : 3 € ; réduc.* Dépeinte par Victor Hugo dans son recueil *Le Rhin,* il s'agit de l'une des tours du système défensif du village, datant du XIIIe s. Sur plusieurs étages, on découvre sa vocation et l'histoire des lieux. Vue panoramique sur le village et le Rhin depuis la terrasse.

SANKT GOAR *(IND. TÉL. : 06741)*

Doit son nom à un ermite du VIe s qui y édifia la fameuse ***chapelle Sankt Goar,*** aujourd'hui située sous le chœur de l'église collégiale. Le village est assez quelconque mais reste une étape paisible et agréable : contrairement à beaucoup d'autres villages de la vallée, le train ne bloque pas ici la vue sur le fleuve. C'est d'ailleurs de Sankt Goar que l'on a ***la plus impressionnante vue sur le promontoire de la Lorelei,*** sur l'autre rive. Ne manquez pas d'observer la rapidité des courants mythiques et le ballet incessant des bateaux, dont le trafic est dirigé par des panneaux émettant des signaux destinés aux péniches quand elles abordent le fameux méandre à risques. À ne pas manquer aussi, la visite des ruines du ***château de Rheinfels,*** qui surplombe le village.

Adresse utile

Office de tourisme : *Heerstr. 81. ☎ 383. • st-goar.de • Mai-sept, tlj 10h-16h30 (13h mer et w-e) ; oct-avr, lun-ven 9h-13h, 14h-17h.* Plan du village, brochure en français, liste des hébergements et des vignerons... Compétent et accueil en français. Fait aussi bureau de poste.

Où dormir ?

Camping

Campingplatz Friedenau : *Gründelbach 103. ☎ 368. • camping-friedenau.de • Passer le village, puis à gauche (panneau) ; c'est 1 km plus loin sur la gauche. De mi-mars à oct. Compter env 22 € pour 2 pers avec tente et voiture.* En contrebas de la route, petit camping familial sur une longue pelouse bordée d'arbres et d'un torrent. Fait aussi pension et sert des repas chauds. Calme, modeste et très bien tenu.

Auberge de jeunesse

Loreley Jugendherberge St. Goar : *Bismarckweg 17. ☎ 388. • diejugendherbergen.de • À 5 mn à pied du centre et 10 mn de la gare. Nuitée 27-34 €/pers selon capacité, petit déj compris. ½ pens et pens complète possibles. Parking gratuit.* Au pied du château de Rheinfels, un édifice cubique aux tons clairs, surplombant le Rhin et sa vallée. Au choix, plus de 120 lits en chambres de 1 à 10 personnes ; toutes avec sanitaires. Resto-bar, jeux pour les enfants...

Prix moyens

Weinstube et pension Knab's Mühlenschenke : *Gründelbachtal 73. ☎ 16-98. • muehlenschenke.de • À la sortie du village, suivre le panneau « Gründelbachtal ». De mi-mars à mi-nov. Resto fermé lun-mer. Doubles 80-110 € (tarif dégressif à partir de 4 nuits), petit déj compris. Plats 5-10 €.* Véritable îlot de tranquillité, cette charmante maison de vignerons abrite des chambres simples mais bien équipées. Au rez-de-chaussée, *Weinstube* rustique où l'on déguste les vins de propriété accompagnés de charcuterie, fromages et autres produits locaux.

Où manger ? Où boire un verre ?

Bon marché

Café St. Goar : *Heerstr. 95. ☎ 16-35. Dans la rue principale piétonne. Tlj 8h (10h dim)-18h. Plats 3-6 €.* Guettez le bretzel géant qui trône au-dessus de la boutique : vous y êtes ! Cette boulangerie-pâtisserie-salon de thé sert de grosses parts de tartes et des viennoiseries, mais aussi des sandwichs, soupes... Agréable terrasse dans la rue piétonne. Une adresse populaire.

Très chic

Hotel Schloss Rheinfels : *Schlossberg 47. ☎ 80-20. Tlj 12h-14h, 18h-21h. Plats 15-30 € ; menus 35-60 €.* Installé dans une aile du château de Rheinfels, cet établissement chic offre une vue plongeante sur la vallée. Pas donné mais magique pour un dîner en amoureux. Cuisine raffinée et recettes inventives à base de bons produits frais de la vallée. Certainement la meilleure table de la ville. Fait aussi hôtel, mais les chambres sont très chères *(130-200 €)* !

BURG RHEINFELS

Au-dessus de Sankt Goar. Accès possible par le train touristique (payant) depuis le centre-ville. Tlj 9h-18h. Visites guidées w-e et j. fériés à 11h, 13h et 15h et 14h (sur demande les autres j.) ; fermeture de la caisse 1h avt. Entrée : 6 € ; réduc. Dépliant en français. CB refusées. On visite les ruines de ce château, véritable forteresse imposante avec ses vastes tours carrées, bâti au XIIIe s puis transformé à la Renaissance. Agréable promenade à travers le dédale de ses passages, ses toits, ses coursives. Aussi un petit ***musée*** mais à l'intérêt assez limité. De la tour de l'horloge, vue superbe sur la vallée du Rhin. N'oubliez pas de vous munir d'une lampe, elle sera indispensable pour emprunter les couloirs des anciennes mines. Attention, les voûtes de schiste sont parfois coupantes, gare au crâne !

BOPPARD *(IND. TÉL. : 06742)*

Bien en retrait de la route principale et de la voie ferrée. Lovée dans un harmonieux méandre aux coteaux couverts de vigne, c'est une charmante vieille ville qui était « libre » au sein de l'empire. Un ***télésiège*** permet d'embrasser un vaste panorama sur l'un des plus beaux sites du Rhin. On peut visiter l'***église des Carmélites*** du XIVe s, possédant des stalles du XVe s, des monuments funéraires de la Renaissance, 2 autels du XVIIe s et une jolie statue de la Vierge appelée la « Madone aux raisins ». Dans l'***église Saint-Severus,*** de style roman, fresque du XIIIe s au plafond.

Adresses et info utiles

Office de tourisme : *Marktplatz 17. ☎ 38-88. • boppard-tourismus.de • Dans l'ancien hôtel de ville. Mai-sept, lun-ven 9h-18h, sam 10h-14h ; oct-avr, lun-ven 9h-17h.* Plan de la ville, brochure en français listant les curiosités, infos hébergements, loisirs verts (vélo, randonnée pédestre).

Location de vélos : *chez* ***Rhein Bike,*** *Kronnegasse 15. ☎ 26-78. Lun-sam 10h-18h. À partir de 12 €/j.*

– **Marché :** *ven mat sur Marktplatz.*

Où dormir ?

Prix moyens

Hotel Garni Günther : *Rheinallee 40. ☎ 890-90. • hotelguenther.de • Doubles 59-99 € selon confort, saison et vue, petit déj compris.* Planté au bord du Rhin, cet hôtel propose des chambres à la déco neutre mais confortables, très bien tenues, et pour tous les budgets ! Les plus chères disposent d'une vue plongeante sur le Rhin. Solarium, salle de sport et location de vélos. Bon rapport qualité-prix. Une excellente adresse.

Mittelrhein Pension : *Antonius Str. 9a. ☎ 31-41. • mittelrheinpension.de • Un peu en dehors du centre, prendre le tunnel sous le chemin de fer, faire demi-tour à gauche à la sortie, c'est*

250 m plus loin sur la gauche. Double 110 €, petit déj compris ; appart 120 €, petit déj en sus. En cas d'arrivée tardive, la clé vous attend dans une boîte à l'entrée. Pension familiale coquette, une douzaine de chambres pimpantes bien au calme. Aussi des appartements et un gîte pouvant accueillir jusqu'à 4 personnes. Un vrai bon plan si l'on voyage en famille ou entre amis.

Où manger ? Où boire un verre ?

De bon marché à prix moyens

Café Schery : *Oberstr. 126. ☎ 40-95. Tlj sauf dim 7h-17h30 (16h30 sam). Plat env 10 €.* Boulangerie-pâtisserie-salon de thé bien connue des gens du cru : gâteaux, parts de tartes, viennoiseries mais aussi des soupes, pâtes et toasts. Une bonne adresse à prix d'amis.

Severus Stube : *Untere Marktstr. 7. ☎ 32-18. Tlj sauf mer 17h30-22h30 (dim 11h30-14h30). Plats 10-15 €.* Savoureuses spécialités allemandes mijotées avec soin et joliment présentées. À savourer dans une salle typique décorée de bois ou en terrasse dans la ruelle.

Weingut Heilig Grab : *Zelkesgasse 12. ☎ 23-71. Face à la gare. Tlj sauf lun-mar 15h-21h30. Plats 5-9 €.* Tenu par une famille de vignerons, charmant *Biergarten* verdoyant, idéal pour s'initier ou parfaire son apprentissage en matière de vins du Rhin. Pour accompagner, flammekueche et assiettes de charcuterie et fromages...

À voir

Museum Boppard : *Burgplatz 2. • museum-boppard.de • Mar-ven 10h-17h, w-e 11h-18h; fermé lun. Entrée : 4 € ; réduc.* Aménagé dans l'ancien château fort, ce petit musée est en partie consacré à l'industriel **Michael Thonet,** un enfant du pays et créateur, en 1859, de l'iconique chaise n° 14, plus connue sous le nom de **chaise bistrot.** Il est considéré comme l'un des pères du design d'objets.

RIVE DROITE (DU NORD AU SUD)

BRAUBACH ET MARKSBURG *(IND. TÉL. : 02627)*

Avec ses ruelles étroites et ses maisons à colombages, village bien agréable et très typique, où subsistent plusieurs vieilles portes aux entrées de l'ancienne fortification. Juste au-dessus, le **château de Marksburg,** dressé sur un promontoire basaltique boisé, demeure l'un des rares qui soient restés intacts depuis leur édification au XIIIe s.

Adresse utile

Office de tourisme de Braubach : *Rathausstr. 8. ☎ 97-60-01. • braubach.welterbe-mittelrhein.de • Dans un angle, face à l'église. Lun-ven 9h30-17h (sam 9h30-13h).*

Où dormir ? Où manger ? Où boire un verre ?

Hotel garni, Café Maaß : *Oberalleestr. 1. ☎ 544. • hotelmaass.de • Doubles 95-110 €, petit déj inclus.* À la lisière de la vieille ville, dans une jolie maison à colombages, une poignée de chambres fonctionnelles, soignées et confortables. Accueil aux petits soins. Au rez-de-chaussée, bistrot-salon de thé. Une excellente adresse.

Zum Goldenen Schlüssel : *Marktplatz 14. ☎ 340. Tlj sauf jeu le midi, plus jeu à partir de 16h. Plats 10-16 €.* La bonne table du village ! Resto à la déco rustique, simple et de bon goût, flanqué d'une charmante terrasse sur la place. Délicieuses spécialités régionales bien présentées, mais aussi des salades, soupes, omelettes, rösti... Excellent rapport qualité-prix-sourire. Loue aussi des chambres *(double 70 €).*

À voir

Schloss Marksburg : *juste au-dessus de Braubach. • marksburg.de • Ouv tte l'année 10h-17h. Entrée : 11 € ; réduc. Parking payant : 2 €. Visite guidée en allemand obligatoire ttes les 15 mn (en anglais ou en français, se renseigner). Brochure en français. Durée : 50 mn.* Une véritable plongée en plein Moyen Âge ! Certainement le plus beau château et le mieux préservé de toute la vallée du Rhin, restauré récemment dans son état médiéval. Vu le passé mouvementé de la région et la position dominante de ce nid d'aigle, on imagine sans peine la richesse de son histoire depuis le XIIe s... On doit l'apparence actuelle du château aux aménagements du milieu du XVIe s. Chaque époque a apporté son lot de nouveautés. Les bastions « *Scharfes Eck* » et « *Pulvereck* », face au sud, datent de la fin du XVIIe s. Il a fallu attendre le début du XXe s pour entamer une rénovation. Acquis pour la somme symbolique de 1 000 Marks, 30 ans furent nécessaires pour mener à bien cette restauration, rendue possible grâce aux plans de 1605.
On visite plusieurs salles, dont l'étonnante cuisine gothique de 27 m de long avec son immense cheminée où l'on pouvait rôtir un bœuf entier ; la salle des armures avec même un hoplite grec (mais que fait-il là ?) puis la chambre des tortures. À l'étage, salle des Chevaliers. Belles peintures murales dans la chapelle consacrée au XVe s à saint Marc (d'où « Marksburg »). Enfin, le château abrite une bibliothèque de plus de 15 000 ouvrages sur le thème de l'histoire des *Burgen.* Admirez pour finir le superbe jardin où poussent quelque 170 plantes aromatiques et médicinales utilisées au Moyen Âge.
Pour la petite histoire, sachez que Marksburg, comme beaucoup d'autres, a son fantôme. En 1937, une ombre étrangement ressemblante à un homme priant les mains jointes est apparue lors du développement d'une photo prise dans la chapelle.

LES CHÂTEAUX DES FRÈRES ENNEMIS

Au-dessus du village de *Kamp-Bornhofen,* voici 2 châteaux voisins, auxquels est attachée une curieuse légende opposant 2 « frères ennemis » *(feindliche Brüder)* qui résidaient chacun dans l'un d'eux. D'abord, **Burg Sterrenberg** possède un beau rempart entourant un rocher central où se dresse une tour. Elle ne se visite pas mais on peut néanmoins se balader sur le site fortifié, où un resto-bar avec charmante terrasse dominant le Rhin occupe désormais le terrain. Ensuite, on peut visiter la tour de **Burg Liebenstein** d'où on profite d'un beau panorama.

BURG MAUS

Au-dessus du village de **Willmich** (commune de Sankt Goarshausen), le « château de la Souris », élevé au XVIe s, était avant tout défensif. Il servit un temps aux archevêques de Trèves. Napoléon le fit sauter, dans son ambition de détruire les fortifications du Rhin. Il fut reconstruit et réaménagé intérieurement. Superbe vue sur la vallée. *Visites guidées (6 €) et concerts réguliers. Infos : ☎ (06771) 91011. • burg-maus.de •*

LA LORELEI (IND. TÉL. : 06771)

Perché au-dessus du village de ***Sankt Goarshausen,*** ce rocher schisteux – symbole du Rhin romantique – se dresse à 132 m à la verticale au-dessus du fleuve, et demeure chargé de légendes. Sachez que *lure* en ancien allemand veut dire « perfide », *ley* signifiant « rocher ». Ce « rocher perfide » donc, mis en scène par ***Heine*** dans un poème au XIXe s, fut, bien avant cela, le sujet d'innombrables fables populaires.
Au pied du rocher, le fleuve se rétrécit, ce qui fait du « passage de la Lorelei » un lieu redouté depuis toujours par les navigateurs, à cause des courants et des tourbillons. Précédant le passage, 3 sons de cloche indiquaient le moment de la prière. On pense que le site devint légendaire grâce à son écho. La résonance des sons fut interprétée comme des voix provenant des esprits. Plus tard naquit la légende selon laquelle le chant et la beauté de la Lorelei hypnotisaient les bateliers qui en oubliaient les dangers du fleuve, faisant ainsi échouer leurs embarcations.
Le comte héritier de la Rhénanie-Palatinat fut la proie de ce génie des eaux. Son père ordonna pour le venger qu'on attrape cette ondine. La Lorelei appela son papa à elle, le Rhin, à la rescousse. Le fleuve se gonfla, et de gigantesques vagues emportèrent l'ondine au loin. Elle ne revint plus jamais. Si vous la voyez, faites-nous signe !
Un truc marrant : si vous passez par la Lorelei avec un bateau de croisière, vous entendrez la musique de ***Silcher*** dans les haut-parleurs... reprise en chœur par tous les Allemands à bord !
La statue représentant la Lorelei se trouve au pied de la falaise.
Par une route sinueuse (5 km) à partir de Sankt Goarshausen, on grimpe jusqu'au plateau menant à la falaise. Au sommet de ce roc boisé, point de vue extraordinaire sur la vallée du Rhin depuis un ***centre des visiteurs*** avec installations interactives didactiques et film en 3D d'un survol aérien du site. Essayez d'arriver tôt ou en fin de journée, pour éviter les dizaines de cars de touristes.
*– Infos sur place : au **Loreley-Besucherzentrum,** ☎ 59-90-93. • loreley-besucherzentrum.de • loreley-info.com • Tlj 10h-17h. Entrée : 2,50 €.*

BURG PFALZGRAFENSTEIN

Accessible en bateau depuis ***Kaub,*** ce petit château pittoresque, construit en 1328 sur une île en plein milieu du Rhin, servit de poste de péage jusqu'en 1866. *• burg-pfalzgrafenstein.de • Mars-oct, tlj sauf lun 10h-18h (17h mars) ; janv-fév et nov, w-e 10h-17h. Fermé en déc. Entrée : 4 € ; réduc. Billet combiné (bateau, château, musée) : 7,50 €. Durée : 1h30.*

LES RUINES D'EHRENFELS

Dans l'alignement de la tour aux Souris, près de Bingen, on distingue les belles ruines d'Ehrenfels plantées au milieu du fleuve *(visites ☎ 06722-408-51).* Le château de Bingen (rive gauche), la tour aux Souris et le château d'Ehrenfels constituaient une barrière défensive contre les ennemis du Nord. Ehrenfels fut détruit par les troupes françaises à la fin du XVIIe s. C'est l'une des plus imposantes forteresses protégeant le Rhin.

RÜDESHEIM AM RHEIN (IND. TÉL. : 06722)

Cette charmante bourgade, capitale du *Rheingau,* possède un joli centre piéton, avec ses ruelles aux maisons anciennes typiques. Une image un peu ternie, hélas, par les dizaines de boutiques de souvenirs. On s'y promène quand même avec plaisir en fin d'après-midi, lorsque les cars ont quitté le village. Dans la ***Drosselgasse,*** explorer les nombreuses caves de vignerons ou, mieux, le ***musée du Vin Brömserburg*** *(mai-oct, ven-sam 16h-23h, dim 14h-20h ; entrée : 5 €),* car Rüdesheim est aussi un centre de la dégustation des vins du Rhin. Et puis ne manquez pas la visite du formidable ***musée des Instruments de musique mécanique,*** et, si vous avez un peu de temps, envolez-vous au-dessus des vignobles du Rhin en prenant le ***téléphérique.***

Adresse utile

Office de tourisme : *Rheinstr. 29a. ☎ 90-61-50. • ruedesheim.de • Tlj 10h-17h (16h w-e).* Plan du village en français, résas de chambres d'hôtel ou chez l'habitant, infos loisirs (vélo, randonnée pédestre, rafting...), agenda culturel, liste des vignerons, vente de billets de bateau et de téléphérique...

Où dormir ? Où manger ? Où boire un verre ?

Prix moyens

Gasthaus Zur Lindenau : *Löhrstr. 9. ☎ 33-27. • zur-lindenau.de • Fermé de mi-déc à mi-mars. Doubles 80-120 € selon saison, petit déj compris.* Petite *Gasthaus,* tenue par une famille de viticulteurs qui propose une dizaine de chambres pratiques et très propres, toutes avec salle de bains. Fait aussi resto *(dim midi seulement).* Accueil en français.

Weingut Herbert Philipp : *Steingasse 13. ☎ 32-20. Fin mars-fin oct et pdt le marché de Noël, tlj 13h-22h. Plats 4-12 €.* C'est la table d'un vigneron du coin. Jolie courette coiffée d'une treille. Au menu, cuisine familiale du terroir que l'on déguste avec un ballon de riesling. Une adresse appréciée des villageois.

À voir

Siegfrieds Mechanisches Musikkabinett *(musée des Instruments de musique mécanique)* **:** *Oberstr. 27-29. • smmk.de • Tlj 9h-17h. Entrée : 9 € ; réduc. Visite guidée obligatoire, en français sur résa (4 pers min). Feuille explicative en français si jamais le tour est dans une autre langue.* Installé dans un vieux manoir du XVe s, cet étonnant musée présente près de 350 instruments de musique, datant de 1780 à 1930, et généralement utilisés dans les cinémas, hôtels, restos, salles de bal et fêtes foraines. Plusieurs sont mis en route durant la visite guidée. Quel formidable barouf !

KOBLENZ (COBLENCE)

(56068) 114 050 hab. IND. TÉL. : 0261

• Plan *p. 185*

Située au confluent du Rhin et de la Moselle, cette cité dynamique dotée d'un plaisant petit centre piéton propose un splendide panorama

en surplomb du confluent des 2 fleuves. C'est le point de départ idéal pour remonter la vallée de la Moselle. On peut y entamer d'agréables balades en bateau sur le Rhin. Essayez donc d'y venir pour le magnifique *Rhein in Flammen* en été ou lors de son carnaval, en février (voir rubrique « Manifestations »).

UN ANCÊTRE DU *ROUTARD*

En 1839, Karl Baedeker, libraire à Coblence, publie un guide de voyage sur la vallée du Rhin. Ses ouvrages remportent rapidement un grand succès grâce au développement du rail. En 1914, son concurrent – Le Guide Bleu *– fait une publicité : «* N'achetez pas le Baedeker, vous donneriez de l'argent à l'Allemagne. *» Les armées de l'air allemande et alliées ont d'ailleurs abondamment utilisé leurs cartes pour diriger leurs bombardements lors de la 2de Guerre mondiale.*

UN PEU D'HISTOIRE

Au Ve s, la ville est conquise par les Francs, avant de tomber dans le domaine des archevêques, princes électeurs de Trèves dès 1018. Puis la cité connaît l'influence française après la Révolution, lorsque viennent s'y réfugier les émigrés royalistes, notamment les ***comtes d'Artois*** et ***de Provence,*** frères de Louis XVI, qui tentent d'entraîner les princes allemands dans la contre-révolution. Du coup, en 1794, les armées de la République se portent jusqu'à la rive gauche du Rhin, et Coblence devient, jusqu'en 1815, préfecture du département du Rhin-et-Moselle. La forteresse d'***Ehrenbreitstein*** résiste encore 4 ans avant de tomber. Le congrès de Vienne l'attribue ensuite à la Prusse qui y réaménage la forteresse pour en faire le bastion militaire le plus important sur le Rhin. Un pont flottant enjambe le Rhin. Il tiendra jusqu'en 1945.

LES HASARDS DE LA NAISSANCE

À la suite de la défaite allemande de novembre 1918, les soldats américains occupent Coblence de 1919 à 1923 pour mettre fin à un gouvernement de soviets qui avait pris le pouvoir. Les Français les remplacent jusqu'en 1929, ce qui explique pourquoi l'ancien président Valéry Giscard d'Estaing y voit le jour en 1926.

Adresses et infos utiles

ℹ ***Office de tourisme*** *(plan A1,* ***1****)* ***:*** *Zentralplatz 1. ☎ 129-610. • koblenz-touristik.de • Dans le spectaculaire bâtiment design du Forum Confluentes, adjacent au Mittelrhein-Museum. Tlj 10h-18h. Vente de la KoblenzCard valable 24h : 9,80 €.* Plan de la ville en français, liste des hébergements, agenda culturel, résas d'hôtels, infos routes des vins du Rhin et de la Moselle...

🚂 ***Hauptbahnhof*** *(gare ferroviaire centrale ; plan A2)* ***:*** *Bahnhofplatz 17. ☎ 0800-150-70-90 (no Vert).*

– Infos transports régionaux en train et bus : *• rmv.de • vrt-info.de •*

🚌 ***Infos bus urbains*** *(plan A1)* ***:*** *à la gare routière du Löhr-Center, Hohenfelder Str. ☎ 402-200-00. • evm.de •*

– De la gare jusqu'au centre-ville, ts les bus partent de l'arrêt D (les nos 1, 5, 8, 9, etc.). Descendre à Zentralplatz ou Löhr-Center.

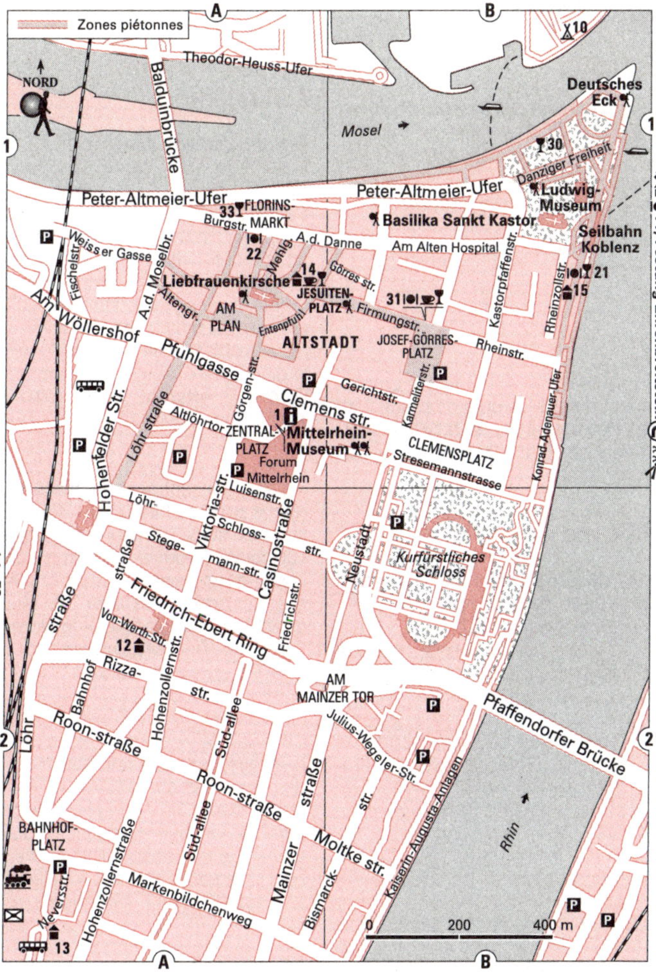

KOBLENZ (COBLENCE)

Adresse utile

- **1** Office de tourisme (A1)

Où dormir ?

- **10** Campingpark Rhein-Mosel (B1)
- **11** Jugendherberge Koblenz (hors plan par B1)
- **12** Hotel Jan van Werth (A2)
- **13** GHotel (A2)
- **14** Altstadt Hotel (A1)
- **15** Hotel Haus Morjan (B1)

Où manger ?

- **21** Winninger Weinstuben (B1)
- **22** Weinhaus Hubertus (A1)

Où boire un verre ?
Où sortir ?

- **30** Königsbacher Biergarten (B1)
- **31** Adaccio (B1)
- **32** Café Hahn (hors plan par A2)
- **33** Gastätte Im Winkel (A1)

Où dormir ?

Camping

Campingpark Rhein-Mosel (plan B1, **10**) : *Schwarzwiesenweg 6. ☎ 827-19. ● knauscamp.de ● Juste de l'autre côté du Deutsches Eck, au confluent de la Moselle et du Rhin. En voiture, passer le Balduinbrücke (panneaux). Sinon, depuis le centre, bus nº 2, arrêt Plankenweg Süd ; ou train (direction Köln), arrêt Lützel ; bateau-navette : traversée depuis le Deutsches Eck. Avr-oct. Empl. 25-30 € pour 2 pers avec tente et voiture selon saison.* Bel emplacement dans la verdure ombragée, au bord de l'eau, juste en face du Deutsches Eck. Non praticable en cas d'inondation.

Auberge de jeunesse

Jugendherberge Koblenz (hors plan par B1, **11**) : *Festung Ehrenbreitstein. ☎ 97-28-70. ● diejugendherbergen.de ● Dans une aile de la forteresse Ehrenbreitstein surplombant le Rhin, face à la ville. En voiture, du centre, prendre le Pfaffendorferbrücke, puis la direction de la forteresse. Sinon, depuis la gare, bus nºs 8 ou 9 jusqu'au téléphérique (Seilbahn) montant à la forteresse (horaires variables). Nuitée 25,10-31,40 €/pers selon capacité, petit déj compris. ½ pens et pens complète possibles. Parking payant.* Décor martial et vue splendide sur Koblenz et le Rhin depuis cette aile de la forteresse. Près de 160 lits dans des chambres de 1 à 6 personnes, toutes avec sanitaires intérieurs. Petite restauration sur place. Jeux enfants, barbecue, ping-pong... Une très belle adresse.

De prix moyens à plus chic

Hotel Jan van Werth (plan A2, **12**) : *Von-Werth-Str. 9. ☎ 365-00. ● hoteljanvanwerth.de ● Résa très conseillée. Doubles 60-90 € selon confort, petit déj inclus.* À 10 mn à pied du centre historique, hôtel familial à la façade jaune, donnant sur une impasse tranquille, sur le côté d'une église. Chambres douillettes mais sans fioritures, les moins chères avec salle de bains partagée. Gentil jardin-terrasse. Accueil obligeant.

Altstadt Hotel (plan A1, **14**) : *Jesuitenplatz 1-3. ☎ 20-16-40. ● altstadt-hotel-koblenz.de ● Doubles 100-120 €, petit déj en sus. Parking payant.* Donnant sur une place pittoresque du centre historique, cette maison ancienne abrite un hôtel de charme aux chambres confortables et joliment décorées. Café gourmand au rez-de-chaussée avec son agréable terrasse. Bon rapport qualité-prix, compte tenu de la situation.

Hotel Haus Morjan (plan B1, **15**) : *Rheinzollstr. 14. ☎ 30-42-90. ● hotelmorjan.de ● Doubles 84-140 € selon taille et vue, petit déj inclus. Parking.* Cette jolie façade bleu et blanc de style balnéaire, superbement fleurie, abrite des chambres confortables, à la déco standardisée. Les meilleures, avec petite terrasse, sont plus spacieuses et dotées d'une vue sur le Rhin. Pas si cher, vu l'emplacement. Bar à vins sur place.

GHotel (plan A2, **13**) : *Neversstr. 15. ☎ 200-24-50. ● ghotel.de ● Face à la gare centrale, à 15 mn à pied du centre historique. Doubles 80-169 € selon saison, petit déj inclus. Parking payant.* Hôtel moderne, affichant un design contemporain bien affûté. Chambres sobres mais élégantes, confortables et douillettes. Copieux petit déj-buffet.

Où manger ?

De bon marché à prix moyens

Winninger Weinstuben (plan B1, **21**) : *Rheinzollstr. 2. ☎ 387-07. Tlj sauf dim-lun 16h-22h (22h30 ven-sam). Plats 6-14 €.* Cette bâtisse au bord du Rhin était occupée au XIXe s par le *Rhein Museum*. En lieu et place aujourd'hui, un bar à vins fort agréable grâce à sa grande terrasse. Et pour accompagner les bons breuvages du pays, voici des assiettes copieuses : charcuterie, flammekueche, fromages, rösti, omelette... Un régal !

Weinhaus Hubertus *(plan A1, **22**) : Florinsmarkt 6. ☎ 311-77. Tlj sauf mar et mer 16h-22h. Plats 10-26 €.* Un lieu chaleureux que cette maison à colombages du XVIIe s, tenu par un viticulteur réputé. Murs sombres ornés de trophées de chasse, vitraux et un charmant poêle antique en céramique verte. Agréable et authentique. Carte germanique de tradition comprenant du poisson et cuisine plutôt fine. Bonne sélection de vins régionaux.

Où boire un verre ? Où sortir ?

Königsbacher Biergarten *(plan B1, **30**) : Danziger Freiheit 2. ☎ 914-23-23. Tlj 10h-22h (23h ven-sam).* Planté sur le Deutsches Eck, juste devant la Moselle, un *Biergarten* très plaisant, protégé par des arbres centenaires. Le lieu idéal pour siroter vins et bières en regardant le soleil se coucher sur les péniches. On peut aussi y casser une graine.

Gastätte Im Winkel *(plan A1, **33**) : Floris Markt 1. ☎ 287-44-228. Tlj 19h-2h (6h jeu-ven).* Au cœur de l'Altstadt, un chaleureux *Kneipe* à la déco surchargée de brocante, tout en longueur avec 2 bars, bières et *shots* à gogo, plein comme un œuf les soirs de week-end. Ambiance délirante quand tout le monde reprend à tue-tête les paroles des chansons populaires de la pop allemande. Un lieu comme on les aime !

Adaccio *(plan B1, **31**) : Firmungstr. 2. ☎ 10-00-58-33. Tlj 11h-minuit.* Superbe café-resto-*cocktail bar* avec une vaste salle Art déco très haute de plafond, avec son impressionnant escalier en fer menant à la mezzanine. La façade est illuminée la nuit de couleurs changeantes. Grande terrasse pour siroter un bon cocktail maison. Fait aussi resto : cuisine éclectique (plutôt bonne en plus !), et petit déj au champagne. Seul bémol : l'addition grimpe vite !

Café Hahn *(hors plan par A2, **32**) : Neustr. 15. ☎ 423-02. Dans le quartier de Güls, au sud-ouest du centre. En voiture, direction Cochem puis Güls. Sinon, bus no 3. Pour rentrer, service de taxi pas cher. Entrée : 15-30 € selon groupes. Programmation sur • cafehahn.de •* Le lieu alternatif de Koblenz ! Une salle de concerts à la prog éclectique et de qualité. Il y en a pour tous les goûts : du hip-hop au rock en passant par le jazz, le blues et le punk.

À voir. À faire

Balade dans la vieille ville *(Altstadt ; plan A1)* **:** autour de **Liebfrauenkirche** (église Notre-Dame), partez explorer ce qui reste des anciennes maisons dans les ruelles. Tout a été rénové avec goût. Placettes agréables, terrasses de café, rues piétonnes... à vous de flâner. À l'angle de ***Marktstraße*** et ***Altengraben,*** jolies maisons à échauguettes sculptées et bâtiments à colombages restaurés.

Jesuitenplatz *(place des Jésuites ; plan A-B1)* **:** *dans le centre historique.* Sur cette pittoresque place, on trouve le ***Rathaus*** (hôtel de ville), ancienne bâtisse du XVIIe s, et la ***Jesuitenkirche*** (église des Jésuites) célèbre pour sa magnifique façade (intérieur sans grand intérêt, en revanche).

Passer sous la voûte : sur la droite, fontaine amusante où trône un gavroche local qui s'appelle le *Schängelbrunnen* et symbolise l'humour et l'esprit de répartie des habitants de Coblence – « *Schängel* » désignant les enfants illégitimes nés d'une union entre des Coblençoises et des soldats des différentes occupations. Admirez le vert de ses yeux, sans pareil... mais attention si vous vous approchez trop !

Basilika Sankt Kastor *(basilique Saint-Castor ; plan B1)* **:** *Kastorhof 8. Tlj 9h-18h.* Inaugurée en 836 à l'emplacement d'un temple gallo-romain, ***cette église***

romane abrita les négociations du traité de Verdun établissant le partage de l'empire de Charlemagne entre ses fils, en 843. Mais l'église sous sa forme actuelle date de la fin du XIIe s. Architecturalement, l'intérieur ne vaut que par la nef à clés de voûte colorées. Dans le croisillon droit, 16 panneaux peints sur bois où apparaît *saint Castor* (missionnaire qui a évangélisé les bords de la Moselle au IVe s).

À noter, tout proche, l'un des pouces du sculpteur français **César,** posé dans la cour du **Ludwig Museum** (plan B1) : ● *ludwigmuseum.org* ● *Mar-sam 10h30-17h, dim 11h-18h. Entrée : 6 € ; réduc.* Consacré à l'art moderne avec des œuvres de ***Picasso, Dubuffet, Tinguely, Arman...*** Café et resto sur place.

Mittelrhein-Museum *(musée de la Vallée moyenne du Rhin ; plan A1)* **:** *Zentralplatz 1.* ● *mittelrhein-museum.de* ● *Dans le bâtiment triangulaire et design* Forum Confluentes*. Tlj sauf lun 10h-18h. Entrée : 6 € ; réduc. Expos temporaires en sus.* On explore l'histoire de la ville par le biais de sculptures religieuses polychromes du XIIIe au XVIe s, des chefs-d'œuvre d'orfèvrerie et des monnaies. En vedette, les toiles de ***Januarius Zick,*** peintre de la cour des princes électeurs de Trèves au XVIIIe s, l'un des plus fameux de la région et de son époque. D'autres œuvres d'artistes allemands moins connus, mais intéressantes, comme cette *Fête populaire sur le Rhin gelé* en 1768 de **Bernhard Gottfried Manskirch,** à coup sûr un événement qui a dû marquer les esprits ! Également peinture hollandaise et flamande, mais aussi et des créations du XXe s de ***Soulages, Hartung, Poliakov*** et ***Menessier.***

Romanticum : *au rdc du* Forum Confluentes*, dans l'office de tourisme.* ● *romanticum.de* ● *Tlj 10h-18h. Tour à 10h, 12h, 14h et 16h (durée : 1h45). Résa conseillée. Entrée : 6 € ; réduc.* Une attraction interactive où l'on embarque sur un bateau à vapeur (fictif) pour découvrir les légendes et curiosités des paysages et châteaux du Rhin romantique.

L'ÉPINGLE DE LA VERTU

Jusqu'au début du XXe s, la tradition voulait que les jeunes filles de Koblenz utilisent une large épingle à cheveux en or ou en argent pour tenir leur coiffure. Appelée « Tugendpfeil » (la flèche de la vertu), elle devait être portée entre l'adolescence et le mariage. Avec la signification que l'on imagine... Autres temps, autres mœurs !

Deutsches Eck *(plan B1)* **:** au confluent du Rhin et de la Moselle, la pointe a été aménagée à la fin du XIXe s. Vue impressionnante sur les 2 cours d'eau, ainsi que sur la ville, avec les flèches des églises côté Moselle. Au centre de la place trône la grandiloquente statue (14 m) de ***Guillaume Ier*** détruite en 1945 mais copie réinstallée en 1993.

Sur la rive opposée du Rhin se profile, à 118 m de haut, la ***forteresse d'Ehrenbreitstein*** sur le plateau dominant la falaise. On s'y rend par un téléphérique franchissant le Rhin :

– ***Seilbahn Koblenz*** *(téléphérique ; plan B1)* **:** *relie Konrad-Adenauer-Ufer à la forteresse d'Ehrenbreitstein.* ● *seilbahn-koblenz.de* ● *Avr-oct, tlj 10h-19h (17h30 w-e juin-sept) ; hors saison seulement le w-e 9h30-17h30. Billet A/R : 13,90 € ; aller simple 10 €. Vélos : 4 €. Billet combiné avec la visite de la forteresse d'Ehrenbreitstein : env 17,90 € ; réduc.* Construit en 2011, il mesure 800 m de long et s'envole à 120 m au-dessus du Rhin. Vue superbe depuis les cabines !

– ***Festung Ehrenbreitstein*** *(forteresse d'Ehrenbreitstein ; hors plan par B1)* **:** *Greiffenklaustr.* ● *diefestungehrenbreitstein.de* ● *Tlj 10h-18h (16h ou 16h30 nov-mars). Fermé Noël-Nouvel An. Entrée : 8 € ; réduc. Brochure en français. Audioguide en français : 2 €. Visite guidée payante en français sur résa.* L'un des sites les plus grandioses de Coblence ! Bâtie par les Prussiens entre 1817

et 1828 sur les ruines d'un château médiéval du Xe s et un ensemble fortifié sous les princes électeurs, démoli en 1799 par les Français, c'est la 2e plus grande forteresse du genre en Europe, après Gibraltar. Elle offre de nombreuses possibilités : visite des fortifications ; visite du *Landesmuseum Koblenz* traitant de l'histoire économique et technique de la région. Également des musées *de la Photographie, des Indulgences, d'Archéologie* et un show multimédia.
Panorama splendide avec vue imprenable sur les 2 fleuves qui se rejoignent, sur la ville et les collines environnantes.
Resto-bar sur place avec terrasse panoramique.

Promenades en bateau sur le Rhin : au bord du Rhin, tout le long du *Deutsches Eck (plan B1),* plusieurs compagnies proposent des tours de 1h, 2h et même 1 journée. L'été, départs en continu quand il fait beau.

Manifestations

– ***Koblenz Karneval :*** *13 fév en 2024. Infos sur • akk-koblenz.de •* Grande parade dans le centre-ville avec défilé de chars décorés, qui attire chaque années plus de 150 000 visiteurs.
– ***Internationales Gaukler und Kleinkunstfestival :*** *fin juil. Infos sur • gauklerfest-koblenz.de •* Festival de théâtre de rue dans la forteresse d'Ehrenbreitstein.
– ***Rhein in Flammen*** *(Rhin en flammes)* **:** *2e sam d'août. Infos sur • rhein-in-flammen.com •* Festival haut en couleur, avec parades et feux d'artifice, qui a fêté ses 65 ans en 2020. Plusieurs feux d'artifice sont tirés entre Spay et Coblence, le dernier a lieu sur les hauteurs de la forteresse d'Ehrenbreitstein.

LA VALLÉE DE LA MOSELLE, DE COBLENCE À TRÈVES

• Carte *p. 191*

Moins réputée (mais aussi moins encombrée en saison) que les bords du Rhin, la vallée de la Moselle *(Moseltal)* offre pourtant une formidable occasion de découvrir une région enchanteresse, façonnée par l'homme depuis que les Romains l'ont cultivée pour la 1re fois, il y a 2 000 ans. Des paysages poétiques et inspirants, sublimés par les vignobles à perte de vue (certains des meilleurs rieslings poussent ici), et les méandres de la Moselle. Si vous avez un peu de temps, laissez-vous bercer au rythme de ce cours d'eau séduisant. Le long de la route dès la sortie de Coblence, on aperçoit, sur les hauteurs, de majestueux châteaux et autres ruines romantiques, sans oublier, de-ci de-là, des cadrans solaires incrustés sur les parois rocheuses.

Arriver – Quitter

En train et bus

Nombreux trains quotidiens sur la ligne ***Koblenz-Trier,*** desservant certains villages des berges de la Moselle, comme ***Cochem*** et ***Traben-Trarbach.*** Pour ***Bernkastel-Kues,*** prendre le train jusqu'à *Wittlich* puis le bus.
– ***Infos transports régionaux en train et bus :*** *• vrt-info.de •*

Adresse et infos utiles

Office de tourisme de la vallée de la Moselle (*Moselland Touristik*) **:** *Kordelweg 1, à* **Bernkastel-Kues.** *☎ (06531) 973-30. • visitmosel.de •* Infos sur tous les villages, les transports, les hébergements (hôtels, pensions et chambres chez l'habitant) et les loisirs (vélo, randos pédestres, canoë-kayak, croisières...). Liste des vignerons de la vallée, calendrier des fêtes et événements. Brochures en français à télécharger.

Pistes cyclables sur les 2 berges, tout au long du parcours. Le top ! Agences de location dans les principales villes. Liste complète sur *• visitmosel.de •*

Pour nos amis camping-caristes : plusieurs aires de ***stationnement*** (la plupart gratuites) en bordure de la Moselle, généralement à l'entrée et à la sortie des villes.

COCHEM (56812) 5 240 hab. IND. TÉL. : 02671

Charmant village adossé à une verte colline, au sommet de laquelle trône un château du XIe s. Cochem mérite aussi une halte pour ses bons vins ; les autocaristes l'ont bien compris ! Juste de l'autre côté de la Moselle, accessibles à pied par un pont, *Cond* et *Sehl,* 2 anciens bourgs de pêcheurs et de bateliers. Balade tranquille dans les ruelles dominées par une jolie chapelle.

Adresses utiles

Office de tourisme : *Endertplatz 1. ☎ 60-040. • cochem.de • ferienland-cochem.de • Au niveau du pont, face à la gare routière. Mai-juil, lun-ven 9h-17h, sam 9h-15h (17h juil), plus dim 10h-15h en juil. Août-oct, lun-sam 9h-17h, dim 10h-15h ; nov-avr, lun-ven 9h-13h, 14h-17h (non-stop en avr).* Plan de la ville en français, liste des vignerons locaux et des châteaux à visiter, infos loisirs (vélo, randos pédestres, canoë-kayak, croisières...), agenda culturel. Accueil pro.

Location de vélos : *chez* ***Fahrradshop Kreutz*** *(Endertstr. 35 ; ☎ 911-31) et chez* ***Radverleih Schaltwerk*** *(Ravenestr. 33 ; ☎ 60-35-00). Env 12 €/j.*

Où dormir ?

Camping

Mosel Camping Cochem : *Stadionstr. 11. ☎ 44-09. • mosel-camping-cochem.de • À env 15 mn à pied de la gare. Prendre le pont qui s'enroule derrière la Polizei, puis à gauche sur l'autre rive (panneaux). Avr-oct. Compter 25 € pour 2 pers avec tente et voiture.* On le conseille surtout pour son emplacement arboré et privilégié au bord de la Moselle, et pour sa jolie vue sur les vignes, de l'autre côté de la rivière. Site un peu bruyant (route à proximité) et emplacements assez petits, dommage ! Resto-bar pas cher, et jeux d'enfants sur place ; stade et complexe nautique à 2 pas.

Auberge de jeunesse

Jugendherberge Moseltal : *Klottener Str. 9. ☎ 86-33. • diejugendherbergen.de • À 10 mn à pied de la gare. Prendre le pont au niveau de la Polizei, puis à droite sur l'autre rive (panneau). Nuitée 25,10-31,40 €/pers selon capacité, petit déj compris. ½ pens et pens complète possibles. Parking gratuit.* Grand bâtiment

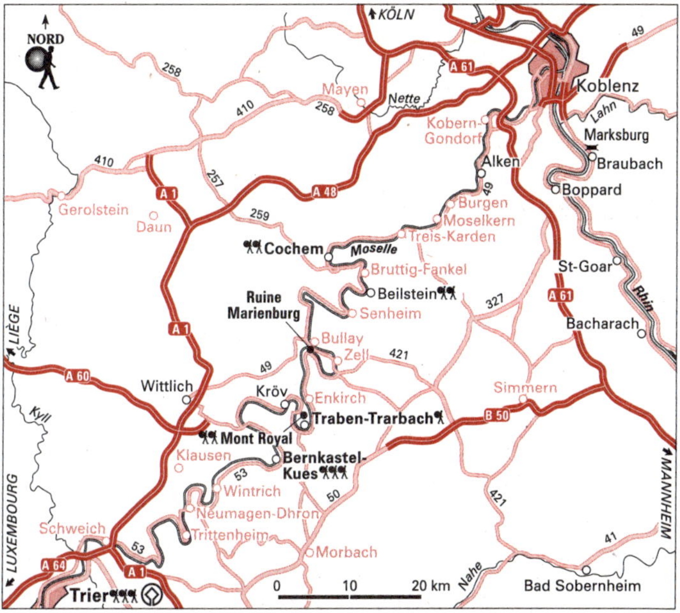

LA VALLÉE DE LA MOSELLE

moderne, en surplomb de la Moselle, proposant des chambres de 2 à 8 personnes, avec sanitaires privés. Simple mais nickel. Resto-bar, barbecue, jeux pour enfants, ping-pong...

De prix moyens à chic

B & B Cochem : *Schlossstr. 5. ☎ 91-89-470. • bb-cochem.com • À l'entrée du village en venant du nord. Doubles 74-160 € selon taille et saison, petit déj inclus. Parking payant.* Quelques chambres confortables et aménagées dans une maison moderne, dans la ruelle menant au château. Aussi des appartements avec cuisine pour 4 ou 5 personnes.

Hotel Villa Vinum : *Moselstr. 18. ☎ 916-54-45. • villa-vinum-cochem.de • Doubles 100-160 € selon taille et saison, petit déj inclus. Parking payant.* Élégante maison du XIXe s plantée au bord de la Moselle, à la déco mêlant architecture d'origine et design moderne. Sur 3 étages, une dizaine de magnifiques chambres de charme, confortables. Jolies salles de bains avec douche à l'italienne. Une excellente adresse.

Hotel Triton : *Uferstr. 10. ☎ 600-10. • moselstern.de • Doubles 120-260 € selon standing, petit déj inclus. ½ pens et pens complète possibles. Parking gratuit.* Sur la rive droite de la rivière, bâtiment récent proposant des chambres au calme, confortables et décorées avec goût. Les plus chères (plus grandes) donnent sur la rivière. Spa et piscine couverte.

Où manger ?

Les adresses pas trop touristiques où l'on mange convenablement font un peu défaut à Cochem. Il faut donc s'éloigner des rues en bordure de la Moselle.

Prix moyens

Ristorante Castello : *Oberbachstr. 55. ☎ 41-22. Tlj 12h-14h, 17h30-22h (22h30 ven-sam). Plats 7-24 €.* À l'écart du flux touristique (5 mn à pied de la rivière en partant du Rathaus), resto italien authentique et aux prix honnêtes : *antipasti,* pizzas, *pasta, carne...* Agréable salle voûtée tout en pierre de schiste et terrasse aux beaux jours. Le patron parle le français.

Où acheter du bon vin de Moselle ?

Weingut Walter J. Oster : *Moselweinstr. 14. ☎ (02675) 235. • walterjoster.de • Tlj 9h30-21h.* Halte intéressante en montant vers le château, ce cellier troglodytique propose les vins de la propriété familiale ; surtout des rieslings à prix raisonnables, mais aussi des *rivaner* plus simples en bouche. Épicerie fine à l'étage, avec des moutardes aux goûts surprenants...

À voir. À faire

Reichsburg Cochem (château) **:** *Schlossstr. 36. • reichsburg-cochem.de • À 15 mn à pied de la Moselle ; en hte saison, bus-navette payant au départ de l'office de tourisme. De mi-mars à début nov, 9h-17h ; horaires restreints hors saison (se renseigner). Entrée : 7 € ; réduc. Visite guidée ttes les heures (40 mn).* L'un des sites les plus emblématiques de la région. Sur une éminence couverte de vignes, sa silhouette domine Cochem. Érigé au XIe s, le château fut en grande partie reconstruit au XIXe s et transformé en musée renfermant une collection de mobilier médiéval. Du château d'origine, il ne reste que le donjon massif et la base des murs. Événements tout au long de l'année (concerts, spectacles, festins chevaleresques).

Cochemer Sesselbahn (télésiège) **:** *Endertstr. 44. • cochemer-sesselbahn.de • Fin mars-juin et sept-oct, 10h-18h (17h puis 16h fin oct) ; début juil, 10h-18h30 ; 10 juil-août, 9h30-19h ; nov, 11h-16h. Billet A/R : 6,90 € ; réduc.* Ce télésiège vous emmène jusqu'au *Pinnerkreuz,* sur les hauteurs de Cochem. De là, vue panoramique sur la vallée et départ de sentiers pédestres.

Beilstein : *village situé rive droite, à quelques km en amont de Cochem. Accès en voiture ou en prenant un bateau (intéressant, car il emprunte des écluses).* Lové dans un méandre de la Moselle, ravissant bourg romantique fortifié aux jolies maisons à colombages. A souvent servi de décor à des films ou des séries TV ! Une communauté juive y habita au XVe s (voir le cimetière juif). On notera notamment sur la place du Marché la ***maison de la dîme,*** l'***église Saint-Christophe,*** un ancien ***couvent de carmélites*** et, au-dessus du village, les ruines du ***château de Metternich*** qui appartenait à la famille princière du chancelier d'Autriche.

Promenades en bateau : *avec la compagnie* ***Personenschifffahrt Kolb,*** *☎ (02673) 15-15. • moselrundfahrten.de • Embarcadère au niveau du Moselbrücke, juste derrière l'office de tourisme. Plusieurs départs tlj avr-oct ; nov sur demande. Prix : 10-36 € selon période et destination ; réduc.* Croisières de 1h à 1h30 sur la Moselle pour découvrir autrement les charmes de la vallée ou se rendre à Koblenz et Traben-Trarbach.

Fête

– ***Fête du Vin :*** *dernière sem d'août.* L'une des plus importantes de la région.

TRABEN-TRARBACH

(56841) 5 600 hab. IND. TÉL. : 06541

Intéressant gros village installé de part et d'autre d'un méandre de la Moselle. À la fin du XIXe s et au début du XXe s, il fut l'un des marchés aux vins les plus importants d'Europe. De cette période riche et prospère, il reste quelques beaux témoignages architecturaux de style Jugendstil.

Adresses utiles

Office de tourisme : *Am Bahnhof 5. ☎ 83-980. • traben-trarbach.de • Côté Traben. Mars-avr, lun-ven 10h-16h ; mai-oct, lun-ven 9h-17h, sam 9h-13h ; nov-fév, lun-ven sauf mer 10h-14h.* Installé dans l'ancienne gare de la ville, on y trouve plan du village en français, liste des hébergements, infos route des vins, loisirs (vélo, randos pédestres, canoë-kayak et croisières sur la Moselle...), châteaux du coin, agenda culturel.

Location de vélos : *chez **Camphausen Velo** (Bahnstr. 36 ; ☎ 32-76) et chez **Zweirad Wagner** (Brückenstr. 42 ; ☎ 16-49). Env 14 €/j.*

Où dormir ?

Camping

Campingplatz Rissbach : *Rissbacher Str. 155. ☎ 31-11. • mosel-camping-platz.de • Avr-déc. Compter 15-29 € pour 2 pers avec tente et voiture.* Côté Traben, un peu au nord du village, joli camping familial, au bord de la Moselle avec quelques arbres. Sanitaires propres. Snack et micro-épicerie sur place. Excellent accueil.

Très chic

Hotel Bellevue : *an der Mosel 11, côté Traben. ☎ 70-30. • bellevue-hotel.de • Doubles 140-275 €, petit déj plantureux compris. Plats 15-34 € ; menus 35-55 €.* Un hôtel romantique à souhait, idéalement situé au bord de la rivière. Préférez la partie historique de style Art nouveau, splendide avec ses chambres au mobilier stylé et moderne. Celles dans les annexes ne dégagent pas le même charme. Piscine d'époque et sauna sur le toit. Resto dans un superbe écrin entièrement Jugendstil pour une cuisine étoilée de haut vol. Personnel aux petits soins et services en rapport avec le standing.

Où manger ?

Alte Zunftscheune : *Neue Rathausstr. 15. ☎ 97-37. Côté Traben. Mer-sam 17h-22h30, plus dim 11h30-15h. Plats 11-27 €. CB refusées.* La bonne table du village ! Adresse pittoresque à l'ambiance rustique et chaleureuse sous les vieilles poutres de cette ancienne grange, bardée de vieux objets. À la carte : *Schnitzel, Pfännchen,* viandes grillées, etc., mais aussi des salades, soupes et tartines pour les fauchés. Bonne carte des vins de la Moselle. Loue aussi des appartements de charme, confortables et décorés avec goût.

À voir. À faire

Sur la rive gauche de la Moselle, à Traben donc, il subsiste 3 maisons de style Jugendstil. L'***Hotel Bellevue*** mérite un intérêt tout particulier pour sa splendide déco intérieure (voir « Où dormir ? »). Un peu plus haut sur la berge se trouve la ***Villa Nollen,*** inspirée de l'Art nouveau avec des influences japonisantes, notamment pour le toit. Beaucoup plus bas sur la rive, côté gare, rejoignez la ***Villa Huesgen,*** avec son propre théâtre. En 1904, sa construction a coûté une petite fortune ! Seul l'extérieur est visible, la maison ne se visite pas.

Moseltherme *(thermes de Moselle)* **:** *Wildsteiner Weg. • moseltherme.de • Côté Trarbach, au sud du village. Tlj 9h (14h lun)-21h (18h w-e). Saunas de 13h (10h w-e) jusqu'à tard (minuit mer-ven). Entrée : 5,50-16,50 € selon formule choisie ; réduc.* Réputée pour ses vertus thérapeutiques, l'eau jaillit à 33 °C des profondeurs du schiste, et alimente bassins thermaux, jets de massage et jacuzzis. Également un coin sauna, des bassins extérieurs, pelouses, solarium, espace enfants...

Promenades en bateau **:** *avec la compagnie* ***Personenschifffahrt Kolb,*** *☎ (02673) 15-15. • moselrundfahrten.de • Tickets en vente au kiosque en face de l'*Hotel Bellevue. *Départs tlj mai-oct.* Idéal pour découvrir les charmes de la Moselle en se rendant, par exemple, à Bernkastel-Kues.

Festung Mont Royal *(forteresse de Mont-Royal)* **:** *possibilité de visite guidée en saison, rens à l'office de tourisme de Traben-Trarbach.* Imposante fortification construite par Vauban en 1687 sur la colline dominant de 200 m le village de Traben. Elle faisait partie du réseau de défenses voulu par Louis XIV, allant de la Manche à Bâle, en passant par le Luxembourg et Strasbourg. Elle servait de base logistique à l'armée du Rhin, chargée de protéger les frontières du nord-est du royaume. Avec sa muraille de 3 km de long sur 20 m de haut, c'était ***la plus grande fortification de son temps*** et pouvait héberger, sur 50 ha, 14 régiments, 12 000 hommes dans ses casernes et 3 000 chevaux dans ses écuries. Démantelée suite à la paix de Ryswick en 1698, son existence ne dura que 10 ans. Tombée en ruine, elle fait l'objet de fouilles depuis les années 1930. Malheureusement, la végétation et l'érosion menacent de détruire définitivement les ultimes vestiges du site...

Fête

– ***Moselwein-Festival*** *(fête du Vin)* **:** *2e w-e de juil.*

BERNKASTEL-KUES

(54470) 7 130 hab. IND. TÉL. : 06531

À cheval sur les 2 rives de la Moselle, les cités viticoles jumelles de Bernkastel-Kues sont dotées d'un magnifique centre ancien. C'est l'une des plus belles étapes de la vallée ! Du coup, le lieu est très touristique, avec ses nombreuses boutiques de souvenirs. Un conseil : visiter en fin de journée, quand les cars sont repartis. On apprécie alors l'authenticité, le charme et la beauté romantique des pittoresques maisons à colombages, dominées par les vignobles, les plus grands d'un seul tenant d'Allemagne.

Adresses utiles

Office de tourisme : *Gestade 6. ☎ 50-01-90. ● bernkastel.de ● Devant la Moselle, côté Bernkastel, sur la gauche de l'église. Avr-oct, lun-ven 9h-17h, sam 10h-15h ; nov-mars, lun-ven 9h30-16h.* Plan du village, dépliant en français, liste des hébergements (nombreuses chambres d'hôtes), infos loisirs (vélo, randos pédestres, croisières...), liste des vignerons du coin, audioguide *(payant)* en allemand et anglais.

Location de vélos : *chez* **Fahrradverleih** *(Cusanusstr. 15 ; ☎ 917-31-14) et chez* **Akkuladen Bike** *(Friedrichstr. 5a ; ☎ 06532-954-53-00). Env 13 €/j.*

Où dormir ?

Camping

Knaus Campingpark : *Am Hafen 2. ☎ 82-00. ● knauscamp.de ● Côté Kues, en amont du pont, à côté du port de plaisance. Avr-oct. Empl. 22-26 € pour 2 pers avec tente et voiture.* Longue pelouse ombragée blottie entre les vignobles et la Moselle. Un petit camping agréable, calme et frais, où les places les plus chères sont presque pieds dans l'eau. Sanitaires nickel. Jeux pour enfants et snack sur place.

Chambres chez l'habitant

Les **Gästezimmer** sont ici nombreuses et se concentrent en plein cœur du bourg ancien, notamment sur *Burgstrasse* où chaque pas de porte propose des hébergements. Également quelques chambres de charme perdues dans le vignoble alentour. Qualité et prix très corrects *(doubles 60-80 € avec sdb, petit déj compris).* Liste à l'office de tourisme.

Chic

Hotel-Restaurant Doctor Weinstube : *Hebegasse 5. ☎ 966-50. ● doctor-weinstube-bernkastel.de ● Côté Bernkastel. Doubles 98-149 € selon saison, petit déj-buffet compris. ½ pens et pens complète possibles. Parking payant.* Au cœur des ruelles du centre historique jalonnées d'étonnantes maisons à colombages, cette belle bâtisse avec tourelle et fresque murale cache secrètement une vingtaine de jolies chambres rénovées, dans un style design sobre. Les plus belles sous les combles avec poutres au plafond. Agréable courette verdoyante pour prendre le petit déj. Resto gastronomique sur place (cher !) servant notamment de la *geräucherter Aal* (anguille fumée), la spécialité locale. *Tlj 12h-14h30 et 18h-22h.*

L'OUEST DE L'ALLEMAGNE

Où manger ?

De bon marché à prix moyens

Ristorante Spinelli : *Bahnhofstr. 11. ☎ 24-36. Côté Kues, à 2 pas de la gare, et dans l'alignement du pont. Tlj sauf mar 11h-15h, 17h30-22h30 (w-e en continu). Plats 6-19 €, pizza env 11 €.* Resto italien de bonne tenue. À la carte : pizzas (aussi végétariennes), pâtes et puis des plats plus élaborés mais aussi plus chers. Salle chaleureuse soignée ou terrasse sur rue.

Alt Bernkastel : *Burgstr. 81. ☎ 972-91-23. Tlj 12h-21h (20h dim). Résa conseillée. Plats 10-18 €.* Dans cette belle maison à colombages, tous les grands classiques de la cuisine allemande, sans faire mal au porte-monnaie ! Produits de qualité et portions généreuses. Large choix de vins avec, à l'honneur, les cépages de la région. Accueil pro et souriant qui compense le service un peu long...

À voir. À faire

Le ***vieux village de Bernkastel*** est entièrement piéton et vraiment extraordinaire à découvrir, avec ses vénérables maisons à colombages, certaines penchées... comme des petites vieilles ! La place du Marché, ***Marktplatz,*** vieille de plus de 400 ans, demeure le centre de cet ensemble étonnant, avec la fontaine Saint-Michel du XVIIe s et ses belles grilles en fer forgé. Repérez la maisonnette la plus célèbre de la ville, la ***Spitzhäuschen,*** d'une étonnante étroitesse, toute de travers et défiant les lois de l'équilibre ! Déambuler dans ce labyrinthe de ruelles est un vrai plaisir, malgré les (trop) nombreuses boutiques de souvenirs.

Du centre historique de Bernkastel, on peut grimper jusqu'aux ruines du ***Burg Landshut,*** bâti au XIIIe s pour le compte des archevêques de Trèves, sur le site d'une ancienne place forte romaine. Dominant la vallée et le village, ce château brûla à la fin du XVIIe s et ne fut jamais reconstruit. *Accès (payant) à la tour avr-nov.* De là, superbe point de vue sur la rivière. Café sur place.

Et s'il vous reste un peu de temps, visiter la belle chapelle du ***Sankt Nikolaus-Hospital*** *(Cusanusstr. 2 ; • cusanus.de • ; tlj 9h-18h – 15h sam),* une fondation créée au XVe s pour aider les plus démunis, et encore en activité aujourd'hui.

Fête

– ***Festival du Vin :*** *1er w-e de sept (jeu-lun), avec feux d'artifice sam soir.*

TRIER (TRÈVES)

(54290) 111 500 hab. IND. TÉL. : 0651

• Plan *p. 198-199*

Trèves – la ville la plus ancienne d'Allemagne – est une cité bien agréable, touristique certes, mais aussi universitaire, ce qui la rend bien vivante, avec ses nombreux lieux pour sortir. Sa position stratégique en bord de Moselle en fit un temps une « 2de Rome » dont il subsiste encore de nombreux vestiges. La porte romaine *Porta Nigra* est devenue son emblème, classée d'ailleurs au Patrimoine mondial de l'Unesco avec 8 autres monuments de la ville et alentour. Trèves, à l'image de la vallée de la Moselle, coule une petite vie paisible et se révèle une halte séduisante et reposante. Tiens, Karl Marx est né ici en 1818 ! C'est sans doute, avec Berlin, l'une des dernières villes du pays à avoir une rue Karl-Marx...

UN PEU D'HISTOIRE

La fondation de la cité est attribuée à l'empereur romain Auguste en 16 av. J.-C., après sa victoire sur les ***Trévires,*** tribu gauloise. La ville s'entoure dès le IIe s

d'un rempart dont il subsiste aujourd'hui la célèbre *Porta Nigra*. Fin IIIe s, Trèves est la capitale des Gaules et centre névralgique pour les garnisons des légions stationnées face aux Germains. Au IVe s, elle connaît son apogée sous l'empereur Constantin, qui en fait sa résidence et sa capitale (l'Empire romain ne comptait pas moins de 7 empereurs autoproclamés à cette époque !). La cité est alors un rendez-vous important du christianisme.
Trèves est affaiblie par les invasions des Francs au Ve s, et décline jusqu'à ce que **Charlemagne** en fasse un évêché au IXe s. Les archevêques augmentent leurs pouvoirs et leurs richesses. Ils deviennent au XIVe s « archevêques princes électeurs », et se font construire un palais. Fin XVIIIe s, les troupes françaises prennent la ville, qui est choisie comme préfecture de la Sarre, alors département français. En 1815, au congrès de Vienne, elle est attribuée aux Prussiens. Durant la 2de Guerre mondiale, la ville est détruite à 40 %.
Aujourd'hui, Trèves affiche un formidable mélange de styles architecturaux qui lui donne un visage unique. Elle demeure aussi le centre des vins de Moselle, l'un des grands vignobles du pays.

Arriver – Quitter

– ***Infos transports régionaux en train et bus :*** *● vrt-info.de ●*

En train

Hauptbahnhof *(gare ferroviaire centrale ; plan C2)* **:** *Bahnhofsplatz.* ☎ *0800-150-70-90 (no Vert).*

➢ ***Saarbrücken :*** 2-3 trains/h. Durée : 1h30.
➢ ***Luxembourg-Ville :*** 1-2 trains/h. Durée : 1h.
➢ ***Koblenz :*** 1-2 trains/h, via certains villages des berges de la Moselle, comme ***Traben-Trarbach*** et ***Cochem.*** Durée : 1h55. Pour ***Bernkastel-Kues,*** prendre le train jusqu'à *Wittlich* puis le bus.

Adresses et infos utiles

Office de tourisme *(plan C1)* **:** *Simeonstr. 60, près de la Porta Nigra.* ☎ *97-80-80. ● trier-info.de ● Mars-déc, lun-sam 9h-17h, dim 10h-17h ; janv-fév, lun-sam 10h-18h (13h sem de Noël).* Plan de la ville et petit guide culturel illustré en français *(payant)*, liste des vignerons de la vallée de la Moselle, infos loisirs (vélo, randos pédestres, croisières...), agenda culturel. Assure les résas d'hôtels, des visites guidées *(payantes)* en allemand et parfois en anglais, et vend la *TrierCard* et l'*Antikencard.* Accueil pro.
– ***TrierCard :*** *valable 3 j. Prix : env 15 € ; 30 € pour les familles (2 adultes et 3 enfants max).* En plus de l'accès gratuit au réseau de bus urbains, elle permet d'obtenir une réduc de 10 % sur l'entrée des édifices romains ; autour de 25 % sur le tarif des musées et des visites guidées organisées par l'office de tourisme ; remises sur la location de vélos, les croisières en bateau, spectacles, piscines, boutiques, restos...

Urgences médicales *(plan A2,* ***5****)* **:** *Feldstr. 16.* ☎ *94-70.*

Location de vélos *(plan C2,* ***6****)* **:** *chez* ***Radstation Bürgerservice,*** *à la gare ferroviaire, face au quai no 11.* ☎ *14-88-56. Mai-sept, tlj 9h-18h ; d'oct à mi-avr, lun-ven 10h-18h, sam 10h-14h. À partir de 12 €/j.* Nombreuses pistes cyclables le long de la Moselle, infos à l'office de tourisme.

Promenades en bateau *(plan A1,* ***7****)* **:** *avec la compagnie* ***Personenschifffahrt Kolb,*** ☎ *266-66. ● moselrundfahrten.de ● Avr-oct. Résas à l'office de tourisme.* Départ de l'embarcadère de *Zurlaubener Ufer* pour des croisières de 1h à 1 journée sur la Moselle, vers Bernkastel-Kues, plus en aval.
– ***Marché*** *(plan B2)* **:** *tlj sur Hauptmarkt. Mar et ven sur la Viehmarkplatz.*

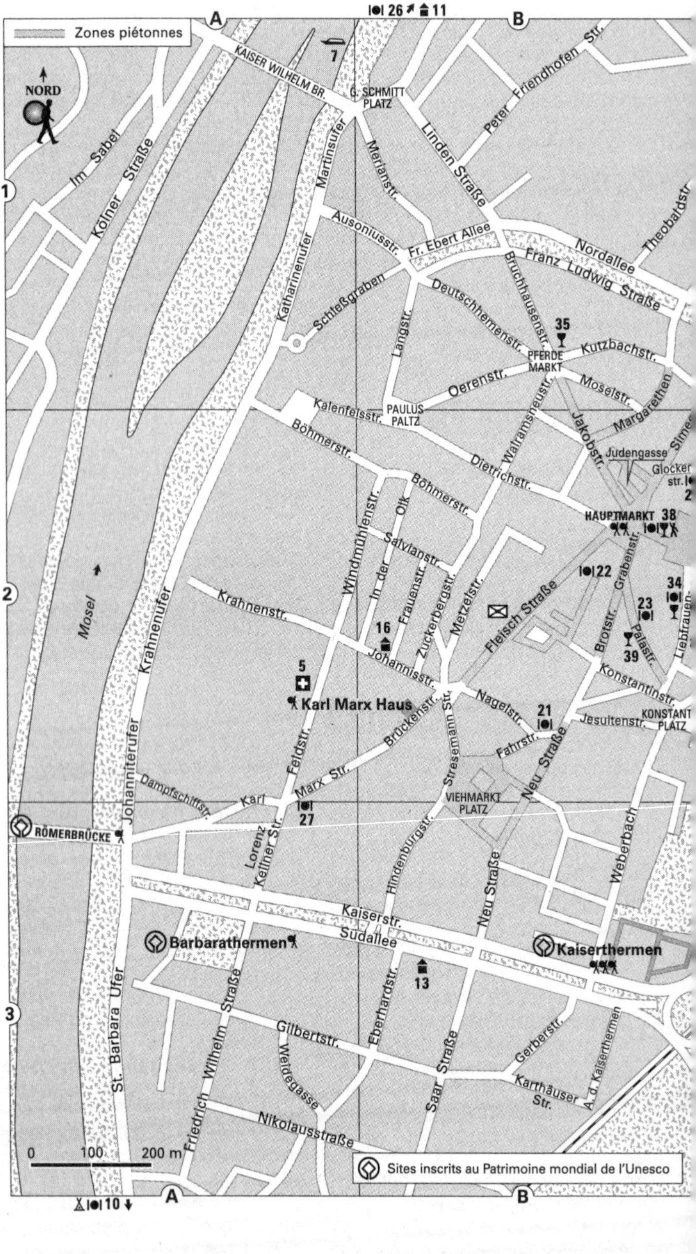
Zones piétonnes
NORD
A
B
1
2
3
26
11
7
KAISER WILHELM BR.
G. SCHMITT PLATZ
Im Sabel
Kölner Straße
Martinsufer
Merianstr.
Linden Straße
Peter Friendhofen Str.
Ausoniusstr.
Fr. Ebert Allee
Nordallee
Theobaldstr.
Franz Ludwig Straße
Katharinenufer
Schießgraben
Deutschhemenstr.
Bruchhausenstr.
35
PFERDE MARKT
Kutzbachstr.
Langstr.
Oerenstr.
Moselstr.
Kalenfelsstr.
PAULUS PALTZ
Walramsneustr.
Jakobstr.
Margarethen
Böhmerstr.
Dietrichstr.
Judengasse
Glocker str.
HAUPTMARKT
38
Windmühlenstr.
In der Olk
Salvianstr.
Mosel
Krahnenufer
Krahnenstr.
Frauenstr.
Zuckerbergstr.
Metzelstr.
Fleisch Straße
22
34
23
Brotstr.
Grabenstr.
Palastr.
39
Liebfrauen-
16
Johannisstr.
5
Karl Marx Haus
Konstantinstr.
Brückenstr.
Stresemann Str.
Nagelstr.
21
Jesuitenstr.
KONSTANT PLATZ
Johanniterufer
Feldstr.
Fahrstr.
Neu Straße
Dampfschiffstr.
Karl Marx Str.
27
VIEHMARKT PLATZ
RÖMERBRÜCKE
Lorenz Kellner Str.
Hindenburgstr.
Weberbach
Kaiserstr.
Südallee
Barbarathermen
Kaiserthermen
13
Eberhardstr.
Friedrich Wilhelm Straße
Gilbertstr.
Weidegasse
Saar Straße
Gerberstr.
Karthäuser Str.
A. d. Kaiserthermen
St. Barbara Ufer
Nikolausstraße
0
100
200 m
Sites inscrits au Patrimoine mondial de l'Unesco
10

Adresses utiles

- Office de tourisme (C1)
- 5 Urgences médicales (A2)
- 6 Radstation Bürgerservice (location de vélos ; C2)
- 7 Promenades en bateau (A1)

Où dormir ?

- 10 Camping und Reisemobilark Treviris (hors plan par A3)
- 11 Jugendherberge Römerstadt (hors plan par B1)
- 13 Hotel Deutscher Hof (B3)
- 15 Hotel Porta Nigra (C1)
- 16 Schroeders City Style Hotel (B2)

Où manger ?

- 20 Wirthaus « Zur Glocke » (B-C2)
- 21 Kartoffel Kiste (B2)
- 22 Brasserie Trier (B2)
- 23 Bistro « Oh ! Bio mio » (B2)
- 26 Restos du bord de la Moselle (hors plan par B1)
- 27 Buddik BanLieue (A2-3)

Où boire un verre ?
Où sortir ?

- 34 Weinstube Kesselstatt (B2)
- 35 Zapotex (B1)
- 38 Walderdorffs (B2)
- 39 Kraftprotz Kreativbierbar (B2)

TRIER (TRÈVES)

Où dormir ?

Camping

⛺ 🍴 ***Camping und Reisemobilpark Treviris*** *(hors plan par A3,* ***10****) : Luxemburger Str. 81. ☎ 869-21. • camping-treviris.de • De l'autre côté du pont Konrad-Adenauer, à 20 mn à pied du centre. Ouv avr-oct. Compter 24-27 € selon saison pour 2 pers avec tente et voiture.* Au bord de la Moselle, de grandes pelouses ombragées pour planter ses sardines. Resto-bar, épicerie, jeux pour enfants...

Auberge de jeunesse

🏠 ***Jugendherberge Römerstadt*** *(hors plan par B1,* ***11****) : an der Jugendherberge 4. ☎ 14-66-20. • diejugen dherbergen.de • De la gare ferroviaire, compter 30 mn de marche. Sinon, bus n° 12 ; descendre au Kaiser-Wilhelm-Brücke, c'est à 5 mn à pied. Nuitée 25,20-31,40 €/pers selon capacité, petit déj compris. ½ pens et pens complète possibles. Parking gratuit. Loc de vélos.* Bâtiment moderne confortable avec plus de 200 lits répartis dans des chambres de 1 à 6 personnes ; toutes avec sanitaires privés. Resto-bar avec *Biergarten,* billard, ping-pong, jeux pour enfants... Une bonne adresse mais un peu éloignée du centre à pied.

De prix moyens à chic

L'offre hôtelière est assez limitée dans le centre-ville. Pour des adresses de charme, sans faire trop mal au porte-monnaie, il faut s'éloigner un peu...

🏠 ***Hotel Porta Nigra*** *(plan C1,* ***15****) : Paulinstr. 7. ☎ 259-39. • hotel-porta-nigra.de • À côté de la Porta Nigra. Doubles à partir de 89 €, petit déj en sus. Parking payant.* Un peu austère de l'extérieur, mais très bien tenu, il est l'un des hôtels les moins chers de la ville. Chambres pratiques, toutes avec salle de bains. Celles sur rue sont insonorisées, mais préférez celles à l'arrière. Accueil familial.

🏠 ***Schroeders City Style Hotel*** *(plan B2,* ***16****) : Johannisstr. 16. ☎ 994-996-10. • chroedershotels.com • Doubles à partir de 80 €. Pas de petit déj. Parking payant.* On vous le conseille surtout pour son emplacement idéal, à 2 pas du centre. Chambres classiques, sans grand charme, mais propres et bien tenues. Le meilleur rapport qualité-prix-situation de la ville !

🏠 ***Hotel Deutscher Hof*** *(plan B3,* ***13****) : Südallee 25. ☎ 97-780. • hotel-deutscher-hof.de • Doubles 80-169 € selon standing ; petit déj-buffet 9 €. Parking payant.* Un hôtel de bon confort, à 10 mn à pied de la Porta Nigra, sur une voie passante mais bien au calme. Une centaine de chambres modernes de belle taille, tout équipées. Hammam, sauna, jacuzzi, solarium, massages *(payant)...* Pratique et fonctionnel, rien à redire.

Où manger ?

Bon marché

🍴 ☂ ***Kartoffel Kiste*** *(plan B2,* ***21****) : Fahrstr. 13-14. ☎ 979-00-66. Tlj 11h-23h. Plats 4-18 €.* En plein centre, resto totalement dédié à la pomme de terre (boulette, frite, en robe de chambre...), que l'on accompagne volontiers d'une viande. On se régale sans se ruiner dans une grande salle un peu rustique ou en terrasse sur la rue piétonne.

🍴 ***Bistro « Oh ! Bio mio »*** *(plan B2,* ***23****) : Palaststr. 3. ☎ 191-208-20. Dans le supermarché* Biogate. *Tlj sauf dim 9h-18h. Plats 6-10 €.* Propose de généreuses portions végétariennes, saines, et renouvelées chaque jour. Bons jus de fruits frais. Plein à craquer le midi.

🍴 ☂ ***Buddik BanLieue*** *(plan A2-3,* ***27****) : Karl-Marx-Str. 27. Tlj sauf dim-lun 11h30-18h. Plats 10-13,50 €.* Une bonne adresse dans l'air du temps, tendance *healthy & veggy,* sans se ruiner. Carte courte (un bon signe) qui change toutes les semaines et plats vraiment copieux. Limonades maison. Ambiance bobo chic décontractée.

De prix moyens à chic

Wirthaus « Zur Glocke » (plan B-C2, **20**) : *Glockenstr. 12.* ☎ *99-988-00. Tlj 11h30-23h. Plats 9-19 €.* C'est le resto de l'hôtel de charme *Romantik.* Lambris, poutres au plafond, un écrin idéal pour faire l'expérience d'une cuisine régionale généreuse. Harengs doux nappés de crème légère, filets de truite, foie de veau à la berlinoise et même steak de cheval... En dessert, *Trierer Viezpudding,* à base de vin de pomme.

Brasserie Trier (plan B2, **22**) : *Fleischstr. 12.* ☎ *97-80-00. Tlj 12h-22h (20h dim). Plats 11-30 €.* Cadre chaleureux de brasserie typique. Cuisine régionale inventive, mijotée avec soin à partir de produits frais. La carte évolue au gré des saisons. Terrasse sur rue piétonne.

Restos du bord de la Moselle (hors plan par B1, **26**) : *à 10 mn à pied du centre, suivre les panneaux « Zurlauben ».* Dans le *Fischerdorf* (quartier des pêcheurs), quelques restos sont installés les uns à côté des autres, avec terrasses ouvertes sur les bords de la rivière. L'un de nos préférés : ***Gasthaus Mosellied,*** servant du poisson. Dépaysement assuré. On vient ici surtout goûter un peu de fraîcheur durant les soirs d'été. Bondé en fin de semaine.

Où boire un verre ? Où sortir ?

Weinstube Kesselstatt (plan B2, **34**) : *Liebfrauenstr. 10.* ☎ *411-78. Tlj 10h-minuit.* Une adresse idéale pour s'initier aux vins de la Moselle dans un cadre plaisant, un brin rustique, avec pressoir ancien au milieu de la salle. On accompagne le tout d'assiettes de fromages ou de charcuterie. En été, charmante terrasse sur les pavés, avec vue imprenable sur la *Liebfrauenkirche.* Une excellente adresse, animée en soirée.

Craftprotz Kreativbierbar (plan B2, **39**) : *Palaststr. 10.* ☎ *171-326-43-40. Ouv mar-jeu 17h-23h, ven 14h-2h, sam 12h-2h. Fermé dim-lun.* Le lieu rêvé pour les amoureux de la bière ! 12 breuvages de différents pays, sélectionnés avec soin par la bande de joyeux lurons qui tient ce lieu où l'on se sent comme à la maison. On peut même y apporter sa bouffe ! Musique live, jeux de société, grande fresque au mur. On adore !

Zapotex (plan B1, **35**) : *Pferdemarkt 1a.* ☎ *758-22. Tlj 18h-3h. CB refusées.* Rendez-vous étudiant animé. Soirées à thème et *DJ set* le week-end (jazzy, latino, électro...).

Walderdorffs (plan B2, **38**) : *Domfreihof 1a.* ☎ *994-44-12. Tlj 11h30-minuit (2h ven-dim).* Face à la cathédrale, cet élégant bâtiment ancien, bordé d'une belle terrasse sur la place, propose 3 ambiances plutôt chics pour le prix d'une ! D'abord un café-resto, puis un bar à vins, et enfin une discothèque au sous-sol. Clientèle décontractée.

À voir

Considérée comme « la Rome du Nord » ou « la 2de Rome », Trèves (et ses alentours) conserve de magnifiques témoignages de cette époque ; en tout, ***7 monuments classés au Patrimoine mondial de l'Unesco*** depuis 1986, en même temps que la cathédrale *(Dom)* et l'église Notre-Dame *(Liebfrauenkirche).* Pour vous rendre compte de la physionomie de la ville antique et de son organisation, jetez un œil à la maquette se trouvant devant l'office de tourisme. • *trier-info.de* •

Monuments de l'époque romaine

Porta Nigra (plan C1) **:** *Porta-Nigra-Platz. Tlj 9h-18h (17h mars et oct, 16h nov-fév) ; fermeture de la caisse 30 mn avt. Entrée : 4 € ; réduc. Audioguide : 2 €. Téléchargement gratuit sur smartphone.* Imposante porte romaine du IIe s, presque entièrement conservée dans son architecture d'origine, haute de 30 m et large de 36 m. Elle est devenue le symbole de la ville ! Certainement ***l'un des plus impressionnants témoignages de la présence des Romains en Allemagne.*** Les ravages du temps, les mousses végétales et les intempéries ont donné une patine sombre à la pierre, d'où son nom depuis le XIe s. Cette porte défensive, comprise dans l'ancien mur d'enceinte, est composée de blocs de grès posés les uns sur les autres, sans mortier de scellement mais attachés entre eux par des crampons métalliques (certains sont encore visibles). La porte est formée de plusieurs étages d'arcades (on y accède par un escalier). Remarquez la cour au milieu de celle-ci, qui était fermée côté intérieur par des portes, mais aussi côté extérieur par des herses. Certains assaillants s'y retrouvaient ainsi piégés.
À partir du XIe s, la porte fut intégrée aux murs d'une église consacrée à saint Siméon ; ce qui l'a préservée. En fait, on édifia 2 églises superposées, et pour cela, il fallut ajouter des planchers à la construction initiale, sculpter les chapiteaux... Mais ***Bonaparte*** fit détruire l'église au début du XIXe s, pour redonner au monument sa forme originelle, puis les Prussiens s'en servirent à nouveau comme porte... Attenant au monument se trouve le cloître de l'église Saint-Siméon, siège du *Stadtmuseum* (lire plus loin dans « À voir encore »).

Konstantinbasilika *(basilique de Constantin ; plan C2)* **:** *Konstantinplatz 10. ● konstantin-basilika.de ● Avr-oct, tlj 10h (14h dim)-18h ; nov-mars, tlj sauf lun et dim mat 10h-12h, 14h-16h. GRATUIT.* Gigantesque *aula*, commencée par Constantius Chlorus (293-305), poursuivie par ***Constantin le Grand*** (306-337), et achevée sous Gratien (367-383), elle servait de salle d'audience. À l'époque romaine, les murs étaient couverts de marbre et de mosaïques, et le sol carrelé de noir et blanc. Remarquez le plafond fabriqué d'un seul tenant, un exploit !
La basilique fut conservée en partie dans son état originel, car elle appartenait au palais des archevêques princes électeurs. Le mur nord est d'origine, le mur sud a été reconstruit après la 2de Guerre mondiale. Elle abrite désormais l'église protestante de Trèves. Concerts payants en été (se renseigner).

Kaiserthermen *(thermes impériaux ; plan B3)* **:** *Im Palastgarten. Tlj 9h-18h (17h mars et oct, 16h nov-fév) ; fermeture 30 mn avt. Entrée : 4 € ; réduc.* Les thermes impériaux de Trèves, construits par l'empereur Constantin, au IVe s, sont impressionnants par leur taille (250 m sur 145 m) et très bien conservés. Ils furent transformés par la suite en caserne... Aujourd'hui, on visite les multiples souterrains et dédales de couloirs voûtés. La partie principale des thermes, le *caldarium* (bains chauds), présente une structure en hémicycle où alternent gracieusement pierres et briques en éventail. C'est la partie la plus visible du vieil édifice. Concerts en plein air en été.

Amphitheater *(arène ; plan C3)* **:** *Olewiger Str. 25. Tlj 9h-18h (17h mars et oct, 16h nov-fév) ; fermeture 30 mn avt. Entrée : 4 € ; réduc.* On visite les ruines de l'arène romaine, construite au IIe s apr. J.-C. pour les combats de gladiateurs et d'animaux. L'amphithéâtre faisait partie intégrante de l'enceinte de la ville et servait aussi de porte fortifiée, côté sud. Il pouvait accueillir jusqu'à 20 000 spectateurs. Son sous-sol, accessible, permet d'observer les vestiges de la machinerie qui assurait la montée de la scène. Au Moyen Âge, l'arène servit de refuge aux villageois, ce qui la préserva de la destruction totale.

Barbarathermen *(thermes de Sainte-Barbe ; plan A3)* **:** *Südallee 48. Tlj 9h-18h (17h mars et oct, 16h nov-fév). GRATUIT.* Bains romains du IIe s, qui tirent leur nom d'un quartier de Trèves aujourd'hui disparu. À l'origine, ils étaient grands comme 7 terrains de foot ! Seules les fondations sont aujourd'hui visibles, car le site servit de carrière pour d'autres constructions...

Römerbrücke *(pont romain ; plan A3)* **:** construit au IIe s, en même temps que l'enceinte de la ville et sa célèbre Porta Nigra, le pont est large de 4 voies sur 9 piles de basalte. Jusqu'en 1912, c'était le seul pont à enjamber la Moselle. Encore en service, c'est l'un des principaux axes d'entrée dans la ville.

À voir encore

Hauptmarkt *(plan B2)* **:** la place principale de la ville, centre de l'animation dans la journée. Au milieu, la ***croix celtique du marché,*** symbole de la domination épiscopale sur la ville, dont l'original se trouve au *Stadtmuseum.* À côté, la ***fontaine de Saint-Pierre,*** de style maniériste (1595), représente, en dorure et couleurs, les 4 vertus (comme autant de messages à la population !).
De là, joli panorama, avec la cathédrale d'un côté et une belle enfilade de magnifiques maisons de tous les styles : gothique, Renaissance et baroque, ainsi qu'un édifice appelé ***Steipe,*** tout blanc avec ses créneaux et ses arcades de style néogothique. Symbole du pouvoir civil, c'est l'ancienne salle des fêtes de la municipalité, qui servait aussi de prison, d'archives et de chancellerie...
Entre les arcades, on peut voir les statues de sainte Hélène, saint Pierre, saint Paul et saint Jacques, les patrons de Trèves. À côté, élégante maison rouge frappée d'une inscription dorée en latin sur sa façade, qui parle de Trèves comme l'une des plus vieilles villes de l'univers ! L'entrée toute proche de l'ancien quartier juif *(Judengasse)* se fait par une arcade à hauteur de Simeonstraße.

Rheinisches Landesmuseum *(Musée archéologique de Rhénanie ; plan C3)* **:** *Weimarer Allee 1. • landesmuseum-trier.de • Tlj sauf lun 10h-17h ; fermeture 30 mn avt. Entrée : 8 € ; réduc ; audioguide en français inclus.* Ce très riche musée est né de la volonté de Bonaparte de rassembler des collections d'objets archéologiques découverts fortuitement ou lors de fouilles à Trèves et dans sa région. Cette initiative fut poursuivie par les Prussiens. Bien présentées et mises en valeur de façon interactive, d'intéressantes sections consacrées à la préhistoire, au Moyen Âge, mais surtout à l'Antiquité romaine. Riches collections de monuments funéraires, mosaïques, statuettes de bronze, bijoux...
Ne ratez pas le ***Bateau de Neumagen,*** célèbre sculpture emblématique découverte en 1993, dont vous retrouverez des représentations dans toute la ville. Ce bateau aux allures de drakkar et transportant des tonneaux de vin couronnait un monument funéraire. Il montre l'importance de Trèves en tant que ville commerçante et viticole à l'époque romaine. Les Romains fournissaient les cépages, et les Celtes les tonneaux ; preuve d'une vie gallo-romaine en harmonie...
Section consacrée à l'empereur Auguste, fondateur de la ville. Carte des chaussées romaines sillonnant la Gaule. Enfin, ne manquez pas encore, un peu caché, le plus important ***trésor en or*** du monde romain, avec plus de 2 600 pièces de monnaie !

Stadtmuseum *(Musée municipal ; plan C1)* **:** *Simeonstr. 60. • museum-trier.de • Dans le cloître roman Saint-Simon (Simeonstift), jouxtant la Porta*

Nigra. Tlj sauf lun 10h-18h. Entrée : 9 € (suppléments lors des expos temporaires) ; réduc. Un intéressant musée à la scénographie claire et épurée. Objets bien mis en valeur et ateliers interactifs et didactiques. Collections reflétant l'histoire de la ville, du Moyen Âge à nos jours. À voir, la superbe maquette de Trèves donnant l'image de la cité au XIXe s. Nombreuses gravures sur l'évolution de la ville. En entrant, remarquer la fameuse « croix du marché » (Xe s) qui se trouvait autrefois sur la place du Marché et est aujourd'hui remplacée in situ, par une copie. Cette croix celtique montre en son centre l'Agneau de Dieu... Joli cloître à 2 étages.

Dom Sankt Petrus *(cathédrale Saint-Pierre ; plan C2)* **:** *Liebfrauenstr. 12. • dominformation.de • Tlj 6h30-18h (17h30 nov-mars). GRATUIT.* C'est la plus ancienne église épiscopale d'Allemagne. Une vraie leçon d'histoire architecturale en Occident. Faire le tour par la gauche et entrer par le cloître. ***Extérieur*** massif, à l'aspect de forteresse, mais duquel se dégage une certaine harmonie : au centre, sur la place, une abside arrondie entourée de tours carrées trapues. Si le chœur de l'édifice est romain (fin IIIe-début IVe s) et construit en brique, sa façade ouest du XIe s est typiquement romane, et les styles mosan, gothique et baroque (dôme de la chapelle) se fondent ici en un seul édifice !

À l'***intérieur,*** gros piliers robustes carrés sur lesquels sont plaqués d'imposants autels baroques. La cathédrale possède en fait 2 chœurs qui se font face. Celui de l'ouest abrite le tombeau gothique en marbre de l'archevêque prince électeur Baudouin de Luxembourg. Au-dessus du chœur oriental est enfermée la Sainte Tunique, vêtement sans couture qui aurait appartenu au Christ... Lors de ses rares expositions publiques, cette relique attire des centaines de milliers de pèlerins à Trèves. Juste à l'entrée, dans le bas-côté droit : ancien tympan roman représentant le Christ entre saint Pierre et la Vierge. Sur le côté gauche, fine chaire de pierre sculptée, ornée de bas-reliefs. Ne manquez pas, enfin, les orgues modernes, en nid d'hirondelle et comme suspendues. Très beau cloître gothique (XIIIe s) accessible en poussant une porte sur la droite qui relie le Dom à la *Liebfrauenkirche.*

– ***Le trésor de la cathédrale :*** *par un escalier à l'extrémité de la nef latérale droite. Avr-oct et de mi-nov à déc, tlj 10h (12h30 dim)-17h ; nov-mars, tlj sauf lun 11h (12h30 dim)-16h. Entrée : 1,50 € ; réduc.* Présente des objets liturgiques dans une chapelle baroque. À voir, en particulier, l'étui du saint Clou, et l'autel portatif de saint André du Xe s, témoins de la qualité de l'orfèvrerie médiévale.

Liebfrauenkirche *(église Notre-Dame ; plan C2)* **:** *Liebfrauenstr. 2. • liebfrauen-trier.de • Contiguë à la cathédrale. Avr-oct, lun-ven 10h-18h, sam 10h-16h30, dim 12h30-18h. Nov-mars, lun-ven 11h-17h, sam 11h-16h30, dim 12h30-17h. GRATUIT.* Avec celle de Marburg, c'est l'une des plus anciennes églises gothiques du pays (XIIIe s). Noter qu'elle est exempte d'arcs-boutants. Avant d'entrer, jeter un œil sur le tympan du portail, représentant une Vierge en majesté. L'intérêt réside surtout dans le plan original de l'église – en forme de croix grecque – dans laquelle s'insèrent à chaque angle 2 absidioles, lui donnant l'aspect d'une rose mystique à 12 pétales. Cette impression de légèreté est amplifiée par la finesse des 12 colonnes (symboles des apôtres), des voûtes et des galeries de circulation, qui font le tour de l'édifice. Pour embrasser d'un seul regard les peintures des 12 apôtres, placez-vous sur une pierre noire au sol, près de l'entrée.

Museum am Dom *(musée de la Cathédrale ; plan C2)* **:** *Bischof-Stein-Platz 1. • museum-am-dom-trier.de • Tlj sauf lun 10h-18h. Entrée : 8 € ; réduc.* Musée d'art sacré, exposant essentiellement le fruit des fouilles archéologiques entreprises autour de la cathédrale *(Dom)* et de l'église Notre-Dame *(Liebfrauenkirche)* : statues, sarcophages, chambres funéraires et même un superbe reliquaire en or et argent du XIIIe s. Le clou du musée est l'exceptionnel groupe composé de 15 fresques trouvées sous la cathédrale et minutieusement reconstituées à près de 80 %. Incroyable travail de fourmi !

Kurfürstliches Palais *(palais des Princes électeurs ; plan C2)* **:** *Im Palastgarten.* Accolé à la basilique de Constantin et au *Palastgarten ;* dans un sublime et inattendu jardin à la française, la façade de ce palais rococo (XVIIe s) tout rose est copieusement décorée de statues et de dorures.

Karl-Marx-Haus *(maison de Karl Marx ; plan B2)* **:** *Brückenstr. 10. • fes.de/museum-karl-marx-haus • Tlj 10h-13h, 13h30-18h. Entrée : 5 €.* Rappelons que Marx est né en 1818 à Trèves et mort à Londres en 1883. À la fois philosophe et économiste, il élabora la théorie du « matérialisme historique » et œuvra pour l'abolition du capitalisme. Sa maison natale a été entièrement remaniée sous la forme d'un petit musée. On y trouve plusieurs de ses objets personnels, de nombreuses photos, œuvres originales, des 1res éditions, ainsi que des documents sur sa famille et son parcours.

Weinort Olewig *(quartier des Vignerons d'Olewig ; hors plan par C3)* **:** *à proximité de l'amphithéâtre.* 6 propriétés viticoles installées dans l'*Olewigerstraße* proposent des visites de caves, dégustations et ventes de vin. Un bon moyen pour découvrir les productions de l'un des plus vieux vignobles d'Allemagne.

Fêtes

- **Altstadtfest** *(fête de la Vieille Ville)* **:** *dernier w-e de juin.* Une fête populaire attirant plus de 100 000 visiteurs autour des places de la ville, avec spectacles et buffet. Grand concert devant la cathédrale.
- **Marché de Noël :** *du lun avt le 1er dim de l'Avent jusqu'au 22 déc.*

LE PALATINAT (PFALZ)

La partie Palatinat *(Pfalz)* du Land Rhénanie-Palatinat correspond à une ancienne province dirigée par un prince électeur du Saint Empire romain germanique. Ce territoire boisé au nord et plus vallonné au sud demeure pour les Allemands un lieu privilégié de balades. Ne manquez pas l'agréable ancienne ville impériale de *Spire (Speyer)* sur les bords du Rhin, et sa sublime cathédrale romane classée au Patrimoine mondial de l'Unesco. La route allemande des Vins *(Deutsche Weinstraße)* offre aux visiteurs gastronomes un gentil parcours à travers les coteaux vallonnés du Palatinat, parsemés de villages typiques et de châteaux...

SPEYER (SPIRE)

(67346) 51 000 hab. IND. TÉL. : 06232

• Plan *p. 208-209*

Sur la rive gauche du Rhin, la cité est reconnaissable au loin grâce à la silhouette massive de sa superbe cathédrale, classée à l'Unesco. Ce monument majeur de l'art roman fut la dernière demeure de plusieurs empereurs

allemands pendant près de 3 siècles. Ville impériale donc, mais aussi important lieu de culte, Spire accueillit près de 50 diètes (assemblées du Saint Empire romain) entre le IXe et le XVIe s, lui conférant nombre d'avantages politiques et commerciaux. Le tribunal d'Empire y siégea pendant un siècle et demi, et la ville fut même sous-préfecture d'un département français entre 1792 et 1814... Au Moyen Âge, la ville comptait l'une des plus importantes communautés juives d'Europe. Certains sites, comme les bains rituels de purification ou la synagogue, sont aussi classés à l'Unesco.

Malgré les guerres et les destructions, Spire conserve quelques sublimes vestiges de ses heures de gloire. Sillonnée par la rivière *Speyerbach*, la ville offre un visage très séduisant et s'explore agréablement à pied ou à vélo.

Adresses et infos utiles

***Office de tourisme** (plan C2) : Maximilianstr. 13. ☎ 14-23-92. • speyer.de • Lun-ven 9h-17h, sam 10h-15h ; fermé dim.* Plan de la ville en français, infos croisières sur le Rhin, visites guidées en allemand. Vend l'intéressante *SpeyerCard*. Accueil sympa et en français.

– ***SpeyerCard** : pour 4 €, valable 1 j., ou 3 j. offerte dès 2 nuits à l'hôtel ou en appartement.* Elle permet d'obtenir des réducs allant jusqu'à 30 % sur l'entrée des musées de Spire et sa région, des remises sur la location de vélos, les croisières en bateau, spa, boutiques, hôtels, restos-bars...

***Hauptbahnhof** (gare ferroviaire centrale ; plan A1) : Bahnhofstr. ☎ 0800-150-70-90 (n° Vert). Accès au centre historique avec le bus n° 565.*

***Location de vélos** (plan A1) : à la gare.*

– ***Marché** (plan C-D3) : mar et sam mat sur Festplatz.*

Parkings et stationnement : difficile de se garer dans la vieille ville où les parkings et places sont rares et chers *(1,50 €/h)*. Optez plutôt pour le grand parking *(3 €/j. ; gratuit 18h-8h)* sur *Festplatz*, juste à côté du *Technik-Museum Speyer*, et à 5 mn du Dom par le bus n° 565 (ou 10 mn à pied).

Où dormir ?

Auberge de jeunesse

***Jugendherberge Speyer** (hors plan par D3, **10**) : Geibstr. 5. ☎ 615-97. • diejugendherberge.de • Juste à côté du parking du Technik-Museum Speyer. Bus n° 565 pour le centre historique (ou 10 mn à pied) ou la gare. Nuitée 26,10-32,40 €/pers selon capacité, petit déj compris. ½ pens et pens complète possibles. Parking gratuit. Loc de vélos.* À 2 pas du Rhin, planté entre béton et verdure, grand bâtiment moderne de près de 180 lits répartis dans des chambres pratiques et bien tenues, pour 1 à 5 personnes ; toutes avec salle de bains. Préférer celles donnant sur le jardin. Resto-bar, barbecue, jeux pour enfants, ping-pong...

De prix moyens à chic

***Hotel am Technik-Museum Speyer** (hors plan par D3, **10**) : Am Technik Museum 1. ☎ 67-100. • hotel-speyer.de • Doubles 80-125 € selon saison, petit déj-buffet inclus. Emplacement bien pratique, en bordure du musée de la Technique et non loin des berges du Rhin.* Une centaine de chambres, au calme sans surprise et sans charme, fonctionnelles et bien équipées. Bon accueil. Également des emplacements pour caravanes et camping-cars *(compter 24 €/nuit, sans petit déj)*.

***Hotel Goldener Engel Speyer** (plan B2, **14**) : Mühlturmstr. 27. ☎ 13-260. • goldener-engel-speyer.de • Doubles 117-150 € selon saison, petit déj inclus.* À 2 pas du centre, l'un des hôtels historiques de la ville, tenu par la même famille depuis 1857 ! Cette ancienne ferme a été transformée en un charmant cocon, alliant tradition et modernité. Un esprit que l'on retrouve dans les chambres, spacieuses et agréables. Resto et bar avec terrasse intérieure. Jetez donc un œil à la belle collection de plaques publicitaires émaillées... Les patrons organisent même parfois des *road trips* en voitures anciennes pour les clients.

Où manger ? Où boire un verre ?

De bon marché à prix moyens

Kiosques à bretzels *(plan B-C2) : sur Maximilianstr.* Plusieurs petits kiosques verts disséminés dans la rue principale piétonne proposent de bons bretzels, vieille spécialité de la ville.

Bäckerei Lenknereit *(plan B2, **20**) : Ludwigstr. 24. ☎ 762-48. À l'angle de Karmeliterstr. Tlj sauf dim 5h30-14h (13h sam). Moins de 5 €.* Boulangerie-pâtisserie traditionnelle servant pains, viennoiseries, bretzels, parts de tartes et quelques bricoles salées. Idéal pour un pique-nique sur les berges du Rhin.

Maximilian *(plan B2, **22**) : Korngasse 15. ☎ 100-25-00. Tlj 8h-23h (1h ven-sam et 22h dim). Plats 5-15 €.* Déco élégante – genre brasserie « à la française » – avec murs tapissés de couvertures de *Paris Match,* et d'affiches publicitaires. À la carte : burgers, soupes, salades, sandwichs, pâtes... Agréable terrasse sur la rue piétonne, avec vue sur la vieille porte et son beffroi flanqué d'une horloge. Bien aussi pour prendre un verre.

Hausbrauerei im Domhof *(plan C2, **23**) : Große Himmelsgasse 6. ☎ 67-440. Tlj 11h30-23h. Plats 10-25 €.* Cuisine rustique de tradition dans cette grande brasserie toujours pleine de monde : goulasch à la bière, *Saumagen,* jarret de porc... Grand *Biergarten* sur l'arrière pour goûter à la bière maison.

Berzelhof Weinlounge *(plan C2, **25**) : Tränkgasse 1a. ☎ 601-08-94. Tlj sauf mar-mer 14h (11h w-e)-minuit.* Une adresse cachée, dans une ruelle de l'Altstadt, comme on les aime ! Cette belle maison en brique abrite un bar à vins, cosy à souhait, proposant des crus du monde entier. À accompagner d'une assiette de fromages ou une flammekueche maison. Grande terrasse calme et fleurie. Accueil charmant.

On trouve 2 gentils ***Biergarten au bord du Rhin*** *(hors plan par D2, **24**),* à l'extrémité de Rheinallee. Sympa d'y prendre un verre en été dans la fraîcheur de la berge, tout en regardant passer les bateaux. Non loin de là, pour siroter un cocktail les pieds dans le sable, c'est au ***Rheinstrand Speyer*** *(hors plan par D2, **27**)* que ça se passe. L'une des adresses les plus cool et originales du coin !

L'OUEST DE L'ALLEMAGNE

À voir. À faire

Dom zu Speyer *(cathédrale de Spire ; plan C2) : Domplatz. • bistum-speyer.de • dom-zu-speyer.de • Avr-oct, tlj 9h-19h (17h30 mar et ven), dim 11h30-17h30 ; nov-mars 9h-17h. Entrée libre. Accès crypte : 3,80 € ; réduc. Audioguide en français : 8,50 €, accès crypte compris. Billet combiné : 12 €, audioguide en français, accès crypte, Kaisersaal et tour inclus. Dépliants en français.*

ALLEZ LES VERRES !

Sur le parvis du Dom, le grand baptistère en pierre recèle une capacité de 1 589 l. Le Domnapf (écuelle de la cathédrale) était jadis rempli de vin lorsqu'un nouvel évêque prenait ses fonctions. Tous les villageois venaient y boire à sa santé ! Aujourd'hui, cette tradition médiévale perdure à chaque fête importante. Hic !

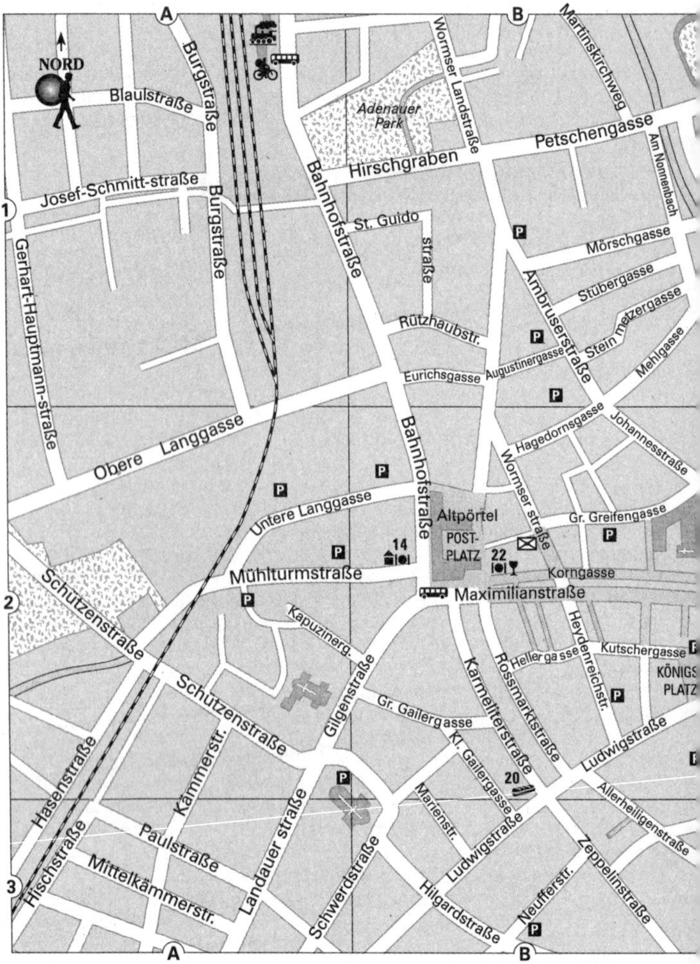

■ **Adresses utiles**

Office de tourisme (C2)
2 Fahrgastschiff Pfälzerland (hors plan par D2)

Où dormir ?

10 Jugendherberge Speyer et Hotel am Technik-Museum Speyer (hors plan par D3)
14 Hotel Goldener Engel Speyer (B2)

Où manger ? Où boire un verre ?

20 Bäckerei Lenknereit (B2)
22 Maximilian(B2)
23 Hausbrauerei im Domhof (C2)
24 Biergarten au bord du Rhin (hors plan par D2)
25 Berzelhof Weinlounge (C2)
27 Rheinstrand Speyer (hors plan par D2)

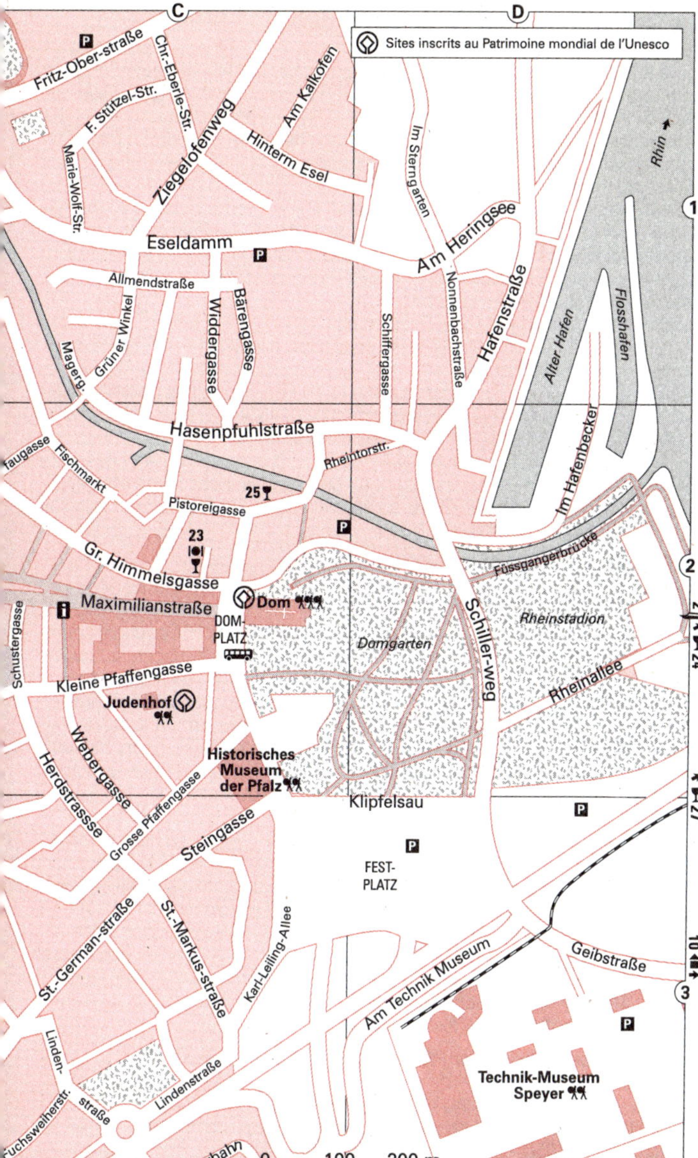

SPEYER (SPIRE)

Concerts réguliers payants. Classée au Patrimoine mondial de l'Unesco depuis 1981, elle demeure l'une des plus imposantes cathédrales romanes au monde. L'élégant édifice en grès jaune et rose, à 2 dômes et 4 tours, est déjà remanié au XIe s. La voûte à 3 nefs vient parachever la mise en œuvre du plan originel, qui va par la suite exercer une influence considérable sur le développement de l'architecture romane des XIe et XIIe s... C'est certainement depuis les jardins que l'on a la plus belle vue sur l'abside de la cathédrale. De là, on aperçoit aussi les restes de l'ancienne muraille de la ville avec l'une de ses tourelles (XIIe s)...
On pénètre dans la cathédrale par le grand porche, côté ouest, reconstruit au XIXe s dans un style néoroman, après sa destruction durant la guerre de succession du Palatinat. À l'intérieur, noter l'impressionnante hauteur de la nef (133 m) et du transept roman, leur luminosité et leur extrême sobriété. Le transept, aux voûtes d'ogive, est un chef-d'œuvre d'équilibre.
Ne ratez pas ensuite la ***crypte des Empereurs*** *(tlj 9h30 (11h30 dim)-16h30 ; petite brochure explicative en français),* austère mais harmonieuse et en forme de croix, conservée dans son état originel et comptant parmi les plus belles d'Allemagne. L'entrée en est gardée par l'imposante pierre tombale de Rodolphe de Habsbourg (XIIIe s). On y trouve la plus grande salle hypostyle romane d'Europe. Elle héberge 4 sépultures impériales et plusieurs royales et épiscopales depuis le XIe jusqu'au XIVe s. Montez enfin dans la ***Kaisersaal*** *(entrée : 6 €),* espace propret situé juste au-dessus du porche d'entrée, exposant de grandes peintures religieuses éclairées par la rosace de la façade. De là, un escalier mène à la ***tour*** droite : jolie vue sur l'architecture du Dom, la ville et le Rhin.

◎ ★★ ***Judenhof*** *(cour juive ; plan C2)* **:** *Kleine Pfaffengasse 20-21. • verkehrsverein-speyer.de • Avr-oct, tlj 10h-17h ; nov-mars, tlj sauf lun 10h-16h. Entrée : 4 € ; réduc. Dépliant en français. Visite guidée possible, se renseigner au ☎ 14-23-92.* Au Moyen Âge, les 3 villes de la vallée du Rhin, Spire, Worms et Mayence, comptaient la communauté juive la plus importante du sud de l'Allemagne, à l'origine de la ***culture ashkénaze en Europe centrale.*** Elles collaboraient ensemble et avaient même un comité, le *Wa'ad SchUM,* qui les représentait auprès du gouvernement. Aujourd'hui encore, les 3 villes au passé commun sont présentées sous le nom de ***SchUM,*** acronyme composé des 1res lettres de leurs noms hébreux. En 2021, les vestiges archéologiques des communautés juives médiévales SchUM de Spire, Worms et Mayence sont inscrits sur la liste du Patrimoine mondial de l'Unesco.
Ici, on découvre d'abord les ***bains rituels*** de purification, datant du XIIe s et magnifiquement conservés. Construits par les ouvriers venus bâtir la cathédrale, ils ont pour particularité le bassin : situé sous terre à 10 m de profondeur, au niveau de la nappe phréatique. C'est le plus ancien de ce type en Allemagne. Juste à côté, les vestiges de la ***synagogue,*** édifiée à la même époque et détruite dans l'incendie de la ville en 1869. Notez que le mur de séparation entre les parties hommes et femmes est percé de 2 fenêtres... juste pour se voir ; ce qui était alors une idée très moderne ! Enfin, le ***musée SchPIRA*** expose éléments architecturaux, pièces de monnaie, vaisselle rituelle, et stèles provenant du site.

★★ ***Historisches Museum der Pfalz*** *(musée historique du Palatinat ; plan C2-3)* **:** *Domplatz 4. • museum.speyer.de • Tlj sauf lun 10h-18h. Entrée : 15 € ; réduc. Billet expos temporaires en sus (audioguide en anglais). Café dans le musée.* Ce musée inattendu présente de riches collections d'objets – datant de la préhistoire jusqu'aux années 1950 – bien présentées dans un cadre aéré. Dommage que les commentaires ne soient qu'en allemand ! Aussi des expos temporaires de grande qualité.
Intéressante ***section préhistorique*** : pierres taillées, céramiques, outils en pierre puis en bronze, bijoux, dont le fabuleux « ***Chapeau d'or*** » de *Schifferstadt,* daté de 1300 av. J.-C. et recouvert de feuilles d'or. Également une reconstitution d'un habitat traditionnel... Puis on embraie sur le ***monde romain,*** avec d'autres

trésors bien mis en valeur : bronzes étrusques, stèles, magnifiques bas-reliefs, statuettes de divinités, armes, céramiques, sarcophages... sans oublier la reconstitution d'un intérieur de maison de maître. Enfin, l'histoire de ***la région des années 1500 à 1950*** est racontée à travers des tableaux, meubles, livres, porcelaine, statues, armes, vêtements, photos et affiches anciennes. Ne pas manquer aussi la section ***Weinmuseum,*** consacrée à l'histoire du ***vin du Rhin*** : pressoir énorme du XVIIIe s, cruches, fûts décorés, tonneaux... et même quelques bonnes bouteilles, bien conservées, datant des XVIe et XVIIe s ! Pas de dégustation prévue, hélas !

Technik-Museum Speyer *(musée de la Technique ; plan D3)* **:** *Am Technik-Museum 1. • technik-museum.de • Bus n° 565 depuis le centre historique (ou 10 mn à pied) ou la gare. Tlj 9h-18h (19h w-e et j. fériés). Entrée : 19 € ; billet combiné avec film IMAX 24 € ; ticket jumelé avec l'Auto & Technik Museum Sinsheim 44 € ; réduc. Cartons d'explication en anglais.* Réparti sur « hangars », un intéressant musée pour toute la famille présentant de manière hétéroclite une foule d'avions, d'hélicoptères, de voitures, locomotives, motos, bateaux, un sous-marin, une ***navette spatiale russe Bourane*** et des véhicules de pompiers. À découvrir aussi, les plus belles réalisations de la firme BMW et les motos de course légendaires. On peut pénétrer dans de nombreuses machines. Amusant pour ceux qui ont gardé une âme d'enfant ! Cinéma IMAX sur écran géant. Resto sur place. Le « grand frère » du musée de la Technique de Spire se trouve à Sinsheim (à 45 km, direction Karlsruhe par l'A 6), un peu plus grand et plus fourni.

UN JOUJOU ONÉREUX

Durant la guerre froide, les dirigeants soviétiques sont persuadés que le programme américain de navette spatiale de la Nasa sera utilisé à des fins militaires. Afin de maintenir l'équilibre des forces, ils décident de construire un engin équivalent. Résultat : Bourane *a été un tel gouffre financier pour l'URSS que la navette soviétique n'a pu voler qu'une fois, en 1988, et encore sans passager !*

Promenades en bateau sur le Rhin : *avec la compagnie* ***Fahrgastschiff Pfälzerland*** *(hors plan par D2,* ***2****), Rheinallee 2. ☎ 713-66. • personenschifffahrt-streib.de • Plusieurs croisières/j. de 1h30 sur le Rhin. Billet : env 14 € ; réduc.*

Manifestations

- ***Brezelfest :*** *2e w-e de juil.* Grande kermesse avec défilé de chars, manèges et concert.
- ***Bauernmarkt :*** *3e w-e de sept.* Durant 2 jours, immense marché avec les producteurs, éleveurs et agriculteurs de la région venus présenter leurs produits.

DANS LES ENVIRONS DE SPEYER (SPIRE)

La route allemande des Vins (Deutsche Weinstraße) **:** *passe à env 25 km à l'ouest de Speyer.* Un parcours à travers les coteaux vallonnés du Palatinat. Cette route balisée commence au nord à ***Bockenheim*** (juste à l'ouest de Worms) et s'étire sur près de 85 km vers le sud jusqu'à ***Wissembourg,*** à la frontière française. Une invitation au plaisir des yeux et des papilles !
Le sol calcaire et le climat particulièrement doux de la région sont propices à la viticulture. Parmi les crus les plus célèbres, on compte les vins de ***Bad Dürkheim,*** de ***Wachenheim*** et de ***Deidesheim.*** De nombreuses propriétés proposent des

dégustations et visites de caves. Des *fêtes du Vin* ont lieu début octobre, dans la plupart des villages. L'occasion de rassemblements populaires, parades, feux d'artifice, élection de la reine du vin et dégustation des produits locaux !

➢ En route – du nord vers le sud –, prévoyez une pause à ***Deidesheim,*** le plus charmant et le plus typique des villages de la *Weinstraße,* avec son adorable place du Marché, sa mairie du XVIe s, son église gothique, ses *Weinstuben* et ses restos de spécialités régionales. • *deidesheim.de* • Ensuite, perdez-vous dans les ruelles pittoresques de ***Neustadt an der Weinstraße,*** bordées de vieilles maisons à colombages ; l'une des plus importantes concentrations de la région (• *neustadt.eu* •). Voir aussi le **château de Hambach** (*Hambacher Schloss*) d'où fut hissé pour la 1re fois en 1832 le drapeau noir, rouge et or, qui deviendra en 1919 puis en 1949 le drapeau allemand. • *hambacher-schloss.de* •

➢ Enfin, à proximité, charmant village de ***Sankt Martin.*** Et un peu plus au sud encore, l'intéressant ***château de Trifels*** (*Burg Trifels*) qui abrita naguère le trésor de la Couronne, et même, selon la légende, le ***saint Graal*** ! Il servit de prison pendant 2 ans à Richard Cœur de Lion, roi d'Angleterre, à son retour de croisade en 1192. • *trifelsland.de* •

ℹ ***Pfalz Touristik*** *(office de tourisme du Palatinat)* **:** *Martin-Luther-Str. 69, à* ***Neustadt an der Weinstraße.*** ☎ *(06321) 912-322.* • *pfalz.de* • *deutsche-weinstrasse.de* • *Lun-ven 9h30-17h, plus sam 11h-14h (avr-oct).* Une mine d'infos pour son voyage : logements, balades, manifestations culturelles, et puis tout sur les vins et propriétés viticoles. Brochures à télécharger.

LA SARRE

Véritable carrefour entre l'Allemagne, la France et le Luxembourg, la Sarre est (en dehors des villes-États) le plus petit Land du pays. Il est connu pour ses mines de charbon et de minerai de fer qui firent sa richesse dès le XVIIIe s.
La Sarre est aussi une destination nature, réserve de la biosphère (39 % du territoire sont boisés) et riche de 60 circuits balisés de randonnée et de cyclotourisme autour du spectaculaire site de la boucle de la Sarre. Mais le plus intéressant se trouve assurément dans les environs : l'étonnante usine sidérurgique *Völklinger Hütte,* à Völklingen (10 km à l'ouest), tout 1er bâtiment industriel classé au Patrimoine mondial de l'Unesco ; une visite à ne pas rater !

UN PEU D'HISTOIRE

Avec sa taille réduite de 2 500 km^2 et son million d'habitants, la Sarre est néanmoins un Land à part entière de l'Allemagne. À l'origine, le territoire appartenait à l'Empire romain, avant d'être partagé au Moyen Âge entre les archevêques princes électeurs de Trèves, les comtes de Nassau-Sarrebruck, les comtes de Palatinat-Deux-Ponts et les ***ducs de Lorraine.*** Au XVIIe s, en pleine guerre de Trente Ans, Louis XIV demande à ***Vauban*** de bâtir la ville fortifiée de ***Sarrelouis,*** qui demeure

française jusqu'en 1815. Au XVIIIe s débute l'exploitation du charbon et du minerai de fer, dont les richesses permettent aux princes de Nassau-Sarrebruck d'embellir leurs villes de somptueux monuments baroques. En 1792, les armées de la Révolution envahissent la Sarre, qui devient département français de 1801 à 1815, avec Trèves pour préfecture. Le traité de Vienne enlève la région aux Français pour la partager entre la Prusse et la Bavière...
Après 1919, le ***traité de Versailles*** accorde à la France la propriété des mines et place la Sarre sous mandat de la SDN, jusqu'au plébiscite de 1935 où une écrasante majorité se prononce en faveur du rattachement au IIIe Reich. Après 1945, la Sarre est incluse dans la zone d'occupation française. En 1947, les conseillers municipaux adoptent une Constitution sarroise : la région devient un État de droit, doté d'une souveraineté propre mais amené à se rapprocher des intérêts français. L'indépendance du territoire est alors reconnue par les instances internationales.
En 1954, les accords de Paris mettent fin au régime d'occupation de l'Allemagne de l'Ouest et tentent de régler le statut de la Sarre. Ces accords prévoient de la doter d'un « statut européen » dans le cadre élargi de la CEE comme embryon d'une future nation fédérée européenne ; nouveau statut rejeté par les Sarrois lors d'un référendum en 1955. Finalement, le rattachement politique de la Sarre à la RFA est entériné par la France, mettant fin à un vieux contentieux des relations franco-allemandes.

EUROPE 1 ÉMET DEPUIS L'ÉTRANGER

Le statut spécial de protectorat français sur la Sarre a permis des opportunités légales intéressantes afin d'échapper à l'ancien monopole français de la radiodiffusion. Ainsi, depuis 1954, les antennes de l'émetteur de la station de radio Europe 1 se dressent sur les hauteurs du village de Felsberg.

SAARBRÜCKEN (SARREBRUCK)

(66100) 180 400 hab. IND. TÉL. : 0681

La capitale, Sarrebruck, est ancrée au bord de la rivière Sarre, à 2 pas de la frontière française. Une proximité longtemps source de conflits entre les 2 pays pour son contrôle... Malgré les bombardements de la 2de Guerre mondiale, la ville conserve plusieurs beaux édifices baroques du XVIIIe s, témoins de son faste passé : la *Basilika Sankt Johann,* le monumental château *(Schloss)* et l'élégante *Ludwigskirche.*

Arriver – Quitter

Pour beaucoup, la ville de Sarrebruck constitue un point d'entrée pratique en Allemagne.
– ***Infos transports régionaux en train et bus :*** • *saarvv.de* •

En train

🚂 ***Hauptbahnhof*** *(gare ferroviaire centrale)* ***:*** *Bahnhofsvorplatz.* ☎ *0800-150-70-90 (n° Vert).*

➢ ***Paris-Est*** *(France)* ***:*** 4-5 TGV/j. desservant aussi ***Mannheim*** puis ***Francfort.*** Durée : 1h50.
➢ ***Völklingen :*** 2-3 trains/h. Durée : 20 mn.
➢ ***Trier :*** 2-3 trains/h. Durée : 1h30.

En avion

✈ ***Flughafen Saarbrücken*** *(aéroport)* ***:*** *Balthasar-Goldstein-Str.*

☎ *(0689) 38-30.* • *flughafen-saarbruecken.de* • Env 15 km du centre. Bus réguliers pour la gare centrale de Sarrebruck.

➢ Vols réguliers avec **Berlin, Hambourg, Luxembourg** et même **Paris-Orly.**

Adresse et info utiles

Office de tourisme : *Rathaus Sankt Johann (hôtel de ville), Rathausplatz 1.* ☎ *959-09-200.* • *tourismus.saarbruecken.de/fr* • *Lun-ven 9h-17h, sam 10h-15h.* Plan de la ville, audioguide et dépliant en français proposant une promenade autour des bâtiments réalisés par Stengel, agenda culturel... Autre point d'accueil touristique au **Schloss Saarbrücken** (château) : *ouv dim et j. fériés 10h-18h.*

– **Marché :** *lun, mer, ven et sam sur Sankt Johanner Markt.*

Où dormir ? Où manger ? Où boire un verre ?

Hotel Leidinger : *Mainzer Str. 10.* ☎ *932-70.* • *domicil-leidinger.de* • *Doubles 100-180 € selon standing, petit déj compris. Parking payant.* Dans la vieille ville, ces maisons du XIXᵉ s abritent 2 hôtels aux aménagements différents. L'un propose des chambres au confort standard, plutôt petites et sans fioritures. L'autre partie de l'hôtel livre des chambres de charme décorées sur le thème du voyage : Japon, Bali, Afrique, Chine... Agréable jardin-terrasse zen.

Restaurant Gasthaus Zahm : *Saarstr. 6.* ☎ *686-620-60. Tlj sauf dim 12h-23h. Plats 12-20 €. Résa conseillée.* Une adresse typique proposant une cuisine traditionnelle et familiale. Le menu est inscrit à la main sur une immense feuille de papier : salades, foie de veau à la berlinoise, moules-frites, veau aux girolles... Belle terrasse dans la rue piétonne.

Brasserie : *Fröschengasse 5-7. Tlj sauf dim 17h (13h sam) jusqu'à ce que le patron soit fatigué !* Voilà le genre de lieu que l'on adore ! C'est le plus vieux pub de la ville et aussi le plus pittoresque. Grande salle avec comptoir en bois, ornée de panneaux de signalisation (volés, paraît-il, mais chut !) et de vieilles pubs émaillées. Ambiance qui monte au fur et à mesure de la soirée pour finir dans un joyeux brouhaha festif.

Place Sankt Johanner Markt : c'est ici que bat le cœur de la vieille ville avec ses terrasses de restos et cafés.

DANS LES ENVIRONS DE SAARBRÜCKEN

Völklinger Hütte : *Rathausstr. à* ***Völklingen.*** • *voelklinger-huette.org/fr* • *À 10 km à l'ouest de Sarrebruck et facilement accessible en train (10 mn), la gare de Völklingen se trouve à 3 mn à pied du site. En voiture, suivre les panneaux « Weltkulturerbe ». Tlj 10h-19h (18h nov-mars). Entrée : 17 € ; réduc ; gratuit mar ap-m à partir de 16h. Billets en ligne. Remarquables expos temporaires, consultez la programmation sur le site internet.* Construit à partir de 1873 et fermé en 1986, cet immense ensemble sidérurgique de 600 000 m² comptait 6 hauts-fourneaux, employant près de 17 000 personnes. C'est un témoin précieux du passé industriel de l'Allemagne et de l'époque prospère du fer, d'où son classement en 1994 au ***Patrimoine mondial de l'Unesco*** (le centre d'accueil Unesco a même été installé dans la spectaculaire salle de frittage !). Le site se visite sur un parcours sécurisé fléché (panneaux en français), permettant d'accéder au cœur des installations, vraiment impressionnantes. Parcourant les passerelles métalliques, on sillonne les couloirs sombres des ***salles de stockage et de mélange***

qui pouvaient contenir jusqu'à 12 000 t de matière première. Celle-ci était chargée dans des bennes suspendues qui montaient à 27 m de haut pour se déverser dans les « gueulards », ces trous au sommet des ***6 hauts-fourneaux.*** Depuis cette plate-forme, vue exceptionnelle sur l'ensemble du site. On redescend ensuite inspecter les ***fours à cokerie,*** transformant le charbon minéral en coke qui, mélangé au minerai de fer, permettait sa fusion. Puis, le ***centre scientifique Ferrodrom*** permet de s'initier à l'univers du fer à travers une centaine d'objets illustrant le processus de fabrication de l'acier, tout en participant à des animations interactives. De là, vue sur la voie ferrée du charbon et le monte-charge incliné unique au monde. Enfin, l'immense ***salle des soufflantes*** qui produisaient l'air attisant les hauts-fourneaux accueille désormais des expos temporaires, comme d'autres secteurs de l'usine.

Le site a récemment invité des artistes de ***street art*** du monde entier pour redonner des couleurs au lieu. Les artistes sont partis, mais la grande majorité des œuvres est restée. On prend plaisir à parcourir ce labyrinthe de fer et d'acier à la découverte des peintures de *Rero, M. Chat, Jef Aérosol, Zevs, Levalet* et bien d'autres !

Bistrot avec terrasse à l'entrée du site.

LE SUD DE L'ALLEMAGNE

LE BADE-WURTEMBERG

• Carte *p. 217*

Limitrophe de la France, il est par son importance démographique et économique le 3e Land d'Allemagne.
Avec un taux de chômage de 3,5 %, son fort développement économique induit l'extension rapide des villes avec parfois des créations complètes de quartiers pour de jeunes cadres dynamiques ainsi que des étudiants dont le nombre ne cesse d'augmenter ! Ces nouvelles populations et le soutien de grands groupes industriels encouragent la création de nombreux lieux culturels, musées, festivals... Ce boom économique rime avec grands chantiers. Ajoutés aux mesures tendant à limiter fortement la circulation dans les centres-ville (espaces piétons de plus en plus vastes), se déplacer en voiture n'est pas toujours chose facile !
La Forêt-Noire et le lac de Constance restent les destinations qui attirent le plus de visiteurs.

STUTTGART ET LE NORD DU BADE-WURTEMBERG

STUTTGART

(70173 à 70619) 630 300 hab. IND. TÉL. : 0711

• Plan *p. 220-221*

6e ville d'Allemagne par sa population, la capitale du Land de Bade-Wurtemberg s'abrite au milieu d'une ceinture de collines boisées, où la vigne (visible depuis la gare !) est cultivée de longue date (XIIe s) ; on peut donc parler d'une vraie tradition. Pour s'en convaincre, il suffit d'assister au *Stuttgarter Weindorf* (voir « Manifestations »), où plus de 1 million de visiteurs viennent déguster les crus locaux. Mais la ville est surtout l'un des berceaux de l'automobile allemande. De prestigieuses marques comme *Mercedes-Benz* et *Porsche* y ont leurs bureaux d'études et leur

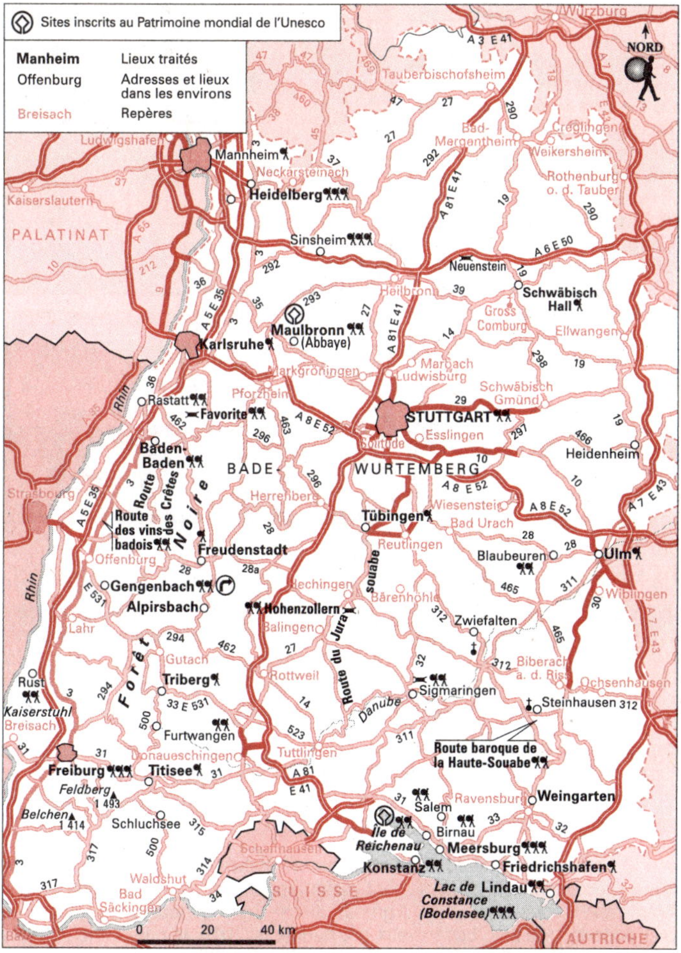

LE BADE-WURTEMBERG ET LA FORÊT-NOIRE

siège social. Ils y ont créé de superbes musées et *Motorworld,* un site totalement dédié à l'automobile, n'est qu'à quelques kilomètres... Stuttgart est LA destination incontournable en Allemagne pour les amoureux de belles voitures !

Suite aux bombardements de la 2de Guerre mondiale, le cœur historique a été presque totalement détruit. Mais à force de reconstructions, c'est devenu une ville moderne riche d'innovations architecturales et de nouveaux quartiers... Stuttgart a su transformer ses difficultés en avantages : le projet pharaonique de construction d'une gare et des voies de chemin de fer souterraines génère des travaux et déviations importants dans le centre ; qu'à cela ne tienne, des visites guidées du plus grand chantier

d'Europe sont proposées aux visiteurs... et ça marche ! Tant mieux parce que les plus optimistes prévoient une fin des travaux en 2025 ! Une progression lente qui ne rassure pas les écolos car le sous-sol de Stuttgart recèle les sources d'eau les plus importantes en Europe après Budapest.
Stuttgart est économiquement florissante, la jeune population active impulse une nouvelle vie dans plusieurs quartiers autrefois un peu endormis. C'est une ville agréable à vivre au quotidien, très verte avec ses 207 km² de jardins et parcs. Les activités culturelles y sont nombreuses, et les soirées offrent quantité de restos et bars très animés.

NAISSANCE D'UNE MARQUE ÉTOILÉE

En 1899, le consul austro-hongrois à Nice, Emil Jellinek, participe à de nombreuses compétitions automobiles. Amateur de véhicules rapides, il commande au constructeur allemand Daimler plusieurs modèles équipés d'un nouveau moteur, et les baptise du prénom de sa fille, Mercedes !

LE CHEVAL POUR EMBLÈME

En allemand ancien, « Stuot » est le mot pour désigner la jument. « Stuotgarten » évoque donc le territoire peuplé par les hardes de chevaux. D'où le nom de la ville et également le blason de la marque Porsche, avec un cheval en son centre.

UN PEU D'HISTOIRE

À partir du XIVe s, il est difficile de dissocier le développement de la ville de l'ascension des princes de Wurtemberg. En 1320, Stuttgart devient résidence du comte de Wurtemberg. La cité prend de l'importance, et le comté devient duché en 1495, 1 an avant la mort d'*Eberhard im Bart* (dit « le Barbu »). Au XVIe s, la ville suit le courant protestant naissant, ce qui lui vaut de tomber aux mains des *Habsbourg* lors de la guerre de Trente Ans. En 1806, *Napoléon* élève le Wurtemberg au rang de royaume. Stuttgart reste ainsi résidence royale jusqu'en 1918, date à laquelle le Wurtemberg devient république. Le IIIe Reich absorbe la région en 1934.

STUTTGART 21, LE PLUS GRAND CHANTIER D'EUROPE

Ce projet très polémique consiste en la transformation de l'actuelle gare en une gare souterraine de passage, faisant partie prenante du projet plus large de la « Magistrale européenne », ligne à grande vitesse Paris-Budapest qui devrait perdurer pendant 100 ans. Les travaux ont débuté en 2010, la gare a été achevée fin 2022, et le nœud ferroviaire devrait être achevé en 2025. Son coût total aura doublé par rapport au budget initial.

Arrivée à l'aéroport

I-Punkt : *terminal 3, niveau 2, « Arrivées ». ☎ (0711) 22-281-00. Lun-ven 8h-19h ; w-e et j. fériés 9h-13h, 13h45-16h30.*

➢ ***En S-Bahn :*** liaison directe avec le centre-ville par le S2/3. Durée : 27 mn. Prix du ticket : 4 €. Ttes les 10-20 mn.
➢ ***En taxi :*** env 20 mn. Compter 35 €.

Arrivée à la gare

Hauptbahnhof *(plan C1)* **:** nœud ferroviaire des lignes Nord-Sud et Est-Ouest, via les réseaux *ICE, IC, InterRegio.* Stuttgart est reliée directement à 13 capitales européennes par le réseau ferroviaire à grande vitesse.

De Paris, gare de l'Est, TGV-Est 4 A/R directs/j. (3h09) ; de Bruxelles, en *Thalys* via Cologne (1h48), puis réseau *IC* (3h09). La gare, construite entre 1914 et 1928, est un monument classé de style Bauhaus. Au sommet de sa tour carrée, le logo Mercedes est un repère de jour comme de nuit. On peut accéder gratuitement au sommet en empruntant un ascenseur dans la gare : c'est un bon point de départ pour se situer et évaluer l'ampleur des travaux de la nouvelle gare.

Comment se repérer ?

Les grands musées et les principaux monuments se situent entre la *Konrad-Adenauer-Straße* et la *Königstraße,* la grande rue commerçante dans la zone piétonne. Un tout nouveau quartier commerçant s'est développé autour de la *Dorothéestraße* avec l'ouverture notamment d'une galerie de luxe, le *Bräuninger Center* dans des bâtiments à l'architecture très contemporaine. Même Tesla y a ouvert sa concession... Au pays de Mercedes et Porsche, il fallait oser !
Entre la *Hauptstätter Straße* et l'*Olgastraße* se trouve le *Bohnenviertel* (quartier des Haricots), l'un des quartiers les plus anciens et les plus agréables de la ville. Autrefois, c'était celui des vignerons et des horticulteurs. Son nom vient du fait qu'ils avaient l'habitude de planter devant leur porte des haricots. C'est aujourd'hui le quartier des antiquaires et des brocanteurs.
Au nord-est se trouve *Bad Cannstatt,* ancienne ville d'eaux, possédant 19 sources minérales. Aujourd'hui quartier résidentiel qui ne manque pas de charme et où l'on peut agréablement manger et flâner autour de la *Marktplatz.*
Le nouveau quartier où les jeunes aiment vivre et se retrouver se situe autour de la Marienplatz et de Feuersee ; les bars et restos sympas y fleurissent.

Stationnement et circulation

Arriver au centre de Stuttgart n'est pas simple en raison des travaux en cours et des perpétuels bouchons sur l'autoroute conduisant en ville ; stationner est tout aussi difficile en dehors des parkings publics hors de prix.
L'idéal est de choisir un hôtel avec parking, sinon mieux vaut se rabattre sur ceux qui sont un peu excentrés. Et pour ceux qui arrivent en voiture, ***veillez à commander avant votre départ la vignette écologique obligatoire*** (voir rubrique « Comment y aller ? » au début de ce guide).

Adresses et infos utiles

Informations touristiques et culturelles

🅸 ***I-Punkt*** *(plan C1) : Königstr. 1a, 70173. ☎ 22-28-0. • stuttgart-tourist.de • Face à la gare centrale. Tlj 10h (15h dim)-18h.* Nombreux dépliants, dont un plan en français. Si vos réservations d'hébergement se font via le bureau de Stuttgart Marketing, vous bénéficierez des transports gratuits durant votre séjour.
■ ***Résas pour les spectacles :*** *comptoir dans l'office de tourisme, au fond. ☎ 22-28-111.* Résas pour tous les spectacles sauf pour le Staatstheater. ***Ticket Center Stuttgart Live*** : *Charlottenplatz 17, entrée 2 dans la cour. ☎ 55-06-60-77. • stuttgart-live.de •*

– ***Erlebnis Card :*** une carte unique à 69 € qui donne un accès gratuit durant un an à de nombreux musées, thermes et attractions. Intéressera plutôt ceux qui ont l'occasion de se rendre plusieurs fois dans l'année à Stuttgart et dans la région. *• erlebnis-region.stuttgart-tourist.de •*
– ***Stuttgart City Tour :*** à partir de 18 €, plusieurs circuits « *hop-on hop-off bus* » de couleurs différentes en bus à impériale *(avr-oct, lun-ven 9h-20h, w-e 10h-17h)* avec audioguide en français, durant les 24h qui suivent l'heure de la 1re utilisation. En vente aux *I-Punkt* et à bord.
– ***Programmes des manifestations culturelles :*** en vente à l'office de

■ Adresse utile

- I-Punkt (C1)

Où dormir ?

9 Campingplatz Cannstatter Wasen (hors plan par D1)
10 Jugendherberge (D1-2)
11 Jugendgästehaus Stuttgart (hors plan par D3)
13 Pension am Heusteig (C3)
17 Der Zauberlehrling (C3)
18 Arcotel Camino (hors plan par C1)
19 Motel One Hauptbahnhof (C1)

Où manger ?

20 Weinhaus Stetter (C3)
21 Markthalle (C2)
22 Weltcafé Stuttgart (C2)
23 Weinstube Zur Kiste (C2)
26 Basta (C3)
28 Weinstube Kachelofen (B3)

Où boire un verre ? Où sortir ? Où danser ?

30 Academie der Schönsten Künste (C2)
33 Carls Brauhaus (C2)

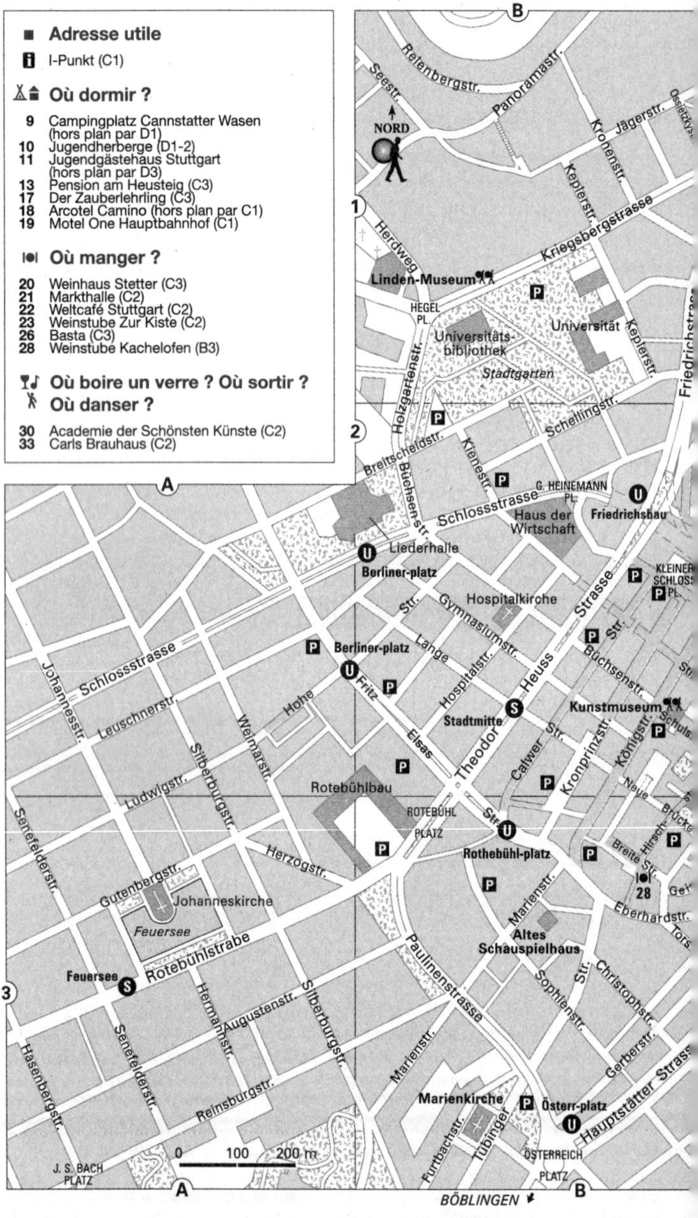

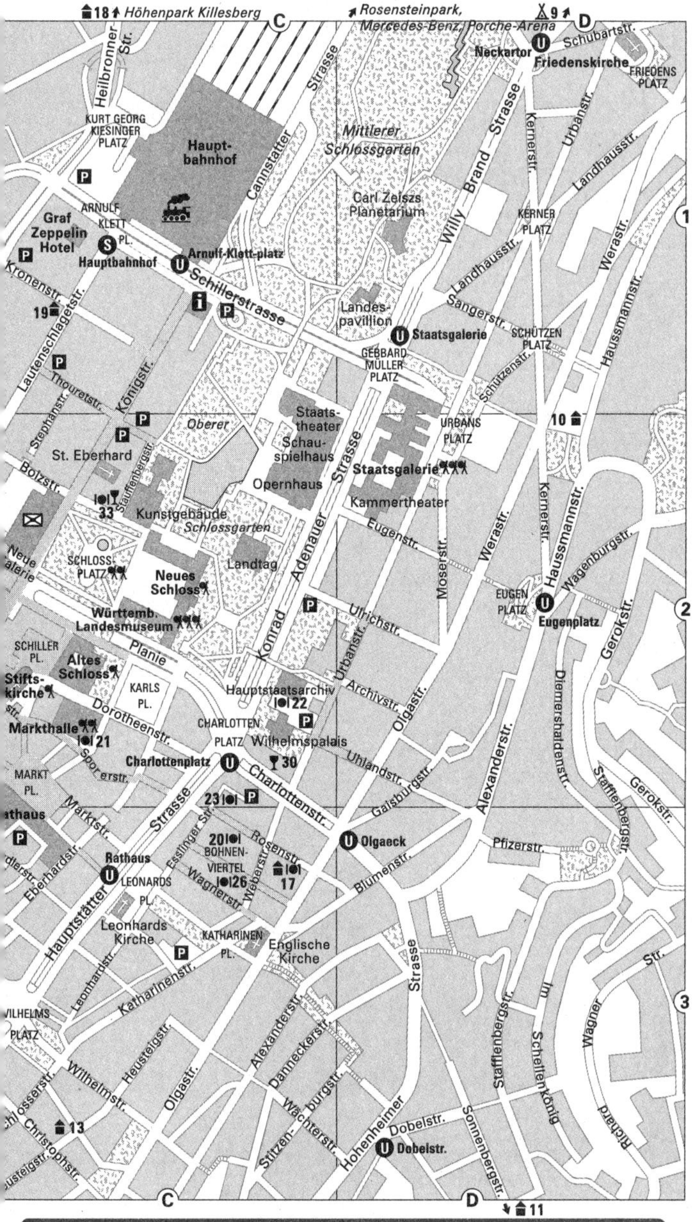
18 Höhenpark Killesberg
Rosensteinpark, Mercedes-Benz, Porche-Arena
9
C
D
Heilbronner Str.
Neckartor
Schubartstr.
Friedenskirche
FRIEDENS PLATZ
KURT GEORG KIESINGER PLATZ
Haupt-bahnhof
Cannstatter Strasse
Mittlerer Schlossgarten
Willy Brand Strasse
Kernerstr.
Urbanstr.
Landhausstr.
Carl Zeiszs Planetarium
ARNULF KLETT PL.
Graf Zeppelin Hotel
Hauptbahnhof
Arnulf-Klett-platz
KERNER PLATZ
Werastr.
Kronenstr.
Schillerstrasse
Landhausstr.
Haussmannstr.
19
Lautenschlagerstr.
Landes-pavillion
Sangerstr.
Staatsgalerie
SCHÜTZEN PLATZ
GEBBARD MÜLLER PLATZ
Schützenstr.
Thouretstr.
Königstr.
Stephanstr.
Oberer
Staats-theater
Schau-spielhaus
URBANS PLATZ
10
St. Eberhard
Stauffenbergstr.
Staatsgalerie
Bolzstr.
Opernhaus
Kernerstr.
Haussmannstr.
Kammertheater
33
Kunstgebäude
Schlossgarten
Eugenstr.
Neue Galerie
SCHLOSS PLATZ
Landtag
Neues Schloss
Moserstr.
Werastr.
Wagenburgstr.
Konrad Adenauer Strasse
EUGEN PLATZ
Eugenplatz
Gerokstr.
Württemb. Landesmuseum
Ulrichstr.
SCHILLER PL.
Planie
Altes Schloss
Stifts-kirche
KARLS PL.
Urbanstr.
Hauptstaatsarchiv
Archivstr.
Diemershaldenstr.
22
Olgastr.
Markthalle
Dorotheenstr.
21
CHARLOTTEN PLATZ
Wilhelmspalais
Alexanderstr.
Sporerstr.
Charlottenplatz
30
Uhlandstr.
MARKT PL.
Charlottenstr.
Galsburgstr.
Stafflenbergstr.
Gerokstr.
Rathaus
Strasse
23
Marktstr.
Esslinger Str.
20
Rosenstr.
Olgaeck
Pfizerstr.
BOHNEN-VIERTEL
Rathaus
Eberhardstr.
Wagnerstr.
Weberstr.
17
26
LEONARDS PL.
Blumenstr.
Hauptstätter
Leonhards Kirche
KATHARINEN PL.
Englische Kirche
Strasse
Str.
Leonhardstr.
Katharinenstr.
WILHELMS PLATZ
Alexanderstr.
Stafflenbergstr.
Wagner
Heusteigstr.
Danneckerstr.
Im Schellenkönig
Wilhelmstr.
Olgastr.
Wächterstr.
Stitzenburgstr.
Hohenheimer
Dobelstr.
Sonnenbergstr.
Richard
13
Christophstr.
Dobelstr.
11

STUTTGART

tourisme ou dans les kiosques, demandez le *Lift*, très bien fait pour les jeunes, et *Top Magazin*. Magazines gratuits sur les spectacles et concerts du moment au *Ticket Center Stuttgart Live*.

■ ***Résas pour chambres chez l'habitant : Urbanbnb*** *• urbanbnb.de •* Organisme de réservation de chambres et appartements chez l'habitant à partir de 20 € par personne. Propose une liste de ce qui est libre, en fonction des conditions posées, et réserve ensuite sans commission.

Urgences

■ ***Urgences médicales :*** *☎ 19-222 ou 112.*

Location de voitures et de vélos

■ ***Infos sur les trains :*** *☎ (01805) 99-66-33.*

■ ***Call a Bike :*** *☎ (07000) 522-55-22. • callabike-interaktiv.de •* Nouveau système de location de vélos installé par la *Deutsche Bahn*. Inscriptions par portable ou Internet, puis il suffit de prendre un vélo sur une des bornes *(compter 15 € pour une loc de 24h).*

Où dormir ?

Nombreux événements sportifs et foires *(rens à l'office de tourisme ou sur • stuttgart.de •)*. Stuttgart étant une ville d'affaires, ***le prix d'une chambre d'hôtel est souvent plus bas le week-end qu'en semaine !***

Camping

■ ***Campingplatz Cannstatter Wasen*** *(hors plan par D1, **9**) : Mercedesstr. 40. ☎ 55-66-96. • campingplatz-stuttgart.de • Sur les bords du Neckar, à 4 km au nord-est du centre-ville. À 500 m du S-Bahn (ligne directe de la gare principale). Compter 25 € pour 2 avec tente et voiture.* Cuisine et machines à laver à disposition. Petite épicerie et resto.

Auberges de jeunesse

■ ***Jugendherberge*** *(plan D1-2, **10**) : Haußmannstr. 27. ☎ 66-47-47-0. • jugendherberge-stuttgart.de • À 15 mn à pied du centre, mais il faut monter la colline. De la gare principale, U15 ou bus n° 42 jusqu'à la station Eugenplatz. Nuitée à partir de 34,20 € et 38,20 € pour les plus de 27 ans, draps et petit déj inclus. Supplément de 7 € pour une double.* C'est par un ascenseur métallique suspendu au-dessus de la ville qu'on accède à cette AJ construite à flanc de colline. Entièrement rénovée, elle propose plus de 300 lits répartis dans une centaine de chambres majoritairement de 2 et 4 lits, toutes avec douche et w-c.

■ ***Jugendgästehaus Stuttgart*** *(hors plan par D3, **11**) : Richard-Wagner-Str. 2. ☎ 24-11-32. • ib-jugendgaestehaus-stuttgart.de • À l'écart du centre, env 20 mn à pied. S15, de la gare principale (direction Ruhbank/Fernsehturm) jusqu'à Bubenbad/Jugendgästehaus. Fermé pdt vac de Noël. Une cinquantaine de chambres. Nuitée 29,50-35,50 €/pers selon confort, saison et durée de séjour. Double 65 €, petit déj inclus. Repas 13,50 €.* Une AJ privée en ville avec une bonne ambiance. 2 jolies maisons avec un grand jardin. Petit déj sympa dans la véranda avec vue sur Stuttgart. Bon accueil.

Très chic

■ ***Pension am Heusteig*** *(plan C3, **13**) : Heusteigstr. 30. ☎ 23-93-00. • am-heusteig.de • Doubles avec douche et w-c 89-109 €, moins chères le w-e ; petit déj inclus.* Assez centrale. Chambres simples et sans fioritures, très propres. Bon rapport qualité-prix.

■ ***Motel One Hauptbahnhof*** *(plan C1, **19**) : Lautenschlagerstr. 14. ☎ 30-02-090. • motel-one.com/en/hotels/stuttgart • Double 100 €, bon petit déj inclus. Parking.* Chaîne qui se développe dans toutes les grandes villes d'Europe. Hébergements de bonne qualité dans un décor design particulièrement réussi et à un prix imbattable. Chambres bien isolées, assez petites, mais confortables. *Autre adresse à Stuttgart, près du musée Mercedes : Heilbronner Str. 325. ☎ 32-77-92-30. Double 103 €.*

Arcotel Camino (hors plan par C1, **18**) : *Heilbronner Str. 21. ☎ 258-580. • arcotelhotels.com • À 700 m de la gare et finalement pas si excentré. Doubles en sem 105-270 € et 84-120 € le w-e selon taille et saison ; petit déj 22 €. Promos régulières sur leur site.* Dans un ancien bâtiment qui servait de foyer aux cheminots et aux postiers, un hôtel design et soigné aux chambres modernes et confortables. Un bon plan surtout le week-end.

Der Zauberlehrling (plan C3, **17**) : *Rosenstr. 38. ☎ 237-77-70. • zauberlehrling.de • Tlj sauf dim 18h-22h. Congés : 2de quinzaine d'août. Doubles avec douche ou sdb et w-c 125-420 € selon saison et confort ; petit déj 19 €. Menus 79-120 €.* Derrière la façade assez sobre d'une maison dans le *Bohnenviertel* se cache une petite merveille d'hôtel à thème, portant le doux nom d'« Apprenti Sorcier ». Une adresse d'un rare raffinement... Chaque chambre est un voyage à part entière, et il est plus juste de parler d'univers que de décoration. Côté resto, le goût ne déroge pas à l'esprit de la maison, c'est un tourbillon de saveurs subtiles.

Où manger ?

Goûtez la cuisine souabe *(Schwäbische Küche)*, elle fait la fierté de la région et est réputée dans toute l'Allemagne : les *Maultaschen* (gros raviolis), les *Spätzle* (pâtes locales)...

De bon marché à prix moyens

Markthalle (plan C2, **21**) : *Dorotheenstr. 4. Lun-ven 7h30-18h30, sam 7h-17h. Fermé dim.* Ce marché couvert est une des adresses préférées des autochtones pour déjeuner, surtout le samedi. Ça fourmille de monde et on n'a plus qu'à se laisser guider par les senteurs provenant des étals : épices, fruits, charcuterie et fromages en tout genre. Idéal pour se confectionner un pique-nique. Resto chic au 1er étage.

Weltcafé Stuttgart (plan C2, **22**) : *Charlottenplatz 17. ☎ 315-11-310. Tlj sauf mer 9h-22h. Plats 5-9 €.* Dans une cour ombragée, un îlot de tranquillité en plein centre-ville, c'est le restaurant le plus cool et cosmopolite de Stuttgart. Des produits locaux ou issus du commerce équitable pour des plats du jour savoureux, un excellent accueil, une déco hétéroclite... Idéal pour une pause à tout moment de la journée.

Weinstube Kachelofen (plan B3, **28**) : *Eberhardstr. 10. ☎ 24-23-78. Tlj sauf dim 12h-minuit (1h ven-sam). Plats 8-16 €.* Dans un quartier piéton animé en soirée, *Weinstube* typique et chaleureuse avec boiseries claires et nappes de dentelle pour une cuisine souabe dans toute sa tradition. Terrasse extérieure avec couvertures pour les frileux. Service efficace.

Weinhaus Stetter (plan C3, **20**) : *Rosenstr. 32. ☎ 24-01-63. Lun-ven 15h-23h ; sam 12h-15h, 17h30-23h. Fermé dim et fin août-début sept. Vesper (plats froids) et plats chauds 4,50-13 €.* Une *Weinhaus* pleine de charme mais souvent bondée. Quelques coupe-faim pour accompagner les vins de la région. Bonne adresse.

De prix moyens à plus chic

Weinstube Zur Kiste (plan C2, **23**) : *Kanalstr. 2. ☎ 24-40-02. Face à la sortie du U-Bahn. Tlj sauf dim 17h (11h30 sam)-23h. Résa vivement conseillée. Plats 13-26 €.* La plus ancienne, la plus célèbre et la plus fréquentée des tavernes. Installée sur plusieurs étages, les amateurs de vin et de bonne chère s'y retrouvent. Arriver tôt le soir.

Basta (plan C3, **26**) : *Wagnerstr. 39. ☎ 24-02-28. Tlj sauf dim 16h-1h (2h sam). Plats 12-24 €.* Resto-bar à la déco feutrée et chic des années 1930. Seulement quelques plats à la carte, en fonction du marché et de la saison. Ambiance bistrot et cuisine d'inspiration française, goûteuse et bien maîtrisée.

Où boire un verre ? Où sortir ? Où danser ?

4 spots pour aller boire un verre le soir : autour de la ***Hans-im-Glück-Brunnen,*** où chacun trouve verre à son gosier, sur la ***Calwer Straße,*** la ***Tübinger Straße*** et la ***Marienplatz.*** Plus traditionnel, le ***Bohnenviertel*** *(plan C3)* pour ses *Weinstuben.* Les boîtes de nuit se trouvent sur le large boulevard de ***Theodor-Heuss Straße.***

Carls Brauhaus *(plan C2,* ***33****) : Stauffenbergstr. 1. ☎ 25-97-46-11. Tlj 10h-23h (minuit ven-sam). Plats 10-12 €.* Face à la *Schlossplatz,* grande brasserie. Terrasse en L, déco moderne à l'intérieur, autour des cuves qui brassent la mousse locale. Plats classiques à toute heure.

Academie der Schönsten Künste *(plan C2,* ***30****) : Charlottenstr. 5. ☎ 24-24-36. Tlj 8h-minuit (20h dim). Petit déj et snacks 8-21 €.* Un vrai *Tip* (tuyau) pour boire un verre. Outre ses nombreux tableaux qui font tout son style « arty » bohème, c'est aussi l'académie de la convivialité. Une adresse chic et décontractée.

À voir

Staatsgalerie *(plan D1-2) : Konrad-Adenauer-Str. 30-32. ● staatsgalerie.de ● Tlj sauf lun 10h-17h (20h jeu). Entrée : collections permanentes : 7 € ; expos 8-12 € (avec la collection permanente) ; réduc.* Fondé en 1843 et composé de 2 bâtiments juxtaposés d'époques différentes, ce musée présente plus de 800 œuvres d'art du XIVe au XXIe s, ***ce qui en fait l'une des plus riches collections d'art pictural en Allemagne.*** La partie ancienne du musée abrite des œuvres allemandes du Moyen Âge et de la Renaissance (retables souabes, ***Holbein, Cranach***). On y trouve aussi la peinture italienne, surtout florentine (1300-1800), la peinture flamande et hollandaise (1480-1700) avec des œuvres de ***Memling, Rembrandt, Ruysdael, Rubens...*** le baroque allemand, la peinture européenne et la sculpture de 1800 à 1900 avec des œuvres de ***Caspar David Friedrich. Renoir, Monet, Pissarro, Courbet, Cézanne, Degas, Gauguin*** sont aussi accrochés aux cimaises. Également des œuvres d'art contemporain de 1960 à nos jours.
Le bâtiment à l'architecture moderne présente au travers de plusieurs centaines de tableaux et de sculptures un panorama complet des mouvements artistiques du XXe s, de l'impressionnisme à l'art contemporain, avec des grands noms comme ***Modigliani, Soutine, Klee, Miró, Ernst, Chagall, Mondrian, Kandinsky, Matisse, Picasso, Joseph Beuys, Jeff Koons, Marcel Broodthaers, Duane Hanson...*** À noter, les œuvres des expressionnistes allemands (Schmidt-Rottluff, Kirchner, Marc, Max Beckmann...), des véristes, avec ***Dix*** et ***Grosz,*** l'école du *Blaue Reiter* et la collection Steegmann.

Kunstmuseum *(nouvelle galerie d'art ; plan B2) : Kleiner Schlossplatz. ● kunstmuseum-stuttgart.de ● Tlj sauf lun 10h-18h (21h ven). Entrée : 8-11 € (sauf lors d'expos temporaires) ; réduc. Visite guidée en allemand : ven à 18h, w-e à 15h ; compter env 1h.* Sur la plus grande place de Stuttgart, un cube de verre de 26 m de haut, illuminé à la nuit tombée, présente depuis 2005 la plus grande collection publique de l'œuvre d'***Otto Dix,*** avec plus de 250 peintures et dessins. On y retrouve aussi des œuvres de ***Willi Baumeister*** et de ***Fritz Winter.*** Expos temporaires.

Schlossplatz *(place du Château ; plan C2)* **:** au centre de cette vaste place, la *Jubiläumssäule* (colonne du Jubilé), érigée en 1841 pour les 25 ans de règne du roi Wilhelm Ier. Devant le *Kunstmuseum,* un mobile coloré d'***Alexandre Calder,*** « Crinkly avec disque rouge ». Parfois des concerts de musique classique le dimanche sous le kiosque à musique.

Neues Schloss *(château Neuf ; plan C2) : Schlossplatz.* Un petit Versailles au cœur de la ville, reconstruit après 1945. Cour et entrée du musée (où on peut voir une intéressante maquette de la ville) accessibles gratuitement.

Altes Schloss *(château Vieux ; plan C2)* **:** *Schillerplatz.* Un imposant château, en grande partie du XVIe s, qui fut la résidence des ducs de Wurtemberg. Charmante cour intérieure.
Restaurant dans la cour.

Württembergisches Landesmuseum *(musée régional du Wurtemberg ; plan C2)* **:** *Schillerplatz 6. • landesmuseum-stuttgart.de • Mar-dim 10h-17h. Entrée : 6 € ; réduc.* Musée superbement rénové qui présente chronologiquement l'histoire de la Souabe et de l'État de Bade à partir de collections rassemblées dès 1862. Pièces archéologiques datant de l'âge du bronze et du fer, bijoux celtes, statues, armes et autres objets de l'époque romaine, sépultures datant des invasions alamanes... Importante collection de sculptures religieuses médiévales d'Allemagne du Sud.
On parcourt les siècles admirant objets rares, tableaux, meubles, vaisselle, gravures, cartes, instruments de musique, costumes... Dans ce château où se sont installés les comtes de Wurtemberg en 1325, on évoque aussi la période industrielle et la constitution d'un État moderne sous la férule des princes de Bade, qui tenaient à Stuttgart une cour brillante. Visite passionnante. Expos temporaires de qualité.

Stiftskirche *(collégiale de la Sainte-Croix ; plan C2)* **:** *Stiftstr. 12. • stiftskirche.de • Tlj 10h-16h.* Bâtie au début du XIIe s, la collégiale se remarque par ses 2 tours dissemblables. La nef, d'un style gothique flamboyant, fut achevée en 1495, et le clocher, qui donne toute sa spécificité à l'édifice, date de 1531. Enfin, les bombardements et les reconstructions lui apportèrent sa forme actuelle. À l'intérieur, petite chapelle baptismale et sépulture de la fin du XIIIe s du comte *Ulrich Ier* et de son épouse. L'orgue est un des plus importants du sud de l'Allemagne avec ses 81 registres et 5 366 tuyaux. Magnifiques concerts (et chorales !).

Fernsehturm *(tour de la télévision)* **:** *Jahnstr. 120. • fernsehturmstuttgart.de • Accès à la tour : avr-oct, tlj sauf lun 10h-22h ; nov-mars, 10h-21h (19h dim). Entrée : 10,50 € ; réduc.* Un des symboles de Stuttgart. Sur sa colline, au sud-est de la ville, la tour culmine à 217 m. Inaugurée en 1956, elle a été la 1re à être construite en béton armé et a servi de prototype à toutes les autres tours de télévision dans le monde. Café et resto.

Markthalle *(marché couvert ; plan C2)* **:** *Dorotheenstr. 4. Lun-ven 7h30-18h30, sam 7h-17h ; fermé dim.* Halles de style Art nouveau, construites entre 1912 et 1914. Fresques de *Franz Heinrich Gref* et *Gustav Rümelin.* Au rez-de-chaussée, étalages colorés débordant de victuailles et, à l'étage, un restaurant chic et le grand magasin ***Merz & Benzing,*** tout aussi chic !

Linden-Museum *(plan B1)* **:** *Hegelplatz 1. • lindenmuseum.de • Mar-dim 10h-17h (18h dim). Entrée : 5 € ; réduc ; audioguide (en anglais) inclus.* Un des plus beaux musées ethnographiques d'Allemagne. Superbes collections qui restituent les us et coutumes d'un grand nombre de peuples de tous les continents, à l'exception de l'Europe. Un beau voyage.

Weißenhofsiedlung *(cité expérimentale du Weißenhof)* **:** *à* ***Stuttgart-Killesberg.*** *Dans la maison Le Corbusier : Rathenaustr. 1. • weissenhofmuseum.de • Au nord de Stuttgart.*

HUGO BOSSAIT POUR LES NAZIS

En 1924, Hugo Boss fournit les nazis en chemises brunes depuis son atelier à Stuttgart. En 1931, il adhère au parti nazi. De 1933 à 1945, sa société confectionne les uniformes militaires du IIIe Reich. Elle a recours à de la main-d'œuvre de travailleurs forcés, français et polonais pour la plupart, ainsi qu'à des déportés en camps de concentration. En 2000, la société Hugo Boss accepte de verser 500 000 £ au Fonds d'indemnisation des anciens travailleurs forcés.

U5 : Killersberg ; bus n° 44, arrêt Kunstakademie. Mar-dim 11h (10h w-e)-18h. Entrée : 5 € ; réduc. Dépliant en français : 2 €. Visites guidées du musée et du quartier mar-sam à 15h, dim à 11h et 15h (7,50 €). Sous la direction de ***Ludwig Mies van der Rohe,*** l'exposition « Wohnung 1927 » (Habitat 1927) a fait appel aux plus grands noms qui ont marqué l'architecture contemporaine *(Le Corbusier, Behrens, Walter Gropius, Hans Scharoun...).* Il s'agissait de créer un ensemble de logements adapté à la ville moderne et au mode de vie citadin de 1927. 21 maisons témoins sont construites, 11 sont encore habitées. La maison jumelle bâtie par ***Le Corbusier*** abrite un musée racontant la naissance de ce quartier avant-gardiste et permet la visite d'un appartement conçu en 1927 ; du toit-terrasse : beau point de vue sur la ville. Les 2 maisons de Le Corbusier et quelques autres aux alentours sont classées au Patrimoine culturel mondial de l'Unesco.

Weinbaumuseum *(musée de la Viticulture)* **:** *Uhlbacher Platz 4, à* ***Stuttgart-Uhlbach,*** *un faubourg à l'est de la ville. • weinbaumuseum.de • Jeu 14h-18h, ven-dim 11h-18h (fermé jeu nov-fév). Entrée : 3 € ; réduc.* Ancien pressoir devenu musée : 2 000 ans de culture viticole, des Romains à nos jours, au travers d'une expo multimédia très bien faite. Vinothèque pour une dégustation de quelques crus locaux.

À Stuttgart, les parcs et espaces verts sont nombreux. Nos préférés : le ***Höhenpark Killersberg*** au nord-ouest de la ville *(U5 : Killersberg)* et la ***Eugenplatz*** *(plan D2)* : c'est aussi un des meilleurs endroits pour déguster une glace !

Musées automobiles

Mercedes-Benz Museum : *Mercedesstr. 100, porte 1,* ***Stuttgart-Bad Cannstatt.*** *• mercedes-benz.com • S1 : Gottlieb-Daimler-Stadion. Prendre la direction du Stadion/Neckarpark à partir du nord-est de la ville. Mar-dim 9h-18h (fermeture caisse à 17h). Entrée : 12 € (audioguide en français compris) ; réduc.*
Dans un bâtiment de l'usine Stuttgart-Untertürkheim, 160 modèles originaux retracent sur 9 étages l'histoire de la célèbre firme automobile, de l'évolution des techniques et des modes au fil du temps.
Pour commencer le parcours en spirale descendante, au dernier étage, les 1res automobiles de ***Karl Benz*** et ***Gottlieb Daimler,*** à l'origine concepteurs de moteurs, les 1res Mercedes et 80 autres merveilles qui illustrent le mythe de la marque à l'étoile. Modèles de légende ; entre autres, des voitures de course telles que la *Blitzen-Benz,* avec laquelle Bob Burman décrocha le record du monde de 228 km/h en 1911 à Daytona Beach. Ensuite, les limousines et les voitures de sport des années 1920 et 1930, alliant prestige et puissance, luxe et confort, comme les *Kaiserwagen* et les voitures sportives *Kompressor* avec le roadster spécial 500 K.
Les modèles utilitaires ne sont pas absents : bus à impériale, magnifique autobus rouge de la ville de Buenos Aires. La 260 D fut le 1er véhicule diesel de série au monde et la 170 V, le modèle le plus vendu avant guerre. Le coupé 280 SL est une vraie légende avec ses portes en ailes de papillon. Quelques modèles ***people*** également : une *Papamobile,* la 190 E de Ringo Starr, la ML 320 utilisée dans *Jurassic Park* de Spielberg.

MALIN !

Dès les débuts de la compétition automobile, il est convenu de différencier le pays d'origine des bolides par une couleur distincte : bleu pour la France, rouge pour l'Italie, vert pour la Grande-Bretagne, blanc et bleu pour les États-Unis, jaune pour la Belgique... Les modèles allemands ont hérité du blanc, mais très vite, il est remplacé par l'argenté du métal. Pourquoi ? Tout simplement parce que lors d'une course au Nürburgring, une voiture présenta un léger excédent de poids ; en grattant la peinture blanche, on gagna le kilo superflu. Depuis, la pratique est restée.

Dans une présentation spectaculaire, alignés comme sur un circuit en anneau, la cohorte de *flèches d'argent* qui remportèrent de nombreuses victoires et marquèrent l'histoire de Mercedes-Benz avec Fangio ou Stirling Moss au volant. Le musée est relié au centre Mercedes-Benz, lieu d'exposition pour les nouveaux modèles avec boutiques et restos.

Porsche Museum : *Porscheplatz 1,* ***Stuttgart-Zuffenhausen.*** *• porsche.com/museum/de/ • S6 : Neuwirtshaus ; bus nos 52, 99, 501 ou 591, arrêt Porsche/Zuffenhausen. Mar-dim 9h-18h. Entrée : 10 €, audioguide compris ; réduc.* Début 2009, un nouveau musée s'est ouvert sur plus de 5 000 m², avec 80 bolides exposés sur les 600 de la collection, des ateliers et un restaurant. L'architecture du nouveau bâtiment vaut le détour tout comme la sculpture monumentale ***Inspiration 911*** de Gerry Jurah installée sur le rond-point à l'entrée du musée avec 3 Porsche 911 de 3 générations différentes perchées sur des piliers hauts de 24 m !

LE PAPA DE LA COCCINELLE

Le brillant ingénieur autrichien Ferdinand Porsche est connu pour les voitures portant son nom. Mais il est aussi le père de la Volkswagen, « voiture du peuple », conçue à la demande d'Adolf Hitler pour permettre aux Allemands de posséder une voiture. Il a également participé au développement de Mercedes et d'Audi. Sa participation à l'effort de guerre allemand entre 1939 et 1945 est rarement évoquée, alors qu'il a conçu le char Tigre et le chasseur de chars Elefant.

Ferdinand Porsche se fit un nom très tôt. Il apporta aussi son savoir-faire à Daimler, chez qui il conçut les 2 légendaires voitures sportives *Kompressor* dans les années 1920. En 1931, il créa son propre atelier et utilisa ses inventions pour assurer le développement des voitures sportives de série et des voitures de course. Le tout 1er modèle (type 64) en aluminium de 1938 utilisait le châssis et le moteur de la Volkswagen ; sa forme fut à la base de tous les modèles qui allaient être construits par la suite. Le légendaire ***roadster 356*** fut construit en 1948 à base de pièces fabriquées à *Gmünd* en Autriche par Volkswagen. Ce fut la Porsche N° 1, et qui porta pour la 1re fois le nom de son concepteur.

Porsche fit son entrée dans le sport automobile avec le *coupé 356* alu en 1951. Son objectif était d'améliorer la sécurité et la fiabilité de ses véhicules en profitant des expériences faites en course. C'est au volant d'une *Porsche 550 Spyder,* qu'il surnommait *Little Bastard,* que ***James Dean*** s'est tué en 1955. En 1964, la *Porsche 904 Carrera GTS Coupé* est mise sur le marché. C'était la 1re voiture à posséder une carrosserie en plastique. La même année sortit la *Porsche 911 ;* régulièrement modernisé, ce modèle fait toujours partie des favoris du catalogue.

POURQUOI À GAUCHE ?

Les voitures Porsche ont la clé de contact qui s'insère à gauche du volant. Cette caractéristique provient de l'époque où le départ des courses se faisait moteur coupé (comme aux 24h du Mans) et où les pilotes couraient jusqu'à leur voiture pour démarrer. Ainsi, mettre la clé de contact sur la gauche, par où ils entraient dans l'habitacle, permettait de gagner 1 ou 2 précieuses secondes.

Manifestations

Si l'Allemagne est un pays réputé dans le monde entier pour la qualité de sa bière, le Bade-Wurtemberg est aussi reconnu pour l'excellence de son vin blanc. Cette rivalité ancestrale ne s'est pas limitée aux boissons mais est allée jusqu'à atteindre leurs adeptes. Aussi les buveurs de vin méprisent-ils les buveurs de bière, qui, bien sûr, le leur rendent bien. Une fête municipale n'aurait pas réussi à réunir tout ce beau monde. Ainsi, la *Cannstatter Volksfest* satisfait les buveurs de bière, tandis que le *Stuttgarter Weindorf* rassemble les buveurs de vin.

– ***Cannstatter Volksfest*** **:** *cette fête populaire se déroule chaque année pdt 2 sem fin sept-début oct sur la Wasen à* ***Stuttgart-Bad Cannstatt.*** Tous les ans, 3 à 4 millions de visiteurs défilent entre les stands de *Currywürste* (saucisses au curry) et les innombrables débits de bière. Même ambiance qu'à la fameuse *Oktoberfest* de Munich.
– ***Frühlingsfest*** **:** *de mi-avr à mi-mai.* La fête du Printemps n'est pas en reste en matière de libations. Attractions foraines, flonflons et bière à gogo.
– ***Stuttgarter Weindorf*** **:** *fin août-début sept, la ville se transforme en « village du Vin » (Weindorf) pdt 15 j.* Environ 1 million de visiteurs goûtent les différents crus régionaux qu'offre le Bade-Wurtemberg. Autre clientèle, autre ambiance.
– ***Marché de Noël*** **:** *déc.* C'est le plus grand d'Europe, avec un concours de décoration des toits, des illuminations partout, des arbres de la Königstraße aux sculptures lumineuses sur la Schlossplatz...

DANS LES ENVIRONS DE STUTTGART

Motorworld **:** *à une quinzaine de km au sud de Stuttgart. Graf-Zeppelin-Platz, 71034* ***Böblingen.*** *• motorworld.de • Lun-ven 7h30-22h, w-e 10h-22h. GRATUIT.* Sur une ancienne base aérienne américaine désaffectée, les hangars ont été aménagés en salle de conférences, hôtel, snacks et restaurants variés, le tout dans un décor de garages anciens. Immenses salles d'expo, dont certaines sont organisées en dépôt-vente de voitures de collection pour particuliers. Chaque pièce de collection affiche son prix. Il y a même un avion *F 104 Starfighter* des années 1960 (mais pas à vendre) qui coiffe les rangées de ***Oldtimers*** et de bolides rutilants (grosse concentration de Ferrari et Lamborghini) qui raviront les amateurs de chromes et de carrosseries rutilantes.

2 ***hôtels*** thématiques au nom évocateur de ***V8*** (*• v8hotel.de •*) proposent des chambres et suites thématiques à la déco très originale, dont certaines donnent directement sur les salles d'expo. Une centaine de chambres et autant de décors différents (la chambre *Car-Wash*). Espace sauna et fitness. *133 € la chambre (petit déj 18 €). Prix famille : 40 € la chambre supplémentaire pour les enfants !*

KARLSRUHE (76001) 306 500 hab. IND. TÉL. : 0721

En 1715, le prince margrave *Charles-Guillaume* choisit cet endroit pour édifier un château autour duquel devait s'organiser une agglomération. Suivant un plan strict, les artères de la ville convergent vers le palais, dessinant ainsi un éventail. Mais la ville fut détruite à 80 % lors de la 2de Guerre mondiale. Bien que reconstruite sur ce plan, elle n'en est pas moins très moderne. De récents travaux ont remis en valeur la *Marktplatz* et la *Kaiserstraße,* grande artère commerçante qui conduit au château et à ses jardins. Son université et la proximité du Rhin ont largement contribué au développement culturel et économique de Karlsruhe. La Cour de cassation et la Cour constitutionnelle d'Allemagne y ont établi leurs sièges, donnant ainsi un rôle juridique majeur à la ville. Karlsruhe s'enorgueillit de 2 célébrités : *Hertz,* le scientifique qui découvrit les ondes électromagnétiques, et *Carl Benz* qui, lui, contribua au développement de l'automobile.
Karlsruhe est une ville qui ne se livre pas au 1er regard ! Il faut prendre le temps de se promener dans le parc et les jardins botaniques autour du

château ainsi que dans les ruelles adjacentes à la *Kaiserstraße* : c'est sur ces petites places, dans les ruelles et les arrière-cours que se trouvent de charmants cafés, *Biergarten* et autres boutiques de créateurs.

➤ Karlsruhe se trouve à 3h05 de Paris, par le TGV-Est.

Adresse utile

Office de tourisme : *Kaizerstr. 72-74. ☎ 602-997-580. • karlsruhe-tourismus.de • Lun-ven 8h30-18h30, sam 9h-13h, plus dim 10h-13h avr-oct.* Accueil compétent.

Où dormir ?

Hotel Berliner Hof : *Douglasstr. 7. ☎ 182-80. • hotel-berliner-hof.de • Dans une rue parallèle à la Kaiserstr. Doubles à partir de 57-61 €, petit déj inclus.* En plein centre-ville, hôtel entièrement rénové très calme. Chambres modernes et confortables. Accueil charmant et en français !

Où manger ? Où boire un verre ?

À l'arrière de la Kaiserstraße, la Ludwigsplatz et les ruelles alentour sont très animées le soir : restaurants et bars à tous les prix et pour tous les goûts.

Ludwigs : *Waldstr. 61. ☎ 233-49. Sur la Ludwigsplatz. Tlj 11h30-minuit (2h ven-sam et 22h dim). Plats 9-23 €, flammekueche 8 € à partir de 17h.* Ce resto propose une cuisine tout aussi variée que soignée : des petits déj aux légères flammekueche, on se régale. Ambiance sympa, soirées souvent animées par des DJs à partir de 22h.

Vogelbräu : *Kapellenstr. 50. ☎ 37-75-71. À 10 mn à pied au sud de la Kaiserstr. Mar-jeu et dim 11h-minuit, ven-sam 10h-1h ; fermé lun. Plats 7-11 €.* En 1985, Rudi Vogel a fait partie des pionniers qui ont ouvert une microbrasserie en Allemagne. Depuis, il sert ses bières non filtrées accompagnées d'une savoureuse cuisine régionale dans sa chaleureuse brasserie flanquée d'un agréable *Biergarten.*

À voir

Staatliche Kunsthalle *(musée national des Beaux-Arts) : Hans-Thoma-Str. 2-6. • kunsthalle-karlsruhe.de • Près du château.* ***Fermé pour travaux.*** En attendant la fin des travaux, une partie des collections est exposée au ZKM (voir plus bas).

Café-resto dans le parc, près de l'orangerie.

ZKM *(Zentrum für Kunst und Medien) : Lorenzstr. 9. • zkm.de • Env 20 mn à pied de la gare ou du château ; S2 : ZKM. Mer-dim 10h (11h w-e)-18h. Entrée :*

C'ÉTAIT AVANT LE VÉLO

En 1817, le baron Karl von Drais, natif de Karlsruhe, assis à califourchon sur une poutre en bois reliant 2 roues, parcourt avec sa machine plus de 14 km en 1h, par action de ses pieds sur le sol. Cette machine, baptisée en France « draisienne », a été brevetée en 1818 sous le nom de « vélocipède ». Son succès est éphémère, et même s'il permet de se déplacer plus vite qu'à pied, le véhicule n'est pas très efficace. L'engin ne deviendra populaire que le jour où il sera doté de pédales.

7 € ; réduc. Pas de traduction des cartels, dommage ! Installé dans une ancienne cartoucherie, classée monument historique, ce *Centre d'art et de technologie des médias* est unique en son genre. Sur 7 000 m² une vingtaine d'expositions temporaires par an, tournées vers l'art contemporain et les nouvelles technologies.

Badisches Landesmuseum *(Musée régional badois)* **:** *Schlossbezirk 10, dans le château.* • *landesmuseum.de* • *Mar-dim 10h-17h (18h ven-dim). Entrée : 8 € ; réduc ; gratuit ven 14h-18h.* Il abrite des collections les plus variées d'objets, de bijoux et autres œuvres d'art de la préhistoire au XXᵉ s, en passant par le Moyen Âge et la Renaissance. Voir aussi le trône et les joyaux de la couronne des ducs de Bade, et les trophées rapportés par *Louis-Guillaume* alors qu'il guerroyait contre les Turcs.

Manifestations

- ***Das Fest*** **:** *chaque année le 3ᵉ w-e de juil au parc Günter-Klotz Anlage.* Le plus grand festival de musique d'Allemagne.
- ***Schlosslichtspiele*** **:** *ts les soirs fin juil-début sept. GRATUIT.* Sur les 170 m de façades du château, projection de *mapping vidéos* d'artistes contemporains internationaux.

DANS LES ENVIRONS DE KARLSRUHE

Schloss Bruchsal *(château de Bruchsal)* **:** *à 20 km au nord de Karlsruhe.* • *schloss-bruchsal.de* • *Mar-dim 10h-17h. Entrée : 8 € ; réduc.* Vaste ensemble baroque avec jardins à la française, ayant appartenu aux princes-évêques de Spire. Salles d'apparat, escalier monumental, stucs rococo reflétant la vie de cour au XVIIIᵉ s. Le plus intéressant se trouve dans le bâtiment principal : le ***musée allemand des Automates musicaux,*** une des plus vastes collections au monde dans son genre. Également des gramophones et des boîtes à musique.

L'abbaye cistercienne de Maulbronn **:** *à mi-chemin entre Karlsruhe (37 km) et Stuttgart (44 km).* • *kloster-maulbronn.de* • *Mars-oct, tlj 9h30-17h30 ; nov-fév, tlj sauf lun 10h-16h. Entrée : 9 € ; réduc. Visites guidées en allemand ou avec audioguide à 11h15 et 15h : 2 €.* En édifiant ce monastère avec le grès de la région dans la *vallée de la Salzach,* les moines de Maulbronn ont profondément marqué le paysage culturel des environs. Tout autour du monastère, ingénieux système d'irrigation avec des fossés, des mares et des viviers, afin de tirer profit et nourriture de la pisciculture. Les vignes sont encore exploitées de nos jours.
L'abbaye est inscrite au ***Patrimoine mondial de l'Unesco.*** Fondée en 1147 par des moines alsaciens, consacrée en 1178, elle fut agrandie pendant 390 ans par les cisterciens. C'est non seulement le monastère médiéval le mieux préservé au nord des Alpes, mais également un ensemble particulièrement représentatif des architectures romane et gothique.
L'état exceptionnel de conservation du site et son homogénéité donnent au visiteur une image quasi authentique de la vie monacale du Moyen Âge. L'église romane du monastère, une basilique à 3 nefs, en est le plus ancien bâtiment. Aujourd'hui encore, la cour du monastère est délimitée par les imposantes habitations et les dépendances, et près de 1 km de remparts. Autre élément marquant : les stalles en chêne pour 92 moines, richement ornées.
En 1504, le duc *Ulrich de Wurtemberg,* après un siège de 7 jours, prend possession du monastère et le dissout. En 1556, pendant la Réforme, un

séminaire protestant y est installé. En plus d'un scientifique comme ***Kepler,*** il a accueilli d'illustres philosophes et écrivains allemands comme Johannes Kepler, ***Hermann Hesse, Friedrich Hölderlin...*** Ce séminaire fonctionne toujours.

HEIDELBERG (69001) 159 000 hab. IND. TÉL. : 06221

• Plan *p. 232-233*

Dominée par les ruines de son château, baignée par la rivière *Neckar,* cernée de forêts et de vignobles, Heidelberg est incontestablement l'une des plus jolies villes de la région. Elle a exercé une véritable fascination sur une génération entière de romantiques, qu'ils soient poètes, peintres ou philosophes. C'est ici qu'Hölderlin écrivit son *Ode à Heidelberg* et que Goethe tomba amoureux de *Marianne von Willemer.* Mais contrairement aux villes-musées, Heidelberg se singularise par son dynamisme culturel. Les spectacles sont nombreux, et les activités ne manquent pas.
Depuis 1386, la renommée de son université a fait le tour du monde. Classée parmi les 50 meilleures de la planète, elle s'enorgueillit de 10 Prix Nobel et se distingue par son rayonnement scientifique, principalement grâce à la qualité de ses travaux en mathématiques fondamentales et par la recherche contre le cancer. Pendant l'année académique, les étudiants animent les rues pavées de la vieille ville et refont le monde dans les tavernes, autour d'une bière ou aux beaux jours, sur les larges pelouses bordant le fleuve...

UN PEU D'HISTOIRE

C'est la création de son université en 1386 par le comte palatin *Ruprecht Ier* qui marque le début du développement et du rayonnement de Heidelberg. En 1620, le prince électeur protestant *Frédéric V* veut se faire couronner roi de Bohême. Son accession au trône, à la place d'un Habsbourg, déclenche la guerre de Trente Ans. 2 ans plus tard, la ville tombe aux mains des troupes catholiques du ***général Tilly.*** *Charles-Louis,* fils de *Frédéric,* relève peu à peu le Palatinat de ses destructions. Soucieux de préserver la paix dans cette région, il décide de marier au duc d'Orléans, frère de Louis XIV, sa fille Liselotte, la très fameuse ***princesse Palatine*** à la correspondance prolifique. Mais le frère de *Liselotte* meurt sans laisser d'héritier. C'est alors que *Louis XIV* réclame la part de l'héritage revenant à sa belle-sœur ! Son exigence rejetée, il décide de partir à la conquête du Palatinat. Le conflit engendre la guerre de la ligue d'Augsbourg. En 1693, les Français prennent *Heidelberg* et la saccagent totalement avant de l'incendier. Seules l'*église du Saint-Esprit* et la *maison du Chevalier (Haus zum Ritter)* subsisteront.

LA PRINCESSE PALATINE

Née à Heildelberg, elle est l'épouse bafouée de Monsieur, frère de Louis XIV, qui préfère la compagnie des garçons. Très malheureuse, elle a été néanmoins courageuse dans ses écrits (60 000 lettres !). Elle y dénonce l'égoïsme et les bassesses de la Cour, et s'en prend volontiers à Mme de Maintenon, 2de épouse du roi, « cette vieille conne », comme elle l'a qualifiée.

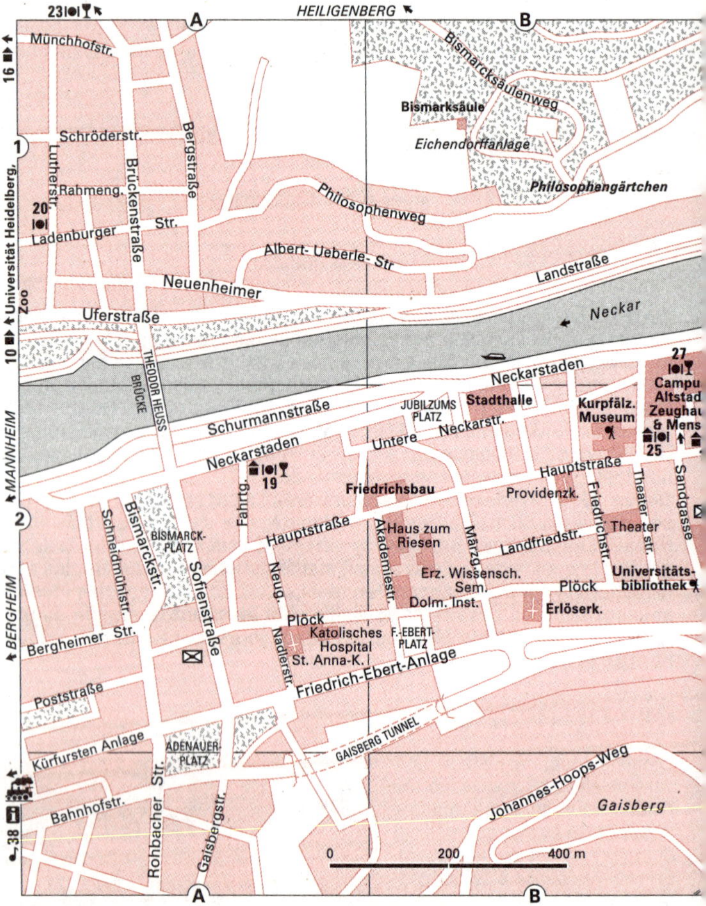

Adresse utile

- Offices de tourisme (hors plan par A3 et C1)

Où dormir ?

10 Jugendherberge (hors plan par A1)
11 Lotte – The Backpackers (C2)
12 Hip Hotel (B2)
14 Hotel am Rathaus (C1)
16 Hotel-Pension Berger (hors plan par A1)
18 Hotel Holländer Hof (C1)
19 Hemingway's Heidelberg Hostel (A2)

Où manger ?

20 Marktstübel (A1)
21 Schnookeloch (C1)
22 Kulturbrauerei (C-D1)

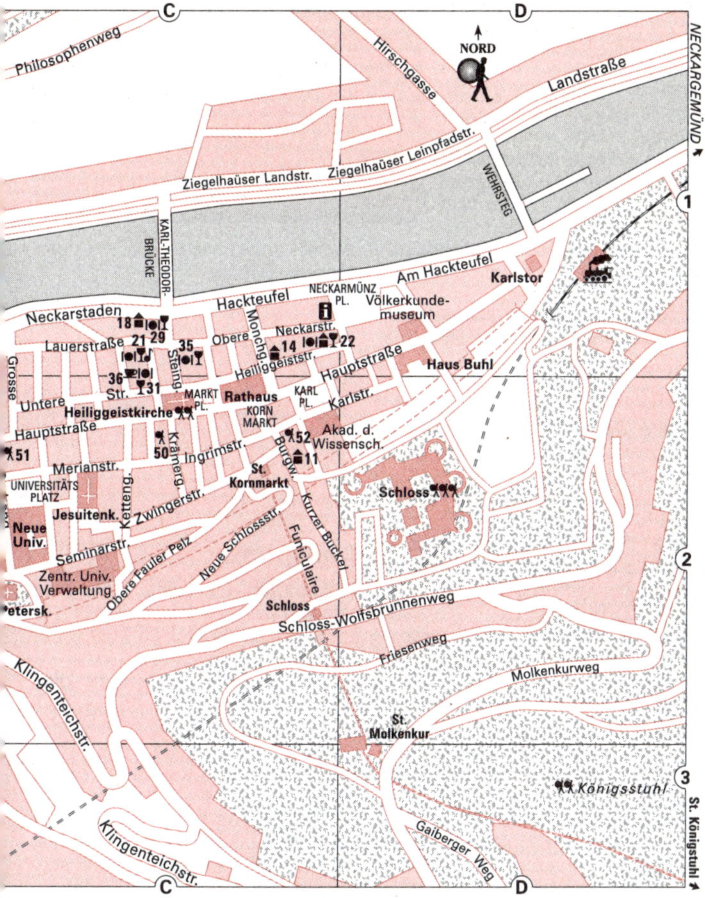

HEIDELBERG

23 Alt Hendesse (hors plan par A1)
25 Backmulde (B2)
27 Campus Altstadt Zeughaus & Mensa (B1)
29 Zum Goldenen Hecht (C1)

Où goûter ?

36 Yilli Chocolaterie (C1-2)

Où boire un verre ? Où sortir ?

27 Marstallcafé (B1)
31 Reichsapfel & Lager (C2)
35 Brauhaus Vetter (C1)
38 Halle 02 (hors plan par A3)

À voir

50 Haus zum Ritter (C2)
51 Studentenkarzer (C2)
52 Maison de Graimberg (C2)

Au XVIIIe s, la cité est entièrement reconstruite dans un style baroque mais sur le plan de la ville au Moyen Âge. En 1803, la ville retrouve son prestige d'antan grâce à la création d'une nouvelle université. Cette renaissance culturelle et le site extraordinaire dont elle bénéficie avec les ruines de son château en font un haut lieu du romantisme allemand. Victime d'une seule bombe, lâchée par erreur, elle sortit intacte de la 2de Guerre mondiale, à l'instar de Bamberg et de Ratisbonne en Bavière.

UNE MORT STUPIDE

Le 9 décembre 1945, la Cadillac du célèbre général Patton heurte par inadvertance un camion militaire américain. Paralysé, Patton meurt quelques jours après l'accident à l'hôpital de Heidelberg. Une de ses dernières phrases a été : « Quelle façon de mourir à la con ! »

Adresses et infos utiles

Informations touristiques et culturelles

Office de tourisme (hors plan par A3) : Willy-Brandt-Platz 1, kiosque devant la gare principale, 69115. ☎ 584-44-44. • heidelberg-marketing.de • Tlj 10h-17h (15h dim).

– **Autre bureau sur la Neckarmünzplatz** (plan C1) : Obere Neckarstr. 31-33. Lun-sam 9h30-17h (18h ven), dim 10h-15h. Boutique.

– **Visites guidées dans la vieille ville :** rens au ☎ 58-40-223. Rdv sur Neckarmünzplatz, près du Neckar. Avr-oct, tlj à 10h30, ven à 18h et sam à 14h30 en allemand, jeu-sam à 10h30 en anglais ; le reste de l'année, ven à 14h30 et sam à 10h30 en allemand. Possibilité de visite guidée en français. Prix : à partir de 9 €.

– **Visites en bus cabriolet :** tour de la ville (on ne monte pas jusqu'au château), audioguide en français. Départ de la Karlplatz *(plan C2)*. Avr-oct, tlj 10h-17h ttes les 30 mn ; mars, nov et déc 10h-16h ; janv-fév à 12h, 13h et 14h seulement. Prix : 12 € ; réduc. Achat dans le bus, à l'office de tourisme ou en ligne sur • cabrio-sightseeing.de •

– **Carte touristique HeidelbergCard :** achat à l'office de tourisme. Prix : 21 € 1 j. ; 23 € 2 j. ; 25 € 4 j. ; carte familiale 40 € 2 j. Cette carte donne droit à un accès gratuit aux transports de la ville, funiculaire inclus, ainsi qu'à 1 entrée pour le château. Réducs dans certains musées, restos, visites guidées et magasins.

Transports

Location de vélos (hors plan par A3) : dans la gare, sur le quai n° 1B. ☎ 659-94-52. Lun-ven 7h (10h mar et jeu)-18h. Fermé w-e.

Promenades en bateau (plan B1) : en face de la Stadthalle (salle des congrès). ☎ 201-81. • weisse-flotte-heidelberg.de • Avr-oct, tlj sauf mar 9h-17h30, ttes les 30 mn. Tour de 50 mn. Prix : 10 € ; réduc. Plusieurs formules en journée et soirée, croisières de 1 journée vers Mannheim et Worms, Neckarsteinach ou Eberbach.

– *Bateau-bus Liselotte* avec 5 stations du vieux port à l'hôtel *Mariott* (tickets à partir de 3 € pour 1 station jusqu'à la carte journée 12 €).

– Bateau solaire (plan C1) : au vieux pont. ☎ 40-92-847. • hdsolarschiff.com • Tlj (sauf lun) : mai-sept 10h-18h, avr-oct, 11h30-16h ; ttes les 1h30. Prix : 9 € ; réduc.

Où dormir ?

Camping

Odenwald Camping Park : Langenthalerstr. 80, 69434 **Hirschhorn.** ☎ (062-72) 809. • odenwald-camping-park.de • À une vingtaine de km d'Heidelberg, 20 mn de trajet avec le S-Bahn. Avr-début oct. Compter env 27 € pour 2 avec tente et voiture. Loc de vélos. Camping accueillant dans les collines verdoyantes de l'Odenwald. Restaurant, piscine, tennis, jeux.

Bon marché

Lotte – The Backpackers *(plan C2, **11**)* **:** *Burgweg 3, 69117. ☎ 73-50-725. • lotte-heidelberg.de • De la gare, bus n° 33, arrêt Rathaus Bergbahn. Réception 8h-13h, 14h-22h. Lits en dortoir 23-25 € et doubles à partir de 32 €/pers selon saison. Pas de petit déj mais buffet avec café, thé et céréales.* Maison idéalement située à 50 m du funiculaire pour le château en plein centre. 5 chambres plaisantes et personnalisées (dont des familiales) et 2 dortoirs avec 5 ou 6 lits superposés, dont un pour filles avec salle de bains privée. Cuisines communes, machine à laver, et très bonne ambiance à partager dans le salon commun entre jeux et échange de livres.

Jugendherberge *(AJ ; hors plan par A1, **10**)* **:** *Tiergartenstr. 5, 69120. ☎ 65-11-90. • jugendherberge-heidelberg.de • À l'ouest du centre, à côté du zoo. Prendre le bus n° 32 à la gare, arrêt Youth Hostel. Nuitée 34,20 €/pers pour les moins de 27 ans et 38,20 € pour les autres. Supplément 14 € pour une chambre double. Dortoirs non mixtes.* Une AJ moderne de 120 chambres, près de 450 lits majoritairement en dortoirs de 3 à 8 personnes mais aussi une trentaine de doubles, et au final, accueillante malgré ses dimensions. Beaucoup de groupes scolaires.

De prix moyens à chic

Hemingway's Heildeberg Hostel *(plan A2, **19**)* **:** *Fahrtgasse 1, 69117. ☎ 65-60-488. • hemingways-heidelberg.de • Double 75 €, petit déj en sus. Resto tlj 12h-1h (10h-2h ven-sam) ; plats 8-16 €.* Chambres joliment rénovées, avec salle de bains à partager. Demandez-en une avec vue sur la rivière et préférez celles à l'étage pour s'éloigner du tapage du bar. Une adresse dépaysante avec une ambiance effervescente. Resto-bar original qui propose des plats et boissons de tous les coins du monde où « Papa Ernest » a vécu : tapas, burgers et salades surtout. Salle décorée de photos et d'objets insolites qui évoquent l'auteur et son temps. Une bonne adresse.

Hotel-Pension Berger *(hors plan par A1, **16**)* **:** *Erwin-Rohde-Str. 8, 69120. ☎ 40-16-08. • hotelberger.de • Résa plus que conseillée. Double 105 €, petit déj-buffet inclus.* Belle maison particulière d'un quartier résidentiel proche du centre. Jardin impeccable avec piscine, chambres et salles de bains nickel. Une adresse familiale à l'accueil attentionné. Aussi des appartements pour séjours de longue durée.

Hotel am Rathaus *(plan C1, **14**)* **:** *Heiliggeiststr. 1, 69117. ☎ 14-730. • hotel-am-rathaus-heidelberg.de • Doubles 120-145 €, petit déj inclus. Parking le plus proche : P12.* En cœur de ville, un petit hôtel sans ascenseur de 20 chambres, sans prétention, propre et accueillant. Cour pour les vélos et bons conseils pour visiter le coin !

Très chic

Hip Hotel *(plan B2, **12**)* **:** *Hauptstr. 115, 69117. ☎ 20-879. • hip-hotel.de • Doubles 180-210 €, petit déj inclus. Parking P11 dans la Grabengasse, à 50 m de la rue piétonne. Plats 6-26 €.* 25 chambres et 2 suites qui vous embarquent dans un tour du monde... de Rome à New York... choisissez votre escale et la déco qui va avec ! Hôtel à l'atmosphère contemporaine proposant en contraste un resto historique avec cuisine régionale. *Biergarten* à l'arrière. Excellent accueil.

Hotel Holländer Hof *(plan C1, **18**)* **:** *Neckarstaden 66, 69117. ☎ 60-500. • hollaender-hof.de • Doubles 118-181 € selon confort et saison ; petit déj en sus.* Pile face au pont sur le Neckar, un hôtel dans une ancienne demeure à la façade rose à double pignon qui perpétue la tradition d'hospitalité. Chambres classiques de bon confort, certaines avec un balcon face à la rivière.

Où manger ?

De manière générale, pour bien manger, éviter la *Hauptstraße,* repaire, à quelques exceptions près, des restaurants assez touristiques. Comme bien souvent, la différence entre resto et bar n'est pas très nette. Dans ceux qui sont retenus, on peut donc aussi bien manger que simplement boire un verre. À vous de voir !

De bon marché à prix moyens

Campus Altstadt Zeughaus & Mensa (plan B1, **27**) **:** *tlj sauf sam 11h-21h. Plats au poids, compter 2 € pour 100 g sans la carte d'étudiant ; menu 6 €.* Resto U installé dans le Marstall (anciennes écuries). On y mange simplement, soit dehors, soit au milieu d'un épais brouhaha fait de cliquetis de couverts, émaillé de temps à autre par de forts éclats de rire. Une ambiance de cantoche !

Marktstübel (plan A1, **20**) **:** *Ladenburger Str. 18. ☎ 43-66-02. Ouv 12h-23h. Plats 8-20 €.* Sur une jolie place, endroit sympathique pour goûter aux spécialités alsaciennes. Salle un brin rustique (épaisses tables en bois, poêle en faïence vert). Dès les beaux jours, l'une des terrasses les plus agréables de la ville.

De prix moyens à plus chic

Schnookeloch (plan C1, **21**) **:** *Haspelgasse 8. ☎ 13-80-80. Ruelle entre la Marktplatz et le vieux pont. Tlj 11h30-minuit (1h ven-sam). Plats 8-20 €.* C'est le siège d'une quinzaine de fraternités étudiantes et, dans ce lieu incontournable, il est écrit en dialecte : « Il faut aller au *Schnookeloch* au moins une fois par semaine ! » On s'y retrouve pour boire un verre dans le *Biergarten* ou se sustenter d'une solide cuisine locale dans une des salles décorées de bois à l'ambiance souvent festive et musicale *(piano ven-sam dès 20h).*

Zum Goldenen Hecht (plan C1, **29**) **:** *Steingasse 2. ☎ 65-99-222. Face au pont sur le Neckar. Tlj 12h-minuit. Plats principaux moins de 10 €.* Une institution depuis 200 ans au moins. Salle rustique avec fresques historico-humoristiques ou belle terrasse stratégiquement située. Dans l'assiette, des classiques de la gastronomie badoise et autrichienne. Service en costume et empressé. Très touristique, prix cependant raisonnables.

Kulturbrauerei (plan C-D1, **22**) **:** *Leyergasse 6. ☎ 50-29-80. Tlj 11h30-21h30 (22h ven-sam et dès 17h lun). Plats 15-30 €.* Véritable brasserie, où les cuves servent bien à fabriquer de la bière. On s'attable dans le *Biergarten* ou dans la majestueuse salle avec mezzanine, plafonds peints et tables éclairées à la bougie. À la carte, plats régionaux dans la palette classique de la culture culinaire allemande, qui accompagnent bien une mousse ou un vin régional. Service plein d'entrain. Propose aussi 43 chambres toutes neuves et très confortables *(120-180 €).*

Alt Hendesse (hors plan par A1, **23**) **:** *Mühltalstr. 4. ☎ 48-05-17. Au nord de la ville. De Bismarckplatz, S3/4/5 : OEG Bahnhof. Tlj 17h (12h dim)-minuit. Plats 8-19 €. CB refusées.* Ancien relais de chasse, chauffé en hiver par un poêle en faïence de la Forêt-Noire, dans le quartier de *Handschuhsheim,* un vieux village. Cuisine rustique de spécialités badoises de bonne qualité. Charmant *Biergarten* où grimpe la vigne.

Backmulde (plan B2, **25**) **:** *Schiffgasse 11. ☎ 53-660. Tlj sauf w-e en été et dim hors saison 18h-23h. Menu 35 € ; carte 15-30 €.* Le chef concocte des plats qui rendent hommage au terroir, tel le canard rôti à la rhubarbe accompagné de *Schupfnudeln.* À la carte, bon choix de plats de poisson et de viande, servis dans une salle cosy. Hôtel tout aussi confortable *(135-149 €).*

Où goûter ?

Yilli Chocolaterie (plan C1-2, **36**) : *Haspelgasse 16. ☎ 22-345. Tlj 10h-20h.* Le *Studentenkuss* est un bonbon au chocolat et pâte d'amandes. Ce sont les descendantes de l'inventeur de cette spécialité qui vous accueillent avec gentillesse dans le plus ancien salon de thé de la ville, fondé en 1863.

Où boire un verre ? Où sortir ?

Les tavernes d'étudiants ne manquent pas, c'est même une spécialité locale. Certains cafés arborent des drapeaux bien particuliers, ce sont ceux des 12 « confréries battantes », ces fraternités étudiantes gardiennes de traditions séculaires. Un peu à l'écart du centre, la *Marktplatz* de Neuenheim et la *Ladenburgerstrasse* sont des endroits où les locaux aiment aller le soir, sur les terrasses très plaisantes des cafés et restos.

Brauhaus Vetter (plan C1, **35**) : *Steingasse 9, Im Schöneck. ☎ 16-58-50. Tlj 11h30-minuit (1h w-e). Plat autour de 12 €.* Un incontournable du centre historique avec ses cuves au cuivre rutilant brassant une des plus fortes bières du monde : la *Vetter 33*, 11,5° d'alcool ! Une brune onctueuse et veloutée avec une pointe de caramel. Elle est servie, pour 5,80 €, en « petit » verre de 20 cl. Il y a aussi des bières plus légères servies en pichets de 1 à 5 l. Bières blanches et bières de saison accompagnent idéalement les plats traditionnels de la brasserie.

Reichsapfel & Lager (plan C2, **31**) : *Untere Str. 35. ☎ 60-95-23-91. Tlj 19h-1h (4h w-e).* 2 grandes salles et une jolie cour intérieure, toujours bondées, surtout les soirs de match de foot ! Bonne ambiance.

Marstallcafé (plan B1, **27**) : *sur le Campus Altstadt Zeughaus & Mensa. Tlj sauf sam 9h-23h (dim 13h-22h). Fermé en août et sept.* *Biergarten* rencard des étudiants. Bonne ambiance électrique, certains soirs des groupes de rock s'y vident les poumons.

Halle 02 (hors plan par A3, **38**) : *Zollhofgarten 2. ☎ 33-89-990. • halle02.de • De Bismarckplatz, S26 : Montpellierbrücke. Ven-sam à partir de 22h.* Dans des anciens entrepôts de la gare, un lieu festif très tendance ! Espace multi-ambiance à prédominance électro.

LE SUD DE L'ALLEMAGNE

À voir

Schloss (château ; plan D2) : *• schloss-heidelberg.de • Tlj 9h-18h. Entrée : 9 € ; réduc (billet combiné avec la montée au funiculaire). Audioguide en français : 6 €. Attention, le site est très fréquenté et mieux vaut rejoindre le château à pied par le Burgweg, chemin à gauche du funiculaire. Si vous optez pour le funiculaire, dont une partie date de 1890, achetez vos tickets à l'office de tourisme sur la Neckarmünzplatz, vous éviterez ainsi une très longue file d'attente à la caisse. La*

L'ALCOOL TUE, L'EAU AUSSI

Le personnage le plus célèbre de la ville est sans aucun doute le nain Clemens Pankert, dit Perkeo, né vers 1700, qui ne boit que du vin. Très malin, il fait carrière en devenant bouffon de cour et gardien officiel du grand tonneau du château (228 000 l). Son surnom Perkeo provient de sa réponse en italien lorsque quelqu'un lui offret un verre : « Perchè no ? » (Pourquoi pas ?). Devenu vieux et malade, un médecin lui ordonne de ne boire que de l'eau. Il meurt le lendemain matin.

visite des intérieurs du château (seulement visite guidée, 6 € ; réduc, à réserver au Besucherzentrum) n'a pas vraiment grand intérêt. Sa construction commence vers 1300 et s'achève 400 ans plus tard, d'où la diversité des styles des façades. En 1689 et en 1693, les troupes françaises de Louis XIV, détruisent le château et la ville. Les princes électeurs se font construire une nouvelle résidence à Mannheim. Le château tombe en ruine. Mais ***Charles de Graimberg,*** un Français, arrive en 1810 à Heidelberg pour faire des gravures du château. Il y restera jusqu'à sa mort en 1864. Il consacre ses journées à la sauvegarde de l'édifice et à rassembler ce qui constituera le fonds des collections du musée du Palatinat. On peut encore voir sa ***maison,*** reconnaissable à son inscription dans la langue de Molière, sur la *Kornmarkt* au n° 5 *(plan C2, **52**)*.
Avant d'entrer dans la cour du château, on peut se promener dans le ***Stückgarten,*** terre-plein aménagé entre 2 remparts et renforcé par la ***Dicker Turm*** *(Grosse Tour),* que les Français firent sauter en 1689, et par le ***Rondell,*** en saillie dans le rempart. Pour ressortir, on emprunte l'***Elisabethentor*** *(porte d'Élisabeth),* en forme d'arc de triomphe, que Frédéric V aurait fait élever en une nuit pour les 19 ans de son épouse Élisabeth Stuart.
Dans la cour du château, sur la gauche après avoir franchi le pont fortifié et les 2 portes, on découvre le plus ancien bâtiment, la ***Ruprechtsbau*** *(aile Ruprecht),* de style gothique. Directement en face se trouve la ***Brunnenhalle*** *(pavillon du Puits).* Ses colonnes romaines en granit proviennent du palais de Charlemagne près de Mayence. De l'autre côté de la cour façade Renaissance, richement décorée avec ses 2 pignons festonnés, de la ***Friedrichsbau*** *(aile Frédéric).* Les statues de la façade représentent les ancêtres de Frédéric IV (parmi eux, les Wittelsbach). À droite s'élève la ***Gläserner Saalbau*** *(aile de la salle des Glaces),* inspirée par la Renaissance italienne. L'imposant bâtiment situé à sa droite, l'***Ottheinrichsbau*** *(aile Othon-Henri),* du milieu du XVIe s, est un modèle d'architecture Renaissance allemande tardive.
Cette aile abrite le ***Deutsches Apothekenmuseum*** *(musée allemand de la Pharmacie ; tlj 10h-18h – 17h30 nov-mars),* qui recèle des instruments d'apothicaire et de beaux meubles de pharmacie des XVIIIe et XIXe s. L'aile du grand *Fass (tonneau)* renferme l'une des plus célèbres curiosités du château : un gigantesque tonneau d'une contenance de 228 000 l, datant de 1751.
En empruntant le passage sous l'aile Frédéric, on atteint la ***Atlan*** *(Grande Terrass),* une vue exceptionnelle sur la vieille ville. En rejoignant les jardins, on longe la ***Gesprengter Turm*** *(tour Rompue).* Aménagés en terrasses sous Frédéric V, ils étaient décrits au XVIIIe s comme la « 8e merveille du monde ». De là, Goethe aimait admirer Heidelberg.

🔭🔭 ***La vieille ville :*** pas de grandes curiosités à visiter, mais il se dégage de l'ensemble une grande harmonie. Ne ratez surtout pas, en face de l'église du Saint-Esprit, la ***Haus zum Ritter*** *(maison du Chevalier ; plan C2, **50**)* avec le buste de saint Georges, construite en 1592 pour un marchand huguenot et aujourd'hui un hôtel de luxe, le ***Rathaus*** *(mairie ; plan C1-2)* qui date de 1700 et la ***Jesuitenkirche*** *(église des Jésuites ; plan C2).* Empruntez le pont Karl-Theodor-Brücke, ou ***Vieux Pont*** *(plan C1),* flanqué de ses 2 tours rondes qui offrent la plus belle vue sur Heidelberg. Ce pont a été reconstruit 9 fois et on peut voir les dessins des 8 ponts précédents à l'entrée de la rue Pfaffingasse, côté fleuve.

🔭🔭 ***Heiliggeistkirche*** *(église du Saint-Esprit ; plan C2)* **:** imposante église-halle érigée au XVe s. Ancien lieu de sépulture, le chœur n'abrite aujourd'hui que le monument funéraire de Ruprecht III. Originalité : à sa construction fut prévue une galerie pour accueillir la *Bibliotheca Palatina,* « mère de toutes les bibliothèques ». Après la prise de la ville en 1623, le duc de Bavière en fit don au pape. Aujourd'hui encore, une grande partie des manuscrits, en dehors du célèbre *Codex Manesse,* se trouvent au Vatican. À l'extérieur, remarquez les échoppes qui se blottissent contre les contreforts et qui étaient déjà mentionnées en 1483. Concerts réguliers (programme à l'office de tourisme). Depuis 2010, des faucons pèlerins reviennent chaque année nicher dans le clocher ! Pour les voir, entrez dans le hall de l'hôtel de ville qui fait face à l'église, 3 écrans pour observer en temps réel le nid grâce à une caméra vidéo. Également une maquette de la ville et des informations sur le parc naturel.

Universitätsbibliothek *(bibliothèque de l'Université ; plan B-C2)* **:** *Plöck 107-109. Salle Manesse au 1er étage ouv lun-ven 9h-19h et sam 9h-13h. GRATUIT.* On y trouve une partie de l'ancienne bibliothèque palatine, dont le manuscrit *Codex Manesse (Manessische Liederhandschrift)* datant du XIVe s.

Studentenkarzer *(cachot des étudiants ; plan C2,* ***51****)* **:** *Augustinergasse 2. Lun-sam 10h-13h45, 14h15-18h, plus dim en été. Accès aux cachots et autres bâtiments universitaires : 4 € ; réduc.* Cachot utilisé de 1778 à 1914 et destiné aux étudiants turbulents. On peut y voir les inscriptions et les dessins évoquant leur passage.

LE *MENSUR*

Depuis le XVIe s, le combat au sabre fait partie des traditions estudiantines allemandes. De nos jours, le corps et les yeux sont bien sûr protégés mais autrefois, arborer sur le visage une balafre était un signe de courage et de virilité. Des chirurgiens se chargeaient même de bricoler des cicatrices sans combat... Donc, moins risqué et succès assuré auprès des filles !

Kurpfälzisches Museum *(musée du Palatinat électoral ; plan B2)* **:** *Hauptstr. 97. Mar-dim 10h-18h. Entrée : 3 € ; réduc ; gratuit jusqu'à 16 ans.* Installé dans le palais Morass, construction baroque du XVIIIe s, il renferme le moulage de la mâchoire de l'homme le plus vieux d'Europe : l'*Homo heidelbergensis* habitait la région il y a 600 000 ans ! D'autre part, le département des primitifs allemands présente le très beau *retable des Douze Apôtres,* exécuté en 1509 par Tilman Riemenschneider. Également, la galerie d'œuvres de l'époque romantique avec ses tableaux et gravures représentant Heidelberg et son château.

LE SUD DE L'ALLEMAGNE

À faire

Königsstuhl *(plan D3)* **:** beau panorama sur la ville et *Biergarten.* 2 possibilités d'arriver au sommet à 568 m : soit prendre le funiculaire qui mène d'abord au château, soit grimper les innombrables marches de la célèbre *Himmelsleiter* (l'échelle au ciel) qui commence sur un parking du *Molkenkurweg (plan D2).* Seulement pour les très sportifs !

Promenade le long du Philosophenweg *(chemin des Philosophes ; plan A-B1)* **:** passer sur la rive droite du Neckar ; face au Theodor-Heuss-Brücke, à gauche de la Werrgasse, empruntez le Schlengenweg, rue aux nombreuses marches qui vous conduit au « chemin des Philosophes » jusqu'au *Philosophengärtchen,* le « petit jardin des Philosophes ». De là, vue superbe sur la ville et sur le fleuve, derrière la Bismarcksäule, genre de grande tour. Continuer à monter le **Heiligenberg** jusqu'à sa tour-belvédère, la *Heiligenbergturm.* Compter environ 4h aller-retour.

Le quartier de Neuenheim *(plan A1)* **:** un quartier bien agréable, résidentiel et tranquille, avec des villas Art déco, bordées de jardins, et un marché mignon sur la *Marktplatz.* Parcourez la Werderplatz, les rues *Erwin-Rhode, Moltkestraße, Weberstraße, Lutherstraße...*

Manifestations

– ***Schlossbeleuchtung*** *(feu d'artifice)* **:** *1er ou 2e sam des mois de juin, juil et sept.* Célèbre illumination du château avec un somptueux feu d'artifice. Il rappelle les incendies occasionnés par la guerre de Succession en 1693 ainsi que le mariage

du prince Friedrich V avec la princesse anglaise Élisabeth Stuart en 1613. Apportez votre pique-nique et prenez place suffisamment tôt sur le *Philosophenweg* ou réservez votre place 1 an à l'avance sur un bateau (voir « Adresses et infos utiles »).
– ***Schlossfestspiele*** *(festival de jazz au château)* **:** *ts les ans de mi-juin à début août. Résas : ☎ 58-20-000.* Concerts et opéras avec comme décor la cour du château.

DANS LES ENVIRONS DE HEIDELBERG

MANNHEIM *(319 000 hab. ; IND. TÉL. : 0621)*

Située au confluent du Rhin et du Neckar, cette ville industrielle a connu un bel essor au XVIIe s. Après les mises à sac successives de Heidelberg, les Palatins en font leur nouvelle résidence, stimulant ainsi les efforts économiques de la cité. Totalement détruite pendant la 2de Guerre mondiale, la ville reconstruite rapidement n'a pas autant de charme que ses voisines, malgré son commerce actif et ses boutiques de luxe. La curiosité vient de la répartition historique du centre-ville en carrés au lieu d'un réseau de rues traditionnel. D'où son nom *Quadratestadt* (« ville des carrés »). La ville réalise de nombreux travaux autour des rives du Neckar et du Rhin, dans le Luisenpark, dans le centre.
➢ Mannheim se trouve à 3h05 de Paris, par le TGV-Est.

LE SUD DE L'ALLEMAGNE

À voir

★★★ ***Städtische Kunsthalle*** *(musée des Beaux-Arts)* **:** *Friedrichsplatz 4. • kuma.art • Tlj sauf lun 10h-18h (20h mer, 22h 1er mer du mois). Entrée : collections 12 € ; réduc ; gratuit 1er mer du mois 18h-22h.* Au bâtiment Art nouveau du musée de 1909 s'est ajoutée une aile très contemporaine, avec 13 000 m² d'exposition supplémentaires : 7 nouveaux espaces reliés par des escaliers, des ponts, des terrasses... Pour les belles collections d'art moderne et contemporain du musée : ***Manet, Cézanne, Monet, Delacroix, Géricault, Picasso, Renoir, Van Gogh, Soulages, Otto Dix, Beckmann, Kokoschka, Klee, Bacon, Rodin, Kolbe, Niki de Saint Phalle, Barlach, Lehmbruck, Matisse...*** Expositions temporaires de grande qualité. Restaurant *LUXX* à découvrir !

★ ***Schloss*** *(château)* **:** *• schloss-mannheim.de • Tlj sauf lun 10h-17h. Entrée et audioguide en français : 9 € ; visite guidée 11 € ; réduc.* Gigantesque château baroque dont la construction date du XVIIIe s. Entièrement reconstruit après la 2de Guerre mondiale, il abrite en grande partie des salles de l'université. On visite entre autres la *Rittersaal* (salle des Chevaliers) et un joli cabinet-bibliothèque du style rococo.

POUR UNE FENÊTRE DE PLUS

Nombre de châteaux d'Europe des XVIIe et XVIIIe s étaient construits sur le modèle de Versailles. À Mannheim, l'architecte du château, pour faire mieux, avait reçu l'ordre formel de dessiner le plan d'une façade de 440 m de long avec exactement une fenêtre de plus qu'à Versailles. Et toc !

LA VALLÉE DU NECKAR

À voir

★★★ ***Auto & Technik Museum Sinsheim*** **:** *Museumsplatz, 74889* ***Sinsheim****, à 34 km à l'est de Heidelberg. • sinsheim.technik-museum.de • Tlj 9h-18h*

(19h w-e). Entrée : 19 € ; 24 € avec un ticket pour le cinéma IMAX et 44 € pour un billet combiné avec son petit frère à Spire (voir plus haut « Le Palatinat ») ; gratuit moins de 4 ans. Un des plus grands au monde dans son genre. Si vous êtes passionné, compter facilement 3-4h de visite. Possibilité de restauration 9h-18h. Explications en anglais. Facilement repérable grâce aux avions posés sur les toits, dont un ***Concorde*** qui se lance à la poursuite d'un ***Tupolev 144*** (quasi son jumeau !). Dans le 1er hangar, gigantesque collection de voitures, surtout américaines, des années 1920 aux années 1960, entourées de mannequins de cire (James Dean, Marilyn, Audrey Hepburn). Voitures de F1 et motos...

Non moins grande accumulation de matériel militaire de 1939-1945 avec mise en scène et décor allemand, anglais, américain et russe, le tout entouré de vitrines avec armes et uniformes à profusion et surmonté d'une noria d'avions accrochés aux plafonds. Matériel agricole, impressionnantes locomotives et même un bus de la RATP, direction place Pigalle ! En face, 2e hangar, consacré essentiellement à l'automobile et aux motocyclettes. Quelques locos gigantesques et des orgues et manèges forains aussi dans des salles annexes. Les voitures de légende ne manquent pas, entre autres, la ***Mercedes 600*** décapotable et blindée du chancelier du Reich en personne ! Hélicoptères et biplans au plafond. À l'extérieur, longue allée montante avec matériel blindé, chars d'assaut, canons, fusées et tourelle d'artillerie de marine.

SCHWÄBISCH HALL (74501) 38 200 hab. IND. TÉL. : 0791

Charmante cité au flanc de la vallée de la Kocher, sur la route de la Franconie, qui a prospéré autour de l'exploitation de sources salines connues depuis les Celtes.

Au pied de l'église Saint-Michel et de l'ancien arsenal s'enchevêtrent, sous les toits pointus, les maisons à colombages du vieux quartier. L'Obere Herrngasse ou l'Untere Herrngasse en conservent de beaux spécimens datant des XVe et XVIe s, épargnés par les bombes alliées en 1939-1945. Les amateurs d'art s'y rendront surtout pour découvrir la superbe collection d'art contemporain de la galerie Würth, et les flâneurs prendront plaisir à longer les berges de la rivière en franchissant les passerelles face à l'imposant arsenal.

Adresse utile

Office de tourisme : *Hafenmarkt 3. ☎ 751-600. • schwaebischhall.de • Mai-sept, lun-jeu 9h-18h, ven 10h-15h ; oct-avr, lun-ven 9h-17h, sam 10h-13h.* Bonne doc. Billetterie de spectacles. Boutique.

Où dormir ? Où manger ? Où boire un verre ?

Hotel Scholl : *Klosterstr. 2-4. ☎ 97-550. • hotelscholl.de • Doubles 119-169 € ; petits déj à la carte à partir de 4 €.* Au cœur de la ville, à droite de l'église Sankt Michael. Façade rose à pignon triangulaire et déco intérieure élégante, mélange de moderne et d'ancien. Chambres de tailles diverses, celles sous les combles sont vraiment réussies. Accueil prévenant. Parking aisé avec un *pass* à demander à la réception.

Sudhaus : *Lange Str. 35/1. ☎ 946-72-70. Tlj sauf lun 9h-22h (18h dim). Menu du jour 10 € ; plat autour de 20 €.* Grand bâtiment industriel de brique de 1903, à côté de la fondation Würth. Idéal pour une halte avant de visiter le musée. Superbe panorama sur la ville depuis la vaste terrasse sur le toit. On y brasse une bière locale pour accompagner des plats simples et honnêtes. Petits déj et brunch musicaux.

Zur Ilge : *Im Weiler 2. ☎ 946-35-47. Ouv dès 10h (9h sam) pour le petit déj.* Café-*cocktail bar* à l'entrée du *Henkersbrücke* qui mène au centre historique. Terrasse en surplomb de la rivière. Parfait pour se remettre de la vision des enfers dans la *Johanniterhalle* voisine.

À voir

Marktplatz et Sankt Michaelskirche : à flanc de colline, la place du Marché est dominée par l'église Saint-Michel perchée sur un escalier monumental de 54 marches. Celle-ci arbore une tour romane couronnée par un clocheton Renaissance. Le chœur est de style gothique flamboyant. Tabernacle-tour finement ciselé de 15 m de haut. Face à l'église, l'***hôtel de ville*** en baroque tardif fut construit après un incendie qui ravagea la ville en 1728. Magnifique alignement de hautes maisons à colombages flanquant le Markt. Sur la gauche, une ***fontaine*** monumentale de couleur turquoise du début du XVIe s, adossée à un mur où saint Michel, saint Georges et Samson trucident leurs ennemis respectifs. On remarquera aussi la colonne du pilori où pendent encore les menottes qui enchaînaient les condamnés.

Hällisch-Fränkisches Museum : *Keckenhof 10. Tlj sauf lun 10h-17h. GRATUIT.* Le musée historique de la ville est réparti dans plusieurs bâtiments historiques dominés par une tour de 8 étages datant de 1240. Sections géologique et préhistorique. Parcours historique du haut Moyen Âge à 1802, date à laquelle Schwäbisch Hall cessa d'être une ville d'Empire. Évocation intéressante de l'importance du commerce du sel.

Kunsthalle Würth : *Lange Str. 35. • kunst.wuerth.com • Du côté opposé à la vieille ville. Tlj 10h-18h. GRATUIT. Visite guidée ou audioguide : 6 €.* Remarquable architecture moderne bien intégrée face au décor ancien de la ville, cette fondation, inaugurée par Gehrard Schröder en 2001, accueille les collections rassemblées par l'industriel et mécène Reinhold Würth. Pas de fonds permanent, mais expo temporaire annuelle – essentiellement des œuvres du XXe s d'art moderne et contemporain –, toujours d'un niveau exceptionnel.

AU SUD DE STUTTGART ET VERS LE LAC DE CONSTANCE

TÜBINGEN

(72001) 87 500 hab. IND. TÉL. : 07071

• Plan p. 244-245

Au sud-est de Stuttgart, l'une des plus jolies villes de la région, Tübingen a su garder son charme en se préservant d'une industrialisation à outrance. Depuis la création, au XVe s, de son « École supérieure », la

cité vit au rythme universitaire. Bien qu'avec la guerre de Trente Ans, la ville et son université aient subi un fort déclin, elle connaît au XIXe s un renouveau intellectuel qui la place parmi les grands centres intellectuels d'Allemagne. Encore aujourd'hui, l'expression « Tübingen n'a pas d'université, mais elle est une université » caractérise bien la ville. À peine 300 étudiants au XVe s, plus de 28 000 aujourd'hui ; ils sillonnent à vélo une ville qui leur appartient. Les nombreux cafés aux bancs usés par leurs aînés (les philosophes Hegel et Schelling, le poète Hölderlin ou encore les savants comme Kepler) les invitent autour d'une table gravée de prénoms oubliés. Là, tout est charme, douceur et culture. Une étape qu'on ne quitte qu'à regret...

Adresses utiles

Office de tourisme *(plan C2)* ***:*** *an der Neckarbrücke, 72072. ☎ 91-360. • tuebingen-info.de • Lun-ven 10h-18h, sam 10h-14h30, dim (mai-sept) 11h-14h30. Visite guidée de la vieille ville (en allemand) : départ de l'office de tourisme, avr-oct tlj à 14h30. Prix : 10 € et en anglais : avr-oct, sam à 11h. Prix : 12 €. Réduc. Également en soirée.* Brochures gratuites. Résas de chambres d'hôtel et de places de théâtre. Accueil aimable et disponible.

Balades sur le Neckar en « Stocherkahn » *(longues barques)* ***:*** *achat des tickets à l'office de tourisme. Mai-sept, tlj à 13h, sam à 13h et 17h. Prix : 7 €. Jeu-ven à 18h30. Prix : 12 €. Réduc (1 boisson comprise).* Incontournable attraction de Tübingen : les *Stockerkahn.* Ces embarcations en bois hybrides, entre gondole et pirogue, vous permettent de faire, au soleil couchant, une balade romantique sur la rivière en glissant avec nonchalance entre saules pleureurs et frondaisons de châtaigniers. Tours guidés.

Location de bateaux, embarcations à pédales, paddles *(plan C2,* ***2****)* ***:*** ***Bootsvermietung Märkle,*** *Eberhards-brücke, sous l'office de tourisme. ☎ 31-529. • bootsvermietung-tuebingen.de •*

Locations de vélos : ***Radlager*** *(plan B1,* ***1****), Lazarettgasse 19-21. ☎ 55-16-51.* ***Fahrradladen am Haagtor,*** *Haaggasse 43. ☎ 23-244.*

Transports urbains : TüBus *gratuits ts les sam.*

Où dormir ?

Camping

Neckarcamping Tübingen : *Rappenberghalde 61, 72070. ☎ 431-45. • neckarcamping.de • Au bord du Neckar. Desservi par le bus n° 6. À 2,5 km de marche de la vieille ville. Avr-oct. À partir de 26 € pour 2 avec tente et voiture.* Accueil en français. Sanitaires impeccables mais peu nombreux. Resto et épicerie.

Auberge de jeunesse

Jugendherberge *(hors plan par D2,* ***10****)* ***:*** *Hermann-Kurz-Str. 4, 72074. ☎ 230-02. • jugendherberge-tuebingen.de • Au bord du Neckar, à 600 m de l'office de tourisme. Desservie par le bus n° 22. Nuitée 30 € ; 37 € pour les plus de 27 ans ; supplément de 14 € pour une double, petit déj inclus.* Accueil souriant et dynamique. Chambres de 1 à 5 lits, certaines seulement avec lavabo et d'autres avec douche.

De prix moyens à très chic

Pension Binder *(plan C1,* ***11****)* ***:*** *Nonnengasse 4. ☎ 52-643. • pension-binder.de • Doubles 89-118 € sans ou avec douche et w-c, petit déj inclus.* Au cœur de la vieille ville, maison qui abrite un petit *Kaffeehaus* à l'ancienne et 8 chambres d'un style un peu

LE SUD DE L'ALLEMAGNE

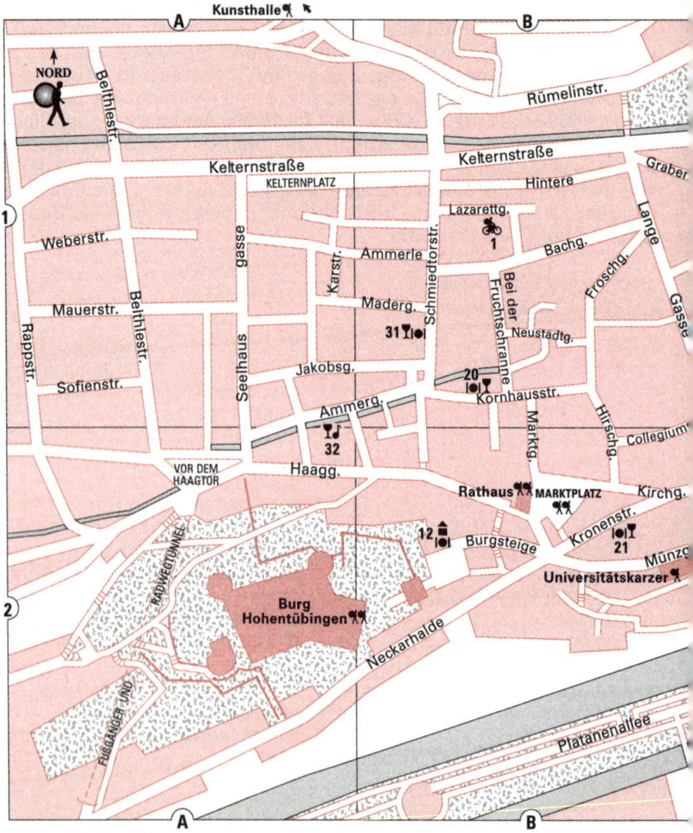

Adresses utiles

- Office de tourisme (C2)
- 1 Radlager (location de vélos ; B1)
- 2 Bootsvermietung Märkle (location de bateaux, embarcations à pédales, paddles ; C2)

Où dormir ?

- 10 Jugendherberge (hors plan par D2)
- 11 Pension Binder (C1)

bric-à-brac mais très propres et aménagées avec goût. Demandez la *Turmzimmer,* qui n'est pas vraiment dans une tour mais elle est spacieuse, avec un balcon qui offre une vue superbe sur la vieille ville. Accueil prévenant.

Hotel Am Schloss *(plan B2, **12**)* **:** Burgsteige 18. ☎ 92-940. • hotel amschloss.de • *Sur les hauteurs de la vieille ville, juste avt l'entrée du château. Doubles 128-158 €, petit déj inclus.* Un cadre superbe, à côté du château, en plein cœur de la vieille ville. Hôtel romantique fleuri, aux chambres soignées et cossues. 2 bâtisses : la 1re très ancienne a été repeinte en blanc, poutres comprises,

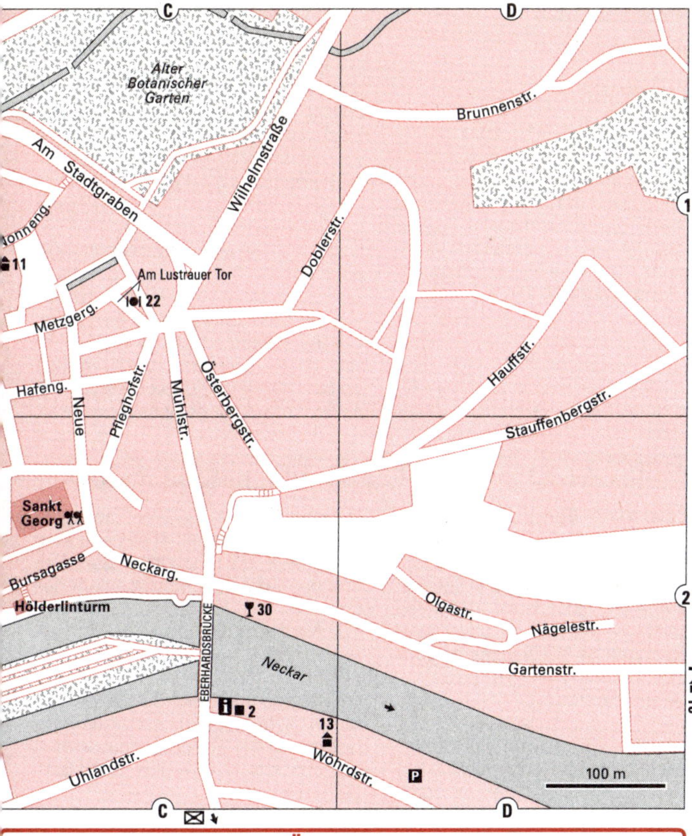

TÜBINGEN

12 Hotel Am Schloss (B2)	**Où boire un verre ? Où écouter de la musique ?**
13 Hotel Domizil (C2)	**30** Neckarmüller (C2)
Où manger ?	**31** Gasthaus Bären (B1)
20 Vegi (B1)	**32** Ammerschlag (A1-2)
21 Forelle (B2)	
22 Wurstküche (C1)	

la 2de, de l'autre côté de la rue, est plus classique et fonctionnelle. C'est là que se trouvent les chambres les moins chères, mais déjà très confortables. Réserver bien à l'avance ! Le resto est connu pour ses excellentes spécialités souabes.

Hotel Domizil *(plan C2,* ***13****) : Wöhrdstr. 5-9.* ☎ *13-90.* • *hotel-domizil.de* • *Doubles 149-159 € avec petit déj. Prix plus avantageux le w-e. Les plus chères ont la vue sur la rivière. Parking 11 €/nuit.* Hôtel moderne bien situé, en bordure de Neckar pour le petit déj. Chambres fonctionnelles, certaines avec terrasse. Sauna, hammam et salle de fitness. Restaurant.

Où manger ?

De bon marché à prix moyens

🍽 🍷 ***Vegi*** *(plan B1,* ***20****) : Kornhausstr. 1. ☎ 565-45-81. Tlj 11h30-23h, jeu-sam 11h30-1h. Sandwich moins de 5 €.* Un resto végétarien et végétalien, spécialisé dans les falafels. Salades colorées et délicieuses pâtisseries. Accueil jeune et sympathique.

🍽 🍷 ***Forelle*** *(plan B2,* ***21****) : Kronenstr. 8. ☎ 566-89-80. Tlj sauf mar 11h45-15h, 17h45-23h ; en continu jeu-dim. Plats 13-24 €. Weinstube* historique dans une maison classée à la superbe salle décorée de peintures murales datant de 1894. La phrase de Goethe inscrite sur la porte « La vie est trop courte pour boire du mauvais vin » annonce la couleur du lieu : qualité et convivialité. Plusieurs recettes de truites (*Forelle* en v.o.). Végans et végétariens bienvenus.

🍽 ***Wurstküche*** *(plan C1,* ***22****) : Am Lustnauer Tor 8. ☎ 92-750. Tlj 11h-minuit (la cuisine ferme à 23h). Plats 15-18 €.* Cadre rustique avec beaucoup de bois pour une ambiance montagnarde à souhait. En été, on déjeune à l'extérieur, sur une charmante petite place pavée. Cuisine souabe à base de produits et vins locaux. Excellente recette maison de *Maultaschen* et choix de steaks et autres viandes aux portions généreuses.

Où boire un verre ? Où écouter de la musique ?

🍷 🍽 ***Gasthaus Bären*** *(plan B1,* ***31****) : Schmiedtorstr. 3. ☎ 25-56-13. Tlj 17h-2h (w-e à partir de 12h). Tapas autour de 5 €.* Un bar à tapas souabe ! Dans une ambiance jeune et joyeuse, on découvre les vins du pays qu'on accompagne de délicieuses miniportions de spécialités locales.

🍷 ♩ ***Ammerschlag*** *(plan A1-2,* ***32****) : Ammergasse 13. ☎ 51-591. Tlj 15h-1h (3h ven-sam).* Ici, on est irréductiblement rock. Minuscule *Kneipe* rustique, fréquentée par des étudiants et des habitués. Souvent bondé le week-end. Quelques chaises le long du ruisseau qui longe la maison. Des groupes y donnent régulièrement des concerts.

🍷 ⛱ ***Neckarmüller*** *(plan C2,* ***30****) : Gartenstr. 4. ☎ 278-48. À côté du Neckarbrücke. Tlj 10h-23h. Plats 6-16 €.* Bel emplacement au bord du Neckar. Terrasse. Bière fabriquée sur place dans de grandes cuves. Souvent des fêtes et des concerts dans le plus grand *Biergarten* de la ville.

À voir

👣👣 ***Marktplatz*** *(place du Marché ; plan B2)* : très pittoresque et légèrement pentue, elle est cernée de maisons à colombages. Repérer en haut des façades les 4 cages suspendues réservées aux suppliciés. Autour de sa fontaine de Neptune, 3 fois par semaine *(lun, mer et ven),* le marché lui donne vie.

👣👣 ***Rathaus*** *(hôtel de ville ; plan B2)* : bâti en 1435 et restauré à plusieurs reprises, il règne majestueusement sur la place. Un ensemble de *sgraffites* allégoriques réalisés au XIXe s recouvre sa façade. Une horloge astronomique de 1511 orne le pignon de l'édifice *(avr-oct, sam à 16h, visite de l'intérieur du bâtiment 5 €).*

👣👣 ***Stiftskirche Sankt Georg*** *(plan C2) : Holzmarkt. Tlj 9h-17h (16h l'hiver).* Collégiale gothique datant de la fin du XVe s. À l'intérieur, remarquer le jubé et la magnifique chaire de pierre. Le chœur *(ouv avr-sept, ven-dim 13h-17h et tlj en été, sauf lun, 13h-17h ; entrée : 1 €)* possède de très jolis vitraux. Depuis le XVIe s, il fait office de chapelle funéraire et abrite les tombeaux des princes de Wurtemberg. Concerts d'orgue fréquents.

À l'extérieur, sur la place, en face de la collégiale, se trouve la librairie *Heckenhauer,* où Hermann Hesse a fait son apprentissage pendant 4 ans.

MESURES PÉDAGOGIQUES

Du XVIe s jusqu'à la fin du XIXe s, les universités d'Allemagne ont l'autorité juridique sur leurs étudiants et leurs professeurs, et recourent souvent à l'emprisonnement. Mais au XIXe s, cette condamnation perd de son efficacité, puisque les séjours en cellule dégénèrent souvent en de joyeuses agapes alcoolisées entre camarades détenus et gardes corrompus.

🎒🎒 ***Burg Hohentübingen, Museum der Universität Tübingen*** (plan A2) **:** *accès par la Burgsteige.* Construit au XIe s mais rénové maintes fois, le château a pris sa forme actuelle à la Renaissance. Inspirée des arcs de triomphe antiques, la porte d'enceinte datant de 1606 constitue son principal atout architectural. Les terrasses offrent une belle vue sur la vallée du Neckar. Il abrite désormais des instituts universitaires et un musée consacré à la préhistoire, l'Égypte et les civilisations antiques, l'archéologie *(tlj sauf mar 10h-17h – 19h dim ; entrée : 5 €, réduc ; audioguide en français).* Vaste collection de 4 300 objets. En vedette, les miniatures sculptées dans des défenses de mammouths trouvées non loin de Tübingen il y a 38 000 ans, pièces classées au Patrimoine mondial de l'Unesco !

DANS LES ENVIRONS DE TÜBINGEN

🎒🎒 ***Kloster Bebenhausen*** (abbaye) **:** *à 6 km au nord de Tübingen.* • *kloster-bebenhausen.de* • *Accès au cloître : avr-oct, tlj 9h-17h ; nov-mars, mar-dim 10h-12h, 13h-17h. Entrée : 6 € ; réduc.*

Abbaye cistercienne romano-gothique, fondée au XIIe s. Le cloître de style flamboyant, du XVe s, et le réfectoire d'été à 2 nefs, du XIVe s, avec ses voûtes en éventail, ne manquent pas d'allure. Maquette de l'abbaye en 1535 à l'entrée. Magnifique dortoir à l'étage, dont on peut encore admirer la succession de cellules, divisées au XVIe s.

– Concerts durant les mois d'été *(rens sur place ou à l'office de tourisme).*

🏠 🍽 2 ***hôtels-restaurants*** à proximité de l'abbaye.

AU SUD ET À L'EST DE TÜBINGEN

🎒🎒 ***Burg Hohenzollern*** (château) **:** *à une vingtaine de km au sud de Tübingen en empruntant la B 27.* • *burg-hohenzollern.de* • *Accès tlj 10h-18h30 (17h30 de mi-mars à fin oct). Entrée : 22 € (parking et navette inclus, mais on peut y accéder par un chemin de 600 m) ; réduc. Résas en ligne. Application en français pour la visite.*

Berceau de la dynastie des Hohenzollern, descendants des rois de Prusse, on est d'ailleurs en territoire prussien. Construit sur ordre de Frédéric-Guillaume entre 1847 et 1867 dans le plus pur style néogothique, il n'a rien à envier aux châteaux de Louis II de Bavière, suivant l'idéal romantique et l'historicisme de l'époque. Il faut dire qu'il a fière allure avec ses tours et son enceinte fortifiée perchées sur une colline. De l'ancienne forteresse, il ne reste que la chapelle Saint-Michel avec ses vitraux.

La visite commence par l'impressionnant arbre généalogique de la famille, puis on enfile les patins pour ne pas abîmer les carrelages et les parquets. Costumes militaires et casques à pointe. Fresques historicistes, vues de Potsdam, portraits des Frédéric successifs et d'autres de la famille apparentée dont la reine Victoria d'Angleterre. Évocation de la terrible légende de « ***la dame blanche des Hohenzollern*** » aux apparitions annonciatrices d'un décès imminent dans la famille. On termine par une « salle du trésor » avec quelques trophées précieux comme la couronne et le sceptre de la Prusse, bien à l'abri dans une vitrine blindée.

À voir au sud de Tübingen

Les passionnés par l'histoire de la famille *Hohenzollern* peuvent faire un détour à 64 km au sud-ouest de Tübingen, pour visiter le ***château de Sigmaringen,*** perché sur son rocher.

DE VICHY À SIGMARINGEN

Emmenés en Allemagne en août 1944, contre leur gré, Pétain et ses collaborateurs (Laval, Doriot, Darnand, Déat...) logent dans le château et jouent la fiction d'un gouvernement en exil. Des hôtels accueillent les journalistes, les fonctionnaires et les sympathisants du régime. Rappelons que Louis-Ferdinand Céline a évoqué son séjour à Sigmaringen dans le roman D'un château l'autre *(Folio).*

Schloss Sigmaringen : *• hohenzollern-schloss.de • Fin mars-début nov tlj 9h30-17h30 ; le reste de l'année 10h-17h. Entrée château seulement en visite guidée de 1h en allemand (ttes les 2h) ou audioguide : 16 € ; réduc.*

Les appartements sont un témoignage de la vie quotidienne de l'aristocratie prussienne. Les descendants y habitent toujours. À voir, des salles au mobilier d'apparat, des appartements privés, de grands portraits de famille, salle de bal, quelques tableaux de maîtres, des tapisseries des Gobelins, des trophées de chasse par centaines et l'une des plus abondantes collections d'armes d'Europe.

La visite évoque la période où, de septembre 1944 à avril 1945, y vécurent, évacués par les Allemands, les membres du gouvernement de Vichy repliés autour du maréchal Pétain et une ribambelle de collabos de l'État français. Pierre Assouline propose une chronique romancée de ces événements avec *Sigmaringen* (Gallimard).

Où dormir ? Où manger ?

Gasthof Traube : *Fürst-Wilhelm-Str. 19. ☎ (07571) 64-510. • hotel-traube-sigmaringen.de • Doubles 70-95 € avec petit déj. CB refusées.* Belle maison à colombages avec vue sur le château. Auberge familiale d'une vingtaine de chambres cosy et bien équipées. Resto en terrasse. Cyclistes bienvenus.

ULM

(89001) 126 400 hab. IND. TÉL. : 0731

Ulm est située sur le Danube, qui la sépare de la Bavière. Chargée d'histoire, c'est aussi la ville natale d'Albert Einstein. Les 1res images que livre la ville sont celles de bâtiments froids de style après-guerre, de rues trop larges ou de commerces sans âme. Cependant, malgré ces aspects et son intense activité économique, Ulm n'est pas dénuée d'attraits, loin s'en faut !

Beaucoup d'efforts sont faits par la Municipalité pour faire oublier les cicatrices de l'histoire. Le quartier des Pêcheurs et des Tanneurs ainsi que la superbe cathédrale à la flèche vertigineuse réconcilient bien vite le voyageur et la ville. Quelques passerelles enjambant les bras de la Blau relient de petites rues pavées à d'imposantes maisons médiévales. En dehors de ces quartiers rénovés, d'audacieux bâtiments modernes se sont inscrits dans le nouveau cœur de la ville comme le centre commercial *Münstertor,* le centre administratif de la *Caisse d'épargne* et le musée *Kunsthalle Weishaupt.*

UN PEU D'HISTOIRE

En 1184, Ulm est élevée au rang de ville impériale. Dans les années 1500, c'est son âge d'or.
La bataille d'Ulm les 15 et 17 octobre 1805 a été remportée par la Grande Armée de Napoléon Ier sur les Autrichiens. La victoire a été obtenue par les manœuvres habiles de l'Empereur, qui a poussé son adversaire à s'enfermer dans Ulm, où, privé de ravitaillement, il a été contraint à la reddition. Peu de pertes au final : 500 chez les Français et 4 000 chez les Autrichiens. Butin : 60 canons et 25 000 prisonniers autrichiens. Cette victoire a ouvert la voie pour la prise de Vienne après Austerlitz. En 1945, la ville a été détruite à 81 %, mais la cathédrale fut épargnée.

Adresses et infos utiles

Office de tourisme : *Stadthaus, Münsterplatz 50. ☎ 161-28-30. • tourismus.ulm.de • Avr-déc, lun-ven 9h30-18h, sam 9h30-16h, dim 11h-15h. Ulm-card 1 j. 17 € ; 2 j. 22 €. Résas pour les spectacles (préventes seulement) au ☎ 96-70-70.* Dépliants gratuits, même en français.
– ***Visites guidées :*** *en allemand et en anglais, audioguide seulement à l'église pour les visiteurs. Avr-oct, lun-sam à 10h et 14h30 ; dim à 11h30 et 14h30. Nov-mars, sam à 10h et 14h30 ; dim à 11h30 et 14h30. Prix : 9 € ; réduc. Départ de l'office de tourisme.*

Locations de vélos : *à l'office de tourisme et* ***Reich's Radl-Shop,*** *Guideon-Bacher-Str. 3. ☎ 211-79.*

Où dormir ?

Auberge de jeunesse

Jugendherberge Geschwister Scholl : *Grimmelfinger Weg 45. ☎ 38-44-55. • jugendherberge-ulm.de • Au sud-ouest du centre, à 1,5 km de la Münsterplatz. De la gare, S1 : Ehinger Tor, puis bus n° 4 direction Kuhberg jusqu'à Schulzentrum. Nuitée 23 € ; 30 € pour les plus de 27 ans.* Principalement des dortoirs pour 4 personnes, avec douche et w-c à l'étage.

De prix moyens à plus chic

Hotel Bäumle : *Kohlgasse 6, 89073. ☎ 62-287. • hotel-baeumle.de • Doubles avec douche et w-c 98-112 €, petit déj inclus.* Une vieille demeure à la façade jaune, très bien restaurée, avec des chambres calmes et agréables. Certaines ont même une vue sur la flèche de la cathédrale.

Hotel Schmales Haus : *Fischergasse 27, 89073. ☎ 27-25-95. • hotelschmaleshaus.de • Double avec douche ou sdb et w-c 149 € avec petit déj.* 5 chambres, 1 suite et 3 appartements à 40 m de la petite maison. Tout a été pensé dans les moindres détails pour aménager ces chambres version contemporaine qui semblent plonger dans les canaux du Fischerviertel. Accueil attentif de la propriétaire, qui bichonne son précieux bien. Une très bonne adresse qu'il est préférable de réserver longtemps à l'avance.

Hotel Schiefes Haus : *Schwörhausgasse 6, 89073. ☎ 96-79-30. • hotelschiefeshausulm.de • Doubles avec sdb et w-c 119-165 € selon confort et période. Loc de vélos.* Cet hôtel en plein cœur du *Fischerviertel* fait partie des monuments les plus photographiés de la ville. Construite en 1443, on a dû consolider les fondations de cette maison à colombages en 1873 et malgré cela, elle reste irrémédiablement penchée au-dessus d'un canal de la Blau. L'hôtel a été entièrement restauré et modernisé tout en gardant son caractère exceptionnel.

Où manger ?

Tanivera : *Weinhofberg 7. ☎ 88-01-730. Tlj 11h-minuit (1h jeu-ven). Plats 8-13 €.* Un savoureux moment de détente dans une maison de 1417, au bord de la Blau. On y déguste une délicieuse cuisine italienne (pâtes et pizzas), dans un cadre qui allie la brique crue et le bois à un mobilier moderne et chic. Terrasses en rez-de-rivière et au 1er étage.

Zunfthaus der Schiffleute : *Fischergasse 31. ☎ 644-11. Tlj 11h-minuit (service jusqu'à 23h30). Plats 10-25 €.* Il y a environ 600 ans, cette maison des bateliers logeait les familles de pêcheurs. Aujourd'hui, c'est une auberge de tradition servant sur 3 étages une cuisine locale copieuse et savoureuse. Grosses tables en bois, quelques bateaux pendus au plafond rappelant le passé du lieu, une ambiance de taverne. Réjouissant et toujours bondé.

Zur Forelle : *Fischergasse 25. ☎ 63-924. Tlj 11h30-14h30, 17h-21h30 (21h w-e). Menus 12-23 €.* Un grand classique à l'enseigne de la truite depuis 1626, au cœur du quartier des Pêcheurs. À l'intérieur, plusieurs pièces en enfilade ; à l'extérieur, une petite terrasse surplombant l'eau, avec quelques tables sur le pavé. Comme il se doit, la truite est à l'honneur, impeccable dans sa finesse et sa fraîcheur. Un pichet de riesling en accompagnement, et Schubert sera aux anges !

Gerberhaus : *Weinhofberg 9, dans le Fischerviertel. ☎ 1755-771. Tlj 11h30-14h30, 17h30-23h. Plats 8-25 €.* Construite le long des canaux, au XVIIe s, la maison des tanneurs est une demeure chargée d'histoire. Cette table propose des plats souabes revisités et agréablement cuisinés. Quelques plats végans et végétariens.

Où boire un verre ?

C'est autour de la *Marktplatz* que les jeunes ont l'habitude de se retrouver hiver comme été.

Ratskeller : *Marktplatz 1. ☎ 880-17-40. Lun-sam 11h30-minuit (1h ven et sam), dim 10h30-minuit. Plat du jour 8 € et carte 8-20 €. Brunch dim 10h-14h.* LE bar de la Marktplatz très fréquenté. Salades, burgers, flammekueche et autres spécialités pour une petite faim.

– Et aussi d'autres bars dans le centre : le **Dolce**, le **Stitz.**

À voir

Münster (cathédrale d'Ulm) **:** *Münsterplatz. Avr-sept 9h-19h. Montée dans la tour : 5 € ; réduc. Attention, le clocher ferme 1h avt les horaires de la cathédrale. Brochure payante en français. Concerts d'orgues mai-sept, mar-sam 12h-12h30 ; prix : 5 €. Infos et billets à l'office de tourisme.* Impressionnante par ses dimensions, 20 000 fidèles pouvaient y tenir au Moyen Âge. La construction de cette magistrale cathédrale gothique débute en 1377, mais sa **flèche, la plus haute du monde** (161 m), n'est achevée qu'en 1890, selon les plans originaux. La cathédrale fut miraculeusement épargnée par les bombardements de 1945. Sa restauration (par ailleurs, c'est la plus grande église protestante d'Allemagne depuis 1530) étant très coûteuse, de nombreuses collectes sont organisées, comme cette initiative de mettre aux enchères des sculptures géantes d'oiseaux créées par différents artistes et représentant l'*Ulmer Spatz* (le moineau d'Ulm), symbole de la ville. Elles sont disséminées un peu partout dans la vieille ville.

L'absence de transept et les arcades très aiguës de la nef soulignent encore un peu plus ses perspectives aériennes. À l'intérieur, les vitraux sont modernes ; sur l'un d'eux figurent **Kepler, Copernic, Galilée** et **Einstein.** Les **stalles**

de bois sont superbement sculptées et ornées de personnages de la mythologie et de la Bible. Les plus courageux ne manqueront pas de gravir les ***768 marches de la tour ouest,*** construite de 1885 à 1890, pour découvrir une vue magnifique sur les plateaux du Jura souabe et sur le Danube.

Stadthaus *(centre culturel) : à côté de la cathédrale.* Ce bâtiment blanc contemporain, œuvre de l'architecte américain Richard Meier, abrite des salles d'exposition, de conférences et l'office de tourisme.

Rathaus *(hôtel de ville) : sur la Marktplatz.* Cet imposant bâtiment gothique et Renaissance, construit en 1370, doit sa renommée à sa remarquable façade peinte, avec l'évocation du commerce fluvial entre Ulm et les villes européennes au moyen de barges à fond plat, et à sa belle ***horloge astronomique*** (XVIe s). Sur le pignon sud, observer les motifs représentant un bateau sur le Danube, et les blasons des villes qui commerçaient avec Ulm : Paris, Strasbourg, Bâle, Genève... Devant le pignon, le *Fischkasten,* jolie fontaine sculptée en 1482.

Sous le sol, sans doute le plus beau parking d'Allemagne, avec tapis rouge et colonnes illuminées pour mettre en valeur les vestiges archéologiques et les photos de 1944-1945.

Neue Zentralbibliothek *(nouvelle bibliothèque centrale) : sur la Marktplatz.* Ce bâtiment en verre, conçu par l'architecte allemand Gottfried Böhm, a rapidement été surnommé par les habitants « la pyramide ». Désormais intégré au paysage urbain, remarquez sa façade étagée qui reprend les éléments classiques des constructions de la ville. *Ulms neue Mitte,* le nouveau centre entre le *Rathaus* et le *Münster,* est désormais orné de 2 nouveaux bâtiments imaginés par l'architecte allemand Stephan Braunfels, qui a conçu la Pinacothèque moderne à Munich.
Dans un 3e s'est ouverte la ***Kunsthalle Weishaupt,*** une grande collection privée d'art contemporain. *• kunsthalle-weisshaupt.de • Mar-dim 11h-17h (21h w-e). Entrée : 6 € ; réduc ; gratuit 1er ven du mois. Ticket combiné avec Museum Ulm : 12 €.*

Museum Ulm *(Musée municipal) : Marktplatz 9. • ulmer-museum.ulm.de • Mar-dim 11h-17h. Entrée : 8 € ; réduc ; gratuit 1er ven du mois. Ticket combiné avec la Kunsthalle : 12 €.* Le département des beaux-arts expose quelques œuvres des maîtres d'Ulm, comme Hans Multscher ou Jörg Syrlin l'Ancien. La section d'art moderne présente des toiles de ***Picasso,*** de ***Braque,*** de ***Klee*** et de ***Léger,*** ainsi que des œuvres de Max Ernst, Miró, Beuys, Pollock, Fontana, Tinguely... Également une section historique, très intéressante pour retracer l'histoire de la ville. Dans la partie préhistorique, à noter l'homme-lion, sculpté il y a plus de 38 000 ans et qui fait partie de l'ensemble d'objets retrouvés dans des grottes près d'Ulm...

À faire

Promenade dans le Fischerviertel *(quartier des Pêcheurs) :* partir de l'hôtel de ville, prendre la *Sattlergasse,* suivre la *Weinhofberg,* puis tourner dans la *Fischergasse.* Cette très ancienne rue longe un canal bordé de vieilles maisons de caractère. En descendant vers le fleuve, on aperçoit la ***Schiefes Haus*** du XVe s *(Schwörhausgasse 6),* grande bâtisse patinée par le temps et les siècles. En continuant dans la même direction, on rejoint les remparts. Possibilité d'y monter par de petits escaliers. Longer le Danube jusqu'à la *Metzgerturm* (tour des Bouchers), du XIVe s. En face, Neu-Ulm est déjà en Bavière.

Manifestations

– ***Schwörmontag*** *(lundi du Serment)* **:** *3e lun de juil.* Tradition existant depuis 1397. Chaque année, le maire renouvelle le serment de la Constitution de la ville du haut du balcon de la *Haus der Stadtgeschichte.* Ensuite, la foule descend vers le Danube pour la *Nabada,* grande parade nautique sur le Danube, dont la tradition remonte au XVIIIe s. Tous les 4 ans ont lieu aussi ce jour-là les *Fischerstechen* (joutes de pêcheurs), tournoi nautique datant du XVe s.
– Tous les 2 ans, il y a le ***Festival international du Danube*** **:** au programme, 10 jours de fête avec tous les arts de divers pays du monde.

DANS LES ENVIRONS D'ULM

⁂ ***Blaubeuren*** **:** *à 20 km à l'ouest d'Ulm.* Cette pittoresque contrée, « perle du Jura souabe », encaissée dans une vallée bordée de bois, est propice aux randonnées ; elle est connue pour son site naturel le « ***Blautopf*** » *(Chaudron Bleu).* C'est une source qui forme un lac aux eaux turquoise de près de 22 m de profondeur avec plusieurs grottes en sous-sol. Tout autour, des sites archéologiques et des grottes. Dans quelques-unes d'entre elles, un trésor préhistorique de 38 000 ans a récemment été mis à jour : de petites figurines finement sculptées dans de l'ivoire, véritable bestiaire de l'ère glaciaire : mammouth, ours, lion, poisson... et même la plus ancienne représentation humaine : la ***Vénus de Hohle Fels, statuette découverte en 2008.*** Ces collections sont exposées dans différents musées (Ulm, Tübingen...) mais aussi à Blaubeuren même dans le remarquable ***musée préhistorique Urmu*** qui a été ouvert suite à ces découvertes majeures. Les maisons et ruelles du centre ancien méritent aussi une balade, tout comme le monastère bénédictin dont on peut encore visiter l'établissement de bains monastique construit en 1510.

LE LAC DE CONSTANCE (BODENSEE)

• Carte *p. 254-255*

À l'altitude de 396 m, le lac de Constance (*Bodensee* en allemand) regroupe en fait 3 plans d'eau : le lac Supérieur *(Obersee),* qui représente la plus grande partie du lac, allant de Bregenz à Constance ; puis « le bras nord-ouest » du lac *(Überlinger See),* allant de Mainau à Überlingen ; et enfin, le lac Inférieur *(Untersee)* au sud-ouest de Constance, où le Rhin s'engouffre vers les chutes de Schaffhausen (en Suisse) et poursuit sa course jusqu'à la mer du Nord. Alimenté par 236 rivières et ruisseaux, le lac reçoit la plus grande partie de son eau du Rhin. Il est enchâssé entre les Alpes et le Jura, et partagé entre l'Allemagne, l'Autriche et la Suisse. La frontière lacustre entre ces 3 pays n'est pas vraiment bien établie et les eaux du lac sont tacitement reconnues comme un territoire commun.
La qualité de son eau s'est dégradée depuis le XVIe s, notamment en raison d'une accumulation de débris organiques provoquant un manque d'oxygène dans les profondeurs ; pour employer un mot savant, on parle dans ce cas d'eutrophisation. La construction de stations d'épuration et une meilleure

gestion des eaux ont rendu l'eau plus propre, trop propre selon certains, car les poissons n'ont plus suffisamment de nutriments... ils sont de moins en moins nombreux !
Le climat doux qui règne dans cette région est favorable à une végétation luxuriante de type méditerranéen, ainsi qu'à l'exploitation de vignes et de vergers. En parcourant les rives, on rencontre de nombreuses localités pittoresques, à l'histoire ancienne dont témoignent pas mal d'édifices médiévaux. La plupart des cités riveraines sont reliées entre elles par des navettes fluviales qui sillonnent le lac, et en été, sa surface se pare d'innombrables voiles blanches et colorées, lui conférant un charme tout méridional. Le lac de Constance est un endroit merveilleux et calme où il fait bon se ressourcer en famille.
– Renseignez-vous sur la carte touristique ***Bodensee-Erlebniskarte*** *(en vente dans ts les offices de tourisme),* qui propose différents forfaits pour les accès aux musées, aux attractions et aux transports autour du lac. • *bodensee.eu* •
– Le tour complet du lac peut se faire ***à vélo.*** C'est une autre façon de le découvrir en empruntant la piste de 286 km prévue à cet effet, passant par l'Autriche et la Suisse. *Rens : ☎ (07531) 81-99-30 ou • bodensee-radweg.com* • Cet organisme se charge de réserver vos hôtels, d'organiser votre parcours ou de transporter vos bagages d'hôtel en hôtel. On peut emmener son vélo sans problème sur les bateaux et dans le train, mais pas toujours gratuitement.

LINDAU AM BODENSEE

(88131) 25 500 hab. IND. TÉL. : 08382

• Plan *p. 257*

Petite enclave bavaroise dans le lac de Constance, Lindau est le départ vers la route allemande des Alpes. Le charme médiéval de cette ancienne ville impériale attire bien des touristes. Le pont qui relie l'île à la terre ferme est très souvent saturé. Lindau est une ville très agréable ; les lauréats du prix Nobel ne s'y sont d'ailleurs pas trompés et s'y réunissent chaque année, toutes disciplines confondues, depuis 1951. Dans la *Maximilianstraße* ou sur le port, toutes les nationalités se mêlent aux terrasses des restaurants dans une ambiance de vacances style *Riviera.*

Comment y aller ?

➢ ***En voiture :*** en venant du nord et de la région du Rhin, par l'autoroute jusqu'à Memmingen, puis par la B 18. De Munich, par l'A 96 jusqu'à Landsberg, puis par la B 18.
➢ ***En bateau :*** la *Weiße Flotte* assure plusieurs fois/j. la liaison entre les villes de Constance, Bregenz et Lindau. ***BSB*** *; ☎ 36-40-0 ; • bsb.de •* et ***Schiffsbetrieb Wiehrer*** *; Bösenreutiner Steig 4A, à Lindau ; ☎ 781-94 ; • ms-bayern.de •*
➢ ***En train*** *(plan A1) :* plusieurs liaisons quotidiennes avec Munich, Stuttgart, Bregenz, Ulm, Hanovre...

Adresses et info utiles

ℹ ***Office de tourisme*** *(plan A1) : Alfred-Nobel-Platz 1. ☎ 26-00-30. • lindau.de • Tlj sauf mer et dim ap-m 9h-12h30, 13h30-17h30. Visites*

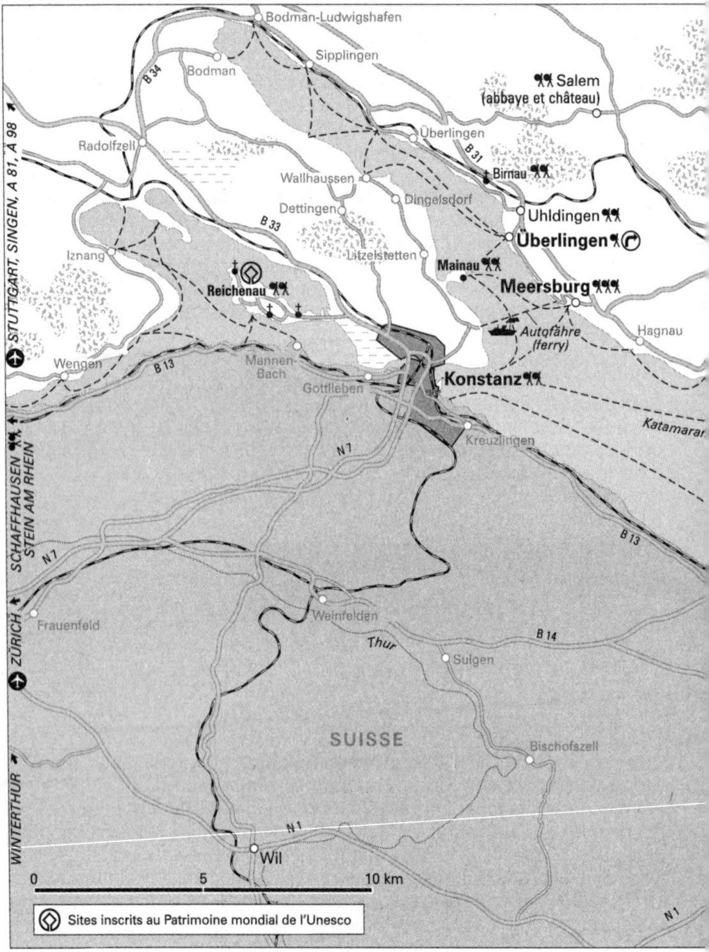

guidées en allemand (en français sur résa) avr-oct, mar à 10h30, ven à 14h30. Prix : 8 € ; réduc.

Bodensee-Schiffsbetriebe BSB *(plan A1)* **:** *Seepromenade.* ☎ *275-84-0.* • *bsb.de* • Assurent la liaison avec les autres villes bordant le lac : Constance, Meersburg, Bregenz...

Location de vélos *(plan A1,* ***1****)* **:** *Inselgraben 14, coin Ludwigstr.* ☎ *94-36-88. Lun-sam 9h-13h, 15h-18h ; dim 9h-13h. 6-12 €/j. vélo classique, 20 € vélo électrique.*

■ ***Location de bateaux*** *(plan B1,* ***2****)* **:** ***Bootsverleih Hodrius,*** *Am kleinen See, derrière la Inselhalle.* ☎ *29-77-71.* • *bootsverleih-lindau.de* •

– ***Concerts :*** renseignez-vous à l'office de tourisme sur les nombreux concerts payants et gratuits qui ont lieu de mai à septembre à Lindau,

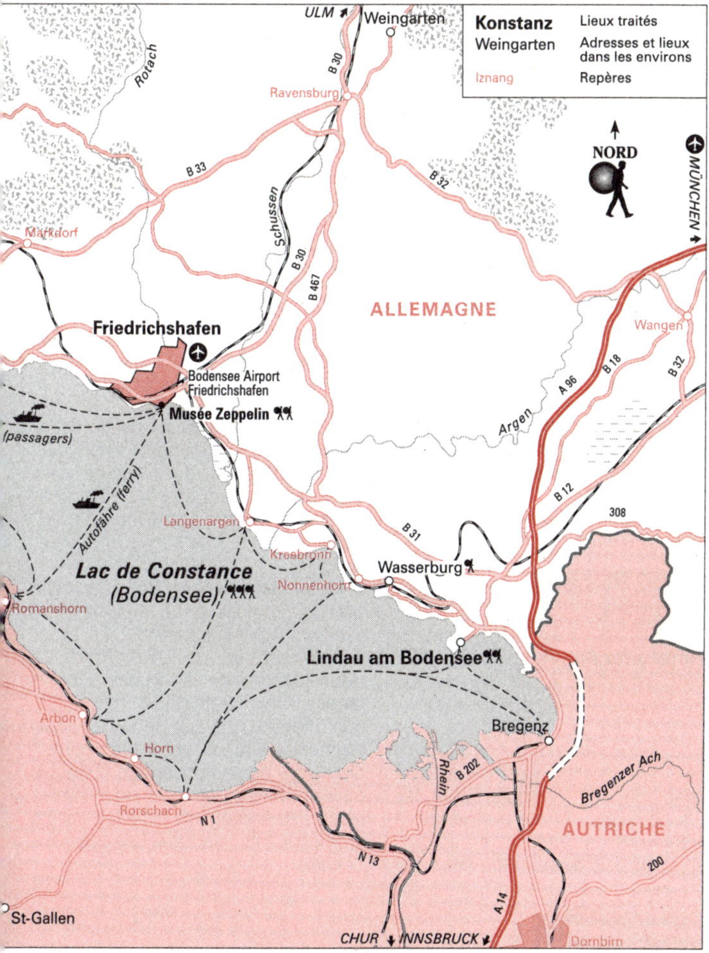

LE LAC DE CONSTANCE (BODENSEE)

et sur le festival de Musique réputé *(Bregenzer Festspiele)* qui se déroule de mi-juillet à mi-août à Bregenz, côté Autriche.

Où dormir ?

Campings

Pas de camping sur l'île de Lindau !

⛺ ***Campingpark Lindau am See :*** *Fraunhoferstr. 20, direction Autriche. ☎ 722-36. • park-camping.de • Le long du lac, à env 4 km à l'est de Lindau am Bodensee. Ouv fin mars-début nov. Selon période,*

25-28 € pour 2 avec tente et voiture. Immense camping avec une belle plage au bord du lac, ainsi qu'un restaurant et un *Biergarten.*

Auberge de jeunesse

Jugendherberge : *Herbergsweg 11. ☎ 967-10. • lindau.jugendherberge.de • À 15 mn à pied de la vieille ville. Bus nos 1 ou 2 jusqu'à l'arrêt ZUP, puis bus n° 3 direction Zech jusqu'à l'arrêt Jugendherberge ; derrière le complexe aquatique* Limare. *Fermé en janv. Nuitée 25-32,50 €/pers (prix selon saison) ; draps et petit déj inclus. ½ pens possible.* Dans une belle maison datant de 1830. Agréable partie commune. Les chambrées n'ont pas le cachet de la maison mais n'en demeurent pas moins impeccables.

De prix moyens à très chic

Hotel Alte Schule *(plan B1,* ***12****) : Alter Schulplatz 2. ☎ 911-44-44. • hotelalteschule-lindau.de • Doubles 125-185 € selon saison, petit déj inclus. Parking public à 50 m de l'autre côté des remparts.* Rénovation réussie pour cette ancienne école : les vieux parquets ont été partiellement conservés, les poutres et colombages intégrés à une déco moderne déclinée selon 3 thèmes : le lac, les jardins botaniques de Mainau, la forêt. Accueil attentionné.

Alte Post *(plan B1,* ***15****) : Fischergasse 3. ☎ 934-60. • alte-post-lindau.de • Près du théâtre. Doubles 140-200 €, petit déj inclus. Côté resto (service jusqu'à 21h), plats 9-20 €.* Chambres fraîches, accueillantes et rénovées, déco soignée. Jolie terrasse et agréable salle de resto. Cuisine régionale et internationale, avec notamment des poissons du lac. Service très souriant.

Hotel und Café Schreier *(plan A-B1,* ***13****) : Färbergasse 2. ☎ 277-290. • hotel-schreier.de • Doubles 175-206 € selon vue et saison, petit déj inclus.* Maison orange au centre de la *Seepromenade.* Chambres impeccables, décorées avec beaucoup de soin. Certaines ont des balcons, d'autres des terrasses. Pas donné, mais la vue sur le port et le phare autorise toutes les folies.

Hotel Bayerischer Hof *(plan A1,* ***14****) : Seepromenade. ☎ 91-50. • bayerischerhof-lindau.de • Doubles avec douche ou bains 180-335 € selon vue.* Hôtel de luxe, face au port et aux montagnes. Chambres évidemment très confortables, qui permettent – pour les mieux situées (les plus chères, bien sûr) – de se trouver aux 1res loges pour observer le lac et sa promenade. Piscine superbement installée sur la promenade mais à l'abri des regards. Sauna.

Où manger ?

Voici quelques adresses qui sortent des sentiers battus.

De bon marché à prix moyens

Zum Romus *(plan B1,* ***20****) : sur le port. ☎ 68-30. Tlj 9h-20h. Plats 5-9 €.* Même si elle est n'est pas gastronomique, on aime bien cette guinguette et ses quelques tables sur le quai du port. Plats et casse-croûte traditionnels très simples. Soupes et omelettes. *Biergarten.*

Mole 3 *(plan B1,* ***22****) : Segelhafen 3. ☎ 94-74-414. Mar-dim 11h-23h. Dans de rares occasions, il est possible que le resto ferme pour des soirées privées. Plat du jour 9 €.* Le *Yachtclub* de Lindau a la gentillesse d'ouvrir certaines de ses tables aux non-membres. C'est l'une des plus belles terrasses de la ville, elle surplombe simplement le lac. Cuisine soignée et préparée avec délicatesse, large carte des vins pour ne rien gâcher. Service aux petits soins.

LE SUD DE L'ALLEMAGNE

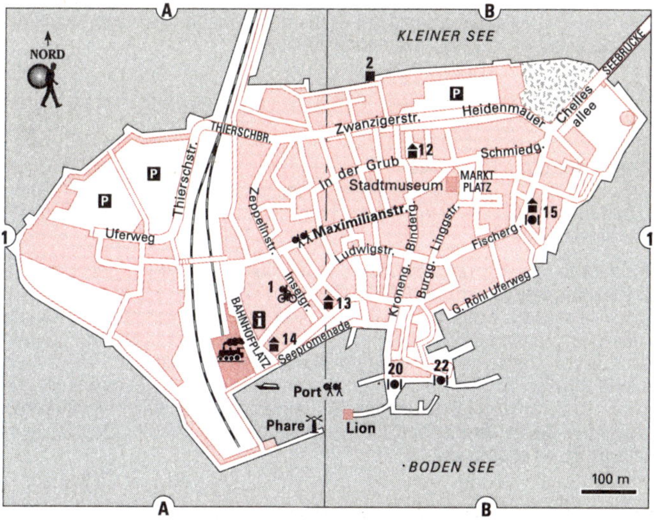

LINDAU AM BODENSEE

Adresses utiles

- Office de tourisme (A1)
- Bodensee-Schiffsbetriebe BSB (A1)
- **1** Location de vélos (A1)
- **2** Bootsverleih Hodrius (location de bateaux ; B1)

Où dormir ?

- **12** Hotel Alte Schule (B1)
- **13** Hotel und Café Schreier (A-B1)
- **14** Hotel Bayerischer Hof (A1)
- **15** Alte Post (B1)

Où manger ?

- **20** Zum Romus (B1)
- **22** Mole 3 (B1)

À voir

Le port *(plan A-B2)* **:** principale attraction de Lindau, cette promenade le long des quais *(Seepromenade)* offre une large vue sur les Alpes et la rive autrichienne. Solide, un peu à l'écart, l'ancien phare (le *Mangturm,* XIIIe s). En face, dominant l'immense ***lion en marbre*** (symbole de la Bavière), le ***nouveau phare*** (1856). De son sommet *(montée : 3 €),* la vue est exceptionnelle. L'ambiance un peu désuète, le défilé incessant de touristes et ces 2 statues qui se dressent face aux Alpes confèrent au lieu une ambiance de décor d'opérette, surtout la nuit, quand tous les lampions s'allument sur les façades du port...

Maximilianstraße et le centre ancien *(plan A-B1)* **:** les maisons bourgeoises de styles architecturaux différents s'y succèdent, et pourtant, la rue connaît une certaine harmonie. En la descendant, on passe devant la *Reichsplatz,* sur laquelle se dresse l'***Altes Rathaus*** (XVe s). Cette ancienne mairie est reconnaissable aux séduisantes fresques de 1885 sur sa façade, racontant l'histoire de la ville. Rejoindre ensuite la *Diebsturm* (tour des Brigands) du XIVe s, puis faire un saut jusqu'à la *Peterskirche* (l'église Saint-Pierre, du XIe s) qui renferme les seules fresques conservées de Hans Holbein l'Ancien (1465-1524). Revenir vers la *Marktplaz* et admirer la maison *Cavazzen,* du XVIIIe s, ornée de fresques, qui abrite le musée de la Ville.

DANS LES ENVIRONS DE LINDAU AM BODENSEE

Wasserburg am Bodensee : *ravissant village de pêcheurs à 6 km de Lindau.* Balade attrayante avec sa petite église et ses sculptures modernes plantées un peu partout sur les chemins du village. Très fréquenté : s'y rendre soit tôt le matin, soit en fin de journée.

La route baroque de la Haute-Souabe : itinéraire de 56 km, parsemé de très intéressantes églises baroques. Point de départ : Weingarten, à 35 km au nord de Lindau. Un passage obligé pour ceux qui veulent découvrir l'art baroque allemand, car les plus grands noms ont participé à l'édification et à la décoration de ces églises. À voir absolument, l'***église de Weingarten*** où prédomine une influence italienne, l'***église de Steinhausen*** que l'on qualifie de « la plus belle église villageoise », œuvre du célèbre Dominikus Zimmermann et, enfin, l'exubérante et somptueuse ***église de Zwiefalten,*** construite par J. M. Fischer. Des déluges de peintures, stucs et dorures.

FRIEDRICHSHAFEN (88001) 61 000 hab. IND. TÉL. : 07541

Avec son port plein d'activité et son dynamisme économique et commercial, cette petite ville n'est pas vraiment un lieu de villégiature, mais une visite de ses musées consacrés à l'aéronautique permettra de flâner sur la longue promenade, le long du lac, où les occasions de s'arrêter pour se sustenter ou boire un verre ne manqueront pas. On peut aussi partir d'ici pour une croisière sur le lac et aller jusqu'aux chutes du Rhin à Schaffhausen, en Suisse.

UN PEU D'HISTOIRE

À la fin du XIXe s, le comte Ferdinand von Zeppelin conçoit les 1ers dirigeables, et leur construction contribue au développement rapide de la ville. Une nouvelle agglomération nommée Zeppelindorf apparaît en 1912, avec une société employant 200 salariés. La société d'aviation Dornier s'installe également en périphérie. Possédant une industrie d'armement, la ville devient alors la cible d'attaques aériennes régulières pendant la 2de Guerre mondiale, détruisant le centre historique. La ville est reconstruite en 1950.

Adresse utile

Office de tourisme : *Bahnhofplatz 2, en face du Stadtgarten. ☎ 20-355-444. • friedrichshafen.de • Lun-ven 9h-18h, sam 9h-13h.* À l'extérieur, tableau des disponibilités d'hébergements avec prix, d'où on peut téléphoner.

À voir

Zeppelin Museum *(musée Zeppelin)* ***:*** *Seestr. 22. • zeppelin-museum.de • Dans l'ancienne gare ; grand bâtiment blanc facile à repérer. Mai-oct, tlj*

9h-17h ; nov-avr, mar-dim 10h-17h. Entrée : 12 € ; réduc. Ticket combiné avec le musée Dornier valable 7 j. : 20 € ; réduc. Audio-guide en français : 4 €. Explications en anglais. Ce musée est consacré aux dirigeables mis au point par le comte von Zeppelin. Dans le hall d'entrée, magnifique conduite intérieure Maybach. Reconstitution d'une partie du dirigeable *Hindenburg* (il faisait 245 m de long !), permettant d'apprécier le luxe qui régnait à bord. Aménagement d'un design très moderne pour l'époque, inspiré du Bauhaus. Le zeppelin reliait l'Allemagne à Rio de Janeiro en 83h, une performance ! Salle consacrée aux pionniers de l'aérostation. Photos des destructions de la ville. Collection thématique de peintures et de sculptures du Moyen Âge à nos jours, notamment des œuvres d'Otto Dix.

LA FIN DES ZEPPELINS

Long de 235 m, le Hindenburg fut le plus grand de tous les aéronefs jamais construits. Après son baptême, célébré en grande pompe par les nazis, son existence se termina tragiquement dans le New Jersey, en 1937. À 300 m de l'arrivée, il commença à prendre feu et s'écrasa au sol, faisant 35 victimes sur 97 passagers. La venue du zeppelin aux États-Unis avait attiré une importante foule de curieux et de journalistes, et la catastrophe fut abondamment filmée. Ces images l'ont tué.

Dornier Museum : *Claude-Dornier-Platz, en bordure de l'aérodrome. • dorniermuseum.de • Tlj 10h-17h (sauf lun nov-avr). Entrée : 11,50 € ; réduc. Ticket combiné avec le musée Zeppelin valable 7 j. : 20 € ; réduc.* Les passionnés d'aviation connaissent le nom de Dornier, car c'était une marque d'avions de la Luftwaffe pendant la 2de Guerre mondiale. Fils d'un Français, l'ingénieur ***Claude Dornier*** (1884-1969) travaille d'abord pour le comte Zeppelin, puis se lance dans la construction d'avions pour son propre compte. Sa passion le pousse à s'intéresser aux hydravions. Sa plus belle réussite est le Dornier WAL, construit en 1922, en Italie suite à l'interdiction faite à l'Allemagne de posséder une aviation. Il est utilisé par l'explorateur ***Roald Amundsen*** dans sa tentative de rejoindre le pôle Nord en 1925. Plus tard, il conçoit le « bateau volant », le Do X, le plus grand aéronef d'avant 1940 destiné aux liaisons transatlantiques, équipé de 12 moteurs à hélices couplés par paires. Il peut transporter 170 passagers ! Le Do 26, lui, est un hydravion au concept révolutionnaire de moteurs basculants et aux flotteurs rétractables, de manière à améliorer l'aérodynamisme, point noir des hydravions. En tant que fournisseur de matériel de guerre, Dornier a été inquiété dans les procès en dénazification, mais finalement acquitté. L'usine allemande détruite et en faillite, seule la filiale suisse, installée à *Zoug,* continue de produire des avions sous licence, et s'intéresse au décollage vertical. En 1962, après le retrait de la vie active de son fondateur, la firme Dornier est reprise, d'abord par ses fils puis par Daimler-Benz, ensuite par Fairchild. Elle collabore aux différents programmes de recherche spatiale. Plusieurs modèles d'avion sont exposés à l'extérieur, dont un *Bréguet Atlantique* de l'aéronavale française.

MEERSBURG

(88709) 6 000 hab. IND. TÉL. : 07532

Bien que Meersburg ne soit qu'un village vigneron typique, on pourrait presque dire qu'il y a 2 Meersburg : la ville haute aux rues pentues avec belles maisons à colombages, groupées autour du château fort et du château neuf, et la ville basse au bord du lac, où flotte l'ambiance d'une petite station balnéaire. Meersburg est, avec Lindau, l'une des villes pittoresques du lac de Constance.

Adresses utiles

Office de tourisme : *Kirchstr. 4, 88709. ☎ 44-04-00. • meersburg.de • Avr-oct, lun-ven 9h-12h30, 14h-18h ; sam-dim et j. fériés 10h-14h. Dépliant gratuit en français pour la visite de la ville. Visite guidée (anglais-français). Prix : 7 €.*

Location d'embarcations à pédales : Frey, *Bootshafen am Stadtgarten. ☎ 77-32.* À côté du port.

Location de vélos : Meersburger Hofladen, *Stettenerstr. 41. ☎ 41-42-27.* Sur la route principale de la ville haute, à 150 m de l'office de tourisme.

Bodensee-Schiffsbetriebe BSB : *☎ (07531) 364-00. • bsb.de •* Liaisons régulières avec les autres villes du lac.

Bacs Meersburg-Konstanz : *☎ (07531) 803-3000. • faehre.konstanz.de • Embarcadère dans la ville basse.* Départs 24h/24 ttes les 15 mn. Le moyen le plus rapide pour rejoindre Constance *(env 15 € pour une voiture avec 2 pers).* Durée : env 20 mn. Par la route, moins de 1h pour parcourir les 35 km autour du lac.

Où dormir ?

De prix moyens à plus chic

Chambres d'hôtes Elisabeth Jost : *Droste-Hülshoff-Weg 13. ☎ 49-42-20. • drosteweg13.de • De la ville haute, prendre la 1re à gauche dans la Daisendorfer Str. Double 65 €, petit déj inclus.* Dans une maison des années 1920, avec jardin, 4 chambres toutes simples avec vue imprenable sur le lac. Préférez celles qui ont un balcon. Salles de bains impeccables et modernes. Une bonne adresse.

Weinstube Löwen : *Marktplatz 2. ☎ 43-040. • hotel-loewen-meersburg.de • Doubles 150-190 € selon taille et saison, petit déj inclus. Menus 16 et 17 € ; plats 11-25 €. Loue aussi des appartements à l'extérieur du centre-ville.* Demeure historique à la façade rouge recouverte de vigne vierge en plein cœur de la cité médiévale, sur une placette pavée. Ambiance familiale. 3 générations vous y accueillent avec plein de petites attentions dans les chambres confortables, rénovées pour la plupart. Très bonne table avec un large choix de spécialités locales (notamment de poissons) à déguster sur l'agréable terrasse ou dans la belle salle boisée du restaurant.

Landhaus Ödenstein : *Droste-Hülshoff-Weg 25. ☎ 61-42. • oedenstein.de • De la ville haute, prendre la 1re à gauche dans la Daisendorfer Str. Doubles avec douche ou bains 108-160 € selon orientation, saison et durée de séjour, petit déj inclus. Parking.* Un coin tranquille, niché entre les vignes et perché au-dessus du lac. Vue époustouflante. Une maison au parquet qui craque avec des chambres très propres au mobilier hétéroclite. Préférez celles avec balcon. Accueil chaleureux.

Où manger ? Où boire un verre ?

De prix moyens à plus chic

Winzerstube zum Becher : *Höllgasse 4, petite rue partant du Rathaus. ☎ 90-09. Tlj sauf lun 12h-14h, 18h-22h. Plats 15-27 €.* Maison jaune où court la vigne vierge. Salles chaleureuses du *Stube* avec ses boiseries. Bonne cuisine bourgeoise soignée et de qualité, et vins locaux. Petite terrasse en été.

Winzerverein Meersburg : *Unterstadtstr. 11. ☎ 80-71-64. Avr-oct, tlj 10h-21h (horaires réduits nov-mars).* Caviste représentant la production d'une trentaine de vignerons locaux. C'est le moment de tester un müller-thurgau ou un weißburgunder, un joli pinot blanc. Vous laissez une caution de 2 € pour le verre, et vous payez le contenu du cru que vous voulez déguster, attablé autour de tables et tonneaux.

À voir

🏃🏃 👨‍👧 ***Meersburg*** *(vieux château)* **:** *• burgmeersburg.de • Tlj 10h-18h30 (18h nov-fév) ; dernière entrée 30 mn avt fermeture. Entrée : 12,80 € avec la visite de la tour Dagobert ; réduc. Visite libre. Dépliant en français (1 €) utile pour la visite.* C'est le roi Dagobert Ier d'Austrasie qui fit bâtir le donjon et le palais vers 628. À partir de 1268, le château devint propriété des princes-évêques de Constance. Lors de la sécularisation, le château fut acquis par l'État de Bade, qui voulut le démanteler en 1837. Le baron de Lassberg s'y opposa et sauva l'édifice. Les 28 pièces de ce château évoquent, avec une scénographie un peu dépassée, la vie au Moyen Âge : salle d'armes, cuisines, oubliettes. La visite de ce château privé est très commerciale avec des boutiques souvenirs de la billetterie au café. Visite guidée de la tour Dagobert.

🏃🏃 ***Neues Schloss*** *(nouveau château)* **:** *• neues-schloss-meersburg.de • Tlj 9h30-18h (12h-17h w-e nov-mars) ; dernière entrée 30 mn avt fermeture. Entrée : 6 € ; réduc. Visite libre. Dépliant en français, audioguide. Visite guidée : 8 € en allemand.* Au début du XVIe s, la ville de Constance devient protestante et les princes-évêques transfèrent leur résidence à Meersburg. En 1710, le prince-évêque *Johann Franz Schenk Stauffenberg* fait bâtir ce nouveau château qui surplombe l'ancien château et le lac. Agrandi et réaménagé en 1743, c'était l'une des résidences baroques les plus originales de l'empire. À l'intérieur, un remarquable escalier monumental conduit au bel étage où se trouvent les appartements privés et salles de réception.
L'église est un bijou architectural, fresques de *Bernhard Goetz* et stucs de *Feuchtmayer* (le stucateur qui a décoré les plus belles églises de la région). On peut visiter sa maison natale et son atelier, devenus musée, à *Salem* (voir plus loin). Café avec terrasse dans les jardins fleuris, le superbe panorama sur le lac et les Alpes en prime !

– Selon vos centres d'intérêt, vous pouvez aussi visiter, à côté du vieux château, le très petit ***Zeppelinmuseum*** *(de mars à mi-nov, tlj 10h-18h ; entrée : 5 €, réduc),* en rien comparable à celui de Friedrichshafen, le ***Bibelgalerie*** *(musée de la Bible ; avr-oct, tlj 11h-13h, 14h-17h, sauf lun et dim mat ; entrée : 7 €, réduc),* ou le musée du Vin ***Vineum Bodensee*** *(avr-oct, tlj 11h-18h, sauf lun ; entrée : 7 €, réduc).* Si vous ne voulez pas visiter ce dernier entièrement, contentez-vous d'admirer dans l'entrée l'impressionnant pressoir à vin de 1607 sur lequel est projeté un diaporama évoquant l'histoire de Meersburg et du bâtiment (ancien hôpital).

DANS LES ENVIRONS DE MEERSBURG

🏃🏃 👨‍👧 ***Pfahlbaumuseum Unteruhldingen*** *(musée sur pilotis d'Unteruhldingen)* **:** *Strandpromenade 6, à* ***Uhldingen-Mühlhofen.*** *• pfahlbauten.de • À 4 km de Meersburg. Avr-oct, ouv 10h-18h (17h30 oct) ; de début nov à mi-mars, visite sur demande. Entrée : 12 € ; réduc. Brochure en français. Visite guidée obligatoire (durée : env 1h).* Intéressant musée de plein air. Reconstitution grandeur nature d'un village lacustre de l'âge de pierre et de l'âge du bronze, mettant en scène la vie quotidienne et l'habitat des hommes de la préhistoire. Animations en été et petit musée didactique à l'entrée.

🏃🏃 ***L'abbaye et le château de Salem*** **:** *à 15 km de Meersburg. • salem.de • Avr-début nov, 9h30 (10h30 dim)-18h ; nov-mars, dim – visite guidée de l'abbaye seulement. Entrée : 9 € ; 5 € hors saison ; réduc.* Ancienne abbaye cistercienne, fondée au XIIe s ; rattachée à l'empire, elle n'obéissait qu'à l'empereur et au pape. Elle est la propriété des margraves de Bade depuis 1802. Incendié en 1697, le monastère fut entièrement reconstruit dans un style baroque au XVIIIe s, période de son apogée. Une partie des bâtiments accueille un célèbre internat, où les rejetons de l'aristocratie européenne viennent étudier. La visite guidée permet d'accéder à l'abbatiale gothique richement décorée.

L'église de Birnau : *à 10 km de Meersburg. Ouv 7h30-17h (avr-oct 7h30-18h).* Entre les vignes et le lac se dresse cette église, chef-d'œuvre de l'époque baroque, construite entre 1746 et 1750 par les cisterciens de l'abbaye de Salem. À voir, que l'on soit ou non amateur du style rococo.

KONSTANZ (CONSTANCE)

(78401) 85 000 hab. IND. TÉL. : 07531

• Plan *p. 263*

Enclave allemande en territoire suisse, c'est aujourd'hui la ville la plus importante au bord du lac. Déjà, au Moyen Âge, sa situation en fait une plaque tournante du commerce occidental. À son apogée, elle est choisie comme siège du concile destiné à mettre fin au Grand Schisme d'Occident (1378-1429). Entre 1414 et 1418, les prélats tentent de réunir le monde chrétien, divisé en 3 papautés (Rome, Pise, Avignon), autour d'un seul pape. En 1417, leur mission s'accomplit enfin avec l'élection de Martin V au trône de Saint-Pierre. Tout au long de ces 4 années, la ville joue donc le rôle de capitale du monde chrétien ! Mais *Jan Hus,* le recteur de l'université de Prague, contestant le pouvoir papal, a eu moins de chance : déclaré hérétique, il y est brûlé vif en 1414.
Si quelques façades et certains monuments témoignent de l'époque où Constance était une cité phare, on ressent, en flânant dans ses rues, que ce passé glorieux est bien révolu. Le soir, l'agitation du centre-ville migre vers l'esplanade du port pour profiter du bon air « marin » et des derniers rayons du soleil sur l'une des nombreuses terrasses. C'est néanmoins une ville agréable à vivre, et qui constitue une étape idéale pour faire le tour du lac, notamment pour visiter les îles de Mainau et de Reichenau.

Adresses utiles

Office de tourisme *(plan B2) : Bahnhofplatz 43, 78462. ☎ 13-30-30. • konstanz-info.com • Sur le côté de la gare et des quais. Avr-oct, 9h-18h30 (16h sam), dim 10h-13h ; le reste de l'année, lun-ven 9h-16h.* Brochures sur les activités. Horaires des bateaux et liste des chambres chez l'habitant. Réservations pour visiter Constance, Reichenau ou Mainau avec un guide parlant le français.

Bodensee-Schiffsbetriebe BSB *(plan B2,* ***1****) : Hafenstr. 6. ☎ 36-400. • bsb.de •* Plusieurs compagnies assurent la liaison avec les autres villes bordant le lac (Lindau, Meersburg, Bregenz...) et avec l'île Mainau.

Bacs Meersburg-Constance *(hors plan par B1,* ***2****) : Schiffstr. 41,* ***Konstanz-Staad.*** *Au nord du centre-ville, à env 10 mn de voiture. ☎ 803-30-00. • bsb.de • Départs 24h/24 ttes les 15 mn en journée, en saison. Le meilleur moyen pour rejoindre Meersburg en voiture, env 15 € pour une voiture avec 2 pers. Durée : env 20 mn.*

Location de vélos *(plan B2,* ***4****) :* ***Kultur-Rädle,*** *Bahnhofplatz 29, à la*

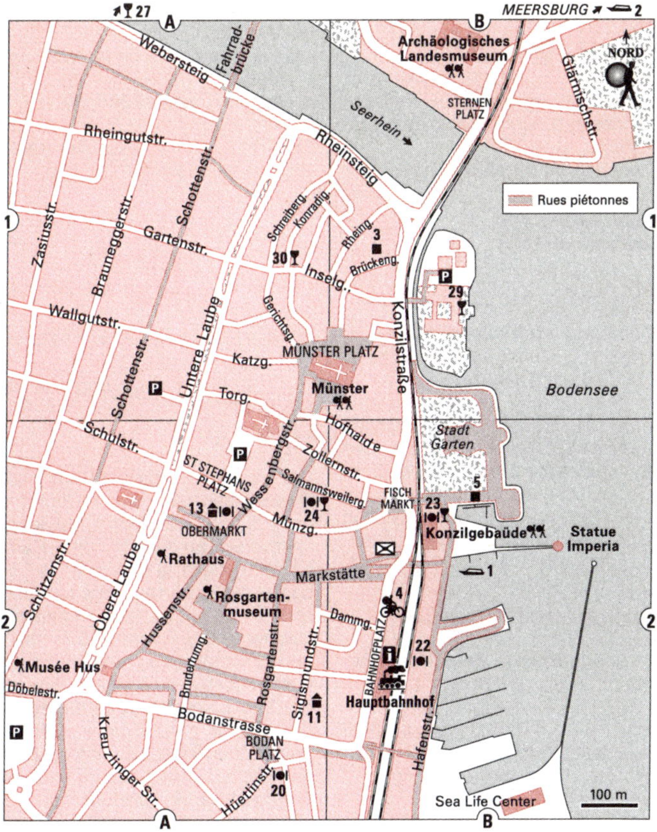

KONSTANZ (CONSTANCE)

Adresses utiles

- Office de tourisme (B2)
- 1 Bodensee-Schiffsbetriebe BSB (B2)
- 2 Bacs Meersburg-Constance (hors plan par B1)
- 3 Location de rickshaws (B1)
- 4 Kultur-Rädle (location de vélos ; B2)
- 5 Marc Fluck (location de bateaux ; B2)

Où dormir ?

- 11 Hotel Viva Sky (A2)
- 13 Hotel-Restaurant Barbarossa (A2)

Où manger ?

- 20 Tolle Knolle (A2)
- 22 Resto Biergarten Hafenhalle (B2)
- 23 Konzil (B2)
- 24 Weinstube Pfohl « Zum Küfer Fritz » (A2)

Où boire un verre ? Où sortir ?

- 27 Strand Bar (hors plan par A1)
- 29 Terrasse de l'hôtel Steigenberger (B1)
- 30 Brauhaus Johann Albrecht (A1)

gare. ☎ 27-310. Lun-ven 9h-12h30, 14h30-18h ; sam 10h-16h ; dim 10h-12h30. Compter 13 €/j. Possibilité de rendre les vélos jusqu'à 20h. Vélos et tandems pour les amoureux. Propose aussi des excursions payantes à vélo le samedi.

■ ***Location de bateaux*** *(plan B2,* ***5****)* **:** **Marc Fluck,** *Stadtgarten 1, Am Gondelhafen. ☎ 218-81. Tlj 11h-19h.* Location toute l'année de bateaux à moteur, à rames, etc.

■ ***Location de rickshaws*** *(plan B1,* ***3****)* **:** **Seepferdle-Express,** *Brückengasse 9. ☎ 0176-2385-8676.* Pour ceux qui ont envie d'une balade sans pédaler.

Où dormir ?

Camping

⛺ ***Campingplatz Klausenhorn :*** *Hornwiesenstr., à* ***Konstanz-Dingelsdorf.*** *☎ (07533) 63-72. • camping-klausenhorn.de • À env 14 km de Constance. Fin mars-début oct. 30 € pour 2 avec tente et voiture. Prêt de vélos.* Pas très grand mais situé directement au bord du lac. Plutôt arboré. Très fréquenté par les camping-cars. Plage. Location d'hébergements insolites (dans un tonneau, une cabane...).

Auberge de jeunesse

🏠 ***Jugendherberge Otto-Moericke-Turm :*** *Zur Allmannshöhe 16, 78464. ☎ 322-60. • jugendherberge-konstanz.de • À 3,6 km au nord du centre-ville. Bus nos 4 ou 13 à la gare principale (arrêt Jugendherberge) ; bus no 1 (arrêt Allmannsdorf-Post). Ouv tte l'année (sauf fin déc). Nuitée 27 €/pers en chambre de 4 ou 6 lits avec douche et w-c ; 38 € pour les plus de 27 ans ; compter 14 € en supplément pour une double ; draps et linge fournis.* Installée dans un ancien château d'eau et au-dessous. L'immense tour offre une très belle vue sur le lac depuis certaines chambres.

De prix moyens à très chic

🏠 🍽 ***Hotel-Restaurant Barbarossa*** *(plan A2,* ***13****)* **:** *Obermarkt 8-12. ☎ 12-89-90. • hotelbarbarossa.de • Resto 11h30-14h, 18h-22h. Doubles 90-170 € selon saison et catégorie, petit déj inclus. Plats 10-26 €. Garage à 300 m de l'hôtel.* Hôtel-restaurant historique situé en plein cœur de Constance, dans la zone piétonne. C'est ici que l'empereur Frédéric Ier, dit « Barberousse », signa la paix avec la Lombardie. Quelques chambres au mobilier ancien et d'autres, plus modernes et fraîchement rénovées. Côté cuisine, que l'on déguste en terrasse ou dans la salle cossue au 1er étage (boiseries et vitraux), spécialités de poisson, de gibier et de plats régionaux. Pas de grande inventivité, mais une qualité qui ne fait jamais défaut. Accueil prévenant.

🏠 ***Hotel Viva Sky*** *(plan A2,* ***11****)* **:** *Sigismundstr. 19. ☎ 69-23-620. • hotel-viva-sky.de • Doubles 109-169 €, petit déj inclus.* À proximité de la gare, dans une large rue piétonne, un hôtel aux chambres qui font voyager, avec une déco sympa et colorée. Toit-terrasse idéal pour regarder le coucher de soleil sur la ville ou prendre son petit déj le matin. Excellent accueil.

Où manger ?

De bon marché à chic

Parmi les bons plans « Bon marché », ne manquez pas le *Biergarten Hafenhalle.*

🍽 🍷 ***Weinstube Pfohl « Zum Küfer Fritz »*** *(plan A2,* ***24****)* **:** *Salmannsweilergasse 11. ☎ 28-20-656. Lun-sam 11h-minuit. Fermé dim. Casse-croûte env 5 €.* On goûte ici au Constance du XXe s. C'est le meilleur caviste de la ville avec un très grand choix de vins locaux.

🍽 ⛱ ***Tolle Knolle*** *(plan A2,* ***20****)* **:** *Bodanplatz 9. ☎ 17-575. Au bout de la Bahnhofplatz, côté Sea Life Center. Tlj 11h-minuit. Plats 9-15 €. Patatas bravas, Kartoffelpuffer,* pommes de

LE SUD DE L'ALLEMAGNE

terre en robe des champs... Originalité de la maison : la pâte à pizza à base de pommes de terre. Salle soignée et ornée de tableaux représentant, évidemment, des pommes de terre ! Très agréable terrasse dès les beaux jours.

Resto Biergarten Hafenhalle *(plan B2,* ***22****)* **:** *Am Hafen 10. ☎ 211-26. Derrière la gare, sur le port. Tlj 17h (12h w-e)-1h. Au Biergarten, plats 4-10 €. Au resto, plats 9-23 €.* Installé au bord du lac dans un ancien entrepôt de la *Deutsche Bahn.* 2 possibilités : manger à prix doux dans le *Biergarten,* sous les lampions, ou dans le resto au cadre industriel aménagé avec style, où l'on sert une bonne cuisine régionale. Ambiance décontractée. Bondé le week-end. Un de nos coups de cœur dans la ville.

Konzil *(plan B2,* ***23****)* **:** *Hafenstr. 2. ☎ 21-221. Face à la statue Impéria et aux quais de départ des bateaux. Tlj 11h30-22h. Plats 13-32 € ; menu 33 €.* Dans l'historique *maison du Concile,* une bonne table avec une ambiance de grande brasserie parisienne. Cuisine soignée et service attentionné. Belle terrasse.

Où boire un verre ? Où sortir ?

Été comme hiver, les points de ralliement restent les cafés du *Fischmarkt* (place derrière le *Konzil*), notamment le *Café Rossini,* mais aussi le port (derrière la gare).

Terrasse de l'hôtel Steigenberger *(plan B1,* ***29****)* **:** *ouv dès les beaux jours 12h-22h30.* À défaut de vous y payer une nuit, allez prendre sur la terrasse, quand il fait beau, un *Kaffee-Kuchen,* une glace ou un apéritif face au lac : vue imprenable. Très chic mais pas guindé.

Brauhaus Johann Albrecht *(plan A1,* ***30****)* **:** *Konradigasse 2. ☎ 250-45. Ouv 12h-21h.* Bière fabriquée quotidiennement par le maître brasseur qui veille à la température de l'alambic. Petite terrasse sur rue. *Prost !*

Strand Bar *(hors plan par A1,* ***27****)* **:** *Webersteig 12. Tlj sauf dim 12h-minuit.* L'endroit le plus cool et le plus prisé des étudiants de la ville, au bord du Rhin pour boire un verre les pieds dans le sable, sur une chaise longue.

À voir

Münster *(cathédrale ; plan A-B1)* **:** *tlj 8h-18h. Visite de la tour mars-oct, tlj 10h-18h (19h dim).* Pyramide translucide sur le parvis, dévoilant des vestiges romains des IVe et Ve s apr. J.-C. Construite entre le XIe et le XVIIe s ; superbes vantaux des portes du porche, avec scènes de la vie du Christ, datant du XVe s. Nef et transept de style roman et chapelles de style gothique. Elle a conservé une grande partie de son mobilier du XVe s, comme les stalles du chœur. Du haut de la tour, très jolie vue sur la ville et le lac. La crypte renferme 4 disques de cuivre doré, datant des XIe et XIIIe s. À l'extérieur, en passant par le cloître, on rejoint la chapelle Saint-Maurice du XIIIe s : réplique du ***Saint-Sépulcre,*** ouvrage sculpté doté de 12 côtés et datant du haut Moyen Âge. En sortant de la cathédrale, allez jusqu'au quartier de Niederburg, ensemble de petites rues partant en face du porche.

Rathaus *(hôtel de ville ; plan A2)* **:** *Kanzleistr.* Élégant bâtiment du XVIe s, recouvert de fresques du XIXe s illustrant l'histoire de la cité. À l'origine, il a été construit pour abriter la confrérie des tisserands.

Konzilgebäude *(maison du Concile ; plan B2)* **:** cet ancien entrepôt de la fin du XIVe s accueillit le conclave qui procéda en 1417 à l'élection du pape Martin V.

Aujourd'hui, fidèle à sa vocation, la maison organise à nouveau des événements et des congrès.

Le musée Hus (plan A2) : *Hussenstr. 64. Ouv mar-dim 11h-17h (16h oct-mars). GRATUIT.* Dans un ensemble de maisons du XVe s et du XVIe s, ce lieu de commémoration est dédié à Jan Hus, réformateur religieux tchèque, qui fut déclaré hérétique devant le concile de Constance en 1414 et condamné au bûcher. Explication sur le « hussisme, cette doctrine religieuse dissidente encore active en Bohême ».

Rosgartenmuseum (plan A2) : *Rosgartenstr. 3-5. • rosgartenmuseum.de • Mar-ven 10h-17h30, w-e 10h-16h30. Entrée : 3 € ; réduc.* Musée régional installé dans l'ancienne maison des Bouchers. Présentation assez moderne de l'histoire de la ville, avec plusieurs thèmes abordés comme celui de la vie quotidienne au XVe s et la prostitution, en rappelant qu'à l'époque du concile, Constance comptait 700 prostituées pour 7 000 habitants ! Café à l'intérieur du musée.

Archäologisches Landesmuseum (Musée archéologique régional ; plan B1) : *Benediktinerplatz 5. • konstanz.alm-bw.de • Juste au nord du pont en direction de Meersburg. Mar-dim 10h-18h. Entrée : 6 € ; réduc ; gratuit 1er sam du mois.* Retrace l'histoire du Bade-Wurtemberg de la préhistoire à nos jours, en passant par les Romains, les Celtes et le Moyen Âge. Intéressant bâtiment mêlant un ancien couvent à une structure moderne. Présentation vivante. Jetez un coup d'œil au plus ancien bateau retrouvé dans le lac de Constance.

UN MONUMENT DÉDIÉ AU PLUS VIEUX MÉTIER DU MONDE

Le plus grand monument au monde (9 m) dédié à une prostituée veille depuis 1993 sur le port de Constance. La statue d'Imperia rend hommage aux milliers de courtisanes présentes à Constance entre 1414 et 1418 pour rendre le fameux concile supportable. Sur ses mains levées vers le ciel sont assis 2 bouffons totalement nus, portant seulement leur coiffe. À gauche, le pape, et à droite, le roi. On comprend vite qui détenait le pouvoir pendant les négociations...

À faire

Promenade : *longez le lac en partant de la gare principale en direction du Rhin.* Du *Stadtgarten,* jolie vue. Poussez votre balade en passant sur l'autre rive en empruntant le *Rheinbrücke* et promenez-vous sur la *Seestraße* qui offre une autre vue sur le lac et Constance.

Manifestation

– **Seenachtsfest :** *2e sam d'août.* Un feu d'artifice gigantesque sur le lac enthousiasme chaque année les habitants et les visiteurs. Avant et après ce grand moment, des concerts et des animations nombreuses ont lieu le long du lac.

DANS LES ENVIRONS DE KONSTANZ (CONSTANCE)

Überlingen : un village agréable, une alternative aux lieux surfréquentés du pourtour du lac. Überlingen est une destination familiale desservie par les ferries de la *Bodensee-Schiffsbetriebe BSB.* La station compte 3 plages, mais tout son charme s'exprime lors du marché du samedi qui s'étend sur plusieurs rues du centre. Belle balade tout au long du lac sur un parcours bordé de parterres et de palmiers. En outre, promenade possible de 4 km sur un chemin horticole reliant les parcs et les jardins. De confortables cafés à la ferme, des auberges typiques et des restaurants avec des produits régionaux de saison permettent de prendre des forces en chemin. Les enfants seront attirés par la visite de la ferme d'animaux domestiques de *Reutemühle.*

L'ÎLE DE MAINAU

Comment y aller ?

➢ ***En bateau :*** liaison Constance-Mainau ttes 30 mn en saison. 17,40 € A/R.

➢ ***En voiture :*** grand parking juste devant le pont reliant l'île au continent.

➢ ***En bus :*** depuis Constance, lignes nos 4/13 de la gare principale (direction Litzelstetten/Wallhausen). Env 15 mn de trajet.

À voir

Le parc botanique de l'île : *• mainau.de • Ouv tte l'année : été 9h-19h ; hiver horaires restreints ; dernière admission 1h avt fermeture. Entrée chère au printemps et en été : 26 € (23 € en ligne) ; réduc. En automne et en hiver, entrée : 13 €. Vélos non admis.* L'île est aménagée en un immense ***parc botanique*** depuis que le comte suédois Lennart Bernadotte en a pris possession, en 1932. Les symboles rappelant les origines suédoises de la famille ***Bernadotte*** abondent. Dans le vaste parc, les parterres de dahlias, azalées, tulipes, rhododendrons, orchidées, côtoient les séquoias géants et bien d'autres espèces de plantes. Château et église baroque construits au XVIIIe s, maison des palmiers avec un joli café, serre des papillons, expos temporaires, aires de jeux pour les enfants et plusieurs restos et snacks, dont une très bonne table – le *Schwedenschenke (fermé lun et à 20h30 ; plats 11-23 €, menu 28 €)* – permettent d'y passer toute une journée sans s'ennuyer. Très fréquenté en saison.

UN ARBRE AU NOM INDIEN

Avec plus de 100 m de haut, le séquoia géant américain est le plus haut des conifères et peut être considéré comme le roi des forêts. Son nom lui fut attribué par le botaniste autrichien Endlicher à la mémoire du chef indien Sequoyah (1767-1843), inventeur de l'alphabet cherokee.

L'ÎLE DE REICHENAU

Comment y aller ?

➢ ***En voiture :*** l'île est reliée à la terre par un pont, à 7 km à l'ouest de Constance.

➢ ***En bus et en train :*** prendre à Konstanz le *S-Bahn Seehas,* et à la gare de Reichenau le bus no 7372. Sur l'île, un bus *Inselbus* fait en boucle le tour de Reichenau (mai-oct 10h-17h).

➢ ***À vélo :*** le moyen de locomotion idéal pour découvrir l'île. On peut y pique-niquer très agréablement.

Adresses utiles

Office de tourisme : *Pirminstr. 145, 78479* ***Insel Reichenau.*** *☎ (07534) 920-70. • reichenau-tourismus.de • À proximité de l'abbatiale de* ***Mittelzell.***

Mai-sept, lun-sam 9h-18h (13h sam) ; oct-avr, 9h-12h30, 13h30-16h (17h avr et oct). Infos sur toutes les possibilités d'hébergement dans les 5 hôtels de l'île *(prix très variables),* les nombreuses chambres chez l'habitant ou la location d'appartements. Carte d'hôte pour les personnes dormant à Reichenau donnant droit aux transports locaux et à de multiples réductions.

■ ***Location de vélos :*** *chez* ***Freizeitcenter,*** *Mark Blain, Zum Sandseele 1, 78479* ***Insel Reichenau.*** *☎ 99-58-777. • freizeitcenter-reichenau.de • À côté du camping Sandseele. Avr-oct, tlj 9h-18h.* Loue des vélos mais aussi des tandems, des vélos électriques et même des bateaux et des paddles !

Où dormir ?

Campingplatz Sandseele : *Bradlengasse 24d, 78479* ***Insel Reichenau.*** *☎ (07534) 73-84. • sandseele.de • Avr-fin sept. Empl. 40 € pour 2 avec tente et voiture. Loc de vélos.* Très agréablement situé au bord du lac avec sa petite plage. Un îlot de tranquillité. Restaurant et bar pied dans l'eau. Épicerie. Location de canoës, terrains de volley et de foot.

À voir

L'île de Reichenau est inscrite au ***Patrimoine mondial de l'Unesco.*** La petite île de 5 km de long sur 2 km de large rayonne sur la région depuis le VIIIe s. Au détour des champs et des serres consacrés à la culture maraîchère, son histoire fut dominée par la vie monastique. Ce qui subsiste de cette lointaine époque constitue un témoignage exceptionnel du rôle religieux, scientifique et culturel d'un grand monastère bénédictin du haut Moyen Âge. L'abbaye doit, en outre, sa célébrité à sa bibliothèque, à l'école de peinture de Reichenau et à l'orfèvrerie. Des professeurs de renom y ont enseigné dans la célèbre école du monastère, dont sont issus d'éminents théologiens, politiciens, scientifiques, poètes et musiciens.

Reichenau est l'un des plus anciens sites de la chrétienté en Allemagne. De la vingtaine d'églises et de chapelles qui se trouvaient sur l'île, il n'en reste aujourd'hui que 3 datant du IXe s et du XIe s, et qui méritent absolument une visite. C'est en l'an 724 que l'évêque errant ***Pirmin*** fonda le 1er monastère bénédictin sur l'île encore inhabitée. Durant le haut Moyen Âge, il connaît son apogée politique, scientifique et artistique, mais fut définitivement dissous en 1803.

L'église Saint-Georges, datant du IXe s, est la 1re à découvrir dans le hameau de ***Oberzell*** en venant de Constance. Superbes peintures murales représentant les miracles du Christ, considérées comme les seules peintures d'église datant d'avant le Xe s conservées au nord des Alpes.

Le lieu-dit de **Mittelzell** abrite l'*abbatiale Sainte-Marie-et-Saint-Marc,* consacrée en 816, qui eut un grand rôle spirituel entre le IXe s et le XIe s. L'abbaye était réputée pour la qualité de ses enluminures. La basilique est le plus important édifice roman d'Allemagne du Sud. À noter, la charpente en bois (voûte en berceau) intacte du XIIIe s. Dans le chœur, le *trésor,* où est conservé un reliquaire de saint Marc en argent enrichi d'émaux. Derrière l'abbatiale se trouve la coopérative de vin *(Winzerkeller)* de Reichenau, une bonne occasion de goûter à la production locale. À proximité de l'office de tourisme, 4 bâtiments abritent le ***Museum Reichenau*** *(Ergat 1 ; avr-oct, tlj 10h30-16h30 – 17h30 juil-août ; nov-mars, seulement w-e 14h-17h ; entrée : 5 €, réduc),* qui retrace l'histoire religieuse et profane de l'île. *• reichenau.de •*

Enfin, à l'extrémité de l'île, à ***Niederzell,*** se trouve l'église de Saint-Pierre-et-Saint-Paul, intéressante car elle fut « baroquisée » en 1756.

– 3 ***fêtes*** insulaires traditionnelles importantes donnant lieu à de grandes processions : le 25 avril pour la fête de saint Marc, le lundi suivant le dimanche de la Trinité et le 15 août pour l'Assomption.

LA FORÊT-NOIRE

La Forêt-Noire (*Schwarzwald* en allemand), recouverte à 60 % de sombres et mystérieuses forêts de conifères et d'épicéas, préserve les échos des contes et légendes qui hantent ses montagnes. Sur un si petit territoire, qui s'étend sur 170 km de Karlsruhe à Bâle en Suisse, le visiteur ne pourra qu'être enchanté par la diversité des paysages alternant pâtures, vignes et forêts, crêtes, coteaux et vallées encaissées, et par l'accueil de cette terre de tradition. On y pratique la randonnée et le tourisme thermal en été et le ski de fond en hiver.
Et pour commencer, une fois n'est pas coutume, la cerise avant le gâteau avec Fribourg-en-Brisgau.

FREIBURG IM BREISGAU (FRIBOURG-EN-BRISGAU)

(79098) 231 000 hab. IND. TÉL. : 0761

• Plan *p. 271*

À la croisée des chemins de l'Allemagne, de la Suisse et de la France, Freiburg im Breisgau est considérée comme la capitale de la Forêt-Noire. La forêt est aux portes de la ville, à ce point proche que l'on peut partir à pied pour une balade depuis le centre-ville. Depuis 500 ans, les étudiants usent les pavés des douces ruelles concentrées autour de la cathédrale gothique. L'université est d'ailleurs le 1er employeur de la ville. Pour un grand nombre de *Bobbele* (surnom donné aux habitants de Fribourg), la bicyclette demeure le moyen de locomotion idéal pour apprécier à sa juste valeur un style de vie que beaucoup d'Allemands leur envient.

UNE ÉCOVILLE DU FUTUR

À plus d'un titre, Fribourg est une cité écologiquement responsable qui n'a pas attendu la mode actuelle pour passer à l'acte. Au milieu des années 1990, quand les forces françaises stationnées en Allemagne quittent le ***quartier Vauban,*** se pose la question de l'exploitation de l'ancien casernement. D'abord, des squatters investissent les lieux situés au sud de la ville en y privilégiant un mode de vie écologique. Puis, rapidement, la Municipalité lance un programme d'écoquartier (un des 1ers de la planète) sur les 4 ha du site.
Aujourd'hui, nombre de maisons sont autosuffisantes et indépendantes en énergie grâce au solaire. Les eaux de pluie sont collectées pour arroser les espaces verts et nettoyer la voirie. Le tri sélectif est bien sûr de rigueur et des aires de compostage sont à la disposition des riverains pour recycler les déchets organiques. Au-delà, c'est la ville de Fribourg tout entière qui axe sa politique vers un développement écologique. Côté transports, la vitesse de circulation des automobiles a été limitée à 30 km/h et les déplacements doux (vélos et tramways) mis à l'honneur. Beaucoup de rues ont été clôturées et transformées en aires de jeux

pour les enfants. Des entreprises locales se sont spécialisées dans la production de panneaux photovoltaïques ; une des tours du centre-ville en est d'ailleurs entièrement parée sur un de ses flancs, tout un symbole ! Tout cela fait de Fribourg la capitale écologique d'Allemagne... où il fait bon vivre !

UN PEU D'HISTOIRE

Au XIIe s, le duc Konrad II von Zähringen fonde Fribourg et lui donne le statut de marché libre (d'où son nom, *frei* signifiant « libre »). La ville se développe assez rapidement, mais le duc meurt sans laisser d'héritier. Son neveu, le comte Egino von Urach, prend alors sa succession. Cette nouvelle lignée n'est guère appréciée par les Fribourgeois qui se placent sous la tutelle des ***Habsbourg*** au XIVe s. La ville demeure un bastion du catholicisme. Elle quitte l'Empire autrichien en 1806 et se voit rattachée au grand-duché de Bade à l'instigation de ***Napoléon Bonaparte*** qui a œuvré pour ce ralliement.
Malheureusement, la 2de Guerre mondiale n'a pas épargné Fribourg : une attaque aérienne le 27 novembre 1944 fut désastreuse, 80 % de la vieille ville furent détruits en moins de 20 mn. La cathédrale a « miraculeusement » été épargnée, et sa restauration est une réussite.

Adresses et infos utiles

Office de tourisme *(plan A1)* **:** *Rathausplatz 2-4.* ☎ *388-18-80.* • *visit.freiburg.de* • *Juin-sept : lun-ven 8h-20h, sam 9h30-17h, dim et j. fériés 10h30-15h30. Oct-mai : lun-ven 8h-18h, sam 9h30-14h30, dim 10h-12h.* Nombreux dépliants sur la ville et les balades en Forêt-Noire. À disposition, le mensuel (gratuit) des manifestations culturelles *(Freiburg Aktuell)*.

Visites guidées de la ville : plusieurs agences proposent des visites guidées sur différents thèmes (gastronomie, patrimoine...). Demandez le calendrier mensuel à l'office de tourisme, certaines visites sont aussi en français. *Prix : autour de 10 €, variable selon circuit.*

Location de vélos : ***Radstation,*** *Wentzingerstr. 15.* ☎ *0176-5432-9898.* • *freiburgbikes.de* • *Derrière la gare.*

Où dormir ?

Campings

Camping am Möslepark : *Waldseestr. 77, 79117.* ☎ *76-79-333.* • *camping-freiburg.com* • *À l'est de la ville. De fin fév à mi-déc. 30 € en été pour 2 avec tente et voiture. Loc de yourtes et de mignons mobile homes. Loc de vélos.* Très calme car à proximité de la forêt. Aire de jeux, sauna, massages et resto. Accueil sympathique.

Campingplatz Tunisee : ***79108 Freiburg-Hochdorf.*** ☎ *(07665) 22-49.* • *tunisee.de* • *Au nord de Fribourg, à proximité de la sortie d'autoroute Freiburg-Nord. Avr-oct. Compter 25 € pour 2 avec tente et voiture.* Grand camping très fréquenté sur les rives d'un large plan d'eau avec une plage quasiment privée pour les campeurs. *Waterskiing* (tire-fesses permettant de tracter un skieur sur l'eau). Le moins cher de la ville mais excentré.

Auberges de jeunesse

Black Forest Hostel *(Backpackers ; plan B2,* ***11****)* **:** *Kartäuserstr. 33, 79102.* ☎ *88-17-870.* • *blackforest-hostel.de* • *S1 : Oberlinden (direction Littenweiler). C'est à 5 mn en voiture ou 15 mn à pied à partir du centre-ville. Check-in 7h-1h. Dortoir 19-29 €/pers selon taille du dortoir. Double 64 €. Pas de petit déj, cuisine à dispo. Draps et linge 4 € (n'oubliez donc pas votre sac de couchage).* Une bonne

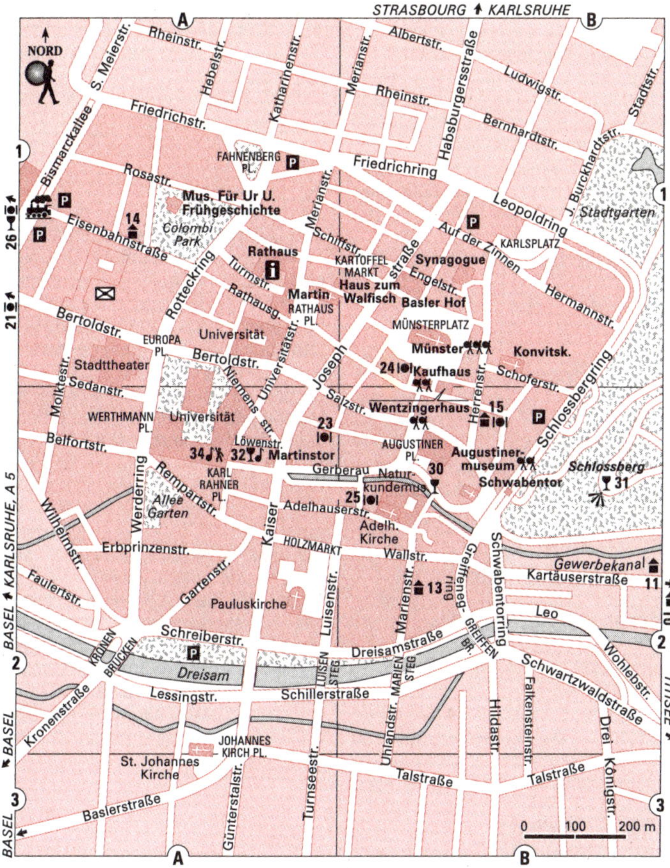

FREIBURG IM BREISGAU (FRIBOURG-EN-BRISGAU)

Adresse utile

- Office de tourisme (A1)

Où dormir ?

10 Jugendherberge (hors plan par B2)
11 Black Forest Hostel (B2)
13 Alleehaus (B2)
14 Park Hotel Post (A1)
15 Hotel Schwarzwälder Hof (B2)

Où manger ?

21 Brennessel (hors plan par A1)
23 Freiburger Markthalle (A2)
24 Oberkirchs Weinstuben (B1)
25 Adelhaus (B2)
26 Hermann Café (hors plan par A1)

Où boire un verre ?
Où sortir ?

30 Hausbrauerei Feierling (B2)
31 Greiffenegg Schlössle (B2)
32 Schlappen (A2)
34 Agar (A2)

adresse installée dans un ancien local industriel. Déco de récup faite avec beaucoup d'ingéniosité, l'ensemble ne manque pas de charme pour qui aime la simplicité. Certains étudiants de la ville s'y installent pour de très longues périodes. Piano, guitare, ping-pong, jeu d'échecs à disposition. Préférez cette adresse à l'AJ officielle, beaucoup plus austère. Un bon plan comme on les aime.

Jugendherberge (hors plan par B2, **10**) **:** *Kartäuserstr. 151, 79102. ☎ 676-56. • jugendherberge-freiburg.de • À l'est de la ville, à une centaine de mètres des rives de la Dreisam. S1 : Römerhof (direction Littenweiler) ; puis à 10 mn à pied. Nuitée en dortoir, petit déj compris, 38-48 € pour les plus de 27 ans ; draps et linge fournis.* Chambres de 2 à 5 lits, avec douche et w-c. Cadre agréable, tranquillité assurée.

De prix moyens à plus chic

Alleehaus (plan B2, **13**) **:** *Marienstr. 7, 79098. ☎ 38-76-00. • hotel-alleehaus.de • Doubles avec w-c et douche ou sdb 115-130 €. Parking 9 €.* Dans une maison bourgeoise de caractère, à 2 pas du centre. Chambres lumineuses, modernes et confortables. Certaines sont très spacieuses, avec coin salon et balcon ; les moins chères sont dans une annexe. Une adresse agréable, accueil aimable. Possibilité de parking.

Park Hotel Post (plan A1, **14**) **:** *Eisenbahnstr. 35/37 (Am Colombipark), 79098. ☎ 38-54-80. • park-hotel-post.de • Doubles 149-219 €, petit déj inclus. Garage étroit en sous-sol payant.* À 5 mn de la place du Marché et à 200 m de la gare, un hôtel entièrement dédié à la littérature. On trouve partout des bouquins (en allemand). Chambres hyper mignonnes mais pas très grandes, aux coloris chauds et de tout confort. Salle de petit déj bigarrée avec buffet varié et plantureux. Service de prêt de vélos gratuit, accueil aux petits oignons. Bref, un amour d'hôtel !

Hotel Schwarzwälder Hof (plan B2, **15**) **:** *Herrenstr. 43, 79098. ☎ 38-03-0. • shof.de • Resto tlj (sauf dim) 12h-14h, 18h-22h. Doubles 121-150 € selon taille et saison, petit déj inclus. Repas 18-25 €. Parking 18 €. Carte des transports locaux offerte pour la durée du séjour.* Très bien situé, en plein centre. Cet établissement familial propose des chambres spacieuses, les unes traditionnelles, les autres sobres, modernes et chics. Déco générale hétéroclite. Au rez-de-chaussée, agréable restaurant proposant une cuisine méditerranéenne de qualité.

Où manger ?

La *Freiburger Markthalle* est l'un des meilleurs plans en ville, tant pour la qualité des produits et le choix proposé que pour l'ambiance.

Freiburger Markthalle (plan A2, **23**) **:** *double entrée, Grünwälderstr. 4 ou Kaiser-Joseph-Str. 237. ☎ 15-30-00. Tlj sauf dim 8h-20h (minuit ven-sam). Plats 3-12 €.* C'est un grand marché couvert où se succèdent les échoppes. Toutes les cuisines du monde s'y côtoient.

Brennessel (hors plan par A1, **21**) **:** *Eschholzstr. 17. ☎ 28-11-87. Ouv 18h-1h. Plats 5,50-18 €. « Spaghetti happy hour » 18h-19h30, 3 € l'assiette.* Une adresse bien connue des étudiants. Simple, copieuse et bon marché, la cuisine leur convient parfaitement. Souvent bondé.

Adelhaus (plan B2, **25**) **:** *Adelhauserstr. 29-31a. ☎ 383-881-91. Tlj 11h-23h (minuit ven-sam). Plats du jour (un plat végan, un plat végétarien différent chaque j.) 11 €.* Sur une petite place tranquille, ce resto bio propose un grand buffet pour composer son assiette, des plats du jour variés et frais et d'excellents gâteaux ! Service souriant, ambiance aussi agréable à l'intérieur que sur les terrasses à l'avant et à l'arrière du restaurant.

Hermann Café (hors plan par A1, **26**) **:** *Wentzingerstr. 15. ☎ 612-570-24. À gauche de la gare, prendre l'escalator qui conduit à la grande tour où on loue les vélos ; le* *café* Hermann *est au dernier étage. Ouv lun-jeu 9h-minuit, ven-sam 9h-2h, dim 10h-22h. Plats 9-30 €.* C'est le lieu où les locaux, étudiants ou pas, se retrouvent pour boire l'apéro au coucher du soleil en profitant de la vue panoramique à 360° sur le grand toit-terrasse. On y vient pour son ambiance décontractée et sa cuisine simple et savoureuse. On s'y sent vraiment bien !

Oberkirchs Weinstuben *(plan B1, **24**) : Münsterplatz 22. ☎ 202-68-68. Tlj sauf dim 7h-23h. Fermé en janv. Plats 13-35 €.* Jolie maison jaune aux volets vert amande, proposant une cuisine de tradition et offrant une belle vue sur la cathédrale. Ambiance de brasserie un peu chic, avec sa salle recouverte de boiseries foncées et son poêle de la Forêt-Noire. Large carte de vins badois. Service attentionné.

Où boire un verre ? Où sortir ?

Greiffenegg Schlössle *(plan B2, **31**) : Schlossbergring 3. ☎ 32-728. Du Schwabentor, prendre l'escalier, la passerelle, puis l'ascenseur. Ouv printemps-fin de l'automne tlj sauf lun 11h-22h (17h dim) ;* Biergarten *généralement fermé les jours de pluie (ce qui n'empêche pas de s'attabler pour boire une mousse à la terrasse du resto chic).* À la « lisière » de la Forêt-Noire, avec une vue incroyable sur la ville. Un des beaux *Biergarten* de Fribourg, à ne pas louper !

Hausbrauerei Feierling *(plan B2, **30**) : Gerberau 46. ☎ 243-480. Face à face, un bar ouv 11h-minuit (1h ven-dim) et un* Biergarten *ouv dès 14h (11h w-e).* Une brasserie et un *Biergarten* au cœur de la vieille ville. On boit de la bière sur de longues tables de bois, abritées par quelques marronniers. Un autre incontournable de la vieille ville.

Schlappen *(plan A2, **32**) : Löwenstr. 2. ☎ 334-94. Tlj 11h-1h (2h jeu, 3h sam). Plats 5-10 €.* Le bar étudiant de Freiburg, avec 2 bottes au-dessus de la porte et où des affiches usées couvrent les murs. Bonnes assiettes pour les grosses faims. Très grand choix de whiskies. Le soir, on monte la sono et on joue des coudes tant il y a du monde. Petite terrasse sur rue.

Agar *(plan A2, **34**) : Löwenstr. 8. ☎ 13-80-650. Ven-sam 23h-5h.* Boîte de nuit avec différents styles de musique. Programmation affichée sur la porte.

À voir

Münster *(cathédrale ; plan B1) : Münsterplatz. • freiburgermuenster.info • Lun-sam 9h-17h, dim 13h30-18h. Visite guidée de l'église lun-sam à 14h : 8 €. Visites du chœur lun-ven 10h-11h30, 12h30-16h ; sam 10h-11h30, 12h30-15h30 ; dim 13h30-16h. Prix : 2 €. Visites de la tour : en été, mar-sam 11h-16h, dim 13h-17h. Prix : 5 € ; réduc.* Échelonnés sur plus de 3 siècles, les travaux de construction de cette cathédrale gothique débutent autour de 1200. Le transept ainsi que les tours qui le surmontent forment la partie romane la plus ancienne de l'édifice. Entre le XIIIe et le XIVe s, on élève la célèbre tour de façade au-dessus du porche ouest. Surmontée d'un remarquable clocher ajouré, elle devait devenir l'un des symboles de la ville. À l'intérieur, intéressantes pièces médiévales sculptées. Ne pas manquer le retable du maître-autel (1516) montrant au centre le Couronnement de la Vierge, et les très beaux vitraux.

– ***Concerts d'orgues :*** *avr-déc, sam à 11h30 et 11h55, concerts du marché. GRATUIT. De mi-juin à mi-sept, mar à 20h15. Entrée : 9 € (billets en vente dès 19h30 devant le portail principal) ; réduc.*

Wentzingerhaus, Museum für Stadtgeschichte *(plan B1-2) : Münsterplatz. • freiburg.de • Mar-dim 10h-17h. Entrée : 8 € ; réduc. Commentaires en allemand.* À gauche de la Kaufhaus, une maison du XVIIIe s, autrefois propriété d'un peintre localement célèbre, abrite de nos jours un intéressant musée historique de la ville. Au sous-sol, maquettes de la ville où l'on voit notamment la forteresse. Photos des destructions de 1944 qui ont épargné la cathédrale. Aux étages, coupole avec trompe-l'œil et valises avec brochures, guides de voyage et cartes postales avec la cathédrale pour sujet.

Augustinermuseum *(plan B2)* **:** *Augustinerplatz. • freiburg.de • Mar-dim 10h-17h (19h ven). Entrée : 8 € ; réduc. Audioguide seulement en français : 2 €. Partiellement en rénovation.* Un musée remarquablement restauré par l'architecte Christoph Mäckler dans l'ancienne église du monastère. Superbe collection d'art, de l'époque médiévale au baroque, et peintures datant du XIXe s. Les originaux des statues et des vitraux de la cathédrale forment le cœur de l'exposition, ainsi que les collections de bois polychrome et les peintures du XVIe s ***(Grünewald, Cranach l'Ancien*** et ***Hans Baldung Grien),*** qui sont présentées dans un environnement contemporain. La pièce maîtresse est le buffet d'orgue de l'abbatiale de Gengenbach, réalisé dans les années 1720. Un concert d'orgue est donné par les étudiants tous les samedis à 12h. Les œuvres baroques déploient tout leur faste dans l'ancien chœur.

La vieille ville : après les destructions subies lors de la 2de Guerre mondiale, la ville a été reconstruite sur des tracés anciens et a su conserver son charme. La ***place de la Cathédrale*** est particulièrement séduisante. Elle est le théâtre d'un *marché de pays (tlj sauf dim 7h-13h).* Préférez les stands se trouvant sur la face nord de la cathédrale : c'est là que les agriculteurs bio viennent vendre leurs produits. Les « vrais » Fribourgeois s'y retrouvent tous les samedis à 12h pile pour honorer la tradition du *Rote mit Musik* !

Sur la Münsterplatz, jetez un coup d'œil à la ***Kaufhaus*** *(maison des Marchands ; plan B1-2),* de couleur rouge, de style gothique du début du XVIe s. Le toit de tuiles vernissées surplombe les arcades de la galerie. La rutilante façade ornée de statues d'empereurs témoigne des relations étroites entre la ville et la maison des Habsbourg.
Sur la place du ***Rathaus*** *(plan A1),* statue de Berthold Schwarz, un moine franciscain du XIVe s qui aurait découvert les propriétés de la poudre noire comme explosif en cherchant à fabriquer de l'or ; on dit qu'il était aussi un peu alchimiste ! En vous promenant, voir au nº 3 de la Franziskanerstraße, la ***Haus zum Walfisch*** *(maison de la Baleine ; plan A-B1),* avec son portail de la fin de l'époque gothique. Didier Erasme de Rotterdam y trouva refuge lors des persécutions de la Réforme. Sur la façade, remarquez le goitre du personnage de la gargouille droite. En effet, nombreux en Forêt-Noire étaient ceux qui en souffraient. Cette représentation était censée éloigner ce mal.
La frontière sud de la vieille ville est marquée par 2 tours de l'enceinte médiévale. D'un côté le ***Schwabentor*** *(plan B2),* datant de 1250, d'où on monte au *Schlossberg* avec son nouveau belvédère, et de l'autre côté le ***Martinstor*** *(plan A2),* construit au XIIIe s et agrandi en 1901. Près de la tour se trouve l'*Alte Universität,* fondée au XVe s par l'archiduc Albert VI d'Autriche. Les bâtiments qu'on voit aujourd'hui ne datent que du début du XXe s.

DANS LES ENVIRONS DE FRIBOURG-EN-BRISGAU, LES LACS DE TITISEE ET SCHLUCHSEE

Le lac de Titisee : *à 29 km à l'est de Fribourg.* Ceint de profondes forêts, c'est un des lacs les plus fréquentés de la région. Cette étendue d'eau de 700 m de large et de 2 km de long, d'origine glaciaire et située à 846 m d'altitude, est bien souvent couverte de bateaux. Ce site renommé attire en pleine saison des touristes du monde entier, dont beaucoup de groupes. Des 2 côtés de l'allée principale de cette bourgade s'alignent marchands de glace, snacks et boutiques de souvenirs. À quelques kilomètres de là, le ***Schluchsee,*** fréquenté par les habitants des villes voisines qui viennent s'y détendre le week-end et les randonneurs, est beaucoup plus tranquille. Les activités sportives sont nombreuses dans ce coin de nature, entre forêts et lacs. On vous conseille donc de prendre les chemins de traverse pour découvrir la Forêt-Noire dans toute son authenticité !

Adresse utile

Office de tourisme : *Strandbadstr. 4, 79822* ***Titisee-Neustadt.*** *☎ (07652) 120-60. • hochschwarzwald.de • Dans le Kurhaus, à 2 pas du lac. En saison, lun-ven 9h-17h, w-e 10h-12h.* Brochures sur les activités et les hébergements dans la Haute Forêt-Noire ; la *Hochschwarzwaldkarte* offerte par les hébergeurs pour un séjour de 2 nuits et plus, propose plus de 100 activités gratuites, dont 1h30 dans le parc aquatique *Badeparadies.*

À voir

Panoramas sur la région : ne vous privez pas d'aller arpenter les 2 points culminants de la Forêt-Noire. Le ***Feldberg*** (1 493 m d'altitude, situé à 42 km de Fribourg), d'où l'on jouit d'un point de vue impressionnant allant jusqu'aux Alpes, et le ***Belchen*** (1 414 m d'altitude, situé à 36 km de Fribourg), cime arrondie offrant là aussi une belle vue sur les Alpes, les Vosges et la Forêt-Noire. Moins haut et plus proche de Fribourg, le ***Schauinsland*** (1 284 m) et son téléphérique sont plus appropriés pour une petite balade en famille. Poursuivre ensuite au sud vers le ***Schluchsee,*** le lac artificiel le plus vaste de la Forêt-Noire, ou vers la ***Wutachschlucht,*** à 25 km à l'est du Titisee, pour des randonnées spectaculaires le long des ***gorges.***

Le Kaiserstuhl et le Tuniberg : *à l'ouest de Fribourg s'étendent les vignobles dans un rayon de 20 à 30 km.* « Pays merveilleux où le vin mûrit avec, en arrière-plan, la Forêt-Noire », disait Goethe. Le climat doux et les couches profondes de lœss (alluvions) laissées par le Rhin sont les secrets de sa fertilité. D'ailleurs, ⅓ des vignes allemandes sont cultivées dans le *Kaiserstuhl.* Juste à côté se trouve le *Tuniberg,* sur le sol duquel les cépages de bordeaux poussent particulièrement bien. Goûtez aux crus réputés d'*Ihringen, Bickensohl* et *Oberrotweil.*

TRIBERG

(78098) 5 000 hab. IND. TÉL. : 07722

Au cœur de la Forêt-Noire, Triberg est, du fait de sa situation, une ville extrêmement fréquentée. Son cadre de carte postale et ses horloges à coucou en font un parfait cliché. Presque toute l'année, c'est un flux de touristes dévalant la rue pentue et s'arrêtant devant les magasins d'horloges... Il est vrai que les pièces authentiques sont hors de prix.
Pour les vrais passionnés, on conseille de rejoindre des lieux plus authentiques sur la *Deutsche Uhrenstraße,* la route allemande des Horloges, boucle de 320 km, dont le centre est la petite ville de *Furtwangen,* avec le musée allemand de l'Horlogerie (voir « Dans les environs de Triberg »). Elle traverse les principaux villages et villes où cet artisanat est pratiqué (Triberg, Furtwangen, Waldkirch, Titisee, Villingen-Schwenningen, Schramberg...).

Adresse et info utiles

Office de tourisme : *Im Schwarzwaldmuseum, Wallfahrtstr. 4. ☎ 86-64-90. • triberg.de • Lun-ven 9h-17h, plus w-e mai-sept 10h-17h.* Brochures en français. Carte d'hôte offrant la gratuité des transports publics et d'entrées de sites ainsi que divers avantages pour ceux qui séjournent à Triberg.

– **Deutsche Uhrenstraße** *(route allemande des Horloges)* **:** *rens dans la gare de Villingen-Schwenningen. ☎ (07720) 82-23-44. • deutscheuhrenstrasse.de •*

Où dormir ? Où manger à Triberg et dans les environs ?

Auberge de jeunesse

Jugendherberge : *Rohrbacher Str. 35. ☎ 41-10. • jugendherberge-triberg.de • En pleine nature, à 3 km au sud-est du centre. Y aller à pied n'a rien d'une douce promenade, env 45 mn de marche en montée. En hte saison, nuitée 27-37 € pour les moins de 27 ans ; 31-41 € pour les autres.* Piscine et terrains de sport à proximité. Bon point de départ pour des balades.

De prix moyens à très chic

Pension Waldbauernhof/Obergießhof : *Obergießstr. 34,* **78132 Hornberg.** *☎ (07833) 69-78. • kaltenbach-schwarzwald.de • Accès par la B 33 à mi-chemin entre Hornberg et Triberg, puis suivre les panneaux « Zimmer frei » pdt 1 km par une petite route qui serpente. Doubles 46-70 €, petit déj inclus. Parking.* À 5 km de Triberg, en pleine nature. Dans une souriante vallée, cette charmante adresse familiale propose des chambres simples et sans superflu. Également une maison avec appartements pour 2 à 5 personnes à louer à la semaine. Un havre de paix, avec un éventail de balades aux alentours. Accueil très aimable.

Zur Lilie : *Wallfahrtstr. 3, à Triberg. ☎ 44-19. • lilie-triberg.de • En face de l'office de tourisme. Double 80 € (70 € à partir de 3 nuits). Resto tlj sauf mar à partir de 10h. Repas 15-20 €.* Une grande auberge avec 5 chambres et 2 appartements. Le restaurant, sorte de taverne à la décoration surprenante, propose une cuisine locale et copieuse, servie dans une atmosphère chaleureuse et boisée. *Biergarten* en été, avec parfois un concert de musique traditionnelle.

À voir

Wasserfälle *(chutes d'eau)* **:** *entrée à 100 m de l'office de tourisme (très bien indiqué). Lun-ven 9h-17h, w-e 11h-17h. Entrée : 8 € ; 10,50 € avec le musée ; réduc ; gratuit sur présentation de la carte d'hôte de Triberg.* Les eaux de la Gutach forment 7 cascades successives dans les rochers granitiques. Ce sont les plus hautes chutes d'Allemagne (163 m). Durée de la promenade : environ 30 mn.

Schwarzwaldmuseum *(musée de la Forêt-Noire)* **:** *Wallfahrtstr. 4. • schwarzwaldmuseum.de • Tlj 10h-18h ; nov-avr tlj sauf lun 11h-17h. Entrée : 5 € ; réduc avec le ticket des chutes d'eau ou la carte d'hôte de Triberg. Dépliant en français.* Ce musée folklorique dépeint la vie traditionnelle en Forêt-Noire. Une très belle collection d'horloges, d'automates et de costumes régionaux, de trains miniatures, mais aussi l'une des plus grandes collections européennes d'orgues de Barbarie, dont certains ont la capacité de 50 musiciens. Une visite immanquable pour les amateurs de musique mécanique et pour les enfants. Petit café au cœur du musée.

DANS LES ENVIRONS DE TRIBERG

Deutsches Uhrenmuseum *(musée allemand de l'Horlogerie)* **:** *Robert-Gerwig-Platz 1, 78120* ***Furtwangen.*** *À 15 km de Triberg. • deutsches-uhren museum.de • Avr-oct, mar-dim 9h-18h, nov-mars 10h-17h. Entrée : 7 € ; réduc. Brochure en français bien faite.* Dans la ville où une école d'horlogerie a été fondée il y a 150 ans, ce musée illustre l'histoire et l'évolution du métier d'horloger, et présente des pièces historiques ainsi que des modèles d'aujourd'hui. 155 ans de collections prestigieuses d'horloges et de montres ont contribué à la renommée internationale de l'***horlogerie*** en Forêt-Noire. Plus de 8 000 pièces, vestiges de l'histoire, témoignent du savoir-faire des maîtres horlogers. La majorité de la production de cette région est constituée d'horloges du quotidien, réveils, régulateurs ou même pointeuses. Le musée possède aussi quelques objets phares en matière d'horloges électriques. Également des bastringues et orgues de foire au mécanisme apparenté aux horloges. Évocation de la commercialisation des horloges au XIXe s avec les colporteurs. Section incontournable des coucous. Parmi les pièces rares, une des 1res horloges à quartz de 1928 et une pendule à moteur électrique de 1845. Au final, un musée passionnant.

POURQUOI LES HORLOGES À COUCOU SONT-ELLES SI KITSCH ?

À la suite d'un concours public pour promouvoir la production des horloges de la Forêt-Noire en 1850, Friedrich Eisenhor, un ingénieur ferroviaire, a eu l'idée d'utiliser comme modèle les maisonnettes des gardes-barrières, délicieusement fleuries. Quant au cri du coucou, c'est tout simplement un son reconnaissable entre tous !

FREUDENSTADT (72231) 24 000 hab. IND. TÉL. : 07441

Freudenstadt, ville de cure à l'air pur, littéralement « ville de la joie », a été presque entièrement détruite en 1945 et reconstruite sur des plans anciens avec une place centrale de dimensions gigantesques. Elle est si grande que divers espaces y ont été aménagés : des jardins, des jeux d'eau, des fontaines et des terrasses, un musée... Il y a même une brasserie et son *Biergarten* en plein milieu ! C'est depuis ce cœur de la ville que partent les rues commerçantes, dont le boulevard 23. Sa situation dans la Forêt-Noire centrale, la proximité des pistes de ski et les nombreuses possibilités de randonnées avec plus de 400 km de chemins balisés en font une halte agréable pour séjourner et rayonner dans les environs. Amis randonneurs, vous trouverez ici votre bonheur (en plus, ça rime) !

Adresses utiles

Office de tourisme : ***Freudenstadt Tourismus,*** *Marktplatz 64. ☎ 86-47-30. • freudenstadt.de • Lun-ven 9h-18h (17h en hiver), sam 9h-14h (12h en hiver), dim 10h-13h (fermé en hiver).* Vente de cartes des chemins de randonnée, VTT, moto... Liste des hébergements proposant la carte d'hôte *Schwarzwald*

Plus pour tout séjour à partir de 2 nuits : elle offre plus de 80 avantages ou gratuités.

Besucherzentrum Kniebis : *Straßburger Str. 349, 72250* ***Kniebis.*** *☎ (07442) 7570. ● kniebis.de ● Sur la route de Baden-Baden, à 9 km de Freudenstadt, à la sortie de Kniebis. Tlj 9h30-13h, 13h30-17h (16h en hiver).* C'est le point info incontournable pour les randos dans le coin en été et les pistes de ski de fond l'hiver. Restaurant attenant. 2 chalets de location de matériel de sports d'hiver.

Location de vélos : ***Intersport Glaser,*** *Katharinenstr. 8. ☎ 91-85-90.* Location de vélos et VTT classiques et électriques mais aussi de skis et raquettes en hiver !

Stations de sport d'hiver : *forfait et rens à l'office de tourisme. Infos sur l'enneigement des pistes : ● baiersbronn.de/de-de/service/wintersportbericht ●*

Piscine : ***Panorama Bad,*** *Ludwig Jahn Str. 60. ☎ 92-13-00. Tlj 9h-22h (20h dim). Prix : 5,30 € pour 2h ; réduc.* Complexe aquatique avec bassins extérieur et intérieur, toboggans géants, saunas...

Où dormir ? Où manger ?

Camping

Campingplatz Langenwald : *Strassburgerstr. 167. ☎ 28-62. ● camping-langenwald.de ● À 5 km env, direction Kniebis sur la B 500, à gauche en contrebas. Pour 2 avec tente et voiture, env 30 € selon saison.* Camping en pleine nature. Excellent état général des structures. Piscine l'été. Nombreuses activités proposées, permis de pêche en vente à la réception. Location de cabanes en rondins. Barbecue. Accueil aimable. Tout à côté de la piscine *Panorama Bad (Ludwig-Jahn Str. 60),* aire aménagée gratuite pour les camping-cars.

Auberge de jeunesse

Jugendherberge : *Eugen-Nägele Str. 69. ☎ 77-20. ● jugendherberge-freudenstadt.de ● Au nord de Freudenstadt, dans un coin résidentiel, non loin du Panoramabad. À env 10 mn à pied de la Stadtbahnhof et 30 mn de la gare centrale. Station de bus : Berufsschule. Dortoir 27-37 €/pers pour les moins de 27 ans et 31-41 €/pers pour les autres (selon saison), petit déj inclus ; réduc à partir de 2 nuits ; supplément de 14 € pour une double.* Une AJ moderne et nickel. Bon accueil.

Prix moyens

Turm-Bräu, Brauhaus am Markt : *Marktplatz 64. ☎ 90-51-21. Tlj 11h-minuit (3h ven-sam). Plats 8-20 €.* Intérieur chaleureux genre chalet de la Forêt-Noire, tout en bois. *Biergarten* très agréable, pour manger saucisses, jambon fumé et autres succulents plats régionaux. Bonne ambiance le soir pour boire une bière faite maison.

Hotel-Restaurant Adler : *Forststr. 17. ☎ 915-20. ● adler-fds.de ● Resto fermé mer et de fin oct à mi-nov. Doubles 100-150 € selon taille et confort, petit déj compris. Menu 22 €. Parking.* Hôtel tout confort récemment rénové, chambres très agréables, dont certaines avec balcon. Accueil sympathique et amical. Et comme les patrons l'annoncent fièrement : « Ici, on parle le français ! » Côté resto, bonne cuisine traditionnelle allemande. Un bon rapport qualité-prix. Propose la carte d'hôte et ses multiples activités.

Hotel-Restaurant Warteck : *Stuttgarter Str. 14. ☎ 919-20. ● warteck-freudenstadt.de ● Resto tlj sauf mar et mer. Doubles 103-110 € selon saison, petit déj inclus. Plats de poisson, viande et gibier 23-42 € ; menu 49 €.* À quelques pas de la place principale. Excellente table proposant une cuisine élaborée doublée d'un hôtel aux chambres confortables et cossues. Bonnes spécialités locales et accueil très aimable. Très large carte des vins.

À faire à partir de Freudenstadt

Voici quelques idées d'itinéraires. N'oubliez pas de vous renseigner à l'office de tourisme ou au *Besucherzentrum* de Kniebis (voir « Adresses utiles ») sur les nombreux chemins de randonnée à pied ou à vélo.

Schwarzwald-Hochstraße *(route des Crêtes)* **:** *belle route (B 500) au nord-ouest de Freudenstadt.* On accède d'abord au plateau de ***Kniebis,*** qui se trouve à une altitude d'environ 1 000 m. C'est l'une des stations de sports d'hiver les plus importantes de la Forêt-Noire. Faites ensuite un petit détour par les ***ruines de l'abbaye d'Allerheiligen*** (construite dans la 2de moitié du XIIIe s), puis suivez le chemin qui rejoint les ***Allerheiligen-Wasserfälle*** *(chutes d'Allerheiligen)* et offre une belle promenade. Si vous poussez encore votre route, vous atteindrez le ***Mummelsee*** (petit lac glaciaire), qui se trouve au pied du ***Hornisgrinde*** (1 164 m).

Kinzigtal *(vallée du Kinzig)* **:** *au sud de Freudenstadt.* Cette route, qui traverse de nombreux villages traditionnels de la Forêt-Noire, mène tout d'abord à l'***abbaye bénédictine d'Alpirsbach*** *(• kloster-alpirsbach.de • Avr-oct, tlj 10h (11h dim)-17h30 ; nov-mars, jeu-dim 13h-15h ; entrée : 7 €, réduc).* C'est le plus ancien monument roman de la Forêt-Noire (XIIe s). Brasserie du même nom et concerts dans le cloître gothique en été.
Jetez ensuite un œil au village de ***Schiltach.*** Bel ensemble de maisons à colombages autour de la Marktplatz en pente. En poursuivant vers *Gutach,* avant l'entrée du village, visitez le ***Schwarzwälder Freilichtmuseum Vogtsbauernhof*** *(écomusée de Vogtsbauernhof* ; voir plus loin « Dans les environs de Gengenbach »).

DANS LA VALLÉE DU RHIN

Europa-Park : *Europa-Park-Str. 2,* ***Rust,*** *à 37 km au nord de Fribourg. • europapark.com • Entre Fribourg et Baden-Baden, par l'autoroute A 5 (sortie 57b). Également accessible en bus, au départ de Fribourg (bus SBG, à la gare routière), et au départ de Strasbourg (50 km ; bus desserte CTBR ligne n° 271 au départ de la gare routière). Navette également au départ de l'aéroport Mulhouse-Bâle-Freiburg (☎ 07223-96-99-0). Achat des billets en ligne. Fin mars-début nov, tlj 9h-18h ; nov-début janv, tlj 11h-19h (fermé 24-25 déc). Entrée (prix variable selon date) : à partir de 55 € ; jusqu'à 11 ans et plus de 60 ans à partir de 47 €. Parking : 8 €. En hiver, certaines attractions sont fermées mais d'autres les remplacent : patinoire, piste de luge... Gratuit pour les enfants qui fêtent leur anniversaire (jusqu'à 12 ans) le jour de la visite. Signalétique trilingue. Baby switch pour éviter aux parents de faire 2 fois la queue, à demander au personnel du parc. Pour bien en profiter, prévoyez 2 j.*

Le plus grand parc d'attractions d'Allemagne s'étend sur 95 ha. Agréablement arboré, avec de nombreux points d'eau, il propose plus de 100 attractions et des spectacles pour tous les âges. C'est le 2e site touristique le plus visité d'Allemagne après la cathédrale de Cologne. Comme son nom l'indique, l'Europa-Park permet de faire un ***tour de l'Europe*** à travers 13 quartiers, de l'Islande

MANÈGE STORY

La famille Mack construit des manèges forains depuis 1870. En 1921, elle réalise son 1er grand 8, en bois et transportable. Dans les années 1970, les Mack rachètent le château Balthasar et son parc pour en faire la vitrine de leur production. Ils l'ouvrent au public en 1975. Aujourd'hui, ces mêmes attractions sont adoptées dans les parcs d'attractions du monde entier.

à l'Espagne (et son arène), en passant par la France (avec le tout nouveau grand 8 *CanCan coaster* qui vous embarque pour une visite du Paris festif des cabarets au XIXe s), l'Angleterre mais aussi la Russie, la Grèce (on s'y croirait) ou l'Italie *(bellissima !)*. Des montagnes russes aux tournois de chevaliers en passant par la découverte d'***Atlantis,*** les fans s'y retrouveront ! Surtout ceux que rien n'effraie puisque le parc propose 12 grands 8 dont le *Silver Star,* le plus long et le plus haut d'Europe. Ne pas manquer aussi le *Wodan Timbur-coaster* tout en bois et le *Blue Fire Megacoaster* (le must) qui décoiffe véritablement avec une succession de loopings et de vrilles. Vous nous en direz des nouvelles !

Nombreuses attractions aquatiques, fort agréables en été, à condition d'aimer se faire tremper ! Les plus jeunes ne sont pas oubliés avec de très nombreuses attractions comme la *Forêt enchantée* de Grimm ou des grands 8 adaptés à leur taille et à leur âge.

D'autres spectacles, changeant chaque année, sont aussi l'un des atouts forts du parc.

– *Sans oublier le parc aquatique Rutilanca.* Sur 450 000 m^2, 25 attractions, parmi lesquelles une piscine à vagues, 17 toboggans, une rivière sauvage... dans un décor « Grand Nord ». ● *rulantica.de* ●

Où dormir ? Où manger ?

Europa-Park Resort propose 5 hôtels thématiques 4 étoiles, avec restos, bars, piscines, spas et toutes sortes de délassements pour les parents et de jeux pour les enfants.

■ ***Bell Rock :*** reconstitution d'un hôtel et d'un port de plaisance de la côte est des États-Unis au XVIIIe s avec son phare, ses voiliers, son resto sur le thème de la mer. Très chic. Restaurant étoilé *Ammolite* dans le phare.

■ ***Colosseo :*** spectaculaire reconstitution de la façade du Colisée. À l'hôtel, personnel en toge et bien entendu, thermes romains. Et surtout, une adorable place avec des terrasses de café, des jeux d'eau et du linge qui pend aux fenêtres. Idéal pour un verre en fin de soirée. C'est la *dolce vita* !

■ ***Santa Isabel :*** mention spéciale pour cette imitation de monastère portugais. Le soir, atmosphère magique quand le cloître est illuminé par les bougies. La piscine est installée dans une chapelle, le resto dans un enclos à l'image d'un jardin d'herbes médicinales avec sa pharmacie, et le service est assuré par des moines en robe de bure. Il y a même une chapelle où l'on peut se marier !

■ ***El Andaluz :*** pour partir à Séville et le ***Castillo Alcazar*** pour faire un saut au Moyen Âge.

■ ***Kronasar :*** dans le nouveau parc aquatique *Rulantica.*

⛺ Plus décontracté et plus économique, on peut choisir de dormir au ***Camp Resort*** avec des tipis, des roulottes et des maisons en rondins pour jouer aux cow-boys et aux Indiens tout en disposant quand même d'un certain confort. Sans oublier un ***camping.***

|●| On peut pique-niquer fort agréablement au bord de la rivière sur les pelouses ou à l'ombre des grands arbres centenaires puisqu'ici, contrairement à d'autres parcs, c'est autorisé.

GENGENBACH (77723) 11 000 hab. IND. TÉL. : 07803

Dans la plaine, à l'entrée de la Forêt-Noire, sur le trajet de la route des vins, Gengenbach (sur la R 33 vers Offenburg) est un petit bijou de cité, qui dévoile au visiteur un cadre joliment préservé. Ses maisons à colombages,

ses pignons baroques, ses ruelles pavées, ses balcons fleuris et la fraîcheur de ses collines plantées de vignes forment un ensemble vraiment enchanteur. Pourtant, ici, il n'y a pas de cathédrale, pas de passé prestigieux ni même de musée réputé. Non, il y a ici quelque chose de plus rare... un air pur, un art de vivre unique et d'excellents vins. Plan de la ville en étoile à 3 branches avec une tour à l'extrémité de chacune, vestige des anciennes fortifications. On vous conseille d'y venir le week-end, car en semaine, tout est ici très calme, restos et musées sont fermés.

Adresse utile

Office de tourisme : *Im Winzerhof, accès par la Hauptstr. ☎ 930-143. • gengenbach.info • Juil-août, lun-ven 9h-17h30 ; mai-oct, sam 10h-12h ; juin et sept, lun-ven 9h-12h30, 13h30-17h.* Plan de la ville avec circuit de visite et dépliant sur les 4 petits musées de la ville : batellerie, histoire, carnaval et musée de curiosités.

Où dormir ? Où manger ?

Auberge de jeunesse

Jugendherberge Schloss Ortenberg : *Schloss Ortenberg, Burgweg 21, 77799* ***Ortenberg.*** *☎ (0781) 317-49. • jugendherberge-schloss-ortenberg.de • Prendre le bus qui relie les gares d'Offenburg et de Gengenbach, arrêt Ortenberg-Ortsmitte ; puis 10 mn à pied pour monter au château sur la colline. Chambrées 2-6 lits 28,70 €/pers pour les moins de 27 ans et 32,70 €/pers pour les autres, petit déj inclus ; supplément de 14 € pour une double. Possibilité de ½ pens.* Une AJ dans un château, c'est top ! Bien que le mobilier soit celui d'une AJ, certaines chambres ont des plafonds à caissons. Beau réfectoire entièrement paré de boiseries travaillées, un must pour le petit déj.

Prix moyens

Gasthof Hirsch : *Grabenstr. 34. ☎ 33-87. • gasthof-hirsch.com • Fermé 3 sem en mars. Resto tlj à partir de 17h (midi et soir dim). Doubles 75-95 €, petit déj inclus. Plats 16-26 € ; menus 31-38,50 €.* Grande bâtisse dans des tons rouge et vert à double entrée. Chambres pimpantes et confortables, d'un bon rapport qualité-prix. Pour ne rien gâcher, on y mange une cuisine badoise qui sait se faire inventive. Spécialités de la maison : la truite d'élevage de la Forêt-Noire (arrivage journalier).

Steinkellerhaus Frei : *Hauptstr. 33. ☎ 24-71. Tlj sauf dim-lun 17h30-23h. Plats 9-23 €.* Le resto propose des bons plats joliment présentés dans le décor rustique d'une *Weinstube* traditionnelle. Propose à la vente des vins de la région et du schnaps distillé maison.

LE SUD DE L'ALLEMAGNE

À voir

L'église Sainte-Marie et le monastère bénédictin : romane à l'origine, elle est dotée d'un chœur gothique et coiffée d'un élégant clocher baroque puis remaniée en décor néoroman au XIXe s. Près de l'église, l'ancien moulin à eau de l'abbaye alimenté par une conduite aérienne. L'ancienne abbaye bénédictine, remontant au VIIe s, a fait place à des bâtiments conventuels du XVIIIe s. En faire le tour pour flâner dans l'enclos des plantes médicinales. De là, on peut voir une section de l'enceinte avec son chemin de ronde couvert d'un toit.

Engelgasse : mignonne ruelle bordée de petites maisons basses à colombages bien fleuries. Adorable petite boutique d'artisanat à l'entrée.

DANS LES ENVIRONS DE GENGENBACH

Schwarzwälder Freilichtmuseum Vogtsbauernhof *(écomusée de Vogtsbauernhof)* **:** *à 25 km au sud-est de Gengenbach, un peu avt l'entrée de Gutach. • vogtsbauernhof.de • Fin mars-début nov, tlj 9h-18h (19h août) ; dernière admission 1h avt fermeture. Entrée : 10 € ; réduc. Audioguide en français : 4 €. Parking payant.* Musée de plein air qui met en scène les constructions traditionnelles rurales, artisanales et agricoles de la Forêt-Noire. Une forge, des moulins, des fours et 6 fermes ont été rebâtis autour de la ferme Vogtsbauern, restée en l'état depuis 1570. Témoignage original de la vie quotidienne d'antan et des techniques de construction en Forêt-Noire.

BADEN-BADEN

(76530) 55 500 hab. IND. TÉL. : 07221

Baden-Baden, pourquoi-pourquoi ? Jusque dans les années 1930 il était d'usage de nommer la ville de Baden « Baden in Baden », c'est-à-dire « Baden du pays de Bade » ; puis, petit à petit, les langues ont glissé jusqu'à donner Baden-Baden. C'est une très jolie ville-jardin où la végétation et la nature sont très présentes. Elle est aussi réputée pour ses thermes qui attirent depuis les Romains toutes les têtes couronnées de l'Europe venues soigner leurs maux mais aussi tenter leur chance au jeu. L'empereur Guillaume Ier y vient pendant 40 ans, Dostoïevski y joue (beaucoup !) et y écrit une partie de ses œuvres. Brahms, Schumann, Napoléon III, le tsar Nicolas, Sissi et la reine Victoria en apprécient les charmes.

De Gaulle y prépare avec Konrad Adenauer le traité franco-allemand en 1963 et vient y chercher l'appui de son vieux pote Massu (commandant des FFA) en mai 1968. Aujourd'hui, une clientèle fortunée a remplacé les monarques. Ainsi la ville reste-t-elle un lieu de villégiature plutôt élitiste pour les nantis en quête de ce passé glorieux. Pas vraiment une destination routarde en tout cas... Inscrite en 2021 au Patrimoine mondial des grandes villes thermales de l'Unesco.

GARNISON FRANÇAISE

En 1945, après l'effondrement du IIIe Reich, la ville devient le QG des Forces françaises en Allemagne (FFA), avec la construction d'une véritable ville française dans les quartiers ouest. Environ 5 000 Français (militaires du contingent, officiers, familles) y vivent, disposant de nombreuses infrastructures : supermarchés, écoles et lycée français, église catholique... Cette présence s'est achevée à la fin des années 1990.

Adresses utiles

Office de tourisme au centre : *Kaiserallee 1, 76532. ☎ 27-52-00. • baden-baden.com • Dans le Kurhaus Kolonnaden (allée couverte conduisant au casino). Tlj 10h-18h.* Plans et brochures gratuits sur les hébergements et activités (golf, montgolfière, tir à l'arc, sports aériens, parapente, courses de chevaux...). *Résas pour les spectacles : ☎ 27-52-33.*

■ ***Résas pour le Festspielhaus*** *(palais des Festivals)* **:** *à l'office de tourisme ou directement sur place. Tlj sauf dim 9h-17h. • festspielhaus.de • Places à partir de 10 € selon spectacle.* De réputation internationale avec un programme très varié de grande qualité tout au long de l'année.

Où dormir ?

Bon marché

Jugendherberge *(AJ)* : *Hardbergstr. 34, 76532. ☎ 522-23. • jugendherberge-baden-baden.de • À 50 mn à pied du centre. De la gare, bus n° 201, arrêt Große Dollenstr. ; puis 10 mn de crapahutage en montée. Dortoir 28,70-32,70 €/pers, petit déj inclus ; supplément de 14 € pour une double.* Une AJ moderne avec une belle vue sur la vallée du Rhin et sur la ville. Juste à côté *(de mi-mai à sept)*, piscine olympique avec plongeoir.

De prix moyens à très chic

Hotel am Markt : *Marktplatz 18, 76530. ☎ 270-40. • hotel-am-markt-baden.de • Entre la mairie et la Stiftskirche. Fermé 14-26 déc. Doubles 120-138 € sans ou avec sdb privée, petit déj inclus. Parking payant.* Dans l'un des plus jolis quartiers de la ville, à côté de l'église. Derrière sa façade rose, quelle que soit la catégorie, les chambres sont fraîches et pimpantes. C'est une adresse offrant un bon rapport qualité-prix. Accueil adorable et familial.

Hotel-restaurant Rathausglöckel : *Steinstr. 7, 76530. ☎ 906-10. • rathausgloeckel.de • Résa conseillée. Doubles 115-159 € selon saison, petit déj inclus.* 15 chambres élégantes, meublées avec soin, certaines avec vue sur la ville. Jolie terrasse sur le toit pour profiter des fins de journée et du bon air de la Forêt-Noire. Chaleureux accueil en français.

Où manger ?

Pour déguster de la bonne cuisine badoise, une des fiertés de la région, partez dans le *Rebland*, vignoble badois (voir « Dans les environs de Baden-Baden »).

De prix moyens à plus chic

M10 Badische Café : *Marktplatz 10. ☎ 395-24-21. Tlj sauf lun 11h-23h. Plat du jour 9 € ; carte 5-20 €.* La terrasse surplombe la place du Marché. Cuisine fraîche et pleine de saveurs locales. Vue sur l'église, le château et le mont Merkur.

Rive Gauche : *Lichtentalerallee 8. ☎ 900-99-00. Tlj sauf lun 12h-22h. Plats du jour 10-14 € ; carte 13-34 €.* Ce restaurant est idéalement situé dans les jardins à côté du musée LA 8, sur la promenade. Le lieu est magnifique et la cuisine proposée, tout autant. Subtiles saveurs aux influences méditerranéennes, du tajine aux *mezze*, service attentionné... un moment enchanteur !

Schneider's Restaurant & Weinstube : *Merkurstr. 3. ☎ 976-69-29. Tlj sauf dim 17h-23h. Plats 20-25 €.* Petite salle, mobilier ancien et piano. Plats du terroir bien travaillés, excellents vins bien conseillés. Accueil jovial et prix corrects. On peut y aller les yeux fermés.

La Casserole : *Gernsbacher Str. 18. ☎ 222-21. Tlj sauf dim 17h-22h, plus jeu-sam 11h30-15h. Tartes flambées et plats 13-23 €.* Une petite adresse très mignonne, proposant une bonne cuisine alsacienne préparée avec soin. Accueil aux petits soins.

Où boire un verre ?

In der Trinkhalle : *Kaiserallee 3. ☎ 30-29-05. Mar-sam 10h-18h, dim 14h-17h.* Non, ce n'est pas la buvette thermale, mais un bar lounge stylé pour boire un café ou passer une soirée décontractée dans de lourds fauteuils. Offre une belle vue depuis la terrasse sur l'agitation devant le casino.

À voir

Kurhaus et le casino : *Kaiserallee 1, 21060. Casino tlj 14h-2h (3h ven-sam). Tenue habillée exigée. Entrée : 5 €. Visite guidée en allemand et anglais tlj 9h30-12h ; dernière visite à 11h30. Entrée libre.* Le Kurhaus est le centre de la vie culturelle de la ville. C'est la seule aile restante du palais construit entre 1821 et 1824. L'aile sud abrite le plus ancien casino d'Allemagne, qui a fait la gloire et la notoriété de cette ville. Il a été élu à plusieurs reprises comme étant l'un des plus beaux du monde, notamment pour le faste de ses salons rappelant la Belle Époque. Il a inspiré Dostoïevski pour son roman *Le Joueur.*

Trinkhalle *(buvette thermale)* **:** *dans le Kurgarten.* Depuis 1842, dégustation dans cette buvette d'eau thermale, offerte par Baden-Baden. L'eau à 68 °C n'a pas un goût trop agréable mais est réputée bonne pour la santé. La galerie de 90 m de long, avec ses colonnes corinthiennes, abrite une série de 14 fresques illustrant les célèbres légendes de la Forêt-Noire.

Museum LA 8 *(Musée arts et techniques du XIXe s)* **:** *Lichtentaler Allee 8. • museum.la8.de • Tlj sauf lun 10h-18h. Entrée : 7 € ; réduc.* Musée original qui s'intéresse aux évolutions dans l'art et les techniques du XIXe s, dans des domaines aussi variés que la photographie, le tourisme... qui ont influencé le monde d'aujourd'hui.

Museum Frieder-Burda : *Lichtentaler Allee 8b. • museum-frieder-burda.de • Tlj sauf lun 10h-18h. Entrée : 14 € ; réduc. Achat en ligne. Billet combiné avec la Staatliche Kunsthalle : 18 €. Audioguide en français : 4 €.* Les amateurs d'art contemporain seront à la fête. Constituée d'un millier d'œuvres d'art moderne (sculptures, objets, travaux sur papier et avant tout peintures), la collection Frieder-Burda recèle un large choix d'expressionnistes allemands. Mais le noyau dur est constitué par des œuvres de la 2de moitié du XXe s orientées vers les évolutions les plus actuelles de la peinture (voir encadré). Les artistes allemands contemporains à la renommée internationale tels que ***Georg Baselitz,*** Markus Lüpertz, ***Sigmar Polke*** et ***Gerhard Richter*** y sont mis en valeur. En perpétuelle évolution, la collection se développe avec la jeune génération : Tim Eitel, Eberhard Havekost, Anton Henning, Karin Kneffel, Simon Pasieka, Neo Rauch, Corinne Wasmuht et Matthias Weischer, entre autres. Ces œuvres sont exposées par roulement 3 fois par an, mais chaque été, la collection privée cède la place à des expos temporaires de très grande qualité ; dès lors, un nombre très limité d'œuvres sont visibles.

LE TRÉSOR DÉDAIGNÉ

Frieder Burda, l'héritier du groupe de presse allemand, possède une collection privée comprenant notamment des œuvres des expressionnistes américains (Pollock, de Kooning, Rothko) et les derniers tableaux peints par Picasso. Il souhaitait établir sa fondation d'art sur la Côte d'Azur à Mougins, ville qu'il a toujours aimée. Mais après 7 ans de démarches infructueuses, Burda a préféré installer son musée à Baden-Baden en 2004.

À faire

Lichtentaler Allee : *superbe promenade qui longe le canal de l'Oos sur plus de 2 km. Début dès la Goetheplatz.* De nombreux penseurs, poètes et hommes d'État ont arpenté cette allée plantée de plus de 300 espèces d'arbres et d'arbustes. Au début de cette allée s'alignent les principaux musées de la ville. Les amateurs de botanique feront une halte dans la roseraie et les jardins de dahlias. Au bout de cette promenade ombragée se trouve le ***monastère Lichtenthal,*** abbaye cistercienne encore en activité : *visites guidées de la Fürstenkapelle – chapelle des Princes – et du musée mer-dim à 15h.* Café avec petite restauration dans la cour. 250 m plus loin sur la gauche, au nº 85 de la Maximilianstrasse, on peut visiter la maison où Brahms a séjourné et composé pendant les mois d'été de 1865 à 1874 *(lun, mer, ven 15h-17h ; dim 10h-13h ; prix : 3 €).*

– ***Les thermes de Friedrichsbad :*** *Römerplatz 1. Tlj 9h-22h (dernière entrée à 20h). Bains hommes et femmes séparés lun, jeu et sam. Interdit aux moins de 14 ans. Prix des bains romains-irlandais (succession de bains dont la température varie de 39 à 18 °C) : 25 € pour 3h.* Ces thermes à la décoration somptueuse furent construits sur les vestiges des bains romains en 1873. Vous pourrez vous y détendre grâce à 16 bains différents... le tout dans un cadre exceptionnel. Mais attention, les maillots ne sont pas admis, on se baigne donc tout nu !

– ***Les thermes Caracalla*** *(thermes modernes)* **:** *Römerplatz 1. • carasana.de • Tlj 8h-22h. Interdit aux moins de 7 ans. Entrée (pour 2h) : 17,50 €.* Ces bains ouverts depuis 1985 portent le nom d'un empereur romain qui vint y faire soigner ses rhumatismes au IIIe s apr. J.-C. Complexe aquatique ludique avec bains et saunas sur une superficie de 1 000 m².

DANS LES ENVIRONS DE BADEN-BADEN

👀👀 ***La route des vins badois, le Rebland :*** *suivre les panneaux « Badische Weinstraße » ou « Rebland » à partir de Baden-Baden vers le sud-ouest, direction Offenburg/Gengenbach.* Jolie promenade qui allie le plaisir des yeux et des papilles. Pour les amateurs de vin, on vous conseille particulièrement les crus de *Varnhalt, Neuweier* ou *Affental.* En automne et en hiver, les vignerons poursuivent la tradition des *Besenwirtschaften* (traduction littérale : « auberge du balai »). Ils invitent chacun à venir déguster leur vin et eau-de-vie en installant devant leur porte des balais décorés de rubans de couleur. Une particularité : les vignerons ont l'autorisation de mettre leur vin en bouteilles dans des *Bocksbeutel* (fameuse bouteille au ventre rond), habituellement réservées aux vins de Franconie.

Où dormir ? Où manger ?

🏠 🍴 ***Gasthaus Weinberg :*** *Umweger Str. 68, à* ***Umweg.*** *☎ (07223) 969-70. • weinberg-umweg.de • À 6 km au sud-ouest de Baden-Baden. Resto tlj sauf mar. Double 72 €, petit déj inclus. Plats 14-25 €.* Une très bonne adresse accrochée aux vignes pour manger et se loger dans le *Rebland.* Cuisine soignée donnant ses lettres de noblesse aux plats régionaux. Cette auberge a su conserver son esprit Forêt-Noire. Chambres confortables et propres, sans prétention.

À voir

👀👀 ***Residenzschloss Rastatt :*** *Herrenstr. 18, 76537* ***Rastatt.*** *• schloss-rastatt.de • À 8 km au nord de Baden-Baden. Tlj sauf lun 10h-17h (16h nov-mars). Tarif : 8 €. Billet combiné : entrée aux appartements princiers (visite guidée ttes les heures) et au Musée militaire : 8 € ; réduc. Billet combiné avec le château Favorite : 14 € ; réduc.* En 1699, Louis le Turc fit ériger sa nouvelle demeure à Rastatt, celle de Baden-Baden ayant été détruite par les Français 3 ans plus tôt. Il confie la direction des travaux à un architecte italien qui s'inspire de Versailles pour cette superbe demeure baroque.

– Aujourd'hui, le château abrite également, au rez-de-chaussée le ***mémorial de la Liberté*** *(dim-jeu 9h30-17h, ven 9h30-14h ; GRATUIT)* qui se consacre aux mouvements de libération dans l'histoire allemande de la Renaissance à la chute de la RDA, et le ***musée de l'Histoire militaire*** *(avr-oct, tlj sauf lun 10h-17h30 ; nov-mars, 10h-16h30).* Ce dernier présente de nombreux documents, mannequins et uniformes retraçant l'histoire militaire allemande de la fin du Moyen Âge à la 1re Guerre mondiale.

Schloss Favorite *(château Favorite)* **:** *à 12 km au nord, direction Sandweier et Rastatt. • schloss-favorite-rastatt.de • De mi-mars à mi-nov, tlj sauf lun 10h-18h (16h d'oct à mi-nov). Fermé de mi-nov à mi-mars. Entrée : 9 € ; réduc. Billet combiné avec le château de Rastatt : 14 € ; réduc. Visite guidée ttes les heures.* Magnifique résidence d'été de Sibylla Augusta, l'épouse de Louis le Turc. Construite entre 1710 et 1712. Son charme réside surtout dans sa précieuse décoration intérieure : sols en *scagliola* (pierres incrustées sur des pâtes colorées, ayant l'aspect du marbre), stucs, chinoiseries, portraits, miniatures, cabinet des glaces... Intéressante collection de porcelaines et de faïences rares.

LA BAVIÈRE

• Carte *p. 288-289*

Bordée au sud par les Alpes et traversée par le Danube, dans son cours initial, la Bavière est une magnifique contrée verdoyante réputée pour ses châteaux extravagants, ses villes et églises baroques, et pour la qualité de sa bière. Pourtant, ce Land, le plus grand d'Allemagne, peuplé de 12,5 millions d'habitants, est beaucoup plus que cela. Avec sa capitale (Munich), ses itinéraires régionaux (la route des Alpes, la Bavière orientale, la Franconie, la Route romantique) et sa puissance économique *(Siemens, BMW, Allianz, Adidas, MAN, Puma...)*, la Bavière est quasiment un pays en soi !

Un pays qui réussit, en apparence, l'exploit de rester imperméable aux mutations extérieures, cultivant sa réputation d'espace préservé où il fait bon vivre en toute sécurité, où les souvenirs du passé, loin d'être oubliés, s'effacent simplement devant le sens des réalités. Il est peu de pays où l'on peut, comme ici, ne revenir qu'une fois tous les 10 ans et avoir du mal à deviner ce qui a changé réellement. Les modes passent, la Bavière reste.

RIFIFI À COUPS DE POMPES

Née juste après la guerre d'une brouille entre Adolf et Rudolf Dassler – les 2 fils d'un cordonnier bavarois spécialiste des pantoufles –, la firme aux 3 bandes a connu une ascension spectaculaire. Avec le diminutif de son prénom « Adi » et la 1re syllabe de son nom « Das », Adolf crée, en 1948, Adidas. Son frère Rudolf, lui, s'installe dans la même ville mais de l'autre côté de la rivière et fonde la marque concurrente, Puma.

Les touristes l'ont bien compris, puisqu'ils sont plus de 20 millions à s'y rendre chaque année. Difficile donc de se retrouver vraiment seul à profiter de la douceur de ses paysages, de la beauté de ses villes et du charme de son folklore. À moins de se lever tôt et de partir à bicyclette sur les multiples

chemins de campagne interdits aux automobiles. À moins encore d'arriver les 1ers devant les portes des châteaux de Louis II, ce roi d'opérette destitué pour ses dépenses extravagantes et devenu, signe des temps, l'un des meilleurs retours sur investissement qui soient. Un roi que beaucoup imagineraient, pour peu, régnant toujours sur ce vaste décor de carton-pâte qui s'étend de Munich à Berchtesgaden, de Rothenburg ob der Tauber à Garmisch-Partenkirchen...
Oubliez vos préjugés : on trouve facilement de quoi se loger, se nourrir à prix corrects, surtout en dehors de Munich et des grandes villes. Une option : le 2-roues, moyen de locomotion idéal, pour partir à la découverte de la Bavière profonde...
De toute façon, ce Land mérite le voyage, ne serait-ce que parce qu'il est difficile de comprendre l'Allemagne et les Allemands sans connaître la Bavière. Et si tout nous ramène à Munich, après une virée aux frontières de l'Autriche, sur les pas de Louis II, puis en Franconie, avant de retrouver la Route romantique, ce n'est pas sans raison. On ne peut connaître vraiment cette ville qu'en faisant l'effort d'aller à sa rencontre, de *Biergarten* en châteaux, de musées en lieux de mémoire, en partageant un art de vivre qui va bien au-delà des flonflons de l'*Oktoberfest.*

MUNICH ET SES ENVIRONS

MÜNCHEN (MUNICH)

(80000) 1 581 000 hab. (2,8 millions avec la périphérie) IND. TÉL. : 089

• Plan I *p. 290-291* • Plan II, centre *p. 296-297*

Munich, capitale secrète de l'Allemagne ? La capitale bavaroise est incontestablement, après Berlin, la ville la plus intéressante du pays. C'est d'ailleurs celle qui reçoit le plus de visiteurs après la capitale fédérale. Ses contradictions y sont pour quelque chose : traditionalisme et cosmopolitisme, histoire et modernisme, mode et industrie, avant-garde et fête de la Bière lui confèrent un indescriptible charme. *BMW* et *Siemens* en ont fait leur fief, mais c'est aussi la ville des espaces verts. Les anciens bureaux du Führer appartiennent désormais au nouveau quartier des musées et un Centre de documentation sur l'histoire du national-socialisme s'élève à la place du siège du NSDAP, le parti dont Hitler fit son instrument de conquête.
Ce « village » de plus de 1,5 million d'habitants n'oppresse jamais, comme c'est souvent le cas d'autres capitales. En l'espace de quelques décennies, la ville s'est entièrement transformée pour se donner aux piétons. Mais Munich, c'est également une cité prospère où le taux de chômage (3,2 %) est le plus bas de toutes les grandes villes d'Allemagne, et où les salaires sont les plus élevés.
L'essor économique de Munich date de la fin des années 1960, lorsque l'annonce des Jeux olympiques de 1972 a transformé le paysage urbain et que les instituts de recherche ont commencé à s'y concentrer, créant un pôle d'attraction. Le courant hippie, avec l'étalage des corps nus sur les pelouses du « jardin anglais », avait choqué le Munichois moyen n'approuvant ni la décadence ni l'excentricité, mais aujourd'hui, les nudistes sont de retour à 2 pas des familles venant s'offrir un *Brotzeit* dans un *Biergarten* animé par un orchestre traditionnel. Ainsi va Munich, une ville qu'on adore voir vivre...

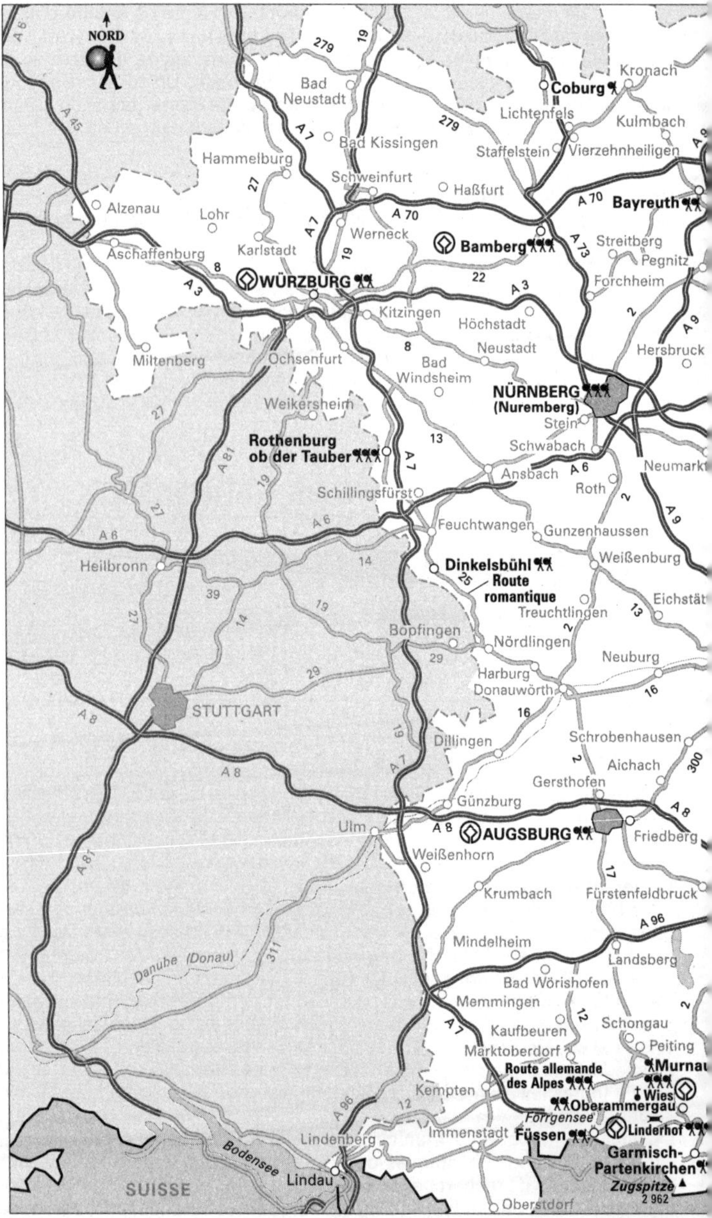
NORD
Bad Neustadt
Coburg
Kronach
Lichtenfels
Kulmbach
Bad Kissingen
Staffelstein
Vierzehnheiligen
Hammelburg
Schweinfurt
Haßfurt
Bayreuth
Alzenau
Lohr
Werneck
Bamberg
Streitberg
Pegnitz
Aschaffenburg
Karlstadt
WÜRZBURG
Forchheim
Kitzingen
Höchstadt
Hersbruck
Miltenberg
Ochsenfurt
Neustadt
Bad Windsheim
NÜRNBERG
(Nuremberg)
Weikersheim
Stein
Rothenburg
ob der Tauber
Schwabach
Neumarkt
Ansbach
Roth
Schillingsfürst
Feuchtwangen
Gunzenhausen
Heilbronn
Weißenburg
Dinkelsbühl
Route romantique
Eichstätt
Treuchtlingen
Bopfingen
Nördlingen
Neuburg
Harburg
Donauwörth
STUTTGART
Dillingen
Schrobenhausen
Aichach
Gersthofen
Günzburg
Ulm
AUGSBURG
Friedberg
Weißenhorn
Krumbach
Fürstenfeldbruck
Mindelheim
Landsberg
Danube (Donau)
Bad Wörishofen
Memmingen
Schongau
Kaufbeuren
Peiting
Marktoberdorf
Murnau
Route allemande des Alpes
Wies
Kempten
Oberammergau
Forggensee
Lindenberg
Immenstadt
Füssen
Linderhof
Bodensee
Garmisch-Partenkirchen
SUISSE
Lindau
Zugspitze
2 962
Oberstdorf

LE SUD DE L'ALLEMAGNE

LA BAVIÈRE (BAYERN)

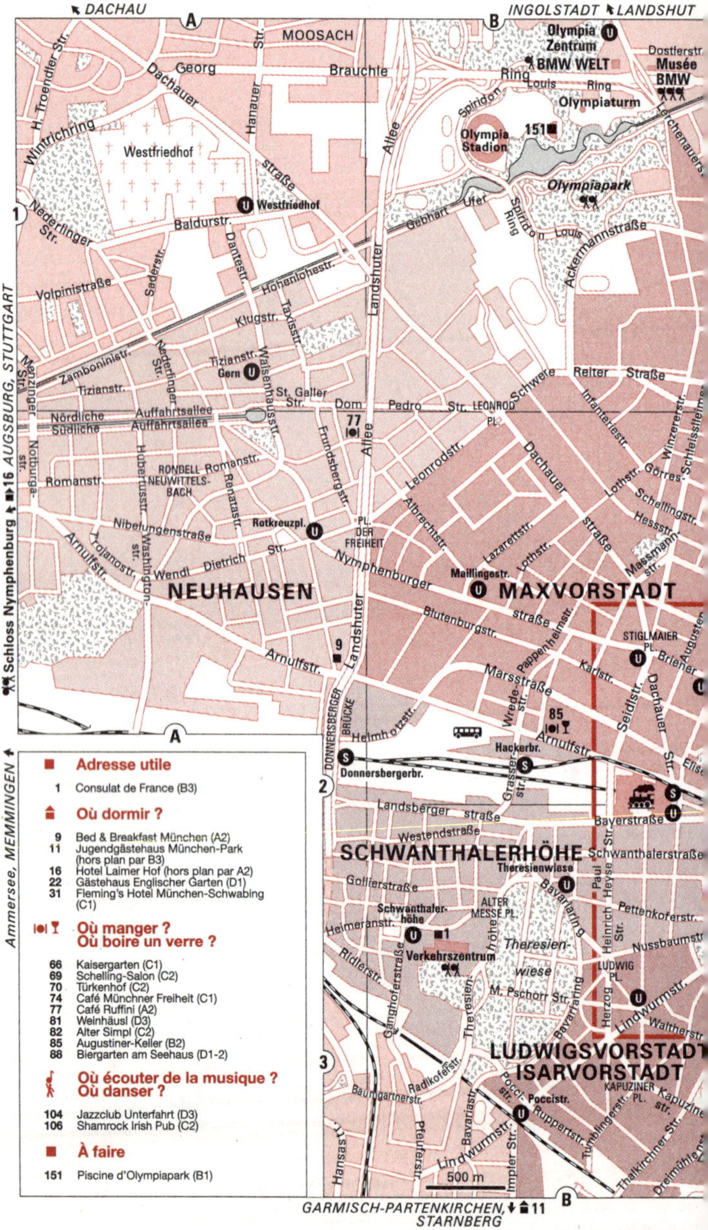

Adresse utile

1 Consulat de France (B3)

Où dormir ?

9 Bed & Breakfast München (A2)
11 Jugendgästehaus München-Park (hors plan par B3)
16 Hotel Laimer Hof (hors plan par A2)
22 Gästehaus Englischer Garten (D1)
31 Fleming's Hotel München-Schwabing (C1)

Où manger ? Où boire un verre ?

66 Kaisergarten (C1)
69 Schelling-Salon (C2)
70 Türkenhof (C2)
74 Café Münchner Freiheit (C1)
77 Café Ruffini (A2)
81 Weinhäusl (D3)
82 Alter Simpl (C2)
85 Augustiner-Keller (B2)
88 Biergarten am Seehaus (D1-2)

Où écouter de la musique ? Où danser ?

104 Jazzclub Unterfahrt (D3)
106 Shamrock Irish Pub (C2)

À faire

151 Piscine d'Olympiapark (B1)

MÜNCHEN (MUNICH) – Plan I

UN PEU D'HISTOIRE

À l'origine du nom de la ville, le mot allemand *Mönch,* qui signifie « moine », en rapport évident avec l'abbaye installée à côté du village (*apud Munichen,* « près de chez les moines »). Depuis, la ville a gardé un petit moine comme emblème.
Officiellement fondée en 1158, la ville ne devient capitale de la Haute-Bavière qu'au XIIIe s, lorsque Louis le Sévère y installe château, famille et cour. Ses descendants, les Wittelsbach, vont y prospérer, grâce au sel mais aussi en commerçant avec les villes italiennes, et enrichir la cité.
La dynastie des ***Wittelsbach*** va régner sans partage pendant 738 ans sur la Bavière. Chacun des héritiers apporte sa marque architecturale à la capitale. Chez la plupart des Wittelsbach existe aussi le désir de conquérir d'autres territoires et de jouer un rôle politique important, aussi bien en Allemagne qu'en Europe. Pendant la longue querelle religieuse qui enflamme le pays au XVIe s, ils prennent parti contre les idées luthériennes, transformant leur duché en bastion de la ***Contre-Réforme.*** L'autoritarisme des Wittelsbach pendant cette page de l'histoire allemande aura pour conséquence non négligeable de faire de la Bavière la région la plus catholique d'Allemagne !

De Napoléon Ier à Louis II en passant par Lola Montez

Bien sûr, ambitions, guerres d'influence et calculs politiques entraînent invasions et carnages : les armées protestantes ravagent la Bavière pendant la guerre de Trente Ans (1618-1648), les troupes suédoises occupent Munich en 1632, la peste se répand peu après (décimant les ⅔ de la population). Au début du XVIIIe s, ce sont les Autrichiens qui prennent la ville. Au siècle suivant, les troupes napoléoniennes entrent dans Munich. ***Maximilien IV Joseph,*** choisit de s'allier à Napoléon, et est en retour, proclamé roi de Bavière. Munich est naturellement choisie comme capitale de ce nouveau royaume.
Louis II de Bavière (1845-1886), le « roi de conte de fées », se désintéresse lui, de la politique et passe sa vie à fuir les responsabilités, préférant la quiétude de ses châteaux de campagne à la capitale. C'est dans ses refuges qu'il se retire à chacune des déclarations de guerre : contre la Prusse en 1866, et contre la France en 1870, guerres qui provoquent l'intégration de la Bavière au Reich allemand. Après sa destitution et sa mort, son frère, Othon Ier, lui succède mais, déclaré fou, il est interné jusqu'à la fin de ses jours. C'est Léopold, leur oncle, qui assure la régence.

> **UNE DANSEUSE TRÈS OLÉ-OLÉ**
>
> *Date de naissance pas sûre, lieu de naissance pas sûr, identité de la mère pas sûre. Écervelée, sûrement pas. Lola Montez, lorsqu'elle devient la maîtresse de Louis Ier, provoque tant de haine à Munich que le roi doit abdiquer. Partie se (re)marier en Angleterre, elle se produit ensuite en Californie, danse et joue au théâtre à Paris, Londres, aux États-Unis et en Australie... Elle meurt en 1861 à New York à l'âge (officiel) de 42 ans.*

Pendant leurs règnes successifs, Munich s'épanouit sur le plan artistique. C'est d'ailleurs dans la capitale bavaroise que se retrouvent des peintres comme le Russe ***Kandinsky*** et le Suisse ***Paul Klee*** qui, autour du groupe *Der Blaue Reiter* (Le Cavalier bleu), créé ici même en 1911, participent activement à la naissance de l'art abstrait et, du même coup, à celle de l'art contemporain !

Du Cavalier bleu aux Chemises brunes

Alors que les futurs grands artistes du siècle y élaborent leurs théories révolutionnaires, un autre peintre, né en Autriche, traîne en vain ses pinceaux pendant 2 ans à Munich. En 1914, à la constatation qu'il n'a aucun génie artistique, ***Adolf Hitler*** décide de s'engager comme volontaire dans l'armée bavaroise (alors qu'il refusait de se battre pour l'État multinational qu'est l'Autriche-Hongrie !). Il revient du front des Flandres gazé et brûlé aux yeux. Ces blessures, mais peut-être plus encore l'humiliation ressentie lors de la défaite militaire, vont alimenter en lui un violent désir de revanche.

En 1919, Hitler adhère à Munich au *Deutsche Arbeiterpartei,* et convainc son fondateur *Anton Drexler* de le renommer ***NSDAP*** (Parti national-socialiste des travailleurs allemands). La prise de pouvoir est déjà à l'ordre du jour, comme le prouve le fameux « putsch de Munich »... Un échec qui va pourtant le promouvoir du statut de chef d'un groupuscule obscur à celui de personnalité « en vue » de la vie politique allemande des années 1920.

RÉPÉTITION GÉNÉRALE

Le 8 novembre 1923 au soir, la bande à Adolf envahit la brasserie Bürgerbräukeller, *où se tient un meeting nationaliste. Tout ce petit monde prépare un putsch pour chasser le gouvernement ! Le but est d'occuper les points névralgiques de Munich. Le lendemain matin, les leaders du putsch avorté sont emprisonnés : Hitler en prend pour 5 ans. Mais une fois à l'ombre, il ne lui faut que 9 mois pour accoucher de son livre-programme :* Mein Kampf...

Des années noires à la prospérité

Munich va jouer un 2e rôle pour Hitler, une fois au pouvoir : en 1933, la ville est proclamée « capitale du mouvement national-socialiste ». C'est à Munich que sont signés en 1938 les accords entre ***Daladier, Chamberlain, Mussolini*** et ***Hitler,*** censés préserver la paix en Europe mais qui, depuis, symbolisent la passivité coupable des démocraties devant les revendications territoriales des dictateurs. Le Führer rêve d'entreprendre dans la ville de grands travaux à sa gloire, mais la guerre l'en empêche. Près de la moitié de l'agglomération est bombardée par les Alliés, et la plupart des monuments historiques sont détruits. Au printemps 1945, les Américains pénètrent dans Munich. La ville se repeuple peu à peu après la guerre, avec l'arrivée de réfugiés venus de l'Est et de travailleurs étrangers appelés pour reconstruire la cité et relancer l'industrie.

L'AUTRE GÖRING

Le maréchal de l'air Hermann Göring avait un frère, Albert, un homme d'affaires qui méprisait les nazis. Il a utilisé maintes fois son nom pour imiter la signature de son frère et faire libérer des juifs des camps. Il a aidé la Résistance allemande et tchèque. Après la guerre, ce nom maudit l'empêche de vivre honorablement, et en 1966, il meurt dans la disette à Munich.

Munich devient ainsi la 3e ville du pays après Berlin et Hambourg. Le « miracle » économique des années 1950 profite principalement à l'État bavarois et à sa capitale, qui mise sur l'industrie, mais surtout sur l'électronique, l'informatique, l'aérospatiale, etc. La mode, les médias, la finance, le tourisme et, bien sûr, la bière, achèvent d'en faire une ville riche et attirante.

Les ***Jeux olympiques de 1972,*** censés présenter son nouveau visage, sont entachés par la mort de 11 athlètes israéliens – à la suite d'une prise d'otages menée par l'organisation palestinienne « Septembre noir » (voir le film *Munich,* de Steven Spielberg)...

Le temps a passé. Et la ville a bien changé : après la reconstruction, en plus « authentique », du centre-ville et la transformation des rues et places devenues piétonnes (c'est le plus grand centre piéton d'Allemagne), Munich entend peaufiner son statut de capitale en faisant du quartier des musées, à ***Maxvorstadt,*** un ensemble plus vaste que celui de Berlin.

Le 3e millénaire a vu naître la 3e pinacothèque, qui accueille les innombrables œuvres du début du XXe s dont les musées de la ville regorgent, ainsi que le musée *Brandhorst,* collection qui regroupe plus de 700 œuvres d'art contemporain. Autour d'eux, d'autres espaces muséographiques s'installent, dont le centre d'interprétation du national-socialisme. Les architectes contemporains inscrivent de nouveaux lieux de visite dans le paysage urbain, où les foules se ruent.

On passe, assez fasciné, du ***BMW Welt*** (le Monde BMW), aux portes de l'***Olympiapark,*** à celui des ***Fünf Höfe*** en plein cœur de Munich, un labyrinthe de luxe (cafés, brasseries, galeries, bureaux, magasins chics), d'une architecture résolument avant-gardiste où alternent le verre, le bois, le bronze et les jardins suspendus.

Munich, malgré toutes ces épreuves et ces travaux colossaux, demeure l'une des villes les plus agréables d'Allemagne : rires et chants remplissent ses tavernes et ses *Biergarten.* On trinque volontiers avec les touristes, activité qui rapporte environ 3 milliards d'euros par an...

Bierkultur et Gemütlichkeit

Au pied des Alpes, la ville la plus méridionale d'Allemagne, renfermée sur elle-même en hiver, prend des allures italiennes dès les 1ers beaux jours. Il fait bon visiter Munich au printemps, mais aussi à la fin de l'automne, quand les derniers accents de la fête de la Bière se sont tus, quand les rues sont encore envahies par ceux qu'on appelle les ***Schickimicki*** – rien à voir avec des « Mickeys » chics –, savant mélange de yuppies californiens et de bobos parisiens.

QUE LA FÊTE COMMENCE !

En octobre 1810, le prince héritier Louis, futur Louis Ier, épouse Thérèse de Saxe. Les réjouissances se déroulent sur un pré aux portes de la ville et se terminent par une course de chevaux. Ainsi naît la tradition des fêtes d'Octobre. En 1818, on installe le 1er manège et 2 balançoires ! Puis, en 1896, on dresse les 1res grandes tentes sous l'égide des brasseries.

Dans cette ville d'histoire devenue un centre de la haute technologie, bon nombre de *Schickimicki* sont des Bavarois de fraîche date qui ont répondu à l'appel de l'argent, du soleil et de la qualité de vie : magasins de luxe, restaurants renommés, théâtres, musées... *Bierkultur* et *Gemütlichkeit* sont 2 mots qui résument pourtant bien la Munich éternelle, ville agréable à vivre (c'est le sens du 2d mot). Mais il n'y a pas qu'à travers la bière que l'on peut parler de Munich comme d'une ville de *Kultur* ! ***Richard Strauss*** y est né, ***Einstein*** y a usé ses fonds de culotte à l'école... On n'y trouve pas moins d'une soixantaine de théâtres, dont 3 opéras, 62 musées et autour de 300 maisons d'édition ! Elle possède même sa *Cinecittà* à elle, la *Bavaria Filmstadt,* que l'on peut visiter et où une bonne partie des films et téléfilms allemands sont réalisés...

Ville étudiante enfin, Munich a 2 quartiers bien vivants de part et d'autre de la Ludwigstraße : ***Maxvorstadt,*** près du quartier des musées, et ***Schwabing,*** où pullulent petits cafés et restos pas chers, ainsi que ses nouveaux arrondissements branchés, où, loin des tavernes touristiques du vieux centre-ville, on découvre les artistes de demain.

Arrivée à l'aéroport

✈ ***Aéroport de Munich*** *(Flughafen Franz-Joseph Strauß ; hors plan I par C1)* **:** *à 28 km au nord-est de la ville.* ☎ *(089) 975-00.* • *munich-airport.com* • Le 2e d'Allemagne et le 6e d'Europe. Dans chacun des 2 terminaux, un *Service Center* est ouv 24h/24, avec consigne, vente de tickets de bus (au comptoir ou dans les distributeurs automatiques) et accès

Internet. Objets trouvés et loueurs de voitures se trouvent au terminal 1.

➢ ***Pour se rendre au centre-ville :*** le meilleur moyen reste le S-Bahn, situé au sous-sol, avec les lignes S1 (ttes les 20 mn 5h-minuit env) ou S8 (ttes les 20 mn, 4h-1h30 env). Compter 40-45 mn de trajet pour la *Hauptbahnhof* (gare centrale) ou la *Marienplatz.* Ticket normal (à prendre au comptoir avant les escalators) : 5 € ou 13,20 € (valable jusqu'à 6h le lendemain). Également des tickets de groupes pour 5 pers pour 24,70 €.

On peut aussi prendre, pour 12 € (réduc), le bus *Lufthansa* : départ ttes les 15 mn 6h30-22h30. Rejoint le centre en 45 mn. • *airportbus-muenchen.de* •

Vu le trafic, le taxi n'est pas plus rapide et il est bien plus cher : compter plus de 70 € pour rallier la *Hauptbahnhof.*

Transports en Bavière

– ***Bon à savoir :*** il existe pour tout le Land de Bavière un ticket de train, le ***Bayern-Ticket, utilisable en semaine*** de 9h à 3h le lendemain, et qui permet d'utiliser également tous les transports publics (bus, S-Bahn, U-Bahn, trains, trams...) pour 26 € par jour en 2e classe *(8 €/pers supplémentaire ; 5 pers max/ billet).* Ne fonctionne pas pour les *ICE.* Tickets en vente dans les gares, aux distributeurs de titres de transport et en ligne, le site • *bahn.com* •

LE SUD DE L'ALLEMAGNE

Adresses utiles

- Office de tourisme de la gare (Hauptbahnhof ; B2)
- Office de tourisme sur Marienplatz (C3)

Où dormir ?

13 CVJM Jugendgästehaus (YMCA ; B3)
15 Euro Youth Hotel (B3)
17 A&O Hauptbahnhof Hostel (B3)
19 Pension Gärtnerplatz (C3)
20 Motel One – Sendlinger Tor (C3)
21 Hotel Mariandl (B3)
25 Hotel Schlicker (C3)
26 Jaeger's Hostel (B3)
27 Cocoon Sendlinger Tor (B3)
28 Platzl Hotel (C3)
29 Deutsche Eiche (C3)
32 Hotel am Viktualienmarkt (C3)
33 Schiller 5 (B3)
35 Smart Stay Hostel (B3)
36 Best Western Atrium (B3)

Où manger ? Où boire un verre ?

40 Schrannenhalle (C3)
41 Viktualienmarkt (C3)
42 Schiller Bräu (B3)
43 Fraunhofer Gaststätte (C3)
44 Hofbräuhaus (C3)
45 Andechser am Dom (C3)
46 Bratwurstherzl (C3)
48 Irmi (B3)
49 Café Glockenspiel (C3)
50 Der Pschorr (C3)
52 Zum Dürnbräu (C3)
53 Café am Beethovenplatz (B3)
54 Bar Centrale (C3)
55 Königsquelle (C3)
56 Löwenbräukeller (B2)
57 Prinz Myshkin (C3)
65 Atzinger (C2)
68 Café Puck (C2)
73 Tresznjewski (C2)
83 Wirtshaus in der Au (C3)
84 Hofbräukeller (D3)
87 Biergarten am Chinesischen Turm (C-D2)
91 Speiserei Volksbad (C3)

Où déguster une pâtisserie ?

89 Konditorei Schneller (C2)
93 Café am Marienplatz Rischart (C3)

Où écouter de la musique ? Où danser ?

101 Park Café (C2)
103 Muffathalle (C3)
108 P1 Club (C2)
110 089 Bar and Lounge (C2)

À voir

122 Altes Rathaus (C3)
125 Michaelskirche (C3)
126 Centre de documentation sur l'histoire du national-socialisme (C2)
127 Sendlinger Tor (C3)
128 Musée de la Chasse et de la Pêche (C3)
129 Theatinerkirche (C2)
143 Spielzeugmuseum (C3)
147 Jüdisches Museum (C3)
152 MUCA (C3)

Détente au fil de l'eau

150 Müller'sches Volksbad (C3)

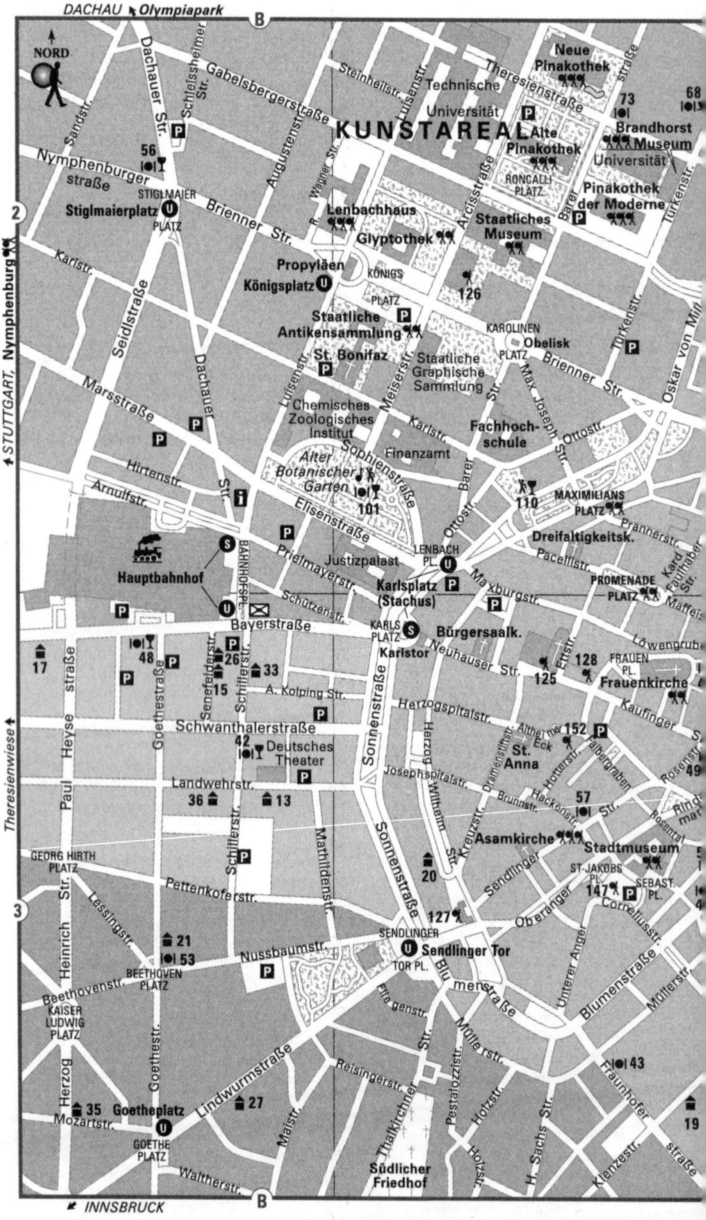
DACHAU Olympiapark
B
NORD
Dachauer Str.
Schleissheimer Str.
Gabelsbergerstraße
Steinheilstr.
Luisenstr.
Technische Universität
Theresienstraße
Neue Pinakothek
73
68
Brandhorst Museum
KUNSTAREAL
Alte Pinakothek
Universität
RONCALLI PLATZ
Pinakothek der Moderne
Türkenstr.
Sandstr.
Nymphenburger straße
56
Augustenstr.
Wagner Str.
STIGLMAIER PLATZ
Stiglmaierplatz
Brienner Str.
Lenbachhaus
Glyptothek
Arcisstraße
Staatliches Museum
Barer Str.
2
Nymphenburg
Karlstr.
Propyläen
Königsplatz
KÖNIGS PLATZ
126
Seidlstraße
Staatliche Antikensammlung
KAROLINEN PLATZ
Obelisk
St. Bonifaz
Staatliche Graphische Sammlung
Meiserstr.
Max Joseph Str.
Oskar von Miller
STUTTGART
Marsstraße
Dachauer Str.
Chemisches Zoologisches Institut
Karlstr.
Fachhochschule
Ottostr.
Finanzamt
Sophienstraße
Alter Botanischer Garten
101
110
MAXIMILIANS PLATZ
Hirtenstr.
Arnulfstr.
Elisenstraße
Ottostr.
Prannerstr.
Dreifaltigkeitsk.
Hauptbahnhof
BAHNHOFSPL.
Prielmayerstr.
Justizpalast
LENBACH PL.
Pacellistr.
Karlsplatz (Stachus)
Maxburgstr.
PROMENADE PLATZ
Kard. Faulhaber Str.
Maffeistr.
Schützenstr.
Bayerstraße
KARLS PLATZ
Bürgersaalk.
Karlstor
Löwengrube
17
48
26
33
15
Senefelderstr.
Schillerstr.
Neuhauser Str.
Ettstr.
128
125
FRAUEN PL.
Frauenkirche
Paul Heyse straße
Goethestraße
A. Kolping Str.
Sonnenstraße
Herzogspitalstr.
Kaufingerstr.
Schwanthalerstraße
42
Deutsches Theater
Herzog Wilhelm Str.
Althei mer Eck
152
St. Anna
Damenstiftstr.
Hotterstr.
Färbergraben
Rosenstr.
49
Theresienwiese
Landwehrstr.
36
13
Josephspitalstr.
Brunnstr.
Hackenstr.
57
Rindermarkt
Rosental
Kreuzstr.
Asamkirche
Stadtmuseum
Mathildenstr.
GEORG HIRTH PLATZ
20
Sendlinger Str.
ST-JAKOBS PL.
147
SEBAST. PL.
Pettenkoferstr.
3
Lessingstr.
Heinrich Str.
127
Oberanger
Corneliusstr.
21
53
SENDLINGER TOR PL.
Sendlinger Tor
Nussbaumstr.
BEETHOVEN PLATZ
Beethovenstr.
Blumenstraße
Unterer Anger
Blumenstraße
Müllerstr.
KAISER LUDWIG PLATZ
Ehegenstr.
Müllerstr.
43
Reisingerstr.
Pestalozzistr.
Lindwurmstraße
Fraunhofer straße
Herzog Str.
Goethestr.
35
Goetheplatz
27
Thalkirchner Str.
Holzstr.
19
Mozartstr.
GOETHE PLATZ
Maistr.
H. Sachs Str.
Klenzestr.
Südlicher Friedhof
Waltherstr.
B
INNSBRUCK

MÜNCHEN (MUNICH) – Plan II, centre

Comment se repérer ?

Si l'on excepte ses banlieues, la ville n'est pas très étendue. On peut facilement parcourir à pied le centre-ville (où sont concentrés monuments et musées). Munich se décompose en quartiers bien distincts. Les plus intéressants : le *centre* et la *Gärtnerplatz, Schwabing* et *Maxvorstadt* (avec le quartier des musées, au nord-ouest de l'*Altstadt*), *Haidhausen* (à l'est, très vivant, très tendance), *Neuhausen* (à l'ouest, sympa) et bien sûr *Nymphenburg* (beaucoup plus à l'ouest). Sans parler de l'*Olympiapark,* qui est un quartier en soi, plus au nord.

Comment se déplacer ?

Oubliez la voiture, d'autant plus qu'une vignette, appelée ici ***pastille écologique,*** est devenue indispensable dans le centre et que vous risquez un PV à 80 €, si ! Achat possible en ligne *(● vignetteallemagne.fr ● ; env 16 €).* Le centre est presque totalement piéton et truffé de sens interdits. Quelques places avec parcmètres et des parkings souterrains très chers. En journée, vous pouvez laisser votre voiture à l'entrée de la ville, où vous trouverez des parkings à la sortie des autoroutes (un peu éloignés mais pas chers ou gratuits), et prendre les transports en commun. Mais préférez le vélo (location dans les gares), et son réseau de pistes cyclables (plan disponible dans les offices de tourisme) à faire pâlir d'envie tous les écolos d'Europe... Quant au métro (***U-Bahn,*** 8 lignes) et aux trains de banlieue (***S-Bahn,*** sorte de RER), ils sont fréquents et quadrillent bien la ville et ses environs.

Transports en commun (U-Bahn, S-Bahn, bus et tramways)

Procurez-vous le ***miniplan du réseau.*** Il y a 4 zones tarifaires, la 1re zone couvre une bonne partie de la ville (banlieues comprises). Prix du ***ticket de base*** pour une zone : 3,40 € ou, pour les trajets courts (4 arrêts de bus ou de tram, 2 stations en S-Bahn et U-Bahn), 1,50 € ; tarifs réduits pour les enfants de 6 à 14 ans et les jeunes de 15 à 21 ans.
Il existe aussi un ***ticket à la journée*** *(Tageskarte),* valable dès le moment où vous l'achetez jusqu'au matin suivant à 6h, à partir de 7,90 € environ pour 1 zone, ou une ***carte de 3 jours,*** à partir de 16,80 € environ pour 1 zone, qui permettent d'utiliser tous les transports librement pendant la durée de validité du billet (le prix augmentant bien sûr pour l'ensemble du réseau). C'est une formule très intéressante.
Bon à savoir aussi : la carte 1 jour est disponible en version « groupe » (valable pour 5 adultes ou 10 enfants), 15 € (pour la zone 1). Compter 29,90 € pour 3 jours limités au centre-ville (tarifs 2022).
Les tickets s'achètent aux points de vente des stations de métro et aux distributeurs automatiques.
– Attention, bien ***composter son billet*** avant de monter dans le train, métro, bus ou tram (faute de quoi en cas de contrôle, amende de 60 € minimum). *Rens en français : ● mvv-muenchen.de ● avec brochure téléchargeable en PDF.*
– Comme dans la plupart des villes allemandes, pour les fêtards et autres insomniaques : nombreux bus et trams de nuit (*Nightlines,* brochure disponible dans les gares), tous les jours de 1h à 5h, avec un dispositif renforcé du vendredi au dimanche. Point névralgique : la *Karlsplatz (Stachus),* d'où partent la plupart des lignes.

City Tour Card

Une carte avantageuse qui permet d'utiliser tous les moyens de transport (au choix : dans la zone 1 ou sur l'ensemble du réseau). Elle offre aussi des réductions (jusqu'à 50 %) sur certaines entrées de musées. La carte est à dater et à signer. Elle peut être achetée en individuel pour la journée ou pour 2 à 5 jours *(13,90-42,90 €, prix 2022).* Plus cher là aussi si vous comptez sortir de la zone 1 *(22,90-69,90 €, prix 2022).* • *citytourcard-muenchen.com* •

On peut se la procurer à l'aéroport, à la gare, aux distributeurs de titres de transport dans les offices de tourisme.

Adresses et infos utiles

Offices de tourisme

Pour des infos générales sur Munich, un site : • *muenchen-t.de* • *(version française disponible).* Le portail officiel de la ville. Permet aussi de trouver un hébergement et des visites guidées en français.

Sinon, ***2 offices de tourisme*** :

– *À la* ***gare centrale*** *(Hauptbahnhof ; plan II, B2)* : *Luisenstr. 1, à 2 pas au nord de la gare. Mar-sam 9h-17h.* Infos et doc sur Munich, plan de la ville. Résas de chambres d'hôtel, achat de titres de transport et comptoir *München Ticket* (pour réserver un concert ou un spectacle).

– *Dans le* ***centre-ville*** *(plan II, C3)* : *Marienplatz 8, à la Neue Rathaus (nouvelle mairie). Tlj 10h-18h, dim et j. fériés 10h-14h.*

À 2 pas de là, ***Infopoint Museen & Schlösser in Bayern*** : *Alter Hof 1.* ☎ *210-140-50.* • *infopoint-museen-bayern.de* • *Lun-sam 10h-18h.* Fournit toutes les infos sur les musées et châteaux dans tout le Land de Bavière.

Poste

Poste *(plan II, B3)* : *Bahnhofsplatz 1. En face de la gare, à l'angle de Bayerstr. Lun-ven 8h-19h, sam 9h-15h.* D'autres bureaux en ville.

Consulats

Consulat de France *(plan I, B3,* ***1****)* : *Heimeranstr. 31.* ☎ *419-41-10.* • *consulfrance-munich.org* • *Contact téléphonique : lun-mar 13h30-17h, mer-jeu 8h45-12h30.*

Consulat de Suisse : *Prinzregentenstr. 20.* ☎ *286-62-00.* • *eda.admin.ch* •

Consulat du Canada : *Im Tal 29.* ☎ *219-95-70.* • *munic@international.gc.ca* • *Lun-ven 9h-12h.*

Argent, change

– On peut payer avec des ***cartes de paiement*** dans certains magasins et dans la plupart des hôtels. En revanche, dans les pensions et les restos, la carte est encore parfois refusée.

Santé, urgences

Pharmacies internationales : ***Internationale Ludwigsapotheke,*** *Neuhauser Str. 11. Tlj sauf dim 9h-20h.* ***Internationale Apotheke,*** *Orleansplatz 10. Lun-ven 6h-20h, sam 9h-16h ; fermé dim.*

Urgences médicales : ***Ärztlicher Bereitschaftsdienst Bayern,*** ☎ *(018) 05-19-12-12. Pour les soins dentaires,* ***Zahnärztlicher Notdienst*** : ☎ *72-40-10.*

Objets trouvés *(Fundbüro)* : *Oetztaler Str. 19.* ☎ *2-33-96-045. Lun 7h30-12h ; mar 8h30-12h, 14h-18h ; jeu 8h30-15h ; ven 7h-12h. Fermé mer et w-e.*

– ***À la gare*** : *face au quai n° 26.* ☎ *13-08-66-64. Lun-ven 6h30-23h30, sam 7h45-23h, dim et j. fériés 7h30-23h15.*

– ***À l'aéroport*** : *niveau 3 du terminal 1.* ☎ *9-75-213-70. Ouv 6h-23h.*

Culture, loisirs

Institut français *(plan I, C2)* : *Kaulbachstr. 13.* ☎ *286-62-80.* • *institut français.de/muenchen* • *Lun-jeu 9h-13h, 14h-18h30.*

– ***Vie culturelle*** : on peut se procurer gratuitement, à l'office de tourisme et dans nombre de cafés ou lieux culturels, la revue (en allemand) *In München,* qui contient le programme des cinémas, théâtres, expos, concerts, etc. Sinon, il y a aussi le *Prinz,* vendu en librairie.

– ***Réservation de places de concerts ou de spectacles*** : ***München Ticket,*** ☎ *54-81-81-81.* • *muenchen ticket.de* • Possède un comptoir dans les 2 offices de tourisme (celui de la *Marienplatz* donne sur la *Dienerstraße*).

Transports

Gare ferroviaire centrale *(Hauptbahnhof ; plan II, B2-3)* : 5h-19h50, un

LE SUD DE L'ALLEMAGNE

bus *Lufthansa* part pour l'aéroport ttes les 20 mn de la sortie côté *Arnulfstraße* (durée du trajet : env 40 mn ; prévoir beaucoup plus aux heures de pointe, en particulier à partir de 16h). On vous conseille plutôt de prendre le S-Bahn (RER).

– ***Consignes :*** manuelles, à droite après l'entrée côté *Bahnhofsplatz* (compter 5 €/j. par sac ou valise), ou à pièces, à côté des manuelles notamment (3-5 €/j.).

Gare routière *(plan I, B2) : Zentraler Omnibusbahnhof München (ZOB) Munich, Arnulfstr. 21. Dans le prolongement de la gare centrale.* Départs en bus pour les 4 coins de l'Europe. C'est ici que les bus *Eurolines* arrivent et de là qu'ils partent.

Taxi-München : *☎ 21-610.*

■ Pour les ***camping-caristes*** : plusieurs parkings relais aux entrées de la ville, où l'on peut stationner pour la nuit à prix doux, et autre avantage, juste à côté des stations de métro et de bus.

Location de vélos

Service Hotline : *☎ 55-22-55-22-40 (0,06 €/mn).*

Radius Tours & Bike Rental *(plan II, B2) : à la gare, côté Arnulfstr. 3. ☎ 54-34-87-77-40. ● radiusmunich.com ● Avr-oct, 8h30-19h (20h mai-sept).* Propose aussi des visites guidées à vélo jusque dans les Alpes (en allemand ou en anglais).

Mike's Bike Tours *(plan II, C3) : à l'angle de Hochbrückenstr. et de Bräuhausstr. ☎ 255-43-988. ● mikesbiketours.com ● Dans le centre.* Organise des balades à vélo *(départ à 11h30 mars-déc, plus à 16h de mi-avr à mi-sept).* Les balades durent 3, 5 ou 7h (prix et horaires variables). Point de rendez-vous : *Marienplatz* (tour de l'ancienne mairie).

Où dormir ?

L'hébergement à Munich peut se révéler difficile, voire impossible à l'époque de l'*Oktoberfest* (dernière semaine de septembre et 1re semaine d'octobre). En effet, les réservations sont faites 6 à 12 mois à l'avance, et les prix majorés de 15 à... 100 % (voire plus !). De l'hôtel de luxe à la pension la plus modeste, aucun endroit n'y échappe, pas même les AJ ! Pour ceux qui voyagent en camping-car, l'***Oktoberfest-Camping in München-Riem*** *(☎ 176-30-454-000 ; ● oktoberfest-camping.com ●)* est la solution idéale. 800 places, minimarché, etc. *Compter 35 € pour l'emplacement et 15 €/pers.*

Si vous n'avez rien réservé, tentez plutôt votre chance dans une ville voisine (Augsbourg, par exemple).

Autres périodes difficiles : celles des congrès et foires, très nombreux (au moins une vingtaine par an). Vous pouvez contacter l'office de tourisme pour en connaître le calendrier.

Sinon, une bonne nouvelle : ces rendez-vous se déroulant en semaine, les hôtels des catégories « Plus chic » et « Beaucoup plus chic » sont souvent amenés à casser leurs prix le week-end, et ce tout au long de l'année. C'est le moment de se payer une petite folie...

Campings

– *Attention :* en Bavière, pendant la période de la fête de la Bière, l'accès aux campings municipaux est interdit aux moins de 18 ans non accompagnés d'un adulte. Et comme les places sont rares, si vous n'avez pas la chance d'avoir emprunté un camping-car pour entrer à l'*Oktoberfest-Camping* (voir intro), tentez votre chance sur le site *● muenchen.de ●* qui propose une bonne vingtaine de campings à proximité. Nous n'en présentons ici que quelques-uns, l'idéal étant bien sûr d'aller se poser près d'un lac.

Jugendlager am Kapuzinerhölzl « Das Zelt » (La Tente) : *In den Kirschen 30, entrée par Franz-Schrank-Str. 18. ☎ 141-43-00. ● the-tent.com ● De la gare, S17 : Botanischer Garten ; c'est à 2 mn à pied. Début juin-début oct, 24h/24. Le prix comprend l'emplacement, un matelas* *isolant, une couverture : à partir de 9,50 € (14,50 € avec un lit de camp). Compter facilement le double lors de l'Oktoberfest.* Immense chapiteau dans un parc près du château de Nymphenburg, réservé à ceux qui ne recherchent pas vraiment l'intimité. Sympa car à proximité de la rivière Isar et d'une piscine. Douches et toilettes en nombre suffisant. Cafétéria. On peut aussi planter sa tente *(18 € pour 2).* Attention, pas de parking pour les voitures à l'intérieur du camping.

Campingplatz München-Thalkirchen : *Zentralländstr. 49. ☎ 89-723-17-07. • campingplatz-thalkirchen.de • U3 : Thalkirchen (Tierpark), puis bus n° 57 (attention : plus de bus après 22h et la station de métro la plus proche est à 1,3 km). De mi-mars à oct. Compter 26 € pour 2 avec tente et voiture en hte saison.* Grand terrain municipal ombragé près de l'Isar, bien équipé. Malgré tout, en saison, c'est un peu l'usine. Bon accueil. Golf à proximité (zoo, *Tierpark,* à côté).

Chambres chez l'habitant

■ ***Bed & Breakfast München*** *(plan I, A2,* ***9****) :* *Schulstr. 31. ☎ 168-87-81. • bed-breakfast-muc.de • Lun-ven 9h-12h30, 14h-17h30.* Agence qui dispose de plus de 500 chambres chez l'habitant, avec ou sans petit déj ; également des studios équipés pour 2 personnes ou plus. À partir de 2 nuits.

■ Pour les étudiants, il est possible de s'adresser à la ***Mitwohnzentrale an der Uni*** *(plan I, C1-2) : Fendstr. 6. ☎ 33-03-740. • mrliving.de •* Propose appartements et maisons pour des séjours plus longs.

AUBERGES DE JEUNESSE (DJH)

Auberges de jeunesse officielles

Ces AJ exigent en principe la carte de membre, valable 12 mois (sinon, il est souvent possible de séjourner en payant quelques euros de plus). Les plus de 26 ans sont désormais acceptés (à condition, là encore, de payer un supplément). Le prix inclut le petit déjeuner, et augmente fortement lors des grandes manifestations.

Jugendgästehaus München-Park *(hors plan I par B3,* ***11****) : Miesingstr. 4. ☎ 785-76-770. • muenchen-park.jugendherberge.de • À 4 km au sud de Munich. De la gare, U1/2 : Sendlinger Tor, puis U3 : Thalkirchen ; c'est à 5 mn à pied. Accueil 7h-23h. Réservez longtemps à l'avance, surtout en été (2 nuits min). Nuitée à partir de 25 €/pers en dortoir et 70-89 € en chambre double.* Grande AJ un peu excentrée mais en pleine verdure dans une ambiance villageoise : un bâtiment moderne, avec dortoirs bien arrangés. Pas moins de 370 lits répartis dans 110 chambres. Possibilité de dîner. Bar, laverie et vélos à louer. Accueil en français.

Jugendherberge Burg Schwaneck : *Burgweg 10, à* ***Pullach.*** *☎ 74-48-66-70. • burgschwaneck.de • Excentrée, à 12 km de Munich mais seulement à 20 mn de Marienplatz (S7 : Pullach, puis 10 mn de marche en suivant les panneaux). Tlj 7h30-23h30. Congés : de mi-déc à mi-janv. À partir de 28 € en chambre 4-6 lits et 36 € en chambre double.* Une jolie auberge tout confort, dans un « manoir » ancien entouré d'un parc. Dortoirs de 4 à 6 lits. Resto. Installations sportives (dont une piscine dans les environs) et bowling.

Auberges de jeunesse privées

A&O Hauptbahnhof Hostel *(YMCA ; plan II, B3,* ***17****) : Bayerstr. 75. ☎ 45-23-57-57-00. • aohostel.com • À 5 mn de la gare. Chambres en dortoir à partir de 20 €/pers. Doubles 85-99 €, petit déj-buffet ; parking payant.* À la fois *hostel* avec dortoirs fonctionnels et impeccables, et hôtel de chaîne aux chambres lumineuses et sobres. Bar convivial où se croisent les touristes de tous les horizons. Une option économique bien située. *2 autres Hostels A&O*

*en ville : **Hackerbrücke,** Arnulfstr. 102 et **Laim,** Landbergerstr. 338.*

Euro Youth Hotel *(plan II, B3, **15**) : Senefelderstr. 5. ☎ 59-90-88-11. • euro-youth-hotel.de • À 50 m de la gare centrale. Dortoirs 3-12 lits 12-35 €/pers selon époque (petit déj-buffet 4,90 €) ; doubles à partir de 50 € (petit déj compris).* Bâtisse de 1880, classée Monument historique, autrefois hôtel de luxe et maintenant auberge fonctionnelle mais non dénuée de charme, avec des touches de décoration actuelles. Excellente tenue. Bar animé, avec *happy hours* en début de soirée.

Jaeger's Hostel *(plan II, B3, **26**) : Senefelderstr. 3. ☎ 55-52-81. • jaegershostel.de • À côté de l'*Euro Youth Hostel. *Dortoir à partir de 18 €/pers jusqu'à 35 € en hte saison ; doubles 80-90 € ; petit déj 5 €.* Dans une rue plutôt calme, encore un *hostel* pour *backpackers.* Communs agréables et modernes aux tons orangés et dortoirs de 4 à 10 lits (et même un pour 40 personnes !) très bien tenus. Également des chambres privées. Bar et laverie. Une bonne adresse, très fréquentée en été.

CVJM Jugendgästehaus *(YMCA ; plan II, B3, **13**) : Landwehrstr. 13. ☎ 552-14-10. • cvjm-muenchen.org/hotel • À 5 mn de la gare. Fermé 21 déc-15 janv et 4 j. à Pâques. Doubles 46-49 €, petit déj compris ; supplément de 3 € au-delà de 26 ans.* Moderne et propre, avec des chambres de 1 à 3 lits (plus calmes côtés cour), à la déco sobre. Sanitaires communs. Possibilité de prendre ses repas sur place.

Smart Stay Hostel *(plan II, B3, **35**) : Mozartstr. 4. ☎ 55-87-97-0. • smartstay.de • Dortoirs 4, 6 et 8 lits à partir de 15 €/pers (20 € pour ceux de 4 lits), petit déj en sus. Doubles à partir de 89 €, petit déj compris.* Lobby moderne avec bar et billard, et chambres tout en bois, lumineuses de bonne taille avec literie confortable. Laverie, cuisine, garage et vélos.

PENSIONS

Les pensions sont souvent complètes en saison, mais elles restent un bon moyen pour vivre « à la munichoise », souvent en plein cœur de la ville. Notre liste n'est pas exhaustive.

Pension Gärtnerplatz *(plan II, C3, **19**) : Klenzestr. 45. ☎ 202-51-70. • pensiongaertnerplatz.de • Double 142 €, petit déj inclus. Parking privé payant.* Dans un quartier calme et agréable. Pension originale plus chic que la moyenne, avec de jolies chambres et des salles de bains impeccables. Les plus chères sont décorées dans un style rustique bavarois avec meubles peints, ou rendent hommage à Sissi et Louis II. Beau petit déj. Café sympa au rez-de-chaussée.

Hotel Mariandl *(plan II, B3, **21**) : Goethestr. 5. ☎ 55-29-100. • mariandl.com • Chambres 79-198 € selon période et confort, petit déj inclus.* Dans un quartier résidentiel paisible, fière bâtisse datant de 1899 abritant un hôtel de charme, avec des chambres confortables et de caractère. Décoration soignée à l'ancienne. Ambiance jeune un peu bobo. Sommeils légers, s'abstenir, car l'insonorisation est exécrable. Petit déj servi au *Café am Beethovenplatz* (voir « Où manger ? Où boire un verre ? »).

Gästehaus Englischer Garten *(plan I, D1, **22**) : Liebergesellstr. 8. ☎ 383-94-10. • hotelenglischergarten.de • Doubles 95-225 € selon confort et saison ; petit déj 10,50 €. Également un appart. Garage payant 14 €. Loc de vélos.* Située en lisière de l'*Englischer Garten,* dans un environnement très verdoyant. Villa moderne mais charmante. Atmosphère d'une grande sérénité, à 10 mn de l'animation de Schwabing. Accueil souriant. Copieux petit déj.

HÔTELS

Il y a pléthore d'hôtels à Munich, il est donc préférable de consulter les sites pour réserver en direct avant votre départ. Si les hôtels proposés ici sont complets, n'hésitez pas à vous adresser à l'office de tourisme : *☎ 23-39-65-00 ou • muenchen.de •*

De prix moyens à plus chic

Cocoon Sendlinger Tor *(plan II, B3, **27**) : Lindwurmstr. 35, 80337. ☎ 554-80-18-99-07. • cocoon-hotels.de • Doubles à partir de 85 € selon opportunité (hors de prix pdt l'Oktoberfest) ; petit déj 9,90 €. Garage 15 €.* Des formes arrondies, un mobilier sobre, des coloris orange et vert pomme très pop, des images apaisantes de nature et papillons... Les chambres, tout confort, sortent vraiment de l'ordinaire. Accueil chaleureux, jeune et souriant. Dans le même style : ***Cocoon Stachus*** *(Adolf-Kolping-Str. 11)* et ***Cocoon Hauptbahnhof*** *(Mittererstr. 9).*

Motel One – Sendlinger Tor *(plan II, C3, **20**) : Herzog-Wilhelm-Str. 28. ☎ 51-777-250. • motel-one.com • À 50 m sur la gauche en sortant du métro. Doubles 75-95 €. Garage souterrain payant (cher).* Hôtel de chaîne bien situé, en plein centre et pourtant au calme. Tons gris, turquoise et marron pour une déco contemporaine, un bar et des espaces détente cosy à l'entrée et dans le patio intérieur... Chambres lumineuses, dans un style sobre et chic à la fois. Nos préférées : celles du dernier étage, avec terrasses et vue sur le vieux Munich depuis sa chaise longue (pour 20 € en plus du prix de base) ! Excellent accueil également au ***Motel One – Deutsches Museum,*** près du musée.

Hotel Laimer Hof *(hors plan I par A2, **16**) : Laimerstr. 40. ☎ 178-03-80. • laimerhof.de • Bus n° 51 : Hinschgartenallee. Doubles à partir de 95 € ; petit déj 12 €.* Hôtel qu'on aime beaucoup. Villa de 1886 classée Monument historique située dans un quartier calme, non loin du *Schloss Nymphenburg* et d'un *Biergarten* de légende *(Hirschgarten)* de 1886. Les patrons parlent le français et on s'y sent bien, tout simplement. Idéal si vous disposez d'une voiture.

Hotel am Viktualienmarkt *(plan II, C3, **32**) : Utzschneiderstr. 14. ☎ 231-10-90. • hotel-am-viktualienmarkt.de • Doubles selon saison 59-139 € avec petit déj.* Dans un quartier central vivant et agréable, à proximité du marché aux victuailles. Chambres claires et lumineuses, avec déco design ; impeccable, tout confort. Lobby et salle de petit déj du même style.

Deutsche Eiche *(plan II, C3, **29**) : Reichenbachstr. 13. ☎ 23-11-660. • deutsche-eiche.com • Double 159 € avec petit déj.* Une adresse célèbre pour les fans de Fassbinder, lequel venait avec sa troupe au bistrot du rez-de-chaussée. Une bonne trentaine de chambres modernes, couleurs chaudes, bref : un grand confort dans un design épuré. Terrasse sur le toit. Quant au spa, il passe pour l'un des saunas les plus fréquentés d'Allemagne et occupe 4 étages (hammam réservé aux hommes). Accueil attentionné.

De plus chic à très chic

Fleming's Hotel München-Schwabing *(plan I, C1, **31**) : Leopoldstr. 130-132. ☎ 20-60-90-0. • flemings-hotels.com • Doubles 125-150 € selon confort et période.* Au cœur de Schwabing, hôtel moderne à taille humaine reconnaissable à sa rotonde d'angle en verre. Nombreux avantages, notamment son emplacement, sa gamme de services (sauna et vélos) et son rapport qualité-prix. Chambres impeccables et confortables (avec clim) ; pour plus de calme, en demander une donnant sur la cour intérieure. Fait aussi restaurant (prix sages). Excellent petit déj. Accueil professionnel. Parking aisé. Pour gagner le centre, lignes de bus ou de métro.

Best Western Atrium *(plan II, B3, **36**) : Landwherstr. 5. ☎ 51-41-90. • bestwestern.fr • Près de la gare. Doubles 125-160 € selon confort et période. Petit déj-buffet très complet. Parking privé à réserver.* Au cœur du quartier émigré proche de la gare, hôtel de bon confort : chambres fonctionnelles et agréables, au design discret. Mais toutes ne sont pas du même niveau. Petit jardin-atrium bien agréable. Un défaut : pas de clim, ce qui peut être un handicap en été. Accueil pro et efficace.

Schiller 5 *(plan II, B3, **33**) : Schillerstr. 5. ☎ 51-50-40. • schiller5.com • Près de la gare. Doubles 130-165 € selon confort et période ; petit déj 15 €. Garage.* Dans le quartier turc, un hôtel au design reposant. Chambres lumineuses donnant sur la cour (moins paisibles côté rue, malgré l'isolation). Préférez les « économiques ». Belle salle pour le petit déjeuner, et espace pour prendre un verre ou un café, à toute heure du jour et de la nuit. Accueil très pro.

Platzl Hotel *(plan II, C3,* ***28****)* **:** *Sparkassenstr. 10. ☎ 23-70-30. • platzl.de • Doubles à partir de 185 €. Parking payant.* Sur une vaste place à 2 pas du quartier de Haidhausen, à l'ambiance de village. L'extérieur est quelconque, mais les chambres à la décoration classique et soignée sont agréables et très confortables. Déco élégante et feutrée. Préférer celles donnant sur la cour, plus calmes. Bonne table bavaroise à prix très corrects et, en été, il y a même un petit *Biergarten* sur l'arrière avec serveuses en tenue traditionnelle.

Hotel Schlicker *(plan II, C3,* ***25****)* **:** *Tal 8. ☎ 242-88-70. • hotel-schlicker.de • Doubles 165-210 €. Garage.* Hôtel historique à 2 pas du *Viktualienmarkt* entre 2 restos de chaîne. Ensemble de 3 maisons et 70 chambres, avec ses passages et ses recoins. Accueil courtois et polyglotte, chambres confortables. Superbe buffet au petit déjeuner.

Où manger ? Où boire un verre ?

Les restaurants typiquement bavarois sont bien sûr, très touristiques. Cela dit, les tavernes traditionnelles sont rarement chères et l'ambiance est toujours assurée... On ne vous les indique pas toutes, mais vous ne risquez guère d'être déçu si vous poussez la porte de l'une d'elles avec l'idée d'avaler quelques *Knödel* et autres rôtis de porc *(Schweinebraten)* ou jambonneaux *(Schweinshaxe),* ou encore un *Münchner Sauerbraten,* une viande de bœuf marinée et bien épicée.

Sinon, contentez-vous d'une pause casse-croûte, le fameux *Brotzeit.* Rien ne vaut alors un verre de bière pour faire passer l'*Obatzda* (sorte de camembert coulant mélangé avec du beurre et écrasé avec poivre, sel, oignon, poivron, cumin) servi avec un bretzel frais. Ou la *Weißwurst* de la fin de matinée, accompagnée de moutarde sucrée *(Süßer Senf).*

Gardez une place pour la pause goûter et régalez-vous alors un *Obstkuchen,* un *Zwetschgendatschi* (grande tarte sablée aux prunes découpée en carrés), une *Prinzregententorte* ou bien la spécialité autrichienne, le *Kaiserschmarrn.*

La folie des *Biergarten*

L'idéal, s'il fait beau, pour apprécier le *Brotzeit,* c'est évidemment d'aller s'asseoir dans un ***Biergarten,*** histoire d'être vraiment au cœur de la vie bavaroise. C'est là que tout le monde se retrouve, en famille, entre amis, pour prendre l'air du temps et montrer qu'on est heureux de vivre dans la plus belle ville d'Allemagne (chauvins, les Bavarois ? Vous voulez rire...).

Invention typiquement bavaroise, le *Biergarten* (« jardin à bière » si l'on traduit mot à mot) était le coin planté de marronniers, près des caves. Là étaient stockés les fûts des brasseurs, et les clients pouvaient s'asseoir et consommer leurs propres denrées à condition de commander de la bière maison. De là vient la tradition vivante d'y apporter son casse-croûte.

Véritable institution locale, le *Biergarten* comprend 2 parties : l'une aux tables nues, avec bancs d'une seule pièce, où les consommateurs viennent s'installer avec leur pique-nique ; l'autre où les tables sont couvertes de nappes (souvent à carreaux blancs et bleus, les couleurs de la Bavière) et où l'on vous servira les plats à la carte.

Nous vous indiquons, pour chacun des quartiers, nos *Biergarten* préférés, des plus classiques, celui de la *Hofbräuhaus* ou de l'*Augustinerkeller,* dans le centre, aux plus excentrés : le *Hirschgarten,* près du *Schloss Nymphenburg,* la *Hofbräukeller* à *Haidhausen,* un de nos quartiers préférés, ou ceux de l'*Englischer Garten,* bien sûr.

Dans le centre

AU MARCHÉ

À ne surtout pas manquer, le **Viktualienmarkt** *(plan II, C3, **41**),* plus vieux marché munichois et l'un de nos lieux préférés pour grignoter à prix doux (sauf le dimanche) entre 9h et 18h (19h pour certains *Imbiss*). En hiver, fermeture à la nuit tombée, sauf pour Noël.
Échoppes en bois présentant des stands généreusement garnis de fruits, légumes, charcuteries, fromages de l'Allgäu ou d'ailleurs, pains, etc. Un peu cher dans certains stands, mais excellents produits. Le midi, file ininterrompue des employés du quartier, qui viennent s'acheter un *Leberkäse* glissé dans une *Semmel* (ne demandez pas un *Brötchen,* ça n'existe pas en Bavière) ou bien un poisson pané avec une salade de pommes de terre, comme le propose la chaîne **Nordsee.** Les jours où il fait frisquet, on se réchauffe avec un verre d'*Honigwein* (vin chaud au miel) à la boutique **Honighäusel.** Et dès les beaux jours, *Biergarten* sous les marronniers.
Posez-vous sur un banc, ou au pied du *Maibaum* – arbre de mai – (36 m) offert par les brasseurs. Pour ceux qui préfèrent les cocktails de fruits frais, on a dégoté une adresse en or : **Fruchtsäfte Schenk & Schmidt** (stand 41).
Tout à côté du Viltualienmarkt, on ne peut rater la **Schrannenhalle** *(plan II, C3, **40** ; tlj 9h-22h30 ; dim 11h30-21h30),* une structure métallique avec verrière datant de la fin du XIXe s, qui a été reconstruite, abritant boutiques et restos de la chaîne et qui propose des produits italiens de luxe.

BRASSERIES ET BIERGARTEN

De bon marché à prix moyens

On y sert les grandes spécialités de la cuisine bavaroise. Compter 8 à 15 € pour un plat basique de brasserie, à base de porc, en général, qui ne vous laissera pas forcément un souvenir impérissable. Contentez-vous même d'une *Weißwurst,* saucisse blanche qu'on ne servait pas, selon la tradition, après 12h (pensez juste à enlever la peau !) ou d'une de ses consœurs, avec une salade de pommes de terre... Ici, on vient d'abord pour l'ambiance et pour la bière. Pour une chope de 1 l, vous débourserez 7 ou 8 €.

Augustiner-Keller *(plan I, B2, **85**) : Arnulfstr. 52. Tlj 11h30-minuit (plats à grignoter jusqu'à 23h).* Proche de la gare ferroviaire, donc facile d'accès depuis le centre, même si on est déjà dans le quartier de *Maxvorstadt.* Des tables pour 5 000 personnes, plus une salle de 600 places ! C'est immense, et ce n'est même pas le plus grand *Biergarten* de la ville ! En revanche, c'est le plus ancien. Grande salle à l'étage, aux trophées de chasse. On a particulièrement aimé la charmante cour fermée à l'arrière, plus intime, entourée de maisons aux façades peintes en vert.

Schiller Bräu *(plan II, B3, **42**) : Schillerstr. 23. ☎ 890-584-822. Tlj sauf dim-lun 16h-minuit. Résa souhaitable.* Une des adresses recommandables dans ce quartier de la gare où abondent les kebabs afghans, les bars à chicha, les supérettes pakistanaises et les *table dance* accrocheuses. Une brasserie tout en longueur, grande salle animée avec cuve à bière à l'entrée pour leur cervoise maison brassée selon un calendrier mensuel. Cuisine bavaroise joliment revisitée : soupes, saucisses, porc, *Schnitzel,* goulasch... Un peu d'attente malgré l'empressement du service.

Hofbräuhaus *(plan II, C3, **44**) : Am Platz 9. ☎ 290-13-61-00. Tlj 9h-minuit.* Une véritable institution à Munich et en Bavière. Probablement la brasserie la plus connue au monde. Créée en 1589, elle compte 3 600 places et accueille chaque année plus de 3 millions de visiteurs (jusqu'à 30 000 les jours de grande affluence) ! Presque en permanence, des orchestres de musique bavaroise se succèdent avec culottes de cuir et chapeaux à plumes. Au 1er étage, profitez d'un peu de tranquillité, en terrasse, ou essayez de trouver une table libre côté *Biergarten.* Ne manquez pas non plus d'aller jeter un coup d'œil à la spectaculaire salle de fête au 2e étage, et au petit musée.

Andechser am Dom *(plan II, C3, **45**)* : *Weinstr. 7a. ☎ 24-29-29-20. Tlj 10h-minuit (1h jeu-sam ; 23h pour la cuisine). Plats 13-22 €.* À l'ombre de la cathédrale, une grande salle avec de vieilles boiseries, d'où son charme. En terrasse, on sert une cuisine typique de qualité. Les prix comme la bière des bons moines sont très honorables. Service impeccable. Toujours bondé en été.

Löwenbräukeller *(plan II, B2, **56**)* : *Nymphenburger Str. 2. ☎ 89-52-60-21. Tlj 10h-minuit. Plats 8-21 €.* Aisément reconnaissable à ses imposants bâtiments du XIXe s coiffés d'une tour au toit cuivré pointu, ce *Biergarten* peut servir 1 000 convives. Salle un peu austère, avec lourds lustres moyenâgeux et photos anciennes aux murs qui relatent l'histoire de l'institution. Quant au resto avec les tables nappées de vichy bleu et blanc, on y déguste de solides spécialités locales à un prix correct. Une vraie expérience.

Bratwurstherzl *(plan II, C3, **46**)* : *Dreifaltigkeitsplatz 1. ☎ 29-51-13. Juste derrière le Viktualienmarkt. Tlj 10h-23h, sauf dim (cuisine fermée à 21h30). Autour de 12 € le plat.* Une brasserie dans une salle voûtée, fidèle au poste depuis 1633. On y vient pour son atmosphère familiale et son grand choix de plats bavarois à prix très corrects. Terrasse, aux beaux jours, si vous trouvez de la place. Encore une institution, dont le succès ne se dément pas.

KNEIPEN (BISTROTS) ET RESTAURANTS

Étudiants et habitués aiment bien se sustenter dans les *Kneipen,* bistrots sympas où l'on peut boire et manger dès 12h, mais souvent davantage fréquentés en soirée... Faites comme eux, n'hésitez pas à quitter le secteur piéton pour découvrir des lieux moins touristiques, et à rejoindre les quartiers voisins, entre 2 musées ou 2 balades au vert. Voici, sinon, quelques adresses très fréquentées.

De bon marché à prix moyens

Café Glockenspiel *(plan II, C3, **49**)* : *Marienplatz 28. ☎ 26-42-56. Au 5e étage, entrée par le passage de la Rosenstr. Lun-sam 9h-minuit ou 1h, dim 10h-19h. Plats 12-18 € ; menus à partir de 19,50 € le midi.* Un bar-restaurant avec 2 jolies salles et une agréable terrasse sur les toits en été. On peut aussi y prendre le petit déj. Côté resto, réservez le soir si vous souhaitez dîner en tête à tête avec les personnages du carillon de l'hôtel de ville : vue imprenable pour le spectacle ! Cuisine à tendance méditerranéenne et énormes gâteaux dont le *Glockenspiel* (en hiver), à la mousse au chocolat !

Fraunhofer Gaststätte *(plan II, C3, **43**)* : *Fraunhoferstr. 9. ☎ 26-64-60. Tlj 17h30-1h (23h pour la cuisine). De mi-oct à mi-avr, w-e à partir de 10h sam et 11h dim. Plats 8-20 €. CB refusées.* Le lieu de rencontre des intellectuels munichois dans un décor ancien de vieille taverne bavaroise (1774), autour d'épaisses tables en bois, avec des têtes d'animaux empaillés au mur, de vieux lustres, des plafonds moulurés. Cuisine traditionnelle copieuse. Théâtre dans la cour intérieure, cinéma d'art et d'essai au sous-sol.

Bar Centrale *(plan II, C3, **54**)* : *Ledererstr. 23. ☎ 22-37-62. Tlj sauf dim 7h30-23h30. Pâtes et sandwichs 3,50-10,50 € ; plats 14-20 €.* Un charmant petit bistrot très bien situé, avec une salle de resto à l'arrière avec boiseries et banquettes. Excellente adresse réputée pour son cappuccino. Bien aussi pour déjeuner sur le pouce. Bonne musique et grande ambiance en soirée ! Petite terrasse.

Café am Beethovenplatz *(plan II, B3, **53**)* : *Goethestr. 51. ☎ 53-41-08. Tlj 9h-1h. Petit déj à la carte, servi jusqu'à 16h. Le midi, choix de plats 5-8 € ; le soir, compter 11-20 € et menu env 25 €. Brunch du dim très prisé (réserver).* Dans un quartier calme, le plus vieux café-concert de Munich en style néogothique de 1899 (en fait, c'est un hôtel-pension, voir « Où dormir ? *Hotel Mariandl* »). Grande salle à arcades avec beaucoup de caractère, agréable terrasse sous les marronniers. Le café accueillit le 1er night-club de l'après-guerre, où se retrouvaient les soldats américains des troupes d'occupation. Aujourd'hui, le piano est toujours là, et des concerts y sont organisés tous les soirs, ainsi que le samedi après-midi et le dimanche de 11h à 14h. Cuisine classique ; excellents gâteaux maison : *Sachertorte, Apfelstrudel, Kaiserschmarrn* et autres pâtisseries viennoises.

Zum Dürnbräu *(plan II, C3,* ***52****) :* *Dürnbräugasse 2. ☎ 22-21-95. Tlj 10h-23h. Plats 15-25 €.* En plein cœur du vieux Munich, dans une ruelle calme à 2 pas des grandes brasseries. Le restaurant fonctionne depuis 1487. On y sert une cuisine bavaroise typique. Sa réputation n'est donc plus à faire : solide tradition culinaire régionale, service chaleureux et en tenue locale, avec, aux beaux jours, patio à l'arrière du resto et *Biergarten* non moins charmant à l'avant.

Prinz Myshkin *(plan II, C3,* ***57****) :* *Hackenstr. 2. ☎ 26-55-96. Tlj 11h-1h. Lunch 8,50 € ; plats 8-19 €.* Enfin un resto végétarien proposant soupes, salades, lasagnes et pâtes à base de produits frais et « naturels » dans une vaste salle voûtée et claire. Quelques tables en terrasse aussi. Beau choix de plats froids ou chauds d'inspiration orientale et italienne (pizza).

D'un peu plus chic à chic

Königsquelle *(plan II, C3,* ***55****) :* *Baader-platz 2. ☎ 22-00-71. Près de Gärtnerplatz. Tlj 17h (19h sam)-1h. Résa très conseillée. Plats 17-28 €.* Salle à la lumière tamisée, avec petites tables en bois et bar au milieu d'une collection de bouteilles. Quelques tables en terrasse. On y sert des spécialités régionales préparées avec soin. Vous y découvrirez une autre facette de la tradition bavaroise, plus fine dans ses plats et dans son ambiance. Bonne carte des vins.

Der Pschorr *(plan II, C3,* ***50****) :* *Viktualienmarkt 15. ☎ 442-38-39. Tlj 11h-minuit. Résa conseillée. Plats 15-25 €.* En bordure de la *Schrannenhalle* transalpine, un resto qui a pignon sur marché avec sa vaste terrasse bien exposée au soleil. Intérieur avec voûtes et mezzanine et travées arpentées par les serveurs en *Lederhosen* (culotte de peau). En vedette, le bœuf de la race *murnau-werdenfels,* décliné sous toutes ses formes. Bière locale servie au tonneau.

Irmi *(plan II, B3,* ***48****) :* *Goethestr. 4. ☎ 24-222-410. Tlj sauf dim-lun 17h-23h. Plats 10-23 €.* C'est la brasserie au rez-de-chaussée de l'hôtel *Méridien,* face à la gare. Vaste salle tout en longueur décorée de mosaïques multicolores. Grandes tables au centre. Cuisine allemande revisitée avec bonheur, présentation soignée. Excellente bière *Giesinger.* Pour finir, *apple strudel* à tomber. Atrium ouvert quand le temps le permet.

À Maxvorstadt

Situé au nord-ouest de la vieille ville ; c'est, avec **Schwabing,** le QG des étudiants, où fourmillent cafés et restos à prix modérés, proposant un plat du jour très bon marché en semaine le midi. En sortant des musées, vous n'aurez que 10 mn de marche pour rejoindre le **Biergarten Max-E** *(Max-Emanuel Brauerei),* sur l'*Adalbertstraße.* Ou, si vous préférez l'ambiance marché, l'***Elisabethmarkt.*** Plus petit que le *Viktualienmarkt* mais aux prix et aux stands tout aussi attractifs.

Atzinger *(plan II, C2,* ***65****) :* *Schellingstr. 9, à l'angle d'Amalienstr. ☎ 28-28-80. Tlj 11h-1h ; petit déj jusqu'à 11h30. Plats du jour 5-6 € ; plats à la carte pour la plupart en dessous de 13 €. CB refusées.* L'un des restos de Maxvorstadt les plus fréquentés par tous, mais surtout par les étudiants de l'université. On vient ici pour goûter aux plats simples mais copieux à prix doux : hamburgers, *Schnitzel,* bretzels... Salle conviviale qui respire l'authenticité mais sans le folklore bavarois.

Café Puck *(plan II, C2,* ***68****) :* *Türkenstr. 33. ☎ 280-22-80. Tlj 9h-23h. Plat du jour env 8 € ; autres plats 10-20 €.* À côté de l'université et rénové de frais. Toujours plein de jeunes. Une bonne adresse pour faire des rencontres. Salades et petits déjeuners délicieux. Encore un bon rapport qualité-prix.

|●| ***Tresznjewski*** *(plan II, C2,* ***73****) : Theresesienstr. 72. ☎ 28-23-49. Tlj 10h-22h. Menu du jour le midi 9 €.* Une brasserie que les habitués nomment « Treszi ». Déco des années 1920-1930 pur jus : long bar lumineux, appliques de plafond, vitaux et fresques. Un incontournable du quartier, bien pratique pour une pause entre 2 pinacothèques. Cuisine éclectique avec quelques touches asiatiques. Service souriant.

|●| 🍸 ***Alter Simpl*** *(plan I, C2,* ***82****) : Türkenstr. 57. ☎ 272-30-83. Tlj 12h-22h. Compter 6-15 €.* Au cœur du quartier étudiant, l'enseigne au bouledogue féroce fait partie de l'histoire de Munich. C'est dans ce local qui a gardé sa patine que se réunissaient les rédacteurs de la revue satirique *Simplicissimus,* pourfendeur du régime impérial et du nazisme avant sa prise du pouvoir. Les collections de photos et de dessins en témoignent. Quelques plats classiques à la carte, pour éponger la succession de verres de bière qui atterrissent sur les tables.

|●| ***Schelling-Salon*** *(plan I, C2,* ***69****) : Schellingstr. 54, au coin de Bärer Str. ☎ 272-07-88. Jeu-lun 10h-1h (minuit dim-lun). Souvent fermé de mi-juil à début sept. Compter 3,50-11 €. Petit déj servi jusqu'à 14h ; menu env 8 €. CB refusées.* Un café-salle de jeux tenu par la même famille depuis sa création, en 1872 ! Y sont venus Lénine, Bertolt Brecht, Rainer Maria Rilke... Ne cherchez pas les jeux électroniques, il n'y a que des échiquiers et des billards ! Grande salle qui a gardé son caractère ancien, elle est décorée de souvenirs familiaux, et les clients sont des habitués (en fait, le café abrite aussi un petit *musée familial (entrée : 4 € ; gratuit moins de 16 ans).* Menu bon marché, cuisine rustique.

|●| ⛱ ***Türkenhof*** *(plan I, C2,* ***70****) : Türkenstr. 78. ☎ 280-02-35. Tlj 11h-1h (minuit dim). Menu du jour env 8 € ; plats 7-14 €.* Un petit café sans prétention, à la déco de bois. Clientèle d'intellos, d'habitués et de touristes. Intéressant le midi pour son menu à prix plancher, ses salades copieuses, ses soupes et ses plats chauds, bon marché. Musique le soir. Terrasse en été.

À Schwabing et dans l'Englischer Garten

Longtemps repaire des intellos et des artistes (Lénine, Kandinsky, Klee, Brecht, Rilke et Thomas Mann, entre autres, y ont vécu), *Schwabing* est devenu un quartier jeune, qui vit au rythme de la plus grosse université munichoise (45 000 étudiants pour LMU et 38 000 pour la TU). Les étudiants aiment toujours se retrouver sur *Leopoldstraße* (entre *Münchner Freiheit* et *Giselastraße*) où se succèdent cafés et vendeurs de glaces, à 2 pas de l'*Englischer Garten.* C'est là que tout le monde se retrouve aux beaux jours, sur l'herbe ou autour des tables du *Biergarten.*

|●| 🍸 ⛱ ***Café Münchner Freiheit*** *(plan I, C1,* ***74****) : Münchner Freiheit 20. ☎ 33-00-79-90. Tlj 8h-20h. Plats 9-16 €.* Pâtisserie-salon de thé-resto connue de tous les Munichois. On la voit de loin avec sa façade rose moderne et sa vaste terrasse garnie de parasols sous les marronniers. On y sert à toute heure gâteaux, glaces, pâtisseries, salades, pâtes, quiches et quelques plats plus consistants.

|●| ⛱ ***Kaisergarten*** *(plan I, C1,* ***66****) : Kaiserstr. 34. ☎ 34-02-02-03. Tlj 11h-1h. Plat et menu du jour 7-10 € ; autres plats 18-25 €.* Établissement installé à l'angle d'une place tranquille, à l'écart de *Leopoldstraße.* Très agréable terrasse façon *Biergarten* sous les marronniers ou salle très soignée avec vieux plancher, étagères et tables en bois. Côté cuisine, c'est vraiment bon et pas frugal pour un sou. Si les prix à la courte carte vous semblent un peu élevés, venez profiter le midi en semaine de l'excellent plat ou menu du jour ! Petit déj le week-end servi jusqu'à 16h. Accueil et service impeccables.

|●| 🍸 ⛱ ***Biergarten am Chinesischen Turm*** *(plan II, C-D2,* ***87****) : dans l'*Englischer Garten, *au nord du parc (accès par Tivolistr.). Ouv quand il fait beau (et chaud) 11h30-23h.* Un grand classique, avec innombrables tables réparties sous les arbres auprès d'une étonnante pagode de style chinois où seuls des musiciens en costume bavarois ont l'autorisation de monter. À l'entrée,

un self où acheter plats chauds, charcuterie et salades. En tout cas, l'endroit rêvé pour déjeuner en été : on peut ensuite faire une sieste sur l'herbe du parc... L'ambiance est plutôt familiale.

Biergarten am Seehaus *(plan I, D1-2,* ***88****)* **:** *également dans l'*Englischer Garten *mais au bord du lac. Bus nº 59. Tlj quand il fait beau, 12h-22h. Plats 8-27 € au* Stürbel. Dans le grand jardin anglais *(Englischer Garten),* c'est le *Biergarten* préféré des jeunes Munichois, rapidement complet dès que le soleil se montre mais il vaut vraiment le détour. Large choix de pâtisseries. Parking payant.

À Neuhausen et près du Schloss Nymphenburg

Envie de sortir un peu des sentiers battus et de découvrir un autre Munich ? Allez donc faire un petit tour à Neuhausen, quartier de prédilection des bobos, en apparence résidentiel mais qui recèle de bonnes adresses de *Biergarten,* entre autres.

Café Ruffini *(plan I, A2,* ***77****)* **:** *Orffstr. 22-24. ☎ 16-11-60. À l'angle de Ruffinistr. (perpendiculaire à Nymphenburgerstr.). Tlj sauf lun 10h-23h. Menu du jour 8,50 € ; plats 9,50-19 €.* Depuis des années, une adresse de qualité. Décor clair et menus sur une grande ardoise à l'entrée. Cuisine plutôt inventive à base de viande bio et d'inspiration méditerranéenne. Sessions de jazz ou de blues et expos qui changent tous les mois. Terrasse agréable à l'étage. Clientèle hétéroclite. C'est aussi un resto « sans patron » : tous ceux qui y travaillent, et ils sont une petite trentaine, ont une part égale dans l'affaire. Juste à côté, la pâtisserie *(lun-ven 8h30-18h, sam 8h30-17h, dim 9h-17h)* du même nom est renommée et propose plus de 50 sortes de gâteaux.

À Haidhausen (sud-est du centre historique)

Un autre « village » plein de charme, où l'on vient surtout pour flâner, boire un café... et, de plus en plus, faire bombance, en soirée notamment. C'est aussi le rendez-vous des artistes et des branchés qui évitent soigneusement les lieux traditionnels et touristiques du centre-ville.

Weinhäusl *(plan I, D3,* ***81****)* **:** *Wiener Platz 4, 81667. ☎ 23-23-979-979. Tlj 12h-22h. Plats 10-17 €.* Au cœur de cet ancien quartier ouvrier devenu bobo chic, adorable restaurant, dans une petite maison campagnarde avec quelques tables en terrasse face aux *Imbiss* du marché animé fréquemment par des orchestres. Agréable cuisine autrichienne qui accompagne les vins de Styrie promus ici. Peu de place en salle et peu de choix au menu, mais le sentiment d'intimité chaleureuse compense largement. Service charmant.

Wirtshaus in der Au *(plan II, C3,* ***83****)* **:** *Lilienstr. 51. ☎ 44-81-400. Tlj 17h (10h w-e)-minuit. Plats 10-29 €.* Non loin de la rivière et du *Deutsches Museum.* Grand resto de style rustique avec arcades, avec tables en bois, chopes et objets du monde brassicole pendus aux murs... Cuisine traditionnelle bavaroise de qualité (avec un beau choix de plats à la carte), réputée pour servir les meilleurs *Knödel* de la ville, et ce depuis 1901. La maison fait aussi sa propre bière, brune et épicée. Service convivial en costume local.

Speiserei Volksbad *(plan II, C3,* ***91****)* **:** *Rosenheimer Str. 1. ☎ 444-392-50. Cuisine tlj 11h-22h. Plats 10-20 €.* Dans un édifice de style Jugendstil, reconnaissable à son campanile, datant de la fin du XIXe s. Café-restaurant au charme désuet, à l'entrée de la piscine *Volksbad,* avec un service en extérieur l'été, et belle salle (colonnes, arcades, hauts plafonds). Cuisine élaborée, avec des suggestions du jour succulentes. Ne pas confondre avec le *Biergarten* qui se cache à l'arrière, d'un tout autre genre.

Hofbräukeller *(plan II, D3,* ***84****)* **:** *Innere Wiener Str. 19, Haidhausen. ☎ 459-92-50. Tlj 10h-22h.* Près d'une des places les plus agréables du quartier, difficile de ne pas avoir une préférence pour ce *Biergarten* qui s'étend aux beaux jours sous les marronniers. Les immenses salles qui accueillaient autrefois des bals populaires ont une allure un peu austère ; préférez le bar extérieur en été avec du sable et des transats, pour boire un *Spritz !*

Où déguster une pâtisserie ?

☕ 🍽 ***Konditorei Schneller*** *(plan II, C2,* ***89****)* **:** *Amalienstr. 59. Tlj sauf dim 12h-17h.* Encore une bonne adresse dans le quartier de l'université. Salon de thé-confiseur au style désuet, avec sa tapisserie à fleurs, perdu au milieu des *coffee shops* modernes. Les pâtisseries sont exquises.

☕ 🍽 ***Café am Marienplatz Rischart*** *(plan II, C3,* ***93****)* **:** *Marienplatz 18. ☎ 23-17-00-3310. Sur la place face à la mairie. Tlj 8h-19h30 (19h dim).* Une pâtisserie-chocolaterie connue pour la qualité de ses gâteaux. Beaucoup de passage, étant donné l'emplacement. On vous conseille le salon de thé à l'étage, pour une pause-café juste un peu avant que ne sonne le carillon de la mairie. Asseyez-vous près des baies vitrées et vous serez aux 1res loges pour assister au spectacle (à 11h, 12h et 17h en été) !

Où écouter de la musique ? Où danser ?

La nuit munichoise ne s'anime vraiment qu'en fin de semaine. Entre les derniers clubs ou boîtes à la mode et les *Biergarten, Kneipen* et autres bars branchés, il peut s'avérer compliqué de savoir où donner de la tête...

Certaines discothèques pourraient avoir été obligées de fermer suite à la crise sanitaire. Les réouvertures restent incertaines. Il vaut mieux se renseigner avant de débuter le périple de la nuit munichoise.

Si **Schwabing** reste le quartier préféré des étudiants et artistes, qui hantent, entre autres, Leopoldstraße, **Haidhausen** a aussi le vent en poupe. Ça bouge également beaucoup du côté de **Karlsplatz** et le long de **Sonnenstraße.** Sans parler des abords de la *Ostbahnhof,* qui regroupe des complexes abritant bars et boîtes, comme la **Kultfabrik** *(Grafinger Str. 2 ; • kultfabrik.de •)* ou l'**Optimolwerke** *(Friedenstr. 10 ; • optimolwerke.de •).* Bref, Munich multiplie les pôles d'attraction en vogue, et pas seulement sur le front des cafés et repaires festifs.

À noter aussi : les *After Work Parties,* du lundi au jeudi. Il s'agit de soirées débutant vers 19h pour ceux qui veulent prendre un peu de bon temps après le boulot. L'entrée, à 7-8 €, comprend une conso et l'accès à un buffet. Et la fête peut durer jusqu'à 4h du mat ! Pour savoir où a lieu la *party* du jour, consulter le site *• juke-and-joy.de •*

Enfin, pour les concerts, se reporter aux dates annoncées dans les journaux locaux, comme le *Süddeutsche Zeitung* (sauf le dimanche), ou encore le mensuel gratuit *In München.* Les plus grands concerts de rock ont lieu sous le chapiteau de l'*Olympiahalle,* dans le parc olympique, ou carrément à l'*Olympiastadion,* au nord de la ville *(U : Olympiazentrum).* Pour acheter des places : ***München Ticket*** *(comptoirs à l'office de tourisme), ☎ 54-81-81-81. • muenchenticket.de •*

♪ 🕺 🍽 🍸 ⛱ ***Park Café*** *(plan II, C2,* ***101****)* **:** *Sophienstr. 7. ☎ 51-61-79-80. • parkcafe089.de • U/S : Karlsplatz. Tlj 12h-23h.* Immense bar-resto dans une belle bâtisse néoclassique. La maison et le *Biergarten* s'animent dès le milieu de la semaine, avec soirées *black beat,* le mercredi, DJ (house, rock, techno) à partir du jeudi et musique live le dimanche. Clientèle très hétéroclite, assez branchée. Derrière, un *Biergarten* dans l'ancien jardin botanique.

♪ 🕺 **P1 Club** (plan II, C2, **108**) **:** *Prinzregentenstr. 1, Lehel. • p1-club.de • Tlj 23h-4h ou 5h.* Située au sous-sol de la *Haus der Kunst.* C'est la discothèque la plus célèbre de Munich (la plus sélecte aussi), fréquentée par les stars de passage et les *happy few.* Attention, ici, le code vestimentaire se veut assez branché...

♪ 🕺 🍽 ***Muffathalle*** *(plan II, C3,* ***103****)* **:** *Zellstr. 4, Haidhausen. • muffatwerk.de • Derrière le Volksbad. Ouv en général mar et ven-sam 22h-5h (consulter le programme sur Internet).* Dans une ancienne centrale électrique reconvertie on dénombre un *Biergarten* (en été), une discothèque et une salle de concerts, voire aussi un théâtre. Musique tendance hip-hop, électro, mais aussi disco et même des Balkans ! Une fois par mois, spécial *Tour de France.* Quant au *Biergarten* *(ouv dès 12h),* on peut y manger, et les plats servis sont exclusivement bio.

♩ ***Jazzclub Unterfahrt*** *(plan I, D3,* ***104****)* **:** *Einsteinstr. 44, Haidhausen.* ☎ *448-27-94.* • *unterfahrt.de* • *À côté de l'Unionsbräu. Tlj 19h30-1h. Les concerts débutent à 21h (entrée payante, souvent autour de 25-30 €).* Un des clubs de jazz les plus importants en Europe depuis les années 1970 ! Soirées be-bop, modern jazz. Groupes très connus et nouveautés chaque semaine. Le dimanche, c'est *jam session (entrée : 5 €).* Une institution, et pas seulement à Munich.

♩ 🍸 ***Shamrock Irish Pub*** *(plan I, C2,* ***106****)* **:** *Trautenwolfstr. 6, Schwabing.* ☎ *33-10-81.* • *shamrockmunich.de* • *Ouv mar-sam 19h (18h sam)-1h (minuit mer-jeu ; 2h ven).* Retransmission live des matchs de la *Bundesliga.* Bar en sous-sol. Soirées à thème tous les jours d'ouverture : quiz, poker, karaoké, musique live... Excellente ambiance. Clientèle de tous âges. Prix corrects.

🍸 💃 ***089 Bar and Lounge*** *(plan II, C2,* ***110****)* **:** *Maximiliansplatz 5.* ☎ *59-98-88-90.* • *089-bar.de* • *À côté du Pacha. Mar-sam 21h (20h jeu)-7h. Entrée gratuite avt 22h30.* Une clientèle de plus de 25 ans qui vient pour chanter et danser sur des rythmes variés, allant du top 40 à la house. Le week-end, sélection un peu stricte à l'entrée, tenue correcte souhaitée et, si on arrive tard, il y a de fortes chances pour que l'endroit affiche déjà complet.

Vie culturelle

Munich fourmille de lieux culturels. Pour les amateurs de théâtre, une soixantaine de salles. Les mélomanes ne seront pas en reste : on joue du classique un peu partout, notamment au ***Bayerische Staatsoper*** *(• staatsoper.de •)* et dans l'étonnant ***Gasteig*** *(• gasteig.de •)* où joue l'orchestre philharmonique de Munich, en face du *Müller'sches Volksbad,* ainsi que dans quelques églises du centre. Nombreuses expos également.

On trouve toutes les infos utiles dans le programme mensuel (en allemand uniquement) *In München* (disponible entre autres dans les offices de tourisme). Côté vie underground et contre-culture, les quartiers tels que Haidhausen et Neuhausen offrent de nombreuses manifestations, moins officielles.

Voici quelques adresses en vrac :

■ ***Arena Filmtheater* :** *Hans-Sachs-Str. 7.* ☎ *260-32-65.* • *arena-kino.de* • Excellents films d'avant-garde, en v.o. (sous-titrés en allemand). Plus bas, dans la même rue, un cabaret assez original.

■ Autre ciné d'art et essai : le ***Theatiner Film*** *(Theatinerstr. 32 ;* ☎ *22-31-83 ;* • *theatiner-film.de* •*),* spécialisé dans les films français en v.o.

■ ***Schlachthof* :** *Zenettistr. 9.* • *im-schlachthof.de* • Voilà des abattoirs dont la reconversion a été parfaitement réussie : théâtre, concerts et bars entretiennent une atmosphère artistique sans excès de pédanterie.

■ ***Theater im Marstall* :** *Marstallplatz 4.* • *residenztheater.de* • *Fin sept-avr. Calendrier sur le site.* Un « théâtre expérimental » dont les programmes misent sur un dialogue entre le théâtre, la musique, mais aussi le multimédia. Place aux performances !

■ ***Prinzregententheater*** *(théâtre du Prince-Régent ; plan I, D3)* **:** *Prinzregentenplatz 12.* ☎ *21-85-02.* • *theaterakademie.de* • Conçu en 1901 sur le modèle du palais des Festivals de Bayreuth, ce théâtre se consacre au répertoire classique (théâtre et opéra).

– Nombreux ***cabarets*** à Schwabing.

À voir dans le centre

Le centre historique bombardé en 1945 a été aménagé progressivement pour laisser la place aux piétons et aux vélos. Derrière ses façades de ville policée, Munich cache nombre de lieux qui ont plusieurs histoires à raconter.
À commencer par ce qu'on appelle désormais, comme à Berlin, le quartier des musées, rebaptisé ***Kunstareal*** (compter 1 journée) après une 1re approche de *Altstadt,* la vieille ville, où il reste assez d'édifices anciens à visiter. Munich est aussi à l'avant-garde des réalisations architecturales modernes, comme la *Pinakothek der Moderne,* le *Museum Brandhorst,* le *Jüdisches Museum...*
Prévoir du temps vu l'immensité de certains lieux (pinacothèques et *Deutsches Museum,* notamment). ***La ligne du bus nº 100 permet de découvrir la majorité des musées et les lieux incontournables.***
À noter : réductions sur présentation de la carte d'étudiant dans les musées d'État, sauf dimanche et jours fériés. Petit guide édité par l'office de tourisme, *Tout simplement, aller au musée,* en allemand et en anglais.

Munich gratuit (ou presque)

Quelques conseils économiques : le billet groupé est intéressant. Pour les moins de 18 ans l'entrée gratuite au *Residenzmuseum,* à la *Schatzkammer,* au *musée d'Art égyptien,* à la *villa Stuck,* au ***Jüdisches Museum, Bayerisches Nationalmuseum*** et au *Stadtmuseum.* Les autres devront attendre la dernière heure dans certains musées : le *Deutsches Museum,* et le *Verkehrszentrum* (musée de la Mobilité). Profitez aussi des animations sur les places, depuis les projections de films en plein air sur la *Königsplatz* ou les retransmissions d'opéra, avec pique-nique improvisé.
Les musées suivants sont à 1 € le dimanche : les 3 *pinacothèques,* le *Bayerisches Nationalmuseum,* la *Glyptothek,* les *Staatliche Antikensammlungen* et la *Staatliche Münzsammlung.* Les tarifs réduits ne s'appliquent pas en général aux expos temporaires.
Ces dispositions pouvant changer d'une année sur l'autre, il convient de les vérifier (en anglais) sur ● *museen-in-muenchen.de* ●
Et si vous avez du temps, il y a bien d'autres ***musées,*** voir la documentation disponible à l'office de tourisme : celui *des 5 Continents,* ceux *de Préhistoire, d'Arts graphiques, d'Art populaire, de Minéralogie, du Théâtre, des Romantiques allemands, de l'Homme et de la Nature,* etc.

Balade dans le centre-ville

★★★ ***Marienplatz*** *(place de la Vierge-Marie ; plan II, C3)* **:** au centre de la vieille ville. Cœur historique de la cité, avec ses 2 hôtels de ville. Au Moyen Âge s'y tenait le marché et toujours des fêtes traditionnelles comme le féerique marché de Noël. Au centre de la place, la ***Mariensäule*** (colonne de la Vierge, patronne de la Bavière), du XVIIe s, souvenir de l'occupation par les troupes suédoises (1632). À côté, une *Fischbrunnen* (fontaine aux Poissons) détruite et reconstruite après-guerre.

★★ ***Neues Rathaus*** *(nouvel hôtel de ville ; plan II, C3)* **:** le plus bel édifice de la Marienplatz, avec sa façade sculptée et son beffroi de 85 m de haut. Un petit air de famille avec Bruxelles. L'ensemble, de style néogothique, ne date que du XIXe s. Au sommet, le fameux ***Münchner Kindl*** (moinillon), symbole de la ville. Mais l'attraction principale est le ***Glockenspiel*** (carillon), dont les petits personnages s'animent à 11h et à 12h (également à 17h en été). Les figurines représentent 2 scènes historiques : le tournoi donné en l'honneur du mariage du duc Guillaume V au XVIe s et la danse des tonneliers célébrant la fin d'une épidémie de peste. Ascension des 85 m de la **tour** du Rathaus *(2 ascenseurs ; tlj 10h-20h ; entrée : 6 €)* pour admirer la chaîne des Alpes. Cour intérieure, avec l'immense *Ratskeller* pour les petites et grosses faims.

Altes Rathaus *(ancien hôtel de ville ; plan II, C3,* **122***)* **:** *sur la place, en retrait.* Plus discret que son voisin, mais plus de charme, avec sa façade gothique du XVe s, son beffroi à tourelles et sa voûte en berceau.

Spielzeugmuseum *(musée du Jouet ; plan II, C3,* **143***)* **:** *entrée par la tour de l'Altes Rathaus, Marienplatz 15. • spielzeugmuseum-trier.de • Tlj sauf lun 11h-17h. Entrée : 5 € ; réduc.* Un minimusée avec des centaines de joujoux, du nounours aux poupées russes en passant par les jouets à ressort, les bidules en bois, les trucs à ficelle, les Indiens en plastique et les figurines machiavéliques ou sexy ! Expos temporaires.

Viktualienmarkt *(plan II, C3)* **:** *au sud de Marienplatz. Lun-sam 8h-20h (au plus tard).* LE marché de Munich : échoppes et maisonnettes charmantes. Le *Maibaum* se dresse au centre, couvert de figurines de bois peint. Produits fermiers aux étals, à acheter ou à grignoter sur place (voir plus haut « Où manger ?... »). Tout à côté, dans la *Schrannenhalle,* reconversion de l'ancien marché couvert dans le luxe italien.

UN RITE ANCIEN

Le Maibaum (arbre de mai représenté par un mât) est issu d'une tradition ancestrale très forte en Bavière, en Belgique, en Suède, et même en France. De tradition celte, l'érection de l'arbre de mai célèbre un rite de fécondité lié au renouveau de la nature.

Frauenkirche *(cathédrale Notre-Dame ; plan II, C3)* **:** *sur Frauenplatz, à l'ouest de Marienplatz ; accès par Weinstr. ou Kaufingerstr. • muenchner-dom.de • Tlj 8h-20h30.* Immense édifice de brique rouge, construit au XVe s dans le style gothique tardif, et reconnaissable à ses 2 tours couronnées de bulbes épargnées par la guerre. C'est l'une des plus grandes églises d'Allemagne du Sud, dont la sobriété jure avec le baroque dominant dans la région. À sa construction, sa nef pouvait accueillir tous les habitants de la ville, 13 000 âmes à l'époque. Au centre du chœur, mausolée de l'empereur Louis IV (XIVe s). La tour sud offre une vue panoramique sur la ville.

Parmi les curiosités de cette zone, le **musée de la Chasse et de la Pêche** *(plan II, C3,* **128***)* : *Neuhauser Str. 2. Tlj 9h30-17h (dernière entrée à 16h15). Entrée : 7 € ; réduc.* Faites un tour dans la boutique, pour photographier vos enfants devant le sanglier, ou le poisson-chat géant à l'entrée.

Michaelskirche *(église Saint-Michel ; plan II, C3,* **125***)* **:** *Neuhauser Str. 6. Tlj 7h30-19h. Appli disponible pour la visite.* Construite au XVIe s, c'est la plus grande église Renaissance de Bavière. Proportions harmonieuses malgré l'aspect sévère. Impressionnante voûte en berceau la plus large du monde après celle de Saint-Pierre de Rome ! Dans la crypte *(lun-ven 9h30-16h30, sam 9h30-14h30 ; entrée : 2 €, réduc),* la vingtaine de tombeaux de la dynastie des Wittelsbach. Celui de **Louis II** est le plus fleuri.

Jüdisches Museum *(plan II, C3,* **147***)* **:** *Sankt Jakobs-Platz 16. • juedisches-museum-muenchen.de • Tlj sauf lun 10h-18h. Entrée : 6 € ; réduc ; gratuit moins de 18 ans.* Il fait partie d'un ensemble de 2 blocs, comprenant aussi une synagogue et la maison de la communauté juive siège d'un restaurant casher. Il traite de l'histoire de la présence juive à Munich à travers photos, cartes, vidéos, témoignages audio, etc. Expos temporaires.

Stadtmuseum *(Musée municipal ; plan II, C3)* **:** *Sankt Jakobs-Platz 1. • muenchner-stadtmuseum.de • Tlj sauf lun 10h-18h. Entrée : 7 € ; expo temporaire 4 € ; gratuit moins de 18 ans. Audioguide en français.* Plusieurs musées en

un, tous représentatifs de l'importance de la ville dans chaque domaine abordé : *Typique Munich ! ; musée du National-socialisme à Munich* (passionnant) ; *musée de la Photo ; musée du Film ; musée des Instruments de musique,* et *théâtre de Marionnettes.*
Et, bien sûr, salles consacrées à l'histoire de Munich, avec reconstitutions d'appartements d'époque.

Stadtcafé : *dans la cour du Stadtmuseum. Tlj 10h-minuit (1h ven-sam).* Le rendez-vous convivial des fans de ciné avec sa terrasse pour manger un plat du jour le midi ou des mets plutôt originaux le soir... Délicieuses tartes et autres pâtisseries.

MUCA *(Museum of Urban and Contemporary Art ; plan II, C3,* ***152*****) :** *Hotterstr. 12. W-e 12h-18h. Entrée : 7,50 € ; réduc.* Dans un hangar, sur 2 niveaux ; le 1er musée consacré à l'art mural. On peut y découvrir quelques affiches, collages ou photos célèbres d'origine ou détournées. En annexe, un atelier de graffitis.

Asamkirche *(église des Frères-Asam ; plan II, C3)* **:** *Sendlinger Str. 62. Tlj 9h (11h ven)-19h.* Avant d'entrer, remarquez à gauche la maison ornée de stucs, qui fut la demeure des frères Asam. Cette église privée du XVIIIe s appartenait à ces 2 riches architectes (l'un également sculpteur et l'autre peintre), qui en firent don à la Ville. Inspirée du baroque italien, sa particularité est d'être incrustée dans la masse des immeubles voisins. En façade, rochers symbolisant les pierres sur lesquelles l'Église catholique fut fondée (« Tu es Pierre et sur cette pierre... »).
Cette église illustre bien les folies du baroque allemand. Décoration d'un luxe inouï. On ne sait où donner de la tête ni reconnaître le vrai du faux. Les 2 frères ont marié aux raffinements de la technique les débordements de l'imagination. On est subjugué par une mise en scène époustouflante à l'unité d'ensemble cohérente et au travail soigné.

Sendlinger Tor *(plan II, C3,* ***127*****) :** *à l'angle de Sendlinger Str. et de Sonnenstr.* L'une des plus belles portes de la ville et l'un des vestiges de l'ancien mur d'enceinte de la cité, construit au XIVe s. 2 autres portes existent, l'une à l'est du centre *(Isartor),* l'autre à l'ouest *(Karlstor),* que l'on peut voir en remontant Sonnenstraße.

Maximiliansplatz et Promenadeplatz *(plan II, C2-3)* **:** en remontant la Sonnenstrasse, puis en passant par la *Karlsplatz* (Stachus), on parvient à ces luxueuses places, symboles de la richesse de la ville. Savoureux hommage à Michael Jackson devant le *Bayerischer Hof,* l'un des hôtels les plus célèbres de la ville, idéalement situé sur la *Promenadeplatz.*

Theatinerkirche *(plan II, C2,* ***129*****) :** *Salvatorplatz 2A.* Bel édifice du XVIIe s, de type italien. C'est la plus ancienne église baroque d'Allemagne du Sud ; elle influença d'ailleurs la construction de bien des églises bavaroises. À l'intérieur, remarquer la blancheur limpide du décor, la superbe chaire en bois noir et la crypte princière (ouverte en milieu de journée).

Residenz *(palais des Wittelsbach ; plan II, C2)* **:** *entrée par Max-Joseph-Platz et Residenzstr. • residenz-muenchen.de • Avr-oct, tlj 9h-18h ; oct-mars 9h-17h. Billet combiné musée, trésor et théâtre Cuvilliés : 17 € ; réduc. Audioguide en français.*
La résidence des seigneurs de Bavière a remplacé l'ancien château fort et devint au fil du temps un vaste palais où se mêlèrent successivement tous les styles. La *Residenz* fut gravement endommagée lors des bombardements en 1944, mais le mobilier et les intérieurs avaient été mis à l'abri, et sa reconstruction commença peu après la guerre ! Choisissez en fonction de vos intérêts les parties de la résidence que vous souhaitez visiter. Vous allez adorer ou crier au kitsch, irez faire un tour au jardin ou au café pour reprendre des forces.

– ***Residenzmuseum :*** *tlj 9h-18h d'avr à mi-oct et 10h-17h le reste de l'année ; dernière admission 1h avt fermeture. Entrée : 9 € ; réduc. Billet combiné musée, trésor et théâtre Cuvilliés : 17 €. Audioguide en français gratuit.* Les anciens appartements du palais, reconstruits, ont été transformés en musée : sculptures, peintures, mobilier, mais aussi porcelaines, tapisseries et bibelots divers. La restauration du bâtiment entraînant par rotation certaines fermetures de salles, vous n'en verrez peut-être qu'une partie.

Lors de la visite, vous devriez pouvoir jeter un œil sur l'Antiquarium, salle des fêtes de 66 m de long, décorée à la fin du XVIe s dans le style romain (collection de bustes des empereurs romains), les appartements de Louis Ier, les salles d'apparat très rococo, la salle du Trône, les chapelles privées, la collection de reliques et, bien sûr, la somptueuse collection de porcelaines... Un must, les *Silberkammer* qui présentent 3 500 pièces d'argenterie parmi les plus belles du monde !

– ***Schatzkammer*** *(trésor)* **:** *mêmes horaires que le musée. Entrée : 9 €. Billet combiné musée et trésor : 14 €. Audioguide en français gratuit.* Environ 1 200 pièces, principalement d'orfèvrerie et de joaillerie, réunies par la famille Wittelsbach depuis le XVIe s. Les 1res salles sont consacrées à l'art médiéval. Un peu plus loin, l'un des chefs-d'œuvre du trésor : *Saint Georges terrassant le dragon,* statuette en or finement ciselée et pierres précieuses. Salle suivante, les attributs des rois de Bavière : couronnes, sceptre, épées de cérémonie et quantité d'autres objets... À noter aussi, un *nécessaire de voyage* du XIXe s, offert par la Ville de Paris en cadeau de noces à la femme de Napoléon !

– ***Altes Residenztheater ou Cuvilliés-Theater*** *(théâtre Cuvilliés ; plan II, C2)* **:** *avr-juil et de mi-sept à mi-oct, lun-sam 14h-18h, dim 9h-18h ; d'août à mi-sept, tlj 9h-18h ; de mi-oct à fin mars, lun-sam 14h-17h, dim 10h-17h. Entrée : 5 €. Billet combiné musée, trésor et théâtre Cuvilliés : 17 €.* Ce très joli théâtre, bombardé en 1945 et reconstruit à l'identique à un autre endroit, a retrouvé les décors originaux qui avaient été conservés en lieu sûr. Sa décoration de style XVIIIe s est l'illustration parfaite du style rococo. En 1781, ***Mozart*** y donna la première d'*Idoménée,* et le réalisateur suédois Ingmar Bergman y fut accueilli pendant 9 ans, à partir de 1976, après avoir quitté la Suède, qui le poursuivait pour fraude fiscale.

Staatliche Münzsammlung *(musée des Monnaies)* **:** *entrée sur Residenzstr. 1, par la Kapellenhof. ● staatliche-muenzsammlung.de ● Tlj sauf lun 10h-17h. Entrée : 3 € ; 1 € dim ; gratuit moins de 18 ans.* Des milliers de pièces illustrant l'histoire de la monnaie des origines à nos jours. Sans doute la plus importante collection du genre en Europe.

Kunstareal, le quartier des musées

Munich se construit un véritable quartier des musées, réunissant dans un vaste quadrilatère largement réservé aux piétons, autour des pinacothèques, des espaces muséographiques passionnants autant qu'épuisants. Il vous faudra leur consacrer 1 journée entière, entrecoupée de pauses dans les cafétérias des musées ou dans l'un des petits restos du quartier (voir « Où manger ? Où boire un verre ? À Maxvorstadt »).

Ici, l'histoire de Munich se lit à travers ces lieux emblématiques. Et d'autres dont la création est à saluer, tout proche de la *Königsplatz* où eut lieu, en 1933, le 1er autodafé (on est à proximité des universités). Plus question de faire l'impasse sur certains immeubles témoins des heures sombres de la ville, depuis l'ouverture récente, à 2 pas de l'ancien bureau d'Hitler, du ***Centre de documentation sur l'histoire du national-socialisme.***

– ***Les pinacothèques*** *(plan II, C2)* **:** *au nord du centre-ville. ● pinakothek.de ● (site internet commun aux 3 pinacothèques). Entrée : 1 € dim dans les 3 pinacothèques.*

LE SUD DE L'ALLEMAGNE

Alte Pinakothek *(plan II, C2)* **:** *Barer Str. 27. Tlj sauf lun 10h-18h (20h30 mar-mer). Entrée : 7 € (1 € dim et j. fériés) ; réduc. Billet valable 1 j. pour les 3 pinacothèques, la collection Schack et le musée Brandhorst : 12 €. Audioguide en français : 4,50 €.* C'est l'ancienne pinacothèque, comme son nom l'indique. L'une des plus importantes collections de peinture classique, à égalité avec celles du Louvre et du Prado. Fondée en 1826 par le roi Louis Ier de Bavière, l'*Alte Pinakothek* a recueilli ses collections personnelles et celles de ses prédécesseurs. Plusieurs milliers de tableaux, des primitifs à la fin du XVIIIe s, classés par « écoles ».

Honneur aux anciens, d'abord : quelques chefs-d'œuvre des primitifs flamands, dont le plus beau est sans aucun doute le retable de *L'Adoration des Mages,* de ***Rogier Van der Weyden.*** La peinture allemande du gothique tardif constitue la section la plus importante du musée : *La Bataille d'Issos (victoire d'Alexandre sur Darius),* d'***Albrecht Altdorfer,*** est considérée comme l'acquisition la plus ancienne (1529). 2 incontestables grands maîtres, ***Cranach l'ancien*** et ***Dürer*** (11 œuvres, dont son plus célèbre autoportrait), sont ici bien représentés.

L'école italienne, entre fin de la Renaissance et âge classique (une salle entière est réservée aux seuls « Vénitiens »), a grandement profité des talents de collectionneur de Louis Ier. Au programme : la superbe *Lamentation du Christ mort* de ***Botticelli,*** de sublimes ***Raphaël*** (période florentine), le ***Tintoret*** (« cycle de Gonzague »), ***Titien*** (*Le Couronnement d'épines,* un des trésors de la pinacothèque, véritable testament artistique et humain), et l'un des chefs-d'œuvre du musée, la *Vierge à l'Enfant* de ***Léonard de Vinci.***

Bien sûr, remarquable collection de peinture flamande (XVIe-XVIIe s), à travers ***Rubens*** (célèbre *Chasse au lion*), ***Pieter Bruegel l'Ancien*** (*Le Pays de cocagne,* avec la petite morale qui va avec... original pour l'époque, observez bien les détails !) et ***Adriaen Brouwer*** (peintre de la vie paysanne).

On trouve aussi l'école hollandaise, dont le *Cycle de la Passion* de ***Rembrandt.*** Pour représenter l'école espagnole, les incontournables ***Greco*** et ***Vélasquez,*** ainsi que la magnifique collection ***Murillo.*** La collection française, la plus réduite du musée (« seulement » 400 œuvres, même si une minorité est exposée !) : tableaux de ***Poussin*** et de ***Boucher,*** et le très libertin *Jeune fille au chien,* de ***Fragonard.***

|●| Excellentes portions de tarte à la cafétéria du musée, pour vous consoler d'avoir vu certaines salles fermées.

Neue Pinakothek *(plan II, C2)* **:** *Barer Str. 2.* ***Fermé pour plusieurs années.***

Pinakothek der Moderne *(plan II, C2)* **:** *Barer Str. 40. Tlj sauf lun 10h-18h (20h jeu). Entrée : 10 € (1 € dim et j. fériés) ; réduc. Billet valable 1 j. pour les 3 pinacothèques, la collection Schack et le musée Brandhorst : 12 €. Audioguide en anglais : 4,50 €.*

Cette belle construction aux lignes épurées regroupe 4 musées sur 12 000 m², autour d'un cœur cylindrique laissant filtrer la lumière extérieure. Le musée a une démarche transdisciplinaire. 4 collections sont présentées : peinture, art graphique, architecture, design. Côté peinture, on retrouve les grands courants qui ont marqué le XXe s : *Die Brücke* ***(Kirchner, Nolde...),*** *Le Cavalier bleu* ***(Kandinsky, Münter, Marc, Klee),*** mais également ***Beckmann, Magritte, Picasso,***

TRÉSOR D'APRÈS-GUERRE

Considérés par les nazis comme des œuvres d'« art dégénéré », près de 1 500 tableaux bannis ont été redécouverts dans un appartement de Munich. Œuvres qu'on pensait disparues, notamment de Picasso, Matisse et Chagall, ces tableaux sont estimés à 1 milliard d'euros. Pendant 50 ans, ce butin était entreposé chez le fils du collectionneur allemand, Hildebrand Gurlitt, qui aida les nazis à vendre les tableaux confisqués en douce, à l'étranger.

Braque, Bacon, Baselitz, Warhol, de Kooning, Beuys, Fontana, Motherwell, Franz Kline... Une curiosité : un tirage de l'ex plus chère photo du monde : un ***bord du Rhin*** du photographe Gursky natif de Düsseldorf.
Le département d'art graphique donne accès à 400 000 dessins et estampes, de Léonard de Vinci aux artistes contemporains. Celui d'architecture rassemble des dessins, photographies et maquettes illustrant l'œuvre d'architectes comme Neumann, Le Corbusier, Behnisch... Enfin, le département design présente 50 000 objets du quotidien (mobilier, ordinateurs, moyens de transport...). Une réalisation qui rivalise désormais avec le Centre Pompidou à Paris, le MoMA à New York et le Guggenheim à Bilbao. Nombreuses expos temporaires chaque année.

Brandhorst Museum *(plan II, C2)* **:** *Theresienstr. 35a.Tt près de la* Pinakothek der Moderne, *à l'angle de Türkenstr. Tlj sauf lun 10h-18h (20h jeu). Entrée : 7 € ; réduc (1 € dim). Billet valable 1 j. pour les 3 pinacothèques, la collection Schack et le musée Brandhorst : 12 €.* Un musée complémentaire à la *Pinakothek der Moderne,* qui, avec plus de 700 œuvres d'art contemporain, présente l'art de la 2de moitié du XXe s et du début du XXIe s. Udo et Anette Brandhorst ont constitué cette formidable collection dans les années 1970 ; elle rassemble plus d'une centaine d'œuvres d'***Andy Warhol,*** et plus de 170 tableaux, dessins et sculptures de ***Cy Twombly,*** la salle abritant son *Lepanto-Zyklus* ayant même été conçue spécialement pour cette série de 12 tableaux. En dehors de ces 2 artistes phares, des œuvres de ***Joseph Beuys, Sigmar Polke*** entre autres.
Voir aussi les photos de ***David Lachapelle*** et les œuvres de ***Damien Hirsh.*** La façade du bâtiment, composée de 36 000 tubes de céramiques colorées en 23 tons différents, est à elle seule une œuvre d'art. Comme le reste du musée, elle a été conçue avec une préoccupation environnementale, et car elle absorbe les bruits de circulation de la rue !
Pour vous remettre de vos émotions, *Café Horst.*

Staatliches Museum Ägyptischer Kunst *(musée d'Art égyptien ; plan II, C2)* **:** *Gabelsbergerstr. 35. • smaek.de • Mar-dim 10h-18h (20h mar). Entrée : 7 € (1 € dim), audioguide compris ; gratuit moins de 18 ans.* Muséographie intéressante pour présenter cette très belle collection d'antiquités aussi bien égyptiennes que romaines. Presque toutes les périodes de l'ancienne Égypte y sont représentées, de 3 000 ans avant notre ère à environ 400 apr. J.-C.

Glyptothek *(musée des Sculptures)* ***et Staatliche Antikensammlungen*** *(musée des Antiquités ; plan II, C2)* **:** *se font face sur la Königsplatz. • antike-am-koenigsplatz.mwn.de • Tlj sauf lun 10h-17h (20h jeu pour la* Glyptothek, *20h mer pour les* Antikensammlungen*). Entrée : 6 € (1 € dim) ; réduc.*
La plus belle collection d'art antique d'Allemagne. Un panorama exceptionnel de sculptures grecques et romaines (côté *Glyptothek*) et de poteries, bronzes et bijoux avant tout étrusques (côté musée des Antiquités). Les salles courent autour d'un patio, où les tables du café sont installées pour les beaux jours.
Les 2 musées accueillent régulièrement des expositions temporaires.

Lenbachhaus *(villa Lenbach ; plan II, B-C2)* **:** *Luisenstr. 33, face aux propylées. • lenbachhaus.de • Tlj sauf lun 10h-18h (20h jeu). Entrée : 10 € avec audioguide.*
L'élégante villa d'artiste de style néo-Renaissance (du XIXe s) fut construite à l'origine pour le peintre ***Franz von Lenbach,*** l'un des *Malerfürsten* (princes des peintres) de l'époque... Transformée en galerie de peinture, elle est consacrée aux monuments munichois des 2 derniers siècles. Parmi les plus significatifs : le fameux groupe du Cavalier bleu *(Der Blaue Reiter)* avec ***Kandinsky, Klee (période figurative)*** et ***Franz Marc.*** D'autre part, le musée s'enrichit régulièrement depuis les années 1970 d'œuvres d'art contemporain, dont celles de ***Georgia O'Keeffe, Joseph Beuys, Andy Warhol, Asger Jorn, Christian Boltanski, Polke...***

À proximité immédiate de la villa, l'espace ***Kunstbau*** présente des expositions temporaires d'art contemporain. Il s'agit en fait de la mezzanine de la station de métro Königsplatz non utilisée et réaménagée pour l'occasion !
Café-restaurant Ella sur place *(9h-1h mar-sam ; 21h dim).*

Le Centre de documentation sur l'histoire du national-socialisme *(plan II, C2,* ***126****)* **:** *Max-Mannheimer-Platz 1. • ns-doku.de • Tlj sauf lun 10h-19h. GRATUIT.* Un lieu de mémoire qui montre le chemin parcouru depuis 1945. Il aura fallu attendre 70 ans après 1945 pour que Munich accepte enfin de regarder en face ce passé encombrant sur lequel « elle préférait garder le silence ».
Construit sur l'emplacement des ***anciens locaux du NSDAP,*** l'ancienne ***maison brune,*** à 2 pas des bureaux d'Hitler, ce cube blanc d'une grande sobriété, qui tranche sur l'architecture environnante, montre le passé national-socialiste de la ville et les ramifications de la dictature nazie.
Il propose une exposition permanente, sur 4 étages, en allemand et en anglais, avec photographies et films retraçant les ***heures sombres de Munich.*** Pas d'uniformes nazis ni d'étendards frappés de la croix gammée, afin d'éviter de mettre en valeur l'esthétique national-socialiste. Mais des documents poignants. Également un centre d'apprentissage avec les médias et des expositions temporaires.

LE SUD DE L'ALLEMAGNE

Balade au vert, de l'Englischer Garten aux rives de l'Isar

Englischer Garten *(jardin anglais ; plan II, C2)* **:** *à l'est du quartier des musées. Accès par Veterinärstr. (entre autres).* Traversé par divers cours d'eau et long de 5 km, c'est l'un des plus grands parcs urbains d'Europe. Avec une superficie de 3,7 km², il est plus grand que Central Park et Hyde Park. On y trouve de fabuleux *Biergarten* (voir « Où manger ? Où boire un verre ? »), des curiosités comme la célèbre rotonde *(Monopteros)* ou la *Japanisches Teehaus,* un lac, des aires sportives... C'est le rendez-vous favori des jeunes Munichois, après avoir été celui des hippies. À la grande époque baba cool, une centaine d'entre eux traversaient le parc à la nage, puis prenaient le métro (tout nus !) pour revenir chercher leurs vêtements...
Rien de bien révolutionnaire outre-Rhin : le naturisme (FKK pour *Freikörperkultur,* culture du corps libre) est une tradition bien ancrée. Située au cœur de la ville, la ***zone FKK*** de l'*Englischer Garten (plan I, C-D2),* attribuée aux nudistes, en témoigne.
Et si vous voyez un attroupement près d'un pont, approchez-vous plutôt de l'attraction nº 1 ici, hiver comme été, d'ailleurs : les surfeurs ont toujours la cote : on les photographie, en équilibre sur leur planche, luttant contre le courant de l'*Eisbach.* Surprenant et spectaculaire !

Haus der Kunst *(plan II, C2)* **:** *Prinzregentenstr. 1. • hausderkunst.de • Tlj sauf mar 10h-20h (22h jeu). Entrée : 12 € ; réduc ; gratuit 1er jeu du mois dès 18h. Visites guidées en allemand et en anglais annoncées sur le site.* Musée fondé par un artiste raté du nom d'Hitler, en 1937, qui voulait en faire une « maison de l'art allemand ». Aujourd'hui, ce lieu résolument moderne et même d'avant-garde présente des expositions temporaires d'art contemporain.

Bayerisches Nationalmuseum *(Musée national bavarois ; plan II, C-D2)* **:** *Prinzregentenstr. 3. • bayerisches-nationalmuseum.de • Tlj sauf lun 10h-17h (20h jeu). Entrée : 7 € (8,80 € en ligne) ; dim 2 € ; réduc ; gratuit moins de 18 ans.* Malgré son nom, ce musée ne se consacre pas qu'à la Bavière mais plutôt à l'histoire de l'Europe artistique et artisanale. On y trouve, entre autres, une fabuleuse ***collection de sculptures médiévales*** mais aussi des tableaux, meubles, poteries et objets divers. À noter, une impressionnante collection d'ivoires de la période baroque, ainsi que le plus grand nombre de crèches au monde (les Bavarois les adorent)...

Deutsches Museum *(plan II, C3)* **:** *Museumsinsel 1. • deutsches-museum.de • Sur l'île de l'Isar, au sud-est du centre-ville. Entrée principale côté pont. Tlj (sauf certains j. fériés) 9h-17h. Entrée : 15 € ; réduc pour les étudiants et les familles ; gratuit pour les enfants jusqu'à 5 ans. Pas de parking. Ticket combiné (valable 1 an) avec les 2 antennes du musée,* Verkehrszentrum *et* Flugwerft Schleißheim *: 38 €. Achat possible en ligne.*
En raison de travaux de rénovation devant durer encore plusieurs années, *certaines salles peuvent être temporairement fermées. Voir sur le site.*
Ce musée des sciences et de la technique, fondé en 1903 par un ingénieur en bâtiment, est l'un des plus importants en Europe : une cinquantaine de sections et 1,5 million de visiteurs par an. Si on est passionné, on peut y passer la journée. Tout y est : de la chimie à l'industrie, via la minéralogie l'imprimerie, l'aéronautique, etc. jusqu'aux nanotechnologies. Pour ne pas errer des heures durant, demander le plan à l'entrée (en français).
Parmi les « clous » du musée, on peut citer les automates du XVIe s, le ***pendule de Foucault,*** la ***machine à calculer de Leibniz,*** l'***imprimerie de Gutenberg,*** le ***1er téléphone*** (Bell), les ***1ers projecteurs,*** le ***1er moteur Diesel,*** les 1ers télescopes à miroir, des microscopes du XVIIe s, les 1ers pneus (Dunlop !), l'appareil avec lequel furent découverts les rayons X, etc. Un immense circuit de trains miniatures tourne en permanence. Ne pas rater non plus le parcours minier au sous-sol.
Dans la section aviation : la réplique du triplan *Fokker* couleur rouge du fameux ***Manfred von Richthofen,*** le « ***Baron Rouge*** » ; entre autres, mais les fans d'aviation devront plutôt se rendre à Oberschleissheim, pour visiter l'antenne du musée aménagée dans un ancien aérodrome (*Flugwerft Schleißheim,* voir « Dans les environs de Munich »). On pourra achever la visite, s'il est visible, par le ***planétarium,*** avant de redescendre sur terre, c'est-à-dire au café du 3e étage *(tlj 10h-16h15),* d'où l'on a une belle vue sur Munich et les Alpes...
Initiative pédagogique intéressante, le musée a aussi ouvert un « royaume des enfants » pour les 3-8 ans.
La section « Automobile et transports » se trouve dans un autre bâtiment dans la ville. Lire plus loin « À voir plus loin du centre. *Verkehrszentrum* ».

La villa Stuck *(plan I, D2)* **:** *Prinzregentenstr. 60, derrière Europaplatz. • villastuck.de • Mar-dim 11h-18h (22h 1er ven du mois). Entrée pour l'ensemble des expositions : 9 € ; réduc ; gratuit moins de 18 ans et lors de la nocturne.* Cette superbe résidence du XIXe s a été entièrement conçue et décorée par l'artiste peintre ***Franz von Stuck,*** l'un des fers de lance du mouvement Sécession. De l'extérieur, la maison n'a rien d'un palais, mais la décoration intérieure devait attirer les curieux : Stuck a obtenu une harmonie visuelle incroyable en faisant se rencontrer ***Jugendstil*** et style byzantin, Renaissance italienne et art antique grec !
À cela s'ajoutent quelques touches très personnelles de l'artiste (horoscope géant au plafond, reproductions inspirées par la mythologie grecque à la « sauce von Stuck »), de belles sculptures et, bien sûr, ses propres peintures. 2 pièces à ne manquer sous aucun prétexte : les salles du rez-de-chaussée, aux ornementations ***Jugendstil*** représentatives de la fin du XIXe s allemand, et l'atelier de von Stuck, entièrement décoré des tapisseries du maître de maison (1er étage). Expos temporaires.

UN QUARTIER UN PEU FRANÇAIS ?

Haidhausen, de l'autre côté de l'Isar, à l'est du centre, était autrefois un quartier misérable. Il doit sa rénovation, à la fin du XIXe s, aux lourdes indemnités de dommages de guerre versées par la France après la défaite de 1870 (5 milliards de francs-or). Pour preuve, les noms de lieux : Pariser Straße, Orleansplatz, Sedanstraße et Metzstraße.

Le nouveau quartier du Werksviertel *(plan I, D3)*

C'est dans ce quartier du sud-est de la ville, autour de la *Ostbahnhof,* que le renouveau de Munich sort de terre. Il abrite l'un des projets de développement urbain les plus intéressants d'Allemagne.
Imaginez, à l'ombre d'une gigantesque grande roue, un ensemble hétéroclite de bâtiments industriels rénovés et de créations futuristes regroupant des appartements, des bureaux, des galeries d'art, des lieux de concert, des clubs, des ateliers, des bars et restaurants, des magasins, des hôtels et des centres de loisirs...
L'objectif des concepteurs et des urbanistes : une ville ***ouverte à tous les citoyens.*** Le projet se voit comme un ***lieu inspirant en perpétuelle évolution*** pour favoriser les échanges créatifs. Allez y jeter un coup d'œil, histoire de se rendre compte de l'évolution future de nos espaces urbains.

À voir plus loin du centre

1re étape pour ceux qui partent sur les pas de Louis II : le château de *Nymphenburg,* où il est né le 25 août 1845. Demandez le dépliant gratuit en français présentant le roi et ses châteaux.

👥 ***Schloss Nymphenburg*** *(château de Nymphenburg)* **:** *à l'ouest du centre.* • *schloss-nymphenburg.de* • *Pour y aller, S17 (depuis la Hauptbahnhof ou Stachus) ; bus n° 51, arrêt Schloss Nymphenburg. D'avr à mi-oct, tlj 9h-18h ; de mi-oct à mars, 10h-16h ; dernière entrée 30 mn avt fermeture. Entrée pour l'ensemble : 19 € ; gratuit moins de 18 ans. Audioguide : 3,50 €. Parc gratuit, ouv jusqu'à la tombée de la nuit (21h30 l'été). Possibilité de visiter chaque attraction séparément et de payer le billet d'entrée correspondant.*
Construit au XVIIe s (puis réaménagé jusqu'au XIXe s), c'était la résidence d'été de la famille ***Wittelsbach*** (la lignée des princes et rois de Bavière). À ne pas manquer, ne serait-ce que pour son gigantesque parc, superbe (c'est une imitation de celui de Versailles), ses jardins très soignés, ses nombreux canaux où barbotent cygnes et canards, ses différents pavillons et les musées attenants (dont celui des Carrosses).
L'arrivée sur le parc vaut vraiment le coup d'œil : les élégantes façades du plus grand château baroque d'Allemagne semblent se refléter dans un étang pour le moins ravissant.
– ***Le château :*** *entrée 8 €.* La visite de l'intérieur révèle quelques splendeurs, dont la plus réputée est la *Steinerner Saal (salle des Fêtes).* Autres attractions des lieux : la chambre où naquit Louis II de Bavière, mais surtout la *galerie des Beautés (Schönheitengalerie),* avec sa collection de 36 portraits commandés par le roi Louis Ier au peintre Stieler. Parmi les plus belles femmes de l'époque, on retrouve l'influente maîtresse officielle du vieux roi, ***Lola Montez*** (1821-1861). Leur liaison dura pendant 2 ans (1846-1848). Si Louis Ier la vénérait, le peuple la détestait. L'anoblissement de cette aventurière comme « comtesse de Landsfeld » déclencha des émeutes, à l'origine de la révolution de 1848, entraînant l'abdication du roi.
– ***Marstallmuseum*** *(musée des Carrosses)* **:** *dans l'aile sud du château. Entrée : 6 €.* On y trouve toutes les « voitures d'apparat » des Wittelsbach. Le plus insolite est la série des carrosses-luges dont un datant du XVIIe s, orné d'une sculpture d'Hercule qui tue un dragon. Le plus délirant : le ***traîneau aux nymphes*** de Louis II, d'un rococo fou et couvert d'or ! Au 1er étage, ne pas manquer les porcelaines de la collection *Bäuml* (ou musée de la Porcelaine).
– ***Les pavillons :*** *disséminés dans le parc, fermés de mi-oct à fin mars. Entrée (pour l'ensemble) : 5 €.* On en trouve 4. Le plus remarquable est ***Amalienburg,*** un pavillon de chasse d'un luxe inouï, ***chef-d'œuvre de l'art rococo bavarois.*** Niché dans un bouquet d'arbres, à proximité du grand parterre, ce bijou présente

un décor d'un raffinement extrême, à la française. La pièce la plus somptueuse est la salle des Glaces, dans les bleu et blanc délicats. Voir aussi la cuisine avec ses carreaux de faïence hollandaise et ses motifs chinois.
Un peu plus loin, le ***pavillon de Bains*** *(Badenburg)* est une maison de plaisir dont le salon est décoré de fontaines en forme de coquillages ! Ses murs sont revêtus de carreaux de faïence hollandaise. La piscine est surmontée d'une galerie couverte de faux marbre rouge d'où les visiteurs observaient les baigneurs. À l'époque, un système alimentait la piscine en eau chaude. La plus belle pièce du *Badenburg* est le cabinet aux singes, richement décoré.
Les autres pavillons du parc sont un ermitage du XVIIIe s *(Magdalenenklause)* et *Pagodenburg* au nord du canal central. Il n'a d'asiatique que la décoration intérieure (peintures en laque rouge, tapisseries chinoises de soie peinte).
– ***Le parc :*** *ouv jusqu'à la tombée de la nuit. GRATUIT.* À la fois jardin à l'anglaise et à la française, il propose parterres de fleurs, allées, bosquets, sculptures et canaux, dont le plus grand se termine en cascade. Serres avec plantes tropicales, dont des nénuphars géants, dans le jardin botanique, tout à côté.
Pour une pause dans le jardin, devant un *Apfelschorle* et un gâteau maison, le ***Schlosscafé im Palmenhaus.*** Self-service.

– Pour les germanistes et surtout les passionnés, dans les dépendances du château, visite du ***Museum Mensch und Natur*** (musée des Sciences). *Mar-ven 9h-17h, w-e 10h-18h. Entrée : 3,50 € ; réduc.* Pour les autres, visite instructive du plus grand *Biergarten* de Bavière : le *Königlicher Hirschgarten* (voir « Où manger ? Où boire un verre ? »).

Tierpark Hellabrunn *(parc zoologique)* **:** *Tierparkstr. 30. • tierpark-hellabrunn.de • Au sud de la ville. U3 : Thalkirchen (entrée principale) ; bus n° 52 (autre entrée). 1er avr-fin oct, tlj 9h-18h ; nov-fin mars, 9h-17h. Entrée : 18 € ; réduc. Résas seulement en ligne. Parking : 3 €.* C'est l'un des 1er zoo (il date de 1911) à avoir tenté de considérer les animaux autrement que comme des bêtes de cirque : pour la plupart, les animaux sont séparés du public par des ravins ou des petits cours d'eau. De plus, l'espace alloué aux quelque 5 000 animaux présents est assez considérable (400 000 m²). À voir, entre autres : le polarium, le terrarium et la volière de 5 000 m² !
Sur place, vaste *Biergarten* et nombreux cafés avec coin jeux pour les enfants.

Une des 2 annexes du *Deutsches Museum*, le ***Verkehrszentrum*** *(Centre des transports ; plan I, B3),* se trouve dans les anciens halls de la foire, au sud de la Hauptbahnhof : *Theresienhöhe 14a. ☎ 500-806-762. • deutsches-museum.de/en/verkehrszentrum • U4/5 (bus nos 53 ou 134) : Schwanthalerhöhe. Tlj 9h-17h, sauf j. fériés (20h certains j.). Visite guidée en allemand seulement. Entrée : 7 € ; réduc.* Essentiellement consacré au trafic urbain, au voyage et à la technique. Le ***Hall 1*** s'intéresse aux problématiques de la circulation urbaine tout en nous offrant un voyage dans le temps en compagnie de quelques vieux véhicules utilitaires familiers : camions de pompiers, taxis, etc. Le ***Hall 2, à droite du 1er,*** a pour vocation d'embrasser, dans un vaste panorama, l'histoire du voyage terrestre depuis la construction des routes romaines jusqu'aux liaisons ferroviaires à grande vitesse (superbes locomotives). Passionnant ! Le ***Hall 3,*** enfin, s'attache à détailler quelques innovations technologiques.

Olympiapark *(parc olympique ; plan I, B1)* **:** *au nord du centre-ville. U3 : Olympiazentrum.*
Cette petite ville vouée au sport fut élevée sur les décombres de Munich, rassemblés ici après la 2de Guerre mondiale ! On trouve d'ailleurs un monument élevé à la paix au sommet de la colline olympique. Ce parc de 3 km², construit pour les Jeux de 1972, est une prouesse technique : le stade (62 250 places), le complexe nautique et le hall (pouvant contenir 14 000 personnes) sont recouverts d'une vaste toile d'araignée synthétique ! Ses immenses pelouses en font également

l'endroit idéal pour un pique-nique au soleil. Pour ceux qui préfèrent l'ombre, cap sur le *Sealife,* un ensemble d'aquariums recélant quelque 4 500 animaux marins. Au centre, l'***Olympiaturm*** (tour de télévision), haute de 291 m et surmontée d'une coupole qui tourne sur elle-même en 53 mn : la vue sur Munich et les Alpes y est évidemment assez fantastique. *Accès 9h (10h nov-fév)-minuit. Entrée : 7 € ; réduc.* Après les J.O., le village olympique a en partie été reconverti en cité universitaire, le hall sert de salle de concerts (rock) et la petite halle est vouée aux expositions (art notamment). Quant au stade, il a été jusqu'en 2005 le terrain du fameux club de foot ***FC Bayern München.*** N'oubliez pas non plus la piscine. Le programme des activités du parc est disponible à l'office de tourisme et à l'entrée du parc. En été s'y déroule le festival de Tollwood (voir plus loin « Fêtes et festivals »).

BMW Museum *(plan I, B1) : Am Olympiapark 2. ● bmw-museum.de ● Au nord de la ville. U3 : Olympiazentrum. Tlj sauf lun 10h-18h. Entrée : 12 € ; réduc. Appli en français à télécharger. Visite guidée de l'usine BMW, se renseigner à l'entrée.* Difficile de le manquer, au pied de la tour d'acier du siège du groupe. Le *BMW Museum,* à la forme en coupe très épurée d'une sculpture cinétique, témoigne de l'histoire d'une réussite technique et commerciale exemplaire. Toute la fascination pour la marque BMW se retrouve ici magnifiée par de nouvelles techniques de présentation, des expositions permanentes et temporaires.

L'interdiction faite à l'Allemagne de produire des avions, après la 1re Guerre mondiale, a obligé BMW à diversifier sa production (voir encadré), en fabriquant des motos puis des camions et des voitures. Dès 1938, les bases de la technologie moderne en matière de 2-roues étaient présentes sur le modèle *RS 255.* Ce savoir-faire industriel sera appliqué par la suite sur les voitures, illustré par le fringant coupé *328 mm* de 1939.

Pendant la guerre, BMW dote également le chasseur ***Focke-Wulf 190*** d'un puissant moteur, puis conçoit le 1er turboréacteur de l'histoire de l'aviation, tout en équipant la Wehrmacht avec la moto side-car *R 75.* La firme emploie jusqu'à 50 000 travailleurs forcés, prisonniers de guerre et déportés des camps de concentration. En 1945, l'usine de Munich est détruite et celle d'*Eisenach,* en territoire sous occupation soviétique, est pillée par les Russes. Munich se reconvertit dans la fabrication de matériel électroménager et de bicyclettes. La production de voitures redémarre modestement avec la petite *Isetta,* compromis entre motocyclette et automobile, avec porte à l'avant (joli modèle exposé).

C'est le début d'une nouvelle aventure, qui permet à la marque de devenir l'une des icônes du miracle économique allemand de l'après-guerre, un symbole de la

L'HÉLICE DE LA BM

Les lettres « BMW » signifient « Bayerische Motoren Werke », soit en français « Manufacture Bavaroise de Moteurs ». BMW est née en 1916 et fabrique à cette époque des moteurs d'avions. C'est la raison pour laquelle le logo de la marque représente une hélice. Après 1945, BMW n'a plus été autorisé à construire des avions.

DESTIN TRAGIQUE

Une grande partie du capital de BMW appartient à la famille Quandt, une des plus riches d'Allemagne. Magda Friedländer, fille d'une domestique, est éduquée dans les meilleurs pensionnats grâce à son beau-père, un riche commerçant juif. En 1921, à 19 ans, elle épouse Günther Quandt, qui en a 40. Ils divorcent en 1929. Magda milite au parti nazi et rencontre Joseph Goebbels, gauleiter de Berlin et l'épouse en 1931. En raison du célibat d'Hitler, elle devient de fait la 1re dame du IIIe Reich. Fanatisée à l'extrême, elle se suicide dans le bunker d'Hitler avec son mari en 1945, après avoir empoisonné leurs 6 enfants.

technologie de pointe et de la solidité des modèles d'outre-Rhin, grâce à la concurrence permanente avec ses rivaux ***Mercedes*** et ***Audi.*** BMW est à présent un groupe mondial qui s'est payé, entre autres, les marques britanniques ***MINI*** et ***Rolls-Royce.*** Le parcours dans le musée permettra aux amateurs de contempler de superbes modèles de légende comme les *roadsters* racés des années 1930 et de mesurer le chemin parcouru entre les 1ers modèles du renouveau industriel symbolisé par la *BMW 1500,* lancée au salon de Francfort en 1961 et les prestigieuses déclinaisons de la *série 7.*

En complément, une brochette de voitures décorées par des artistes de renom et cotées à présent comme œuvres d'art. ***Calder,*** Frank Stella, Rauschenberg, Lichtenstein, ***Jeff Koons*** et d'autres ont prêté leur concours à cette opération de marketing plutôt innovante.

ANDY ET LE ART CAR

En 1979, Andy Warhol accepte de peindre une BMW M1 et effectue le travail en 28 mn. Devenue par la suite une œuvre d'art à la cote astronomique, la voiture sert à des fins promotionnelles sur le circuit d'Hockenheim. Les assureurs tremblent tout au long du parcours, craignant qu'elle ne finisse dans le décor. Ils ne sont soulagés que lorsqu'elle rentra au paddock. Depuis, elle ne sort plus du musée.

BMW Welt *(plan I, B1)* **:** juste en face du musée, ce vaste complexe de verre et d'acier au style également très futuriste et aux formes en spirale constitue une super-vitrine de la firme *(tlj 7h30-minuit, 9h dim). GRATUIT.* Showrooms (auto et motos), boutiques d'objets estampillés à la marque à l'hélice, espaces dédiés aux innovations technologiques, bars et restaurants. Les acheteurs peuvent aussi prendre livraison ici de leur nouvelle BMW ou faire un tour d'essai sur les nouveaux modèles...

LE SUD DE L'ALLEMAGNE

Détente au fil de l'eau

Quelques suggestions pour se dégourdir un peu après ces kilomètres de musées...

■ ***Müller'sches Volksbad*** *(plan II, C3,* ***150****)* **:** *Rosenheimer Str. 1. ☎ 23-61-50-50. Tlj 7h30-23h (17h lun pour le grand bassin). • swm.de • Entrée : 4,80 €.* Entre le *Deutsches Museum* et la *Muffathalle,* avec vue sur l'Isar (et balade possible dans le jardin le long de la rivière), un chef-d'œuvre Art nouveau à ne pas manquer. Cet établissement de bains publics, construit en 1900, a gardé ses dorures et son style baroque mais s'est adapté à notre époque : bains classiques, mais aussi piscines, sauna *(9h-23h),* massages, solarium, fitness *(ven),* institut de beauté et coiffeur. Le café *Speiserei Volksbad* (avec son jardin en été ; voir plus haut « Où manger ? Où boire un verre ? ») est un lieu de rendez-vous sympathique. Le *Biergarten* derrière aussi.

■ ***Piscine d'Olympiapark*** *(Olympia-Schwimmhalle ; plan I, B1,* ***151****)* **:** *se reporter à la rubrique « À voir plus loin du centre ». ☎ 236-150-50. Tlj 10h-22h (19h lun).*

➢ Les ***berges de l'Isar,*** au sud-ouest du *Deutsches Museum,* ont été joliment réaménagées et offrent l'opportunité aux Munichois, encore une, de se relaxer, pique-niquer, bronzer et même de faire des barbecues le long de la rivière en été.

Fêtes et festivals

Les Bavarois ont toujours un événement à fêter, et dans la capitale encore plus qu'ailleurs. La bière leur donne de bonnes occasions de s'amuser, en rythmant l'année de « saisons » correspondant à l'arrivée de chaque nouveau cru !

– **Carnaval munichois** *(Fasching)* **:** *janv, juste après l'Épiphanie et jusqu'au Mardi gras.* Liesse populaire et bals masqués assez délirants organisés par différentes corporations professionnelles. Le dernier dimanche, les festivités ont lieu autour de la *Marienplatz*. Le dernier jour (tôt le matin), c'est l'apothéose sur le *Viktualienmarkt* : les marchandes de la halle, en costume, dansent et chantent en chœur avec le public... Programme disponible à l'office de tourisme et dans les journaux locaux.

– **Festival de piano** *(Münchner Klaviersommer)* **:** *début janv.* Consacré surtout au jazz classique. Concerts au Gasteig ou dans la Lukaskirche.

– **Fête de la Starkbier** *(Starkbierzeit)* **:** *pdt une quinzaine de j. en fév ou mars.* On célèbre l'arrivée de la *Starkbier* (beaucoup plus forte que les autres en alcool : 12° !) dans les caves des brasseries ou dans les *Biergarten* (si le temps le permet). Musique et concours.

– **Auer Dult :** *3 fois/an, en mai, fin juil (foire de la Saint-Jacques) et mi-oct. Dure 9 j. à chaque fois. A lieu sur la Mariahilfplatz (Haidhausen), près du Deutsches Museum.* Vieille tradition munichoise, avec fête foraine, brocante et stands divers.

– **Maibock :** *mai, pour fêter l'arrivée de la bière...* Un nouvel **arbre de mai** (un mât décoré des emblèmes bavarois) est érigé sur la place de nombreux villages (et villes) de Bavière le 1er du mois.

LA BELLE HISTOIRE DE LA STARKBIER

Autrefois, les moines bavarois suivaient scrupuleusement le carême. Ils brassaient une bière très nourrissante, riche de céréales, la Starkbier, *titrant entre 7° et 10°. Tenaillés par les scrupules, ils expédièrent un tonneau au pape pour obtenir son autorisation. À Rome, le pontife goûta le breuvage et le recracha. Verdict du pape : « S'ils veulent vraiment boire cette cochonnerie, je ne vais pas leur interdire ! » Depuis lors, la* Starkbier *ne se boit que durant la période de jeûne, même quand on a soif.*

– **Fête de la Ville :** *mi-juin, pdt 2 j.* Stands, musique dans la vieille ville.

– **Festival de Tollwood :** *pdt 3 sem, à partir de mi-juin, Munich fête le début de l'été dans Olympiapark. Infos : ☎ 38-38-50-0.* Des chapiteaux sont dressés pour accueillir des spectacles venus de tous les horizons des arts et du monde. 2de édition, cette fois pour fêter l'hiver, sur la Theresienwiese, au sud-ouest du centre-ville, courant décembre.

– **Festival du Film :** *fin juin. Dans le centre culturel du Gasteig et dans la plupart des cinémas de la ville.* Axé autour du cinéma contemporain. Places à retirer au Gasteig.

– **Festival d'opéra :** *fin juin-fin juil. Aux Nationaltheater, Prinzregententheater et Cuvilliés-Theater. Infos : ☎ 21-85-19-20.* ● *staatsoper.de* ● Ne perdez pas de temps, les places se réservent parfois plus de 6 mois à l'avance ! Mais consolez-vous en écoutant, dehors, les opéras retransmis l'été sur grand écran.

– **Fête d'été au parc :** *pdt tt le mois d'août.* Olympiapark se transforme en mini-Woodstock : concerts quotidiens en plein air et gratuits !

– **Oktoberfest** *(Wiesn)* **:** *dernière sem de sept-1er dim d'oct.* La plus connue et la plus colossale des fêtes munichoises se déroule sous de vastes chapiteaux (chacun pouvant contenir jusqu'à 6 000 personnes !), situés sur un terrain de 60 ha, la *Theresienwiese*, au sud-ouest du centre-ville, non loin de la gare *(U4/5 : Theresienwiese ; S : Hackerbrücke ; programme disponible à l'office de tourisme, avec petit plan couleur de l'endroit).* Autant prévenir : *Oktoberfest*, c'est une orgie démente, un vacarme hallucinant, des monceaux de viande et de saucisses ingurgités, et plus de 6 millions de visiteurs annuels !

Les festivités se déroulent selon un rituel immuable. Coup d'envoi le 1er jour à 12h pile par le maire de Munich, lors de l'« *Ozapft is* » (« mise en perce »). Puis, le 1er week-end, un grand cortège de chars attelés (chaque brasserie a son char, famille et serveurs étant tous de la fête) rejoint par le public, part de la *Josephspitalstraße*. Le lendemain matin, des milliers de personnes en costume traditionnel se réunissent dans la *Maximilianstraße* pour un nouveau défilé (plus de 7 km). Défilé gratuit, mais places payantes en tribune (ainsi, bien sûr, que les repas et la bière sous les chapiteaux). Se renseigner dans les offices de tourisme.

> **CULTURE DE *MAß***
>
> *Au cours des libations de l'Oktoberfest, on ne boit pas sa bière dans un simple verre ou une pinte, mais dans une* Maß *de 1 l de capacité. Pas la peine de demander plus petit, ça n'existe pas ! Parfois, on est servi dans un verre en forme de botte ou de spirale, pas très commode à utiliser.*

Nombreuses ***animations foraines,*** dans la partie sud de la *Wiesn* (c'est ainsi que les Munichois parlent de leur fête, le mot *Oktoberfest* étant réservé aux touristes !). Des attractions qu'on a du mal à imaginer ailleurs (femme sans tête, et même sans corps, etc.). Entrée payante pour la *Oide Wiesn (3 €),* qui cultive la nostalgie avec des manèges à l'ancienne.

ention : on vous rappelle qu'il est ***indispensable de réserver*** – au moins eurs mois à l'avance... Pour trouver une place dans un chapiteau, on vous eille aussi de vous pointer tôt. Sinon, vous pouvez aussi réserver votre en contactant directement l'une de ces « tentes », la liste est disponible sur *oberfest.de* •

istkindlmarkt : *c'est le marché de Noël traditionnel sur la Marienplatz, mais a une quinzaine d'autres dans tte la ville et ils durent fin nov-24 déc.* Très tant, comme dans la plupart des villes allemandes ; son origine remonte au . Arbre de Noël géant sur Marienplatz, chants de Noël, stands artisanaux, é médiéval sur la Wittelsbacherplatz, etc.

IS LES ENVIRONS DE MÜNCHEN (MUNICH)

Au nord de la ville

Allianz Arena : *Werner-Heisenberg-Allee 25, à 10 km au nord du centre-ville. • allianz-arena.com • U6 : Fröttmaning (15 mn). En voiture, suivre la direction Fröttmaning-Nord par l'autoroute (en direction de l'aéroport). Parking : 5 €. Visites guidées en allemand (12 € ; réduc) tlj sauf lun, j. fériés et j. de match, 10h-18h (11h-16h30 hors saison) ; visite en anglais à 13h. Durée : 1h20. Également un musée dédié au FC Bayern, tlj sauf lun 10h-18h. Entrée : 19 €.* Le stade de 69 000 places du **Bayern de Munich** a été l'une des attractions de la Coupe du monde de football 2006. Étonnante structure de membranes à coussin d'air qui la font ressembler à un gigantesque canot pneumatique ou à un impossible cocon en plastique. On a affaire là à une vraie innovation architecturale, qui plus est dans un cadre verdoyant. Outre la visite du stade, les fans pourront aussi jeter un œil au musée consacré au club, avec son *Hall of Fame.*

Dachau : *à 16 km au nord-ouest de la ville, une fois passé l'*Olympiapark*. De la gare centrale de Munich, S2 direction Petershausen (20 mn ; descendre à Dachau et non Dachau Stadt).* Une bien jolie petite ville (eh oui !), tristement célèbre pour son camp de concentration. Avant que Himmler, alors chef de la police munichoise, ne choisisse le site pour y établir le 1er camp de détention nazi, Dachau jouissait d'une excellente réputation. Le pendant bavarois de *Barbizon,* l'ancienne résidence des ducs de Bavière (on peut encore monter jusqu'à leur joli château) attirait de nombreux artistes...

– **KZ-Gedenkstätte** *(camp de concentration)* **:** *à l'est de la ville, Alte Römerstr. 75. • kz-gedenkstaette-dachau.de • De l'arrêt Dachau du S2, prendre le* *bus n° 726 (direction Saubachsiedlung) et descendre à KZ-Gedenkstätte. Tlj 9h-17h. GRATUIT (mais parking 3 €). Audioguide en français : 4 € ; réduc. Visites guidées (2h30 ; 3,50 €) tlj à 11h et 13h en anglais, à 12h en allemand. Projection d'un film documentaire à 13h en français (5 fois/j. en anglais et en allemand). Archives accessibles mar-ven 9h-17h.*

Créé en 1933 dès les 1ers jours, après les pleins pouvoirs votés en faveur d'Hitler, pour accueillir les prisonniers politiques, Dachau servit surtout de « camp de transit et de triage ». Ne faites pas comme ces dizaines de visiteurs qui se bousculent pour photographier l'entrée, avec le célèbre ***Arbeit macht frei*** (« Le travail rend libre » !) et allez directement au musée aménagé dans les anciens bâtiments administratifs, où sont expliqués de manière sobre et didactique (en allemand et en anglais) l'organisation des camps dans l'Europe occupée et celle de Dachau en particulier avec la description des terribles expériences médicales qui y étaient pratiquées. Les baraquements avec reconstitution des dortoirs et, à l'extérieur du camp proprement dit, les sinistres *Krematorium* utilisés pour incinérer les milliers de détenus, témoignent des effroyables conditions d'existence du camp.

Sur les 200 000 personnes qui y ont été internées, 41 500 sont mortes de faim, de maladie, voire de torture ou d'exécution pure et simple, comme les 6 000 prisonniers russes. Une précision importante : des citoyens de la ville ont cherché à aider les détenus (notamment en leur apportant des vivres en cachette) et ont même tenté, aidés de prisonniers évadés, de chasser les nazis de Dachau ! Ils ont tous été liquidés. Il a fallu attendre l'arrivée des Américains, en avril 1945, pour que Dachau soit libéré.

Le château de Schleißheim : *à* ***Oberschleißheim.*** *• schloesser-schleissheim.de • À 15 km au nord de Munich. S1 : Oberschleißheim (direction Freising). En voiture, suivre l'A 99 (sortie Neuherberg). Tlj sauf lun 9h-18h ; oct-mars 10h-16h. Entrée pour l'ensemble : 13 € ; réduc. Accepte la carte des musées. Résa en ligne conseillée.*

Il y a en fait 3 châteaux : *Altes Schloss* (construit au XVIIe s et rebâti après 1945), *Neues Schloss* (du XVIIIe s), bien plus intéressant ; et, enfin, le *pavillon baroque de Lustheim* (au fond du parc), qui abrite une remarquable collection de porcelaines.

– ***Neues Schloss,*** autre résidence des Wittelsbach, vaut le château de Nymphenburg : la façade de style néoclassique a fière allure, les jardins sont somptueux, et les appartements sont autant de petits palais au luxe impressionnant. Les proportions de l'ensemble sont elles-mêmes étonnantes : l'aile est, à elle seule, fait plus de 330 m de long. À voir : l'*escalier monumental* ; au 1er étage, la lumineuse *grande salle des fêtes,* la très belle *salle des Victoires* et la *Grosse Galerie* (copiée sur celle du Louvre !). Ces pièces abritent normalement la *Staatsgalerie* (Galerie nationale de peinture).

Flugwerft Schleißheim *(musée de l'Aviation)* **:** *Effnerstr. 18, à* ***Oberschleißheim*** *également, à 20 km de Munich. • deutsches-museum.de/flugwerft • Tlj 9h-17h, sauf certains j. fériés (16h pour la caisse). Entrée : 7 € ; réduc.*

C'est l'une des 2 annexes du *Deutsches Museum* à Munich, ancien aérodrome militaire désaffecté datant de 1912 et utilisé par les Américains après 1945. On y retrace l'histoire des débuts de l'aviation en Bavière. Dans les hangars, quelques grands classiques du genre que sont les *Me 262, Mig 21* et *23, F 86 Sabre* de la guerre de Corée, le *F 104 Starfighter,* ou l'*Antonov 2,* la bonne à tout faire de l'aviation soviétique. Le clou du musée est constitué par une collection d'appareils peu courants, notamment dans le domaine du décollage vertical : hélico *Sikorsky* et *Dornier 31 E-3,* seul appareil de transport capable de décoller sans piste, et divers prototypes dans le même domaine de propulsion. Animations pour les enfants, qui peuvent aussi prendre des leçons de pilotage sur simulateur.

Au sud-est de la ville

Bavaria Filmstadt (ville du Cinéma) : *Bavariafilmplatz 7, à* ***Geiselgasteig*** *(6 km au sud de Munich). • filmstadt.de • Pour y aller, S25 (pas de métro proche). En voiture, prendre la direction Grünwald/Bad Tölz. Parking : 3 €. Mars-début nov, visites tlj 9h-18h (dernière entrée pour la visite complète à 14h30) ; le reste de l'année, 10h-17h30 (dernière entrée à 13h), départ à chaque début d'heure. Entrée : 14 € pour la visite seule, 27,50 € avec ttes les attractions ; réduc et billets pour familles. En saison, 1 ou 2 visites se font en français en fonction de la demande.* C'est un peu le Hollywood allemand ! La Bavaria emploie entre 450 et 1 000 personnes selon les productions. On y a tourné moult épisodes de la série policière *Derrick*. Aujourd'hui, on y réalise surtout des séries télé comme la version allemande des *Feux de l'amour (Sturm der Liebe)*. Mais depuis sa création dans les années 1920, pas mal de stars internationales y ont aussi tourné : Liz Taylor, Sophia Loren, Hitchcock, Orson Welles, Kirk Douglas, Belmondo (pour *L'As des as*), Depardieu et Clavier pour *Astérix contre César*.
La visite *(Film Tour)*, d'une durée de 1h30, se fait en petit train ou à pied au milieu des ateliers de décors. On découvre des décors célèbres comme celui de *L'Histoire sans fin* de Wolfgang Petersen et une réplique de sous-marin dans lequel a été tourné le film hyperréaliste *Das Boot* du même Petersen.
Si vous avez décidé de manger sur place, essayez de prévoir un pique-nique, car seuls les amis de Ronald le Jaune ont obtenu l'autorisation de s'installer sur le site... Mais le village de Grünwald, à 3 km du site (sur la ligne du tramway), compte quelques restos tout à fait recommandables.

Autour du lac de Starnberg, dans les pas de Louis II de Bavière

Starnberger See (lac de Starnberg) : *à 25 km au sud-ouest de Munich. S6 : Starnberg ou Tutzing. À seulement 45 mn du centre-ville par le S-Bahn.*
La route traverse de superbes paysages qui donnent une idée de la campagne bavaroise. Comme dans les nombreux lacs situés au sud de Munich, on peut se baigner, faire de la voile et du ski nautique. Une piste cyclable fait le tour du lac, tandis que des liaisons maritimes sont assurées toute l'année entre les 2 rives. Très agréable par beau temps. On y trouve naturellement des *Biergarten* avec terrasse au bord de l'eau, mais également des auberges typiques.

Berg : *Votivkapelle* (chapelle votive à Louis II de Bavière). À 5 km au sud de Starnberg sur la rive orientale du lac, Berg est une agréable localité, parsemée de riches résidences secondaires. Au sud du bourg, la *König-Ludwig-Weg* mène à un grand parc boisé. Là se cache une humble chapelle sur une butte à quelques encablures de la rive. Elle fut construite juste au-dessus de l'endroit où Louis II trouva la mort le 13 juin 1886. On retrouva son corps, noyé, près de celui de son psychiatre, *Bernhard von Gudden*. Le drame se déroula lors d'une petite promenade dans le parc après un goûter copieux et très arrosé... et sans aucun garde pour les accompagner. Meurtre ? Suicide ? Les 2 hommes se seraient battus, comme en témoigna l'autopsie du psychiatre qui portait des traces au cou. Cependant, les circonstances exactes de cette ***mort mystérieuse*** n'ont jamais vraiment été élucidées. Ce qui est sûr : le roi avait auparavant été destitué (il s'était mis à dos politiques et industriels, en voulant réaliser son ultime rêve de château en Bavière) et enfermé à Berg. À quelques mètres sous la chapelle, une simple ***croix de bois*** émerge des eaux, marquant l'endroit même où le corps fut retrouvé. Quelques semaines après sa mort, les châteaux du roi furent ouverts à la visite (voir la partie « La route allemande des Alpes »). Curieusement, Louis II, qui se désintéressait de la politique, de la royauté et du peuple, n'a jamais été autant aimé et admiré qu'aujourd'hui. Son histoire et ses châteaux extraordinaires attirent chaque année des millions de touristes qui contribuent à la richesse du Land.

★★ ***Buchheim Museum*** *(fondation Buchheim)* **:** *Am Hirschgarten 1,* ***Bernried,*** *sur la rive ouest du lac de Starnberg. • buchheimmuseum.de • S6 : Starnberg ; prendre ensuite le bateau (billet combiné S-Bahn + bateau + entrée au musée : 23,50 €). Ou bien prendre le train jusqu'à Bernried, c'est à 20 mn à pied. Mar-dim 10h-18h (17h nov-mars). Fermé lun. Entrée : 10 € ; réduc. Brochure en français.* Le musée présente une riche collection d'œuvres du mouvement ***Die Brücke*** (Ernst Ludwig, ***Kirchner, Emil Nolde,*** Otto Mueller) et de quelques-uns de leurs contemporains, comme ***Otto Dix, Max Beckmann*** ou encore Jawlensky. Le tout dans un superbe bâtiment conçu comme un paquebot blanc en bois avec plusieurs ponts superposés, dessiné par l'architecte du stade olympique de Munich. Lothar-Günther Buchheim a aussi légué à la fondation ses collections d'ethnographie, d'art populaire, ainsi que ses propres œuvres. Expos tournantes de haut niveau sur d'autres peintres (expressionnistes le plus souvent) de l'époque.

LA ROUTE ALLEMANDE DES ALPES

★★★ La *Deutsche Alpenstraße* s'étend sur environ 500 km au sud de Munich, de Lindau (près du lac de Constance) à Berchtesgaden (à la frontière autrichienne). Les paysages (forêts, lacs, sommets enneigés et alpages au vert éclatant), les fameux châteaux de Louis II de Bavière, mais aussi les maisons traditionnelles, couvertes de fleurs et souvent aux façades ornées de fresques, en font un circuit incontournable pour tous ceux qui visitent la Bavière. Une région vraiment charmante, à l'air vivifiant et aux traditions très fortes, mais dont les sites les plus célèbres frisent la saturation en haute saison.
Grimper jusqu'à *Neuschwanstein* ou jusqu'au nid d'aigle d'Hitler à la haute saison n'est pas la meilleure option, car les touristes affluent.
Privilégiez donc plutôt le printemps ou le début de l'automne, oubliez autant que possible le mois de novembre, quand la région entre en hibernation, mais revenez en hiver profiter de la neige et de la douceur d'une région assez exceptionnelle !

FÜSSEN (87629) 15 500 hab. IND. TÉL. : 08362

Depuis plus de 700 ans, Füssen a traversé le temps sans perdre son authenticité. Avec sa situation privilégiée, entourée de nombreux lacs et blottie juste avant la frontière autrichienne, elle abrite, dans sa zone piétonne, un quartier historique plein d'agrément. C'est la ville la plus proche de 2 des châteaux de Louis II de Bavière et donc une étape incontournable, au carrefour de la Route romantique (qui démarre ici pour remonter vers Rothenburg) et de la route allemande des Alpes. Conséquence malheureuse, entre 10h et 18h en été, c'est souvent la cohue pour y circuler en voiture...

Adresses utiles

ℹ ***Office de tourisme :*** *Kaiser-Maximilian-Platz 1. ☎ 938-50. • fuessen.de • Au carrefour principal, à l'entrée du quartier piéton. Lun-ven 9h-17h, sam 9h-13h, plus en été dim 9h30-12h30.* Plan et brochure sur la ville et la région en français. Gros catalogue avec toutes les possibilités d'hébergement recensées. L'office organise aussi des visites guidées de la ville et, l'été, des balades à VTT dans la montagne *(départ mer à 10h devant l'office de tourisme, sur inscription seulement ; prix : 20 €)*. En dehors des heures d'ouverture, le pavillon situé devant donne aussi quelques infos.

***Location de vélos :* Radsport Zacherl & Müller,** *Kemptener Str. 29. ☎ 32-92. Lun-ven 10h-12h30, 14h-18h ; sam 9h-13h. Fermé mer à partir du 25 juin. À partir de 15 €/j.* Très bien équipé, bons conseils sur les possibilités de balades.

***Promenades en bateau :* Städtische Forggenseeschifffahrt Füssen.** *Prendre l'Augsburger Str. depuis l'office de tourisme, puis tourner à droite après le cimetière. ☎ 83-62-3002-950. • forggensee-chifffahrt.de • De début juin à mi-oct, tlj 10h-17h.* Circuits de 50 mn ou 2h *(12-16 € ; réduc)* sur les eaux calmes d'un lac de retenue, le Forggensee.

Où dormir ?
Où manger à Füssen et dans les environs ?

La liste des hôtels, pensions et *B & B* est longue, et les réservations se faisant souvent des semaines, voire des mois à l'avance, on vous conseille vivement, si vous n'avez rien prévu, de passer par l'office de tourisme pour connaître les disponibilités. Sachez qu'il est au moins aussi agréable de loger dans les environs, comme à *Hopfen am See* (à 5 km de Füssen), surnommé la « Riviera de l'Allgäu », ou encore à *Schwangau* (à 4 km de Füssen ; voir plus loin « Les châteaux de Louis II de Bavière. Où dormir ? Où manger à 2 pas des châteaux ? »).

Si le temps est agréable, possibilité de déjeuner autour d'un des nombreux lacs avec points de vue sur les Alpes. Pour un pique-nique, allez faire un tour chez ***Vinzenzmurr*** *(Reichenstr. 35)* ou bien dans la **Markthalle** sur la *Schrannenplatz,* où l'on trouve différents stands d'alimentation installés sous la voûte de la halle aux céréales datant de 1483. On peut d'ailleurs aussi s'installer sur les tables au centre de cette bâtisse pour profiter de l'ambiance conviviale.

Camping

Campingplatz Hopfensee : *à l'entrée d'**Hopfen am See.** ☎ 91-77-10. • camping-hopfensee.com • À 5 km au nord-ouest de Füssen. Réception tlj 8h-20h. Fermé de début nov à mi-déc. Compter 24 € pour 2 en tente.* Un camping idéalement situé au bord du lac. Possibilité de baignade à 2 pas des châteaux de Louis II. Très bien aménagé et équipé : sauna, hammam (et même massages), solarium et piscine chauffée couverte, mais également terrains de foot, court de tennis, gymnase, grande salle de jeux pour tout-petits, etc. Un véritable lieu de remise en forme !

Auberge de jeunesse

Jugendherberge : *Mariahilfer Str. 5. ☎ 77-54. • fuessen.jugendherberge.de • À 800 m de la gare (longer la voie ferrée vers l'ouest). Fermé de mi-nov à fin déc. À partir de 26 €/nuit en dortoir, 29-34 €/pers en chambre double, petit déj compris ; supplément pour les plus de 27 ans.* AJ classique, bien tenue. Repas midi et soir. Jardin, ping-pong et panier de basket. Plein d'infos sur la région, les bus, les trains, etc. Débordée en été.

De prix moyens à chic

Altstadthotel zum Hechten : *Ritterstr. 16, à **Hopfen am See.** ☎ 91-600. • hotel-hechten.com • En plein centre de Füssen. Doubles 89-98 €, petit déj inclus. Parking payant en sous-sol.* Hôtel familial à l'hospitalité sans faille. Chambres fonctionnelles, colorées et agréables, certaines avec vue sur le château. Resto et *Stube* attenants. Excellent petit déj-buffet.

Hotel-Restaurant Alatsee : *Am Alatsee 1, à env 5 km à l'ouest de*

Füssen. ☎ 62-05. ● hotel-alatsee.de ● Cuisine jusqu'à 20h. Fermé lun soir et mar. Résa conseillée le soir. Doubles 75-85 €. Plats 12-23 €. En terrasse, face au très joli lac d'Alatsee. Une situation propice à un dîner romantique. Un resto (presque) gastronomique à prix abordables.

|●| ☂ ***Madame Plüsch :*** *Dreher-gasse 48. ☎ 9300-949. Dans le centre ancien. Tlj sauf mar 17h-23h (cuisine jusqu'à 21h30). Plats 8,50-22 €. CB refusées.* Ici, on fait dans le kitsch, la nostalgie, le glamour, à mi-chemin entre la maison close et le salon bourgeois d'autrefois. On se love dans un canapé, près d'une antique pendule, à moins de céder à l'envie d'aller profiter de la terrasse. Carte de plats bavarois à l'ancienne préparés avec des produits exclusivement locaux.

Très chic

⌂ |●| ***Hotel-Restaurant Geiger :*** *Uferstr. 18, à* ***Hopfen am See.*** *☎ 70-74. ● hotel-geiger.de ● À 5 km au nord de Füssen. Doubles 150-170 €, petit déj inclus. Pâtes et salades 7-14 €, viandes et poissons 15-23 €.* Un hôtel proposant des chambres impeccables, certaines avec vue spectaculaire sur le lac. Au resto, demandez une table le long de la baie vitrée. Carte de poissons savoureusement préparés avec des produits de qualité, comme le sandre *(Zander)* ou la truite *(Forelle)*. Cadre soigné, côté *Wintergarten* ou côté salle, couverte de bois, service professionnel.

|●| 🍷 ***Restaurant de l'Hôtel Hirsch :*** *Kaizer-Maximilian Platz 7, à la bordure extérieure de la muraille. ☎ 93-980. Compter 25-35 € à la carte.* Déco classe raccord avec le service stylé. Recettes régionales traditionnelles réinterprétées avec talent à base de produits de saison choisis. Belles pièces de viande, poissons délicats, légumes croquants à la cuisson maîtrisée. Desserts à la hauteur. *Biergarden* et *Bierstube* attenants.

À voir

★ Le centre historique intégralement épargné par la guerre peut passer totalement inaperçu à qui se contente de traverser la ville en voiture... Pourtant, le quartier piéton aux ruelles médiévales, aux imposants pignons gothiques, aux maisons peintes et aux boutiques décorées de vieilles enseignes vaut vraiment le coup d'œil, et la montée au château cache quelques jolies surprises.

★★ ***Museum der Stadt Füssen*** *(musée de la Ville)* ***:*** *Lechhalde 3, dans l'ancienne abbaye bénédictine de Sankt Mang (Saint-Magnus), qui abrite également la mairie. ● stadt-fuessen.de ● Avr-oct, tlj sauf lun 11h-17h ; nov-mars, ven-dim 13h-16h. Entrée : 6 € ; réduc. Billet combiné avec le château : 9 €.*
Le principal intérêt de la visite réside dans l'architecture des bâtiments, à travers laquelle les moines voulaient affirmer la puissance de leur abbaye. Pari réussi ! Fondée au IXe s, l'abbaye fut entièrement reconstruite dans le style baroque au début du XVIIIe s. Dans le cloître, les 3 architectures successives sont encore visibles. Sur la droite, l'*Annakapelle,* célèbre pour l'ensemble de 20 tableaux de la ***Danse macabre*** (*Totentanz,* du début du XVIIe s) qui démontre que « personne n'échappe à la mort, ni les modestes, les enfants, l'empereur, le pape, et même... le peintre ». Au 2e étage, on peut voir le *Colloquium,* la *salle du Chapitre,* mais surtout la *Bibliothèque baroque ovale,* ouverte sur le réfectoire en dessous (hiérarchisant ainsi plaisirs physiques et spirituels) avec angelots sur la balustrade, et la *salle des Fêtes.* Également intéressante, l'histoire de l'abbaye et de la lutherie (dont Füssen fut l'une des capitales aux XVIe et XVIIe s), où l'on peut découvrir l'atelier du luthier. Évocation également d'une industrie locale : la corderie.
Concerts toutes les semaines de juillet à septembre (mais la saison commence en mai), allant du classique au jazz : demander le programme à la caisse.

Kirche Sankt Mang *(église Saint-Magnus)* **:** installée à l'endroit même de l'ermitage de l'apôtre saint Magnus (sous le maître-autel se trouve la crypte qui abrita son tombeau). Elle a été remaniée dans le style baroque au XVIIIe s : particulièrement intéressant pour ceux qui ont visité l'église de Wies, car son célèbre architecte Zimmermann a également travaillé dans cette église.

Hohes Schloss (Haut-Château) **:** *prendre le chemin qui grimpe face à l'entrée de l'église.* • *stadt-fuessen.org* • C'était la résidence d'été des princes-évêques d'Augsbourg du XVe au début du XVIIIe s. Cour assez étonnante, avec des trompe-l'œil du XVe s sur toutes les façades, œuvre unique en son genre par ses dimensions.
– Il abrite, au 1er étage, une magnifique galerie de peintures des XVe et XVIe s, la ***Staatsgalerie*** *(avr-oct, tlj sauf lun 11h-17h ; nov-mars, ven-dim 13h-16h ; entrée : 6 €, réduc).* Anciens pensionnaires de l'*Alte Pinakothek* de Munich, ces chefs-d'œuvre du gothique tardif et de la Renaissance proviennent essentiellement de Souabe et de Franconie. En vedette, le *Salvator Mundi* de 1494 et les tableaux évoquant la peste et la guerre. À voir également, le somptueux plafond à caissons peints de la salle des Chevaliers *(Rittersaal).* Une curiosité : les peintures sur verre de Hans Holbein le Vieux.
Pour accéder au sommet et jouir d'une superbe vue, il suffit de traverser une galerie couverte et de gravir 43 marches étroites. Ne manquez pas le chemin de ronde. Expos temporaires au rez-de-chaussée. Également ouverte à la visite, la *chapelle* de l'autre côté de la cour, avec des fresques du XVe s.

LES CHÂTEAUX DE LOUIS II DE BAVIÈRE

Il y en a 3 : *Neuschwanstein, Linderhof* et *Herrenchiemsee,* tous classés au Patrimoine de l'Unesco. Mais on a coutume d'en ajouter un 4e au circuit : *Hohenschwangau,* situé au pied de Neuschwanstein, où Louis II passa son enfance.
Si vous avez pris le temps de découvrir le château de *Nymphenburg* à Munich, puis de vous balader autour du lac de Starnberg, où l'on continue d'entretenir la légende d'une mort pour le moins suspecte, vous n'avez eu que quelques dizaines de kilomètres à faire pour arriver à *Ludwigsland.*
Car c'est ainsi qu'on pourrait appeler le vaste parc d'attractions créé autour de *Neuschwanstein,* un château de conte de fées. La tradition veut que l'on effectue les visites dans l'ordre chronologique de leur construction, de manière à mieux suivre la biographie du plus connu des rois bavarois : *Hohenschwangau* (son enfance), *Neuschwanstein* (l'accession au pouvoir et la « 1re folie »), *Linderhof* (2e lubie : « faire comme les rois de France »), puis *Herrenchiemsee* (la chute après ce coûteux « petit Versailles ») !
Petit mode d'emploi pour profiter au mieux du séjour. Si vous ne pouvez éviter la période du 14 juillet au 15 août, arrivez tôt au parking, sur la *Alpenstraße,* faites la queue pour les tickets et commencez la visite par les 2 établissements gérés par les Wittelsbach, *Hohenschwangau* et le musée. Faites l'impasse sur *Neuschwanstein,* si vous voyez déjà des dizaines et des dizaines de bus sur le parking. Mieux vaut faire le tour du lac au calme et profiter de loin de la vue sur ce château qui fait tant rêver.

LOUIS II : UN ROI DE CONTE DE FÉES

Les envieux l'appelaient ***Louis XIV bis.*** Ce surnom cruel ne dut pas atteindre un roi emprisonné depuis longtemps dans sa solitude, sa soif de lectures, ses errances nocturnes. Louis II, né à Munich en 1845, a sacrifié son royaume pour copier Versailles. Il a préféré la nuit au soleil, le théâtre à la réalité, la compagnie des morts illustres aux Bavarois qui ne l'ont jamais compris. Le temps l'a réhabilité : désormais, en Bavière, pas de meilleur souverain ! À l'époque, certains l'ont bien appréhendé, comme Bismarck qui l'admirait, ou le journal *Le Figaro* : « Ce n'est point un méchant prince, il n'a jamais accompagné ses soldats que sur le piano, la Bavière l'a emprunté à un conte de fées. »

UN BON RETOUR SUR INVESTISSEMENT

Louis II a demandé qu'à sa mort, ses châteaux soient détruits. 6 semaines après son décès, le gouvernement bavarois décide de les ouvrir au public pour démontrer que le roi était fou et pour amortir les sommes colossales de leur construction en demandant un droit d'entrée. Dès 1920, les dettes sont apurées.

Sans grande détermination politique, il n'arrive pas à préserver l'indépendance de la Bavière face aux appétits de Bismarck et de la Prusse. Après la défaite de la France en 1870, le royaume est absorbé par le IIe Reich allemand. Ce « roi vierge au grand cœur pour l'homme seul battant » cher à Verlaine, puis à Visconti (qui a tourné le film mythique *Ludwig*, avec Helmut Berger et Romy Schneider), c'est le visage lumineux de la démesure germanique.

À 19 ans, sa beauté irradie : il accède au trône. Il veut recruter ***Wagner,*** dont les opéras l'ont bouleversé, on le lui offre. Le maître, voyant sa fortune faite, flatte ses sentiments. Lune de miel platonique mais passionnée : « Je suis son Wotan, il est mon Siegfried. » Les jaloux vont s'insurger contre « Lolo », en qui ils revoient ***Lola Montez,*** l'égérie coûteuse de son grand-père : Wagner chassé, pour un temps, Louis reste avec ses rêves. Il est le *chevalier au cygne,* beau et pur. Fiancé à sa cousine Sophie-Charlotte, il rompt ses fiançailles sous un prétexte futile. Autocrate mégalo, Ludwig est inoffensif : muré dans ses rêves, il se désintéresse des affaires du royaume. La Prusse avale sans mal la Bavière pour constituer le Reich.

En juin 1886, les notables, las de ses dépenses et des extravagances des Wittelsbach (son frère qui est son successeur, fou lui aussi, a été interné), montent à *Neuschwanstein* lui signifier sa déposition ; 36h après, Ludwig meurt mystérieusement, en compagnie de son médecin qui l'avait diagnostiqué schizophrène. On considère généralement qu'il s'est noyé dans le lac de *Starnberg,* où il a été retrouvé, près de Munich (voir plus haut). Pourtant, il était réputé excellent nageur... Selon une lettre de l'archiduchesse *Marie-Thérèse de Wurtemberg,* parente du roi, il se serait étouffé avec sa langue, après avoir étranglé son médecin dans une crise de démence. D'autres pensent qu'il serait mort d'hydrocution en tentant de rejoindre la rive à la nage. Le mystère de ce dénouement tragique demeure entier...

HOHENSCHWANGAU ET NEUSCHWANSTEIN
(IND. TÉL. : 08362)

Hohenschwangau est le nom d'un des 2 châteaux, mais aussi du village qui est en contrebas. ***Venir ici le soir : les touristes partis vers 18h, on a pour soi tout seul les châteaux illuminés.*** Pour visiter les 3 châteaux (avec *Linderhof*) dans la même journée, nous vous conseillons de débuter par *Hohenschwangau,* visiter le musée, puis grimper à *Neuschwanstein* (bon courage !) et de vous rendre à *Linderhof* en milieu d'après-midi, quand il y a moins de monde, ce qui permet de profiter du parc, qui se vide dès la fermeture du château.

Comment y aller ?

Les châteaux de *Neuschwanstein* et *Hohenschwangau* se visitent tous 2 au départ du village d'*Hohenschwangau* (à 3-4 km au sud-est de Füssen), où se trouvent des parkings payants *(tarif unique de 6 €)*, des restos (chers), des boutiques et un bureau d'info avec casiers de consigne.

➢ ***En voiture :*** aucun problème, il suffit de suivre le fléchage...

➢ ***En bus :*** de la gare ferroviaire de Füssen, avec les bus n°s 73 et 78 de la compagnie *RVA (☎ 939-05-05)*. En été, 1 départ/h, 7h30-18h30 env. À peine 10 mn de trajet. Compter 3 €/trajet.

Où dormir ? Où manger à 2 pas des châteaux ?

Si vous n'avez pas trouvé de place à *Füssen,* éloignez-vous un peu et rejoignez par exemple, le charmant village de *Schwangau,* situé à 2 km et reflétant mieux le caractère authentique de la Bavière.

⛺ ***Camping Bannwaldsee :*** *Münchener Str. 151, à* ***Schwangau.*** *☎ 930-00. • camping-bannwaldsee.de • Sur la route de Schwangau (B 17), à 5 km au nord des châteaux, au bord du Bannwaldsee. Résa conseillée via Internet (il vous en coûtera 15 € et une avance sur le séjour). Ouv tte l'année. Compter 32 € pour 2 avec tente et voiture en hte saison. Loc de vélos.* Assez cher mais bien équipé et cadre boisé agréable. Demandez les emplacements les plus proches du lac et les plus loin du resto (assez animé en été).

🏠 🍽 ***Hotel Gasthof am See :*** *Forggenseestr. 81, à* ***Schwangau-Waltenhofen.*** *☎ 930-30. • hotel-schwangau.de • À 5 mn en voiture de Neuschwanstein. Doubles sans ou avec balcon et vue 86-105 €, petit déj inclus. Au resto (tlj sauf mar 7h30-20h30), plats 13-20 €. Parking.* Ravissant hôtel-resto fleuri, situé au bord du *Forggensee,* à côté d'une église. Chambres confortables, certaines avec balcon et vue sur les eaux du lac. Le prix de la chambre comprend l'utilisation des barques (jusqu'à mi-octobre) et du sauna. Un 3-étoiles d'un bon rapport qualité-prix. C'est également une bonne table, où l'on peut déguster viandes et poissons, dans une ambiance conviviale,

🏠 🍽 ⛱ ***Hotel-Restaurant Müller :*** *Alpseestr. 16, à* ***Hohenschwangau.*** *☎ 81-990. • hotel-mueller.de • Resto tlj 11h-22h. Doubles 135-260 €. Plats le midi 10-20 € ; le soir, menus 39-59 € et plats 18-25 €.* Difficile de trouver mieux placé. Réputé pour sa cuisine raffinée, ses chambres confortables et son service courtois sans être guindé, cet hôtel-resto d'un autre temps offre aussi une vue imprenable sur *Neuschwanstein.* Le midi, les prix restent abordables, d'autant plus qu'il y a le côté bistrot ; le soir, c'est assez cher mais justifié. Pour se faire plaisir... Grande terrasse.

🏠 🍽 ***Hotel-Restaurant Helmer :*** *Mitteldorf 10, à* ***Schwangau.*** *☎ 98-00. • hotel-helmer.de • À 2 km de Neuschwanstein. Fermé lun, plus mar en hiver. Doubles 112-152 € selon confort et saison, petit déj inclus. Plats 13-19 €. Parking.* Superbe maison traditionnelle, qui abrite une auberge depuis au moins le XVIIe s. On y sert avec le sourire une généreuse cuisine familiale de plats bavarois. Ne manquez pas, à l'heure du *Kaffee-Kuchen (tlj à partir de 14h),* le bon choix de gâteaux maison. Côté hôtel, les magnifiques chambres tout en bois disposent d'un confort absolu.

La visite des châteaux

– Tlj : avr-sept, 9h-17h (Neuschwanstein 18h) ; oct-mars, 10h-16h. Fermés 24-25 déc et Jour de l'an.

– Les tickets pour les 2 châteaux se prennent au ***Ticket Center,*** *qui se trouve dans le village de* ***Hohenschwangau,*** *Alpseestr. 12 (d'avr à mi-oct, tlj 7h30h-17h, oct-déc 8h30-15h). Se présenter très tôt en hte saison. Le mieux est de réserver en ligne son ticket (2,50 € de supplément) sur ● hohenschwangau.de ● et de venir le chercher 1h (au moins) avt la visite.*
Prix d'entrée pour chacun des châteaux : 15 € ; réduc. Ticket combinant les 2 à 32 € ; réduc ; gratuit moins de 18 ans accompagnés. Visite guidée seulement avec l'audioguide (inclus dans le prix du billet) en français : signalez, lors de l'achat des billets, que vous en voulez un (à retirer au château directement).
– À noter, une réduc de 1 € sur la visite des 2 châteaux est accordée à ceux qui logent dans les environs. Demandez à votre hôtel la Resort Card *que vous présenterez à la caisse du* Ticket Center.
– Si vous réservez votre ticket à l'avance, vous devez obligatoirement le récupérer au *Ticket Center* le jour de votre visite, au minimum 1h avant celle-ci. Sur le ticket est inscrit un numéro, que vous retrouverez sur l'affichage à l'entrée du château et qui vous donne le signal pour avancer vers les barrières. Les groupes constitués (30-40 visiteurs à la fois) partent toutes les 5 mn. Visite bien réglée à *Hohenschwangau,* avec des guides encore attentifs, mais au pas de course ; à *Neuschwanstein,* pas le temps de traîner dans les couloirs. Ouf, tout est dit, bonne visite !

Hohenschwangau : *● hohenschwangau.de ● Entrée : 21 € ; réduc. Compter 20 mn à pied depuis le village. Sinon, calèche (seulement en été) devant le* Ticket Center *(5,50 € pour monter et 3 € pour descendre). Durée de la visite : 45 mn.* On vous conseille de commencer par ici l'exploration du monde de Louis II, d'autant plus que les visites, bien organisées, permettent de mieux comprendre comment le rêve a commencé.
Le « *Haut Domaine du Cygne* » (c'est le nom du château) offre un surprenant mélange de forteresse médiévale, de manoir de style Tudor et de palais vaguement gothique. On dirait presque un édifice de carton-pâte ! Construit en 1832, à la demande du père de Louis II, Maximilien II, il a été décoré de fresques d'inspiration médiévale relatant les aventures mythologiques des héros germaniques. Ce détail a son importance, puisque le cadre du château a bercé les rêves du petit Louis, qui y a passé une partie de son enfance. Ensuite tout naturellement, il a retrouvé les personnages légendaires de ces contes germaniques dans les opéras de Wagner...
On peut visiter une douzaine de *salles,* dont les plus intéressantes sont celles *des Héros* (justement), *du Chevalier au Cygne,* et diverses chambres, comme celle *de la Reine* (belle déco orientale) et celle *des Hohenstaufen,* où demeure l'un des pianos de Wagner.

***Museum der Bayerischen* Könige** *(musée des Rois de Bavière)* **:** *Alpeestr. 27, face au lac. ● museumderbayerischen koenige.de ● Au bout du village, près du lac. Tlj 9h-16h30. Entrée : 14 € ; réduc. Billet combiné avec un des 2 châteaux : 24 €. Audioguide gratuit en français.*
Installé dans un bâtiment appartenant toujours aux *Wittelsbach,* au pied du château de *Hohenschwangau,* ce musée présente dans une scénographie soignée la dynastie des rois de Bavière depuis les origines (XIIe s) jusqu'à aujourd'hui, et constitue un bon complément à la visite des châteaux. On y retrouve, entre autres, toutes sortes d'objets leur ayant appartenu, tel le spectaculaire manteau

UN MUSÉE GRANDIOSE MAIS ÉPHÉMÈRE

Durant la 2de Guerre mondiale, le château de Louis II a été réquisitionné par les nazis comme entrepôt pour entasser les innombrables tableaux et œuvres d'art (21 000 !) pillés dans les musées de la France occupée, ou spoliés aux familles juives déportées. L'or de la Reichsbank *y a transité en 1945, avant d'être transféré vers une destination inconnue.*

LE SUD DE L'ALLEMAGNE

de couronnement de Louis II (visez la traîne !). Des écrans tactiles montrent l'ampleur des contributions respectives des différents rois au développement de Munich (c'est Louis Ier qui y a le plus mis la main à la poche)... et les folies douces imaginées par Louis II, comme ce téléphérique qui devait, porté par une montgolfière, passer au-dessus du lac d'*Alpsee*...

Neuschwanstein : *• neuschwanstein.com • Entrée : 15 € ; réduc. On y accède à pied en 20 mn si on est pressé (30 mn si on traîne ou s'il y a foule). Sinon, possibilité de prendre un bus depuis le parking Alpsee P4 (fréquents : 3 € pour monter et 2 € pour descendre), ou une calèche depuis l'*Hotel Müller *(8 € pour monter et 4 € pour descendre). En hiver, transports limités. Durée de la visite : 30 mn.* Grimpette déconseillée évidemment aux personnes âgées ou ayant des difficultés pour se déplacer, d'où l'intérêt des bus. À pied comme en calèche, compter 20-30 mn ; en bus, 10 mn. À éviter l'été, car les rotations sont mal organisées, l'attente est longue, et vous risquez de louper votre visite.
Ce château digne de la Belle au bois dormant (il inspira, dit-on, Walt Disney), sur son éperon rocheux, perdu au milieu des sapins, domine des lacs et une vallée superbe, avec en toile de fond les Alpes et leurs cimes enneigées... En choisissant ce site en 1868, après des mois de recherche passés à arpenter la région à pied, Louis II eut un éclair de génie...
Un endroit pareil valait tous les délires ! Louis II ne s'en priva pas, quitte à dépenser l'argent qu'il n'avait pas (6 millions de Marks-or), tout roi qu'il fût. Il fit venir 465 t de marbre, 1 550 t de pierres de taille, 400 000 briques et 600 t de ciment ! Ainsi, pendant près de 20 ans, la région entière vécut grâce aux travaux du château... mais il ne fut même pas achevé, et Louis II n'y habita que 170 jours ! À sa mort, seules la construction du château et la décoration des 3e et 4e étages étaient terminées.
Neuschwanstein, le « Nouveau Rocher du Cygne », est typique du ***gothic-revival*** que connut le XIXe s, caractérisé par le goût pour la construction de châteaux forts dans le style médiéval. C'est vrai que de près, il n'est pas si beau ; mais de loin, il a vraiment fière allure. L'intérieur vaut surtout pour les nombreuses fresques illustrant les grands thèmes wagnériens *(Tannhäuser, Tristan et Yseult, Siegfried, Parsifal...).*
À noter aussi que tout le confort moderne (pour l'époque) – électricité, ascenseurs, chauffage central, téléphone – était prévu dans l'équipement des appartements.
2 pièces méritent le coup d'œil : la somptueuse ***salle du Trône,*** de style byzantin, pour les animaux naïfs du sol et le lustre doré de 900 kg (mais le trône n'y a jamais été installé, Louis II étant mort avant !), ainsi que son architecture rappelant l'intérieur d'une église ; et l'immense ***salle des Chanteurs*** (au 4e étage), l'une des rares dont la décoration souhaitée par Louis II est achevée. Cette pièce superbe fut conçue pour que les œuvres de Wagner y soient jouées, mais Wagner n'y a jamais mis les pieds ! En revanche, on y donne de nos jours des concerts, tous les ans à la mi-septembre *(rens : ☎ 81-980).*

Vous n'avez pas trouvé de place ? Ou la foule vous a fait peur ? Consolez-vous. Pour découvrir *Neuschwanstein* dans toute sa splendeur, allez-vous promener dans la forêt : un chemin mène (en 10 mn environ) au ***Marienbrücke,*** pont d'où le panorama vaut vraiment le coup. C'était même le lieu de prédilection du roi lorsqu'il venait en traîneau, la nuit tombée, admirer son œuvre éclairée aux bougies. Et le lac situé derrière les châteaux est bien agréable. On peut y louer des canoës. Sinon, vous pouvez avoir une autre vue intéressante en empruntant le *Tegelbergbahn (☎ 98-360 ; • tegelbergbahn.de • ; tlj 9h-17h).* Le départ de cette télécabine est situé à 1 km de *Hohenschwangau,* sur la route de *Schongau.* Vue magnifique sur les châteaux pendant la montée. Une fois là-haut (à 1 707 m), nombreuses possibilités de randonnées.

DE SCHWANGAU À LINDERHOF, SUR LES TRACES DE LOUIS II

À 12 km à l'ouest d'Oberammergau, entre forêt et montagnes, à la limite de la frontière autrichienne, vous attend le seul château qui fut achevé du vivant de Louis II : Linderhof. Voir plus loin « Dans les environs d'Oberammergau ». Le moins grandiose mais le plus charmant des châteaux de Louis II de Bavière. Sans doute, la visite la plus intéressante, vu le nombre de surprises qu'elle réserve.
De *Füssen* pour rejoindre ce château, situé à environ 44 km, on peut passer la frontière autrichienne, puis emprunter la route B 314 direction Innsbruck. On prend ensuite à gauche une adorable petite route (après *Reutte*) qui longe les eaux émeraude du ravissant *Plansee,* puis on rejoint Oberammergau en repassant côté allemand. Prenez votre temps, c'est vraiment magnifique.
Si vous continuez côté Bavière, prenez aussi tout votre temps pour arriver à *Ammergau,* le paysage est vraiment typique, et les pauses gourmandes dans des fermes ou des auberges de passage particulièrement conseillées. Arrêtez-vous au moins pour visiter l'***église de Wies,*** l'une des plus belles du pays (voir plus loin « Dans les environs d'Oberammergau »).

OBERAMMERGAU (82487) 5 470 hab. IND. TÉL. : 08822

Certainement l'un des plus adorables villages bavarois. À 1h de Munich, par l'autoroute (A 95), on est déjà dans les alpages, au milieu des forêts et au pied des Alpes. Son charme réside dans le grand nombre de façades peintes, qui ornent les fermes, les auberges et les maisons bourgeoises. Mais ce n'est pas sa seule particularité : Oberammergau, fière de ses traditions, a acquis une renommée internationale pour son artisanat sur bois (nombre de ses habitants continuent à en vivre), mais aussi pour ses représentations de la *Passion du Christ* (voir plus loin).
Inutile de chercher des chambres à louer tant que durent ces représentations. Oberammergau attire, bien sûr, beaucoup de touristes, mais constitue aussi une base idéale pour visiter les environs : les châteaux de Louis II, l'abbaye d'Ettal et l'église de Wies sont tout près.

Adresses et infos utiles

Ammergauer Alpen *(office de tourisme)* **:** *Eugen-Papst-Str. 9a. ☎ 92-27-40. • ammergauer-alpen.de • Lun-sam 9h-18h (13h sam de mi-déc à fin oct).* Plan du village et des environs. Il y a souvent quelqu'un qui parle le français à l'office, profitez-en. Vous pouvez demander aussi la liste complète des hôtels, pensions et *B & B,* particulièrement nombreux à Oberammergau et dans la région !

Location de vélos : Sport-Zentrale Papistock, *Bahnhofstr. 6a. ☎ 41-78. Tlj sauf dim.* ***Radsport Lang,*** *Rottenbucher Str. 16. ☎ 10-04.*

– Un moyen gratuit pour se déplacer : la ***Gästekarte,*** qui permet d'utiliser librement les bus dans toute la région. On l'obtient en remplissant simplement une fiche à l'office de tourisme, ou dans les hébergements.

– ***Bon à savoir :*** certains hôtels et pensions d'Oberammergau et des environs peuvent vous remettre gratuitement la ***KönigsCard,*** qui offre la gratuité dans quelque 250 attractions (piscines, musées, téléphérique...) de l'Allgäu, du Tirol et des Alpes d'Ammergau. *Plus d'infos sur • koenigscard.com •*

Où dormir ? Où manger ?

Les possibilités d'hébergement ne manquent pas par ici : on ne recense pas moins de 200 adresses (tous types d'hébergement confondus) pour la seule ville d'Oberammergau... et 650 dans la région. Liste disponible à l'office de tourisme. Pour la restauration, même si on est dans une ville qui en a connu par le passé, ne comptez pas trop sur un miracle !

Camping

Campingpark Oberammergau : *Ettaler Str. 56b. ☎ 94-105. • camping-oberammergau.de • À l'entrée sud du village. Fermé de nov à mi-déc. Assez cher : 23-28 € pour 2 avec tente et voiture selon saison.* Cadre agréable, avec les montagnes tout autour, mais assez près de la route. Livraison de pain et de viennoiseries le matin. Accueil gentil.

Auberge de jeunesse

Jugendherberge : *Malensteinweg 10. ☎ 41-14. • oberammergau.jugendherberge.de • À 10 mn à pied de la gare, au pied des collines : suivre la Bahnhofstr. Puis, à droite dans Eugen-Papst-Str. jusqu'au König-Ludwig-brücke ; passer la rivière et prendre à gauche. Fermé de mi-nov à début janv. Nuitée 22,90 €, petit déj inclus ; supplément pour les plus de 27 ans.* Dans un grand bâtiment moderne en bois, 140 lits en chambres de 2 à 6 lits. Repas midi et soir. Bon accueil. Terrasse et pelouse avec jeux pour enfants.

Chambres d'hôtes

Nombreuses chambres d'hôtes, notamment dans la Ludwig-Lang-Strasse. Demandez la liste tenue à jour à l'office de tourisme, une quarantaine en tout. Elles peuvent varier en confort mais sont généralement très proprettes.

De prix moyens à chic

Zum Kirchenbauer : *Schnitzlergasse 16. ☎ 92-35-97. • zum-kirchenbauer.de • Face à l'église. Doubles 80-90 €, petit déj inclus. Tarif dégressif à partir de 4 nuits. Restauration en journée lun-sam. Parking.* Adorable maison à la façade peinte, aménagée dans le style bavarois traditionnel sur une place pittoresque. Petit déj copieux, servi dans une charmante salle à manger campagnarde avec son poêle en faïence.

Ferienhaus-Hotel Fux : *Mannagasse 2a. ☎ 93-093. • hotel-in-oberammergau.de • Doubles 77-95 €, petit déj inclus.* Un gros chalet en plein centre du village mais au calme, avec 10 chambres confortables, à la déco personnalisée très cosy. Accueil chaleureux. Terrasse, et petit jardin pour les beaux jours. Possibilité de louer des appartements.

Hotel Alte Post : *Dorfstr. 19. ☎ 91-00. • altepost.com • Doubles 90-139 € selon confort et saison, petit déj inclus. Petits apparts (2 pièces séparées, balcon) à partir de 104 €. Parking gratuit.* Hôtel 3 étoiles dans une demeure historique ornée en façade d'une superbe fresque, en plein cœur du village. 2 types de chambres : les unes dans le style *altdeutsch,* les autres dans un style plus contemporain. Toutes très confortables et bien tenues. Fait aussi resto.

Restaurant de l'hôtel Wolf : *Dorfstr. 1. ☎ 92-330. Cuisine jusqu'à 23h. Prix moyens.* Grosse bâtisse à l'entrée du village. Petites salles successives dans le style boisé habituel, mais chacune à l'ambiance différente. Plats classiques et végans en portions généreuses depuis les soupes bien épaisses jusqu'aux viandes à la sauce à la bière. Jarret de porc mémorable. Une valeur sûre qui ne déçoit pas.

De chic à plus chic

Hotel Maximilian – Ammergauer Maxbräu : *Ettaler Str. 5. ☎ 94-87-40. • maximilian-oberammergau.de • Resto tlj sauf lun-mar 16h30 (11h w-e)-23h (cuisine jusqu'à 21h30). Doubles 195-345 €. Plats 13-22 €.* Petit hôtel chic bien placé, rénové dans un style design local, mais on y vient plus simplement pour goûter à la tradition d'une brasserie-restaurant accueillante, avec une grande terrasse en été. Régalez-vous avec les suggestions du jour. Ils brassent aussi leur propre bière, on peut d'ailleurs voir les cuves en cuivre dans la salle.

Restaurant Mundart : *Bahnhofstr. 12. ☎ 94-97-565. Tlj sauf lun-mar 17h (11h dim)-23h. Plats du jour 7,50-10 € le midi ; sinon plats 9-22 € à la carte.* Resto consacré au renouveau de la cuisine bavaroise, à travers des plats de terroir revisités, non sans humour. Du goût, de la couleur, de la recherche, jusque dans les légumes. Le midi, moins original, mais petits plats bien ficelés et pas très chers. Tables en terrasse ou dans une agréable salle à la déco contemporaine non dénuée d'un certain cachet.

À voir. À faire

Les maisons peintes : on les voit un peu partout, mais les plus belles sont dans la partie historique du village. La plus connue est la **Pilatushaus** *(Ludwig-Thoma-Str. 10),* et se visite. Elle date du XVIIIe s, époque à laquelle se développa cette forme de décoration appelée *Lüftlmalerei.* Les motifs, fréquemment exécutés en trompe l'œil et accompagnés de dictons ou de citations, rappellent le rococo, mais les thèmes choisis sont avant tout populaires : scènes religieuses, représentations de métiers, scènes de chasse et de banquets ! Sans oublier les contes de Grimm *(Ettaler Str. 41)...* Ici, on peut vraiment habiter la maison d'*Hänsel et Gretel* ! Fierté du village depuis 5 siècles, devenu sa principale industrie, l'artisanat local de ***sculpture sur bois*** est destiné à la vente directe. Si vous aviez l'intention d'acheter un de ces objets, soyez vigilant : ceux signés *handgeschnitzt* sont entièrement taillés à la main, ceux portant l'inscription *holzgeschnitzt* sont en partie fabriqués à l'aide d'une machine... et à l'étranger. On vous conseille donc de faire un tour des artisans et de vous arrêter à la **Pilatushaus,** aujourd'hui Maison de l'artisanat, avec expos et démonstrations. *Ouv à Pâques et de mi-mai à mi-oct, tlj sauf lun 13h-18h. GRATUIT.*

Le Théâtre de la Passion : *• passionplayo-berammergau.com • Depuis la Dorfstr., prendre le Devrientweg. Tlj sauf lun de mi-oct à début nov et du 25 déc à début févr. Entrée 3,50 €, réduc. Ticket combiné avec l'*Oberammergau Museum *: 6 €. Ticket combiné avec visite guidée : 8 €. Visite guidée en français sur demande.* Construit en 1900 pour accueillir près de 5 000 spectateurs tant les « mystères de la passion du Christ » joués par le village (voir le commentaire au début du chapitre sur Oberammergau) étaient devenus célèbres. L'histoire raconte qu'en 1633, la peste s'abat sur le village et tue ⅓ des habitants. La population fait alors le vœu de rejouer la passion du Christ si cette épidémie les épargne et... leur vœu se réalise. Depuis, la tradition se perpétue, tous les 10 ans seulement, depuis 1680. Il attire à chaque fois un demi-million de personnes. Chaque représentation, qui a lieu 5 fois par semaine pendant 6 mois de mai à octobre, dure 5-6h, avec une interruption de 3h pour aller se restaurer (quand même, faut faire vivre les commerçants !). Les hommes du village se laissent même pousser les cheveux et la barbe plusieurs mois à l'avance, pour ressembler aux personnages bibliques ! Cette organisation fait l'objet d'un vote populaire et est placée entièrement sous la responsabilité municipale, et non de l'Église. Presque tous les habitants (qui reçoivent en contrepartie un petit dédommagement financier) participent à ce qui reste avant tout une belle profession de foi.

Le spectacle, qui se joue à guichets fermés, est assez grandiose, sur fond de montagnes, avec plus de 2 300 acteurs et figurants (et des animaux) sur scène...

Le spectacle, qui se joue à guichets fermés, est assez grandiose, sur fond de montagnes, avec plus de 2 300 acteurs et figurants (et des animaux) sur scène...

La prochaine représentation aura lieu en 2030.

LE SUD DE L'ALLEMAGNE

Oberammergau Museum : *Dorfstr. 8. • oberammergaumuseum.de • Ouv tlj sauf lun 10h-17h de fin avr à mi-mai, 2 sem début oct et de fin nov à début févr. Entrée : 3,50 € ; réduc. Ticket combiné avec le Théâtre de la Passion : 5 €. Ticket combiné avec visite guidée : 8 €.* Film en intro (en anglais) qui permet de mesurer la dimension de l'événement. Intéressant pour sa gigantesque crèche de plus de 200 personnages. Mobilier, outils anciens et nombreuses sculptures sur bois réalisées par les artisans du village.

– Jetez un œil en passant à l'***église Sankt Peter und Paul,*** du plus pur style rococo, tout en rose et stuc blanc, ce qui en fait l'une des plus attachantes de Bavière.

DANS LES ENVIRONS D'OBERAMMERGAU

Le château de Linderhof : *à 12 km à l'ouest d'Oberammergau, à* ***Ettal.*** *• schlosslinderhof.de • D'avr à mi-oct, tlj 9h-18h ; le reste de l'année 10h-16h30. Fermé Jour de l'an, Mardi gras et fêtes de Noël. Entrée : 10 €. Les bâtiments du parc : la grotte de Vénus (quand elle rouvrira), les jardins, le kiosque mauresque et le refuge de Hunding sont fermés de mi-oct à mi-avr. Visite guidée seulement (25 mn), disponible en français en été (seulement sur demande en hiver).*

DÎNER ROYAL EN SOLITAIRE

Dans la salle à manger de Linderhof, conçue pour 1 seule personne, un détail amusant : la table est montée sur un ascenseur communiquant avec la cuisine, ce qui évite tout contact avec les serviteurs... Les dernières années, Louis II ne supporte plus personne à ses côtés, hormis les portraits des grandes dames de la Cour... de Louis XIV, ou d'autres fantômes illustres, avec qui il fait la causette en français !

➢ ***Accès :*** suivre la direction de Garmisch-Partenkirchen (B 23) et prendre la route à droite avant Ettal (indiqué). Sur place, parking payant *(2,50 €)* obligatoire. En bus, la compagnie *RVO* relie env 10 fois/j. (4 le w-e) Oberammergau à Linderhof (bus n° 9622).

– ***Visites :*** comme dans les autres châteaux de Louis II, présentez-vous aux barrières dès que le numéro de votre ticket s'affiche à l'entrée du château. Attention, dès fin octobre et jusqu'à fin mars, les statues du parc et la grotte de Vénus sont recouvertes de coffrages de bois pour les protéger pendant l'hiver. On ne visite plus alors que l'intérieur du château.

En 1874, Louis II fait aménager ici, à la place du pavillon de chasse de son père Max II, un superbe « petit refuge », de style XVIIIe s, inspiré d'une de ses visites à Versailles... Car tout, ici, célèbre l'incarnation de son idéal terrestre : le ***Roi-Soleil.*** On retrouve d'ailleurs Louis XIV, à cheval, dans le hall d'entrée du pavillon. C'est le seul de ses châteaux où Louis II a habité régulièrement : il y a séjourné 15 jours par mois pendant 8 ans. Il faut dire que l'environnement est magnifique, là aussi.

À l'intérieur, toute la déco est extrêmement chargée : laissez-vous glisser dans le passé et imaginez le romantisme se dégageant la nuit de ces pièces éclairées aux bougies... Dans le salon de musique, un piano que Louis II destinait à ***Wagner,*** mais le grand musicien n'est jamais venu. Dans la chambre royale, immense lit

ALLÔ ? DOCTEUR FREUD !

Le personnel de Louis II n'a pas le droit de lui parler. Ils ne doivent communiquer que par gestes. En plus, ils n'ont pas le droit de le regarder... Il est vrai qu'à la fin de sa vie, il a les traits bouffis et les dents gâtées.

à baldaquin de près de 2 m de long (où Louis dort toujours tout seul) et lustre d'une demi-tonne en cristal ! On visite encore le salon des Glaces (le summum du rococo), et on quitte le château… par une drôle de porte (vous verrez).

– ***La grotte de Vénus :*** *à l'extrémité nord du parc.* ***Fermée pour travaux jusqu'en 2024.***

– ***Le kiosque mauresque*** *(Maurischer Kiosk)* **:** *un peu plus loin dans le parc.* Encore une sacrée trouvaille : une sorte de minimosquée ! Louis II la découvre lors de l'Exposition universelle de Paris en 1867 et réussit à l'acheter après bien des péripéties.

– ***La hutte de Hunding*** *(Hundinghütte)* **:** *bien plus loin dans l'immense parc.* Cabane germanique archaïque inspirée par *La Walkyrie* de Wagner. Au milieu de la cahute en bois, un arbre énorme (avec ses branches) dans lequel est plantée une épée, celle de *Nothung* « au noble acier »… C'est le seul endroit où Louis II autorise la bière, pour créer l'ambiance entre hommes… Détruite par un incendie en 1945, elle a été reconstruite en… 1990, ce qui explique son air tout neuf.

– D'autres curiosités dans le parc, comme la ***maison marocaine*** (aussi acquise par Louis II à l'Exposition universelle de Paris en 1878, et reconstruite dans le parc en 1998) et le ***pavillon royal*** *(Königshäuschen),* ancienne ferme puis pavillon de chasse de Maximilien II, à l'origine à l'emplacement du château et transféré ici par Louis II. Il abrite aujourd'hui une petite expo.

🍒🍒 ***Ettal et son abbaye :*** *à 4 km au sud d'Oberammergau, sur la route B 23.* Joli village au pied des collines, construit autour de son imposante abbaye bénédictine *(tlj 8h30-18h30)* et dont le dôme de 65 m de haut prouve l'importance historique. Fondée au XIVe s, l'abbaye est devenue un lieu de pèlerinage important en Bavière. L'église fut embellie par l'adjonction du dôme au XVIIIe s. Fresque gigantesque sur la voûte intérieure. Les moines de l'abbaye produisent toujours de la bière et des liqueurs *(visite de la fabrique de liqueur, avec dégustation, lun et jeu à 16h ; 9 € ; brasserie mar et ven à 10h ; 12 €).* On peut les goûter à la terrasse de l'hôtel *Ludwig der Bayer* appartenant aux bons moines (juste en face, de l'autre côté de la route).

🍒🍒🍒 ***Wieskirche*** *(église de Wies)* **:** *à 26 km au nord-ouest d'Oberammergau. • wieskirche.de • Emprunter la route 23 jusqu'au pont d'Echelsbacher : le franchir et rouler encore 6 km avt de prendre une petite route sur la gauche. Parking payant obligatoire. Sinon, 9 bus/j. (5 le w-e) relient Garmisch à Füssen via Oberammergau et l'église de Wies. Ouv mars-oct 8h-19h (20h en été, 17h en hiver), mais visite interdite pdt les messes.* Cette église est l'une des plus belles de Haute-Bavière. Préparez-vous à un choc : si l'extérieur surprend par son austérité, l'intérieur, en revanche, éblouit par sa luxuriance ! La décoration, réalisée au milieu du XVIIIe s, est un véritable ***chef-d'œuvre de rococo bavarois :*** peintures fantastiques sous la coupole, stucs délicats partout, chœur d'une grande luminosité, autels couverts d'or, etc. Les proportions sont parfaites, les détails amusants ne manquent pas, et le plafond circulaire est une véritable élévation vers le ciel !

Chaque année l'église reçoit la visite de 1 million de visiteurs : des admirateurs venus découvrir son architecture, mais aussi des pèlerins venus prier le Christ flagellé.

GARMISCH-PARTENKIRCHEN

(82467) 26 500 hab. IND. TÉL. : 08821

La plus connue des stations de ski allemandes, depuis les J.O. de 1936 et les championnats du monde de 1978, et de 2011. Les installations olympiques sont ouvertes au public, et les environs sont riches en randonnées.

Grande attraction locale, le sommet du *Zugspitze,* le point culminant d'Allemagne... À part ça, GaPa (surnom donné à la ville nouvelle) doit tout de même manquer un peu d'authenticité aux yeux des trekkeurs urbains, qui ne viennent pas là pour faire les boutiques ou profiter des hôtels douillets et de leurs spas. Quoique... le cœur des 2 villages à l'origine de la ville (*Garmisch* d'un côté, *Partenkirchen* de l'autre) a conservé quelques jolies maisons anciennes aux façades peintes. Garmisch reste au cœur de la ville nouvelle, mais les nostalgiques iront flâner côté Partenkirchen, le long de la *Ludwigstraße,* célèbre pour ses auberges à l'ancienne, ses artisans, ses confiseurs...

Adresses et infos utiles

Office de tourisme : *Richard-Strauss-Platz 2, près de l'entrée du Kurpark, à* ***Garmisch.*** *☎ 18-07-00. • gapa.de • Lun-ven 9h-18h, sam 9h-15h, dim 9h-13h.* Infos, plan, brochures et liste des chambres libres.

Gare : *entre les 2 villages. Rens : ☎ 01805-99-66-33.* 1 train/h pour et de Munich.

Location de vélos : ***Bikecenter,*** *Ludwigstr. 90. ☎ 54-946. Tlj 9h-18h30 (18h dim).* D'autres loueurs en ville.

Où dormir ?

Camping

Camping Erlebnis Zugspitze : *Griesener Str. 2,* ***Garmisch-Grainau.*** *☎ 943-91-13. • pure-camping.de • À 4 km à l'est de Garmisch, sur la route pour Grainau (1 bus ttes les heures depuis la gare de GaPa). Ouv tte l'année. Compter 28,50 € pour 2 avec tente et voiture. Nuitée dans un tonneau (!) 65-80 € pour 2.* Site boisé (mais un peu près de la route), en bordure de la rivière Loisach. Un camping qui accueille essentiellement les grimpeurs.

Auberge de jeunesse

Jugendherberge : *Jochstr. 10, à* ***Burgrain,*** *3 km au nord de GaPa. Bus nos 3 et 4 depuis la gare. ☎ 96-70-50. • garmisch.jugendherberge.de • Malgré les 207 lits, résa très conseillée en hte saison. Compter 31-36 €/pers, petit déj compris (tarif dégressif à partir de la 4e) ; supplément pour les plus de 26 ans (familles acceptées).* Dans un petit village aux abords de Garmisch, grand bâtiment moderne et fonctionnel que borde une petite rivière. Chambres impeccables de 2 à 6 lits, la plupart avec sanitaires. Possibilité de manger midi et soir. Tout autour, multiples installations sportives.

De bon marché à prix moyens

Beaucoup de possibilités : de la simple pension de famille à l'hôtel de charme, en passant par les chambres d'hôtes (liste complète à l'office de tourisme). *Attention* toutefois : si les *Gästehaus* que nous vous avons sélectionnées acceptent les réservations pour une seule nuit, cette pratique relève plutôt de l'exception.

Gästehaus Reiter : *Burgstr. 55. ☎ 22-33. • reiter-gap.com • Doubles avec sdb 55-75 € ; petit déj en plus. Parking.* Belle grande maison des années 1960 dans le style bavarois. Chambres fraîches et de bon confort, salle de petit déj tapissée de bois de cerfs, joli jardin où trottinent quelques poules, avec panorama sur la chaîne du *Wetterstein.* Propose aussi des appartements pour 2 à 4 personnes.

Gästehaus Alpenkranz : *Angerstr. 7. ☎ 42-17. • alpenkranz-garmisch-partenkirchen.de • Non loin de la gare. Doubles 76-86 € avec douche, petit déj inclus.* Très central, mais au calme. Précédé d'un jardin, l'ensemble de 18 chambres est rénové de frais. Chambres spacieuses, propres et bien équipées, certaines avec balcon. Copieux petit déj.

De chic à très, très chic

Gästehaus Sissi : *Achenfeldstr. 31. ☎ 33-63. • haus-sissi.de • Fermé en nov. Doubles sans ou avec balcon 100-140 €, petit déj inclus. Parking.* Pension de famille extrêmement bien tenue avec un grand jardin. Chambres adorables, aménagées avec confort, certaines offrant une superbe vue sur l'*Alpspitze*. Boisson de bienvenue et copieux petit déj, à prendre sur la terrasse ou dans la véranda.

Hotel & Gasthof Fraundorfer : *Ludwigstr. 24. ☎ 92-70. • gasthof-fraundorfer.de • Doubles 100-130 €, petit déj inclus. Parking.* Dans la plus belle rue de Partenkirchen. Auberge bavaroise fondée en 1820, avec une grande fresque de banquet sur la façade. Intérieur chaleureux. Les chambres, dans des bâtiments à l'arrière, sont nickel et possèdent pour la plupart un sommier en forme de voiture, chariot, etc. Amusant. Bon accueil. Resto réputé (voir « Où manger ? »).

Atlas Posthotel : *Marienplatz 12. ☎ 70-90. • atlas-posthotel.com • Doubles 100-115 €, petit déj compris.* En plein centre, hôtel d'une quarantaine de chambres. Splendide bâtisse de 1512, déjà taverne il y a plus de 300 ans ! Fresques et statues en façade. Chambres à la déco assez classique mais impeccables, toutes différentes. Les murs de l'hôtel, imprégnés d'histoire, avec des fresques, tableaux et vieux meubles, confèrent à l'endroit une atmosphère pleine de charme.

Hotel Staudacherhof : *Höllentalstr. 48. ☎ 92-90. • staudacherhof.de • Doubles 92-172 € en ½ pens selon durée et époque.* L'hôtel bavarois tel qu'on le rêve, luxueux et cosy, chaleureux et familial. On ne regrette pas de casser sa tirelire. Ici, tout est compris, aussi bien le spa, la piscine intérieure (ou extérieure), le repas en 5 plats du soir, le petit déjeuner pantagruélique du matin et même un déjeuner revigorant pour qui aurait encore faim. Accueil classe, cuisine délicieuse, service attentif et décontracté à la fois.

Où manger ?

Fiaker : *Ludwigstr. 31. ☎ 58-376. Tlj sauf mar 19h-1h (minuit dim). Fermé en sept. Plats 8-20 €.* Au cœur de la *Ludwigstraße* et de ses grosses auberges, on se sent pourtant ici à 1 000 lieues du Garmisch touristique et bruyant. Plats simples et à petits prix (hormis les viandes), tous précédés d'une copieuse salade. Aux affamés désargentés, on conseille le *toast special !* Accueil chaleureux.

Gasthof Fraundorfer : *Ludwigstr. 24. ☎ 92-70. Tlj sauf mar et mer midi 7h-23h (22h cuisine). Plats 10-25 € ; menus 15-28 €.* S'il est un endroit qui concentre une majorité de clichés sur la Bavière, c'est bien celui-ci : ambiance rustique, tableaux bien kitsch montrant les Alpes, serveuses en *Dirndl* traditionnel... et musiciens en bermuda coiffés d'un chapeau, tous les soirs ! Mais le folklore de l'endroit, la gentillesse, la chaleur et les bons plats gargantuesques sont toujours au rendez-vous.

Zum Wildschütz : *Bankgasse 9. ☎ 32-90. Tlj 11h30-23h30. Plats 10-19 €.* Dans le centre de Garmisch, resto réputé avec une salle en bois chaleureuse (poutres au plafond et bibelots campagnards aux murs) et une agréable terrasse à l'arrière. Nombreux plats typiques de la région, y compris du gibier, mais aussi succulentes salades et diverses suggestions du jour.

Où déguster une pâtisserie ?

Si vous traînez côté Garmisch, vous ne serez pas déçu en goûtant les gâteaux du fameux **Café Krönner** *(Achenfeldstr. 1 ; tlj 9h-18h30)* au style un peu désuet (café et pâtisserie à la fois). Aux beaux jours, vaste terrasse aussi.

Coup de cœur sinon pour la ***Konditorei Benedikt Sieß*** *(Ludwigstr. 7 ; mar-ven 6h-18h, sam 6h-12h),* où vous pourrez trouver quelques tables, en terrasse, pour tester les gâteaux maison. Accueil très gentil.

À voir

Pour mieux comprendre la structure de cette ville à 2 visages, il faut remonter jusqu'au haut Moyen Âge. ***Partenkirchen,*** qui revendique ses origines romaines, était un centre important de commerce. ***Garmisch,*** village germain du début du VIe s, tirait, lui, ses ressources du flottage du bois. Les guerres ralentirent toute activité, depuis celle dite « de Trente Ans » jusqu'aux guerres napoléoniennes. L'achèvement de la liaison ferroviaire avec Munich, en 1889, marqua le début de l'ère touristique. Chaque village continue aujourd'hui de revendiquer ses propres atouts, comme si la réunion voulue par un certain Adolf en 1935 n'était qu'une erreur.

Côté Garmisch, allez jeter un coup d'œil dans la *Burgstraße* à la ***Alte Pfarrkirche Sankt Martin,*** belle église avec fresques gothiques, peintures anciennes, vitraux du XVe s, ainsi qu'au ***Kurpark,*** petit parc agréable et bien fleuri où sont organisés des concerts 2 fois par jour de mai à septembre. Mais c'est surtout côté Partenkirchen qu'il faut aller flâner dans les rues aux maisons peintes, particulièrement dans la ***Ludwigstraße.***

Werdenfelser Heimatmuseum *(Musée régional)* **:** *Ludwigstr. 47, à Partenkirchen. • werdenfels-museum.de • Tlj sauf lun 10h-17h. Entrée : 4,50 € ; réduc. Infos en français.* Installé dans une belle maison du XVIIe s, ce musée présente l'histoire, la culture et le folklore de la région. Remarquez la croix acheminée au sommet du Zugspitze, en 1851, criblée d'impacts de balles américaines à la fin de la 2de Guerre mondiale. Aux étages, mobilier, costumes locaux, peintures sur verre, reconstitution d'une vieille cuisine et ateliers divers.

LE SUD DE L'ALLEMAGNE

À faire au départ de Garmisch-Partenkirchen

– Évidemment tous les ***sports d'hiver*** imaginables. Et bien sûr, en été, rafting, deltaplane, parapente, VTT, escalade... sans oublier de superbes balades. Renseignements à l'office de tourisme. Brochures nombreuses.

Partnachklamm *(gorges de la Partnach)* **:** *• partnachklamm.de • Ouv 8h-20h en été (18h oct-mai) ; fermé lors de la fonte des neiges. Entrée : 6 € ; réduc ; résa en ligne possible. Dernière admission 30 mn avt fermeture.* Gorge, à 5 km au sud, qui s'étend sur 700 m, profonde de plus de 100 m et offrant un spectacle naturel grandiose. Départ du parking du stade olympique de ski, où s'arrête également le bus-navette. De là part un sentier qui conduit aux gorges (25 mn de marche). Possibilité de monter jusqu'aux alpages de Graseck (auberges de montagne sympathiques), avant de redescendre en téléphérique *(Graseckbahn),* qu'il est conseillé d'utiliser tant la dénivelée est importante. Pas recommandé pour les jeunes enfants et les personnes âgées.

Wank **:** autre excursion réputée à 3 km. Prendre le téléphérique *(die Wankbahn ; fin mai-début nov 8h45-17h ; compter 24 €, réduc)* à *Partenkirchen* pour atteindre le sommet du *Wank,* à 1 780 m d'altitude. Beau panorama sur la ville et les environs. Sentier pédestre avec vue panoramique.

Le pavillon de chasse royal sur le Schachen **:** *à 17 km. Ouv seulement juil-oct. Entrée : 5 € ; réduc. Visites guidées uniquement (30 mn) à 11h, 13h, 14h et 15h. Rens au château de Linderhof ou à l'office de tourisme de Garmisch.* Pour continuer en beauté le circuit Louis II, excursion depuis *Garmisch,* en passant par la gorge de la *Partnach* (la rivière qui a donné son nom à *Partenkirchen*), jusqu'au pavillon de chasse qu'il fit ériger en 1871 à 1 866 m d'altitude, au milieu des montagnes enneigées, avec vue sur le Zugspitze, dans le style d'un chalet suisse. Compter 6h aller-retour de marche au départ du château d'*Elmau* (près de *Mittenwald*). Jardin botanique non loin de là, avec quelque 1 500 variétés de fleurs et plantes alpines, particulièrement fleuri fin juillet-début août.

Possibilité d'hébergement et de restauration à la **Schachenhaus** : *☎ (0172) 876-88-68. • schachenhaus.de • Mai-oct. Dortoirs 12-24 lits 18 €/pers ; petit déj 8,50 €. Plats 8-10 €. CB refusées.* Regardez leur site avant de vous lancer, un film complet (en allemand) pour vous mettre en condition, avec musique d'ambiance ! Comme un refuge de montagne resté dans son jus, ou presque.

Le sommet du Zugspitze : le must de Garmisch-Partenkirchen et des Alpes bavaroises. Avec ses 2 962 m d'altitude côté allemand, il offre évidemment la vue la plus grandiose de Bavière... Hélas, le glacier commence à subir les conséquences du réchauffement climatique...

➢ ***Pour s'y rendre :*** moyen le plus pratique mais cher, le train à crémaillère, suivi du téléphérique pour les 350 derniers mètres. *Départ à la Bayerische Zugspitzbahn, Olympiastr. 27, à côté de l'Eisstadion vers la gare. • zugspitze.de • Ttes les heures 8h15-17h45 ; retour jusqu'à 17h30. Compter 63 € A/R ; réduc ; gratuit moins de 6 ans. En tout, env 1h30 de trajet.* Prévoir des vêtements chauds, bien sûr.

➢ Autre solution (plus rapide mais pas moins chère) : se rendre directement en voiture (10 km) au lac d'Eibsee (un des plus hauts d'Europe), prendre le téléphérique *Eibsee* (10 mn de montée). *Un nouveau téléphérique Eibsee-Seilbahn a été inauguré en 2017. Conditions d'accès sur • zugspitze.de •*

Quitte à faire des folies, offrez-vous un *Brotzeit* à la ***Münchner Haus*** *(mai-oct, tlj 6h-21h30),* le *Biergarten* le plus haut du monde, à 2 964 m. Quelle vue ! Surtout si vous arrivez tôt, avant la foule.

Un meilleur plan ? Pour ceux qui ont moins de temps et/ou moins d'argent, autre sommet un peu moins prestigieux : l'***Alpspitze*** (2 628 m). De plus, une plateforme s'avançant dans le vide y a été aménagée, permettant de voir la vallée sous ses pieds ! On y va aussi en téléphérique : mêmes horaires, même durée, mais juste 2 fois moins cher que le précédent. Resto à l'arrivée et possibilité de treks dans la montagne. C'est d'ailleurs un très bon compromis, puisque de là vous aurez une vue sur... le Zugspitze !

DANS LES ENVIRONS DE GARMISCH-PARTENKIRCHEN

Mittenwald : *à 20 km à l'est de Garmisch, par la B 2 puis l'E 533, juste avt la frontière autrichienne.* Ravissant village « au milieu des bois », comme son nom l'indique. Splendides maisons peintes, datant du Moyen Âge, « un vivant livre d'images » d'après Goethe. L'église Saint-Pierre-et-Paul est impressionnante. Depuis le XVIIe s, Mittenwald s'est surtout taillé une renommée internationale dans la lutherie.

– ***Geigenbaumuseum*** *(musée de la Lutherie) : Ballenhausgasse 3. • geigenbaumuseum-mittenwald.de • Sur une ravissante petite place derrière l'église. Tlj sauf lun : 10h-17h de fév à mi-mars et de mi-mai à début janv ; 11h-16h le reste de l'année. Fermé de nov à mi-déc. Entrée : 5,50 € ; réduc.* Musée où le violon joue évidemment le 1er rôle : reconstitution d'un atelier de luthier et nombreux instruments exposés (violons, mais aussi contrebasses) dans une sympathique mise en scène. Documentation en français.

➢ Au cœur d'un grand parc naturel protégé, *Mittenwald* est également un lieu de départ idéal pour les randonneurs. Un sentier, par exemple, permet de rejoindre (en 25 mn) la *gorge fantôme de Leutasch.* Autre excursion possible, le télésiège du *Kranzberg,* qui vous mènera en quelques minutes à 1 200 m. De là-haut, vous serez à portée de quelques-uns des plus beaux circuits de la région, dont 3 superbes lacs de montagne : le *Lautersee,* le *Wildensee* et le *Ferchensee.* Enfin, de l'autre côté, le téléphérique du *Karwendel* *(env 20 € A/R)* monte abruptement à 2 244 m. Au sommet, cafétéria et petite expo sur la faune et la flore... dans un bâtiment en forme de télescope !

Office de tourisme : *Dammkarstr. 3. ☎ (08823) 339-81. En plein centre. Ouv en saison lun-ven 8h30-18h (17h en hiver), sam 9h-12h, dim 10h-12h.* Renseignements sur les locations et sur les dizaines de possibilités de balades qu'offre le secteur.

Gasthof Alpenrose : *Obermarkt 1. ☎ (08823)-92-700. Prix moyens.* Grosse maison à la façade couverte d'une fresque, dans la rue principale. Salles rustiques boisées avec poêle de faïence et décor typique. Large choix de victuailles à base essentiellement de cochonnailles. Portions copieuses et mousses bien fraîches. Plus bavarois, tu meurs ! Terrasse sur la rue.

MURNAU

(82418) 12 120 hab. IND. TÉL. : 08841

Murnau est au centre du « Pays bleu »... Ce coin de Bavière ne doit pas son appellation à l'eau de ses petits lacs, mais au mouvement artistique *Der Blaue Reiter* (Le Cavalier bleu) qui y a vu le jour. Murnau a, en effet, été le lieu de résidence de nombreux peintres : Vassily Kandinsky et Gabriele Münter y avaient une maison et y recevaient d'autres artistes dont Franz Marc, Alexej von Jawlensky... Une collection intéressante est visible dans le musée du château.

Le 1er dimanche de novembre, défilés d'attelages à l'occasion de la Saint-Léonard, saint protecteur des chevaux (également à Bad Tölz, près de Munich, et au Schliersee).

UN PEU D'HISTOIRE DE L'ART : *DER BLAUE REITER*

Le mouvement du *Cavalier bleu* a été une étape importante pour l'histoire de l'art moderne en Allemagne. Désirant rénover le langage artistique, Kandinsky et Franz Marc, 2 artistes munichois avec Gabriele Münter, Alfred Kubin et quelques amis, fondent en 1911 ***Le Cavalier bleu*** : « Marc et moi aimions l'un les chevaux, l'autre les cavaliers », aurait expliqué Kandinsky. Ils sont très vite rejoints par d'autres, notamment *Paul Klee.* Dès 1912, des expositions ont lieu dans toute l'Allemagne et en Europe, et l'*Almanach Der Blaue Reiter,* recueil de textes écrits par divers artistes, est publié. Les membres du *Cavalier bleu* tendent vers une interprétation abstraite

ORIGINE DE L'ABSTRACTION

L'art de Kandinsky repose sur une expérience troublante. Un soir, il découvre chez lui une toile dont l'étrangeté le bouleverse. Intrigué, il se met à chercher la raison de sa surprise devant un ensemble de formes et de couleurs dont le contenu fascinant lui semble tout à fait incompréhensible. En réalité, il s'agit d'une de ses œuvres, posée par hasard contre le mur, mais sur le côté. Il comprend alors que la figuration nuit à la peinture. En 1910, il peint la 1re aquarelle totalement abstraite.

du sujet, ils veulent traduire sur leurs toiles davantage leur ressenti, la nature intérieure des choses. C'est cet état d'esprit que développe Kandinsky dans son fameux essai : *Du spirituel dans l'art.*

Le début de la 1re Guerre mondiale marque la fin du mouvement : Kandinsky et Jawlensky, qui sont russes, doivent quitter l'Allemagne, Marc et Macke tombent sur le front français.

Autour de ce mouvement se sont ralliés de grands créateurs unis par une même foi de renouveau spirituel de la civilisation, imaginant un art qui ne connaîtrait « ni peuple ni frontière, mais la seule humanité ». Bien que de courte durée, l'aventure a profondément marqué l'histoire de l'art occidental et a véritablement ouvert la voie vers l'abstraction.

Adresses utiles

Office de tourisme de Murnau : *Untermarkt 13. ☎ 47-62-40. • murnau.de • Mai-sept, lun-ven 9h-17h, w-e 10h-13h. Oct-avr, lun-ven 10h-13h, 14h-17h ; sam 10h-13h.* Plan de la ville en anglais ou en allemand, où figurent les sites à visiter (disponible aussi quand l'office de tourisme est fermé) et programme de visites guidées thématiques de la ville (en allemand), notamment sur les traces du *Cavalier bleu.*

Location de vélos : Radl Stadl, *Petersgasse 3. ☎ 40-222. Mar-ven 9h-12h30, 14h-18h ; sam 9h-13h. Compter 12 €/j. pour un vélo de ville.* Loue aussi des vélos électriques et vend diverses cartes de randonnées cyclistes (avec descriptions des balades mais en allemand).

Promenade en bateau sur le Staffelsee : *☎ 62-88-33. • staffelsee.org • 6 départs/j. de Murnau-Achele, tlj avr-oct 10h-16h40. Billet : 12 € ; réduc.* Circuits de 1h20, avec arrêt possible à Seehausen pour déjeuner au bord de l'eau. Belle balade sur le lac aux 7 îles, si le temps est de la partie, sur un bateau de promenade de 270 places.

Où dormir à Murnau et dans les environs ?

Camping

Campingplatz Halbinsel Burg am Staffelsee : *Burgweg 41, 82418* **Seehausen am Staffelsee.** *☎ 98-70. • camping-staffelsee.de • À 2,5 km du centre de Murnau. Fermé début nov-début janv. En hte saison, env 22 € pour 2 avec petite tente et voiture. Chiens non admis.* Au bord du lac, avec 150 emplacements disponibles, mais bondé en plein été. À privilégier plutôt hors saison. Jeux pour les enfants, resto, *Biergarten* et boutique.

De prix moyens à très chic

Gästehaus am Schloss : *Pfarrstr. 2a. ☎ 90-359. • gaestehausamschloss.de • Double 95 € en saison (75-95 € en hiver), petit déj inclus.* B & B de charme au pied du château, dans la plus vieille maison de Murnau (XVIIe s) flanquée d'un très beau jardin. 3 chambres, dont une familiale dans l'ancienne étable (les 2 autres sont à l'étage), toutes très agréables, colorées et impeccablement tenues. Petit déj sur mesure (demandez à la sympathique proprio, la veille, ce que vous désirez !), avec des produits locaux.

Hôtel Post : *Obermarkt 1. ☎ 48-78-00. • hotel-post-murnau.de • Doubles 119-145 €, petit déj compris.* Au milieu de la zone piétonne, charmant petit hôtel familial, cosy et chaleureux. Confort, calme et tradition.

Galerie & Art-Hotel « Am Eichholz » : *Am Eichholz 21. ☎ 58-63. • ameichholz.de • En venant de l'autoroute, en entrant dans Murnau, prendre à droite la Schwaigangerstr. puis la 4e rue à droite. Doubles 125-165 €, petit déj inclus. Parking.* Un couple d'artistes a créé ce lieu d'exception, au cœur d'un superbe jardin, avec terrasse, hammac... Quant aux chambres, elles sont magiques, chacune a son ambiance, sa couleur... et l'art est partout !

Où manger ? Où boire un verre ?

De bon marché à un peu plus chic

Griesbräu : *Obermarkt 37. ☎ 14-22. À l'extrémité nord de la rue piétonne. Tlj 19h-1h. Plats 8-9 €.* Une adresse typique (créée en 1922), avec sa vaste salle voûtée, ses grandes tables en bois et son *Biergarten.* On y vient aussi bien pour boire l'une de leurs bières saisonnières brassées sur place (à accompagner d'une tartine garnie d'*Obatzda* – un fromage au beurre, piment, oignons et cumin !) que pour y déguster un simple plat de brasserie (à se procurer au self). Également une partie resto, plus chère.

Restaurant Auszeit : *Kohlgruber Str. 1. ☎ 48-87-90. Dans le bâtiment qui regroupe l'office de tourisme et le centre des congrès. Tlj sauf mer 17h-23h ; dim 12h-22h. Résa obligatoire. Plats 12-20 € ; menu 31,50 €.* Un cadre particulièrement appréciable aux beaux jours : une terrasse ombragée et calme dans un grand parc fleuri avec vue sur les Alpes... et un chapeau rouge géant ! Resto à l'accueil jeune et sympa. Cuisine légère, aux accents méditerranéens, d'un bon rapport qualité-prix.

À voir

Le centre de Murnau se visite à pied, en parcourant la rue piétonne où se dresse la colonne de Marie, sainte patronne de la Bavière, et d'où partent les ruelles adjacentes aux jolies maisons peintes et aux boutiques décorées de vieilles enseignes. À voir aussi, la façade peinte du *Rathaus* (mairie) et l'église Saint-Nicolas. Un parcours permet de découvrir les reproductions de tableaux peints in situ par les fameux artistes du *Cavalier bleu,* et principalement ceux de **Gabriele Münter.** C'est d'ailleurs par la visite de la *Münter-Haus,* un peu à l'écart du centre, que nous vous conseillons de débuter votre balade.

Münter-Haus : *Kottmüllerallee 6. • muenter-stiftung.de • Traverser le parc et suivre le fléchage ; c'est à moins de 10 mn à pied, et la promenade est agréable. Tlj sauf lun 14h-17h. Entrée : 3 €.* C'est en 1909 que **Gabriele Münter** achète, pour y vivre avec **Vassily Kandinsky,** cette maison blanc et bleu sur un promontoire qui fait face à la ville. Très vite, l'endroit sera connu sous le nom de la *Maison des Russes.* Elle va recevoir de nombreuses visites de peintres, critiques d'art, collectionneurs... et c'est avec Franz Marc, qui est un voisin, que Kandinsky concevra ici le projet d'almanach du *Cavalier bleu.*
Ce musée est donc particulièrement émouvant, puisqu'on y retrouve la maison telle qu'elle était. Le jardin est également resté à l'identique, comme en témoignent les nombreuses photos d'époque exposées dans les différentes pièces. Le couple vivra là jusqu'en 1914, début de la guerre, quand Kandinsky (ressortissant russe) doit quitter l'Allemagne. Ils ne se revirent plus jamais ensuite. Gabriele reviendra à Murnau en 1931 et elle y restera jusqu'à ses derniers jours. Pendant la 2de Guerre mondiale, c'est dans sa cave que furent stockées nombre d'œuvres de Kandinsky et d'autres membres du groupe, considérées comme « dégénérées » par les nazis. En 1957, elle fit don, à 80 ans, d'une grande partie de cette collection à la *Lenbachhaus* de Munich.

Schlossmuseum *(musée du Château) : Schlosshof 4-5. • schlossmuseum-murnau.de • Tlj sauf lun 10h-17h. Entrée : 6 € pour les collections ou les expos temporaires ; 10 € pour les 2 ; réduc.* Le musée présente tout d'abord l'environnement naturel de Murnau, les paysages qui ont inspiré les peintres dès le XIXe s. Ce sont les 1ers pas vers l'art moderne et l'abstraction. Évocation également de la vie quotidienne et de l'activité économique de Murnau par le passé.

Le 2e étage se consacre aux peintres paysagistes du XIXe s, ainsi qu'au mouvement qui allait rendre Murnau célèbre dans le monde entier (voir plus haut « Un peu d'histoire de l'art »). La partie la plus intéressante, avec notamment l'*Almanach du Cavalier bleu.* Section également sur Gabriele Münter (gravures et huiles). Et une autre, concernant une discipline artistique peu connue : la peinture sur verre à l'envers illustrant le plus souvent des sujets religieux.

LE CHIEMSEE

Toujours sur la route allemande des Alpes, mais au sud-est de Munich, à l'écart de l'autoroute de Salzbourg, la petite ville de Prien est le principal port d'accès au Chiemsee, le plus grand lac d'Allemagne connu pour ses îles ravissantes. Sur l'une d'elles, le 3e et dernier château construit par Louis II de Bavière : le très versaillais *Herrenchiemsee.*

Les séjours à la « mer bavaroise » (bien que ce soit un lac) incluent aussi bien le plaisir d'une balade en bateau qu'un circuit à vélo ou encore un pique-nique au sommet du *Kampenwand.* Beaucoup d'adresses de charme, aussi bien en pleine campagne qu'au bord de l'eau ou même sur l'île des Dames, la *Fraueninsel,* notre petite préférée...

Adresses utiles

Chiemsee-Infocenter : *Felden 10, à* **Bernau.** *☎ (08051) 965-550. • chiemsee-alpenland.de • À l'entrée du village, directement en sortant de l'autoroute. Lun-ven 9h-17h.* Très bonne doc sur la région (en partie en français), et résas d'hébergement (hôtel, pension, chambre d'hôtes...). Tous les villages sont au bord du lac, sauf *Aschau,* un village de montagne. Attention, les indicatifs téléphoniques changent de l'un à l'autre. Infos aussi sur la location de bateau et les piscines ouvertes. Loueur de vélos devant ce centre d'information.

Prien Tourismusbüro (office de tourisme de Prien) **:** *Alte Rathausstr. 11, dans le centre de* **Prien.** *☎ (08051) 69-050. • tourismus.prien.de • Mai-sept, tlj sauf dim 8h30-18h (16h sam) ; le reste de l'année, lun-ven 8h30-17h.* À l'entrée, une borne disponible 24h/24 fournit la liste des chambres libres. Plein d'infos sur toute la région des lacs.

Location de vélos : plusieurs autour du lac, notamment devant le *Chiemsee-Infocenter* et dans le centre de Bernau.

Où dormir ? Où manger ?

À Bernau et aux alentours
(IND. TÉL. : 08051)

Chiemsee Camping : *Rödlgries 1. ☎ (08642) 470. • chiemsee-camping.de • Au bord du lac. Avr-oct. Empl. env 30 € pour 2 en été.* Camping pour les caravanes et camping-cars seulement, mais fort bien aménagé, avec plage, resto, *Biergarten,* jeu d'échecs géant, etc. Pour les tentes, d'autres campings tout autour du lac.

Gästehaus & Pension Lechner : *Aschauer Str. 85. ☎ 73-73. 📱 (0171) 943-20-99. • gaestehaus-lechner.de • Un peu en dehors de Bernau, sur la route d'Aschau. Doubles avec sdb 70-100 € selon confort et saison ; petit déj compris.* Un peu à l'écart, dans un cadre agréable, ancienne ferme rénovée avec goût. 6 chambres aux meubles de bois clair, sobres et élégantes. Petit déj servi dans une charmante *Stube* possédant un joli poêle en céramique. Possibilité de se faire une grillade dans le jardin. Propose aussi des appartements.

Gasthof Alter Wirt : *Kirchplatz 9. ☎ 965-69-90. • alter-wirt-bernau.de • Tlj 11h-23h. Congés : nov. Doubles 95-107 €, petit déj inclus. Plats 10-20 €.* La plus vieille auberge de la ville, datant de 1477. Plats bavarois de qualité et excellentes charcuteries maison, à déguster dans le *Biergarten* ou dans l'une des *Stuben* maison. Côté hébergement, chambres meublées à l'ancienne et confortables. Sauna gratuit.

À Aschau im Chiemgau (IND. TÉL. : 08052)

Prillerhof : *Höhenbergstr. 1, 83229. ☎ 90-63-70. • prillerhof.de • À 100 m de la Kinderklinik. Doubles 79-109 €, prix dégressifs dès la 3e nuit ; petit déj-buffet inclus. CB refusées.* Pour passer des vacances « comme à la maison », Aménagé dans une ancienne ferme. Chambres au calme avec belle vue sur les montagnes et la campagne environnantes. Accueil adorable. On vient vous chercher si vous arrivez en train. Sauna et massages.

À Prien (IND. TÉL. : 08051)

Gästehaus Schwarz : *Am Roseneck 30. ☎ 44-24. • gaestehaus-schwarz.de • Fermé de fin oct à mi-mars. Doubles avec balcon 86-98 €, petit déj compris.* Maison d'hôtes tranquille, au bout d'une impasse. 9 chambres avec vue sur les pâturages à vaches et les chemins de randonnée, et à 5 mn du lac, quel bonheur ! Chambres fraîches et agréables, et accueil tout en douceur. La propriétaire loue également des petits bateaux.

Hotel garni Möwe : *Seestr. 111. ☎ 50-04 ou 50-05. • hotel-moewe.de • À côté du débarcadère. Doubles 110-150 € en été sans ou avec balcon. Parking. Garni* pimpant et fleuri, donnant sur le lac. Chambres agréables et confortables, certaines sous la toiture. Excellent petit déj. Très joli jardin.

Sur l'île aux Dames (Fraueninsel ; IND. TÉL. : 08054)

Notre préférée. Un jardin d'Éden où l'été, au bord de l'eau, les clients des chambres d'hôtes et hôtels qui ont accès à ces petits coins de verdure, séparés de leurs chambres par le sentier côtier, s'alanguissent sur leur transat. On trouve y des échoppes de pêcheurs qui vendent du poisson du lac (sandre, anguille, etc.), cru ou fumé, à emporter. Typique !

Gasthaus Zur Linde : *derrière l'église. ☎ 90-366. • linde-frauenchiemsee.de • Cuisine 11h30-20h30. Fermé janv-mars. Doubles 178-185 €. Plats 12-25 €.* Auberge du XIVe s qui doit son nom aux tilleuls bordant la terrasse. Accueil souriant. 14 chambres entièrement rénovées. Cadre idéal, mais tout de même prix assez élevés. Le resto plus abordable offre une cuisine soignée. On peut se contenter d'y goûter la liqueur *Kloster,* fabriquée par les nonnes de l'abbaye !

Hotel Inselwirt : *sur la rive du lac. ☎ 630. • hotel-inselwirt.de • Doubles 178-258 €. Plats 15-30 €.* Le luxe à la mode bavaroise. Même atmosphère au restaurant, une fois les touristes partis. Un *Spritz* pour se mettre dans l'ambiance, un filet de lavaret ou un assortiment de poissons du lac, et un *Kaiserschmarrn* au dessert.

LE SUD DE L'ALLEMAGNE

À voir : les îles

2 des îles du lac Chiemsee se visitent : ***Herreninsel*** et ***Fraueninsel*** (« île aux Messieurs » et « île aux Dames » !). Tout autour du lac, 6 ports d'embarquement, mais celui de Prien est le plus proche, fonctionne toute l'année et offre le plus de possibilités.

➢ L'embarcadère est à 2 km du centre de Prien, au bout de la *Seestraße.* Parking payant, à l'heure. On peut y aller en petit train (centenaire, à vapeur)

de la gare de Prien. Bateaux pour les 2 îles 6h40-19h30, 2 départs/h en saison. *Infos : ☎ (08051) 60-90. • chiemsee-schifffahrt.de •*
On peut combiner les 2 îles (le mieux) ou n'en choisir qu'une. Billet A/R : env 11 € ; réduc. Prévoir 1h15 A/R, plus le temps de visite. Attention à ne pas louper le dernier bateau (19h10 en été, 18h15 en hiver) !

Schloss Herrenchiemsee : *sur l'île d'**Herreninsel,** à env 25 mn de marche de l'embarcadère. • herren-chiemsee.de • Visites guidées seulement : d'avr-oct 9h-18h (dernière visite vers 17h) ; nov-mars 9h40-16h15 (dernière visite vers 16h) ; horaires susceptibles de varier en fonction des horaires des bateaux. Durée : 30 mn. Fermé Jour de l'an, Mardi gras et fêtes de Noël. Visites fréquentes en anglais tte l'année ; en français sur demande. Entrée : 10 € ; réduc ; gratuit moins de 18 ans. Visite guidée à l'heure mentionnée sur le billet d'entrée. Texte en français.*
Sur la plus grande île du lac, dont le site boisé avait charmé Louis II. Il fait construire son dernier château, sorte de Versailles bavarois érigé en l'honneur de son idole, Louis le XIVe. Si vous prenez les 1ers bateaux, vous serez peu nombreux à gambader dans le parc et photographier les jeux d'eau et les statues.
Construit entre 1878 et 1886, le château ne fut jamais achevé (sur 70 salles, 50 n'ont pas été terminées), et Louis II n'y résida que 10 jours.
– À l'entrée, un ***musée,*** remarquablement bien aménagé, retrace la vie de Louis II à travers une douzaine de salles. Portraits, photographies, maquettes de théâtre avec les décors des opéras de ***Wagner,*** projets de construction...
– Au cours de la visite du château (au pas de course, certes, mais vraiment intéressante), le guide insistera évidemment sur toutes les ressemblances avec Versailles, notamment dans la ***galerie des Glaces*** (bien sûr), longue de près de 100 m (25 m de plus que l'originale), qui était éclairée, quand Louis II était là, par 1 900 bougies réparties sur 52 bougeoirs et 33 lustres de verre, se reflétant dans tous les miroirs !
De la chambre d'apparat, on passe aux salons de représentation (avec des meubles copiés sur ceux du Roi-Soleil) et aux appartements privés. Louis II, qui dormait le jour et lisait *Walter Scott* ou *Schiller* la nuit, était en représentation 24h/24, même si ses seuls invités étaient des fantômes conviés à sa table-ascenseur et ses seuls compagnons des serviteurs qui avaient pour interdiction absolue de le regarder. Tout était agencé pour la parade. Une vaste scène pour jouer ce qu'il ne pouvait plus être : un vrai roi !
Cafét peu onéreuse, mais plats sans relief. Pour profiter de la vue sur les jardins, en terrasse.

Le couvent des chanoines augustins : après la visite du château, avant de reprendre le bateau, grimpez sur le promontoire situé derrière l'embarcadère, pour parcourir le ***musée de l'Augustiner-Chorherrenstift,*** dans l'ancienne abbaye de l'île *(entrée comprise dans le billet du château, ou 5 € si on visite seulement le musée).* On le sait peu mais c'est ici, au 1er étage, que s'élabora en 1948 près des ⅔ de la Constitution ouest-allemande ! Une expo sur le sujet dans quelques salles. À voir aussi, la salle impériale, et le salon du jardin, avec ses peintures et décors baroques. Allez jeter un œil à la galerie présentant les « peintres des bords du Chiemsee ».

Fraueninsel : l'île la plus mignonne, dans laquelle on ne saurait trop vous souhaiter de séjourner. Elle doit son nom au couvent *Frauenwörth* qui y fut créé dès le VIIIe s, visible de loin avec son curieux clocher en forme d'oignon. Une île paisible, avec les plages privées des nombreuses pensions et maisons d'hôtes, les voiliers qui l'accostent et son village de pêcheurs. Les artistes allemands, peintres et autres, l'ont beaucoup fréquentée. On peut visiter l'***église,*** austère mais originale (admirer les dalles de pierre sculptée), son cimetière coloré, la ***Torhalle*** (vestige carolingien) et le petit ***musée*** attenant.

BERCHTESGADEN

(83471) 7 800 hab. IND. TÉL. : 08652

À environ 150 km au sud-est de Munich, à la frontière autrichienne. Dernière étape de la route allemande des Alpes, c'est aussi une excellente halte pour ceux qui se rendent ensuite à Salzbourg. Une petite ville de montagne aux allures de village et au centre piéton plein de charme. Les amateurs d'excursions et de randonnées ne s'ennuieront pas. L'été, musique et danses traditionnelles le lundi en fin de journée, pour créer l'animation. Autres jours de fêtes : le 1er mai, avec l'installation du fameux arbre de mai, le lundi de Pentecôte, lors de la fête des Mineurs, et le 2e dimanche de juillet, jour du défilé en costumes.
En réalité, la ville doit sa célébrité à 2 « curiosités », l'une naturelle, l'autre beaucoup moins : le très beau lac *Königssee* et le prétentieux nid d'aigle d'Hitler...

LES DÉBUTS DE ROMY AU CINÉMA

Magda Schneider, mère de Romy, a été une actrice en vue et aussi une amie de Martin Bormann, proche d'Hitler. Des films montrent la petite Romy, âgée de 3 ans, jouant dans le nid d'aigle du Führer, distant environ de 7 km de sa maison d'enfance. Plus tard, pour afficher son rejet du nazisme, elle a choisi des prénoms hébraïques pour ses enfants : David et Sarah.

Adresses et infos utiles

Office de tourisme : *Maximilianstr. 9, dans la AlpenCongress. ☎ 65-65-060. De mi-mai à sept, lun-sam 9h-18h ; dim 10h-13h, 14h-18h. Horaires un peu plus limités le reste de l'année et fermeture le w-e de nov à mi-déc.* Plan de la ville et des environs, carte-dépliant (en allemand) des randonnées et quelques brochures en français. Possède aussi la liste des hébergements et peut vous renseigner sur les disponibilités du jour.
Le pays de Berchtesgaden comprend en fait 5 communes, qui possèdent, chacune, un office de tourisme. S'il est fermé, listes et photos des hébergements (affichage et écran à l'extérieur) encore disponibles.
– ***Marché de producteurs :*** *ven mat, dans le centre.* Bel éventail de produits régionaux.

■ ***Activités sportives :*** ***Treff-Aktiv,*** *Jennerbahnstr. 14, à* ***Schönau am Königssee.*** *☎ 66-710.* Michael et Franz, 2 frères, proposent avec enthousiasme de nombreuses activités comme le canyoning, le rafting, l'escalade, le VTT, des randos sur la montagne du Watzmann...

Où dormir ? Où manger dans le coin ?

À Berchtesgaden et aux alentours

Rien de très remarquable côté restos à Berchtesgaden même, mais suffisamment d'auberges proposant une bière locale comme la *brasserie Bräustüberl*, et de *Biergarten* en saison (comme celui, en plein centre, de la *Gashof Neuhaus*) pour vous poser. Et pour vous reposer, dans les environs, on a nettement un faible pour Ramsau et ses nombreuses maisons d'hôtes accueillantes, au milieu des alpages, à une dizaine de kilomètres.

Auberge de jeunesse

Jugendherberge Berchtesgaden : *Struberberg 6, à* ***Bischofswiesen-Strub.*** *☎ 94-370. • berchtesgaden.jugendherberge.de • À env 2 km au sud-ouest de Berchtesgaden. Fermé de mi-déc à mi-janv. Nuitée en dortoir à partir de 22,40 € ; supplément si séjour d'une seule nuit... ainsi que pour les plus de 26 ans (4 €) ; taxe de séjour 2,10 €/pers en sus.* La seule AJ du coin, donc souvent complète. Dortoirs de 6 à 8 lits, et chambres privées dans un bâtiment bien intégré au paysage. Organise des activités (rafting, escalade...).

Prix moyens

Gästehaus Mitterweinfeld : *Weinfeldweg 6. ☎ 613-74. • mitterweinfeld.de • Résa conseillée. Doubles avec sdb, certaines avec balcon, à partir de 70 €, petit déj inclus.* Gros chalet traditionnel à seulement quelques minutes à pied du centre. Une poignée de chambres confortables, aménagées avec du bois clair, à prix très raisonnables. Superbe vue sur les montagnes alentour et les neiges éternelles...

Berggasthof Vorderbrand : *Vorderbrandstr. 91. ☎ 20-59. • gasthof-vorderbrand.de • Seulement pour les motorisés : de la gare de Berchtesgaden, prendre la B 20 (direction Königssee) ; à la station de bus Wemholz, prendre à gauche la Vorderbrandstr. et rouler 4 km (ça grimpe sec !). Resto tlj sauf mer 10h-22h (et aussi jeu en hiver). Doubles 57-61 € ; petit déj inclus. Plats 10-15 €.* Auberge d'altitude pur jus (on est à plus de 1 000 m), d'où la vue est à couper le souffle. Invitation à un casse-croûte rustique, qui prend ici toutes ses lettres de noblesse. Propose aussi des chambres simples mais agréables.

Gasthaus Bier-Adam : *Marktplatz 22. ☎ 23-90. Tlj 11h-22h. Plats 10-25 €.* À l'emplacement de la plus ancienne auberge du village. Plats traditionnels bavarois servis dans une ambiance rustique. Si vous arrivez un lundi en été, vous profiterez en plus des orchestres et groupes locaux qui se produisent partout en ville.

À Schönau am Königssee

(IND. TÉL. : 08652)

Camping

Campingplatz Grafenlehen : *Königsseer Fussweg 71. ☎ 655-44-88. • camping-grafenlehen.de • Ouv tte l'année. Empl. env 30 € pour 2 avec voiture.* À 5 mn à pied du lac. Grand camping, assez calme malgré sa taille, le long d'une rivière, avec vue sur les montagnes. Bien équipé, avec resto-terrasse.

À Ramsau

(83786 ; IND. TÉL. : 08657)

Prix moyens

Pension Martinsklause : *Im Tal 101. ☎ (08657) 268. • martinsklause.de • À env 10 km à l'ouest de Berchtesgaden. Apparts 68-125 €.* À 300 m de l'église et pourtant déjà au pied des chemins de balade, dans un superbe environnement. La famille Rasp vous accueille chaleureusement. Précieux conseils pour découvrir la région. Accueil d'une grande disponibilité.

Gästehaus Leyererhof : *Alpenstr. 114. ☎ 371. • leyererhof.de • Résa conseillée. Double 54 €, petit déj inclus.* La ferme de la famille Votz n'a rien perdu de son charme ni de son authenticité en se transformant en auberge. Accueil simple et gentil. On boit le lait de la ferme, on fraternise autour des tables de bois, même si la langue reste un obstacle à franchir. Vrai bon petit déjeuner, avec produits du pays.

Gasthof Auzinger : *Hirschbichlstr. 8. ☎ 230. De Ramsau, suivre la direction Hintersee, c'est à 500 m du lac. Tlj (sauf jeu) 11h30-14h, 17h-19h30 (18h en hiver). Compter 9-13 € le plat.* Taverne historique, qui attira au XIXe s les plus célèbres peintres naturalistes de l'époque, certainement grâce à la personnalité de sa fameuse patronne, Babette. *Stube* à la déco charmante. Spécialités locales. Viandes provenant des élevages voisins et légumes du marché. Gardez une place pour le dessert, le *Käsekuchen,* qui est à se damner ; sinon, revenez à l'heure du goûter ! Propose aussi des chambres simples et agréables *(double env 60 €, petit déj inclus).*

À Bischofswiesen (IND. TÉL. : 08652)

Plus chic

Alpenhotel Hundsreitlehen : *Quellenweg 11. ☎ 98-60. ● hundsreitlehen.de ● À 5-6 km au nord-ouest de Berchtesgaden, fléché sur la droite à la sortie de Bischofswiesen. Doubles 106-146 € selon confort et saison, avec petit déj.* 3 gros chalets fleuris bénéficiant d'une situation idyllique. Chambres impeccables et d'un grand confort, la plupart avec vue sur les montagnes et la vallée. Accueil très courtois, excellent petit déj, tranquillité absolue... que souhaiter de plus ? La demi-pension ? Sur demande. L'accès au spa est gratuit ; massages et soins payants.

À voir

La vieille ville : la richesse du village est liée d'une part au fait que durant le Moyen Âge, il fut le théâtre d'une lutte de pouvoir avec les trop entreprenants archevêques de Salzbourg ; et, d'autre part, au fait que ses montagnes environnantes renferment de riches gisements de sel. Cela explique le développement de Berchtesgaden et la présence de façades témoignant de l'opulence de ses habitants. Dans la *Metzgerstraße* (derrière la Marktplatz), jetez un coup d'œil à la façade de l'ancienne auberge *Zum Hirschen,* bel exemple de *Lüftlmalerei* (peinture traditionnelle en trompe l'œil du XVIIIe s).

Le château royal : *au cœur du village. ● schloss-berchtesgaden.de ● De mi-mai à mi-oct, tlj (sauf sam) 10h30-12h, 14h-15h30 ; de mi-oct à mi-mai, tlj (sauf sam) visites guidées de 1h à 10h30, 12h, 14h et 15h30. Entrée : 15 € ; réduc.* Ancien prieuré roman dont le principal intérêt, outre la collection d'art, d'armes et meubles d'époque, est le jardin suspendu avec sa vue sur les montagnes. C'est aujourd'hui l'une des résidences des **Wittelsbach** (la famille royale de Bavière). Entre Noël et le Nouvel An, le château retentit de chants et est éclairé à la bougie pour les visites guidées proposées en soirée.

Haus der Berge *(Maison des montagnes)* **:** *en haut du village. ● haus-der-berge.com ● Tlj 9h-17h.* Belle réalisation architecturale destinée à promouvoir le *parc national de Berchtesgaden.* « Voir la nature, entendre, ressentir, goûter et concrétiser », tel est le credo de ce centre. En fait, la Maison des montagnes combine un centre d'information, une expo pédagogique et une incitation à l'aventure pour tous les amoureux de la nature. À l'étage : terrasse-balcon avec vue panoramique sur les montagnes et cafétéria bien agréable.

Salzbergwerk *(mines de sel)* **:** *Bergwerkstr. 83. ☎ 600-20. ● salzbergwerk.de ● Au nord du centre, le long de la rivière. Parking payant de l'autre côté de la route. Bus depuis la gare. Tlj 9h-17h (dernière entrée) mai-oct, 11h-15h le reste de l'année. Visite guidée multilingue de 1h env. Entrée : 21 € ; réduc. Achat en ligne obligatoire.* C'est l'attraction la plus étonnante (et la plus amusante, avec les enfants) de la ville... depuis 200 ans : c'est en 1816 que les 1ers visiteurs, triés sur le volet, purent y accéder !

Vêtu d'une combinaison de travail, on se met dans la peau d'un mineur de fond et, assis sur d'authentiques wagonnets, on descend dans les profondeurs de la mine (creusée dans la montagne jusqu'à plus de 600 m), de grottes en galeries. Parmi les surprises : traversée du lac salé en radeau et glissades sur les toboggans en bois. Tout comme à l'époque, on voit comment le sel est exploité de nos jours au moyen de puits, de tunnels et de bassins de décantation de la saumure. 2 conseils d'amis : sortez vos petites laines, il fait frisquet sous terre ; et allez-y tôt le matin, vous éviterez la foule !

DANS LES ENVIRONS DE BERCHTESGADEN

OBERSALZBERG

L'histoire de cette montagne, destination touristique depuis la 2de moitié du XIXe s et lieu de vacances choisi par un certain A. H. depuis 1923, a connu un 1er tournant majeur en 1933, lorsque ledit Adolf acquiert la maison *Wachenfeld* qu'il loue depuis 1928 pour en faire le *Berghof.* Après avoir expulsé les riverains, le parti en fera une zone réservée au Führer, un 2d lieu d'exercice du pouvoir après Berlin. C'est surtout un lieu que la propagande utilisera pour donner une apparence de simplicité à la vie quotidienne du dictateur.
Tout cela vous sera remarquablement conté, en images et documents d'époque, lors de la visite du ***centre de documentation*** installé au bas du site, à quelques pas des caisses où patientent les centaines de visiteurs venus pour monter au *Kehlstein,* le trop fameux nid d'aigle. Un lieu qui a connu son 2e tournant majeur en 1952, quand une partie du site fut rendue au tourisme, et un 3e à partir de 1996, après le retrait des troupes américaines, lorsque plus rien ne put retenir le flux, sans cesse croissant, de ceux avides d'immortaliser les lieux en films et en photos.

Kehlstein *(nid d'aigle) : à 5 km au sud-est du village. Tlj de mi-mai à oct (en fonction de l'encombrement de la route par la neige) env 9h-17h. Accès interdit aux voitures : il faut laisser son véhicule à Obersalzberg-Hintereck (accessible aussi en bus nº 838 depuis la gare), parking 3 €. De là : navettes A/R (28 € ; 14,50 € enfant ; doc en français) conduisent au pied du « nid », ttes les 25 mn : l'ascension est magnifique, gare au vertige ! On prend ensuite un ascenseur qui mène en un peu plus de 40 s directement à la* ***Kehlsteinhaus,*** *124 m plus haut, à 1 834 m d'altitude (même en été, un pull est le bienvenu). Possibilité aussi de monter à pied au nid (env 30 mn).*
Attention : la *Kehlsteinhaus* (le nid d'aigle) est souvent confondue avec le *Berghof* (acheté avec les droits d'auteur de *Mein Kampf,* puis agrandi) ou avec la Maison de thé. Ces 3 bâtiments étaient distincts les uns des autres. La *Kehlsteinhaus,* construite à l'origine au sommet de la montagne nommée *Kehlstein* pour servir de centre de conférences pour le parti nazi, se trouve à plus de 1 500 m à vol d'oiseau du *Berghof,* détruit en avril 1945 par les bombardiers anglais. La Maison de thé (qui n'existe plus) était un bâtiment distant de quelques kilomètres de la résidence d'Hitler, où il avait l'habitude d'aller prendre le thé l'après-midi. Tout cela, vous le découvrirez en vous arrêtant au ***centre de documentation*** remarquable installé à côté du parking, au bas du site (voir plus loin). La *Kehlsteinhaus* fut finalement offerte à Hitler, en 1939, par Martin Bormann, à l'occasion de ses 50 ans, au nom du parti nazi. Quoi qu'il en soit, Hitler n'y monta guère plus de 20 fois ! Quant au site général d'*Obersalzberg,* il avait été choisi pour devenir, selon les termes d'Hitler lui-même, « un sanctuaire du régime nazi ». Des bâtiments complètement mégalos y avaient été édifiés. Les bombes anglaises en 1945 ne parvinrent pas à atteindre la *Kehlsteinhaus* ! Aujourd'hui, classé Monument historique de l'État de Bavière, le « nid d'aigle » (mot que l'on doit à l'ambassadeur de France André François-Poncet !) attire chaque année ¼ de million de touristes en provenance du monde entier.
Principal intérêt de la visite en dehors de son aspect historique : la vue sublime sur le *Königssee,* les Alpes et Salzbourg au loin.

Dokumentation Obersalzberg : *Salzbergstr. 41.* • *obersalzberg.de* • ***Fermé pour rénovation.*** Exposition permanente présentant, au travers du site d'*Obersalzberg,* l'horreur de la dictature nazie. Vrai travail de mémoire, soutenu par une très intéressante présentation multimédia. Une traduction en français, dans chaque salle, permet de mieux comprendre le sens des recherches effectuées par l'Institut d'histoire contemporaine, à Munich et à Berlin

Visite largement complémentaire à celle de la *Kehlsteinhaus,* d'autant qu'elle inclut celle des bunkers souterrains construits par les nazis pendant la guerre.

LE KÖNIGSSEE

À 5 km au sud de Berchtesgaden. Parking : 5 € pour la journée. Accès direct en bus nos 841 ou 843 depuis la gare, 1 fois/h tte la journée. Un véritable fjord : 8 km de long, à peine 2 km de large et, de chaque côté, des falaises s'élevant jusqu'à 2 000 m ! Un paysage grandiose et sauvage, préservé par son statut de parc national. Les autorités ont également eu la bonne idée de munir les bateaux de moteurs électriques silencieux. Nombreuses possibilités de randonnées et de visites.
Centre d'information sur le parc naturel : *tlj 9h-18h en saison ; lun-ven 8h-17h, sam 8h-13h en hiver.* Infos et documentation sur le parc et les randonnées possibles.

Le plus beau panorama sur le lac : à Königssee même, prendre la télécabine du Jenner (sur la gauche en arrivant), qui conduit à un resto d'altitude à 1 800 m. *Tlj 9h-17h (16h oct-nov).* Belle balade, mais c'est très cher *(38 € l'A/R ; réduc).* Sinon, il y a un ***point de vue gratuit*** à 15 mn à pied du parking et du centre d'info, en dépassant la longue rangée de boutiques de souvenirs et les embarcadères, direction *Malerwinkel* (le « coin des peintres »). Beau panorama sur les falaises. Possibilité ensuite de poursuivre la promenade le long de la rive puis dans les bois et de revenir au point de départ (durée : 1h).

Promenades en bateau : *tte l'année, sauf quand le lac est gelé ! Départ ttes les 15-30 mn. Compter 25 € pour le circuit complet, 20 € pour l'A/R à Saint-Barthélemy ; ½ tarif pour les 6-17 ans. Balade de 2 ou 3h.* Assez cher mais ça vaut le coup. Le seul moyen d'accéder à la fameuse ***chapelle de Sankt Bartholomä*** (du XVIIe s), isolée sur une rive, au bord du lac et au pied des montagnes. Vraiment jolie, avec ses clochers rouges et ses 3 globes étranges qui se reflètent dans l'eau. À côté, un ancien pavillon de chasse princier transformé en auberge (spécialité : le *Schwarzreiter,* poisson du lac fumé, à la carte entre septembre et Noël). Après le repas, petite promenade de santé dans la montagne : un sentier de randonnée (1h30) mène à la « chapelle de glace » (un lieu-dit, il n'y a pas de chapelle). On peut aussi (re)prendre le bateau jusqu'à *Salet,* au bout du lac, si on a le temps (self avec terrasse). De là part un chemin (30 mn aller-retour) permettant de découvrir un autre lac (l'*Obersee*), encore plus sauvage, avec cascade de 400 m de haut ! Randonnées possibles (mais attention : de novembre à fin avril, le bateau ne va pas au-delà de la chapelle de Saint-Barthélemy).
– Fin en beauté et dans le calme de la balade en Haute-Bavière, sur la route allemande des Alpes. Pour beaucoup, l'aventure va continuer par un petit détour en Autriche. D'ici, c'est la porte à côté. Si vous êtes en voiture, n'oubliez pas, si vous prenez l'autoroute, qu'il faut acheter une ***vignette*** pour y circuler, même pour quelques heures. Procurez-vous une vignette hebdomadaire à la 1re station-service que vous trouverez ou en ligne *(18,55 € pour 10 j., tarif 2022).*

LA BAVIÈRE ORIENTALE

Sans doute injustement moins visitée que les autres régions, du moins par les francophones, la partie au sud-est de la Bavière révèle bien des surprises. Elle est chargée d'histoire et peut combler les amoureux de la nature. Elle compte des villes charmantes au passé prestigieux : Burghausen, Passau, Straubing ou notre préférée, Regensburg. De leur côté, la *Bayerischer Wald* et l'*Oberpfälzer Wald* abritent de superbes parcs naturels et sites protégés qui s'étalent le long de la frontière tchèque, sur plus de 300 km !

BURGHAUSEN (84489) 18 700 hab. IND. TÉL. : 08677

Sur la frontière autrichienne, un site exceptionnel : un éperon étroit et allongé entre les eaux de la Salzach et celles du lac de *Wöhrsee.* Cette jolie petite ville est dominée par la plus longue forteresse du pays : ses murailles s'étirent sur 1 km ! Il faut dire qu'à l'époque (au XVIe s), les ducs de Bavière redoutaient une invasion turque.

Adresse utile

Office de tourisme : *Stadtplatz 99. ☎ 887-140. • visit-burghausen.com • À côté du Rathaus. Lun-ven 9h-17h (18h en été), sam 10h-14h (avr-oct).* Bonne documentation en français. Petit office à l'entrée du château *(ouv Pâques-oct, mar-dim 10h-18h).*

Où dormir ? Où manger ?

Hotel Post : *Stadtplatz 39. ☎ 96-50. • altstadthotels.net • Dans la ville basse, sur la place principale. Doubles 109-139 €, petit déj inclus. Resto tlj 11h-23h. Plats 12-25 €.* On ne séjourne pas forcément à Burghausen, mais nous vous recommandons aussi bien les chambres que le resto de l'*Hotel Post.* Magnifiques salles anciennes et vaste terrasse ombragée. Très bons petits plats locaux comme le porc à la bière brune ou la truite meunière.

À voir

Stadtplatz : *dans la ville basse.* Superbe place principale aux maisons peintes et élégamment alignées. Jetez un œil au *Rathaus* (l'hôtel de ville), avec ses voûtes gothiques, au *palais des Taufkirchen,* au n° 97 (Napoléon y séjourna 4 jours en 1809), ainsi qu'à l'église *Sankt Jakob* qui, malgré de nombreuses destructions, a conservé un intérieur néogothique et de belles épitaphes.

Burg *(forteresse) : • burg-burghausen.de •* Avec ses remparts longs de 1 051 m, elle est la forteresse la plus longue d'Europe ! En remontant l'allée, bordée de vieilles maisons, on traverse une enfilade de 6 cours intérieures et 3 ponts-levis avant d'atteindre la dernière enceinte. *Billet combiné avec le Staatliches Burgmuseum et le Stadtmuseum : 10 €. Musée de la Photo et musée de la ville,* consacré en grande partie à la vie au Moyen Âge. Des 2 côtés, vue sur la ville basse et sur la rivière Salzach. La dernière cour a conservé un aspect très médiéval : escaliers en bois, pavés, vieilles grilles... Tout au fond, le musée *(avr-sept, tlj 9h-18h ; oct-mars, 10h-16h ; entrée : 5 €),* dans les appartements princiers, abrite la *Staatliche Gemäldegalerie* : collection nationale de peintures, médiévales surtout, certaines de batailles. Belle vue panoramique depuis le toit du château.

PASSAU (94001) 52 500 hab. IND. TÉL. : 0851

Ville frontière entre 3 pays (Allemagne, Autriche, République tchèque), Passau se situe également au confluent de 3 cours d'eau (l'Ilz, l'Inn et le Danube)

et regroupe aussi 3 villages en un : l'Altstadt, l'Ilzstadt et l'Innstadt... Une véritable originalité qui ajoute encore au charme de cette petite cité paisible, au passé épiscopal, et une des plus anciennes du pays puisqu'on lui prête 5 000 ans d'existence. Comme à Prague ou à Salzbourg, on retrouve les mêmes collines avec forteresse, les maisons aux façades colorées, les rues tortueuses pleines de passages et de cours. Sans oublier les quais et leurs échoppes touristiques... La ville fut reconstruite au XVIIe s par des maîtres italiens, à la suite d'un grand incendie, ce qui lui vaut sa belle homogénéité baroque. De nos jours, sa prospérité repose sur son statut de ville-étape des croisières sur le Danube.

Adresses et infos utiles

Office de tourisme : *Rathausplatz 2 (pl. de l'Hôtel-de-Ville). ☎ 939-66-10. • tourisme.passau.de • Pâques-sept, lun-ven 8h30-17h, w-e et j. fériés 9h-16h ; oct-Pâques, lun-ven 10h-17h (16h ven), w-e 10h-15h.* ***Autre bureau*** *sur la gauche en sortant de la gare. Pâques-sept, lun-ven 9h-12h15, 12h45-17h ; w-e et j. fériés 10h30-15h30. Oct-Pâques, lun-ven 9h-12h, 12h30-17h (16h ven) ; sam 10h30-15h30.* Quand c'est fermé, documentation disponible dans un distributeur. Brochures en français et plan de ville gratuit. Résas de chambres et liste des chambres d'hôtes.

– ***Visites guidées de la ville*** avec un guide, en allemand, au départ de la cathédrale, généralement *(6 €).*

– La ***PassauRegioCard*** *(16,50-56 € pour 1-14 j.),* en vente à l'office de tourisme (ou sur Internet), donne droit au libre accès à divers musées, concerts, loisirs et piscines dans la région. 150 partenaires en tout.

➢ De Passau, on peut ***descendre le long du Danube à vélo*** jusqu'à Vienne, puis Bratislava et Budapest (900 km), ou remonter vers la source en Bade-Wurtemberg. Réseau d'hébergements accueillant les cyclistes tout au long des parcours. Sites à consulter : *• euro velo6.org • bettundbike.de • adfc.de •*

Location de vélos : Fahrrad-Klinik, *Bräugasse 10, pas loin du Rathaus. ☎ 334-11. • fahrradklinik-passau.de • Lun-ven 9h-12h, 13h-18h ; sam 9h-12h. Fermé nov-fév. Loc à partir de 14 €/j.*

Gare : *dans le centre (partie ouest de l'Altstadt). ☎ 0800-150-70-90 (n° Vert).* Trains ttes les heures pour Munich (2h30 de trajet env).

– ***Renseignements sur les concerts :*** *☎ 57-00-55. • passau-ticket.de •*

Où dormir ?

Camping

Zeltplatz Ilzstadt : *Halser Str. 34, 94034. ☎ 414-57. • camping-passau.de • Au bord de la rivière et au pied de la forteresse. À 15 mn à pied du centre ou bus n°s 1, 2 ou 3. Ouv avr-oct. Compter 9,50 €/pers.* Camping réservé aux tentes.

Bon marché

Jugendherberge *(AJ) : dans le Veste Oberhaus, 125, 94034. ☎ 49-37-80. • passau.jugendherberge.de • Navettes pour s'y rendre (sinon, ça grimpe dur !), avr-oct 10h-17h ttes les 30 mn au départ du Rathaus. Carte AJ exigée. Nuitée 25,90 € ; compter 4 € de supplément pour les plus de 27 ans.* Dans la forteresse, au sommet de la colline qui domine le Danube ! Évidemment, elle est prise d'assaut : réservez dès que possible !

Rotel Inn : *Haissengasse 10. ☎ 95-16-0. • rotel-inn.de • Ouv seulement mai-oct. Double 50 € (sdb sur le palier en face), petit déj 6 €.* Cet hôtel situé à 2 pas de la gare, sur le bord du Danube, est immanquable : « *Der ruhende Mensch* » a la forme d'un homme allongé : la tête, bleue, c'est l'entrée ; les bras, rouges, la salle du petit déj ; et le corps blanc immense abrite la centaine de chambres (essentiellement des *singles*). Celles-ci sont tout aussi surprenantes : elles sont de la taille exacte du lit (soit 2 m de long et 1,50 m de large !). Une aubaine pour les cyclistes et les motards, qui y réservent leur chambre longtemps à l'avance !

De prix moyens à très chic

Hotel Residenz : *Fritz-Schäffer-Promenade 6. ☎ 98-90-20. • residenz-passau.de • Fermé à la période de Noël. Doubles 89-309 €, petit déj compris. Parking payant.* Au cœur du quartier historique, hôtel très élégant, face au quai où accostent les nombreux bateaux de croisière... Chambres spacieuses et décorées de différentes couleurs. Préférez celles avec vue sur le fleuve ou avec accès à la terrasse du toit. Accueil délicieux, tout comme le *Frühstück,* qui se prend en terrasse aux beaux jours.

Hotel Passauer Wolf : *Untere Donaulände 4. ☎ 931-510. • hotel-passauer-wolf.de • Doubles 82-172 €, petit déj compris ; familiales.* En plein centre avec sa façade baroque, un bon rapport qualité-prix. Côté chambres, de taille variable, un confort 4 étoiles sans surprise. Terrasse panoramique, sauna et jacuzzi. Pour info, les proprios possèdent 2 autres hôtels : l'*Atrium* et le *Spitzberg* • *atium-passau.de* • *hotel-spitzberg.de* •

LE SUD DE L'ALLEMAGNE

Où manger ? Où boire un verre ?

Encore une ville universitaire, d'où l'abondance de cafés et de *Kneipen,* surtout dans la zone piétonne et aux bords des fleuves. On y mange pour pas cher et c'est souvent original. Sinon, un incontournable : le ***Sello's Caffè Bar Centrale*** *(Rindermarkt 7).*

Kaffeehaus & Weinbar Anton : *Luragogasse 1. ☎ 988-51-65. Tlj 9h-23h (21h dim).* Dans une ruelle qui descend de la *Domplatz,* petit café-bar à vins, intimiste et ravissant. 'Excellents petits déj, salades composées, plats tout simples le midi, et pâtisseries maison. S'il fait chaud, commandez un sirop de *Holunderblüten,* une boisson rafraîchissante à base de fleurs de sureau. Adorable petite cour-jardin à l'arrière.

Café Kowalski : *Oberer Sand 1. ☎ 24-87. Sur les quais de l'Inn, côté Altstadt, au pied de la cathédrale. Au 1er étage. Tlj 9h15-1h (dim 10h-minuit). Plats 6-10 €.* L'un de nos endroits préférés, pour sa jolie terrasse suspendue. Une plaque rappelle que Mozart y séjourna 1 semaine, en 1782 ! Clientèle jeune. Petits déj, surtout le *Weißwurstfrühstück* (saucisses blanches qu'on sert avant 12h, selon la tradition), plats chauds et toutes sortes de salades et de burgers. Concerts de temps en temps.

Café im Scharfrichterhaus : *à l'angle de Milchgasse et Marktgasse, juste derrière le Rathaus. ☎ 35-900. Ouv 17h-1h. Fermé dim.* Café-resto-concert-spectacle-cinéma, bref, un mini-complexe culturel dans une belle bâtisse de 1407. Programme affiché à l'extérieur (2 à 3 manifestations par semaine). Plats de qualité *(8-25 €),* servis en sous-sol ou dans la cour intérieure. Très sympa.

Heilig-Geist-Stiftschenke : *Heiliggeistgasse 4. ☎ 26-07. Dans le centre ancien. Tlj sauf mer-jeu 11h-minuit (cuisine jusqu'à 23h). Plats 11-24 €.* L'établissement le plus fiable de la ville date de 1358. Dans un cadre historique de voûtes et de lambris, excellentes spécialités régionales, notamment du poisson (sandre, truite, silure...) en provenance des 3 rivières. Dégustation de vins dès 18h. Le *Biergarten,* couvert de lierre et de vigne, est aussi accueillant.

Où déguster une pâtisserie et acheter des douceurs ?

Café Stephan's Dom : *Domplatz 2. ☎ 49-055-74. À côté de la cathédrale (à droite), comme son nom l'indique. Tlj 9h (10h dim)-18h.* Déco baroque délirante aux couleurs flashy, terrasse avec vue sur l'Inn. Buffet de pâtisseries affolant. Chocolaterie à l'entrée.

À voir

Dom Sankt Stephan *(cathédrale Saint-Étienne)* **:** *tlj 6h30-19h (18h en hiver).* Gigantesque édifice gothique, dont il ne reste que le chœur et le transept, est devenu un haut lieu du baroque. Nef très élevée, décorée de stucs et de fresques. Attraction principale : le très bel orgue du début du XXe s. C'est le plus gros du monde, avec pas moins de... 17 974 tuyaux !

– *Concerts : mai-oct et 27-31 déc, tlj sauf dim à 12h (ensuite, à 12h30, visite guidée), plus mer à 19h30. Attention : arriver à l'heure, car ensuite la cathédrale est fermée et en saison c'est bondé ! Prix : 5 € le midi, 10 € le soir.* Quand l'organiste attaque l'intro de *Toccata et fugue* de J.-S. Bach, on est transporté parmi les *putti* et les anges du ciel.

On accède au **Museum am Dom** par l'intérieur *(mai-oct, lun-ven 10h-16h ; entrée : 2 €).* En été, le trésor et les objets religieux cèdent la place aux expositions temporaires.

Residenzplatz : *derrière le Dom.* Jolie place bordée de vieilles demeures patriciennes et de la résidence des princes-évêques. Tout autour de la cathédrale, quartier médiéval plein de charme. Ruelles, escaliers, etc.

Glasmuseum *(musée du Verre)* **:** *entrée par la réception de l'hôtel* Wilder Mann, *sur Rathausplatz. • glasmuseum.de • Tlj 9h-17h. Entrée : 7 € (CB refusées) ; réduc.* Collection de 30 000 pièces de verre produites dans les ateliers de Vienne, de Prague, de Bavière et de Bohême. Un dédale de salles mène des caves au grenier d'un superbe ensemble de maisons du XIVe s (il y a même la chambre où Sissi dormit en 1854). L'occasion surtout d'embrasser en une fois 250 ans d'histoire du verre.

Le musée d'Art moderne : *Bräugasse 17. • mmk-passau.de • Non loin de Dreiflusseck. Mar-dim 10h-18h (fermé certains j. fériés). Entrée : 8 € ; réduc.* Musée privé dans une belle demeure admirablement restaurée. Expositions tournantes. Café très sympa à l'intérieur, avec vue sur le Danube.

Rathaus : *face au Danube.* Un bel hôtel de ville du XVe s, à la façade peinte. Au 1er étage, les **Rathaussäle** *(salles de réception ; avr-début janv, tlj 10h-16h – sauf événement ; entrée : 2 €).* Faste impressionnant : vitraux, voûtes, arcs gothiques, peintures murales du XIXe s.

Dreiflüsseeck : *à la pointe de la péninsule.* En français, le « confluent des 3 rivières ». Une grande terrasse permet d'observer le spectacle des eaux. Panorama superbe également sur les rives opposées : la forteresse et les collines d'Ilzstadt d'un côté, les maisons éloignées d'Innstadt de l'autre. Belle balade à faire sur les quais, des 2 côtés.

Veste Oberhaus : *au sommet d'Ilzstadt. Accès par le pont Luitpold ou en navette depuis la mairie (ttes les 30 mn 10h-17h ; 18h w-e ; aller 2 €).*
Immense forteresse sur plusieurs niveaux, curieux mélange de murailles médiévales, bâtiments peints et palais épiscopal qui servait de repli aux évêques à chaque rébellion des habitants. Napoléon s'en empara en 1809. De la terrasse (accès par le parking), panorama sur toute la ville.

Le château abrite un ***musée*** consacré à l'histoire de Passau. *De mi-mars à mi-nov, tlj 9h-17h (w-e 10h-18h) et vac de Noël 10h-16h. • oberhausmuseum.de • Entrée : 5 € ; réduc.* Un peu fourre-tout mais intéressant, aussi bien par l'architecture des pièces que par le panorama sur la ville et les thèmes abordés. On y apprend que l'histoire de la ville se confond là aussi avec celle de « l'or blanc » (le sel). Également artisanat et musée diocésain.

Kloster Mariahilf : *l'église au sommet d'Innstadt. Accès au départ de la brasserie* Innstadt *et par un escalier tapissé d'ex-voto, 321 marches à grimper !* Face à la forteresse, ce monastère capucin attire tous les regards. Après la libération de Vienne de la menace turque en 1638, l'église baroque devint un important lieu de pèlerinage.

Manifestations

– ***Festspiele Europäische Wochen :*** *fin juin-début août.* Plus de 60 spectacles, dont opéras, théâtres et concerts dans divers endroits.
– ***Sommer-Jazz :*** *mi-août. 3 concerts gratuits au Rathaus.*

Excursions sur le Danube

Infos : • donauschiffahrt.eu • Départs de la Rathausplatz. La compagnie ***Wurm und Noé*** *(☎ 92-92-92)* propose un intéressant *Dreiflüsse-Stadtrundfahrt* qui permet d'effectuer le tour de la péninsule en empruntant 2 des 3 cours d'eau. Toutes les possibilités sont proposées, de la petite balade de 45 mn en bateau-mouche – avec toit rétractable à chaque heure et demie – *(départ ttes les 30 mn, sauf en hiver ; billet : 11 €)* à la croisière de luxe pour Vienne ou Linz, ou encore la visite de Passau de nuit avec soirée dansante !

DANS LES ENVIRONS DE PASSAU

Hals : *à env 4 km de Passau en remontant l'Ilz.* Petit bourg agréable que l'on peut atteindre grâce au bus n° 4 ou à pied en longeant le fleuve. Dominé par les ruines d'un château, il offre une vue magnifique sur les environs. Toute la ***vallée de l'Ilz*** est protégée ; possibilité de balades et de baignade (bien qu'elle soit officiellement interdite ; brochure et circuit disponibles à l'office de tourisme).

Museumsdorf Bayerischer Wald : *Herrenstr. 11, à* ***Tittling.*** *• museumsdorf.com • Près du lac Dreiburgensee, à 20 km au nord de Passau. Avr-oct, tlj 9h-17h. Entrée : 7 € ; réduc.* Une centaine de maisons et fermes anciennes minutieusement restaurées retracent la vie d'autrefois dans la forêt bavaroise. Démonstrations d'artisans, aire de jeux et restos. Les enfants adoreront découvrir les animaux de la ferme.

STRAUBING (94315) 47 800 hab. IND. TÉL. : 09421

À 85 km à l'ouest de Passau et 45 km de Regensburg. Petite ville méconnue, traversée par le Danube. Fière de ses origines celtes et romaines, elle fut également un temps le siège du duché Straubing-Hollande. C'est ici qu'est né Emanuel Schikaneder (1751-1812), le librettiste de *La Flûte enchantée* de Mozart. Ville moyenne ayant conservé son charme et son caractère ancien, Straubing est une halte très agréable.

Adresse utile

Office de tourisme : *Fraunhoferstr. 27. ☎ 944-691-99. • straubing.de • Lun-ven 9h-17h (18h jeu), sam 10h-14h ; nov-mars, sam 10h-13h.* Plan de la ville et doc en français.

Où manger ? Où boire un café ?

Café Krönner : *Theresienplatz 1. ☎ 10-994. Tlj sauf dim 8h30-18h (17h sam).* Au pied de la tour, boulangerie-pâtisserie abritant un charmant café-salon de thé. On peut y prendre son petit déj et y grignoter le midi. Nombreuses spécialités de gâteaux, comme la tarte *Agnes Bernauer.*

À voir

Stadtplatz : *place principale, entièrement piétonne.* La *Stadtturm,* tour-horloge à 5 clochetons de 1316, qui servait de tour de guet au Moyen Âge, divise cette place en 2 : *Theresienplatz* et *Ludwigsplatz.* Belles maisons à pignon (dont l'hôtel de ville), et la *Dreifaltigkeitssäule* (colonne de la Trinité), du début du XVIIIe s. Pour la petite histoire, la statue de l'ange Michel fut réalisée par Franz Mozart, un grand-oncle du petit génie !

Basilika Sankt Jakob *(basilique Saint-Jacques)* **:** *Pfarrplatz 11a.* Commencée vers 1400 et terminée vers 1590, la basilique est de style gothique tardif. Remarquable intérieur : vitraux dans la chapelle *Mariahilf.* Dans la *Marienkapelle,* peinture représentant la mort de la Vierge et magnifique autel, chaire de style baroque.

Kirche Sankt Peter : *à l'extérieur du centre historique, en prenant à droite avt le pont sur le Danube.* Ensemble de 4 églises et chapelles à l'intérieur d'un cimetière fortifié avec des tombes du XIVe s. L'église romane Saint-Pierre date du XIIe s, lorsque le centre de la ville se trouvait là. Belle *pietà* du XIVe s et chapelle où se trouve la tombe d'Agnes Bernauer. À ne pas rater, la *Seelenkapelle,* avec fresques du XVIIIe s représentant une danse macabre *(Totentanz)* où ne figure qu'une seule femme : une religieuse.

FAUT OBÉIR À PAPA !

Agnes Bernauer (1410-1435) était la fille d'un barbier d'Augsbourg. D'une grande beauté, elle suscita l'amour du duc Albert de Bavière, qui l'épousa contre l'avis de son père, Ernest. Fou furieux, celui-ci la condamna comme sorcière et en l'absence de son fils, la fit noyer dans le Danube. Non mais !

Gäubodenmuseum : *Fraunhoferstr. 9. • gaeubodenmuseum.de • Dans une rue donnant sur la place principale. Mar-dim 10h-16h. Entrée : 4 € ; réduc.* Ce musée expose les découvertes faites à Straubing, remontant jusqu'à l'âge du bronze et témoignant du passé romain et celte de la ville. On y voit notamment la découverte exceptionnelle en 1950 d'un grand chaudron de cuivre contenant des éléments d'armures et des statuettes romaines. Magnifiques masques romains.

Manifestations

– **Festival Agnes Bernauer :** *ts les 4 ans en juil (prochaine édition en 2023).* Fête qui commémore en costumes d'époque cet épisode célèbre mais malheureux de l'histoire de Straubing (voir l'encadré plus haut). La chapelle de l'église Sankt Peter fut construite en réparation de cette vilénie.
– **Gäubodenvolksfest :** *festival sur 11 j. mi-août.* Célèbre la fin de la récolte. La région du Gäu est en effet l'un des greniers à blé de la Bavière. Expositions, fête et bière à volonté !

REGENSBURG (RATISBONNE)

(93001) 153 100 hab. IND. TÉL. : 0941

• Plan *p. 365*

Classée au Patrimoine mondial par l'Unesco en 2006 et traversée par le Danube, Regensburg est une fausse grande ville, où près de

1 200 monuments historiques sont aujourd'hui protégés. Difficile de ne pas succomber à son charme. Vieille de 2 000 ans, elle fut la 1re capitale de la Bavière et le cœur géopolitique du Saint Empire romain germanique du temps de sa plus grande expansion.
Rien d'étonnant, donc, à ce qu'on y trouve une auberge où l'on déguste des saucisses grillées depuis 850 ans... Un record en Allemagne ! Le centre ancien se découvre facilement à pied. La cité est hérissée d'une quarantaine de tours datant du Moyen Âge et prend des airs de cité toscane, voilà pourquoi on l'a surnommée « ville la plus septentrionale de l'Italie ». Aujourd'hui, de nombreux immeubles médiévaux ont été réhabilités et accueillent étudiants et logements sociaux. Tout cela contribue à redynamiser le centre et à en faire l'une des villes les plus attractives de Bavière voire d'Allemagne.
Ne pas manquer aussi la visite du château des *Thurn und Taxis,* qui est encore habité par la famille princière.

UN PEU D'HISTOIRE

En l'an 179, l'empereur romain Marc Aurèle fonde *Ratisbona* à la limite nord de l'Empire romain. 6 000 légionnaires y stationnent. Charlemagne l'inclut dans l'Empire carolingien. Le pont de pierre sur le Danube date de 1046. Sur la route des croisades, via le Danube et Constantinople, elle prospère, et devient la 1re capitale de la Bavière avant d'être élevée, en 1245, au rang de ***ville libre impériale*** par l'empereur ***Frédéric II.***
Au XIVe s, la mode vient d'Italie, et les tours patriciennes s'érigent, à l'instar de *San Gimignano* en Toscane. En 1542, Ratisbonne passe à la religion réformée, mais reste en même temps le siège de l'évêché catholique, de sorte que les 2 confessions coexistent. En 1663, elle retrouve un certain prestige comme siège permanent des Diètes impériales.

La Diète de Ratisbonne : au cœur de l'Empire

La Diète est une assemblée politique du Saint Empire romain germanique régulièrement réunie à Ratisbonne du XVIIe s jusqu'au début du XIXe s. Elle convoquait les représentants de 51 villes franches, les 37 princes de l'Église, les 63 princes de l'Empire, et enfin les 7 princes électeurs : les archevêques de Cologne, Mayence et Trèves, le duc de Saxe, le margrave de Brandebourg, les comtes du Palatinat et enfin le roi de Bohême. Ces derniers étaient chargés d'élire l'empereur qui n'assistait pas à ces réunions mais se faisait représenter par le prince ***Thurn und Taxis.***
En 1803, la Diète sanctionne, sous la pression de Napoléon, la réorganisation territoriale de l'Empire germanique.
Napoléon offre Regensburg à l'archevêque de Mayence et la ville connaît la décadence au XIXe s. Ensuite, intégrée au royaume de Bavière, elle est évincée au profit de Munich.
Peu industrialisée, c'est l'une des rares villes de Bavière à avoir peu souffert de la 2de Guerre mondiale (13 % de la ville ont été détruits), d'où son authenticité préservée.

La famille Thurn und Taxis

D'origine italienne, la famille des princes *Thurn und Taxis* est l'une des plus anciennes et puissantes d'Allemagne. Le patronyme *Taxi* vient de *tasso* (le blaireau) qui figure dans le blason familial. Leur ancêtre inventa un ***service postal,*** rapide pour l'époque. Les coursiers à cheval mettaient à peine 6 jours pour relier Innsbruck à Bruxelles, chevauchant jour et nuit. L'empereur chargea ce pionnier d'étendre son organisation à l'Empire (voir plus loin l'encadré « Quand les Taxis faisaient le facteur ! »). Anoblis, les descendants montèrent en grade jusqu'au titre de prince.

Au fil des siècles, la famille a accumulé une fortune considérable et possède 30 000 ha de forêt en Bavière. Aujourd'hui, leur château est habité par la princesse ***Gloria von Thurn und Taxis.*** Née en 1960, elle défraya la chronique mondaine dans les années 1980, avec ses tenues extravagantes et ses coiffures flashy. On lui donna le sobriquet de « princesse TNT » ou « princesse punk ». À la mort de son mari en 1990, elle se retrouva à la tête d'une immense fortune mais aussi avec des dettes colossales... Assagie aujourd'hui, catholique fervente et toujours aussi médiatique, la princesse continue d'avoir une influence sur la ville et sur l'économie de la Bavière.

Adresses et info utiles

Office de tourisme *(plan A1) :* *Rathausplatz 4.* ☎ *507-44-10.* • *tourismus.regensburg.de* • *Lun-sam 10h-18h (16h sam), dim 10h-16h (14h30 en hiver). Visites guidées de 1h30. Infos sur le site. Tarif : 10 €.* Excellent accueil. Plein d'infos et une doc complète en français ! Liste des chambres chez l'habitant.

Gare ferroviaire *(plan B2) :* ☎ *(0800) 150-70-90.* Trains quotidiens pour Munich (1h30 de trajet), Nuremberg (1h), Straubing (30 mn), plusieurs trains pour Vienne et Berlin. Nouveau, le train *ÜFEX*, qui relie Regensburg directement à l'aéroport de Munich ttes les heures en 1h15 !

– Départ des bus pour *Kelheim* (voir le *Kloster Weltenburg* « Dans les environs de Regensburg »).

Où dormir ?

Camping

Azur Camping *(hors plan par A1) :* *Weinweg 40, 93049.* ☎ *27-00-25.* • *azur-camping.de* • *À 2,5 km au nord-ouest du centre-ville et au bord du Danube. Ouv tte l'année. Env 40 € pour 2 pers avec tente et voiture en hte saison.* Bien aéré, avec emplacements corrects et agréables, et équipements de qualité (cuisine, resto, supermarché...). Location d'hébergements insolites (chalets en forme de tonneau...).

Bon marché

Jugendherberge *(AJ ; hors plan par B1,* ***14****) :* *Wöhrdstr. 60, 93059, à* ***Untere Wöhrd.*** ☎ *0466-2830.* • *regensburg.jugendherberge.de* • *Du centre, emprunter l'Eiserne Brücke, puis prendre à droite la rue traversant l'île. Bus nos 3, 8 et 9 de la gare : Wöhrdstr. Carte AJ obligatoire. Nuitée 27 € ; compter 4 € de supplément pour les plus de 27 ans.* Grande AJ familiale de 186 lits très bien située, sur une île du Danube. Environnement paisible et verdoyant. Parking gratuit, même pour les camping-cars qui peuvent y passer la nuit, juste à côté de l'AJ. On peut y prendre ses repas, c'est à la carte.

Brook Lane Hostel *(plan A1,* ***15****) :* *Obere Bachgasse 21, 93047.* ☎ *696-55-21.* • *hostel-regensburg.de* • *Nuitée en dortoir 5-8 lits 16-26 € ; chambres privatives pour 2 pers 55-80 € (draps payants, mais on peut apporter son sac de couchage).* Au cœur de la ville, dans une rue pavée, au-dessus d'une supérette. Hôtel bien tenu, aménagement sobre et net, et déco colorée. Cuisine disponible. Bon accueil.

De prix moyens à chic

Hotel am Peterstore *(plan B2,* ***16****) :* *Fröhliche-Türkenstr. 12, 93047.* ☎ *545-45.* • *hotel-am-peterstor.de* • *Doubles 65-99 €, petit déj compris ; triples. Parking payant à proximité et garage à vélos.* Entièrement rénové, hôtel à taille humaine. Un des meilleurs rapports qualité-prix, idéalement situé entre le château et le cœur de ville. Chambres et salles de bains plutôt compactes, mais confort suffisant pour un court séjour.

Hotel Münchner Hof *(plan A-B1,* ***11****) :* *Tändlergasse 9, 93047.* ☎ *584-40.*

• muenchner-hof.de • Dans une rue piétonne de la vieille ville. Attention : inaccessible en voiture. Prix négocié (7,50 €) dans plusieurs parkings proches. Doubles 107-147 €, appart 2 pers 134-154 €, petit déj-buffet inclus. Un 4-étoiles de charme dans une ancienne maison patricienne, vieille de 7 siècles. Intérieur très bien restauré (avec ascenseur !). Meublées à l'ancienne ou modernes, les chambres sont toutes confortables. En demander une dans les étages élevés (plus calme, plus lumineux). 7 nouvelles chambres dans une annexe, située à 2 pas. Excellent accueil.

Castle Hotel *(plan A2,* ***10****) : Sankt-Peters-Weg 3, 93047. ☎ 20-91-92-83. • castlehotel-regensburg.de • Doubles 85-115 € ; petit déj 9,50 €, servi à la grande table commune. Parking payant à proximité.* Pas loin du palais de Thurn und Taxis, petite maison de style *guesthouse.* 8 jolies chambres aménagées sur le thème des régions du monde. Décoration coquette et soignée. Certaines chambres donnent sur les arbres du parc du château. Accueil prévenant et délicat.

LE SUD DE L'ALLEMAGNE

Très chic

David Hotel *(plan A1,* ***18****) : Goldene-Bären-Str. 7, 93047. ☎ 200-09-00. • hotel-goliath.de • Réception et petit déj à l'hôtel* Goliath *(au coin de la rue, vers la cathédrale). Double 139 €, petit déj 12 €.* Notre coup de cœur ! La rénovation a sublimé le vieux bâtiment. Le mobilier contemporain crée un doux contraste avec la pierre, la brique, les parquets anciens, les boiseries peintes, les vieilles poutres... Un cocon charmant, intimiste et merveilleux. Au *Goliath,* déco et confort se font plus consensuels (ascenseur, clim, sauna, fitness...) avec des chambres plus modernes, plus classiques, plus chères aussi *(doubles 135-185 €, petit déj compris).*

Hotel Orphée *(plan A1,* ***12****) : Wahlenstr. 1, 93047. ☎ 59-60-20. • hotel-orphee.de • Réparti dans plusieurs bâtiments :* Kleines Haus *(15 chambres),* Großes Haus *(33 chambres à l'adresse du resto du même nom),* Landhaus *dans le centre et* Andreasstadel *sur la rive opposée. Réception dans une rue parallèle – Untere Bachgasse 8, dans un quartier piéton, donc un peu compliqué en voiture. Plusieurs catégories de prix : doubles 80-150 € pour la* Kleines Haus *(petit* hôtel Orphée*) et 150-220 € pour la* Großes Haus, *les moins chères ont la sdb sur le palier ; petit déj inclus.* Véritable hôtel de charme dans un palais baroque, au cœur de la vieille ville. L'ensemble – la décoration, l'ameublement – a été réalisé avec un souci des détails autant que du confort. Un lieu de caractère et de très bon goût. Fait aussi restaurant (voir « Où manger ? »).

Où manger ?

Bon marché

Nombreux ***Imbisse*** dans la *Weiße-Lilienstraße,* rue piétonne dans le prolongement de Pfauengasse, qui part de Domplatz.

Historische Wurstkuchl *(plan B1,* ***20****) : Thundorferstr. 3. ☎ 46-62-10. Tlj 9h-19h. 6-12 saucisses 10-20 €.* Minuscule maison verte toute de guingois, construite au... XIIe s, pour servir de cantine aux ouvriers du vieux pont. Un des plus vieux restaurants de Bavière, et la carte n'a pas changé. Seule et unique spécialité : les saucisses maison, accompagnées de moutarde, elle aussi maison ! On mange à de grandes tables en bois, sur le vieux pavé du quai, en bord de Danube, ou près de la cuisine les jours de pluie. Service efficace dans toutes les langues.

Dampfnudel-Uli *(plan A-B1,* ***26****) : Am Watmarkt 4. ☎ 53-297. Mer-sam 10h-17h (15h sam). Compter une petite dizaine d'euros.* Dans une petite rue derrière le *Kohlmarkt,* au rez-de-chaussée de la *Baumburger Turm,* l'une des vieilles tours médiévales de la ville. Si vous ne craquez pas pour les

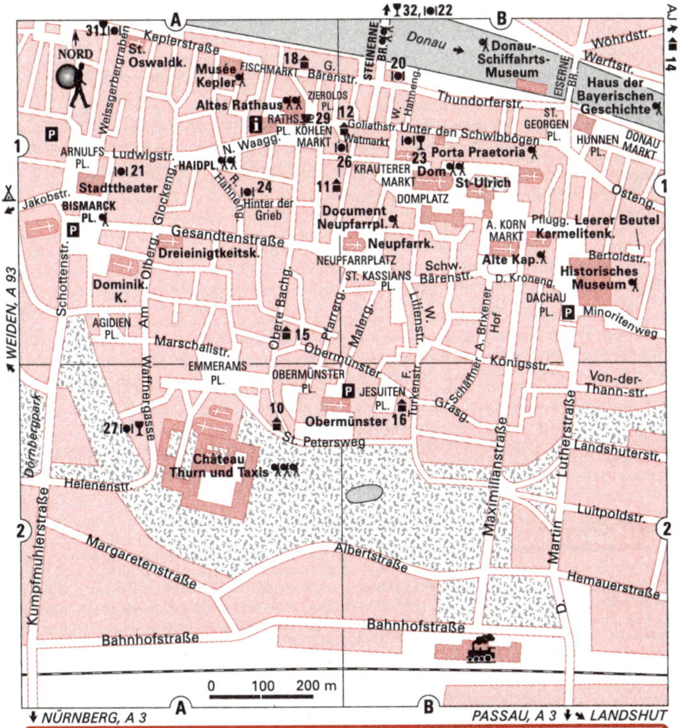

REGENSBURG (RATISBONNE)

Adresse utile

Office de tourisme (A1)

Où dormir ?

10 Castle Hotel (A2)
11 Hotel Münchner Hof (A-B1)
12 Hotel Orphée (A1)
14 Jugendherberge (hors plan par B1)
15 Brook Lane Hostel (A1)
16 Hotel am Peterstore (B2)
18 David Hotel (A1)

Où manger ?

20 Historische Wurstkuchl (B1)
21 Mirabelle (A1)
22 Alte Linde (hors plan par B1)
23 Bischofshof am Dom (B1)
24 Gravenreuther (A1)
26 Dampfnudel-Uli (A-B1)
27 Brauhaus am Schloss (A2)

Où faire une pause sucrée ?

29 Café Prinzess (A1)

Où boire un verre ?

31 Orkan (A1)
32 Gasthof Spitalgarten (hors plan par B1)

bonnes grosses boules de pain soufflé cuites à la vapeur, il y a toujours des saucisses pour calmer une petite faim. À déguster sous de vénérables voûtes gothiques.

Prix moyens

Alte Linde *(hors plan par B1,* ***22****)* **:** *Müllerstr. 1. ☎ 88-080. Passer le pont de pierre, c'est à 50 m à gauche au bout* *d'une petite rue pavée. Mars-déc, tlj 11h-23h ; fév, lun-ven 15h-23h, w-e et j. fériés 11h-23h. Fermé en janv. Plats 7-25 €.* Un *Biergarten* plein de charme sur l'île, à l'ombre des arbres, avec une vue romantique sur la vieille ville et son pont. Cuisine locale simple et copieuse, ambiance festive certains jours.

Bischofshof am Dom *(plan B1,* ***23****) : Krauterermarkt 3. ☎ 594-10-10. Tlj. Plats 9-27 €.* Au pied de la cathédrale, dans un complexe hôtelier aménagé dans l'ancien évêché, autre merveilleux *Biergarten.* Délicieuse bière maison, à accompagner, si on le souhaite, de petits plats plus ou moins consistants. L'occasion de goûter au radis local ! Sachant que la brasserie est caritative, en y buvant une bière, vous accomplissez en outre une bonne action...

Gravenreuther *(plan A1,* ***24****) : Hinter der Grieb 10. ☎ 550-50. Lun-ven 17h-1h, w-e 11h-2h (22h dim). Plats 9-22 €.* Taverne traditionnelle où les serveuses en costume servent avec le sourire bières et plats franconiens. Petit *Biergarten* de poche à l'arrière, bien agréable aux beaux jours.

Chic

Mirabelle *(plan A1,* ***21****) : Drei-Mohren-Str. 11. ☎ 595-65-50. À côté de la Bismarckplatz. Tlj sauf dim 18h-minuit. Plats 12-23 €.* Comme son nom l'indique, c'est un resto de cuisine française. Le chef reprend la tradition et la restitue à sa manière, ce qui donne des saveurs exquises aux plats. Il y a aussi des plats bavarois, revus et corrigés à la sauce française. Décoration chaleureuse, très bon service.

Où faire une pause sucrée ?

Café Prinzess *(plan A1,* ***29****) : Rathausplatz 2. ☎ 595-310. Tlj 10h (12h dim)-18h.* Chocolaterie historique de la ville (depuis 1676 !), le salon de thé et son agréable terrasse piétonne, face à l'hôtel de ville, sont un passage obligé à l'heure du goûter. Délicieuses pâtisseries, « maison ».

Où boire un verre ?

Gasthof Spitalgarten *(hors plan par B1,* ***32****) : Sankt-Katharinen-Platz 1. ☎ 847-74. • spitalgarten.de • Tlj 10h-23h.* Y aller à pied de préférence ; c'est à 10 mn du centre à peine. Traverser le pont sur le Danube et tourner à gauche ; grand jardin ombragé par des arbres centenaires avec une énorme terrasse donnant sur le fleuve. Cette auberge abrite le plus populaire *Biergarten* de la ville. Comme le veut la tradition, la bière est brassée sur place. Quelques plats typiques, sympathiques mais sans grande finesse. C'était l'adresse préférée du pape Benoît XVI quand il n'était encore qu'enseignant à Regensburg.

Voir aussi, plus haut, le magnifique *Biergarten* d'**Alte Linde** ou celui du **Bischofshof am Dom...** Sans oublier la **Brauhaus am Schloss,** la superbe brasserie du château (voir plus loin).

Orkan *(plan A1,* ***31****) : Holzländestr. 1. ☎ 546-05. Tlj 18h (17h w-e)-2h.* La façade ancienne, rose et fanée, de ce vieil immeuble plusieurs fois centenaire cache une petite *Kneipe.* On y sirote sa bière, mais on mange aussi fort bien et à des prix serrés (pâtes, viandes et plats végétariens).

À voir

Dom (cathédrale ; plan B1) : *Domplatz. Juin-sept, 6h30-19h ; mai et oct, 6h30-18h ; nov-mars, 6h30-17h. Fermé durant les offices. Visite guidée : voir centre d'info (Domplatz 5).* L'une des plus importantes de Bavière, construite entre 1273 et 1525. Comme pour beaucoup de cathédrales en Europe, les dernières pierres des flèches ont été posées en... 1872. Dimensions assez étonnantes (tours de plus

de 100 m de haut), intérieur un brin austère, mais beaux vitraux des XIIIe-XIVe s. C'est l'édifice qui compte ***la plus grande surface de vitraux*** en Allemagne, plus même que la cathédrale de Cologne ! Voir le tabernacle, les autels, les dalles et le puits à droite de l'entrée. L'orgue de 37 t est suspendu à 4 câbles, et l'organiste est installé dans une nacelle en verre.
Cloître intéressant pour sa chapelle funéraire du XIIe s *(Allerheiligenkapelle)*, couverte de fresques. À ne pas manquer, à 10h le dimanche matin : la messe avec la célèbre ***chorale Regensburger Domspatzen*** (les « moineaux »). Pour ceux qui seraient intéressés par le *trésor*, l'entrée est payante *(3 €)*. Dans la crypte, la tombe du prêtre ***Johann Maier,*** jugé et pendu comme traître par les nazis le 24 avril 1945 pour avoir préconisé la capitulation alors que les troupes américaines se trouvaient sur l'autre rive du Danube.

LES JEUNES CHANTEURS FRAGILES DE RATISBONNE

Ce chœur « des moineaux » est considéré comme le plus ancien du monde : son origine date de 975, lorsque l'évêque de la ville crée une école où les jeunes garçons chantent aux offices. Les études s'effectuent en internat avec une discipline stricte. De 1964 à 1994, l'école est dirigée par Georg Ratzinger, le frère du pape Benoît XVI. En 2010, des révélations sur des abus sexuels commis sur les garçonnets créent le scandale. Un rapport de 2017 mentionne un nombre de 700 victimes de sévices ou de viols entre 1945 et 1990.

Alte Kapelle *(plan B1)* **:** *sur le Kornmarkt.* Ancienne basilique carolingienne, complètement « rocoquisée » au XVIIIe s. L'intérieur se voit à travers une grille : retables, plafonds peints et stucs dorés. Les habitants s'y pressent pour la messe de Noël le 24 décembre à 18h30.

Altes Rathaus, document Reichstag *(musée de la Diète d'Empire ; plan A1)* **:** *Rathausplatz. Au 1er étage de l'hôtel de ville. Visite guidée seulement ; horaires variables selon saison (tours plus complets en allemand qu'en anglais où l'on ne voit pas toujours ttes les salles ; là aussi, se renseigner) ; mieux vaut passer pour réserver. Billets à l'office de tourisme, à côté. Entrée : 7,50 €. Plaquette explicative en français.* Un des plus anciens hôtels de ville médiévaux d'Allemagne. À voir notamment, la grande salle impériale *(Reichssaal)* dans laquelle siégea à partir de 1663 la Diète (assemblée) perpétuelle de l'Empire. En 1803, la Diète est dissoute, sous la pression de Napoléon ; c'est la fin du Saint Empire, Regensburg perd l'institution qui avait fait son prestige et sa puissance. Aujourd'hui, beaucoup d'historiens pensent que la Diète fut l'ancêtre du Bundestag actuel, symbole de la démocratie représentative allemande.
Dans la ***salle du Collège princier,*** tapisseries de Bruxelles du XVIe s. La visite s'achève avec la série des cachots et une salle des tortures digne d'un feuilleton de série B.

À proximité, sur une placette à l'est, statue en pied de ***don Juan d'Autriche,*** qui tient sous le pied une tête de Turc. Érigée en 1978, pour les 400 ans de la mort de ce fils bâtard de l'empereur *Charles Quint* et de *Barbara Blomberg,* une fille de notable de 19 ans. Reconnu par son père, il vécut à Bruxelles à la cour de ***Marie de Hongrie,*** sœur de Charles Quint. Il fut nommé chef de la flotte chrétienne qui mit les Ottomans en déroute à Lépante en 1571.

Haidplatz *(plan A1)* **:** à 200 m à l'ouest du Rathaus, magnifique place monumentale qui rappelle celles d'Italie du Nord. Le bâtiment le plus intéressant (au no 7) est un château princier du XIIIe s flanqué d'une tour et crénelé. Il abrite l'hôtel ***Goldenes Kreuz,*** où Charles Quint aurait eu en 1546 son idylle avec la belle *Barbara Blomberg...* De nombreuses têtes couronnées, rois, reines, princes et princesse y ont dormi... Aujourd'hui, la tradition hôtelière se maintient 500 ans après ! Au centre de la place, la *fontaine de Justice* date de 1655.

En poursuivant vers l'ouest, on arrive, avec la ***Bismarckplatz,*** aux limites de la ville médiévale, où trônent le *Stadttheater* et, en face, le palais présidentiel et son portique à colonnes, construit pour accueillir la délégation des plénipotentiaires français en 1805. C'est l'un des lieux prisés par les étudiants pour se retrouver le soir.

Steinerne Brücke *(pont de pierre ; plan B1)* **:** sur 310 m de long, ses élégantes arches enjambent le Danube. Construit dans la 1re moitié du XIIe s, il est considéré comme un exploit architectural. Il servit de modèle pour la construction du pont Saint-Charles à Prague. Du pont, jolie vue sur la ville et le fleuve. Pour accéder au pont, on passe par l'une des dernières portes de la ville abritant un petit musée, le ***Brückturmmuseum*** *(avr-oct, tlj 10h-17h ; entrée : 2 €).* À côté, le plus vieux resto d'Allemagne, l'*Historische Wurstkuchl* (voir « Où manger ? »).

Document Neupfarrplatz *(plan A-B1)* **:** sur la place, un relief de l'artiste Dani Karavan évoque la synagogue de la ville, brûlée en 1519. Un peu cachée à côté de l'église, entrée d'un *musée souterrain* sur le passé romain et l'histoire du vieux quartier juif *(seulement en visite guidée, jeu-sam, plus dim-lun en juil-août, à 14h30 ; prix : 5 €, billets en vente au tabac Götz, Domplatz 6).* Et un peu partout en ville, des pavés de la Mémoire (en allemand, des *Stolpersteine,* des « pavés sur lesquels on peut trébucher ») rappellent, au sol, le nom des juifs déportés qui habitaient l'immeuble voisin...

Le château princier Thurn und Taxis et l'église Sankt Emmeram *(plan A2)* **:** *Emmeramsplatz 5. • thurnundtaxis.de • De mi-mars à mi-nov, visites guidées en allemand (1h30) tlj 10h30-14h30 (ttes les heures). Prix : 16 € ; réduc ; ajouter 4,50 € pour le trésor et les écuries (possible sans visite guidée). Audioguide en anglais.* Voir la rubrique « Un peu d'histoire ». Les princes Thurn und Taxis étaient basés à Francfort-sur-le-Main et se sont fixés à Regensburg au XVIIIe s. Ils représentaient l'empereur dans la fonction de ***commissaire principal à la Diète permanente*** de 1623 à 1803. Au début du XIXe s, en compensation de la perte du monopole qu'ils avaient sur le service postal, ils reçoivent l'ancienne abbaye bénédictine qu'ils transforment en château, ouvert en partie à la visite (salles d'apparat, salons, jardin d'hiver, chapelle privée, écuries, cloître).
Ce château est aujourd'hui encore habité par la famille. Il abrite de nombreuses salles d'apparat, 500 pièces et 14 escaliers, c'est le plus grand château privé d'Allemagne. La plus imposante pièce est la ***salle de Bal,*** dite « Blanche », en style rococo. On peut s'étonner de la modernité des équipements (distribution d'eau, chauffage, éclairage), installés dès la fin du XIXe s.
Le parcours inclut aussi la ***salle des Glaces*** (buste de Joséphine de Beauharnais), le ***salon Vert*** (avec le lit aux cygnes de style français), le ***salon Madeleine*** (insolite montage numérisé des visages de la famille princière actuelle, avec les yeux qui clignent), la chapelle privée, le jardin d'hiver, les écuries avec leur parc à voitures (collection de calèches, cabriolets, landaus, berlines...) et le manège de 600 m².
À l'issue de la visite du château, vous pouvez également aller voir l'***église Sankt Emmeram*** *(tlj 10h-18h l'été, 12h ven-sam et 9h dim),* basilique du XIe s aux superbes porche et portail. Cloître de style roman avec profusion de détails architecturaux. À l'intérieur (style plus baroque que roman), nombreux tombeaux de saints et de seigneurs. Les cryptes remarquables ne sont visibles que lors des visites guidées. Y sont enterrés les membres de la lignée Thurn und Taxis, soit une trentaine de tombeaux.

QUAND LES TAXIS FAISAIENT LE FACTEUR !

En 1490, Frédéric III confie à la famille Thurn und Taxis le monopole postal sur l'Empire. Son réseau repose sur des relais pour chevaux tous les 40 km. À son apogée, l'entreprise compte 20 000 employés et emploie des milliers de chevaux. Leur emblème est le cor (souvent présent sur les postes modernes), car en entrant dans les villages, les messagers sonnaient du cor pour annoncer leur passage ! Leur mot d'ordre : « Vite, vite ! »

Ensuite, on a le choix entre le ***café Antoinette*** et la grande brasserie princière ***Brauhaus am Schloss*** *(plan A2, **27** ; Waffnergasse 6-8 ; 11h-minuit ; plats 7-22 €)* pour goûter aux spécialités locales dans une ambiance qui l'est tout autant. Bière maison délicieuse !

Kepler-Gedächtnishaus *(musée Kepler ; plan A1)* **:** *Keplerstr. 5. Seulement w-e et j. fériés 10h30-16h. Entrée : 2,20 €. Petite bio de Kepler en français.* ***Fermé pour rénovation.*** Johannes Kepler (1571-1630), astronome et mathématicien, est vraisemblablement mort ici le 15 novembre 1630. Cette maison a été transformée en musée à sa mémoire. Il soutint, contre le dogme de l'Église, que la Terre n'était pas au centre de l'univers. Instruments astronomiques, cartes du ciel et exemplaire de *Opera Omnia,* œuvre de son rival, l'astronome danois ***Tycho Brahé.*** Des scientifiques du XXᵉ s ont donné son nom à un astéroïde et à une supernova... Il a aussi inspiré 2 opéras (*Hindemith* et *Philip Glass*).

NÉ SOUS UNE MAUVAISE ÉTOILE !

La vie de l'astronome Kepler n'a été qu'une suite de malheurs. Sa 1ʳᵉ femme ? Folle. La mort de leurs 3 enfants, un grand deuil. Sa mère ? Accusée de sorcellerie. Ensuite, ses soucis d'argent pour nourrir les 7 enfants de son 2ᵈ mariage. Kepler a été accusé d'hérésie. En 1630, en plein hiver, il part à cheval pour récupérer de l'argent qu'on lui doit... 6 jours après, retour à Ratisbonne où vieux avant l'âge, il meurt de froid et d'épuisement. 3 ans après son inhumation dans la cathédrale (Dom), sa tombe est profanée par l'armée suédoise et ses ossements jetés à la fosse commune.

Haus der Bayerischen Geschichte *(musée d'Histoire de la Bavière ; plan B1)* **:** *Donaumarkt 1. • museum.bayern • Tlj sauf lun 9h-18h. Entrée : 7 € ; guide média sous forme d'appli (apporter ses écouteurs) : 3 € (réduc).* Un millier d'objets dans un bâtiment à l'architecture audacieuse, contrastant volontairement avec son environnement. La collection permanente, parfois doublée d'une expo temporaire, a pour but de retracer toute l'histoire de la Bavière depuis 1800. Scénographie aérée, qui aborde des sujets aussi variés que le sentiment national bavarois, Louis II de Bavière, la révolution industrielle, le nazisme ou la reconstruction. Malheureusement, explications en allemand (avec de succinctes traductions anglaises).

Donau-Schiffahrts-Museum *(musée de la Navigation ; plan B1)* **:** *Marc-Aurel-Ufer, Thundorferstr. Avr-oct mer-dim 10h-17h. Entrée : 3 €.* À 2 pas du musée de Bavière. Ce musée a été aménagé dans un ancien bateau à aubes. Pour mieux s'y connaître en navigation fluviale danubienne.

Pour ceux qui s'intéressent à l'***architecture romaine,*** pas mal de vestiges disséminés dans le centre : la ***Porta Praetoria*** *(plan B1 ; entre les quais et la cathédrale)* est tout ce qui reste de la porte principale de l'enceinte romaine. Voir aussi dans l'ancien couvent les collections de l'***Historisches Museum*** *(plan B1 ; tlj sauf lun 10h-16h ; entrée : 5 €).* Très complet, ce musée retrace l'histoire de la ville depuis la préhistoire jusqu'au XIXᵉ s. Explications en allemand seulement.

Excursions en bateau

Nombreuses croisières proposées par ***Personenschifffahrt Klinger*** *(☎ 521-04 ; • schifffahrtklinger.de •).* Départ de la *Thundorferstraße* à droite du *Steinerne Brücke.*

Promenades sur le Danube : *ttes les heures 11h-16h (15h avr-oct) ; env 50 mn ; 9,50 €.* Voir « Dans les environs de Regensburg ».

Manifestations

Ville culturelle et étudiante, les événements ne manquent pas. Riche programmation disponible auprès de l'office de tourisme.

- ***Festival musical :*** *Pâques.*
- ***Tage Alter Musik :*** *3 j. fin mai. • tagealtermusik-regensburg.de •* Festival de musique Renaissance et médiévale dans les salles historiques de la ville.
- ***Thurn und Taxis Schlossfestspiele :*** *en juil. • schlossfestspiele-regensburg.de •* Festival dans la cour du château. Théâtre, opéra et concerts.
- ***Bayerisches Jazzweekend :*** *mi-juil. • bayerisches-jazzweekend.de •* Une centaine de concerts partout dans la ville.
- ***Herbstdult*** *(foire d'automne)* **:** *de fin août à mi-sept.* En fait, une « mini-*Oktoberfest* », avant celle de Munich !
- ***Marché de Noël et marché des Artisans :*** *déc. Entrée : 2-4,50 € (plus cher le w-e).* Ce marché de Noël, l'un des plus beaux d'Allemagne, a lieu dans la cour du château, sur le thème de la musique, et attire chaque année plus de 100 000 visiteurs.

DANS LES ENVIRONS DE REGENSBURG (RATISBONNE)

⚲ ***Donaudurchbruch*** *(gorges du Danube)* **:** *accessibles en bateau de **Kelheim**, à 20 km au sud. De mi-mars à début nov, des bateaux effectuent l'A/R Kelheim-Weltenburg. Plusieurs départs tlj en été. Horaires à l'office de tourisme de Regensburg ou à celui de Kelheim. Compter env 3,50 € l'A/R ; réduc.* Balade permettant d'admirer les falaises calcaires se dressant sur les 2 rives du Danube. Les parties les plus hautes sont couvertes de forêts. À faire à vélo ou en canoë.

⚲⚲ ***Kloster Weltenburg*** *(monastère de Weltenburg)* **:** *les bateaux se rendant dans les gorges vous y déposent. Sinon, de Regensburg, à 33 km, accès en voiture par Kelheim (à 6 km du monastère) ou en bus. Parking obligatoire : 3,90 €. Avr-oct tlj 9h30-17h30.* Grande abbaye bénédictine, fondée aux alentours de l'an 600 dans un coude du Danube (site exceptionnel). Elle brasse sa propre bière (la plus ancienne bière d'abbaye au monde) et distille sa liqueur. Splendide ***abbatiale baroque*** du XVIIIe s, célèbre pour sa décoration hallucinante due aux ***frères Asam*** (on se souvient de leur église à Munich). Étonnante voûte ovale entièrement peinte. Stucs et dorures partout. Superbe maître-autel en arc de triomphe et ingénieux éclairage illuminant la statue de saint Georges terrassant le dragon. Petite expo payante sur le baroque, les activités de l'abbaye et la fabrication des 4 variétés de bière.
Visite guidée de la brasserie de l'abbaye et (avec bien sûr une dégustation) ; restauration possible dans le *Biergarten.* Succulente *Weltenburger Klosterwurst* saupoudrée de paprika, accompagnée de pommes de terre et de crème arrosée de la brune légère locale.

⚲ La ***Bayerischer Wald*** (forêt bavaroise), au sud-est de Regensburg, encore peuplée, dans certains sites protégés, de loups et d'ours ! En outre, d'innombrables chemins bien balisés de tous niveaux de difficulté et les sommets du ***Rachel*** (1 453 m) ou du ***Großer Arber*** (1 456 m), avec son lac idyllique.

⚲ À la ***Haus der Wildnis*** *(maison de la nature sauvage, au nord du parc à Ludwigsthal ; à joindre depuis l'autoroute par Deggendorf et Zwiesel • bayerischer-wald.de • janv-avr, tlj 9h-17h ; mai-nov, 9h-18h),* on peut se renseigner pour préparer une randonnée. C'est aussi un centre pédagogique très informatif et distrayant.

⚲ Au nord-est de Regensburg s'étend, sur plus de 150 km, l'***Oberpfälzer Wald*** (parc naturel du Haut-Palatinat), connu notamment pour ses innombrables étangs que les moines cisterciens ont... creusés au XIIIe s et qui leur fournissaient le poisson pour les jours de carême.

LA FRANCONIE

La Bavière du Nord est composée des villes et villages de Franconie, vieille province autrefois conquise... par les Francs ! Carolingienne, puis saxonne, la région, convoitée pour ses richesses et ses voies de passage (dont le Main), fut ensuite intégrée au royaume de Bavière. Pour les voyageurs qui la découvrent, avant de rejoindre Prague ou Berlin, cette région offre au regard des villes superbes et chargées d'histoire, parmi lesquelles les mythiques Nuremberg et Bayreuth, sans oublier notre préférée, Bamberg. La nature n'est pas en reste avec la charmante « Suisse franconienne » et les profondes *forêts du Fichtelgebirge,* qui marquent la frontière avec la République tchèque.

NÜRNBERG (NUREMBERG)

(90001) 515 500 hab. IND. TÉL. : 0911

• Plan *p. 374-375*

Nuremberg est une ville au riche passé : historique, industriel, mais aussi culturel avec son université et ses nombreux musées aux fabuleuses collections. On est séduit par les remparts médiévaux qui enserrent encore la vieille ville sur 5 km, mais on ne peut cependant s'empêcher de lier Nuremberg à l'histoire du nazisme : les grands-messes hitlériennes des années 1930, la promulgation des lois raciales en 1935 et les « procès » des chefs nazis en 1945.

LES GRANDS-MESSES DU NAZISME

À partir de 1933, durant 1 semaine, en septembre, Nuremberg a vu converger de toute l'Allemagne les centaines de milliers de membres du parti nazi. Chaque année, celui-ci organise de spectaculaires défilés et de grandioses cérémonies. Le thème du congrès de 1939, qui n'eut pas lieu (la Wehrmacht venait d'entrer en Pologne), était prévu sur le thème de... la paix dans le monde !

De nos jours, Nuremberg est une ville qui entend transcender le passé sans le renier, en préférant exposer les faits, dans le cadre d'un centre de documentation unique au monde sur l'ancien site des congrès du parti nazi.
3 artistes émergent du panthéon artistique de la ville : Albrecht Dürer, le plus célèbre graveur de la Renaissance, et les sculpteurs *Veit Stoß* et *Adam Kraft.* Vous les retrouverez magnifiés dans les salles de l'incontournable *Musée national germanique.*

UN PEU D'HISTOIRE

Simple forteresse au XIe s, puis ville libre d'Empire au XIIIe s, Nuremberg est déjà une ville prospère en Europe du Sud au Moyen Âge. En 1356, l'empereur ***Charles IV*** décrète que les 7 princes électeurs doivent désormais tenir leur assemblée *(Reichstag)* à Nuremberg. Cette décision est importante, car elle fait de la cité bavaroise un nouveau centre de gravité politique de l'Empire tandis que Francfort est la cité où l'empereur est élu, et Aix-la-Chapelle celle de son couronnement.

Au carrefour des routes marchandes Hambourg-Venise et Strasbourg-Prague, Nuremberg jouit d'une prospérité commerciale et financière. En outre, à 20 km de là, *Schwabach* est la ville des batteurs d'or, Nuremberg donc profite de cette proximité. Avec l'essor de l'économie, les arts s'épanouissent. Le graveur et peintre ***Albrecht Dürer*** produit ses plus belles œuvres dans son atelier (il se visite aujourd'hui). À la Renaissance, la ville est aussi un foyer de recherche et de science. En 1493 (1 an après la découverte de l'Amérique par Christophe Colomb), l'astronome et cartographe ***Martin Behaim*** fabrique à Nuremberg le 1er globe terrestre de l'histoire pour le compte des rois du Portugal. C'est le plus vieux du monde, toujours conservé au Musée national. En 1806, ***Napoléon*** rachète cette ville endettée, sur le déclin. Nuremberg perd son indépendance. La voilà rattachée définitivement à la Bavière.

Nuremberg, capitale de la saucisse

Ah, la fameuse saucisse de Nuremberg ! Sa recette est protégée depuis le XIVe s par un cahier des charges très strict (et depuis par une IGP et par *Slow Food*) : du bon porc local et aucun additif toléré, hormis le sel, le poivre et la marjolaine... À 25 g la saucisse (7 à 9 cm réglementaires !), on les déguste par 6, 8, 10 ou 12 ! *Zher gut !*

Nuremberg, capitale idéologique du IIIe Reich

Dans les années 1920-1930, la cité vote majoritairement pour les sociaux-démocrates mais en 1935, Hitler décide d'y organiser ces immenses assemblées et parades annuelles. Pourquoi Nuremberg ? D'abord pour sa situation géographique centrale en Allemagne, qui en fait un nœud de communication important. Les membres du parti peuvent y arriver facilement en train. Autre raison : la propagande hitlérienne y est relayée par un journal antisémite dirigé par un partisan national-socialiste. Nostalgique de la grandeur déchue de Nuremberg à l'époque du Saint Empire, Hitler récupère à sa façon son prestigieux passé et utilise son décor à des fins de propagande. La cinéaste ***Leni Riefenstahl*** y tourne *Le Triomphe de la volonté* à la gloire du régime et de son Führer.

1945-1949 : les procès de Nuremberg

En 1945, le tribunal et la prison de Nuremberg sont intacts. Pour des raisons pratiques et de sécurité, les Américains choisissent cet endroit pour y juger les dignitaires nazis. Des magistrats nommés par les 4 puissances occupantes (États-Unis, Grande-Bretagne, France et URSS) y jugent entre autres les tristement célèbres ***Göring, Hess, Keitel, Jodl*** et ***Ribbentrop,*** et 8 organisations (dont la SS et la Gestapo). La plupart des accusés sont condamnés à mort tandis que les autres comme ***Rudolf Hess,*** l'amiral ***Dönitz*** et ***Albert Speer*** sont condamnés à des peines de prison.
Les procès de Nuremberg ont posé des règles reprises ensuite

CHURCHILL ET ROOSEVELT NE VOULAIENT PAS DE PROCÈS !

L'instauration d'un tribunal pour juger les nazis a fait l'objet de nombreuses discussions préalables. Churchill et Roosevelt veulent exécuter les principaux responsables, sans jugement. Staline parle, lui, de liquider 50 000 officiers allemands... De Gaulle est favorable au procès. Finalement, la mort de Roosevelt et l'arrivée de Truman au pouvoir changent la donne : l'Américain refuse les exécutions sommaires. La mort de Mussolini et les suicides d'Hitler et de Goebbels facilitent l'organisation des procès à Nuremberg.

par les tenants d'une justice internationale et restent dans l'Histoire comme la 1re mise en application de la notion de ***crime contre l'humanité.***
Il faut rappeler que jusqu'en avril 1949, les tribunaux militaires américains ont mené 12 autres procès contre 177 membres de l'élite du système nazi : médecins, juristes, industriels, dirigeants de la SS et de la police, militaires et diplomates. Ainsi a commencé la dénazification de l'Allemagne de l'après-guerre... Ce haut lieu de l'histoire se visite aujourd'hui : c'est le ***Memorium Nürnberger Prozesse*** *(mémorial du Tribunal militaire international).*

Une ville-phénix renaît de ses cendres

La ville compte 3 000 maisons avant 1940, il n'en reste que 250 en 1945, dont 22 maisons du XIVe s miraculeusement épargnées dans la *Weißgerbergasse.* Un formidable travail de reconstruction, souvent à l'identique, a débuté dès 1946. Des règles architecturales strictes sont imposées pour qu'on ne puisse pas distinguer les bâtiments neufs des anciens (même pente des toits des habitations...). Au début du XXe s, selon le vœu du maire de l'époque, toutes les statues et tous les objets de valeur composant le patrimoine de la ville avaient été remplacés par des copies, les œuvres originales étant conservées au musée. Cette initiative a permis après la guerre de remettre en place de nouvelles copies dans la ville.
Vers 1965, les reconstructions achevées, Nuremberg s'élève au 2e rang industriel et économique de Bavière avec un nœud autoroutier impressionnant, et un aéroport en concurrence directe avec celui de Munich.
Les salons de l'industrie et du tourisme attirent beaucoup de visiteurs, et remplissent les hôtels à des lieues à la ronde. Difficile de donner des dates à l'avance, car il ne s'agit pas, comme à Munich, de manifestations à date fixe. Pour choisir le meilleur moment pour visiter Nuremberg, consulter le site internet de l'office de tourisme.

Adresses et infos utiles

Informations touristiques

Office de tourisme : ☎ *23-360.* • *tourismus.nuernberg.de* • *2 bureaux :*
– l'un (plan B3) face à la Königstor, Königstr. 93. Tlj 9h30-17h. Excellent accueil, personnel très compétent, documentation très variée et bien faite. Demander la doc en français. Plans de la ville et du métro. Liste des hébergements. Vente de la ***Nürnberg Card*** *(33 €)* qui donne droit, outre l'utilisation des moyens de transport appropriés, à la visite gratuite de différents monuments et musées de Nuremberg.
– l'autre bureau de l'office de tourisme (plan B2) se situe dans la vieille ville, sur la place principale (Hauptmarkt), près du Rathaus. Tlj 9h30-17h.
– ***Visites guidées de la ville :*** *à voir avec l'office de tourisme.* • *nuernberg-tours.de* •

Transports

– ***Transports en ville :*** plan du métro, des bus et des trams dans la brochure *Unterwegs in Nürnberg,* distribuée gratuitement à l'office de tourisme. Le bus no 36 dessert tous les centres d'intérêt. Carte journalière des transports pour 4,50 € (elle est valable pour le w-e si achetée le sam). Billet familial (jusqu'à 6 pers) pour 1 j. ou le w-e à 8,90 €, sinon ; billet individuel pour 1h et 1 zone : 2 €. Réduc.

✈ ***Aéroport*** *(hors plan par C1)* **:** *à 7 km au nord de la ville. Infos sur les vols :* ☎ *937-00. Air France :* ☎ *(0049) 069-29-99-37-72.* • *airport-nuernberg.de* • *Pour aller au centre-ville, le mieux est de prendre le métro U2 (12 mn). Ticket aller simple : 3,20 €.*

Gare ferroviaire principale *(Hauptbahnhof ; plan B3)* **:** *au sud du centre-ville, à l'extérieur des remparts.* ☎ *0800-150-70-90 (no Vert).* Trains ttes les 30 mn pour Munich. Consignes, pharmacie, bureau de change...

Location de vélos : ***RideOm,*** *Adam-Kraft-Str. 55 (près de Johannisfriedhof).* ☎ *39-73-37.* • *rideom.de* • *Tlj, sauf mer et dim, 10h-19h (16h sam).* On y parle le français.

■ Adresse utile

- Tourist Information (B2 et B3)

Où dormir ?

10 Jugendherberge (B1)
11 Gasthof Zum Schwänlein (B3)
12 Pension Vater Jahn (hors plan par A3)
13 Burghotel Stammhaus (B1)
14 Hotel Drei Raben (B3)
16 A&O Hostel & Hotel (C3)
17 Dürer-Hôtel (A1)
18 Hotel Elch (A1)

Où manger ?

20 Dampfnudel-Bäck (hors plan par A1)
21 Das Bratwursthäusle bei St. Sebald (B2)
23 Fränk'ness (B3)
24 Das Steichele (A2-3)
27 Historische Bratwurstküche Zum Gulden Stern (A3)
28 Il Rossini (A2)
29 Handwerkerhof (B3)

Où manger une excellente pâtisserie ?

40 Confiserie Neef (A2)

Où boire un verre ?
Où manger une glace ?

30 Kopernikus (C2)
31 Alex (B2)

Où écouter de la musique ? Où sortir ? Où danser ?

33 Jazz Studio (B1)
34 Club Stereo (B3)
35 Mach 1 (B2)

À voir

50 Hauptmark (B2)
51 Schöner Brunnen (B2)
52 Sebalduskirche (A-B1)
53 Lorenzkirche (B2)
54 Mauthalle (B3)
55 Spielzeugmuseum (A2)
56 Neues Museum (B3)
57 Memorium Nürnberger Prozesse (hors plan par A3)
58 Reichsparteitagsgelände et Dokumentationszentrum (hors plan par C3)

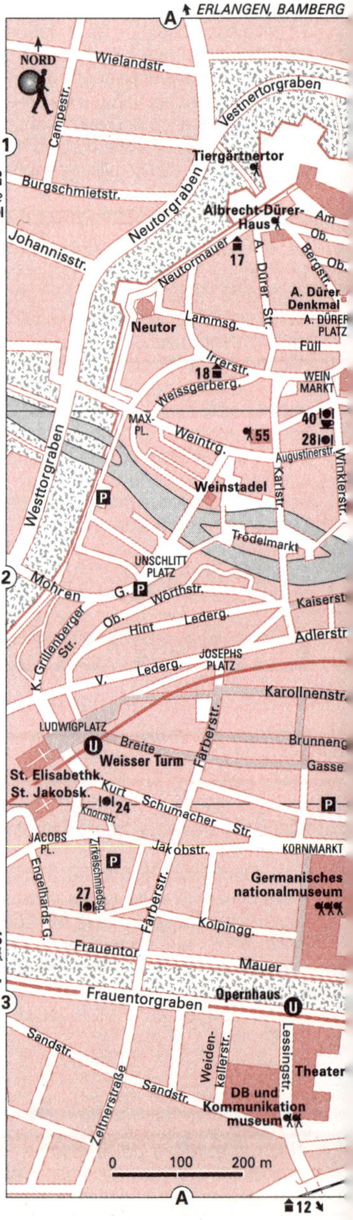

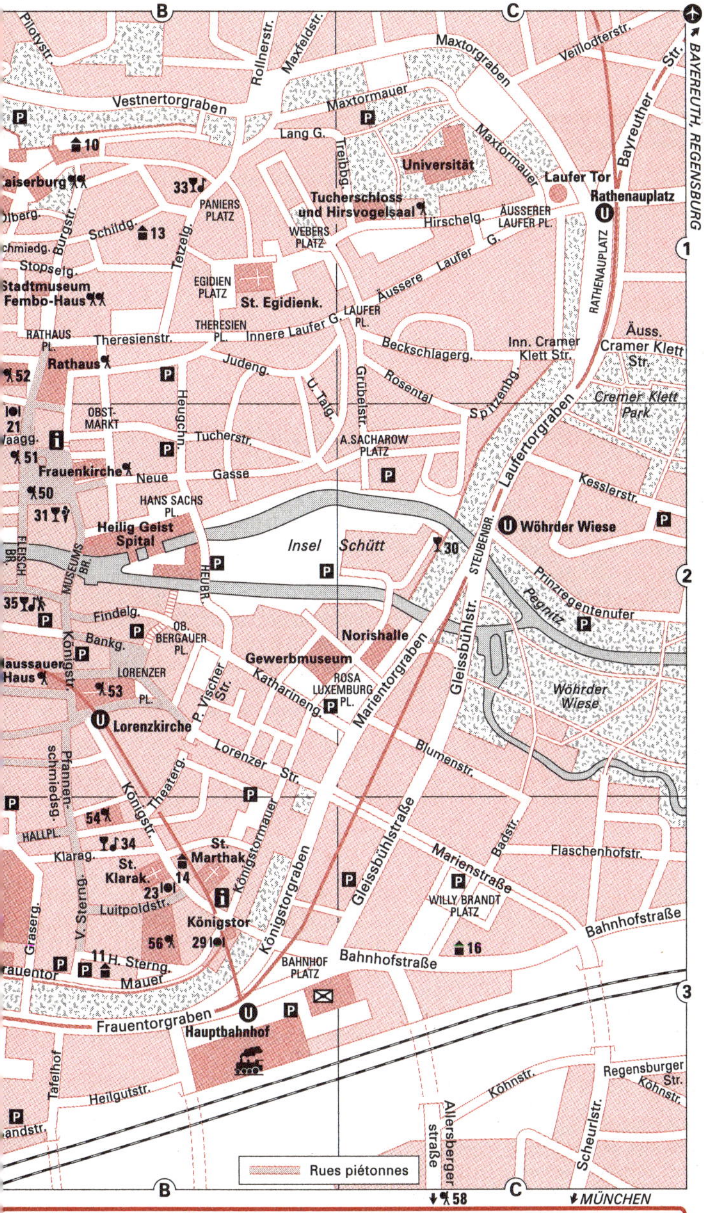

NÜRNBERG (NUREMBERG)

Culture, loisirs

– Pour tout connaître des programmes de théâtre, concerts, ciné, se procurer le mensuel *Doppelpunkt,* pour la vie nocturne le magazine *Prinz* et le petit carnet gratuit *CURT.*

Où dormir ?

Attention : comme à Munich, l'hébergement n'est pas donné... En outre, Nuremberg est une ville de congrès, foires et salons !

Camping

▲ ***Knaus Campingpark Nürnberg :*** *Hans-Kalb-Str. 56, 90471. ☎ 98-12-717. • knauscamp.de • À 5 km au sud du centre, dans le parc Dutzendteich. De la gare, S2 : Frankenstadion. Ouv tte l'année. Empl. env 46 € pour 2 avec tente et voiture.* Assez récent, donc tout beau. Certains emplacements sont ombragés. Sanitaires impeccables. Loue aussi des mobile homes. Possibilité de se restaurer au resto-bistrot.

Bon marché

■ ***Jugendherberge*** *(AJ ; plan B1,* ***10****) : Burg 2, 90403. ☎ 23-09-360. • nuernberg.jugendherberge.de/ • Au nord du centre, sous les remparts, à 20 mn à pied de la gare principale. U : Rathenauplatz ou Lorenzkirche, puis 10 mn de marche. Réception 7h30-23h30. Fermé à Noël. Carte AJ demandée. Nuitée env 35 € (single 75 €), 4 € en sus pour les plus de 26 ans, petit déj et draps compris. La cantine (belle salle voûtée) sert des repas 3 fois/j. (sur inscription le j. même). Pas de parking.* La plus belle et la plus moderne des AJ de Bavière. Sa rénovation a redonné vie à un édifice situé dans les anciennes écuries impériales. 355 lits pour 93 dortoirs et chambres. Dortoirs (2 à 6 lits) impeccables, avec douche/w-c. Il est préférable de réserver car l'AJ reçoit souvent des familles et des groupes scolaires.

■ ***A&O Hostel & Hotel*** *(plan C3,* ***16****) : Bahnhofstr. 13-15, 90402. ☎ (0) 309-168-4401. • aohostels.com • En dortoir, 9-30 €/pers ; doubles 54-100 €.* À 300 m de la gare ferroviaire, grand bâtiment impersonnel mais très fonctionnel abritant 500 lits, des dortoirs (4 ou 6 lits), des chambres individuelles, doubles ou familiales, toutes équipées de douches et TV. Il y a aussi un dortoir réservé aux femmes. Déco basique, mais confort tout à fait convenable pour le prix. Multitude de services. Ambiance et accueil amicaux.

Prix moyens

■ ***Burghotel Stammhaus*** *(plan B1,* ***13****) : Schildgasse 14-16, 90403. ☎ 20-30-40. • invite-hotels.de • Réservez très tôt, cet hôtel est demandé. Doubles 55-77 € ; petit déj 9 €. Parking payant.* À 2 pas du château. Sympathique petit hôtel, familial et tranquille, avec chambres fonctionnelles et bien arrangées. Elles donnent sur une rue peu passante, ou sur un jardinet où l'on peut prendre son petit déj (excellent). Accueil cordial.

■ ***Pension Vater Jahn*** *(hors plan par A3,* ***12****) : Jahnstr. 13, 90443. ☎ 44-45-07. • hotel-vaterjahn-parma.de • À 2 pas du musée des Transports, de l'autre côté de la voie ferrée. Doubles 50-78 € sans ou avec sdb, triples. CB refusées et paiement demandé dès le check-in.* Au calme, au sud de la vieille ville, petit hôtel propre, clair, et familial. Chambres à la déco sobre et sans artifices, mais on y est bien pour un prix raisonnable. Accueil chaleureux. Une bonne adresse, donc souvent prise d'assaut.

■ ***Gasthof Zum Schwänlein*** *(plan B3,* ***11****) : Hintere Sterngasse 11, 90402. ☎ 22-51-62. • schwaenlein-nuernberg.de • Juste derrière Neues Museum. Doubles sans ou avec douche 62-75 € ; petit déj inclus. CB refusées. Parking 10-12 €.* Pension économique dans un style rustique en plein cœur de la ville. Chambres (avec ou sans douche/w-c) donnant sur la rue ou sur le petit jardin. Accueil simple et aimable. Fait aussi restaurant *(tlj sauf* *dim 11h-22h – 23h sam)* typique, avec spécialités tchèques et franconiennes.

De chic à très chic

Hotel Elch *(plan A1, **18**) : Irrerstr. 11, 90403. ☎ 249-29-80. • hotel-elch.de • Doubles 80-120 €.* Quelle surprise que ce petit hôtel de charme, dans une maison médiévale datant de... 1342. C'est l'une des rares rescapées des bombardements de la guerre 1939-1945. Excellente adresse à prix raisonnables pour la qualité du lieu ! Accueil jovial, chambres entièrement rénovées, confortables et joliment décorées. Fait aussi restaurant (thaï) : le *Engelhardts.* Bref, un coup de cœur !

Hotel Drei Raben *(plan B3, **14**) : Königstr. 63, 90402. ☎ 27-43-80. • hoteldreiraben.de • Au cœur de la vieille ville. U : Altstadt. Doubles 150-260 €. Parking payant à proximité « Am Sterntor ».* Hôtel design à la décoration résolument engagée, contemporaine et colorée : chaque chambre a pour thème une histoire, un personnage ou une légende liés à la ville : Albrecht Dürer, le 1er train, la ville des jouets... En soirée, le salon d'entrée se transforme en bar avec apéro gratuit et piano ! Préférez les chambres dans les étages élevés. Au petit déj, mise en valeur des produits du terroir et ressources locales. Un autre coup de cœur !

Dürer-Hotel *(plan A1, **17**) : Neutormauer 32, 90403. ☎ 214-66-50. • duerer-hotel.de • Doubles 95-265 € (voire 595 € en cas de grosse manifestation). Parking 14 €. Sauna 3 €.* Dans la partie haute de la ville, près de la Tiergärtnertor (l'une des grandes portes sur les remparts) et à côté de la maison (musée) d'Albrecht Dürer. À la réception, un grand portrait de Dürer accueille le visiteur. Chambres impeccables et confortables (mais non climatisées), avec une déco classique soignée. Au choix, vue sur les remparts (chambres plus grandes et plus fraîches) ou sur le jardin à l'arrière.

Où manger ?

S'il y a une ville où la culture du ***Brotzeit*** se maintient contre vents et marées, c'est Nuremberg. Il est facile de grignoter un bretzel dans la *Königstraße,* de déguster un bon gâteau à la crème ou de s'asseoir dans l'une des brasseries de la ville, pour boire une bière brune délicieuse, accompagnée de charcuterie et de saucisses. 2 adresses supplémentaires : ***Barfüßer*** *(Hallplatz 2)* et ***Altstadthof*** *(Bergstr. 19-21, au pied du château).* Nombreux ***Imbisse,*** sinon, dans toutes les rues piétonnes.

Bon marché

Handwerkerhof *(plan B3, **29**) : tlj 8h (10h dim)-22h.* Tout un quartier d'artisans a été reconstruit dans le style néomédiéval. C'est réussi ! Boutiques de jouets et de bibelots à l'ancienne, échoppes d'artisans, éventaires de cuisine servant d'excellentes petites saucisses grillées et au pain d'épice, les spécialités de la ville (jusqu'à 22h). *Das Bratwurstglöcklein* fait partie de ces repaires incontournables.

Historische Bratwurstküche Zum Gulden Stern *(plan A3, **27**) : Zirkelschmiedsgasse 26. ☎ 205-92-88. Près des remparts. Tlj 11h-22h. Compter 8-14 € pour 6-12 saucisses.* Les cuisiniers y préparent la fameuse *Nürnberger Bratwurst* au bois de hêtre depuis 1419. 7 siècles d'expérience en la matière ! Servies dans une assiette en étain, ces saucisses sont accompagnées d'une traditionnelle salade de pommes de terre et de la redoutable (pour les sinus) crème au raifort. On déjeune en terrasse ou dans les charmantes petites salles rustiques, patinées par le temps. Les serveuses officient en *Dirndl,* l'uniforme traditionnel des Bavaroises, comme il se doit.

Das Bratwursthäusle bei Sankt Sebald *(plan B2, **21**) : Rathausplatz 1. ☎ 22-76-95. Service tlj 11h-22h. Compter 8,50-15,10 €. CB refusées.* Au pied de l'église Sankt Sebald, voici une adresse connue et appréciée des habitants du quartier et d'ailleurs : on y sert, depuis des années, parmi les meilleures saucisses grillées de Nuremberg ! Serveurs en tenue bavaroise qui vont et viennent sur la terrasse ensoleillée et ombragée (en été du moins).

Fränk'ness *(plan B3, **23**) : Köningstr. 70. ☎ 240-299-55. Lun-ven 11h30-22h, sam 10h-23h. Plats 11-15 €. Petit déj 5-10 € ; brunch dim 35 €.* Ce fast-food gourmand a été imaginé par un étoilé local... Pari réussi ! De la cuisine ouverte sortent des recettes simples mais créatives, à base de bons produits locaux. On s'est régalés avec le burger au chou rouge et effiloché de bœuf braisé... Le chef adorant les légumes, les végétariens ne sont pas oubliés. Belle terrasse dans la rue piétonne.

Dampfnudel-Bäck *(hors plan par A1, **20**) : Johannisstr. 34. ☎ 39-75-04. Tlj 8h30 (9h w-e)-minuit. Plats 5-10 €.* Il faut quitter les remparts pour y arriver, mais ça vaut le détour, à n'importe quelle heure de la journée. Leurs spécialités, les beignets de pommes de terre ou la *Dampfnudel* (pâte à la vapeur au goût de brioche), sont servies dans un cadre rappelant celui d'une *Kaffeehaus* viennoise. Petit déj, *Kaffee-Kuchen* ou un dîner bon marché.

De prix moyens à chic

Das Steichele *(plan A2-3, **24**) : Knorrstr. 8. ☎ 20-22-80. Tlj sauf dim-lun 12h-23h. Service jusqu'à 21h15. Plats 10-23 €.* Suivant la philosophie de *Slow Food,* authentique taverne, tenue par la même famille depuis 1897, proposant une cuisine traditionnelle, à base de produits locaux, de saison et sourcés (les fournisseurs sont tous indiqués !). La carte, très courte, change donc régulièrement. La famille possède un vignoble dans les environs et propose ses vins. Petite terrasse qui s'étale dans la rue. Un sans-faute.

Il Rossini *(plan A2, **28**) : Augustinerstr. 2. ☎ 509-44-17. Tlj 11h-22h. Primi 7,50-12 € ; secondi piatti 16,50-25 €, pizzas 6-12 €.* Au cœur de la ville, très bien situé, à 100 m de la mairie, restaurant italien à la savoureuse cuisine toscane : *pasta,* tagliatelles, risotto, salade *caprese...* sans oublier les pizzas. Bref, carte variée, service aimable et prix sages pour la qualité.

LE SUD DE L'ALLEMAGNE

Où manger une excellente pâtisserie ?

Confiserie Neef *(plan A2, **40**) : Winklerstr. 29. ☎ 22-51-79. Confiserie : tlj sauf dim 8h-17h30. Café : lun-sam 8h30-18h.* 4 générations de pâtissiers, de la même famille (les Neef). Gâteaux de toutes sortes, tartes aux fruits de saison (cerises, prunes, mûres, rhubarbe...), chocolat maison (il y a 3 maîtres pâtissiers qui s'activent dans la chocolaterie). Le chocolat vient de Lübeck : 72 % de cacao, pas moins, c'est la preuve du sérieux de la maison, et jamais plus de 10 % de farine dans les produits. Salon de thé sur place.

Où boire un verre ? Où manger une glace ?

La vieille ville mérite qu'on y flâne. Les lieux à la mode ouvrant et fermant régulièrement, à vous de suivre le défilé des jeunes poussant la porte d'un ancien magasin manifestement reconverti ou d'un bistrot sans enseigne particulière. Pour prendre le pouls de la ville, et un verre par la même occasion, c'est la bonne méthode. L'animation se concentre du côté de la *Bergstraße,* la *Weißgerbergasse,* l'*Innere Laufer Gasse* ou autour de la *Insel Schütt.*

Kopernikus *(plan C2, **30**) : Hintere Insel Schütt 34 (accès par la Krakauer Haus). ☎ 242-77-40. En été, Biergarten tlj 16h (12h w-e et j. fériés)-minuit. En hiver, resto tlj 17h (12h w-e et j. fériés)-minuit.* Situé sur les remparts, dans une ancienne tour de défense, devenue le symbole du jumelage entre Nuremberg et Cracovie. Détruite pendant la guerre, reconstruite par la Pologne, elle abrite depuis le centre culturel polonais. Résultat, l'on y boit et l'on y mange germano-polonais. À vous donc raviolis et *pierogi* farcis, bière franconiennes et vodka polonaise... Très agréable *Biergarten,* lui aussi sur les fortifications. Insolite et convivial !

Alex *(plan B2, **31**) : Hauptmarkt 10. ☎ 244-69-80. Tlj 9h-minuit (1h ven-sam).* Difficile de trouver plus central : sa terrasse avec parasol surplombe la place du Marché. On est aux 1res loges pour déguster une glace dans l'après-midi ou siroter un cocktail en soirée, attablé au bar qui ferme tard. Petite restauration toute simple (carte en français). Le week-end, petit déj, et brunch servi à volonté.

Où écouter de la musique ? Où sortir ? Où danser ?

Jazz Studio *(plan B1, **33**) : Paniersplatz 27-29. • jazzstudio.de • Ven-sam soir seulement. Entrée dès 20h.* Dans une espèce de bunker sous la rue ! Très bonne programmation. Les meilleurs groupes de jazz s'y produisent.

Mach 1 *(plan B2, **35**) : Kaiserstr. 1-9. • mach1-club.de • À côté de l'entrée d'un parking. Boîte de nuit ouv ven-sam 22h-5h, mais le mélange commence à prendre vers minuit.* Clientèle hétéroclite, assez jeune dans l'ensemble. Très *in* : déco très sobre, barmen branchés. Tout ce petit monde s'observe et se montre !

À citer aussi, ***Club Stereo*** *(plan B3, **34**) : Klaragasse 8. • club-stereo.net •*

2 complexes « ciné-resto-bar-théâtre » en plein centre. L'un d'eux, le ***CineCittà*** *(Gewerbemuseumsplatz 3),* est l'un des plus grands cinémas multiplexes d'Allemagne, avec un IMAX. L'autre, l'***Admiral Filmpalast*** *(Königstr. 11),* propose notamment un « *sky bar* » au dernier étage, avec terrasse sur les toits et donc une belle vue sur Nuremberg.

À voir

L'essentiel des curiosités de Nuremberg est concentré dans la vieille ville, délimitée par des remparts et des portes médiévales. Une rivière, la Pegnitz, coupe la ville en son centre et favorise la promenade du soir, notamment le long des remparts.

La vieille ville

Hauptmarkt *(plan B2, **50**)* **:** le cœur historique de Nuremberg. Vaste place encadrée d'édifices étonnants comme l'église Notre-Dame et la fontaine... Autrefois s'y trouvait le quartier juif, qui fut brûlé (avec ses habitants) lors d'un pogrom en 1349. Depuis s'y tiennent le célèbre marché de Noël (évitez de venir un dimanche !) et la fête de la Vieille Ville (en septembre), ainsi que le marché, principale attraction du centre-ville *(lun-sam 7h-18h).*

Schöner Brunnen *(Belle Fontaine ; plan B2, **51**)* **:** *sur la place, face à l'église.* La fontaine gothique du XIVe s s'étage sur 4 niveaux, culmine à 19 m et ne comprend pas moins de 40 personnages sculptés et peints (des copies) qui illustrent les grandes légendes antiques et médiévales : tout en haut, Moïse et les prophètes, puis César, Alexandre le Grand, Charlemagne, le roi Arthur et bien d'autres figures, dont notre Godefroy de Bouillon !

Frauenkirche *(église Notre-Dame ; plan B2)* **:** *tlj 9h-18h. Pas de visite pdt les offices. Visites guidées.* Chef-d'œuvre du XVe s avec une incroyable façade pyramidale à pignons et pinacles, de style gothique flamboyant, bâtie sur les ruines de la synagogue incendiée en 1349. Au centre et à l'extérieur, amusante horloge monumentale du début du XVIe s, dont les personnages, dont l'empereur, s'animent tous les jours à 12h tapantes ! Seule la façade a survécu aux bombardements, qui ont par ailleurs fortement endommagé l'église.

À l'intérieur, qui frappe par ses petites dimensions, œuvres sculptées d'***Adam Kraft*** et autel décoré d'un triptyque datant de la 1re moitié du XVe s. Au sol, au milieu du chœur, une étoile de David, et sur l'autel, un tabernacle en forme de Thora rappellent le passé tragique des lieux. Située sur un pilier à droite du chœur, à côté du buffet d'orgue, une statue de ***sainte Edith Stein*** (1891-1942) rappelle la destinée de cette femme juive convertie au catholicisme. Devenue sœur carmélite et, malgré tout, gazée à Auschwitz en raison de ses « origines raciales ». Elle a été canonisée par Jean-Paul II en 1998.

UNE TÉNÉBREUSE AFFAIRE

Le 26 mai 1828, Kaspar Hauser apparaît vêtu de haillons sur le marché de Nuremberg. Probablement âgé de 17 ans, personne ne sait d'où vient cet ado sans passé. Hébergé par un notable qui lui apprend à lire et à écrire, il est poignardé par un inconnu en 1833. Sa brève existence est toujours au centre d'une énigme relative à ses origines, que certains pensent nobles et rattachées à la maison de Bade. À l'emplacement du meurtre, une inscription mentionne : « Ici, un inconnu fut assassiné par un inconnu. »

Rathaus *(hôtel de ville ; plan B1)* **:** *Rathausplatz. Tlj 10h-16h30 (seulement lun-ven en hiver). Entrée : 4 €. Visite guidée uniquement.* Puissant édifice du XIVe s, transformé en copie de palais italien au XVIIe s. Belle salle d'honneur voûtée. On peut aussi *(11h-15h)* visiter les 12 cachots et la chambre des tortures *(Lochgefängnisse).*

Sebalduskirche *(église Saint-Sébald ; plan A-B1,* ***52****)* **:** *face au Rathaus. Tlj 9h30-18h (16h janv-mars).* La plus vieille église de Nuremberg, érigée au début du XIIIe s et reconstruite après les bombardements de 1945. Subsistent une façade romane à l'ouest et un chœur gothique. À l'intérieur, vitraux du XIVe s et nombreuses œuvres sculptées dues au ciseau des grands artistes de la ville.

Spielzeugmuseum *(musée du Jouet ; plan A2,* ***55****)* **:** *Karlstr. 13-15. • spielzeugmuseum-nuernberg.de • Mar-dim 10h-17h (18h w-e). Entrée : 6 € ; réduc.* L'un des plus beaux du genre en Europe : logique, on fabrique des ***jouets à Nuremberg*** depuis le Moyen Âge, et la ville en produit encore en quantités industrielles ! À noter, entre autres : étonnante collection d'ours, ravissante maison de poupée du XIXe s, un vaisselier du XVIIIe s ; des avions, des navires et autres « bagnoles » de pompiers du début du XXe s. Plus drôle : les osselets « le Mioche », un petit service de messe (l'endoctrinement allait loin), l'ancêtre du roller et le 1er badminton. Boutique à la sortie pour les cadeaux-souvenirs, et espace de jeux pour les enfants.

Stadtmuseum Fembo-Haus *(Musée municipal ; plan B1)* **:** *Burgstr. 15. • museen.nuernberg.de/fembohaus • Mar-dim 10h-17h (18h w-e). Entrée : 6 € (billet jumelé à 9 € avec les autres musées municipaux). Audioguide en français.* Grande maison de 4 étages à pignon de la fin du XVIe s, ayant appartenu à un commerçant hollandais, exilé protestant. On commence au 4e étage (accessible par ascenseur !) par une ***maquette de la ville,*** réalisée en 1939, donc juste avant la destruction de Nuremberg. Une superbe animation audiovisuelle lui donne vie. Passionnant !

On découvre ensuite, en parcourant la maison, de riches intérieurs reconstitués – le plus souvent récupérés dans des maisons détruites depuis – en compagnie de leurs différents occupants, tous les aspects de la vie quotidienne des marchands et des artisans de Nuremberg. Parcours plaisant et bien ficelé. On termine par un choix de différentes vidéos (en anglais) sur des sujets aussi différents que les lois raciales ou la reconstruction après 1945.

LE SUD DE L'ALLEMAGNE

Tucherschloss und Hirsvogelsaal *(plan C1)* **:** *Hirschelgasse 9-11. • museen.nuernberg.de/tucherschloss • Lun, jeu, dim 10h-17h. Entrée : 6 € ; réduc.* Construit au milieu du XVIe s par la famille Tucher (celle de la bière !), ce petit manoir fut presque entièrement détruit par la guerre. Rebâti dans le style Renaissance, il sert désormais de témoignage de la vie d'une famille patricienne de Nuremberg. À l'intérieur, tapisseries et beau mobilier baroque, notamment.

Kaiserburg *(château impérial ; plan B1)* **:** *accès par Burgstr. • kaiserburg-nuernberg.de • Avr-sept, tlj 9h-18h ; oct-mars, 10h-16h. Entrée : 7 € ; réduc.* Au nord de la vieille ville, sur une hauteur. Les dates de construction s'étalent du XIIe au XVIe s. L'une des résidences des empereurs du Saint Empire romain germanique jusqu'à la 2de moitié du XVIe s, quand Nuremberg accueillait les assemblées de la Diète impériale.
En 1945, le château est en grande partie démoli, puis reconstruit par la suite. Un peu austère mais impressionnant, c'est un beau complexe médiéval. Puits profond de 50 m dans la cour, tour pentagonale, palais et chapelle impériale (du XIIe s). Superbe panorama sur la vieille ville depuis la *Sinwellturm* (donjon). L'intérieur, joliment scénographié, est digne d'intérêt. Au pied de la forteresse, sur les remparts, petit parc très agréable.

Tiergärtnertor *(plan A1)* **:** *porte nord-ouest de la ville.* Autour de cette porte historique s'étend le plus beau quartier de Nuremberg, particulièrement charmant en fin de soirée. Superbes maisons à colombages, dont la *Pilatushaus (Obere Schmiedgasse 66),* la plus remarquable, et la maison de Dürer.

Albrecht-Dürer-Haus *(maison de Dürer ; plan A1)* **:** *Albrecht-Dürer-Str. 39. Tlj sauf lun 10h-17h (20h jeu, 18h w-e) ; aussi lun en été et pdt le marché de Noël. Entrée : 6 €. Audioguide en français.* Charmante maison médiévale à pignon à auvent et colombages, de style gothique. Endommagée en 1945, elle a été restaurée à l'identique avec le mobilier du XVIe s. C'est la maison-atelier d'Albrecht Dürer (1471-1528). Le maître de la peinture allemande de la Renaissance a vu le jour à côté dans la *Burgstraße,* mais il acheta cette demeure en 1509 (à l'âge de 38 ans) et y vécut jusqu'à sa mort, succombant à la malaria en 1528. On peut voir sa tombe très bien conservée au cimetière de *Johannisfriedhof,* à l'ouest de la ville. Quelques copies sont exposées mais pour admirer ses plus beaux tableaux, il faut aller au Musée national germanique (voir plus loin), ainsi qu'à l'Alte Pinakothek de Munich. Reste ici le (maigre) plaisir de découvrir la maison et d'imaginer le grand artiste de la Renaissance à l'ouvrage. Démonstration d'impression de gravures. Hommages de peintres contemporains.

Redescendre ***vers la rive sud*** en passant par la très belle *Weißgerbergasse,* tourner dans *Maxplatz* et prendre le *Maxbrücke,* pont qui offre l'une des plus jolies vues sur la rivière : îlots, ponts de bois, vieux entrepôts et saules se reflétant dans l'eau. Sur l'île à gauche, nommée ***Trödelmarkt*** *(plan A2),* s'alignent boutiques et cafés ainsi que l'ancienne maison du bourreau, transformée en petit musée. Longer ensuite la rivière Pegnitz par la *Kaiserstraße* (quartier charmant).

La rive sud

Lorenzkirche *(église Saint Lorenz ; plan B2,* ***53****)* **:** *Lorenzer Platz. Lun-sam 9h-17h (19h jeu), dim 12h30-16h30. Visites guidées à 11h et 14h (sauf j. fériés). Accès à la tour sam à 14h mai-sept. Petite offrande demandée.* **L'église la plus somptueuse de Nuremberg,** sans aucun doute. Édifiée du XIIIe au XVe s, elle fut reconstruite après la 2de Guerre mondiale (un sacré tour de force, vu la complexité de la façade sculptée !). Visiter absolument l'intérieur : le chœur est un enchantement. On y trouve 2 véritables chefs-d'œuvre. D'abord, l'*Englischer Gruß* (Le Salut de l'ange), immense couronne de bois sculptée par **Veit Stoß** (XVIe s) et suspendue au plafond. L'autre chef-d'œuvre du chœur est cet hallucinant ***tabernacle***

(Sakramentshaus), haut de 20 m, adossé à un pilier, sur la gauche du chœur. Œuvre du sculpteur ***Adam Kraft*** (XVe s), l'artiste le plus génial de la ville après Dürer, elle illustre les épisodes de la passion du Christ ! Quant aux vitraux, ils datent du XVe s ; déposés juste avant les bombardements, ils ont retrouvé leur place après la guerre. Voir également les nombreux tableaux d'autel et retables, rescapés eux aussi. À côté du grand portail, photos prises en 1945, pour se rendre compte des destructions subies par la ville.

🚶 ***Nassauer Haus*** *(plan B2)* **:** *sur le parvis de l'église, en face.* La plus vieille habitation de Nuremberg (XIIIe s). Belle façade sculptée.

🚶 ***Mauthalle*** *(maison des Douanes ; plan B3,* ***54****)* **:** à l'angle de Hallplatz, ancien grenier à blé et à sel au pignon sculpté. À l'intérieur (au resto *Barfüßer*), bel escalier médiéval et cave voûtée.

🚶🚶🚶 ***Germanisches Nationalmuseum*** *(Musée national germanique ; plan A-B3)* **:** *• gnm.de • U : Opernhaus. Tlj sauf lun 10h-18h (20h30 mer). Visites guidées. Entrée : 8 € ; réduc ; gratuit mer 18h-21h. Lunch possible au café* Arte *(adhérent* Slow Food *!), menus 18,50-22,50 € pour 2-3 plats.* Le plus important et le plus grand musée de la ville, et sans doute l'un des plus foisonnants d'Europe. À l'extérieur, au long de l'allée nommée « ***Straße der Menschenrechte*** » (*The Way of Human Rights,* rue des Droits-de-l'Homme), œuvre de l'artiste israélien *Dani Karavan,* une enfilade de 27 colonnes où sont gravés dans toutes les langues les articles de la Déclaration des droits de l'homme.

Avec plus de 20 000 pièces exposées, cette gigantesque collection demande plusieurs heures de visite. On vous conseille de sélectionner un thème qui vous intéresse en particulier et d'y venir, si c'est possible, à plusieurs reprises. Laissez vos affaires à la consigne. Plan d'orientation gratuit et en français à l'entrée. Le fond du grand hall d'entrée est tapissé de plaques de rues provenant de Berlin-Est avant 1989.

On y trouve de tout, depuis les silex de l'âge de pierre jusqu'aux installations de Joseph Beuys, en passant par le cône d'or d'Ezelsdorf du Xe s av. J.-C., les ***portraits d'empereurs*** par ***Albrecht Dürer*** ou celui de Rembrandt par lui-même, les sculptures médiévales de ***Veit Stoß*** et ***Tilman Riemenschneider*** et le ***globe de Martin Behaim*** (1493), la plus ancienne représentation de notre Terre sous forme sphérique.

L'art médiéval occupe la plus grande place, mais on y trouve aussi les arts décoratifs et l'orfèvrerie, les armes, les instruments de musique (étonnant !), les instruments scientifiques anciens, les estampes, les médailles, les monnaies et, enfin, les traditions populaires.

Bon, on ne peut pas tout vous détailler mais, à défaut d'un audioguide, on va juste tenter de signaler certains chefs-d'œuvre à ne pas rater. Le circuit est très aléatoire, car les bâtiments ne communiquent pas tous ensemble, et il est parfois difficile de respecter l'ordre chronologique ou ne serait-ce que l'ordre des salles. C'est dire si le plan s'avère bien utile !

Rez-de-chaussée

– ***Salle 3 « La genèse du GNM » :*** elle a pour thème « Les perceptions du Moyen Âge » et rassemble aussi bien des œuvres et objets de cette époque que des représentations idéalisées au XIXe s lors de la redécouverte de cette période par le mouvement romantique et la montée du nationalisme allemand.

– ***Salles 3-4 et 13-19 « Moyen Âge » :*** on retiendra de cet ensemble la précieuse châsse-reliquaire de 1438, entièrement d'or et d'argent, avec fond peint (miroir dessous). Et sinon, beaucoup de pièces de la période carolingienne : croix, reliquaires émaillés, le ***codex d'Echternach,*** un évangéliaire à la couverture d'or, des aquamaniles de bronze en forme de lion, de loup, etc. Un peu plus loin, belle tapisserie française avec scènes d'amour courtois.

– ***Salles 5-12 « Préhistoire et protohistoire » :*** en vedette, le ***cône d'or d'Ezelsdorf,*** qui servait d'attribut religieux à la célébration des cultes solaires à l'âge de

bronze. Également une magnifique fibule en forme d'aigle (VIe s) ornée de lapis-lazuli et un casque romain de parade du IIe s.
– ***Salles 22-28 « La vie quotidienne jusqu'en 1700 » :*** dans les anciennes cellules ceinturant le cloître, collection de poêles en fonte émaillée et d'objets usuels.
– ***Salles 20-21 et 30-39 « Bas Moyen Âge » :*** les trésors y abondent. L'une des plus belles collections de sculptures religieuses que l'on puisse imaginer. On y retrouve, dans un cloître reconstitué, les grands artistes de Nuremberg, ***Veit Stoß, Adam Kraft*** et ***Tilman Riemenschneider.*** Profusion de tableaux d'autels illustrant des épisodes bibliques. Viennent ensuite les chefs-d'œuvre de la peinture allemande de la fin du Moyen Âge.
– ***Salles 42-43 « Instruments de musique » :*** à noter, entre autres, un violon démontable camouflé dans une canne, un piano miniature caché dans un tiroir sortant de la jupe qui habille une statue, et autres inventions cocasses comme le « baryton » (mélange de violon et de sitar) ou encore la « chitarrone », mandoline à 12 cordes, à manche plat.
– ***Salle 41 « Arts appliqués » :*** dans une vaste salle aux voûtes gothiques. Mélange des genres avec des objets de l'Antiquité jusqu'aux années 1900 où des chevaliers en bois sculpté chevauchent par-dessus les commodes Biedermeier.
– ***Salles 46-47 « Armes, chasse et culture des jardins » :*** salle un peu fourre-tout où l'on trouve essentiellement des armures.

1er étage
– ***Salles 148-154 « Artisanat d'art du baroque » :*** salle remplie de mobilier et de vaisselle. Un coup d'œil tout de même au nécessaire de voyage... pour routard précieux !
– ***Salles 103-133 « Renaissance, baroque et Lumières » :*** vaste programme avec, notamment, l'essentiel de la collection de peintures du musée. Impossible de tout citer. Le ***globe terrestre de Martin Behaim*** se trouve dans la salle 103a. Réalisé en 1493 : l'Amérique fraîchement découverte l'année précédente par Christophe Colomb n'y figure pas, le cartographe n'étant pas encore informé de cet événement majeur.
Les œuvres exposées sont remarquables : *Hans Baldung Grien, Jörg Breu,* ***Dürer, Bruegel, Cranach l'Ancien*** et *Cranach le Jeune, Roelandt Savery,* ***Rembrandt,*** foison de paysages, natures mortes et « vanités » hollandaises, des pièces rares et insolites de « cabinets de curiosités », de gravures, etc.
De ***Cranach l'Ancien,*** fascinante *Salomé.* Pour les siècles suivants, bien d'autres peintres réputés, comme Kirchner et Caspar David Friedrich.
– ***Salles 101-102 « Instruments scientifiques » :*** cadrans solaires, horloges, clepsydres, lunettes astronomiques, sextants et compas, cartes et mappemondes du XVIe s.
– ***Salles 135-137 « Médecine et artisanat » :*** à voir pour les instruments de chirurgie, prothèses, pharmacie du XVIIe s.
– ***Salles 145-147 « Vêtements à partir de 1700 » :*** pour s'amuser, voir l'évolution du costume de bain et celle du caleçon masculin !

2e et 3e étages
– ***Salles 210-230 et 301-305 « XXe s » :*** large part accordée à l'expressionnisme allemand, avec l'étonnant autoportrait de Ludwig Kirchner en *Buveur* (1914).
– ***Salles 202-209 « Culture et société » :*** objets de la vie rurale. Magnifiques armoires peintes, intérieurs de fermes reconstitués, crèches de Noël. À l'étage, une dernière partie brasse tous les courants artistiques qui ont jalonné le siècle dans l'univers germanique, depuis le néoclassicisme et le romantisme jusqu'à l'historicisme et la fondation de l'Empire sous la houlette prussienne. À noter, le portrait de Napoléon, qui bouleversa le cours de l'histoire allemande et importa la guillotine dans les bagages de la Grande Armée. Collection passionnante d'ex-voto et mobilier décoré de sujets religieux dans les zones catholiques de l'espace germanique.

Le Monde du jouet : sur 3 niveaux, dans un bâtiment extérieur à gauche à 100 m de l'entrée du musée précédent. On vous remet à l'entrée une lampe de poche qui permet de bien distinguer tous les détails à l'intérieur des maisons de poupée. Également armées de soldats de plomb, fermes miniatures, châteaux forts, carrousels, chemins de fer, théâtres de marionnettes, lanternes magiques, jeux d'échecs, jeux de cartes, puzzles... tout un univers charmant et enchanteur.

Neues Museum *(musée d'Art et de Design ; plan B3,* ***56****)* **:** *Luitpoldstr. 5. • nmn.de • Mar-dim 10h-18h (20h jeu). Entrée : 7 € ; réduc.* Un nouveau musée au look impressionnant, à découvrir depuis la *Klarissenplatz,* entièrement réaménagée. La façade vitrée ne cache rien des œuvres. Sur 1 200 m², une collection d'art contemporain comprenant des pièces de 1945 à nos jours.

DB-Museum und Museum für Kommunikation *(musée des Chemins de fer et musée de la Communication ; plan A3)* **:** *Lessingstr. 6. • dbmuseum.de • mfk-nuernberg.de • Mar-ven 9h-17h, w-e 10h-18h. Entrée : 7 € ; réduc. Audioguide en français.* Le plus ancien musée sur le sujet en Allemagne, fondé en 1899, est surtout axé sur le chemin de fer, mais y sont également présents les diligences, les voitures des postes et le matériel de communication. Parfois très technique, mais présenté dans l'ensemble de manière ludique. À voir, entre autres, les 2 somptueux ***wagons de Louis II de Bavière*** (un « Versailles sur roues avec terrasse » !), ainsi que celui du chancelier ***Bismarck Adler,*** la 1re locomotive des chemins de fer allemands, et une rame de l'*ICE 3.* Le rôle joué par la *Reichsbahn* au cours de la guerre et sa contribution à l'Holocauste sont aussi évoqués. À l'étage, l'histoire de l'architecture des gares, la culture du voyage et une reconstitution de la salle Royale de la gare centrale de Nuremberg en 1864. Les enfants et leurs parents se régaleront à voir circuler les trains miniatures au milieu des paysages reconstitués.

LE SUD DE L'ALLEMAGNE

Les mauvais souvenirs : les sites du IIIe Reich, une mémoire pour demain

Plusieurs sites remarquables et, incontournables. Il existe un *Day Ticket* à 9 € qui permet de visiter l'ensemble. Situés de part et d'autre de la ville close, il n'est pas évident de les enchaîner en une demi-journée, à moins d'opter pour le vélo *(compter alors 30 mn de trajet env)* ! Le célèbre tribunal, où furent jugés les criminels de guerre, se situe à quelques minutes à l'ouest ; tandis que le *site des Congrès du NSDAP* est relativement excentré, au sud-est de la ville.

Reichsparteitagsgelände *(site des Congrès du NSDAP ; hors plan par C3,* ***58****)* **:** *accès libre et GRATUIT. On peut s'y rendre en bus, en tram, et aussi en taxi (env 10 €). Mais le vélo permet de faire, en outre, le tour du parc.* Une association, *L'Histoire pour tous,* organise des visites guidées en allemand *(w-e à 14h ; départ du Dokumentationszentrum ; durée : 2h ; prix : 8 €).* Visites guidées aussi avec l'association des *Guides de Nuremberg* *(mai-sept, 1er sam*

UN SYMBOLE IMPOSANT

Le Zeppelinfeld pouvait accueillir 320 000 personnes. La tribune principale, longue de 390 m et haute de 24 m, construite sur les plans d'Albert Speer, était inspirée du grand autel de Pergame (Asie Mineure) reconstitué à Berlin. 130 projecteurs de DCA illuminaient le ciel lors des cérémonies nocturnes, formant une cathédrale de lumière. La tribune était surmontée d'une croix gammée gigantesque en pierre, détruite par les Américains en 1945.

du mois à 14h30 ; prix : 7 €). Visites en français seulement sur demande. Rens auprès du musée : ● museen.nuernberg.de ●
Il s'agit du grand projet d'Hitler, destiné à faire de Nuremberg la ville-vitrine du régime. Sur une surface de 11 km², ce gigantesque complexe architectural fut la 1re grande réalisation de l'architecte préféré du Führer, ***Albert Speer.*** De 1933 à 1938, le site a accueilli les congrès annuels du parti nazi (le NSDAP). Sa conception reste l'un des symboles de l'architecture à l'époque nazie et fut l'un des principaux instruments au service de la propagande du régime, illustré par le film de ***Leni Riefenstahl*** – *Le Triomphe de la volonté.*
– ***Grand tour du site à vélo ou à pied :*** prévoir au moins 1h pour en faire le tour (après la visite du Centre de documentation, qui ferme à 18h et dont la visite permet de mieux appréhender le site). L'ensemble constitue un témoignage glaçant de la pensée architecturale du IIIe Reich vue comme une démonstration de force, de puissance et d'intimidation. Autoproclamé « maître d'œuvre suprême », Hitler était animé d'un fantasme de puissance architectonique. Il avait conçu ce parc comme le « foyer spirituel » du mouvement.
On découvre d'abord les restes imposants du ***grand colisée*** inspiré par celui de Rome. En granit extérieurement, en brique intérieurement, il est resté inachevé ; une aile accueille aujourd'hui le *Dokumentationszentrum* (voir juste après). On aboutit ensuite à la ***grande rue*** (2 km de long) où étaient organisés des défilés nazis. Puis, par un chemin ombragé longeant la rive nord d'un lac, on arrive au ***Zeppelinfeld,*** immense esplanade entourée d'une enceinte peu élevée hérissée de tourelles.
On voit encore aujourd'hui les vastes gradins en pierre, en mauvais état (il est question de les restaurer), et les restes de la ***grande tribune,*** mais sans la colonnade de style néogrec qui la coiffait au temps des nazis. Hitler avait demandé à Speer quelque chose de grandiose. Celui-ci s'était inspiré du temple de Pergame (Asie Mineure). Le terrain sert encore aujourd'hui à des courses automobiles.

Dokumentationszentrum *(Centre de documentation ; hors plan par C3,* ***58****)* ***:*** *Bayernstr. 110. ☎ 231-75-38. ● museen.nuernberg.de ● Tlj 9h (10h w-e)-18h. Entrée : 6 € ; réduc. Audioguide en français. Compter 1h30-2h de visite.* ***En cours de rénovation jusqu'en 2024.*** *Une partie de l'expo permanente est présentée néanmoins dans une grande salle durant les travaux.* Ce centre de documentation a ouvert ses portes à l'entrée du site de ***Reichsparteitagsgelände*** où les nazis tenaient leurs rassemblements de masse. Sa mission est de montrer comment le parti a réussi à fanatiser la population allemande, grâce à la propagande.

Memorium Nürnberger Prozesse *(mémorial du Tribunal militaire international ; hors plan par A3,* ***57****)* ***:*** *Justizbäude, Bärenschanzstr. 72. ☎ 321-79-372. ● memorium-nuernberg.de ● À 2 km du centre (à quelques mn à vélo par la piste cyclable). Tlj sauf mar 10h (9h en sem l'été)-18h ; admissions jusqu'à 17h. Entrée : 6 € ; réduc. Audioguide en français. Compter 1h30-2h de visite.* Le tribunal, presque intact après les bombardements de 1945, fut choisi par les Américains pour y juger les criminels nazis. La prison située à l'arrière étant encore debout, on y enferma les accusés avant de les juger.

BUSINESS AS USUAL

Pour se faire pardonner d'avoir conçu le système de mécanographie permettant aux nazis de répertorier les juifs, IBM a offert le matériel de traduction simultanée au tribunal de Nuremberg. Chaque participant avait la possibilité, grâce à un bouton, de choisir la traduction en 4 langues. La société IBM n'a jamais été inquiétée pour sa collaboration.

C'est dans la ***salle 600,*** au 2e étage, que se déroulèrent durant 11 mois (du 20 novembre 1945 au 1er octobre 1946) les célèbres procès de 24 responsables du IIIe Reich. Dans le box des accusés se trouvaient les ***principaux cadres du parti nazi*** encore en vie. Le président du jury ***Robert Jackson*** ouvrit la séance

LE SUD DE L'ALLEMAGNE

par un discours remarquable. Les juges étaient américains, britanniques, français et russes. Les hauts responsables du IIIe Reich furent accusés de complot, crime contre la paix, crime de guerre et crime contre l'humanité.
La plupart d'entre eux furent condamnés à mort et exécutés par pendaison, Goering y échappa en se suicidant, les autres furent condamnés à des peines de prison comme Rudolf Hess (prison à vie) et Albert Speer (plusieurs années). 3 accusés furent acquittés : *Hans Fritzsche, Franz von Papen* et *Hjalmar Schacht.*
La presse internationale était présente au procès, notamment les reporters américains ***John Steinbeck, John Dos Passos*** et Walter Cronkite. Du côté des journalistes allemands, il y avait le jeune ***Willy Brandt,*** qui finira sa carrière comme chancelier ! Parmi les avocats français, citons ***Edgar Faure.***
Le reporter et écrivain ***Joseph Kessel,*** envoyé par le journal *France-Soir,* y assista quelques jours. Il décrivit ainsi les accusés : « anciens maîtres insolents et cruels, un ramassis de faux demi-dieux, tous aussi insignifiants ou vulgaires ou médiocres... »
– Au 3e étage, une ***expo permanente*** très bien faite permet de comprendre le déroulement et les répercussions de cet événement historique.

Manifestations

– ***Die Blaue Nacht :*** *fin avr-début mai.* La « Nuit bleue » se tient, durant 2 jours, dans la vieille ville et dans les musées. Nombreuses animations et illuminations.
– ***Rock im Park :*** *début juin.* Concert de pop music et de rock pendant 3 jours. Ironie de l'histoire, cet événement se déroule sur le site des congrès du parti nazi. Les participants peuvent camper sur place.
– ***Nürnberger Bardentreffen :*** *fin juil. Gratuit !* Joyeux festival de musique du monde en plein air sur les places de la ville pendant 3 jours.
– ***Christkindlesmarkt :*** *26 nov-24 déc.* Pains d'épice et vin chaud à volonté au plus célèbre et plus touristique marché de Noël du pays.

DE NUREMBERG À BAYREUTH

LA SUISSE FRANCONIENNE

Minuscule région s'étendant sur 60 km de large, entre Bamberg, Nuremberg et Bayreuth, la *Fränkische Schweiz* est préservée grâce à son statut de parc naturel. Une agréable balade, qui permet d'admirer collines boisées et champs proprets, cours d'eau et vallées encaissées, villages fleuris et ruines médiévales, mais aussi des grottes féeriques et une église d'un rococo inouï. Pour les sportifs : sites d'escalade, chemins de randonnée, pistes cyclables, pêche et canoë.
• *fraenkische-schweiz.com* •

BAYREUTH (95401) 74 700 hab. IND. TÉL. : 0921

• Plan *p. 388-389*

À 80 km au nord-est de Nuremberg et mondialement connue pour son festival d'art lyrique. Avant d'être associée à Wagner, Bayreuth doit tout à la margravine *Wilhelmine de Prusse* (1709-1758). Elle était la sœur

chérie du grand *Frédéric II* de Prusse. Alors qu'elle était promise au trône d'Angleterre, *Wilhelmine* épousa le terne margrave de Bayreuth, une triste alliance. Elle se rattrapa en faisant de la cour de Bayreuth l'une des plus brillantes d'Allemagne. Voltaire fut plusieurs fois son hôte. On dit qu'elle aurait joué avec le philosophe sur les planches du théâtre du château de l'Ermitage...

En 1945, lourdement bombardée, la ville a payé cher l'admiration que le Führer portait à Wagner, son musicien préféré. Bayreuth est néanmoins accueillante et mérite une halte prolongée, le temps de découvrir l'héritage des siècles ayant précédé le retour sur scène des *Walkyries*. N'attendez surtout pas le mois d'août, saison des opéras, pour la visiter, à moins bien sûr d'avoir hérité d'une place pour le Festival.

Adresses et infos utiles

Office de tourisme *(plan C1)* **:** *Opernstr. 22. ☎ 885-88. Site en français : • bayreuth-tourismus.de • Lun-ven 9h-18h, sam 9h-16h, dim 10h-14h (seulement mai-oct).* Bonne doc gratuite (et en français !) sur la ville. Location de vélos électriques.

– ***Visite guidée de la ville*** **:** *infos à l'office de tourisme.*

Gare ferroviaire *(plan C1)* **:** *au nord du centre-ville (10 mn à pied). Rens : ☎ 0800-150-70-90 (nº Vert).* Train ttes les heures pour Nuremberg (durée 1h), Munich (durée 2h) et Bamberg (durée 1h15).

Gare routière/ZOH **:** *entre l'office de tourisme et la Marktplatz.*

Où dormir ?

Comme dans toute ville de prestige, l'hébergement à Bayreuth est plutôt cher, surtout pendant le Festival. Ne pas hésiter à prospecter les villages environnants.

Auberge de jeunesse

Jugendherberge Bayreuth *(hors plan par B2,* ***10****)* **:** *Universitätsstr. 28, 95447. ☎ 76-43-80. • bayreuth.jugendherberge.de • Loin de la gare, au sud de la ville, à 15 mn à pied du centre. Bus nos 4 ou 6 du ZOH (descendre à Mensa). 7h-23h. Fermé fin déc. Carte AJ obligatoire. Nuitée à partir de 25,40 €, 8 € de supplément pour les plus de 27 ans.* Grand bâtiment moderne et propre. Dortoirs de 2 à 6 lits, et petites chambres privatives pour 2 ou 3 personnes. Possibilité d'y prendre ses repas. Jardin et activités sportives.

De prix moyens à très chic

Gasthof zum Herzog *(plan A1,* ***11****)* **:** *Herzog 2, 95445. ☎ 41-334. • gasthofherzog.de • À 5 mn à pied du centre. Doubles avec douche et w-c 61-72 €, petit déj inclus ; apparts 78-110 €. Garage et parking couvert.* À flanc de coteau, au-dessus de la brasserie-musée *Maisel*. Pension modeste et sans prétention, abritant des chambres simplettes mais propres et suffisamment confortables. Petit resto avec terrasse (cuisine locale).

Hotel Rheingold *(plan A2,* ***14****)* **:** *Austr. 2, 95445. ☎ 990-08-50. • hotel-rheingold-bayreuth.de • Doubles env 90-130 €.* En plein centre, grand hôtel moderne avec parking bien pratique (payant). 146 chambres de confort standard et fonctionnel : bonne literie et déco sobre, au calme. Copieux petit déj-buffet. Accueil professionnel.

Hotel Burgerreuth *(ristorante italiano ; hors plan par C1,* ***15****)* **:** *an der Bürgerreuth 20, 95445. ☎ 784-00. • buergerreuth.de • Doubles 79-95 € (140-200 € pdt le Festival). Plats 13-25 €.* À 600 m au nord du palais des Festivals, au sommet d'une colline

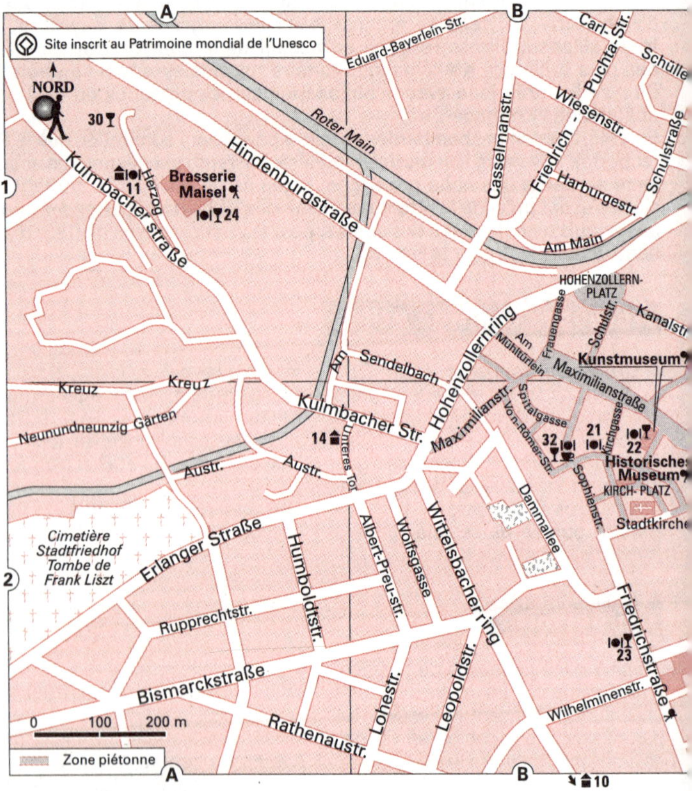

Adresse utile Office de tourisme (C1) **Où dormir ?** **10** Jugendherberge Bayreuth (hors plan par B2)	**11** Gasthof zum Herzog (A1) **14** Hotel Rheingold (A2) **15** Hotel Burgerreuth (hors plan par C1)

verdoyante, en lisière de forêt, auberge sur un emplacement remarquable pour les festivaliers, donc très prisée. Les chambres à la déco standard sont confortables et calmes (vue sur le jardin et la campagne autour). Au restaurant, cuisine italienne soignée que l'on déguste en salle ou en terrasse en été.

Où manger ?

***Eule** (plan B2, **21**) : Kirchgasse 8. ☎ 95-80-27-95. Tlj sauf lun 17h-22h, plus w-e 11h-14h (tlj midi et soir pdt le Festival, résa obligatoire !). Plats 10-30 €.* Une institution à Bayreuth... Bonne auberge provinciale et intemporelle comme on les aime. On s'y régale d'une cuisine traditionnelle : soupe à

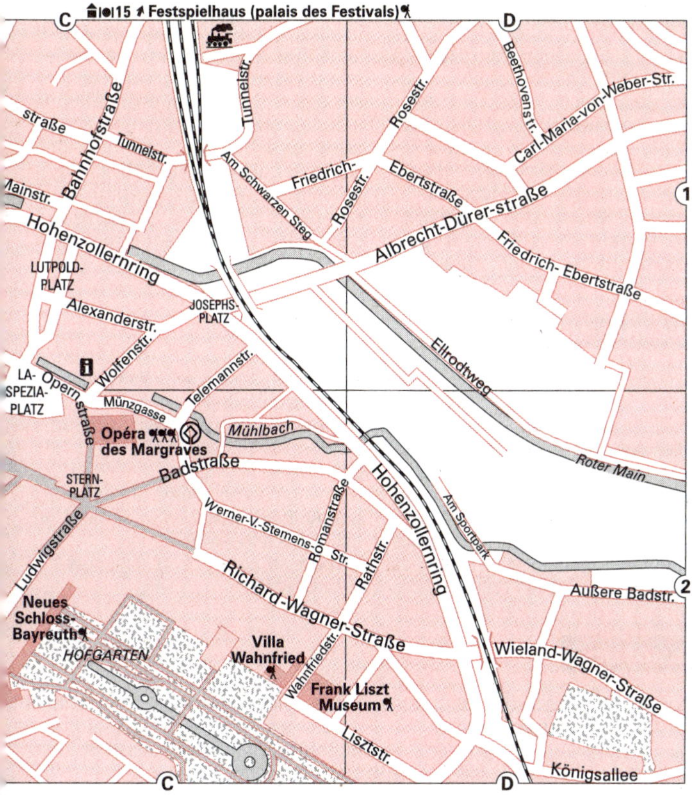

BAYREUTH

Où manger ?

21 Eule (B2)
22 Oskar (B2)
23 Herpichs (B2)
24 Liebesbier (A1)

Où boire un verre ?

30 Herzogkeller (A1)
32 Kraftraum (B2)

la moutarde, saucisses ou potée de porc fermier souabe, ragoût de cerf de Wotan, chanterelles (en saison), *Knödel* de pain, fromages bavarois, omelette sucrée... Petit jardin à l'arrière pour les beaux jours.

Oskar *(plan B2,* ***22****)* **:** *Maximilianstr. 33. ☎ 51-60-553. Tlj 8h (9h w-e)-1h. Plats 8-25 €.* Au cœur de la ville. Dans une demeure datant de 1724, grand bar, boiseries patinées, terrasse agréable. Renommé pour ses brunchs du dimanche et ses spécialités franconiennes, ce resto abrite une cave pleine à craquer certains soirs. Le patio couvert, à la manière d'un jardin d'hiver, est aussi fort agréable.

Herpichs *(plan B2,* ***23****)* **:** *Friedrichstr. 10. ☎ 22-100. Tlj sauf dim 17h30-23h. Menus 32-43 € (3-5 plats).* Resto chic et bar à vins. Tout est ici de bon goût jusqu'au petit jardin à l'arrière. Cuisine légère, d'inspiration italienne. Impressionnante carte des vins et cocktails, succulents gâteaux à l'heure du thé, choisis dans les meilleures pâtisseries de la ville.

Liebesbier *(plan A1, **24**) : Andreas-Maisel-Weg 1. ☎ 460-080-20. Tlj 8h30 (9h w-e et j. fériés)-minuit. Plats 10-20 €, voire 45 € pour certaines viandes.* *Biergarten* contemporain et vaste salle à la déco industrielle dans l'une des ailes de la plus grande brasserie de la ville. 120 à 130 bières, essentiellement artisanales, dont 21 servies à la pression et beaucoup produites sur place. Côté resto, spécialités de viandes (racées, maturées), mais aussi des burgers, des poissons grillés et quelques alternatives végétariennes. Quant aux desserts, on a repéré un insolite et rafraîchissant sorbet *pale ale*. Une adresse vivante et conviviale.

Où boire un verre ?

Herzogkeller *(plan A1, **30**) : Kulmbacher Str. 62. ☎ 434-19. Mai-sept, tlj 16h-22h.* Un peu excentré, dans le quartier des brasseries, un lieu populaire et préservé, bien agréable aux beaux jours. Sur le principe du self-service, on va chercher sa bière dans un beau pavillon Belle Époque, en brique et en bois, et l'on rejoint son banc, sa table, dans le *Biergarten,* à l'ombre des marronniers. Quelques plats typiques si la faim se fait sentir.

Kraftraum *(plan B2, **32**) : Sophienstr. 16. ☎ 800-25-15. Tlj 8h (9h w-e)-1h. Brunch env 15 €.* Plats bio, tous végétariens. Même la bière y est bio. Ambiance décontractée dans un décor des années 1970.

Voir aussi plus haut (« Où manger ? ») le **Liebesbier.**

Où sortir ?

On trouve la plus grande concentration de bars sur *Römerstraße (plan B2).*

Glashaus : • *glashaus.org* • Une adresse pour d'autres goûts musicaux à l'université, où les étudiants organisent des concerts, lectures et fêtes souvent gratuits.

À voir

La liste exhaustive des musées se trouve dans un dépliant en français distribué à l'office de tourisme.

Markgräfliches Opernhaus *(opéra des Margraves ; plan C2) : Opernstr. Près de la Sternplatz, dans le centre. Avr-sept, tlj 9h-18h ; oct-mars, tlj 10h-16h. Entrée : 8 € ; réduc.* Sa construction fut décidée au XVIIIe s par la margravine **Wilhelmine de Prusse.** En dépit de sa sévère façade, c'est l'un des plus beaux théâtres d'Europe, qu'on peut enfin redécouvrir dans toute sa splendeur, après 6 ans de travaux (sa restauration aura duré plus longtemps que sa construction !). Tout en bleu-vert et or, la salle est un joyau du baroque. L'opéra a été classé par l'Unesco, car c'est le seul opéra baroque au nord de l'Italie encore intact.
Ironie de l'histoire, c'est la renommée de l'*Opernhaus* de Bayreuth qui incita Wagner à venir visiter Bayreuth... Il finit par y créer et construire sa propre salle, le contre-pied de celle-ci.
Tout aussi ironique : juste derrière l'opéra se trouve l'une des plus anciennes synagogues d'Allemagne... Décision fut prise de ne pas la brûler lors de la Nuit de cristal, de peur que le feu ne se propage à l'opéra, à qui elle doit, donc, d'être encore debout.

La villa Wahnfried *(musée Wagner ; plan C2)* **:** *Richard-Wagner-Str. 48.* ● *wagnermuseum.de* ● *À l'est du centre-ville. Tlj sauf lun 10h-17h ; juil-août tlj 10h-18h. Entrée : 8 €.*
« Ici mes illusions trouvèrent la paix. » *Wahnfried* (Paix des tourments dans la création) est le nom de la propriété que Wagner se fait construire en 1872 à Bayreuth. Le compositeur aurait souhaité y passer ses vieux jours, mais la mort l'emporte plus tôt que prévu, en 1883, à Venise. Ramené en grande pompe, il est enterré dans le jardin de la villa.
Détruite pendant la 2de Guerre mondiale, la villa a été restaurée et agrandie par ses descendants pour être transformée en musée, il y a près de 40 ans. On y retrouve des souvenirs de l'artiste, dont sa bibliothèque (plus de 2 000 volumes !) et un beau piano à queue, offert par *Steinway & Sons* en 1876, à l'occasion de la première du festival (***Franz Liszt,*** son beau-père, jouait souvent dessus). Dans l'aile Art déco, où ses descendants vécurent et accueillirent « l'Oncle Wolf » (Adolf Hitler !), sont évoqués les liens entre la famille de Richard Wagner et le national-socialisme.
Le nouveau bâtiment à côté de la villa organise des expositions temporaires et présente de nombreux costumes d'opéra. La visite est réservée aux passionnés qui pourront écouter sur place toutes sortes d'enregistrements rares.
Au fond du jardin, librement accessible par le parc derrière la villa, allez donc saluer la sobre ***tombe*** du génie, de sa femme Cosima, fille de *Franz Liszt,* ainsi que celle du chien *Russ,* son terre-neuve préféré.

LA MUSIQUE AVANT TOUT !

Wagner a été le 1er à faire éteindre les lumières dans les salles d'opéra et à interdire les applaudissements et les tapages de pieds. On ne peut pas dire que son souhait soit respecté de nos jours.

WAGNER À PARIS

En 1840, criblés de dettes, Wagner et sa femme choisissent de rejoindre Paris pour changer d'existence. Les petits travaux musicaux qu'on lui confie ne suffisent pas à apaiser la faim qui les tenaille. Installés misérablement à Meudon au sein d'une colonie d'exilés allemands, ils doivent parfois se contenter des champignons ramassés dans la forêt toute proche. Wagner quitte Paris en 1842, non sans avoir achevé la composition du Vaisseau fantôme.

Franz-Liszt-Museum *(plan C2)* **:** *Wahnfriedstr. 9. À côté du musée Wagner. Tlj sauf lun 10h-12h, 14h-17h ; juil-août, tlj 10h-17h. Entrée : 2 €.* Dans une maison couverte de vigne vierge et voisine de la *villa Wahnfried* de Wagner, ce musée retrace la vie et l'œuvre de Franz Liszt (1811-1886). Liszt, beau-père de Wagner, s'est installé à Bayreuth jusqu'à sa mort. Nombreux documents, photos, illustrations, objets. Journal de jeunesse de Liszt à Paris, écrit en français, piano de Wagner, son masque mortuaire, ses sandales...

PAS DE FUNÉRAILLES POUR LA STAR

Privé par ses médecins de sa bouteille de cognac quotidienne, Franz Liszt meurt en plein délire, le 31 juillet 1886, après avoir contracté une pneumonie lors d'une représentation du Tristan et Yseut *de son gendre, Richard Wagner. Alors qu'il a souhaité un cortège funèbre digne de sa gloire, il est enterré à la sauvette en raison de l'arrivée de l'empereur Frédéric III, attendu pour l'inauguration du Festival.*

Neues Schloss Bayreuth *(plan C2)* **:** *Ludwigstr. 21.* ☎ *759-690.* ● *schloesser.bayern.de* ● *Avr-sept, 9h-18h ; oct-mars, 10h-16h. Entrée : 5,50 € ; réduc.* Château construit au milieu du XVIIIe s par l'architecte français Joseph Saint-Pierre sur les plans que la princesse royale *Wilhelmine de Prusse* « s'était fait un plaisir de dessiner elle-même ». Elle et le margrave Friedrich rêvaient d'un « nouveau palais » qui serait une réplique de celui de Potsdam (Berlin), où elle avait passé son enfance. Au rez-de-chaussée, exposition de faïences de Bayreuth. À l'étage, appartements de la margravine. Derrière ce « nouveau château », le ***Hofgarten*** (jardin de la Cour), joli parc à la française bordé d'un verger, et avec lequel communiquait, comme par hasard, la propriété de... Wagner. Il est possible de grimper à la ***Schlossturm*** de 1194, par une rampe hélicoïdale prévue pour les chevaux, et y profiter du panorama sur les environs.

Friedrichstrasse *(plan B2)* **:** cette rue baroque offre une fascinante et homogène perspective. Au début de la rue, le bel hôtel particulier du (toujours) célèbre facteur de piano *Steingraeber* (boutique et musée sur place ; • *steingraeber.de* •).

La brasserie Maisel *(plan A1)* **:** *Andreas-Maisel-Weg 1. ☎ 40-12-34. • maisel.com/museum • L'entrée pour la visite se fait par le n° 40 Kulmbacher Str. Visites guidées seulement, en allemand (audioguide en anglais), tlj à 11h et 18h ; durée 1h. Prix : 10 € (comprend un verre de bière en dégustation).* Fondée en 1887 par Hans et Eberhard Maisel, cette brasserie est encore en activité et appartient toujours à la même famille. Le vieux bâtiment, inutilisé depuis 1974, offre à présent 2 400 m² entièrement dédiés à la bière, avec notamment une impressionnante collection de 4 500 chopes et verres, des centaines de sous-verre et plaques émaillées, et l'explication des différentes étapes de fabrication. Resto et bar sur place (voir plus haut).

Festspielhaus *(palais des Festivals ; hors plan par C1)* **:** *au bout de la Siegfried-Wagner-Allee, au nord de la ville. • bayreutherfestspiele.de • Assez loin du centre : prendre le bus n° 5 de la gare routière. Visites guidées (7 €, en allemand seulement, mais fascicule en français) tlj à 10h, 11h, 14h et 15h ; en hiver, seulement à 10h et 14h. Visites limitées dès mai et suspendues pdt les répétitions et le Festival (juin-août).*

C'est donc ici que, chaque année, depuis plus d'un siècle, se déroule le fameux ***Festival de Bayreuth.*** Parmi les nombreuses personnalités qui y ont défilé : *Nietzsche, Thomas Mann, Rodin, Debussy, Puccini, Bartók, Tchaïkovski, Mahler, Virginia Woolf* et, le plus assidu, *George Bernard Shaw.* Le chancelier Hitler (qui avait fait de Wagner le musicien « officiel » du Reich – sans son avis, bien sûr) est également venu ici...

Difficile de ne pas être captivé par cette longue avenue bordée d'arbres qui grimpe vers ce temple de la musique perché au sommet d'une colline. Curieuse construction tout en brique, d'une architecture fascinante. C'est un lieu inhabituel qui révolutionna en son temps la conception du théâtre lyrique. Construit de 1872 à 1876, selon les plans de Wagner lui-même et avec les subventions du roi ***Louis II.*** Le royaume de Bavière était déjà très endetté, les finances au bord de la faillite, et malgré cela, le souverain (en froid avec Wagner) eut le courage de soutenir jusqu'au bout le « dieu » de ses jeunes années.

L'édifice devait démocratiser l'opéra et permettre aux spectateurs de se concentrer uniquement sur le spectacle : ni loges (où l'on se pavanait auparavant) ni orchestre (les musiciens sont cachés sous la scène dans une fosse). Entièrement voué au culte de Wagner, il peut accueillir 2 000 spectateurs et permet à 350 figurants d'évoluer sur la scène !

Le 1er Festival, en août 1876, fut un succès artistique mais un échec financier. Il fallut attendre 1882 et des levées de fonds pour que le 2e Festival s'y tienne, avec *Parsifal* au programme.

Le Festival de Bayreuth

Wagnerophiles, festivaliers fous et fondus d'opéras, accrochez-vous ! Pour se procurer une place dans le saint des saints, l'attente est en moyenne de 7 ans... Normal, on ne met en vente que 60 000 places chaque année, et certains s'abonnent pour plusieurs saisons de suite ! Le Festival se déroule de la dernière semaine de juillet à fin août. Comme vous pouvez donc l'imaginer, il est aussi difficile de se loger à cette période.

– **Renseignements et réservations :** *écrire au Kartenbüro, Postfach (boîte postale) 10-02-62, 95402 Bayreuth. ☎ 78-78-0. • bayreuther-festspiele.de • Il faut d'abord obtenir par courrier un code d'accès pour réserver en ligne. Les places ne sont pas si chères que ça ! Bien sûr, au 1er rang, il vous en coûtera une petite fortune, mais on trouve des places à 30 ou 40 € ; également des places sans visibilité dans un nombre extrêmement limité à seulement 10 € ! On peut quand même essayer de trouver des places quelques mois avant. Consolez-vous en vous disant que, pour des raisons d'acoustique, les fauteuils d'époque ne sont pas rembourrés (donc très inconfortables !), que la salle n'est pas climatisée, alors que les opéras sont très longs et qu'il peut faire très chaud en août.*

DANS LES ENVIRONS DE BAYREUTH

Altes Schloss (*château de l'Ermitage*) **:** *à 4 km à l'est de la ville (direction Weidenberg). Pour y aller, bus nos 2 ou 3 de la gare routière, arrêt ZOH sur Hohenzollernring. Avr-sept, 9h-18h ; 1er-15 oct, 10h-16h. Fermé de mi-oct à fin mars, sauf les jardins. Visite guidée obligatoire, en allemand seulement ; départ ttes les 45 mn env (dépliant en français). Prix : 3,50 €.* Bien plus intéressant que les 2 châteaux du centre-ville. On y retrouve l'influence de Wilhelmine de Prusse, qui transforma le vieux château où sa belle-famille venait, en y faisant élever un « temple du Soleil » *(Sonnentempel)* tout ce qu'il y a de plus rococo, avec incrustations de mosaïques de toutes les couleurs et entouré d'ailes en hémicycle. Les jeux d'eau, le cabinet japonais aux murs de bois laqués, incrustés de cire, de pierre et d'ivoire, ou le cabinet chinois aux miroirs brisés justifient à eux seuls la visite. Autour du château, parc superbe avec étang, statues, grottes, fausses ruines d'un théâtre romain, cascades et jets d'eau délirants *(mai-sept).*

BAMBERG

(96047) 77 330 hab. IND. TÉL. : 0951

• Plan *p. 395*

À 60 km à l'ouest de Bayreuth et autant au nord de Nuremberg. Chargée d'histoire, étendue sur 7 collines (comme Rome), et baignée par le Main canalisé, Bamberg est l'une des plus belles villes de Bavière. Son emblème est sans aucun doute son imposante cathédrale impériale *Saint-Pierre-et-Saint-Georges.* Du haut de ses 4 flèches, elle domine la vieille ville et les quartiers anciens en contrebas de la colline, bordés de nombreuses maisons à colombages patinées par les siècles et restaurées avec le plus grand soin. Bercé par les eaux du canal, le cœur de la cité évoque une petite Venise bavaroise.
Depuis 1993, elle bénéficie d'un classement mérité au Patrimoine mondial de l'humanité par l'Unesco. Dans les *Biergarten,* les gourmets se régaleront de saucisses franconiennes arrosées de bière fumée.

UN PEU D'HISTOIRE

Bamberg affiche déjà plus de 1 000 ans au compteur de l'Histoire. Elle est considérée comme l'une des villes les plus romantiques d'Allemagne, avec à la fois une allure médiévale et baroque.

Ernst Theodor Amadeus Hoffmann, dit « ***E.T.A. Hoffmann*** » (1776-1822), y vécut 5 ans, de 1808 à 1813, travaillant comme chef de musique au théâtre de Bamberg. C'est dans cette ville qu'il composa ses contes fameux *(Le Chat Murr, Princesse Brambilla...),* mais aussi des ballets et des opéras. Et c'est à Bamberg qu'est mort le ***maréchal Berthier*** (marié à une princesse bavaroise) en tombant du 3e étage du château... le 1er juin 1815. Son maître Napoléon est tombé de plus haut...

Épargnée par les bombes en 1945

Fait rare, seuls 4 % des bâtiments ont été détruits pendant la 2de Guerre mondiale, ce qui explique le parfait état de la plupart des monuments. La ville doit cette chance aux brouillards fréquents qui la dérobaient aux yeux des pilotes alliés.

Adresses utiles

i *Tourismus & Kongress Service* *(office de tourisme ; plan B2)* **:** *Geyerswörthstr. 5, 96047. ☎ 29-76-200. • bamberg.info • Tlj 9h30-18h (17h en hiver, 15h sam, 14h dim et certains j. fériés). Idéale pour un court séjour, la* ***BambergCard*** *à 18 €, valable 72h (7 musées, bus, visite de ville, etc.).* Demander le dépliant en français, avec plan de la ville et descriptif des curiosités. Plusieurs visites guidées à thème.

Bahnhof *(gare ferroviaire)* **:** *au nord de la ville. ☎ 0800-150-70-90.* Liaisons avec Nuremberg, Munich (2h30 de trajet), Wurtzbourg et Berlin.

Où dormir ?

Camping

Campingplatz Insel *(hors plan par B2,* ***10****)* **:** *dans le quartier de Bug, 96049. ☎ 563-20. • campinginsel.de • À 5 km au sud du centre-ville. Bus n° 918 du centre (ttes les heures). Ouv tte l'année. Empl. 23-27 € pour 2 avec tente et voiture.* Le seul camping de la ville. Impeccable, moderne, bien équipé (4 étoiles), dans un environnement verdoyant et calme, au bord de la rivière Regnitz.

Bon marché

Backpackers Bamberg *(hors plan par B1,* ***11****)* **:** *Heiliggrabstr. 4, 96052. ☎ 222-17-18. • backpackersbamberg.de • Dortoirs 1-6 lits 17-29 €/pers.* À 2 pas de la gare principale et 15 mn du centre, petite AJ (une dizaine de lits). Vieilles poutres et déco colorée à l'intérieur. Chambres propres et bien arrangées. Laverie payante *(2 €).* Accueil très aimable.

De prix moyens à très chic

Hotel Wohnbar *(plan A1,* ***12****)* **:** *Stangsstr. 3, 96049. ☎ 50-99-88-44. • wohnbar-bamberg.de • Doubles 79-96 € ; apparts pour 2 pers à partir de 129 €. Parking payant.* En plein centre, hôtel-résidence confortable et bien tenu. Chaque appartement a une couleur de décoration...

Hotel Alt-Ringlein *(plan A1-2,* ***15****)* **:** *Dominikanerstr. 9, 96049. ☎ 953-20. • alt-ringlein.com • Doubles 89-119 €. Plats 7,20-12,40 €. Garage payant.* Idéalement situé dans une ruelle centrale au-dessous de la cathédrale, mais impossible de se garer. Heureusement l'hôtel a un garage privé, accessible par la cour même du restaurant. *Alt-Ringlein* se compose de 2 parties : la partie médiévale (notre préférée et... la moins chère !), avec de charmantes chambres aux meubles peints assez typiques. L'autre partie est baroque, avec des chambres plus récentes. Elles donnent sur les ruelles autour, parfois animées. Agréable *Biergarten* aux beaux jours.

Hotel-Restaurant Brüdermühle *(plan B2,* ***16****)* **:** *Schranne 1, 96049. ☎ 955-220. • brudermuehle.de • Doubles 140-150 €, petit déj compris ; 3 apparts 165 €. Plats 12-26 €.*

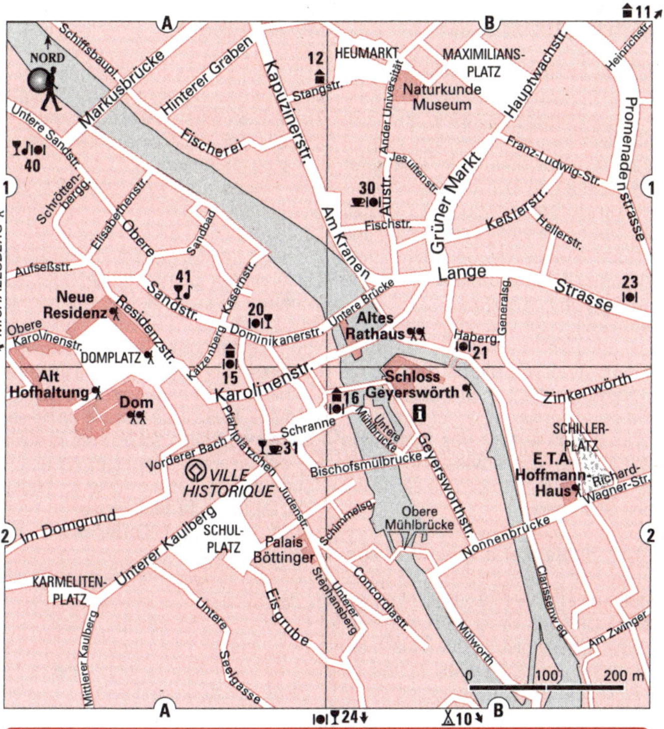

BAMBERG

Adresse utile

- Tourismus & Kongress Service (B2)

Où dormir ?

- **10** Campingplatz Insel (hors plan par B2)
- **11** Backpackers Bamberg (hors plan par B1)
- **12** Hotel Wohnbar (A1)
- **15** Hotel Alt-Ringlein (A1-2)
- **16** Hotel-Restaurant Brüdermühle (B2)

Où manger ?
Où boire une bière ?

- **20** Schlenkerla (A1)
- **21** Gaststube Weinfass (B1)
- **23** Messerschmitt (B1)
- **24** Spezial-Keller et Der Wilde Rose Keller (hors plan par B2)

Où boire un thé ou un café ?

- **30** Café Müller (B1)
- **31** Morgen Mahl Deli (A2)

Où sortir le soir ?

- **40** Pelikan (A1)
- **41** Jazzclub (A1)

Loc de vélos. Dans le centre, proche de l'ancienne mairie, une auberge de 1314 ! Spacieuses et confortables, les chambres ont une très jolie vue sur le vieux pont et l'ancienne mairie de Bamberg. Les plus belles sont celles situées dans l'annexe *Mehlwaage,* qui surplombe la rivière. Du restaurant aussi, la vue est superbe. Cuisine régionale copieuse et succulente, service souriant.

Où manger ? Où boire une bière ?

Quelques bonnes adresses à Bamberg, notamment au pied du château, le long de la *Sandstraße* (quartier animé le soir). Parmi les spécialités de la ville, ne manquez pas de goûter à la ***Rauchbier*** (bière fumée) de la brasserie *Schlenkerla* ou de son concurrent *Spezial*. Avec ses 12 brasseries produisant une cinquantaine de bières artisanales, Bamberg est sans conteste la capitale de la bière en Franconie.

L'office de tourisme vous propose, pour un bon d'achat de 22,50 €, 5 dégustations de bières de 0,50 l à consommer dans plusieurs débits différents. En plus, vous recevrez une chope. Faites le tour des brasseries mais gardez vos envies de vin de Franconie pour la prochaine étape, au milieu des vignes...

Schlenkerla *(plan A1,* ***20****) : Dominikanerstr. 6. ☎ 560-60. Tlj 9h30-23h30. Plats 8-13 €. CB refusées.* Bâtisse de 1678 de style franconien, en plein centre historique. Ici la bière est brassée sur place et est fumée, ce qui lui donne un goût de... saucisson ! N'hésitez pas à faire un tour dans la cour intérieure, dédale de couloirs et d'escaliers. Guichet à l'intérieur pour servir la bière et encaisser. Et enfin, un agréable *Biergarten* à l'arrière. Quelques bons plats de terroir, à base de produits soigneusement sélectionnés (membre de *Slow Food*). Notre adresse préférée !

Gaststube Weinfass *(plan B1,* ***21****) : Habergasse 12. ☎ 230-35. Tlj 10h-23h. Plats 11-16 €. CB refusées.* Un bistrot, dans cette « Petite Venise » au bord du canal, à l'accueil chaleureux. Cadre rustique et convivial, et terrasse paisible. Cuisine régionale simple et sans prétention.

Messerschmitt *(plan B1,* ***23****) : Lange Str. 41. ☎ 297-800. Tlj 11h-23h, sauf ven midi. Plats 14-28 € ; menus 36-68 € (partie gastronomique).* Une institution à Bamberg. Hôtel-resto de charme aux allures de bonbonnière romantique jaune et bleu. 2 possibilités pour se restaurer : la taverne aux plats copieux et bon marché ou, à l'arrière, la partie gastronomique, plutôt chère mais réputée. Cuisine de marché de bon aloi, assiettes et plats servis avec le style et le costume de la maison. Assez cher, surtout si on accompagne les plats de vin. Desserts de haute volée.

Spezial-Keller *(hors plan par B2,* ***24****) : Sternwartstr. 8. Sur la colline, remonter à pied la rue Stephansberg puis tourner à gauche après l'église Sankt Stephan, c'est 200 m plus haut. Tlj sauf lun 15h (12h sam, 10h30 dim)-23h.* Le plus célèbre *Biergarten* a 2 atouts imparables : une bière fumée réputée et une vue magnifique sur le quartier, aux beaux jours. Tout le monde se retrouve évidemment *auf dem Bierkeller,* installé sur le Stephansberg, au-dessus des anciennes caves des brasseries.

En route, vous pourrez stopper au **Der Wilde Rose Keller** *(Oberer Stephansberg 49 ; ☎ 57-691 ; mai-sept, tlj 16h ; 15h w-e et j. fériés-23h),* un autre *Biergarten* rétro et populaire à souhait, aux allures de guinguette.

Où boire un thé ou un café ?

Pour ceux qui ne veulent pas boire de bière toute la journée, la ville dispose d'endroits agréables autour du vieux pont et notamment dans l'Austraße.

Café Müller *(plan B1,* ***30****) : Austr. 23. Tlj 9h-minuit (1h ven-sam).* Bistrot sympa avec boiseries rétros et grandes glaces. Quelques plats chauds. Excellent petit déj. L'un des rendez-vous préférés des jeunes de Bamberg.

Morgen Mahl Deli *(plan A2,* ***31****) : Pfahlplätzchen 2. Tlj sauf mar 9h-18h.* Sur une placette pavée, petite terrasse accueillante : ravissante boutique de déco au cadre très cosy, qui propose thés, jus de fruits frais, tartines, salades et gâteaux délicieux.

Où sortir le soir ?

Le vieux Bamberg regorge de bars sympas : beaucoup ont une ambiance musicale, et plusieurs proposent régulièrement des concerts, notamment dans les rues *Obere Sandstraße* et *Obere Brücke*, et sur la place *Obstmarkt*.

Pelikan *(plan A1, **40**)* **:** *Untere Sandstr. 45. Tlj sauf mer, à partir de 17h.* Cadre intime, bonne musique, concerts live et clientèle mélangée. Bar et également quelques plats thaïs. Service cool.

Jazzclub *(plan A1, **41**)* **:** *Obere Sandstr. 18. ☎ 537-40. Ouv à 20h, concerts à 21h. • jcbamberg.de •* Salle voûtée au cadre intime. Idéal pour les fondus de la note bleue.

À voir

On visite les principales curiosités en quelques heures à pied, puisque tout est concentré. Bamberg se compose de ***3 parties bien distinctes*** : au nord, le ***quartier de la gare,*** sans grand charme ; entre le canal Rhin-Main-Danube et la rivière Regnitz, le ***centre commerçant*** de la ville *(Inselstadt)* ; et le ***quartier historique*** côté ville haute *(Bergstadt).*
Attendez les 1ers beaux jours pour en profiter vraiment, à moins que vous ne soyez tenté par les superbes ***crèches de Noël,*** qui sont la grande attraction de la ville de début décembre à début janvier. Une tradition vieille de 4 siècles qui s'enseigne ici à « l'école des crèches » et s'organise à travers un circuit dans toute la ville : églises, places, musées. Une originalité : ces crèches ont toutes, ou presque, un site franconien en toile de fond.
On sera bref, en revanche, sur les principaux centres d'intérêt qui ne manquent pas, car tout est détaillé sur le plan de la ville (en anglais) disponible à l'office de tourisme. Mais surtout parce qu'il vous faut acheter un petit guide de la ville (en français) réalisé avec humour et passion par Karin Dengler-Schreiber : *Bamberg pour amateurs et connaisseurs.*

La ville historique

Dominée par la *Kaiserdom* (cathédrale impériale), la vieille ville aux 2 300 monuments classés constitue une gigantesque œuvre d'art, conservée en son état original, associant le Moyen Âge et le baroque bourgeois.
Parmi les autres attractions remarquables, la place de la Cathédrale *(Domplatz),* le somptueux bâtiment de la *Neue Residenz* et l'*Alte Hofhaltung* (Ancienne Résidence), avec des éléments décoratifs de la fin du Moyen Âge et de la Renaissance. D'autres sites d'intérêt : l'hôtel de ville sur les bords de la rivière Regnitz ; le *Rosengarten* (roseraie) avec vue sur la vieille ville, le monastère Saint-Michel, les *Gerberhäuser* (maisons des corroyeurs) le long du vieux canal, le *Mühlenviertel* (quartier des moulins) et la cité de pêcheurs de la « Petite Venise ».

Altes Rathaus *(ancien hôtel de ville ; plan B1)* **:** *mar-dim 9h30-16h30. Entrée : 3,50 €.* Bâtiment du XIVe s dont on a découvert les colombages à la fin de la 2de Guerre mondiale. En effet, l'édifice avait été entièrement recouvert de fresques à l'époque baroque ; une partie des fresques est tombée lorsqu'on a fait sauter le pont, laissant apparaître le revêtement médiéval, que l'on a décidé de conserver lors de la restauration de cette partie du bâtiment. L'autre partie, intacte, présente toujours de très belles fresques et d'intéressants trompe-l'œil. L'imposant balcon rococo, surmonté d'un clocher, relie les 2 parties de l'ancienne mairie et enjambe le vieux pont. De là, superbe vue sur les rives de la Regnitz, noyées de végétation. À l'intérieur, remarquable *collection Ludwig,* constituée de porcelaines de *Meißen* et surtout de faïences de Strasbourg.

De l'***Untere Brücke,*** au nord de l'îlot, vue sur le mignon quartier des pêcheurs, appelé un peu abusivement « Petite Venise », avec ses petites maisons vieilles de 500 ans, flanquées de jardinets et d'embarcadères. C'est sur cette portion de la rivière que se déroule la *Sandkerwa,* une joute sur barque.

Domplatz *(place de la Cathédrale ; plan A1-2)* **:** en continuant tout droit après le *Rathaus* et en remontant la *Karolinenstraße,* on parvient à cette étonnante place bombée, entièrement pavée et entourée de remarquables édifices, dont 2 résidences princières. Si la place est grande, c'est parce qu'on exposait régulièrement sur le parvis de l'église les reliques des saints. La foule défilait en tendant de petits miroirs vers elle afin d'en capter les rayonnements protecteurs.

Dom *(cathédrale ; plan A2)* **:** *avr-oct lun-ven 9h-18h, sam 9h-16h15, dim 13h-18h ; nov-mars lun-ven 9h-17h, sam 9h-16h25, dim 13h-17h. Pas de visite pdt les offices.* Sur un plan autrefois ottonien, édifice à la fois roman et gothique, reconnaissable de loin à ses 4 hautes tours. Portails romans dont celui des Princes (façade latérale), aux 10 voussures cannelées. On y pénètre par le portail d'Adam, à gauche du chevet est. À l'intérieur, plusieurs trésors : 2 magnifiques chœurs surélevés, l'un roman à l'entrée, l'autre gothique lui faisant face, une statue du XIIIe s, celle du ***chevalier de Bamberg*** *(Bamberger Reiter).* Cette sculpture est considérée comme la 1re statue équestre depuis l'Antiquité. Superbe retable de la Nativité en bois de tilleul du XVIe s (à gauche du chœur).

La cathédrale abrite aussi la tombe du seul couple impérial canonisé du Saint Empire romain, le ***sarcophage d'Henri II*** (dit « le Boiteux ») ***et Cunégonde.*** Entièrement ciselé pendant 14 ans, à la fin du XVe s, par le célèbre ***Tilman Riemenschneider.*** On peut l'admirer en montant les marches d'un petit escalier.

Une curiosité : il s'agirait du seul couple de gisants au monde où la femme se trouve à la droite de son époux ! Dans la crypte, sous le chœur, on peut aussi voir leurs crânes, exposés dans une châsse.

Voir aussi l'unique sépulture papale en dehors de Rome, celle du pape Clément II.

INJUSTEMENT CALOMNIÉE

Cunégonde et Henri n'auraient jamais consommé leur mariage. Injustement soupçonnée d'adultère, Cunégonde s'est soumise avec succès au jugement de Dieu, consistant à marcher les pieds nus sur 12 socs de charrue chauffés à blanc. Depuis, elle est vénérée par les femmes qui souhaitent préserver leur chasteté.

Alte Hofhaltung *(Ancienne Résidence ; plan A2)* **:** *à côté du Dom.* Vénérables bâtiments à colombages, autour d'une grande cour. Le bâtiment servait de résidence à l'empereur quand il était en visite à Bamberg. Façade Renaissance et galeries gothiques, en bois ! On y trouve le ***musée d'Histoire de la ville*** *(Domplatz 7 • museum.bamberg.de • Pâques-nov, mar-dim 10h-17h ; nov-Pâques ouv uniquement pour les expos et à Noël ; entrée : 7 €, réduc)* : façade Renaissance à pignons en volutes et tourelle d'angle. À l'intérieur, peintures médiévales, mobilier, horloges, armes d'époque, etc.

Neue Residenz *(Nouvelle Résidence ; plan A1)* **:** *toujours sur Domplatz. • schloesser.bayern.de • Tlj avr-sept, 9h-18h ; oct-mars, 10h-16h. Entrée : 6 €.* Autrefois résidence des princes-évêques, c'est l'un des plus anciens (malgré son nom) palais baroques du pays. Des 150 salles, on n'en visite que quelques-unes : notamment la *Kaisersaal,* remarquable pour ses fresques allégoriques, le salon chinois et la pièce où Napoléon a déclaré la guerre à la Prusse ! Abrite également un *musée* (peintures classiques de maîtres allemands, dont un *Déluge* de *Hans Baldung Grien*). Plus intéressant : la cour intérieure, pour son élégante ***roseraie*** et le panorama sur Bamberg. Petit pavillon luxueux transformé en café-resto.

LE SUD DE L'ALLEMAGNE

Rathaus Schloss Geyerswörth *(plan B1-2)* **:** *à côté de l'office de tourisme, grande bâtisse rouge.* Ancienne demeure des princes-évêques dès le XIIe s. Du haut de la tour, on a la meilleure vue sur la vieille ville. Quand c'est fermé, demander la clé à l'office de tourisme.

E.T.A. Hoffmann-Haus & Museum *(maison-musée d'E.T.A. Hoffmann ; plan B2)* **:** *Schillerplatz 26. • etahg.de • Mai-nov, mar-dim 13h-17h. Entrée : 2 €.* L'auteur des contes vécut dans cette minuscule maison de 1808 à 1813. On y a rassemblé tous les souvenirs du musicien-poète : à voir, notamment, son atelier de travail, le *Poetenstübchen.* C'est ici qu'il rédigea ses fameux contes fantastiques.

DOUBLE VIE

Hoffmann a mené à la fois une carrière de juge et d'écrivain prolifique. Mais son penchant pour l'alcool a contribué à le faire mourir prématurément, à 46 ans. On raconte que pour se payer ses 6 à 7 l de vin quotidiens, il déclamait dans un bar de Berlin des vers interdits par la morale. L'ardoise considérable laissée pour sa consommation était effacée par le tenancier. En effet, ces déclamations lui amenaient plein de clients.

À faire

Visite du vieux Bamberg en bateau : *départ tlj de mi-mars à mi-nov à l'embarcadère de Kapuzinerstr. 5 (derrière l'Altes Rathaus). De mi-avr à mi-oct, 11h-16h, départ ttes les heures ; sinon, consulter le tableau des horaires. Ne circule pas déc-fév. Adulte : 13 € ; réduc. Durée : 1h30.* Cette promenade combine la visite de la « Petite Venise » à celle du port de Bamberg. Passage d'une écluse.

– ***Marchés :*** ***aux fleurs*** *tlj au Grüner Markt,* ***aux fruits et légumes*** *tlj sauf dim, et* ***produits fermiers*** *sam mat sur la promenade.* Produits locaux en provenance des maraîchers de la ville.

Manifestations

Beaucoup de manifestations sont liées à la profonde foi catholique des habitants de Bamberg.

– ***Concerts au Kaiserdom :*** *mars-oct, sam à 12h. Entrée libre.*
– ***Passionskrippen :*** *autour de Pâques.* Exposition de crèches dans la Maternkapelle.
– ***Fête-Dieu :*** *après la Pentecôte.* Procession religieuse et messe solennelle. Le dimanche suivant, les maraîchers font de même dans leur quartier.
– ***Bamberg Zaubert*** *(festival de magie)* **:** *2e w-e de juil.*
– ***Semaines des antiquaires :*** *fin juil-fin août.*
– ***Sandkerwa*** *(kermesse)* **:** *3e ou 4e w-e d'août.* Grande fête où toutes les brasseries sont représentées. Les joutes sur l'eau sont une vieille tradition.
– ***Circuit des crèches :*** *début déc-début janv.* Les crèches de Noël sont exposées dans plusieurs lieux de la ville.

COBURG (COBOURG)

(96450) 41 250 hab. IND. TÉL. : 09561

Si vous avez un peu de temps, faites un détour, à une cinquantaine de kilomètres au nord de Bamberg, pour découvrir cette petite ville qui ne compte pas moins de 4 châteaux ouverts à la visite. Plus que charmante et pas trop

fréquentée par les touristes, Cobourg connut un certain prestige du XVIe au XVIIIe s (bâtiments remarquables). Au XIXe s, le nom de *Coburg* était connu dans toute l'Europe princière, grâce à l'habile politique matrimoniale de ses seigneurs : la fameuse dynastie de *Saxe-Cobourg* d'où sont issus le prince Albert, mari de la reine Victoria, et la famille royale de Belgique.

Spécialité locale, à déguster sur le marché : la *Coburger Bratwurst,* grillée et fumée sur pommes de pin.

LES COBOURGEOIS L'ONT ÉCHAPPÉ BELLE

Après la chute de la dynastie en 1918, le duché de Saxe-Cobourg-Gotha est incorporé à la Thuringe, à l'exception de la ville de Cobourg, qui demande en 1920 à être annexée à la Bavière. Heureusement pour ses habitants... En 1945, ils se seraient trouvés en RDA, et donc dans la zone d'occupation soviétique jusqu'en 1990 !

➢ Train ttes les 2h de Bamberg (durée du trajet : 30 mn).

Adresse utile

i *Office de tourisme :* *Herrngasse 4, 96450. ☎ 89-80-00. • coburg-tourist.de • Entre la pl. du Marché et le château Ehrenburg. Mars-oct et déc lun-ven 9h-17h, sam 10h-14h. Départ de l'office de tourisme. Prix : 6 €. Durée : 1h30.* Bonne documentation en français. Vous pourrez vous y procurer le *Cobook*, un *pass* offrant musées, transports et réducs pendant 5 j. *(15,90 €).*

Où dormir ?

Hotel garni Haus Gemmer : *Rosenauer Str. 10. ☎ 55-510. • hotel-gemmer.de • Double 95 € avec petit déj-buffet généreux. Parking.* À 1,2 km au nord de la place centrale Marktplatz, proche de *Schloss Rosenau.* Petit hôtel aux murs verts, avec un bâtiment principal bordé d'une sorte de tourelle à l'italienne. Bon accueil. Chambres claires, avec douche ; confort correct, décoration sobre et classique. Bonne literie.

Ringhotel Stadt Coburg : *Lossaustr. 12. ☎ 87-40. • hotel-stadt-coburg.de • Doubles 118-160 €. Parking gratuit. Prêt de vélos.* À 2 pas du centre et de la gare, hôtel centenaire assez chic. Intérieur modernisé et restauré avec soin. Confort et hospitalité sans faille. *Backstüble* spécialisé dans les grillades et la cuisine franconienne traditionnelle. Accueil tout sourire.

Hotel Goldene Traube : *Am Viktoriabrunnen 2. ☎ 87-60. • goldenetraube.com • Doubles 60-290 €. Parking payant.* Très bien situé, à 200 m de la *Marktplatz,* Dans une élégante demeure, hôtel de charme abritant des chambres de très bon confort, qui donnent soit sur la rue, soit sur l'arrière (plus calme). Bon rapport qualité-prix. Personnel très aimable. Au restaurant *Victoria Grill,* une des meilleures cuisines de la ville, à des prix raisonnables, spécialisée dans les sushis et les fruits de mer. Fitness et sauna.

Où manger ? Où boire un verre ?

Goldenes Kreuz : *Herrngasse 1. ☎ 513-407. Dans un recoin de la Marktplatz, non loin de l'office de tourisme. Tlj sauf dim soir 11h30-14h, 17h30-22h. Plats 8-22 €.* C'est la plus vieille auberge de la ville, puisqu'elle remonte au XIIIe s. Bien que très restaurée, elle reste un cadre idéal pour savourer une authentique cuisine franconienne, dont les fameuses *Coburger Klößen,* des boulettes de purée « molle et gluante ». Une recette ancestrale, mêlant pomme de terre cuite et crue. À accompagner d'une bière maison...

Künstler-Klause : *Theaterplatz 4. ☎ 90-705. Lun-ven 17h30-minuit ; w-e 11h-14h, 17h30-minuit (23h dim). Fermé mar. Plats 9-23 €.* *Weinstube* et restaurant en face de l'Opéra. Large terrasse aux beaux jours et intérieur traditionnel de boiseries avec des coins intimes. Petite carte, mais cuisine soignée. *Coburger Klößen* et bières régionales en vedette. Service souriant. Petit déjeuner le week-end.

À voir

Marktplatz : majestueuse place du Marché (mercredi et samedi matin), avec son hôtel de ville bleu *(Rathaus)* en style Renaissance tardive. Face à lui, le *Stadthaus* (ancienne chancellerie ducale) à 3 pignons triangulaires surmontés de statues (dont celle de saint Maurice, patron de la ville). Remarquer les encorbellements, typiques de l'architecture de Cobourg.
Au milieu de la place trône la ***statue d'Albert de Saxe-Cobourg-Gotha.*** Né à Coburg en 1819, il épousa sa cousine Victoria, née la même année que lui. Le mariage royal eut lieu en 1840, Victoria étant déjà reine d'Angleterre depuis 1837. Le couple a eu 9 enfants, qui ont épousé nombre d'héritiers des familles royales et princières européennes. À la mort d'Albert, en 1861, à l'âge de 42 ans, Victoria fut très affectée et son deuil dura longtemps. Elle vint elle-même inaugurer le monument après la mort de son bien-aimé en 1861. Au coin de la *Steingasse,* la vieille pharmacie de la cour *(Hofapotheke).*

Non loin de la place, l'***église Sankt Moritz,*** où Luther prêcha. Surtout, à l'intérieur, on peut y admirer la fabuleuse épitaphe en albâtre du duc *Johann Friedrich II.* Un écran tactile permet de zoomer sur les détails de ce chef-d'œuvre de sculpture et de peinture, mesurant 13 m de haut !

Schloss Ehrenburg (palais Ehrenburg) **:** *visites guidées seulement en allemand, mais plaquette en français disponible. Tlj sauf lun, ttes les heures 9h-18h (10h-16h oct-mars). Prix : 5 €.* Château qui servit de 1547 jusqu'en 1918 de résidence aux princes de Cobourg. L'extérieur a été complètement refait au XIXe s dans un mélange de styles néogothique et néo-Renaissance.
– ***Au 1er étage :*** on verra surtout le boudoir avec la baignoire encastrée et la niche à poésie de la duchesse Louise.
– ***Au 2e étage :*** la salle des Géants où 28 sculptures d'atlantes soutiennent l'entablement. Voir aussi le salon des Gobelins et la chambre à coucher où la reine Victoria dormit en 1893 ; notez les w-c en acajou (1869).
– Dès lors, vous avez le choix pour monter à la forteresse. À pied, toujours : depuis la *Marktplatz,* remontez la *Herrngasse,* qui conduit au château *Ehrenburg.* Prenez ensuite les escaliers menant au *Hofgarten,* immense parc à l'anglaise aux arbres magnifiques, bien aménagé et vraiment agréable. Environ 30 mn de marche. Sinon, possibilité de se faire conduire là-haut par un petit train *(à prendre devant l'office de tourisme avr-début nov, départ ttes les 30 mn ; 3,50 € et 4,50 € l'A/R),* mais on vous conseille de redescendre à pied. On peut aussi monter avec le bus n° 5, mais c'est plus long...

Veste Coburg (forteresse) **:** *château fort médiéval. L'accès à la forteresse est libre. • kunstsammlungen-coburg.de • Avr-oct, tlj 9h30-17h ; nov-mars, mar-dim 13h-16h (dernière entrée 1h avt). Entrée : 9 € ; réduc. Audioguides en allemand et en anglais : 3 €. Compter 2h de visite.* Forteresse perchée sur un piton rocheux, surplombant la cité comme un nid d'aigle. À l'intérieur de l'enceinte fortifiée, vaste palais qui comprend les appartements princiers et un *musée* qui rassemble de nombreuses collections de peintures et gravures, avec une vingtaine de ***Lucas Cranach l'Ancien*** (autant de chefs-d'œuvre qui méritent à eux seuls la visite !),

Cranach le Jeune, Dürer, Grünewald, Holbein, Grien, Hals... Mais aussi des armes (un vrai arsenal), des porcelaines et des étains, un cabinet de gravures sur cuivre, un magnifique salon de chasse en marqueterie. On visite aussi l'appartement où vécut Martin Luther pendant 6 mois. Plus loin, voitures de parade, traîneaux de tournoi sur glace pour femmes... Le château est aussi connu pour sa ***collection de 2 700 verres,*** notamment de Murano, certainement l'une des plus belles d'Europe : pièces de Gallé, Tiffany. Café à la sortie. Belle vue sur la Thuringe depuis les remparts.
- La ***crypte des Sachsen-Coburg-Kohary,*** dans l'église catholique Saint-Augustin *(Festungsstr. 1),* renferme les tombes de 15 membres de la dynastie des Saxe-Cobourg. Parmi eux, le tsar des Bulgares Ferdinand Ier (1861-1948).

Manifestations

- ***Sommerfestspiele :*** *de mi-juin à début juil.* Festival de théâtre en plein air, dans les jardins de la forteresse.
- ***Samba-Festival :*** *début juil.* Toute la ville danse lors du plus grand festival de samba hors du Brésil. À ne pas rater !
- ***Schlossplatzfestival :*** *fin août.* Sur l'imposante place devant le palais Ehrenburg, grande fête des gourmets accompagnée de concerts et spectacles. Et le tout gratuit.

DE COBURG À WÜRZBURG

Rejoindre l'autoroute avant *Höchstadt.* Elle traverse un superbe parc naturel, le *Steigerwald.* Changement de paysage avant *Würzburg* : le long du Main s'étalent langoureusement les coteaux des vignobles qui vont vous inciter à vous passer de votre demi de bière habituel...

WÜRZBURG (WURTZBOURG)

(97070) 128 000 hab. IND. TÉL. : 0931

• Plan *p. 404-405*

La ville s'étale dans une vallée baignée par les eaux du Main (celui qui passe à Francfort) avec un paysage de collines couvertes de vignobles. Un château haut perché (forteresse de Marienberg), des clochers lancés au-dessus des toits de tuiles, un site exceptionnel, on pourrait se croire dans la vallée du Rhin, mais non. Würzburg semble vivre au rythme de sa rivière chargée d'histoire. Ce paysage inspira des auteurs et des peintres romantiques, au point que Goethe la compta parmi les plus belles villes d'Allemagne. Würzburg n'est-elle pas le point de départ nord de la fameuse Route romantique ? Malgré une reconstruction discutable (le 16 mars 1945, la ville fut presque entièrement détruite), Würzburg a gardé son rayonnement culturel d'autrefois, reconnu par l'Unesco, qui a classé au Patrimoine mondial la *Residenz* des princes-évêques.

UN PEU D'HISTOIRE

Au XVIIe s, pendant la guerre de Trente Ans, les Suédois de *Gustave-Adolphe II* occupent la ville, puis ce sont les guerres napoléoniennes qui troublent l'histoire wurtzbourgeoise. Ensuite la cité redevient une fois pour toutes « bavaroise ».

En 1895, *Wilhelm Röntgen* (1er Prix Nobel de physique, en 1901) y découvre les rayons X en observant la bague de sa femme entourant une phalange de l'annulaire du squelette.

Adresses et infos utiles

Informations touristiques

Tourist Information & Ticket Service *(plan B2)* **:** *Falkenhaus, derrière l'église Sainte-Marie. ☎ 37-23-98. • wuerzburg.de/tourismus • Lun-ven 10h-18h (17h janv-mars), sam 10h-14h.* La maison du Faucon de 1752 possède une très jolie façade rococo. Documentation gratuite en français. Sympa, la « Würzburg *free map* » créée par les étudiants de la ville à l'usage des jeunes routards, pour ne rater aucun bon plan ou endroit à la mode.

– ***Visite guidée à pied de la ville*** *(en allemand et en anglais)* **:** *durée 1h30. Prix : 12 € ; réduc. Infos, horaires et résas auprès de l'office de tourisme.*

– ***Tour de ville guidé*** *(en allemand et en anglais)* **:** *en petit train au départ de la Residenz (40 mn). Les billets se prennent dans le train. Prix : 9 €.*

– La **Würzburg Welcome Card** *(3 €)* donne droit, pendant 3 jours, à des réductions dans les musées, certains restos et aux visites guidées.

Transports

Gare ferroviaire principale *(plan C1)* **:** *rens sur les trains au ☎ 0800-150-70-90 (n° Vert).* Nombreux trains quotidiens pour Nuremberg, Munich, Bamberg et Berlin (4h de trajet).

Location de vélos : Call a Bike, *à la gare principale. • callabike-interaktiv.de •*

Promenades en bateau : plusieurs compagnies. Informations et embarquement à *Alter Kranen (plan B2).* Possibilité de se rendre par bateau jusqu'à la résidence d'été *Veitshöchheim,* aux jardins rococo avec jeux d'eau *(en 40 mn, avec des départs ttes les heures 10h-16h ; A/R : 14 € ; mai-oct, croisières du soir).*

– Des excursions permettant la découverte des villages viticoles alentour sont également proposées.

Où dormir ?

Camping

Campingplatz Kalte Quelle : *Winterhäuser Str. 160, 97084. ☎ 655-98. • kalte-quelle.de • À 8 km au sud-est du centre. Ouv tte l'année. Compter env 23 € pour 2 pers avec tente et voiture.* Au bord du Main, dans un environnement verdoyant, petit camping ombragé et calme. Bistrot-resto sur place. Un peu excentré, mais un bus permet de gagner rapidement la vieille ville.

Bon marché

Jugendherberge *(AJ ; plan B3,* ***10****)* **:** *Fred-Joseph-Platz 2, 97082. ☎ 467-78-60. • wuerzburg.jugendherberge.de • Carte AJ exigée. Compter 26,90-35,40 €/pers en dortoir, petit déj compris.* Dans un ensemble de vieux bâtiments du XIIIe s, idéalement situé. 226 lits répartis dans une soixantaine de chambres de 4 à 8 lits. Idéal pour les familles et les groupes.

Babelfish Hostel *(plan C1,* ***11****)* **:** *Haugerring 2, 97070. ☎ 30-40-430. • babelfish-hostel.de • À 2 pas de la gare, 10 mn du centre. Nuitée en chambre 4-10 lits 17-23 €, draps inclus, serviettes de toilette dans les chambres « privées » (6 pers et moins) seulement ; double 62 € ; studios, appartements 70-74 € pour 2 ; petit déj 5,90 €.* Ne pas se fier à l'extérieur, qui cache un intérieur chaleureux et bariolé. Dortoirs (4 à 10 lits) et chambres privatives impeccables, bien décorés et très propres. Cuisine, boissons chaudes et machine à laver à disposition.

■ Adresse utile

- Tourist Information & Ticket Service (B2)

Où dormir ?

- **10** Jugendherberge (B3)
- **11** Babelfish Hostel (C1)
- **13** Hotel Alter Kranen (B2)
- **14** Hotel am Congress Centrum (B1)

Où manger ?

- **20** Backöfele (B2)
- **22** Restaurant & Weinhaus Stachel (B2)
- **23** Nikolaushof (hors plan par A3)

Où boire un verre de vin franconien ?

- **30** Weinstuben Juliusspital (C1)
- **32** Alte Mainmühle (B2)

Où boire un café ? Où sortir ?

- **34** Till Eulenspiegel (B3)

À voir

- **46** Käppele (hors plan par A3)

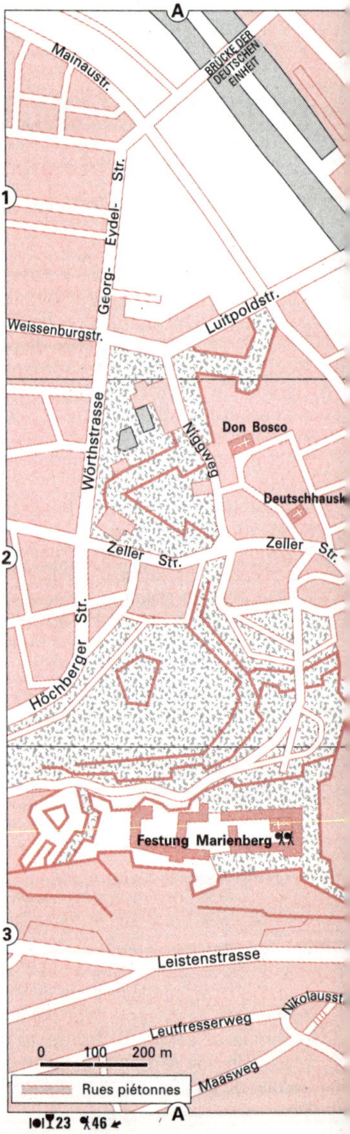

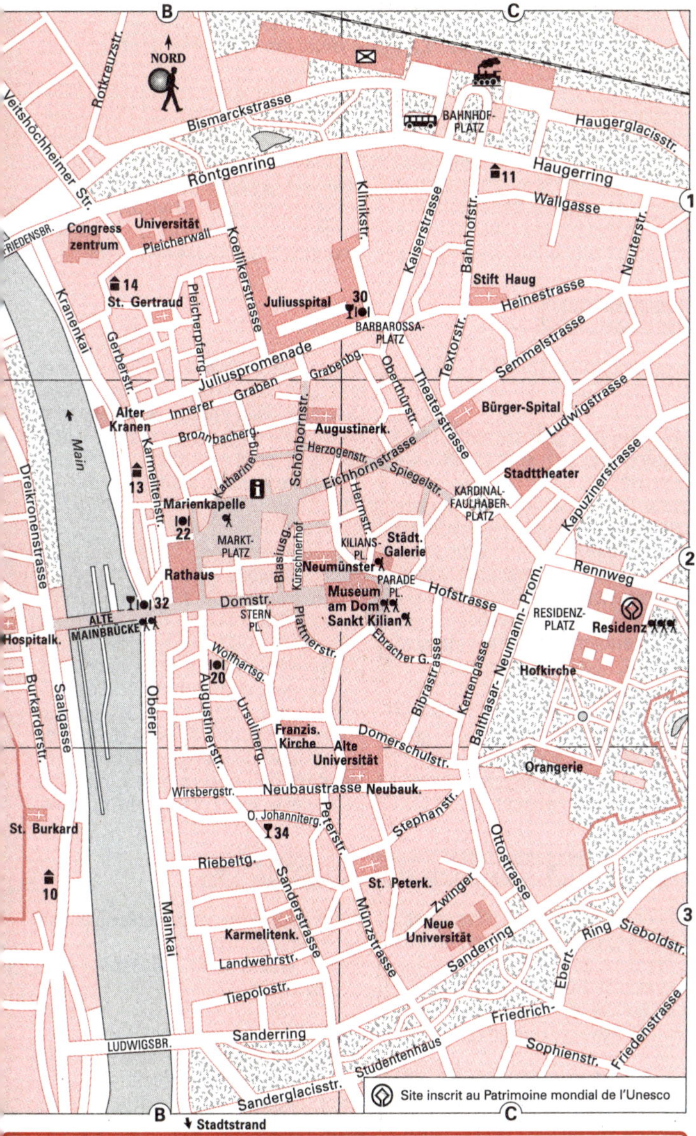

WÜRZBURG (WURTZBOURG)

De prix moyens à très chic

Hotel Alter Kranen (plan B2, **13**) : *Kärrnergasse 11, 97070. ☎ 35-180. • hotel-alter-kranen.de • Doubles 120-130 €. Parking à proximité.* Ne pas confondre avec le *Gasthof Alter Kranen* tout proche. Charmant hôtel 3 étoiles. Toutes les chambres ont été rénovées dans le style contemporain. En demander une du côté ouest, qui offre une vue idyllique sur la forteresse Marienberg, le Main et le Vieux-Pont.

Hotel am Congress Centrum (plan B1, **14**) : *Pleichertorstr. 26, 97070. ☎ 50-244. • hotel-am-congress-centrum.de • Doubles 100-180 € ; petit déj-buffet 8 €. Parking privé 12 €.* Belle demeure à la façade bleue, de style néo-classique, restaurée et aménagée avec beaucoup de goût. Chambres confortables et bien décorées. On l'apprécie aussi pour la gentillesse de son accueil.

Où manger ?

Backöfele (plan B2, **20**) : *Ursulinergasse 2. ☎ 590-59. Tlj 12h-minuit (1h ven-sam, 23h dim). Plats 16-40 €.* Une façade rose, une grande porte verte voûtée, une cour intérieure et une salle chaleureuse. On dirait un vieux relais de poste patiné par les ans. Service attentionné et bonnes spécialités de Franconie : *Blaue Zipfel, Fränkischer Flusszander* et le *Sauerbraten « Backöfele »*, spécialité de la maison (bœuf mariné et rôti servi avec du chou rouge).

Restaurant & Weinhaus Stachel (plan B2, **22**) : *Gressengasse 1. ☎ 527-70. Tlj sauf lun 11h30-minuit (16h dim). Plats 9,50-21 €.* Cette maison historique de 1413 est aujourd'hui un resto gastronomique et le plus charmant patio de la ville. À l'intérieur, impressionnante cave voûtée surplombant les petites salles. Plats classiques de Franconie et excellents plats de poisson, truite en tête. Quelques plats italiens et végétariens. Belle cave à vin garnie de grands foudres de vins franconiens. Service attentionné.

Nikolaushof (hors plan par A3, **23**) : *Albert-Günther-Weg 1. ☎ 79-75-00. À env 1,6 km du centre. Prendre la Nikolausstr., puis Maasweg, puis Spittelbergweg vers la chapelle « Käppele ». Mai-sept, tlj sauf lun 14h (12h w-e)-23h30 ; oct-avr 16h-23h30. Repas complet env 30 €, moins cher le midi.* L'ensemble de resto-bar lounge, très calme, autour d'un petit étang, permet une belle vue sur la ville. Déco aux couleurs chaudes. Cuisine du monde inventive et délicieuse. Beaucoup n'y viennent que pour prendre, dans de petits pavillons, un verre entre copains.

Où boire un verre de vin franconien ?

À signaler, le **Würzburg Wine pass :** pour 13,90 €, ce *pass* vous permet de déguster dans différents bars et tavernes 5 doses de 1 dl de vin franconien... De quoi faire le tour des cépages : silvaner, müller-thurgau, riesling, etc.

Alte Mainmühle (plan B2, **32**) : *Mainkai 1. ☎ 167-77. À l'extrémité est du Vieux-Pont. Tlj 10h-minuit.* Les promeneurs passent devant cet ancien moulin en empruntant le Vieux-Pont sur le Main. La belle charpente de bois de l'intérieur abrite un resto réputé de spécialités franconiennes. Le soir, vue privilégiée sur les coteaux et la forteresse illuminée. Un arrêt obligatoire pour déguster un verre de vin à l'une des petites tables plantées sur le parapet du pont.

Weinstuben Juliusspital (plan C1, **30**) : *Juliuspromenade 19, angle de la Klinikstr. ☎ 540-80. Tlj 11h-minuit. Plats 7-27 €.* Une des meilleures adresses de la ville. Taverne installée dans un hôpital (toujours en activité) fondé au XVIe s. On y déguste le vin provenant des propres vignobles de l'établissement qui accompagne à merveille les poissons, l'autre spécialité maison : truite du vivier, perche, carpe (selon saison). Possibilité de visiter les caves et la pharmacie rococo *(ven à 17h et 18h, sam à 16h et 17h, plus 15h en sept-oct ; 14 € avec dégustation).*

Où boire un café ? Où sortir ?

Wurtzbourg propose de nombreux endroits animés, notamment autour de la *Sanderstraße (plan B3)*, quartier étudiant au sud de la ville. L'animation nocturne se concentre aussi autour des nombreux bars et tavernes de *Karmelitenstraße* derrière le Rathaus et, plus loin, dans les ruelles des anciens remparts *(Innere Graben)* et sur *Juliuspromenade (plan B1)*. Regarder la programmation des discothèques sur ● *frizz-wuerzburg.de* ●

🍷 ***Till Eulenspiegel*** *(plan B3,* ***34****)* **:** *Sanderstr. 1a. Tlj 18h-1h (plus tard le w-e ; plus tôt en août).* Bar à vins et à bières (fait aussi hôtel), très prisé des étudiants qui s'agglutinent dans la cave. Bondé et surchauffé surtout le week-end, mais bonnes bières pour étancher sa soif.

🍷 Plein d'autres adresses qui ne manquent pas de charme : ***Sternbäck*** sur la *Sternplatz (plan B2)*, un café fréquenté par des étudiants, ou encore le ***Standard*** *(Oberthürstr. 11a ; plan C1-2)*, bar estudiantin avec concerts et fêtes.

Où danser ?

Boot *(plan A-B1)* **:** *Veitshöchheimer Str. 14. ☎ 593-53. ● das-boot.com ● Jeu-sam 22h-5h, voire plus selon programmation.* Discothèque sur un bateau amarré au quai, près du pont der Deutschen Einheit. Clientèle de moins de 30 ans.

Zauberberg *(plan A-B1)* **:** *à côté du précédent, Veitshöchheimer Str. 20. ● zauberberg.info ● Jeu-sam 22h-5h.* Mélange de *Biergarten* et de discothèque pour les étudiants le jeudi et pour les plus de 30 ans le samedi soir.

À voir

Alte Mainbrücke *(plan B2)* **:** le Vieux-Pont sur le Main date du XVe s, où il a remplacé un pont roman. Comme le pont Saint-Charles de Prague auquel il ressemble en plus petit, les côtés sont décorés de statues de saints, dont celle de **saint Kilian,** patron de la ville. Depuis le pont, on aperçoit en aval l'*ancienne grue (Alter Kranen)*. À l'extrémité est, dans l'ancien bureau de douane a été aménagé un joli café au *Biergarten* bien agréable. Plus loin, une tour romane qui annonce le *Rathaus* du XIIIe s. Cour intérieure où on installe les tables de la *Ratskeller* en été.

Marienkapelle *(église Sainte-Marie ; plan B2)* **:** *Marktplatz.* Repeinte en rouge et blanc, de type halle gothique, cette église fut fondée au XIVe s sur les ruines d'un quartier juif incendié après une épidémie de peste. Voir le joli portail nord avec les sculptures représentant *Adam et Ève* de **Tilman Riemenschneider,** le grand sculpteur du gothique flamboyant.

Dom Sankt Kilian *(plan C2)* **:** *Kiliansplatz. Lun-sam 9h30-17h30. Visite guidée (1h) Pâques-Toussaint, tlj à 12h30. Prix : 5 €. Trésor : 3 €.* Comptant parmi les plus grandes églises romanes d'Allemagne, cette cathédrale fut construite du début du XIe s à la fin du XIIe s. Entièrement détruite en 1945. L'extérieur a gardé son aspect médiéval, alors que l'intérieur a subi de nombreuses modifications. La chapelle, près du transept nord, abrite les tombeaux des princes-évêques de la maison des Schönborn. Objets liturgiques et reliques.

Museum am Dom *(plan C2)* **:** *Kiliansplatz. ● museum-am-dom.de ● Mar-dim 12h-17h. Entrée : 5 €.* Tout à côté du Dom, ce musée présente ses collections de façon plutôt originale. Mêlant art contemporain ***(Joseph Beuys, Otto Dix...)*** aux maîtres de l'art roman, gothique (Riemenschneider encore) ou baroque, il réunit les œuvres autour de mots-clés et permet ainsi au visiteur de découvrir comment les thèmes de la vie, la souffrance, la découverte, la décision... sont traités selon la sensibilité de l'artiste et l'époque dans laquelle il a évolué. Passionnant !

Neumünster *(plan B2)* **:** entièrement remaniée dans le style baroque au XVIIIe s, cette collégiale de conception romane présente une jolie façade de grès rose. À l'intérieur, le ***tombeau de saint Kilian*** (le saint fondateur de la ville au VIIe s) et quelques sculptures. Cloître roman sur le côté. Sur la tombe d'un troubadour du XIIe s : *Walther von der Vogelweide,* les amoureux déçus viennent déposer une rose rouge pour récupérer leur amour perdu.

Residenz *(Résidence ; plan C2)* **:** *Residenzplatz, à l'angle de la Balthasar-Neumann-Promenade et du Rennweg. • residenz-wuerzburg.de • Avr-oct tlj (sauf certains j. fériés) 9h-18h, nov-mars 10h-16h30. Entrée : 9 € ; réduc. Visites guidées (comprises dans le prix) en allemand ttes les 20-30 mn, et en anglais à 11h et 15h, plus 13h30 et 16h30 en hte saison.*
Résidence des princes-évêques de Wurtzbourg, elle fut bâtie entre 1720 et 1744 selon les plans de Balthasar Neumann (1687-1753), l'un des architectes les plus talentueux d'Allemagne au XVIIIe s. C'est ***l'un des plus beaux palais baroques d'Allemagne,*** censé rivaliser avec le palais de Schönbrunn à Vienne et le château de Versailles. Depuis 1981, la *Residenz* est inscrite au Patrimoine mondial de l'Unesco. Le bâtiment central, peu touché par les bombardements de 1945, a préservé ses plus belles pièces. En 1752, ***Giovanni Battista Tiepolo*** créa pour le célèbre *Treppenhaus* (escalier d'honneur) ***la plus grande fresque de plafond au monde.*** Elle représente une allégorie des 4 continents connus à l'époque, l'Afrique, l'Asie, l'Europe et l'Amérique. Splendides couleurs des fresques en trompe l'œil se mêlant aux reliefs dans la plus pure tradition du baroque.
Sur la balustrade supérieure de ce même escalier d'honneur, ne manquez pas d'admirer les figures allégoriques.
La ***galerie des glaces,*** entièrement reconstituée en 1987, et la salle des laques vertes sont des attractions à elles seules, accessibles uniquement dans le cadre d'une visite guidée.
Les salles d'apparat, meublées de chefs-d'œuvre du style rococo propre à Wurzbourg, sont pour l'essentiel proposées en visite libre (un plan pour se repérer serait bien utile !). On poursuit donc la visite par les *appartements impériaux* (Napoléon et Marie-Louise y dormirent une nuit du 13 au 14 mai 1812) qui respirent le luxe et l'abondance, tout comme la *chapelle du palais (Hofkirche),* richement décorée de différentes variétés de marbres, de délicates fresques de *Johann Rudolf Byss* et de peintures de *Tiepolo.*
L'enchaînement des pièces – du vestibule et de la *Gartensaal* (salle du jardin) jusqu'à la *Kaisersaal* (salle impériale), ornée d'une fresque de Tiepolo, en passant par la *Weißer Saal* (salle blanche) – est lui aussi sans pareil. La ***Staatsgalerie*** propose des tableaux vénitiens des XVIIe et XVIIIe s, dont les toujours fascinantes *Vues de Venise* de **Canaletto.** Le ***jardin,*** conçu à la fin du XVIIIe s par le paysagiste *Johann Prokop Mayer,* mérite une promenade, ne serait-ce que pour la perspective sur le palais.
– À voir encore, le ***Martin von Wagner Museum*** qui renferme des collections de l'Antiquité, une galerie de peintures et un cabinet d'estampes. *Horaires différents selon les salles. GRATUIT.*
– Tous les jours jusqu'à la tombée de la nuit, les jardins offrent une belle vue sur la longue façade de l'édifice. Le week-end, visite de la cave, comptant parmi les plus belles d'Europe, véritable « cathédrale » du vin, haute de 8 m *(ven à 16h30 et 17h30 ; ttes les heures, sam 10h-17h et dim 10h-16h ; 7,50 €).*
➢ Le bus n° 9 passant devant la Résidence vous conduit à la forteresse de *Marienberg (avr-oct).* Vous pouvez aussi y aller à pied par les jardins en 45 mn.

Festung Marienberg *(forteresse de Marienberg ; plan A3)* **:** *avr-oct, mar-ven et dim 9h-18h, sam 10h-16h30. GRATUIT. Visites guidées en allemand à 11h, 14h, 15h, 16h, plus 10h et 13h w-e ; en anglais à 15h : 4 € ; réduc.* Cette formidable place forte domine la ville et le cours du fleuve depuis 1201. Résidence des princes-évêques durant 5 siècles, elle fut transformée en château Renaissance vers 1600, prise d'assaut par les Suédois en 1631 et partiellement détruite à la fin de la 2de Guerre mondiale. Mais l'église Sainte-Marie, l'une des plus anciennes du pays, où sont enterrés plusieurs princes-évêques, veille toujours sur la cour du château à l'ombre d'un imposant donjon rond du XIIe s. Au centre, margelle Renaissance couvrant un puits profond de 103 m. On visite les appartements princiers. Belle vue sur la ville depuis les terrasses.

À faire

Profiter de l'aménagement d'une **plage** *(Stadtstrand ; hors plan par B3)* pour faire bronzette le long du Main *(avr-sept 11h-23h ; GRATUIT mais conso obligatoire).*

Promenade dans les vignobles et autour de la forteresse : départ de l'auberge de jeunesse ou du parking du château, une jolie balade pour prendre le temps de découvrir un peu mieux la ville. Faites un détour pour visiter la petite chapelle baroque ***Käppele*** *(hors plan par A3,* ***46****),* lieu de pèlerinage multiséculaire, et le resto *Nikolaushof* à côté (voir plus haut « Où manger ? »).

Manifestations

Programme d'animations culturelles bien chargé. En haute saison, pas une semaine sans avoir quelque chose à se mettre sous la dent. Calendrier complet sur le site de la ville.

- ***Würzburger Weindorf :*** *fin mai-début juin.* Village viticole sur la place du Marché.
- ***Mozartfest Würzburg :*** *mai-juin.* Festival musical autour de Mozart et de la musique classique, pendant 1 mois.
- ***Africa Festival :*** *début juin.* Le plus grand festival de musique africaine en Europe pendant 3 jours : 100 000 visiteurs. En plus, artisans, marché, spectacles.
- ***Hofgarten Weinfest :*** *fin juin-début juil.* Une des nombreuses fêtes du vin, celle-ci se déroulant dans les jardins de la Residenz.
- ***Barbarossa Spectaculum :*** *ts les 2 ans (années impaires), parfois en mai ou en été.* Spectacle médiéval à la citadelle Marienberg, avec un grand tournoi.
- ***Würzburger Hafensommer :*** *fin juil-début août.* Festival de musique pop, rock, jazz en plein air sur une scène flottante dans le port.

LA ROUTE ROMANTIQUE

Longeant la frontière ouest de la Bavière avec le Bade-Wurtemberg, la Route romantique *(Romantische Straße)* traverse le Land du nord au sud, reliant le Main aux Alpes. De la Basse-Franconie (Wurtzbourg) aux 1ers contreforts des Alpes (Füssen ; voir plus haut « La route allemande des Alpes »), en passant par le pays souabe (Augsbourg), c'est un circuit de plus de 350 km, qui permet, en délaissant l'autoroute pour les petites routes de campagne, de profiter de quelques-unes des plus jolies petites villes historiques de Bavière. Parsemant les paysages vallonnés, vous découvrirez tour à tour des cités médiévales renommées *(Rothenburg, Dinkelsbühl),* plus ou moins épargnées par les destructions de la guerre, la richissime Augsbourg et, en fin de parcours, Füssen, qui est la porte d'accès aux châteaux de Louis II de Bavière.

Informations et conseils utiles

Pour tout renseignement, la Route romantique a son office de tourisme ***(Touristik-Arbeitsgemeinschaft Romantische Straße,*** *Segringer*

Str. 19, 91550 ***Dinkelsbühl*** *; ☎ (09851) 55-13-87 ; • romantischestrasse.de •).* Édite de nombreux documents très bien faits : un descriptif général de la Route romantique avec carte et présentation de toutes les étapes (existe en français), une liste des campings du circuit, un programme des événements culturels, etc.

– ***De Würzburg à Füssen :*** cet itinéraire est l'un des plus touristiques d'Allemagne ; les chambres sont parfois réservées des mois à l'avance pour l'été ainsi que pour les week-ends de saison. Résa conseillée.

– ***Pour les non-motorisés,*** il existe plusieurs moyens de se rendre d'une ville à l'autre. Outre le train et les lignes régulières de bus qui assurent les liaisons entre les étapes de la Route romantique et qui les relient aux grandes villes des environs (Munich, Nuremberg, Stuttgart...), il est possible de prendre en saison *(avr-oct)* un bus quotidien reliant Francfort à Füssen dans les 2 sens et qui dessert toutes les étapes du circuit.

Infos et résas (transports, visites, hébergement...) auprès de ***Touring Tours & Travel*** *: ☎ (069) 719-126-061. • romanticroadcoach.de • touring-travel.eu •* Par ailleurs, la compagnie propose d'emporter les vélos dans une remorque adéquate *(résa obligatoire 3 j. avt le voyage).* Vraiment pratique pour profiter au mieux du circuit.

– Le centre des vieilles villes le long de la route étant souvent piéton, il s'avère ***très difficile d'y circuler et de s'y garer.*** Il est conseillé de laisser sa voiture sur l'un des nombreux parkings périphériques du centre (malheureusement payants pour la plupart) et de découvrir la ville à pied, ce qui est d'autant plus facile que, généralement, les curiosités sont très concentrées.

ROTHENBURG OB DER TAUBER

(91541) 11 400 hab. IND. TÉL. : 09861

• Plan *p. 411*

Entre Wurtzbourg (65 km au nord) et Dinkelsbühl, cette petite ville fortifiée est la plus visitée de la Route romantique. Rothenburg domine le cours sinueux de la Tauber. On vous conseille de visiter au printemps ou à l'automne cette cité de caractère que beaucoup de touristes considèrent comme « la plus jolie petite ville d'Allemagne ». On peut les comprendre : quoi que l'on pense du résultat des rénovations d'après-guerre, les remparts, les ruelles et les maisons ont gardé, ou du moins ont su retrouver, un aspect « authentiquement moyenâgeux ». Rien ne manque à la carte postale, pas même les cigognes ! Très, très, très touristique (1,5 million de visiteurs par an), vous vous en doutez... mais aussi très beau.

– ***Spécialités à Noël :*** les *Schneeballen.* On trouve partout ces « boules de neige », sorte de pâte de bugne enrobée de chocolat ou de sucre, véritables « étouffe-chrétien ». Les touristes (mais pas les Rothenbourgeois, pas fous !) les achètent chez ceux qui prétendent tous posséder la recette originale...

UN PEU D'HISTOIRE

Au début du XIIe s, Conrad III fait de Rothenburg l'une de ses résidences impériales. En 1274, elle est décrétée ville libre par *Rodolphe de Habsbourg.* C'est le début d'un grand essor économique grâce à sa laine, exportée jusqu'en Italie, et surtout culturel : les patriciens se consacrent à l'embellissement de la

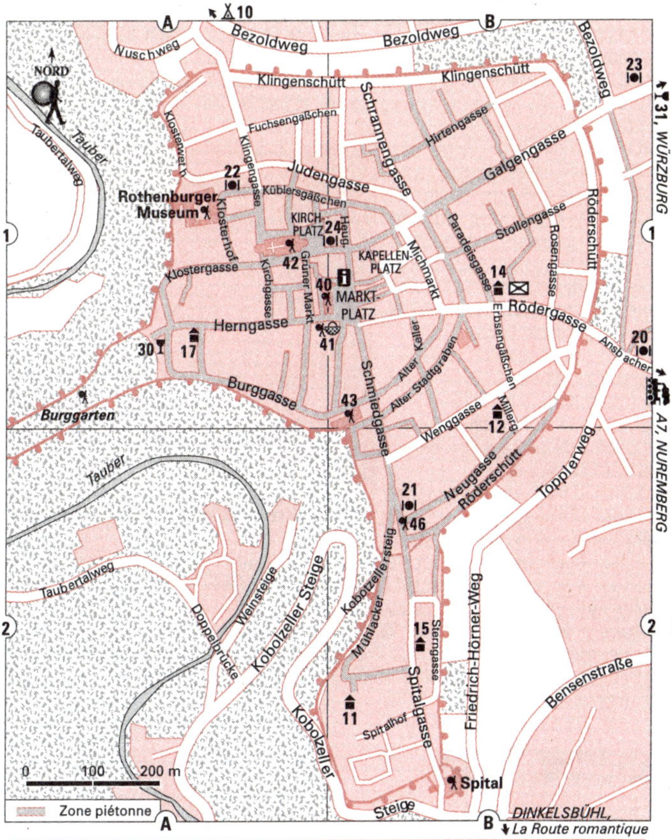

ROTHENBURG OB DER TAUBER

Adresse utile

- Rothenburg Tourismus – Office de tourisme (B1)

Où dormir ?

10 Campingplatz Tauberromantik (hors plan par A1)
11 Jugendherberge (B2)
12 Kreuzerhof Hotel (B1)
14 Spitzweg (B1)
15 Hotel Gerberhaus (B2)
17 Klosterstüble (A1)

Où manger ?

20 Gasthof Rödertor – Rothenburger Kartoffelstube (B1)
21 Gasthof Glocke (B2)
22 Altfränkische Weinstube (A1)
23 Villa Mittermeier (B1)
24 Hotel Reichsküchenmeister Das Herz von Rothenburg (A-B1)

Où boire un verre ? Où sortir ?

30 Zum Pulverer (A1)
31 Molkerei (hors plan par B1)

À voir

40 Rathaus et Historiengewölbe (A-B1)
41 Weihnachtsdorf Käthe Wohlfahrt (A-B1)
42 Kirche Sankt Jakob (A1)
43 Mittelalterliches Kriminalmuseum (B1)
46 Plönlein (B2)

cité. On construit d'imposants monuments, le *Rathaus,* l'église Saint-Georges, et on enjolive les maisons privées. En 1340, Rothenburg est au croisement de 2 grands axes : Wurtzbourg-Ausbourg et Paris-Prague. De nombreux commerçants, pèlerins et autres voyageurs vont donc transiter par la ville... et Rothenburg va vivre du tourisme avant l'heure, et fera sa pelote grâce au flux important de visiteurs.

Après le siège de 1631 par les armées impériales, Rothenburg cesse peu à peu de se développer. Et c'est une chance puisque la pauvreté même de la cité empêche qu'on détruise remparts et maisons, faute d'argent à mettre dans des boulevards ou de nouvelles constructions. Dès 1871, les touristes affluent, surpris par un décor d'un autre âge mais il faut attendre 1900 pour que les autorités décident par décret de protéger sa cohérence architecturale.

En 1942, le jeune ***François Mitterrand*** s'évade d'un camp allemand et se cache pendant quelques jours dans une modeste maison située au 17, Alter Keller. Plus tard, Mitterrand y reviendra accompagné de son ami Willy Brandt. La maison est toujours là, elle porte une plaque en souvenir.

Détruite à 40 % pendant la ***2de Guerre mondiale*** (les Alliés visaient un général nazi localisé dans ses murs), Rothenburg est reconstruite à l'identique entre 1950 et 1970, et on ne sait plus trop aujourd'hui ce qui appartient vraiment au patrimoine original.

UNE BONNE DESCENTE PEUT SAUVER UNE VILLE !

Protestante lors de la guerre de Trente Ans, la ville est assiégée en 1631 par l'armée impériale conduite par le comte Tilly qui, après l'avoir prise et pillée, décide de la raser. Mais, après avoir goûté le vin de Franconie, il lance un pari fou : si un habitant parvient à avaler d'un trait un flacon de 3,25 l de ce vin, la ville sera épargnée... Le bourgmestre de l'époque relève le défi (et le coude) : il ingurgite le tout d'une magistrale rasade, et sauve ainsi la ville !

Arriver – Quitter

➢ ***Pour les non-motorisés,*** le seul moyen d'accéder à Rothenburg est de passer par Steinach (50 mn de trajet en train au départ de Wurtzbourg). Des trains (15 mn) chaque heure ou presque, 6h-20h. Avr-oct, possibilité d'emprunter le bus quotidien de la Route romantique. Trains également depuis Frankfurt et Nürnberg.

Attention ! Le centre-ville est autorisé aux voitures de 6h du mat à 19h. On vous conseille vraiment de ne pas y circuler. Allez-y à pied en garant votre véhicule dans les parkings hors de la vieille ville.

Adresses et infos utiles

ℹ ***Rothenburg Tourismus – Office de tourisme*** *(plan B1)* **:** *Marktplatz 2.* ☎ *404-800.* ● *rothenburg-tourismus.de* ● *Mai-sept, lun-ven 9h-18h, w-e 10h-17h ; oct-avr, lun-ven 9h-17h, w-e 10h-15h (sauf lors du marché de Noël).* Bonne doc en français. Accès gratuit à une borne Internet et, à l'extérieur, tableau des disponibilités hôtelières avec plan.

– ***Visites guidées :*** *avr-début nov, tlj à 14h en anglais. Visite nocturne accompagnée par un veilleur de nuit à 20h en anglais (nombreux citoyens américains et japonais !), à 21h30 en allemand. Durée : 1h30. Prix : 8 € en allemand, 9 € en anglais.*

🚴 ***Location de vélos : Rad & Tat,*** *Bensenstr. 17.* ☎ *879-84.* ● *mietraeder.de* ● *Ouv 9h-18h (13h sam).*

Où dormir ?

Beaucoup d'hôtels, tous plus adorables les uns que les autres, mais souvent pas donnés. Consultez, sur le site de l'office de tourisme, la liste des chambres chez l'habitant. Hors saison, vous pouvez aussi guetter les pancartes « *Fremdenzimmer* » (chambres chez l'habitant) ou « *Zimmer frei* » (chambres à louer), fort nombreuses dans la vieille ville. En général, moins chères que les hôtels *(30-50 €/pers).* En saison, réservez !

Camping

▲ ***Campingplatz Tauberromantik*** *(hors plan par A1,* ***10****) : Detwang 39. ☎ 61-91. • camping-tauberromantik.de • À 1,5 km au nord-ouest de Rothenburg, en contrebas et au bord du fleuve. Fermé début janv-fin mars et 3 sem en nov. Empl. 21-24 €/nuit pour 2 pers avec tente et voiture.* Bien équipé, location de vélos et restauration.

Auberge de jeunesse

■ ***Jugendherberge*** *(plan B2,* ***11****) : Mühlacker 1. ☎ 94-160. • rothenburg.jugendherberge.de • Fermé en janv. Résa fortement conseillée en saison. Carte AJ obligatoire. En dortoir, 24,40-32,10 €/nuit.* Dans la vieille ville, sur une charmante place ombragée, grosse demeure médiévale. 45 chambres et 120 lits en dortoir (4, 5 ou 6 lits) ou chambre privée (pour 2). Certaines conviennent aux familles. Bien équipée, restauration sur place, accueil sympa.

De prix moyens à très chic

■ ***Kreuzerhof Hotel*** *(plan B1,* ***12****) : Millergasse 2-6. ☎ 34-24. • kreuzerhof.eu • Pratique, car à proximité de la gare. Doubles 78-92 €, petit déj-buffet inclus ; familiales. Parking 5 €, garage 8 €.* Autour d'une cour garnie d'une roseraie, une dizaine de chambres lumineuses à la déco éclectique. Une seulement donne sur le jardin, les autres sur la rue calme. Accueil jovial.

■ ***Spitzweg*** *(plan B1,* ***14****) : Paradeisgasse 2. ☎ 942-90. • hotel-spitzweg.de • Doubles 98-118 € ; familiales.* Notre coup de cœur ! Dans une rue pavée et paisible, demeure datant de 1536. Entièrement rénovée, elle dispose de tout le confort nécessaire dans ses 10 chambres. Déco de bonbonnière, vieilles poutres et meubles peints. Ambiance familiale et chaleureuse.

■ ***Hotel Gerberhaus*** *(plan B2,* ***15****) : Spitalgasse 25. ☎ 94-900. • gerberhaus.rothenburg.de • Doubles 89-140 €, petit déj inclus. Garage payant.* Un hôtel vraiment agréable, à l'accueil adorable, dans une maison du XVIe s. Chambres spacieuses et douillettes avec leur mobilier campagnard en bois de pin... Certaines sont équipées de lits à baldaquin (nos 18 et 21), d'autres peuvent accueillir jusqu'à 5 personnes. On aime particulièrement le jardin et le caractère élégant des salles de petit déj, mi-salon mi-salle à manger. Également petite restauration et *Kaffee-Kuchen.* Accueil des randonneurs cyclistes.

■ ***Klosterstüble*** *(plan A1,* ***17****) : Herrngasse 21. ☎ 93-88-90. • klosterstueble.de • Doubles 76-146 € ; petit déj 10 € sur résa. Resto fermé début janv-fin fév.* Tout le confort souhaitable dans cet hôtel abritant 2 types de chambres. La partie traditionnelle est dans le plus pur style franconien, certaines chambres ayant même un lit à baldaquin. Les propriétaires ont également restauré avec beaucoup de goût la maison adjacente, qu'on vous recommande tout particulièrement pour ses très belles chambres : parquets, poutres, chacune avec une décoration différente réussie. À l'entrée, adorable patio design et élégant.

Où manger ?

|●| ☂ ***Gasthof Rödertor – Rothenburger Kartoffelstube*** *(plan B1,* ***20****) : Ansbacher Str. 7. ☎ 20-22. Tlj sauf lun 17h30-21h30 (20h30 dim), plus*

LE SUD DE L'ALLEMAGNE

w-e 11h30-14h. Plats 6-20 €. Archétype de l'auberge franconienne, à l'entrée de la vieille ville. On y cuisine les pommes de terre sous toutes leurs formes : en robe des champs, en pâte à pizza, en beignets, et même un steak flambé à l'alcool de pommes de terre ! Il y a aussi des plats à base de champignons. Immense *Biergarten* souvent bondé. Une bonne adresse.

Gasthof Glocke *(plan B2, **21**) : Am Plönlein 1. ☎ 958-990. Service tlj 11h-21h (14h dim) ; parfois fermé lun ou mar hors saison. Plats 9-24 €.* Grande auberge bleue enfouie sous les plantes grimpantes. La famille Thürauf est l'unique productrice de vins de Rothenburg. Des formules dégustation permettent de goûter aux différents crus, tout en se régalant de spécialités maison : saucisses, raviolis, *Spätzle*... Avec son décor rustique à souhait, c'est notre adresse préférée ! On peut acheter les bouteilles en sortant, dans leur boutique *(fermée à 18h)* qui jouxte le restaurant. L'hôtel est, comme le reste, de qualité.

Altfränkische Weinstube *(plan A1, **22**) : Klosterhof 7. ☎ 64-04. Tlj 18h-1h. Plats 8-19 €.* Superbe cave à vin dans un décor tout en bois, éclairé aux bougies. Accueil sympa. Bonne cuisine typique. Quelques tables dehors.

Hotel Reichsküchenmeister Das Herz von Rothenburg *(plan A-B1, **24**) : Kirchplatz 8. ☎ 97-00. Tlj 11h30-21h30. Plats 10-40 €.* Central, typique, authentique... touristique ! Mais la carte, franconienne, permet de se restaurer à toute heure, quel que soit votre budget ou votre appétit. Spécialité, entre autres, la flammekueche ; plus alsacien que bavarois ! Terrasse délicieusement ombragée.

Villa Mittermeier *(plan B1, **23**) : Vorm Würzburger Tor 9. ☎ 94-540. Tlj sauf dim-lun 18h-22h30. Plats 10-30 €.* Une bonne table de la ville, membre du réseau *Slow Food.* Fine cuisine d'inspiration française, revue et corrigée à la mode franconienne. La carte suit le rythme du marché et des saisons. Fait aussi hôtel (*Frühstück* mémorable pour les amateurs de – bonnes – charcuteries !).

Où boire un verre ? Où sortir ?

Zum Pulverer *(plan A1, **30**) : Herrngasse 31, angle avec Burggasse. ☎ 97-61-82. Tlj sauf lun-mar à partir de 17h (12h w-e). Petite carte 5-13 €.* Au pied de la porte ouest. Un endroit bien agréable pour un verre de vin le soir sur la terrasse.

Molkerei *(hors plan par B1, **31**) : Schweinsdorfer Str. 25b. ☎ 93-33-10. Lun-jeu 17h-minuit, ven-sam 16h-1h, dim 16h-23h.* À l'extérieur des remparts, par la *Würzburger Tor,* un bar à cocktails où se retrouve la jeunesse locale, les 18-35 ans, avec certains soirs de la musique live. Presque le seul endroit qui échappe à l'ambiance médiévale de la ville.

Et pour ceux qui souhaiteraient prolonger la soirée, l'*Ansbacher Straße* (rue en dehors des remparts, à partir de la Rote Tor en direction de la gare) est le quartier des boîtes de nuit...

À voir

La vieille ville : c'est le prototype des petites villes typiques de Franconie : rues étroites et pavées, maisons à colombages, pignons à redents, enseignes dorées, clochetons et toits pointus. Pour ne rien rater, l'office propose un circuit patrimonial, bien détaillé, en 26 étapes *(gratuit en allemand, 5 € en anglais).*

Rathaus *(plan A-B1, **40**) : montée à la tour avr-déc tlj 9h30-12h30, 13h-17h ; janv-mars et nov, w-e 12h-15h ; pdt le marché de Noël, 10h30-19h. Prix : 2,50 €.* Très bel hôtel de ville avec 2 parties d'époques et de styles bien différents. La façade Renaissance (1578) donne sur la Marktplatz, avec sa tour d'escalier octogonale, idéale pour avoir une belle vue de la ville. La 2de partie de l'édifice est gothique : surmontée d'un grand beffroi, elle garde l'entrée de la Herrngasse.

Historiengewölbe *(voûtes historiques ; plan A-B1,* ***40****) : accès par le passage sous la partie gothique du Rathaus, reliant Herrngasse à Grüner Markt. Tlj 10h-17h. Entrée : 4 € ; réduc.* Ce petit musée retrace l'histoire de Rothenburg pendant la guerre de Trente Ans. La cave abrite les oubliettes où agonisa, de soif, en 1408, l'un des maires célèbres de la ville, Heinrich Toppler.

Ratstrinkstube *(plan B1)* **:** c'est dans cette ancienne auberge de notables que se niche l'***office de tourisme.*** Toutes les heures pile, entre 10h et 22h, on peut assister à la fameuse *Meistertrunk* interprétée par des automates.

Weihnachtsdorf Käthe Wohlfahrt *(village de Noël)* **et son musée de Noël** *(plan A-B1,* ***41****) : Herrngasse 1. Ouv lun-sam 10h-18h, dim 11h-17h.* Ce magasin, qui a fait des petits dans d'autres villes allemandes, est entièrement consacré à Noël et constitue évidemment un enchantement pour les yeux ! Le *Weihnachtsmuseum,* petit musée installé dans les étages, propose quant à lui une balade nostalgique autour des Noël d'autrefois. *Entrée : 5 € !*

Kirche Sankt Jakob *(église Saint-Jacques ; plan A1,* ***42****) : Tlj : janv-mars et nov, 10h-12h, 14h-16h ; avr-oct, 9h-17h ; déc, 10h-16h45. Entrée : 2,50 €.* De style gothique sans grande originalité. Intérêt principal : au 1er étage, son magnifique retable du Saint-Sang en bois sculpté, datant de 1504, représentant la Cène.

Mittelalterliches Kriminalmuseum *(musée de la Justice médiévale ; plan B1,* ***43****) : Burggasse 3. Tlj : janv-mars 13h-16h ; avr-oct 10h-18h ; nov-déc 11h-17h. Entrée : 8 € ; réduc. Dépliant en français, textes en anglais.* Dans l'ancienne commanderie des chevaliers de l'ordre de Saint-Jean de Jérusalem, bien plus complet et documenté que les habituels musées de la torture. Explications quasi encyclopédiques sur l'histoire du droit et la place de cette pratique certes cruelle, mais faisant partie intégrante des mesures légales pour prouver la culpabilité d'un prévenu. Abondante collection d'instruments tous plus effrayants les uns que les autres, telle l'horrible ***Vierge de Nuremberg,*** un sarcophage de fer hérissé de pointes à l'intérieur.

BUVONS AVEC MODÉRATION

Sous l'Inquisition, le supplicié est attaché sur une planche inclinée et doit ingurgiter une énorme quantité d'eau : 6 l pour la petite torture et 12 l pour la grande. Celui qui serre les dents a la mâchoire ouverte de force. Les victimes étouffent ou éclatent du fait que leurs orifices naturels ont été bouchés ou noués. En Espagne, les bourreaux prennent soin de faire bénir l'eau avant la torture. C'est moins pénible !

Burggarten *(jardin du château fort ; plan A1-2)* **:** après avoir remonté la Herrngasse, on passe la *Burgtor,* ancienne porte du château dont ne subsiste plus que la *chapelle Saint-Blaise,* aujourd'hui mémorial. Du magnifique jardin, vue superbe sur la Tauber et beau panorama sur la ville et ses remparts.

Plönlein *(plan B2,* ***46****)* **:** une petite place-rue, dans le prolongement de l'*Untere Schmiedgasse* (qui mène à la *Siebersturm*) et au croisement de la *Kobolzeller Steige* (menant à la Kobolzeller Tor). En descendant par cette dernière et en suivant la petite route, on arrive au *Doppelbrücke* (viaduc à arche double), datant du début du XIVe s.

Spital *(hôtel-Dieu ; plan B2)* **:** ensemble de bâtiments des XVIe et XVIIe s, regroupés autour d'une petite place au cœur de laquelle trône un pavillon au toit pointu, le *Hegereiterhaus*. En continuant sur Spitalgasse, on arrive au *Spitalbastei* (bastion de l'hospice), fortification formée de 7 portes et 2 cours. À côté, un joli pont de bois couvert enjambe les douves.

Rothenburger Museum *(musée de la Ville ; plan A1)* **:** *Klosterhof 5. • rothenburgmuseum.de • Avr-oct, ouv 9h30-17h30 ; nov-mars, 13h-16h. Cloître ouv avr-oct 8h-19h30. Entrée : 6 €.* Sur le site d'un ancien couvent de dominicains, l'histoire de la cité, au travers d'une multitude d'objets comme une collection de chopes en faïence, le fameux hanap du bourgmestre Nusch et une imposante collection d'armes.

À faire

Le chemin de ronde : les remparts de la ville et les 12 tours qui les ponctuent sont en parfait état. Suivre le chemin de ronde du sud-est au nord-ouest de la cité. Jolie promenade offrant de très belles vues sur la vallée. Et pour ceux qui veulent voir le vignoble en terrasses de plus près, sortir des remparts par la place de Plönlein et parcourir le sentier en contrebas, qui conduit aux jardins du château.

Manifestations

- **Meistertrunk** *(Magistrale Rasade)* **:** *chaque année, à la Pentecôte.* La ville commémore l'épisode amusant qui la sauva de la destruction en 1631 (voir encadré plus haut). Une grande partie de la population se costume et prend part aux reconstitutions historiques. Les festivités se déroulent dans la salle impériale de l'hôtel de ville et sur la Marktplatz.
- **Reichsstadt-Festtage :** *début sept.* C'est la grande fête qui célèbre l'histoire de la ville, avec près de 1 000 participants costumés, un défilé le vendredi soir et un grand feu d'artifice.
- **Marché de Noël :** *déc.*

DINKELSBÜHL

(91550) 11 500 hab. IND. TÉL. : 09851

À 51 km au sud de Rothenburg et 28 km au nord de Nördlingen, aux confins de la Bavière (Franconie) et du Bade-Wurtemberg, voici une étape importante et charmante de la Route romantique. Protégée par d'imposants remparts depuis le XIVe s, cette petite ville médiévale a traversé sans souffrance les guerres et les turpitudes de l'Histoire. 18 tours dominent les rues fleuries et les maisons colorées du centre. Par son caractère authentique et l'état de conservation de son patrimoine, Dinkelsbühl est devenue peu à peu une sorte de ville-musée, attirant des foules de touristes. Elle reste néanmoins très agréable hors saison.

Adresse utile

Office de tourisme : *Haus der Geschichte, Altrathausplatz 14. ☎ 902-440. • dinkelsbuehl.de • Mai-oct, tlj 9h-18h (w-e et j. fériés 10h-17h) ; nov-avr, tlj 10h-17h.* Liste des hébergements et des chambres chez l'habitant. Doc sur la ville et sur la Route romantique en français.

Où dormir ? Où manger ?

Camping

⛺ ***DCC Campingpark Romantische Strasse :*** *Kobeltsmühle 6. ☎ 78-17. • campingplatz-dinkelsbuehl.de • Ouv tte l'année. Compter env 21 € pour 2 pers, tente et voiture (wifi payant).* Plutôt agréable, grâce au lac de baignade et à sa jolie vue sur la ville. Une bonne partie des emplacements est ombragée. Minigolf.

Auberge de jeunesse

🏠 ***Jugendherberge :*** *Koppengasse 10. ☎ 555-64-17. • dinkelsbuehl.jugendherberge.de • Nuitée à partir de 22,50 €, petit déj compris. Carte AJ demandée. Loc de vélos (y compris électriques).* Une belle auberge de jeunesse récemment aménagée dans l'ancienne halle aux blés... Un bâtiment assez impressionnant, datant de 1508. Une centaine de lits répartis en 25 chambres, toutes équipées de salles de douche et de w-c.

De prix moyens à chic

🏠 🍴 ☂ ***Gasthof Goldenes Lamm :*** *Lange Gasse 26-28. ☎ 22-67. • goldenes.de • Congés : début janv-début fév et 1 sem fin oct-début nov. Resto fermé certains mer oct-mai. Doubles 85-110 € avec petit déj ; familiales. Plats 11-28 €. Parking gratuit ; garage clos payant.* Une grande maison à la façade rouge et crème et une autre crème et rouge qui abritent des chambres confortables et bien arrangées. Déco chaleureuse et vue sur la *Grüne Terrasse* (terrasse verte) pour la plupart. En été, celle-ci est vraiment accueillante. Le resto sert une bonne cuisine locale.

🏠 ***Bilderbuch-Flair-Hotel Garni Weißes Roß :*** *Steingasse 12. ☎ 57-98-90. • hotel-weisses-ross.de • Doubles 90-96 €, petit déj inclus. Familiales et appart.* Une vieille grange pleine de charme, admirablement restaurée avec beaucoup de goût. Chambres spacieuses, claires et coquettes avec leur joli mobilier sur mesure. En face se trouve la vieille auberge, avec ses boiseries foncées, son ancienne horloge et une immense couronne fleurie suspendue au centre de la pièce. On comprend que cet hôtel soit depuis plus d'un siècle le rendez-vous des artistes. Ne fait malheureusement plus restaurant.

À voir. À faire

👁 ***La cathédrale Saint-Georges :*** *Marktplatz. Ouv 9h-12h, 14h-19h.* Bâtie durant la 2de moitié du XVe s, cette église-halle de style gothique a gardé sa tour romane et renferme un grand tabernacle ainsi qu'un intéressant retable. Reliquaire contenant les os de saint Aurélien. Remarquez également la voûte en berceau, bien spécifique. Du clocher *(accessible en été, l'ap-m ; payant),* belle vue sur la ville.

👁 ***Deutsches Haus :*** l'une des 5 bâtisses à pignon sur le *Weinmarkt,* datant de 1440. Sa superbe façade Renaissance peinte et sculptée ne laisse pas indifférent. Au 1er étage, une Vierge veille sur la rue depuis plus de 300 ans.

👁 ***Les remparts :*** Louis Ier de Bavière sauva la ville après l'annexion de la Bavière (en 1806) et fit interdire la destruction de ses remparts. Les tours et les portes de la ville rythment une promenade bien agréable sur les murs.

👁👁 ***Haus der Geschichte*** *(Musée historique)* **:** *Altrathausplatz, dans le bâtiment de l'office de tourisme. • hausdergeschichte-dinkelsbuehl.de • Mai-oct, lun-ven 9h-18h, w-e 10h-17h ; nov-avr, tlj 10h-17h. Entrée : 4 € ; réduc. Audioguide en anglais.* Film de 10 mn en intro. 800 ans d'histoire de la ville « entre guerre et paix », un programme intéressant exposé selon une muséologie moderne.

👁 Découverte de la vieille ville en partant du ***chemin de ronde*** avec le « veilleur de nuit » *(Nachtwächter).* Mieux vaut comprendre un minimum d'allemand pour apprécier.

Tlj à 21h avr-oct (nov-mars, seulement ven-sam) ; départ devant la cathédrale. Durée : 1h. GRATUIT. Également visites guidées classiques en allemand mai-oct, tlj à 11h et 14h30 (nov-avr, seulement à 14h30). Durée : 1h. Prix : 5 €.

Les illuminations : à l'angle de la Marktplatz et de la Schrannegasse se trouve une maison à la façade jaune sur laquelle est écrit *Zum Reichsadler, Restaurant-Café.* Sur le côté de cette maison, il y a un boîtier surmonté de l'inscription *Stadtbeleuchtung* (traduisez : « illumination de la ville »). Après 22h, mettez une pièce de 2 € et vous aurez un éclairage romantique des remparts pendant 1h (compter 40 mn pour faire le tour) !

Fête

– ***Dinkelsbühler Kinderzeche :*** *chaque année, mi-juil.* Cette fête commémore la libération de Dinkelsbühl lors de la guerre de Trente Ans. Assiégée et affamée, la ville n'aurait dû son salut qu'aux supplications de ses enfants. Une occasion de voir les costumes de l'époque.

AUGSBURG (AUGSBOURG)

(86000) 295 800 hab. IND. TÉL. : 0821

• Plan *p. 419*

3e pôle économique de Bavière (après Munich et Nuremberg), mais aussi l'une des plus vieilles villes d'Allemagne avec Trèves et Cologne, puisque sa fondation remonte aux Romains. Elle fait également partie du parcours de la Route romantique. À moins de 1h de route seulement de Munich, Augsbourg (à la française) est une ville dynamique : les animations et centres d'intérêt sont nombreux, et son université lui redonne des airs de jeunesse.

UN PEU D'HISTOIRE

Siège épiscopal au VIIIe s, Augsbourg devient résidence des ducs souabes puis bavarois. En 1156, elle obtient le statut de ville impériale. Ce sont les ***banquiers Fugger*** qui en font l'une des grandes cités commerciales allemandes et la capitale financière du Saint Empire germanique.

Génie des affaires et du commerce, ***Jacob Fugger*** (1459-1525) parlait plusieurs langues dont l'italien. Il avait une devise : « Ne laissez jamais un attelage partir vide. » Il innove en créant un incroyable système de communication par miroirs entre Augsbourg et Barcelone, qui lui permet d'être informé avant les autres de l'arrivée des bateaux chargés de marchandises.

LES 1ers CAPITALISTES EUROPÉENS

Les Fugger ont joué à Augsbourg le même rôle que les Médicis à Florence. À la fin du XIVe s, Hans Fugger ne possède qu'un petit commerce de textile. Son fils lance des succursales à Venise et à Anvers ; le petit-fils, Jacob, obtient le monopole du cuivre, de l'argent et du plomb et, grâce à sa banque, il peut même financer l'élection de Charles Quint au trône impérial (4 millions de ducats prêtés et jamais remboursés par les Habsbourg !). Avant que ses descendants ne dilapident la fortune, la famille a étendu son empire jusqu'au Pérou !

Il a été ***l'homme le plus riche d'Europe*** en son temps. Sa fortune immense lui a permis de faire construire le 1er palais Renaissance au nord des Alpes. Créancier

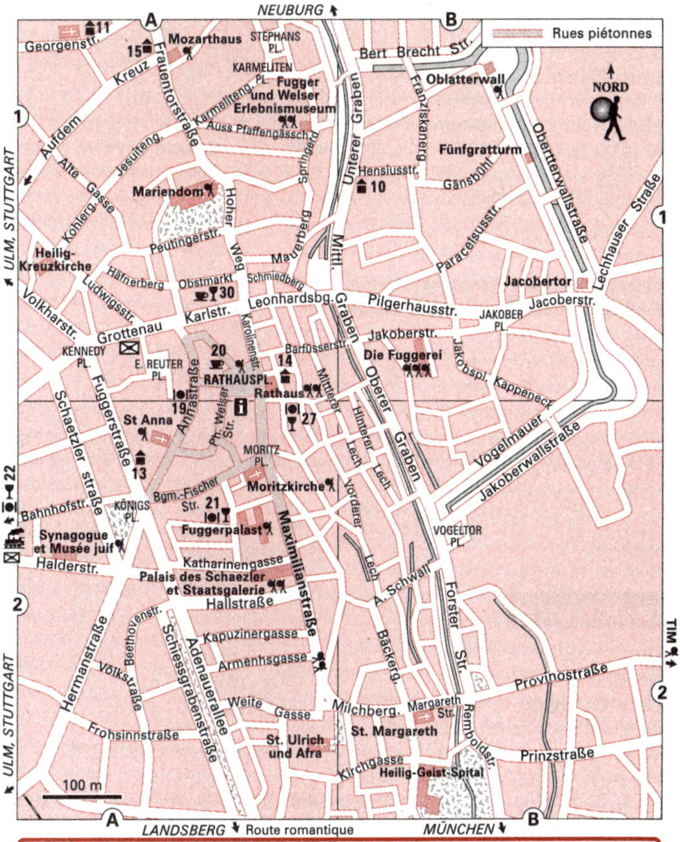

AUGSBURG

■ **Adresse utile**	🍽 ☕ **Où manger ?**
i Office de tourisme (A1-2)	🍷 **Où boire un verre ?**

Adresse utile

- Office de tourisme (A1-2)

Où dormir ?

- **10** Jugendherberge Living Cube (B1)
- **11** Pension Herrenhäuser (A1)
- **13** Hotel Ost am Kö (A2)
- **14** Hotel am Rathaus (A1)
- **15** Hotel Augsburger Hof (A1)

Où manger ?
Où boire un verre ?

- **19** Marché (A1-2)
- **20** Kaffeehaus Eber (A1)
- **21** Zeughaus Stuben (A2)
- **22** Riegele Wirtshaus (hors plan par A2)
- **27** Ratskeller (A2)
- **30** Thalia (A1)

du Saint Empire et de l'empereur ***Charles Quint,*** Fugger a financé les Habsbourg d'Espagne au Nouveau Monde. Il a même possédé le territoire de l'actuel ***Venezuela*** pendant 26 ans ! En octobre 1580, ***Montaigne,*** en route pour l'Italie, passe à Augsbourg. Il note que les immeubles ont l'eau courante à tous les étages.
C'est à Augsbourg, en 1555, qu'est accordée la liberté du culte aux protestants. La « ***ligue d'Augsbourg*** », réunissant la Prusse, la Suède, la Bavière et l'Autriche, y est créée en 1686 pour lutter contre l'expansionnisme de Louis XIV après sa

révocation de l'édit de Nantes. S'ensuit une guerre qui dura de 1688 à 1697 et se termine par le traité de Ryswick. ***Napoléon*** s'y rend 2 fois, dont une pour occuper la ville, avant de la céder à la Bavière. C'est également ici qu'a été inventé le ***moteur Diesel.*** La vie économique d'Augsbourg doit beaucoup à la présence d'entreprises de grande taille comme *MAN, EADS, NCR* et *Siemens,* entre autres.
En 2019, reconnaissance suprême, l'Unesco a retenu la candidature d'Augsburg en la rajoutant à sa liste de sites inscrits au Patrimoine mondial. C'est un ensemble, unique au monde, de 22 sites qui ont été reconnus comme symbole des « 800 ans de gestion de l'eau » *• wassersystem-augsburg.de •* Fontaines, canaux, châteaux d'eau sont autant d'ouvrages d'art et de monuments hydrauliques qui ont donné son identité à la ville.

Adresses et infos utiles

Office de tourisme *(plan A1-2)* **:** *Rathausplatz. ☎ 50-20-70. • augsburg-tourismus.de • Lun-ven 9h-18h (17h nov-mars), sam 10h-17h, dim 10h-15h. Visites guidées de la ville en allemand ou en anglais, à pied, avr-oct, tlj 11h-14h (seulement w-e hors saison), à partir de 14 €.* Excellent accueil, très pro. Doc en français et plan de la ville. Résas de chambres.

Gare ferroviaire principale *(Hauptbahnhof ; hors plan par A2)* **:** *infos pour les trains, ☎ 0180-699-66-33.*

– Pour être au bon endroit au bon moment, se procurer le mensuel ***Neue Szene*** *• neue-szene.de •* Programme des concerts, spectacles, expositions... vraiment exhaustif ! Un calendrier d'animations, le *VK,* est également distribué gratuitement à l'office de tourisme.

Où dormir ?

Camping

Lech-Camping : *Seeweg 6, 86444* ***Affing-Mühlhausen.*** *☎ (08207) 22-00. • lech-camping.de • À 7 km au nord de la ville, au bord d'un petit lac. En voiture, prendre la sortie d'autoroute Augsburg-Ost en direction de Neuburg-Donau, jusqu'à Mühlhausen. De la gare, en moins de 30 mn, bus nos 301-303, 305, 225, arrêt directement au camping. Avr-fin sept. Compter 27-33 €.* Calme et verdoyant même si proche de la route. Emplacements en partie ombragés. Location de vélos, de paddles et de bateaux.

Auberge de jeunesse

Jugendherberge Living Cube *(plan B1,* ***10****)* **:** *Unterer Graben 6, 86152. ☎ 780-88-90. • augsburg.jugendherberge.de • Pour y aller, S1 : Barfüßerbrücke (direction Neuer Ostfriedhof). 24h/24, grâce aux cartes magnétiques. Fermé fêtes de fin d'année. Carte AJ obligatoire. Nuitée en dortoir avec petit déj 23,90-30,30 € ; chambre env 50 €.* Grande AJ rénovée (178 lits), très bien située. Dortoirs de 4 lits, modernes, propres et fonctionnels. Dans la partie hôtelière (carte AJ pas indispensable), chambres privatives avec 2 lits, avec douche/w-c à l'intérieur ou sur le palier. Possibilité de repas sur place.

De prix moyens à très chic

Pension Herrenhäuser *(plan A1,* ***11****)* **:** *Georgenstr. 6, 86152. ☎ 346-31-73. • augsburgpensionherrenhaeuser.jimdofree.com • Doubles à partir de 57 €, petit déj compris.* La pension la moins chère du secteur, à 5 mn à pied de la cathédrale. Seulement 3 chambres doubles et 1 simple, modestement arrangées mais propres et bien tenues. Une réservation est donc conseillée.

Hotel Ost am Kö *(plan A2,* ***13****)* **:** *Fuggerstr. 4-6, 86150. ☎ 50-20-40. • ostamkoe.de • Doubles avec sdb env 115-165 € ; moins cher le w-e. Parking public juste à côté.* Hôtel cossu idéalement situé, dans le style allemand contemporain, avec un accueil en français. Chambres confortables à la déco classique et fonctionnelle. Généreux buffet le matin. Sauna à disposition.

Hotel am Rathaus *(plan A1,* ***14****)* **:** *Am*

Hinteren Perlachberg 1, 86150. ☎ *34-64-90.* • *hotel-am-rathaus-augsburg.de* • *Doubles avec sdb 120-153 €, petit déj inclus. Garage souterrain (10 €).* En plein cœur de la vieille ville, dans une ruelle tranquille en contrebas du Rathaus. Maison du XVIe s, à la façade grise discrète. 31 chambres de style contemporain. Demander une chambre dans les étages élevés, pour plus de clarté.

Hotel Augsburger Hof (*plan A1*, **15**) : *Auf dem Kreuz 2, 86152.* ☎ *34-30-50.* • *augsburger-hof.de* • *Doubles 110-150 €, petit déj compris. Parking env 8 €.* À 10 mn à pied du centre, dans un quartier tranquille, très bon hôtel dans une demeure ancienne. Chambres modernisées, confortables et bien équipées (ventilo en été), décorées de manière classique, sans luxe. Excellent accueil.

Où manger ? Où boire un verre ?

Si vous aimez les ambiances de ***marché*** (*plan A1-2*, **19**), profitez de celui d'Augsbourg, du lundi au vendredi jusqu'à 13h *(halles : 7h-18h en sem et 7h-14h sam).* Faites un tour sur la place, où les marchandes de fleurs et de légumes se mêlent aux fermières venues des villages voisins. Sous la halle des bouchers ou la *Viktualienhalle,* possibilité de s'offrir un *Brotzeit* matinal, les stands ne manquant pas. Pas de bière, évidemment, pour faire passer la *Bratwurst* ou le *Leberkäse,* mais vous vous rattraperez plus tard.

Thalia (*plan A1*, **30**) : *Obstmarkt 5.* ☎ *15-30-78. Tlj 8h (9h30 w-e)-1h. Plats 7-14 €.* Petit cinéma abritant un café-bar agréable fréquenté par les cinéphiles. Grand choix de petits déjeuners et bonne cuisine internationale.

Kaffeehaus Eber (*plan A1*, **20**) : *Philippine-Welser-Str. 6.* ☎ *36-847. En bordure de la Rathausplatz. Lun-sam 8h-18h. Le midi, lunch 12,80 €.* Salon de thé-pâtisserie réputé qui sert des soupes, des salades, et quelques plats chauds changeant chaque jour. Bien aussi pour prendre un petit déj. Grande terrasse en été.

Riegele Wirtshaus (*hors plan par A2*, **22**) : *Frölichstr. 26.* ☎ *455-25-50. Tlj 10h-minuit (1h jeu-sam). Plats 9-19 €, voire 38 € pour les grillades.* Dans le quartier de la gare, la grande brasserie locale a ouvert un restaurant contemporain, à la déco boisée et chaleureuse. Délicieuse cuisine locale et traditionnelle, pour mettre en valeur les bières maison. Accord parfait ! Membre du réseau *Slow Food,* les produits sont artisanaux et soigneusement sélectionnés (porc fermier, sans additifs). Magnifique et immense *Biergarten* aux beaux jours. Bref, un coup de cœur.

Zeughaus Stuben (*plan A2*, **21**) : *Zeugplatz 4.* ☎ *508-05-04. Resto tlj 10h-23h (ferme plus tôt en hiver). Plats 9-20 €.* C'est l'ancien arsenal de la ville (1607). On mange dans une grande cour intérieure calme et ombragée, dans une ambiance *Biergarten.* Spécialités : *Obatzda* (fromage bavarois), le *Krustenbraten* (rôti de porc à la bière et au chou rouge) et aussi le *Schwäbische Kässpätzle* (pâtes au fromage et aux oignons grillés, plat souabe).

Ratskeller (*plan A2*, **27**) : *Rathausplatz 2.* ☎ *31-98-82-38. Tlj 11h-minuit (1h ven-sam). Plats 8-19 €.* On y accède par une place située à l'arrière du Rathaus. En hiver, cave voûtée chaleureuse, avec des meubles en bois sombre sous un éclairage en douceur. En été, vaste terrasse aménagée à l'arrière du bâtiment. Honnête cuisine bavaroise à prix sages. Bien aussi pour y prendre un verre : grand choix de cocktails et parfois des concerts le week-end.

Où sortir ?

Les lieux de fête sont nombreux dans le centre ancien...

De nombreux autres ***cafés*** et ***bars*** : **Liliom** *(Kino-café près des remparts nord, Unterer Graben 1 ; plan A-B1),* **Anna Pam** *(resto-bar avec une jolie cour dans la Bäckergasse ; plan B2),* **Enchilada** *(bar avec une chaude ambiance ts les soirs, et cuisine mexicaine ; Hallstr. 4 ; plan A2), etc.*

Pour ceux qui ne veulent pas finir leur soirée trop tôt, il y a plusieurs adresses, évidemment le long de la *Maximilianstraße* : la clientèle du ***Peaches*** *(n° 73)* est plus jeune et moins branchée qu'au ***Barfly*** *(n° 56)*.

À voir

Augsbourg a eu la chance de voir ses principaux monuments épargnés par la 2de Guerre mondiale. Mais il faut prévoir un peu de temps pour découvrir ce patrimoine caché : les centres d'intérêt sont disséminés aux 4 coins de l'agglomération, et les petits canaux de la ville basse se cachent au milieu d'un dédale de rues piétonnes.
Les remparts délimitent le centre au nord, à l'est et au sud. Pour vous aider, vous pouvez suivre l'un des circuits proposés (disponibles à l'office de tourisme) sur le thème du protestantisme ou encore sur les pas de Mozart (élargi aux environs), de Bertolt Brecht ou de Fugger...

Le centre

Rathausplatz *(plan A1)* **:** *au cœur de la ville. Petite ritournelle au carillon de la tour tlj à 11h, 12h, 17h et 18h.* Grande et belle place avec son étonnant hôtel de ville flanqué d'une tour *(Perlachturm)* haute de 70 m.

Rathaus *(hôtel de ville ; plan A1-2)* **:** *tlj 10h-18h.* Édifice Renaissance de style palladien, aux proportions harmonieuses. Voir la fameuse *Goldener Saal* (salle Dorée), au 3e étage *(entrée : 2,50 €).* Superbe salle de 32 m sur 17 m, avec 14 m de hauteur de plafond inspiré du palais des Doges à Venise avec ses allégories des vertus. Elle a été restaurée à l'occasion des 2 000 ans d'Augsbourg (en 1985) : dorures partout (vous l'auriez deviné), plafond en stucs, fresques aux murs et sol en marbre. Petite expo sur l'histoire de la ville et salle des jumelages dont Bourges dans le Cher. Impressionnant phénomène de résonance. Au centre de la place, fontaine d'Auguste.

Sankt Anna *(Lutherstiege ; plan A2)* **:** *entrée par Annastr. Ouv lun-sam 10h (12h lun)-18h, dim 15h-17h. Ts les sam, petit concert d'orgue à 11h30 (30 mn, GRATUIT).* C'est dans cette église du couvent des Carmes (des XIVe et XVe s) que ***Martin Luther*** trouva asile lors de sa venue à Augsbourg en 1518. L'église est ensuite devenue protestante. Nombreux témoignages des rapports de la ville avec Luther. Belles fresques du XVe s dans la chapelle gothique latérale (la *Goldschmiedekapelle*). Dans le chœur oriental de l'église, d'autres chefs-d'œuvre, dont 3 tableaux de l'école de Lucas Cranach l'Ancien ; l'un représente Luther (au-dessus de l'autel). Superbe chaire sculptée. Le clou de la visite, c'est la ***chapelle funéraire des Fugger,*** enclave catholique dans une église protestante, ce qui est très rare. Cette chapelle funéraire est considérée comme le 1er monument Renaissance sacré d'Allemagne ***Jacob Fugger*** (le Riche) y est représenté, une coupe à la main, sur le battant gauche de l'autel. Observez les bancs qui pivotent selon que le culte se fait selon le rite protestant ou catholique (en présence de la famille Fugger uniquement !). Quant à l'orgue-retable, Mozart y joua...

Moritzkirche *(église Saint Maurice ; plan A2)* **:** *Moritzplatz 5.* Quand on voit l'extérieur, plutôt banal, difficile d'imaginer le choc esthétique qui nous attend à l'intérieur. Détruite par la guerre et mal reconstruite, le célèbre architecte anglais *John Pawson* en a fait un joyau d'architecture sacrée contemporaine. Tout en sobriété, d'une blancheur immaculée, c'est une pure merveille... Concerts réguliers *(● moritzkirche.de ●).*

Maximilianstraße *(plan A2)* **:** large avenue menant du Rathaus à l'église Saint-Ulrich, construite sur l'ancienne voie romaine qui reliait l'Italie à l'Allemagne. Avenue bordée de palais Renaissance, de boutiques élégantes et de banques, dont celle des Fugger (encore en activité).

Fuggerpalast *(palais Fugger ou Damenhof ; plan A2)* **:** *Maximilianstr. 36.* Abrite aujourd'hui encore une banque. Construit par *Jacob Fugger* le Riche, 1er palais

Renaissance bâti au nord des Alpes, au XVIe s. Magnifique cour à arcades, ornée de fresques. En octobre 1580, *Montaigne* visita le palais Fugger qu'il dit être couvert de cuivre : « Ce sont les plus riches pièces que j'ai jamais vues. » On découvre aussi qu'en 1518, ***Martin Luther*** fut interrogé dans le palais Fugger par le cardinal Cajetan.

3 magnifiques ***fontaines*** en bronze, décorées d'inscriptions inspirées de la Renaissance, jalonnent la rue. Elles forment un triangle symbolisant les 3 facettes de la ville impériale : la noblesse avec Auguste, le commerce avec Mercure et l'artisanat avec Hercule. 3 des chefs-d'œuvre hydrauliques qui ont valu à la ville son classement par l'Unesco (voir plus haut). Ce sont des copies, les originaux se trouvant bien à l'abri dans le musée Maximilien.

Plus loin, au n° 46 (face à la fontaine d'Hercule), le ***palais des Schaezler*** *(plan A2)*, une autre famille de banquiers : *Maximilianstr. 46. Tlj (y compris j. fériés) sauf lun 10h-17h. Entrée : 7 € ; réduc. Audioguide en anglais.* Véritable perle baroque. À l'intérieur, fameuse salle des miroirs (ou des concerts) de style rococo, avec fresque tiepolesque au plafond et une décoration déclinant des symboles alchimistes. En complément, la ***Staatsgalerie,*** magnifique collection de peintures du Moyen Âge et de la Renaissance, en partie dans l'ancienne église Sainte-Catherine. Entre autres : ***Dürer*** (portrait de *Jacob Fugger* le Riche, presque psychologique), *Leonhard Beck, Lucas Cranach l'Ancien, Hans Holbein, Jörg Breu* et quelques maîtres vénitiens.

La synagogue *(plan A2)* **:** *Halderstr. 6-8. Lun-jeu 9h-18h, ven 9h-16h, dim 10h-17h. Fermé lun, sam et j. de fêtes religieuses juives. Entrée : 6 € ; réduc.* Érigée au début du XXe s, elle fut l'une des plus importantes à l'époque. Le style Art nouveau fut largement utilisé, d'où son originalité architecturale, même si le dôme s'inspire avant tout du style byzantin. L'une des rares synagogues épargnées par les nazis... À l'intérieur, belles mosaïques dorées, très modern style. La synagogue abrite aussi un intéressant petit ***musée juif*** *(● jkmas.de ● ; mêmes horaires ; entrée : 6 €, réduc)* : nombreux objets religieux.

LE SUD DE L'ALLEMAGNE

La ville basse

C'est la plus belle surprise d'Augsbourg : une ville dans la ville, invisible pour qui remonte la *Maximilianstraße* sans prêter attention aux escaliers qui descendent on ne sait où ! En contrebas de la grande avenue de luxe se terre un quartier médiéval aux ruelles sombres, aux petits restos et cafés, parcouru en maints endroits de charmants canaux (où coule le Lech)...

Die Fuggerei *(plan B1)* **:** *entrée Herrengasse (accès par Jakoberstr.). Tlj 9h-20h. Billet incluant la visite du musée : 6,50 € ; réduc.* L'autre surprise de la ville basse ! Cette cité sociale, créée en 1516 par le Bill Gates de l'époque, Jacob Fugger le Riche (1459-1525), est la 1re HLM du monde. Presque entièrement détruite pendant la guerre, elle fut reconstruite entre 1945 et 1970. Les héritiers Fugger en ont toujours la charge. L'ensemble est financé par les 6 000 ha de forêts qui leur appartiennent encore aujourd'hui.

Die Fuggerei se présente sous la forme d'un petit village charmant (8 rues composées de 67 maisons), encore destiné à une population de condition modeste. Les critères d'admission à la *Fuggerei* sont assez délirants : « être citoyen d'Augsbourg, catholique, jouir d'une bonne réputation et, bien sûr, justifier d'une certaine indigence. » De nos jours, 150 personnes y habitent. Les « logements de grâce » comprennent 3 pièces avec salle de bains (environ 60 m²) et ne coûtent que 1 florin rhénan, soit... 0,88 €... par an ! Conditions pour les locataires : être catholique et s'engager à prier tous les jours pour la famille Fugger ! Les portes ferment à 22h tapantes. ***Au n° 13 de Mittlere Gasse,*** petit ***musée*** restituant le cadre d'un logement au XVIIe s. Y vécut une sorcière brûlée en 1625 après avoir été accusée par sa fille de 11 ans ! Au milieu des maisons, dans un bunker souterrain, est reconstituée l'ambiance de la vie quotidienne dans les abris sous les bombardements alliés. Photos des destructions subies par la ville. Un homme habillé en costume de cour de la fin du XVIe s arpente également les rues en vous demandant une obole qui servira aussi à l'amélioration de l'habitat. Resto très agréable sur place.

Au nord

Mariendom *(cathédrale ; plan A1)* **:** grande basilique romane (Xe s) à 5 nefs, devenue gothique au XIVe s. Très beau portail gothique au sud, avec portes de bronze. Magnifiques panneaux d'*Hans Holbein l'Ancien,* et vitraux de 1130, qui sont les plus vieux vitraux figuratifs au monde. Cloître gothique couvert de pierres tombales et crypte romane.

Fugger und Welser Erlebnismuseum *(plan A1)* **:** *Äusseres Pfaffengässchen 23. • fugger-und-welser-museum.de • Tlj sauf mer 10h-17h. Entrée : 6 € ; réduc et forfait famille.* Le nouveau musée Fugger (ouvert en 2014), dans une belle bâtisse Renaissance, retrace toute l'histoire économique d'Augsbourg à son âge d'or et celle des grandes familles de négociants, Fugger en tête. Scénographie innovante et très esthétique. Écrans et vitrines s'animent à votre passage, dès lors que vous déclenchez les explications (en allemand ou en anglais) à l'aide de la petite bourse donnée avec votre ticket. Passionnant !

Mozarthaus *(maison Mozart ; plan A1)* **:** *Frauentorstr. 30. • augsburg.de • Tlj sauf lun 10h-17h. Entrée : 6 € ; réduc.* C'est dans cette boutique qu'est né *Léopold Mozart,* le père du génie... Le musée a été entièrement repensé et réaménagé avec une toute nouvelle scénographie. Pour tout savoir de la vie de cet homme sans qui il n'y aurait pas eu de Wolfgang !

Au sud

TIM *(musée du Textile et de l'Industrie ; hors plan par B2)* **:** *Provinostr. 46. • timbayern.de • Du centre, prendre le tram n° 6, arrêt Textilmuseum. Tlj sauf lun 9h-18h. Entrée : 5 € ; réduc.* Dans la plus ancienne manufacture bavaroise, ce musée conte l'histoire du textile depuis 1600 : des vieux métiers à tisser aux grosses machines, de la révolution industrielle à la mode contemporaine, en passant par l'incontournable famille Fugger.

Les remparts

Agréable balade en perspective : portes médiévales, chemins de ronde, murs couverts de végétation, étangs, points de vue et lieux de rencontre...

Au nord : le bastion **Lueginsland,** le long de *Thommstraße (hors plan par A1).* Un coin charmant : ruines au milieu des arbres et *Biergarten* sous les châtaigniers aux beaux jours. Un peu plus bas, en redescendant *Herwarthstraße,* on accède au ***Schwedenstiege,*** long chemin de ronde que l'on peut emprunter. Dans le prolongement, ***Unterer Graben*** et ses bâtiments anciens. Là encore, plein de cafés sympas au pied des murailles.

À l'est : de Unterer Graben, prendre la Bert-Brecht-Straße jusqu'à l'***Oblatterwall*** *(plan B1).* D'ici partent les promenades en bateau *(Kahnfahrt)* dans les douves, entre le canal et le Lech.
Ensuite, descendre vers le sud par Untere Jakobermauer. On admire au passage l'amusante « tour à 5 doigts », puis on arrive à la ***Jakobertor*** *(plan B1),* belle tour gothique (XIIIe-XVe s) qui servait de porte fortifiée. Plus bas, une autre petite forteresse, puis le *Vogelmauer,* qui conduit à la ***Vogeltor,*** porte gothique (milieu du XVe s).

L'EST DE L'ALLEMAGNE

• Carte *p. 427*

LA THURINGE

Il n'y a pas que l'air pur et la forêt qui poussent de plus en plus de touristes (de toute l'Allemagne mais aussi du reste du monde) à venir musarder en Thuringe : ils mettent leurs pas dans les traces laissées par *Goethe* et *Schiller, Luther* et *Bach, Brahms* et *Wagner, Lucas Cranach,* père et fils, et *Otto Dix...*
Suivez avec nous une partie de la *route des Classiques,* un itinéraire de 300 km qui permet de mieux comprendre l'Allemagne profonde. Les nombreux sentiers de la forêt de Thuringe et le vaste choix d'hébergements en font une destination recherchée des randonneurs et des cyclistes. Mentionnons le *Rennsteig,* un parcours célèbre suivant la crête principale qui marque la frontière traditionnelle entre l'Allemagne du Nord et du Centre, la Thuringe et la Franconie. Il y a aussi un *Rennsteig-Radweg* (piste cyclable) long de 195 km.

WEIMAR

(99401) 65 100 hab. IND. TÉL. : 03643

Paradis selon Goethe, omniprésent ici, symbole de l'humanisme pour les historiens, « Athènes allemand » sous la plume de Mme de Staël, ville qui a vu l'émergence du Bauhaus dans les années 1920, Weimar constitue une forme de pèlerinage pour l'intelligentsia allemande depuis que le grand poète national s'y installa à la fin du XVIIIe s. La ville enchantera ceux qui sont sensibles non seulement à la littérature allemande, mais aussi aux légendes des héros germaniques, ainsi qu'à l'architecture.
Nombreux sont ceux qui partagent ces passions, fuyez donc autant que possible la foule estivale. Réfugiez-vous dans le parc Goethe, havre de paix et repaire estudiantin. Sinon, attendez le soir pour flâner dans les ruelles désertes du centre piéton et historique. Weimar a connu ces dernières années une vague de rénovation à tout-va. Pour en savoir plus, faites un petit tour sur
• *weimar.de* •
– *Petit conseil pratique :* chaussures solides pour marcher sur les pavés d'époque dans Weimar.
– *Curiosité :* l'arbre fétiche de la ville, inspiré par un poème de Goethe, est le *Ginkgo biloba,* originaire de Chine et appelé aussi l'« arbre aux 40 écus ». La ville possède d'ailleurs un musée dédié à cet arbre et les pépiniéristes proposent des plants à la vente.

UN PEU D'HISTOIRE

Devenue capitale du duché de Saxe-Weimar au XVIe s (elle le restera jusqu'en 1918), on dut chasser les cochons errant dans les rues de ce bourg paysan pour en faire une vraie ville de cour ! Attirés par sa propreté autant que par ses mécènes, les artistes vont alors affluer, à commencer par les plus éminents des peintres allemands, ***Lucas Cranach,*** l'Ancien et le Jeune, puis, beaucoup plus tard, l'organiste ***Johann Sebastian Bach,*** qui y joua 10 ans durant pour la Cour. C'est à Weimar qu'il composa les ¾ de ses œuvres pour orgue.
Weimar se convertit ensuite en centre européen de la musique avec l'arrivée de *Franz Liszt* en 1848, qui y fut maître de chapelle, chef d'orchestre et pianiste. Les 3 B *(Berlioz, Borodine, Brahms)* viennent lui rendre visite, ainsi que *Wagner* et, plus tard, *Rubinstein... Nietzsche* se retire à Weimar pour y mourir en 1900. C'est ensuite au compositeur ***Richard Strauss*** de donner le *la.*

Weimar classique

Tout a commencé avec la duchesse ***Anna Amalia de Saxe-Weimar-Eisenach,*** nièce de *Frédéric II* de Prusse. Dès 1775, elle créa le 1er salon littéraire (le *Musenhof*). Figure emblématique de la vie culturelle, la duchesse y constitua une bibliothèque célèbre (trésor culturel mondial de l'Unesco), que *Goethe* géra à partir de 1797. Riche de quelque 900 000 livres, elle a brûlé en partie en 2004, le feu détruisant quelque 30 000 livres et plusieurs tableaux de grande valeur. La bibliothèque a été, depuis, reconstruite à l'identique.
C'est ici que sont nées des œuvres littéraires d'importance exceptionnelle pour la culture allemande, marquées par leur ouverture sur le monde et par une aspiration humaniste. Weimar fut la ville de résidence des poètes *Christoph Martin Wieland,* ***Johann Wolfgang Goethe,*** *Johann Gottfried Herder* et ***Friedrich Schiller.*** Le *Weimarer Klassik* prit fin avec la mort de Goethe en 1832. Les lieux de résidence et de travail des poètes et de leurs mécènes en sont les témoins privilégiés : les maisons de Goethe et de Schiller, les châteaux du Belvédère, d'*Ettersburg* et de *Tiefurt* entourés de superbes parcs. Les lieux de travail de ***Herder*** et le palais *Wittum,* où se tint l'illustre table ronde et, pour finir, le cimetière historique *(Alter Friedhof)* avec le caveau des princes de Saxe-Weimar, où l'on peut se recueillir sur les sépultures de Goethe et de Schiller.

La république de Weimar

Cette appellation qualifie la période de l'histoire allemande qui va de juillet 1919 à janvier 1933. Au IIe Reich déchu succéda une Constitution démocratique parlementaire, décidée à reconstruire l'*Allemagne des esprits et non celle des guerriers.* Elle fut adoptée par l'Assemblée nationale réunie dans le théâtre de la ville, et non pas à Berlin où régnait un climat révolutionnaire. 1 semaine plus tard, le gouvernement rentra à Berlin et il ne siégea jamais dans la ville de Goethe.

Le Bauhaus

Le 12 avril 1919, ***Walter Gropius*** est nommé directeur de l'école, appelée alors ***Staatliches Bauhaus zu Weimar*** (soit la « maison du bâtir ou de la construction »), école qu'il révolutionna de suite. Il faut dire qu'au même moment se rédige à Weimar la nouvelle Constitution républicaine. Le Bauhaus est évidemment porté par ce vent de liberté.
Avec l'ère industrielle et la 1re Guerre mondiale émerge la volonté de remettre l'humain au centre de la réflexion artistique, et ce dans toutes ses disciplines et dimensions, au sein d'une vision globale, humaniste et libertaire. Cet art moderne devait permettre l'avènement d'un homme nouveau. Son objectif pédagogique était, entre autres, de réconcilier l'art et l'artisanat. Le *Bauhaus* synthétise ce qui l'a

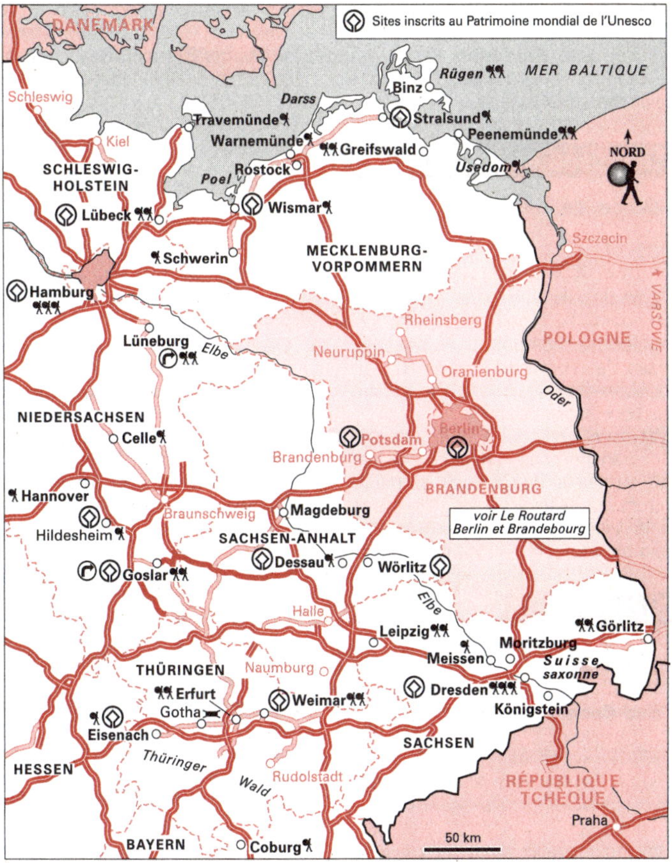

LE NORD-EST DE L'ALLEMAGNE

précédé comme l'***expressionnisme,*** le ***futurisme,*** le ***constructivisme,*** l'***art naïf,*** le mouvement ***Arts & Crafts,*** l'***Art déco...*** tout en privilégiant les formes pures. Face à l'hostilité persistante de la bonne société de Weimar, farouchement conservatrice et hostile à cette avant-garde, jugée marginale, utopiste, voire bolchévique, le gouvernement conservateur de la Thuringe décide, en 1924, de rogner de ⅔ les subventions de l'école et révoque les enseignants. Cette décision entraîne les maîtres du Bauhaus à dissoudre l'école de Weimar pour la réinstaller à ***Dessau*** dans l'actuel Land de Saxe-Anhalt puis à

UN ART DÉGÉNÉRÉ

Les nazis ont rejeté l'architecture fonctionnelle du Bauhaus surtout parce que plusieurs architectes étaient juifs et de gauche. Ce qui faisait beaucoup, vu par un nazi moyen. Les bureaux d'étude ont été fermés dès 1933. Le départ de nombreux architectes vers les États-Unis a contribué par la suite au développement fulgurant de l'architecture des villes américaines.

Berlin. Les nazis mettent alors un terme définitif à l'expérience. Parmi les élèves et professeurs passés par l'école, citons *Oskar Schlemmer, Gertrud Grunow, Margarete Heymann,* ***Paul Klee, Vassily Kandinsky, Marcel Breuer...*** Beaucoup, en fuyant l'Allemagne d'Hitler, ont exporté ces idées à travers le monde, ce qui a fait la notoriété du Bauhaus.

Adresses et infos utiles

Office de tourisme : *Markt 10. ☎ 74-50. • weimar.de • Avr-déc, tlj 9h30-18h (14h dim) ; janv-mars, tlj 9h30-17h (14h w-e).* Documentation et plan de ville en français *(également audioguide : 8 € pour 4h).* Personnel anglophone compétent et aimable. Résas de chambres chez l'habitant. Possibilité de réserver un guide en français pour découvrir la ville.

– ***WeimarCard :*** *32,50 € et valable 48h.* Transports en libre accès, entrée libre au musée du Château, au palais Wittum, au château Tiefurt, au musée de la Ville, au musée du Nouveau Weimar, etc. ; réduc dans d'autres musées et expos, sur les représentations du Théâtre national ainsi que pour *Buchenwald* ; visites guidées de la ville à moitié prix. En vente en ligne ou à l'office de tourisme et dans certains musées et hôtels.

Gare ferroviaire : *au nord, à 10 mn à pied du centre-ville. Rens : ☎ 01805-99-66-33.* Bus fréquents. Avec correspondance à Erfurt, liaisons *Intercity* ou *Intercity Express* vers Francfort, Cologne, Leipzig, Dresde, Berlin et Hambourg. On y trouve consignes, cabines téléphoniques et plan mural de la ville. *Infos touristiques tlj 8h (9h sam, 12h30 dim)-18h (14h sam).*

Où dormir ?

Camping

Bad-Camp Ettersburg : *Badteichweg 1, 99439* ***Ettersburg.*** *176-22-84-14-64. • badcamp.de • À 8 km au nord de Weimar. Bus n° 6 de la gare, arrêt Am Kessling. Avr-oct. Compter 22-26 € pour 2 avec tente et voiture.* Camping tranquille, au bord du parc du château d'Ettersburg. Emplacements ombragés et assez vastes. Cuisine commune, miniterrain de volley-ball. 2 petites piscines avec toboggans (en rénovation).

Auberges de jeunesse

A&O Hostel Weimar : *Buttelstedter Str. 27c, 99427. ☎ 493-00-31-00. • aohostels.com • À 2,5 km au nord du centre historique et 900 m de la gare ferroviaire. Lit en dortoir 12-26 € ; chambres doubles 44-66 €.* Auberge économique (c'est une chaîne) pour tous les âges, dans un grand bâtiment de 300 chambres. Ensemble neuf et moderne, abritant des dortoirs impeccables (lits superposés) pour 4 ou 6 personnes. Chambres privatives pour 2 personnes.

Jugendherberge Am Poseckschen Garten : *Humboldtstr. 17, 99423. ☎ 85-07-92. • jugendherberge.de • Au sud du centre-ville. Fermé 1 sem en fin d'année. Carte AJ obligatoire. Lit en dortoir 28 €/pers, 31 € dès 27 ans, petit déj et draps compris.* En bordure d'un jardin, où il fait bon flâner. Ce grand immeuble de style Mitteleuropa abrite une AJ appréciée des étudiants et des routards. Intérieur restauré et modernisé. Dortoirs impeccables avec lits superposés (2 à 8 personnes). Sanitaires à l'étage. Repas (midi et soir) possible sur place, à payer en plus.

De prix moyens à chic

ACC Café-Restaurant : *Burgplatz 1, 99423. ☎ 85-11-61. • goethezimmer.de • Réception au comptoir du resto. Doubles 80-150 € sans le petit déj ; apparts 4-10 pers 75-410 €/nuit (séjour min 2 voire 3 nuits).* Dispersés en plusieurs endroits de la ville, des chambres cosy et de jolis appartements confortables et de caractère, avec poutre de soutien et plancher en bois. Le plus : de la jeune création s'expose discrètement sur les murs des chambres.

Labyrinth Hostel : *Goetheplatz 6, 99423. ☎ 811-822. • weimar-hostel.com • Carte AJ obligatoire. Lit en dortoir 16-24 €/pers. Chambres privées 54-66 € (2 pers). Petit déj 5 €. Draps et serviettes compris.* Une auberge privée qui a fait un effort notoire sur la déco des chambres. Dortoirs de 4, 6 ou 8 lits avec sanitaires collectifs. Chambres correctes avec ou sans douche/w-c à l'intérieur. Petite cour centrale où prendre le petit déj ou se reposer. Bonne ambiance et plein de services supplémentaires : cuisine, terrasse, café et thé gratuits, etc.

Pension Die Kleine Residenz : *Grüner Markt 4, 99423. ☎ 74-32-70. • residenz-pension.de • Doubles 80-90 €. Le w-e, séjour min 2 nuits. Petit déj au Residenz Café. Parking payant.* Très bien située, petite pension avec des chambres nettes et bien arrangées, dont les tons pastel se retrouvent des draps jusqu'aux murs. Les chambres nos 2 et 3 disposent d'une terrasse privative. Dans les appartements familiaux *(90-110 €, jusqu'à 4 pers),* les jeux et jouets pour enfants en disent long sur la convivialité du lieu.

Hotel Am Frauenplan : *Brauhausgasse 10, 99423. ☎ 49-440. • hotel-am-frauenplan.de • Doubles avec douche et w-c 71-83 €. Plats 15-23 €. Parking souterrain payant.* Bel hôtel situé sur une place pavée en face au musée Goethe. Ancien palais restauré avec soin mais manquant de patine. À noter, une partie moderne style motel dans la cour intérieure. Ancien ou moderne, on peut donc choisir. 4 chambres donnent sur la cour, les autres sur la place ou la rue. **Erbenhof** *(☎ 45-75-715),* le resto de l'hôtel, propose une cuisine thuringeoise plutôt fine et soignée : gibier, champignons, *Kloßen, Schnitzel...* Salle et terrasse bien agréables.

Où manger ? Où boire un verre ?

Ville animée, universitaire, touristique, festive et conviviale, aux beaux jours la ville se couvre de terrasses de café. Vous n'aurez que l'embarras du choix.

Bon marché

Original Thür. Rostbratwurst : *sur le Markt.* Le stand de saucisses sur la place, aisément reconnaissable à l'énorme hot dog qui orne son toit. Une institution ! Pour déjeuner à 3 € !

Wünsch' dir was : *Kaufstr. 20. ☎ 44-37-417. Tlj sauf lun 9h-17h.* Un adorable café pour un petit déj, un déjeuner sur le pouce ou un verre de vin. Quelques tables en terrasse.

Nordsee : *Wielandstr. 1. ☎ 516-747. Ouv lun-ven 9h30-19h30 (18h sam). Plats 8-10 €.* Salle intérieure classique conçue comme un fast-food de la mer (idée scandinave à l'origine), et petit stand de rue vendant des hamburgers, bagels, sandwichs, tous étant composés de fruits de mer ou de poisson (thon, maquereau, hareng...). C'est frais, diététique et économique.

Prix moyens

Gretchens *(restaurant du* Familienhotel*) : Seifengasse 8. ☎ 457-98-77. Tlj 8h (17h lun)-22h (18h dim). Plat le midi 8,50 €, sinon 15-22 €.* Dans une ruelle calme du centre, à 200 m de la maison de Goethe. Excellent petit resto à prix doux. Propose des plats sains et naturels à dominante végétarienne (souvent). Buffet de salades variées (midi), carte simple et courte, cuisine créative allemande et méditerranéenne. Bons accueil et service.

La Tarte et Le Café du jardin : *Jakobstr. 5-7 et 10. ☎ 21-17-326 ou 21-76-310. Resto tlj 11h30-14h, 18h-22h. Plats 16-20 € ; flammekueche 9-17 € ; menu 26 €.* À vrai dire, on craque surtout pour la résidence d'été, en face, dans les ravissants jardins de la *Kirms-Krackow Haus (self-service mer-dim 11h30-20h ; plats*

5-16 € ; menu 15 €, verre de vin dès 2,90 €). On retrouve les plats qui font le succès de la maison mère avec une carte et une cuisine franco-allemande : quiche lorraine, poisson à l'armoricaine, bœuf bourguignon, *Knödel* aux épinards, flammekueche *(à partir de 17h)* et de délicieuses pâtisseries maison. Associée à un vigneron, la maison propose un grand choix de vins (locaux) au verre, en 20 ou 10 cl pour la dégustation.

Trattoria im Eckermannhaus : *Brauhausgasse 13. ☎ 773-70-77. Tlj 12h-15h, 18h-minuit, sauf lun et mar midi. Résa très conseillée. Plats 7-29 €.* Installé dans la maison historique de Eckermann (1792-1854), qui fut le secrétaire de Goethe, ce resto italien est une des meilleures tables de la ville. Cuisine savoureuse : *pasta,* gnocchis, tagliatelles, tous les classiques, ainsi qu'une large variété de pizzas. On mange dans la salle ou en terrasse, à l'arrière. Service diligent.

ACC Café-Restaurant : *Burgplatz 1. ☎ 85-11-61. Resto tlj 12h-15h, 17h-21h30 ; w-e 12h-21h30. Café tlj 11h-minuit. Plats 7-16 €.* Un vrai lieu de rencontre, où l'on vient pour nourrir le corps, mais aussi l'esprit (galerie d'art moderne à l'étage). Cuisine originale à dominante méditerranéenne, et cave à vin bien fournie (offre variée de vins au verre). La carte change souvent, produits naturels, tous les plats sont certifiés bio. Atmosphère conviviale et bohème. Vous pouvez choisir entre les confortables fauteuils rouges, des chaises ou la terrasse sous les tilleuls de la Burgplatz. Concerts de jazz.

Sans oublier **Erbenhof,** le resto de l'**Hotel Am Frauenplan** (voir plus haut).

Residenz-Café : *Grüner Markt 4. ☎ 594-08. Tlj 8h-23h (17h dim). Petits déj 4-12 € ; plats 11-23 €. Coin enfants.* Plus ancien café de la ville, le « *Resi* » est une institution depuis plus de 160 ans. Intérieur stylé, avec ses cuirs et son comptoir en bois massif. On se mélange aux joyeux habitués. Agréable terrasse. On peut aussi y manger, cuisine correcte sans plus.

Où sortir ?

Ville étudiante, Weimar est plus animée hors vacances scolaires ou universitaires. Parmi les endroits où flâner le soir, **Zum Falken,** le bar étudiant de la ville *(Trierer Str. 7)* ou le **Kasseturm** *(Goethe-platz 10, au sous-sol de la vieille tour ronde de cette place)* avec soirées à thème (hip-hop, reggae, rock...), le **Roxanne** *(Marktplatz 21)* ou encore le **Cielo** *(dans la Schlossgasse).* Et pour les plus aventureux, sachez que le campus universitaire offre quelques bars et qu'il reste en théorie accessible au public...

À voir

On vous conseille de vous procurer à l'office de tourisme leur remarquable plan thématique. Il permet non seulement de se repérer mais aussi d'articuler entre eux (ou pas) les différents circuits proposés : « Les classiques du patrimoine mondial » (sur les pas de *Goethe* et de *Schiller*), les sites attachés au « Bauhaus » et les « Autres sites touristiques ».

Marktplatz : on y a reconstruit toute une rangée de maisons rappelant l'architecture weimarienne. Outre l'hôtel *Elephant,* où descendaient les grands de ce monde venus rendre visite à Goethe, la curiosité principale est la maison où mourut le peintre Cranach l'Ancien. Remarquez ses armoiries, un serpent ailé, sous les fenêtres. Superbe façade aux couleurs pastel.

Goethes Wohnhaus (maison de Goethe) **:** *Frauenplan 1. Tlj sauf lun : avr-oct, 9h30-18h ; nov-mars, 9h30-16h. Entrée : 12,50 € ; réduc ; supplément lors des expos temporaires. Audioguide en français.* La maison a été conservée jusque dans le moindre détail, le style et le caractère sont là, les lieux ont à peine changé.

Il habita dans cette demeure de 1782 jusqu'à sa mort en 1832. En 1775, le jeune artiste de 26 ans arrive à Weimar, déjà auréolé de gloire grâce à son roman *Les Souffrances du jeune Werther.*
Goethe devient l'homme le plus influent de la ville. Il réside à Weimar jusqu'à la fin de ses jours, à l'exception de 2 années passées en Italie. Conseiller du duc, il se voit confier aussi plusieurs portefeuilles de ministre (Finances, Arts et Lettres, etc.).
Le ***musée,*** sur le côté gauche de la bâtisse, contient quelques lettres et objets personnels. Son travail de naturaliste et de botaniste est peu montré ; toutefois, on y découvre un Goethe passionné par la lumière et les couleurs au travers de magnifiques aquarelles. Mais c'est surtout l'époque du classicisme de Weimar qui est mise en scène avec, autour de Goethe, les personnalités majeures de *Schiller, Herder* et *Wieland.*
Pour visiter sa maison, prendre le petit plan, car il y a peu d'explications dans les pièces. Importante collection de sculptures antiques rapportées de ses voyages en Italie, vaisselle en céramique, vaste bibliothèque de 5 000 ouvrages (derrière un grillage), collection de roches et minéraux, cabinet de travail brillant par son ascétisme... Dans la salle de Junon, le piano sur lequel ***Mendelssohn*** a joué. Des couloirs roses conduisent ensuite à la chambre mortuaire : un lit misérable et un vieux fauteuil troué où Goethe rendit l'âme en s'écriant : « De la lumière ! De la lumière ! » Dehors, joli jardin et, dans la cour, le carrosse de l'auteur de *Faust...*
Café littéraire pour faire une pause sucrée-salée.

Schillers Wohnhaus *(maison de Schiller)* **:** *Schillerstr. 12. Tlj sauf lun : avr-oct, 9h30-18h ; nov-mars, 9h30-16h. Entrée : 8 €. Audioguide en français.* Friedrich Schiller habita dans cette ancienne demeure de 1802 jusqu'à sa mort en 1805. Influencé par Shakespeare et par la tragédie classique, il y écrivit des poésies lyriques mais surtout des drames historiques : *La Pucelle d'Orléans, Guillaume Tell* ou encore *Marie Stuart.* Il était un proche de Goethe, mais celui-ci le considérait un peu comme un concurrent... Il est connu en France pour avoir inspiré les écrivains romantiques. L'habitation a été fidèlement reconstituée, jusque dans le choix des papiers peints qui s'harmonisent superbement avec le mobilier d'époque !

Herderkirche *(Stadtkirche Sankt Peter und Paul ; église Saint-Pierre-et-Saint-Paul)* **:** *Herderplatz. Avr-oct, lun-ven 10h-18h ; w-e 10h-12h (11h dim), 14h-16h. Nov-mars, tlj 10h-12h (11h dim), 14h-16h. Fermé dim lors des messes. GRATUIT. Visite guidée (seulement en allemand) dim à 14h.* Construite au XVe s, cette église luthérienne a reçu des éléments de style baroque au XVIIIe s. Reconstruite après les bombardements américains de 1944, elle est classée aujourd'hui par l'Unesco. Bel intérieur à 3 nefs, d'une grande luminosité. Nombreuses tombes princières de la famille de Saxe-Weimar.
On peut aussi admirer un imposant autel-triptyque de *Lucas Cranach l'Ancien* de 1522. C'est la dernière œuvre de ce grand peintre allemand du XVIe s (elle sera achevée par son fils en 1555).
À l'arrière de l'église, dans un jardin, charmant ***café Caroline.***

Kirms Krackow Haus : *Jakobstr. 10. ● kirms-krackow-haus.de ● Avr-oct, ven 16h-17h, w-e 11h-17h (entrée payante). Cour et jardin en accès libre et gratuit, tlj dès 9h.* Cette belle maison, vieille de plus de 400 ans, élégamment meublée, est un magnifique exemple de demeure du XVIIIe s. Même si vous ne la visitez pas, passez une tête pour en admirer la cour et le ravissant jardin (où l'on peut déjeuner aux beaux jours ; voir plus haut « Où manger ?... »). Sur le puits, la poignée serait un boulet de canon de la bataille de Iéna.

Residenzschloss *(château)* **:** *Burgplatz 4. ☎ 545-400.* ***Le château est fermé à la visite jusqu'en 2024.***

Stadtmuseum Weimar *(musée de la Ville)* **:** *Karl-Liebknecht-Str. 5-9. ● stadtmuseum.weimar.de ● Mar-dim 10h-17h. Entrée : 3 € ; réduc.* Dans un palais du XVIIIe s (construit par un architecte, grand ami de Goethe), ce musée abrite aujourd'hui des collections de mobilier du Moyen Âge à la RDA (objets, vêtements, un vieux cinéma...).

Jakobskirche : *Rollplatz 4. Avr-oct, tlj 10h (11h dim)-16h ; nov-mars, tlj 11h-15h.* Cette église du Moyen Âge, remodelée fin XVIIIe s, est un bel exemple de néoclassicisme allemand. Dans le joli cimetière romantique, la tombe de la femme de Goethe et la copie de la tombe de Cranach. Schiller y fut d'abord enterré avant que ses (supposés) ossements ne soient transférés dans le grand mausolée ducal (le *Fürstengruft*). L'intérieur est très austère, comme l'exige le culte protestant, mais il reste très gracieux avec ses tribunes. Notez la chaire au-dessus de l'autel, une tombe baroque retrouvée dans la crypte (à travers une vitre au sol) et surtout les insolites flambeaux... Il s'agit d'une tuyauterie récupérée et redorée à l'époque de la RDA (pour faire des économies de bouts de chandelle !).

Bauhaus-Museum : *Stephan-Hessel-Platz 1. • klassik-stiftung.de • Tlj sauf mar 9h30-18h. Entrée : 10 € ; réduc. Visite guidée en français, résas sur le site. Belle cafétéria au sous-sol (avec jardin).* C'est un tout nouveau musée entièrement dédié au Bauhaus, pour célébrer le centenaire de ce mouvement dont la modernité influence encore et toujours l'architecture, l'art et le design (voir plus haut pour plus de détails).

- **Au rez-de-chaussée,** dans le hall, accessible gratuitement, une présentation du mouvement avec une frise chronologique et un plan.
- **Dans les étages,** présentation des objets iconiques (comme les célèbres chaises de Marcel Breuer, sur lesquelles vous serez invité à vous asseoir) et plus particulièrement toute la production liée à la grande expo de 1933 : peintures, sculptures, tissages, poteries, maquettes d'architecture, prototypes de mobiliers, objets usuels qui sont autant de visions d'une nouvelle « vie moderne ». Enfin, quelques archives laissées par Gropius lors de son départ à Dessau ainsi qu'un hommage rendu aux professeurs et directeurs.
- En face, en miroir négatif, le **Gauforum,** un édifice austère et gigantesque voulu par Hitler pour y prononcer ses discours. Ironie de l'histoire, il ne l'utilisa jamais, contrairement au parti communiste qui investit les lieux. À noter que l'architecte du musée a créé un bloc monolithique, sans fenêtres sur ce côté, boudant délibérément le nazisme.

Neues Museum Weimar : *Jorge-Semprum-Platz. ☎ 545-963. • klassik-stiftung.de • Tlj sauf mar : d'avr à mi-oct, 10h-18h ; de mi-oct à mars, 10h-16h. Entrée : 8 € ; réduc.* Installé dans un grand bâtiment néo-Renaissance du XIXe s, au cœur du quartier du Moderne, ce musée est consacré au « Nouveau Weimar », correspondant à la période allant de Goethe au Bauhaus. L'architecte belge **Henry Van de Velde** y est tout particulièrement à l'honneur, il faut dire qu'il a laissé son empreinte partout à Weimar qui lui doit beaucoup. Directeur de l'école d'art (fondée en 1860), de 1904 à 1919, il la reconstruit dans un style *Art nouveau.* La 1re salle lui est entièrement dédiée et l'on retrouve l'ensemble de ses projets et de ses réalisations en ville (notamment la *Haus Hohe Pappeln,* qui se visite).

On le retrouve dans les salles suivantes, associé à *Elisabeth Förster-Nietzsche,* la sœur du philosophe, et à *Harry Kessler,* un mécène et amateur d'art éclairé. Ce sont les 3 protagonistes de la mutation de la « nouvelle » Weimar, une ville résolument moderne. Les dernières salles sont consacrées aux productions européennes : *Daum, Gallé, Charles Mackintosh, Hoffmann...* Enfin, le sous-sol est dédié à *Otto Dorfner,* un relieur qui intégra l'équipe de Gropius à la fondation du Bauhaus.

La bibliothèque de la duchesse Anna Amalia : *Platz der Demokratie 4. Tlj sauf lun 9h-14h30. Entrée : 8 € pour la visite des pièces de style rococo. Résa obligatoire, quota de visiteurs limité à 100 pers. Expos temporaires gratuites.* Riche de près de 900 000 ouvrages et du plus grand fonds sur *Faust,* la bibliothèque a été victime d'un terrible incendie en 2004, durant lequel 30 000 livres ont été détruits et 40 000 autres endommagés. Une partie avait été déménagée 1 an auparavant en prévision de travaux d'assainissement !

Park an der Ilm : romantique à souhait avec ses ruines et ses fabriques, on l'appelle aussi le « parc Goethe » car il fut aménagé fin XVIIIe s sur les conseils du poète en personne. C'est un spacieux jardin à l'anglaise. On peut se promener en direction du pavillon où Goethe passa ses 6 premières années weimariennes.

Goethes Gartenhaus *(maison de jardin de Goethe)* **:** *tlj sauf lun : d'avr à mi-oct, 10h-18h ; de mi-oct à mars, 10h-16h ; dernière visite 30 mn avt fermeture. Entrée : 6,50 € ; réduc.* Quelques meubles simples avec, au mur, des dessins du poète. Goethe y cultiva son jardin – toujours visible – en botaniste invétéré expérimentant ses 1res théories sur « la métamorphose des plantes ». L'escalier en bois date de 1776. Au rez-de-chaussée, petite cuisine où poêle, four et évier en pierre sont d'origine.
Poursuivez la promenade dans le parc jusqu'à la ***Maison romaine*** *(avr-oct, w-e et j. fériés 11h-17h ; entrée : 3,50 €),* l'ancienne résidence d'été du duc Charles-Auguste, ami de Goethe, qu'il fit construire de 1792 à 1797 dans le style des maisons de campagne de la Renaissance, tout en jetant un œil aux belles collines boisées et aux grappes d'étudiants qui « révisent », par beau temps, au bord de la tranquille rivière Ilm...

Musterhaus Am Horn : *Am Horn 61, au bord du parc derrière la* Goethes Gartenhaus, *un petit sentier y mène directement. De mi-mai à oct, tlj sauf mar 10h-18h (16h nov-fév). Entrée : 4,50 €. Expos temporaires. Am Horn* est une longue allée qui dessert un quartier résidentiel très vert. Discrète, entourée d'une clôture, la ***maison « am Horn »*** est typique de l'architecture Bauhaus (la seule jamais construite à Weimar !). Elle fut bâtie en 1923 en tant que maison modèle sur les plans de *Georg Muche.* Autour d'une pièce centrale, composée d'un puits de lumière, s'organisent les espaces d'habitation. Incontournable pour tous ceux qui s'intéressent à l'architecture.

Parkhöhle : *toujours dans le parc, près de la maison de Liszt. Avr-oct, tlj sauf mar 10h-18h (16h le reste de l'année). Entrée : 4,50 €.* Creusées à l'origine sur les conseils de Goethe pour entreposer au plus frais la bière de son bienfaiteur et ami, le duc de Saxe-Weimar, ces galeries souterraines contiennent aujourd'hui un petit « musée » géologique très humide, à 12 m de profondeur, et impressionnant avec ses galeries aux portes coulissantes automatiques.

Liszt-Museum : *Marienstr. 17 (en bordure du parc Goethe). ☎ 545-388.* ***Fermé jusqu'à nouvel ordre.*** Né en 1811, le pianiste et compositeur hongrois fut directeur de l'Opéra de Weimar, recevant dans la ville les plus grands musiciens de son temps. De 1869 à 1886, il n'occupa qu'un appartement d'été dans cette ancienne maison du jardinier de la Cour. Liszt passa la fin de sa vie à Bayreuth (Bavière) près de son gendre ***Richard Wagner.*** Il y est mort en 1886.

L'école d'art : *Geschwister-Scholl-Str. 8.* Il s'agit de l'ancienne école d'architecture et d'arts appliqués. Constituée de 2 bâtiments (l'ancienne école des arts décoratifs lui fait face) construits, dans un style encore Art nouveau, par Henry Van de Velde qui en était alors le directeur, elle devient en 1919 le ***siège du Bauhaus*** quand Gropius en prend la direction. Elle abrite aujourd'hui l'université. Les 2 sites sont inscrits au ***Patrimoine mondial par l'Unesco.*** Pour info, il est possible de découvrir la ville Bauhaus en compagnie d'étudiants *(rdv au musée après inscription • bauhausspaziergang@uni-weimar.de • à 13h30 les ven et sam, plus mar avr-nov).*

Alter Friedhof et Fürstengruft *(ancien cimetière et crypte des ducs de Saxe-Weimar)* **:** *à 500 m au sud du centre. Tlj sauf mar : mars-sept 10h-18h, oct-fév 10h-16h. Entrée : 4,50 €.*
C'est dans la crypte du mausolée central que reposent côte à côte pour l'éternité ***Goethe*** et ***Schiller*** (dans 2 cercueils en bois). De nombreuses autres sépultures princières de la famille des Saxe-Weimar sont rassemblées là dans une mise en scène sobre, sous une belle coupole. À voir aussi, derrière le mausolée, ravissante

petite ***église russe*** au dôme doré *(ouv avr-sept 10h-18h ; GRATUIT, don apprécié).* Belle déco intérieure, surchargée d'ors et de couleurs, sources d'une luminosité particulière. Dans la coupole en forme de ciel étoilé, un Christ pantocrator domine l'espace de son regard sévère. Sur les écoinçons de la coupole sont représentés les 4 évangélistes (Jean, Luc, Marc et Matthieu).

Nietzsche-Archiv *(Archives de Nietzsche)* **:** *Humboldtstr. 36. Au sud-ouest du centre. Tlj sauf mar 10h-18h (16h nov-mars). Entrée : 4,50 € ; réduc.* Il y séjourna de 1897 jusqu'à sa mort, 3 ans plus tard. Très malade, il fut aidé par sa sœur Elisabeth qui demanda en 1903 à l'architecte ***Henry Van de Velde*** de transformer le rez-de-chaussée. On peut encore voir la magnifique bibliothèque Art nouveau. Compilée par sa sœur, la pensée de Nietzsche (décédé à l'époque) a eu une certaine influence sur l'idéologie nazie ; cet aspect-là n'est pas passé sous silence.

Wittumspalais : *Am Palais 3. ☎ 54-54-00. Tlj sauf lun : avr-oct, 10h-18h ; nov-mars, 10h-16h. Entrée : 6,50 € ; réduc.* Bâtisse ocre du XVIIIe s, d'un style presque campagnard, où la duchesse douairière Anna Amalia passa les 30 dernières années de sa vie et recevait toutes les personnalités de la ville. Bustes de Rousseau et de Voltaire dans la salle de musique.

Manifestations culturelles

- ***Semaines de Bach en Thuringe :*** *fin mars. • thueringer-bachwochen.de •*
- ***Bach Biennale Weimar :*** *en juil.*
- ***Kunstfest Weimar*** *(fête des Arts)* **:** *de mi-août à début sept.* Spectacles, concerts et expos autour d'un thème... Se renseigner à l'office de tourisme.
- ***Zwiebelmarkt*** *(fête de l'Oignon)* **:** *2e w-e d'oct.*

DANS LES ENVIRONS DE WEIMAR

Schloss Belvedere : *à 4 km au sud-est de Weimar, au bout de la Belvedere-Allee. Bus n° 12 : direction Possendorf, arrêt Belvedere. ☎ 54-54-00. Jardins et terrasses en accès libre ;* ***palais fermé jusqu'à nouvel ordre.*** Château rococo (construit en 1748), parfait témoignage de l'esprit classique. Goethe et le duc Karl August se réunissaient ici régulièrement pour discuter botanique. Pièces d'ivoire et d'ambre, porcelaines et faïences. Collection de calèches et armes de chasse dans l'orangerie.

LE MÉMORIAL DE BUCHENWALD

« On nous dit que le soldat américain ne sait pas pourquoi il se bat. Maintenant, au moins, il saura contre quoi il se bat. »

Eisenhower, commandant en chef des forces alliées, avril 1945 à Buchenwald

À 8 km au nord de la ville des Lumières et de la poésie, dans la belle forêt de l'*Ettersberg*, où Goethe aimait se promener, l'horreur du nazisme est à son comble : barbelés, fours crématoires et « laboratoire d'expérimentation ». Édifié en 1937 pour y éliminer les opposants politiques et écarter du « corps national » allemand les homosexuels, les SDF, les témoins de Jéhovah... le camp de concentration vit défiler près de 278 000 déportés de 50 nationalités

différentes. Environ 56 000 y furent exterminés. Parmi eux, des militaires britanniques et canadiens, 10 000 juifs détenus à l'écart du camp, 8 500 soldats soviétiques abattus en masse dans une écurie, et des dizaines de milliers de femmes et d'enfants.
À voir impérativement, avec ou sans enfants, pour ne jamais oublier ce dont l'homme est capable et ne plus laisser les négationnistes proférer des sornettes sur les « détails » de l'Histoire.

Infos utiles

➢ ***De Weimar :*** *bus n° 6 depuis Goethe-Platz ou de la gare en direction de Buchenwald (attention à ne pas prendre le bus n° 6 direction Ettersburg). En voiture, le mémorial se trouve à 8 km au nord du centre-ville par la nationale B 85 ; bien fléché.*
🅸 ***Centre d'information :*** *à l'entrée du camp. ☎ 43-02-00. • buchenwald.de • Tlj sauf lun : avr-oct, 9h-18h20 ; nov-mars, 9h-16h20. Documentation en français, avec plan du camp bien pratique pour se repérer et ne rien rater (1 €). Également audioguide en français (durée : env 3h ; 3 € ou 5 € avec images).*
– Toutes les installations extérieures sont visibles tous les jours, jusqu'à la tombée de la nuit.
– ***Visite des musées et des salles fermées :*** *GRATUIT. Tlj sauf lun : avr-oct, 10h-18h ; nov-mars, 10h-16h ; dernière entrée 30 mn avt fermeture.*
– ***Présentation d'un film*** *(30 mn) : en boucle, 10h-15h. Se renseigner à l'accueil pour la version française.*

À voir

La route du Sang et la gare de Buchenwald : c'est la route que l'on emprunte toujours pour accéder au camp en voiture ou bus. Elle fut construite sur plus de 5 km dans des conditions dramatiques. Plus tard, la direction du camp décida d'installer une gare près du camp : c'est le « chemin Caracho », les dernières centaines de mètres les plus dures, sous le contrôle des chiens et les coups de matraque des SS. Quelques restes du chemin de fer *(accessible seulement à pied).*

Les casernes SS et la tour de bois : sur le parking, les 4 bâtiments font partie des 18 qui abritaient les casernes des gardiens SS (le camp comptait également une fauconnerie et un zoo !). La tour de bois marque l'entrée du camp, tout à la fois mirador et prison. Sur la grille, une inscription particulièrement cynique : *Jedem das Seine* (« À chacun son dû ») ! Sur l'horloge de la tour, l'heure a été arrêtée à la libération du camp par les Américains, elle n'a pas bougé depuis.

Le four crématoire : en entrant à droite. Avant la petite cour d'accès, l'« infirmerie ». Histoire de rassurer les futures victimes, un diabolique scénario fut imaginé : pendant la visite médicale, on tirait une balle dans la nuque du condamné installé sous la toise. Les corps étaient ensuite entassés dans une charrette puis portés au four... C'est dans la cour du bâtiment que les Américains découvrirent des centaines de corps à leur arrivée. Les crématoires sont parfaitement conservés. Au sous-sol, l'une des salles les plus sinistres du camp : sur les crochets de boucherie, les SS suspendirent et assassinèrent plus de 1 000 personnes. La plus jeune victime avait 8 ans...

Le poteau et la charrette : on suspendait certains détenus à cet « arbre de mort », mains liées, pendant plusieurs jours... La charrette, pleine de cailloux extraits de la carrière, était tirée par des prisonniers obligés de chanter. Leurs tortionnaires les appelaient « chevaux chantants ».

Les blocks ont été rasés après la libération du camp. Il ne reste plus qu'un vaste ***champ de pierres noires*** (très symbolique) à la place des alignements de baraques en bois où s'entassaient 50 000 captifs. Une plaque rend hommage aux juifs allemands et autrichiens déportés en 1938. À l'emplacement des baraques des Roms, noms des camps nazis sur des pierres dressées.

Les 3 musées : dans le grand bâtiment du fond, qui abritait l'entrepôt de vêtements et d'objets personnels, 1er contact des détenus avec le camp.
– L'un est consacré à l'***histoire du camp.*** Bien présenté et particulièrement instructif, il retrace également la montée du nazisme, la création et l'évolution des camps de concentration, sans oublier un élément important : la résistance menée de l'intérieur par de valeureux prisonniers. L'accent est mis sur l'organisation méthodique de la politique de destruction et sur la vie quotidienne dans le camp.
– Le 2e musée expose des ***œuvres d'artistes*** « antifascistes ». Il illustre les solidarités nationales formées dans le camp (affiche de la Résistance française). Voir aussi le dessin « Bienvenue au camp », où l'artiste se moque des gardiens SS.
Des personnalités connues ont été internées à Buchenwald. L'écrivain et militant communiste espagnol ***Jorge Semprún*** a survécu. Il a été évacué du camp le 26 avril 1945. Le psychanalyste américain ***Bruno Bettelheim*** a été libéré en mai 1939, et a émigré aux États-Unis. Sa détention au camp a largement inspiré sa pensée psychanalytique. Les industriels ***Marcel Michelin*** et ***Marcel Dassault,*** ainsi que ***Stéphane Hessel*** y ont aussi été enfermés. Bien que sur la liste des condamnés à mort, Hessel est parvenu à se sauver par la ruse avec la complicité d'un kapo et du médecin du camp, en prenant l'identité d'un prisonnier mort du typhus. Il fut transféré vers une usine d'armement d'où il s'est évadé.
Hors de l'enceinte du camp des déportés se trouvaient des villas où une cinquantaine de prisonniers politiques, dont ***Léon Blum, Édouard Daladier, Georges Mandel*** et le ministre d'État belge ***Paul-Émile Janson*** furent internés dans des conditions différentes de celles des déportés. Malgré cela, Janson mourut à Buchenwald.
– Le 3e musée est consacré au camp spécial soviétique n° 2 (1945-1950).

RECYCLAGE MORBIDE

Buchenwald a été libéré par les Américains en 1945. Le camp s'est retrouvé, ensuite, dans la zone d'occupation soviétique. Staline a profité des installations pour y organiser le camp spécial n° 2, géré par le KGB. Il y a interné de nombreux opposants politiques, dont 7 000 sont morts de faim en 1946-1947. Le camp a été fermé en 1950, après la création de la RDA.

LE POUVOIR AUX PRISONNIERS

Les SS ont laissé la répartition des tâches à certains groupes de déportés, notamment les communistes, qui ont eu un rôle important dans la survie de certains prisonniers. C'est le cas de Marcel Dassault, de santé fragile, et qui leur a gardé sa reconnaissance tout au long de sa vie (après 1945, il a aidé financièrement le journal L'Humanité*). Ceux qui n'ont pas bénéficié de cet appui ont été envoyés dans les kommandos de travail, d'où on revenait rarement.*

Le petit camp : également à l'arrière, un monument commémoratif rappelle l'existence du petit camp. C'est là qu'on entassait malades et moribonds dans des écuries. Oubliés parmi les oubliés, séparés du reste du camp par une clôture barbelée, ces détenus n'étaient souvent plus du tout nourris. Le petit camp fit plus de 6 000 victimes.

Le camp s'étendait plus loin que ce que l'on voit aujourd'hui. Vers l'arrière, en lisière de la forêt, les ***fondations de plusieurs blocks*** ont été mises au jour, mais il ne reste rien d'autre. Pour chacun, une photo restitue l'aspect d'origine. C'est ici que se tenait l'infirmerie, mais également le bordel du camp (interdit aux prisonniers juifs, roms et soviétiques).

L'infirmerie des Prisonniers : entre autres soins médicaux, c'est ici que l'on expérimentait, mutilait et assassinait. Un « détail » parmi d'autres : Ilse Koch, la femme de l'officier SS supervisant le camp que l'on a surnommée « la chienne de Buchenwald », y commandait ses lampadaires en peau humaine ! Des expérimentations de vaccins contre les maladies contagieuses (typhus, fièvre jaune, diphtérie) y furent menées à la demande des firmes IG Farben et Hoechst.

La tour mémorielle : *à 2,5 km du camp, en bordure de route.* Érigée à la fin des années 1950. Au pied du clocher de 50 m de haut, saisissantes statues de détenus. Plus bas, l'***allée des Nations*** et ses 18 stèles, entourées des fosses communes où reposent 10 000 victimes du camp. Près du parking, un 4e petit musée retrace l'histoire de la création et de la réalisation de cet ensemble monumental par la RDA, qui y glorifie la résistance des communistes allemands.

ERFURT (99001) 213 800 hab. IND. TÉL. : 0361

À 21 km à l'ouest de Weimar, traversée par la rivière Gera, c'est la capitale du Land de Thuringe, fondée par *saint Boniface* en 742. Au Moyen Âge, elle doit sa prospérité à la fabrication de teintures pastel et indigo et aussi à sa position stratégique sur la route du sel qui allait de la Baltique à l'Italie.
Luther y vécut de 1501 à 1511, comme étudiant, puis comme moine augustin avant d'être ordonné prêtre. C'est à partir d'Erfurt qu'il commença à méditer sur la nécessité d'une réforme de l'Église. Napoléon y rencontra le tsar de Russie *Alexandre Ier* en 1808 (l'entrevue d'Erfurt fut un échec pour Napoléon). Max Weber (1864-1920), un des fondateurs de la sociologie moderne, y est né.
À voir, son centre historique, le plus important ensemble médiéval d'Allemagne, ses 21 églises (dont une splendide cathédrale), son curieux *pont des Épiciers* et les innombrables maisons à colombages. Une petite ville incroyablement bucolique et qui possède un charme fou !

Adresses et info utiles

Office de tourisme : *Benediktsplatz 1. ☎ 66-400. ● erfurt-tourismus.de ● Lun-sam 10h-18h, dim et j. fériés 10h-15h. Visites guidées de la ville, tlj (en allemand). Durée : 2h. Billet : 9 €/pers.* Personnel très compétent et accueil très sympathique. Réservations d'hébergements, plan de la ville et circuit historique en français, très précis. Demander le circuit touristique *(2,50 €).* Location de vélos (voir ci-dessous). Résas de chambres chez l'habitant.
– ***ErfurtCard :*** *en vente à l'office de tourisme, 13,90 € pour 48h (19,90 € avec les transports gratuits).* Accès aux musées de la ville et réducs pour les théâtres et les concerts. Également un tour guidé de la ville gratuit, mais uniquement pour ceux qui maîtrisent la langue de Goethe.

Gares (ferroviaire et routière) : *Willy-Brandt-Platz 12. ☎ 300-10-55. Trams fréquents pour rejoindre le centre-ville.* Erfurt est un important nœud ferroviaire d'Allemagne de l'Est.

Location de vélos : à l'***office de tourisme,*** tout simplement *(15 € ; 25 € pour un e-bike).* Pratique car ouvert tous les jours et l'on peut rendre son vélo le lendemain matin. ***Radhaus am Dom,*** *Andreasstr. 28. ☎ 602-06-40. Tlj sauf dim 10h-18h (14h sam). Compter 9 €/j.* Simple et toujours pratique pour sortir des sentiers battus.

Où dormir ?

Camping

Campingplatz Stausee Hohenfelden : *99448* **Hohenfelden.** *☎ (036450) 420-81. • campingplatz-hohenfelden.de • À 12 km au sud d'Erfurt et 20 km de Weimar. Bus n° 155 de la gare d'Erfurt. Empl. env 22 € pour 2 pers en hte saison ; bungalows, cottages et chalets 65-120 €/nuit. Parking payant.* Au bord de la forêt de Thuringe et d'un lac, dans un site verdoyant et tranquille. Le plus grand camping de Thuringe, très bien organisé et équipé, avec des sanitaires neufs. Chalets et bungalows en bois de style norvégien à louer à la semaine. Accès payant à la plage. Location de bateaux.

Auberge de jeunesse

Jugendherberge : *Hochheimer Str. 12, 99094. ☎ 562-67-05. • erfurt-hochheimerstr.jugendherberge.de • S6 : terminus Steigerstr., les 250 m restants à pied. Carte AJ obligatoire. Lits en dortoir 28-30 €/pers ; chambres privatives 35-39 €/pers avec douche et w-c, petit déj compris. Possibilité de ½ pens et de pens complète. CB refusées.* Grande demeure de 50 chambres avec une façade ornée d'un portique à hautes colonnes. Dortoirs impeccables de 6 lits. Chambres privatives propres et nettes. Un 2[d] bâtiment se trouve à 500 m du principal. Repas sur place (à la demande).

De bon marché à chic

Pension Am Dom : *Lange Brücke 57, 99084. ☎ 55-04-86-60. 0151-11-54-49-72. • dompension.de • Doubles 69-99 € ; petit déj (copieux) 12 €. Parking public payant à proximité.* Une pension familiale à la façade intéressante donnant sur une des jolies rues du centre. Accueil chaleureux. On est reçu par une dame aimable qui tient bien sa maison. Chambres claires et joliment meublées. Propose aussi des appartements-studios équipés.

Hotel Ibis Erfurt Altstadt : *Barfüßerstr. 9, 99084. ☎ 664-10. Doubles 66-129 €, petit déj 12 €. Parking 15 €/j.* Dans cette catégorie, c'est probablement le meilleur choix. Situé dans le centre, dans une rue calme, proche de la *Barfüßerkirche,* une église ruinée par les bombes de 1944. Chambres standard, fonctionnelles et confortables (avec clim), donnant sur un environnement paisible. Bonne literie. Bar agréable. Tous les services d'un hôtel de chaîne.

Où manger ? Où boire un verre ?

Bon marché

Faust Food : *Waagegasse 1. ☎ 64-43-63-00. Tlj sauf dim-lun 11h30-20h (21h ven-sam). Plats 3-22 €.* Avec son grand barbecue et son feu d'enfer faustien, où grillent saucisses, *ribs,* steaks (de bœuf *wagyu*), burgers, etc., ce self-service, aménagé dans une vieille grange médiévale, est un repaire de viandards. On s'y régale sans chichis sur de grandes tablées de savoureuses grillades, accompagnées de frites, salades et bière locale. Si la salle est trop enfumée, quelques tables vous attendent dans la rue piétonne ou dans le *Biergarten* en face.

Nordsee : *Anger 11. Tlj sauf dim 9h-20h. Sandwichs 2-4 € et plats 9-14 €.* Un fast-food (une excellente chaîne scandinave) entièrement dédié au poisson et à la mer. Une alternative judicieuse aux saucisses et aux hamburgers avec plein de petits sandwichs frais. Terrasse sur la place en été.

De prix moyens à chic

Kromer's : *Kleine Arche 4. ☎ 64-47-72-11. Tlj sauf lun dès 17h, plus w-e 11h30-14h30. Résa*

L'EST DE L'ALLEMAGNE

obligatoire. Plats 14-19 €. Un coup de cœur pour cette taverne traditionnelle ! Membre du mouvement *Slow Food,* le chef défend avec passion son terroir thuringeois et le cycle des saisons. À la carte, des recettes anciennes revisitées, souvent mijotées, que l'on vous détaillera avec une grande gentillesse. C'est tout à la fois copieux et délicieux. Selon la saison, vous vous installerez dans la ravissante salle ou en terrasse fleurie.

Drogerie-Bistro : *Wenigemarkt 8. ☎ 642-28-50. Tlj sauf lun 12h-22h (18h dim).* Sur une place très touristique devant l'*Ägidienkirche,* sa terrasse est bien agréable les soirs d'été. Les rayonnages à l'intérieur sont restés, les flacons ont changé. Désormais, l'alcool ne sert plus à soigner les plaies mais à réchauffer les gosiers. Pâtes et flammekueche si vous voulez prolonger le plaisir.

Restaurant de l'hôtel Zumnorde : *Grafengasse 2-6. ☎ 568-0426. Tlj sauf dim 12h-23h. Plats 10-48 €.* En plein centre, dans plusieurs bâtiments anciens restaurés, cet hôtel 4 étoiles abrite un restaurant plus chic, un *Biergarten* (dans une cour intérieure) et une brasserie-comptoir à vins. C'est celle-ci que l'on aime bien, pour son décor chaleureux et sa carte variée, proposant une cuisine bien faite : flammekueche, *rib-eye,* chanterelles, mais aussi quelques idées culinaires venues de la Méditerranée. Service impeccable.

Où boire un verre ? Où manger une glace ?

Aux beaux jours, la ville se couvre de terrasses, vous n'aurez que l'embarras du choix...

Glaces Eiskramer : *Krämerbrücke 15. Tlj 12h-18h.* Glaces artisanales particulièrement originales et savoureuses. Vous n'aurez qu'à emprunter un petit passage pour aller déguster votre cornet sur les berges de la rivière et admirer le pont des Épiciers ainsi que l'arrière de ses maisons suspendues.

Dans *Michaelisstraße,* une rue très animée le soir, 2 bars pour boire un dernier verre. Le ***Whiskykneipe* « JohnnieWorker »** *(au nº 37 ; tlj sauf dim-lun 19h-2h – 4h w-e),* où choisir un whisky vous prendra un certain temps car il y en a plus de 270 sortes ! Concerts fréquents, souvent gratuits. Un peu plus loin, une ambiance plus latine, où les parfums de menthe des mojitos et *caïpirinhas* vous attireront dans le bar **Hemingway** *(au nº 45 ; ☎ 551-99-44 ; tlj dès 19h).* Dans ce bar de nuit, le rhum est roi, et s'approcher du comptoir une aventure. Fauteuils de cuir noir, salle de cigares et faible luminosité, l'intérieur évoque l'univers racé de l'écrivain, sur fond de lounge music.

À voir

La vieille ville : pensez à lever les yeux, d'un monument à l'autre, de rue en rue, c'est une succession de maisons médiévales, Renaissance et baroques (voire Art nouveau), toutes plus belles les unes que les autres. Le vieux centre, préservé, restauré, présente une harmonie des plus spectaculaire.

Domplatz : *au centre de la ville.* Bel alignement de maisons à colombages. La place est dominée par la colline de la cathédrale et de l'église Saint-Severin, symboles de la ville. Venez de préférence le matin pour le marché *(7h-14h)* ou le soir pour profiter de l'éclairage des monuments.

Mariendom** (cathédrale Sainte-Marie) **et Kirche Sankt Severi** (église Saint-Séverin) **: *mai-oct, tlj 9h30-18h et nov-avr 9h30-17h ; dim à partir de 13h. Bureau d'info sur place (mêmes horaires que le Dom) avec brochures en français et boutique.* 2 églises se font face sur une butte accessible depuis la Domplatz par une monumentale volée d'escaliers. La cathédrale Sainte-Marie, à gauche, résulte de

plusieurs édifications successives entreprises du XIIe au XVe s. La nef est de style gothique flamboyant. Ne pas manquer d'admirer les 2 portails, véritables chefs-d'œuvre, et les mimiques des Vierges, représentant les sages (à gauche) et les folles (à droite). L'intérieur est somptueux : fresque géante de ***saint Christophe*** (XVIe s) qui donne bien l'impression de porter une voûte de la cathédrale, autel rococo de plus de 18 m de haut, splendide verrière du XIVe s et impressionnante collection d'œuvres d'art (dont un retable-autel de Cranach).
C'est dans cette église que ***Luther fut ordonné prêtre.*** À voir également *(seulement visite guidée),* la cloche géante de 2,50 m de haut et plus de 11 t, que seuls 8 « costauds » peuvent mettre en mouvement.
En haut à droite, ***Sankt Severi*** *(GRATUIT).* Elle porte le nom de l'évêque de Ravenne, dont les reliques ont été ramenées à Erfurt. À l'intérieur, on peut voir le sarcophage du saint (1365). Orgue majestueux à la riche déco rococo.

Fischmarkt : *au bout de Marktstr. en partant de Domplatz.* Étonnantes façades, dont celles de la vieille taverne *Zum Breiten Herd* et du *Rathaus* néogothique (à l'intérieur, des fresques racontent l'histoire d'Erfurt).

Krämerbrücke *(pont des Épiciers)* **:** *rejoindre la Benediktsplatz, à droite de l'office de tourisme.* Certainement l'une des 1res curiosités de la ville. Long de 120 m et bordé des 2 côtés de 32 habitations, ce « Ponte Vecchio » allemand existait déjà en 1110. Ce serait le pont habité le plus long d'Europe. Nombreuses échoppes et boutiques. L'une d'elles vend du pastel, une plante tinctoriale qui fit en son temps la richesse de la ville. En face de la maison la plus étroite de cette rue suspendue (au no 21), prendre le petit passage et descendre l'escalier menant au quai. On aperçoit alors le paisible ruisseau longeant un îlot de verdure et le dos des maisons à colombages en équilibre sur le vieux pont. On peut aller jusqu'à s'aventurer sous les voûtes du pont... S'il fait beau, on peut aussi accéder à la tour de l'*Ägidienkirche,* au bout du pont.

Anger : *du bâtiment de la poste (nos 69-75) à l'ancienne résidence du gouverneur (Regierungsstr. 73).* Aujourd'hui siège du ministre-président de Thuringe, cette rue piétonne et commerçante est une succession de magnifiques façades. Admirez, entre autres, aux nos 37-38, la maison *Dacheröden* et son superbe portail Renaissance, un des nombreux lieux de passage de Goethe et de Schiller, et, à l'angle avec la *Bahnhofstraße,* l'imposant édifice baroque (d'un jaune que vous ne pourrez rater !) qui abrite le *musée Anger (mar-dim 10h-18h ; entrée : 6 €, réduc).* Collections d'art médiéval, peintures du XVIIIe au XXe s, meubles, faïences, porcelaines...

Augustinerkloster : *Augustinerstr. 10. ☎ 576-600. Église : tlj 8h-18h. Cloître : visite guidée tlj à 11h. Durée : 1h ; billet : 7,50 €. Audioguide (allemand et anglais seulement).* Le jeune Luther a passé plusieurs années (de 1505 à 1511) dans une des cellules de ce cloître du XIIIe s. Exposition sur la vie de Luther. C'est aujourd'hui un centre œcuménique de rencontres et de congrès. On peut y dormir au calme *(résas sur • augustinerkloster.de • ; double 44,50 €/pers),* mais c'est pour le moins monacal...

Andreas-Viertel : *entre Domplatz et le cloître des Augustins.* La rivière qui borde ce quartier lui donne des airs de « Petite Venise ». Ravissantes maisons en bois et en ardoise dans un vieux quartier qui semble un peu endormi : c'est en fait le quartier de l'université... dont les tavernes et bars autour de la Michaelisstraße affichent bien souvent complet le soir venu !

Alte Synagoge : *difficilement repérable. De Benediktsplatz, prendre Michaelisstr., c'est la 1re ruelle à gauche. • alte-synagoge.erfurt.de • Tlj sauf lun 10h-18h. Entrée : 8 € ; réduc. Vidéoguides inclus dans le ticket d'entrée.* C'est l'une des plus vieilles synagogues d'Europe, puisque sa construction commença au XIe s ! Elle postule à ce titre auprès de l'Unesco. C'est l'histoire d'une synagogue oubliée et sauvée. Du temps de la RDA communiste, elle avait été transformée en restaurant et salle de danse, après 1998 elle fut redécouverte, « exhumée » et soigneusement restaurée pour abriter, non pas un lieu de culte, mais un musée dédié aux juifs d'Erfurt. Vous pouvez admirer sur la droite sa façade orientale qui remonte à 1270 et présente une étonnante asymétrie. Voir les fenêtres jumelles et la rosace.

Kleine Synagoge (petite synagogue) **:** *au sud-est de la Benediktsplatz. Tlj sauf lun 11h-18h. GRATUIT. Petit fascicule en français.* Construite en 1840, dans un style classique, cette synagogue à 3 niveaux est nichée au bord d'un cours d'eau. Elle fut détruite par les nazis en 1938, reconstruite en 1952, incendiée en 2000 par les néonazis... et à nouveau restaurée depuis cette date. Au sous-sol, toute petite exposition : des panneaux et des photos retracent l'histoire des juifs d'Erfurt. Des escaliers mènent au *Mikwe* (bains rituels), qu'on visite lors des tours guidés. Il reste aujourd'hui 500 juifs à Erfurt, et la synagogue sert surtout de lieu de rencontres internationales.

La citadelle de Petersberg : *Petersberg-Plateau. ☎ 66-400. Se renseigner pour les horaires, les tarifs et les éventuelles visites guidées.* On ne peut pas rater la citadelle, près du Dom, elle domine la ville. Forteresse à ciel ouvert, véritable ville dans la ville. Les visites guidées nous font découvrir ses casemates et souterrains secrets. Seul exemple de citadelle baroque presque intacte en Europe (architecture militaire des XVIIe et XIXe s), bien restaurée. Elle accueille en 2021 le grand festival horticole BUGA. À cette occasion, a été créé un sentier des bastions qui permet d'en faire le tour tout en profitant de vues plongeantes sur la ville.

Le Musée militaire historique : *juste après le portail d'entrée de la citadelle, sur la gauche. Tlj 11h-18h (16h en hiver). GRATUIT. Explications en anglais.* Une expo riche et vivante. Mannequins en uniforme de grenadier prussien et mousquetaires du XVIIe s. Une maquette reproduit le siège d'Erfurt par les troupes impériales en 1664.

Predigerkirche : *au début de Predigerstr., à quelques mètres au sud de Fischmarkt. Tlj sauf lun 11h (12h dim)-16h. En hiver, ouv seulement sam pdt la foire de Noël. GRATUIT. Petit fascicule en français à l'entrée.* Construite en 1270, l'église des Prédicateurs constitua l'un des plus grands édifices de l'ordre des Dominicains en terre allemande. Sur les 4e et 7e colonnes à gauche de la nef, quelques vagues restes de peintures laissent imaginer son aspect d'origine.

Manifestations

– **BUGA :** *avr-oct 2023. ● buga2021.de ●* Grand festival horticole. Pendant plusieurs mois, la ville, la citadelle et l'*Egapark* se pareront de milliers de fleurs et proposeront toutes sortes de festivités et d'animations botaniques. Avec des jardins à thème, baroques ou sixties...
– **Thüringer Bachwochen** (festival Bach) **:** *du 12 avr à mi-mai. Rens à l'office de tourisme. ● thueringer-bachwochen.de ●* A lieu dans toute la Thuringe et à Erfurt plus spécialement. Un grand festival consacré au célèbre compositeur (concerts, spectacles, parades...).
– **Krämerbrückenfest** (fête du pont des Épiciers) **:** *3e w-e de juil.* Fête médiévale avec artistes de rue et musique.
– **Internationale Orgelkonzerte** (Festival international d'orgue) **:** *en été, dans la cathédrale.*
– **Domstufen-Festspiele :** *en été, selon vacances. Résa conseillée. Infos : ● domstufen.de ● ou à l'office de tourisme.* Les 70 marches de l'imposant escalier qui mène au Dom sont au centre de mises en scène de théâtre en plein air. Également projection de films muets, avec orchestre.
– **Marché de Noël :** *déc.* Depuis plus de 170 ans. On y trouve l'artisanat en verre soufflé de la région.

DANS LES ENVIRONS D'ERFURT

Le château de Friedenstein : *à **Gotha,** à 20 km à l'ouest d'Erfurt. • stiftung-friedenstein.de • Musée ducal (Herzogliches Museum), musée du Château (Schlossmuseum) + musée de la Nature et musée d'Histoire : billet combiné 10 € ; réduc. Tlj sauf lun : avr-oct, 10h-17h ; nov-mars, 10h-16h. Ajouter 5 € pour prendre des photos. Musée ducal : 5 € (mêmes horaires mais ouv lun). Audioguide allemand et anglais : 2,50 €. Visite guidée des casemates, durée : 45 mn. Parking payant juste devant le château.* Imposant château à 3 ailes, construit au XVIIe s, dans le style du début de l'ère baroque. Le château fut surnommé « Pierre de la paix » car il parvint à traverser guerres et conflits sans être endommagé. Il abrite une merveille : l'ancienne salle de bal et de théâtre de la tour ouest, devenue le *théâtre Ekhof,* l'un des plus anciens théâtres baroques d'Europe, encore utilisé de nos jours (festival en été).

Si l'extérieur du château, plutôt froid et sans charme avec sa cour carrée vide, tient plus de la caserne que du palais princier, l'*intérieur,* en revanche, est superbe : enfilade de pourpre, d'or, de stucs et de tapisseries germaniques dans l'aile baroque (la salle des fêtes en est le plus luxuriant exemple) ; élégance, sobriété et tons pastel dans l'aile néoclassique, plafonds stupéfiants et parquets différents dans chaque salle. Il y a même la chambre dite « de Napoléon », lequel ne fit que visiter le château, sans y dormir.

FAIRE PARTIE DU GOTHA

C'est dans les années 1760 qu'est publié un almanach contenant, entre autres, toute la généalogie de la maison de Saxe et celle des empereurs d'Allemagne. Ce répertoire, intitulé le Gotha, *devient le livre favori des aristocrates, qui se plongeaient dans sa lecture. À la fin du XIXe s, il recensait toute la noblesse européenne. En faire partie était donc une preuve d'appartenance au gratin de la bonne société.*

- ***Schlossmuseum*** *(musée du Château)* **:** situé dans l'aile ouest du château (principal) de Friedenstein. Somptueuses collections de tableaux allant du Moyen Âge au XIXe s, section préhistorique, statues antiques et néoclassiques, objets d'art de toutes les époques, mobilier précieux, « curiosités » Renaissance, argenterie, porcelaine...
- ***Ekhof-Theater*** *(théâtre baroque)* **:** créé en 1774, il doit son nom au comédien Conrad Ekhof, célébré de son vivant comme le « père de la dramaturgie allemande ». Anecdote : le château de Friedenstein fut le 1er d'Allemagne à employer une troupe permanente de comédiens.
- Le ***musée de la Nature*** est le plus important de son genre en Thuringe. Spécimens naturalisés des animaux de la forêt. Joliment scénographié et sonorisé.
- ***Herzogliches Museum :*** le Musée ducal se situe dans le parc, dans un autre petit château de style néo-Renaissance (1879) situé au sud du grand château de Friedenstein. Accès à pied en 5 mn. Œuvres de l'Antiquité jusqu'à nos jours, et notamment des momies égyptiennes et un cabinet chinois. Peintures de ***Rubens,*** de ***Dürer,*** sculptures de Houdon, et pièces magnifiques à ne pas manquer, comme le célèbre tableau *Gothaer Liebespaar* (1480-1485). Parmi les œuvres de ***Lucas Cranach l'Ancien,*** on admire un célèbre *Portrait de Luther,* au visage austère. Ce Musée ducal abrite aussi une collection de porcelaines de Meissen (Saxe).

EISENACH

(99801) 42 370 hab. IND. TÉL. : 03691

Ville au passé prestigieux, au nord-ouest de la forêt de Thuringe, Eisenach est une cité de caractère dans une petite vallée entourée de monts boisés.

Sur un de ceux-ci se dresse l'impressionnante forteresse de la *Wartburg,* véritable nid d'aigle, telle une apparition dans un conte de fées. Un château, fondé en l'an 1067, où les landgraves de Thuringe puis les souverains de Saxe-Weimar y avaient résidence.

Mais ce château est devenu mondialement célèbre grâce à *Richard Wagner* qui, au XIXᵉ s, s'inspira des joutes poétiques des troubadours médiévaux pour composer son opéra *Tannhäuser.* Avant Wagner, *Martin Luther* s'y réfugia en 1521 pour y traduire le Nouveau Testament, dans un allemand plein de poésie.

L'OR DES NAZIS

En 1945, à Merkers, à 30 km au sud-ouest d'Eisenach, les Américains découvrent 100 t d'or en lingots entreposés dans une mine de sel. Le trésor provient en partie du pillage des banques centrales des pays conquis, de la spoliation organisée des familles juives et des couronnes dentaires en or arrachées aux victimes des camps d'extermination. L'or volé était refondu et échangé en Suisse contre des devises, qui servaient à acheter aux pays neutres des matières premières indispensables à l'effort de guerre.

Un autre génie musical, *Jean-Sébastien Bach,* vit le jour à Eisenach en 1685. *Goethe* y séjourna, trouvant cette ville « suprêmement magnifique ». Autre événement important pour la ville : c'est ici que fut créé, en 1869, le 1er véritable parti ouvrier (social-démocrate), appelé plus tard « notre parti » par Marx et Engels.

Devenue industrielle autant que touristique, Eisenach a été le bastion de l'automobile en RDA : c'est ici qu'étaient fabriquées les *Wartburg,* voitures « de luxe » du régime. Les amateurs iront visiter le *musée AWE.*

Adresse utile

Office de tourisme : *Markt 24. ☎ 79-23-0. • eisenach.info • Tlj 10h-18h (17h w-e).* Compétent, organisé, avec une bonne documentation. Résas de chambres chez l'habitant. Plan de la ville et de la région. Brochures en anglais sur Luther et Bach.

Où dormir ?

Camping

Campingpark Eisenach : *Am Altenberger See, 99819* **Wilhelmsthal.** *☎ 79-80-07. • campingpark-eisenach.de • À 10 km au nord d'Eisenach. Fermé en nov. Resto tlj sauf mar. Compter 22-25 € pour 2 pers avec tente et voiture. Bungalows 40-70 €/nuit.* Bien installé, au bord d'un lac. Emplacements ombragés. Loue aussi des bungalows *(Wanderhütte)* pour 3, 4, 5 ou 6 personnes. Truites au resto.

De bon marché à chic

Alte Brauerei Hostel & Pension : *Wartburgalle 25a. ☎ 23-80-30. • hostel-pension-eisenach.de • Nuit en dortoir dès 16 €, doubles à partir de 58 € ; petit déj 7 €. Appartement pour 2-4 pers 85-95 €. Parking 8 €.* À 2 pas du centre ancien, une ancienne brasserie réhabilitée. Les routards seront comblés. Flambant neuve, la structure propose, au choix, des dortoirs, des chambres doubles ou familiales et même un appartement avec une petite cuisine équipée. La formule reste très économique tout en offrant un vrai confort et une déco soignée. Dans le même bâtiment, un parc d'escalade.

Pension Zum Burschen : *Am Ofenstein 12. ☎ 74-32-06. Double avec douche et w-c 70 €. Plats 5-16 €. CB refusées.* Dans une agréable maison à colombages dans un quartier résidentiel, pas trop loin du centre-ville, une pension d'un autre temps. 5 chambres seulement, bien arrangées. Petit jardin au calme. Fait aussi resto : cuisine locale et familiale.

Vienna House – Hôtel Thüringer Hof : *Karlsplatz 11.* ☎ *369-12-80.* • *viennahouse.com* • *Doubles 81-113 €. Parking privé payant 12 €/j.* Très central, ce vieil hôtel historique a été restauré avec soin. Façade imposante à colonnes, hall d'entrée élégant, boiseries et murs épais, avec une plaque rappelant que Léon Tolstoï y a séjourné. Chambres confortables de style classique et fonctionnel. En demander une dans les étages élevés avec vue sur les toits et les collines au loin. Elles sont plus claires et plus calmes que celles donnant sur la place. Sur place, spa, bar et restaurant (voir plus bas *Leander-Bar*).

Où manger ? Où boire un café ?

De prix moyens à chic

Kartoffelhaus : *Sophienstr. 44.* ☎ *72-15-68. Tlj 11h-14h30, 17h-23h. Plats 9-22 €.* Dans un joyeux bric-à-brac, un resto très populaire. Entièrement dédié à la patate avec des salades fraîches ou des plats plus copieux, créatifs ou régionaux. Tous mettent le tubercule en vedette. Et ça fait 20 ans que ça dure ! *Biergarten* aux beaux jours.

Zucker & Zimt : *Marktplatz 2.* ☎ *74-11-41. Tlj jusqu'à 19h. Plats 6-14 €.* « Sucre et Cannelle », quel joli nom pour ce resto-snack situé sur la place principale, avec une terrasse agréable et tranquille. On y sert des salades fraîches et des plats végétariens, ainsi que des crêpes. On peut aussi y boire un verre : jus de fruits naturels, vin au verre...

Konditorei & Café Brüheim : *Marienstr. 1, à l'angle de Grimmelgasse.* ☎ *20-35-09. Non loin du musée Bach. Lun-sam 9h-18h, dim et j. fériés 13h-18h. Petit déj et assiettes rapides le midi.* Immeuble de caractère avec un bric-à-brac d'antiquaire en vitrine. L'après-midi, les adeptes du *Kaffee-Kuchen* viendront avant 16h pour déguster les cakes maison délicieux.

Weinwirtschaft Leander-Bar : *Karlsplatz 11.* ☎ *369-12-80. Tlj sauf dim-lun 11h30-23h. Plats 13-29 €.* Au rez-de-chaussée de l'hôtel *Steigenberger,* un bistrot cosy au style Art nouveau, avec de grandes étagères à vins et une cuisine ouverte. Agréables banquettes d'où l'on peut observer les cuisiniers à l'œuvre. Cuisine régionale au rythme du marché et des saisons mais aussi plats végétariens, tapas et recettes d'inspiration méditerranéenne. Belle carte des vins. Excellent service.

Weinrestaurant Turmschänke : *Karlsplatz 28.* ☎ *21-35-33. Tlj sauf dim, ouv le soir seulement à partir de 18h. Menus 3-4 plats 37-45 € ; plats 16-28 €.* Au centre d'Eisenach, dans la *Nikolaitor,* la plus vieille tour de la ville, qui enjambe la rue. Une des meilleures tables de la ville dans un décor patiné par le temps. Plats de Thuringe mais aussi quelques-uns inspirés de la Méditerranée, comme cette morue à l'huile d'olive. La carte change au fil des saisons.

À voir

Marktplatz : joli ensemble dominé par la *Georgenkirche* baroque où Luther prêcha la Réforme en 1521 et où Bach enfant a certainement chanté dans la chorale, car son père *Johann Ambrosius Bach* était le musicien en chef de la Ville. Voir aussi l'ancien palais des ducs de Saxe-Weimar-Eisenach, le petit *Rathaus* Renaissance rose bonbon et les belles maisons à colombages du XVIe s ainsi que la fontaine ornée de saint Georges, patron de la ville.

La maison et le musée Bach : *Frauenplan 21. • bachhaus.de • Tlj 10h-18h. Entrée : 10 € ; réduc. Fascicule en français (3,50 €).* Le grand compositeur est né ici le 21 mars 1685 et y vécut jusqu'à l'âge de 10 ans. Il était fier d'être originaire d'Eisenach et se nommait lui-même « Isenacus ». Bach ne devint jamais citoyen de Leipzig et resta toute sa vie attaché à Eisenach. La maison, en grande partie détruite en 1945, a été reconstruite à l'identique. On pénètre dans la partie ancienne en passant par une porte en bois provenant de l'appartement de Bach à Leipzig. Statues, partitions, documents anciens sur la vie et l'œuvre de Bach. Dans la *salle des instruments de musique* a lieu *(ttes les heures)* une démonstration de clavecin et d'orgue à vent de l'époque de Bach, reconstituant l'univers sonore du compositeur. Sa fécondité ne se limitait pas à la musique, puisqu'il n'eut pas moins de 20 enfants, dont la moitié seulement passèrent 5 ans, cap fatidique à cette époque... Ne pas manquer la salle interactive où l'on peut s'asseoir dans des cabines pour écouter les œuvres de Bach et juste à côté la salle d'immersion visuelle et sonore.

Lutherhaus *(maison de Luther)* **:** *Lutherplatz 8. • lutherhaus-eisenach.de • Tlj 10h-17h (sauf lun nov-mars). Entrée : 8 € (10 € avec l'expo temporaire) ; réduc.* C'est dans cette belle maison de style gothique tardif, ornée de beaux colombages, que logea le jeune Martin Luther en 1498 dans sa famille d'accueil, les Cotta. « Ma chère ville », disait-il d'Eisenach. L'exposition retrace brièvement son parcours : écolier, traducteur de la Bible, réformateur audacieux banni par l'Église officielle, sa fuite et son année clandestine au château de la Wartburg... La visite se déroule sur plusieurs étages et offre l'occasion d'admirer l'intérieur d'une maison patricienne présentant la transition entre gothique et Renaissance (les parties les plus anciennes datent de 1270). Notez le portrait de Luther âgé, par ***Lucas Cranach l'Ancien,*** une représentation peu connue, ainsi que la gravure de 1866, où Luther joue du luth (!) pour sa famille d'accueil. Cette maison de Luther est un bon point de départ pour ceux qui désirent un pèlerinage sur les pas du grand réformateur dans la région d'Eisenach. En parallèle, une passionnante expo thématique consacrée à la récupération de la pensée luthérienne par les nazis pour justifier l'antisémitisme... Il fallait oser !

LUTHER, OBÈSE ET FIER DE L'ÊTRE

Il arborait son embonpoint par provocation contre le pape qui imposait plus de 100 jours de jeûne par an. Selon lui, pourquoi subir de telles pénitences que le Christ, lui, n'avait jamais exigées ? La gourmandise est encore un péché pour les catholiques.

Le château de la Wartburg : *Auf der Wartburg. • wartburg-eisenach.de • Bus n°s 3 : avr-oct, départ de la gare ttes les heures. Montée à pied à partir du parking (cher : 5 €). Tlj : avr-oct, 9h30-17h ; nov-mars, 9h-15h30. Le pont-levis se relève à 20h en été et à 18h l'hiver. Entrée : 12 € ; réduc (visites guidées, en principe obligatoires, suspendues jusqu'à nouvel ordre). Dépliant avec plan du château en français. Photos interdites en intérieur.* La visite de ce monument inscrit depuis 1999 au Patrimoine de l'humanité par l'Unesco est recommandée, mais essayez d'y venir le plus tôt possible.
« Le plus allemand des châteaux », affirmait Adolf Hitler, un fin connaisseur en matière de germanité. La Wartburg est l'une des plus belles réussites médiévales d'Allemagne, et ce n'est pas pour rien qu'elle inspira ***Louis II de Bavière*** au XIXe s pour la décoration du château de Neuschwanstein. L'histoire de la Wartburg, bâtie en 1067, remonte jusqu'à l'époque des landgraves de Thuringe. Dans sa forme actuelle, le palais datant du XIIe s témoigne de la grandeur d'antan et est à la fois un exemple type d'architecture militaire et un joyau du roman tardif. Nid d'aigle inexpugnable et archétype de la forteresse allemande haut

perchée, dominant un vaste paysage, il fascina Goethe par son passé et sa beauté. Wagner s'inspira de l'histoire de sa cour brillante appelée la « cour de la Muse » pour composer son opéra romantique ***Tannhäuser.*** Découvrir ce château, c'est ouvrir un livre d'histoire étalée sur 900 ans : l'art de cour au Moyen Âge, époque où la *Wartburg* était une des plus brillantes du Saint Empire romain germanique. Du sommet, on jouit d'un panorama splendide sur les monts voisins et les forêts à perte de vue.
Très ruiné, une colossale restauration restitua au XIXe s son caractère médiéval en le complétant par de nouveaux décors, et bâtiments d'inspiration historique (un mouvement proche du néogothique) : le pont-levis et la longue cour pavée, le lierre errant sur les remparts, le bain des chevaliers... Tout n'est donc pas d'origine, loin s'en faut.
Au fil de la visite, on découvre, émerveillé, des salles aux fresques chatoyantes : la salle des chevaliers, la salle des troubadours, la salle des audiences, jusqu'à la fabuleuse salle des fêtes... Dans la chambre d'***Élisabeth de Thuringe*** (connue comme sainte Élisabeth de Hongrie), on est ébloui par les voûtes et les murs couverts de mosaïques de style oriental. Elles datent du début du XXe s mais n'en sont pas moins sublimes. Fille du roi de Hongrie, Élisabeth épousa à 14 ans le landgrave Louis IV de Thuringe, dont elle eut 3 enfants. Après la mort de son époux, elle se consacra aux pauvres sous l'habit d'une franciscaine. Elle devint une quasi-légende de son vivant. Elle est un des personnages principaux de *Tannhäuser,* l'opéra de Wagner. Franz Liszt lui a dédié un oratorio.
- ***Lutherstube*** *(chambre de Luther)* **:** après son bannissement par la Diète impériale, Martin Luther, pourchassé et menacé de mort, prit un faux nom (Junker Jörg). Affublé d'une perruque et d'une fausse barbe, il vint se cacher au château de la Wartburg sous la protection du duc *Frédéric III de Saxe, le Sage.* Il séjourna dans cette modeste chambre de mai 1521 à mars 1522, qui ressemble à une cellule de moine ou de prisonnier. Il la dénomma son « Patmos » par référence à l'île grecque de Patmos où saint Jean écrivit l'Apocalypse. Luther y traduisit le Nouveau Testament du grec en allemand. Il disait avoir combattu le diable avec la plume ! Cette chambre peut être considérée par les protestants comme le berceau de la Bible luthérienne.
- Pour finir, un petit mais magnifique musée avec, entre autres, plusieurs peintures de *Cranach...*

🙪🙪 ***Automobile Welt Eisenach – AWE*** *(musée de l'Automobile)* **:** *Friedrich-Naumann-Str. 10. • awe-stiftung.de • Tlj sauf lun 10h-18h (11h-17h nov-mars). Entrée : 6 € ; réduc.* Eisenach est l'un des berceaux de l'industrie automobile allemande. Les 1ers modèles de BMW sortent d'ici en 1928 puis, après guerre, c'est au tour des EMW (E pour Eisenach, en place de B pour Bavière !). Puis y sont produites les légendaires *Wartburg,* « luxueuses » limousines de l'ex-RDA. Le dernier modèle produit est exposé en compagnie de modèles plus anciens – BMW et EMW confondus –, d'autres sont plus expérimentaux. Le petit musée, qui plaira aux amateurs d'histoire de l'automobile et aux admirateurs des belles mécaniques, se trouve dans un grand hangar à côté d'une friche industrielle...

🙪🙪 ***Drachenschlucht*** **:** *à Marienthal, à env 4 km au sud du centre-ville (fléché). Accès libre et parfaitement aménagé (mais pouvant être interdit en cas de mauvais temps). Se garer en amont (plusieurs parkings avt d'arriver... il faudra de tte façon marcher un peu).* En pleine forêt, une gorge spectaculaire creusée dans la roche par la rivière. Elle serpente sur environ 2 km, créant de nombreux goulots d'étranglement ; très étroite (jusqu'à 68 cm !), on s'y faufile, sans pouvoir s'y croiser à certains endroits. Très hautes, les parois renforcent ce sentiment d'être pris au piège... L'imagination fait le reste... et ce n'est pas pour rien que l'on appelle le lieu la gorge du Dragon ! Venez tôt, surtout le week-end, l'endroit est très prisé par les promeneurs et randonneurs (le chemin se poursuit et l'on peut faire une boucle de 11 km, entre forêt et vignoble).

LE LAND DE SAXE

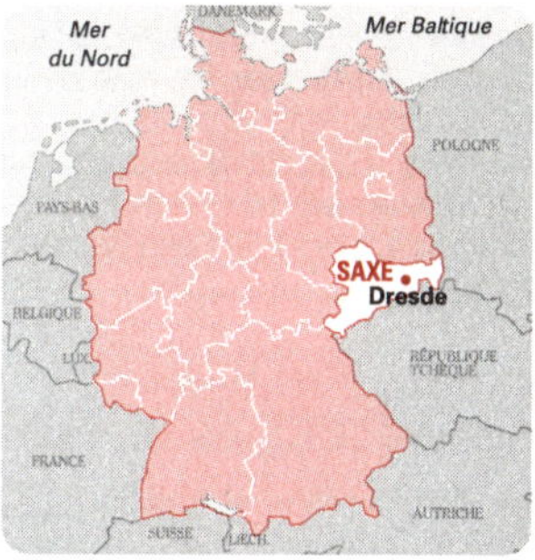

Sacrée gageure que de vous faire découvrir en quelques pages toute la Saxe, le plus peuplé et le plus jeune des nouveaux Länder ! C'est un pays en pleine reconstruction que le visiteur découvre, à l'image même de ses villes principales, Dresde et Leipzig, qui renouent avec leur passé, entre parenthèses pendant plus de 40 ans. Pour qui ne parle pas la langue de Goethe, mieux vaut préparer son circuit à l'avance (français et anglais sont peu pratiqués). Pour les amateurs de châteaux et de jardins, des brochures sont disponibles. De quoi vous inciter à pousser, hors des villes pleines de charme citées ici, jusqu'aux monts Métallifères (l'*Erzgebirge*), région d'une beauté austère, où sont fabriqués tous les jouets en bois de Noël, ou jusqu'en Haute-Lusace, au pays des Sorabes, minorité ethnique slave qui fait preuve d'une belle vitalité.
En septembre 2019, aux élections régionales de Saxe, le parti d'extrême droite AfD a réalisé un score historique en totalisant plus de 27 % des voix mais sans pouvoir gouverner seul, les partis traditionnels devant trouver un accord pour établir un « cordon sanitaire » pour contrecarrer cette poussée inédite. Les analystes y voient une conséquence du sentiment d'abandon et de déclassement vécu par les populations de l'ancienne RDA.

LEIPZIG

(04003) 608 600 hab. IND. TÉL. : 0341

• Plan *p. 450-451*

La 2e ville de l'ex-RDA offre en apparence moins de curiosités que sa rivale de toujours, Dresde. Mais plus de richesses intérieures, diront ses amoureux... Aujourd'hui, elle affiche le taux de croissance économique le plus élevé d'Allemagne, preuve de son dynamisme dans tous les domaines. De nombreux jeunes créateurs quittent Berlin pour Leipzig et le quartier de *Plagwitz,* où la scène alternative comporte une centaine d'ateliers d'artistes.
« Réservoir de la littérature allemande » grâce à son importante concentration d'éditeurs, ville de foires et foyer de révolution socialiste, Leipzig bénéficie à la fois d'un centre historique des plus plaisant et d'une vie intellectuelle qui n'a jamais vraiment cessé. C'est ici qu'il faut venir pour traquer les fantômes de Bach, Schumann et Mendelssohn (qui y vécurent), Wagner (qui y est né), Lénine (qui y passa), Goethe (qui y étudia), ou même Rosa Luxemburg. C'est aussi un vrai conservatoire d'architecture avec des superbes bâtiments du XIXe s à nos jours.

UN PEU D'HISTOIRE

Installés à Leipzig depuis 1545, les 1ers libraires allemands permirent par la suite que s'y développe le commerce du livre, chassé de Francfort au XVIe s par une censure trop sévère.

En 1895, Leipzig fut la 1re ville à organiser une grande foire commerciale sur la présentation d'échantillons, ce qui réduisait le coût des transports. En 1945, 60 % de la ville fut détruite par les bombardements.
Plus près de nous, à l'automne 1989, les plus grandes manifestations du pays depuis 1953 se produisirent à Leipzig. Fin octobre, ils étaient 300 000 à réclamer plus de liberté dans les rues de la ville ! Depuis, Leipzig a littéralement explosé : bars, restaurants et cafés ont fait leur apparition un peu partout et le spectacle est dans la rue, musiciens, chanteurs, saltimbanques... Une atmosphère bariolée et chaleureuse, aux accents presque méditerranéens. Quant à son importante université, elle fournit une bonne occasion de rencontrer des étudiants allemands ou étrangers.

Octobre 1989 : manifestations de masse contre la dictature

Le 9 octobre 1989, 1 mois jour pour jour avant la chute du mur de Berlin, un événement précurseur se déroule à Leipzig. Ce jour-là, bravant la menace d'une répression féroce, une foule considérable afflue de toute la RDA et se rassemble pour manifester pacifiquement.
Il en arrive 70 000 ! La ville est submergée. « ***Wir sind das Volk*** » (« Nous sommes le peuple »), scande dignement une foule immense. Malgré la Stasi, les indicateurs et les militants du SED, le pouvoir communiste prend soudain la mesure du désaveu qui le frappe. Par leur mobilisation courageuse, les citoyens de la 2e ville de la RDA ouvrent la route au processus irréversible qui, 1 mois plus tard, provoque la chute du Mur et la fin de la dictature.

ATTENTION AUX ENFANTS !

En RDA, 1 citoyen sur 66 espionnait régulièrement pour le compte de la Stasi. 1 sur 7 était informateur occasionnel. Chaque lieu de travail et chaque immeuble d'appartements était quadrillé par les mouchards ; parmi eux, 10 000 enfants.

Arriver – Quitter

En train

Comme pour Dresde, le meilleur moyen d'accéder aux villes du pays est le train. *Horaires sur • bahn.de •* Trains directs et réguliers tlj pour Berlin (env 1h20), Dresde (1h10 à 1h30), Munich (env 3h20, sinon avec changements), Hambourg (env 3h10)...

En voiture

Attention : le centre de la ville est presque intégralement piéton. Plusieurs parkings accessibles 24h/24 en bordure du Ring.

Adresses et infos utiles

i *Office de tourisme* *(plan B1) : Katherinenstr. 8. ☎ 71-04-260. • leipzig.de • Au rdc du* Museum der Bildenden Künste *(musée des Beaux-Arts). Lun-ven 10h-18h, w-e et j. fériés 10h-15h.* Moderne, et très bien organisé. Plan gratuit de la ville en français. Brochures thématiques : « Dans les pas de Luther et de Bach », « Music Trail », « Révolution pacifique » et « Hidden Leipzig » ou encore sur les nombreux passages couverts. Infos sur les hébergements, chambres chez l'habitant, places de théâtre ou de concert... Vente de la *Leipzig Card.*
– ***Leipzig Card :*** *existe en 3 variantes. Carte individuelle valable 1 j. 12,90 € ou 3 j. 25,90 €. Carte familiale valable 3 j. pour 2 pers et jusqu'à 3 enfants (moins de 14 ans) 47,90 €. En vente à*

l'office de tourisme, aux guichets des services de transports en commun, à la gare et dans certains hôtels. Transports publics gratuits, accès aux musées à tarif réduit et parfois gratuits. Autres réductions sur les visites guidées de la ville et les principales salles de spectacle et de concerts, ainsi que dans certains restos.

Gare ferroviaire principale *(Hauptbahnhof ; plan B-C1)* **:** *consignes, bien sûr, mais aussi bureau de poste, distributeurs automatiques, pharmacie, fast-foods, boulangeries, supermarchés...* Un lieu incontournable, car c'est l'une des plus grandes têtes de ligne d'Europe. Grand centre commercial ouvert tous les jours de 8h à 21h (liaison avec l'aéroport ttes les 30 mn : départ Osthalle, aile est).

– Le réseau des ***transports en commun*** est remarquablement efficace et fonctionne 4h-minuit (bus spéciaux la nuit). *Billet trajet simple (valable 1h, quel que soit le nombre de changements) : 2,70 €. Billet journalier : 7,60 €.* Plans et horaires au kiosque ***LVB-Mobilitätszentrum :*** *situé entre la Hauptbahnhof et l'office de tourisme, repérable à l'inscription* LVB *sur sa grande tour. Lun-ven 8h-20h, sam 8h-16h. Plus d'infos sur • l.de •*

Location de vélos *(plan B1,* ***1****)* **:** ***Zweirad Eckhardt,*** *Kurt-Schumacher-Str. 4 (gare centrale, à la sortie ouest). ☎ 961-72-74. • bikeandsport.de • Lun-ven 8h-20h, plus sam 9h-18h avr-oct. Compter 8 €/j. avec caution de 50 €.*

Next Bike : *Thomasiusstr. 16. • nextbike.de • 9 €/j. Vélos en libre-service ; paiement par CB et possibilité de résas en ligne. • nextbike.de •* Vous pouvez aussi composer le *☎ 0049-30-692-05-046* pour obtenir un code de déblocage.

Où dormir ?

Leipzig est une importante ville de foires (du livre, de la mode...). Se renseigner à l'office de tourisme. Mais attention, ce sont aussi des périodes de forte affluence : pensez à réserver !

Auberges de jeunesse

Hostel 5 Elements *(plan A1,* ***11****)* **:** *Kleine Fleischergasse 8, 04109. ☎ 35-58-31-96. • leipzig.5elementshostel.de • Lits en dortoir à partir de 12,50 €/pers, doubles 40-100 €. Appart (1-6 pers) à partir de 70 €/nuit. Penthouse avec clim 55 €/nuit pour 2.* Le seul *hostel* en plein centre historique. Quelle surprise de découvrir une auberge nickel dans de si vieux murs ! Excellent accueil, bonne organisation, décoration soignée. Dortoirs impeccables de 4, 6, 8 ou 10 lits, avec *lockers,* lampe de lecture et sanitaires. Chambres privatives de la même qualité. Cuisine et frigos à disposition, laverie...

Hostel Sleepy Lion Leipzig *(hors plan par A1,* ***10****)* **:** *Jacobstr. 1, 04109. ☎ 993-94-80. • hostel-leipzig.de • Tlj 24h/24. Lits en dortoir 12-21 €/pers. Doubles 38-54 €, familiale 60 €. Petit déj 5 €. Parking payant au zoo.* Le 1er *hostel* indépendant de Leipzig ouvert en 2001. Dans un vieil immeuble bourgeois restauré : 200 lits, dans des chambres colorées et impeccables. Appartements à louer à la nuitée ou à la semaine (2 à 5 personnes). Dortoir (4 à 10 lits) équipé d'une grande salle de bains. Ambiance internationale et baby-foot. Pas de limite d'âge, pas de carte de membre. Accueil jeune et aimable.

De prix moyens à chic

Meininger Leipzig Haupbahnhof *(plan B1,* ***12****)* **:** *Brühl 69. ☎ 96-21-98-68. • meininger-hotels.com • Doubles à partir de 50 € ; familiales (3-4 pers) à partir de 15 €/pers. Petit déj env 9 € (moins cher sur résa). Loc de vélos.* En plein centre (et à 300 m de la gare), hôtel de chaîne offrant un remarquable rapport qualité-prix. 126 chambres compactes mais confortables et design et parties communes tout aussi sympas (avec bar, cuisine à disposition et même une machine à laver). Pour les familles ou les petits groupes, des

■ Adresses utiles

- Office de tourisme (B1)
- 1 Location de vélos (Zweirad Eckhardt) (B1)

Où dormir ?

- 10 Hostel Sleepy Lion Leipzig (hors plan par A1)
- 11 Hostel 5 Elements (A1)
- 12 Meininger Leipzig Haupbahnhof (B1)
- 14 Motel One Augustusplatz (B2)
- 15 Galerie Hotel Leipziger Hof (hors plan par C1)
- 16 Hotel Fregehaus (B1)

Où manger ?

- 20 Phô Viêt (B1)
- 21 Café Luise (A2)
- 22 Zill's Tunnel (A2)
- 23 Macis (A2)
- 25 Weinstock (A-B2)
- 26 Auerbachs Keller (B2)
- 27 Planerts (B1)
- 28 Bayerischer Bahnhof (hors plan par B3)
- 29 Max Enk (B2)

Où boire un verre ou un café ? Où sortir ?

- 41 Mephisto Bar (B2)
- 42 Kaffeehaus Riquet (B2)
- 43 Spizz (A2)
- 44 Moritzbastei (B3)
- 45 Oper Leipzig (C2)
- 46 Gewandhaus (B2)

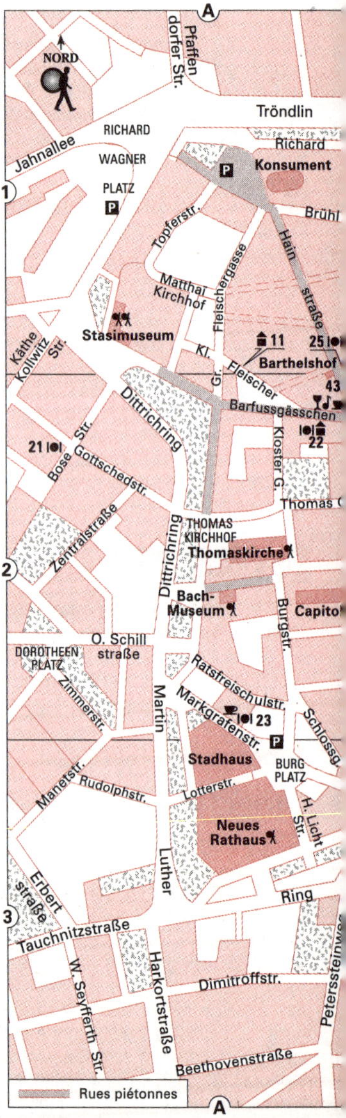

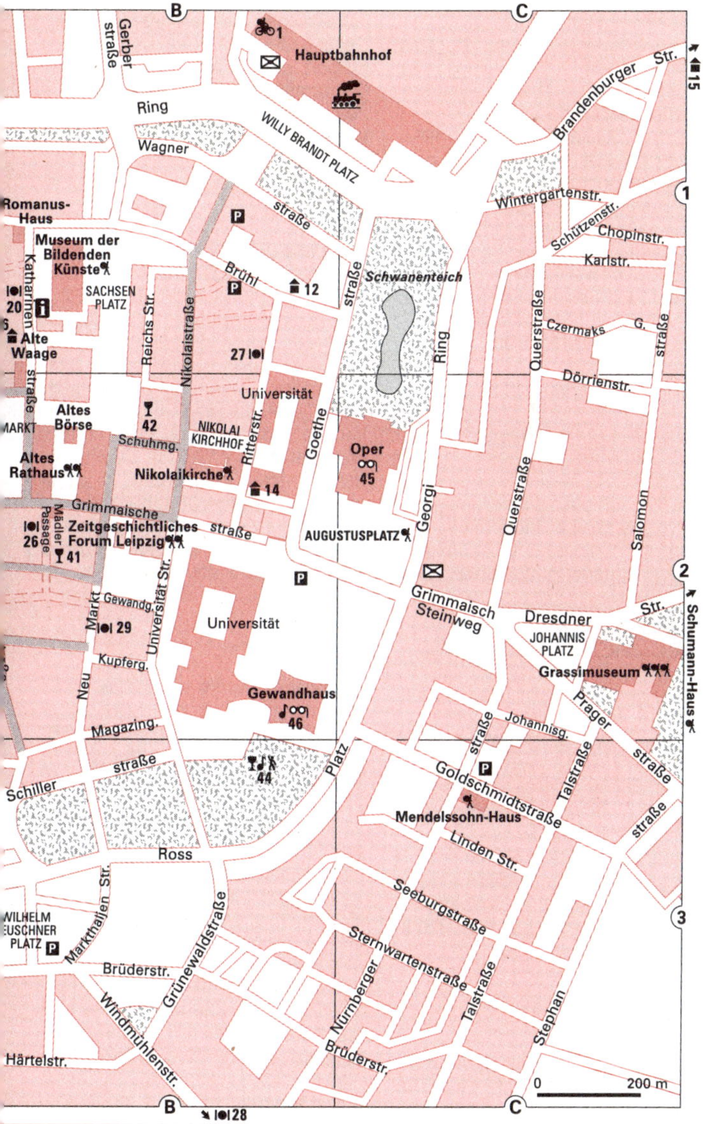
B
C
1
2
3
Hauptbahnhof
1
15
Gerberstraße
Ring
Wagner
WILLY BRANDT PLATZ
Brandenburger Str.
Wintergartenstr.
Schützenstr.
Chopinstr.
Karlstr.
Romanus-Haus
Museum der Bildenden Künste
SACHSEN PLATZ
Katharinenstraße
20
Alte Waage
Reichs Str.
Nikolaistraße
Brühl
12
27
Goethestraße
Schwanenteich
Ring
Querstraße
Czermaks G.
straße
Dörrienstr.
Universität
42
Altes Börse
MARKT
Schuhmg.
NIKOLAI KIRCHHOF
Ritterstr.
Goethe
Oper
45
Altes Rathaus
Nikolaikirche
14
Georgi
Querstraße
Salomon
Grimmaische straße
Mädler Passage
26
Zeitgeschichtliches Forum Leipzig
41
AUGUSTUSPLATZ
Grimmaisch Steinweg
Dresdner Str.
Schumann-Haus
JOHANNIS PLATZ
Grassimuseum
Gewandg.
29
Universität Str.
Universität
Markt
Kupferg.
Neu
Gewandhaus
46
Prager straße
Johannisg.
straße
Magazing.
Schiller straße
44
Platz
Goldschmidtstraße
Talstraße
Mendelssohn-Haus
straße
Ross
Linden Str.
Markthallen Str.
WILHELM LEUSCHNER PLATZ
Seeburgstraße
Grünewaldstraße
Brüderstr.
Sternwartenstraße
Windmühlenstr.
Nürnberger
Talstraße
Stephan
Härtelstr.
Brüderstr.
0
200 m
28

LEIPZIG

petits dortoirs vraiment économiques. Un très bon point de chute !

Hotel Fregehaus (plan B1, **16**) : *Katharinenstr. 11. ☎ 26-39-31-57. • hotel-fregehaus.de • Doubles 80-150 € ; appartements 3-4 pers 120-220 €.* Un immeuble du XVIIIe s, en cœur de ville, transformé en petit hôtel, à l'atmosphère intime et cosy. Rénovation réussie. Le bâtiment, avec sa cour pavée très calme, a un charme fou ! Les résidents peuvent s'y installer pour boire un verre (ainsi que dans l'adorable petit salon-bibliothèque du rez-de-chaussée). Magnifique petit déj, à base de produits régionaux. Bref, une belle adresse.

Motel One Augustusplatz (plan B2, **14**) : *Ritterstr. 4, 04109. ☎ 252-79-80. • motel-one.com • Résas à l'avance, surtout pdt le festival Bach et la foire de Leipzig. Doubles 84-120 € ; petit déj 11,50 €.* En plein centre historique, un hôtel de chaîne, moderne et très bien conçu. Chambres fonctionnelles (très bonne literie) et agréables. Elles donnent sur la rue piétonne ou sur l'arrière (plus calme mais sans vue). Décor tout en bleu turquoise. Très bon rapport qualité-prix. Parking public souterrain et payant (assez cher) à 200 m, près de l'Augustusplatz. Autre adresse de l'autre côté de la place.

Très chic

Galerie Hotel Leipziger Hof (hors plan par C1, **15**) : *Hedwigstr. 1-3, 04315. ☎ 697-40. • leipziger-hof.de • À 15 mn à pied de la Hauptbahnhof, 5 mn en voiture. Doubles 87-195 €, petit déj inclus. Parking payant.* Dans un imposant immeuble du début du XXe s, le plus « arty » des hôtels de Leipzig. 73 chambres confortables décorées avec créativité. Le propriétaire, amateur de peinture, y a rassemblé plus de 200 tableaux, tous de jeunes artistes de Leipzig. Accueil aimable, service prévenant et quartier tranquille. Resto attenant.

Où manger ?

Bon marché

Phô Viêt (plan B1, **20**) : *Katharinenstr. 15. ☎ 99-39-17-47. Tlj sauf dim 11h30-15h, 17h-22h (sam 11h30-23h). Plats 9-18 €.* En face de l'office de tourisme, resto vietnamien avec terrasse et salle à l'étage. Déco contemporaine agréable style grande cafétéria. Cuisine fraîche, diététique et économique : à la carte (variée), tous les plats vietnamiens. Excellente adresse !

Prix moyens

Café Luise (plan A2, **21**) : *Bosestr. 4, angle avec Gottschedstr. ☎ 961-14-88. Tlj 9h-minuit. Le soir, résa conseillée. Plats 9-15 € ; petit déj env 6 € et buffet-brunch dim 14 €.* Dans un petit quartier bobo, avec sa grande salle haute de plafond, son bar, ses baies vitrées et sa terrasse d'angle, un endroit très agréable fréquenté par les habitués. Cuisine locale revue par un jeune chef, avec quelques touches italiennes (gnocchis aux girolles, pâtes, burgers, salades). Bons vins.

Zill's Tunnel (plan A2, **22**) : *Barfußgässchen 9. ☎ 960-20-78. • zillstunnel.de • Dans la vieille ville. Tlj 11h30-minuit. Compter 14-19 €. Carte en français.* Proche du Markt central. Brasserie traditionnelle de 1888, entièrement rénovée. Plusieurs salles lambrissées où l'on se régale de solides et savoureuses spécialités régionales : canard au chou rouge (un délice !), dinde aux champignons, gibier au genièvre... asperges et chanterelles en saison... Terrasse sur rue en été, un peu moins bondée du côté de la Klostergasse. *Weinstube* à l'étage (ouvert hors saison). Au dernier étage, 2 petits appartements joliment aménagés *(81 €/nuit, sans petit déj).* Superbe et en plein centre mais peut être assez bruyant...

Macis (plan A2, **23**) : *Markgrafenstr. 10. ☎ 228-75-20. Tlj, sauf les midis le w-e, 11h30-14h30, 17h30-22h30. Petit déj dès 8h, à partir de 8 €. Le midi, snacks et plats 8-32 €, menu*

19 € ; le soir, plats 16-38 €. Tout à la fois épicerie fine, supérette, boulangerie, pâtisserie et restaurant, le lieu ne propose que des produits biologiques. Dans l'arrière-boutique, où l'on peut prendre le petit déj ou un repas sur le pouce, superbes carrelages Art nouveau. Le resto, plus design, a, lui aussi, soigné le décor. Le midi, soupes, salades, pâtes du jour, *tagliata* de bœuf... pour le dîner, on monte en gamme avec des recettes plus élaborées.

Chic

Max Enk *(plan B2,* ***29****) : Neumarkt 9-19. ☎ 99-99-76-38. Tlj 12h-minuit (dim 11h30-16h). Menus déj 2-3 plats 16-18,50 € ; carte 44-58 €.* Le restaurant gastronomique recommandé par le *Slow Food.* Le cadre est un peu froid et l'atmosphère un poil compassée, c'est dommage. Terrasse dans la cour ombragée. Au déjeuner, menu à prix vraiment doux. Le soir, évidemment, c'est une autre histoire.

Weinstock *(plan A-B2,* ***25****) : Markt 7. ☎ 14-06-06-06. Tlj 12h-minuit (1h sam). Formule du midi (12h-14h) env 10 € ; plats 17-33 €.* Sur la place du marché, ce resto classique est assez intimiste (bien pour dîner). Tables espacées, déco agréable, cuisine fraîche et soignée (plats allemands et méditerranéens), service aimable et professionnel, le tout pour un prix raisonnable vu la qualité.

Planerts *(plan B1,* ***27****) : Ritterstr. 23. ☎ 99-99-99-75. Tlj sauf dim-lun 18h-23h (fermé pour le déj jusqu'à nouvel ordre). Plats 19-28 € ; menus 3-5 plats (vin inclus) 53-113 €.* Au cœur de la ville, dans un immeuble de caractère, jolie salle à la déco branchée. Cuisine contemporaine, inspirée par l'Asie, originale et raffinée. Petite carte mais tout est frais : tartare de saumon, soupe à la noix de coco avec du tofu grillé, viande accompagnée de sushi et de truffes...

Auerbachs Keller *(plan B2,* ***26****) : Grimmaische Str. 2-4, dans le passage Mädler, au sous-sol, au niveau des statues de bronze. ☎ 21-61-00. Tlj 12h-22h. Plats 15-28 €.* Auerbach fonda cette maison en 1525. En 1766, elle entra dans la légende en accueillant un étudiant du nom de Goethe. Il s'inspira des lieux pour écrire la fameuse chevauchée du tonneau par un certain docteur Faust... Ambiance chaleureuse mais touristique. Mélange sucré-salé et tournedos préparés en direct par le chef. Grande salle agréable : parquet en point de Hongrie, arcades et panneaux peints... sur le thème de *Faust,* bien sûr... Les toilettes sont ornées de panneaux représentant Faust à travers les dessins, croquis et gravures de Delacroix et Gustave Doré.

À l'extérieur du centre

Bayerischer Bahnhof *(hors plan par B3,* ***28****) : Bayerischer Platz 1. ☎ 124-57-60. • bayerischer-bahnhof.de • Pour s'y rendre, marcher (25 mn au sud du centre historique) ; S2/9/16 : Bayerischer Bahnhof. Tlj 12h-21h30. Plats 7-18 €.* Ancienne gare ferroviaire (1842) détruite en 1944, restaurée en 1999 et aménagée à présent en brasserie-resto. De l'extérieur, on dirait l'entrée d'un château de Disney ! C'est classe, insolite à la fois et en dehors des flots touristiques ! Intérieur avec une grande salle. Savoureuse cuisine locale dans une ambiance joyeuse et animée. *Biergarten* très agréable. Goûter à la *Gose,* la bière maison (délicieuse) brassée sur place.

Où boire un café ?

« Saxons buveurs de café », tel est le surnom longtemps donné aux habitants de cette ville de foires, où les cafés sont devenus des lieux de rencontre à la mode dès 1694.

Mephisto Bar *(plan B2,* ***41****) : Grimmaische Str. 2, dans le passage Mädler. ☎ 216-10-22. Derrière le Markt. Tlj 12h-minuit.* Encore un endroit qui fait partie de l'entreprise Auerbachs Keller. Joli décor pour ce café classe aux canapés et fauteuils de cuir vert et rouge. Idéal pour un café, un bon (mais

L'EST DE L'ALLEMAGNE

petit) gâteau aux noisettes ou un cocktail. Demandez à un serveur de vous montrer le miroir de Méphisto...

Kaffeehaus Riquet *(plan B2,* ***42****)* **:** *Schumachergässchen 1. ☎ 961-00-00. Tlj 9h-19h.* Ancienne maison de commerce datant de la Belle Époque dans le style *Félix Potin.* Intérieur aménagé en café viennois. Irrésistibles pâtisseries au chocolat et les alouettes de Leipzig *(Leipziger Lerche).*

Où boire un verre ?

On ne peut pas connaître L.E. (prononcez L.É. : terme branché pour parler de Leipzig) sans avoir fait une vraie tournée des bars. Pour boire un verre, il faut en fait connaître 4 noms de rues, où se concentrent les cafés les plus fréquentés.
Dans le centre piéton, nombreuses terrasses. Flânez autour de ***Barfußgässchen*** et ***Klostergasse.*** La rue doit son nom aux moines qui l'empruntaient pieds nus pour se rendre de la *Klostergasse* au marché.

Spizz *(plan A2,* ***43****)* **:** *Markt 9. ☎ 960-80-43. Au rdc du König-Albert-Haus. Tlj dès 9h.* Terrasse touristique et bondée lors des soirées d'été. À l'intérieur, une mezzanine pour s'isoler. Concerts réguliers (blues, rock ou jazz) et généralement payants *(env 10 €). Consulter le programme sur • spizz.org • Petit déj jusqu'à 13h (15h dim).*

L'EST DE L'ALLEMAGNE

Où manger ?
Où boire un verre un peu en dehors du centre ?

– Un peu excentrée, derrière la *Thomaskirche,* de l'autre côté du Ring, dans la **Gottschedstraße** *(plan A2),* belle brochette de cafés et bars de nuit. Difficile de tous les citer, mais nos coups de cœur sont d'abord le **Café Luise** (voir « Où manger ? »), puis le café **Pilot** *(Bosestr. 1 ; ouv 9h-00h30)* et le café-resto **Barcelona** *(Gottschedstr. 12).*

– 3e grand axe, la ***Karl-Liebknecht-Straße,*** au sud, dans le prolongement du Petersteinweg *(hors plan par B3).* De part et d'autre de cette grande artère, plusieurs *Kneipen* comme le **Flower Power** *(Riemannstr. 42 ; • flower-power.de •),* au style très *golden sixties* (fréquents concerts). Ou le **Café Maître** *(Karl-Liebknecht-Str. 62),* et la **Die naTo** *(au n° 46).*

Où sortir le soir ?

Moritzbastei *(plan B3,* ***44****)* **:** *Kurt-Masur-Platz 1. ☎ 70-25-90. • moritzbastei.de • Tlj y compris le w-e. Entrée gratuite ou payante suivant le programme des concerts. Pour les concerts, résa des billets sur place jusqu'à 1 j. avt l'événement, lun-ven 12h-18h.* Ce qui reste des anciens remparts (XVIe s) de Leipzig fut aménagé au début des années 1970 par les étudiants en club pour la jeunesse. Aujourd'hui, le « MB » est le plus grand club pour étudiants d'Europe. Passé les gorilles à l'accueil, c'est une série de cafés souterrains aux tableaux élégants, de discothèques animées et de salles de concerts. Chaque niveau possède son style musical (jazz, latino, rap, rock, R'n'B...) et son DJ. Il y en a pour tous les goûts dans les nombreuses salles du **Café Barbakane** et du **Bierbar Schwalbennest,** où l'on peut se restaurer en buvant et en écoutant de la musique.

Kulturfabrik Werk II *(friche culturelle)* **:** *Kochstr. 132 (au carrefour de Connewitz), au sud du centre-ville. ☎ 30-80-140. • werk-2.de • S10 : Connewitzkreuz (direction Lößnig).* L'ancien *Werk II* de l'usine a été racheté par la Ville et transformé en centre culturel avec salles de concerts et de spectacle. Également sur place, cafés, restos et discothèques, dont le **Café Connstanze** *(Kochstr. 132 ; ☎ 39-15-794 ; tlj dès 17h, dim dès 12h).*

Oper Leipzig *(Opéra ; plan C2,* ***45****) :* *Augustusplatz 12. ☎ 12-61-261. • oper-leipzig.de • Résas en ligne ou lun-sam 10h-19h.* Spectacles généralement d'une grande qualité, pour des prix bien inférieurs à ceux pratiqués ailleurs ! Construit dès 1956 par l'architecte Kunz Nierade et inauguré en 1960 avec l'opéra-comédie *Les Maîtres chanteurs de Nuremberg,* de Wagner.

Gewandhaus *(plan B2,* ***46****) :* *Augustusplatz 8. ☎ 127-02-80. • gewandhaus.de • Résas en ligne ou lun 13h-18h, mar-ven 10h-18h et sam 10h-14h ; aussi 30 mn avt les concerts pour les étudiants.* Un orchestre de renommée mondiale. La salle de concerts est un nom cher à tous les amoureux du classique. Inaugurée pour la 3e fois en 1981 (200 ans après sa fondation), elle offre une acoustique exceptionnelle. Curieuse fresque à l'entrée. Places à des prix très accessibles.

À voir

Dans la vieille ville

Thomaskirche *(plan A2) :* *• thomaskirche.org • Tlj 10h (9h dim)-18h. GRATUIT. Petite brochure en français (0,50 €).* Église luthérienne à 3 nefs et lieu de pèlerinage des mélomanes : une plaque de bronze posée au pied de l'autel rappelle que Bach fut enterré ici, après avoir été 27 ans durant *Kantor,* c'est-à-dire maître de chapelle et directeur musical des 4 églises principales de Leipzig. Malgré une activité débordante, entre ses cours de latin et de musique, la direction du *Collegium Musicum,* et sa nombreuse progéniture, il composa des centaines de cantates et ses *Passion selon saint Jean* et *Passion selon saint Matthieu.* Mozart lui-même y joua en 1789. Sans oublier ***Schumann*** et ***Mendelssohn,*** ainsi que ***Liszt,*** qui y dirigea sa *Messe de Gran* en 1859. La chorale de garçons de Thomaskirche (qui existe depuis 8 siècles) y chante des cantates et motets *(2 fois/sem, ven à 18h et sam à 15h ; 2 €).* Représentations régulières des Passions de Bach et de l'oratorio de Noël. Concerts d'orgue. L'acoustique est parfaite, et l'ambiance émouvante. À droite de l'entrée, dans la sacristie sud, petite expo.

DE LA MUSIQUE, MÊME EN DORMANT

Jean-Sébastien Bach s'endormait en musique. Chaque soir, une fois couché, un de ses fils jouait pour lui. Un soir, le fils joua du clavecin mais en eut marre de sacrifier à ce rituel paternel. Voyant son père ronfler, il s'interrompit brutalement sans achever le morceau et quitta la pièce. Bach père se releva et termina la partition. Puis il flanqua une paire de claques à son fils au motif qu'il avait manqué de respect à la musique.

Altes Rathaus (ancienne mairie ; plan B2) **:** *Markt 1. • stadtmuseum-leipzig.de • Tlj sauf lun 10h-18h. Entrée : 6 € ; réduc ; gratuit 1er mer du mois (avec visite guidée à 17h).* Construit au milieu du XVIe s, l'ancien hôtel de ville est un très bel exemple d'architecture Renaissance en Allemagne, réalisé en un temps record de 9 mois – entre 2 foires commerciales – par le maire et architecte de la cour de Saxe, ***Hieronymus Lotter.*** Dès la 1re rénovation en 1756, la tour est prolongée par un campanile baroque vert-de-gris. Délaissé en 1905 au profit d'un autre bâtiment, il abrite désormais le *musée d'Histoire de la ville* (voir plus loin). Très belle salle de réception de plus de 50 m de long : dès l'entrée, impressionnante maquette de 25 m^2 présentant la ville de Leipzig au début du XIXe s, salle des armures et du trésor. Évocation de la 1re bataille de Leipzig en 1547, retables, tableaux, portraits des bourgmestres de la ville, et ceux de Maximilien Ier, Luther, Melanchthon. Livres de comptes, monnaies et échantillons de textile proposés lors des foires.

Neues Rathaus *(plan A3)* **:** *Burgplatz.* Moins beau mais beaucoup plus impressionnant que l'ancien, avec sa tour coiffée d'un clocheton noir, de 110 m de haut, vestige d'un ancien château fort remplacé au début du XXe s par l'actuel hôtel de ville.

Augustusplatz *(plan B-C2)* **:** anciennement Karl-Marx-Platz. Place est dominée par l'étonnante tour moderne (140 m de haut) de la télévision. Allez prendre un café ou manger un morceau au restaurant panoramique qui la coiffe.

Nikolaikirche *(plan B2)* **:** *Nikolaikirchhof 3. • nikolaikirche.de • Tlj 10h-18h (16h dim). GRATUIT.* Église romane du XIIe s, rénovée au XVIe s en style gothique. C'est la plus ancienne de la ville son intérieur est entièrement baroquisé (chapiteaux en forme de palmiers vert pâle). Bach y donna la 1re représentation de la *Passion selon saint Jean.* Surtout connue désormais pour avoir été le lieu où la population se réunissait autour du pasteur ***Christian Führer*** pour « prier pour la paix », et ensuite le point de départ des grandes manifestations de l'automne 1989, qui ont amorcé le tournant pacifique vers l'unification de l'Allemagne. Sur la place, à gauche de l'église, voir la fontaine de « la goutte qui fit déborder le vase ». Concerts d'orgue le samedi à 17h (plus le mardi en été). Juste en face, la *Specks Hof,* joli passage commerçant du début du XXe s, entièrement rénové.
Juste à côté, la *Alte Nikolaischule (mar-jeu et w-e 12h-17h ; 3 €, réduc),* avec une petite expo permanente consacrée aux jeunes années de Wagner.

HORAIRES INCOMPATIBLES

En 1989, des réunions de protestation contre le régime communiste se déroulent le lundi, en fin de journée, dans l'église Saint-Nicolas. Dès 17h, des dizaines d'agents de la Stasi bardés d'appareils photo pour identifier les dissidents investissent les lieux. Un soir où tous les 1ers rangs étaient déjà monopolisés par les flics, le pasteur s'approche d'eux : « Camarades, ce n'est pas la peine d'arriver si tôt, les vrais prolétaires, eux, sont encore au boulot. »

Deutsche Bücherei *(bibliothèque et musée du Livre)* **:** *Deutscher Platz 1. • dnb.de • S2/16 : Philipp-Rosenthal-Str. ou Lößnig. Lun-ven 9h-22h, sam 10h-18h. Musée ouv 10h-18h (20h jeu). GRATUIT.*
Au sud-est de la ville, dans un ancien bâtiment avec beaucoup d'allure, plus de 5 millions de volumes en langue allemande ! À gauche de l'entrée principale, sur 3 étages, intéressant *musée du Livre et de l'Écriture.* Manuscrits chinois, égyptiens, assyriens et arabes. Histoire des signes et de l'imprimerie également.
À proximité, magnifique ***église orthodoxe russe*** au clocher en bulbe d'oignon allongé, construite en 1913 pour rendre hommage aux combattants russes des guerres napoléoniennes. Imposant mur d'icônes. *Ouv mars-nov 10h-16h (17h hiver). Don de 1 €/pers recommandé.*

Les musées

Museum der Bildenden Künste *(musée des Beaux-Arts ; plan B1)* **:** *Katharinenstr. 10. • mdbk.de • Mar et jeu-dim 10h-18h, mer 12h-20h. Fermé lun. Billet collection : 10 € (5 € 1h avt fermeture) ; réduc ; gratuit moins de 19 ans, et pour tous 1er mer du mois. Audioguide en allemand et en anglais : 2 €.* Le musée des Beaux-Arts a trouvé sa place définitive dans ce magnifique cube de béton et de verre, monumental, fonctionnel mais élégant. Collections de peinture, d'art

graphique et de sculpture, œuvres du XVe s à nos jours, dans les 3 étages supérieurs. Au sous-sol, expos temporaires.
Beaucoup de maîtres connus et reconnus, toutes époques confondues : ***Van der Weyden, Hans Baldung Grien*** (les 7 âges de la femme), ***Cranach*** père et fils (une salle entière !), ***El Greco,*** le ***Tintoret, Rubens, Caspar David Friedrich, Böcklin*** *(Die Toteninsel)*, ***Chirico,*** Max Lieberman, de petits chefs-d'œuvre d'Anton Graff ou de Tischbein, Corot, Henri Fantin-Latour et quelques autres Français de l'école de Barbizon, Daubigny, Monet et Théodore Rousseau. L'enfant du pays, ***Max Beckmann,*** est en bonne place, ainsi que de nombreuses œuvres réalisées par des artistes de l'ex-RDA.
L'école de Leipzig actuelle est présentée au dernier étage avec, entre autres, ***Gerhrard Richter.***
|●| *Café-resto* au rez-de-chaussée : petits plats à prix imbattables *(autour de 5-6 €).* Terrasse couverte.

Bach-Museum *(plan A2)* **:** *Thomaskirchhof 15/16. • bachmuseumleipzig.de • Tlj sauf lun 10h-18h. Entrée : 10 € ; réduc : gratuit 1er mar du mois. Audioguide en français.* Le musée n'est pas installé dans l'ancienne maison du maître, mais dans celle d'un de ses amis, le commerçant Bose. Jean-Sébastien habitait en face, dans l'école (détruite début du XXe s) jouxtant son lieu de travail à côté de l'église Saint-Thomas. Grâce aux technologies multimédias interactives, on en apprend beaucoup sur cet organiste né en 1685 à Eisenach, qui dirigea l'orchestre du prince Léopold d'Anhalt, à ***Köthen,*** avant de venir s'installer à Leipzig en 1723. Il y restera jusqu'à sa mort en 1750, laissant derrière lui des œuvres d'une grande richesse d'inspiration.
En plus des instruments d'époque, manuscrits, portraits, meubles et costumes de travail de J.-S. Bach sont exposés dans cette jolie maison. La pièce maîtresse étant la salle du trésor où sont exposées les partitions originales manuscrites.

LA CANTATE DU CAFÉ

Balzac n'était pas le seul artiste à aimer le café, Bach aussi. Vers 1734, il compose à Leipzig une Cantate du Café (la Kaffee Kantate n° 211) en l'honneur de ce breuvage. Avec humour et ironie, Bach chante son addiction au café : « Si je ne peux pas boire 3 tasses de café par jour, alors dans mon tourment, je vais me recroqueviller comme un bout de chevreau rôti ! »

Grassimuseum *(plan C2)* **:** *Johannisplatz 5-11. • grassimmak.de • Tlj sauf lun 10h-18h. 3 musées en 1 seul. Entrée combinée : 15 € pour les 3 musées et 12 € pour 2 ; sinon, nous vous indiquons le prix par musée ; gratuit jusqu'à 17 ans et pour tous 1er mer du mois. Audioguide : 1 €. Cafétéria ouv aux mêmes heures.*
Attention, musée vraiment gigantesque, prévoir une large plage de temps. Entre 2 visites, jolie cafét sur place et quelques transats aux beaux jours dans les jardins.
– ***Museum für Musikinstrumente*** *(musée des Instruments de musique)* **:** *entrée 6 € ; réduc.* Avec ses 5 000 pièces, c'est le plus grand musée de ce type après celui de Bruxelles. Instruments de musique d'Europe et d'ailleurs, du XVIe au XXe s. Gravement endommagé en 1943 par les bombardements, il a été reconstruit en 1950.
La visite commence au rez-de-chaussée. Magnifique clavecin de 1580, aux pieds de lion, clavecin rouge aux délicats motifs chinois. Découvertes insoupçonnables, comme ce clavier dont les cordes sont à la verticale. Au 1er étage, on peut essayer divers instruments historiques (enfin, leurs copies fidèles...) tels clavecins, orgues, gongs et d'autres plus loufoques.
– ***Museum für Völkerkunde*** *(musée d'Ethnologie)* **:** *entrée 8 € ; réduc.* ***Fermé temporairement.*** Visite étonnante, qui couvre la majeure partie des civilisations de la planète. Un patrimoine exhaustif. Impossible de tout décrire ici, surtout que le musée est en totale restructuration.

– **Museum für Angewandte Kunst** *(musée des Arts décoratifs)* **:** *entrée 8 € ; réduc. Brochures en français à l'entrée de chaque salle.* Entièrement rénové, c'est, avec ses 3 500 m², le 2e musée le plus ancien du genre (1874) en Allemagne et parmi les plus importants en Europe : textiles, céramiques, porcelaines, meubles, verres, métaux nobles et communs, objets en bois ou en pierre, étains à fin décorative ou domestique, mais aussi outils et appareils divers. La nouvelle muséographie, chronologique et thématique, propose 3 sections : « De l'Antiquité à l'historicisme », « L'influence de l'art asiatique en Europe » et « De l'Art nouveau au présent ».

Stadtgeschichtliches Museum *(musée d'Histoire de la ville ; plan B2)* **:** *Böttchergässchen 3. • stadtgeschichtliches-museum-leipzig.de • Tlj sauf lun 10h-18h. Entrée : 6 € ; réduc ; gratuit 1er mer du mois. Audioguide.*
Sous les combles de l'*Altes Rathaus,* l'expo permanente **« Les Temps modernes »** déroule 200 ans d'histoire de la ville, à partir de la révolution de 1848 jusqu'à la révolution pacifique de 1989. Au moyen de mobilier, d'objets, de costumes, d'uniformes, de photos, de documents sonores ou filmés et de mises en scène spectaculaires (les manifs de 1989), ce parcours à travers l'histoire de Leipzig rend compte des vicissitudes d'une ville autrefois prospère. Une petite pièce est consacrée à Wagner, né à Leipzig en 1813. Puis on suit la chronologie : la république de Weimar (1918-1933), la période nazie (1933-1945), l'arrivée des troupes américaines en avril 1945 (photos de **Robert Capa** et de **Lee Miller**).

Zeitgeschichtliches Forum Leipzig *(plan B2)* **:** *Grimmaischestr. 6. • hdg.de • Tlj sauf lun 9h (10h w-e)-18h. GRATUIT. Audioguide en français.* Un tout nouveau musée consacré à la vie quotidienne sous l'ancienne RDA. Plus ludique et accessible que l'austère musée de la Stasi. Quantité d'objets rappelant la vie de l'autre côté du Mur pendant les 4 décennies de régime communiste... Ambiance « *Good bye Lenin !* ». Au-delà de cet étonnant inventaire sont évoqués les grands enjeux sociaux, politiques, économiques, philosophiques et démocratiques. L'expo s'intéresse également à la réunification.

Stasimuseum *(Museum in der « Runde Ecke » ; plan A1)* **:** *Dittrichring 24. • runde-ecke-leipzig.de • Tlj 10h-18h. GRATUIT. Visite guidée en allemand tlj à 15h : à partir de 5 pers, 5 € ; réduc. Audioguide en français : 4 €. Explications en allemand, mais objets et photos parlent le plus souvent d'eux-mêmes. Une visite guidée de la ville (1h30) sur les traces de la « Révolution pacifique » est organisée chaque sam à 14h.* Exposition permanente très bien faite sur la « Stasi », diminutif pour « *Staatssicherheit* » (sécurité d'État du régime de RDA), dans le bâtiment même où cette police secrète a exercé. L'expo permanente s'appelle « Pouvoir et banalité ». Au rez-de-chaussée, manifestations de l'automne 1989 (photos, casques et matraques de police...). Devant ce bâtiment se réunirent, le 4 décembre, de nombreux protestataires. Le long d'un couloir, différentes pièces expliquant les méthodes de la Stasi. Des faux tampons aux uniformes, tous les objets sont d'époque, ainsi que les appareils photo des espions made in RDA et perfectionnés. Réplique exacte d'un bureau d'un employé sans fenêtre et d'une cellule de prisonnier. Instruments ingénieux et faits maison, machines pour ouvrir le courrier et même une conserve d'odeurs ! Embrigadement de la jeunesse (habits de pionniers, sport, exercices militaires en rase campagne...).

LA STASI, NAUSÉABONDE ?

Lors des interrogatoires, les policiers plaçaient discrètement une étoffe sous les fesses de l'interpellé, afin de garder une empreinte olfactive pour les chiens. Après 1989, on découvrit dans les archives de la police politique des milliers de bocaux en verre, méticuleusement rangés, contenant ces tissus odorants.

On y apprend aussi qu'en 1989, dernière année du régime communiste, près de 350 appartements de la ville abritaient les espions de la Stasi. Près de 300 000 noms étaient alors inscrits dans les fichiers. Et il y avait 180 km de dossiers, dont une partie a été détruite avant que le bâtiment ne tombe aux mains des protestataires. Pour compléter la visite, achetez le DVD de l'excellent film *La Vie des autres* (2007) de *Florian Henckel von Donnersmarck*. À travers une histoire dramatique, il montre un pays entier sous haute surveillance.
Le dernier week-end du mois, le bunker de la Stasi, sous le bâtiment, est ouvert au public *(13h-16h)*. Construit entre 1968 et 1972, il constituait un centre de commandement replié en cas de guerre avec l'Ouest.

– Voici également de quoi contenter les amateurs de musique classique :

Mendelssohn-Haus *(musée Mendelssohn ; plan C3)* **:** *Goldschmidtstr. 12. • mendelssohn-stiftung.de • Tlj 10h-18h. Entrée : 10 € ; réduc. Concert dim à 11h (18 €).*

Schumann-Haus *(maison de Robert et Clara Schumann ; hors plan par C2)* **:** *Inselstr. 18. • schumann-haus.de • Tlj 14h (10h w-e)-18h. Entrée : 7 € ; réduc.*

Au sud-ouest du centre-ville

Spinnerei *(from cotton to culture)* **:** *Spinnereistr. 7. • spinnerei.de • S14 : S-Bahnhof Plagwitz, marcher 5 mn par la Saalfelder Str. Mar-sam 11h-18h. Billet : 11 € ; réduc.* Dans le quartier très branché de Plagwitz, ancienne et immense filature de coton réhabilitée avec intelligence. Elle abrite aujourd'hui des dizaines de galeries, de studios et d'ateliers d'artistes (peintres, sculpteurs, danseurs et musiciens). C'est la brillante vitrine du renouveau de Leipzig dans le domaine de l'avant-garde et de la création.

Kunstkraftwerk : *Saalfelderstr. 8b. • kunstkraftwerk-leipzig.com • Jeu-dim 10h-18h. Résa en ligne obligatoire. Entrée : 13 € ; réduc.* Expo d'art virtuel pour une expérience immersive, à l'aide de projection vidéo. Il s'agit souvent de grandes expos itinérantes : Van Gogh, Hundertwasser, Alice au pays des merveilles... mais le lieu promeut également de jeunes artistes locaux.

Au sud-est du centre-ville

Völkerschlachtdenkmal und Forum 1813 *(monument de la Bataille des Nations)* **:** *Str. des 18 Oktober 100. Sur la route de Liebertwolkwitz. • stadtmuseum-leipzig.de • S15 : direct de la gare. Tlj 10h-18h (16h nov-mars). Entrée avec le musée : 10 € ; réduc. Audioguide en français.* C'est près de Leipzig que se déroula, du 16 au 19 octobre 1813 (donc après la retraite de Russie), un épisode particulièrement sanglant des guerres napoléoniennes : un demi-million de soldats prussiens, autrichiens et suédois affrontèrent les troupes de l'Empereur à proximité d'un village aux portes de la ville. Le sort de l'Europe du XIXe s s'y joua, et la bataille constitua un acte fondateur du nationalisme allemand.
Voulu par **Guillaume II** et inauguré à la date symbole de 1913, voilà un étrange et imposant monument, élevé en souvenir de cet événement. Gravir les 364 marches pour admirer la vue sur Leipzig et ses environs du haut des 91 m du monument (ascenseur payant pour les 195 premières marches !).
– ***Forum 1813* :** petit musée attenant, en face de la billetterie, sur le contexte historique. Maquettes assez réalistes, reconstituant les combats. Également documents et vitrines d'armes et uniformes.

DRESDEN (DRESDE)

(01001) 558 900 hab. IND. TÉL. : 0351

• Plan *p. 463*

« Joyau de la culture européenne », Dresde a longtemps été surnommée « la Florence sur l'Elbe ». Lovée dans les méandres du fleuve et bordée par les collines de la « Suisse saxonne », elle fut, grâce à sa situation privilégiée, la résidence des ducs et des rois pendant 700 ans. Rasée à 90 % en 1945, du moins dans sa partie baroque (l'*Altstadt*), la capitale de la Saxe n'en reste pas moins la ville de l'Est la plus visitée grâce à un centre historique reconstruit « pierre par pierre », un célébrissime opéra et des musées parmi les plus riches d'Europe.
Tout le centre historique est classé au Patrimoine mondial de l'Unesco.
Si le reste de la ville ne donne pas vraiment envie d'encenser l'urbanisme collectiviste, les environs sont néanmoins magnifiques !

UN PEU D'HISTOIRE

Après la Réforme, en 1539, la cité affirme sa vocation artistique, en se dotant d'édifices de style Renaissance. Au début du XVIIIe s, elle devient un grand centre du « baroque courtois » sous la férule d'***Auguste le Fort,*** duc et prince électeur de Saxe, ainsi que roi de Pologne. Fasciné par Louis XIV, il fera tout pour imiter et surpasser le roi de France et le faste de la cour de Versailles. Selon Voltaire, Dresde était « ***la plus brillante cour d'Europe après celle de Louis XIV*** ». Aux yeux d'Auguste, Dresde se doit d'être la « nouvelle Cythère », une capitale des arts et de l'esprit. Grand collectionneur, il a une passion dévorante : les porcelaines. Grand séducteur et « chaud lapin » notoire, il aurait eu 354 héritiers (eh oui !), dont le fameux maréchal de Saxe, Maurice pour les intimes. Autre curiosité de cette lignée pacifique : ***Marie-Josèphe de Saxe*** (dont Auguste fut le grand-père), qui épousa le fils de Louis XV, et donna le jour à 3 enfants, tous rois de France : Louis XVI, Louis XVIII et Charles X (ils étaient frères !).

> **AÏE MES AÏEUX !**
>
> *Maurice de Saxe (1696-1750) fit carrière au service de Louis XV. À la bataille de Fontenoy en 1745, la France est victorieuse, le roi l'acclame : « Tout vient de Dieu et de Maurice de Saxe. » Maréchal de France, il reçut Chambord en récompense (eh oui !) où il passa la fin de sa vie. Seul grand homme de guerre de son temps à n'avoir jamais été vaincu, il fut aussi un grand libertin. D'une aventure avec une comédienne naquit Marie-Aurore de Saxe. Elle épousera Dupin de Francueil, le grand-père de George Sand.*

En 1813, Napoléon y séjourna plusieurs fois jusqu'à la bataille des 26-27 août où il fut appuyé par l'armée de Saxe. « Le bon roi de Saxe me demeura fidèle jusqu'au bout », disait l'Empereur. Dresde connut au XIXe s un essor économique sans précédent, grâce au développement du transport fluvial. Ses manufactures de tabac, ses industries et sa banque (la *Dresdner Bank,* l'une des plus importantes au monde) constituaient alors ses fleurons incontestables. À cette époque, la ville fut aussi comme un centre important de la lutte ouvrière et d'inventions célèbres : le lait concentré (1896), le tube de dentifrice (1907) et le filtre à café (1908).
Mais les temps changent : quand le dernier roi de Saxe, Auguste, abdique en 1918, il prononce une phrase définitive : « Démerdez-vous tout seuls ! »

La destruction de Dresde en 1945

Dans la nuit du 13 au 14 février 1945 (celle du Mardi gras au mercredi des Cendres !), 245 avions *Lancaster* de la Royal Air Force lâchèrent leurs bombes incendiaires sur la ville. 4h plus tard, 529 autres bombardiers surgirent. À 10h du matin, 450 forteresses volantes américaines et une centaine de chasseurs finirent le boulot ! Selon une commission d'enquête officielle de 2004, 25 000 civils périrent ! La propagande nazie répandit à l'époque l'information d'un nombre 10 fois plus élevé. Quoi qu'il en soit, Dresde fut détruite à 95 %. Pour illustrer cette tragédie, on vous recommande la visite du Musée militaire.
Lire ou relire à cette occasion le livre de Kurt Vonnegut Jr. : ***Abattoir 5*** (Le Seuil, coll. « Points ».

Comment se repérer ?

La partie historique de Dresde, *Altstadt,* est située entre la gare principale *(Hauptbahnhof)* et le fleuve, rive gauche. De l'autre côté de l'Elbe se trouvent la partie la plus récente de la vieille ville et sa gare, *Dresden-Neustadt.* C'est ici, aux alentours de *Louisenstraße* et *Alaunstraße,* que restos et bars attirent des jeunes (et moins jeunes) de la ville. Également dans ce quartier, la *Königstraße* propose boutiques élégantes ou insolites et cafés douillets.
Pour se rendre dans le centre-ville à pied de la gare *(Hauptbahnhof),* emprunter la *Prager Straße,* immense rue piétonne très animée.

Adresses et infos utiles

Informations touristiques

🅸 ***Office de tourisme*** *(plan A2,* ***1****) :* *Neumarkt 2.* ☎ *351-501-501.* • *dresden-tourist.de* • *Près de la Frauenkirche. Janv-fév, lun-sam 10h-18h, dim 10h-15h ; mars-déc, lun-ven 10h-19h, sam 10h-18h, dim 10h-15h.* Plans gratuits (un en français payant), avec principaux sites. Demandez aussi la *Map for young travellers,* un plan avec boutiques, clubs et *hostels* de la ville. *Également un bureau à la Hauptbahnhof (plan A3 ;* ***2*** *; Wiener Platz 4 ; tlj 9h-19h).*
– Vente des *Dresden-Cards* *(voir ci-après),* résas toujours pratiques de chambres chez l'habitant et billetterie pour l'opéra et spectacles de la ville.
– ***Dresden City Card :*** *carte personnelle de réduc sur Dresde, 13-27 € pour 1-3 j.* Plusieurs formules selon la durée. • *dresden.de* •
– ***Dresden Regio Card :*** *21-47 €/pers pour 1-3 j.* Aux avantages de la *City Card* s'ajoutent la gratuité des trains express régionaux (*RB* et *S-Bahn*) de Meissen à Königstein et une réduction dans certains châteaux et musées de la région.
– La revue ***Sax*** permet de débusquer les bons plans de la ville et de ses environs. Le ***Sächsische Zeitung*** offre, le jeudi, son supplément culturel de la semaine à venir (spectacles, concerts, films, expos...).

Transports

✈ ***Aéroport*** *(Flughafen Dresden ; hors plan par B1) :* *par la Königsbrücker Landstr.* ☎ *88-10.* • *dresden-airport.de* • *À 8 km au nord de l'Elbe. Pratique, le S2 relie l'aéroport au centre-ville et aux gares (env 2,50 €).*
🚂 ***Gare ferroviaire principale*** *(Hauptbahnhof ; plan A3,* ***3****) :* *Wiener Platz 4.* ☎ *699-66-33.* • *bahn.de* • *Au bout de Prager Str.* Complètement modernisée, sous la direction de Sir Norman Foster, elle est coiffée d'une élégante coupole. Trains réguliers tlj pour Berlin (durée env 2h sans changement, 3h20 avec changement), Leipzig (1h10-1h30 sans changement), Francfort (env 4h20 sans changement)...
– Bureau d'accueil touristique *(tlj 9h-19h).*
🚂 ***Gare ferroviaire de Neustadt*** *(Bahnhof Neustadt ; plan A1,* ***4****) :*

Schlesischer Platz 1. Trains réguliers et fréquents pour les principales villes allemandes et européennes. Dessertes régionales.

Terminal des bus *(plan A3) : Bayrische Str. (à l'arrière de la Hauptbahnhof). • ovps.de • global.flixbus.com/bus/dresden •* Gare routière principale.

Transports publics : Dresdner Verkehrsbetriebe AG, *☎ 857-10-11. • dvbag.de • Trajet simple 1h : 2,50 € (réduc) ; billet valable 1 j.* Tageskarte : *6,90 € (réduc), vite rentabilisée. Mais la palme revient au billet familial* (Familientageskarte) *: 10,60 € pour 2 adultes et 4 enfants !* Pratique et rapide, la ville est quadrillée par 13 lignes de tramway, 27 bus et des trains express régionaux (S-Bahn/*DB*). Infos générales, plans et horaires détaillés, billets : kiosque **DVBAG** *(Postplatz ; plan A2).* Distributeurs automatiques aux arrêts et dans les trams.

Parking : *tarifs élevés, 20-30 €/j. À signaler le Schießgasse à 3 €/j. seulement mais il est souvent complet. La plupart des hôtels de l'Altstadt proposent des forfaits parking.* De même, l'office de tourisme vend des bons de parking. Seul inconvénient si on reste plusieurs jours : il faut ressortir du parking au moins une fois par jour.

– ATTENTION : ***Dresde fait partie des villes où circuler en voiture dans le centre implique d'avoir acheté la vignette Umweltzone*** (voir la partie « Comment y aller ? » au début de ce guide).

Mitfahrzentrale (covoiturage) *: Dr.-Friedrich-Wolf-Str. 2 ; à l'angle de Schlesischer Platz. ☎ 19-440. • blablacar.de • Face à la gare de Neustadt. Compter 1-2 € pour 20 km.* Pratique pour se déplacer en Allemagne à bon marché.

Location de vélos : Fahrradgeschäft Schwarzer *(plan B1, **6**) : Königsbrücker Str. 57. ☎ 80-20-714. S7/8 : Louisenstr. Lun-ven 9h-18h, sam 10h-13h. Compter 10 €, tarifs dégressifs.* **Die Miet Station** *(plan B2, **7**) : Glacisstr. 5. ☎ 485-215-88. 📱 0151-252-000-80. • mietstation-dresden.de • Tlj 10h-13h, 14h-18h (dim 16h-19h). Horaires réduits oct-fév. Compter env 12 €. Vélo classiques ou électriques (plus chers) ; possibilité de faire livrer le vélo à votre hôtel (ajouter 5 €) + libre-service.*

Adresses utiles

- **1** et **2** Offices de tourisme (A2 et A3)
- **3** Gare ferroviaire principale (A3)
- **4** Gare ferroviaire de Neustadt (A1)
- **5** Institut français (A3)
- **6** Fahrradgeschäft Schwarzer (location de vélos ; B1)
- **7** Die Miet Station (location de vélos ; B2)

Où dormir ?

- **10** Motel One (A2)
- **12** Hostel Mondpalast (B1)
- **14** Bed & Breakfast Mezcalero (B1)
- **15** Backstage Hotel (B1)
- **16** Hotel Pullman Dresden Newa (A3)
- **17** Penck Hotel Dresden (A2)
- **19** Vienna House QF Dresden (A2)
- **20** A&O Dresden Hauptbahnhof (hors plan par A3)
- **21** Jugendherberge Rudi Arndt (hors plan par A3)
- **33** Hostel Louise 20 (B1)

Où manger ?

- **29** Max Altstadt (A2)
- **31** Lila Soße (B1)
- **32** Alte Meister (A2)
- **33** Café Planwirtschaft (B1)
- **34** Curry & Co (B1)
- **35** Hot Wok (A2)
- **37** Augustiner an der Frauenkirche (A-B2)
- **38** Nordsee (B2)
- **39** Schillergarten et Café Toscana (hors plan par B2)
- **43** Scheunecafé (B1)
- **48** Genuss Atelier (hors plan par B1)

Où boire un verre ?

- **40** Frank's Bar (B1)
- **42** El Cubanito (B1)
- **48** Saloppe (hors plan par B1)

Où sortir ?

- **43** Scheunecafé et Kathy's Garage (B1)
- **44** Blue Note Jazzclub (B1)
- **45** Studentenclub Bärenzwinger (B2)
- **46** Hebeda's (B1)
- **47** Down Town et Groove Station (B1)

À voir

- **19** Verkehrsmuseum (A2)

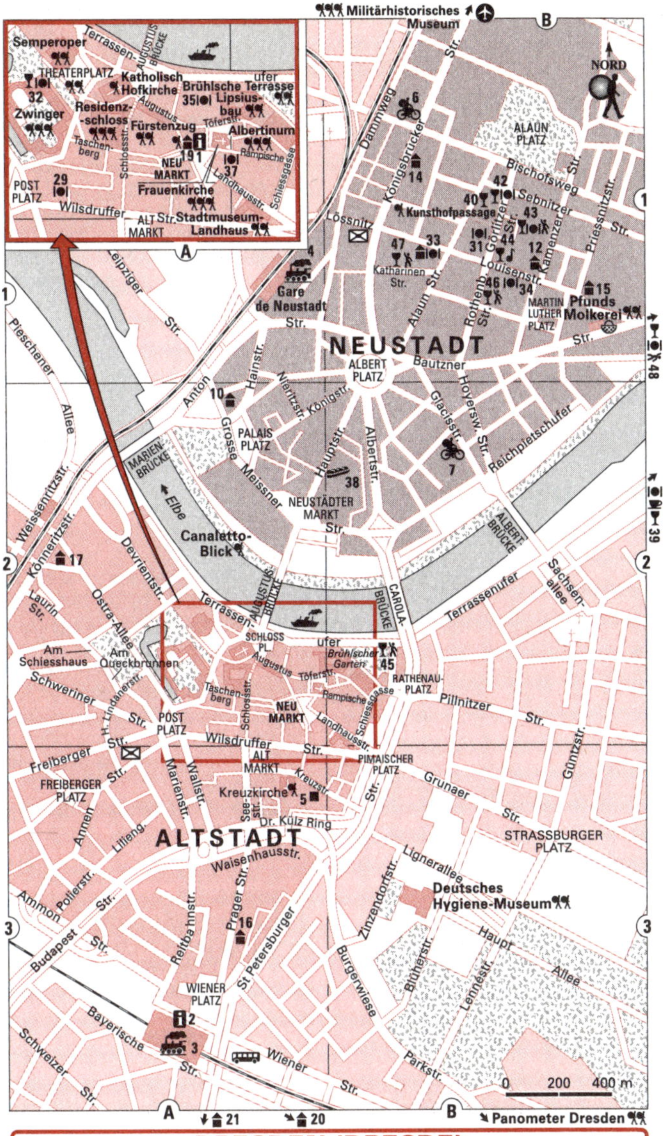

DRESDEN (DRESDE)

Divers

■ ***Institut français*** *(plan A3,* ***5****) : Kreuzstr. 6. • dresden.institutfrancais.de • Lun-jeu 15h30-19h, ven-sam 13h-16h.* Programme culturel, bibliothèque et médiathèque, concerts et expos. Festival du Film français chaque année.

Visites guidées nocturnes

■ ***Nightwalk Dresden :*** *☎ (0172). • nightwalk-dresden.de • Prix : 17 €/pers (groupes 1-20 pers). Durée : 3h. Pas la peine de réserver si vous êtes germanophone. Le point de rencontre a lieu tlj à 21h, devant le puits artésien (Artesischer Brunnen), sur le côté nord de l'Albertplatz (plan B1). Visite en anglais possible, mais il faut téléphoner à l'avance.* Visite nocturne de ce quartier méconnu, ponctuée de 2 étapes dans des bars et de savoureuses anecdotes. Organise aussi des tours guidés « sur les traces de l'écrivain Kurt Vonnegut », un tour à vélo sur le thème du *street art*.

Où dormir ?

Campings

⛺ ***Campingplatz Dresden-Mockritz*** *(hors plan par A3) : Boderitzer Str. 30. ☎ 47-15-250. • cbm-camping.de • À 6 km au sud du centre-ville, direction Pirna. Bus n° 76, arrêt Mockritz-Campingplatz. Compter 22 € pour 2 pers avec tente et voiture. Appartements 2-4 pers 40-70 €. Loc de vélos seulement 4 €/j.* Bien équipé, avec emplacements ombragés et sanitaires propres, autant d'atouts qui font oublier la proximité de la route. Boulangerie, épicerie, petit resto. Souvent complet, arriver tôt le matin pour avoir une place.

Dans Altstadt

Bon marché

🏠 ***A&O Dresden Hauptbahnhof*** *(hors plan par A3,* ***20****) : Strehlener Str. 10. ☎ 469-271-590-0. • aohostels.com • Dortoirs et chambres à partir de 9-16 €/pers, petit déj 8 €. Parking payant, mais on peut se garer dans la rue adjacente. Loc de vélos.* Près de la gare à 15 mn à pied du centre. Un gros bloc en béton de 8 étages, de l'époque de la RDA, entièrement restauré et modernisé. Dortoirs (6 lits superposés) et chambres impeccables avec petite salle de bains. Sur le toit, au 8e étage, *La Terrasse du Ciel,* snack-bar très agréable avec vue unique sur Dresde. On peut s'y restaurer ou boire un verre sur des transats.

De chic à très chic

🏠 ***Hotel Pullman Dresden Newa*** *(plan A3,* ***16****) : Prager Str. 2c. ☎ 48-140. • pullmanhotels.com • Doubles 75-200 € avec ou sans petit déj ; promos sur Internet.* Un bâtiment moderne complètement rénové dans un quartier commercial. Chambres claires et fonctionnelles, avec panorama sur la ville. Restaurant *Le Boulevard* (cuisine internationale).

🏠 ***Penck Hotel Dresden*** *(plan A2,* ***17****) : Ostra-Allee 33. ☎ 49-220. • penckhoteldresden.de • Doubles 75-150 €, familiales ; petit déj 16 €. Parking 16 €/j. Loc de vélos.* Dans un quartier un peu excentré, un hôtel design qu'on reconnaît à la mascotte aux bras levés sur la façade. Décoration intérieure réalisée à partir de l'œuvre d'un peintre néo-expressionniste local. 174 chambres très bien aménagées et climatisées. Resto, bar avec petite restauration, salle de fitness et salle d'expo d'art contemporain.

🏠 ***Vienna House QF Dresden*** *(plan A2,* ***19****) : Neumarkt 1. ☎ 56-33-090. • viennahouse.com • Doubles 100-250 €, petit déj en sus (cher).* Sur la place où trône la *Frauenkirche* (la vieille ville est directement accessible à pied). La façade de cet hôtel est la réplique fidèle de l'ancien immeuble avant les destructions de 1945. Chopin et Dostoïevski y logèrent. L'intérieur est neuf, moderne et ultra-design. Vastes chambres impeccables et confortables (avec clim) dans une harmonie beige-marron et avec vue, pour la plupart, sur la grande place piétonne.

Au sud d'Altstadt

☗ ***Jugendherberge Rudi Arndt*** *(hors plan par A3,* ***21****)* **:** *Hübnerstr. 11. ☎ 471-06-67. • jh-rudiarndt.de • Fermé autour de Noël. Résa conseillée. Carte AJ obligatoire. Nuitée en dortoir 27 €/pers, 31 €/pers pour les plus de 27 ans (dégressif dès 2ᵉ nuit). Possibilité de ½ pens ou de pens complète.* À 10 mn au sud derrière la gare centrale, dans le quartier résidentiel de *Schweizerviertel* (le quartier suisse), calme et verdoyant. Sobre bâtisse, à l'atmosphère paisible et surannée. Dortoirs (3 à 5 lits). Propreté « à tous les étages » et terrasse agréable.

Dans Neustadt

Bon marché

☗ **Hostel Mondpalast** *(plan B1,* ***12****)* **:** *Louisenstr. 77. ☎ 56-34-050. • mondpalast.de • Réception 24h/24. Résa conseillée au moins 2 sem à l'avance pour les doubles. Lits en dortoir 14-29 €, chambres privatives 37-109 € (pour 2 pers). Petits déj à partir de 7,50 €. Loc de vélos 7 €/j. (12 € pour un vélo électrique).* Dans un quartier en pleine effervescence, immeuble des années 1900, entièrement restauré. Dortoirs propres et nets de 3 à 10 lits, avec casiers, et plancher en bois clair. Belles chambres bien tenues. Cuisine équipée à disposition des hôtes. Pour boire un verre, bar très sympa au rez-de-chaussée. Une excellente adresse !

☗ ***Hostel Louise 20*** *(plan B1,* ***33****)* **:** *Louisenstr. 20. ☎ 889-48-94. • louise20.de • Lits en dortoir 15-19 €, chambres twins et apparts 2 pers 38-48 €. Petit déj 7 €.* Dans le même bâtiment que le resto *Planwirtschaft*, cette auberge entre 2 cours fleuries et calmes se compose de 2 parties. La partie ancienne à l'intérieur moderne : dortoirs de 3 à 5 lits, avec casiers et lits superposés en bois, dans un décor chaleureux. Toilettes impeccables sur le palier. Tout est propre et net. Et aussi 5 appartements équipés avec 3 chambres (pour 2 à 8 personnes).

De prix moyens à chic

☗ ***Motel One*** *(plan A2,* ***10****)* **:** *Palaisplatz 1. ☎ 65-57-380. • motel-one.com • Doubles à partir de 69 €, petit déj en sus. Petit parking 12 €/j.* À proximité du quartier piéton de Neustadt, cet hôtel de chaîne a des prix fluctuants selon la demande du jour. Déco recherchée où se marient habilement le marron et le turquoise et parties communes très cosy. Chambres assez petites mais très fonctionnelles. Très bonne literie et terrasse privée pour certaines.

☗ ***Bed & Breakfast Mezcalero*** *(plan B1,* ***14****)* **:** *Königsbrücker Str. 64. ☎ 810-77-0. • mezcalero.de • Résa conseillée. Doubles 55-70 € ; petit déj en sus. Parking gratuit mais minuscule (7 places dans la 1ʳᵉ cour).* En bordure du quartier le plus animé de la ville, dans une arrière-cour, un coup de cœur que cette *guesthouse* calme, au décor mexicain très drôle. Chambres très bien tenues, avec ou sans douche/w-c à l'intérieur. Déco originale et colorée : dans la nº 25, lavabo en carrelage asymétrique ; dans la nº 37, lit à baldaquin, sous une voûte céleste. Chambres familiales (pour 4 à 6 personnes) avec lits superposés et 4 appartements bien équipés, tous avec le même caractère chaleureux.

☗ ***Backstage Hotel*** *(plan B1,* ***15****)* **:** *Prießnitzstr. 12. ☎ 88-87-777. • backstage-hotel.de • Doubles à partir de 87 €, petit déj 14 €. Parking payant.* À côté d'une salle de spectacle, hôtel de style postindustriel (ancienne laiterie) genre loft cosy. 12 chambres spacieuses toutes décorées par des artistes. La chambre nº 4 dispose d'un magnifique trône... dans les toilettes !

Où manger ?

Dans Altstadt

De prix moyens à chic

Hot Wok (plan A2, **35**) **:** *an der Frauenkirche 5.* ☎ *49-77-62-46. Juste à l'arrière de la Brühlsche Terrasse, à mi-hauteur des escaliers au niveau de la porte. Tlj 11h30-23h. Salades 6-8 € ; plats 11-17 €.* Resto thaïlandais tout en longueur, dans une cave voûtée à la déco un peu kitsch. Cuisine légère et raffinée (parfois épicée) : poulet ou bœuf délicatement parfumés, *phô bo* vietnamien (savoureuse soupe de nouilles et au bœuf), délicieux canard laqué au lait de coco... Plusieurs plats végétariens.

Augustiner an der Frauenkirche (plan A-B2, **37**) **:** *an der Frauenkirche 16/17.* ☎ *49-77-66-50. Tlj 10h-minuit. Plats 10-22 €.* Au pied de la *Frauenkirche,* sur la grande place centrale, l'un des meilleurs rapports qualité-prix dans ce secteur touristique, avec une grande et belle terrasse piétonne aux beaux jours. Cuisine saxonne à l'honneur : porc à la bière, *Schnitzel, Knusprige Schweinshaxe* (jarret entier ou en demi portion, servi avec *Knödel*)... Belle salle, chaleureuse et boisée ; dans la cave en sous-sol, on mange sur des tonneaux.

Max Altstadt (plan A2, **29**) **:** *Wilsdruffer Str. 24.* ☎ *484-33-870. Tlj 8h (10h dim)-1h. Petit déj et suggestions du jour au déj 7-11 € ; brunch dim 16 €.* Petit building moderne avec une terrasse sans voitures et un intérieur au design sobre. On préfère le 2e étage avec ses baies vitrées ouvrant sur la rue. Cuisine de brasserie à prix sages : *bruschetta,* sandwichs, burgers, salades (dont une grecque), pâtes (et gnocchis). Poissons et pièces de viande un peu plus chères. Tout est frais, bien préparé et servi comme il faut. Il y a un autre *Max* dans le quartier de Neustadt.

Alte Meister (plan A2, **32**) **:** *Theaterplatz 1a.* ☎ *481-04-26. Tlj 12h (15h lun)-23h. Plats 14-27 € ; menu 41 €.* De la terrasse sur le côté gauche face à l'Opéra, on se trouve quasiment aux 1res loges du *Semperoper,* tandis qu'à l'intérieur, un simple sas de communication fait le lien avec la galerie des Maîtres anciens. Du sandre à l'entrecôte, assiettes aux compositions soignées. Service efficace. Le soir, les tables situées sur la terrasse en balustrade sont généralement réservées. Sympa aussi pour boire un verre en journée.

Dans Neustadt

Bon marché

Curry & Co (plan B1, **34**) **:** *Louisenstr. 62.* ☎ *209-31-54. Dim-jeu 11h-22h, ven-sam 11h-2h. Menus 5,50-7 €.* Minuscule snack où la saucisse grillée est servie avec sa sauce curry aux variations originales : cacahuètes, mangue ou gingembre... Frites (se dit « pommes » en allemand) avec sauce mayo ou ketchup.

Nordsee (plan B2, **38**) **:** *Hauptstr. 14. Sur la gauche du boulevard au sud de Neustadt. Lun-ven 11h-18h. Sandwichs 3-5 € et plats 7-13 €.* Une chaîne populaire de fast-foods dédiée aux poissons (thon, hareng, sandre, saumon...). Terrasse sur une rue piétonne.

Prix moyens

Scheunecafé (plan B1, **43**) **:** *Görlitzer Str. 20.* ☎ *802-66-19.* • *scheunecafe.de* • *Tlj sauf lun dès 17h (9h w-e), jusqu'à tard. Plat du jour le midi 8 €, sinon, plats 13-20 €. W-e et j. fériés, brunch 9h-16h.* L'édifice abrita la 1re Maison de jeunesse à l'époque du communisme. Après la réunification, on enterra dans son jardin les symboles de la défunte RDA. Au menu, cuisine du monde, à l'image de ce quartier cosmopolite (pâtes, curry, massala...). Quelques spécialités plus locales (*Spätzle* au fromage, flammekueche...). Délicieuse bière locale : la *Elbhang rot.* Notre adresse préférée !

Lila Soße (plan B1, **31**) **:** *Alaunstr. 70.* ☎ *803-67-23. Dans le passage des Arts « Dresdner Kunsthof ». Tlj 16h (12h w-e)-23h. Entrées 7-10 € ; plats 10-18 €.* Cuisine naturelle soignée, d'inspiration végétarienne : salades au fenouil, au céleri, à la betterave, aux épinards. Le chef utilise les câpres, la sauge, le thym, le persil, les amandes et la lavande... Un régal ! Accueil jeune et aimable. Vin au verre.

Café Planwirtschaft *(plan B1, **33**) : Louisenstr. 20. ☎ 801-31-87. Tlj 11h (10h dim)-1h. Plats 10-20 €.* À Neustadt, au fond d'une arrière-cour, un resto chaleureux, au cadre original. Cuisine simple mais savoureuse avec quelques plats végétariens dont le *Varenyky* (sorte de gros ravioli aux champignons et aux herbes). En été, terrasse au calme, donnant sur une usine désaffectée. Brunch le dimanche et bar très fréquenté en soirée par une clientèle jeune et décontractée. Service sympa et musique parfois psychédélique.

Un peu à l'écart du centre

Schillergarten *(hors plan par B2, **39**) : Schillerplatz 9. ☎ 81-19-90. À env 6 km du centre-ville par la piste cyclable. Tlj 11h-23h (23h45 ven-dim). Plats 8-18 €.* Avec sa jolie verrière et sa terrasse qui surplombe l'Elbe depuis 1730, bien avant la construction du *Blaues Wunder*, un resto traditionnel doublé d'un magnifique *Biergarten* aux beaux jours. Une guinguette chic dans un cadre de rêve. Au menu, de quoi satisfaire tous les appétits et toutes les bourses : saucisses, jarret, truite meunière...

Café Toscana *(hors plan par B2, **39**) : Schillerplatz 7. ☎ 310-07-44. À plus de 3 km à l'est du centre-ville (Altstadt) ; l'occasion d'une belle balade à vélo ! Tlj 9h-18h.* Près du pont de Loschwitz, cette vénérable et élégante pâtisserie était le rendez-vous de la princesse Louise de Toscane au début du XXe s. Vaste choix de gâteaux et de tartes (aux prunes, un délice) et même mousse au chocolat.

Genuss Atelier *(hors plan par B1, **48**) : Bautzner Str. 149. ☎ 25-02-83-37. À env 4 km à l'est du centre-ville. Mar-sam 17h-23h (cuisine jusqu'à 21h), plus sam 12h-15h30. Plat env 28 € ; menus surprise 4-6 plats (sans compter les amuse-bouche !) 49-69 €.* Avec un chef étoilé et membre *Slow Food,* voici LA bonne table de la ville (un peu excentrée mais facilement accessible à vélo en longeant l'Elbe). Un bel endroit pour casser sa tirelire et s'offrir le plaisir festif d'un menu « surprise » au remarquable rapport qualité-prix. Sachant que le chef ne cuisine que des produits fermiers, sourcés et de saison, mais qu'il s'aventure à cuisiner fruits de mer et porc ibérique, cela reste l'occasion de s'initier à la gastronomie saxonne. Un accord mets-vins est proposé, permettant là aussi de découvrir quelques grands crus locaux.

Où boire un verre ?

Beaucoup de nos restos préférés sont aussi des bars très sympas (et réciproquement !) : ***Scheunecafé, Café Planwirtschaft*** dans la Neustadt ou ***Alte Meister*** dans l'Altstadt. On vous conseille aussi les nombreux *Biergarten* et guinguettes qui fleurissent aux beaux jours sur les 2 rives de l'Elbe ou dans la Neustadt, comme le ***Louisen Garten*** ou le ***Kathy's Garage*** (voir « Où sortir ? »).

El Cubanito *(plan B1, **42**) : Sebnitzer Str. 8b. ☎ 804-78-70. Tlj 18h-1h (2h ven-sam). Cocktails à partir de 6,50 €.* Tenu par de vrais Cubains, on y sert les cocktails de là-bas (mojito, *daiquiri, piña colada...*), et de la bière *Hatuey,* dépaysement garanti !! Quelques petits plats de l'île crocodile.

Frank's Bar *(plan B1, **40**) : Alaunstr. 80. ☎ 658-883-80. Tlj sauf dim 18h-2h (3h ven-sam). Happy hour 18h-19h. Cocktails 5-8 €.* Dans une rue très fréquentée par les noctambules, petit bar à la déco moderne : pas moins de 200 cocktails. Ambiance détendue sur fond de musiques jazz, électro ou latine.

Saloppe *(hors plan par B1, **48**) : Brockhausstr. 1. ☎ 353-25-86. À 2,5 km à l'est du centre de Neustadt. S11 : Wilhelminenstr. Dans une rue donnant sur la Bautzner Str. Seulement en été, tlj dès 17h (12h w-e). Consos 3-8 € ; plats*

5-12 €. Dans un bois ombragé proche de l'Elbe, *Saloppe* (ce mot signifie « décontracté » en allemand) est une grande buvette populaire et branchée pour les nuits d'été, un lieu alternatif et bon enfant, où l'on vient boire une bière sous les arbres et danser, car c'est aussi une boîte de nuit. On y sert à manger : cuisine simple mais correcte.

Où sortir ?

La plupart des lieux nocturnes sont situés dans la Neustadt. C'est vers ce quartier peu touristique que converge la jeunesse de Dresde. Boutiques de quartiers et ambiances variées ; alternative-destroy au coin de *Rothenburger Straße* et de *Louisenstraße,* plus bobo dans la *Görlitzer Straße* et un rien branchée dans *Alaunstraße.* Et après une sortie de boîte, si vous retournez dans Altstadt, n'hésitez pas à traverser le pont Carola pour admirer les monuments éclairés sur l'Elbe.

Dans Neustadt

Down Town et Groove Station *(plan B1,* ***47****) : Katharinenstr. 11-13. ☎ 351-80-29-594. • groovestation.de •* Groove : *ven-sam 19h-5h ; gratuit ou payant selon concert.* Down Town : *ven-sam 22h-5h du mat ; 5-6 €.* *Down Town* est une discothèque au sous-sol tandis que *Groove* est une salle de concerts (live club avec groupe ou DJ). Ce sont 2 clubs nocturnes situés dans une ancienne usine de dentifrice avec accès par une même cour intérieure.

Scheunecafé *(plan B1,* ***43****) : Alaunstr. 36-40. ☎ 802-66-19. • scheunecafe.de • Lun-ven 10h30-minuit, w-e 9h-minuit. W-e et j. fériés, brunch 9h-16h.* Voir plus haut « Où manger ? ». Chaque été, le club organise un festival musical.

– Juste à côté, le ***Kathy's Garage*** *(Alaunstr. 48, angle Louisenstr.)* est une autre adresse alternative ; un *Biergarten* très fréquenté surtout les soirs de week-end. Concerts réguliers et flammekueche en cas de fringale.

Blue Note Jazzclub *(plan B1,* ***44****) : Görlitzer Str. 2b. ☎ 801-42-75. • jazzdepartment.com • Tlj 20h-5h. Conso autour de 5 €.* Façade banale et discrète mais intérieur chaleureux aux murs couverts des photos des plus grands jazzmen. Petite salle de concerts, avec (le week-end jusqu'au petit jour !) d'excellents groupes de jazz, ainsi que de rock. Programme affiché en terrasse (où les concerts sont retransmis sur écran).

Hebeda's *(plan B1,* ***46****) : Rothenburger Str. 30 (à l'angle de Böhmische Str.). ☎ 895-10-10. • hebedas.de • Tlj dès 19h30.* Façade style « déglingue » mais à l'intérieur, ambiance garantie, à condition de respecter certaines règles (salle du bar non-fumeurs et interdiction de prendre son verre dehors !). Venir plus tard que tôt. Vendredi-samedi : « Zebra disco », pour danser jusqu'au petit jour. Point de rencontre des jeunes artistes du quartier.

Dans Altstadt

Studentenclub Bärenzwinger *(plan B2,* ***45****) : Brühlscher Garten 1. ☎ 495-14-09. • baerenzwinger.de • Ouv mar-sam 20h-1h du mat. Entrée entre la synagogue et l'Albertinum. En cas de pièce de théâtre, le café peut être fermé jusqu'à 22h et plus. Consos à partir de 3 €.* La boîte des étudiants de Dresde se cache dans les soubassements de la muraille, avec une cour intérieure couverte. Buvette centrale et piste de danse sous une voûte !

À voir. À faire dans Altstadt

Les musées

Les musées de Dresde ont été restructurés. L'***Albertinum*** présente les œuvres des peintres romantiques allemands, des impressionnistes français et des artistes contemporains, tandis que le ***Residenzschloss*** fait sensation en exposant désormais

la totalité de ses collections de joyaux. ***Ces collections sont considérées parmi les plus riches d'Europe.*** Les différents musées installés dans le ***Zwinger*** s'étoffent un peu plus, et un nouveau lieu – le ***Lipsiusbau*** – s'impose sur la Brühlsche Terrasse.
– Petite info pratique : pour ts les musées suivants, sauf Stadtmuseum et Hygiene-Museum, 1 seule adresse internet : • skd.museum •
Si vous n'avez pas déjà la ***Dresden Card*** (voir plus haut « Adresses et infos utiles »), il reste la possibilité d'acheter des cartes de réduction combinées pour tous les musées des *Staatliche Kunstsammlungen Dresden* : **Jahreskarte** *(carte annuelle : 75 €, réduc).* Valable surtout si vous souhaitez voir plusieurs musées sur plusieurs jours... ou revenir à Dresde dans l'année !

Entre Theaterplatz et Frauenkirche

Theaterplatz *(plan A2) : le cœur de la vieille ville.* Immense cour pavée, cernée par les somptueux vestiges du passé : l'opéra *Semperoper,* les châteaux *Zwinger* et *Residenzschloss,* la cathédrale *Katholische Hofkirche,* sans oublier l'Elbe qui coule avec nonchalance sous le pont *Augustusbrücke...* mais parfois s'emporte, comme lors de la dernière crue historique de 2002.

Semperoper *(plan A2) : Theaterplatz 2.* Construit entre 1871 et 1878 dans le style Renaissance italienne, cet opéra est le seul en Allemagne à porter le nom de son illustre architecte : Gottfried Semper. L'édifice fut entièrement détruit par les bombardements de 1945, puis reconstruit à l'identique, et inauguré, pour la 2de fois, en 1985. C'est ici qu'eurent lieu les 1res représentations du *Vaisseau fantôme* de **Wagner** et du *Chevalier à la rose* de **Richard Strauss.** Programme complet et vente des billets en face, dans la *Schinkelwache,* le bâtiment aux colonnes ioniennes *(tlj 10h-18h – 17h sam, 13h dim).*
– Ticket hotline : ☎ 491-17-05. • semperoper.de • Places très bon marché. Un des moments forts de la saison musicale est le *Dresdner Musikfestspiele (mai-juin).* Le bel édifice peut également s'apprécier de l'intérieur. *Visites guidées seulement en allemand (plusieurs fois/j.) ou en anglais tlj à 15h : 13 €/pers ; réduc. Durée : 45 mn.*

Zwinger *(plan A2) : Theaterplatz 1. • skd.museum • On y accède au choix par Theaterplatz, Sophienstr. ou Ostra-Allee. Tlj sauf lun 10h-18h. Côté expos, un billet général à 14 € (réduc) inclut ts les sites dont la* Gemäldegalerie. Chef-d'œuvre du baroque allemand, le palais d'Auguste II dit « le Fort » abrite plusieurs musées dont la fameuse galerie Semper ***(Semperbau).*** En 1945, toutes les collections d'art des musées de Dresde ont été emportées par les troupes soviétiques. À partir de 1956, après la mort de Staline, les œuvres ont été restituées à Dresde, geste généreux de l'URSS vis-à-vis de la RDA.
De 1709 à 1722, l'architecte ***Pöppelmann*** dirigea la construction du Zwinger pour en faire le lieu de fêtes fastueuses, particulièrement pour le mariage du fils d'Auguste le Fort, le futur roi de Pologne Auguste III avec Marie-Josèphe de Habsbourg. Auguste le Fort voulait un monument capable de rivaliser avec ceux de Vienne et de Rome, et bien sûr Versailles. Ce qui ne devait être au départ qu'une orangerie devint une vaste construction – étrangement dénommée ***Zwinger,*** en français « rempart ou prérempart ou fausse braie » – flanquée de pavillons reliés entre eux par une longue galerie *(Bogengalerie).* Avec sa galerie de sculptures, ses formes éthérées, le Zwinger allie le classicisme français avec le style baroque.
La ***visite*** peut commencer par l'extérieur – la longue façade du palais, l'étang et les jardins du Roi – et se poursuivre par la somptueuse esplanade intérieure, avec bassins, statues et jardinet. Écoutez en passant les cloches du carillon en porcelaine de Meissen...
Montez ensuite sur la *Bodengalerie* (on peut y accéder par les escaliers sur la Theaterplatz). Admirez la symétrie parfaite des fontaines et carrés de pelouse dans la cour, pur classicisme baroque. Passez ensuite sous la superbe ***porte de la couronne.*** Suivez les anges baroques et descendez l'escalier monumental

jusqu'au majestueux ***Bain des Nymphes.*** Le Zwinger est vraiment l'attraction principale de Dresde, et il faut donc prévoir d'y passer une bonne demi-journée, voire 1 journée entière.

Gemäldegalerie Alte Meister *(galerie des Maîtres anciens jusqu'à 1800)* **:** *dans le Semperbau (voir plus haut). • gemaeldegalerie.skd.museum • Tlj sauf lun 10h-18h. Entrée : billet combiné avec le Zwinger, le musée des Porcelaines* (Porzellansammlung) *et le* Mathematisch-Physikalischer Salon : *14 € ; réduc.* Le Semperbau abrite ***l'une des collections d'art les plus importantes d'Europe.*** La majeure partie fut acquise au cours de la 1re moitié du XVIIIe s par les souverains saxons successifs, Auguste le Fort et son fils, Auguste III. Un siècle plus tard, la galerie fut construite – par l'architecte Gottfried Semper, le même que pour l'Opéra – du côté nord du Zwinger afin d'accueillir dès 1855 une collection qui couvre pour l'essentiel les époques Renaissance et baroque.
Elle comprend des œuvres d'art telles la ***Madone sixtine*** (1512), de ***Raphaël.*** On ne peut s'empêcher d'observer les angelots accoudés à la balustrade. La *Vénus endormie,* de ***Giorgione,*** réalisée vers 1510 mais terminé par son ami Titien, car le peintre mourut de la peste à 30 ans à peine. Ce tableau est considéré comme le 1er nu de l'histoire de la peinture. Le *Christ au denier,* de ***Titien*** ainsi que des chefs-d'œuvre inestimables de ***Dürer, Cranach, Rembrandt*** et ***Vermeer*** dont *L'Entremetteuse* (une scène de genre dans un bordel), ***Rubens*** et ***Van Dyck,*** et d'excellents exemples des écoles française, italienne et espagnole.
Dans *La Madone de la famille Cuccina,* ***Véronèse*** nous prend à témoin, par l'intermédiaire de l'enfant qui tente de se cacher derrière le pilier. Également quelques ***Tintoretto*** et ***Correggio*** (travail intéressant de la lumière dans *La Nativité*). À l'étage, peinture baroque, avec série de thèmes antiques aux couleurs vives de ***Rubens,*** quelques ***Vélasquez...***
Au 2e étage, magnifique série de portraits de ***Christian Seybold,*** la dizaine de peintures panoramiques – fameuses *vedute* – de Dresde et sa région dans les tableaux aussi sublimes qu'imposants de ***Bernardo Bellotto,*** dit « Canaletto le Jeune », peintre italien à la Cour au XVIIIe s et neveu d'Antonio Canal dit « Canaletto ». L'une d'elles montre la ville déjà détruite par les Prussiens en 1760. Le ***Neumarkt*** y est étudié sous plusieurs angles (se reporter aussi à *Canaletto-Blick* dans la rubrique « À voir. À faire dans Neustadt »). Au 2e étage toujours, ne pas rater ***La Liseuse à la fenêtre,*** un autre tableau de ***Vermeer.*** Voir aussi l'*Adam et Ève,* de ***Cranach l'Ancien,*** dont le fond noir laisse augurer de bien mauvais présages.

PINCEAU MIEUX QUE PHOTO !

Le peintre vénitien Bellotto se faisait appeler Canaletto comme son oncle. Ses vues de Dresde au XVIIIe s sont si réalistes et si précises qu'elles permirent aux architectes de reconstruire la ville après 1945. Avantage par rapport aux photos en noir et blanc : la couleur, ce qui a permis de reconstituer les façades à l'identique.

À voir aussi, un portrait de *Maurice de Saxe* (1765) par Quentin de La Tour, *La Belle Chocolatière* de ***Jean-Étienne Liotard,*** un pastel sur parchemin dans des tons éclatants. Pour finir, section de statues antiques. Notez la rare polychromie sur l'urne funéraire étrusque.
Cafétéria sur place avec vue sur les jardins.

Porzellansammlung *(collection de porcelaines)* **:** *dans le* Glockenspielpavillon *(pavillon des Carillons) et l'*Ostasien-Galerie *(galerie est-asiatique). • skd.museum.de • Tlj sauf lun 10h-18h. Billet séparé : 6 € ; réduc.* Auguste le Fort disait souffrir de « la maladie des porcelaines ». Résultat : une splendide collection de ***23 000 pièces,*** considérée aujourd'hui comme la plus importante du monde. Pièces de la manufacture de Meissen mais aussi porcelaines chinoises et japonaises.
À voir, notamment, les vases des « dragons », ainsi nommés en raison d'un échange stratégique entre royaumes. D'autres vases mings blanc et bleu d'une

beauté émouvante. À cette époque, seuls les Chinois détenaient le secret de fabrication du fameux « bleu de Chine », un mystère que l'alchimiste ***Friedrich Böttger*** arriva à percer en 1710. Les porcelaines de Saxe fabriquées dans la manufacture de Meissen imitèrent les motifs de l'empire du Milieu, puis s'en affranchirent avec le temps.

Mathematisch-Physikalischer Salon : *accessible depuis la cour intérieure du Zwinger. • mathematisch-physikalischer-salon.skd.museum • Tlj sauf lun 10h-18h. Entrée : 6 € ; réduc.* Le *salon des Mathématiques et de la Physique* est visible dans la même galerie du château Zwinger depuis sa fondation en 1728. Série d'instruments de mesure et de travail utilisés dans le passé : boussoles, longues-vues, lunettes astronomiques, pendules et chronomètres de marine, mappemondes (dont un globe arabe du XIIIe s), releveur d'angle astral...
La pièce la plus rare est sans doute la ***machine à calculer de Blaise Pascal.*** Unique au monde, elle aurait été construite vers 1650. En laiton et en fer, de forme rectangulaire, c'est une grosse boîte qui est l'ancêtre des calculatrices électroniques d'aujourd'hui.

Residenzschloss Dresden *(plan A2)* **:** *Taschenberg 2. Entrée par Schloßstr. • skd.museum.de • Tlj sauf mar 10h-18h. Entrée : 14 € ; réduc. Audioguide gratuit (en allemand ou anglais). Ce billet comprend l'accès à la Nouvelle Voûte verte* (Neues Grünes Gewölbe), *la chambre Turque* (Türkische Kammer), *la galerie des Armures* (Riesensaal), *le cabinet des Monnaies, le* Hausmannsturm *et les expos temporaires (excepté celles de la Voûte verte historique). Il ne comprend pas l'accès à la Voûte verte historique* (Historisches Grünes Gewölbe) *: 14 € ou billet combiné :* Residenzschloss *et Voûte verte historique (expositions temporaires), 24,50 € ; réduc.*
– Bon à savoir : *le plus pratique, surtout si vous ne parlez pas l'allemand, est de réserver 1 ou 2 sem à l'avance sur • skd.museum.de • (paiement par CB). Également en vente sur place le jour de la visite à partir de 10h ; moins cher, mais vous risquez une longue attente ou même de repartir bredouille (il y a peu de places, seulement 100 pers/j.). Important : affluence oblige, vous avez 15 mn pour commencer la visite à partir de l'heure indiquée sur votre billet.* Ce château, tout à la fois résidence et symbole du pouvoir des princes électeurs et des rois de Saxe, fut aussi un centre artistique de grande renommée. On peut apercevoir à travers les fenêtres la progression des travaux pour reconstituer la Cour telle qu'elle était au XVIIIe s. C'est à nouveau un haut lieu des arts à Dresde : les trésors de la cour de Saxe – conservés à l'origine dans la ***Grünes Gewölbe,*** la ***Voûte verte*** du château – sont présentés de manière spectaculaire dans leur emplacement historique au 1er étage.
Cette collection – plus de 1 000 objets d'art des joailliers de la Cour – est complétée par plus de 3 000 joyaux, présentés au public dans des cabinets de riches amateurs.

Historisches Grünes Gewölbe *(Voûte verte historique)* **:** *au rdc du château.* Environ 3 000 objets sont exposés dans la Voûte verte historique, 1 100 objets dans la Nouvelle Voûte verte. Cette fabuleuse collection de pièces de joaillerie et d'orfèvrerie doit son nom surprenant à son lieu d'exposition originel : des salles du château caractérisées par des plafonds voûtés, peints autrefois en vert malachite. Après avoir été mise à l'abri au début de la 2de Guerre mondiale dans la forteresse de *Königstein,* la collection fut confisquée par l'URSS en 1945, puis restituée à la RDA en 1958. Elle fut alors hébergée pendant 30 ans à l'Albertinum et a retrouvé, enfin, sa place au château.
Constituée par Auguste le Fort, elle est considérée comme l'une des plus belles du genre en Europe. La reconstitution a été faite à l'identique. Le visiteur est ébloui par tant de richesse et de raffinement : des parures de pierres précieuses, des chefs-d'œuvre travaillés dans l'ambre et l'ivoire, des récipients faits de pierres précieuses et des statuettes de bronze ingénieuses. Voir absolument le ***salon***

d'Ambre *(Bernsteinzimmer),* admirable ***salle des Joyaux*** constituée de nombreux miroirs encastrés dans des décors sculptés et dorés, du sol au plafond. Elle abrite une collection de bijoux et de parures constituant un magnifique exemple de l'art de la représentation et de l'orfèvrerie au XVIIIe s.

*** ***Neues Grünes Gewölbe*** *(Nouvelle Voûte verte)* **:** *au 1er étage du château. Audioguide en français.* Les salles plongées dans une semi-obscurité mettent particulièrement en valeur cette fabuleuse collection des joyaux les plus précieux d'Allemagne. Une salle entière est consacrée au joaillier ***Johann Melchior Dinglinger,*** où se trouve son œuvre maîtresse, le ***Trône du Grand Mogol Aureng-Zeb à Delhi* :** 160 personnages d'or et d'émail, parés de 5 000 diamants, émeraudes, rubis et perles ! Ce chef-d'œuvre demanda 7 ans de travail aux 16 artistes de son atelier. Auguste le Fort mit 5 ans à le payer ! Admirez aussi le *Rolling Ball Clock,* horloge à billes de 1600, le *Noyau de cerise (Kirschkern)* de 1589, aux 185 têtes sculptées (une pièce miniature prodigieuse !), la mallette de jeux de société du prince électeur de Saxe : chaque pièce porte l'effigie d'un membre de l'aristocratie princière. Particulièrement surveillé, le ***diamant vert*** (41 carats), le plus gros diamant de cette couleur au monde, acquis en 1742 par le roi de Pologne Auguste III à la foire de Leipzig. Avec le diamant bleu, le diamant vert est une rareté de la gemmologie !

** ***Riesensaal*** *(galerie des Armures)* **:** *dans les étages.* Avec Madrid et Vienne, Dresde a la 3e collection d'armes au monde. Armes anciennes, armures de tournoi et costumes de combat qui méritent une visite. Étonnante collection d'armures pour enfants mais aussi pour chevaux, reconstitution d'une scène de tournoi, armes de représentation...
– À voir également, une sélection de la collection des monnaies ***(Münzkabinett)*** présentée autrefois à l'*Albertinum.*

** En complément, ne manquez surtout pas la ***chambre Turque*** *(Türkische Kammer),* exceptionnelle collection d'armes et d'équipements (dont une magnifique tente d'apparat) en provenance de l'Empire ottoman. Les princes de Saxe avaient rassemblé depuis la Renaissance l'une des plus grandes collections d'art ottoman d'Europe. Dispersée dans plusieurs musées depuis 1945, elle est enfin réunie sur 700 m^{2} dans une scénographie moderne qui met en valeur les différents objets. Au fil des vitrines, on comprend la fascination exercée par les splendeurs du Grand Turc sur les cours européennes, et on mesure l'influence de l'art ottoman sur l'art occidental.

* ***Haußmannsturm*** *(tour Haußmann)* **:** *Taschenberg 2. Avr-oct, tlj sauf mar 10h-18h (dernière ascension à 17h30). Entrée : 5 € ; réduc. Billet combiné avec le* Residenzschloss *: 14 €.* On accède à l'escalier de la tour par la cour du château, étape nécessaire pour admirer les fresques en sgraffite d'inspiration italienne (XVIe s). Ensuite, 327 marches mènent à près de 40 m du sol : de la plate-forme (seulement par beau temps), vue panoramique sur la vieille ville. À l'étage inférieur, voir le mécanisme ingénieux et terriblement complexe de l'horloge extérieure.

** ***Verkehrsmuseum*** *(musée des Transports ; plan A2,* ***19****)* **:** *Augustusstr. 1 (Neumarkt).* • *verkehrsmuseum-dresden.de* • *Tlj sauf lun 10h-18h. Entrée : 11 € ; réduc.* Dans le Johanneum, un bâtiment d'exposition historique sur le Neumarkt en vis-à-vis de la Frauenkirche. On y expose tout ce qui roule, vole et navigue : locos, tramways, voitures, motos et vélos. Quelques pièces remarquables : de la chaise à porteur au vélo électrique en passant par la 1re moto et une locomotive saxonne. Évocation réussie du développement des transports aériens, des montgolfières aux avions commerciaux modernes. Les maquettes de trains électriques circulent le mercredi et le week-end, mais aussi pendant les vacances scolaires.

* ***Katholische Hofkirche*** *(plan A2)* **:** *entrée par Schlossplatz (visite non recommandée pdt les offices). Mer et sam à 12h, concert d'orgues, GRATUIT.* La plus grande église de Saxe (4 800 m^{2}). Achevée en 1751 dans le style baroque

italien, cette cathédrale catholique de la Cour en terre protestante servit les intrigues d'Auguste le Fort, converti opportunément au catholicisme, pour obtenir le trône de Pologne. Un pont protégé la relie au château résidentiel. Elle fut reconstruite à l'identique après les bombardements de 1945, avant de devenir la cathédrale par décret du Vatican en 1980. Somptueux ornements intérieurs de style rococo.

Fürstenzug *(procession des Princes ; plan A2)* **:** *Augustusstr.* À admirer depuis la rue, l'ensemble figurant sur la façade extérieure des ***Écuries royales*** *(Stallhof),* dans le *Georgenbau.* Il s'agit d'une impressionnante épopée chronologique et généalogique des margraves, ducs, princes électeurs et rois de la maison de *Saxe-Wettin,* de 1127 à 1904. À l'origine peinture murale (1589), l'ensemble fut transposé en sgraffite de 1872 à 1876 par l'artiste ***Wilhelm Walter*** à l'occasion de l'anniversaire des 800 ans de la cour de Saxe. Cette technique de gravure sur mortier se révéla, hélas, très rapidement fragile !
Grâce à la manufacture de Meissen, le *Fürstenzug* fut reproduit une nouvelle fois sur 24 000 carreaux de faïence. Dimensions : 102 m de long sur 9 m de haut, 90 personnages dont 35 marquis, princes, rois et 58 artistes, scientifiques, artisans et paysans. Monumental... et indestructible : seulement 223 carreaux ont dû être remplacés au lendemain du bombardement de février 1945 !

Brühlsche Terrasse *(terrasse de Brühl ; plan A2)* **:** un lieu de promenade idéal et magique, avec, d'un côté, l'Elbe, et de l'autre, la vieille ville ; on domine le magnifique panorama du haut de ce balcon monumental auquel on accède par les larges escaliers de la *Schlossplatz* ou par la petite Georg-Treu-Platz, près de l'Albertinum. Également merveilleux petit parc surplombant l'Elbe, le ***Brühlscher Garten.*** Allez prendre un « café Mozart » à la terrasse du café ***Vis-à-Vis*** *(10h30-minuit).* Étrangement, les cafés sont chers, alors que les plats restent abordables. Parfois quelques musiciens accompagnent ce paysage idyllique, délicieusement troublé par les sirènes des vapeurs qui appareillent avec leur cargaison de touristes.

Frauenkirche *(église Notre-Dame ; plan A2)* **:** *Neumarkt. • frauenkirche-dresden.de • Accès handicapés par l'ascenseur de l'entrée A (sonner si nécessaire). Sous réserve de changement, lun-ven 10h-11h30, 13h-17h30 ; w-e en alternance. Audioguide en français : 2,50 €.. Visite guidée en allemand avec concert d'orgue, ven à 20h ; tarif : 10 €. Concerts périodiques le w-e dans l'église.* À elle seule, cette église résume le passé glorieux et terrible de la ville : un monument – tel le phœnix des légendes – qui est parvenu à renaître de ses cendres après avoir été anéanti par la guerre. Le chantier de reconstruction a duré de 1994 à 2005, avec beaucoup d'efforts financiers et grâce à la plus haute technologie ! L'opération fut financée par la *Dresdner Bank* et des dons publics et privés. À l'origine (1743), l'édifice baroque (95 m de haut) abritait la plus grande église protestante d'Allemagne. Aujourd'hui, elle représente le symbole par excellence du renouveau de Dresde. Décrété « monument national contre la guerre », ses ruines furent laissées en l'état, pour témoigner de l'horreur.
À l'intérieur, l'ensemble fait penser à une salle d'opéra de l'âge baroque. La série de balcons circulaires, sur plusieurs étages, est particulièrement appropriée aux offices religieux mais aussi aux concerts. Magnifique autel rococo.

WITH A LITTLE HELP FROM MY FRIENDS

La reconstruction de la Frauenkirche s'est achevée en 2005 avec la pose, au sommet de la coupole, d'une croix dorée de 6 m de haut, financée par une association britannique. Parmi les mécènes, le fils d'un pilote anglais qui avait participé au bombardement de la ville en 1945. Un beau symbole de réconciliation...

Ascension dans la ***coupole intérieure*** du dôme (haute de 67 m) et au-dessus, à l'extérieur, pour bénéficier d'une vue panoramique sur la ville et la vallée de l'Elbe. *Sous réserve de changement, tlj 10h-18h. Résa obligatoire. Tarif : 12 €/pers ; réduc. Les 24 premiers mètres se font en ascenseur, puis il reste encore 127 marches à gravir ; 263 marches à la descente. Durée : 45 mn.* Accès libre dans la ***crypte,*** où sont exposés quelques éléments d'origine de l'église et une œuvre sculptée de l'artiste britannique ***Anish Kapoor.***
En guise d'écrin, la Frauenkirche dispose à présent d'un environnement qui la met en valeur : le *Neue Markt* achève sa rénovation, en partie sur la base des *Vues de Dresde* de Canaletto.

Albertinum *(plan B2)* **:** *Brühlsche Terrasse. • skd.museum • Tlj sauf lun 10h-18h. Entrée : 12 € ; réduc. Audioguide gratuit en anglais et en allemand. Billet combiné avec le* Kunsthalle im Lipsiusbau *: 14 €.*
L'Albertinum a retrouvé les collections des XIXe et XXe s depuis sa réouverture en 2010. Magnifique mise en scène de sculpture, dont des œuvres de ***Rodin*** (essentiellement des plâtres), Constantin Meunier, ***Maillol*** et ***Henry Moore.*** Aux étages, la ***galerie des Nouveaux Maîtres*** *(Galerie Neue Meister)* propose un large éventail d'œuvres de la période romantique jusqu'à nos jours depuis ***Caspar David Friedrich*** jusqu'à ***Gerhard Richter.***
L'exceptionnelle qualité des peintures de la collection en fait l'un des musées les plus importants de son genre en Allemagne. Cette nouvelle exposition dans l'Albertinum se démarque en confrontant les différentes périodes dans une proximité inhabituelle.
On commence par quelques chefs-d'œuvre de ***Caspar David Friedrich,*** le peintre le plus représentatif du romantisme allemand avec, entre autres, le crépusculaire *Bateaux à marée basse, le soir.* Suivent alors d'autres représentants de ce courant. ***Manet*** nous offre le plaisir de contempler sa *Dame en rose.* Puis les ***impressionnistes,*** tant français qu'allemands *(Monet, Edgar Degas, Max Liebermann, Max Slevogt),* mais aussi ***Böcklin*** (*La Guerre* ou *Jour d'été*), *Lautrec, Van Gogh, Kandinsky, Gauguin, Ensor, Lovis.* En vedette, les artistes allemands avec les incontournables ***expressionnistes,*** comme *Otto Dix* et ceux du mouvement ***Die Brücke*** et *Kokoschka,* sans oublier *Derain, Gris, Picasso, Braque* et *Léger,* et 2 petits *Klee* pour faire l'appoint. On retiendra, entre autres œuvres d'***Otto Dix,*** son hallucinant polyptique intitulé *Guerre.*
La visite se termine avec 2 salles contenant des œuvres du nouveau *wonderboy* de l'art contemporain, ***Gerhard Richter,*** inventeur du code-barres horizontal en couleur, et qui les a conçues pour figurer dans ce musée.
En redescendant, magnifique mosaïque dionysiaque romaine, découverte près de Civitavecchia en 1843. Dans la belle salle en face, ne pas manquer les superbes sous-bois de Klimt.

Lipsiusbau *(palais Brühlsche Terrasse ; plan B2)* **:** *Georg-Treu-Platz 1. • lipsiusbau.skd.museum • Tlj sauf lun 10h-18h. Entrée : 12 € ; réduc.* Imposante salle d'exposition (musée construit fin XIXe s mais sévèrement endommagé en 1945), qui porte le nom de son créateur, Constantin Lipsius. Le palais *Brühlsche Terrasse,* populairement appelé « presse-citron » en raison de sa coupole de verre, abrite également l'École des beaux-arts (*Kunstakademie,* ouverte seulement l'été pour présenter les jeunes diplômés de l'année ; entrée par *Töpferstraße*). Le Lipsiusbau impressionne dès l'entrée, dans le foyer où de superbes colonnes de béton supportent les voûtes d'origine. Expositions temporaires d'art moderne et contemporain.

Près de l'Altmarkt

Stadtmuseum im historischen Landhaus *(Musée municipal ; plan B2-3)* **:** *Wilsdruffer Str. 2. Entrée par Landhausstr. • stadtmuseum-dresden.de • Tlj sauf*

lun 10h-18h (19h ven). Entrée : 5 € ; réduc ; gratuit ven après 13h. Construit au XVIIIe s. Après le bombardement de 1945, il ne reste du siège du parlement régional que l'escalier monumental de style baroque. Reconstruit à l'identique en 1965, l'ancien bâtiment administratif devient musée municipal. L'histoire de Dresde est mise en scène de façon plutôt originale et spectaculaire, à l'image de l'étonnant escalier de secours, à l'extérieur, que l'on pourrait prendre tout d'abord pour une sculpture d'art contemporain.
– Le 3e étage est consacré à l'histoire contemporaine de Dresde : la partie sur le XIXe s évoque bien l'atmosphère de renaissance nationale, notamment avec le tableau *Fürst Bismarck in Dresden* (1892). La section « Démocraties et dictatures » est sans doute la plus prenante. Une vidéo d'archives émouvante montre l'expropriation et l'internement des juifs de Dresde dans le camp de Helleberg en 1942. Voir aussi l'étonnant album de photos d'un soldat de la Wehrmacht et le fragment d'une bombe incendiaire anglaise. La salle sur la RDA retrace la vie quotidienne des Allemands de l'Est (joysticks en bois, jeux d'enfants, affiches de propagande...).
– Au 4e étage, immense photo aérienne de la ville, au sol, laissant imaginer la vision des pilotes alliés en 1945

Deutsches Hygiene-Museum *(plan B3)* **:** *Lingnerplatz 1. • dhmd.de • Tlj sauf lun 10h-18h. Entrée : 10 € ; réduc. Audioguide gratuit en français.* Un musée tout à fait passionnant. Construit en 1912 à l'initiative d'un pharmacien qui avait inventé un dentifrice et des produits spéciaux pour l'hygiène buccale (il inventa le bain de bouche *Odol*). Le musée était censé inculquer des règles d'hygiène corporelle et alimentaire à l'ensemble du peuple allemand *(Massenhygiene)*. Les 1res salles (les plus intéressantes) relatent l'histoire de ce musée qui fut détourné de son but dans les années 1930 et alimenta les thèses nazies sur la « *Rassenhygiene* » (à vous faire froid dans le dos). Les salles suivantes sont consacrées aux 5 sens, au langage du corps, au sida, à la digestion, à l'étude du corps humain... Magnifique salon de coiffure par ***Henry Van de Velde*** en style Art nouveau. Et petite vitrine consacrée à l'invention du vibromasseur, conçu à la fin du XIXe s pour soigner l'hystérie... Expos temporaires thématiques, ainsi que des expos d'art contemporain.

À voir. À faire dans Neustadt

Canaletto-Blick *(plan A2)* **:** *Augustusbrücke. S8/11 : Neustädter Markt.* En contrebas du pont Augustus, entre l'hôtel *Bellevue* et la berge droite de l'Elbe, vue magnifique sur la vieille ville. Le peintre officiel de la cour de Saxe, ***Bernardo Belotto,*** plus connu sous le diminutif de Canaletto, a réalisé en 1748, à partir de ce point de vue, une magnifique peinture, fixant à jamais les silhouettes baroques de la vieille ville. Le tableau est aujourd'hui à nouveau fidèle à l'original, depuis la reconstruction de la Frauenkirche.

Pfunds Molkerei *(plan B1)* **:** *Bautzner Str. 79. • pfunds.de • Lun-sam 10h-17h, dim 10h-15h.* Une merveille ! Sans doute l'une des « plus belles crémeries du monde » : vraiment l'une des curiosités de la ville. Ouvert en 1882, ce magnifique magasin décoré de faïence ancienne aux ornements colorés est autant un lieu de vente et de dégustation qu'un but de visite pour les touristes. Des scènes du film *The Grand Budapest Hotel* de Wes Anderson y ont été tournées. Le magasin y apparaît sous le nom de pâtisserie *Mendl's.*
Restauration au 1er étage *(janv-mars : tlj 10h-18h ; avr-déc : tlj 10h-19h – 18h dim)* pour déguster des sélections de fromages (plus de 50 sortes : français, italiens ou allemands, en direct du magasin) sous d'étonnantes peintures murales... et rurales. Également des plats plus traditionnels autour de 10 €.

Kunsthofpassage *(plan B1)* **:** plusieurs arrière-cours à dénicher dans le passage entre la Görlitzer (n° 23) et l'Alaunstrasse (n° 70), pleines de petits magasins de livres ou de déco, de boutiques de fleurs ou de fringues, de bars conviviaux et de maisons d'habitation décorées de façon plus qu'originale. Enfilade de cours, sur plusieurs thèmes (eau, terre, soleil, air). Ne pas rater la « vianesque » *cour des éléments* et sa façade bleue, décorée d'un ingénieux système de gouttières en trompettes.

Militärhistorisches Museum der Bundeswehr *(musée d'Histoire militaire ; hors plan par B1)* **:** *Olbrichtplatz 2. • mhmbundeswehr.de • Tlj sauf mer 10h-18h (21h lun). Entrée : 5 € ; réduc (hors Dresden Card) ; gratuit lun après 18h. Audioguide en français. Prévoyez 2-3h min. Resto sur place (Slow Food aux influences méditerranéennes).* Un dilemme bien allemand : comment évoquer 800 ans d'histoire militaire dans un pays au lourd passé guerrier mais qui se veut à présent pacifiste.

Un architecte de renom et une équipe de jeunes historiens ont relevé le défi. ***Daniel Libeskind,*** déjà auteur d'un étonnant musée juif à Berlin, a pris le parti de briser les codes en plantant un gigantesque coin d'aluminium de 30 m de haut, dans un ancien arsenal de 1873 du quartier militaire d'*Albertstadt,* autrefois affecté aux troupes soviétiques dans la banlieue nord de la ville.

Ce *shrapnel* géant qui transperce le bâtiment de part en part préfigure symboliquement la thématique de l'intérieur : la guerre est une rupture de l'harmonie et génère la violence. Si certains parlent de 1er musée pacifiste consacré à la guerre, ce phénomène vieux comme le monde, ses concepteurs parlent, eux, d'approche anthropologique du phénomène, doublée d'une histoire culturelle de la violence. 2 étages d'expositions bien à l'écart du reste retracent en 2 époques (1300-1914 et 1914-1945) les nombreux conflits armés auxquels les Allemands ont participé, dans une présentation chronologique plutôt traditionnelle mais très complète (tableaux, armes, uniformes, cartes...).

LA MACHINE DE LA HONTE

Dans le musée figure une imposante machine conçue par IBM (!), dont les cartes perforées permettaient de trier les populations par catégories, et notamment les juifs, recensés dans la « colonne 22, case 3 ». Son efficacité était redoutable, elle facilita la déportation de masse. Les nazis récompensèrent le patron d'IBM en 1937, un certain Thomas Watson, en lui décernant la croix de l'Aigle allemand.

Le parcours thématique évoque sur 4 niveaux les différentes perceptions de la guerre : en bas, les victimes et les sacrifiés (sous les bombes) ; au milieu, les acteurs ; en haut, les responsables.

Le tout est traversé de thématiques innovantes et passionnantes comme la guerre et la technologie avec le « radar russe qui provoque le cancer », le 1er sous-marin du monde (1851), la « pilule de Goering » (la *pervitine*), les animaux dans les conflits avec un défilé de nos amies les bêtes, utilisées à des fins guerrières (l'éléphant d'Hannibal, le pigeon voyageur aux armées, le chien de secours, le mouton démineur, jusqu'aux oies du Capitole...), la formation des soldats, la guerre et la mémoire, la politique et la musique, ou encore la guerre et les jeux d'enfants...

DES SOLDATS CAMÉS

Durant le conflit, sous le nom de pervitine l'armée allemande distribua des millions de doses de méthamphétamine aux combattants, surtout aux pilotes. Cette drogue, psychostimulante, était très addictive en donnant un sentiment de puissance et d'inconscience face au danger. La phase descendante, en revanche, générait paranoïa et tendance suicidaire. Le Führer en était un consommateur régulier.

Désorienté par l'aménagement angulaire et oblique des espaces, le visiteur est happé par les sensations fortes des installations : la chute de l'hélicoptère *Alouette*

qui évoque le confinement, les ombres persistantes sur les murs qui rappellent le souffle d'Hiroshima, mais aussi quelques moments de détente avec l'uniforme de ***Marlene Dietrich*** (qui vint en cure de repos à Dresde), la luxueuse voiture Horch que de Gaulle récupéra au général allemand *Dietrich von Choltitz* (gouverneur de Paris qui aurait refusé de détruire la capitale malgré l'ordre d'Hitler)... et bien d'autres surprises à découvrir.
Importante section également pour narrer l'affrontement est-ouest de part et d'autre du rideau de fer après 1945 et la militarisation du territoire allemand où se faisaient face les forces de l'OTAN et celles du pacte de Varsovie, et le rôle joué par la Bundeswehr.
La visite se termine au niveau de la pointe de la ***flèche de Libeskind*** qui rappelle les bombes éclairantes que suivaient les avions anglais pour arroser Dresde de leur funeste cargaison. Le musée remplit parfaitement la mission qu'il s'est assignée : « Stop à la guerre ! » Nous dirons que c'est, a contrario des autres grands musées du genre dans le monde (le *War Museum* à Londres, les Invalides à Paris...), qui exaltent l'héroïsme et les épopées militaires, un manifeste éloquent qui démontre magistralement l'absurdité des guerres, tout en reconnaissant que parfois... elles sont nécessaires. En fait, il nous rappelle le mémorial de la Paix à Caen.

TOUT ÉTAIT ÉCRIT

Juden raus ! *(juifs dehors !). C'est sous ce nom que fut publié à Dresde en 1936 un jeu de société qui permettait aux joueurs (aryens, bien entendu) de capturer des juifs à coup de dés pour ensuite les déporter dans des camps. Tout ça, 6 ans avant la conférence de Wannsee et l'adoption de la « solution finale ».*

Au sud-est de la ville

👓👓 ***Panometer Dresden*** *(hors plan par B3)* **:** *Gasanstaltstr. 8B.* • *panometer.de* • *À env 3 km au sud-est de la vieille ville (Altstadt), par la Stübelallee. S1/2 : Liebstädtter Str., puis 10 mn de marche. Tlj 10h-17h (18h w-e). Billet : 13 € ; réduc.* Un ancien réservoir à gaz désaffecté reconverti en un remarquable lieu d'exposition. Haut de 39 m, d'un diamètre de 54 m, le bâtiment circulaire abrite aujourd'hui une œuvre unique de l'architecte allemand d'origine iranienne ***Yadegar Asisi.*** L'expo s'appelle « Dresde 1945 ». Asisi a réalisé une gigantesque fresque panoramique à 360° représentant Dresde anéantie et ruinée après les bombardements de 1945. Toute la surface intérieure du bâtiment est couverte de photos agrandies de l'époque : c'est grandiose et vertigineux !

Marchés et manifestations

Un visage inédit et attachant de Dresde pour celui qui prend le temps de déambuler entre les étalages de ses marchés. De même, tout au long de l'année, la ville est le centre de manifestations culturelles très variées.

Marchés

– ***Sachsenmarkt :*** *ven 8h-16h30.* Ce marché traditionnel – le plus important de la ville – réunit pas moins de 200 commerçants le long de *Lignerallee (plan B3).* Un bon moyen d'approcher l'âme de la ville.
– ***Elbemarkt :*** *sam 8h-14h (parfois 16h).* • *elbeflohmarkt.de* • De la *Sachsenplatz (plan B2),* rejoindre ce marché aux puces sur les bords de l'Elbe. On

y débusque des porcelaines de Meissen abordables, livres, cartes postales, objets de vie courante et décorations militaires (pour les nostalgiques...). Belle effervescence.

Manifestations

– ***Flottenparade der Sächsischen Dampfschifffahrt :*** *début mai.* • *die-infoseiten.de* • Les antiques bateaux à vapeur de la célèbre compagnie de navigation se livrent à une jolie parade navale, « au large » de la terrasse de Brühl *(plan A2).* Embarquez donc au son des cornes de brume !

– ***Dixieland Festival Dresden :*** *mi-mai, au Kulturpalast (Schloßstr. ; plan A3), entre autres.* • *dixielandfestival-dresden.com* • Le Kulturpalast est le nouveau centre culturel de la ville avec bibliothèque et salle de concerts pouvant accueillir l'orchestre philharmonique de Dresde. Véritable institution à Dresde, ce festival de jazz, qui dure 1 semaine, existe depuis les années 1980. Nombreux concerts d'artistes renommés et jeunes premiers, défilés à travers la ville et promenade en bateau lui donnent un petit côté « Nouvelle-Orléans ».

– ***Filmnächte am Elbeufer :*** *juil-août.* • *dresden.filmnaechte.de* • Tout Dresde se rencontre sur l'herbe (si le temps et le niveau d'eau le permettent), juste en face de la terrasse de Brühl, pour siroter une bière en regardant un film sur écran géant. Concert en fin de semaine, suivi d'une *party.* Voir le programme dans *Sax.*

– ***Dresdner Stadtfest :*** *fête de la Ville, mi-août.* • *dresdner-stadtfest.com* • Nombreuses manifestations (arts, musique, parade de navires...) à suivre des 2 côtés de l'Elbe. Très populaire, elle attire, durant 3 jours des foules de visiteurs.

– ***Dresdner Herbstmarkt :*** *de mi-sept à début oct, sur Altmarkt (plan A3).* • *dresden.de* • Ce *marché de l'Automne* propose artisanat traditionnel et spécialités gastronomiques de Saxe. Appétissants légumes : citrouilles, choux, pommes de terre...

– ***Dresdner Striezelmarkt :*** *fin nov-fin déc, sur l'Altmarkt (plan A3).* • *striezelmarkt.dresden.de* • Inauguré en 1434, c'est le plus ancien *marché de Noël* d'Allemagne. On y trouve bien sûr les fameux *Christstollen,* spécialité pâtissière du temps de l'Avent, les jouets typiques de l'Erzgebirge voisine (les monts dits « Métallifères »), la céramique de Lusace et les célèbres pains d'épice de Pulsnitz. Ne manquez pas de goûter au *Schmandfleck,* pain chaud servi avec du fromage ou du jambon et de la crème fraîche, et bien sûr au *Glühwein,* l'incontournable vin chaud aux épices.

DANS LES ENVIRONS DE DRESDEN (DRESDE)

La vallée de l'Elbe à Dresde : fortement marqué par les XVIIIe et XIXe s, le paysage culturel de la vallée de l'Elbe s'étend sur près de 20 km du *château d'Übigau,* au nord-ouest, au *château de Pillnitz* et à l'île sur l'Elbe, au sud-est. La vieille ville historique de Dresde en constitue le point central. Ses rives de cette vallée sont bordées d'une alternance de forteresses de la Renaissance et de villas et jardins de l'époque *Gründerzeit,* se fondant harmonieusement dans le paysage des vignobles.

À noter que la vallée de l'Elbe, classée au Patrimoine mondial de l'humanité par l'Unesco en 2004, a été retirée de la liste en 2009. On ne rigole pas avec les critères de protection des sites ! Raison invoquée : la construction d'un pont à 4 voies au cœur de la vallée, contraire avec l'esprit de sauvegarde de l'Unesco. Le Comité laisse la porte ouverte à une nouvelle inscription mais avec d'autres critères géographiques, affaire à suivre...

Piste cyclable le long de l'Elbe *(Elberadweg)* ***:*** on peut désormais longer sur 6-7 km le fleuve à vélo (à louer à la *Hauptbahnhof*). On vous encourage vraiment à faire la balade, juste pour le plaisir de pédaler et de profiter du magnifique paysage, avec une pause dans l'une des nombreuses guinguettes qui fleurissent sur les 2 rives aux beaux jours. Pousser au moins jusqu'à Schillerplatz, un quartier un peu excentré de Dresde ; une sorte de bourgade animée et charmante, à l'architecture préservée. Plusieurs bonnes adresses pour se restaurer et boire un verre (voir plus haut) avant de poursuivre son chemin ou faire demi-tour. Pourquoi pas en changeant de rive ? En empruntant par exemple le *Blaues Wunder,* un magnifique pont métallique (style Eiffel) sur l'Elbe. Construit en 1893, ce fut le 1er pont suspendu du monde. Il mène à *Loschwitz,* un quartier élégant à flanc de colline, où se nichent de jolies villas. Vous pouvez également emprunter le bac au niveau du château de Pillnitz (voir ci-dessous)...

Excursions en bateau sur l'Elbe : *Sächsische Dampfschifffahrt, Hertha-Lindner-Str. 10. • saechsische-dampfschiffahrt.de • Billet : 7,50-24 € selon trajet et distance.* Les bateaux quittent Dresde tous les jours de mai à septembre à destination de *Pillnitz,* et plus loin *Meissen, Pirna,* mais aussi *Königstein,* le Bastei et la frontière tchèque, sur d'anciens et très élégants navires à vapeur avec roues à aubes. Rendez-vous à l'embarcadère de la *Sächsische Dampfschifffahrt* sur les quais de la vieille ville (au pied de la terrasse de Brühl). Certaines croisières sont accompagnées d'un orchestre de jazz. Croisières parfois supprimées en raison du faible niveau de l'Elbe.

Le château de Pillnitz *(hors plan par B1) : • schlosspillnitz.de • En voiture, à l'est de Dresde et à 10 km du centre historique, remonter l'Elbe rive droite ou gauche : direction Pillnitz. S2 : terminus Kleinzschachwitz (de Postplatz), puis traversez l'Elbe en ferry. On peut y aller à vélo, en bus n° 66 (départ à Hauptbahnof) en longeant les berges de l'Elbe rive gauche ou en bateau à aubes (voir ci-dessus, compter 1h). Mai-oct, tlj 10h-18h (parc ouv tte l'année). Billet unique pour le site : 8 € ; réduc. Plan du site en français (payant).* Une belle promenade dans les faubourgs « bourgeois » de Dresde mène au *Schloss Pillnitz,* situé au bord de l'Elbe, dans un site remarquable avec un grand parc adossé à des coteaux couverts de vignes. Il fut construit au début du XVIIIe s par ***Pöppelmann,*** également l'architecte du Zwinger de Dresde, pour Auguste le Fort dans un style fortement imprégné de la mode des *chinoiseries* en vogue à cette époque. En 1791, l'empereur *Léopold II d'Autriche* (frère de Marie-Antoinette) et le roi *Frédéric-Guillaume II de Prusse* s'y rencontrèrent pour savoir comment sauver Louis XVI après l'échec de sa fuite à Varennes. Napoléon y vint en 1812 pour négocier avec son allié le roi de Saxe.

Schlossmuseum *(musée du château) : tlj sauf lun 10h-17h. Visites guidées seulement en allemand à 11h, 12h, 14h et 15h.* Ouvert au public dans le Nouveau Palais, ce musée présente la vie de la Cour au château, la mode des *chinoiseries,* la culture du jeu et des fêtes au temps du baroque.

Kunstgewerbemuseum *(musée des Arts décoratifs) : mai-nov seulement.* La collection est distribuée entre 2 édifices jumeaux, le ***Wasserpalais*** *(palais de l'Eau),* remarquable avec son impressionnante descente d'escalier qui s'enfonce dans l'Elbe, et le ***Bergpalais*** *(palais de la Montagne).* Constituée à l'origine pour l'enseignement par l'exemple de l'école d'arts décoratifs de la ville, la collection regroupe de nombreux chefs-d'œuvre de l'artisanat du XVIIe s à nos jours. Meubles, objets en verre et tapisseries occupent le Wasserpalais, tandis que les collections de faïences et de design (de l'Art nouveau au contemporain) sont présentées dans le Bergpalais. Expos temporaires.

Schlosspark *(parc du château) : tte l'année tlj de 9h à la tombée de la nuit. Entrée pour les seuls jardins : 3 € ou visite guidée 4 € (seulement en allemand, à 12h et 15h).* Concerts en été. Jardin admirable, succession de petits ensembles à la française. Les 2 pavillons, chinois et anglais, ne sont ouverts que pendant les visites guidées. Ne pas manquer non plus l'étonnante ***Elbgondel,*** une gondole royale cachée derrière les haies, qui servait à Frédéric-Auguste III pour venir à Pillnitz. Voir aussi le vieux ***camélia japonais,*** du XVIIIe s.

Fährhaus Kleinzschachwitz *(Maison du Passeur)* **:** *Berthold-Haupt-Str. 130. Face au château de Pillnitz, sur la rive gauche de l'Elbe et le long de la piste cyclable Elberadweg (un bac fait la navette). Tlj sauf lun-mar 12h-22h. Plats 11-19 €.* C'est la maison où loge depuis 1860 le personnel du bac. Cuisine régionale classique, *Biergarten* et guinguette au bord du fleuve. Ambiance conviviale garantie. Excellent point de vue sur le château de Pillnitz. Plusieurs terrasses transforment le lieu chaque été en étape cycliste.

La maison de campagne de Wagner* :** *Richard-Wagner-Str. 6, au village de* ***Graupa *(3 km au sud de Pillnitz). ● wagnerstaetten.de ● Tlj 11h (10h w-e)-17h. Entrée : 7 € ; réduc.* Visite de la ***Lohengrinhaus,*** maison où Wagner composa en 1846 l'opéra *Lohengrin.*

WAGNER ANARCHISTE

Richard Wagner vécut à Dresde de 1840 à 1846. Chef d'orchestre du grand théâtre de la ville, il y mit en scène Rienzi, Le Vaisseau fantôme *et* Lohengrin. *Engagé auprès des anarchistes révolutionnaires, il côtoya Bakounine et participa à la révolution de mai 1848 en montant sur les barricades. Recherché par la police, il dut s'enfuir en Suisse, et il resta en exil pendant 12 ans.*

***La route du Vin* :** la *Sächsische Weinstraße* s'étend sur une cinquantaine de kilomètres de Pirna à *Diesbar-Seußlitz* en passant par Pillnitz, Dresde, Meissen... Elle vous conduira de caves en vignes, jusqu'au vignoble le plus au nord de l'Europe et aussi au plus petit d'Allemagne (320 ha), et vous proposera un choix de restaurants ayant des cartes des vins particulièrement fournies. *Relativement bien fléché. Suivre les panneaux marron et blanc « Sächsische Weinstraße ». Rens à l'office de tourisme.*

Barockschloss Moritzburg *(château baroque)* **:** *à 15 km au nord-ouest de Dresde. De la gare de Dresden-Neustadt, bus n° 477 (départ ttes les 30 mn). De Meissen, bus M1 (ttes les 2h). De Radebeul et Radeburg, un petit train à vapeur, le* Lößnitzgrundbahn, *assure 1 liaison ttes les 2h, avec escale à Moritzburg. ● schloss-moritzburg.de ● Avr-nov, tlj 10h-18h (dernière admission à 16h30) ; reste de l'année 10h-17h. Visites guidées sur demande. Entrée : 10 € ; réduc. Audioguide en anglais. Parc, jardins et abords du château sont en accès libre et gratuit.* Ancien rendez-vous de chasse du duc Maurice de Saxe. Édifié en 1661 sur une île artificielle entourée par les eaux d'un lac, ce château splendide fut transformé en 1723 en palais baroque sous le règne du prince électeur Auguste le Fort. Il y organisait des fêtes somptueuses. L'allée du château se trouve dans l'axe principal de la ville, comme si tout y menait ! L'intérieur, assez sublime dans son genre, mérite la visite pour sa déco en trompe l'œil, ses tentures murales en soie ou en cuir de Cordoue, ses meubles laqués recouverts d'argent, ses porcelaines de Meissen et ***l'une des plus grandes collections de trophées de chasse au monde.*** Merveilleux !

Wildgehege *(réserve de gibier)* **:** *dans la forêt, sur la route de Radeburg. Prendre à droite devant le château. ● sbs.sachsen.de ● Mars-oct, tlj 9h-18h ; nov-déc, seulement w-e et j. fériés 9h-16h. Fermé janv-fév. Entrée : 5 € ; enfant 2,50 €.* Conséquence de l'histoire royale, Moritzburg et sa région ont été considérés (aux XVIIIe et XIXe s) comme le berceau de la chasse en Allemagne. La réserve ne compte pas moins de 180 animaux de 30 espèces différentes : du sanglier au lynx en passant par l'aigle, l'élan, la chouette, le cerf, sans oublier le loup, le renard et la belette. Promenades en calèche à travers la forêt. *Départ sur le parking devant le château. Compter env 40 €/h pour 6 pers.*

MEIẞEN (MEISSEN)

(01654) 28 200 hab. IND. TÉL. : 03521

À 25 km au nord-ouest de Dresde, Meissen est une très jolie petite ville. Traversée par l'Elbe, entourée de coteaux viticoles, elle est célèbre depuis le XVIIIe s pour ses porcelaines. Elles sont omniprésentes dans les vitrines des magasins, sur le clocher de la *Frauenkirche* et jusque dans la *Nikolaikirche* qui abrite les plus grandes statues en porcelaine du monde. La ville a été fondée en 922 par Henri Ier de Saxe. Dominée par son château fort et les clochers effilés de sa cathédrale, restaurée dans sa partie médiévale, Meissen se découvre facilement à pied au fil des rues du centre historique. On y déguste un gouleyant vin blanc sec, ainsi que la *Meißner Fummel,* une pâtisserie feuilletée très légère. Son histoire nous apprend que sa fragilité servait à savoir qui avait trop bu. Et gardez vos euros pour déjeuner en terrasse, autour de l'*Albrechtsburg,* sur le promontoire rocheux qui domine la ville.

Adresse utile

Office de tourisme : *Markt 3. ☎ 419-40. ● stadt-meissen.de ● Avr-oct, lun-ven 10h-18h, w-e et j. fériés 10h-15h ; nov-mars, lun-ven 10h-17h, sam 10h-15h (sauf janv), fermé dim. Audioguide en allemand ou anglais pour découvrir la ville. Loc de chambres chez l'habitant et autres hébergements.* Petit plan en français, infos sur le parcours des *City-Bus,* très pratiques pour relier les différents monuments de la ville. Belles balades à bicyclette (location de vélos sur place).

Où dormir ?

Pension am Markt 8 : *Markt 8. À ne pas confondre avec l'hôtel du même nom, au nº 6 ! ☎ 45-43-26. 0160-74-12-207. ● meissen-online.com ● Double 60 € ; petit déj 7,50 €.* Charmante pension dans une demeure du XVIIe s sur la place du Marché. Intérieur lumineux mais austère. Chambres à la décoration simple, mais confortables et propres. Vue sur la vieille ville et la place. On peut entendre les 37 petites cloches en porcelaine du carillon de la *Frauenkirche* voisine.

Dorint Parkhotel Meißen : *Hafenstr. 27-31, sur la rive droite de l'Elbe. ☎ 722-50. ● hotel-meissen.dorint.com ● Doubles 90-160 € (réduc via Internet) ; petit déj-buffet 18 €.* Magnifique villa Art nouveau (1870) dans un parc près de l'Elbe. Cet hôtel de chaîne propose des chambres très confortables (certaines dans une aile plus contemporaine). La plupart ont une jolie vue sur la vieille ville de l'autre côté de l'Elbe.

Où manger ?

Domkeller : *Domplatz 9. ☎ 45-76-76. Sur les hauteurs de la vieille ville, dans l'enceinte du Dom. Tlj 11h-23h. Plats 11-25 €.* Très vieille auberge fondée en 1470. Salle patinée et chaleureuse, terrasse panoramique bien agréable en été (une autre, plus petite, sur la place, face au *Dom*). Cuisine correcte sans plus : goulasch saxon à la bière, steak aux poireaux et aux champignons, truite meunière... Vins des coteaux environnants. Carte écrite en allemand... et en saxon ! Une institution, un peu trop touristique sans doute.

Vincenz Richter : *an der Frauenkirche 12. ☎ 45-32-85. Derrière la Frauenkirche, sur Marktplatz. Tlj sauf lun 11h30-22h (16h dim). Résa conseillée. Plats 13-28 € ; menu 42 €.*

L'EST DE L'ALLEMAGNE

Verres de vin 5-9 € ; accords mets et vins 18-24 €. Dans une belle maison à colombages, c'est un étonnant musée que ce resto historique. Vitraux, boiseries, armes et armures diverses ornent les murs. La petite cour est plus romantique. Cuisine traditionnelle et soignée. Grand choix de vins allemands voire misniens car le resto possède son propre vignoble juste à la sortie de la ville. Service agréable. Très jolie terrasse surélevée.

Achats

Staatliche Porzellan-Manufaktur : *lire « À voir ».* On y trouve une **boutique** où le plus petit objet (un dé à coudre) est déjà hors de prix !

Ernst Schumann : *Elbstr. 1 ; près du Rathaus. ☎ 45-20-21. Tlj 9h-18h (13h sam).* Très belle épicerie fondée en 1847. Conserves, tabac, saumon en boîte et vins du pays.

À voir

À signaler qu'il existe un billet combiné Dom et Albrechtsburg *(14,50-19 € et même un forfait famille à 36,50 €), un autre combinant* Albrechtsburg *et la manufacture (19 €/adulte, 38 €/famille).* Le City-Bus E *assure la liaison entre la vieille ville, le château et la manufacture.*

Frauenkirche : *in der Frauenkirche 1. • frauenkirche-meissen.de • Lun-sam 10h-17h, dim 11h30-17h. Audioguide au centre d'info. Entrée clocher : 2,50 €.* Étonnante église Notre-Dame, de style gothique flamboyant (fin XVe s), avec des boiseries qui n'ont pas connu d'incendie en 500 ans ! Depuis 1929, le clocher abrite 37 petites cloches de porcelaine blanche. Elles jouent une courte mélodie, différente toutes les 3h, à partir de 6h30. Vous pouvez faire jouer sur demande d'autres mélodies si vous êtes disposé à faire un don. Superbe vue sur les toits de la ville.

Prälatenhaus *(maison du Prélat)* **:** *Rote Stufen 3. Avr-sept, tlj sauf w-e 10h-15h.* En montant vers la cathédrale, on aperçoit de loin ses magnifiques pignons latéraux de brique rouge. Construite en 1510, elle est de style gothique tardif. Voir les fresques aux 2e et 3e étages. Quelques concerts d'instruments d'époque.

Dom *(cathédrale)* **:** *Domplatz 7. • dom-zu-meissen.de • Prendre les escaliers des remparts à partir de Burgstr. ; montée assez raide. Avr-oct tlj 9h (10h avr)-18h ; nov-mars 10h-16h ; dernière visite 30 mn avt fermeture. Entrée : 6 € ; réduc. Avr-oct, accès à la tour, à horaires fixes : à 13h, 14h, 15h et 16h. Petits concerts d'orgue tlj sauf dim à 12h.* Église évangélique luthérienne. La 1re pierre de l'édifice fut posée vers le milieu du XIIIe s (style gothique primitif). À voir, le triptyque de l'atelier de ***Cranach*** entre l'autel et le jubé et, à l'opposé, de splendides plaques tombales en laiton finement ciselé d'après des motifs d'***Albrecht Dürer*** et Cranach toujours, mais aussi de nombreuses statues ainsi qu'un vitrail du XIIIe s.

Albrechtsburg : *Domplatz 1. • albrechtsburg-meissen.de • Tlj 10h-18h (17h nov-fév). Entrée : 10 € ; réduc.* Sa silhouette imposante domine toute la ville. Château fort construit sur un piton rocheux au-dessus de l'Elbe, dans un site stratégique destiné à l'époque à surveiller la région est de la Saxe peuplée de Slaves. Le margrave Albert reconstruisit l'ensemble au XVe s dans un style gothique tardif (comme la cathédrale). Le château servit de résidence provisoire aux princes de Saxe et de Thuringe, qui ne tardèrent pas à s'installer à Dresde.

En 1710, après l'annonce officielle de la découverte de la porcelaine, le prince électeur de Saxe Auguste le Fort décida de transférer la manufacture royale de Dresde à l'*Albrechtsburg*. De 1710 à 1863, le château abrita ainsi la fabrique de porcelaine, à l'origine de la renommée de la ville. Quand la manufacture fut transférée en 1863 en bas de la ville, le château fut entièrement restauré et transformé en musée. D'où cette fascinante voire audacieuse architecture, mêlant, très harmonieusement, le gothique tardif et le néogothique. À voir : nombreuses fresques relatant l'histoire de la région et la collection de sculptures sur bois du XVe s. Voûtes en ogive décorées de motifs floraux alternant or, bleu et rouge. Signées par 2 épées bleues croisées, les porcelaines de Meissen, appelées « Vieux Saxe », sont recherchées pour leurs fastueuses décorations. Voir aussi la chapelle aux voûtes étoilées.

Staatliche Porzellan-Manufaktur *(manufacture de porcelaine)* **:** *Talstr. 9. • meissen.com • Au sud-ouest du centre-ville. Indiqué depuis le Markt. Tlj 9h-17h. Entrée : 12 € ; réduc et forfait famille (avec ateliers de démonstration). Audioguide en français.* La façade Art nouveau est intégrée à un bâtiment moderne. L'histoire de la porcelaine de Meissen est ici évoquée à travers d'importantes collections (3 000 pièces exposées chaque année, sur quelque 20 000 pièces appartenant au musée) prouvant, s'il en était encore besoin, sa renommée internationale. À proximité, dans les ateliers de démonstration, les potiers, modeleurs et autres décorateurs issus du centre de formation de la manufacture vous livrent quelques-uns des grands secrets de sa fabrication. Une visite à suivre pour découvrir, d'abord amusé, puis réellement émerveillé un savoir-faire transmis de génération en génération.

LE SECRET DE LA PORCELAINE DE SAXE

Comme beaucoup d'alchimistes, Böttger cherchait la pierre philosophale mais ne la trouva pas. En revanche, il inventa la porcelaine dure et translucide, proche de la porcelaine chinoise. Böttger connaissait l'ensemble du procédé. Il avait découvert le kaolin, encore exploité de nos jours. Pour protéger cette invention, la peine de mort était requise contre celui qui en révélerait le procédé. Rien ne devait être écrit ou dessiné. Tout devait se conserver mentalement.

LA SUISSE SAXONNE

La *Sächsische Schweiz,* verte région de la vallée de l'Elbe, s'étend à l'est de Dresde, de Pirna jusqu'à la frontière tchèque. La beauté sauvage de cette vallée, de ses rochers et des collines boisées, a inspiré nombre d'artistes de l'époque romantique. Il est vrai que le paysage est magnifique, les blocs rocheux de *Königstein* et de *Lilienstein* se découpant de façon magique sur l'horizon brumeux du petit matin, puis les fières forêts qu'il faut traverser en descendant vers le cours sinueux de l'Elbe.

Outre son fleuve romantique qui coule au milieu d'impressionnantes parois de grès et de profondes gorges, ses basses montagnes hantées naguère par Wagner et Weber, et ses châteaux médiévaux juchés sur leurs rochers, la Suisse saxonne propose à ses visiteurs une curiosité géologique unique au monde : d'impressionnants blocs de grès aux formes curieusement géométriques. Localisées dans les montagnes de l'*Elbsandsteingebirge,* ces tables sédimentaires se formèrent au tertiaire après le soulèvement du socle.

– 1er arrêt à ***Königstein,*** à 38 km au sud-est de Dresde sur la rive gauche de l'Elbe. Petite ville préservée et entourée de collines et de forêts. La forteresse, attraction de l'endroit, est à 2,5 km de la ville (bus fréquents).
➢ Plusieurs trains quotidiens ou bateau chaque matin depuis Dresde. En voiture, suivre la route B 172 en direction de Pirna, Bad Schandau, puis Schmilka (frontière tchèque).
– 2d arrêt à ***Hohnstein,*** à 40 km au sud-est de Dresde et 15 km est de Pirna. Gros village perché sur un piton rocheux, entouré de collines couvertes de forêts. Imposant château fort, maisons à colombages, rues pavées, et petite église baroque peinte en jaune...
➢ Pour s'y rendre de Dresde : train ou S1 jusqu'à Pirna, puis bus en direction de Sebnitz (lignes nos 236-237). Quelques bus (ligne no 253) également de Bad Schandau. Avis aux randonneurs lourdement équipés : le chemin qui mène de la gare routière au village est certes très beau, mais il monte raide pendant 45 mn environ.

Adresses utiles

Office de tourisme : *Markt 12. ☎ (035022) 900-30. • bad-schandau.de • Mai-sept, tlj 9h-21h ; oct-avr, tlj 9h-18h (jusqu'à 13h w-e et j. fériés nov-mars) ; fermé mer janv-fév.*
Office de tourisme de Hohnstein : *Rathausstr. 9. ☎ (035975) 868-13. • hohnstein.de • Face à l'hôtel de ville (Rathaus). Pâques-oct, lun-ven 9h-12h, 13h-15h ; sam 9h-12h. Nov-Pâques, lun-ven 9h-12h, 13h-15h (sauf ven ap-m) ; sam 9h-10h.* Résas de chambres chez l'habitant, plan du village et de ses environs, infos sur les randonnées dans le Nationalpark. Au 1er étage, petit musée de la Poupée *(GRATUIT).*

Où dormir ? Où manger ?

Camping Königstein : *Am Alten Sägewerk 1. ☎ (035021) 682-24. • camping-koenigstein.de • Près de la nationale B 172 et du chemin de fer (suivre les flèches). Ouv fin mars-fin oct. Env 27 €/j. pour 2 pers avec tente et voiture.* Camping sur les bords de l'Elbe propre mais peu ombragé et assez bruyant (route et trains à proximité). Également plusieurs « maisons de sorcières » pour 4 *(79 €)* et bungalows *(Campinghütten)* pour 2 *(compter env 35 €).* Location de canoës et de vélos à proximité.
Natur & FamilienOase Königstein – Sächsische Schweiz : *Halbestadt 13. ☎ (035022) 994-80. • familienoase-koenigstein.de • Juste en face du terrain de camping, de l'autre côté de l'Elbe (bac régulier). Compter 35-50 €/pers en ½ pens.* Sur les berges verdoyantes du fleuve, cette « Oasis Familiale et Naturelle » propose 40 dortoirs (1 à 4 lits) avec douche et w-c et des chambres doubles. Confort spartiate, mais chambres bien tenues. Sauna, cafétéria, tennis de table, jeux pour les enfants, terrains de sport. Conviendra surtout aux familles.
Naturfreundehaus Burg Hohnstein (auberge de jeunesse du château de Hohnstein) **:** *Am Markt 1. ☎ (035975) 812-02. • burg-hohnstein.info • La réception se trouve dans la maison no 5 de la cour du château. Résa conseillée, notamment en été. Compter 26-35 €/pers en dortoir 4-6 pers* (Jugendhaus), *42-53 €/pers en chambre double* (Familienhaus), *avec ½ pens.* Incroyable : on dort ici dans le ravissant château médiéval du village ! Le site est vraiment splendide et l'établissement bien tenu. Plus de 10 000 jeunes y viennent chaque année. 260 lits répartis en chambres doubles ou dortoirs sous plafond voûté, propres et assez spartiates ! Certaines chambres ont une vue sur la vallée. Grillades et fondues le soir sous les belles voûtes du *Burgkeller* ou sur les esplanades du château.

À voir. À faire

La grande évasion

Le général Giraud a préparé son évasion de Königstein pendant 2 ans. Il a appris l'allemand et étudié par cœur les cartes. Le 17 avril 1942, il se laisse descendre le long de la falaise de la forteresse. Il avait aussi rasé sa moustache... Il atteint la frontière suisse, puis rejoint Vichy. Hitler est entré dans une violente colère. Himmler ordonne à la Gestapo de l'assassiner. Giraud déclare alors qu'il n'accepte de se rendre qu'à une seule condition : que le Reich libère les 500 000 prisonniers de guerre français mariés.

La forteresse de Königstein : *• festung-koenigstein.de • Tlj 9h-18h (17h nov-mars). Entrée : 1 € ; réduc et forfaits famille. Dernière entrée 1h avt fermeture. Audioguide en français : 3,50 €. Brochure explicative en français.* Prendre le sentier depuis le village de Königstein (30-45 mn) ou rejoindre le parking au pied de la forteresse et continuer avec le petit train *Festungsexpress* *(5 €, 6 € A/R ; réduc).* La montée finale à pied (paysage magnifique) ou en ascenseur, installé à même la façade, donne l'impression de prendre la forteresse à l'assaut.
Perché sur un plateau rocheux, le petit fortin d'origine (XIIIe s) est transformé, à partir de 1589, en une forteresse redoutable et sans cesse renforcée. En période de crise, les rois de Saxe s'y réfugiaient avec leurs richesses. Histoire de tenir un siège, le prince électeur ***Auguste le Fort*** y fit construire un gigantesque tonneau en bois qui pouvait contenir près de 250 000 l de vin.
La forteresse fut prison d'État au XIXe s (l'anarchiste russe *Bakounine* y fut incarcéré) puis, entre 1940 et 1945, prison militaire pour les généraux et hauts gradés français. *Königstein* est connue en France depuis l'évasion du général Giraud en 1942 (voir encadré). Ces mêmes prisonniers français ont empêché en 1945 les nazis d'emporter les caisses contenant les collections d'objets et trésors de la *Residenzschloss* de Dresde qui y avaient été mises à l'abri. Enfin, la forteresse servit encore de prison pour des prisonniers politiques sous la RDA (de 1949 à 1955) avant d'être ouverte aux touristes. On y a tourné en outre de nombreux films historiques. Du haut des remparts, vue à couper le souffle. Petit Musée militaire, puits de 152 m de profondeur, visite des cellules, magnifique pont-levis, un château, un palais, la salle du trésor, des caves, etc.

Le château fort de Hohnstein : *Am Markt, au village de Hohnstein, à 12 km au nord de Bad Schandau. • burg-hohnstein.info • Avr-oct, tlj 10h-17h. Entrée : 3 € ; réduc.* Construit à flanc de rocher en 1333, il a longtemps appartenu au royaume de Bohême. L'endroit fut ensuite destiné à des fins tragiques : 1er camp de concentration de Saxe dès 1933 ; jusqu'en 1939 centre d'entraînement pour les Jeunesses hitlériennes, puis prison pour les officiers polonais, français ou russes. Après la guerre, les Soviétiques le transformèrent en foyer pour les familles sans toit, puis à nouveau en auberge de jeunesse comme cela avait été le cas en 1924. Visite des cachots où femmes et enfants furent victimes du nazisme, ainsi qu'un petit musée *(fermé jusqu'à nouvel ordre),* très bien fait, qui retrace l'histoire du *Jugendburg.* On peut également profiter de la vue magnifique qu'offre le château sur le village et la nature alentour...

Le Bastion (Bastei) **:** *de Pirna, bus no 237 ou belle balade à pied pour ceux que le bateau de Dresde a déposés à Kurort Rathen. Le site est accessible par la route depuis Pirna (15 km). Si vous êtes motorisé, suivez le fléchage, puis laissez votre voiture au parking.*
– Bon à savoir : il est recommandé d'y aller tôt le matin ou tard dans l'après-midi (en aucun cas le week-end car il faut faire la queue pour avoir droit au panorama).

Célèbre site naturel formé de rochers dressés comme des colonnes à près de 200 m au-dessus d'un méandre de la rive droite de l'Elbe (entre Königstein et Pirna). Un pont immense et des passerelles métalliques relient entre elles ces phénoménales tours de grès, donnant à l'ensemble un air de forteresse d'albâtre. Panorama exceptionnel depuis le belvédère du sommet : l'Elbe au cours sinueux, la vallée boisée et les montagnes voisines...
– Sentiers balisés jusqu'aux villages voisins, avec des parcours allant de 30 mn (comme le *Felsenbühne Rathen,* théâtre de plein air dans les rochers) jusqu'à 3h pour les hameaux de la vallée. Et 15 000 voies d'escalade magnifiques pour grimpeurs aguerris.

Nombreuses ***excursions*** à effectuer à pied ou à vélo. On peut se procurer un vélo sur place et emprunter la piste cyclable qui suit le cours de l'Elbe jusqu'à la frontière tchèque. Entre autres étapes, le *Kurort Rathen,* avec son petit lac bordé de massifs. Les excursions les plus populaires parmi les randonneurs sont le *Malerweg,* l'*Ottendorfer Rundweg* (3,6 km) ou encore l'*Affensteinpromenade* (14 km). *Plus d'infos sur • karte.saechsische-schweiz.de •*

GÖRLITZ

(02826) 55 500 hab. IND. TÉL. : 03581

Située à une centaine de kilomètres à l'est de Dresde (plusieurs trains par jour, et autoroute A 4-E 40), Görlitz s'étend au bord du fleuve *Neiße,* qui marque la frontière naturelle avec la Pologne depuis 1945. Difficile de ne pas succomber au charme de cette ville qui compte près de 4 000 bâtiments classés Monuments historiques. Mirage ou miracle ? La réponse vient de son très riche passé et du fait qu'elle a été épargnée par les conflits et les bombardements de la 2de Guerre mondiale. Jumelée avec Wiesbaden qui abrite le siège des Monuments historiques allemands, cette cité saxonne de taille moyenne a pu bénéficier depuis une vingtaine d'années d'un ambitieux programme de rénovation.
Un joyau révélé et une belle inconnue à découvrir ! Les maisons et les palais présentent divers styles : gothique, Renaissance, baroque et Art nouveau (Jugendstil) ; autant de signes extérieurs de richesse mais l'ensemble est homogène, à taille humaine.

LE MYSTÈRE DU DONATEUR INCONNU

Une grande partie des monuments de Görlitz a été restaurée grâce à l'argent venu du Land de Saxe, de l'Union européenne et de donateurs privés. Pendant plus de 20 ans, un de ceux-ci a envoyé à Görlitz des sommes considérables en Marks, puis en euros. Son avocat à Munich se chargeait d'envoyer les chèques, mais le généreux donateur est toujours resté anonyme.

UN PEU D'HISTOIRE

C'est au XIIIe s qu'elle affirme sa réputation de cité marchande à la croisée des routes commerciales. Elle connaît ses heures de gloire aux XVe et XVIe s, avec la prospérité de ses commerçants, mais surtout de ses maîtres drapiers. Görlitz acquiert alors un prestige culturel et philosophique, avant de connaître l'occupation des grognards de Napoléon. C'est sa fameuse manufacture de tissu qui a fait d'elle un pôle industriel florissant.

« Görliwood », Hollywood à Görlitz

Les cinéphiles seront heureux d'apprendre que Görlitz a accueilli de nombreux tournages de films (une centaine depuis les années 1950), en particulier *Le Tour du monde en 80 jours,* avec *Jackie Chan,* en 2004, qui lança la destination à Hollywood... S'ensuivit *The Reader* de Stephen Daldry, et *Inglourious Basterds* de Tarantino (quelques scènes seulement), *Goethe* (2010), *La Voleuse de livres* (2014) et surtout *The Grand Budapest Hotel* de Wes Anderson en 2013... L'hôtel *Börse* et l'hôtel *Tuchmacher* sont souvent occupés par des équipes de tournage.

Adresse et info utiles

Office de tourisme : *Obermarkt 32. ☎ 02826. • visit-goerlitz.com • Lun-ven 9h-18h, sam 9h-17h, dim et j. fériés 9h-14h30.* Accueil sympathique et pro. Visites guidées, plan de la ville avec ses principaux monuments. Demander la brochure en français « Vivre à Görlitz » et celle en anglais *Welcome to Görliwood* qui inventorie les films tournés (années 2000-2016) dans la ville avec un plan situant les lieux de tournage.

– ***Visite guidée en français :*** avec Laure, qui connaît Görlitz sur le bout des doigts. *176-21-51-75-43. • laure-teillet.de •*

Où dormir ?

Auberge de jeunesse

Europa-Jugendherberge Görlitz : *Peterstr. 15. ☎ 649-07-00. • goerlitz-city.jugendherberge.de • Fermé fin déc. Compter 30 €/pers en dortoir avec petit déj, supplément de 5 € pour les plus de 27 ans ; chambre privative 70 € pour 2 pers, apparts pour familles ; réduc à partir de 2 nuits.* À proximité immédiate de l'*Untermarkt,* dans l'*Altstadt,* une des plus belles AJ de Saxe ! Composée d'un vieux bâtiment rénové avec grand soin et un autre moderne dans une cour intérieure. Dortoirs (4 à 6 lits) impeccables, mobilier de bois clair, et vue sur un espace vert. Quelques chambres doubles bien tenues disposant d'un balcon, toutes avec douche et w-c. Possibilité de repas sur place (demi-pension ou pension complète). Billard et vélos à dispo.

De prix moyens à chic

Menzels Pension Drehscheibe : *Landeskronstr. 26. ☎ 31-41-49. • goerlitz-hotel-drehscheibe.de • Double 66 € avec douche et w-c. Parking payant.* Très bel immeuble de 1899, dans le quartier de Gründerzeit. Petit hôtel rénové qui a gardé son charme de pension familiale, avec des chambres propres et suffisamment confortables. Elles donnent sur la rue, mais ont un double vitrage. En demander une dans les étages élevés (plus claires).

Emmerich Hotel : *Untermarkt 1. ☎ 76-66-00. • emmerich-hotel.net • Resto tlj. Doubles 105-165 €, petit déj compris. Plats 10-30 €. Parking sur résa 5 €.* Sur la place principale de la ville, belle bâtisse rénovée et transformée en boutique-hôtel par le propriétaire, un architecte natif de Görlitz (et à qui l'on doit de nombreuses belles réhabilitations). L'ensemble, sobre, élégant, possède énormément de cachet. Les vieilles pierres ou briques se mariant harmonieusement au béton brut. Au restaurant, le *Horschel,* cuisine contemporaine à base de produits locaux. Petit déj gourmand et soigné. L'une des plus jolies terrasses de la ville où l'on peut également se contenter de boire un verre.

Hotel & Restaurant Schwibbogen : *Obermarkt 34. ☎ 877-78-90. • schwibbogen-goerlitz.de. • Doubles 100-125 € ; familiales. Plats à la carte 8-15 €. Parking aisé.* Sur la place du Marché, très bel immeuble couleur pastel de 1533. Murs épais et anciens mais chambres à la déco contemporaine et confortables. Celles sous les toits sont parfois chaudes en été. Le soir, savoureuse cuisine silésienne à la carte. Dans la salle du petit déj, une splendide fresque médiévale récemment découverte. Hospitalité sans faille.

Hotel Börse : *Untermarkt 16. ☎ 764-20. • boerse-goerlitz.de • Doubles 119-139 €. Parking 3 €/nuit.* Superbe palais baroque du XVIIIe s à la façade rose saumon, avec un intérieur aménagé et restauré. C'est ici que logea une grande partie de l'équipe du film *The Grand Budapest Hotel.* Les chambres ont beaucoup de style et de caractère, avec des prix justifiés par la qualité et le confort. Bon accueil.

Où manger ? Où boire un verre ?

Expresso Bar Kränzel : *Neißstr., angle avec Kränzelstr. ☎ 750-79-00. Tlj sauf mar 10h-20h (22h ven-sam ; 19h dim). Plats 4-7 €.* À l'écart, dans une ruelle discrète sur la droite en allant vers la rivière depuis le centre. Une belle « maison-halle » avec sa salle voûtée, une petite cour calme, et un jardin, l'endroit idéal pour grignoter une *bruschetta,* une pâtisserie, et boire un café. Il y en a plus de 60 sortes. Modeste et bien tenu ! L'acteur Adrien Brody y avait ses habitudes pendant le tournage de *The Grand Budapest Hotel.*

Dreibeiniger Hund : *Büttnerstr. 13. ☎ 42-39-80. Tlj 11h-22h. Plats 11-23 €.* Dans une bâtisse multicentenaire, vieille taverne donnant sur la tour Saint-Nicolas. Carte courte, essentiellement locale (mention spéciale pour la truite meunière) mais aussi tartines généreusement garnies pour combler les grosses faims à prix doux. Le respect des traditions est poussé jusqu'à servir la *Landskron,* brassée à Görlitz, dans une belle chope en grès ! Aux beaux jours, une ravissante terrasse au calme, car légèrement à l'écart de la foule... L'hôtel est également très recommandable.

Zur Schwarzen Kunst : *Neißstr. 22. ☎ 418-125. Tlj 17h-minuit. Plats 9-18 €.* « Magie Noire », tel serait le sens de son nom. Insolite bar-musée de l'imprimerie, avec une succession de caves voûtées assez sombres, décorées de caractères typographiques, vieilles presses à bras, pierres lithographiques... Cuisine régionale de Saxe, avec tous les classiques. Terrasse abritée du vent.

Vierradenmühle : *Hotherstr. 20. ☎ 406-661. Juste en dessous de l'église Peterskirche et au niveau de la chute d'eau sur la Neiße. Tlj 12h-22h.* Le seul bistrot de Görlitz situé en bordure de la rivière Neiße, avec vue directe sur la ville de Zgorzelec et la Pologne sur la rive droite en face. À l'intérieur, admirez la dynamo qui produit de l'électricité depuis 1920, au seul moyen du débit de la rivière, et, sur la terrasse, le poteau qui marque la frontière. Plutôt pour prendre un verre que pour manger.

À voir. À faire

Obermarkt : grande belle place marchande (parking), fermée à l'ouest par l'ancienne porte (1376) surmontée de sa tour *(Reichenbacher Turm).* Façades magnifiques. Au no 29, demeure superbe *(Napoleonhaus)* qui servit de pied-à-terre à l'Empereur en 1813. Attardez-vous, enfin, devant l'église ***Dreifaltigkeitskirche*** (XIVe-XVe s), réputée pour ses trésors d'art religieux.

Görlitzer Hallenhäuser *(maisons-halles de Görlitz)* **:** *Brüderstr. 9. • visit-goerlitz.com • Tlj sauf dim 10h (13h sam)-18h. GRATUIT.*
La visite de cette 1re maison est une bonne introduction au circuit que vous pourrez faire ensuite en ville. L'expo présente en effet l'une des grandes particularités de la ville : ses « maisons-halles ». La ville en compte encore 35 et postule à ce titre pour figurer sur la liste du Patrimoine mondial établie par l'Unesco. Située sur la via Regia (qui reliait la France à la Russie), la ville était l'un des centres commerciaux les plus influents en Europe.

Quand les marchands, d'abord itinérants, décidèrent de se sédentariser entre le XIIIe et le XVIe s, ils se firent construire ces immeubles polyvalents (un genre de caravansérail allemand !). On les reconnaît aisément aux petits sièges de pierre de part et d'autre d'une grande porte cochère. Ce comptoir de vente-entrepôt-boutique servait aussi de logement à la famille. Signe extérieur de richesse, le décor pouvait être particulièrement soigné, voire ostentatoire.
La plupart se concentrent dans cette rue qui relie les 2 grandes places et sont toutes construites sur le même modèle, ce qui confère à Görlitz sa belle et harmonieuse homogénéité. Autres beaux exemples au no 3 de l'*Unternmarkt* ou aux nos 4, 8, 9 et 10 de la *Peterstrasse.* La *Hallenhaus,* qui accueille le musée (inauguré en 2020), abrita au XVIIIe s le « Serpent couronné », 1re loge franc-maçonne de la ville.

Untermarkt : en arrivant par la *Brüderstraße,* vous voici sur la plus fastueuse des anciennes places commerçantes de la ville, où les styles gothique, Renaissance et baroque se mélangent harmonieusement. Le *Rathaus* (hôtel de ville), bâtiment du XIVe s pourvu d'un bel escalier extérieur (1539) et d'une tour majestueuse, domine 2 magnifiques maisons à arcades : le *Schönhof* (1526) – plus vieille demeure bourgeoise de la Renaissance allemande –, suivi du *Lange Lauben* (halle aux tissus). Pour le film *Goethe* (2010), la place du Marché a servi de lieu de tournage de scènes hivernales mais en été : le producteur a répandu de la neige artificielle sur les maisons et pavés !
– ***À l'angle de Neißstraße*** (no 30), remarquez la *maison baroque* (1726) qui abrite les collections d'art de la ville *(mar-dim 10h-17h, 18h ven-dim). Entrée : 7 € ; réduc.* Juste en face, la bâtisse gothique *Brauner Hirsch* fut le centre intellectuel de Görlitz au XVIIIe s. Sur la face nord de la place, l'ancienne *Ratsapotheke* (pharmacie) Renaissance et son double cadran solaire (1550), suivie, au no 22, du *Flüsterbogen* (l'arc aux chuchotements), portail aux vertus acoustiques éprouvées par de nombreux touristes. Enfin, derrière vous, l'*Alte Börse* (ancienne Bourse), magnifiquement décorée, est le plus vieux monument baroque de la ville (1706).

Peterskirche : *surplombant la Neiße, au nord-est de la ville. Tlj 10h-18h (dim 11h30-16h en hiver). GRATUIT. Concerts dim à 12h plus mar en été.* Achevée en 1497, à l'emplacement d'une basilique romane du XIIIe s, cette église, la plus grande de la ville, est réputée pour son orgue (XVIIIe s) et sa crypte Saint-Georg, magnifiquement voûtée. Juste sur le parvis, c'est dans la ***Waidhaus,*** le plus ancien bâtiment public de la ville (XIIe s), que l'on entreposait les précieuses teintures bleues, tant prisées par l'industrie textile.

Schlesisches Museum zu Görlitz *(musée de la Silésie)* **:** *Brüderstr. 8 (Haus Schönhof). • schlesisches-museum.de • Mar-jeu 10h-17h, ven-dim 10h-18h ; fermé lun. Entrée : 7 € ; réduc.* Dans une ancienne maison bourgeoise de style Renaissance, présentation de la culture et de l'histoire de la Silésie. Cette région d'Europe centrale possède un patrimoine qui est commun aux habitants d'une partie de l'Allemagne (est de la Saxe), de la Pologne (Sudètes), et de la Tchéquie (nord-est de la Bohême). Très belle muséographie. Observez les plafonds peints magnifiquement restaurés.

Kulturhistorisches Museum : *Neißstr. 29. • museum-goerlitz.de • Mar-jeu 10h-17h (18h ven-dim ; 16h nov-mars). Entrée : 6 € ; réduc.* Dans la *Barockhaus* (magnifique portail, cour avec faux marbres en trompe l'œil), musée qui rassemble les collections d'art de la ville ainsi que du mobilier de style Renaissance et baroque. On retiendra la riche collection de verreries, les armoires rurales peintes du XVIIe s, les œuvres des paysagistes romantiques, les instruments scientifiques, notamment ceux destinés aux recherches en électrostatique, et le cabinet maçonnique. Une pièce rare : le *Glasharmonika,* actionné par une pédale, et par lequel on tire des sons en mouillant les doigts tout en faisant tourner les verres. Ne manquez pas également l'imposante bibliothèque scientifique.

Sankt Nikolaikirche und Nikolaikirchhof (église Saint-Nicolas et cimetière) : *au nord du centre-ville, accès par les rues Nikolaistr. et Bogstr. (compter 15 mn à pied). Cimetière : tlj 6h30-21h (18h nov-mars). Église : mars jeu-dim 12h-16h ; avr-oct, 10h-17h (fermée nov-fév). Entrée : 4,50 €.* Très vieille église sur une colline verdoyante, où s'étend un grand cimetière sous des arbres centenaires.

L'ancienne synagogue : *Otto Müller Str. • synagoge-goerlitz.de • Visites guidées et ouvertures en fonction des manifestations en cours (événements culturels, lectures...).* Construite en 1909, c'est la seule synagogue de Saxe ayant survécu à la Nuit de cristal et à son pogrom en 1938. Elle a été restaurée, mettant ainsi en valeur son magnifique décor Art nouveau, afin de devenir un « forum culturel ».

Heiliges Grab (Saint-Sépulcre) : *Heilige-Grab-Str., angle avec Friedhofstr. Tlj : mars-sept 9h-17h ; oct-mars 9h-16h. Entrée : 4,50 € (billet combiné avec Nikolaikirche).* Au nord-ouest du centre-ville, la réplique parfaite du Saint-Sépulcre de Jérusalem, érigée au XVe s par Georg Emmerich (fils du maire de l'époque). On prétend qu'il rapporta de son pèlerinage les plans du bâtiment sacré.

➢ ***Passer en Pologne :*** sur la rive droite de la rivière Neiße, la ville polonaise de *Zgorzelec* était la partie est de Görlitz (un gros faubourg) avant d'en être séparée par frontière sur la ligne Oder-Neiße définie en 1945 suite aux accords entre Alliés et Soviétiques. Aujourd'hui, traverser le pont (piéton) qui enjambe la Neiße est devenu une chose simple avec l'adhésion de la Pologne à l'Union européenne. On va et vient librement d'une rive à l'autre. Zgorzelec n'a pas le charme et le caractère historique de Görlitz mais les 2 villes n'ont jamais été aussi proches, dans leur volonté de mise en valeur du patrimoine urbain.

Fêtes et manifestions

Liste exhaustive et dates précises sur *• visit-goerlitz.com •*

– *Au printemps :* les ***Journées littéraires de la Neiße,*** le ***festival du Film de la Neiße,*** le ***festival de Jazz,*** la ***fête de la brasserie Landskron...***
– *En été :* le ***festival de Théâtre en plein air,*** le ***marché de la Poterie silésienne,*** la ***fête de la Vieille Ville...***
– *À l'automne :* la ***semaine J.-S. Bach...***
– *En hiver :* le ***marché de Noël,*** les ***journées internationales Olivier Messian...***

LA SAXE-ANHALT

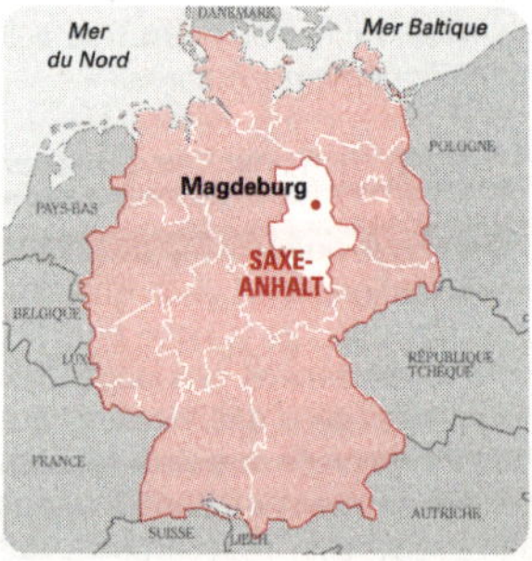

Entre Saxe et Basse-Saxe, le Land de Saxe-Anhalt est de création récente, puisque c'est à la suite de la réunification de 1990 qu'il fut créé en Land autonome avec Magdebourg pour capitale. Une capitale qui a bien changé, durant ce dernier ¼ de siècle... Depuis la réunification, c'est la Saxe-Anhalt qui a attiré le plus de capitaux étrangers. Les amoureux de la nature iront gravir le *Brocken*, haut de 1 141 m, au sommet duquel, selon la légende, dans la nuit de *Walpurgis* (veille du 1er mai), les sorcières se réunissaient pour danser. L'*Elbe* y coule sur une

longueur de 300 km, des coteaux de vignes de la *Saale* et d'*Unstrut,* la région viticole la plus septentrionale d'Allemagne, jusqu'à l'*Altmark* au nord, en passant par les bassins industriels de *Halle* et *Bitterfeld.*

MAGDEBURG (MAGDEBOURG) (39104) 235 800 hab.

La capitale du Land de Saxe-Anhalt se présente avec un slogan racoleur : *Magdeburg überrascht* (« Magdebourg surprend »).
Mais force est de constater que c'est une ville où les touristes restent peu. Quelques témoignages de son histoire mouvementée retiendront le visiteur de passage au milieu de barres d'immeubles un peu tristes, construites par la RDA dans l'urgence de l'après-guerre : l'imposant *Dom* et la postmoderne *Grüne Zitadelle* se faisant écho dans un télescopage des siècles. Le visiteur pressé se rendra rapidement plus au sud, sur les traces du *Bauhaus.*

À RESTER SCOTCHÉ

L'expérience des « hémisphères de Magdebourg » eut un grand retentissement en 1654 : Otto von Guericke, bourgmestre de la ville, démontra la force de la pression atmosphérique, après avoir attelé 2 chevaux pour séparer, sans succès, 2 sphères à l'intérieur desquelles il avait fait le vide à l'aide d'une pompe.

UN PEU D'HISTOIRE

Fief protestant, la population de Magdebourg, assiégée, est massacrée et la ville incendiée par les mercenaires catholiques du général Tilly en 1631, dans un épisode sanglant de la guerre de Trente Ans. Seuls 5 000 sur 30 000 habitants survécurent.
En janvier 1945, la ville est détruite une nouvelle (et dernière) fois par une attaque aérienne particulièrement violente.

À voir

Magdeburger Dom *(cathédrale des Saints-Catherine-et-Maurice)* **:** *Domplatz. ☎ 541-04-36. • magdeburgerdom.de • Lun-sam : mai-sept, 10h-18h ; avr et oct, 10h-17h ; nov-mars, 10h-16h ; dim tte l'année seulement à partir de 11h30. Entrée gratuite. Visites guidées (en allemand et anglais) tlj à 14h ; dim à 11h30 et 14h : 6 €. Petit fascicule en français : 1 €.* La cathédrale est le symbole de la ville et cumule les superlatifs : 1re cathédrale gothique d'Allemagne, la plus haute de l'ex-RDA avec ses 2 tours de près de 100 m et, plus récemment, la 1re église à s'équiper en énergie solaire ! La construction, maintes fois arrêtée puis reprise, aura duré 300 ans. À voir : la tombe de l'empereur ***Othon Ier*** en marbre, et les statues de saint Maurice et sainte Catherine. Dans la partie occidentale du chœur. 2 groupes sculptés en 1250 : les Vierges sages et les Vierges folles.

Hundertwasserhaus : *Breiter Weg 10a. ☎ 597-559-40. • gruene-zitadelle.de • Lun, mer et jeu 8h-14h, mar 8h-15h30 et ven 8h-13h. Visites guidées, seulement en allemand (☎ 62-08-655). Avr-oct en sem, à 11h, 15h et 17h ; w-e, ttes les heures 11h-17h. Nov-mars, lun-ven à 11h et 15h ; w-e à 11h, 13h et 15h. Durée : 1h. Prix : 7 €. Tickets et début du tour au centre d'info (dans la cour à gauche du café).* Une œuvre d'art architectonique tout à fait originale et sans angles droits, la ***Grüne Zitadelle*** *(Citadelle Verte)* sera l'une des dernières réalisations de Friedensreich Hundertwasser, inaugurée en 2005 sans Hundertwasser, décédé en 2000. La vision d'un artiste avec ses doutes et ses obsessions : on ne retrouve pas 2 fois le même élément d'architecture, que ce soit une fenêtre, une colonne en céramique ou un robinet. Ensemble multifonctionnel (hôtel, bureaux, lieu d'habitat...), la *Citadelle Verte* obéit à une démarche philosophique : celle d'une « architecture vivante ». Tout rappelle la parfaite imperfection de la nature. Si les colonnes symbolisent les arbres, ces derniers sont également locataires : dans certains appartements, l'un d'eux pousse à travers la fenêtre. Il paie son loyer par l'oxygène qu'il fournit et par son action contre la poussière !

DESSAU (06811) 90 500 hab. IND. TÉL. : 3405

Dessau, 2e berceau du Bauhaus. Adulé ou décrié, ce style constitue le dernier grand courant architectural depuis l'Art nouveau. Travail en équipe, refus du dogme, l'originalité de Walter Gropius irrite les grands pontes de son époque. En 1925, rejeté par le Land de Thuringe, il déménage le mouvement de Weimar à Dessau, où, entre 1925 et 1928, il fait construire l'école des Arts et Métiers (actuelle maison du Bauhaus) et les maisons des maîtres. Et quels maîtres ! Entre autres *Hannes Meyer, Mies van der Rohe, Paul Klee* et *Vassily Kandinsky.* Derrière la sobre harmonie des formes cubiques se cache une réflexion permanente sur le bien-vivre. « Art dégénéré » pour les nazis, le Bauhaus est dissout dès 1933. Classé à l'Unesco, il représente une étape idéale pour 1 journée (le parc de Wörlitz est tout proche).

➢ À 63 km au sud-est de Magdebourg par la route 184 et à env 72 km de Leipzig par l'autouroute A 9. Une fois dans Dessau, suivre l'indication « Bauhaus ». Petit parking devant la maison du Bauhaus, de l'autre côté de la route. Destiné aux résidents, on peut s'y garer 2h en tant que visiteur.

Où manger ? Où boire un verre ?

Café de la maison du Bauhaus : *à l'entrée de la maison, sur la droite. Tlj 8h-minuit (18h dim). Entrée env 4 € et plat autour de 10 €.* Un café (forcément) Bauhaus, à l'instar des chaises design. Pour un petit expresso bien serré ou un gaspacho frais en été. Possibilité de passer la nuit sur place. Renseignements à l'entrée *(chambres 35-60 €).*

À voir

Bauhaus Museum Dessau : *Mies van der Rohe Platz 1. • bauhaus-dessau.de • Tlj sauf lun 10h-18h. Entrée : 5,50 € ; réduc.* Inauguré en 2019 pour le centenaire du mouvement, le musée se présente comme un monument minimaliste composé d'une structure de verre qui enveloppe une « boîte noire » de béton armé, soutenue par 2 escaliers. Les collections réunissent la 2e plus vaste collection d'objets d'art et d'artisanat (49 000 pièces) liés à ce courant. Parmi celles-ci, les travaux d'artistes, les notes de cours, les dessins et les prototypes, dont le ***fauteuil Wassily*** en acier chromé de Marcel Breue (1925), ou le ***siège*** de Luwig Mies van der Rohe (1929).

Bauhausgebaude *(maison du Bauhaus)* **:** *Gropiusallee 38. Tlj 10h-17h. Visites guidées (en allemand seulement) à 11h et 14h, ven à 12h en anglais. Entrée : 8,50 € ; réduc. Audioguide en français. Billet combiné valable 72h :*

25 € (réduc) pour les 5 sites (Musée de Dessaumaison du Bauhaus, maisons des maîtres, Consumer building et Siedlung Törten).
Cet édifice en dit long sur le talent avant-gardiste de Walter Gropius. Structure en blocs, absence de façade principale... L'usage du verre crée une interaction intérieur-extérieur chère au maître, et aère la structure générale. Les nazis la transformeront en école pour *Gauleiter.* De nos jours, c'est un institut de recherche sur l'architecture moderne. Hors visite guidée, le tour est vite fait, et on risque d'être quelque peu déçu.

Les maisons des maîtres : *Ebertallee. Tlj 10h (11h en hiver)-17h. • meisterhaeuser.de • Visites guidées à 12h30 et 15h30, plus 13h30 le w-e. Entrée : 9 € ; réduc, gratuit moins de 18 ans.* L'environnement joue un rôle-clé dans ce hameau moderne pour une communauté d'artistes et enseignants où le bien-vivre est à l'honneur. Harmonie cubique et immaculée, et voisinage des pins dégageant leurs effluves méditerranéens en été. Toutes les maisons ne sont pas visibles, mais 2 sont en visite libre. La maison de ***Moholy-Nagy*** et de ***Lyonel Feininger*** reprend le code de couleur propre au Bauhaus : espaces privés surlignés de bleu et parties publiques, codées en rouge. Long balcon courant sur 3 pièces, vue bucolique. Dans la maison de ***Georg Muche*** et d'***Oskar Schlemmer,*** voir la chambre noire, peinte par ***Marcel Breuer.*** Avec l'arrivée des nazis, la plupart des locataires émigrèrent aux USA, et en 1939, les maisons furent utilisées comme usines.

Siedlung Törten et Stahlhaus *(cité Törten et maison de l'Acier)* **:** *visite guidée en all mars-oct. tlj sauf lun à 15h30. Point de rencontre Am Dreleck. Entrée comprise dans le billet combiné.* C'est la Municipalité qui sollicita Gropius pour créer des logements à bas prix pour les ouvriers. De 1926 à 1928, il s'attèle à la construction de plus de 310 maisons familiales. L'homogénéité du lieu s'est peut-être altérée avec le temps, si ce n'est la couleur blanche des maisons qui portent encore nettement la marque du Bauhaus.

WÖRLITZ

(06786) | 1 520 hab. | IND. TÉL. : 3490

Le 1er parc à l'anglaise du continent fut construit de 1764 à 1813 sur 112 ha, pour la famille d'*Anhalt-Dessau,* liée aux souverains d'Europe. Il illustre à merveille le concept de retour à la nature, préromantisme très en vogue à la fin du XVIIIe s. L'ensemble baigne dans la magie des parcs du genre : temples, châteaux, églises, ponts, champs de blé alternant avec parterres de fleurs et statues antiques. Classé au Patrimoine de l'Unesco, ce parc évoquait pour Goethe « un conte aux allures de Champs-Élysées ». Âmes romantiques et amateurs de patrimoine seront conquis d'avance ! Prévoir une demi-journée sur place.
➢ À 17 km à l'est de Dessau et 60 km de *Leipzig.* Autoroute A 9, puis sortie 10 et suivre la direction *Oranienbaum,* puis Wörlitz par la route 107. Grand parking juste avant la ville *(5 €/j.)* ou celui de *Wörlitzer Platz,* derrière le resto *Grüner Baum (2 €/j.).* Places libres dans le village, en dehors des grands w-e. De Wörlitz, pour accéder au site, sortir à droite et longer le lac jusqu'au château.

Adresse utile

Centre d'information : *Förstergasse 26.* ☎ *310-09. • woerlitz-information.de • Avr et oct, tlj 10h-16h ; mai-sept, 10h-18h ; nov-mars, lun-ven 10h-17h.* Tickets d'entrée dans la boutique. *Drei-Schlösser-Karte,* ticket combiné pour plusieurs sites : Schloss Wörlitz, Schloss Mosigkau et Schloss Oranienbaum *(15 €)*. Carte pour la journée valable pour la plupart des sites *(18 €)*. Plans du site très bien faits, payants.

Où manger ?

Restaurant Grüner Baum : *Neuer Wall 103.* ☎ *521-703. Tlj 11h-18h. Plats autour de 10-12 €.* Un immense resto qui en regroupe 3, dont un *Eiscafé*, à l'entrée de la ville qui est la plus ancienne auberge de Wörlitz. Dans le *Hofgarten*, partie cantine avec plats simples à petits prix. Repérez l'inscription *Mittagstisch* et allez vous-même passer commande. Terrasse ombragée. Également un resto, avec des plats plus élaborés.

À voir. À faire

Schloss Wörlitz *(château)* **:** *visite mi-mars et sept, tlj sauf lun 10h-17h ; mai-sept, mar-dim 10h-17h (18h ven-sam) ; oct, mar-dim 10h-17h ; fermé de nov à mi-mars. Entrée : 8,50 € ; réduc. Visite guidée en allemand. Livret en français. Durée : 1h.* Construit pour le prince Franz d'Anhalt-Dessau de 1769 à 1773 comme résidence estivale, c'est l'un des 1ers châteaux néoclassiques en terre allemande. À l'intérieur, la variété des décorations et des objets d'art est d'une richesse incomparable. Dans la 2e pièce longue, *Mariage d'Alexandre le Grand et de Roxane*, de **Rubens,** un original. Voir aussi la table de jeu dépliable dans le cabinet de la princesse, avec mobilier de marqueterie baroque. Les motifs floraux, aux murs, sont d'origine. Studieuse bibliothèque où vous reconnaîtrez nos Lumières nationales en effigie *(Voltaire, Rousseau, Montesquieu...)*, ainsi que des philosophes anglais *(John Locke...)*.

Pour vous rendre à la Villa Hamilton, traversez le ***parc*** vers le sud-est, sur environ 1,5 km. Empruntez le pont flottant ou encore le pittoresque pont du soleil. *Floragarten*, petit stand à café et pâtisseries pour reprendre des forces.

***La Villa Hamilton* :** *mêmes horaires que pour le château. Pas de visite guidée. Entrée séparée : 6 €.* Une fantaisie toujours aussi déroutante de nos jours. Elle fut construite sur le modèle de la villa napolitaine de l'Anglais William Hamilton, diplomate, collectionneur et ami du prince Franz. La maison est bâtie sur un rocher, taillé sur le modèle des grottes du Vésuve. La touche méditerranéenne est amplifiée par les figuiers. On se perd avec délectation dans ce petit labyrinthe de pierre pour déboucher, ici, au bord du lac sous des arcades, et là, dans la salle de nuit, dont les parois imitent la lave volcanique. Amphithéâtre semi-circulaire (la niche principale était réservée au prince). Continuez au-dessus pour atteindre ce petit bijou qu'est la Villa. Seulement 3 pièces, aux motifs antiques, rénovées comme à l'origine.

➢ Si vous êtes de passage, ou tout simplement que le cœur vous en dit, des **gondoles** traversent le lac et parcourent tout le complexe en 45 mn *(10 €/pers). Départ à la station, à env 200 m au sud du château. Ouv mai-sept 10h-17h.*

LE NORD DE L'ALLEMAGNE

LA CÔTE BALTIQUE – LE LAND DE MECKLEMBOURG-POMÉRANIE OCCIDENTALE

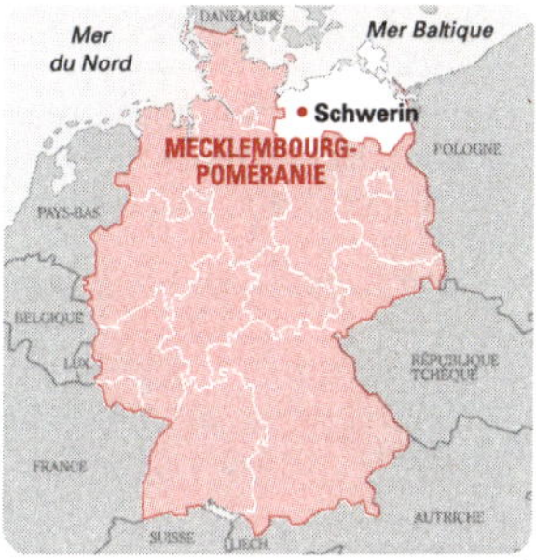

De tous les Länder intégrés à la suite de la réunification, le *Mecklenburg-Vorpommern* (en v.o.) est certainement le moins connu. Dès qu'on franchit les limites administratives héritées de la séparation entre l'Est et l'Ouest, on est frappé par les différences qui subsistent même près de 35 ans après 1990. Paysages de collines ondoyantes à l'habitat clairsemé, larges étendues agricoles céréalières, barres de HLM rescapées de la défunte RDA, population au look moins élégant et aux revenus encore en dessous de celui des *Wessis,* mais ô combien chaleureux dans le contact humain... ou carrément xénophobes !

À peine peuplé de 1,7 million d'habitants, ce Land ne compte pas, en dehors du port de Rostock, de grandes villes drainant les foules. Pourtant, les petites cités au passé hanséatique classées au Patrimoine de l'Unesco ont beaucoup à offrir aux amateurs d'histoire et d'architecture. Relativement épargnées par la guerre, elles présentent encore, avec leurs austères églises gothiques dont les clochers chatouillent les nuages, un décor médiéval qui leur confère un charme indéniable. Maisons à pignon, imposants entrepôts et hôtels de ville remarquables témoignent toujours de la richesse des marchands et négociants d'autrefois.

Ajoutez à cela des réserves naturelles protégées, 2 000 lacs et 1 900 km de côtes bordées d'élégantes stations balnéaires, les nombreux châteaux et domaines qui servent de cadre en été à de grandes manifestations culturelles et les côtes escarpées de l'île de Rügen avec ses falaises de craie immortalisées par le peintre Caspar David Friedrich, un ensoleillement record (oui, oui !) et vous aurez tous les ingrédients pour une découverte inattendue, hors des sentiers battus.

SCHWERIN

(19053) 96 000 hab. IND. TÉL. : 0385

• Plan *p. 497*

Bordée par le 4e lac en surface d'Allemagne, et au sein d'un environnement boisé, Schwerin, capitale administrative du Land, est une cité paisible. On y

découvre le reflet charmant d'une architecture discrète mais d'exception. À l'origine (1018), la « ville slave des lacs et des forêts » était cantonnée sur l'actuelle île du Château, dans un fortin nommé *Zuarin* (signifiant : « territoire peuplé d'animaux »).
En 1160, *Henri le Lion,* duc de Saxe et de Bavière, y bâtit la 2e ville à l'est de l'Elbe, en y installant sa résidence. Jusqu'en 1918, Schwerin demeure la capitale du duché de Mecklembourg et reçoit de riches ornements. Elle traverse le siècle dernier sans encombre, échappant à la guerre, à l'urbanisation et au tourisme de masse. Résidence des grands-ducs de Mecklembourg-Schwerin, son magnifique château, qualifié de *Neuschwanstein du Nord,* se compare volontiers Chambord. C'est, de nos jours, le siège du parlement régional.

Adresses utiles

i *Schwerin Information* *(plan B2) : Am Markt 14. ☎ 592-52-12. ● schwerin.com ● Lun-ven 10h-18h (16h w-e).* Liste et résas des chambres chez l'habitant. Bonne carte de la ville où figurent les moyens de transport. Prospectus en français.

Gare ferroviaire *(Hauptbahnhof ; plan A1) : Grunthalplatz.* Plusieurs trains quotidiens à destination des principales villes allemandes vers l'Est (Berlin, Dresde, Leipzig, Halle, Magdebourg). Dessertes quotidiennes de la côte balte (Hambourg, Lübeck, Wismar, Rostock, Stralsund).

Weiße Flotte *(plan B2,* ***1****) : embarcadère sur Werderstr., devant le château. ☎ 55-777-0. ● weisseflotteschwerin.de ● Billet : 18 € ; réduc. Propose 2 balades différentes, 1er avr-31 oct, sur le Schweriner See : 1h30, et petits ronds dans l'eau ; prévoir une petite laine.* Également navettes pour *Zippendorf* et *Kaninchenwerder.*

Où dormir ?

Camping

Ferienpark Seehof *: Am Zeltplatz 1, Seehof. ☎ 51-25-40. ● ferienparkseehof.de ● À 8 km au nord. En voiture, route de Wismar, puis à droite en suivant le fléchage. En bus, ligne n° 8, de la gare. Ouv mars-oct. Empl. 21-44 € pour 2 avec tente et voiture ; douche payante.* En pleine nature, au bord du lac Seehof (baignade autorisée), cet immense camping offre des emplacements propres et ombragés. Sanitaires impeccables. Également quelques bungalows. Petit resto et sports nautiques.

De prix moyens à chic

Hotel am Hauptbahnhof *(plan A1,* ***10****) : Grunthalplatz 11-12. ☎ 0385-511-970. ● hotel-am-hauptbahnhof-schwerin.de ● Doubles avec sdb à partir de 69 €. Petit déj-buffet 13 €.* Un hôtel à la façade aux couleurs flashy, équipé de chambres rénovées mais plutôt riquiqui. Assez calme, mais préférez-en une à l'arrière. Restaurant de cuisine bulgare attenant.

Gasthof Zur Guten Quelle *(plan A2,* ***11****) : Schusterstr. 12. ☎ 56-59-85. ● zur-guten-quelle.m-vp.de ● Doubles à partir de 77 € ; offres promotionnelles sur le site.* À un jet de pierre du Markt, derrière les colombages de cette jolie maison d'angle au calme se cachent 6 chambres correctement équipées mais sans charme ; certaines sont mansardées. Terrasse pour le petit déj, donnant sur une venelle pittoresque. Bon accueil. Restaurant de cuisine traditionnelle.

Boulevard Hotel Altstad *(plan A2,* ***12****) : Klosterstr. 28. ☎ 59-55-0. ● boulevardhotel-schwerin.de ● Doubles à partir de 99 €.* Situation très centrale mais au calme, idéale pour la visite de la ville. Chambres de bon confort au mobilier standard, certaines avec vue. Petit déj-buffet. Terrasse au dernier étage avec vue sur le château. Parking public à 200 m. Accueil affable.

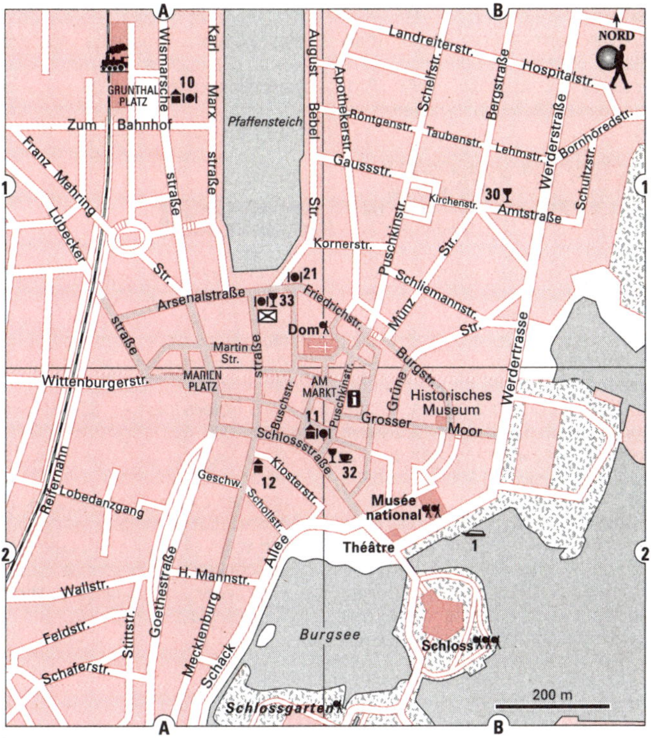

SCHWERIN

■	**Adresses utiles**	I●I	**Où manger ?**
	ℹ Schwerin Information (B2)		**21** Friedrichs et Lukas (A1)
	1 Weiße Flotte (B2)		
			Où prendre un café, un petit déjeuner et boire un verre ?
	Où dormir ?		**30** Zum Freischütz (B1)
	10 Hotel am Hauptbahnhof (A1)		**32** Café Prag (B2)
	11 Gasthof Zur Guten Quelle (A2)		**33** Bolero (A1)
	12 Boulevard Hotel Altstad (A2)		

Où manger ?

I●I ***Friedrichs*** *(plan A1,* ***21****)* **:** *Friedrichstr. 2. ☎ 55-54-73. Tlj 11h-22h. Plats 16-24 €.* Une grande maison classique à colonnades, sur l'angle, face au petit lac intérieur. Déco de bon ton. Salades, soupes, poissons et burgers et aussi plats végétariens. Agréable terrasse avec parasols. De quoi se reconstituer après la visite du Dom tout proche.

I●I ***Lukas*** *(plan A1,* ***21****)* **:** *Großer Moor 5. ☎ 56-59-35. Tlj 11h30-22h,* *mais cuisine jusqu'à 21h. Résa très conseillée. Plats 14-27 €.* Dans un cadre moderne assez banal mais agréable, le resto de poisson et fruits de mer le plus coté de la ville. Produits de grande fraîcheur. Essayez le *Fishplatte,* un assortiment de sandre, de saumon et de morue braisées. Un régal ! Les carnivores et les végétariens ne sont pas oubliés. Prix raisonnables. Service irréprochable.

Où prendre un café, un petit déjeuner et boire un verre ?

Café Prag *(plan B2,* ***32****) : Schlossstr. 17. ☎ 56-59-09. Dans la rue face au château. Lun-sam 10h-19h (18h dim).* Un incontournable, fréquenté dès le matin pour le copieux *Frühstuck* et à l'heure du thé pour les gâteaux très alléchants. Certes, l'atmosphère de cet élégant salon de thé est un poil compassée... mais les lustres et les dorures rappellent le charme de la Belle Époque !

Zum Freischütz *(plan B1,* ***30****) : Am Ziegenmarkt 11 (au bout d'Amtstr.). ☎ 56-14-31. Lun-ven 11h-2h (2h30 ven), w-e 18h-2h30 (2h dim).* Rien d'innocent à ce que la carte des consos ressemble à un disque de stationnement : il convient de stopper net au comptoir ! Essayer la *Zimtlikör,* très locale (bon courage !). Lumière tamisée et musique destroy attisent les discussions des jeunes gens branchés. Petite restauration jusqu'à minuit.

Bolero *(plan A1,* ***33****) : Mecklenburgstr. 2. ☎ 59-18-77-07. Tlj 12h-1h (2h ven-sam), dim 15h-23h. Profitez des happy hours (heures variables).* Adresse au concept amusant, décorée comme un bar de plage, avec parasols, beach-volley et gradins de stade. Nombreux cocktails, et barbecue, burgers et plats mexicains, mais sans attraits. Terrasse sur la rue principale.

À voir. À faire

Dom *(cathédrale ; plan A-B1) : Am Markt. ● dom-schwerin.de ● Mai-oct, tlj 10h-17h (12h dim). Visites guidées lun à 15h et sam à 11h. Accès à la tour : 2 €.* Dédiée à sainte Marie et saint Jean, elle a été construite entre 1270 et 1416 ; cette cathédrale gothique de brique rouge demeure l'un des rares témoignages de l'architecture médiévale de Schwerin. Son fondateur, *Henri Ier,* lui avait rapporté de Palestine une goutte de sang du Christ ! La tour monumentale de 117 m est un ajout du XIXe s (vue imprenable sur les lacs et la ville). À l'intérieur, jubé peint de couleurs vives, restes de fresques du début du XIVe s, tombeaux des ducs dans le déambulatoire, orgues (concerts), vitraux et maître-autel gothique.

Derrière la cathédrale, les nombreuses maisons en brique, certaines à l'abandon, et les immeubles datant de la RDA donnent une étrange atmosphère au quartier.

La vieille ville *(plan A-B2) : autour du Markt.* La place du Marché ne manque pas de charme, avec son étonnant *Rathaus* néogothique tout crénelé et ses façades joliment rénovées. À gauche du *Rathaus,* le bâtiment blanc à colonnes doriques était l'ancienne halle du marché (XVIIIe s). Derrière l'hôtel de ville, quelques jolies maisons à colombages et à pignon du XVIIe s.

Ne pas manquer l'adorable maison à colombages de 1698, dans ***Buschstraße,*** au nº 15 : tout un côté est suspendu dans le vide ! La raison : à l'époque, les habitants payaient un impôt sur la superficie au sol ; malin, non ? Derrière l'hôtel de ville, visitez donc le ***Schlachtermarkt*** ou *marché des Bouchers (tlj marché aux fleurs et légumes)* ; fontaine amusante.

Schloss *(château ; plan B2)* **:** *Lennéstr. 1. • mv-schloesser.de • Mar-dim 10h-18h (17h de mi-oct à mi-avr). Entrée : 8,50 € ; réduc. Audioguide en anglais : 2 € ; réduc. Panneaux explicatifs en anglais.* Difficile de le rater. Planté majestueusement sur une île face à la vieille ville, cet immense château néo-Renaissance du XIXe s, aux allures de petit Chambord, dresse une forêt de pinacles, clochers et tourelles au-dessus des eaux. En façade, statue équestre de Niklot, prince des Slaves fondateurs du lieu. Visite de pas moins de 150 salles richement décorées mais souvent bien pompeuses. Certaines sont remarquables, comme la *salle du Trône* avec ses marbres de Carrare, sa marqueterie incrustée son chauffage central dissimulé derrière les portes dorées. Le château abrite également une galerie de peintres régionaux auxquels on a ajouté provisoirement les œuvres principales de la galerie de peinture du Musée national (voir plus loin), fermée pour réaménagement. En sortant, faites le tour par l'arrière : éléments d'architecture gothique, et ornementation en *terracotta* intégrés à la façade. Superbes jardins en contrebas, précédant une délicieuse orangerie.

Schlossgarten *(jardins du château ; plan A-B2)* **:** *ouv en permanence.* Derrière le bel édifice, prendre le pont tournant qui permettait au dernier grand-duc du Land (début XXe s) de faire passer son yacht. Immenses et splendides, avec leurs belles allées romantiques et leurs canaux où glissent les cygnes. Le chemin de gauche, *Franzosenweg,* mène à Zippendorf. Faire la promenade à vélo.

La galerie de peinture du Musée national *(plan B2)* **:** *Alter Garten 3. • museum-schwerin.de/museum • Face à l'île du Château.* ***En travaux de rénovation.***

Zippendorf* :** une ***plage de vrai sable, à 30 km de la mer ! *À 4 km seulement du château de Schwerin en suivant le Franzosenweg (chemin des Français).* L'eau y est moins fraîche qu'on ne l'imagine. C'est le rendez-vous des familles chaque week-end. On pourrait presque se croire en Normandie. Location de ***barques.***

DANS LES ENVIRONS DE SCHWERIN

Schloss Ludwigslust* :** *à* ***Ludwigslust, *à 38 km au sud de Schwerin. • mv-schloesser.de • Mêmes horaires que le château de Schwerin (plus haut). Jardins accessibles tte l'année. Entrée : 6,50 € ; réduc.* Le duc de Mecklembourg, ayant englouti l'essentiel de sa fortune lors de la construction du château (1772-1776), n'avait plus le moindre sou vaillant pour décorer ses salles d'apparat. Il eut l'idée d'un subterfuge : ses artisans créèrent une forme de papier mâché, pour façonner les moulures et des bustes. Ces décorations sont de véritables œuvres d'art ! Bien malin celui qui peut distinguer le vrai du faux. De plus, jusqu'à nos jours, le secret de la fabrication de cet artifice est resté bien caché.

WISMAR

(23952) 42 500 hab. IND. TÉL. : 03841

Difficile de ne pas succomber aux sirènes de la vieille ville de Wismar : maisons, places, ruelles pavées, églises et vieux port, autant de joyaux d'architecture dont on remportera de vifs souvenirs... Il y a 100 ans, son atmosphère médiévale avait d'ailleurs séduit le cinéaste Murnau, qui y tourna son fameux *Nosferatu.*

Fondée en 1229, au fond d'une baie de la Baltique, la cité, associée à la Hanse, brassait de la bière et tissait la laine. Elle connut le développement après la signature d'un pacte de protection contre les pirates. Ses

imposantes églises gothiques de brique témoignent toujours de cette époque glorieuse. La guerre de 30 ans précipita Wismar dans les mains des Suédois qui la nommèrent Wisborg et ce jusqu'en 1803, date à laquelle elle fut rachetée par le duché de Mecklembourg. Longtemps réputée pour ses pêcheries et ses chantiers navals, Wismar s'est désormais reconvertie avec succès dans le tourisme. À la fin août, ses habitants renouent avec leur passé suédois par une grande fête sur le port.

La vieille ville de Wismar : inscrite au Patrimoine mondial de l'Unesco, c'est la seule cité de cette taille au sud de la Baltique à avoir conservé une telle homogénéité. La structure préservée des rues et places, l'impressionnante architecture sacrée en brique, les entrepôts et les maisons bourgeoises témoignent de son rôle à l'époque de la Hanse. L'*Alte Hafen* (bassin du port historique) donne une bonne idée de ce qui fait l'originalité de l'ancienne cité marchande.

D'autres témoignages du passé y abondent comme l'hôtel de ville de style classique, de 1819, le *Wasserkunst* (réservoir d'eau) de style Renaissance sur la place du Marché, la célèbre *Bürgerhaus* (maison bourgeoise) ou le *Schabbelhaus* (musée d'Histoire de la ville).

Adresse utile

Wismar Information : *Lübsche Str. 23a. ☎ 19-433. • wismar.de • Tlj 9h-17h ; oct-mars 10h-16h.* Plan de la ville. Se procurer la brochure *Gastgeber-Freizeit-Gastronomie,* avec les adresses des hôtels, pensions, chambres chez l'habitant, et autres bons tuyaux (restos, expos, sports).

Où dormir ?

Camping

Ostseecamping Ferienpark Zierow : *Strandstr. 19c,* ***Zierow.*** *☎ 038-428-63-820. • ostsee-camping.de • À 6 km au nord-ouest de Wismar. Accessible par la route 105 en direction de Lübeck. Ouv tte l'année. Empl. 25-45 € pour 2 avec tente et voiture ; douche payante. Également des bungalows et mobile homes à la sem pour 1-4 pers. Loc de vélos.* Cadre exceptionnel en bord de mer. Au calme, bien équipé (resto, aire de jeux, piscine, sauna), et tout un tas d'activités (cours de musique, de sport). Le lieu manque un peu d'ombre, mais vous êtes ici pour bronzer, non ?

De prix moyens à chic

Pension Kupfer : *Frische Grube 58 b/c. ☎ 21-17-41. • pension-kupfer-wismar.de • Petite adresse avec pignons flamands et fresque breughelienne à 2 pas, au bord du canal. Doubles 85-100 € (sans ou avec petit déj) ; plus cher si on reste que 1 nuit. Prêt de vélos.* 5 chambres spacieuses un peu kitsch décorées d'affiches de voyages, grande salle de bains. Déco avec maquettes de bateaux – le patron a été capitaine au long cours –, accueil sympathique et un petit déj qui rassasiera les affamés. Grande terrasse.

Pension Chez Fasan : *Bademutterstr. 20a. ☎ 21-34-25. • pension-chez-fasan.de • Dans la 2e rue derrière le Rathaus (hôtel de ville). Résa conseillée. Double avec sdb 75 € ; petit déj 11 €. Parking.* Au centre historique, cette jolie maison ocre offre une bonne vingtaine de chambres rénovées. Salle à manger coquette dont les fenêtres ouvrent sur une petite cour intérieure. Accueil charmant.

Hotel-Restaurant Reuterhaus : *Am Markt 19. ☎ 222-30. • reuterhaus-wismar.de • Doubles 80-110 €, avec petit déj.* Belle maison jaune sur un coin du Markt. Une dizaine de chambres de taille variable pimpantes et douillettes, certaines sous les toits et avec vue sur le Markt. Resto *(11h-22h)* avec mobilier ancien, lambris sombres et cheminée. Plats classiques mais présentés dans les règles de la tradition. Accueil familial plus qu'adorable.

Hotel Wismar : *Breite Str. 10.* ☎ *22-73-40.* • *hotel-restaurant-wismar.de* • *Doubles 85-100 €, avec petit déj.* À 250 m du Markt dans une rue calme, un bâtiment fin XIXe s reconverti en hôtel. Chambres correctes et fonctionnelles, déco standard. Vaste salle de resto tout en boiseries qui sert de cadre au petit déj. Parking privé payant à l'arrière, bien pratique.

Où manger ?

Alter Schwede : *Am Markt 22.* ☎ *28-35-52. Tlj 12h-23h. Addition 15-20 €.* Aisément repérable avec le buste d'un soldat suédois au-dessus du porche. Ce resto occupe une superbe demeure dont l'étonnante façade gothique est classée. Magnifique décor : grandes tables, lances aux murs, drakkars et galions au plafond ! Solide cuisine de terroir en portions copieuses.

Il Casale : *Wasserstr. 1a.* ☎ *22-73-61. Tlj 11h-23h. Plats 13-28 €.* Resto italo-méditerranéen au rez-de-chaussée d'un grand entrepôt en brique au début du quai du vieux port. Réputé pour ses pizzas mais propose aussi pâtes, poissons et viandes. Desserts généreux. Prix raisonnables.

Oberdeck : *Schiffbauerdamm 3.* ☎ *326-68-13. Tlj sauf dim-lun 17h-22h. Résa conseillée. Plats 15-24 € ; menu 42 €.* À l'étage du traiteur *Seeperle,* à l'entrée du bassin de gauche du port. Décor moderne élégant, vue sur la vieille ville, cuisine apparente pour des plats de poissons et crustacés finement travaillés, tant dans la présentation que dans la créativité. L'adresse gastro de Wismar, souvent réquisitionnée par des groupes. Vins de qualité au verre. Service au top.

À voir. À faire

Marktplatz *(place du Marché)* **:** vaste surface de 10 000 m² avec de saisissantes façades colorées à pignon datant, pour la plupart, des XVIIe-XVIIIe s. On y trouve tous les styles. La plus vieille maison (1380) abrite le resto *Alter Schwede* (Vieux Suédois), avec son pignon pittoresque en brique rouge. À sa gauche, une ravissante maison Art nouveau. À l'est de la place, étonnant *Wasserspiele,* un château d'eau Renaissance construit par les Hollandais, qui alimentait la ville en eau du XVIe s à 1897. Enfin, le *Rathaus* (hôtel de ville), bâtiment blanc du début XIXe s avec une petite expo consacrée à l'histoire de la ville dans ses caves *(mar-sam 10h-16h ; GRATUIT).*

4 **églises** dans un périmètre restreint à l'ouest du Markt. • *kirchen-in-wismar.de* •

– Les ruines en brique de **Marienkirche** (XIVe s), détruite au cours de la guerre, dont il ne subsiste que le clocher qui culmine à 80 m ; son horloge continue de donner l'heure exacte. Sur un coin, remarquable bâtiment de l'archidiaconat de 1450.

– **Georgenkirche** (XIIIe-XVIe s), imposante église en brique de style gothique ; très abîmée par les bombardements, elle a été restaurée. *Visite : avr-sept, tlj 10h-18h (16h le reste de l'année). GRATUIT. Accès à une plate-forme : 3 € ; réduc.*

– **Nikolaikirche :** *avr-oct, tlj 8h-20h ; nov-mars, tlj 11h-16h ; dim à partir de 11h30. Entrée : 2 €.* Massive et sévère basilique des XIVe-XVe s, la mieux conservée et la plus visitée. Sa tour en brique rouge est l'une des plus hautes du monde. Intérieur magnifique avec buffet d'orgue, chaire et chœur baroques, pierres tombales et maquettes de bateaux, cité portuaire oblige ! Éblouissant retable de saint Georges, resplendissant de dorures, croix du triomphe, fonts baptismaux de bronze, cerclés d'une grille et retable des merciers (1430), récupéré de l'église *Sankt Marien.*

– ***Heiligen-Geist-Kirche*** (XIVᵉ s), de taille moins imposante que les précédentes avec ses flèches effilées et son école de musique.

★ ***Alter Hafen*** *(vieux port)* **:** pittoresque et désordonné comme il se doit. On y ressent, plus qu'à Rostock, une atmosphère chargée d'aventures et d'histoire à faire rêver tous les aventuriers du monde... Autour du bassin, quelques vieux gréements, et... prenez la mer. Les compagnies maritimes proposent promenades, visites du port et excursions nocturnes.
La plus intéressante est la balade jusqu'à l'***île de Poel,*** à l'entrée de la baie de Wismar *(2h A/R avec la nef hanséatique « Poeler Kogge Wissemara » ; ☎ 30-43-10 ; ● poeler-kogge.de ●).* En quittant la terre ferme, jetez un dernier regard aux 2 étonnantes *têtes de Suédois (Schwedenköpfe)* plantées devant la capitainerie depuis 1672.

DANS LES ENVIRONS DE WISMAR

L'ÎLE DE POEL

À 16 km au nord de Wismar. ● insel-poel.de ● Bureaux de tourisme à ***Kirchdorf*** *et* ***Timmendorf.*** Cette île de 36 km² et de 2 500 âmes est un lieu de villégiature très apprécié des Allemands. Elle est accessible par la route. Le bus nº 430 s'y rend en 30 mn à partir de la gare routière de Wismar. En voiture, il suffit de suivre la *Poeler Straße* (entre la gare routière et la gare ferroviaire). Mais aussi par bateau au départ de Wismar, bien que qu'on ne puisse du fait des horaires que rester que 2h, avant de réembarquer.
L'île étant toute petite, la route est très encombrée en saison, surtout le week-end. Idéal donc à vélo sur des pistes cyclables bien séparées de la route. Parkings payants, ainsi que certaines plages ! Charmants petits hameaux de maisons aux toits de chaume en bord de mer, champs à perte de vue, nombreuses criques où l'on peut se baigner... Recommandation particulière pour *Timmendorf* (à l'ouest de l'île), avec son petit port de plaisance et l'adorable vieux phare dominant la plage (payante) de sable fin. Plusieurs restos à l'entrée de la station.

DE WISMAR À ROSTOCK

Pour les pressés, il y a l'autoroute A 20. Pour les autres, il y a aussi la très agréable route 105 qui passe par de jolies campagnes : champs de colza, maisons en chaume, moulins en bois, forêt peuplée d'écureuils... Arrêt obligatoire à Bad Doberan.

Où dormir ?

⌂ Nombreuses ***chambres chez l'habitant*** dans tous les villages.
⌂ ***Doberaner Hof :*** *Alexandrinenplatz 4,* ***Bad Doberan.*** *☎ (038203) 747-40. ● hotel-doberaner-hof.de ● Doubles 79-129 € avec petit déj.* Spacieuse maison à faux colombages au centre de la ville. Une vingtaine de chambres confortables. Accueil chaleureux. Le train à vapeur marque un arrêt juste devant l'entrée.

À voir. À faire

★★★ ***Doberaner Münster*** *(abbatiale de Bad Doberan)* **:** *☎ 038-203-77-95-90. ● muenster-doberan.de ● À la sortie est de la ville, sur la gauche, abritée par un* *mur de brique. Visites tlj : mars-avr et oct 10h-17h, mai-sept 9h-18h, nov-fév 10h-16h ; dim à partir de 11h tte l'année. Entrée : 3 € ; réduc. Brochure en français. Visites guidées en français.* Une splendeur, inspirée par l'architecture des cathédrales françaises. Cette gigantesque nef de l'abbaye cistercienne en gothique tardif, coiffée d'une petite flèche, date de la fin du XIIIe s et est considérée comme l'une des plus belles églises du pays. Il a fallu 5 millions de briques pour la bâtir ! À l'intérieur, le contraste des enduits clairs et de la brique fait ressortir les saillies des arêtes de voûte et de piliers. Triptyque du maître-autel exécuté à Lübeck au début du XIVe s. À sa gauche, un tabernacle gothique de 12 m de haut en forme d'ostensoir, croix triomphale du jubé en forme d'arbre de vie... Les ***ducs du Mecklembourg*** s'y sont fait construire d'incroyables tombeaux plus pompeux les uns que les autres. Un roi de Suède et une reine du Danemark y ont aussi leur sépulture. Une curiosité : adossés aux piliers, des chevaliers en armure ont la tête entourée d'un bandeau, comme s'ils souffraient d'un mal de dents... un reliquat de la pratique consistant à attacher la mâchoire inférieure après la mort de peur qu'elle ne se relâche. Voir aussi le cadran d'une ancienne horloge astronomique. *Concerts juin-sept, ven à 19h30.* Derrière, joli parc, étang et ponts en bois.

Le Mecklembourg en train à vapeur : *à la Bahnhof (gare) de* ***Bad Doberan.*** *• molli-bahn.de • Départ tte l'année ttes les heures 7h20-18h20 (16h40 de nov à mi-avr). Env 14 € l'A/R pour 2 zones. Billet familial (2 adultes, 3 enfants) : 39 €.* *Mollie,* une locomotive fumante et pétaradante d'un autre âge, tracte à travers la ville une dizaine de wagons vétustes vers la station balnéaire d'*Heiligendamm.* Une amusante balade de 45 mn.

ROSTOCK

(18001) 206 000 hab. IND. TÉL. : 0381

• Plan *p. 505*

Jadis l'un des fleurons de la Ligue hanséatique, c'était aussi le plus grand port de l'ex-RDA et sa porte maritime vers le monde. Rostock est une ville aérée et cosmopolite, avec ses hautes façades multicolores et ses clochers élancés... Le 7 fut longtemps son chiffre porte-bonheur : on y trouvait en effet 7 ponts, 7 rues commerçantes, 7 tours au sommet de l'hôtel de ville, 7 portes à la renversante église Sainte-Marie, etc. Rostock bénéficie depuis quelques années d'un gigantesque programme de réhabilitation de ses indéniables atouts, espérant participer à la grande aventure touristique du XXIe s. Pari en passe d'être gagné !
Le centre-ville a été rendu aux piétons, qui redécouvrent avec plaisir ses joyaux. Les maisons à pignon caractéristiques de la Hanse ont été rénovées avec soin, offrant aux regards une large palette de formes et couleurs attrayantes. Ambiance jeune assurée grâce aux 12 000 étudiants qui peuplent les amphithéâtres de l'université. En revanche, le célèbre port n'est pas sur la Baltique mais sur le fleuve qui s'y jette, la *Warnow.* Pour voir la mer, on ira jusqu'à Warnemünde, agréable station balnéaire.

Adresse utile

Office de tourisme *(plan A2) : Universitätsplatz 6. ☎ 381-22-22. • rostock.de • Mai-oct, lun-ven 10h-18h, w-e 10h-15h ; nov-avr, lun-ven 10h-17h, sam 10h-15h, fermé dim.* Personnel efficace. Infos sur l'hébergement, les activités culturelles et les ferries pour la Scandinavie. Bon plan : la *RostockCard (valable 24h, 13 € ou 48h, 18 €)* offre la gratuité des transports (jusqu'à Warnemünde !), une visite guidée de la ville et de nombreuses réductions. Existe également la *RostockCard + Region (valable 24h, 20 € ou 48h, 30 €).* Plan en français.

Où dormir ?

Rostock n'offre que peu de possibilités d'hébergement bon marché. La meilleure solution consiste à en trouver un dans la station balnéaire de Warnemünde, à quelques kilomètres de là, facilement accessible par le S-Bahn.

Campings

⛺ ***2 campings*** mais assez loin de la ville.
Le 1er, ***Ostseecamp und Ferienpark Rostocker Heide,*** est à **Graal-Müritz** *(25 km au nord). ☎ (038206) 775-80. • ostseecamp-ferienpark.de • Ouv à partir de fin mars. Compter 14-29 € selon saison pour 2 avec tente et voiture.* Un grand camping ombragé très propre, en pleine forêt et au bord d'une plage de sable blanc de 5 km de long. Bungalow à dispo. Excellent accueil.
Le 2d est à ***Markgrafenheide,*** à 20 km au nord. Voir « Où dormir ? » à Warnemünde.

De bon marché à prix moyens

🏠 ***Blue Doors Hostel Altstadt*** *(plan B2,* ***11****)* **:** *Beginenberg 25. ☎ 33-72-48-60. • bluedoorshostel.de • De 16 € pour un lit en dortoir de 8 lits à 67 € la chambre double ; 3 € obligatoires pour les draps ; petit déj 8 €.* AJ indépendante dans une maison ancienne du début du XXe s, bien réaménagée, près de la Steintor. Dortoirs et chambres doubles, claires et bien équipées. Salle commune avec baby-foot, salon avec canapés, cuisine moderne à dispo. Accueil convivial d'une équipe dynamique.

🏠 ***Blue Doors Hostel KTV*** *(hors plan par A1,* ***12****)* **:** *Doberaner Str. 96. ☎ 25-29-99-80. • bluedoorshostel.de • De la gare, S1/4/5 : Volkstheater. Mêmes tarifs que le précédent. Parking privé. Loc de vélos.* Un peu à l'extérieur du centre. Bâtiment double rénové et propre le long d'une artère passante. Décorées dans des couleurs gaies, les chambres sont vraiment plaisantes. Barbecue le soir.

🏠 ***City Pension*** *(plan A1,* ***13****)* **:** *Krönkenhagen 3. ☎ 459-07-04. • city-pension-rostock.de • Au cœur de la vieille ville. Réception 16h-18h. Doubles avec sdb 76-118 € avec petit déj.* Dans une ruelle calme et pavée, à 2 pas des quais du port (cris des mouettes), cette pension à la façade couverte de lierre propose une poignée de chambres impeccables. Bon accueil (annoncer l'heure d'arrivée) et excellent rapport qualité-prix.

🏠 ***Motel One*** *(plan A2,* ***14****)* **:** *Schröderplatz 2. ☎ 666-91-90. • motelone.com • À 2 pas de la Kröpeliner Tor. Doubles 69-119 €, petit déj en plus.* Hôtel de chaîne tout neuf, très bien placé aux abords de la ville ancienne. Déco turquoise soignée, comme dans tous les hôtels du groupe. Chambres tout confort, bien équipées, mais un peu petites. Garage en sous-sol (payant). Petit déj-buffet généreux. Accueil pro.

Où manger ?

|●| ☕ ⛱ ***Café Central*** *(hors plan par A2)* **:** *Leonhardstr. 22. ☎ 490-46-48. À 5 mn de la Kröpeliner Tor. Tlj 9h-22h (23h ven-sam, 16h dim). Plats 7-15 €.* L'un des repaires des étudiants de la ville. En salle ou en terrasse, on sert des salades rafraîchissantes et des plats copieux tout en refaisant le monde... avant d'aller à la plage. Petit déj délicieux. Service détendu, parfois lent.

|●| ***Gaststätte Stralsunder*** *(hors*

LE NORD DE L'ALLEMAGNE

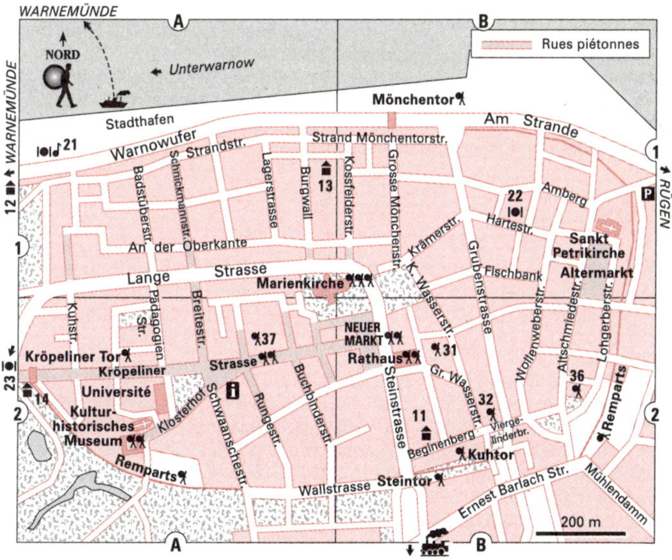

ROSTOCK

Adresse utile	**Où manger ?**
Office de tourisme (A2)	**21** Braugasthaus Zum Alten Fritz (A1)
	22 Petrikeller (B1)
Où dormir ?	**23** Gaststätte Stralsunder (hors plan par A2)
11 Blue Doors Hostel Altstadt (B2)	
12 Blue Doors Hostel KTV (hors plan par A1)	**À voir**
13 City Pension (A1)	**31** Kerkhoffhaus (B2)
14 Motel One (A2)	**32** Kranstöverhaus (B2)
	36 Quartier autour de Nikolaikirche (B2)
	37 Bibliothèque Willi-Bredel (A2)

plan par A2, ***23****) : Wismarsche Str. 22. ☎ 493-4900. Mar 17h-22h ; mer-sam 11h30-14h, 17h-22h ; dim 11h30-14h30 ; fermé lun. Soupe du jour moins de 3 € ; plats 9-21 €.* Sur une grande avenue, une façade en bleu délavé cache un resto rescapé de la période DDR. Comptoir décoré d'une fresque avec vieux tramway, fresque de la ville de Rostock. *Biergarten*-courette, décoré de publicités anciennes sous un figuier. Spécialités de *Schnitzel* et d'*Eisbein* notamment avec choucroute et purée de pois... Bonne digestion ! Service aimable.

Braugasthaus Zum Alten Fritz *(plan A1,* ***21****) : Warnowufer 65. ☎ 20-87-80. Tlj 12h-minuit (cuisine jusqu'à 22h30). Env 20 € à la carte.* Sur le quai à côté du théâtre *Im Stadthafen,* une vaste brasserie pour rêver aux horizons lointains avec une assiette toujours bien lestée en poisson frais de la Baltique. Essayez le *Fischpfanne Likedeeler,* ou la *Gulaschsuppe* à la bière ; de quoi bien se remplir la cale ! Également copieux plats de viande (bœuf et cochon). En été, l'agréable terrasse-*Biergarten* accueille des moussaillons de tous âges. *Live music* jeudi soir.

Petrikeller *(plan B1,* ***22****) : Pferdestr. 1. ☎ 45-58-55. Tlj sauf lun 17h-22h. Compter 10-25 €.* Ambiance médiévale dans une cave voûtée éclairée à la bougie. Les serveuses avec grelots proposent des plats qui changent des cochonnailles habituelles, à savoir : canard, lapin, poisson et coquillages. On mange avec les doigts, et la vinasse coule à flots dans des gobelets en terre cuite. On est en plein XIIe s et ça balance ! Musique live les vendredis et samedis.

À voir

Kröpeliner Tor *(plan A2)* **:** cette porte du XIVe s de 6 étages et de 55 m de haut inaugure à l'ouest le parcours de visite. Expo sur les défenses de la ville et l'architecture militaire : *tlj 10h-18h (17h en hiver). Entrée : 3 €. Point de départ des visites guidées en anglais (mai-sept).*

Kröpeliner Straße *(plan A2)* **:** la rue piétonne et commerçante qui traverse la vieille ville d'ouest en est est bordée de splendides façades colorées de différents styles. Plus loin, sur la droite, le bâtiment massif de l'université, construit au XIXe s dans le style néo-Renaissance, qui précède, sur la place, une fontaine de la Joie de vivre. Au no 82, façade de l'ancien presbytère du Saint-Esprit avec pignons à redents hébergeant la ***bibliothèque Willi-Bredel*** *(plan A2,* ***37****).* Cette façade (XVe s) est un chef-d'œuvre de l'architecture de hanséatique, avec sa mosaïque de briques contrastées.

Kulturhistorisches Museum *(plan A2)* **:** *Kloster zum Heilingen Kreuz, Klosterhof 7. • kulturhistorisches-museum-rostock.de • Mar-dim 10h-18h. GRATUIT. Commentaires en allemand et en anglais.* Dans le cloître de l'ancien couvent des sœurs cisterciennes, offert à la Ville par une reine du Danemark en 1270. On y trouve un peu de tout. Le réfectoire historique de 1480 est l'une des plus belles salles gothiques de la côte baltique. Il abrite la collection d'œuvres d'art sacré médiéval provenant des monastères et des couvents de Rostock et une partie du trésor du couvent de la Sainte-Croix. Collection de peintures hollandaise et flamande, une des plus importantes en Allemagne du Nord : œuvres de ***Jan Bruegel le Jeune*** et de l'école de ***Rubens, Van Dyck,*** paysages de ***Ruysdael,*** gravures de Rembrandt.
Cabinet des monnaies, salle d'archéologie et riche section d'art décoratif ; horloges, étains, porcelaines... et jouets et poupées d'autrefois. Dans l'ancien dortoir, une collection d'œuvres des peintres allemands considérés comme « dégénérés » par les nazis et vendus en 1937. Dans la chapelle, magnifique retable des 3 rois et un tabernacle gothique tout en hauteur.

Les remparts : enceinte médiévale dont il ne reste que quelques sections et des portes comme la ***Kuhtor*** *(porte des Vaches ; plan B2),* datant de 1260, et située non loin de la ***Steintor*** (fondations au XIIIe s), ou la ***Mönchentor*** *(porte des Moines ; plan B1),* près du fleuve et transformée en lieu d'habitation. D'autres vestiges des fortifications au bout de la *Wallstraße,* le long du joli parc de *Wallanlagen.*

Marienkirche *(plan A-B1-2)* **:** *à l'angle de Lange Str. et Neuer Markt. • marienkirche-rostock.de • Mai-sept, lun-sam 10h-18h (10h-16h en hiver), dim 11h15-17h (11h15-12h15 en hiver). Entrée par Am Ziegenmarkt. Entrée : 3 €.* L'imposante basilique Notre-Dame est visible à plusieurs kilomètres de Rostock. De style gothique, elle fut édifiée au XIIIe s, puis transformée aux XVe-XVIIIe s. Sa haute nef, qui culmine à 31 m, est plus courte que celle prévue initialement, un effondrement du toit en est la cause. À l'intérieur, étonnante horloge astronomique (XVe s), programmée pour donner la date ; à 12h pile jusqu'en 2151 ! Superbes fonts baptismaux en bronze (XIIIe s), et orgue baroque gigantesque avec ses 5 700 tuyaux dorés occupant tout le fond de la nef. Chaire et chœur Renaissance. Du haut de la tour, la vue n'est pas triste non plus...

Neuer Markt *(plan B2)* **:** *place principale de Rostock.* L'hôtel de ville (Rathaus), des XIIIe et XIVe s, s'y distingue par sa façade rose bonbon et un mur-écran ajouré avec ses 7 petits campaniles de brique rouge et noir. Spectaculaire ! En face, alignement photogénique de maisons à pignon, vert épinard, jaune moutarde ou crème.

Kerkhoffhaus *(plan B2,* ***31****)* **:** *derrière le Rathaus, au n° 5.* Maison d'habitation de style gothique flamboyant, datant de 1470, à la façade de briques vernissées orange, jaunes ou vertes, coiffée d'un pignon à redents.

Le quartier autour de Nikolaikirche *(plan B2,* ***36****)* **:** *dans la partie est de la ville.* Rénové, et peu connu des touristes. Il s'en dégage beaucoup de charme, avec des rues pavées étroites bordées de maisons anciennes. On passe sous le porche de l'église en voiture ! Le 1er étage de l'église a été transformé en appartements (antennes paraboliques !).

Kranstöverhaus *(plan B2,* ***32****)* **:** *Große Wasserstr.* Une ancienne maison de marchands de style gothique tardif (1376) qui fut le siège d'une distillerie jusqu'en 1986.

Il était un petit navire...

Depuis le XIIIe s, le port de Rostock, établi au fond du paisible estuaire du fleuve *Warnow* (à 12 km de la mer), est une importante plaque tournante du commerce maritime dans la Baltique. Au XVIIe s, la flotte de la ville approvisionne tous les ports d'Europe en céréales, malt et bière. Soutenue par ses chantiers navals, elle inaugure de nouvelles lignes maritimes. Seul débouché maritime d'importance pour la RDA, à la fin des années 1950, le port international traite désormais encore des millions de tonnes de marchandises venues d'une soixantaine de pays. 2 grands chantiers navals, un port pétrolier et une importante flotte de pêche contribuent à en faire l'un des ports les plus fréquentés d'Europe du Nord.
– ***Visite du port*** **:** plusieurs compagnies, se renseigner à l'office de tourisme.

Manifestation

– ***Grande fête de la Baltique, Hanse Sail*** **:** *2e w-e du mois d'août. • hansesail.com •* Concerts de rue, rassemblement de vieux gréements, régates de voiliers, etc.

QUITTER ROSTOCK

En bateau au départ de Rostock

Départs quotidiens en ferry depuis le Fahrterminal au sud de **Warnemünde** (accès par le Warnowtunnel).
➢ ***Pour la Suède*** **:** ferries pour *Trelleborg,* en 6h env avec *Stena Line (• stenaline.com •).* Pour Stockholm-Nynäshamn (via Visby), en 18h30, 3 fois/sem avec *Hansa Destinations (• hansadestinations.com •).* Passagers seulement.
➢ ***Pour le Danemark*** **:** pour *Gedser* sur l'île de Falster, plusieurs ferries quotidiens avec *Scandlines (• scandlines.de •).*

WARNEMÜNDE

(18119) 5 950 hab. IND. TÉL. : 0381

À 12 km au nord de Rostock (S-Bahn direct, environ 30 mn de trajet) depuis la gare de Rostock. Ancien village de pêcheurs devenu LA station balnéaire des Allemands du Nord, grâce à sa jolie plage de sable blanc et à son adorable port de plaisance. Malgré l'inflation galopante de l'urbanisation, le centre du bourg demeure charmant, avec ses ruelles bordées de villas, sa promenade le long de la plage et son phare pittoresque.

Les monstres des mers y ont pris l'habitude de débarquer régulièrement leurs milliers de croisiéristes en quête de shopping, pour la plus grande satisfaction des restaurants et commerçants. L'activité principale est d'arpenter la promenade le long des quais pour observer l'animation et le va-et-vient des ferries en attendant l'heure où, depuis la plage, on contemple le flamboyant spectacle du coucher de l'astre solaire.

Adresses et infos utiles

Office de tourisme : *Am Strom 59. ☎ 381-22-22. • rostock.de/warnemuende • Tt droit en venant de la gare. Lun-ven 10h-18h, w-e 10h-15h ; nov-avr, 10h-17h, fermé dim.* Efficace, de nombreuses brochures sur les loisirs et manifestations. Résas de chambres chez l'habitant. Visites guidées, carte de rando pédestre et cycliste.

Promenades en bateau *(Schiffsfahrten)* **:** *s'adresser aux nombreuses compagnies sur Alter et Neuer Strom.* Visite du port de Warnemünde. Quelques chalutiers proposent aussi des balades en mer.

Location de Strandkörbe : il s'agit de ces emblématiques fauteuils de plage en osier conçus pour s'abriter du vent frais de la Baltique : *Strandkorboase Treichel (compter 4 €/h et 14 € pour 1 j. ; 10 € pour un ap-m).*

Où dormir ?

Camping

Baltic Freizeit : *Budentannenweg 2,* ***Markgrafenheide.*** *☎ 66-10. 04544-800-313 (résas). • baltic-freizeit.de • Sur la rive droite de la Warnow. Prendre le bac à Neuer Strom, à côté de la gare, jusqu'à Hohe Düne (5 mn de traversée) ; un bus direct attend à l'arrivée du bac. Empl. : compter 14-45 €/pers selon situation et saison, douche gratuite.* Une véritable ville, avec ses rues, ses trottoirs, ses restos, et même un cinéma ! Emplacements ombragés, proches d'une longue plage de sable clair en partie réservée aux nudistes. Propreté exemplaire. Une belle batterie de bungalows.

De bon marché à prix moyens

Jugendherberge Warnemünde *(AJ)* **:** *Parkstr. 47. ☎ 54-81-70. • jugendherberge.de • Dans une rue parallèle à la plage, à l'ouest du village. Ouv tte l'année. Résa impérative plusieurs mois à l'avance ! Compter 38-50 €/pers selon âge et saison, petit déj compris.* L'architecte ne s'est vraiment pas foulé : avec sa tour, le bâtiment aux allures de blockhaus est vraiment laid. En revanche, AJ bien équipée et chambres impeccables. Lunch à emporter en pique-nique.

Chambres chez l'habitant : *s'adresser à l'office de tourisme, ou tenter sa chance dans Alexandrinenstr.,* *une rue parallèle à Am Strom.* De nombreuses chambres chez l'habitant, dans de splendides maisons hanséatiques. Prises d'assaut bien entendu pour le week-end.

Pension Katy : *Kurhausstr. 9. ☎ 54-39-40. • pensionkaty.de • Depuis la Kirchenplatz, suivre la Mühlenstr., puis prendre la 2e à droite. Résa conseillée. Doubles avec sdb 79-138 € selon saison, petit déj compris.* À 100 m de la plage, cette belle *Haus Troya* (1892), totalement rénovée, s'ouvre une vingtaine de chambres coquettes et spacieuses, aux couleurs flashy (rose bonbon ou bleu électrique). Accueil très sympathique.

Où manger ?

Innombrables établissements sur *Am Strom,* face au petit port.

Backfisch-Tilo : *au niveau de Am Strom 90. Immense Imbiss, installé sur un ancien chalutier amarré au quai nº 17. CB refusées.* Au menu : beignets de calamar, de crevette, sandwichs au poisson... que l'on mange debout sur le quai, appuyé au bastingage. Un peu plus bas, le *Backfisch-Udo (chalutier rouge au niveau de Am Strom 80)* propose la même formule.

Gosch Sylt : *Am Strom 107. ☎ 5-26-05. Tlj 11h-22h.* Sur la promenade longeant la marina. La formule self-service de cette chaîne est idéale pour déguster les produits de la Baltique tout frais sortis des filets des pêcheurs. On file d'emblée au fond de la salle pour faire son choix dans l'assortiment de l'alléchant comptoir. On paie, puis on va commander sa boisson à l'entrée et on s'installe sur des tabourets en terrasse pour se régaler en regardant défiler les passants. Convivial et pas trop onéreux. Les mêmes produits se retrouvent à l'étage dans un décor plus chic et plus cher.

Fischerklause : *Am Strom 123. ☎ 525-16. Sur les quais à 50 m du phare. Tlj sauf lun 12h-22h, minuit ven-sam. Prévoir env 15 €.* Parmi les coques, ancres et autres antiquités entassées sur les murs, d'authentiques fanaux éclairent le contenu des assiettes : du poisson en majorité, et quelques salades colorées.

Seekiste Zur Krim : *Am Strom 47. ☎ 521-14. Tlj 17h-23h (12h w-e). Résa conseillée. Plats 17-33 €.* Les murs sont recouverts d'antiquités de marine. Petite terrasse tranquille en bordure des quais. Bonne cuisine traditionnelle à prix doux.

Weineck : *Seestr. 19. ☎ (0381)77-77-64. Tlj 11h30 (9h w-e)-22h. Résa conseillée. Plats 15-30 €. C'est le resto chic de l'hôtel* Neptun, *un des fleurons (building très laid) du tourisme de l'ex-RDA.* Salle au rez-de-chaussée ou en terrasse face à la mer. Déco agréable style cave à vin. La courte carte bien tournée cultive la tradition de la cuisine mecklembourgeoise, avec quelques clins d'œil à la Méditerranée. Desserts hautement recommandés. Vins allemands et étrangers de choix. Produits extra-frais et service pro et souriant. Prix relativement raisonnables pour le standing du lieu.

À voir

Heimatmuseum *(musée du Pays)* **:** *Alexandrinenstr. 31 (en face de l'office de tourisme). • heimatmuseum-warnemuende.de • Mar-dim 10h-17h (fermé lun-mar nov-mars). Entrée : 4 € ; réduc.* Installé dans une vieille maison de pêcheur, ce petit musée raconte la vie du village au XIXe s et au début du XXe s : la pêche, la mer et les marins avec des maquettes, des tableaux, des objets de la vie quotidienne et des objets insolites. Le tourisme balnéaire à la Belle Époque est la partie la plus intéressante avec une amusante collection d'« uniformes de plage ».

Schiffbau und Schifffahrtsmuseum *(musée de la Construction navale et de la Navigation)* **:** *dans le parc IGA au sud de Wärnemünde : accès par le S-Bahn depuis la gare de Rostock (arrêt) Lütten Klein. • schifffahrtsmuseum-rostock.de • Mar-dim 10h-18h (16h nov-mars). Entrée : 4 € ; réduc.* À l'embouchure de la Warnow, ce musée est installé dans le *MS Dresden,* un cargo de 10 000 t. En parcourant les différents ponts, on passe de l'histoire des chantiers navals de Rostock à celle de la navigation dans la Baltique avec la compagnie est-allemande DSR et à la pratique des sports de voile. Miniport pour faire évoluer des modèles réduits.

DE ROSTOCK À STRALSUND

Où dormir ? Où boire un verre ?

Hotelschiff « Stinne » : *an der Nebelstation,* ***Ostseebad Wustrow.*** *☎ (038220) 336. • hotelschiff-stinne.de • Doubles avec douche et w-c 85-105 €.* Ce vieux bateau danois, échoué sur le *Fischland* face à la mer intérieure *Saaler Bodden,* abrite un hôtel aux 6 chambres impeccables. À défaut d'y dormir, on peut toujours jeter un coup d'œil en allant boire un verre au bar (en forme d'étrave, bien sûr), ouvert à partir de 18h en semaine et de 12h le week-end. Accueil génial de la patronne, qui explique volontiers l'histoire de son bateau. Accessoirement, resto sur place *(mar-sam dès 17h).*

À voir

Entre Rostock et Stralsund s'étend un ***cordon littoral*** de 45 km appelé *Fishland-Darß-Zingst.* Le ***Darß*** en est la partie centrale. En voiture, on peut traverser cette presqu'île étrangement découpée, bordée, d'un côté, par des lagons *(Bodden)* aux eaux saumâtres, de l'autre, par la Baltique. Les paysages y sont très divers : plages, steppes, parc naturel... L'ensemble est classé site protégé en raison des nombreuses espèces aviaires comme la grue cendrée qui profitent de ses marécages et de ses forêts pour s'y reproduire. Avant de regagner docilement Stralsund, l'agréable route traverse quelques villages adorables, comme ***Wustrow, Born*** et ***Wieck*** avec leurs maisonnettes aux toits de chaume, la station balnéaire de ***Prerow*** ou le village d'artistes ***Arenshoop.*** De loin en loin, des panneaux indiquent les *Seebrücken* (littéralement : ponts de mer), ces pontons de bois ou de béton jetés sur la mer. Ils permettent au promeneur de « marcher sur l'eau », et de contempler la côte comme d'un bateau.
Se méfier : la balade peut tourner au cauchemar en plein été.

STRALSUND

(03831) 59 100 hab. IND. TÉL. : 03831

• Plan *p. 513*

Dès sa fondation en 1209, l'arrogante réussite commerciale de Stralsund suscite bien des convoitises. Retranchée derrière d'épais remparts, elle résiste farouchement avant de tomber aux mains des Suédois au XVIIIe s. Un déclin survient à leur départ en 1807 et, une fois les guerres napoléoniennes terminées, elle devient prussienne, et connaît un fort essor économique au

XIXe s. Sa puissante flotte garantit son rôle prépondérant dans le commerce maritime jusqu'au milieu du XXe s, date à laquelle s'amorce le déclin de ses pêcheries remplacées par la construction navale au profit des Russes. Ses crépis décatis datant de la période RDA tombent les uns après les autres, révélant de fières façades bordant ses ruelles tortueuses. Des places bien dessinées servent d'écrin à de purs joyaux d'architecture gothique. Depuis les années 2000, à l'image de ses voisines baltes, Stralsund mise tout sur le développement du tourisme, avec notamment son attraction majeure, *Ozeaneum*. À ne rater sous aucun prétexte.

La vieille ville de Stralsund : la position unique de l'île de Stralsund, entre le *Strelasund,* un bras de la Baltique, et l'étang formé au XIIIe s, explique son rôle en tant que ville de la Hanse. Stralsund a grandement contribué au développement de la construction gothique en brique. La vieille ville, avec ses bâtiments historiques, est emblématique du développement idéal des villes de la Hanse au XIVe s, âge d'or de la Ligue. Ce centre-ville historique, inscrit au Patrimoine mondial de l'Unesco, est resté très proche de ce qu'il était au Moyen Âge, et c'est une sacrée chance pour le visiteur. Accessoirement, c'est aussi le fief électoral de l'ex-chancelière Angela Merkel.

Adresses utiles

Tourismuszentrale *(plan A1)* ***:*** *Alter Markt 9.* ☎ *252-340.* • *stralsundtourismus.de* • *Lun-ven 10h-17h, sam 10h-14h ; fermé dim (nov-avr).* Résas de chambres d'hôtel ou chez l'habitant ; billets pour diverses manifestations culturelles ou sportives ; brochure en français et plan de ville gratuit. Visites guidées *(mai-oct, tlj à 11h et 14h).*

Gare routière *(plan A3)* ***:*** *Werfstr. 2. À l'extérieur de la vieille ville.*

Gare ferroviaire *(hors plan par A3)* ***:*** trains quotidiens pour les cités de la côte balte et pour les principales villes allemandes. L'île de Rügen est également desservie par le rail.

Où dormir ?

Hostel Stralsund *(plan B2-3,* ***10****)* ***:*** *Reiferbahn 11.* ☎ *28-47-40.* • *hostel-stralsund.com* • *Lits en dortoir (4-6 lits) 20-25 €, doubles 60-70 € sans ou avec sdb privée ; draps et serviettes ; petit déj 9 €. Parking. Loc de vélos. Supplément de 5€ de mi-juin à mi-août.* Dans le quartier du pont vers Rügen, une petite AJ privée de 60 lits dans un bâtiment sans charme, aménagé dans un style fonctionnel sobre. Cuisine, barbecue et laverie à dispo, salle de fitness, ping-pong.

Jugendherberge Stralsund-Devin *(AJ)* ***:*** *Strandstr. 21.* ☎ *49-02-89.* • *stralsund.jugendherbergen-mv.de* • *Prendre le bus n° 3 de la gare centrale et descendre à l'arrêt Ortsteil Devin. Parking.* Auberge de 200 lits en bord de plage, agréable et bien tenue, mais très éloignée du centre (8 km au sud-est). Petits pavillons face à la mer : paddle, windsurfing et voile au programme.

Altstadt Hotel Peiß *(plan A2,* ***12****)* ***:*** *Tribseer Str. 15.* ☎ *30-35-80.* • *altstadt-hotel-peiss.de* • *Doubles 85-190 € selon confort et saison, petit déj compris.* Avec les remparts à proximité et les cloches de *Marienkirche* en bande sonore, l'immersion est radicale ! Cette jolie bâtisse à la façade jaune abrite 13 chambres colorées, spacieuses et confortables, absolument irréprochables. Accueil charmant du proprio à la moustache imposante. L'hôtel est équipé pour accueillir les cyclotouristes.

Maakt *(plan A2,* ***13****)* ***:*** *Tribseer Str. 22.* ☎ *283-32-00.* • *maakt.de* • *Doubles 130-160 € selon confort et saison, petit déj compris.* Un hôtel moderne élégant d'une centaine de chambres, certaines

LE NORD DE L'ALLEMAGNE

avec kitchenette. Chambres design de belle taille et d'excellent confort, parfois mansardées. Petit déj-buffet dans une cour intérieure. Parking souterrain accessible par l'arrière. Accueil un peu expéditif.

Où manger ?

Hiddenseer *(plan B1, **20**) : Hafenstr. 12. ☎ 289-23-90. • hotel-hiddenseer.de • Tlj dès 11h. Cuisine jusqu'à 21h. Plat env 16 €.* Sur les quais, juste en face de la capitainerie, ce resto coquet à la déco d'antiquités de marine séduit les amateurs de poisson. En vedette, la *Fischplatte* pour 2, une spécialité maison, très copieuse, à un prix raisonnable. Fait aussi hôtel de charme aux chambres très confortables avec terrasse donnant sur la mer ou la vieille ville *(doubles 73-109 € selon saison et vue).*

Speicher 8 *(plan B1, **23**) : Hafenstr. 8. ☎ 288-28-98. Tlj 11h-23h30. Plats 16-24 € ; un peu plus cher, mais plus varié le soir.* Ce grand entrepôt de briques abrite un resto avec terrasse chauffée idéalement placé face au port. Salle moderne agréable avec cuisine ouverte. Côté plats, c'est assez varié et créatif pour contenter tous les goûts. Mention spéciale au foie de veau avec oignons et pommes « à la berlinoise ». Desserts attractifs et service efficace.

Brasserie Grand Café *(plan A2, **21**) : Neuer Markt 2. ☎ 70-35-14. Tlj 9h-21h30 (22h ven-sam). Plats 12-24 €.* Vaste brasserie à la parisienne. Plusieurs salles dont une sous verrière à l'arrière. Salades, burgers, pâtes, *Schnitzel* et poissons. Le tout très frais et bien préparé. Vendredi et samedi, soirées grillades. Brunch le week-end. *Live music* le jeudi à 20h.

Torschließerhaus *(plan A2, **22**) : Mühlenstr. 26. ☎ 29-30-32. Tlj sauf lun 12h-15h, et 18h-23h. Plats env 9-16 €.* Proche de la Kütertor, une porte fortifiée. Resto à la déco médiévale digne des vieilles séries B ! Le résultat est amusant et incite à déguster de robustes plats traditionnels, pas vraiment diététiques. *Biergarten* dans la cour. Bon accueil.

Où boire un verre ?

Zur Färhe *(plan B1, **40**) : Fährstr. 17. ☎ 29-71-96. Tlj sauf dim 18h-1h.* Dans une mignonne maison jaune, le plus ancien *Kneipe* de la ville et même d'Europe, paraît-il (1332 !). Ce bistrot historique, convivial, chaleureux et plein de souvenirs, est tenu par Hanni, un personnage haut en couleur épaulé par sa fille Franzi. En 2014, Angela Merkel y a convié François Hollande à boire un dernier verre après le dîner. Plein à l'heure de l'apéro et idéal pour y faire des rencontres.

Braugasthaus Dolden Mädel *(plan B2, **41**) : Am Fishmarkt 13. Tlj dès 12h.* Cette brasserie qui a pignon sur rue, dos au port, nous a paru bien placée pour profiter de la vue depuis sa vaste terrasse style pont de bateau en léger surplomb à l'arrière. Très large choix de bières du monde entier. Essayez l'*Alster Hall,* un rafraîchissant panaché bière-citron.

À voir

Rathaus *(hôtel de ville ; plan A1) : sur l'Alter Markt.* Il date des XIIIe et XIVe s. L'un des fleurons de l'architecture gothique d'Allemagne du Nord. Une rangée de 6 voûtes surmontées chacune d'une fenêtre, d'un cadran étoilé et d'un pignon ajouré, le tout en brique rouge. L'ensemble de cette façade, véritable dentelle, est couronné de 7 tourelles en bronze. Se promener dans le passage de la halle sous les arcades, pour déboucher sur la *Badenstraße,* une

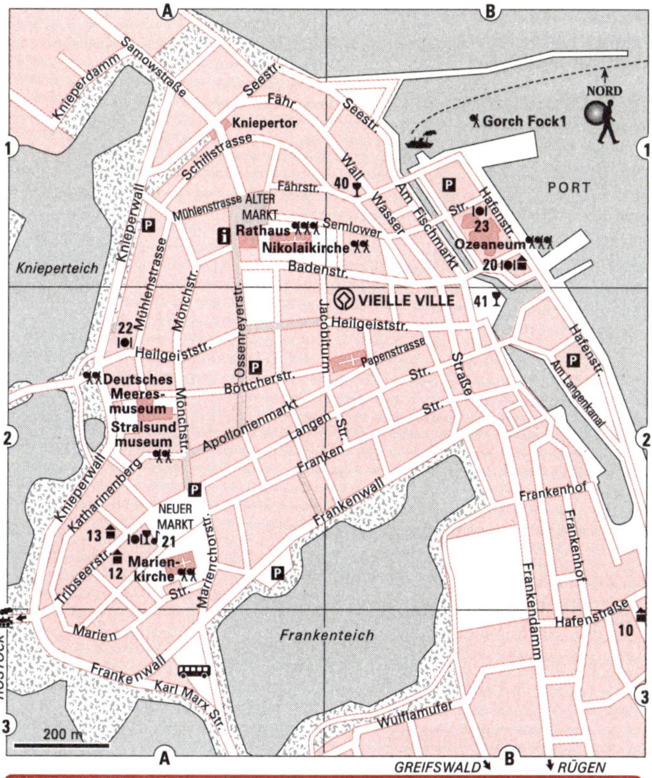

STRALSUND

Adresse utile

- Tourizmuszentrale (A1)

Où dormir ?

- **10** Hostel Stralsund (B2-3)
- **12** Altstadt Hotel Peiß (A2)
- **13** Maakt (A2)

Où manger ?

- **20** Hiddenseer (B1)
- **21** Brasserie Grand Café (A2)
- **22** Torschließerhaus (A2)
- **23** Speicher 8 (B1)

Où boire un verre ?

- **40** Zur Fähre (B1)
- **41** Braugasthaus Dolden Mädel (B2)

rue pleine de charme menant au port. Alignement de maisons aux façades à pignon, toutes plus belles les unes que les autres.

Nikolaikirche (plan A1) **:** *entrée par le portail ouest, derrière le Rathaus.* • *hst-nikolai.de* • *Lun-sam 10h-18h (19h juin-août, 16h nov-mars), dim 12h-16h (15h nov-mars). Entrée : 3 € ; gratuit moins de 18 ans.* Encore du gothique et de la brique ! Dotée d'une façade à 2 tours massives dont une est coiffée d'une coupole baroque. Édifiée au XIIIe s et haute de 105 m, cette imposante église-halle recèle des merveilles : une horloge astronomique du XIVe s avec, dans les coins du cadran, les astronomes célèbres. 2 autels des XVIe et XVIIIe s, dont celui de la corporation des tailleurs. Piliers couverts de fresques du XIVe s.

Ozeaneum (plan B1) : *Hafenstr. 11. • ozeaneum.de • Tlj 9h30-20h (18h oct-mai). Entrée : 17 € ; réduc. Infos en anglais.* Spectaculaire architecture futuriste, avec au milieu des briques rouges, un complexe d'un blanc éclatant tout en gracieuses courbes. L'attraction principale de la ville invite au voyage dans le monde fascinant de la mer et de ses rivages. On y découvre différents habitats marins de la Baltique et de l'Atlantique. Le plus grand bassin a une capacité d'accueil de 2,6 millions de litres, et avec plus de 9 m de profondeur, il héberge la faune atlantique. Dans les coulisses, une technologie complexe se soucie de préserver les conditions de vie de ses hôtes marins par le traitement mécanique et biologique de l'eau.
On explore aussi les fonds marins grâce aux bathyscaphes, et l'accent est mis sur les nécessités de préservation des mers pour la survie de la planète (Greenpeace est partenaire du musée !). Pour clôturer en beauté, une immense salle où sont accrochées dans les hauteurs des reproductions grandeur nature de quelques cétacés. On s'installe en contrebas dans des transats pour contempler ces gigantesques habitants du Grand Bleu et écouter, les yeux fermés, leurs chants lancinants. Belle vue sur la ville depuis la terrasse et son bassin aux pingouins de Humboldt.

Deutsches Meeresmuseum *(Musée océanographique allemand ; plan A2)* : *Katharinenberg 14-20. • meeresmuseum.de • Repérable à son bateau de pêche échoué sur le parvis de l'église.* ***En rénovation jusqu'en 2024.***

Stralsund Museum (plan A2) : *Mönchstr. 25. • museum-stralsund.de • Tlj sauf lun 10h-17h. Entrée : 6 € (8 € avec la Museumhaus) ; réduc.* Dans le couvent de l'ancienne abbaye dominicaine, un musée centré sur l'histoire de la ville. En vedette, le précieux ***trésor viking,*** un ensemble de bijoux découverts en 1872 sur une plage de Hiddensee à la suite d'une tempête. Au no 38 de la même rue, reconstitution de l'intérieur d'une maison de 1320.

Marienkirche (plan A2) : *Marienstr. 16. Avr-oct, tlj 10h-17h (messe dim mat) ; mai-sept, tlj 9h30-17h30.* Vaste église gothique du XIVe s à la nef démesurée (près de 100 m de long !). Le clocher culmine à 104 m. Du haut de la tour (349 marches), vue plongeante sur Stralsund : les lacs, les étangs, la mer, que d'eau, que d'eau ! Maître-autel gothique figurant le Couronnement de Marie. Dans le cimetière, tombes de soldats russes et monument en hommage à l'armée Rouge.

Gorch Fock1 (plan B1) : *an der Fährbrucke. • gorchfock1.de • De mi-mars à mi-oct, tlj 10h-18h ; le reste de l'année 10h-16h. Visite : 5 € ; réduc.* Lancé en 1933, ce magnifique 3-mâts de 82 m fut un navire-école de la marine du Reich, puis fut renfloué par les Soviétiques en 1947, et reprit du service sous le nom *Tovarichch.* Il a rejoint son port d'attache en 2008, pour devenir un musée. La capitainerie sert de salle de mariages à la mairie de Stralsund ! Pour la nuit de noces, on ne sait pas.

DANS LES ENVIRONS DE STRALSUND

Hiddensee : longue de 17 km et interdite aux voitures, l'île comprend 3 hameaux de pêcheurs : Neuendorf, Vitte et Kloster. Sablonneuse et sauvage, on y trouve, paraît-il, les résidences de l'ancienne nomenklatura de l'ex-RDA. Départs quotidiens (passagers) assurés depuis Stralsund et de Schaprode (sur Rügen) par la compagnie ***Reederei Hiddensee*** : *• reederei-hiddensee.de • 8h-16h30.*

Réserver ses billets le plus tôt possible. L'île est petite et bondée en été : ne pas s'attendre à trouver un hébergement sans mal. Prévoir des pulls : il fait frais sur la Baltique.

RÜGEN (63 000 hab. ; IND. TÉL. : 038393)

La plus grande île d'Allemagne, 60 km sur 40 ! C'est également la plus touristique. Véritable puzzle aux côtes déchiquetées, dont le centre est parsemé de multiples mers intérieures, elle présente à l'est une curiosité géologique valant à elle seule le voyage : les *Stubbenkammer,* falaises de craie ou de granit de plus de 100 m de haut, tombant à pic dans la mer ! Mais Rügen tire sa réputation de ses stations balnéaires chics – plantées à l'est de l'île – avec un sable de paradis exotique !
La plus cotée est certainement ***Binz,*** dont les belles maisons de vacances, aux façades de bois peint héritées de la fin du XIXe s, ont retrouvé peu à peu leur éclat d'antan, et ses longues plages aux alignements de ***Strandkorbe,*** ces photogéniques abris d'osier. Un pont de 4 km qui culmine à 42 m au-dessus des flots permet de gagner l'île en voiture ou en train (nombreux départs depuis Stralsund).

Adresses utiles

i ***Haus des Gastes :*** *Heinrich-Heine-Str. 7, à* ***Binz.*** *☎ 148-148. • ostseebad-binz.de • Tlj 9h30-18h.* Infos sur l'hébergement et les excursions.

Ferries : à destination de Trelleborg (Suède) ou Rønne sur l'île de Bornholm (Danemark), au départ de Sassnitz. ***Scandlines,*** *Fährcenter Sassnitz, Fährhafen, 18546* ***Sassnitz.*** *• scandlines.com •*

Où dormir ? Où manger sur l'île ?

Jugendherberge Binz *(AJ) : Strandpromenade 35,* ***Binz.*** *☎ 325-97. • jugendherberge.de • Nuitée 31,50-41,50 € selon saison pour les moins de 27 ans, draps et petit déj compris.* Idéalement située sur la promenade de bord de mer, cette auberge rutilante dispose de 169 chambres de 2 à 8 lits, d'une propreté exemplaire. Location de *Strandkorbe,* initiation au surf, barbecue, billard et ping-pong.

Hotel Imperial : *Strandpromenade 20,* ***Binz.*** *☎ 13-80. • imperial-ruegen.de • Doubles 130-210 € selon saison, taille et sans ou avec balcon sur la mer, petit déj compris.* Élégant hôtel de style Belle Époque en bord de mer. Chambres spacieuses et bien équipées, les plus chères disposent d'un balcon donnant sur le large.

Gaststätte Jägerhütte : *Alleestr. 33,* ***Putbus.*** *☎ 038301-510. À la sortie de Putbus direction Kasnevitz, prendre sur la gauche dans la forêt ; le pavillon de chasse est à 250 m. Tlj sauf lun 11h30-14h30, 17h30-20h30. Plats 18-30 €.* Un lieu comme on n'en fait plus : imaginez une grosse cabane à toit pointu ; dès que l'on pousse la porte, on est encerclé d'une multitude de trophées de bêtes à cornes et autres créatures forestières empaillées. Grand âtre central, banquettes de bois. Gibier en saison, bien sûr, mais aussi viandes et poissons accommodés de manière bien traditionnelle, le tout arrosé de la mousse brune locale. Service sobre et efficace. Agréable terrasse.

Osteria La Torre : *Hafenstr. 12,* ***Sassnitz.*** *☎ 038301-38-96-20. Sur le port à 400 m à droite après la rampe d'accès. Visez la tour. Tlj sauf lun 12h-22h30. Résa impérieuse. Plats 15-21 €.* Minisalle de 3 tables et un comptoir, mais quelques tables dehors. Un café-bar qui propose aussi une cuisine d'inspiration méditerranéenne originale et vraiment savoureuse, en associant les produits allemands aux recettes italiennes. Patron inspiré et volubile aux manettes, serveuse enjouée et efficace. Vins choisis au verre. Prix raisonnables. Une bonne surprise.

À voir

Stubbenkammer : *Königsstuhl,* *près de Sassnitz (suivre les pancartes). • koenigsstuhl.com • Tlj : juin-août 9h-19h ; en mi-saison 9h-18h ; nov-mars 10h-17h. Entrée pour le centre d'interprétation et le parcours didactique : 10 € ; réduc ; audioguide inclus.* Les célèbres falaises de craie se dressent à 120 m au-dessus de la mer. Caspar David Friedrich, le grand peintre du romantisme allemand, les a immortalisées dans plusieurs tableaux. Cependant, la réalité est moins idyllique. L'accès au *Königsstuhl* (la chaise du roi) est devenu archi touristique : il faut se garer à 4 km de l'endroit (parking payant). Un bus *(3,20 €)* assure la liaison jusqu'aux falaises. L'idéal est donc d'y arriver après 20h. Le gros des touristes reparti, les caisses sont désertes et la circulation autorisée ! Cela dit, une fois en haut de la falaise, on n'en aperçoit que des fragments... un peu décevant pour le prix. Accès à la plage via une ribambelle d'escaliers, et après, il faut remonter !

UN ROI À LA HAUTEUR

Les habitants de Rügen avaient pour coutume de choisir comme souverain le plus courageux d'entre eux. L'épreuve consistait à escalader les 108 m de la falaise. Celui qui y arrivait le 1er pouvait s'installer sur le trône du roi, tout au sommet.

Kap Arkona : son phare en brique de 46 m de haut est le point le plus au nord de toute l'île. Belle balade à faire en longeant la mer du cap au petit village de Witt (environ 2h), et vue superbe sur Hiddense en guise de récompense. Parking obligatoire 1 km avant.

La plage de Tromper Wiek : au nord-est de l'île, une plage de sable blanc à perte de vue, et sans la fréquentation de la station de Binz, même si les baraques à frites altèrent la qualité de l'air marin...

Putbus : *à 10 km de Binz.* Une miniville impériale au milieu des champs ! En 1810, le prince Wilhelm Malte von Putbus décide de construire une cité idéale, dans le respect des règles du classicisme. Château, palais, orangerie, théâtre, lycée : ce village prend pour modèle les capitales européennes. Aujourd'hui, la plupart des édifices aux façades blanches sont toujours là, bien entretenus, alors que le château, lui, a été rasé sous le régime communiste. La place principale, en forme de cirque autour d'un obélisque, reste comme un vestige d'un blanc immaculé d'un autre âge.
Un train touristique à vapeur, le ***Rasender Roland,*** relie toute l'année *(5 départs/j. mai-oct)* Putbus à Göhren en un peu plus de 1h en passant par Binz. Prix en fonction de la distance à parcourir. • *ruegensche-baederbahn.de* •

Prora : *à 5 km au nord de Binz.* Ce gigantesque ensemble de béton de 4,5 km qui s'étire le long du rivage témoigne d'un épisode du nazisme peu connu. Financé par l'organisation des loisirs *Kraft durch Freude* (« la force par la joie »), Prora devait devenir un complexe de vacances pouvant accueillir jusqu'à 20 000 personnes récompensées pour leur zèle national-socialiste. Chaque chambre de 5 m sur 2,5 devait compter 2 lits, une armoire ou un placard et un évier. Les toilettes et les douches étaient communes. Le projet reçut même le *Grand Prix d'Architecture à l'Expo universelle de Paris* en 1937. La construction de ce sinistre ***« Club Med » nazi,*** qui aurait dû allier loisirs bon marché et endoctrinement, fut interrompue par la guerre en 1939. Une partie fut convertie en hôpital militaire pour héberger les blessés du front de l'Est et servit de refuge aux populations de Hambourg bombardées. Ironie de l'histoire, il a servi de casernement et de centre d'entraînement à l'Armée Rouge sous la RDA. Aujourd'hui, une partie de Prora abrite un centre de documentation sur le nazisme, mais aussi une AJ de 400 lits (qui accueille une partie des réfugiés du Moyen-Orient) et une discothèque, le *Miami* (sic !). Un projet hôtelier de 270 appartements, à hauteur de 90 millions d'euros, est en cours de réalisation malgré le côté embarrassant de ce drôle d'héritage.

Greifswald : très jolie petite ville entre Rügen et Usedom, qui connut son essor après avoir rejoint la Hanse en 1281. C'est de cette époque que datent les 3 imposantes églises paroissiales et les maisons anciennes du Markt qui façonnent le paysage du centre urbain médiéval. Son architecture témoigne aussi de la longue période (1648-1815) où la cité faisait partie du royaume de Suède. On y fera volontiers une halte pour se prélasser sur une terrasse du Markt, bordé d'un hôtel de ville Renaissance et de magnifiques maisons représentatives du style gothique en brique de la Baltique.
Greifswald-Information : *Rathaus am Markt. ☎ (03834) 853-613-80. • greifswald.info* • Brochures et cartes.

Landesmuseum : *Rakower Str. 9. • pommersches-landesmuseum • Tlj sauf lun 10h-18h (17h nov-avr). Tarif : 7,50 € ; réduc.* Dans un ancien cloître franciscain, parcourir les salles consacrées à l'histoire de la ville et à son environnement naturel, et à de riches collections de peintures (il y a même un Van Gogh !) dont des œuvres de *Caspar David Friedrich,* le célèbre peintre romantique natif de Greifswald qui trouvait son inspiration à Wieck, le petit village de pêcheurs voisin.

USEDOM *(31 500 hab. ; IND. TÉL. : 038378)*

À quelque 50 km à l'est de Stralsund, accessible par la route au départ de la ville de Wolgast. Usedom est la plus orientale des îles d'Allemagne. D'une superficie de 445 km², c'est la plus vaste après Rügen avec 20 % du territoire (à l'est) appartenant à la Pologne. Nature préservée, et paysages variés : marécages, lacs, forêt, dunes, plages de sable et quelques falaises, ce qui en fait un paradis pour les fans de vacances au soleil et de vélo. Depuis que les cités balnéaires sur la Baltique y ont fleuri à partir de 1820, le tourisme est devenu le secteur économique le plus important.
Bansin, Heringsdorf et ***Ahlbeck*** méritent particulièrement une halte, avec leur long ruban de 10 km de superbes maisons aristocratiques du XIXe s face à la mer. Longues jetées en face de très photogéniques hôtels de luxe. Les touristes, moins nombreux, y cultivent un certain élitisme qui vaut à l'île le surnom de « Deauville des Berlinois ».
Attention : routes très fréquentées l'été et, à l'est, la frontière avec la Pologne à Ahlbeck n'autorise pas le passage en voiture.

Où dormir ?

Jugendherberge Heringsdorf *(AJ) :* *Puschkinstr. 7-9,* ***Seebad Heringsdorf.*** *☎ 223-25. • jugendherberge.de • Ouv tte l'année. Lits en dortoir 31,50-41,50 €/pers pour les moins de 27 ans, petit déj compris.* Installée dans une maison aux allures de chalet, cette auberge dispose de grandes chambres pour 5 à 8 personnes, très propres et lumineuses. Salle de resto très spacieuse, et terrains de sport. Superbement située, sur la promenade de mer ; les pieds dans l'eau, pour ainsi dire !

À voir

Peenemünde : *à l'extrémité nord-ouest de l'île. • peenemuende.de • Tlj (sauf lun nov-mars) 10h-18h (16h oct-mars). Tarif : 10 € ; réduc. Petite brochure et audioguide en français (2 €).* L'existence du site fut longtemps un secret bien gardé du nazisme. Entre 1936 et 1945, le jeune ingénieur, ***Wernher von Braun,*** y mit sur pied les fusées V1 et V2 qui ont bombardé l'Angleterre, Anvers, et même Paris. 6 000 missiles furent produits dans cette usine par 20 000 travailleurs, dont une majorité de prisonniers de guerre travaillant dans des conditions épouvantables. En octobre 1942, la toute 1re fusée de l'histoire fut lancée dans l'espace, depuis Peenemünde à 84 km d'altitude. Joli coup d'essai pour *von Braun,* qui, récupéré par les services secrets américains en 1945, travailla ensuite sur la conception de la fusée *Saturn* qui permit au ***projet Apollo*** de conquérir la Lune !

LA NAISSANCE DES FUSÉES

Le traité de Versailles de 1919 avait interdit à l'Allemagne de posséder une artillerie lourde. Résultat : sous la république de Weimar, les militaires ont financé des recherches sur les fusées. De plus, la science-fiction fascinait les jeunes scientifiques passionnés d'astronautique. Parmi eux, un ingénieur prometteur : Wernher von Braun...

Aujourd'hui, l'ancienne centrale électrique sert d'écrin à une expo qui raconte la genèse du projet et ses développements après guerre, avec la course aux armements balistiques de la guerre froide. On peut aussi visiter un sous-marin soviétique et voir, à l'extérieur, des répliques de V1 et de V2. Les curieux seront intrigués par un écusson peint sur la base de la fusée à damiers (qui inspira Hergé pour sa fusée lunaire) représentant une femme chevauchant un croissant de lune. Cette illustration provient d'un film de Fritz Lang : *La Femme sur la Lune.*

HAMBOURG ET LE SCHLESWIG-HOLSTEIN

HAMBURG (HAMBOURG)

(20038) 1 845 000 hab. (3,5 millions pour l'agglo) IND. TÉL. : 040

• Plan I *p. 522-523* • Zoom *p. 524-525*

Ville natale de *Johannes Brahms* et *Felix Mendelssohn,* de l'ex-chancelier *Helmut Schmidt,* de *Karl Lagerfeld* et d'*Angela Merkel,* Hambourg est la 2e agglomération d'Allemagne après Berlin. Comptant parmi les plus grands ports du monde, elle est aussi, depuis 1949, une ville-État *(Stadtstaat).* Forte de son indépendance économique et culturelle, la capitale allemande de l'édition et des médias ne se dévoile pas d'emblée. Il faut lui accorder plus que quelques heures pour percevoir son caractère et s'imprégner de sa vitalité. Les Allemands eux-mêmes l'ont bien compris puisque cette cité cosmopolite est considérée comme un pôle d'attraction touristique de 1er plan qui emploie plus de 100 000 personnes. Et pour cause. À environ 100 km des côtes de la mer du Nord, au confluent de l'Elbe, de l'Alster et de la Bille, avec un lac intérieur, Hambourg l'opulente est aussi étonnamment une ville où il fait bon vivre : 14 % de la surface urbaine sont occupés par des espaces verts et de détente, et plus de 64 km de canaux et environ 2 500 ponts forment en son centre un véritable petit labyrinthe.

Hambourg ne jouit pas de la même aura que Berlin et pourtant, croyez-nous, cette ville dynamique à l'identité forte mérite vraiment une visite de plus de 24h. Chaque quartier distille une ambiance très différente : que vous soyez branché sur le mode alternatif et/ou fêtard, amateur de shopping, de musées, d'architecture, de musique (classique ou rock), vous y trouverez à coup sûr votre bonheur.
Le nouveau chancelier fédéral, Olaf Scholz, a été bourgmestre (maire) de Hambourg.

UN PEU D'HISTOIRE

En 1189, l'empereur ***Frédéric Barberousse*** fait de Hambourg une ville franche, lui accordant le droit de navigation et de commerce sur l'Elbe. Cela marque le début de son essor économique. En 1321, elle entre dans la ***Hanse,*** cette association de villes du nord de l'Allemagne avec pour but la conquête de marchés étrangers et la protection réciproque des villes membres. En 1529, elle adhère à la Réforme. L'activité du port est florissante, mais les grandes découvertes du XVIe s la relèguent aux rôles d'entrepôt et de distributeur. De plus, l'influence de la Hanse décline : l'Europe lorgne désormais vers le Nouveau Monde. Favorisées par la neutralité politique de la cité, les affaires demeurent prospères, au point d'y voir créée, en 1558, la 1re Bourse d'Allemagne.

LES ORIGINES DU HAMBURGER

Comme son nom le suggère, le hamburger est bien originaire de Hambourg. Comment est-il devenu la nourriture de base de millions d'Américains ? À la fin du XIXe s, de nombreux Européens émigrèrent aux États-Unis via le port de Hambourg. À bord des bateaux de la Hapag, on servait des steaks de bœuf haché dans un petit pain brioché. De New York, où il est vendu dans les rues, la recette passa en Californie, où elle fut récupérée par les frères McDonald qui en assurèrent le succès.

De 1806 à 1814, la ville est occupée par les ***armées napoléoniennes***, puis annexée à l'Empire français qui l'intègre dans le « département des *Bouches-de-l'Elbe* » ! Hambourg rejoint l'union douanière avec l'Empire allemand en 1871, et obtient le statut de port franc 10 ans plus tard.
Au début des années 1880, on crée la ***Speicherstadt,*** une véritable ville d'entrepôts en brique, classée depuis 2015 au Patrimoine de l'Unesco. Le port se développe encore et privilégie la construction navale. Avant 1914, la *Hamburg-Amerikanische Linie* est la plus importante compagnie navale du globe. Elle transporte ***des millions d'émigrés vers les Amériques et l'Australie.*** En 1937, la ville absorbe les communes voisines, comme Altona et Harburg.
Anéantis par les bombardements alliés en 1943, le port et le centre de Hambourg ne sont plus qu'un tas de gravats quand les troupes britanniques occupent la ville en 1945. Mais la reconstruction est rapide, les activités économiques reprennent, le port retrouve rapidement son rang mondial. Aujourd'hui, l'***industrie aéronautique*** participe à la prospérité. *EADS* possède ici des unités contribuant à la construction des *Airbus* et fait de cette ville le 2e centre européen de l'aéronautique après Toulouse.

Le port en quelques chiffres

Avant 1914, Hambourg était le 3e port du monde après New York et Londres. Aujourd'hui, c'est le 3e en Europe en tonnage derrière Rotterdam et Anvers et le 22e au plan international. Sur 10 % de la surface de la ville, ses 87 km², le site compte 60 bassins, 70 km de quais, un réseau ferré de 390 km et le plus grand dock flottant du monde. Il fournit 160 000 emplois au Land. C'est aussi le ***1er port pour les Suisses, les Autrichiens et les Scandinaves***, mais aussi pour de nombreux pays de l'Est sans débouché maritime. Son efficacité et ses capacités de transbordement lui ont forgé une solide réputation dans le monde du transport maritime. Les échanges principaux se font avec le Japon, Hong Kong, Singapour, Taïwan, la Corée, la Chine et les Amériques.

LES FEUX DE GOMORRHE

En juillet 1943, les Alliés décident d'anéantir les infrastructures et les capacités militaro-industrielles du grand port. Lors de l'opération « Gomorrhe », en 7 raids aériens, 10 000 t de bombes incendiaires provoquent la mort de 37 000 civils emportés par une tempête de feu. Quelques semaines plus tard, les chantiers navals sont à nouveau opérationnels.

Il peut accueillir les plus grands porte-conteneurs du monde qui acheminent surtout des grains de café, du cacao et des engrais. Une partie du port a conservé son statut de port franc, et ***les navires qui y sont amarrés ne paient pas de taxes***. Sur le port, on ne connaît pas les 35h mais plutôt les 24h/24 et peu de grèves. C'est sans doute pour ces raisons que le géant chinois ***Cosco, leader mondial du transport maritime par conteneurs,*** a pris, fin 2022, 25 % de participation dans le port de Hambourg.

Les quartiers de Hambourg

Le district de Hambourg (la ville) s'étend sur 755 km², et les distances sont importantes dès lors que l'on sort du centre (la voiture se révélant alors bien utile). Les transports en commun, bien organisés, permettent de s'y déplacer facilement et rapidement, que ce soit en métro (U-Bahn et S-Bahn), en bus ou à vélo.

– ***Neustadt*** *(zoom D2-3)* **:** la « ville nouvelle », pas si nouvelle que ça puisqu'elle date du Moyen Âge, même s'il n'en reste plus grand-chose... Les amateurs de shopping seront comblés : on ne compte plus les galeries commerciales de luxe ! Les passages couverts autour de *Gänsemarkt* ou sur *Jungfernstieg* abritent les magasins des plus grandes marques de vêtements, chaussures et bijoux.

– ***Sankt Georg*** *(plan I et zoom F2)* **:** relégué derrière la gare principale, à l'abri des regards. Cet ancien quartier de junkies et de prostituées connaît une véritable renaissance, même si certaines rues sont encore peu fréquentables. C'est dans ce quartier que se concentrent les hôtels les moins chers. Mais il suffit de se promener sur Lange Reihe pour trouver une ambiance différente : les bars et restos cosmopolites sont fréquentés par une clientèle un peu bobo. Nombreux magasins de déco, de mode, d'artisanat et... boîtes gay.

– ***Les rives de l'Außenalster*** *(plan I, F1-2)* **:** c'est le quartier résidentiel des « Hambourgeois ». De superbes villas, à l'architecture très variée, se cachent parfois derrière de hautes grilles ou en bordure du lac. Le must étant d'avoir son petit ponton pour arrimer son embarcation. Possibilité d'un jogging ou d'un pique-nique dans les nombreux parcs bordant cette réserve d'eau, que les locaux aiment parcourir en canoë.

– À l'ouest et au nord de la tour ***Heinrich Hertz*** (point de repère commode avec ses 280 m de hauteur ; *plan I, D1*), notamment sur les rues *Schulterblatt* et *Schanzenstraße,* le quartier de ***Sternschanze*** *(plan I, C1-2)* où vivent beaucoup de jeunes en colocation. Truffé d'anciens bastions, ce quartier d'étudiants marquait autrefois la frontière avec le Danemark, lorsque le duché de Schleswig-Holstein n'avait pas encore été annexé par la Prusse en 1866. De nos jours, même s'il s'embourgeoise, il n'en reste pas moins un quartier alternatif, idéal pour manger et boire un verre à peu de frais, dans une ambiance décontractée.

– ***Sankt Pauli et le Reeperbahn*** *(plan I, B-C2-3)* **:** autrefois les marins descendaient dans ce quartier chaud à l'escale de leur navire. Aujourd'hui encore, « Sexe, jeu et drogue » pourrait être sa devise mais, sans marins en goguette, l'ambiance a changé. L'ancien repaire de marginaux et de contestataires de tous crins (militants d'extrême gauche, libertaires, punks, artistes) demeure le quartier de la prostitution et des sex-shops ; il tend à se gentrifier et abrite aujourd'hui une population plus mélangée. Ce sont les jeunes et les touristes qui affluent dans ce quartier désormais à la mode avec ses nombreux clubs, ses salles de concerts, ses théâtres, etc.

– ***Altona*** *(plan I, A-B2-3)* **:** autrefois une partie du territoire danois, peuplé de juifs interdits à Hambourg, ce quartier est plus cosmopolite que Sankt Pauli et surtout moins touristique. Situé au nord-ouest de la gare, il fait bon flâner à Altona, aux allures de village, et profiter de ses terrasses conviviales. On y trouve une concentration de bars tantôt cool, tantôt branchés.

– ***Les bords de l'Elbe*** **:** l'ancien quartier portugais, où chantaient encore quelques marins dans les tavernes, s'est complètement transformé. On y trouve désormais des restaurants chics (terrasses avec vue sur le port), ainsi que des bars et magasins branchés le long de la *Große Elbstraße.* C'est aussi là que se tient, le dimanche matin, le fameux ***Fischmarkt,*** l'une des attractions les plus courues de la ville. Passé le *Hohenzollernring,* peu après Altona, un chemin côtier permet de longer les bords de l'Elbe vers Övelgönne pour un jogging ou une balade à vélo.

– La ***Speicherstadt*** s'est développée entre 1885 et 1927 sur un groupe d'îles étroites de l'Elbe. C'est l'un des plus grands complexes d'entrepôts portuaires au monde (300 000 m²). L'endroit est impressionnant. Il comprend 15 très grands entrepôts et 6 bâtiments annexes, bâtis sur un réseau de canaux. Adossé à l'immeuble moderniste de la ***Chilehaus,*** le quartier ***Kontorhaus,*** contigu, est une zone de plus de 5 ha qui comporte 6 très grands complexes de bureaux construits entre les années 1920 et 1940 pour accueillir des entreprises maritimes. L'ensemble témoigne de la croissance rapide du commerce international au tournant des XIXe et XXe s.

– Au sud et à l'est de Speicherstadt, ***HafenCity*** est un projet pharaonique concernant plus de 150 ha : d'ici 2025, ce quartier, situé à moins de 1 km du Rathaus, devrait accueillir environ 12 000 habitants, 40 000 employés et un site universitaire, ainsi que de nombreux commerces. Lorsque tout sera achevé, le centre de Hambourg aura grossi de... 40 % ! C'est dans cette partie de Hambourg que s'élève le nouveau symbole culturel de la ville : la fameuse ***Elbphilharmonie,*** à l'architecture audacieuse.

Arriver – Quitter

✈ ***Aéroport de Hambourg*** *(hors plan I par E1)* **:** *à 9 km au nord-ouest de la ville.* • *hamburg-airport.de* •

Depuis l'aéroport

En S-Bahn *(train urbain)* **:** la ligne ***S1*** (en face du terminal des arrivées) permet de rejoindre très facilement la gare centrale *(Hauptbahnhof).* Départ ttes les 10 mn ; 4h-23h40 de la gare centrale et 4h30-minuit de l'aéroport ; prix : 3,30 € ; trajet : 25 mn. Billets aux guichets automatiques. Pour un aller simple, taper « *Einzelkarte Gesamtbereich* » ; achat aussi de la *Hamburg Card* (voir plus loin), qui sera vite rentabilisée si vous restez quelques jours en ville. Attention : à Ohlsdorf, le train se sépare en 2. Donc si vous souhaitez arriver à la *Hauptbahnhof,* évitez de monter dans les 3 dernières voitures.

Après minuit et jusqu'à 3h40 en sem, depuis le terminal 1, le ***bus HVV 606*** conduit à la gare centrale et au Rathausmarkt.

➢ ***En taxi*** **:** compter env 30 € et 30 mn de trajet.

En train

Pour voyager en train dans la région de Basse-Saxe, il existe un billet (le *Niedersachsen-Ticket*) au prix de 24 €/j. pour 1 pers. Ce billet est également valable dans les transports en commun de Hambourg et de Brême et donne droit à des réducs dans de nombreux

Adresses utiles

1 Tourist Information im Hauptbahnhof (F2)

2 Tourist Information am Hafen (C3)

Où dormir ?

10 Jugendherberge « Auf dem Stintfang » (C3)

12 25hours Hotel HafenCity (E3)

14 Schanzenstern Altona (A2)

15 Gastwerk (hors plan par A2)

16 Superbude Hotel St. Pauli (C2)

18 Boritzka (C1)

19 Hotel Cristobal (hors plan par F1)

21 Jugendherberge « Horner Rennbahn » (hors plan par F2)

25 YoHo (C1)

26 Superbude Hotel & Hostel St. Georg (hors plan par F3)

Où manger ?

33 Lokmam Köz (C2)

HAMBURG – Plan I

34 Abaton-Bistro (D1)
37 Captain's Dinner (C3)
38 Cuneo (C3)
39 Am Kai (A3)
45 Souperia (C2)
46 Balutschistan (C1)
47 La Sepia (C2)
48 Freudenhaus (C3)
49 Altes Mädchen (C1)

Où boire un verre ?

65 La Paloma (C3)
66 StrandPauli (C3)
69 Hadley's (D1)
70 Fritz Bauch (C2)
71 Strandperle (hors plan par A3)
72 Erika's Eck (C2)

Où écouter de la musique ? Où danser ?

81 Docks (C3)
82 Große Freiheit et Kaiserkeller (C3)
84 Fabrik (A2)
86 Logo (D1)

Adresses utiles

1 Tourist Information im Hauptbahnhof (F2)

3 et 5 Internationale Apotheke (pharmacie internationale ; F2)

8 Fahrradladen St. Georg (location de vélos ; F2)

Où dormir ?

17 Generator Hostel (F2)

23 Hotel Wedina (F2)

27 Motel One Am Michel (D3)

28 25hours Hotel Altes Hafenamt (E3)

29 Hotel Stella Maris (D3)

Où manger ?

30 Café Koppel (F2)

31 Destille (F3)

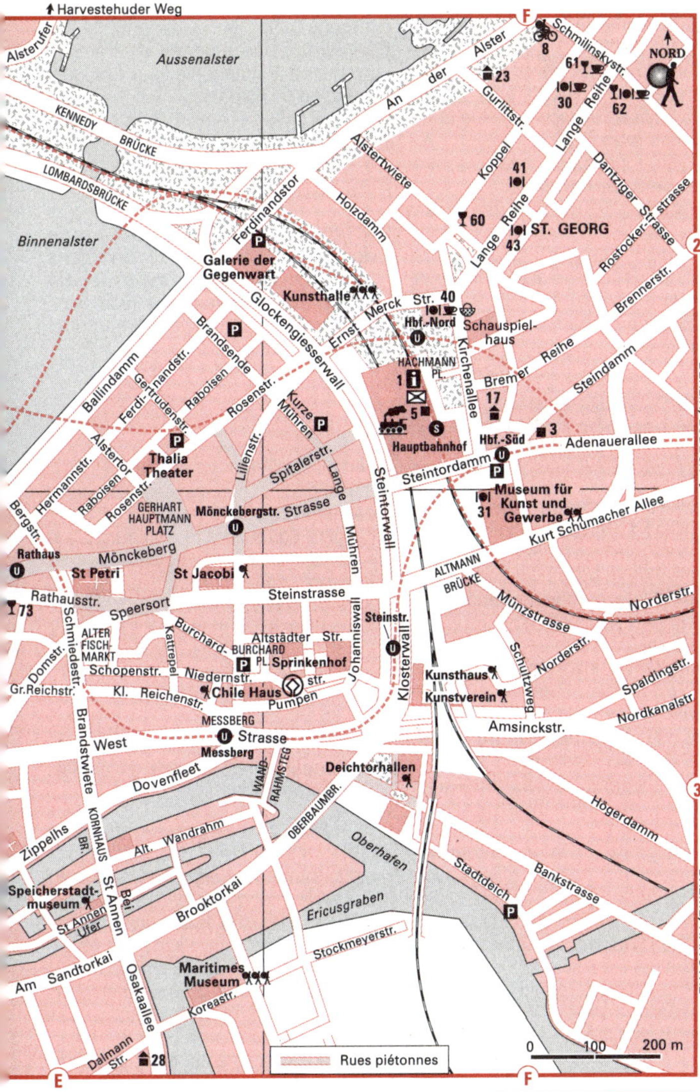

HAMBURG - Zoom

35 Alex Uberseebrücke (D3)
40 Mutterland Stammhaus (F2)
41 Vasco de Gama (F2)
42 Parlament (E3)
43 Cox (F2)
44 Zu den Alten Krameramtsstuben am Michel (D3)

Où boire un verre ?

60 Max & Consorten (F2)
61 Café Gnosa (F2)
62 Café-Kneipe Frau Möller (F2)
64 Thämer's (D3)
73 Café Paris (E3)

Où écouter de la musique ?

85 Cotton-Club (D3)

sites touristiques. *Rens :* ☎ *01806-99-66-33.* ● *bahn.de* ●

Il y a 2 grandes ***gares ferroviaires*** à Hambourg : la *Hauptbahnhof* (gare centrale ; *plan I et zoom F2*) et la *Bahnhof Altona (plan I, A2-3).*
Les liaisons indiquées ci-après sont au départ de la ***gare centrale.***
➢ ***Lübeck :*** 1-3 trains/h. Trajet : env 45 mn.
➢ ***Brême :*** 1-3 trains/h. Trajet : env 1h.
➢ ***Berlin :*** 1-2 trains directs/h. Trajet : 1h40-2h.
➢ ***Cologne :*** 1 train direct/h. Trajet : env 4h15.
➢ ***Hanovre :*** 1-3 trains directs/h. Trajet : env 1h30.
➢ ***Paris :*** une poignée de trains/j., avec 2 ou 3 changements à Cologne, Francfort ou Mannheim.
➢ ***Bruxelles :*** env 1 train/h, avec 1-2 changements. Trajet : 6h40-8h30.

En voiture

Attention, Hambourg fait partie des villes dont la circulation dans le centre implique d'avoir acheté la vignette Umweltzone (voir infos dans « Comment y aller ? » en début de guide).

Adresses et infos utiles

Informations touristiques

Tourist Information am Flughafen *(Airport Office)* **:** *à l'aéroport, au terminal 2, au niveau des arrivées. Tlj 9h-12h, 14h30-16h.*
Tourist Information im Hauptbahnhof *(plan I et zoom F2,* ***1****)* **:** *dans la gare principale, côté sortie Kirchenallee.* ☎ *300-51-701.* ● *hamburg-tourism.de* ● *Tlj 10h-18h.* Plan de la ville en français.
Tourist Information am Hafen *(plan I, C3,* ***2****)* **:** *Sankt Pauli Landungsbrücken, entre les pontons 4 et 5. U3/S1/S2/S3 : Landungsbrücken. Tlj 10h-18h.*
■ ***Consignes :*** à la ***gare centrale*** *(Hauptbahnhof),* non de l'office de tourisme *(guichet tlj 8h-20h, ou casiers automatiques ; compter 5 € pour 24h).* À la ***gare d'Altona,*** consignes jouxtant le quai nº 5 *(4-6 € pour 24h – max 72h).* À ***l'aéroport*** au terminal 2, au niveau des départs *(tlj 4h30-23h).*
– ***Hamburg Card :*** ● *info-hamburg.card.de* ● En vente aux offices de tourisme, distributeurs de billets de train ou de métro, et dans certains hôtels. Elle donne un accès illimité aux transports publics (métro, bus, tramways, ferries) de l'agglomération. *Pour 1 j. (valable pour le j. indiqué et jusqu'à 6h du mat le lendemain), compter 10,90 €.* La *Hamburg Card* donne également droit à des réductions pour les visites guidées, les tours en bateau dans le port ou sur l'Alster, les entrées des sites touristiques et des musées, les places de théâtre, etc.
Il existe également la *Hamburg Card + Region (21,50 € pour 1 adulte et max 3 enfants âgés de moins de 15 ans ; 35 € pour la carte de groupe valable pour 5 pers). La carte se décline aussi sur 2, 3, 4 et 5 j. (19,90 €, 28,90 €, 37,90 € et 44,90 € ; prix 2022).*

Transports

Se procurer la brochure en anglais *Public Transports.*

■ ***Métro, bus, tramway, ferries :*** ● *hvv.de* ● Même si les stations de métro sont assez espacées, le réseau reste très pratique (plan distribué aux guichets). Sans la **Hamburg Card,** le ticket à l'unité *(Einzelkarte)* se révèle onéreux : pour tous les transports en commun, il coûte 3,50 €/trajet. Plus cher au-delà de la zone centrale, mais celle-ci est suffisante pour la plupart de vos déplacements. Il est plus intéressant de prendre une *Tageskarte* à 8,60 € valable pour 1 journée (avec 3 enfants 6-14 ans). Bon plan : le *9-Uhr-Tageskarte (billet pour 2-5 pers, valable 9h, revenant à 12,90 €). Ts ces prix sont un peu plus bas lors d'un achat en ligne.*
Location de vélos : Fahrradladen St. Georg *(zoom F2,* ***8****), Schmilinskystr. 6.* ☎ *24-39-08. Lun-ven 10h-19h,*

LE NORD DE L'ALLEMAGNE

sam 10h-13h. Env 10 €/j. CB refusées. Le plus économique pour louer un vélo à la journée. Les vélos sont admis gratuitement dans le métro avant 6h, entre 9h et 16h, et dès 6h le week-end. Également sans restriction dans les ferries.
– Comme la plupart des villes en Europe, Hambourg a ses vélos sur bornes, les ***StadtRAD*** *(• stadtrad.hamburg.de •).* Des vélos rouge pétant, que l'on prend de bornes en bornes, réparties dans toute la ville, surtout au niveau des gares et des stations de métro. L'application *Call a bike* sur un smartphone permet de les localiser. Pour s'en servir, il suffit d'une carte de paiement pour s'enregistrer *(5 €). Gratuit la 1re demi-heure puis 0,10 € pour chaque minute supplémentaire avec un max de 15 €/j.*

Taxis : Hansa-Taxi, *☎ 211-17-99 ;* ***Taxi Hamburg,*** *☎ 66-66-66.*

Urgences, santé

■ ***Médecin :*** *☎ 22-80-22.*
■ ***Dentiste :*** *☎ 19-246.*
■ ***Pharmacies : Internationale Apotheke*** *(zoom F2,* ***5****), à l'intérieur de la gare centrale, en mezzanine ; tlj 7h (8h w-e)-21h. Une autre* ***Internationale Apotheke*** *se trouve à l'extérieur de la gare (zoom F2,* ***3****), Steindamm 2 ; lun-ven 8h-20h, sam 9h-18h.*

Où dormir ?

ATTENTION : au mois de mai (le 2e week-end du mois), Hambourg fête son port. Il devient alors très difficile de trouver une chambre d'hôtel et les prix sont majorés de plus de 50 %. Comme partout les prix varient fortement en fonction de la demande...

À Neustadt et Sankt Pauli

De bon marché à chic

Jugendherberge « Auf dem Stintfang » *(AJ ; plan I, C3,* ***10****) : Alfred-Wegener-Weg 5. ☎ 570-15-90. • jugendherberge.de/jh/hamburg-stintfang • Petite grimpette pour y accéder depuis le S-Bahn de Landungsbrücken. Réception 24h/24 ; check-in à partir de 14h. Résa fortement conseillée. Carte AJ exigée. Nuitée en dortoir 25-32 € et doubles 77-87 €, draps et petit déj inclus ; supplément pour les plus de 27 ans.* Une grande AJ moderne et agréable de 88 chambres, bien desservie et située en surplomb du port, au sud de Sankt Pauli. Lits répartis en chambres de 2 à 6 personnes, avec sanitaires. Certaines (plus chères) profitent d'une vue sur l'Elbe. Laverie. Cuisine rudimentaire à dispo (micro-ondes, mais ni frigo ni four) mais possibilité de dîner sur place pour 11,50 €. Bar à l'américaine avec billard, prolongé par une belle terrasse avec vue sur le port.

Hotel Stella Maris *(zoom D3,* ***29****) : Reimarusstr. 12. ☎ 319-20-23. • stellamaris-hamburg.de • Doubles 80-180 € selon confort. Petit déj en plus.* Les valises encastrées dans le comptoir de la réception de ce petit hôtel, à taille humaine et bien situé, sont une invitation au voyage. Déco générale tournée vers la mer. 3 types de chambres : les moins chères sous les toits avec salle de bains sur le palier. Pas très grandes, mais avec plus de charme que les catégories supérieures, plus neutres.

Dans le quartier Sankt Georg

Éviter les petits hôtels pas chers de la zone rouge (le *Rotlichtviertel*), qui se paient généralement à l'heure, voire à la demi-heure, et dont la réceptionniste est toujours dans la rue...

De bon marché à chic

Superbude Hotel & Hostel St. Georg *(hors plan I par F3,* ***26****) : Spaldingstr. 152. ☎ 38-08-780. • superbude.de • Doubles 65-95 €. Petit déj 13 €. Enfants gratuits. Loc de vélos.* Excentré dans un quartier pas folichon (mais à 10 mn à pied de la gare). Une belle adresse proposant

LE NORD DE L'ALLEMAGNE

des hébergements en dortoir mais aussi des chambres d'hôtel. Design moderne, déco originale et excellent confort. Espaces communs agréables et chaleureux, avec une cuisine à disposition et une terrasse sur le toit pour bronzer et buller.

Generator Hostel *(zoom F2,* ***17****) : Steintorplatz 3. ☎ 635-84-60. • generatorhostels.com • Réception 24h/24. À partir de 20 € le lit en dortoir et 55 € la chambre double ; petit déj 7,50 €.* Idéalement placé, face à la gare. Au rez-de-chaussée, l'agréable café (où l'on peut se restaurer) et le bar avec sa petite arrière-cour. En mezzanine, un coin tranquille pour bouquiner, consulter ses mails ou profiter des soirées cinéma. Dans les étages, des chambres privées ou des dortoirs de 2, 4, 6 ou 8 lits, tous avec salle de bains privée, mais aussi des sanitaires dans le couloir en complément. Certaines chambres doubles sont exiguës, mais tout est bien pensé. Déco sobre et lumineuse. Chambres réservées aux femmes. Laverie, location de vélos, visites guidées, mais pas de cuisine.

Motel One Am Michel *(zoom D3,* ***27****) : Ludwig-Erhard-Str. 26. ☎ 357-18-900. • motel-one.com • Doubles à partir de 96 € ; petit déj en plus. Parking 18 €.* C'est l'implantation locale de cette chaîne présente partout en Allemagne et offrant un bon rapport prix-qualité. Petites chambres fonctionnelles, déco standard mais plaisante avec sa touche turquoise omniprésente. Équipements complets et efficacité rarement mise en défaut. Un peu l'usine, surtout au petit déj servi dans le hall, mais parfait pour un séjour proche du centre.

Très chic

Hotel Wedina *(zoom F2,* ***23****) : Gurlittstr. 23. ☎ 280-89-00. • hotelwedina.de • Doubles 70-250 € selon confort et période. Parking 18 €.* Une soixantaine de chambres réparties dans 4 maisons distinctes, toutes cultivant une atmosphère différente. Point commun : la sérénité et la qualité de l'ameublement. On fait ici dans le beau, mais le beau discret. La maison principale, la rouge, propose des cocons avec volets intérieurs, parquet et mobilier en chêne et des couleurs vives non agressives. Alors que dans la verte (qui donne sur un parc), les chambres ont toutes un mur en béton. Dans la bleue, chaque nid douillet porte le nom d'un écrivain célèbre, avec la déco en conséquence. Et dans la « jaune », le *Wedina* héberge les auteurs intervenant à la *Literaturhaus*. Une ambiance littéraire donc, que l'on retrouve au rez-de-chaussée de la maison rouge, avec sa bibliothèque, sa délicieuse salle de petit déjeuner (préparations maison), sans parler de la cour-jardin à l'ombre des arbres. Malgré sa taille, l'ambiance s'apparente à celle d'une maison d'hôtes. Accueil aux petits soins. Vélos à dispo. Un véritable coup de cœur !

À Sternschanze

De bon marché à prix moyens

Superbude Hotel St. Pauli *(plan I, C2,* ***16****) : Juliusstr. 1-7 (entrée sur Stresemannstr.). ☎ 807-91-58-20. • superbude.de • Doubles 69-139 €. Petit déj en plus.* Dans un ancien bâtiment industriel un peu austère, à 5 mn à pied du quartier branché, un grand établissement proposant des chambres à la déco originale et décalée faite de matériaux de récup. Confort soigné, équipement complet (mais en dehors d'un micro-ondes, pas de cuisine, ni de laverie), avec un sympathique bar où se poser. Une adresse coup de cœur !

De chic à très chic

Boritzka *(plan I, C1,* ***18****) : Schäferkampsallee 67. ☎ 44-85-82. • hotel-boritzka.de • Doubles 90-110 € ; délicieux petit déj en plus.* Installé dans une charmante villa hambourgeoise classée Monument historique, ce petit hôtel familial pratique des prix raisonnables pour la ville. Les 16 chambres, lumineuses et assez confortables, disposent de leur salle de bains privée, même si certaines sont situées dans le couloir. Accueil aussi professionnel que souriant.

YoHo *(The Young Hotel ; plan I, C1,* ***25****) :* *Moorkamp 5. Doubles 109-145 € avec petit déj. Au rdc, le Mazza, resto syrien raffiné (plats 18-28 €), ouv à 18h. Parking gratuit.* Malgré sa façade 1900, cette villa abrite un hôtel de 30 chambres modernes au design nordique, avec boiseries claires et lignes épurées. Les chambres, de tailles diverses, se révèlent confortables, mais on peut les trouver un peu froides. Heureusement, l'accueil, lui, ne l'est pas !

Dans Altona

De bon marché à très chic

Schanzenstern Altona *(plan I, A2,* ***14****) :* *Kleine Rainstr. 24/26. ☎ 39-91-91-91. • schanzenstern-altona.de • Doubles dès 89 € ; petit déj payant. Quelques apparts avec salon et cuisine dès 100 € pour 2.* Façade bariolée. Environ 80 places réparties en chambres avec salle de bains, colorées et calmes. Excellent accueil et propreté nickel-chrome. Pas de cuisine à disposition mais possibilité de laverie. En plus, le quartier est animé (dans le bon sens du terme) et regorge de petits cafés et restos sympas.

Gastwerk *(hors plan I par A2,* ***15****) :* *Beim Alten Gaswerk 3. ☎ 89-06-20. • gastwerk-hotel.de • En venant d'Altona, suivre Bahrenfelder Str. ; c'est sur la gauche avt Stresemannstr. Résa conseillée. Doubles 139-230 € ; petit déj payant. Parking gratuit.* Les prix sont élevés, mais l'endroit est exceptionnel. Dans un ancien et immense bâtiment industriel en brique rouge érigé en 1896, près de 140 chambres spacieuses et confortables allient grand luxe et cadre industriel chic. La déco design minimaliste, aux matériaux, nobles est adoucie par quelques bouddhas. Douches à l'italienne. Sauna, spa, salle de gym et très chic bar-resto du rez-de-chaussée.

À HafenCity

Très chic

25hours Hotel HafenCity *(plan I, E3,* ***12****) :* *Überseeallee 5. ☎ 25-77-77-0. • 25hours-hotels.com • Doubles à partir de 175 € ; petit déj payant (cher !). Plats 15-25 €. Parking 12 €. Prêt de vélos.* Dans un bâtiment contemporain en bois, verre et béton, entièrement tourné vers la mer et le port, au propre comme au figuré. Ambiance cabine de bateau pour les chambres, mais douillettes cabines de luxe ! Papier peint conçu à partir de l'histoire de 25 marins, globes en guise de lampes, une bouillotte pour vous garder bien au chaud. Les espaces communs, dans un style plus contemporain, sont conviviaux et lumineux, avec un fumoir où écouter des vinyles. Sauna (inclus dans le prix) dans un ancien conteneur qui a bourlingué autour du monde. Au rez-de-chaussée, le **Heimat,** un resto-bar tout vitré qui propose une courte carte locavore de plats bien tournés.

25hours Hotel Altes Hafenamt *(zoom E3,* ***28****) :* *Osakaallee 12, 20457. ☎ 55-55-752-55. • 25hours-hotels.com • Doubles 159-300 € ; petit déj en plus.* C'est le même groupe que le *25hours Hotel HafenCity* voisin, à la différence qu'il se trouve dans un bâtiment historique, un des plus anciens du quartier. Situation vraiment idéale, confort et qualité au rendez-vous (ainsi que la bouillotte dans chaque chambre !), mais c'est aussi plus classique, plus sage, plus rangé et surtout plus cher !

Sur les bords de l'Außenalster

Chic

Hotel Cristobal *(hors plan I par F1,* ***19****) :* *Dorotheenstr. 52. ☎ 357-03-00. • hotel-cristobal.de • Doubles 135-150 € selon confort ; petit déj-buffet payant. Parking payant.* Dans un quartier résidentiel chic et un peu excentré. Ce bloc à la façade banale manque de charme au 1er abord, mais la quinzaine de chambres aux tons apaisants se révèlent calmes, modernes, spacieuses, et bien équipées. Certaines disposent d'une kitchenette. Accueil charmant.

Plus loin du centre

Bon marché

Jugendherberge « Horner Rennbahn » (AJ ; hors plan I par F2, **21**) : *Rennbahnstr. 100. ☎ 570-15-90. • hamburg-horn.jugendherberge.de • À l'est de la ville, à 5 km à l'est de la gare centrale. U3 : Horner Rennbahn (direction Mümmelmannsberg) ; ensuite, bus nos 23, 160 ou 260, arrêt Tribünenweg ; sinon, marcher 10 mn env. Réception à partir de 14h. Carte AJ exigée. Nuitée 24,50-28,50 € ; doubles 78-83 €, petit déj inclus ; supplément pour les plus de 27 ans.* Un grand bâtiment en brique qui abrite 420 lits, répartis en chambres de 2 à 6 personnes, avec salle de bains privée ou partagée. Terrasse et jardin. Laverie, ping-pong, billards et salle TV. Possibilité de déjeuner ou dîner sur place. Affiche moins souvent complet que celle du port, mais c'est un peu galère pour y aller.

Où manger ?

À Neustadt

De bon marché à chic

Alex Uberseebrücke (zoom D3, **35**) : *Vorsetzen 72. ☎ 607-769-960. Sur la promenade aménagée le long du port. Tlj 8h-1h (2h ven-sam). Plats 5-20 €.* Vaste pavillon moderne à la large terrasse avec vue sur le port et la *Elbphilarmonie.* À la fois bar, restaurant et café pour un petit déj, un lunch léger, un café-pâtisserie-glaces au goûter ou un dîner romantique « avec vue ». Cuisine fraîche pour tous les goûts avec une mention pour les copieux *bowls,* pleins de saveurs. Service efficace. Un autre *Alex* sur les rives de l'Alster.

Parlament (zoom E3, **42**) : *Rathausmarkt 1. ☎ 70-38-33-99. Sur le côté gauche, au sous-sol du Rathaus. Mar-mer 12h-15h30, jeu-sam 12h-17h. Plats 12-19 €.* Cette ancienne brasserie historique, la *Ratsweinkeller,* abrite un bar-resto chic. Impressionnants volumes de la salle voûtée avec vieux piliers énormes, immense bar illuminé, et gros luminaires au plafond. Cuisine classique mais savoureuse. Terrasse *(jusqu'à 18h)* dans la cour de la mairie.

Zu den Alten Krameramtsstuben am Michel (zoom D3, **44**) : *Krayenkamp 10. ☎ 36-58-00. Tlj 12h-minuit (cuisine 21h30). Plats 10-25 €.* Dans cette vieille maison à étages et mobilier ancien, un resto, plutôt touristique, mais qui a su garder un charme suranné, un poil guindé. Cuisine locale à apprécier sur la terrasse dans une ruelle bordée de maisonnettes, les *Krameramtswohnungen,* construites en 1676 par la guilde des merciers pour y loger leurs veuves. À côté du resto, un petit musée, le *Kramer-Witwen-Wohnung* (*• kramer-witwen-wohnung.de • ; tlj sauf mar 10h-17h (18h w-e), plus w-e nov-mars ; entrée : 2,50 €*).

Dans le quartier Sankt Georg

Un quartier tout indiqué pour tester quelques ***cuisines du monde,*** notamment les restos asiatiques, portugais et indiens de Lange Reihe.

Bon marché

Mutterland Stammhaus (zoom F2, **40**) : *Kirchenallee 19. ☎ 284-07-978. Lun-sam 7h (8h sam)-21h, dim (café seulement) 9h-16h. Repas 10-20 €.* Devant, la boutique de la « mère patrie », soit une épicerie fine proposant des produits allemands et locaux de qualité, même si pas donnés. Au fond, le café à l'ambiance décontractée, avec tables en bois. Petits plats goûteux au menu : salades, soupes, quiches, etc. Bien aussi pour un délicieux café, un petit déj copieux ou une pause gourmande.

Café Koppel (zoom F2, **30**) : *Koppel 66. ☎ 24-92-35. Tlj sauf lun-mar 12h (10h w-e)-18h. Repas env 10 €.* Au fond d'une cour, à l'écart de la rue, dans une ancienne fabrique reconvertie en centre artisanal. Temple de la cuisine bio et végétarienne, la saucisse y est bannie : jus frais, salades, pâtes, quiches et divers petits plats du jour, ainsi que de succulents gâteaux maison. Au choix : la salle haute de plafond, avec mezzanine, ou l'agréable courette arborée. Une halte saine au cœur de ce quartier animé.

Iel **Destille** (zoom F3, **31**) : *Steintorplatz 1. ☎ 280-33-54. Cafétéria au 1er étage du musée des Arts décoratifs (MKG). Tlj sauf lun 11h-17h30 (20h jeu ; 18h juin-août). Droit d'entrée pour le resto 2 € ; gratuit avec le billet du musée. Repas env 10 €.* Une cafétéria étonnante, située en plein milieu du musée, et où on se croirait dans une des salles d'exposition. Buffet froid pour se composer une belle assiette, facturée au poids. On peut compléter celle-ci par un dessert.

De prix moyens à chic

Iel **Vasco de Gama** (zoom F2, **41**) : *Lange Reihe 67. ☎ 280-33-05. Tlj 11h30-23h. Plats 13-22 €.* Déco rustique, ambiance chaleureuse et intime, boiseries sombres, nappes rouges, bougies sur les tables. Classiques de la cuisine hispano-portugaise : tapas (assortiment pour 2 personnes), paella, sardines grillées, gambas, *caldeirade*, *cataplana,* daurade au four, le tout dégageant de bonnes odeurs de plats mijotés. *Vinho verde* en carafe pour agrémenter le tout. Service souriant.

Iel **Cox** (zoom F2, **43**) : *Lange Reihe 68. ☎ 24-94-22. Tlj sauf sam et dim midi 12h-14h30, 18h30-23h. Plats 10-15 € le midi, 17-31 € le soir. CB refusées.* Un des fleurons gastro du quartier Sankt Georg. Déco de brasserie élégante avec colonnes de fonte et banquettes rouges. Clientèle chic décontractée en quête de surprises culinaires. De fait, les propositions de la courte carte déroutent quelque peu, mais il faut prendre le risque de tester quelques saveurs inhabituelles. Produits frais garantis et vins de qualité, quoique assez chers. Une des serveuses est francophone.

À Sternschanze

Un quartier stratégique pour les fauchés, grâce à ses nombreux *döner kebab* et falafels, mais aussi de nombreux restos ethniques. Le soir, les terrasses de *Schulterblatt* sont littéralement envahies.

Bon marché

Iel **Souperia** (plan I, C2, **45**) : *Bartelsstr. 21. ☎ 430-99-555. Tlj sauf w-e 11h30-16h. Soupes 4-6 €.* Petit comptoir où l'on sert, sans façons, des bols de soupe bien fraîche et saine qu'on peut accompagner de salades ou de pâtes froides. Pain à volonté. Tables sur la rue aux beaux jours.

Iel **Abaton-Bistro** (plan I, D1, **34**) : *Grindelhof 14a. ☎ 45-77-71. Dans le quartier de l'université. Tlj 9h30 (12h w-e)-23h. Plat du jour 10-14 €.* Le lieu fait partie d'un cinéma. Grande salle claire, à la déco épurée ou en terrasse quand il fait beau. Les étudiants et les gens du quartier se donnent rendez-vous ici pour déjeuner ou boire un verre à des tarifs raisonnables. Le midi, on se bouscule pour trouver une chaise libre !

De prix moyens à chic

Iel **Altes Mädchen** (plan I, C1, **49**) : *Lagerstr. 28b. 1522-253-01-80. Entrer dans la cour du n° 26 (plan à l'entrée). Lun-sam 12h-minuit (1h ven-sam), dim 10h-22h. Brunch dim 10h-14h. Repas 15-30 €.* C'est le resto de la brasserie *Ratsherrn-Brauerei.* L'endroit est avant tout un *Biergarten* citadin avec vue sur les cuves derrière les baies vitrées. On commande (à boire et/ou à manger au comptoir), puis on s'installe à l'endroit de son choix en terrasse ou en salle. Côté cuisine, c'est relativement simple : hamburger bio, salades, plats de viandes bio encore et de poisson, etc. La carte des bières est plus vaste que le menu : large choix de bières du monde entier en plus de la production maison.

Iel **Lokmam Köz** (plan I, C2, **33**) : *Susannestr. 16. ☎ 430-38-28. Tlj 9h-1h (3h ven-sam). Résa conseillée. Selon choix, repas 10-23 €.* Resto installé sur un coin avec quelques tables dehors. Salle avec four à pain et bar tout en noir (comme les serveurs). L'occasion de s'initier à la succulente cuisine turque. Essayez les planches composées de divers *mezze* accompagnés de petites coupelles pleines de choses délicieuses : houmous, piments marinés. Le pain pour saucer sort tout droit du four. Accueil souriant aux petits oignons Une belle découverte.

La Sepia *(plan I, C2, **47**) : Neuer Pferdemarkt 16. ☎ 432-24-84. Tlj 12h-22h. Résa conseillée au dîner. Plats 14-29 €.* Une pieuvre tapie dans son antre au cœur du *Schanzenviertel,* c'est une invitation à se délecter d'une excellente cuisine de la mer mitonnée à la sauce portugaise. Sur la carte, en cassolette ou grillé, l'*octopus* côtoie ses congénères, crustacés, coquillages et créatures à écailles.

Balutschistan *(plan I, C1, **46**) : Schulterblatt 88. ☎ 43-36-61. Tlj 12h (14h w-e)-22h. Repas 15-20 € ; menu déj 9 €.* L'importante communauté afghano-pakistanaise de Hambourg est active dans le commerce des tapis. Pas étonnant que des restos de cette partie du monde aient éclos. On en trouve 3 dans la ville sous cette enseigne. Salle boisée, bordée de tables basses et de coussins, et grande terrasse. Tout le répertoire du genre fait maison : plats *biryani,* tandoori, *tikka* avec poulet, bœuf ou agneau. On connaît plus fin dans le genre, mais les portions sont copieuses. Service nonchalant. Parfois, spectacle de danse.

LE NORD DE L'ALLEMAGNE

À Sankt Pauli

De bon marché à très chic

Captain's Dinner *(plan I, C3, **37**) : Sankt Pauli-Landungsbrücken, Brücke 3. ☎ 31-21-21. Tlj 11h-22h. Plats 15-27 €.* Dans un coin très touristique : les promenades en bateau partent (et arrivent) juste à côté ! À la carte, nombreuses spécialités de poisson, tel le régional *Hamburger Pannfisch.* Délicieuses glaces en dessert. En terrasse face à l'Elbe, ou dans une salle style cale de bateau. Vu l'emplacement, ça pourrait être un attrape-gogo, mais force est de constater que la cuisine est de qualité, les prix sages et le service prévenant.

Cuneo *(plan I, C3, **38**) : Davidstr. 11. ☎ 31-25-80. Tlj sauf dim 17h-minuit. Résa conseillée. Repas 25-35 €.* Adresse familiale incontournable du quartier, juste à côté de la fameuse *Herbertstraße.* À la sortie des théâtres, le monde du milieu des créatifs (agences de pub, artistes, acteurs, gens du cinéma...) se retrouve dans l'ambiance chic mais décontractée de ce resto italien très cosy et convivial, sous les moulures rouges des plafonds. Spécialité de raviolis.

Freudenhaus *(plan I, C3, **48**) : Hein-Hoyer-Str. 7-9, 20359. ☎ 31-46-42. Tlj sauf lun 17h-23h. Résa conseillée. Plats 17-27 €.* Un resto peuplé d'angelots coquins. Banquettes cramoisies, atmosphère de boudoir avec fresques olé olé. Un bel écrin pour une authentique cuisine traditionnelle qui tient ses promesses. La *Schnitzel* de 300 g remporte tous les suffrages. Essayez la roulade de bœuf avec bacon, concombre et chou rouge. Service souriant et aux petits oignons.

Am Kai *(plan I, A3, **39**) : Große Elbstr. 145b/d. ☎ 38-03-77-30. Tlj sauf dim-lun 17h30-minuit. Résa conseillée. Plats 24-38 €.* Restaurant haut de gamme et bar installés sur le quai de l'Elbe. Larges baies vitrées, avec vue sur le port à conteneurs, et magnifique terrasse en été. Déco sobre et élégante. Vous pourrez y déguster des plats de poisson frais, délicatement parfumés, des fruits de mer et crustacés, des *ceviche* ou, simplement, de la bouillabaisse. Service stylé et prix correct pour la qualité, mais vins un peu chérots.

Où boire un verre ?

À Neustadt

Thämer's *(zoom D3, **64**) : Großneumarkt 10. ☎ 34-50-77. Tlj sauf dim 12h-minuit (16h lun-mar).* Une des nombreuses *Kneipen* qui entourent le *Großneumarkt. Thämer's* est un petit bar ancien plutôt calme avec un cadre cosy. Terrasse devant la porte. Sert aussi une cuisine de pub (pas très fine, mais qui absorbe bien la bière !).

🍷 ***Café Paris*** *(zoom E3,* ***73****) : Rathausstr. 4. ☎ 325-27-777. Tlj 9h (9h30 dim)-minuit.* Ancienne boucherie, grande salle carrelée estampillée Art nouveau, comme une station de métro parisienne, allégories du commerce au plafond, grand zinc et banquettes de cuir. Un lieu fréquenté en son temps par Cocteau, Hemingway, Gérard Philipe, Montand ou Belmondo. On peut s'y attabler pour un repas du petit déj au dîner, mais c'est franchement cher pour les plats proposés !

À Sankt Georg

🍷 ⛱ ***Max & Consorten*** *(zoom F2,* ***60****) : Spadenteich 1. ☎ 280-22-28. Lun-ven 11h-minuit, w-e 10h-2h.* Au pied du clocher de Sankt Georg, un lieu de rencontre au public très varié : étudiants, artistes ou jeunes et moins jeunes branchés discutent sur la vaste terrasse, ou dans la salle claire avec ses boiseries et banquettes en skaï.

🍷 ☕ ⛱ ***Café Gnosa*** *(zoom F2,* ***61****) : Lange Reihe 93. ☎ 24-30-34. Tlj 10h-minuit (1h ven-sam). CB refusées.* À l'origine, un point de ralliement LGTB de Hambourg ; aujourd'hui, public est mixte. Décoration rétro-chic : lustres des années 1920, fauteuils des années 1950, boiseries. Large choix de délicieux gâteaux comme la *Birnenrahmtorte.* Mais on peut aussi prendre un petit déj jusqu'à 16h et grignoter de bons petits plats pas trop chers. Accueil très sympa.

🍷 |●| ☕ ***Café-Kneipe Frau Möller*** *(zoom F2,* ***62****) : Lange Reihe 96. ☎ 25-32-88-17. Tlj 11h-1h (3h ven-sam). Petit déj jusqu'à 15h.* Pub très fréquenté et apprécié des étudiants pour les plats du jour bien roboratifs et pas chers *(env 10 €).* Déco tout en bois. Billard et baby-foot.

À Sternschanze

Les larges trottoirs de la rue *Schulterblatt* sont mis à profit par une série de cafés-bars qui sortent leurs tables quand il fait beau. Idéal pour un petit déj au soleil ou un apéro en fin d'après-midi au milieu d'une population un peu bohème.

🍷 ⛱ ***Hadley's*** *(plan I, D1,* ***69****) : Beim Schlump 85. ☎ 450-50-75. Tlj 17h (10h w-e)-23h.* Café-bar dans un ancien hôpital de 1850, non loin de l'université, à la fois cosy et chic, avec ses lumières tamisées. Casting en conséquence, comme les prix d'ailleurs. Mais l'accueil est chaleureux, et c'est très agréable de profiter d'une terrasse (qui ferme à 23h) donnant sur le superbe jardin à l'arrière.

🍷 ***Fritz Bauch*** *(plan I, C2,* ***70****) : Bartelsstr. 6. ☎ 430-01-94. Tlj sauf dim 17h-2h (4h ven-sam). CB refusées.* Déco rustique, avec poutres au plafond et box en bois, pour boire une bière locale ou un *Fritz Cola* et grignoter pour pas cher dans une ambiance col décontractée.

🍷 |●| ***Erika's Eck*** *(plan I, C2,* ***72****) : Sternstr. 98. ☎ 43-35-45. Tlj 6h (17h w-e)-22h.* Les chauffeurs de taxi viennent ici, leur nuit finie, boire un café et manger un morceau. On y sert à toute heure des plats bien consistants pour recharger les batteries après une virée dans Hamburg *by night.* Plus local, on ne fait pas !

Dans Sankt Pauli

🍷 ***La Paloma*** *(plan I, C3,* ***65****) : Friedrichstr. 11. ☎ 319-75-581. Au cœur de Sankt Pauli. Ven-sam 20h-7h.* Un zinc, une piste de danse, des bancs... et de l'ambiance ! Clientèle très mélangée. Plein à partir de 22h30, et tout le monde danse sur les bancs.

🍷 |●| ***StrandPauli*** *(plan I, C3,* ***66****) : Sankt Pauli Hafenstr. 89. ☎ 226-131-05. Mai-sept, tlj 12h (10h w-e)-23h (23h30 ven-sam, 21h dim). Repas (pizza, burger, flammekueche) env 15 €.* Comme une allure de plage hawaiienne au bord de l'Elbe... quand il fait beau. Paillotes, palmiers (en pot) et parasols, lits de repos et fauteuils en osier sur le sable chaud, cocktails aux fruits, musique douce... on ferme les yeux et on entend les ukulélés... Possibilité aussi de se réfugier à l'intérieur.

Dans les autres quartiers

🍷 ***Strandperle*** *(hors plan I par A3,* ***71****) : Am Schulberg, Övelgönne 60, au-delà du Elbtunnel. ☎ 880-11-12.*

Le plus facile pour rejoindre ce café est de prendre le ferry n° 62 (arrêt Neumühlen). Sinon, bus n° 36, arrêt Liebermannstr. Tlj 10h (9h w-e)-23h30. Atmosphère étonnante : on est à la plage avec des enfants en maillot qui font des châteaux dans le sable sous l'œil de leurs parents. En face, les immenses grues qui s'activent au-dessus des porte-conteneurs gigantesques. C'est un vrai plaisir de se poser au soleil avec, pour fond sonore, le clapotis du fleuve et les sirènes des bateaux. Musique discrète, les habitants des immeubles chics aiment le calme. Self-service à la petite guérite : café, thé, jus de fruits ou bière et gâteaux (industriels). *Brezeln* ou saucisses de Francfort pour les petites faims.

Où écouter de la musique ? Où danser ?

À Neustadt

♩ **Cotton-Club** (zoom D3, **85**) **:** *Alter Steinweg 10. ☎ 34-38-78. • cotton-club.de • Lun-sam 20h-minuit (1h ven-sam), dim 11h-15h. Entrée : 9-15 €.* En sous-sol, sur un coin, le plus ancien (plus de 60 ans) et l'un des meilleurs clubs de jazz de Hambourg. New Orleans, dixieland, hot jazz, boogie-woogie et blues au programme. Clientèle assez variée.

Entre Sternschanze et l'université

♩ **Logo** (plan I, D1, **86**) **:** *Grindelallee 5. ☎ 413-38-809. • logohamburg.de • Tlj 19h-2h. Concert au moins ts les ven-sam, parfois autres j. de la sem selon programmation. Prix selon concert. CB refusées.* Salle toute noire et basse de plafond, avec son pilier central. Clientèle étudiante, rock et punk, habitant dans les environs. Concerts éclectiques : punk rock, ska, pop, metal... Bière pas chère.

À Sankt Pauli

Autour de *Reeperbahn* et *Große Freiheit*, un coin comme un mouchoir de poche aussi animé qu'Ibiza. Bars plus ou moins louches, boîtes de nuit, cabarets, pole dancings, gargotes, prostituées... Suivez le guide et, surtout, votre inspiration. Grosse foule le week-end dans cet « *amuseviertel* » connu au-delà des océans. Malgré les apparences, il est très bien surveillé.

♩ **Docks** (plan I, C3, **81**) **:** *Spielbudenplatz 19. ☎ 31-78-83-0. • docks.de • Dans une contre-allée de Reeperbahn. En général, ven-sam 22h-6h et parfois d'autres soirs. Entrée payante.* Installée dans un cinéma, cette salle accueille une clientèle de tous genres. Programmation tout aussi variée : hip-hop, trance, R'n'B, funk, soul, etc. Atmosphère moite, « je-te-colle-tu-me-colles ». Le manque d'aération rend l'endroit encore plus chaleureux...

♩ **Große Freiheit et Kaiserkeller** (plan I, C3, **82**) **:** *Große Freiheit 36. ☎ 31-77-780. • grossefreiheit36.de • Ouv jeu à partir de 21h, ven-sam 22h et jusque tard dans la nuit.* Les 2 font cause commune et partagent le même édifice, là même où les Beatles ont commencé à bâtir leur légende en 1960. Dans une salle immense et survoltée par la techno pour le 1er et, un peu destroy et plus underground pour le *Kaiser* qui se veut indépendant de tout mouvement de mode. Cela n'empêche pas de faire la queue pour entrer ! Concerts et soirées éclectiques de la pop au punk en passant par le R'n'B et le gothic. Programmation sur le site.

Dans Altona

♩ 🕺 **Fabrik** (plan I, A2, **84**) **:** *Barnerstr. 36. ☎ 39-10-70. • fabrik.de • Presque tlj à partir de 20h ou 21h et jusque tard dans la nuit. Entrée payante selon programmation. Info et vente de tickets lun-ven 10h-16h.* Dans une ancienne usine d'outils, où on a aussi fabriqué des canons. Avec ses murs peints en rose et une grue sur le toit, impossible de la manquer. Déco postindustrielle et programmation culturelle très variée : théâtre, concerts, clubbing, etc. Les pointures internationales (Led Zeppelin, Marianne Faithfull, Brian Ferry) comme les découvertes de *world music* se succèdent en permanence sur scène.

Comédies musicales

Hambourg est l'une des étapes des grandes comédies musicales internationales qui tournent partout en Europe. La plupart du temps dans des salle sur la rive gauche du port. *Rens et résas : ☎ 0180-54-444. • stage-entertainment.de • hamburg.de/musical •*

À voir

Ceux qui projettent de visiter tous les musées d'art ont fortement intérêt à envisager l'achat du ***Kunstmeilenpass*** qui donne accès à 5 musées : la *Hamburger Kunsthalle,* le *Kunstverein in Hamburg,* le *Museum für Kunst und Gewerbe,* les *Deichtorhallen* et le *Bucerius Kunst Forum.* *Billet : 25 € pour 3 j. ou 36 € (réduc, y compris avec la* Hamburg Card*) valable 12 mois, en vente dans ts les musées concernés. Rens : • kunstmeile-hamburg.de •*

👁👁 ***Rathausmarkt*** *(place de l'Hôtel-de-Ville ; zoom E3)* **:** *• hamburg.de/rathausfuehrung • Entrée libre au rdc Rathaus. Visites guidées en anglais et français ttes les heures lun-ven 11h-16h, w-e 10h-17h (16h dim). Tarif : 5 € ; réduc avec la* Hamburg Card. Cette gigantesque place fut dessinée après le terrible incendie de 1842. Symbole de la puissance de la cité, l'hôtel de ville, construit à la fin du XIXe s dans le style néo-Renaissance, est soutenu par 400 pilotis ! C'est aussi le siège de la ***Bürgerschaft*** (le parlement de la ville) et du Sénat. Fontaine dans la cour intérieure.

👁👁 ***Bucerius Kunst Forum*** *(zoom E3)* **:** *Rathausmarkt 2. • buceriuskunstforum.de • Tlj 11h-19h (21h jeu). Entrée : 9 € ; lun 6 € ; réduc avec la* Hamburg Card *; gratuit moins de 18 ans.* Magnifique musée proposant 4 expositions par an dans lesquelles les grandes œuvres des siècles passés ou d'art moderne sont mises en valeur et en perspective.

◎ 👁 ***Chile Haus*** *(maison du Chili ; zoom E-F3)* **:** *Fischerswiete 2.* Avec sa façade en proue de navire, ce spectaculaire immeuble expressionniste en brique de 10 étages a été construit dans les années 1920 par un armateur qui avait fait fortune dans le commerce avec le Chili. Il fait partie du *Kontorhausviertel,* un ensemble classé au Patrimoine de l'Unesco en 2015.

👁👁 ***Hauptkirche Sankt Michaelis*** *(église Saint-Michel ; zoom D3)* **:** *Englische Planke 1. • st-michaelis.de • Tlj : avr-oct 9h-17h30, mai-sept 9h-19h30, nov-mars 10h-18h30. Horaires restreints pour la crypte. Entrée gratuite pour l'église (don apprécié), payante pour la crypte (4 €) et la tour (5 €) ; réduc avec la* Hamburg Card. *Billet combiné : 7 €. Calendrier des concerts sur le site.* Construite au XVIIIe s dans un style baroque représentatif du nord de l'Allemagne, et reconstruite après un incendie en 1906, cette église luthérienne (lieu de baptême de Johannes Brahms) est l'un des symboles de Hambourg. Sa tour, haute de 132 m (452 marches, mais ascenseur sur une grande partie), héberge la plus grande horloge du pays, et offre une vue superbe sur la ville. Autrefois elle servait de repère aux marins pour s'orienter sur l'Elbe.

👁 ***Hauptkirche Sankt Jacobi*** *(église Saint-Jacques ; zoom E3)* **:** *Jakobikirchhof 22. • jacobus.de • Tlj 11h-17h. GRATUIT.* Lumineuse église-halle de style gothique, érigée entre le XIVe et le XVe s. Endommagée en 1943, elle a conservé ses superbes orgues baroques datant de 1693, avec leurs

4 000 tuyaux. Voir les retables commandés par les corporations de pêcheurs et tonneliers. Concerts réguliers de musique religieuse.

*** ***Hamburger Kunsthalle et Galerie der Gegenwart*** *(musée des Beaux-Arts et galerie d'Art contemporain ; zoom E-F2)* **:** *Glockengießerwall 1.* *• hamburger-kunsthalle.de • Mar-dim 10h-18h (21h jeu). Entrée : 14 € ; 8 € jeu 17h-21h ; 11 € avec la Hamburg Card ; réduc ; gratuit moins de 18 ans.* Le **musée des Beaux-Arts** abrite une des plus belles collections du pays d'œuvres d'art réalisées entre le début du Moyen Âge et la 1re moitié du XXe s. Que du beau linge ! Entre autres chefs-d'œuvre : la *Présentation de Jésus au Temple* de **Holbein,** *Charité* de **Lucas Cranach l'Ancien.** Belle série de maîtres hollandais dont les scènes de patinage en hiver par **Averkamp,** les marines de **Ruysdael,** les natures mortes et les scènes de la vie domestique de **Pieter de Hooch,** très proche de Vermeer. On poursuit avec *Le Philosophe* de **Fragonard.** En vedette, le célèbre *Voyageur au-dessus de la mer de nuages* de **Caspar David Friedrich** qui nous réfrigère avec sa *Mer de glace.* Quelques impressionnistes : une *Promenade matinale au bois de Boulogne* de **Renoir,** une *Nana* de **Manet,** puis **Bonnard, Vuillard, Cézanne** et **Gauguin.** Côté allemand : les multiples portraits de **Max Liebermann,** les déroutantes œuvres de **Lovis Corinth** et d'**Otto Dix.** Chefs-d'œuvre également de **Max Beckmann** et des mouvements expressionnistes allemands, *Die Brücke* et *Der Blaue Reiter* : *Autoportrait avec un modèle* de **Kirchner** auquel les toiles d'Edvard **Munch** tiennent une compagnie muette. Et sans oublier Picasso, Léger, Delaunay, Klee *(Le Poisson doré),* Max Ernst, Dubuffet, Ensor et le douanier Rousseau... Vous en sortirez tout étourdi !

➢ Un passage souterrain mène ensuite à la **Galerie der Gegenwart,** qui présente le *Who's Who* de l'art contemporain européen et nord-américain. Cette riche collection expose ses œuvres par roulement.

** ***Museum für Kunst und Gewerbe*** *(musée des Arts décoratifs ; zoom F2-3)* **:** *Steintorplatz 1. • mkg-hamburg.de • Tlj sauf lun 10h-18h (21h jeu). Entrée : 12 € ; 8 € avec la Hamburg Card ; réduc.* Superbe collection d'objets d'art de l'Antiquité jusqu'à nos jours. Fondé en 1877, il possède une des plus importantes collections d'**Art nouveau** *(Jugendstil)* au monde (sculptures, estampes, faïences, porcelaines, bijoux, meubles...). En vedette, un bureau conçu par *Henri van de Velde.* Remarquable collection d'instruments de musique anciens. Dans le Forum, expos temporaires avec les tendances du design au XXe s.

|●| Au 1er étage, agréable cafét **Destille** pour une pause (voir « Où manger ? Dans le quartier Sankt Georg »).

* ***Deichtorhallen*** *(zoom F3)* **:** *Deichtorstr. 1-2. • deichtorhallen.de • Tlj sauf lun 11h-18h (21h 1er jeu du mois). Entrée : 12 € chacun ; 8 € chacun avec la Hamburg Card ; réduc ; gratuit moins de 18 ans.* Sur 3 500 m², 2 anciennes halles de marché aux légumes et aux fleurs, datant de 1914 et transformées en 1984 en ***2 espaces d'expos consacrés à l'art contemporain*** distincts l'un de l'autre. Le 1er accueille des artistes établis et reconnus avec des œuvres créées exprès pour l'espace, tandis que le 2d est dédié à la photographie.

Ceux qui souhaiteraient des expos un peu plus aventureuses en matière d'art contemporain iront visiter le **Kunstverein in Hamburg** *(zoom F3 ; Klosterwall 23 ; • kunstverein.de • ; mar-dim 12h-18h)* et la **Kunsthaus Hamburg** *(Klosterwall 15 ; • kunsthaushamburg.de • ; mar-dim 11h-18h),* présentant chacun le travail d'artistes émergents.

** ***Sankt Pauli* :** une visite de Hambourg ne peut faire l'impasse sur ce quartier à la réputation sulfureuse. Au XVIIe s déjà, des marginaux s'y installèrent autour de manufactures polluantes. Parmi ces prolos à l'espérance de vie limitée qui y avaient le choix de leur religion, les *Reepschläger,* chargés de confectionner câbles et cordages. Ils donnèrent son nom à l'artère principale, **Reeperbahn,** 900 m de long aujourd'hui, et bordée de clubs de strip-tease et de peep-shows. C'est encore le quartier des prostituées (bien que de 4 000 autrefois elles ne soient plus que 400 aujourd'hui), mais aussi des *queers* et hélas, de la drogue. C'est aussi celui de la gauche radicale.

Quand les nazis sont arrivés au pouvoir, ils n'ont pas pu mettre le quartier au pas de l'oie. Tout ce qu'ils ont pu imposer, c'est de clôturer aux 2 extrémités la fameuse *Herbertstraße* à la densité de dames en vitrine la plus concentrée et où des palissades servent de chicane pour filtrer les visiteurs.

UN QUARTIER EN BRUN ET BLANC

Ce sont les couleurs des maillots du FC Sankt Pauli, le club de football local qui joue en D2, rock et antifacho, qui passe de l'AC/DC avant chaque match et dès que ses joueurs marquent un but. Son emblème est un drapeau noir à tête de mort ! Ce qui ne l'empêche pas d'inviter les SDF et chômeurs dans les loges VIP pour Noël.

Les mineurs et les femmes y sont proscrits, et ne vous avisez pas de vouloir y prendre des photos.

Le soir, sur la ***Große Freiheit*** (petite rue perpendiculaire à la *Reeperbahn*), les enseignes des salles de jeu, cabarets et boîtes de nuit illuminent les trottoirs.

Sankt Pauli, c'est l'underground décomplexé. La musique y a toujours tenu une place importante. John Lennon déclara un jour : « Je suis né à Liverpool, mais je suis devenu adulte à Hambourg. » Au n° 39 se tenait autrefois le *Star Club,* une cave disparue mais qui marqua les débuts du plus grand groupe de l'histoire du rock... Des clubs comme le ***Molotow*** *(● molotowclub.com ●)* ou le ***Hafenklang*** *(● hafenklang.org ●)* continuent de faire les beaux jours du quartier. Le festival rock de *Reeperbahn* affiche sa scène émergente, dans tous les clubs alentour. L'alternatif électrise aussi les théâtres, la rue, les squats et le club de foot.

Comme beaucoup des mouvements alternatifs dans le monde, Sankt Pauli a connu une gentrification rampante et une spéculation immobilière insidieuse menaçant son identité. Cela dit, les clubs et les bars sont bien décidés à ne pas baisser le volume, les filles à ne pas couvrir leurs appâts et le *FC Sankt Pauli* continuer à ne rien gagner. Le ***Sankt Pauli Museum*** qui relatait la vie du quartier a dû fermer, mais compte rouvrir sous peu.

Si vous souhaitez découvrir le quartier à ses meilleures heures, c'est en fin de semaine qu'il faut y aller, aux « heures de pointe », soit entre 1h et 3h (du matin, bien sûr).

– ***Hempel's Beatles-Tour :*** *● hempels-musictour.de ● Avr-nov, ts les sam à 18h à la sortie de la station du U : Feldstr. Durée : 3h en anglais. Tarif : 32 €.* Une balade musicale dans le quartier avec Stéphanie, qui gratouille les airs des *Fab Fours* sur sa petite guitare. Arrêt obligé devant les lieux où ils se sont produits il y a plus de 60 ans et bien sûr, moment de recueillement devant les effigies de fer à leurs silhouettes de la *Beatlesplatz,* au croisement de *Reeperbahn* et *Große Freiheit.*

LES DÉBUTS DES BEATLES À HAMBOURG

*En août 1960, John Lennon, Paul McCartney, George Harrison, Stuart Sutcliffe et Pete Best jouent à l'*Indra Club*, puis au* Kaiserkeller*, pour 30 DM par jour, et dorment dans les couloirs du cinéma porno* Bambi*... En 1961, ils enregistrent leur 1er disque avec le chanteur Tony Sheridan. Mais c'est en 1962, à Hambourg, que se constitue le groupe définitif : Stuart meurt d'une hémorragie cérébrale, et Best est viré, remplacé par Ringo Starr. À la fin de l'année, ils cassent la baraque au Star Club. C'est le début de leur légende...*

👣 ***Museum für Hamburgische Geschichte*** *(musée*

LE NORD DE L'ALLEMAGNE

d'Histoire de Hambourg ; zoom D3) **:** *Holstenwall 24.* • *shmh.de* • *Tlj sauf mar 10h-17h (21h jeu et 18h w-e). Entrée : 9,50 € ; 7 € avec la* Hamburg Card *; gratuit moins de 18 ans. Panneaux traduits en anglais seulement.* Riche musée consacré à l'histoire de la ville et de ses traditions. Le 1er étage, particulièrement intéressant, couvre le Moyen Âge ; les temps modernes et jusqu'au XIXe s, avec le commerce à la période hanséatique, la Réforme, les intérieurs du XVIIe s, puis l'urbanisation de la ville et le grand incendie de 1842. À remarquer : quelques vestiges de sculptures et bas-reliefs de la cathédrale, détruite en 1805 superbes maquettes qui donnent une idée du Hambourg médiéval, ses maisons, églises et moulins. Section consacrée à la navigation et aux chantiers navals. ***Au sous-sol,*** Hambourg au XXe s : avec la période de la guerre ; documents et photos émouvants et reconstitution d'un abri contre les bombardements et ensuite appartements des années 1960-1970. ***Au 2e,*** section consacrée à la présence des juifs à Hambourg et intérieurs du XVIIe au XIXe s.

Démonstrations *(ttes les heures 11h-16h)* du plus grand circuit pour trains miniatures d'Europe.

Le parc Planten un Blomen *(plan I, D2)* **:** *Klosterwall 8.* • *plantenunblomen.hamburg.de* • *Entrée proche du jardin japonais, sur Jungiusstr., à l'opposé de la tour Heinrich-Hertz. Ouv dès 7h ; avr, jusqu'à 22h ; mai-sept, 23h, oct-mars 20h.* Parc botanique créé en 1935. En 1980, un jardin japonais, désormais réputé pour ses parterres de fleurs colorées et ses variétés d'arbustes, fut ajouté. Petite maison de thé croquignolette. *Mai-sept, tlj vers 22h (21h sept), jeux d'eau sur fond musical.*

Speicherstadt *(ville des entrepôts ; zoom D-E-F3)* **:** *visite guidée de la Speicherstadt et de son musée (*Speicherstadtmuseum, *voir plus loin) ts les dim à 11h, plus sam à 15h (mars-oct). Départ et achat des tickets au* Speicherstadtmuseum. *Ticket : 10 € ; réduc. Visite en français sur demande : ☎ 32-11-91.* La « ville des entrepôts », des comptoirs *(Kontorhäuser)* et des maisons de commerce qui firent la richesse de la ville. Le quartier est entré dans la liste du Patrimoine de l'humanité de l'Unesco en 2015. Cité dans la cité, construite dans un style néogothique à l'adhésion de Hambourg à l'Union douanière allemande en 1871, l'impressionnant *Speicherstadt* dégage un charme certain, surtout le soir, lorsque ses entrepôts illuminés se reflètent sur les canaux. Dans ces élégants bâtiments de brique rouge sont stockés des épices, du café, du tabac, de la soie et des tapis. Pas mal de bâtiments ont été investis par les entreprises afghano-pakistanaises importatrices de tapis. On peut les voir utiliser les poulies accrochées aux pignons pour hisser leur précieuse marchandise. Les autres hébergent des musées.

UN CONSCRIT DE POIDS

Jenny, une femelle pachyderme, vivait tranquillement au zoo de Hambourg quand, en 1915, l'armée allemande l'envoya au front pour participer à l'effort de guerre. L'animal rendit de grands services dans le transport du bois. L'histoire ne dit pas ce qu'il advint de l'éléphant soldat...

Speicherstadtmuseum *(zoom E3)* **:** *Am Sandtorkai 36.* • *speicherstadtmuseum.de* • *Mars-nov, lun-ven 10h-17h, w-e 10h-18h ; nov-fév, mar-dim 10h-17h. Entrée : 4,50 € ; 3,50 € avec la* Hamburg Card. Au 4e étage d'un ancien entrepôt, une incursion au cœur de la vie portuaire. Parmi des caisses en bois pour le thé et des sacs à café, collection des outils pour contrôler et stocker la marchandise. Démonstrations et dégustation de café, de chocolat et de thé une fois par mois. Salon de thé ouvert en permanence dans le musée.

Miniatur Wunderland *(zoom E3)* **:** *Kehrwieder 2.* • *miniatur-wunderland.de* • *Lun 8h30-21h, mar-dim 8h-22h (23h mer et sam). Résas en ligne. Entrée : 20 € ;*

7,50 € moins de 15 ans ; réduc. Compter 2-3h de visite. C'est évidemment très cher, mais il faut reconnaître que dans son genre, cette installation gigantesque de ***trains miniatures*** est assez époustouflante : sur 1 500 m², 4 300 bâtiments, 16 km de voies, 1 120 trains en circulation, le tout réalisé en près de 100 000 heures de travail. C'est d'ailleurs le site le plus visité de la ville avec déjà plus de 20 millions d'entrées. Reconstitutions de paysages montagneux des Alpes et urbains (dont Hambourg), avec éclairage alterné jour/nuit, aéroport avec avions qui atterrissent et décollent, stades de foot, la Scandinavie, Las Vegas et son décor de Grand Canyon et Rio de Janeiro. À venir : Monaco et la Provence ; puis l'Asie, la Patagonie, l'Amérique centrale et les Caraïbes. Petit coup de cœur pour une série de diaporamas historiques, finement réalisés. À côté, le ***Hamburg Dungeon*** découragera les routards avec un prix d'entrée prohibitif.

Spicy's Gewürzmuseum *(musée des Épices ; zoom E3)* **:** *Speicherstadt, Am Sandtorkai 34. • spicys.de • Discrètement installé au 2ᵉ étage d'un entrepôt du bloc L. Tlj 10h-17h. Entrée : 5 € ; réduc.* Petit musée avec plus de 50 épices et herbes à sentir, à toucher et à goûter – mais attention au poivron rouge du Chili, un peu traître ; quant à l'aphrodisiaque... *no comment !*

Maritimes Museum *(Musée maritime ; zoom E3)* **:** *Kaispeicher, Koreastr. 1. • imm-hamburg.de • Tlj 10h-18h. Entrée : 15 € ; 11 € avec la* Hamburg *Card ; réduc. Prévoir au moins 2h de visite. Audioguides en allemand et en anglais.* Dans un imposant entrepôt en brique. Aux portes de *Speicherstadt,* un magnifique musée consacré à la mer dans tous ses aspects. À coup sûr un des plus beaux et des plus complets au monde sur ce thème. Cette vaste collection, étalée sur pas moins de 9 niveaux, provient en majorité d'un seul homme : Peter Tamm, un vrai passionné. Impossible de tout détailler : la muséographie très moderne, avec un matériel multimédia abondant. Les explications fournies et les objets présentés couvrent tous les domaines autour de cet espace naturel qui occupe les 2/3 de notre planète et dont la préservation est capitale pour notre survie.
Commencez par le ***dernier étage*** avec une étonnante collection de navires miniatures de toutes les flottes du monde à l'échelle 1/250. *Ensuite en descendant* : la marine dans l'art et les bateaux en or ou ivoire ; l'océanographie et l'exploration des mers et des pôles, la faune des grands fonds ; la marine marchande, les routes commerciales, l'armement et les porte-conteneurs ; les flottes du monde depuis 1815, la navigation (cartes anciennes, compas et sextants) ; la guerre sur et sous les mers, les uniformes, les armes et la vie à bord ; l'histoire de la construction navale, la belle époque de la marine à voile, la piraterie et les naufrages ; les navires de croisière, la pêche, la navigation de plaisance... Les amateurs de maquettes de bateaux seront à la fête, notamment avec une réplique de 7 m de long du *Queen Mary II* en briques *Lego.*

HafenCity *(plan I, D-E-F3)* **:** *• hafencity.com •* Colossal projet de réaménagement d'une ancienne partie du port de Hambourg, situé au sud de Neustadt. C'est actuellement ***le plus grand chantier d'aménagement en Europe.*** Laboratoire architectural où on trouve les signatures de David Chipperfield ou Christian de Portzampac. Sa conception répond, bien sûr, à toutes les obligations du développement durable. Sa mise en œuvre passe par la réhabilitation de 157 ha situés au bord de l'eau, autrefois occupés par des hangars ou entrepôts. En 2027, HafenCity devrait compter 12 000 habitants, occuper 40 000 emplois et se doter d'une nouvelle ligne de métro. La partie ouest est déjà habitée et intègre les conceptions de l'urbanisme moderne en termes de mixité des fonctions. Maquette du projet au *HafenCity Infocenter* dans la ***Kesselhaus*** *(zoom E3 ; Am Sandtorkai 30 ; tlj 10h-18h ; GRATUIT).*

Elbphilharmonie *(Elphi pour les intimes ; plan I, D3)* **:** *Platz der Deutschen Einheit 4. ☎ 357-666-66. • elbphilharmonie.de •* Plantée telle une figure de proue dans le quartier de HafenCity, cette bâtisse futuriste, dont la base en brique est un ancien entrepôt, se remarque de loin. La partie supérieure, une structure en verre, reflète quant à elle les humeurs du ciel, tandis que sa forme évoque la mer et ses vagues. On doit cette conception au cabinet suisse d'architectes Herzog & de Meuron. À l'intérieur : 3 salles de concerts (dont le *Grand Hall* à l'acoustique exceptionnelle), mais pas seulement, puisque l'on y trouve aussi un hôtel, des appartements et une terrasse accessible à tout le monde, et qui offre un superbe coup d'œil sur le port et la ville. Inauguré en 2017, après 10 ans de controverses et polémiques, l'***Elbphilharmonie*** a la vocation affirmée de devenir le monument phare de Hambourg. Mais même s'il se veut lieu d'exception, il est aussi censé rester un lieu de culture ouvert à tous et à la portée de toutes les bourses, avec des tickets (en tout cas une partie) à prix raisonnables.

🏛🏛 ***Auswanderermuseum*** *(musée de l'Émigration ; hors plan I par F3)* **:** *de l'autre côté de l'Elbe, Veddeler Bogen 2. • ballinstadt.de • De la Hauptbahnhof, S3/31 : Veddel-Ballinstadt. Tlj sauf lun 10h-18h (16h30 nov-mars). Résas en ligne. Entrée : 13 € ; 10 € avec la Hamburg Card ; réduc.* Au début du XXe s, Albert Ballin, directeur de la compagnie maritime ***Hapag,*** fit bâtir un ensemble de baraquements pour accueillir les émigrants européens avant leur embarquement pour les Amériques. Reconstruits à l'identique, 3 bâtiments restituent ***l'histoire des 5 millions d'émigrants*** qui ont transité par Hambourg entre 1850 et 1939. Nombreux moyens multimédias, pour une expo qui fourmille de documents d'époque et s'emploie à faire revivre la destinée de ceux qui fuyaient la misère dans l'espoir d'une nouvelle vie de l'autre côté de l'Atlantique.

À faire

🏛🏛 ***Fischmarkt*** *(plan I, B3)* **:** *Große Elbstr. 9. • fischmarkt-hamburg.de • Dim mat 5h (7h nov-mars)-9h30.*
Ancien marché aux poissons, élément majeur du folklore hambourgeois. Aujourd'hui, la vente des produits de la mer est devenue accessoire : on s'y rend autant pour l'ambiance que pour y faire ses courses ! On achète un panier tout préparé de fruits et légumes, on écoute les boniments des marchands de bijoux, de vêtements ou de fleurs. Tous les dimanches dès 5h, dans la *Fischauktionshalle,* la halle en bord de fleuve, une animation musicale est assurée par 2 groupes (chacun à une extrémité). De nombreux stands où s'abreuver et manger tout en profitant d'une musique de bastringue. Continuez le long de l'*Elbstraße* pour une belle promenade à pied le long du port. Dans le même coin, en semaine, pour les amateurs de design, une visite au ***Stilwerk*** s'impose. C'est une ancienne brasserie construite en 1907 où s'est installé le ***temple des designers contemporains.*** Une trentaine de boutiques. *Große Elbstr. 68 ; lun-sam 10h-19h (18h sam).*

🏛🏛 ***Alsterpark*** *(plan I, E-F1)* **:** l'ancien chemin de halage, le *Harvestehuder Weg (plan I, E1),* longe l'Alsterpark entre l'*Außenalster* (un bassin aux allures de vrai lac) et le quartier de *Pöseldorf.* On vient s'y reposer, conter fleurette, déstresser, bouquiner, « jogger » et même, quand le temps s'y prête, patiner sur la glace. Un cadre vraiment très agréable...

Balades en bateau

Visiter le port à bord du ferry nº 62 : si vous voulez vraiment appréhender l'identité de la ville, on vous recommande de parcourir le port en bateau. Si vous n'êtes pas en fonds, ***un bon plan :*** prendre les ferries qui le desservent. Ils font partie du réseau des transports en commun de la ville, le billet vous coûtera donc le même prix que dans le bus ou le métro, ou rien si vous avez la *Hamburg Card.* La ligne nº 62 donne un bon aperçu de ce monde à l'activité intense. Autre avantage : un bateau toutes les 15 mn, ce qui permet de faire des arrêts et de remonter dans le suivant *(embarquement au Landungsbrücken ; plan I, C3).* Possibilité de faire un stop à ***Dockland*** afin d'admirer de plus près l'architecture du bâtiment (architecte Hadi Teherani) à l'allure de catamaran qui héberge l'administration du port. On peut grimper au sommet de celui-ci par les escaliers en façade : de là-haut, très belle vue sur le port. Au fil de l'eau le contraste devient saisissant, entre l'activité industrielle du port et, en face, une rive de plus en plus résidentielle et bourgeoise. Arrêt optionnel pour boire un verre au *Strandperle* (*hors plan I par A3,* ***71*** ; voir « Où boire un verre ? »). De là, vous pouvez repartir par le même ferry qui, au retour, fera 2 arrêts en face, ou avec le bus n° 111 qui offre, lui aussi, un bel aperçu de cette partie de la ville et vous dépose à HafenCity.

Visite du port en bateau (*Hafenrundfahrt ; plan I, D3*) **:** *départ de SanLandungsbrücken, pont 3. Départ ttes les 90 mn, 9h-18h avr-oct ; variable hors saison. Durée : 1h30. Tarif : env 16 € pour 1h, 25 € pour 2h ; réduc avec la* Hamburg Card *; réduc.* Vraiment intéressante, cette balade permet de mesurer l'étendue de ce port gigantesque (80 km^2 ; la taille de Copenhague), et de côtoyer de près les énormes porte-conteneurs. Si vous en avez l'occasion, préférez un départ à la nuit tombée.

Promenade en bateau sur l'Alster (*Alsterrundfahrt*) **:** *avec la compagnie* ***ATG.*** *☎ 35-74-240. ● alstertouristik.de ● Tlj, départ ttes les 30 mn fin mars-fin oct, 10h-18h, de Jungfernstieg (zoom E2). Durée : 50 mn env. Tarif : 18 € ; 14 € avec la* Hamburg Card. Une promenade très agréable qui permet de découvrir toute la douceur de la ville. Les superbes villas bordant l'*Außenalster* témoignent de la présence des plus grandes fortunes d'Allemagne.

LÜNEBURG (LUNEBOURG)

(04131) 75 500 hab. IND. TÉL. : 04131

À une cinquantaine de kilomètres au sud de Hambourg, Lunebourg est une petite ville universitaire pleine de charme. Fait rare : elle n'a pas été victime des bombardements alliés et a donc gardé les vestiges de son passé médiéval. Bâtie sur un gisement exploité depuis le Xe s, Lunebourg a construit sa richesse sur le commerce du sel, qu'elle vendait aux villes de la Ligue hanséatique. Ses maisons de marchands aux originaux pignons gothiques en brique méritent vraiment qu'on s'y attarde. C'est aussi la porte d'entrée de la région de la *Lüneburger Heide,* couverte de landes de bruyère.

Adresse utile

Office de tourisme : *Rathaus am Matkt. ☎ 0800-220-50-05. Lun-sam 9h30-18h (16h sam), dim 10h-16h. ● lueneburg.info ●* Brochure « Choses à voir » en français. Billets pour la visite du Rathaus.

Où manger ?

Das Kleine : *Am Stintmarkt 8. ☎ 22-49-10. Tlj 11h-22h. Tartines et salades 10-18 € ; repas 10-33 €.* Petit bar-resto chaleureux avec une agréable terrasse en bord de rivière face à l'ancienne grue. Plats typiquement allemands, comme le *Labskaus* (bœuf, hareng, patates, betteraves et œufs !). Bon accueil.

Mälzer Brau und Tafelhaus : *Heiligengeiststr. 43. ☎ 477-77. Tlj 12h (9h sam)-minuit. Plats 12-22 €.* Brasserie à cet endroit depuis 1540, organisée sur plusieurs niveaux autour de 2 cuves en cuivre avec recoins et arrière-salles et même une cave voûtée avec chandeliers sur de longues tables. On y brasse aussi une bière : la *Mälzer,* savoureuse blonde (ou brune) faite avec l'eau souterraine de Lüneburg. Côté cuisine, il y en a pour toutes les goûts : pizzas, salades, tartes flambées, pommes de terre au four.

À voir

Le cœur de la ville, entièrement piéton, est vraiment propice à la balade. Les ravissantes maisons doivent leur couleur rouge au sang de bœuf qu'on ajoutait jadis à l'argile pour fabriquer les briques.

***Rathaus** (hôtel de ville)* **et sa cour :** *visite guidée 5 € ; réduc. Janv-mars à 11h et 14h ; avr-déc, mar-sam à 10h, 12h et 15h, dim à 11h et 14h. Durée : 1h. Janv-mars, horaires restreints. Visites en allemand seulement. Feuillet en anglais.* La salle du conseil municipal (*Große Ratsaal*) date du XIVe s et elle a été embellie par la suite. À voir aussi, la *Große Ratsstube,* de style Renaissance, l'une des plus belles *ratskeller* d'Allemagne, dit-on. Jetez aussi un œil à la cour, où l'herbe verte pousse parmi les constructions gothiques.

Autres points d'intérêt : les ***églises Sankt Johannis*** (majestueux orgue baroque et tour de 108 m), ***Sankt Michaelis*** (ses colonnes penchent à cause de l'affaissement du terrain) et ***Sankt Nicolai*** (construite en gothique au XVe s sur le modèle de Sainte-Marie de Lübeck).

Deutsches Salzmuseum : *Sülfmeisterstr. 1. ☎ 720-65-13. • salzmuseum.de • Tlj sauf lun 10h-17h. Entrée : 8 € ; réduc. Audioguide en anglais : 1 €.* La ville du sel a évidemment son musée dédié, construit sur le terrain d'une saline en fonction pendant 10 siècles, et ce jusqu'en 1980. Les bâtiments sont aujourd'hui considérés comme « patrimoine industriel ». Sa scénographie originale et sa présentation interactive ont été primées. On y apprend un tas de choses sur le sel, son extraction, son raffinage et son transport, ainsi que l'importance historique d'une telle manne financière. Sachez que l'Allemagne est l'un des pays possédant le plus de ressources en sel : 220 milliards de tonnes, récoltées surtout dans le Nord où l'on compte plus de 300 salines.

Lüneburger Heide : *• naturpark-lueneburger-heide.de •* Un magnifique terrain de jeux que ce parc naturel pour les randonneurs et VTTistes. Balades dans des paysages de forêt et de lande sauvage sillonnée de rivières. Accès en bus à partir de plusieurs villages, comme Undeloh, Oberhaverbeck ou Buchholz. Également des excursions organisées par l'office de tourisme, qui vous donnera par ailleurs tous les renseignements nécessaires.

LÜBECK

(23501) 218 000 hab. IND. TÉL. : 0451

• Plan *p. 545*

Pas de voyage en Allemagne du Nord sans passer par Lübeck ! À une soixantaine de kilomètres au nord-est de Hambourg, le « joyau de la Hanse », classé au Patrimoine mondial de l'Unesco, est posé sur une île et pointe fièrement ses clochers vers le ciel chargé d'histoire, à l'instar des 7 tours qui encerclent son centre historique. Elle fut du XIIIe au XVe s à la tête de la puissante Ligue hanséatique. On y accède par la célèbre *Holstentor,* emblème de la ville, reproduite sur le célèbre *Lübecker Marzipan* (massepain, spécialité

de Lübeck) et sur les pièces de 2 €. Au fil des rues, encore souvent pavées, les riches maisons de brique des marchands alternent avec des bâtiments de construction plus récente.
En 1942, 20 % du centre-ville furent détruits par les bombes des Alliés. Lübeck eut cependant la chance de n'être bombardée qu'une seule fois, avec des destructions principalement autour de la Marienkirche, du Rathaus et de la cathédrale. Donc, même s'il y a des ratés dus à la reconstruction dans l'urgence de l'après-guerre, avec des rues commerçantes d'une banalité décourageante, il suffit de flâner dans les venelles fleuries cachées entre les demeures patriciennes pour découvrir que la cité n'est pas dénuée de charme. Il y règne même une certaine douceur de vivre. Lübeck est aussi fière d'avoir vu naître 3 Prix Nobel : Thomas Mann et Günter Grass (littérature), et Willy Brandt (paix). De plus, la station balnéaire de *Travemünde,* à 18 km de Lübeck, avec ses plages et son petit port bien calme et bien propret, est une bonne occasion pour aller humer l'air du large.

UN PEU D'HISTOIRE : LA HANSE

La ***Ligue hanséatique*** voit le jour en 1241 avec un traité entre Hambourg et Lübeck dans le but de mettre à l'abri des pirates de la Baltique leurs échanges commerciaux, et de défendre leurs privilèges contre les princes voisins. Au fil du temps, plusieurs villes s'y associent tout en gardant leur autonomie : *Brême, Rostock, Stralsund, Dantzig, Bruges, Dunkerque, Anvers, Ostende, Bergen, Rotterdam, Amsterdam* et *Londres...* À l'extrémité est, un comptoir de la Hanse est établi à Novgorod d'où sont importées les fourrures. Son expansion dans cette région va de pair avec le prosélytisme religieux des ***chevaliers Teutoniques***. Au sommet de sa prospérité, la Ligue compte jusqu'à ***80 villes*** et passe des alliances avec 200 autres, dont *Calais, Rouen, Saint-Malo, Bordeaux, Bayonne...* et des villes du Bassin méditerranéen. Chaque ville fournit son contingent militaire et sa contribution financière. La Ligue possède aussi son droit maritime particulier.

DOUBLE H

De nos jours, les villes libres de Hambourg et Brême, mais aussi Lübeck et Rostock, se réclament de leur passé hanséatique. Ainsi, l'immatriculation des voitures de ces villes sont HH, HB, HL et HRO, le H initial signifiant « Hansestadt » ; c'est dire leur attachement pour la Hanse qui a façonné durablement leur identité.

Pendant quelques siècles, cette association prospère et étend au loin son activité commerciale ; mais à partir de la fin du XVe s, la découverte du Nouveau Monde et la modification des routes maritimes entraînent son déclin : dissoute en 1630 du fait de la guerre de Trente Ans, elle se trouve réduite au XVIIIe s à 3 villes (Hambourg, Brême et Lübeck).

Arriver – Quitter

En train

La ***gare*** *(hors plan par A2)* est à l'écart de la ville historique mais accessible à pied depuis le centre. ☎ *01806-99-66-33.*
➢ ***Hambourg :*** 1-3 trains/h. Trajet : env 45 mn.
➢ ***Lunebourg :*** 2 trains directs/h. Trajet : env 45 mn.
➢ ***Travemünde :*** 2-3 trains/h (en hiver beaucoup moins le w-e). Trajet : env 25 mn. Bus également depuis la gare centrale de Lübeck (trajet : env 40 mn).

En bateau

Lübeck est l'une des portes de sortie vers les pays nordiques. Départs en ferry depuis la station balnéaire de *Travemünde* (voir plus bas).

➢ ***De/vers la Suède :*** pour Trelleborg, avec *TT-Line* en 13h45. ☎ *045-02-80-181.* • *ttline.com* • 13 départs/sem selon saison.

Adresse utile

ℹ ***Office de tourisme*** *(plan A2)* **:** *Holstentorplatz 1. ☎ 88-99-700. • luebeck-tourismus.de • Janv-mars et nov, lun-ven 9h-17h, sam 10h-15h ; avr-oct, lun-ven 9h30-18h (19h mai-août), sam 10h-16h, dim 10h-15h.* Infos complètes et vente d'un plan de la ville en français. Visites guidées possibles en français.

Où dormir ?

Bon marché

🏠 ***Jugendherberge « Vor dem Burgtor »*** *(AJ ; plan B1,* ***11****)* **:** *Am Gertrudenkirchhof 4. ☎ 33-433. • luebeck-burgtor.jugendherberge.de • Légèrement excentrée, au nord du cœur de la ville. 10 mn en bus n°s 3, 11 et 12 (de la gare), arrêt Gustav-Radbruch-Platz ; puis 2 mn à pied. Carte AJ obligatoire. Nuitée 31-39 € avec petit déj ; doubles 72-89 € avec petit déj.* Dans un grand bâtiment moderne mais accueillant, plus de 200 lits répartis dans des chambres de 2 à 6 lits, sobres, agréables et propres. Cuisine et laverie à dispo. Terrain de foot à côté. Baby-foot, table de ping-pong dans le jardin. Accueil très sympa. Bonne cantine pas chère.

🏠 ***Jugendherberge « Altstadt » Lübeck*** *(AJ ; plan A2,* ***10****)* **:** *Mengstr. 33. ☎ 70-20-399. • luebeck-altstadt.jugendherberge.de • Fermé vac de Noël. Nuitée en dortoir 3-6 pers 31 € avec petit déj ; double 72 € avec petit déj.* C'est « l'AJ sœur » de la « *Vor dem Burgtor* ». Sa situation plus centrale, est moins chaleureuse, bien qu'elle aussi impeccablement tenue. Chambres de 1 à 6 personnes, avec sanitaires à partager, Les doubles sont elles aussi soumises au régime du lit superposé. Pas de restauration sur place.

🏠 ***CVJM Lübeck*** *(plan A2,* ***14****)* **:** *Große Petersgrube 11. ☎ 39-99-410. • cvjm-luebeck.de • Nuitée en dortoir avec sdb commune 27 € ; petit déj en plus.* AJ chrétienne installée dans les étages d'une vieille maison en brique. 40 lits en dortoirs de 4 à 8 lits, et 3 appartements avec cuisine. Pub au rez-de-chaussée avec animation musicale le soir. Une annexe non loin *(même tél)*, l'AJ ***CVJM Am Dom*** *(Dankwartsgrube 43)*, propose, elle de petites chambres simples et coquettes avec douche *(à partir de 59 € pour une double ; petit déj en plus).* Un bon plan économique et un accueil affable.

De prix moyens à chic

🏠 ***Hotel an der Marienkirche*** *(plan A2,* ***15****)* **:** *Schüsselbuden 4. ☎ 799-410. • hotel-an-der-marienkirche.de • Doubles 94-147 €, petit déj-buffet compris.* En plein centre, face aux tours jumelles de Sankt Marien, un hôtel de 18 chambres à la déco sobre et lumineuse, avec mobilier de bois clair. Parking payant à proximité. Prévoyez des boules Quies si vous appréhendez les cloches de l'église ! Impeccablement et très gentiment tenu. Accueil vraiment sympa.

🏠 ***Hotel zur alten Stadtmauer*** *(plan B3,* ***13****)* **:** *an der Mauer 57. ☎ 73-702. • hotelstadtmauer.de • Doubles sans ou avec sdb privée 83-154 €, petit déj inclus. Parking 6 €.* Derrière la façade peinte en jaune clair se cache une maison bourgeoise du vieux Lübeck. Beaucoup de charme. Meubles en bois clair, parquet blond et couleurs chaudes. Petit déj sur une terrasse extérieure couverte. Ambiance familiale et accueil très souriant.

LE NORD DE L'ALLEMAGNE

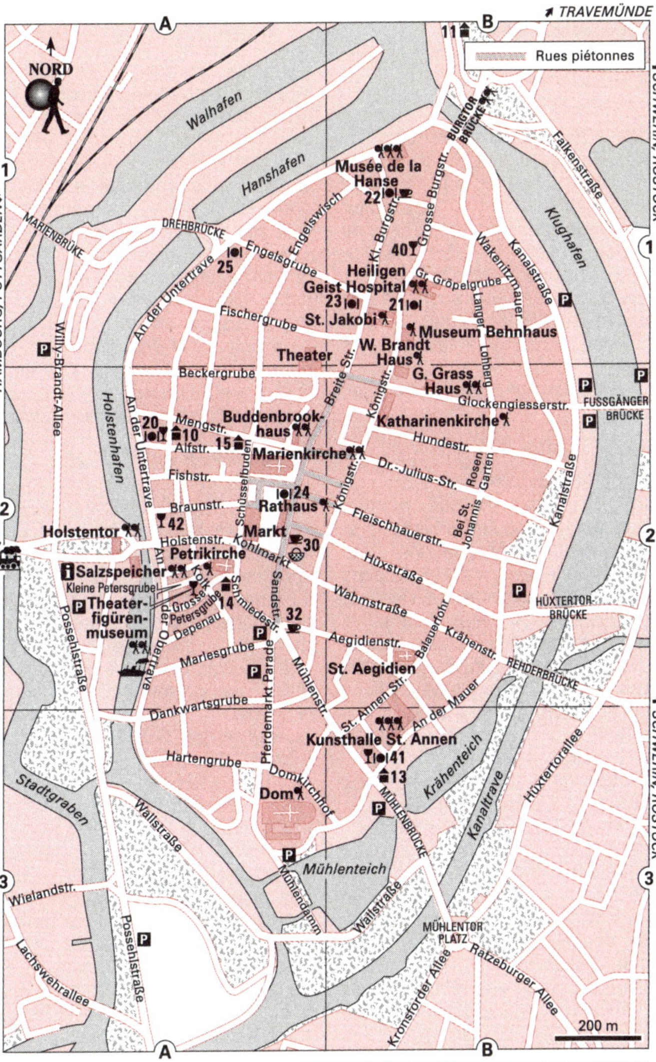

LÜBECK

	Adresse utile	
	Office de tourisme (A2)	
	Où dormir ?	
10	Jugendherberge « Altstadt » Lübeck (A2)	
11	Jugendherberge « Vor dem Burgtor » (B1)	
13	Hotel zur alten Stadtmauer (B3)	
14	CVJM Lübeck et CVJM Am Dom (A2)	
15	Hotel an der Marienkirche (A2)	
	Où manger ?	
20	Brauberger Zu Lübeck (A2)	
21	Lübecker Kartoffelkeller (B1)	
22	Fräulein Brömse (B1)	
23	Restaurant Schiffergesellschaft (B1)	
24	Ratskeller (A2)	
25	Fangfrisch (A1)	
	Où boire un café et savourer un gâteau ?	
30	Konditorei-Café Niederegger (A2)	
32	Café Czudaj am Klingenberg (A2)	
	Où boire un verre ?	
40	Tonfink Kulturcafé & Bar (B1)	
41	Im alten Zolln (B3)	
42	Dietrich's (A2)	

Où manger ?

De bon marché à chic

Fräulein Brömse *(plan B1, **22**)* **:** *Kleine Burgstrasse Ecke 32-36. ☎ 077-53-08. Tlj 10h (9h30 ven-dim)-18h. Assiettes 4,50-7 €.* Perché sur une terrasse surplombant le musée de la Hanse, un petit café dans une maison de brique où prendre le *Frühstuck* ou se sustenter d'une soupe, d'une foccacia ou d'un savoureux en-cas végétarien. Agréable terrasse sous les arbres.

Brauberger Zu Lübeck *(plan A2, **20**)* **:** *Alfstr. 32-36. ☎ 71-444. Tlj 17h-minuit (1h ven-sam) ; cuisine jusqu'à 21h30. Plats 14-25 €.* LA brasserie de Lübeck. Choix de bière restreint : une seule marque, blonde, rousse ou brune potentiellement agrémentée de différentes façons. Pour l'accompagner, une variété de plats simples, frais et copieux : viandes, poissons et végétariens. Les salles un peu sombres mais chaleureuses, étagées autour de 2 cuves jusqu'aux caves voûtées, offrent une certaine intimité. Sinon, grandes tables dans une petite cour intérieure coincée entre 2 hauts murs.

Ratskeller *(plan A2, **24**)* **:** *Markt 13. ☎ 720-44. Tlj sauf dim 12h-22h. Commandes en cuisine jusqu'à 20h. Plats 15-26 €.* Sous le Rathaus. Le décor étonne un peu : sous les voûtes de la brasserie, succession de box en bois, fermés par une porte pour certains, décorés de photos et d'objets relatifs à la culture de la ville. Carte typique du genre de lieu, mais plats gargantuesques plus savoureux que prévu. En saison, les *Maatjes* fondants à la sauce aigre sont un vrai régal. Bon rapport prix-qualité-agrément.

Lübecker Kartoffelkeller *(plan B1, **21**)* **:** *Koberg 8. ☎ 762-34. Tlj sauf dim-lun 12h-22h. Repas 15-20 €.* Grande salle gothique au bas de quelques marches. La patate dans tous ses états. En entrée, en salade, et en dessert ! Vaste salle voûtée avec des bancs en bois, décorée avec des objets rustiques (tonneaux, outils agricoles, etc.). C'est en fait l'ancienne cave à vin du *Heiligen-Geist-Hospital,* dans laquelle se perpétue une atmosphère bien chaleureuse. Terrasse dans la ruelle en pente (avec des tables qui le sont aussi !).

Fangfrisch *(plan A1, **25**)* **:** *an der Untertrave 51. ☎ 396-86-609. Tlj sauf lun 12h-22h. Résa impérative. Plats 18-32 €.* Un resto de poisson réputé, avec un assortiment de la mer alléchant selon arrivage. Décor mélangé de moderne, rustique et urbain. Produits ultra-frais bien travaillés avec des accompagnements originaux. Service efficace. Un peu bruyant en cas d'affluence. Quelques tables le long de la façade.

Restaurant Schiffergesellschaft *(plan B1, **23**)* **:** *Breite Str. 2. ☎ 767-76. Tlj sauf lun 12h-22h. Résa conseillée. Plats 16-31 €.* Le plus vieux restaurant traditionnel de la ville, installé dans l'ancienne « maison de la corporation des marins », datant de 1535, avec brique rouge et pignon à gradins. Grande salle avec vitraux et larges tables à partager, et maquettes de bateaux suspendues aux vieilles poutres. Carte de cuisine locale sans surprise, mais le cadre, lui, mérite vraiment le coup d'œil. À préférer en semaine.

Où boire un café et savourer un gâteau ?

Konditorei-Café Niederegger *(plan A2, **30**)* **:** *Breite Str. 89. ☎ 53-01-126. Tlj 9h (10h dim)-19h (18h w-e).* Cette pâtisserie-salon de thé est une institution à Lübeck, le *Marzipan-Paradies* (« paradis du massepain »). Large choix de délicieux gâteaux (les gourmands pourraient bien tourner de l'œil de bonheur rien qu'à leur vue !). Familles et touristes (dont les groupes) se mélangent dans cette atmosphère un brin surannée. Beaucoup de monde dans la boutique au rez-de-chaussée, préférez-lui la salle à l'étage. Au

2e étage, un musée *(GRATUIT)* retrace l'histoire du *Marzipan*. En face, une annexe sous les arcades. À noter que, traditionnellement, le massepain se déguste avec un verre de *Rotspon*, un vin de bordeaux transporté en fûts et mis en bouteilles à Lübeck.

Café Czudaj am Klingenberg *(plan A2, **32**)* **:** *Mühlenstr. 1-3. ☎ 70-74-231. Lun-sam 9h-19h, dim 10h-18h.* Une adresse où sacrifier à la tradition du *Kaffee-Kuchen*, où ignorer les magnifiques gâteaux qui font de l'œil au comptoir serait presque criminel ! À savourer soit sur la grande terrasse dans un *Strandkorbe*, soit dans la lumineuse salle au décor intemporel.

Où boire un verre ?

Tonfink Kulturcafé & Bar *(plan B1, **40**)* **:** *Große Burgstr. 46. ☎ 546-900-36. Tlj sauf dim 17h30-minuit (2h ven-sam). Petits plats 5-8,50 €.* Les vieux caissons en bois du plafond côtoient la boule à facettes qui domine la petite scène accueillant, en fin de semaine, concerts, lectures de poésie... L'ambiance n'est pas vraiment punk, mais plutôt feutrée et bohème. Pour un café ou un solide en-cas (salade, soupe, gâteau, etc.) en journée, ou pour boire un verre entre amis le soir.

Im alten Zolln *(plan B3, **41**)* **:** *Mühlenstr. 93-95. ☎ 723-95. Tlj sauf dim 11h-2h.* Un vaste bar sur 2 niveaux, dans l'ancienne douane de la ville (près d'une ancienne porte). C'est dans ce troquet tout en bois que la jeunesse lübeckoise se retrouve, et écoute des concerts certains soirs. Fresque au mur. Quelques plats de cuisine régionale *(env 7 €).*

Dietrich's *(plan A2, **42**)* **:** *an der Untertrave 108. 1590-014-474-54. Tlj 18h-1h (minuit dim).* Bar de nuit à la fois élégant et chaleureux pour siroter un cocktail ou un alcool pêché dans la longue liste de la carte. Spécialité de gins maison et d'ailleurs.

À voir

Holstentor *(plan A2)* **:** *Holstentorplatz. Janv-mars, tlj sauf lun 11h-17h ; avr-déc tlj 10h-18h. • museum-holstentor.de • Entrée : 8 € ; réduc.* Impossible de louper cette massive porte aux tours jumelles, emblème de la ville depuis le XIXe s ! Alternance rouge-noir de briques brutes et vernissées. Si elle penche un peu, c'est parce que ses fondations reposent sur des marécages. Terminée en 1478, et dotée à l'époque de canons qui n'ont jamais servi, la *Holstentor* abrite un petit *musée* expliquant le développement de la cité hanséatique et son activité commerciale. Maquette de la ville ancienne.

À droite, le long de la Trave, une série de belles maisons à pignon, ***Salzspeicher*** *(plan A2)*, qui servaient d'entrepôt pour le sel acheminé sur l'eau depuis Lunebourg et exporté vers les conserveries de poissons et la pêche au hareng en Scanie (Suède). Le sel servait aussi à conserver les fourrures en provenance de Novgorod.

Theaterfigürenmuseum *(musée des Marionnettes ; plan A2)* **:** *Kolk 20-22.* ***En travaux jusqu'en 2024.***

Petrikirche *(plan A2)* **:** *tlj 10h-16h. Tour : mars-sept, tlj 9h-20h ; oct-fév, 10h-19h (18h janv-fév). Accès à la plate-forme via un ascenseur : 5 € ; réduc.* C'était l'église des bateliers. En 1942, les bombes alliées ne laissèrent que des murs. Reconstruite dans les années 1960 et désacralisée, son intérieur, d'une grande sobriété, n'accueille plus que des expos temporaires, et même un café ! De la plate-forme juchée à 50 m de haut on jouit d'une belle vue sur les toits de la ville.

Rathaus *(plan A2)* **:** *sur le Markt.* Achevé au milieu du XIIIe s, il frappe par sa curieuse silhouette gothique sur une galerie à arcades avec murs noirs ajourés (les briques sont encore d'origine). Blasons des grands-électeurs et clochetons, il est prolongé vers la gauche par une galerie qui vient buter à angle droit sur un ensemble hybride de maisonnettes en grès clair de Gotland très ouvragées. À l'arrière, un étonnant et superbe mur-bouclier ajouré (pour offrir moins de prise au vent) surmonté de 3 flèches effilées. Si le tout a une allure un peu bancale, que dire du pourtour du Markt avec ses hideux bâtiments des années 1950 ! À l'opposé, en bordure de la rue, un étonnant escalier Renaissance.

Marienkirche *(église Sainte-Marie ; plan A2)* **:** *derrière le Rathaus. Tlj 10h (11h15 dim)-18h. Entrée : 4 €.* Construite entre 1270 et 1350, entièrement en brique, elle est l'une des toutes 1res églises gothiques. Elle a servi de modèle à plus de 70 églises dans la région de la Baltique. C'est aussi la 3e plus grande église d'Allemagne. Le vaisseau central s'élève à plus de 38 m. Elle abrite le plus grand orgue mécanique du monde, mais aussi des œuvres d'une valeur inestimable, comme un ***retable de la Vierge*** façonné à Anvers en 1518. Le compositeur allemand d'ascendance danoise, ***Dietrich Buxtehude,*** en fut l'organiste de 1668 jusqu'à sa mort en 1707. Dans la chapelle du Souvenir, en bas de la tour sud, 2 énormes cloches fracassées gisent sur le sol : elles sont tombées de 60 m lors des bombardements de 1942. Impressionnant et émouvant. Juste à côté, superbes vitraux contemporains. Au-dehors, sur un banc, un petit diable porté sur la bouteille qui faillit détruire l'église en se rendant compte qu'elle avait été bâtie à la place de la taverne promise pour détourner quelques âmes perdues...

Buddenbrookhaus, Heinrich-und-Thomas-Mann-Zentrum *(plan A2)* **:** *Mengstr. 4.* • *buddenbrookhaus.de* • ***Fermé jusqu'en 2025.***

Katharinenkirche *(église Sainte-Catherine ; plan B2)* **:** *sur Königstr.* • *museumskirche.de* • *De mi-avr à sept, mer-sam 12h-16h, dim 12h-14h. Entrée : 2 €.* Belle église gothique relativement sobre, autrefois rattachée au monastère franciscain voisin (transformé à la Réforme en lycée). Façade présentant une alternance de briques vertes émaillées et de briques rouges. Dans les niches de la façade, côté gauche, les 3 sculptures à l'angle ont été réalisées dans les années 1930 par ***Ernst Barlach,*** sculpteur expressionniste allemand... considéré comme « dégénéré » par les nazis. Mort en 1938, il n'a pas pu terminer son œuvre, et les statues restantes ont été réalisées par d'autres. Intérieur aux couleurs douces reprenant la polychromie du XIVe s avec, surtout, un chœur sur 2 niveaux. Au mur ouest, une *Résurrection de Lazare* du Tintoret.

Museum Behnhaus Drägerhaus *(plan B1)* **:** *Königstr. 9-11.* • *museum-behnhaus-draegerhaus.de* • *Tlj sauf lun 10h (11h janv-mars)-17h. Entrée : 8 € ; réduc.* Dans 2 anciennes et cossues maisons de marchands du XVIIIe s, on déambule dans les salons, où sont exposées des œuvres des XIXe et XXe s. Outre quelques toiles de ***Caspar David Friedrich,*** tête de file des romantiques, ou de son contemporain ***Carl Gustav Carus,*** on s'arrêtera devant quelques tableaux de ***Max Lieberman, Ernst Kirchner*** ou ***Lovis Corinth*** mais surtout d'***Edvard Munch.*** Le peintre norvégien rendait souvent visite à son ami et mécène, le médecin Max Linde. On peut admirer une de ses commandes : la toile *Les Quatre Fils de Max Linde* (1903). À noter que durant la période de fermeture de la *Maison des Buddenbrook,* une petite expo consacrée à ***Heinrich*** et ***Thomas Mann*** est hébergée dans le musée.

Günter-Grass-Haus *(plan B2)* **:** *Glockengießerstr. 21.* • *guenter-grass-haus.de* • *Janv-mars, tlj sauf lun 11h-17h; avr-déc, tlj 10h-17h. Entrée : 8 € ; réduc.* Dans cette maison qui lui servait de secrétariat, le Prix Nobel de littérature (1999-2015) Günter Grass déploie la diversité de son talent artistique en exposant ses dessins, peintures et sculptures. On apprécie les différentes étapes de son travail d'écriture en comparant plusieurs versions de ses livres, notamment son roman

En crabe. L'engagement politique l'écrivain a amené son questionnement sur les conséquences du national-socialisme dans l'Allemagne d'après-guerre. Expos temporaires sur d'autres artistes allemands. Jardin et café attenants.

🚶 **Füchtingshof** *(plan B1)* **:** juste à côté du musée Günter-Grass, une charmante allée bordée de maisons mises à la disposition des veuves au début du XVIIe s. Et si vous aimez les passages, nombreux dans la vielle ville, à 20 m de là, le ***Glandorps Gang*** mérite lui aussi le coup d'œil.

🚶 **Willy-Brandt-Haus** *(plan B1-2)* **:** *Königstr. 21. • willy-brandt-luebeck.de • Tlj 11h-18h. GRATUIT.* Un musée-fondation qui retrace la vie d'un des hommes politiques les plus importants de l'après-guerre, maire de Berlin, puis chancelier et ***Prix Nobel de la paix.*** Installations multimédias pour les amateurs d'histoire contemporaine. Dans le jardin, un morceau du mur de Berlin.

🚶 **Sankt Jakobi Kirche** *(église Saint-Jacques ; plan B1)* **:** *Jakobikirchhof 3. Janv-avr, tlj sauf lun 10h-15h ; mai et nov 10h-16h ; juin-oct et déc 10h-18h. GRATUIT.* L'église des marins et pêcheurs, consacrée en 1334 et de style gothique. Elle contient 2 orgues historiques de la période catholique. Mémorial des victimes du naufrage du navire-école *Pamir* au milieu de l'Atlantique en 1957, et dont on a gardé un bateau de sauvetage. Le *Pamir* était le jumeau du *Passat* amarré au port de Travemünde, seuls 6 cadets survécurent.

🚶🚶 **Heiligen-Geist-Hospital** *(hospice du Saint-Esprit ; plan B1)* **:** *Koberg 11. Tlj sauf lun 10h-17h (16h en hiver). GRATUIT.* Superbe ensemble de brique rouge, à 3 pignons coiffés de fines tourelles, fondé pendant la 2de moitié du XIIIe s et qui, de 1517 à 1970, accueillit les nécessiteux. C'est l'un des 1ers hospices au monde avec celui de Beaune en Bourgogne. On traverse la très belle chapelle décorée de fresques et de retables pour rejoindre les petites stalles qui demeurent à l'identique. On y séparait les malades « normaux » et ceux qui étaient contagieux. Mais seule la cellule n° 65 est visible : elle donne une idée du « confort » des anciens pensionnaires ! En décembre, l'hospice accueille le plus beau des marchés de Noël de la ville. Juste en face, la place du Koberg a été aménagée en espace urbain végétalisé.

🚶🚶🚶 **Europäisches Hansemuseum** *(musée européen de la Hanse ; plan B1)* **:** *an der Untertrave 1. • hansemuseum.eu • Tlj 10h-18h (17h nov-mars). Entrée : 13 € ; réduc.* Installé sur l'ancienne colline où fut fondée Lübeck, se trouvent les vestiges de son ancien château et du monastère dominicain qui lui succéda. Ce passionnant musée restitue 600 ans d'histoire de la Ligue hanséatique, cette alliance des cités portuaires d'Europe du Nord et de la Baltique pour favoriser leurs échanges commerciaux. On est là dans la génération des musées 2.0 pour aborder avec renfort de moyens multimédias le mode de vie de ces marchands prospères, leur organisation, la complexité de leurs affaires toujours inspirées par une foi profonde malgré l'éloignement et les épidémies qui ravageaient l'Europe à cette époque. Petit bémol, en plus des remarquables mises en scène, on reçoit énormément d'informations et de données, et il faut être à l'aise en allemand ou en anglais pour apprécier pleinement les lieux.

🚶🚶🚶 ***Museumsquartier und Kunsthalle Sankt Annen*** *(musée Sainte-Anne et Centre d'art contemporain ; plan B3)* **:** *Sankt-Annen-Str. 15. • museumsquartier-st-annen.de • Tlj sauf lun : janv-mars 11h-17h, avr-déc 10h-17h. Entrée : 8 € ; réduc.* Cet ancien couvent abrite un musée présentant une des plus belles collections d'art sacré d'Allemagne. Une quarantaine de retables peints et richement décorés, dont une bonne partie provenant de l'école de Lübeck. Ils traduisent le dynamisme de la cité, du XIIIe au XVIe s, avant que la Réforme n'en stoppe la production. Les plus intéressants sont les triptyques, notamment l'***autel de la Passion,*** chef-d'œuvre de ***Hans Memling*** (1491), composé de 9 panneaux décrivant la passion du Christ. Magnifiques sculptures polychromes. Salle de peinture hollandaise du XVIIe s. La visite se poursuit dans le cloître du couvent des

Augustines (XVIe s). À l'étage supérieur, collections de 500 ans de culture bourgeoise au XVIIIe s avec mobilier, bijoux, instruments de musique, poêles de faïence et maisons de poupée... En option, salles pour découvrir des œuvres d'artistes allemands contemporains.

Dom *(plan A3) :* *● dom-zu-luebeck.de ● Tlj 10h-18h (17h oct, 16h nov-mars). GRATUIT. Visite guidée possible. Brochure en français ; concerts d'orgue gratuits.* Fondée en 1137, la cathédrale de Lübeck fut construite en 3 phases, d'où une partie romane et une autre gothique. Bien que très endommagée par le bombardement de 1942, elle a gardé sa structure. De nos jours, on ne peut qu'être frappé par ses proportions. Voir le monumental crucifix du XVe s (17 m de haut) et l'immense poutre de gloire avec son jubé du XVe s.

Fêtes et manifestations

– ***HanseKulturFestival :*** *juin 2024. ● hansekulturfestival.de ●* Le temps d'un week-end, expos, concerts, lectures et autres animations s'invitent dans les rues du vieux Lübeck.
– Les amateurs de ***musique d'orgue*** se renseigneront auprès de l'office de tourisme pour connaître les dates de ***concerts*** de l'été dans les églises de la ville.
– ***Marchés de Noël :*** comme dans toutes les villes d'Allemagne, la tradition des marchés de Noël est vivace à Lübeck. Outre celui de la Marienkirche *(21 nov-23 déc)*, celui du Heiligen-Geist-Hospital est particulièrement réputé *(mais seulement fin nov-début déc).*

DANS LES ENVIRONS DE LÜBECK

La station balnéaire de Travemünde : *à 18 km de Lübeck. ● travemuende-tourismus.de ●*
C'est de cette ville que l'on peut prendre le ferry pour la Suède (voir plus haut « Arriver – Quitter »).
Une grande régate internationale s'y déroule tous les ans, fin juillet. Sur la rive opposée au port, on aperçoit la presqu'île de Priwall, où mouille le magnifique 4-mâts le *Passat,* le dernier dans son genre à avoir contourné le cap Horn.

Les plages de la mer Baltique : la *Strandpromenade* à Travemünde, mais aussi les nombreuses stations balnéaires aux alentours, qui offrent des côtes plus ou moins aménagées.

Le parc naturel de la Holsteinische Schweiz : *à l'intérieur des terres, au nord-ouest de Lübeck.* Offre un paysage agréable lorsque les lacs de cette région boisée se parent de couleurs mordorées au coucher du soleil.

LE NORD-OUEST DE L'ALLEMAGNE

LA BASSE-SAXE (NIEDERSACHSEN)

La Basse-Saxe couvre plus de 47 000 km^2. Après la Bavière, elle est le 2e Land le plus étendu d'Allemagne. Créé en 1946, sous l'occupation britannique, il constitue la partie occidentale de la Saxe historique et se répartit sur les 2 rives de l'Elbe inférieure. Une particularité : la Basse-Saxe enclave un autre Land, celui de la ville-État de Brême. De tout temps ce territoire a été occupé par les Saxons (peuplade germanique), qui bloquèrent l'expansion romaine, en l'an 9 (apr. J.-C.), lors de la fameuse bataille de *Teutoburg,* où les légions de Varus furent écrasées par les hordes d'Arminius, ex-centurion romain.
Autour de Hanovre, et jusqu'au massif du Harz au sud-est du Land s'égrènent un chapelet de petites villes coquettes, issues de la Renaissance, souvent reconstruites à l'identique après la guerre et qui perpétuent la tradition du folklore allemand.

HANNOVER (HANOVRE)

(30001) 537 000 hab. IND. TÉL. : 0511

La capitale de la Basse-Saxe, fondée au XIIe s, a connu un destin atypique, étroitement lié à celui de la Grande-Bretagne. George-Louis, électeur de Hanovre, et fils de Sophie, célèbre princesse palatine, devint en effet roi d'Angleterre en 1714, sous le nom de George Ier. En 1814, Georges III, le roi devenu fou, était à la fois souverain au Royaume-Uni et roi de Hanovre. En 1866, le royaume fut annexé par la Prusse.
Au XXe s, les bombardements de la 2de Guerre mondiale ont rayé la ville de la carte (elle est jumelée à Hiroshima, c'est dire !), ce qui explique que cette « métropole verte » constituée à plus de 40 % d'espaces verts ne présente plus aujourd'hui qu'un intérêt touristique limité. Elle possède malgré tout de beaux jardins et quelques musées méritant le détour.
Côté économique, en revanche, Hanovre, avec son immense parc des expositions, s'impose comme un lieu de rencontre de 1er plan, avec les foires et les salons internationaux qui s'y succèdent toute l'année. Le pic de fréquentation se situe au moment de la *Hannover Messe,* foire de la techonologie

industrielle de réputation mondiale. De plus, cette ville universitaire abrite aussi les usines *Volkswagen* (les utilitaires) et le siège de *Continental*, qui y fut fondé en 1871.

Adresses et infos utiles

Informations touristiques

Office de tourisme : *Ernst-August-Platz 8. ☎ 12-34-51-11. • visit-hannover.com • Face à la gare en sortant. Lun-ven 9h-17h30, sam 10h-15h.* Plan de ville (payant) et documentation variée (notamment le « Fil rouge », livret explicatif en français, prix : 3 €). On peut aussi y acheter la *HannoverCard*, qui permet d'utiliser les transports en commun et offre des réducs dans les musées *(10 € pour 1 j. et 1 pers, 16 € pour 2 j. et 19 € pour 3 j. ; existe aussi en version « groupe » à des tarifs vraiment intéressants).* Infos également sur les cités historiques de la région (Hameln, Hildesheim, Goslar...).

Transports

Infos et achats de billets pour les transports publics de Hanovre et de sa région : *au petit kiosque « Ticket Point » situé juste devant la gare.*

Aéroport Hannover-Langenhagen : *Petzelstr. 84, 30855* **Langenhagen**. *☎ 97-70. • hannover-airport.de • À 13 km au nord-est du centre.* Bien relié à la gare centrale par la ligne « S5 » (17 mn de trajet).

Gare ferroviaire (Hauptbahnhof) **:** *en plein centre, Ernst-August-Platz 1. ☎ 0800-150-70-90 (n° Vert).*

Gare routière (Hannover ZOB) : *Rundestr. 12, derrière la gare ferroviaire. Tlj 5h-22h. • hannover-zob.de •*

Où dormir ?

En période de foires, les tarifs hôteliers doublent... quand ils ne triplent pas. Heureusement pour les budgets serrés, il existe un réseau dense de ***chambres chez l'habitant.*** Meilleur marché que les hôtels, elles permettent aussi d'endiguer les flots de visiteurs. *Résas : ☎ 12-34-55-55, lun-ven 9h-17h. Ou sur le site • visit-hannover.com •* qui donne les prix et la description (avec photos) de l'hébergement ainsi que les disponibilités en fonction des dates.

Bon marché

Bed'nBudget City-Hostel : *Osterstr. 37. ☎ 36-06-107. • bednbudget.de • En plein centre, à 700 m de la gare. De celle-ci, U3/7 : Kröpcke. Nuitée en dortoir 4-6 lits 19,50-23,50 €, doubles 50-65 € ; mais les prix grimpent pdt les foires ! Petit déj payant.* De l'ambiance très fifties au rez-de-chaussée, on passe à l'ambiance *Ikea* dans les étages ! Vous entrez dans un monde en bleu et jaune avec un mobilier à l'allure de gros jouets ! L'ensemble est simple, mais spacieux et bien fichu. Pour les sanitaires, c'est privé ou dans le couloir, selon le prix payé.

Jugendherberge Hannover International (AJ) **:** *Ferdinand-Wilhelm-Fricke-Weg 1. ☎ 123-59-080. • jugendherberge.de • Au sud du centre. De la gare, U3/7 : Stadionbrücke, puis, sur 1 km traverser le pont et prendre la rue à droite. Nuitée 30 € ; ½ pens ou pens complète possibles.* Dans un quartier calme à côté d'un complexe sportif et du *Machsee.* Auberge au vert avec une capacité d'accueil de 300 personnes en chambres de 2 à 4 lits. L'ensemble est bien tenu par une équipe accueillante. Resto, mais pas de cuisine à dispo.

De prix moyens à très chic

Hotel Flora : *Heinrichstr. 36. ☎ 38-39-10. • hotel-flora-hannover.de • À 10 mn à pied derrière la gare. Doubles à partir de 75 € avec petit déj-buffet.* Un petit hôtel familial, aux chambres douillettes, simples et très bien tenues. Accueil cordial.

Me and All Hotel : *Aegidiantorplatz 3. ☎ 936-87-30. • grandhotel.de • À 1 km de la gare mais proche de l'Altstadt. Station de métro en face. Doubles 100-200 € selon période ; petit déj payant. Garage privé.* Dans une ancienne banque (porte d'entrée blindée !), un hôtel follement original, bien dans l'esprit de la culture urbaine contemporaine. Hall d'entrée et réception funky, et lounge cosy flanqué d'un grand bar (DJ le soir). Chambres design de petite taille mais bien équipées. Minibar gratuit (sans alcool). Petit déj-buffet généreux à prendre jusqu'à 12h. Geeks et hipsters se sentiront comme à la maison. Salle de fitness et sauna gratuits. Personnel cool, aux petits soins. Vélos à dispo.

Grand Hotel Mussmann : *Ernst-August-Platz 7. ☎ 36-560. • grand hotel.de • Juste en face de la gare. Doubles 129-159 €, petit déj inclus ; promos le w-e. Garage payant.* Une façade discrète, un hall d'entrée aseptisé, du coup, la surprise n'en est donc que plus belle dans les chambres sobres, mais où l'élégance se mêle à un confort certain, avec une discrète touche de fantaisie... Ou quand prendre sa douche devient une expérience (néanmoins certaines chambres sont équipées de douches « normales ») !

Où manger ? Où savourer un bon gâteau ?

Holländische Kakao-Stube : *Ständehausstr. 2. ☎ 30-41-00. Dans le centre piéton. Tlj sauf dim 10h-18h30.* Une institution installée en ces lieux depuis 1927 ! L'intérieur rétro avec lustres dorés et banquettes de moleskine verte ne semble pas avoir connu de grands changements depuis ! On y vient pour les délicieux gâteaux qui font de l'œil derrière la vitrine. Terrasse dans la rue.

Markthalle : *Karmarschstr. 49. Tlj sauf dim 7h30-20h (22h jeu-ven, 16h sam).* Grande halle vitrée, très fréquentée. S'y côtoient dans un joyeux désordre les comptoirs des cuisines du monde entier. Plutôt bon marché dans l'ensemble. Et pour les meilleurs cappuccinos, c'est au *Massala* que ça se passe !

11A : *Am Küchengarten 11A. ☎ 590-11-11. Mer-dim 11h30 (10h w-e)-minuit. Résa conseillée. Plats 12-19 €.* À l'ouest du centre-ville, dans le quartier trendy de Linden, autrefois ouvrier et populaire. Le lieu ressemble plus à un café ou à un kiosque à glaces qu'à un restaurant. La qualité est dans les ingrédients et non dans la déco (avec les fournisseurs listés sur la carte). Le contenu de l'assiette se révèle savoureux : depuis le burger et ses frites de patate douce à d'autres petits plats plus fins et dans l'air du temps.

Broyhan-Haus : *Kamerstr. 24. ☎ 323-919. Au pied de Marktkirche. Tlj 11h30-1h (2h ven-sam). Fermé dim en juil-août. Plats 10-24 €.* Une des plus anciennes maisons de la ville (XIVe s), convertie en brasserie en 1537. Depuis, sur 3 étages à l'intérieur ou en terrasse, elle régale sans coup férir ses hôtes avec ses spécialités de *Schnitzels* et harengs fumés ou marinés en saison. Bière maison pour faire passer.

Où boire un verre ? Où sortir ?

Brauhaus Ernst August : *Schmiedestr. 13. ☎ 36-59-50. Dans le centre. Tlj 8h (9h dim)-3h.* Énorme salle avec une petite scène au fond, pour les concerts du week-end. En semaine, toujours un DJ pour animer les soirées. Dans les 3 cuves est brassée la bière maison, la *Hanöversch.* À commander en carafon de 2 l ou en barrique, selon votre soif ! Cuisine bon marché mais quelconque pour absorber le tout.

Loretta's Biergarten : *Culemannstr. 14. ☎ 511-17-51. Lun-ven 16h30 (10h w-e)-23h30.* Derrière le Rathaus, et en lisière du Maschpark, cette curieuse guinguette entourée d'arbres affiche près de 70 ans d'existence. Certains soirs, le fond musical fait danser les clients installés en terrasse.

♪ **JazzClub Hannover :** *Am Lindener Berge 38. ☎ 45-44-55. • jazz-club.de • À env 3 km à l'ouest du centre. S9 : Lindener Marktplatz. Entrée payante dès 19h30.* Dans une bâtisse en brique, un club qui attire les grands noms du jazz international. Bonne ambiance.

Osho : *Raschplatz 7l. ☎ 67-224-85. • osho-disco.de • Juste derrière la gare. Ven-sam dès 23h et jusqu'à 6h. Entrée : 3-5 €.* L'une des boîtes les plus populaires de Hanovre (jusqu'à 2 000 personnes certains week-ends !), plus connue sous le nom de ***Baggi.*** Salle circulaire blanche avec des bars tout autour, que piétine sans merci la foule en délire.

À voir. À faire

Sprengel Museum : *Kurt-Schwitters-Platz. • sprengel-museum.de • Bus nos 100 et 200 depuis Kröpcke, arrêt Maschsee/Sprengel Museum. U1/2/8 : Schlägerstr. Tlj sauf lun 10h-18h (20h mar). Entrée : 7 € ; réduc ; gratuit ven.* Musée fondé en 1979 pour accueillir la riche collection d'art moderne offerte par Margrit et Bernhard Sprengel à la Ville. À l'époque déjà, avec des œuvres de Picasso, Beckmann, Klee, Ernst, Léger, Magritte, Kupka ou Chagall, des expressionnistes (Dix, Kirchner), des mouvements ***Die Brücke*** et ***Der Blaue Reiter*** et d'artistes modernistes comme Bacon, Duane Hanson, Moore ou Calder (un de de ses mobiles à l'entrée), cette collection était très impressionnante. Avec le temps, elle a continué à s'enrichir : en 1994, ce sont quelque 1 000 œuvres de ***Kurt Schwitters*** qui intègrent les collections. Artiste majeur de l'avant-garde allemande des années 1920-1940, lié au dadaïsme, il est aujourd'hui connu pour ses collages réalisés à partir d'éléments du quotidien (coupures de journaux, tickets de bus, etc.). En 2000, avec le don de 400 œuvres de ***Niki de Saint Phalle,*** le musée possède une des plus riches collections d'art moderne et contemporain du pays, présentée à travers une expo permanente et des expos temporaires.

UNE HISTOIRE D'AMOUR QUI AVAIT MAL COMMENCÉ !

Quand, en 1974, la Ville de Hanovre commande à Niki de Saint Phalle 3 de ses fameuses Nanas *pour les exposer sur les berges de la Leine, les habitants crient au scandale. Depuis, les* Nanas *sont devenues la fierté de la ville, et pratiquement son emblème. Et l'histoire d'amour entre l'artiste et la ville n'en est pas restée là, puisqu'en 2000, en faisant don de 400 de ses œuvres au Sprengel Museum, elle est devenue la seule et unique citoyenne d'honneur de la ville à ce jour.*

Landesmuseum : *Willy-Brandt-Allee 5. • landesmuseum-hannover.de • Mar-dim 10h-18h. Entrée : 4 € pour l'expo permanente ; GRATUIT ven 14h-18h. Textes en allemand seulement.* Ce musée accueille plusieurs sections aux antipodes les unes des autres, avec un rez-de-chaussée consacré à l'histoire naturelle et à l'environnement (géologie, fossiles de dinos, aquarium et animaux empaillés du monde entier), un 1er étage à la préhistoire, l'anthropologie, l'archéologie et les grandes explorations, et un 2e étage à la peinture avec la *Landesgalerie.* Cette dernière mérite le détour avec sa collection d'art religieux et de peintures allemande ***(Cranach, Holbein, Carl Gaspar Friedrich)*** et baroques ***(Rubens, Rembrandt, Ruysdael).*** Également série d'impressionnistes ***(Monet, Sisley, Renoir, Signac)*** et expressionnistes. Œuvres de ***Paula Modersohn-Becker*** (voir son musée à Brême).

Les jardins royaux de Herrenhausen : *Herrenhäuser Str. 4. • hannover.de/herrenhausen • À env 3 km à l'ouest du centre. S4/5 : Herrenhäuser Gärten. Mai-août tlj 9h-20h (fermeture en fonction du coucher du soleil le reste de l'année).*

Entrée : 8 €, accès à la grotte, au musée et au Berggarten *compris ; réduc ; gratuit moins de 12 ans.* Ces 3 jardins, dessinés à partir du XVIIe s sur 150 ha, constituent « un petit Versailles local ». Le *Großer Garten,* de style baroque, est un somptueux assemblage de ***jardin à la française,*** avec jets d'eau et statues. Venir de préférence vers 11h ou 15h, afin d'assister aux « grandes eaux », et visiter les 8 jardins à thème. Délicieux *Gartentheater* de 1692 et qui serait le plus vieux ***théâtre de verdure*** de ce genre existant en Allemagne. Le ***Berggarten,*** ancien potager devenu jardin botanique, abrite quelques espèces exotiques : du bananier aux 1 000 variétés d'orchidées, en passant par les palmiers et les cactus. Balades romantiques à faire dans le jardin anglais ***Georgengarten*** (en accès libre). L'été, feux d'artifice, illuminations des jets d'eau, musique et théâtre dans les jardins.
– ***Die Historische Grotte*** *(compris dans le billet d'entrée),* 3 salles entièrement couvertes de mosaïques de *Niki de Saint Phalle* (décédée avant de voir l'achèvement de son travail). Quant au ***palais,*** à l'exception du ***musée de la satire et de la caricature Wilhelm-Busch*** *(mar-dim 11h-17h),* il ne se visite pas, c'est un centre de congrès. Détruit pendant la 2de Guerre mondiale, le palais actuel n'est qu'une reconstitution récente.

Fil rouge *(Roter Faden)* **:** de monument important en curiosité historique, ***ce parcours de 4,2 km***, matérialisé au sol par une ligne rouge, invite à découvrir le centre-ville à pied et sans contrainte. Départ devant l'office de tourisme (brochure explicative à 3 €). De l'opéra à la *Marktkirche,* en passant par le centre des affaires, les principaux musées, la colonne de Waterloo célébrant la défaite napoléonienne (les Hanovriens étaient aux côtés de Wellington), les vestiges de la vieille ville en bordure de la rivière Leine, les plantureuses *Nanas* de Niki de Saint Phalle, etc., vous aurez vu l'essentiel de la ville. Enfin, pour mieux en apprécier l'étendue, montez aussi au sommet de la tour (97 m) du ***Neues Rathaus*** (1913), qui a été épargné par la guerre. *Un **ascenseur oblique** unique en son genre vous y conduit en saison, pour 4 €, tlj 9h30 (10h w-e)-17h30.* ***Au rez-de-chaussée,*** plusieurs maquettes permettent de voir à quoi ressemblait Hanovre au XVIIe s, en 1939, en 1945 (ou plutôt ce qu'il en restait alors). Sur la maquette de 1939, on identifie la synagogue alors qu'elle fut détruite en 1938, lors de la Nuit de cristal.

Fêtes et manifestation

– ***Concours international de feux d'artifice :*** *dans les jardins de Herrenhausen. Accès payant.* Pendant 5 soirées réparties entre mai et septembre, l'élite mondiale de la pyrotechnique s'affronte afin de présenter le plus grandiose des spectacles de feux d'artifice.
– ***Schützenfest*** *(fête des Tireurs)* **:** *30 juin-9 juil 2023.* L'équivalent d'une grande fête de la bière.
– ***Maschseefest*** *(fête du Lac)* **:** *26 juil-13 août 2023.* Attire beaucoup de monde. Ambiance festive avec concerts en plein air gratuits et nombreux stands autour du lac, où l'on trouve à boire et à manger.

DANS LES ENVIRONS DE HANNOVER (HANOVRE)

HAMELN *(57 400 hab. ; IND. TÉL. : 05151)*

À 50 km au sud-ouest de Hanovre. Tout le monde connaît la légende du joueur de flûte de Hameln. Cela fait plus de 700 ans que l'histoire du ***chasseur de rats*** (lire ci-après) fait frémir les générations de bambins. Que la légende ait sa part de vérité ne fait aucun doute. Indubitable aussi, le profit que la petite cité en tire auprès des touristes. Alors, au milieu des rues médiévales et des maisons à colombages et encorbellement de la Renaissance qui bordent la Weser, prêtez l'oreille au son aigrelet de la flûte et entamez votre visite en suivant les rats peints sur le pavé.

Un peu de folklore pour se rafraîchir la mémoire

En 1284, un homme étrange se présente aux autorités de Hameln, en se faisant fort de débarrasser la ville de tous ses rongeurs nuisibles. Une belle récompense lui est promise. Aussitôt, il tire une mélopée lancinante de son fifre qui fait sortir tous les rats de leurs trous. Puis il se dirige vers la rivière, où le troupeau se précipite et se noie. Contrat rempli... sauf du côté des édiles qui refusent de verser la somme convenue. Le dimanche suivant, pendant la messe, notre bonhomme sort sa flûte et, aux 1res notes de musique, tous les enfants en âge de marcher le suivent comme des zombies et disparaissent vers l'est pour ne plus jamais revenir...
– Une ***comédie musicale et théâtrale*** costumée fait revivre la légende dans le jardin situé derrière l'office de tourisme *(Bürgergarten). Mer à 16h30 de mi-mai à mi-sept. GRATUIT.*

Adresse utile

Office de tourisme : *Deisterallee 1. ☎ 95-78-23. ● hameln.de ● Avr-oct, lun-ven 9h-17h, sam 9h30-13h ; fermé dim. Nov-mars, lun-ven 9h-17h.* Dans un bâtiment moderne au bout d'Osterstraße, à l'entrée de la ville. On peut y visionner, un film de 10 mn sur la région. Brochure en français sur l'histoire de la ville.

À voir

Comme ses consœurs de la région, Hameln s'enorgueillit d'une ribambelle de bâtiments du style Renaissance de la Weser *(Weserrenaissance)*, une variante un peu plus austère de l'architecture italienne de l'époque. Elle se distingue par des pignons en pyramide, des gargouilles, masques et éléments en saillie garnis de moulures ornementales. La guerre a épargné la ville, et, depuis les années 1960, une politique de rénovation a permis d'assurer la pérennité du patrimoine.

La magnifique ***Rattenfängerhaus*** *(maison du Chasseur de rats ; Osterstr. 28)* datant de 1603 avec sa façade ornée de bandeaux sculptés est coiffée d'un pignon à volutes et pinacle. Elle est désormais devenue... un restaurant indien !

Museum Hameln : *Osterstr. 8-9. ● museumhameln.de ● Mar-dim 11h-18h. Entrée : 6 € ; réduc. Tour guidé en français sur demande.* Installé dans la maison des Chanoines, datant de 1558, ce musée raconte, sur 6 niveaux, toute l'histoire de la ville.
Au rez-de-chaussée, le ***Museum Café*** *(tlj 9h-18h ; plats 5-15 €)* propose des petits déj, des soupes, salades, pâtes, flammekueche et *Schnitzels* plus gâteaux et tartes.

HILDESHEIM (100 300 hab. ; IND. TÉL. : 05121)

À 35 km au sud-est de Hanovre, Hildesheim est une petite capitale en son genre : celle de l'art roman ottonien, époque qui s'étend de la fin du IXe s au début du XIIIe s. Évêché dès 815, la ville eut un rayonnement artistique et spirituel durant tout le Moyen Âge, par sa position privilégiée sur la route commerciale allant de Bruges à Novgorod. Elle préserva son précieux héritage du passé jusqu'au funeste matin de mars 1945, où un bombardement anglais réduisit 10 siècles de grandeur en cendres et fumée. À l'instar de son rosier miraculeux, Hildesheim a su renaître du chaos, mais, comme beaucoup de villes reconstruites, elle manque un peu de charme et, hormis sa place du Marché reconstruite à l'identique et l'église Saint-Michel (inscrite au Patrimoine mondial de l'Unesco), il faudra fureter pour en découvrir les attraits.

Adresse utile

Office de tourisme : *Rathausstr. 20. ☎ 1798-88. • hildesheim.de/tourism • Avr-oct, lun-ven 9h30-18h, w-e 10h-15h ; fermé dim le reste de l'année.*

Où manger ?

Antik-Café Pfannkuchenhaus : *Jakobikirchgasse 2. ☎ 32-414. Dans une ruelle derrière la Marktplatz. Tlj sauf dim-lun 11h-18h30. Crêpes 5-7 €.* Un décor de salon de votre arrière-grand-mère : papier à fleurs, canapés à ressorts, tables couvertes de napperons, gravures jaunies... À la carte, une armada de crêpes sucrées ou salées (au lard ou au camembert !) de grande taille. Petit déj, soupes et tartes également au menu.

À voir

Markt *(marché)* **:** réduit en cendres en 1945, il a été entièrement reconstitué selon les plans originaux entre 1984 et 1990. Fontaine au centre d'un bel espace pavé où se tient le marché matinal. Côté est, le ***Rathaus*** (hôtel de ville), dont les 1ers éléments furent commencés en 1268.
Côté ouest, 2 maisons remarquables : la ***Bäckeramtshaus*** (maison des Boulangers), en style Biedermeier du début du XIXe s, et à sa droite, la fabuleuse ***Knochenhaueramtshaus*** (maison des Bouchers), avec ses 8 niveaux. Aux étages supérieurs, le ***musée de la Ville*** permet de se rendre compte du rayonnement de la cité à l'époque médiévale. Photos émouvantes des destructions de 1945.

Michaeliskirche : *• michaelis-hildesheim.wir-e.de • Avr-oct, 8h (10h mar)-18h ; nov-mars, 9h (10h mar)-16h.* Basilique romane primitive à 2 nefs et 2 chœurs (1010-1033), placée sur un monticule. Fondée par l'évêque Bernward, elle a été reconstruite après la 2de Guerre mondiale en éliminant tous les ajouts ultérieurs à la période romane. Le plus remarquable est le plafond en bois peint, avec un superbe arbre de Jessé.

Dom *(cathédrale)* **:** *tlj 10h-18h sauf sam (mai-sept) pour cause de concerts. • dom-hildesheim.de • Brochure en français.* La cathédrale a commencé d'être construite en 850 à l'emplacement du rosier légendaire. L'édifice actuel est la copie conforme des plans d'origine de la basilique romane du XIe s. Les chapelles latérales ont été refaites en gothique, et la coupole du transept en style du XVIIIe s. Les curiosités remarquables sont légion : les portes de bronze à 2 battants de près de 5 m de haut, sommet de l'art

LE LANGAGE DES FLEURS

En 815, selon la légende, Louis le Débonnaire passe une nuit au pied d'un rosier grimpant dans lequel il prend soin de cacher un précieux reliquaire de la Vierge. Le matin, il lui est impossible de retirer le coffret, retenu dans les branches de l'arbuste... Devant cette manifestation divine, il revient plus tard fonder une chapelle, puis un évêché autour duquel se développera Hildesheim. Au cours de l'histoire, le rosier miraculeux refleurit après chaque destruction ; la dernière fois, en 1945.

roman ottonien, fabriquées d'une seule coulée. Dans le transept droit, une rareté : une colonne de bronze de 7 t (XIe s), inspirée de la colonne Trajane de Rome avec, en spirale enroulée, une évocation de la vie du Christ.
À la croisée du transept, le plus grand lustre d'Allemagne, dont la frise d'or et de laiton, incrustée de pierres, soutient la représentation de la Jérusalem céleste. Côté transept droit, l'entrée du ***trésor*** *(mar-dim 11h-17h)* avec de remarquables reliquaires, véritables chefs-d'œuvre de l'art roman. À l'extérieur, ne pas manquer le cloître pour découvrir, au pied du mur d'abside, le fameux rosier millénaire, symbole de la pérennité d'Hildesheim.

WOLFENBÜTTEL (55 000 hab. ; IND. TÉL. : 05331)

À 70 km au sud-est de Hanovre, Wolfenbüttel était une résidence régulière des ducs de Brunswick jusqu'en 1754. Cette petite cité Renaissance, aux rues rectilignes et aux vastes places, parsemée de maisons à pans de bois *(Fachwerkhäuser),* forme un ensemble harmonieux. Le château se visite sans déplaisir et la bibliothèque Herzog-August force le respect.

Adresse utile

Office de tourisme : *Löwenstr. 1. ☎ 862-80. • lessingstadt-wolfenbuettel.de • Lun-ven 9h-17h, sam 9h-13h. Dépliant en français, plan en anglais. Visite guidée de la ville tlj à 11h en allemand (réserver pour obtenir une visite en français).*

À voir. À faire

➢ ***Petite balade :*** on vous recommande une promenade, le nez au vent, en compagnie du dépliant très complet proposé par l'office de tourisme, qui détaille les principales maisons à colombages (en tout, il y en a plus de 600 !) et l'origine sociale des décorations de chaque type de maison.

Stadtmarkt : la place principale, tout en longueur, bordée de maisons bourgeoises à colombages d'un côté et par l'hôtel de ville de l'autre, que renforce la ***Waaghaus,*** maison du Poids public, surmontée de la sentence du roi Salomon. Sur la place vécut, au XVIIe s, *Justus Georg Schottelius,* un grammairien érudit qui donna à l'humanité l'invention du point-virgule ! Marché haut en couleur le mercredi et le samedi matin.

Hauptkirche Beatae Mariae Virginis *(église évangélique principale)* ***:*** *non loin du Stadtmarkt. Mar-sam 10h-12h, 14h-16h ; dim 14h-16h.* Bâtie sur le Kornmarkt, elle présente un mélange de styles surprenant : des voûtes et croisées d'ogives gothiques, des pignons latéraux à niches et colonnes bordées de volutes, typiquement Renaissance, une tour à combles tout à fait baroque. À l'intérieur, même mélange des genres : buffet d'orgue, autel et chaire baroques, nervures de voûtes gothiques peintes, balcons de tribunes Renaissance. Et finalement, le résultat n'est pas trop indigeste.

> **ENTRE ROUGE ET BLANC, CE N'EST PAS LA MÊME FOI !**
>
> *Comment distinguer au 1er coup d'œil, en Allemagne, si une église est catholique ou protestante ? Par les bougies ! Si elles sont rouges, vous êtes chez les papistes ; chez les réformés, elles sont toujours blanches.*

Schloss : *Schlossplatz 13. • museumwolfenbuettel.de • Château et musée : mar-dim 10h-17h. Entrée : 5 € ; réduc.* Un des plus grands châteaux de

LE NORD-OUEST DE L'ALLEMAGNE

Basse-Saxe et aussi un foyer des lettres, de la musique et des arts. Forteresse de plaine entourée de douves au Moyen Âge, il devient la résidence des ducs dès le XVe s. Amélioré à la Renaissance, on lui adjoint une fringante tour à l'époque baroque. Accès par un passage à arcades débouchant sur une cour intérieure. Des 411 pièces que comptait le bâtiment, seule une quinzaine se visite aujourd'hui dont les salles d'apparat et la chambre à coucher du duc.

Herzog August Bibliothek : *Lessingplatz 1. • hab.de • Non loin du château. Musée de la bibliothèque ouv mar-dim 10h-17h. Entrée : 5 € ; réduc.* Ce fut, au XVIIe s, la plus importante bibliothèque d'Europe, pas moins ! Lessing et Leibniz ont fréquenté ce temple du savoir, qui compte aujourd'hui 1 million de volumes. Autre record : on y trouve le livre le plus cher du monde, l'évangéliaire d'Henri le Lion, racheté en 1983 pour l'équivalent de 16,6 millions d'euros ! On admirera les ouvrages enluminés, les manuscrits précieux du Moyen Âge, les 1res bibles imprimées (incunables), des livres d'art illustrés du XXe s, une collection d'ex-libris, et surtout les globes terrestres et portulans du début des grandes explorations terrestres et maritimes.

WOLFSBURG *(124 000 hab. ; IND. TÉL. : 05361)*

Nous sommes dans le berceau de la firme Volkswagen qui assemble ici plusieurs modèles de sa marque mais aussi de ses filiales : Audi, Seat, Skoda, Bugatti, Lamborghini et Porsche.

Die Autostadt : *à 80 km à l'est de Hanovre.* Rejoindre le *KonzernForum.* *• autostadt.de • Tlj 9h (10h janv)-18h. Entrée : 18 € ; réduc ; 7 € après 16h.* Sur 28 ha, dans un environnement de plans d'eau entourés de bâtiments futuristes, on découvre ici une vraie ville dans la ville, consacrée entièrement à l'automobile. Avec des modèles rutilants, sur plusieurs niveaux, le ***ZeitHaus*** abrite un musée qui restitue une partie de l'histoire de l'auto, depuis la 1re Benz de 1886 (un genre de tricycle à moteur) jusqu'à la Lamborghini qui affole les radars, en passant par les modèles mythiques, rares ou les prototypes. La coccinelle (*Käfer* en v.o.), produite de 1948 à 2003 et vendue à plus de 21 millions d'exemplaires, est évidemment à l'honneur, ainsi que le fameux *Kombi* qui a fait le bonheur de générations de hippies. Sur place, des restos, jardins et attractions comme ce parcours en voiture électrique destiné aux enfants. Les passionnés de voiture apprécieront le détour, même si l'entrée n'est vraiment pas donnée.

GOSLAR *(51 500 hab. ; IND. TÉL. : 05321)*

À 80 km au sud-est de Hanovre et en bordure nord du massif du Harz, ville de résidence impériale du XIe au XIIIe s, puis ville hanséatique, Goslar est de nos jours une ravissante petite cité millénaire. On y cultive encore le souvenir des gisements de cuivre, plomb et d'argent qui firent sa prospérité, mais aussi des sorcières qui fêtaient les « nuits de Walpurgis » dans les profondes forêts du massif. C'est un endroit de villégiature coquet et agréable, apprécié comme destination de week-end. La mine de *Rammelsberg* et la vieille ville, épargnée par les bombardements de la guerre, sont classées au Patrimoine mondial de l'humanité de l'Unesco.

Adresse utile

Office de tourisme : *Markt 1. ☎ 780-60. • goslar.de • Tlj 10h-17h.* Dépliant en français *(payant)* qui détaille une promenade à travers le centre. Vous pouvez aussi acheter un ticket combiné pour les différents musées de Goslar *(17 € ; réduc).*

LE NORD-OUEST DE L'ALLEMAGNE

Où dormir ?

Jugendherberge Goslar (AJ) : *Rammelsberger Str. 25. ☎ 222-40. • jugendherberge.de/jh/goslar • Prendre la direction de la mine, puis monter sur la gauche en suivant le panneau « Jugendherberge ». Bus nº 803 depuis la gare, arrêt Theresienhof. Nuitée en dortoir (sans ou avec sanitaires privés) à partir de 29,30 € ; draps et petit déj inclus.* Dans une grande bâtisse à colombages en direction de la mine, sur les hauteurs. Cette AJ moderne propose 160 lits en chambres de 2 à 8 lits. Resto sur place, baby-foot, ping-pong, terrain de basket et volley.

Gästehaus Schmitz : *Kornstr. 1. À 100 m du Markt. ☎ 323-445. • schmitz-gaestehaus.de • Doubles 88-110 €, petit déj compris.* Dans une grande maison de ville en bardeaux avec une cour intérieure (parking sur demande), des chambres spacieuses, claires et propres, avec douche, certaines sous les toits. Propose aussi des apparts de 50 m² avec kitchenette. Petit déj servi personnellement par madame Schmitz, la gentille propriétaire à la mise en plis impeccable.

Hotel Die Tanne : *Bäringerstr. 10. ☎ 34-390. • die-tanne.de • Doubles 80-130 €, petit déj compris.* Pas loin du centre piéton, côté nord-est. Maison classée, à la façade en ardoises grises. Une vingtaine de chambres plaisantes, simples mais confortables, avec des boiseries claires. Petit plus : la présence d'un sauna.

Où manger ?

Die Butterhanne : *Marktkirchhof 3. ☎ 228-86. Tlj 9h-23h (16h dim). Plats 12-16 €.* Vaste brasserie ancienne sur 2 étages, dont la terrasse s'étale au pied de l'église du marché. Cuisine simple et consistante à toute heure de la journée. Quelques spécialités régionales, comme la *Steigerpfanne* (sorte de goulasch accompagnée de chou rouge bouilli). Les amateurs essaieront la *Gosebier*, une bière locale qui existe en version blonde ou ambrée. Service rapide.

Worthmühle : *Worthstr. 4. ☎ 43-402. Tlj sauf dim 17h-22h. Résa conseillée. Plats 13-27 €.* Un ancien moulin au bord du ruisseau qui baigne la ville. Intérieur rustique et *Biergarten* fleuri de géraniums au bord de l'eau aux beaux jours. Cuisine locale plutôt réussie. Le canard et les chanterelles tiennent la vedette au menu. Gibier en saison. Accueil souriant.

Où boire un café et manger une pâtisserie ?

Barock-Café Anders : *Hoher Weg 4. ☎ 23-814. Tlj sauf lun 8h30-17h (18h w-e).* *Konditorei* classique dans toute sa splendeur. Salles à la déco kitsch, mais pâtisseries irrésistibles. Terrasse dans la cour intérieure.

À voir. À faire

➢ **Balades dans la ville** : l'office de tourisme vend un petit dépliant en français détaillant 2 promenades de longueurs différentes ; celles-ci permettent de découvrir les curiosités de la ville.

La vieille ville de Goslar : la richesse en argent et surtout en minerai de cuivre des mines de *Rammelsberg* a profondément marqué l'histoire et le développement de la ville, et incité l'empereur Henri II à y bâtir un palais au début du XIe s. Parfaitement préservé, l'ovale du centre a été aménagé sur une surface d'à peine plus de 1 km². De style roman, le palais impérial a longtemps été la forteresse la plus sûre des empereurs saxons. Les tours des 47 églises et chapelles de la ville confèrent à Goslar une esthétique médiévale très cohérente, marquée entre autres par les maisons des corporations, l'hôtel de ville sur le Markt et un grand nombre de maisons bourgeoises à colombages, ornées de superbes sculptures.

Marktplatz *(place du Marché)* **:** s'organiser pour y être à l'heure où se met en marche le carillon animé *(à 9h, 12h, 15h et 18h)* qui sort au-dessus de l'hôtel-restaurant *Schiefer,* face à la mairie, et rend hommage aux mineurs de Rammelsberg. Au centre, la fontaine surmontée d'un l'aigle impérial doré. La place est bordée par le ***Rathaus,*** une halle à arcades ogivales et tourelles (XVe s) ; par un escalier extérieur, on accède à la *Huldigungssaal,* ou salle de l'Hommage. Ses murs et plafonds sont couverts de superbes peintures murales du XVIe s. Expo multimédia à découvrir après rénovation.

Kaiserworth *(maison de la Guilde des drapiers et tailleurs)* **:** *au n° 3 de Marktplatz.* C'est désormais un hôtel. Sa façade couleur rouille s'orne d'une rangée de statues en bois peint. La plus regardée (une petite figurine sur le côté gauche) est celle qui défèque des ducats d'or.

Goslarer Museum : *Königstr. 1. ☎ 433-94. Tlj sauf lun 10h-17h (16h nov-mars). Entrée : 4 € ; réduc. Fiches explicatives précises en anglais (tout est en allemand dans le musée).* Riche petit musée qui retrace l'histoire de la région et de la ville depuis la préhistoire. Importante section géologique.

À côté du musée, on suit la petite rivière, qui débouche sur un charmant quartier de maisons à colombages, au sein duquel la ***maison Siemens*** *(Schreiberstr. 12)* est la demeure ancestrale de la famille d'industriels bien connus, avec cour centrale et écuries.
Sur une colline, l'imposant ***Kaiserpfalz*** ou *palais impérial (Kaizerbleek 6 ; avr-oct, tlj 10h-17h – 16h en hiver ; entrée : 7,50 € ; audioguide en anglais)* est un édifice roman du XIe s, entièrement restauré au XIXe s et résidence occasionnelle de plusieurs empereurs allemands. On y trouve le trône d'Henri IV, plus vieux trône impérial d'Allemagne. Les peintures historiques de la gigantesque *Reichssaal* datent de cette époque.

Marktkirche Sankt Cosmas und Damian : basilique à 3 nefs du XIIe s, à l'intérieur très sobre. Tous les styles y sont présents : certains vitraux sont romans, les fonts baptismaux et la chaire datent de la Renaissance, l'autel est baroque. *Entrée gratuite, mais montée dans la tour 2 € (tlj 11h-17h).*
Derrière l'église du Marché, on aperçoit une imposante maison, la ***Bäckergildehaus*** ou *maison de la Guilde des boulangers,* de 1501. Tout près, dans un coin, se dresse le toit pointu de la ***Brusttuch*** (transformée en hôtel), avec un bel encorbellement et un balcon sculpté en saillie. Il faut presque s'adosser au mur de l'église pour bien distinguer les personnages sculptés.

La mine métallifère du Rammelsberg : *Bergtal 19. • rammelsberg.de • À 3 km au sud-ouest de Goslar. Tlj 9h-18h (17h en hiver) ; dernière entrée 1h30 avt fermeture. Résas en ligne. Entrée : 9 € pour le musée seul ; 16 € pour le musée et un parcours à pied (1h30 dans l'ancienne partie de la mine ; 2h dans l'unité où était traité le minerai). En train (1h dans la mine plus récente) ou avec le monte-charge des années 1930 qui permet d'avoir une vue panoramique de la mine ; 21 € pour le musée et 2 parcours ou 25 € pour la mine et 3 parcours ; réduc. Si une des visites guidées vous intéresse en saison, réserver et consulter le site pour connaître les horaires précis. Explications et audioguide en anglais.*
Goslar doit son développement et sa richesse grâce à cette mine du *Rammelsberg.* On estime que 27 millions de tonnes de minerai (de plomb, de cuivre, de zinc, d'argent, d'or...) ont été arrachés à la colline jusqu'en 1988. Ouverte en 968, la mine abrite aujourd'hui un musée qui retrace plus de 1 000 ans d'exploitation ininterrompue, avec de nombreux témoignages à travers les époques.
Un musée y détaille la géologie et le fonctionnement de la mine, mais aussi la vie des mineurs, son rôle dans l'histoire de Goslar. Une fois là, il serait dommage de

se limiter au seul musée, les tours proposés sont le véritable intérêt de la visite. En les suivant, on découvre non seulement les différentes techniques d'extraction du précieux minerai mais aussi la beauté de certaines parois rocheuses.

Le massif du Harz

Depuis Goslar, on peut sillonner le vieux massif du Harz, seule éminence (sommet à 1 142 m, le *Brocken*) de quelque importance dans la platitude de la grande plaine germano-polonaise. Avant 1990, le massif se partageait entre RFA et RDA. Abondamment arrosé, couvert d'épaisses forêts et traversé de vallées profondes, c'est un énorme réservoir aquifère et une destination de week-end très appréciée des habitants des grandes villes industrielles voisines. On y pratique intensément la randonnée, la varappe dans les rochers de la vallée de l'*Oker,* la spéléologie, la voile sur les lacs artificiels, le VTT, le canoë, le deltaplane et les sports de glisse en hiver.

Le Harz est aussi un lieu de légendes, et l'exploitation outrancière de la figure des sorcières dans les boutiques de souvenirs en atteste lourdement. Si vous êtes de passage du 30 avril au 1er mai, pour la *nuit de Walpurgis,* planquez-vous, les sorcières font du rase-mottes sur leurs balais !

LA NUIT DES SORCIÈRES

Sainte Walburge était une religieuse anglaise qui a évangélisé les Germains. Après sa mort en 779, au couvent de Heidenheim, près de Göttingen, les sorcières prirent l'habitude de se réunir sur sa tombe pour célébrer la nuit de Walpurgis, malgré les condamnations de l'Eglise. Cette fête, à la veille du 1er mai, met symboliquement fin à l'hiver.

CELLE *(70 500 hab. ; IND. TÉL. : 05141)*

À 42 km au nord de Hanovre, en bordure de la lande de Lüneburg, cette cité pimpante est particulièrement fière d'avoir préservé des centaines de maisons à colombages. Les femmes ont marqué l'histoire locale : *Éléonore d'Olbreuse,* huguenote poitevine et épouse du dernier duc au XVIIe s, à qui l'on doit les jardins à la française ; sa fille *Sophie-Dorothée,* mariée pour raison d'État avec son cousin, le futur *George Ier d'Angleterre,* et aussi grand-mère du grand Frédéric II. Sa liaison avec le comte de Königsmark lui valut une répudiation et un sombre exil ; *Caroline-Mathilde d'Angleterre* fut, elle, l'épouse du fantasque Christian VII du Danemark ; ses frasques (bis) avec le favori de ce dernier, le *docteur Struensee,* la conduiront en villégiature forcée à Celle. Les portraits de ces belles dames aux amours contrariées sont visibles au musée de la Ville.

Adresse utile

Office de tourisme : *Altes Rathaus, Markt 14.* ☎ *90-90-80.* ● *celle-tourismus.de* ● *Mai-sept, lun-ven 10h-17h, sam 9h-13h.* Propose un plan de la ville commenté en anglais.

Où manger ? Où boire un verre ?

Schweine-Schulze : *Neue Str. 36.* ☎ *229-44. Tlj sauf dim 11h30-15h, 18h-22h30. Plats 9-23 €.* Adresse populaire et à la bonne franquette, où on vous case là où il y a de la place, en évitant de contrarier le patron. Ici, le cochon, dans lequel, comme on le sait, « tout est bon », est décliné de toutes les façons. Pas toujours très raffiné, mais l'ambiance locale est garantie, la bière aidant.

Ratskeller : *Markt 14 (sous l'office de tourisme). ☎ 290-99. Tlj sauf dim 11h30-14h30, 17h30-21h30. Compter 25-30 € le repas.* Un resto traditionnel dans la plus ancienne brasserie de Basse-Saxe. Caves blanches voûtées décorées de fresques et parées de lustres rustiques. D'après les archives, on y descend des chopines depuis 1378 ! On peut aussi y manger, mais entre nous, c'est un peu cher et pas particulièrement réussi...

À voir. À faire

Rathaus : il offre en façade nord un mignon pignon garni de volutes et de pinacles. À ses côtés, la **Stadtkirche** *(mar-sam 10h-18h, 11h-17h janv-mars).* Elle se pare d'un joli clocher et présente un intérieur lourdement baroque avec profusion de peintures, moulures, stucs et statues. Un style plutôt rare dans le nord de l'Allemagne. Sur les côtés de l'autel, monuments funéraires en mémoire des ducs de Brunswick, révélateurs de leurs options religieuses : ceux de la Renaissance, humbles, sont à genoux devant Dieu ; leurs descendants ne le sont plus !

➢ **Balade en ville :** il faut consacrer 1h ou 2 à un quadrillage de la ville ancienne préservée des destructions de la guerre, pour y admirer plus de 500 maisons à colombages avec poutres sculptées et peintes de maximes religieuses. Comme elles se ressemblent toutes, on se contentera de vous dire que ce qui caractérise les maisons de Celle, construites du XVe au XVIIIe s, c'est l'empilage des encorbellements des pignons.

Bomann Museum : *Schlossplatz 7. • bomann-museum.de • Tlj sauf lun 11h-17h. Entrée : 8 € (gratuit sam à partir de 13h) ; réduc.* Un musée du folklore et de l'histoire, érigé en style Art nouveau. À l'entrée, le portrait de ***Wilhelm Bomann.*** N'essayez pas de fuir son regard, vous n'y arriverez pas ! On parcourt une série de salles consacrées à l'habitat du XIXe s, aux métiers, aux armes, avec les redoutables piques des lansquenets, ou encore à l'industrie, avec la production de fonte et de fer. Section consacrée aux figures féminines qui ont défrayé la chronique de Celle.

Schloss Celle : *Schlossplatz 1. • residenzmuseum.de • Tlj sauf lun 10h-17h ; 11h-16h nov-avr. Visites guidées en allemand 3-4 fois/j. en été, moins fréquemment le reste de l'année. Entrée visiteur individuel : 12 €, sinon visite guidée en allemand 9 € ; réduc.* Ancien château fort, avec douves et tours d'angle fortifiées, construit en 1292, transformé à la Renaissance et baroquisé à la fin du XVIIe s par des artisans italiens, la résidence des ducs de Brunswick hébergea quelques exilées célèbres (voir intro sur la ville). La visite guidée permet d'accéder aux parties les plus remarquables : la cuisine du château, le théâtre de facture italienne et surtout l'exceptionnelle chapelle privée, décorée à profusion de motifs floraux par l'Anversois *Martin de Vos.* Sans guide, c'est moins intéressant.

BREMEN (BRÊME)

(28001) 570 000 hab. IND. TÉL. : 0421

• Plan *p. 566-567*

C'est le 2e port commercial d'Allemagne avec l'appoint de son extension, Bremerhaven. Enclavée dans le Land de Basse-Saxe, Brême est la

plus ancienne cité maritime du pays et bénéficie (tout comme Hambourg) des statuts combinés de ville et de Land.

Elle obtient le droit de tenir marché dès 965, et intègre la Ligue hanséatique, un peu à contrecœur, au XIVe s, alors que jusque-là ses navires jouaient les pirates en mer du Nord. Elle en est expulsée en 1427. Son développement est considérablement freiné par la guerre de Trente Ans. Au XIXe s, en raison de l'ensablement de la Weser, Brême se dote d'un avant-port, *Bremerhaven,* situé à 65 km en aval. La compagnie *Lloyd's* d'Allemagne y installe son quartier général en 1857 et transporte des millions d'émigrés vers les Amériques. Aujourd'hui, Brême occupe toujours une place prédominante dans les importations de matières premières, comme le coton qui dispose d'une bourse spécialisée, mais aussi du chocolat et du tabac... Plus de 35 % de sa population active vit plus ou moins directement des activités portuaires.

Autrefois, on surnommait Brême la « ville du café ». C'est par son port que la précieuse cargaison de graines entra pour la 1re fois dans le pays, en 1673, bien avant Hambourg et Vienne. Et dès 1783, elle était en relations commerciales avec la jeune république américaine. Le port joue un rôle majeur dans l'économie de la ville (par an, 700 000 voitures transitent par ses quais), mais Brême n'offre pas pour autant le visage d'un centre industriel terne. Les activités de pointe participent au dynamisme local. Mercedes y dispose de sa 2e plus importante usine après Munich, Kraft Foods y a son siège allemand, et EADS y construit le module Astrium pour la station spatiale internationale ISS. C'est aussi à Brême qu'est brassée la célèbre bière *Beck's* (se visite).

SOLIDARITÉ DANS LE CIEL

En 1943, un bombardier B-17 américain est gravement touché au-dessus de Brême au point de ne plus pouvoir remplir sa mission. Frank Stigler, as de la chasse allemande, décide de placer son avion tout à côté de l'américain afin de le protéger. Il le raccompagne jusqu'à la sortie de l'espace aérien allemand. Les 2 pilotes (l'Américain se nomme Charlie Brown) se sont rencontrés 40 ans plus tard et ont noué alors une amitié durable.

C'est donc une cité au charme indéniable et aux traditions bien vivantes, avec des parcs et des jardins, un mignon quartier de pêcheurs, des passages romantiques, un hôtel de ville classé au Patrimoine mondial de l'Unesco et une agréable promenade le long de la Weser. Depuis l'époque de la Renaissance, elle est devenue « ville d'art », bien marquée par le style qu'on appelle *Weserrenaissance.* Le conte populaire des 4 animaux musiciens de la ville de Brême (l'âne, le chien, le chat et le coq), écrit par les frères Grimm, en est devenu l'emblème.

LE *SPECKFLAGGE*

Le « drapeau de lard », c'est ainsi que les habitants du Land de Brême surnomment leur étendard, composé d'une alternance de lignes rouges et blanches.

Arriver – Quitter

Hauptbahnhof *(plan C1)* **:** *Bahnhofsplatz 15.* Consigne automatique sur place.

➢ 1-3 trains/h tlj de/vers ***Hambourg*** (1h-1h30 de trajet), ***Hanovre*** (1h-1h30), ***Cologne*** (env 3h), ***Berlin*** (env 3h), ***Lübeck*** (2h-2h30), ***Francfort*** (env 4h) et ***Munich*** (5h30-6h).

Adresses et infos utiles

Office de tourisme *(plan B2)* **:** *Böttcherstr. 4, dans la maison du Carillon (Glockenspiel). ☎ 308-00-10. • bremen-tourismus.de • Lun-ven 9h30-18h30, sam 9h30-17h, dim 10h-16h.* Outre la réservation de chambres, on peut y acheter la *Bremen Card,* qui permet d'utiliser gratuitement les transports publics et donne droit à de petites réductions dans les musées ou pour les visites guidées. *Coût pour 1 adulte et 2 enfants de moins de 14 ans : 10,50-15,50-22,50 et 31 € (respectivement 1, 2, 3 et 4 j.). Formules légèrement plus chères pour 2 adultes et 2 enfants possibles (pour 2, la différence de prix est vraiment minime).*

Autre office de tourisme dans la Hauptbahnhof *(plan C1)* **:** *tlj sauf dim 9h (9h30 sam)-15h30.*

Où dormir ?

Camping

HanseCamping *(hors plan par D1)* **:** *Hochschulring 1. ☎ 307-468-25. • hansecamping.de • À 5 km au nord-est de la ville, pas facile d'accès sans voiture. Pour ceux qui sont motorisés, prendre l'autoroute A 27, direction Bremerhaven ; sortie Bremen-Universität ; puis c'est fléché. Ouv tte l'année. Empl. env 35 € pour 2 avec tente et voiture. Loc de vélos.* Un camping moderne au vert, propre et ordonné, en bordure d'une forêt et d'un lac, le *Stadtwaldsee,* où l'on peut faire de la planche à voile. Resto, épicerie. Dommage qu'au chant des oiseaux se mêle la rumeur constante des grandes routes à proximité...

De bon marché à très chic

Hotel Am Hillmannplatz Nr. 1 *(plan C1,* **12***)* **:** *Hillmannplatz 1. ☎ 132-58. • am-hillmannplatz.de • Doubles 68-79 € ; petit déj-buffet payant sur résa. Heures de réception limitées, appeler pour convenir de l'arrivée.* Tout petit hôtel à façade blanche au-dessus d'un fast-food turc, qui ne paie pas de mine, mais bien et très gentiment tenu. Répartie sur plusieurs étages (sans ascenseur), une poignée de 9 chambrettes très bleues et standardisées, mais très correctes. Également un studio sous les toits pour 3 personnes avec salle de bains et kitchenette.

Alexander von Humboldt *(plan B2,* **15***)* **:** *Anleger Schlachte 1a, Martinianleger. ☎ 380-396-99. • alex-das-schiff.de • Ouv tte l'année. Resto tlj sauf lun-mar 11h30-21h30. Cabines doubles 69-138 €/pers, petit déj payant. Plats 12-27 €.* Construit en 1906 à Brême, « Alex », comme l'appellent les locaux, fut un bateau-phare dans le port de Kiel jusque dans les années 1980 avant de se convertir en navire-école. Revenu à quai et rénové, il vous accueille dans des cabines de 2 ou 4 personnes, avec lits superposés pour tout le monde (et très peu de place pour les 1res). Si l'exiguïté des lieux vous rebute, venez au moins profiter du bar-resto sur le pont, dont le menu, fait de plats maison, change tous les mois. Par mauvais temps, on se réfugie autour de grandes tables dans la cambuse bien aménagée du navire. Bières à la marque du sponsor local... Une adresse vraiment pas comme les autres.

Hotel Residence *(plan D1,* **14***)* **:** *Hohenlohestr. 42. ☎ 34-87-10. • hotelresidence.de • Doubles 100-159 € selon catégorie de confort avec petit déj payant. Parking 10-12 €.* Élégante façade Art nouveau dans un quartier résidentiel calme. Les 45 chambres et 10 apparts ne sont pas donnés, mais l'ensemble ne manque pas de cachet, avec son salon d'époque et sa jolie salle de petit déj. Chambres au design sobre plutôt coquettes. Sauna avec cabine UV sans supplément. Accueil charmant. L'hôtel propose aussi une annexe au n° 36 de la même rue, dotée de 7 chambres confortables, décorées avec goût.

Hotel Achat Bremen City *(plan B1,* **16***)* **:** *Birkenstr. 15. ☎ 517-250.*

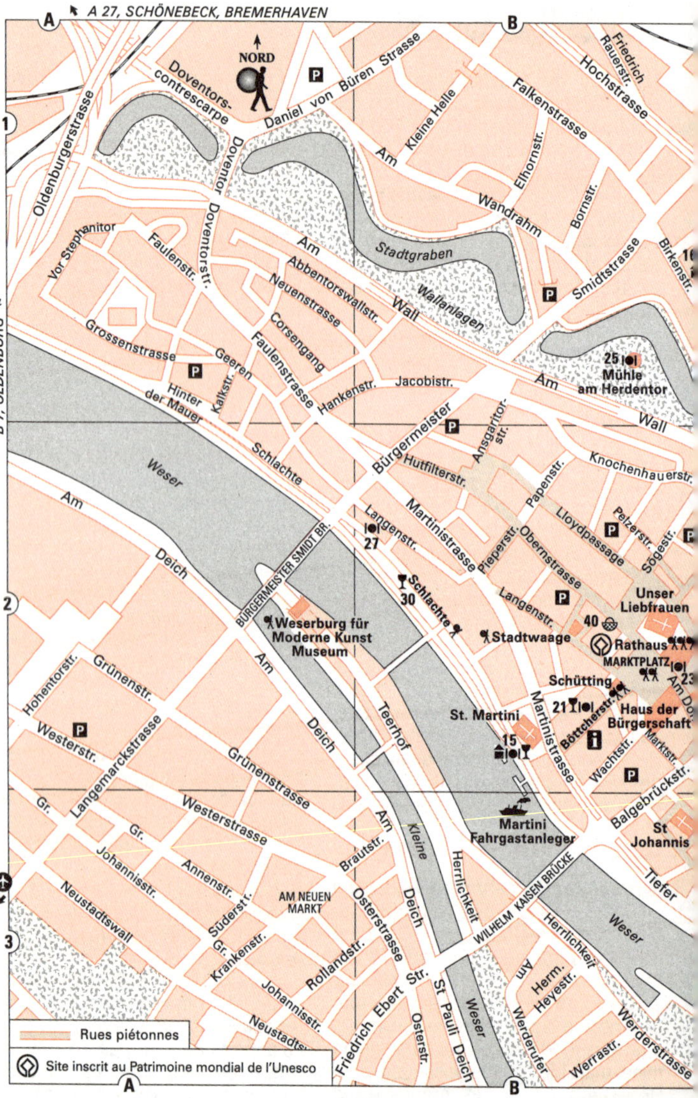

Adresse utile

- Offices de tourisme (B2 et C1)

Où dormir ?

12 Hotel Am Hillmannplatz Nr. 1 (C1)
14 Hotel Residence (D1)
15 Alexander von Humboldt (B2)
16 Hotel Achat Bremen City (B1)

Où manger ?

20 Marché et Markthalle Acht (C2)
21 Ständige Vertretung (B2)

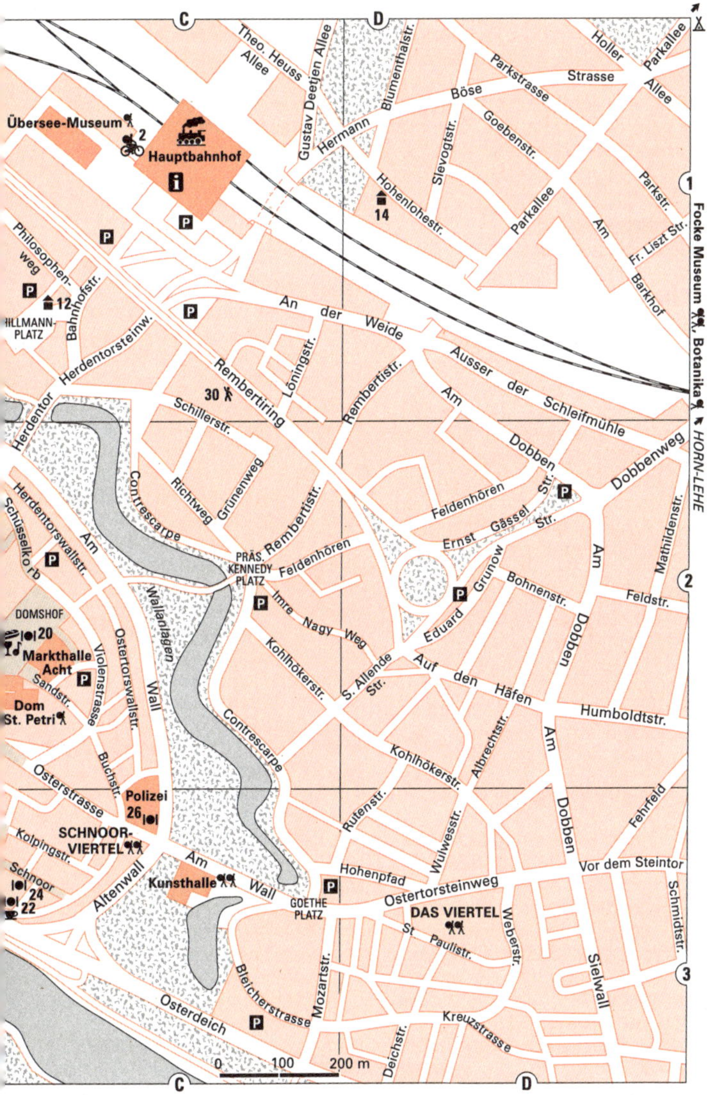

BREMEN (BRÊME)

22 Teestübchen im Schnoor (C3)
23 Bremer Ratskeller (B2)
24 Katzen-Café et Beck's in'n Snoor (C3)
25 Kaffee Mühle (B1)
26 Fisherman's Seafood (C3)
27 Paulaner's (B2)

Où boire un verre ?

30 Terrasses et bars de la Schlachte (B2)

Où acheter des douceurs ?

40 Hachez (B2)

• *achat-hotels.com • Doubles à partir de 120 €. Petit déj en plus. Parking souterrain payant (résa).* Hôtel de chaîne de très bon confort, situé dans un ancien bâtiment industriel à une encablure de la gare et la vieille ville (10 mn à pied). Le ton est donné dès le lounge-réception pourvu de confortables canapés et fauteuils, et garni d'une grande bibliothèque. Chambres cosy de dimensions diverses à la déco de bon goût. Équipements complets et literie moelleuse. Généreux buffet au petit déjeuner. Bar, salle de fitness, sauna et hammam.

Où manger ?

Sur le pouce

Marché et Markthalle Acht *(plan C2,* ***20****)* **:** *Domshof. Tlj sauf dim 8h-14h (15h sam).* Ce marché (extérieur) de producteurs locaux est parfait pour se constituer un pique-nique. Quelques stands proposent de quoi manger sur le pouce, avec pour certains, même, des spécialités locales (comme le boudin au gruau, « *Knipp* ») et pour les déguster, quelques tables et de quoi poser une fesse (voire 2 pour les plus confortables !). Juste à côté, la ***Markthalle*** *(tlj sauf dim-lun 11h-22h, 19h mar-mer)* combine toutes les expériences culinaires internationales avec souvent une excellente musique live. Il y en a pour tous les goûts et on peut même s'y attarder et profiter de l'ambiance !

De prix moyens à chic

Teestübchen im Schnoor *(plan C3,* ***22****)* **:** *Wüstestätte 1. ☎ 32-38-67. Dans un passage ; accès le plus facile par la Hinter der Holzpforte (rue partant du bd Tiefer). Tlj 10h-19h. Petit déj jusqu'à 15h. Repas 15-20 €.* Cette adorable maison de poupée du Schnoor propose, dans ses salles minuscules réparties sur plusieurs étages, un menu qui tient sur seulement 2 pages. On y trouve les propositions du moment, des pâtes, ou des flammekueche. Le tout très bien préparé. L'endroit est parfait aussi pour une pause sucrée : là encore, le choix de gâteaux est relativement limité, mais ils sont délicieux. Et pour les accompagner, une longue carte de bons thés.

Ständige Vertretung *(plan B2,* ***21****)* **:** *Böttcherstr. 3-5. ☎ 32-09-95. Tlj sauf dim-lun 12h-23h (0h30 ven-sam). Repas 15-25 €.* Grande brasserie tapissée de centaines de photos restituant l'histoire de l'Allemagne contemporaine et des relations internationales : Adenauer, Schmidt, Brandt, Schröder... Vous y repérerez Mitterrand et Kohl se tenant par la main à Verdun et Elvis Presley en costume de *GI*. Succursales à Berlin, Hanovre, Cologne... Un des hauts lieux de la politique et de la presse locales, où l'on aime se retrouver autour d'un plat traditionnel. Que du classique et des spécialités rhénanes à prix très raisonnables. En revanche, ici, la *Beck's* locale n'a pas son mot à dire, seule la bière de Cologne est tirée à la pompe.

Bremer Ratskeller *(plan B2,* ***23****)* **:** *Am Markt, sous l'hôtel de ville. ☎ 32-16-76. Tlj 11h-minuit. Résa pour le dîner. Menu 16,50 € le midi. Plats 14-25 €.* Décor surprenant : grande salle voûtée toute blanche avec d'énormes barriques sculptées sur le côté. Très touristique, certes, mais la cuisine traditionnelle y est très copieuse et savoureuse, et les serveuses sont en costume médiéval pour agrémenter la scène ! On peut s'isoler dans des alcôves plus intimes avec de vieilles portes vitrées. Petit détail : les foudres de vins différents sont marqués à l'effigie d'un animal. Autrefois, on commandait un verre de singe ou un pichet d'ours...

Katzen-Café *(plan C3,* ***24****)* **:** *Schnoor 38. ☎ 32-66-21. Accès au niveau d'un portique de pierre sculptée. Tlj sauf dim 12h-17h, 18h-minuit. Repas 20-30 €.* Dans une des ruelles de Schnoor, ce resto touristique est doté d'un joli cadre : une courette avec des tables recouvertes de vichy, éparpillées sur plusieurs niveaux et cernées de plantes vertes. Carte plutôt internationale où chacun trouvera son bonheur, selon ses goûts. Service et accueil prévenants. Pas de chats, cependant.

Beck's in'n Snoor (plan C3, **24**) : Schnoor 34-36. ☎ 323-130. Tlj 11h-22h. Plats 10-24 €. Dans la ruelle principale du quartier, une ancienne brasserie qui perpétue la tradition du genre avec des plats du cru, comme l'assiette de divers harengs, la plie frite aux crevettes ou l'escalope « *jäger art* ». Décor de pub avec fenêtres à meneaux et gravures aux murs. Accueil affable.

Kaffee Mühle (plan B1, **25**) : Am Wall 212. ☎ 144-66. Mer-ven 12h-21h ; w-e 9h30-22h. Lunch en sem 9,50 € ; plats 13-24 €. Cadre original que ce moulin ailé perché sur un remblai des anciens remparts. On mange en terrasse avec vue sur le parc ou à l'intérieur dans un chaleureux décor de bois. Plats classiques de la cuisine locale avec quelques touches plus méridionales. Brunch-buffet du week-end très fréquenté.

Fisherman's Seafood (plan C3, **26**) : Am Wall 201, dans une entrée de galerie. ☎ 330-66-161. Tlj sauf dim-lun 11h-15h, 17h-21h (22h ven-sam). Plats 14-29 €. Resto spécialisé dans les poissons, coquillages et crustacés, mais sans plage et cocotiers. Déco de cantine un peu austère, tout l'attrait est dans l'assiette : produits à la fraîcheur irréprochable allant des fines de claire à la sole limande en passant par l'anguille poêlée et le filet de sandre. Cuissons millimétrées et petits légumes d'accompagnement, biens croquants. Vins un peu décevants en revanche. Service à l'image du décor.

Paulaner's (plan B2, **27**) : Schlachte 30. ☎ 169-06-91. Tlj 11h-23h. Plats 12-24 €. Une taverne dans la longue suite de terrasses et *Biergaten* bordant la Weser. Déco rustique et cuisine d'inspiration bavaroise (la bière est brassée à Munich). Tablées nappées de vichy. On a aimé la roulade de bœuf au chou rouge et le filet de sandre sur lit d'épinards, pendant qu'à côté un jarret de porc braisé nous faisait de l'œil. Serveurs en culotte de peau et serveuses en *Dirndl.*

Où boire un verre ? Où sortir ? Où danser ?

À la belle saison, c'est le long de la Weser, en particulier sur la promenade piétonne des quais de la **Schlachte** (plan B2, **30**), qu'on boit un verre le soir venu. Ou même pendant la journée : au moindre rayon de soleil, les terrasses des *Biergarten* qui surplombent la rivière se couvrent vite de monde. Elles ferment à minuit, histoire de ne pas trop déranger les riverains, mais l'animation se poursuit à l'intérieur des nombreux bars. Pour une ambiance de quartier et plus bohème, on vous recommande aussi chaudement d'aller faire un tour vers *Das Viertel* (plan D3).

Les clubbers invétérés se retrouvent au **Modernes** (Neustadtswall 28 ; • modernes.de •), à la discothèque **La Viva** (Auf der Brake 7-21 ; • laviva-disco.de •) ou au **NFF Club** (Katharinenstr. 12-14 ; • nffclub.de • ; ven dès 23h), spécialisé dans l'électro.

Où acheter des douceurs ?

Hachez (plan B2, **40**) : Am Markt 1. Tlj sauf dim 10h-18h30 (18h sam). La chocolaterie incontournable de Brême, fondée par un Belge en 1890. Chocolats aux arôme subtils, mais désormais plus confectionnés sur place. Décor Belle Époque.

À voir

– En plus des traditionnelles visites guidées de la ville, il est aussi possible de visiter (en allemand et en anglais) l'usine *Mercedes-Benz,* ainsi que la brasserie *Beck's.* Vous trouverez toutes les infos à l'office de tourisme.

Marktplatz *(plan B2)* **:** la vaste place du Marché est bordée par les maisons des corporations. Dans un coin au pied du mur ouest de la mairie, le groupe sculpté en bronze des 4 animaux musiciens du conte des frères Grimm, perchés les uns sur les autres, attire tout le monde. C'est le symbole de la ville. Face à l'hôtel de ville, le ***Schütting*** (XVIe s), siège de la corporation des marchands, révèle nettement son influence flamande. Dans l'entrée de la ***Bourse du Coton*** *(accès libre),* on peut voir des mosaïques allégoriques datant du règne de l'empereur Guillaume II. À 100 m du Markt, dans la Langenstraße, le ***Stadtwaage*** (balance municipale) s'orne d'une magnifique façade Renaissance à pignon triangulaire. Chaque étage est flanqué de part et d'autre d'un petit pinacle.

HI-HAN !

Serrez les 2 pattes de l'âne de la sculpture des 4 animaux musiciens, faites un vœu (sans le divulguer !), et celui-ci sera exaucé. Mais attention, pour que cela marche, il faut empoigner les 2 pattes de l'animal : si vous n'en serrez qu'une, il est de tradition de dire qu'un âne serre la patte à un autre âne !

La statue de Roland et l'hôtel de ville *(plan B2)* **:** ils illustrent le développement de la Hanse, à laquelle la ville a adhéré en 1358. Ce sont des témoignages uniques de l'autonomie commerciale et de la souveraineté croissante de la bourgeoisie européenne dans le Saint Empire romain germanique. Portant le bouclier orné de l'aigle impérial et Durandal, l'épée de justice, la statue du célèbre neveu de ***Charlemagne,*** le chevalier Roland (5,50 m de haut), est rehaussée d'un dais gothique qui culmine à plus de 10 m. Ce protecteur de la ville trône fièrement sur la place du Marché depuis 1404, symbolisant la liberté de la ville. Pour info : la tête de la statue est une copie. L'originale, en effet, se trouve au musée Focke (voir plus loin).

– ***Rathaus*** *(hôtel de ville)* **:** *Marktplatz 21. Plusieurs visites guidées/j. (en allemand et en anglais). Prix : 7 € (billets à retirer à l'office de tourisme).* Bâti au XVe s dans un style gothique et couronné de 3 pignons, l'hôtel de ville, incarnation architecturale de la liberté, fut rénové au XVIIe s dans le style de la *Weserrenaissance.* Façade typique un poil chargée, ornée des statues de Charlemagne et des 7 princes électeurs. Comme celle de Roland, ces statues sont des copies : les originales se trouvent au musée Focke. À l'intérieur, après un escalier surmonté d'une mâchoire de baleine transformée en lustre, la salle d'honneur *(Große Halle)* où sont suspendues les maquettes des navires de la flotte brêmoise. C'est ici que siège le Sénat de la ville-État. Grands tableaux dont celui d'une baleine qui avait remonté le cours de la Weser. Une fresque du *Jugement de Salomon* rappelle la fonction du lieu autrefois utilisé comme salle de justice. Mais on ne peut manquer le superbe escalier à vis, en bois sculpté (1620). Sous la tribune, la ***Güldenkammer,*** une salle de réunion à l'intérieur de style Art nouveau, revêtue de cuir doré.

La cave *(Ratskeller),* la plus ancienne d'Allemagne, propose près de 600 crus allemands, dont les 12 plus vieux du monde dans leurs fûts. L'un date de 1653 ! On peut, là encore, suivre une visite guidée de 1h en allemand *(de janv à mi-nov, ven à 16h, plus mars-oct à 15h ; env 11 €, réduc, plusieurs autres formules, rens à l'office de tourisme)* et même y manger (voir plus haut « Où manger ? *Bremer Ratskeller* »).

Dom Sankt Petri *(cathédrale Saint-Pierre ; plan B-C2)* **:** *tlj sauf lun-mar 11h-17h.*

Une 1re petite église a été construite au même emplacement au VIIIe s à la demande de Charlemagne (ce qui explique la présence, parmi les statues sur la façade, de Charlemagne avec l'église sur ses genoux). Détruite quelques années plus tard, elle est remplacée par une cathédrale, elle aussi détruite en 1041 dans un grand incendie. Si l'actuelle cathédrale a été, elle, édifiée au XIe s, elle a subi de nombreux remaniements au fil des siècles. À gauche

du porche, une statue équestre très martiale de Bismarck témoigne du rattachement de la ville de Brême à l'Empire allemand en 1871.
À l'intérieur, plusieurs stèles funéraires des XVe et XVIe s, ainsi que des fonts baptismaux datant de 1230. Chaire baroque offerte par la reine Christine de Suède. Les vitraux sont inspirés de ceux de Chartres. Au XVIIe s, plusieurs momies furent découvertes dans une crypte sous le cloître. Elles sont aujourd'hui exposées dans des cercueils de verre dans la « cave aux plombs », le ***Bleikeller*** *(accès sur le côté de la cathédrale, par le Bibelgarten ; horaires et prix à l'office de tourisme).*

🕵🕵 ***Böttcherstraße*** *(rue des Tonneliers ; plan B2)* **:** ruelle pittoresque reliant la Marktplatz à la Weser. C'est dans cette rue aux bâtisses de brique, où l'on retrouve des influences Art déco, qu'au Moyen Âge vivaient les tonneliers. Lorsqu'au XIXe s, le port de Brême déménage à Bremerhaven, la rue tomba peu à peu en désuétude. Au début du XXe s, le riche négociant en café (et inventeur du décaféiné) ***Ludwig Roselius*** rachète peu à peu toutes ces maisons et y installe le siège de sa compagnie *(Kaffee Hag),* puis il confie le réaménagement de la *Böttcherstraße* à des architectes de renom. En grande partie détruite en 1944, la rue a été reconstruite à l'identique. Depuis la Marktplatz, on y pénètre par une porte surmontée d'un bas-relief doré représentant l'archange Michel terrassant le dragon. On doit à ce même Ludwig Roselius la riche collection de la *Roseliushaus* (aux nos 6-10 de la rue), constituée, entre autres, de beaux meubles de différentes époques, ainsi que de quelques œuvres de Lucas Cranach (portraits de Luther et de sa femme). À côté de cette maison (siège de l'office de tourisme), un carillon de porcelaine tintinnabule *(toutes les heures de 12h à 18h d'avril à décembre, et à 12h, 15h et 18h de janvier à décembre)* ; il attire toujours une foule de touristes amusés par son naïf jeu de clochettes. Il est amusant de noter que les nazis gardèrent le quartier intact comme symbole de l'« art dégénéré » (alors même que Ludwig Roselius était un sympathisant du nazisme – mais aussi un grand amateur d'art et d'architecture).
À la même adresse que ***Roseliushaus,*** le ***musée Paula Modersohn-Becker*** (1876-1907), représentante célèbre de l'expressionnisme allemand, inspirée par Cézanne, Gauguin et les Nabis. Elle vivait et travaillait au village des artistes de Worpswede, dans les environs de Brême. Elle fut la 1re femme au monde à avoir eu le privilège posthume de se voir consacrer un musée en 1927. *Pour les 2 musées : ☎ 338-82-22. • museen-boettcherstrasse.de • Tlj sauf lun 11h-18h. Entrée : 10 € ; réduc.*

🕵🕵 ***Schnoorviertel*** *(plan C3)* **:** ancien quartier pauvre de pêcheurs et de marins miraculeusement épargné par les bombardements, le Schnoor est aujourd'hui un vestige du passé de la ville particulièrement pittoresque et éminemment touristique ! D'époques et de styles différents (XVe-XVIIe s), ces vieilles maisons bien restaurées, enfilées comme des perles (d'où le nom, *Schnoor* signifiant « fil »), s'égrènent le long de ruelles pavées. Elles abritent à présent restaurants, galeries d'art et boutiques d'artisanat qui restent souvent ouvertes le dimanche. On remarquera au faîte des pignons les petites niches aménagées dans les greniers, destinées à abriter les hiboux chasseurs de souris.

🕵 ***Schlachte*** *(plan A-B2)* **:** le quartier branché de Brême. Il s'étend au bord de la Weser, autour de la *Weserpromenade Schlachte.* Ambiance maritime et décontractée. On peut flâner à côté d'un joli chapelet de bateaux et vieux gréements, entre les terrasses de restaurants aux cuisines du monde entier, cafés et bars au bord de l'eau. Recommandé aussi à ceux qui cherchent de l'animation nocturne (voir plus haut « Où boire un verre ?... »). C'est également là que se tient un très beau marché de Noël en décembre.

🕵🕵 ***Kunsthalle Bremen*** *(musée d'Art de Brême ; plan C3)* **:** *Am Wall 207. • kunsthalle-bremen.de • Tlj sauf lun 10h-17h (21h mar). Entrée : 10 € ; réduc.*
Musée des Beaux-Arts qui abrite de magnifiques collections d'art européen du XIVe s à nos jours. Les ***écoles allemande*** (Dürer, Cranach, Altdorfer), ***flamande*** et ***hollandaise*** (Jan Bruegel, Rubens, Rembrandt et Van Dyck) et ***française*** du

XIXᵉ s (Manet, Monet, Géricault, Courbet, Delacroix, Vallotton, Boudin, Maurice Denis, Rodin, Émile Bernard), sont particulièrement bien représentées. Quelques Allemands parmi les romantiques du ***XIXᵉ s,*** comme *Carl Gustav Carus* et *Caspar David Friedrich,* ou encore celui que l'on considère comme l'un des précurseurs de l'expressionisme allemand : *Lovis Corinth.* Parmi les artistes du XXᵉ s : ***Picasso, Munch, Van Gogh, Beckmann, Kirchner, Nolde,*** et les représentants de l'école de Worpswede (le Barbizon local).

Petite cafét au doux nom de *Sylvette* (du nom d'un des tableaux de Picasso) pour un café, une pâtisserie ou un léger en-cas *(tlj 9h-18h, 21h mar, 22h mer-jeu, 20h dim).*

En amont de la Weser, vers l'est, à quelques minutes de marche, ***Das Viertel*** *(plan D3),* quartier résidentiel très agréable et un peu bohème, où il fait bon flâner de terrasse en boutique et bar branché ou dans les rues où s'alignent les jolies maisons. Les Brêmois disent que c'est dans ce quartier que se manifeste le mieux la qualité de vie de leur cité. Et effectivement, il y règne une vraie personnalité, contrairement au monde uniformisé des chaînes de magasins du centre-ville.

Übersee-Museum *(musée d'Outre-mer ; plan C1)* **:** *Bahnhofsplatz 13. • uebersee-museum.de • Tlj sauf lun 9h (10h w-e)-17h. Entrée : 9 € ; réduc. Audioguide (en anglais) payant.* Ce vaste bâtiment surmonté d'une verrière aborde les thèmes de la géologie, la faune et les principales civilisations du monde non européen. Les expos sont constituées d'objets rapportés lors de leurs voyages, à partir du XVIIIᵉ s par les commerçants de Brême : sculptures indigènes, objets de culte, artisanat, embarcations traditionnelles. Chose rare, on peut visiter la réserve du musée *(Schaumagazin),* accessible par une passerelle au 2ᵉ étage : un bric-à-brac d'objets centenaires classés dans des vitrines (vieilles horloges, vieilles télés, maquettes de bateaux...).

Weserburg Museum für Moderne Kunst (plan A2) **:** *Teerhof 20. • weserburg.de • Tlj sauf lun 9h (10h w-e)-17h. Entrée collection permanente : 9 € ; réduc.* Le musée d'art contemporain de Brême, sans lequel le patrimoine artistique de la ville ne serait pas complet. Les œuvres d'artistes internationaux se partagent l'espace d'exposition, installé dans une ancienne usine de torréfaction.

Focke Museum (hors plan par D2) **:** *Schwachhauser Heerstr. 240. • focke-museum.de • À env 5 km du centre. S4 : Focke-Museum. Tlj sauf lun 10h-17h (21h mar, 18h dim). Entrée : 6 € ; réduc ; gratuit mar dès 19h. Demandez à la caisse les plaquettes en anglais.* Assez excentré, dans un environnement de verdure très agréable, ce musée fort bien fait restitue l'histoire de Brême et de sa région depuis le Moyen Âge. Dès l'entrée, la tête de Roland et les statues originales du *Rathaus* donnent le ton. On y trouve de tout en thèmes distincts : peintures et photos de la ville au cours des siècles (notamment après les bombardements), maquettes de maisons traditionnelles, sculptures, retables, chasse à la baleine, construction navale (maquette de paquebot), l'industrie automobile avec la marque *Borgward* (1933-1961), le commerce (café *Lloyd*), et les industries... Une visite passionnante que clôture cet étonnant *Schaumagasin* constitué d'un empilement de tous les objets non exposés. Dans une annexe coiffée de roseaux, section consacrée à la préhistoire et au patrimoine rural de la région.

Botanika et le parc à Rhododendrons (hors plan par D2) **:** *Deliusweg 40. • botanika-bremen.de • Au nord-est de la ville, non loin du musée Focke. S4, ou bus nᵒˢ 33 et 34 : Horner Kirche. Accès au parc (gratuit) 7h-22h l'été (horaires réduits le reste de l'année). Botanika, tlj 9h (10h w-e)-18h. Entrée : 10,50 € ; réduc. Visites guidées en allemand.* Dans un parc de 46 ha, plus de 1 600 types de rhododendrons sauvages à venir admirer en fleur entre fin avril et mai. Délicat jardin japonais. À l'intérieur, centre multimédia et les serres du *Botanika.*

DANS LES ENVIRONS DE BREMEN (BRÊME)

Le port de ***Bremerhaven*** s'étale sur la rive droite à l'embouchure de la Weser, à environ 65 km au nord de Brême. Grâce à ses passionnants musées, ce port de pêche et de transbordement de containers a la capacité de retenir le visiteur toute une journée et même plus... si on veut tout voir. En revanche, l'ensemble urbain et portuaire est plutôt moche, et à moins d'avoir les moyens de s'offrir une chambre au magnifique ***Atlantic Hotel Sail City*** on s'abstiendra d'y passer la nuit.
Tous les musées se trouvent sur le port, en plein centre. Accès fléché depuis l'autoroute : suivre « *Havenwelten* ».

Deutsches Auswandererhaus *(musée allemand de l'Émigration)* **:** *Columbusstr. 65. • dah-bremerhaven.de • Tlj 10h-18h (21h jeu ; 17h nov-fév). En hte saison, résa en ligne conseillée. Entrée : 18,50 € ; 14,50 € jeu 18h-21h ; réduc. Explications en allemand et en anglais ; compter au moins 2h de visite.* C'est un magnifique voyage dans le temps que propose ce musée en vous attribuant dès l'entrée une carte d'embarquement vers les Amériques : chaque visiteur endosse le rôle d'un(e) émigrant(e) qui a vraiment existé. Ils furent plus de ***7 millions*** à partir de Bremerhaven pour le Nouveau Monde entre 1830 et 1974. Le musée retrace leur parcours, associant les petites histoires à la grande. Grâce à ce *pass* magnétique, on active des installations multimédias astucieuses et originales. On entame le voyage sur le quai d'embarquement au flanc du ***paquebot Lahn,*** où l'on côtoie des mannequins en costume et leurs malles. Puis on monte à bord pour découvrir le quotidien pas toujours confortable des cabines de 3e classe d'une croisière vers New York, sur un bateau où il ne manque que le mal de mer et les rats !
Les cabines reconstituées sont celles de 3 bateaux d'époques différentes. Constat : même en 3e classe, le confort s'est considérablement amélioré au fil du temps. L'arrivée à ***Ellis Island*** à New York est illustrée de manière émouvante avec les formalités sévères et les examens auxquels étaient soumis les immigrants avant de rejoindre la gare de Grand Central et leur nouveau destin. Les reconstitutions sont superbes et les nombreuses informations sont diffusées à travers différents médias (écouteurs, films, pancartes, etc.).
Puis après l'émigration, place à l'immigration en Allemagne, avec un retour dans un centre commercial de 1973, année où le gouvernement de la RFA cessa définitivement de faire appel à la main-d'œuvre étrangère et devint beaucoup plus restrictif en matière d'accueil. Là encore, il faut retirer le document qui vous permet de suivre le destin d'une personne ayant réellement existé (une Vietnamienne, une famille syrienne...). Ce thème d'actualité sensible est abordé de manière claire et didactique depuis les ***huguenots*** en Brandebourg après 1685, jusqu'en 2015 avec ***l'accueil de 1 million de réfugiés du Moyen-Orient***. Cette partie est moins dense, mais les reconstitutions (notamment celle du ***cinéma Roxy*** des années 1970) sont elles aussi d'une étonnante qualité. Pour connaître l'histoire des différentes vagues d'immigration en Allemagne, se diriger à l'étage inférieur, au niveau des bureaux de l'immigration, vers la rangée de téléphones colorés. Seul bémol pour ce magnifique musée : en cas de forte affluence, il peut être difficile d'accéder aux différentes bornes.
En sortant, on peut voir, amarré devant le musée, le *Grönland,* le plus ancien voilier du pays conçu pour le long cours et encore en état de prendre la mer.

Deutsches Schiffahrtsmuseum *(Musée maritime)* **:** *Hans-Scharoun-Platz 1. • dsm.museum • Tlj (sauf lun nov-mars) 10h-18h. Entrée : 6 €.* Un détour presque obligatoire pour les fondus de navigation, même si l'organisation et la présentation des lieux peuvent laisser un peu perplexe. Organisé sur 3 niveaux, à travers une remarquable collection de bateaux, objets et instruments, ce musée décrit à travers plusieurs espaces thématiques l'histoire du transport maritime, de la marine de guerre, du sauvetage en mer, de la pêche et de la recherche marine (et notamment polaire). À ne pas manquer, le trésor du musée : le *Hansekogge,*

la carcasse d'une grosse barque de transport de 26 m (une cogue hanséatique) datant de 1380, retrouvée en 1961 dans la Weser. Belles figures de proue sculptées.
Dans le bassin, visite du *Wilhelm Bauer* un sous-marin de la 2de Guerre mondiale.

Klimahaus : *Am Längengrad 8, sur le port. • klimahaus-bremerhaven.de • Juil-août, lun-ven 9h (10h w-e)-19h ; mars-juin 9h-18h, mêmes horaires le w-e ; sept-fév, tlj 10h-18h. Résa d'un créneau horaire en ligne obligatoire mais durée sur place illimitée. Entrée : 20 € ; 18 € après 15h ; réduc.* Dans un bâtiment à l'architecture futuriste, ce musée invite lui aussi à un voyage, mais cette fois-ci, en longeant le 8e degré de longitude est (celle de Bremerhaven) et ses différentes zones climatiques : on passe ainsi de la Suisse à la Sardaigne, au Niger, au Cameroun, l'Antarctique puis à Samoa et en Alaska pour revenir à Bremerhaven. En plus de présenter les écosystèmes, les cultures et les habitants de ces zones, on s'emploie à faire prendre conscience de l'importance du climat (et de ses changements) sur celles-ci. Bref, une expo interactive qui permet de découvrir les mystères du climat terrestre et de s'interroger sur l'avenir de la planète. On y découvre aussi quelques animaux des contrées évoquées (avec notamment de superbes aquariums). Dommage qu'une fois encore, les explications (assez techniques) ne soient délivrées qu'en allemand et en anglais.

Zoo am Meer : *sur le port. ☎ 308-41-0. • zoo-am-meer-bremerhaven.de • Tlj 9h-19h (18h mars et oct, 16h30 nov-fév). Entrée : 9,50 € ; réduc ; carte famille 25 €. Les animaux sont nourris vers 10h30 et 14h30.* Un petit zoo axé sur les animaux du Grand Nord : ours et renards polaires, harfangs des neiges, otaries, pingouins et lions de mer, et des animaux beaucoup moins polaires, comme le chimpanzé ou le puma. Nombreuses animations pour enfants. Pas d'un grand intérêt culturel, mais un bon moment de détente pour les familles.

HOMMES, CULTURE, ENVIRONNEMENT

BOISSONS

En Allemagne, « eau » s'entend presque toujours gazeuse. Si vous n'aimez pas les bulles, insistez pour avoir de la *stilles Wasser* (eau plate) ou demandez de l'eau du robinet *(Leitungswasser)*.

UN SODA SOUS L'UNIFORME ALLEMAND

À l'entrée en guerre des États-Unis, fin 1941, la marque Coca-Cola est interdite par les nazis. La filiale de l'entreprise américaine établie en Allemagne commercialise alors une nouvelle boisson pour maintenir son activité pendant le conflit, le Fanta, nom qui vient du mot « fantastisch » en allemand. Après 1945, le Fanta s'exporte partout.

La bière, reine de toutes les fêtes

Chez les anciens Germains, on buvait déjà de la bière *(Bier)* en bonne compagnie : après l'avoir brassée de ses mains, la maîtresse de maison se devait de la présenter dans de grandes cornes (d'aurochs, précise César) à ses invités. Cette convivialité autour de la bière, présente dans toute l'Allemagne, prend toute sa dimension à Munich où on la boit du matin au soir dans ces immenses brasseries qui peuvent abreuver près de 1 000 personnes. Les *Mass,* chopes de 1 l, glissent en fanfare d'un bout à l'autre des longues tables en bois. Selon l'époque, elles débordent de ***Starkbier,*** une bière forte de printemps inventée pour revigorer les moines durant le carême, ou de ***Maibock,*** plus ronde et plus légère (c'est la bière de mai). En été vient le temps des ***Biergarten*** en plein air (littéralement : jardins à bière) où des milliers de chopes s'entrechoquent sous les châtaigniers et dont la Bavière s'est fait une spécialité. Sans oublier la fameuse ***Oktoberfest,*** grande kermesse qui se termine début octobre, à Munich.

Patrie de la bière, l'Allemagne compte 1 200 brasseries qui proposent 5 000 marques différentes. Chaque région, chaque ville, chaque abbaye a la sienne et la défend contre toutes les autres ! Si Munich s'en tient aux chopes, Cologne boit la sienne, légère, dans un verre long et fin comme la tour de sa cathédrale. Berlin savoure dans une grande coupe à pied sa ***Berliner Weiße,*** une bière blanche de froment *(Weizen),* mousseuse et un brin amère, relevée avec de la framboise ou de l'aspérule. Dortmund, enfin, abrite de puissantes brasseries industrielles.

Au XVe s, l'Allemagne comptait au moins 113 bières diverses, souvent aromatisées, qui disparurent avec le ***Reinheitsgebot*** de 1516. Encore maintenant, cet « édit de pureté », qui limitait strictement les composants de la bière (orge, eau, houblon), garde force de loi, interdisant en Allemagne, en théorie du moins, ces bières légères de maïs si communes aux Pays-Bas et en France. La fermentation haute, où les levures attaquaient la cuve par le haut, a quasiment disparu au profit de la fermentation basse. Elle produit des bières blondes moins typées. Les ***Pils,*** qui doivent être tirées en 7 s pour obtenir le bon « faux col » de mousse, sont les plus répandues. Viennent ensuite les *Export,* plus légères, et les ***Alt*** ou ***Dunkle,*** c'est-à-dire les brunes à l'ancienne.

Les vins

Si la bière rythme le quotidien, le vin, plus coûteux, a ses lettres de noblesse. Dans toute l'Allemagne, on trouve des bars à vins : ***Weinstube, Weinkeller, Weinrestaurant, Schneckenhaus*** et autres ***Kneipen,*** où on le boit dans des verres bombés, dressés sur un gros pied de couleur verte, le *Schoppen* (canon), accompagnant les petits plats chauds. Dans les régions viticoles, le vin règne dans toutes les auberges, on le sert sous la tonnelle en *Viertel* (quart).

Ce vin à 80 % blanc (les rouges sont moins intéressants) est gai, fruité, subtil. Bref, un peu alsacien. Pas étonnant, les cépages (*riesling* pour les meilleurs, mais aussi *sylvaner, traminer,* etc.) et le climat sont en gros les mêmes. Avec une particularité, la douceur ; en effet, la loi autorise à sucrer légèrement le moût pour conférer au vin cette agréable suavité dont les Allemands raffolent.

Comment choisir ? Pour les vins d'appellation contrôlée : sur l'étiquette on ne distingue pas de sigle spécifique, mais le nom du vin (souvent de fantaisie) ou le cépage, par exemple : *riesling, müller-thurgau, dornfelder,* etc. ; le genre : *trocken* (sec), *feinherb* ou *halbtrocken* (demi-sec), ou *lieblich* (doux). Ensuite, la région : *Mosel, Rheinhessen, Pfalz, Baden...* Et pour finir : les vins de qualité supérieure : *Kabinett, Auslese, Prädikatswein* pour les crus exceptionnels, et *Naturrein* (pureté naturelle) pour tous.

Les très bons vins d'appellation contrôlée spécifient volontiers le nom du terroir : *Wiltinger, Scharzberg,* par exemple. Le vignoble allemand – une centaine de milliers d'hectares – se cantonne au centre et au sud du pays, où il s'atomise en petits crus. Les plus fameux sont les vins du Rhin, comme l'illustre la ***route du Vin*** qui s'étire de Karlsruhe à Speyer, en passant par la *Rheingau,* autour de *Rüdesheim, Bad Dürkheim* (avec la plus grande fête du Vin au monde : 500 000 visiteurs à la mi-septembre) et le long défilé après Bingen.

Il faut essayer aussi leurs voisins du Palatinat, les ***Pfälzer,*** doux, puissants et complexes, et ceux secs et racés des vallées de la Sarre et de la Moselle (avec son cépage roi, le *riesling*). Les crus du Sud-Ouest sont remarquables, en 1er lieu ceux du ***Kaiserstuhl,*** près de Fribourg-en-Brisgau, marqués par leur terroir volcanique, ainsi que leurs compères de la Forêt-Noire, les ***Markgräfler*** (près de Baden-Baden), et de Franconie (Franken), secs comme les Tübingen. Une pensée pour les vins bavarois (autour de Rothenburg et Würzburg), très clairs, très secs, très élégants, conservés dans des bouteilles à ventre rond et plat, dérivées des outres (***Bocksbeutel,*** « sac de bouc »). La Thuringe a aussi ses crus : ceux des vallées de la Saale et d'Unstrut. Les bordeaux traditionnellement importés par les villes hanséatiques jouissent à Lübeck d'un traitement curieux. Depuis 150 ans, on les cuit, on les sucre, on les revend aux Scandinaves sous le label *Made Lübecker Rotspon* !

Enfin, sachez que ***Sekt*** est l'appellation générique pour « champagne » : c'est en fait du mousseux, généralement correct.

Les alcools

Schnaps est leur nom générique. Il y a des schnaps à tout. Aux fruits dans la Forêt-Noire : cerise, quetsche, framboise... Blancs en Westphalie, comme le ***Steinhäger.*** Au cumin dans le Schleswig-Holstein, comme pour l'*aquavit* nordique. Plus spécial, le *Weinbrand* de Mayence ou Wiesbaden, imité du cognac. Le *Kümmel* de la Baltique et le *Danziger Goldwasser,* frère de la vodka aux paillettes d'or de Pologne. Le bizarre ***Jägermeister*** et le redoutable *Ratzeputz* du Nord, mixture incendiaire à base de gingembre conçue pour résister à des froids de - 30 °C. À toujours boire avec un peu de bière, le verre collé à la chope. Dans l'Est, l'alcool le plus fréquent reste la vodka. On peut aussi goûter au ***Korn,*** eau-de-vie de grain au goût curieux.

CUISINE

En ville, à moins de viser les grandes tables ou les *Kneipe* (bistrots), c'est souvent dans les brasseries, bien typées et très fréquentées, ou dans les *Biergarten,* que l'on se retrouve. Les plats y sont la plupart du temps simples, mais plutôt bien cuisinés et quasiment toujours copieux. Ne manquez pas aussi les *Ratskeller* en centre-ville, en dessous des *Rathaus* (les mairies). Caractéristiques usuelles : lieu historique, grandes salles où tout le monde se mélange, nourriture roborative et prix raisonnables.
On trouve toujours une table accueillante et une nourriture correcte dans les auberges de campagne comme dans les restos de quartier. Attention, en fonction de la région et de la saison, les cuisines peuvent parfois fermer tôt, voire très tôt : vers 19h30-20h ! Réserver sa table pour ne pas se retrouver le bec dans l'eau... Enfin, pour tordre le cou aux clichés qui persistent sur la cuisine allemande, à savoir une tambouille roborative et peu variée, sachez que le mouvement ***Slow Food*** est particulièrement dynamique en Germanie. Prônant, comme en Italie, une alimentation « bonne, propre et juste », ce mouvement gastronomique et éthique reflète bien le regain d'intérêt des Allemands pour leurs terroirs et leurs produits.

Saucisses à gogo

On en trouve partout dans les rues, dans de petites baraques commerçantes, les *Imbissstuben,* à des prix dérisoires. La *Weißwurst,* sorte de boudin blanc, est de loin la meilleure mais on ne la vend qu'en Bavière. La *Currywurst,* inventée à Berlin, a conquis toute l'Allemagne. La *Bockwurst* a une peau un peu dure. La *Bierwurst,* sorte de cervelas, accompagne la bière. La *Bratwurst,* originaire de Nuremberg, servie grillée, a fait son entrée dans le club sélect des IGP (Indication géographique protégée). La *Schinkenwurst,* fumée mais à grains épais, n'a pas l'air très engageante. La *Leberwurst,* au foie, peut être tartinée et la *Knackwurst* est la plus banale. Sans parler de leurs consœurs : *Wiener, Brägen, Zungen* et autres *Würste* plus rares.

Le porc, la patate et le chou

Quelles que soient les régions, on retrouve du porc *(Schwein)* dans toutes les assiettes : saucisses, saucissons, lardons, jambons, jarrets, abats ou simples côtelettes... Mais aussi, selon la région visitée, de la volaille grillée, des poissons d'eau douce ou de la mer, et du gibier en saison.
Pour les accompagner, 2 légumes omniprésents : la pomme de terre *(Kartoffel)* et le chou *(Kohl).* Les patates sont bouillies, rissolées, en salade, en purée, frites, etc. Le chou, cru et aigre-doux en entrée, donne aussi la fameuse choucroute *(Sauerkraut),* moins présente dans le pays qu'on le croit. Elle accompagne surtout l'*Eisbein,* jarret de porc fumé, une spécialité berlinoise incontournable.
Les *Knödel* sont aussi très présents. Ces grosses boulettes de pâte, à base de mie de pain ou de pommes de terre, en ont étouffé plus d'un. Un bon plat hongrois que l'on trouve dans tout l'est de l'Allemagne : le goulasch, soupe de bœuf aux oignons et au paprika.

Pain noir en 1er, gâteaux en dernier !

La réputation du pain allemand n'est plus à faire, tant le *Weißbrot* (blanc), le *Schwarzbrot* (noir), le *Vollkornbrot* (pain complet), les *Brötchen* (petits pains) que le *Pumpernickel* (voir encadré), pain noir coupé en fines tranches compactes. Sur ce pain, posez

PAIN NOIR

On raconte que Napoléon, en goûtant ce pain de seigle, s'est écrié : « Pouah ! c'est juste bon pour Nickel (son cheval) ! ». De fil en aiguille, « bon pour Nickel » est devenu Pumpernickel. *Nous, on l'adore !*

un *hareng Bismarck,* ou ces charcuteries dont les Allemands sont les maîtres : *Leberwurst, jambon de Westphalie,* etc.
Et pour finir, prenez le temps du *Kaffee-Kuchen* à l'heure du goûter et attaquez un gros gâteau crémeux à étages *(Schwarzwälder Kirschtorte),* ou une lichette de ces pâtisseries géantes, type *Strudel,* dont les ménagères étalent la pâte sur leur plaque de four.

Spécialités régionales

Avec les mêmes produits de base (chou, porc, gibier, bœuf, volaille, agneau...), chaque province a créé sa partition. Voici un petit aperçu de l'éventail régional.
– **Berlin et Brandebourg :** c'est le règne de la pomme de terre prussienne, *Pellkartoffel. Schlachtplatte* avec boudin noir et saucisse de foie, pied et viande de porc. *Aal grün* : anguille non fumée. *Bouletten* : boulettes de viande hachée. *Currywurst* : saucisse de porc, garnie d'une sauce au ketchup et au curry. Foie de veau « *Berlin Art* » avec purée et pommes. *Eberswalder Spritzkuchen* : gâteau au saindoux du Mardi gras. *Hackepeter* à tartiner : hachis de porc assaisonné. *Warmbier* : bière blanche battue avec du jaune d'œuf, du lait et du sucre, puis chauffée.
– **Rhénanie-Palatinat :** sous le signe du vin. *Ähzezupp* : soupe de gros pois aux oreilles et pieds de cochon. *Hämmche met soore Kappes* : jambonneau avec choucroute. *Sauerbraten* : rôti de bœuf mariné. *Pfälzer Saumagen* : estomac de porc farci du Palatinat, plat à base de porc, de chair à saucisse et de pommes de terre. *Kochkäse* : fromage au lait caillé cuit avec du cumin, du beurre et un jaune d'œuf. *Mutzen* : petits gâteaux du Mardi gras.
– **Francfort et Hesse :** la patrie du bretzel et du *Rippchen* (petit salé). *Bethmännchen* : boulettes de massepain garnies d'amandes. *Frankfurter grüne Sauce* : sauce aux herbes mêlées de crème fraîche, d'huile et de jaune d'œuf. *Spanferkel* : cochon de lait.
– **Bade-Wurtemberg :** *Salbeiküchlein,* beignets de feuilles de sauge. *Spargel* : asperges, accompagnées de jambon de la Forêt-Noire ou bien servies dans des *Pfannkuchen* (sorte de crêpes). *Gugelhopf* et *Bäckeoffe* : les mêmes qu'en Alsace. *Spätzle* : pâtes faites maison. *Maultaschen* : sorte de raviolis. Sans oublier d'excellents plats de gibier *(Wild).*
– **Franconie :** *Hechtenkraut,* brochet à la choucroute. *Coburger Bratwurst* : saucisse grillée et fumée sur des pommes de pin. *Bauchstecherle* : nouilles de pommes de terre.
– **Bavière :** *Böfflamot,* bœuf à la mode façon Munich. *Kartoffelknödel* : *Knödel* de pommes de terre. Les *Semmelknödel* sont des quenelles de mie de pain parfois farcies et cuites au bouillon. *Presssack* : saucisse de museau de bœuf ou de veau. *Schlachtplatte* : assiette de saucisse de foie, boudin noir, tripes, et saucisses diverses, *Knödel* au foie et choucroute. Sans oublier les *Nürnberger Bratwürste,* de minuscules saucisses grillées, l'incontournable *Haxn,* jarret de porc servi grillé, ou les pâtisseries propres à certaines villes bavaroises, comme les *croissants de Bamberg* !
– **Hambourg et Schleswig-Holstein :** la Hanse a ouvert le Nord au vaste monde, d'où une cuisine sur fond de poisson (harengs et maquereaux fumés...), en mêlant aigre-doux exotique et sucré-salé scandinave. Un bœuf de 1er ordre et des agneaux de prés-salés exquis. Hambourg est la 1re ville gourmande du pays. *Ente Vierländer Art* : oie grasse fourrée aux pommes. *Grünkohl Hamburger Art* : chou vert à la saucisse et aux joues de porc fumées, sur pommes de terre. *Labskaus* : viande et poisson salés, purée de pommes de terre, servis avec des œufs frits. Et pour finir, le *Marzipan* : ce fameux massepain de Lübeck.
– **Mecklembourg et Poméranie :** une cuisine de l'Est aux accents baltes et russes. *Beetenbartsch* : le « borchtch » local. Sans oublier le poisson, mariné ou fumé, comme l'anguille et le hareng.
– **Westphalie et Basse-Saxe :** où le jambon de Westphalie et le hareng de Brême règnent en maîtres... *Altbierbowle* : bol de bière brune glacée aux fruits.

Wurstebrot und Leberbrot : purée de saucisses épicées rôties au saindoux, servie avec des rondelles de pommes cuites. *Stolzer Heinrich* : saucisse à cuire en anneau, mijotée avec de la crème et des pommes de terre. *Friesische Bohnensuppe* : boisson chaude avec brandy, rhum, raisins secs et sucre candi.
– ***Saxe et Thuringe :*** *Bemme,* des tranches de pain avec garnitures diverses. *Gewürzfleisch* : bœuf aux oignons, aux tubercules et aux épices. *Leipziger Allerlei* : petits légumes de printemps aux morilles ou autres champignons. *Meißner Fummel* : un gâteau délicat et friable. *Thüringer Topfbraten* : servi, entre autres, à Weimar et composé d'abats cuits puis étuvés avec une sauce à l'oignon.

Voilà pour la tradition et les clichés. Cela dit, avec l'immigration, l'offre culinaire s'est beaucoup diversifiée. De plus, les Allemands tiennent désormais compte des aspects diététiques de l'alimentation. Le hic, c'est que la bière, elle, s'ingurgite toujours à coups de chopine d'un demi-litre.

Pour clore ce chapitre, précisons qu'il n'y a aucune difficulté à trouver des restaurants avec des options végétariennes et véganes, et des produits de ce type en supermarché.

ALOUETTE, GENTILLE ALOUETTE

Cette délicate spécialité de Leipzig à base de pâte brisée fourrée de pâte d'amandes doit sa création à un édit du XIXe s. À l'époque, les alouettes rôties étaient tellement appréciées que leur population a été pratiquement décimée, et sa chasse, interdite. Les confiseurs créèrent alors des alouettes (Lerchen) *en version pâtissière, histoire de compenser cette pénurie.*

CURIEUX, NON ?

– Ne vous ruez pas sur la 1re Allemande qu'on vous présente en l'embrassant sur les 2 joues comme chez nous. Calmez vos ardeurs et serrez-lui la main, sans la broyer, de préférence. En Allemagne, on embrasse seulement les personnes que l'on connaît bien... Mais après quelques bières, tout le monde se tape dans le dos un peu à la manière américaine.
– Contrairement à ce que l'on croit souvent, les Allemands ne manquent pas d'humour. En revanche on ne plaisante pas avec les événements graves.
– On ne traverse la rue que lorsque le feu pour piétons est au vert, et ce même quand il n'y a pas de circulation. On vous expliquera que transgresser cette règle est un très mauvais exemple pour les enfants qui vous regardent. Cela pourrait même vous coûter une amende.
– Les Allemands sont à la pointe en matière de respect de l'environnement que ce soit avec la nourriture bio, végane, mais aussi avec le tri des déchets ! Le local à poubelles d'un immeuble ne compte pas moins de 9 bacs différents ! Si quelqu'un vous voit vous tromper, soyez sûr qu'il va tout de suite venir vous montrer comment sélectionner vos ordures.
– L'Allemagne fait partie des pays dont les équipes sportives ne portent pas les couleurs du drapeau national (noir-rouge-jaune). La tenue traditionnelle est composée d'un maillot blanc, d'un short noir et de chaussettes blanches. En fait, il s'agit des couleurs du drapeau prussien. Sur l'écusson du maillot, on trouve également l'aigle couronné serrant dans ses pattes le sceptre et le globe.
– Les particularismes provinciaux sont très forts, et les Allemands y sont très attachés. Évitez de confondre un Souabe avec un Badois, ou un Bavarois avec un Hambourgeois.
– FKK, la *Freikörperkultur,* ou l'art de se balader à poil. Les Allemands n'ont aucune réticence à se promener en toute décontraction dans un parc en tenue d'Ève et d'Adam. Sur les plages de la Baltique et dans l'ex-Allemagne de l'Est où c'était

une des seules libertés permises, vous croiserez des panneaux du genre « *FKK-Strand* », ce qui signifie qu'on vous regardera d'un air réprobateur si vous gardez vos vêtements sur ce bout de plage.

ÉCONOMIE

Crise financière et reprise inespérée

Les années 2000 sont oblitérées par la ***crise financière et économique apparue fin 2008.*** L'Allemagne entre en récession et le nombre de chômeurs dépasse la barre des 3 millions. Angela Merkel prône le soutien de l'État aux secteurs les plus touchés. Fin 2009, pour la 1re fois, l'Allemagne perd sa place de 1re nation exportatrice, au profit de la Chine. Les plans de relance, en soutenant la consommation des ménages et les dépenses publiques, permettent de limiter l'ampleur de cette récession.

> **MADE IN GERMANY**
>
> *Exporter fait partie de l'ADN des Allemands. Dès la fin du XIXe s, les Anglais en prenaient déjà ombrage. Une réglementation britannique a contraint leurs produits à porter le label* Made in Germany, *à l'époque synonyme de bas de gamme. Personne n'aurait prévu que l'innovation technologique et le savoir-faire allemands allaient vite surpasser la concurrence.* Made in Germany, *initiative protectionniste anglaise, est devenu par la suite un label d'excellence.*

À partir de 2011, c'est la reprise de la croissance et le chômage a même baissé jusqu'au taux record de 4,2 % en 2017. Les entreprises ont réduit le temps de travail au lieu de comprimer leurs effectifs avec une nuance : le recours généralisé au temps partiel. 20 % des emplois allemands sont précaires.

Comme partout en 2020, la crise du Covid-19 frappe brutalement l'économie. Sur le plan sanitaire, l'Allemagne parvient à limiter les dégâts de la 1re vague en ne confinant pas la population. Grâce à une organisation des hôpitaux jamais débordés et aux habitudes efficaces de décentralisation, le pays enregistre moins de 10 000 décès, mais à la fin de l'année, la 2e vague impose des couvre-feux locaux et l'annulation de certains marchés de Noël. En juillet 2020, la chancelière et le président français sont parvenus à arracher à leurs partenaires européens un accord de financement de 750 milliards d'euros pour relancer l'économie et compenser les pertes provoquées par la pandémie.

La belle santé de l'Allemagne pourrait encore souffrir avec la nécessaire rénovation du réseau autoroutier vieillissant et, surtout, dans la perspective de l'abandon du nucléaire, qui avait été annoncé pour 2022, au profit des énergies renouvelables, et la construction d'un réseau d'infrastructures de lignes à haute tension pour acheminer l'énergie éolienne produite sur le rivage de la mer du Nord.

Au début 2022, 3 ans seulement après le choc économique du Covid-19, l'invasion russe en Ukraine affecte directement l'économie allemande, les entreprises dépendant fortement de l'importation du gaz russe, via les oléoducs de la mer Baltique. La baisse, puis l'arrêt début septembre, des livraisons à l'Allemagne, plombe la 1re économie de la zone euro. L'Allemagne, qui s'approvisionnait à 55 % en Russie avant la guerre, doit se fournir ailleurs, à des prix beaucoup plus élevés. Sont frappées de plein fouet les industries à forte intensité énergétique, comme la chimie, la métallurgie, le papier et le verre. Ces secteurs ont vu baisser leur production de près de 9 % depuis février.

Conséquence : la croissance attendue a été revue à la baisse à 1,4 % et l'inflation à la hausse, à 8 %, faisant basculer le pays dans la récession pour 2023. Berlin table ensuite sur une la reprise avec, pour 2024, une croissance de 2,3 % et une inflation maîtrisée de 2,4 %.

Pour y arriver, le gouvernement fédéral a dévoilé, en septembre 2022, un plan à 200 milliards d'euros pour subventionner, jusqu'en 2024, les prix de l'énergie consommée par les ménages et les entreprises. De plus, ayant diversifié ses fournisseurs en se tournant vers la Norvège, les Pays-Bas ou les USA, l'Allemagne remplit plus rapidement que prévu ses réserves de gaz, qui ont atteint en novembre un niveau de 95 %.

ENVIRONNEMENT

Les Allemands roulent toujours dans des bolides à près de 200 km/h, mais leurs véhicules étaient censés être les moins polluants du monde et leurs centres-ville sont réservés aux piétons et vélos. Depuis 2015, le scandale des Volkswagen diesel a plutôt écorné cette bonne réputation. Depuis 1994, l'État allemand a fait de la protection de l'environnement une priorité constitutionnelle qui figure dans un article de la ***Loi fondamentale.*** En conséquence, il incombe à tous les organes d'État la responsabilité de protéger l'environnement en pensant au bien-être des générations futures.
La ***conscience écologique*** que l'on retrouve à tous les niveaux de la société fait de l'Allemagne un des acteurs de pointe du ***combat contre le réchauffement de la planète*** au niveau européen et mondial. Consciente de sa position de 1er consommateur européen d'énergie et dépendante des importations étrangères (notamment du gaz russe), elle est à la pointe de la recherche. Au quotidien, cette conscience est aussi partagée par les ménages. Depuis belle lurette, influencée par un parti écologiste très actif (les *Grüne*), la politique du gouvernement fédéral vise à économiser l'énergie et à l'utiliser de manière efficace tout en favorisant les énergies renouvelables et le développement durable. Si en 2000, la coalition SPD/Verts avait décidé l'abandon progressif du nucléaire pour 2022, le camp conservateur, mené par Angela Merkel, avait tenté de revenir sur cette décision, craignant un impact négatif sur l'industrie du pays. L'accident de la centrale de Fukushima en 2011, au Japon, avait radicalement changé la donne et après un débat public animé, le Bundestag avait confirmé la date de 2022. Avec les conséquences de la ***guerre en Ukraine en 2022,*** et l'arrêt des importations du ***gaz russe,*** l'Allemagne a été contrainte de rouvrir ses ***centrales à charbon*** très polluantes, ce qui fait plus que chagriner les organisations qui luttent contre le réchauffement climatique. Le gouvernement fédéral a promis que cette disposition serait seulement transitoire jusqu'en 2024 et de remplir ses objectifs de réduction d'émissions de CO2 pour 2030.
Pour autant, l'Allemagne peut s'appuyer sur les ***énergies renouvelables,*** qui représentent désormais 49 % de l'énergie électrique produite dans le pays. On ne peut pas rouler 50 km sans croiser un champ d'éoliennes (16 % de l'énergie allemande est produite grâce au vent, ce qui en fait le leader mondial dans le secteur éolien), les projets géothermiques et d'utilisation de la biomasse fleurissent, le solaire continue son fort développement : près de 300 000 emplois sont liés aux énergies vertes...

HISTOIRE

L'unité allemande est récente : jusqu'en 1871, l'Allemagne est restée divisée en petits États autonomes qui ont fortement influencé les particularismes, ce qui explique son système fédéral actuel. Entre 1945 et 1990, elle a même été divisée en 2 entités antagonistes : la RFA et la RDA. Mais revenons 2 000 ans en arrière.

Tous cousins germains

Au début, les ***Germains*** ne savaient pas encore qu'ils étaient germains et batifolaient dans la steppe kazakhe avec leurs cousins indo-européens. D'abord discrets, ces gaillards vont faire parler d'eux vers 105 av. J.-C., et en mal : chassées du Danemark par un refroidissement climatique, leurs tribus partent dévaster la Gaule.

Qui sont-ils, au fait, ces Barbares qui, loin de tout, traînent une existence itinérante sous des cieux plombés du Rhin à la mer Noire ? Ils habitent un territoire sans villes et se nourrissent d'orge et d'avoine, de seigle, de froment et de navets. Ils vendent l'ambre et les peaux de la Baltique pour s'offrir des articles de luxe. Mœurs strictes, hospitalité proverbiale, fidélité à toute épreuve. Les hommes libres prennent leurs décisions en conseil.

Des guerriers en vêtements collants

Les Romains ignorent tout ça quand ils entreprennent la conquête de la Germanie. En l'an 9 (apr. J.-C.), leurs légions sont décimées dans la forêt de ***Teutoburg,*** par les hordes d'Arminius. L'empereur Auguste en fera la nuit des cauchemars en criant : « Varus, rends-moi mes légions ! » On ne retrouvera que des crânes cloués aux arbres. Passablement choqués, les Romains campent sur la frontière Rhin-Danube et ne pénètrent pas plus loin. C'est là qu'ils construisent leur ligne Maginot, le ***limes,*** et des camps qui deviendront plus tard des villes : Cologne, Trèves, Ratisbonne, etc. Mais en 375, le chaudron des Germains déborde. Poussés dans leur dos par les Huns, ils se mettent en marche, les Goths en tête. Dans Rome qu'ils assiègent, on découvre avec effroi ces guerriers en vêtements collants. Rome prise, les Germains s'éparpillent en Gaule, en Espagne et jusqu'en Afrique du Nord. Par la conquête, les voici dépositaires de l'Empire romain : quand les Huns arrivent, ils s'allient au reste des Romains pour repousser Attila.

Les Francs fondent la France

Un peuple d'outre-Rhin s'impose, les ***Francs.*** La Gaule tombe entre leurs mains, puis, en 511, la majeure partie de l'Allemagne. Ils se convertissent au christianisme à l'exemple de leur roi, Clovis, baptisé en 496 à Tournai. En 751, une nouvelle dynastie franque, les ***Carolingiens,*** porte l'empire à son apogée : ***Charlemagne,*** couronné empereur par le pape en 800, porte un nom germain *(Karl der Große),* habite en Germanie (Aix-la-Chapelle) et y est enterré.

UN BARBU IMBERBE

L'empereur à la barbe fleurie, une belle image d'Épinal ! Charlemagne s'habillait et se coiffait encore à la mode romaine. Il était donc parfaitement glabre ! Son portrait dressé par Éginhard en 830 en témoigne. En revanche, il portait les cheveux longs, symbole de puissance, à la mode franque. Ce n'est qu'avec la Chanson de Roland, *composée 250 ans après sa mort, que l'habitude de le représenter en patriarche barbu a été prise. Quant au qualificatif de « fleurie », il s'agit d'une traduction erronée de flori, qui signifiait « blanc » en vieux français.*

Le 1er Empire allemand

À la mort de Charlemagne, au partage de Verdun en 843, c'est à nouveau la dislocation. Une succession de guerres et de querelles entre ses héritiers aboutit, au Xe s, à la constitution de duchés et de comtés. Quand s'éteignent les Carolingiens, les grands des « 4 nations des Francs de l'Est » (Souabes, Francs, Bavarois et Saxons) se réunissent pour élire le souverain de Germanie. La couronne impériale passe aux Saxons – les ***Othons*** – avant de revenir aux Franconiens. Otton le Grand a recréé l'empire de Charlemagne qui, amputé de la France, devient, sous le nom de Saint Empire romain germanique, une pure entité allemande.

L'empereur est le 1er souverain d'Occident – pour autant qu'il se maintienne sur le trône, car il n'est qu'un élu. Par la puissance, il égale le pape. Et c'est là une source de conflit. Entre ***guelfes*** (papistes) et ***gibelins*** (impériaux), la course à la prééminence engendre 50 ans de guerres, de dépositions et d'excommunications, d'antipapes et d'antirois. 2 grands souverains souabes reprennent aux Francs le trône et la couronne : Frédéric Barberousse le Terrible et son petit-fils Frédéric II, polyglotte, habile diplomate, et respectueux des musulmans.

VIVE LA SCIENCE !

On sait que l'empereur Frédéric II s'intéressait beaucoup aux sciences, notamment à la médecine. On raconte que pour vérifier l'impact du sommeil et de l'exercice sur la digestion, il fit avaler le même repas à 2 condamnés, puis il envoya l'un se coucher et l'autre couper du bois... Ensuite, il leur ouvrit les intestins.

Mais les Germains n'ont pas achevé leurs pérégrinations. Entre la montée en puissance de la France capétienne, une Angleterre insulaire, une Scandinavie dangereuse (les Vikings ont détruit Hambourg), où aller, sinon en Italie sur laquelle l'empereur a d'ailleurs des droits – pas d'Empire romain sans Rome. Il ne peut que se heurter au pape. Entre-temps, ses compatriotes du Nord colonisent l'Est. Les princes réclament de bons paysans allemands pour développer le pays. Cette colonisation prend un tour musclé sous l'impulsion des ***chevaliers Teutoniques,*** l'un des ordres créés à Jérusalem : les chevaliers en noir et blanc se croisent contre les populations slaves. Pour les seconder, ils ont la ***Hanse,*** cette puissante ligue portuaire qui contrôle avec ses 200 villes tout le commerce de l'Europe du Nord-Ouest. Côté culture, cette Allemagne rayonne. En témoigne la cathédrale de Cologne, de pur gothique français...

Et voici les Habsbourg

En 1250, les ***Hohenstaufen*** s'éteignent, et l'empire est à l'encan. Les électeurs héréditaires – 3 archevêques, le roi de Bohême, le margrave de Brandebourg, le prince de Saxe et le duc de Bavière – choisissent un modeste seigneur alpestre du nom de ***Habsbourg,*** dont la famille reviendra en 1458 pour occuper le trône durant près de 5 siècles. Mais les temps sont durs pour l'empereur sans capitale. Les villes soignent leurs affaires : pour Nuremberg, les mines ; pour Lübeck, les salines de Lüneburg. Déjà riche de fer et d'argent, l'Allemagne du Sud devient un carrefour économique dont témoigne l'essor des ***foires*** de Leipzig et de Francfort-sur-le-Main. Au XIVe s, rongée par les rivalités entre villes rhénanes et ports baltes, la Hanse se disloque peu à peu. C'est l'époque de la terrible ***peste noire.***

Le XVe s est celui de la décomposition. L'empire se morcelle en 350 petits États plus ou moins autonomes d'où émergent 3 entités : le Brandebourg des ***Hohenzollern,*** la Saxe des ***Wettiner*** et la Bavière des ***Wittelsbach.*** Les petits seigneurs, eux, prétendent ne dépendre que de l'empereur, c'est-à-dire de personne.

En Bohême, les disciples de Jan Hus sont portés par la vague du « nationalisme » tchèque. Ils n'en réagissent pas moins contre la décadence spirituelle de l'Église et de la papauté. L'ardente spiritualité allemande est mûre pour la ***Réforme*** de Luther et la monarchie universelle de ***Charles Quint,*** issu de la lignée des ***Habsbourg.***

L'avènement de Charles Quint

En juin 1519, les électeurs désignent le successeur de Maximilien Ier d'Autriche : c'est Charles Ier, roi d'Espagne, qui est choisi. Ce Habsbourg, né dans les Flandres, règne déjà sur l'héritage bourguignon. Il change de nom et se fait désormais appeler Charles V, dit « le Quint ».

En France, François Ier voit d'un très mauvais œil les ambitions d'un empereur disposant désormais d'une puissance jamais égalée en Europe, surtout depuis l'afflux de l'or et de l'argent des Amériques. Mais c'est de l'intérieur que Charles Quint est le plus violemment contesté. La cause de cette déstabilisation ? Un petit moine...

Luther, moine révolutionnaire

Garçon difficile, mal aimé, ***Martin Luther*** (1483-1546) devient moine augustin à Erfurt où, l'esprit tourmenté par le doute, il est en proie tantôt à des visions paradisiaques, tantôt aux tentations du démon !

Dès 1508, ses supérieurs se débarrassent de ce moine instable en l'envoyant enseigner à Wittenberg, où le prince électeur de Saxe vient de créer une université. Pour combattre le ***trafic des indulgences,*** permettant à un représentant dûment accrédité de vendre le pardon de l'Église à domicile, il utilise le fantastique potentiel de cette invention nouvelle qu'est l'imprimerie.

Pour commencer, il placarde les portes de l'église de Wittenberg pour exposer ses « ***95 thèses*** » accusatrices. Puis il va de ville en ville haranguer les passants, troublant au passage les convictions des membres de la noblesse. Ce n'est plus seulement le dogme catholique que Luther remet en question, mais bel et bien l'autorité temporelle de l'Église tout entière, dont celle du pape ! Léon X réagit en 1520 par une bulle condamnant tous ses écrits en le menaçant d'excommunication. Luther réplique alors en traitant le pape d'Antéchrist !

LE COMMERCE DES INDULGENCES

Cette pratique, encouragée par le pape, a financé la construction de la basilique Saint-Pierre de Rome. En échange du pardon des péchés, une bonne partie des fonds collectés se fait au profit d'ecclésiastiques indélicats, comme le prince-archevêque de Mayence, qui règle ainsi ses dettes aux banquiers Fugger d'Augsbourg. Abus inacceptables ! Une réforme (d'où le nom du mouvement qui s'ensuit) de l'Église est initiée par Luther. C'est l'origine du protestantisme.

Charles Quint convoque Luther et lui fait savoir qu'il « ne peut tolérer qu'un petit moine vienne pervertir le peuple ». En mai 1521, l'***édit de Worms*** met Luther au ban de l'empire. Il se réfugie alors dans le château de la Wartburg, à Eisenach, et traduit le Nouveau Testament. Transposant le texte biblique d'une langue morte à une langue vivante, il met en cause les privilèges du clergé catholique. Grâce à lui, la connaissance des textes sacrés n'est plus un monopole réservé à l'élite. Les grandes villes sont les 1res à adopter ses idées, suivies par une partie de la noblesse et de la bourgeoisie, qui y voient une bonne occasion de s'approprier les biens du clergé. Puis le peuple tout entier prend parti. Des soulèvements secouent toutes les régions. Les princes et les seigneurs s'empressent de réprimer l'agitation. Luther lui-même n'a pas soutenu la guerre des paysans, ne souhaitant pas que ses idées soient utilisées dans ce sens : révolutionnaire doctrinal certes, mais sûrement pas social ! Tout cela se termine dans un immense bain de sang...

La Contre-Réforme

L'Église catholique entreprend alors une vaste campagne de restauration, la ***Contre-Réforme*** qui se forge en 1545 autour d'un concile à Trente, qui siège pendant 20 ans ! Tout en restant ferme sur les dogmes, l'Église s'en sort avec un peu plus d'humilité et moins d'avidité... Une des innovations est la création d'un ordre animé d'un formidable esprit militant, les Jésuites, ordre fondé par saint Ignace de Loyola.

Découragé par le manque d'unité politique et religieuse de son empire, rongé par la goutte, Charles Quint abdique en 1555, donnant l'Espagne et les Pays-Bas à son fils Philippe II et confiant l'Empire germanique à son frère ***Ferdinand Ier.*** Puis il se retire dans un couvent en Espagne, où il meurt en 1558.

La guerre de Trente Ans (1618-1648)

Malgré la « paix d'Augsbourg » de 1555 qui permet au souverain de chaque État de choisir sa confession pour lui et ses sujets, villes libres, petits royaumes et principautés jouent au jeu dangereux des alliances avec les pays étrangers. Une histoire de succession met le feu aux poudres, plongeant bientôt la plus grande partie de l'Europe dans le chaos de la guerre.
En 1618, le peuple de Bohême se soulève à l'annonce de la fermeture de plusieurs temples protestants. Il dépose son souverain, l'empereur Ferdinand II, fervent catholique, lui choisissant un protestant comme successeur. Aidé par son cousin d'Espagne, Ferdinand récupère le trône, et entame une campagne de représailles qui décime la noblesse réformiste de Bohême. Il rétablit le catholicisme dans ses États.
Les rois de ***Danemark*** et de ***Suède*** interviennent pour aider les princes protestants allemands. Puis l'Espagne, profitant des troupes envoyées pour soutenir Ferdinand, mate les Hollandais calvinistes qui appellent l'Angleterre à la rescousse. Pour finir, la France de Richelieu, pourtant catholique, saute sur l'occasion pour contrer les Habsbourg : d'abord secrètement, en finançant les armées danoise et suédoise, puis en engageant des troupes aux côtés des princes protestants.

Les derniers sursauts du Saint Empire romain germanique

Au fur et à mesure que la coalition protestante reprend le dessus, la situation apparaît sous un angle nouveau : il y a décidément beaucoup d'étrangers sur le sol allemand ! La famine et les épidémies s'en mêlent : on estime à plus de ⅓ de la population, les pertes subies pendant cette période. Pendant ce temps, ***Turenne*** se rend maître de l'Alsace et du Palatinat. À la mort de Ferdinand II, en 1637, son fils Ferdinand III hérite d'un pays à genoux. En 1644, il demande une trêve, et des négociations s'engagent. Elles aboutissent en 1648 aux ***traités de Westphalie,*** signés à Munster. Désormais, la souveraineté des Habsbourg se limite à l'Autriche et à la Bohême. Les Suédois s'installent durablement au bord de la Baltique et la France reçoit une partie de la vallée du Rhin. Et surtout, ce traité modifie les rapports entre l'Église et les pouvoirs temporels. Le pape Innocent X a beau déclarer le traité « nul, injuste et sans valeur », aucun des participants aux négociations ne lui prête attention ! Enfin, ces traités vont peser lourd sur le destin de la nouvelle Europe : la ***Prusse*** commence à profiter des faiblesses de ses voisins pour affirmer ses ambitions.

L'irrésistible ascension de la Prusse

Autant l'***Autriche*** avait lié son histoire à celle des pays proches de l'Atlantique et de la Méditerranée, autant le ***Brandebourg*** vivait au rythme de ses relations avec les pays bordant la Baltique. D'où les profondes différences culturelles et sociales entre ces peuples.
Héritier d'une province ruinée par les guerres et les soulèvements, ***Frédéric-Guillaume de Hohenzollern*** (1640-1688) redresse la situation en imposant un appareil d'État inflexible. Il organise une armée permanente et anesthésie la noblesse brandebourgeoise en distribuant des charges et des privilèges. Le peuple est contraint au servage pour l'État. Quant à la bourgeoisie, elle est libre de commercer... sous l'étroite surveillance de la police. Ses successeurs consolident l'œuvre entreprise. ***Frédéric II le Grand*** (1740-1786) s'impose comme monarque incontesté. Il rend l'enseignement obligatoire et réorganise douanes et finances en créant une classe de fonctionnaires choisis parmi la noblesse. Il encourage la littérature mais sans accorder de liberté à la presse. Il a une certaine idée de la justice, abolit la torture et, bien qu'athée, il prêche la tolérance religieuse. À la fin de son règne, en 1786, la Prusse en pleine expansion est devenue l'une des grandes puissances européennes.

Antagonisme entre l'Autriche et la Prusse

Les Hohenzollern, en tant qu'électeurs, ont encore des comptes à rendre à l'empire, mais recherchent ouvertement l'affrontement avec les Habsbourg et ces derniers n'ont qu'un but : faire accéder leur pays au rang de grande puissance. Le 1er pas est franchi avec la défaite des Turcs au ***siège de Vienne*** en 1683. La menace ottomane désormais écartée, les Autrichiens reportent leur attention sur l'Ouest. Le 2e pas est franchi aux ***traités d'Utrecht*** (1713-1715) : en mettant fin à la guerre de la Succession d'Espagne, les accords reconnaissent la Prusse-Brandebourg comme royaume à part entière, mais n'en consacrent pas moins l'Autriche comme « superpuissance » en donnant à son souverain les anciens Pays-Bas espagnols (l'actuelle Belgique), une partie de la péninsule Italienne et la Sardaigne.

Le dernier pas est accompli lorsque Charles VI promulgue la ***Pragmatique Sanction*** qui lie les destinées de la Bohême et de la Hongrie à celle de l'Autriche. Charles VI meurt en 1740, peu après l'avènement de Frédéric II. Ce dernier rejoint la contestation que soulève l'héritage de ***Marie-Thérèse.*** Après 5 ans d'une guerre quasi européenne, le problème de la succession d'Autriche est réglé : l'époux de Marie-Thérèse, ***François de Lorraine,*** obtient le titre d'empereur en 1745.

La ***guerre de Sept Ans*** (1756-1763) manque de sonner le glas des ambitions prussiennes. Les armées de Frédéric subissent de graves défaites, mais ses ennemis ne les exploitent pas. Lorsque la paix est signée, début 1763, les armées prussiennes ont prouvé leur valeur. Frédéric II récupère définitivement toutes ses possessions. La Prusse entre ainsi la tête haute dans le club des grandes nations...

L'Allemagne de Napoléon

La Révolution française a peu de retentissement au sein de l'empire. Seuls les États rhénans s'intéressent aux idées nouvelles. En revanche, les aristocrates affichent leur solidarité avec la noblesse française éprouvée. Mais les menaces restent sans effet, la France républicaine parvient à contenir les armées d'une Europe liguée contre elle. Mieux, les limites de la France s'étendent en s'emparant notamment de la Belgique (Pays-Bas autrichiens) et du Palatinat, avec la bénédiction de ses habitants !

Couronné empereur des Français, Bonaparte forme le dessein de devenir maître du monde... Et s'il échoue, en instaurant la ***Confédération du Rhin,*** en 1806, il sème les graines de la future Allemagne. En août 1806, François II d'Autriche dépose la couronne impériale : le Saint Empire romain germanique a vécu. La Prusse se révolte devant l'« usurpateur », mais l'armée de Napoléon lui ouvre les portes de Berlin. L'Empereur exige l'épée de Frédéric II ? On lui en donne une fausse. Il veut limiter l'armée prussienne à 40 000 hommes ? Aussitôt, on incite les riches *Junker* à créer leur propre milice ! Aussi, quand les survivants de la campagne de Russie reviennent sur leurs pas en 1812, ils se heurtent à de vrais ennemis organisés.

Après les Cent Jours et Waterloo, le congrès de Vienne de 1815 voit la Prusse et l'Autriche se disputer la dépouille de l'Europe napoléonienne. La Prusse obtient la Westphalie et la Rhénanie, conforte ses positions en Pologne (déjà dépecée par la Russie et la Suède) et se permet de réclamer l'Alsace et la Lorraine. Bref, les guerres futures résulteront de ce partage d'influence.

LES ROIS DE L'EXPORT

Jusqu'en 1870, date de l'unification du IIe Reich, les territoires allemands sont composés d'une mosaïque de petits États. Pour prospérer, les entreprises doivent absolument vendre hors de leur territoire. Cette capacité résolue à exporter leur est restée.

Unification allemande

Entre 1815 et 1862 (année où ***Bismarck*** devint 1er ministre du roi de Prusse Frédéric-Guillaume IV), l'Allemagne traverse une période de troubles mais s'industrialise à marches forcées. La disparition du Saint Empire romain germanique la laisse divisée. La confédération du Rhin, voulue par Napoléon, a laissé des traces. Autour de 1820, plusieurs petits États du Sud et du Centre se dotent d'une Constitution démocratique au sein de la récente ***Confédération germanique,*** et une union douanière *(Zollverein)* plante les jalons d'une unification. Quand éclate la révolution de 1848, la Prusse semble perdre pied et une Assemblée nationale se réunit à Francfort. Mais quand le Parlement propose une Constitution en 1849, la Prusse se fâche et réprime tout ce qui ressemble à une aspiration démocratique. L'Autriche, elle, prend alors systématiquement parti contre la Prusse.

Une crise se dessine quand Bismarck devient 1er ministre : il porte le service militaire à 3 ans, s'empare des provinces méridionales du Danemark et, en 1866, à ***Sadowa,*** s'impose, à l'Autriche, qui subit là la plus lourde défaite de son histoire militaire. Il met fin à la Confédération germanique pour la remplacer, en 1867, par celle d'Allemagne du Nord, sous tutelle prussienne. L'économie s'en trouve dopée, mais des syndicats d'ouvriers se forment, inspirés par les écrits de Karl Marx. Le parti social-démocrate (SPD) est créé en 1875.

UNE BATAILLE MEURTRIÈRE

Sadowa, en 1866, constitue une révolution dans les pratiques militaires en marquant la prépondérance de l'arme à feu dans les combats. La baïonnette, autrefois décisive, devient secondaire. Les Prussiens sont équipés d'un fusil ultramoderne rechargeable par la culasse, permettant aux fantassins allongés de tirer 6 à 8 coups par minute. Les Autrichiens sont encore dotés de mousquets les contraignant à rester debout pour recharger. Les pertes autrichiennes furent 6 fois plus élevées.

Bismarck mène une politique extérieure ambitieuse avec le but de remettre en selle l'idée d'un Empire allemand. Mais en 1890, brouillé avec son nouvel empereur, ***Guillaume II,*** Bismarck démissionne.

1870-1914 : ingrédients d'une cuisine explosive

Après la défaite française de 1870, l'Allemagne s'est considérablement enrichie grâce aux 25 milliards de francs-or versés par la France à titre de « dédommagement ». Un tel capital n'engendre alors pas seulement un formidable boom industriel.

L'exode rural qui suit prend des dimensions irréversibles, l'industrie allemande préférant embaucher des étrangers payés 2 à 3 fois moins. Ils sont plus de 500 000 Italiens, Croates et Polonais, sans parler des 800 000 Slaves, qui accomplissent régulièrement les travaux agricoles pénibles dont les paysans allemands ne veulent plus. Entre 1870 et 1914, la population passe de 40 à 67 millions d'habitants ! Avec les problèmes sociaux et un taux de chômage galopant, germe dans certains esprits allemands la très prussienne notion de « pangermanisme ». Un concept dont le principe est clair : une domination mondiale par l'efficacité, la discipline et le mépris de l'individu face aux intérêts de la nation !

Si Bismarck avait tout mis en œuvre pour isoler la France, surtout après 1870, Guillaume II ruine ce projet par une politique extérieure brutale qui finit par le discréditer aux yeux des autres puissances. Le seul pays qu'il ne se met pas à dos est l'Empire austro-hongrois, auquel il promet aide et assistance en cas d'extension des conflits dans les Balkans...

La tentation d'user de la force pour s'imposer détermine sa politique extérieure et les orientations de l'industrie : la priorité est donnée à l'armement. Le vide diplomatique qui se crée autour de la nouvelle Allemagne renforce le sentiment que le monde est ligué contre elle. Sentiment que le Kaiser exploite alors, afin de justifier la guerre aux yeux de son peuple...

LE DERNIER KAISER

L'empereur Guillaume II avait le bras gauche atrophié depuis la naissance, un handicap l'empêchant de se hisser seul à cheval – ce qui était plutôt humiliant dans un contexte militariste. Certains historiens pensent que cela pouvait expliquer son caractère : agressivité, impulsivité et arrogance. Son autoritarisme borné serait donc l'un des facteurs du déclenchement de la guerre de 1914-1918.

L'Allemagne au ban des nations

Le 28 juin 1914, à ***Sarajevo,*** le Serbe Gavrilo Princip assassine l'archiduc François-Ferdinand d'Autriche et son épouse : la 1re Guerre mondiale éclate ; elle impliquera 25 États et leurs 1 345 millions d'habitants, c'est-à-dire plus de la moitié de la planète à l'époque !

Bon, les taxis de la Marne, Verdun, la Somme, l'arrivée des Américains, cela appartient déjà à l'histoire ! Précisons simplement qu'en 1918, et malgré ses 2 millions de victimes, la France a effacé l'humiliation de 1870. Défaite, l'Allemagne se voit imposer un ***traité*** (signé à ***Versailles*** en juin 1919) qu'Hitler ne tardera pas à qualifier de « Diktat ». Le territoire national est réduit de 15 %, au profit notamment de la France (Alsace-Lorraine) et de la Pologne ressuscitée. Le fameux ***corridor de Dantzig,*** qui coupe l'Allemagne en 2, pour donner à la Pologne un accès à la mer Baltique, servira de prétexte au déclenchement de la 2de Guerre mondiale. Partiellement occupée et désarmée, contrainte de payer des réparations colossales, l'Allemagne est mise au ban des nations.

GÉNÉROSITÉ ALLEMANDE

Pendant la 1re Guerre mondiale, la Russie tsariste est dans le camp de la France et de la Grande-Bretagne. Pour casser cette Triple Entente, les Allemands décident de financer la révolution en Russie. Lénine reçoit la somme faramineuse de 50 millions de Marks-or, et les bolcheviques signent l'armistice avec l'Allemagne en décembre 1917. Avant la fin de la guerre !

L'éphémère république de Weimar

La chute du régime impérial a laissé la place à de nouvelles forces politiques, plus libérales. Le SPD (socialiste) paraît le meilleur rempart contre la révolution bolchevique qui gronde.

Après l'échec de la révolution spartakiste, les forces de progrès modérées remportent les élections (où les femmes ont voté !) et forment une coalition de ***Weimar,*** soutenue par les vainqueurs alliés.

Mais le pays est laminé. L'État s'est considérablement endetté et la reconstruction exige de nouvelles dépenses. En 1923, l'inflation s'engage sur une pente vertigineuse. La défaite de 1918 laisse des militaires et des anciens combattants frustrés, obnubilés par l'idée d'une revanche. La démocratie parlementaire, plutôt molle, cristallise le rejet de tous les déçus et autres nationalistes revanchards. L'extrême droite, dont le bastion se trouve en Bavière, provoque le putsch manqué de Munich (voir le chapitre « Munich » dans « Le sud de l'Allemagne »). ***Hitler*** réussira sans effort à convaincre que la démocratie est le mal absolu. On en connaît les conséquences...

La crise de 1929, fossoyeuse de la république

ORIGINE DE LA « PESTE BRUNE »

Cette expression a qualifié le péril nazi. Les sections d'assaut du parti (les SA) se distinguant par la couleur brune de leurs uniformes. En fait, cette tenue provient d'un vieux stock de vêtements destiné aux troupes coloniales allemandes, mais comme, en 1919, il n'y avait plus de colonies, le lot fut racheté en solde par le parti nazi pour équiper sa milice.

En 1929, le « jeudi noir » de Wall Street frappe l'Allemagne de plein fouet. Brutalement, la source de capitaux américains se tarit, précipitant la crise. Les classes moyennes, les plus touchées, voient leur salut en la personne d'un tribun au verbe incisif et à la personnalité fascinante : Adolf Hitler. Le ***NSDAP*** (Parti national socialiste des travailleurs allemands) dispose depuis les années 1920 d'un programme radical (pangermanisme, racisme), d'une force paramilitaire (les sections d'assaut ou SA), d'organismes satellites (Jeunesses hitlériennes...) et d'un chef charismatique. Il lui manque l'appui des masses, ce que la crise lui apporte. Face à un paysage politique éclaté, à une social-démocratie déconsidérée, Hitler mène le jeu et l'effet boule de neige fonctionne à merveille. Ses 1ers succès électoraux lui rallient les classes dirigeantes qui pensent pouvoir le contrôler.

Si le vieux maréchal ***Hindenburg*** est réélu chancelier en 1932, Hitler conquiert néanmoins une place de 2d avec plus de 11 millions de voix. Et le 30 janvier 1933, il appelle Hitler aux commandes. C'est en toute légalité que le futur « Führer » arrive au pouvoir. La dictature n'est pas loin. L'incendie du Reichstag, perpétré par les SA mais imputé aux communistes, lui fournit le prétexte pour dissoudre le KPD (communiste) et emprisonner les leaders socialistes.

Tout se précipite en moins de 1 an : suppression des libertés individuelles, interdiction de tous les partis et syndicats, mise au pas de la justice. Pour satisfaire l'armée dont il a besoin, Hitler n'hésite pas à faire massacrer les SA et leur chef Ernst Röhm par les SS lors de la « Nuit des longs couteaux » (juin 1934).

Peu après la mort d'Hindenburg à 86 ans, Hitler devient le maître absolu. La dictature est en place.

L'idéologie nazie

MEIN KAMPF

Hitler a rédigé les bases du nazisme en prison, entre 1924 et 1925. La lecture de Mein Kampf *(« Mon combat ») était obligatoire pour les membres du parti. Dès 1933, l'État allemand l'offrit systématiquement aux jeunes mariés. Au total, il s'écoula plus de 10 millions d'exemplaires. Avec les droits d'auteur, le Führer s'achète son chalet de Berchtesgaden. Pour ne pas alerter l'ennemi voisin, il fait même un procès à l'éditeur de l'édition française qui avait osé le publier. Peu de gradés français ont lu l'ouvrage, sauf le maréchal Lyautey qui affirma : « Tout Français doit lire ce livre. » Un avertissement sans effet ! En 2018, les éditions Fayard en publient une édition critique scientifique.*

Culte du *Chef*, exaltation de la « race aryenne » : pour diffuser sa propagande, Hitler crée la « Chambre culturelle du Reich », dont ***Goebbels*** est le grand prêtre. En plus de la censure, la fanatisation des masses passe par l'endoctrinement systématique, et sa mise en scène par les grandes parades de ***Nuremberg*** et de Berlin.

Les opposants sont muselés par la manière forte. À la tête de la ***Gestapo*** et des ***SS,*** Himmler fait régner la terreur. Dès 1933, les 1ers camps de concentration sont ouverts. Ils accueillent pêle-mêle militants de gauche, « asociaux », condamnés de droit commun, homosexuels, tsiganes et juifs.

Le racisme nazi repose sur une théorie pseudo-scientifique de la hiérarchie des peuples qui place l'Aryen au pinacle. Tout en bas de l'échelle : le Slave, le Noir et, surtout, le juif. La discrimination de ceux-ci prend d'abord la forme du boycott de leurs magasins. En 1935, les lois raciales de Nuremberg leur interdisent la plupart des professions (commerce, banque, édition, etc.), les privent de la citoyenneté allemande, et leur imposent le port de l'étoile jaune. Les entreprises sont « aryanisées ».
À partir de 1938, la persécution devient systématique. Lors de la ***Nuit de cristal,*** les magasins et appartements des juifs sont pillés, les synagogues détruites. Beaucoup de juifs quittent l'Allemagne en abandonnant leurs biens, mais pour ceux qui restent, les SS envisagent une « solution finale ».

Montée des périls

Le nazisme n'a sorti l'Allemagne de la crise de 1929 que pour mieux la précipiter dans la guerre. L'économie redémarre et le pays devient la 2e puissance industrielle du monde.
Parallèlement, Hitler applique à la lettre le programme inscrit dans ***Mein Kampf :*** le Reich se réarme, clandestinement d'abord, puis il annonce le rétablissement du service militaire pour enfin remilitariser la Rhénanie. Quelques mois plus tard, la guerre d'Espagne lui offre l'occasion, en soutenant les franquistes, de tester de nouveaux matériels et des tactiques militaires. Il renforce ses alliances en signant un pacte avec ***Mussolini,*** et un autre avec le ***Japon.*** En mars 1938, c'est l'annexion de l'Autriche *(Anschluss),* approuvée par une grande majorité d'Autrichiens. En septembre 1938, ce sont les ***accords de Munich*** qui abandonnent au Reich les territoires des ***sudètes*** de Tchécoslovaquie où vivent des Allemands. Mollement défendue par ses alliés, la jeune république ne résiste pas aux coups de boutoir nazis. Le pays est démembré. Les démocraties occidentales, l'Angleterre en 1er, ouvrent – enfin – les yeux : Hitler n'est pas un gentleman !
Lorsqu'en septembre 1939 le Reich étend ses serres d'acier sur la ***Pologne,*** Britanniques et Français se réveillent et déclarent la guerre à l'Allemagne.

UN PYROMANE QUI VIENT À POINT

Le 27 février 1933, le Reichstag prit feu. Sur place, la police se saisit de Van der Lubbe, un communiste hollandais à moitié fou. Accusé de l'incendie, il est exécuté. En réalité, ce soir-là, un groupe de SA a emprunté un passage souterrain depuis la demeure de Goering jusqu'au Reichstag et y a répandu des produits inflammables. La présence du Hollandais n'aurait été que fortuite. Hitler tire parti de la situation : il attribue le crime aux communistes, et fait arrêter 4 000 membres du KPD. Le même jour, il fait signer par Hindenburg un décret suspendant toutes les libertés. Le 23 mars, Dachau est inauguré.

La 2de Guerre mondiale

Grâce au pacte de non-agression signé avec ***Staline*** en 1939, Hitler est tranquille sur son front oriental. Il commence donc par régler son sort à la France en passant encore une fois par la Belgique. L'offensive est foudroyante (***Blitzkrieg*** : « guerre éclair »), terrassant l'adversaire en quelques semaines, le corps expéditionnaire anglais est sauvé en réembarquant à Dunkerque. Armistice, occupation, guerre en Afrique du Nord, jusqu'en 1941, les nazis ont le vent en poupe. Mais bientôt, Hitler va trouver à qui parler : l'URSS (après la rupture du pacte), puis les États-Unis entrés en guerre en décembre 1941, après Pearl Harbor, joignent leurs forces pour anéantir le Reich. Bataille de Stalingrad, débarquement allié en Afrique du Nord puis en Normandie, poussée soviétique à l'Est : pris en tenailles, le territoire est ensuite soumis aux incessants bombardements alliés. 2 logiques guerrières s'affrontent : d'un côté, le jusqu'au-boutisme de la *guerre totale* prêchée par Goebbels ; de l'autre, la volonté des alliés de « casser le moral des Allemands » en rasant les grandes villes, les voies de communication et les usines d'armement où triment jusqu'à l'épuisement des centaines de milliers de travailleurs forcés.

Que de villes historiques réduites à l'état de cendres ! Le 8 mai 1945, le rêve du « Reich de 1 000 ans » s'achève, enseveli sous les décombres, et l'Allemagne est contrainte de capituler. Jusque dans sa chute, Hitler est resté théâtral : l'ultime émission de la radio nazie s'achève sur la diffusion du *Crépuscule des dieux,* de Wagner. Le dictateur se suicide dans son bunker avec sa compagne ***Eva Braun*** ; Goebbels l'imite, avec sa femme et ses 6 enfants.

LA FAUSSE ATTAQUE DE GLEIWITZ

Le 31 août 1939, des SS sont vêtus en faux soldats polonais qui font semblant d'attaquer la radio allemande de Gliwice (au sud-ouest de la Pologne). Au total, un mort (en fait, un droit commun déguisé en militaire polonais). Cette mise en scène oubliée est à l'origine de l'invasion de la Pologne par les Allemands et du déclenchement de la 2de Guerre mondiale.

UN CODE PAS SI SECRET

Depuis les années 1920, tous les messages militaires allemands sont transmis via Enigma, *une machine de cryptage très sophistiquée. Au début des années 1930, des ingénieurs polonais la copient, et Alan Turing, un mathématicien britannique, réussit à en casser les codes. Cette découverte a été décisive pour la victoire finale, les Allemands ayant toujours été persuadés de l'inviolabilité de leurs messages.*

Les crimes d'une autre Allemagne

En 1945, l'Europe compte ses morts et découvre l'horreur. L'ouverture des camps d'extermination nazis ébranle les consciences. On ne pourra jamais fixer précisément l'ampleur du génocide (***Shoah*** en hébreu), le plus grand crime contre l'humanité jamais perpétré (le chiffre de 6 millions est désormais largement accepté).

Dès 1942, l'application de la « solution finale » à l'égard des juifs a transformé les camps en véritables villes-mouroirs. La perversité des tortures infligées à toutes les catégories de détenus dépasse l'entendement. Les ***procès de Nuremberg*** tentent de faire le procès du nazisme (voir le chapitre « Nuremberg » dans « Le sud de l'Allemagne. La Bavière »). L'Allemagne occupée, débarrassée de la gangrène qui la rongeait, réapprend lentement la voie de la démocratie.

LES JUIFS ALLEMANDS

Des 530 000 juifs en 1933, à la prise de pouvoir de Hitler, il n'en reste qu'à peine 37 000 en 1950. La plupart de ceux qui ont échappé au génocide sont partis vers Israël. La chute du régime soviétique en 1990 a permis l'émigration de 200 000 juifs russes. Voilà pourquoi la très grande majorité de la communauté juive d'Allemagne (environ 120 000) est aujourd'hui originaire de l'ex-URSS.

L'axe berlinois

Après l'effondrement du nazisme, Russes et Alliés, réunis à Potsdam (mais ils avaient tout préparé à Yalta !), se partagent Berlin, puis l'Allemagne, puis l'Europe, puis la planète en zones d'influence. Proclamée le 23 mai 1949, la ***République***

fédérale d'Allemagne (***RFA,*** ou Allemagne de l'Ouest) redevient un pays souverain dont l'avenir est associé à celui de l'Europe (pays fondateur de l'UE), tant dans l'esprit d'opposer un 3e bloc face à l'URSS et aux États-Unis que dans celui d'essayer de rendre impossible une 3e guerre mondiale. Traumatisée par un passé épouvantable, cette Allemagne se consacre entièrement à sa reconstruction économique tout en se rachetant une conduite : on parle de « miracle économique allemand ».
À l'Est – dans l'ancienne Prusse des Hohenzollern –, les choses évoluent différemment.

La RDA socialiste

Tout d'abord zone soviétique d'occupation, la partie orientale de l'Allemagne vaincue se lance dans la « dénazification », puis dans la nationalisation de l'industrie et les réformes agraires. Il faut reconstruire un pays en ruine : les antagonismes politiques viendront plus tard.
Tandis qu'à l'Ouest s'organise une République fédérale sous la protection des États-Unis, l'Est devient officiellement la ***République démocratique allemande*** (***RDA,*** ou Allemagne de l'Est) le 7 octobre 1949. Le président du gouvernement est également responsable du ***SED,*** parti socialiste unifié (entendez communiste). La « période d'édification des bases du socialisme » commence avec le 1er plan quinquennal au début des années 1950. À la mort de Staline, une augmentation intensive de la production (non rémunérée) déclenche les émeutes de juin 1953, réprimées par l'intervention des chars soviétiques à Berlin.
En 1958, ***Khrouchtchev*** remet en question le statut de Berlin pour amener les Occidentaux à reconnaître la RDA. La guerre froide s'accentue tandis que le plan septennal échoue, provoquant une vague d'exode chez les paysans. Ils sont suivis par des milliers de personnes passant à l'Ouest chaque semaine, à cause des difficultés de ravitaillement.
Dans la nuit du 13 août 1961, policiers, militaires et milice ouvrière édifient une ligne de barbelés autour de Berlin-Ouest. Elle est ensuite remplacée par un mur. Le gouvernement de la RDA est couvert par le pacte de Varsovie et peut se pencher sur son système économique pour résoudre la crise. Les résultats vont enfin se faire sentir, plaçant le pays au 5e rang des puissances industrielles d'Europe dans les années 1970.

« Ils ont cassé le Mur ! »

Une fois Gorbatchev à la tête des destinées du bloc soviétique, en 1985, les événements se précipitent :
– ***12 juin 1987 :*** Bowie joue à Berlin-Ouest ; 3 000 jeunes de l'Est crient : « Gorby ! Le Mur doit tomber ! »
– ***2 mai 1989 :*** la Hongrie montre l'exemple. Plus de frontière austro-hongroise !
– ***16 octobre :*** les membres du Forum d'Opposition sont 150 000 dans la rue à Leipzig !
– ***18 octobre :*** Honecker démissionne. Egon Krenz le remplace à la tête du SED.

UNE BOULETTE CAUSE LA FIN DU MUR

Le 9 novembre, Günter Schabowski, le porte-parole du gouvernement de la RDA, est interrogé par la presse. On lui demande quand le décret autorisant les Allemands de l'Est à se rendre en RFA prendra effet. Ne connaissant pas la réponse, l'apparatchik bredouille : « Pour autant que je sache, immédiatement. » Cette annonce provoque la ruée vers le Mur, et les garde-frontières, débordés, ouvrent les barrières et pas le feu...

– ***23 octobre :*** Leipzig enfonce le clou ; 300 000 manifestants !
– ***31 octobre :*** paniqué, Egon Krenz s'envole consulter Gorby qui répond : débrouillez-vous ! Démissions en cascade au sein du pouvoir est-allemand.
– ***4 novembre :*** 1 habitant sur 3 dans les rues de Berlin-Est.
– ***9 novembre 1989 :*** le Mur est pris d'assaut ! Chacun y va de son petit coup de pioche. Les policiers font mieux : ils viennent avec les bulldozers ! Les copains de l'Ouest apportent le champagne. Les frontières sont enfin ouvertes ! Le monde entier est devant sa télé.
– Dans la foulée, les flics de la terrible Stasi déposent les armes, l'opposition peut faire table commune avec le gouvernement.
– La démocratie chrétienne triomphe aux 1res élections libres du ***18 mars 1990*** et l'unification s'accélère.
– Enfin, le ***3 octobre 1990, réunification*** définitive.

LES SECRETS DE LA STASI

Dès l'automne 1989, les fonctionnaires de la police secrète est-allemande utilisent, jour et nuit, les broyeuses pour détruire leurs archives. Leur volume est tel que les machines tombent en panne. Des centaines d'employés continuent en déchirant ou en brûlant ces pièces à conviction compromettantes. Des manipulations apparaissent au grand jour. C'est ainsi qu'on apprend que la bande à Baader était totalement sous contrôle de la Stasi.

L'Allemagne réunifiée

À partir de 1990, l'Est connaît une mutation extraordinaire, avec une croissance de 5 à 8 % par an, et des écarts de productivité avec l'Ouest réduits de 70 à 40 %, grâce aux énormes transferts d'argent de l'Ouest. Les ***Wessis*** (ex-Allemands de l'Ouest) estiment supporter seuls le lourd « sacrifice ». En face, les Ossis, habitants des nouveaux Länder, se sentent encore « inférieurs », et quelque 1,7 million d'ex-Allemands de l'Est passent à l'Ouest, terre promise du confort économique et social. ***Helmut Kohl*** réussit à éviter une plus grande migration en décidant immédiatement l'union monétaire après la réunification et en acceptant d'aligner les salaires très bas de l'Est sur ceux de l'Ouest, alors que la productivité est loin d'être identique.
Ensuite, les chantiers de construction s'ouvrent et les grands conglomérats font place aux PME, entraînant avec les privatisations un énorme changement de culture économique.
Avec ***Gerhard Schröder,*** la création d'emplois apparaît comme le défi principal lancé au chancelier, obligé de chercher le salut de son pays dans une « social-démocratie » résolument moderne, il entreprend des réformes structurelles importantes. Du côté des chrétiens-démocrates, Helmut Kohl, abattu par le scandale du financement de la CDU, cède la place à une présidente qui a grandi en RDA : ***Angela Merkel.*** Elle devient la ***1re chancelière*** de l'histoire allemande en 2004. En 2009, elle prolonge son mandat pour 4 ans avec ses alliés libéraux du FDP ; en 2013, elle est réélue dans un fauteuil, son parti frisant la majorité absolue. Aux élections fédérales de septembre 2017, la CDU/CSU d'Angela Merkel remporte une victoire teintée d'amertume. Elle s'assure un 4e mandat, mais son partenaire de la grande coalition, le SPD, subit un sérieux revers.
Le parti d'extrême droite AfD (Alternative für Deutschland), avec 13,3 % des voix, fait une entrée inédite au Bundestag où il obtient 94 sièges. Pour former une nouvelle majorité de gouvernement, la chancelière doit se tourner vers le parti libéral et les Verts. La manœuvre échoue mais sous la pression du président de la République, la chancelière finit par reconstituer une nouvelle *grande coalition,* entre la CDU/CSU et le SPD. Malgré ce 4e mandat, la position de madame Merkel s'est retrouvée plutôt affaiblie. On constate que les meilleurs scores de l'extrême droite ont été réalisés dans les anciens Länder de l'Est. En Saxe, l'AfD est même arrivé

en tête du scrutin aux élections régionales de 2019. La popularité de la chancelière s'est effritée, mais sa gestion pragmatique de la crise du Covid lui permet de terminer son mandat avec un regain d'estime.

Dernières nouvelles d'Allemagne

Aux élections fédérales de 2021, le SPD de l'ancien maire de Hambourg, Olaf Scholz, arrive en tête. La droite (CDU/CSU) a connu une défaite historique et est renvoyée dans l'opposition. Aucune majorité n'étant possible sans la collaboration d'au moins 3 partis, une coalition incluant les Verts et le Parti libéral-démocrate est mise en place. En décembre 2022, coupe du monde de la FIFA au Qatar, l'équipe allemande est éliminée dès les poules de qualification, et ce pour la seconde fois consécutive. La *Mannschaft* n'est décidément plus en phase avec l'adage qui disait : « Le football est un jeu qui se joue à onze contre onze, et à la fin c'est l'Allemagne qui gagne. »

MÉDIAS

Votre TV en français : TV5MONDE, la 1re chaîne culturelle francophone mondiale

Avec ses 10 chaînes et ses 14 langues de sous-titrage et sa nouvelle plate-forme numérique TV5MONDEplus, TV5MONDE s'adresse à 353 millions de foyers dans 198 pays du monde par câble, satellite et sur IPTV est présent dans plus de 3 millions de chambres d'hôtel. Vous y retrouverez de l'information, du cinéma, du divertissement, du sport, du documentaire... Préparez votre séjour grâce à son site voyage • *voyage.tv5monde.com* • et en voyage, restez connecté avec les applications et le site • *tv5monde.com* •

La presse allemande

La presse écrite allemande (5e rang mondial) est l'une des plus puissantes d'Europe ; 30 millions de quotidiens (329 titres) sortent des rotatives chaque jour et les ⅔ sont vendus par abonnement. Les publications sont indépendantes des partis politiques ou des gouvernements. La liberté de la presse est un principe important inscrit dans la Loi fondamentale de la RFA.
Bild réalise le plus grand tirage ; populaire et populiste (comme les tabloïds anglais), et dénigré par les milieux intellectuels, il est tiré à 2 millions d'exemplaires. Pas un sujet de la presse à scandale ne lui échappe, et vu la place qu'y tiennent les photos, il se lit en 10 mn. Les grands quotidiens suprarégionaux, comme le ***Frankfurter Allgemeine Zeitung*** et ***Die Welt*** *(Berlin)* ainsi que des journaux lus bien au-delà de leur propre zone publicitaire tels que le ***Süddeutsche Zeitung*** *(Munich)*, le ***Frankfurter Rundschau,*** le ***Tageszeitung*** *(Berlin)* et le ***Handelsblatt*** *(Düsseldorf)* ont un tirage moins élevé mais bénéficient d'une grande crédibilité. D'autres médias importants sont les magazines d'information ***Der Spiegel*** et ***Focus*** ainsi que l'hebdo ***Die Zeit.*** L'offre est complétée par les journaux du dimanche comme *Bild am Sonntag, Welt am Sonntag, Sonntag Aktuell* et *Frankfurter Allgemeine Sonntagszeitung.*
Le marché allemand des revues est lui aussi largement diversifié : près de 10 000 titres. On trouve surtout des programmes de radio et de télévision à grand tirage, des illustrés d'actualité comme ***Stern*** et ***Bunte,*** ainsi que des magazines féminins. Tout cela bien sûr évolue très vite avec l'arrivée de technologies permettant d'offrir, ici comme partout, l'essentiel de l'info sur un écran de plus en plus réduit.
• ***welt.de*** • Le site du plus grand quotidien allemand.

PATRIMOINE CULTUREL

Peinture et architecture

Au début du XVIe s, Augsbourg devient la 1re place financière d'Europe. L'influence italienne, par la Lombardie, se fait sentir en Allemagne. À Nuremberg, ***Albrecht Dürer,*** fils d'orfèvre, est le maître de la gravure sur bois. Son contemporain, Matthias Grünewald, est surtout célèbre pour son ***Retable d'Issenheim,*** exposé à... Colmar. ***Lucas Cranach l'Ancien*** produit essentiellement des œuvres de commande pour les électeurs de Saxe, et se lie d'amitié avec Luther, dont il fait un portrait célèbre. ***Albrecht Altdorfer,*** avec son chef-d'œuvre halluciné *La Bataille d'Alexandre* (exposé à Munich), utilise l'espace et la lumière avec une grandeur épique toute wagnérienne. Enfin, le Souabe ***Hans Baldung Grien*** se découvre un faible pour les Vénus et les Ève bien en chair... Un sacré coquin ! Hans Holbein le Jeune s'ennuie beaucoup à Bâle : il émigre à Londres et devient un portraitiste très recherché.

Le XVIIe s, avec sa guerre de Trente Ans (1618-1648), est une période sombre pour l'Allemagne. Au XVIIIe s, l'architecture surtout marque sa suprématie. Chaque prince veut faire bâtir son petit Versailles. La Bavière catholique développe un *baroque* influencé par l'Italie. Le théâtre de la Cour à Munich est un joyau de l'art rococo, ainsi que l'église Saint-Jean-Népomucène. En Saxe, l'une des œuvres majeures est le ***Zwinger de Dresde,*** commencé en 1711. Les parcs oscillent entre le style à l'italienne (à *Wilhelmshöhe,* près de Kassel) ou à la française (à *Schwetzingen* et *Nymphenburg,* à Munich) ou encore à l'anglaise (à *Wörlitz,* près de Dessau).

La réaction contre le baroque se fait dans le goût *néoclassique* de Palladio. Berlin et Munich se couvrent d'édifices froids et rigides inspiré par ce nouveau culte de l'antique.

Le retour à la « grande » peinture n'a lieu qu'à la fin du XIXe s avec la découverte des arts océaniens ! Si les romantiques Philipp Otto Runge et ***Caspar David Friedrich*** traduisent le romantisme d'un Hoffmann ou d'un Novalis, ***Emil Nolde*** sera le 1er à traduire la modernité en peinture. À sa suite, le groupe expressionniste ***Die Brücke*** est fondé à Dresde en 1905. Les plus célèbres, ***Erich Heckel*** et ***Ludwig Kirchner,*** produisent un expressionnisme proche de Gauguin et Van Gogh. Dans le même temps, à Munich, le Bavarois ***Franz Marc*** et le Rhénan ***August Macke*** créent, avec le Russe Kandinsky, ***Der Blaue Reiter*** (Le Cavalier bleu) en 1912.

Après 1918, ***Otto Dix*** et ***Georg Grosz,*** par leur critique violente de la société de Weimar, sont de vrais peintres punks avant la lettre. ***Max Ernst,*** s'il commence sa carrière auprès des dadaïstes allemands, émigre vite en France.

De nos jours, une nouvelle génération de peintres, dont ***Richter, Baselitz, Kiefer*** et ***Polke,*** connaît un succès sur le marché international de l'art contemporain. Dans le domaine de la « sculpture », c'est évidemment ***Joseph Beuys*** qui s'impose comme figure de proue.

En architecture, on retiendra surtout les noms de ***Walter Gropius,*** fondateur du ***Bauhaus*** en 1919 à Weimar, puis en 1925 à Dessau, où peintres, architectes et sculpteurs entendent « concevoir et créer le nouvel édifice du futur », et de ***Mies van der Rohe*** qui, exilé aux États-Unis, va couvrir Chicago de buildings.

Littérature, 1ers balbutiements

En 1160, ***Heinrich von Melk*** pose le 1er jalon de l'idéal courtois. On joue les 1res chansons de geste. L'*Hildebrandslied* carolingien est le 1er à héroïser les Germains des grandes invasions. Même le cycle celte de la Table ronde passe à la moulinette germanique : c'est le *Tristan* de **Gottfried de Strasbourg** et le *Parsifal* de **Wolfram von Eschenbach.**

Au XIVe s, l'Allemagne a rejoint le concert des lettres européennes : de nouvelles universités y permettent d'économiser le stage à la Sorbonne. Sa scolastique rayonne avec ***Albert le Grand,*** maître du futur Thomas d'Aquin, et surtout ***maître Eckhart*** qui, en traduisant le bonheur de l'âme unie à Dieu, jette les fondements de la mystique allemande.

Les Lumières

À partir de 1750, à Hambourg, à Leipzig puis à Berlin, les idées des Lumières se diffusent : c'est l'***Aufklärung.*** Mais l'Allemagne se cherche un modèle historique original. ***Wieland*** s'enthousiasme pour la Grèce antique. ***Lessing*** ne jure que par Shakespeare.
Le mouvement ***Sturm und Drang*** (« Tempête et Passion »), qui apparaît vers 1760, exalte le lyrisme échevelé. Les jeunes ***Schiller*** et ***Goethe*** y font leurs 1res armes. Ce dernier signe en 1774 *Les Souffrances du jeune Werther,* roman qui déclenchera dans toute l'Europe un torrent de larmes...

Le romantisme

À Iéna, vers 1800, on cultive l'ironie (le *Witz*) mais on se passionne pour le merveilleux, la magie, le magnétisme animal. On redécouvre un Moyen Âge très stylisé. ***Novalis*** ouvre la porte à Nerval, à Lautréamont et aux surréalistes.
Terre de contes et légendes, l'Allemagne trouve avec les ***frères Grimm*** ses meilleurs illustrateurs.
Après la chute de Napoléon, une « 2de génération » romantique apparaît. Sur le Rhin, l'atmosphère est plus mystique qu'à Berlin.
Dès 1890, l'agitation sociale va imposer un style naturaliste. ***Frank Wedekind*** signe au théâtre de violentes satires. Une 1re génération expressionniste prophétise l'apocalypse de 1914 : elle y disparaîtra elle-même...

Du Reich aux ruines

Après 1918, c'est l'apothéose de Berlin et de ses cabarets, la « Babylone » de ***Brecht*** et des *expressionnistes* qu'***Alfred Döblin*** immortalisera avec *Berlin Alexanderplatz* (1929). Tandis qu'***Erich Maria Remarque*** et ***Ernst von Salomon*** tirent les conclusions de l'effondrement de l'empire, ***Ernst Jünger*** et ***Thomas Mann*** portent un regard sibyllin de grands bourgeois désabusés sur un avenir encore plus sombre. Au théâtre, Brecht s'engage politiquement très à gauche, avec *L'Opéra de quat'sous* (1928).
En 1933, pour beaucoup, c'est l'exil, parfois même le suicide, ou encore l'« exil intérieur », dont ***Hans Fallada*** et ***Erich Kästner*** sont les symboles. La génération suivante produit ce que l'on appellera « la littérature des ruines » !
Malgré les tentatives de faire « table rase », les écrivains allemands de l'après-guerre, en dehors des figures que sont ***Heinrich Böll*** ou ***Günter Grass,*** voire ***Peter Handke,*** restent coincés, par la droite et par la gauche, dans une liberté restreinte et surveillée.
1999 : le prix Nobel de littérature est attribué à ***Günter Grass*** (décédé en 2015) qui révèle en 2006, dans ses *Mémoires,* son enrôlement à 17 ans dans la *Waffen-SS.* Aveu tardif mais qui contribue à une réflexion sur les années de plomb.

Philosophie

La philosophie allemande a toujours eu un appétit d'ogre. En 2 siècles, nombreux sont les auteurs qui, si on les comprend bien, ont tout résolu, et même le reste.
– ***Leibniz*** étudie la philosophie à Leipzig, les maths à Iéna, et vient à Paris s'imprégner de Pascal, puis va en Hollande bavarder avec Spinoza. Génie touche-à-tout,

s'il fait la synthèse entre Aristote et Descartes, il a tout de même un dada : unir l'Occident chrétien. Mais il meurt solitaire et oublié.

– ***Kant,*** né à Königsberg, y passe toute son existence. Cette star de la philosophie mondiale est bossu, hydrocéphale et maniaque. S'il accomplit la « révolution copernicienne » de la philosophie, le papa de la *Critique de la raison pure* se prend au mot : il sombre dans une folie douce et retrouve l'âge mental d'un enfant de 5 ans.

– S'en réclamera surtout ***Hegel*** sans lequel le monde moderne n'aurait sans doute pas été la foire d'empoigne que l'on sait. Professeur à Iéna et à Nuremberg, il publie une encyclopédie des sciences philosophiques. À la sortie de sa célèbre *Phénoménologie de l'esprit,* on accourt pour assister à ses cours. Cette œuvre majeure, avec sa conception de l'État total, n'a fait qu'écrire ce que Napoléon réalisait concrètement en grand. Appelé à enseigner à Berlin, l'ancien petit fonctionnaire achève la création de la méthode dialectique et de la philosophie de l'histoire. Mais s'il a inventé la dynamite, il manquait le détonateur : celui-ci s'appelle Karl Marx.

– ***Marx :*** « La bourgeoisie se souviendra longtemps de mes varices », dit celui qui crée le « matérialisme historique ». Né à Trèves en 1818, Marx ne connaît guère que l'exil : miséreux, à Paris dès 1845, puis à Londres, avec son épouse, une aristocrate ruinée qui ne partage pas les théories de son barbu de mari. En 1867 paraît le 1er tome du *Capital.* Jusqu'à sa mort, en 1883, « Old Nick » travaille aux tomes II et III de ce même *Capital,* dont sa femme se plaint « qu'au lieu de l'écrire, il ferait mieux de le gagner » !

– ***Schopenhauer :*** né à Dantzig, il est à contre-courant de tout. Avec son ouvrage phare, *Le Monde comme volonté et comme représentation,* il aboutit à un pessimisme douloureux qui inspire fortement le jeune Friedrich Nietzsche.

– ***Nietzsche :*** le célèbre moustachu est l'enfant terrible de la philosophie ; nommé professeur de philologie à Bâle à 24 ans, l'inventeur du « surhomme » et de « l'éternel retour » est fasciné par Schopenhauer et Wagner. De santé fragile, il rejette l'esprit allemand, qu'il juge « lourdaud et plein de bière », et vit surtout en Italie. Penseur en marge de tous les systèmes, il prêche la destruction des préjugés. Sa liaison platonique avec la sulfureuse ***Lou Andreas-Salomé*** tourne court et le porte vers la dépression et l'opium. Dans la foulée, il rédige son chef-d'œuvre, ***Ainsi parlait Zarathoustra.*** À Turin, en 1889, il disjoncte en se jetant au cou d'un cheval battu. Se prenant dès lors tour à tour pour le Christ et Dionysos, il ne recouvra jamais la raison. Il fut hélas « récupéré » par les nazis, et ne sera vraiment apprécié que dans les années 1950.

– ***Husserl*** et ***Heidegger,*** bunkérisés dans leur jargon de la « phénoménologie transcendantale », s'inscrivent en réaction au style imagé de Nietzsche... Martin Heidegger, fondateur de l'existentialisme avec *L'Être et le Temps,* est l'un des penseurs les plus contestés en raison de ses affinités nazies. Après la guerre, il est interdit d'enseignement jusqu'en 1951.

– Créée dans les années 1920 par ***Max Horkheimer*** et ***Theodor W. Adorno,*** qui ont fui l'Allemagne pendant le nazisme en tant que juifs épris de marxisme, l'***école de Francfort*** est sans doute la pensée philosophique (mélange de Freud, de Marx et de sociologie) la plus intéressante de cette époque. On y trouve ***Wilhelm Reich*** et ***Herbert Marcuse,*** émigrés aux États-Unis en 1933 qui deviennent les 2 grands théoriciens de la libération sexuelle chez nos amis les hippies et influencent le mouvement étudiant des années 1960. Aujourd'hui, ***Jürgen Habermas*** perpétue l'esprit de l'école de Francfort : il reste le dernier philosophe dérangeant outre-Rhin.

Musique classique

Avec l'*Aufklärung* apparaît en Thuringe la dynastie des ***Bach.*** Le plus célèbre, ***Johann Sebastian,*** s'il est un excellent organiste, développe aussi le domaine vocal, de nouvelles formes et jeux d'écriture. Choriste à Saint-Michel de Lüneburg, organiste et violoniste à la cour de Weimar, *Kapellmeister* à *Köthen,* puis *Thomaskantor* et compositeur à Leipzig, où il est enterré. Devenu aveugle, il fallut attendre le XIXe s pour qu'on réalise qu'il avait du génie !

UN ARTISTE PROLIFIQUE

Jean-Sébastien Bach a eu 20 enfants au total. D'abord, 7 de sa 1re épouse, sa cousine, puis 13 de sa 2de femme, une soprano à la cour du prince Léopold d'Anhalt-Köthen. Mais 10 sont morts en bas âge.

Pendant la même période, ***Georg Friedrich Haendel*** fut infiniment plus célébré de son vivant. Né à Halle, il émigre vite en Angleterre où il compose de splendides opéras et oratorios.

Le *mouvement préclassique* regroupe 2 des fils de Bach, ***Wilhelm Friedemann Bach*** et ***Carl Philipp Emanuel Bach,*** ainsi que ***Georg Philipp Telemann*** et ***Johann Mattheson,*** qui, plus modernistes, considèrent Bach et Händel comme des hommes du passé...

Arrive alors ***Ludwig van Beethoven,*** dont Einstein dira : « Beethoven préfère écrire contre son temps que pour lui. » Atteint de surdité dès 1795, il voyage entre Bonn, sa ville natale, Dresde et Berlin pour exercer ses talents de pianiste virtuose. On le dit méfiant et querelleur. Il communique par le truchement de ses fameux *carnets de conversation,* dont on a découvert après sa mort que certains étaient des faux !

Fasciné par le tumulte de l'histoire, admirateur ambigu de Napoléon, le plus célèbre sourd échevelé du romantisme meurt misanthrope et miné par une cirrhose, après avoir laissé derrière lui 9 symphonies qu'on n'a pas fini d'entendre...

LES GÉNIES MEURENT AUSSI

Une étude effectuée en 2000 révèle la vraie cause de la mort du génie : le saturnisme. Beethoven buvait son vin dans une coupe en cristal de plomb ! Et les médecins de l'époque employaient souvent le plomb dans leurs traitements. Cela explique ses maux de ventre chroniques et ses sautes d'humeur, mais rien ne permet de relier cette maladie à la surdité du compositeur... dont la cause profonde, elle, reste donc un mystère !

Le *romantisme* s'exprime aussi avec ***Carl Maria von Weber.*** Mais c'est surtout ***Robert Schumann*** qui incarna le mieux, au travers de ses *Lieder,* l'âme romantique du XIXe s. Paralysé de la main droite à 22 ans, il voit sa carrière de virtuose brisée. De dépressions en tentatives de suicide, sa destinée s'achève à l'asile d'Endenich, tempérée par l'amitié de ***Mendelssohn*** et du jeune ***Brahms,*** qui prolongent l'esprit du maître. Ce dernier, natif de Hambourg, a dédié sa vie entière à la musique : concertos pour piano et pour violon, cantates, musique de chambre, symphonies.

Richard Wagner, lui, fait table rase et s'enferme dans un univers fantastique et somptueux, dont ses nombreux créanciers ne parviendront jamais à le tirer ! Son oncle Adolf (ça ne s'invente pas) fait sa 1re éducation culturelle, puis il étudie à Dresde et à Leipzig. C'est durant un voyage en bateau vers Londres, après un naufrage où il a failli se noyer, qu'il a l'idée du *Vaisseau fantôme.* En exil pendant 10 ans, il développe alors l'univers mythologique de sa future *Tétralogie.* À partir de l'opéra *Tannhäuser,* le style mégalo de Wagner ne cesse d'alimenter les controverses. Il devient le protégé de Louis II de Bavière, qui fait construire pour lui l'Opéra de Bayreuth en 1872. La représentation de *Parsifal* marque l'apothéose du génie créateur de *L'Or du Rhin* et de *La Walkyrie.* Récupéré plus tard par Hitler qui pleurait en écoutant ses œuvres, Wagner ne laisse personne indifférent !

Puis ***Paul Hindemith*** et ***Carl Orff*** sont les meilleurs représentants de la nouvelle tendance expressionniste, tandis que ***Richard Strauss,*** à l'écart de toutes les évolutions, maintient le cap d'un romantisme tour à tour impressionniste, mystique et grandiloquent *(Also sprach Zarathoustra).* Enfin, après la dernière guerre, ***Karlheinz Stockhausen*** développe la théorie du « hasard guidé » et la « technique sérielle ponctuelle ». Parallèlement, ***Hans Werner Henze*** enrichit la musique concrète.

Le rock allemand

Les 1ers groupes de rock allemand célèbres à l'étranger sont, à partir de la fin des années 1960, des groupes de musique planante comme ***Amon Düül II*** ou ***Ash Ra Tempel.*** Le mouvement, qualifié en français de « rock-choucroute » *(Krautrock),* a pour chefs de file ***Tangerine Dream, Popol Vuh*** et ***Neu !*** dans la mouvance de la scène punk. Déboule alors le groupe ***Kraftwerk,*** inventeur de la musique « Kling Klang », créée à Düsseldorf en 1969, et précurseur de la techno-pop. Ces lascars fascinés par les autoroutes et la radioactivité se veulent l'Allemagne de demain, efficace, humanoïde et sans états d'âme. La mousseuse et pulpeuse ***Nina Hagen,*** fille zazou d'une cantatrice célèbre en RDA, exerce ses charmes sur de jeunes punks innocents en concoctant des mélanges de pré-*world music* avant de virer bouddhiste. Le hard-rock fait florès à partir des années 1970, avec comme chefs de file les ***Scorpions,*** groupe mondialement connu. Dans les années 1980 et 1990, le genre évolue et de nombreux groupes de *metal* font leur apparition, avec notamment les vociférations de ***Rammstein, Helloween, Gamma Ray*** et ***Blind Guardian.***
Mais pas de rock allemand sans les groupes rock de l'Est ! À mentionner : ***City, Karat*** et les ***Puhdys*** (musique culte pour le film culte *Die Legende von Paul und Paula* de 1973). Ces groupes avaient aussi pas mal de fans en RFA !
Depuis, la scène rock allemande s'est énormément développée, comme en témoigne l'apparition de groupes comme ***Silbermond, Wir sind Helden*** et ***Juli*** qui chantent tous leurs titres en allemand. Issue de la scène berlinoise, la *minimal techno* a déferlé sur toute l'Europe. ***BPitch Control,*** le label d'Ellen Allien, figure encore parmi les plus créatifs. Un hit pacifiste indémodable que tous les Allemands reprennent en chœur dans les bars : *99 Luftballons* de la chanteuse ***Nena.***
Sinon, plus récent, les ***Prinzen,*** groupe de musique pop basée sur la technique du chant *a cappella* et, pour le *gangsta-rap* allemand, ***Kollegah*** et ***Bushido*** (le 1er admiré pour ses « doubletime », le 2e critiqué pour ses paroles sexistes, racistes et homophobes). Citons aussi ***Sven Väth,*** le pape de la techno allemande, et le fameux label ***Kompakt,*** basé à Cologne.
Comme partout dans le monde, des groupes apparaissent désormais à la TV, soumis aux suffrages d'un jury plus ou moins « académique ». Cela donne comme résultat étonnant des chansons allemandes chantées sous la tour Eiffel devant une foule d'ados fanatisés par les crypto-gothiques post-grunge de ***Tokio Hotel.*** Vive la mondialisation !

Cinéma

Dès les débuts du cinéma, d'abord inspirés par le fantastique d'Hoffmann, les cinéastes allemands vont vite adopter l'*expressionnisme. Le Cabinet du docteur Caligari* (1919), avec l'acteur fou Conrad Veidt, lance le genre, entre grand-guignol et delirium tremens. ***Friedrich Murnau*** tourne en 1922 son *Nosferatu,* sous-titré sobrement « Une symphonie de l'horreur ».
Avec le redressement économique apparaît la « nouvelle objectivité » dont ***G. W. Pabst*** est l'auteur le plus illustre : *La Rue sans joie,* où une inconnue du nom de ***Greta Garbo*** crie misère, *Lulu,* où ***Louise Brooks*** est divinisée par la

critique, et *L'Opéra de quat'sous,* en collaboration avec Brecht. De son côté, ***Ernst Lubitsch,*** avant de filer à Hollywood, donne dans le grand spectacle avec *Madame du Barry* et *Anne Boleyn.*

L'apparition du parlant marque la fin de l'âge d'or, à quelques exceptions près, dont *L'Ange bleu,* de ***Josef von Sternberg,*** avec la révélation de ***Marlene Dietrich.*** Seul ***Fritz Lang*** surfe génialement sur divers styles, avec le *Testament du docteur Mabuse* et *M. le maudit.*

Après que le sosie de Charles Chaplin aura achevé en sous-sol son macabre tour de piste, l'Allemagne se passe pendant 20 ans de faire du cinéma... L'exemple de la *nouvelle vague* française réchauffe les jeunes imaginations au début du cinéma. Dans le sillage de **Volker Schlöndorff** (avec *Les Désarrois de l'élève Törless*) et ***Peter Fleischmann*** *(Scènes de chasse en Bavière),* une nouvelle génération se hisse à un niveau mondial en cultivant un style décadent et un humour nihiliste. L'inépuisable ***Rainer Werner Fassbinder*** en est l'âme punkoïde, tandis que ***Werner Herzog,*** avec *Aguirre,* cultive un certain mysticisme et que ***Wim Wenders,*** à partir de *L'Ami américain,* stylise sa fascination pour les road-movies... Signalons en 2003 le fabuleux succès de *Good Bye, Lenin !,* de ***Wolfgang Becker,*** film culte de l'*Ostalgie,* ainsi que *Rosenstraße,* de ***Margarethe von Trotta,*** l'histoire d'une révolte de femmes sous le régime nazi. En 2005, *La Chute,* d'***Oliver Hirschbiegel,*** raconte avec réalisme les derniers jours de Hitler dans son bunker berlinois.

Réalisé en 2006 à Berlin, *La Vie des autres,* écrit et réalisé par ***Florian Henckel von Donnersmarck,*** a reçu de nombreuses récompenses, dont l'oscar du meilleur film étranger. Il renoue avec le succès en 2018 avec *L'Œuvre sans auteur,* largement inspirée de la vie du peintre Gerhrard Richter.

PERSONNAGES

– ***Joseph Beuys*** *(1921-1986) :* sa jeunesse tragique détermine toute sa vie d'artiste. À 22 ans, pilote de bombardier, il est blessé sur le front russe, gravement brûlé, recueilli et soigné à l'ancienne par une tribu de Tatars de Crimée. Totalement enrobé de graisse, bandé comme une momie, nourri de miel, il survit miraculeusement et en gardera le souvenir toute sa vie dans sa pratique d'artiste. Sa devise : « Les processus se poursuivent, réactions chimiques, processus de fermentation, transformation des couleurs, décomposition, dessèchement, tout se transforme... »

EST-CE DE L'ART OU DU COCHON ?

En 1982, Beuys installe 5 kg de beurre dans un coin de son atelier à l'académie de Düsseldorf. Peu après sa mort, en 1986, le concierge jette la graisse, détruisant ainsi une œuvre d'art, intitulée Fettecke *(coin de graisse).*

– ***Heinrich Böll*** *(1917-1985) :* enfant de Cologne, il refuse à 15 ans de s'engager dans les Jeunesses hitlériennes (« pour des raisons morales mais aussi esthétiques : je n'aimais pas leur uniforme » !). Les ruines de l'après-guerre en font un désabusé. Ennemi juré de la presse à scandale du groupe *Springer,* critique envers le capitalisme autant que le communisme ou la religion, il connaît pourtant un grand succès populaire avec ses derniers romans *(L'Honneur perdu de Katharina Blum, Portrait de groupe avec dame).* Prix Nobel de littérature en 1972, ce sceptique pacifiste reste le plus lu des auteurs allemands de l'après-guerre.

– ***Bertolt Brecht*** *(1898-1956) :* né à Augsbourg, mobilisé en 1918, il décrit son expérience dans *La Légende du soldat mort.* Ce dramaturge, mais aussi poète et romancier, est très tôt acquis aux thèses marxistes. C'est avec *L'Opéra de quat'sous* qu'il devient populaire. Dénonciateur coriace du nazisme et théoricien du théâtre « didactique » prolétarien, il ne lui reste plus qu'à faire ses valises en 1933. De retour des États-Unis à la fin de la guerre, il choisit l'Allemagne de l'Est, où il fonde en 1948 le « Berliner Ensemble ». On lui décerne le prix Staline en 1953, personne n'est parfait...

– ***Daniel Cohn-Bendit*** *(né en 1945)* **:** leader charismatique de Mai 68, il a su exploiter avec brio et humour toutes les ficelles de la politique-spectacle. Novice en matière d'engagement politique (sa seule référence : ses parents, juifs allemands exilés en France puis devenus résistants), Dany le Rouge s'affirme surtout par son insolence. Citoyen allemand bien que né à Montauban, il est expulsé du territoire français en 1968. Revenu de ses idéaux révolutionnaires, c'est un « vert » qui a occupé – en bon démocrate – le poste d'adjoint au maire de Francfort, chargé des relations multiculturelles. En 1999, il est élu député au Parlement européen, où il milite activement pour l'unité européenne. Aujourd'hui, il est à la retraite.

– ***Lucas Cranach l'Ancien*** *(1472-1553)* **:** artiste vedette de Saxe et de Thuringe. Il n'y a pas une ville de ces régions qui ne possède un ou plusieurs tableaux de lui. Peintre officiel de la cour de Saxe, il est proche de Luther et des idées de la Réforme. Son style, très expressif au début, devint par la suite plus linéaire. Ses thèmes favoris : les nus, la mythologie et la Bible. L'important atelier qu'il crée à Wittenberg fut, à sa mort, repris par son fils, ***Lucas Cranach le Jeune*** (1515-1586), lui aussi très présent dans les musées et églises d'Allemagne.

– ***Marlene Dietrich*** *(1902-1992)* **:** de son vrai nom Maria Magdalena von Losch, elle explose en 1930 avec le rôle de Lola dans *L'Ange bleu,* de Josef von Sternberg. Le succès lui ouvre les portes d'Hollywood, où l'on cherchait une créature diabolique et sexy à opposer à l'« iceberg » Garbo. Elle y entame, en 1941, une liaison passionnée avec Jean Gabin qui dura 6 ans. Marlene tourne ensuite avec les plus grands (René Clair, Billy Wilder, Orson Welles...). En 1978, elle fait encore du charme à David Bowie dans *Just a Gigolo* de David Hemmings.

– ***Otto Dix*** *(1891-1969)* **:** avec lui, les horreurs de la guerre ne sont plus un vague mot. Sa peinture en est comme obsédée. Mais aussi par le sexe, la violence, la déchéance, etc. Bref, un type assez génial pour que Hitler dise de lui : « Il est dommage qu'on ne puisse pas enfermer ces gens-là ! » Dadaïste à ses débuts, Dix s'installe à Berlin et rallie la « nouvelle objectivité ». Il finira tout de même sa vie comblé d'honneurs, lui qui pendant longtemps fut l'incarnation de « l'artiste dégénéré ».

– ***Albrecht Dürer*** *(1471-1538)* **:** ce visionnaire a été véritablement le propagateur des idées de la Renaissance italienne dans l'Europe du Nord en se révélant dans un attachement au détail, visible dans ses célèbres gravures, portraits et allégories, tous empreints de religiosité.

– ***Rainer Werner Fassbinder*** *(1946-1982)* **:** il commence par créer l'« Antitheater », à Munich, et parvient à le faire fermer par la police en 1968. Il s'oriente alors vers le cinéma. Dans la période 1969-1971, il ne réalise pas moins de 10 films ! Fasciné à la fois par l'histoire de l'Allemagne, l'homosexualité et les marginaux, il tourne aussi bien de vrais succès commerciaux clean (comme *Querelle*) que des films glauques et ultra-décadents (évidemment les meilleurs).

– ***Johann Wolfgang von Goethe*** *(1749-1832)* **:** il naît à Francfort-sur-le-Main où il vécut jusqu'en 1765. Étudiant à Leipzig, il se plonge dans l'occultisme et dans diverses amours tumultueuses qui lui inspirent son fameux *Werther* (1774). Il est alors invité à s'installer à Weimar où on lui offre un coquet pavillon. Conseiller secret, botaniste, géologue, il est tout de même plus connu pour son œuvre littéraire... L'auteur de *Faust* et des *Affinités électives* meurt à Weimar en prononçant un « mot de la fin » particulièrement discuté depuis : « On est si mal couché ici ! » Allez comprendre...

– ***Johannes Gutenberg*** *(1400-1468)* **:** en inventant les caractères métalliques mobiles permettant d'imprimer les livres en grand nombre, cet orfèvre de Mayence a révolutionné la diffusion du savoir jusque-là confiné entre les mains de l'Église et de quelques clercs. Ce fait fut l'un des événements annonciateurs de la

Renaissance. Pour Gutenberg, la fin de vie fut difficile : spolié de son matériel par l'un de ses associés, il ne fut sauvé de la misère que par une pension à vie accordée par Adolphe de Nassau.

– ***Frédéric II Hohenstaufen*** *(1194-1250)* **:** 1er empereur moderne d'Allemagne, il est le plus fascinant de tous. Il passe sa jeunesse en Sicile sous la protection de son tuteur, le pape Innocent III, puis part conquérir l'empire et se fait l'ami des Sarrasins. Le 1er prince de la chrétienté ne serait-il pas un peu musulman ? Pris d'un doute, le pape exige qu'il se croise. Il se croise... les bras. Il est excommunié. Ayant trahi Saint Louis en dévoilant son plan de bataille au sultan, il obtient Jérusalem, Nazareth et Bethléem ! Après avoir organisé l'Allemagne, fondé des universités et fait chanter sa gloire en vrai mégalo, il tente la conquête de l'Italie, en vain. Quand on l'enterre, c'est en Sicile. Avec, à son côté, un sabre sarrasin...

LE PRIX NOBEL, CRIMINEL DE GUERRE

Fritz Haber, chimiste allemand d'origine juive, a créé le gaz moutarde qui a tué tant de soldats dans les tranchées de la Grande Guerre. En 1918, considéré comme un héros dans son pays, il reçoit en plus le prix Nobel de chimie ! Confrontée à cette horreur, sa femme se suicide. Il a mis aussi au point le Zyklon B, utilisé dans les chambres à gaz par les nazis.

– ***Fritz Lang*** *(1890-1976)* **:** cet ancien élève en architecture, né à Vienne, plaque tout pour un tour du monde. Il en vient à écrire des scénarios pour se distraire... mais passe vite à la mise en scène. *Metropolis* sera le film le plus coûteux réalisé en Allemagne et *M. le maudit* un signe avant-coureur de la montée du nazisme. Pourtant, en 1933, Goebbels lui offre la direction du cinéma allemand « rénové » : le lendemain matin, Lang passe la frontière suisse ! Il s'installe aux États-Unis où il devient une légende vivante. 10 ans avant de s'éteindre, il fait une apparition dans *Le Mépris,* de Godard.

– ***Ursula von der Leyen*** *(née en 1958)* **:** née à Bruxelles d'un père haut fonctionnaire européen elle y passe son enfance, ce qui lui vaut d'être parfaite bilingue français-allemand. Médecin de formation, elle est aussi diplômée de Stanford en économie et mère de 7 enfants. Elle entre en politique en Basse-Saxe dans les rangs de la CDU. En 2005, Angela Merkel la nomme ministre fédérale de la Famille, puis ministre du Travail en 2009. Elle prend la tête du ministère de la Défense (une première pour une femme) lors de la formation de la « grande coalition CDU-SPD » en 2013. En juillet 2019, elle est élue par le Parlement européen à la tête de la Commission européenne, encore une première pour une femme à ce poste.

– ***Louis II de Bavière*** *(1845-1886)* **:** l'homme qui rêva sa vie mais fit construire des châteaux en Bavière devenus aujourd'hui la destination touristique n° 1 du pays est mort à 40 ans, dans des circonstances mystérieuses qui continuent d'alimenter la légende de ce roi de conte de fées, solitaire et mal compris.

– ***Ernst Lubitsch*** *(1892-1947)* **:** né à Berlin dans une famille juive, il réalise ses 1res comédies en Allemagne dès 1914. Mais c'est à Hollywood, à partir de 1923, qu'il obtient la reconnaissance internationale. Ses films reposent sur une mise en scène légère, brillante, caustique, qui fait une grande part à l'ellipse : Lubitsch est ainsi resté célèbre pour filmer des portes closes, derrière lesquelles le spectateur peut imaginer toutes sortes de scènes. Il est aussi l'unique réalisateur à avoir fait rire Greta Garbo (dans *Ninotchka*) ! Parmi ses 80 films, beaucoup de chefs-d'œuvre.

– ***Thomas Mann*** *(1875-1955)* **:** ce grand Prix Nobel allemand incarnait ce que les nazis détestaient le plus, c'est-à-dire la grande bourgeoisie du Nord, éclairée, intello, libérale et, de plus, sociale. Fils d'un négociant de Lübeck, il a décrit dans sa saga des *Buddenbrook* la vieille aristocratie commerçante et ses états d'âme.

À Berlin, en 1930, il plaide pour l'alliance du socialisme et des « exigences de bonheur bourgeoises comme la liberté, l'esprit, la culture ». Un groupe de SA en smoking l'expulse de la salle ! Sans être aussi menacé que son frère Heinrich (l'inspirateur du film *L'Ange bleu*), Mann doit émigrer. Et c'est en Suisse, puis en Amérique, qu'il poursuit son œuvre : *Mort à Venise,* puis son 2^d^ chef-d'œuvre, *La Montagne magique.*

– ***Angela Merkel*** *(née en 1954)* **:** bien que née à Hambourg, c'est en RDA qu'Angela fait ses études de physique, puis travaille à l'Académie des sciences, comme spécialiste de chimie quantique. Elle a été la porte-parole du dernier gouvernement de la RDA. Députée de la CDU, puis ministre à 2 reprises sous Kohl. Devenue la patronne de la CDU, elle mène les élections de 2005 et devient chancelière en octobre. Cette fille de pasteur compense son manque de charisme par une détermination sans faille. Considérée comme la « femme la plus puissante au monde » selon le magazine *Forbes,* la chancelière aborde de front les sujets majeurs de la politique intérieure, comme l'intégration des immigrants, la réduction de la bureaucratie et les problèmes liés à la baisse démographique. En 2013, elle décroche un 3e mandat, suivi d'un 4e en 2017. Mais à la fin 2018, face à plusieurs revers électoraux, elle renonce à la présidence de son parti et cède son poste à la suite des élections de 2021.

ANGELA QUI ?

Fille de pasteur, Angela Merkel a passé son enfance en Allemagne de l'Est. Elle a toujours voulu garder le nom de son 1er mari, le physicien Ulrich Merkel. En effet, son 2d mari s'appelle Sauer, ce qui signifie en allemand... « aigre », un nom pas vraiment conseillé pour réussir une carrière politique !

– ***Patrick Süskind*** *(né en 1949)* **:** écrivain, scénariste et dramaturge, originaire d'Ambach. C'est l'un des auteurs allemands les plus traduits et les plus lus en France. On lui doit plusieurs best-sellers, adaptés depuis au cinéma ou au théâtre : *La Contrebasse* (1981), *Le Parfum, histoire d'un meurtrier* (1985), *Le Pigeon* (1987).

POLITIQUE

Les institutions

La République fédérale d'Allemagne a été instaurée le 23 mai 1949 par l'adoption de la Loi fondamentale.

Les 16 États fédérés (les Länder) qui la composent exercent des compétences dans les domaines qui leur sont propres : éducation, environnement, culture, administration, police. Dans chaque Land, ces politiques sont mises en œuvre par un gouvernement dirigé par un ministre-président, après avoir été votées par le parlement régional. Les Länder sont représentés par le *Bundesrat* à Berlin. Le *Bundestag,* issu d'élections législatives fédérales directes, exerce un rôle central dans les décisions politiques, par le contrôle de l'action du gouvernement fédéral, du budget, des engagements internationaux et des forces armées.

REFUS D'OBÉISSANCE AUTORISÉ

Héritage de l'Histoire, les institutions de la RFA reflètent une volonté permanente d'encadrer l'usage de la force. Le Tribunal constitutionnel fédéral de Karlsruhe joue à cet égard un rôle majeur. La Bundeswehr est avant tout une armée de citoyens en uniforme qui reçoivent une formation éthique, juridique et politique, et ont le devoir de désobéir à un ordre qui serait contraire à la Constitution.

Les partis

« Les partis coopèrent à la formation de la volonté politique du peuple. Leur fondation est libre. Leur organisation interne doit répondre aux principes démocratiques. Ils doivent rendre compte publiquement de la provenance de leurs ressources. » (Article 21 de la Loi fondamentale de 1949).

Les 6 partis du Bundestag sont, depuis 1990 : la ***CDU*** (Union démocrate-chrétienne), droite parlementaire, et son alliée traditionnelle bavaroise la ***CSU*** (Union sociale chrétienne) ; le ***FDP*** (parti libéral), au centre droit ; le ***SPD*** (parti social-démocrate) à gauche, ***Die Linke*** (parti de gauche), formation issue du *PDS* (parti du socialisme démocratique) et d'une partie de l'aile gauche du *SPD*, **Die Grünen** (Verts, parti écologiste entré sous ce nom au Bundestag en 1993).

À l'extrême droite, l'AfD, fondé en 2013 comme un mouvement anti-euro (mais pas anti-Europe), a fait de l'immigration et du trajet de l'islam son thème de campagne électorale pour 2017. Son programme promet la fermeture des frontières et un durcissement du droit d'asile. Avec une percée à 13,2 %, il fait son entrée au Bundestag en occupant 94 sièges. Mais d'emblée, des dissensions éclatent au sein de la direction du parti provoquant le départ de Frauke Petry, sa présidente.

Les grands partis allemands sont favorisés aux élections législatives. En effet, une loi exclut de la représentation parlementaire les partis qui obtiennent moins de 5 % des voix. C'est que les Allemands ont tiré des leçons de l'histoire : cette loi est censée éviter le blocage des décisions politiques par un trop grand nombre de petits partis au parlement, et a pour effet direct d'éliminer les extrêmes (surtout de droite !).

Mais il existe quelques exceptions : ainsi les Verts, qui n'atteignaient pas 5 % en 1990, ont pu refaire une nouvelle liste associée à l'Alliance, et entrer de nouveau au Bundestag. De même, la clause des 5 % n'est pas appliquée aux minorités nationales.

POPULATION

La population allemande compte plus de 83 millions d'habitants, mais c'est l'une des plus vieillissantes d'Europe. Avec 8 naissances pour 1 000 habitants, le taux de natalité est le plus faible du monde. Les projections démographiques prévoient une diminution de 9 millions d'habitants d'ici 2030 ! L'Allemagne compte aussi parmi les plus grands pays d'accueil du monde : plus de 8,7 millions d'étrangers y vivent et plus de 15 millions sont d'origine étrangère (soit 18 % de la population totale). Cette tendance à l'immigration s'est renforcée depuis 2012, en accueillant des milliers de jeunes diplômés en provenance des pays en crise du Bassin méditerranéen puis le million de réfugiés en provenance des pays du Moyen-Orient en guerre en 2015.

Dans l'ex-RDA, il existe une minorité ethnique : les Sorabes. Au nombre d'environ 100 000, ils vivent au sud-est de Berlin, notamment dans la *Spreewald*. D'origine slave, les Sorabes sont autorisés depuis la fin de la 2de Guerre mondiale à perpétuer leurs traditions, leur langue et leur culture.

L'ALLEMAGNE A LE MAL DE MÈRES

Pour faire face à la dénatalité, le gouvernement a décrété 160 mesures pour encourager les mères à se consacrer à leur foyer : salaire parental pendant 14 mois, allocations majorées, etc. Mais les jeunes diplômées ne sont pas prêtes à sacrifier leur carrière et leurs loisirs, et rejettent le modèle de leurs mères qui redoutaient autrefois d'être qualifiées de Rabenmutter *(mère indigne).*

L'âme allemande

« Les Allemands, disait Goethe, compliquent tout... à la fois pour eux-mêmes, mais aussi pour les autres. » Dès qu'un sujet important fait surface dans une conversation, ils adorent en débattre pendant des heures, animés d'une ferveur tourmentée. Les valeurs et les institutions démocratiques sont très récentes dans l'histoire allemande, alors que les Anglais aiment faire remonter leur démocratie à la signature de la *Magna Carta* au XIIIe s et que les Français se gonflent d'orgueil dès qu'il s'agit de valeurs républicaines. Les Allemands savent que le meilleur moyen de sauvegarder leur démocratie est de la consolider avec des lois qui puissent guider leur comportement. Voilà pourquoi la société allemande peut, à certains moments, paraître guindée, conformiste et très réglementée. Mais en y regardant de près, on constate que ce respect des règles leur permet de jouir d'une grande marge de manœuvre, puisque l'État n'est pas tenté de légiférer à tout bout de champ pour tempérer les ardeurs des uns et des autres.

RELIGION

La Loi fondamentale garantit la pleine liberté de confession et le libre exercice du culte. En théorie, chaque Allemand appartient à une Église et doit verser un impôt *(Kirchensteuer)* à l'État, qui le redistribue au culte choisi. Cette taxe équivaut quand même à 8 % de l'impôt sur le revenu. En cas de défaut de paiement, la hiérarchie catholique se refuse à donner les sacrements. On n'a rien sans rien. Pour échapper à cette taxe, beaucoup d'Allemands se déclarent athées ! Qui plus est, suite aux affaires de pédophilie qui ont entaché la hiérarchie catholique, plusieurs milliers de fidèles ont tourné le dos à l'Église.

Contrairement aux idées reçues, catholiques et protestants font pratiquement jeu égal dans le pays : environ 30 % de chaque confession. Mais la majeure partie des Allemands se déclarent... sans religion (près de 35 %). Les catholiques se concentrent surtout dans le Sud (la Bavière en compte 7 millions !). Les musulmans (environ 4 millions) représentent 5 % des fidèles. Moins de 0,25 % des Allemands sont juifs (ils étaient plus d'un demi-million en 1936...).

LUTHER ET LE MARIAGE

Refusant le célibat imposé aux prélats, qui « nous livre à des idées impures », l'ancien moine augustin épousa Catherine, une ancienne moniale, et lui fit 6 enfants ! Comble de la provocation pour le pape qui faillit en avaler sa tiare.

SAVOIR-VIVRE ET COUTUMES

Bien qu'il n'y ait pas de différences fondamentales entre les mœurs de nos voisins et les nôtres, il faut savoir que les Allemands sont d'une nature plutôt disciplinée. Certaines des attitudes latines des Français, si elles ne sont pas freinées, peuvent les amuser ou parfois les heurter.

- Évitez d'aborder le thème du IIIe Reich avec un inconnu ou une connaissance trop récente. Les Allemands (même jeunes) restent très susceptibles sur ce point. Faites preuve de tact et de diplomatie !
- Évitez aussi d'arriver 45 mn en retard à vos rendez-vous, les Allemands sont d'une ponctualité très suisse !

LE CARACTÈRE ALLEMAND

Si le Français cherche à séduire, l'Allemand préfère l'efficacité. Résultat, notre voisin dira la vérité, sans s'encombrer de formules de politesse. Il parle « cash », donc pas de sous-entendus bien latins. L'Allemand privilégie la fiabilité et aime travailler en groupe, tandis que le Français est plutôt individualiste. Est-il possible de travailler avec eux ? Oui, le succès d'Airbus en est une preuve.

SITES INSCRITS AU PATRIMOINE MONDIAL DE L'UNESCO

Organisation des Nations Unies pour l'éducation, la science et la culture
En coopération avec le Centre du patrimoine mondial

Pour figurer sur la liste du Patrimoine mondial, les sites doivent avoir une valeur universelle exceptionnelle et satisfaire à au moins 1 des 10 critères de sélection. La protection, la gestion, l'authenticité et l'intégrité des biens sont aussi des considérations importantes.

Le patrimoine est l'héritage du passé dont nous profitons aujourd'hui et que nous transmettons aux générations à venir. Nos patrimoines culturel et naturel sont 2 sources irremplaçables de vie et d'inspiration. Ces sites appartiennent à tous les peuples du monde, sans tenir compte du territoire sur lequel ils sont situés.

Pour plus d'infos : ● whc.unesco.org ●

On ne le croirait pas, mais avec 51 sites classés, l'Allemagne arrive à la 3e place mondiale de la liste du Patrimoine de l'Unesco derrière l'Italie et la Chine (55) mais devant la France (41) et l'Inde (38). Belle performance !

Les derniers sites classés en date sont en 2021 :

– la ***Mathildenhöhe*** à Darmstadt, les sites ***SchUM*** de Spire, Worms et Mayence, les frontières du Saint Empire romain germanique en Rhénanie et Westphalie ainsi que plusieurs localités faisant partie des ***grandes villes d'eaux*** d'Europe, notamment en Bavière et Rhénanie-Palatinat.

les ROUTARDS sur la FRANCE 2023-2024

(dates de parution sur • routard.com •)

Découpage de la FRANCE par le ROUTARD

Autres guides sur la France

- Nos meilleurs campings en France
- Nos meilleures chambres d'hôtes en France

Autres guides sur Paris

- Paris
- Paris balades
- Restos et bistrots de Paris
- Le Routard des amoureux à Paris
- Week-ends autour de Paris

Le Routard à vélo

- EuroVelo6
- La Bourgogne du Sud à vélo
- La Flow Vélo
- La Loire à Vélo
- La Vélo Francette
- La Vélodyssée (Roscoff-Hendaye)
- Le Canal des 2 mers à vélo
- Paris Île-de-France à vélo
- ViaRhôna
- Les plus belles escapades à vélo en France

les ROUTARDS sur l'ÉTRANGER 2023-2024

(dates de parution sur • *routard.com* •)

Découpage de l'ESPAGNE par le ROUTARD

Découpage de l'ITALIE par le ROUTARD

Autres pays européens

- Allemagne
- Angleterre, Pays de Galles
- Autriche
- Belgique
- Bulgarie
- Crète
- Croatie
- Danemark, Suède
- Écosse
- Finlande
- Grèce continentale
- Hongrie
- Îles grecques et Athènes
- Irlande
- Islande
- Madère
- Malte
- Norvège
- Pays baltes : Tallinn, Riga, Vilnius
- Pologne
- Portugal
- République tchèque, Slovaquie
- Roumanie
- Suisse

Villes européennes

- Amsterdam
- Berlin
- Bruxelles
- Budapest
- Copenhague
- Dublin
- Lisbonne
- Londres
- Moscou
- Naples
- Porto
- Prague
- Saint-Pétersbourg
- Stockholm
- Vienne

les ROUTARDS sur l'ÉTRANGER 2023-2024

(dates de parution sur • routard.com •)

Découpage des ÉTATS-UNIS par le ROUTARD

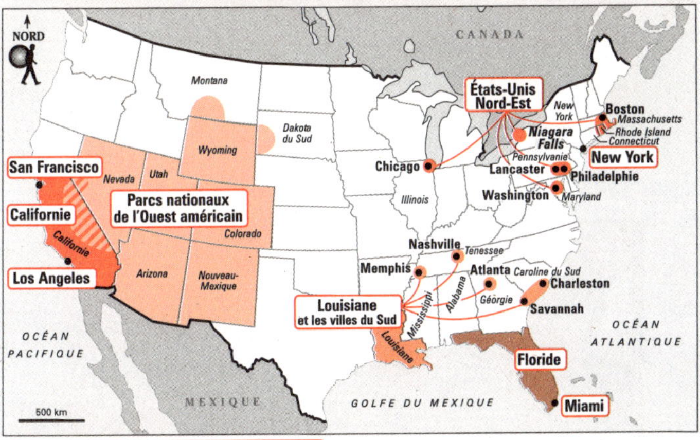

Autres pays d'Amérique

- Argentine
- Brésil
- Canada Ouest
- Chili et île de Pâques
- Colombie
- Costa Rica
- Équateur et les îles Galápagos
- Guatemala, Belize
- Mexique
- Montréal
- Pérou, Bolivie
- Québec et Ontario

Asie et Océanie

- Australie côtes est et nord + Red Centre
- Bali, Lombok
- Bangkok
- Birmanie (Myanmar)
- Cambodge, Laos
- Chine
- Hong Kong, Macao, Canton
- Inde du Nord
- Inde du Sud
- Israël et Palestine
- Istanbul
- Jordanie
- Malaisie, Singapour
- Népal
- Shanghai
- Sri Lanka (Ceylan)
- Thaïlande
- Tokyo, Kyoto et environs
- Turquie
- Vietnam

Afrique

- Afrique du Sud
- Égypte
- Kenya, Tanzanie et Zanzibar
- Maroc
- Marrakech
- Sénégal
- Tunisie

Îles Caraïbes et océan Indien

- Cuba
- Guadeloupe, Saint-Martin, Saint-Barth
- Île Maurice, Rodrigues
- Madagascar
- Martinique
- République dominicaine (Saint-Domingue)
- Réunion

Guides de conversation

- Allemand
- Anglais
- Arabe du Maghreb
- Arabe du Proche-Orient
- Chinois
- Croate
- Espagnol
- Grec
- Italien
- Japonais
- Portugais
- Russe
- G'palémo (conversation par l'image)

Livres-photos/Livres-cadeaux

- 50 voyages à faire dans sa vie (**nouveauté**)
- 52 escapades nature en France
- 52 villes coups de cœur en Europe (city trips)
- 52 week-ends coups de cœur en France
- 120 coins secrets en Europe
- 1 200 coups de cœur en France
- 1 200 coups de cœur dans le monde
- Cahier de vacances du Routard
- Expériences et micro-aventures en France (**nouveauté**)
- La France de Stéphane Bern
- La France à vélo (**nouveauté**)
- Nos plus belles balades et randos en France
- Road Trips Monde
- Road Trips en France
- Sacré : les 100 plus beaux sites de la planète
- Voyages
- Voyages : États-Unis
- Voyages : France
- Voyages : Italie

INDEX GÉNÉRAL

LISTE DES CARTES ET PLAN

« OSONS LE PAS DE CÔTÉ »

Le surtourisme ? Tous concernés. Et pourtant, à l'écart des grands flux touristiques, il existe plein de pépites méconnues, souvent oubliées des circuits trop encombrés. Ici un site ignoré ; là un quartier secret ; plus loin un village caché au charme discret, avec un troquet d'une autre époque. Il existe une infinité de lieux peinards que l'on a envie de mettre en avant avec ce pictogramme. Un vagabondage enfin calme favorisé aussi par les **visites aux heures creuses.** Vive le *slow trip !*

#osonslepasdecote

Remarque importante aux hôteliers et restaurateurs

Les enquêteurs du *Routard* travaillent dans le plus strict anonymat. Aucune réduction, aucun avantage quelconque, aucune rétribution n'est jamais demandé en contrepartie. Face aux aigrefins, la loi autorise les hôteliers et restaurateurs à porter plainte.

Avis aux lecteurs

Le Routard, ce n'est pas comme le bon vin, il vieillit mal. On ne veut pas pousser à la consommation, mais évitez de partir avec une édition ancienne. Les modifications sont souvent importantes.
Les réductions accordées à nos lecteurs ne sont jamais demandées par nos rédacteurs afin de préserver leur indépendance. Les hôteliers et restaurateurs sont sollicités par une société de mailing, totalement indépendante de la rédaction, qui reste donc libre de ses choix. De même pour les autocollants et plaques émaillées.

Avec routard.com, choisissez, organisez, réservez et partagez vos voyages !

✓ Rejoignez la plus grande communauté francophone de voyageurs : **plusieurs millions d'internautes.**

✓ Échangez avec les routarnautes : forums, photos, avis d'hôtels.

✓ Retrouvez aussi toutes les informations actualisées pour choisir et préparer vos voyages : près de 300 guides destinations, une centaine de dossiers pratiques et un magazine en ligne pour découvrir tous les secrets de votre destination.

✓ Enfin, comparez les offres pour organiser et réserver votre voyage au meilleur prix.

Les Routards *parlent aux* Routards

Faites-nous part de vos expériences, de vos découvertes, de vos tuyaux et de vos coups de cœur. Aidez-nous à remettre l'ouvrage à jour. Indiquez-nous les renseignements périmés. Faites profiter les autres de vos adresses nouvelles, combines géniales... On adresse un exemplaire gratuit de la prochaine édition à ceux qui nous envoient les meilleurs courriers, pour la qualité et la pertinence des informations.
Quelques conseils cependant:
– Envoyez-nous votre courrier le plus tôt possible afin que l'on puisse insérer vos tuyaux sur la prochaine édition.
– N'oubliez pas de préciser l'ouvrage que vous désirez recevoir, ainsi que votre adresse postale.
– Vérifiez que vos remarques concernent l'édition en cours et notez les pages du guide concernées par vos observations.
– Quand vous indiquez des hôtels ou des restaurants, pensez à signaler leur adresse précise et, pour les grandes villes, les moyens de transport pour y aller. Si vous le pouvez, joignez la carte de visite de l'hôtel ou du resto décrit.
En tout état de cause, merci pour vos nombreux mails.

122, rue du Moulin-des-Prés, 75013 Paris

• *guide@routard.com* • *routard.com* •

Routard Assurance *2023*

Enrichie au fil des années par les retours des lecteurs, *Routard Assurance* reste l'assurance voyage référence des globe-trotters. Tout y est inclus, même la **Covid** : frais médicaux, assistance rapatriement, bagages, responsabilité civile... Avant votre départ, contactez *AVI* pour un conseil personnalisé. À la recherche d'une attestation Covid ? Vous la recevrez automatiquement après chaque souscription. Besoin d'un avis médical, d'une prise en charge dans un hôpital ? Le plateau d'Assistance *AVI* dispose d'un vaste réseau médical à travers le monde disponible 24h/24 pour une réponse en temps réel. De simples frais de santé en voyage ? Téléchargez vos factures depuis l'espace assuré *AVI*, ils vous remboursent sous une semaine. *Le Colisée Gardens, 10, av. de l'Arche, CS 70126, 92419 Courbevoie Cedex.* ☎ *01-44-63-51-00.* • *avi-international.com* • Ⓜ *La Défense.*

Édité par Hachette Livre (58, rue Jean-Bleuzen, CS 70007, 92178 Vanves Cedex, France)
Photocomposé par Luminess SAS (561, rue Saint-Léonard – CS 40003 – 53101 Mayenne Cedex, France)
Imprimé par Lego SPA Plant (via Galileo Galilei, 11, 38015 Lavis, Italie)
Achevé d'imprimer : mars 2023
Collection n° 13 - Édition n° 01
83/8606/0
I.S.B.N. 978-2-01-722160-9
Dépôt légal : mars 2023

PAPIER À BASE DE FIBRES CERTIFIÉES